イラストでみる

介護福祉用語事典

第7版

福祉教育カレッジ 編

エムスリーエデュケーション

＊正誤情報，発行後の法令改正，最新統計，ガイドラインの関連情報につきましては，弊社ウェブサイト（https://www.m3e.jp/books/）にてお知らせいたします。
また，本書に掲載致しました用語に関するご質問や，掲載して欲しい用語がありましたら，弊社ウェブサイトまでお寄せください。

はじめに

本書は，介護福祉士を目指される方や現場で介護に従事されている方に向け，受験や実践で必要となる用語をコンパクトな一冊にまとめたものです。収載用語数は約3,100語であり，介護福祉士国家試験出題基準や，実際の国試問題で取り上げられた用語を中心に，出題頻度や重要度と照らし合わせて厳選しています。

国試においては，第24回から新しい教育カリキュラムが導入され，それまでの13科目が3領域12科目に再編されました。それらに対応し，倫理・介護実践に関する用語を多く取り上げ，今後の介護福祉士に期待される痰吸引や経管栄養といった医療的ケアに関する用語についても収載しました。

さらに，2019（令和元）年度より介護福祉士養成課程において新しい教育内容が導入され，国試では第37回より採用されることになりました。社会状況の変化や制度改正などを踏まえ，これまで項目として無かったリーダーシップやフォロワーシップ，今後も重要性が高まる地域ケアなどが加わり，教育内容の見直しが行われました。

本書では，これらの変化への対応に加え，ヤングケアラーやケアハラスメントなど，社会状況を反映する用語も掲載し，今後，より実践力の向上が求められる介護現場の皆様や，介護福祉士を目指す皆様の一翼を担えるよう，編纂を重ねてまいりました。

そして，解説内容の理解を助けるイラストを多く用いるとともに，最新の数値データ等の図表を添え，用語の意味から最新の動向までこの一冊で押さえられるよう試みております。

このように，用語の数や項目については万全を期しておりますが，読者の皆様のご指摘やご意見を頂戴し，少しでも分かりやすく使いやすい用語事典に育てていきたいと思っています。

刊行にあたっては，介護・福祉分野をはじめとし，医学や心理学，家政学に精通した多くの先生方にご執筆いただきました。この場をかり，深甚の謝意を表します。

本書が介護福祉士資格の取得を目指す方々，さらに介護実践に従事されている方々に幅広くご活用いただければ幸いです。

2023年2月

福祉教育カレッジ

本書の表記法

◆用語収録範囲◆

介護福祉士国家試験出題基準にある全項目と第 34 回までの国試問題の頻出用語，関連する基礎的用語を厳選・抽出して，収載した。用語総数は 3,138 である。

◆配　列◆

・現代かな使いによる 50 音配列とした。
・促音，拗音は 1 文字とみなし，濁音や半濁音は清音と同じ扱いとした。
・中黒（・）は読み取らず，長音（ー）は直前の文字の母音を読み取り配列した。
　例；ソーシャルワーカー
　　　　→　そおしゃるわあかあ

◆構　成◆

・見出し語の下段には，原則として，日本語の場合は読みがな，外国語・外来語には欧文（原語）を記載した。
・日本人名は，姓名を見出し語とし，下段に読みがなと生没年を記載した。
・外国人名は，姓を見出し語とし，下段にファミリーネーム，ファーストネーム，（ミドルネーム）と生没年を記載した。
・解説文中では，見出し語のある人物名の読みがな，欧文，生没年は略した。
・暦年は「西暦（元号）年」を基本とした。
・解説文中において，法令や通知等の根拠のある項目については，（　）を付して，その法律名は略語で示し，根拠条数等を記した。
・見出し語が同一だが複数の解説が必要なものには，区別する法律・制度名を（　）で示し，文字サイズを下げた（例；p.54）。

◆ページガイド◆

参考となる図表がある場合，見出し語の右（または下）に 図1 表1 印を付け，図表にも同じ番号を記した（それぞれ本書全体で通し番号）。

- 図1 ～ 図205
- 表1 ～ 表84

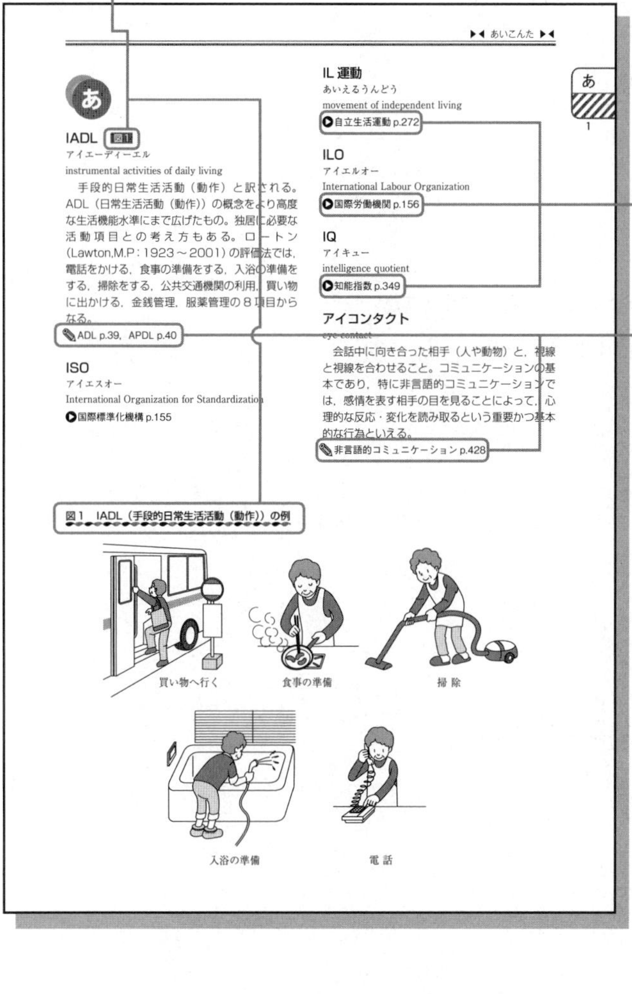

▶◀ あいこんた ▶◀
あ
1
IADL 図1
アイエーディーエル
instrumental activities of daily living
手段的日常生活活動（動作）と訳される。ADL（日常生活活動（動作））の概念をより高度な生活機能水準にまで広げたもの。独居に必要な活動項目との考え方もある。ロートン（Lawton,M.P：1923～2001）の評価法では，電話をかける，食事の準備をする，入浴の準備をする，掃除をする，公共交通機関の利用，買い物に出かける，金銭管理，服薬管理の８項目からなる。
✎ADL p.39，APDL p.40
ISO
アイエスオー
International Organization for Standardization
▶国際標準化機構 p.155
IL 運動
あいえるうんどう
movement of independent living
▶自立生活運動 p.272
ILO
アイエルオー
International Labour Organization
▶国際労働機関 p.156
IQ
アイキュー
intelligence quotient
▶知能指数 p.349
アイコンタクト
eye contact
会話中に向き合った相手（人や動物）と，視線と視線を合わせること。コミュニケーションの基本であり，特に非言語的コミュニケーションでは，感情を表す相手の目を見ることによって，心理的な反応・変化を読み取るという重要かつ基本的な行為といえる。
✎非言語的コミュニケーション p.428
図１ IADL（手段的日常生活活動（動作））の例
買い物へ行く
食事の準備
掃除
入浴の準備
電話

同義語や，関連の深い用語でまとめて解説している場合，▶印を付け，ページ数を記した。

他の見出し語の解説を参照する場合，✎印を付け，ページ数を記した。

法令名略語一覧

医　療	医療法
介　護	介護保険法
家事法	家事事件手続法
行　審	行政不服審査法
健　増	健康増進法
健　保	健康保険法
高医確	高齢者の医療の確保に関する法律
厚　年	厚生年金保険法
厚労設	厚生労働省設置法
国　年	国民年金法
国　保	国民健康保険法
雇　保	雇用保険法
災対法	災害対策基本法
最低基準	児童福祉施設の設備及び運営に関する基準
児　虐	児童虐待の防止等に関する法律
児　福	児童福祉法
社　福	社会福祉法
障　基	障害者基本法
障総合	障害者の日常生活及び社会生活を総合的に支援するための法律
身　障	身体障害者福祉法
生　保	生活保護法
知　障	知的障害者福祉法
福祉士	社会福祉士及び介護福祉士法
保助看	保健師助産師看護師法
民　法	民法
老　福	老人福祉法

執筆者一覧

編　集

福祉教育カレッジ

執筆者（五十音順）

伊藤　健次	山梨県立大学人間福祉学部福祉コミュニティ学科　准教授
伊藤　浩	社会福祉法人幸会　理事長
岩崎　雅美	東京家政大学子ども学部子ども支援学科　准教授
岩本　俊彦	国際医療福祉大学塩谷病院高齢者総合診療科　教授
大井　純	特定非営利活動法人障害児教育・福祉資料センター　代表理事
太田　喜久夫	藤田医科大学医学部ロボット技術活用地域リハビリ医学寄附講座　教授
梶川　義人	日本虐待防止研究・研修センター　代表
片山　寛信	北海道医療大学看護福祉学部福祉マネジメント学科　助教
菊池　礼子	菊池臨床心理オフィス　カウンセラー
城戸　裕子	愛知学院大学心理学部　教授
久世　律子	明星大学人文学部　非常勤講師
工藤　隆治	同朋大学社会福祉学部社会福祉学科　教授
後藤　亜季	高岡法科大学　専任講師
齋藤　和豊	中央大学　兼任講師
斎藤　佐智子	特定医療法人群馬会群馬病院　公認心理士
斎藤　嘉孝	法政大学キャリアデザイン学部　教授
清水　英之	圭愛会日立梅ヶ丘病院精神科　医師
関川　久美子	人間総合科学大学保健医療学部看護学科　准教授
薗田　碩哉	日本福祉文化学会　名誉会員
高木　寛之	山梨県立大学人間福祉学部福祉コミュニティ学科　准教授
田並　尚恵	川崎医療福祉大学医療福祉学部医療福祉学科　准教授
玉置　佑介	明星大学教育学部教育学科子ども臨床コース　特任准教授
田村　正人	健康科学大学健康科学部人間コミュニケーション学科　講師
戸塚　智美	東京純心大学看護学部看護学科　教授
中里　克治	東京福祉大学　非常勤講師
西村　貴直	関東学院大学社会学部現代社会学科　教授
西山　良子	戸板女子短期大学食物栄養科　教授
長谷川　友紀	東邦大学医学部社会医学講座　教授
初貝　幸江	公益社団法人東京都介護福祉士会事務局　次長
初川　愛実	中央大学通信教育部　インストラクター
林　裕栄	埼玉県立大学保健医療福祉学部看護学科　教授
一杉　正仁	滋賀医科大学社会医学講座法医学部門　教授
平光　くり子	戸板女子短期大学服飾芸術科　助教
藤田　尚	北九州市立大学法学部　教授
細野　真代	日本福祉教育専門学校介護福祉学科　学科長
松本　史郎	福祉教育カレッジ　専任講師
丸田　輝武	日本消費者新聞社編集企画部　編集長
持田　訓子	横浜創英大学こども教育学部　講師
山中　達也	山梨県立大学人間福祉学部福祉コミュニティ学科　准教授
善平　弘子	東京 YMCA 医療福祉専門学校　非常勤講師

あ

IADL 図1

アイエーディーエル

instrumental activities of daily living

手段的日常生活活動（動作）と訳される。ADL（日常生活活動（動作））の概念をより高度な生活機能水準にまで広げたもの。独居に必要な活動項目との考え方もある。ロートン（Lawton,M.P：1923～2001）の評価法では，電話をかける，食事の準備をする，入浴の準備をする，掃除をする，公共交通機関の利用，買い物に出かける，金銭管理，服薬管理の8項目からなる。

✎ADL p.39，APDL p.40

ISO

アイエスオー

International Organization for Standardization

▶国際標準化機構 p.155

IL運動

あいえるうんどう

movement of independent living

▶自立生活運動 p.272

ILO

アイエルオー

International Labour Organization

▶国際労働機関 p.156

IQ

アイキュー

intelligence quotient

▶知能指数 p.349

アイコンタクト

eye contact

会話中に向き合った相手（人や動物）と，視線と視線を合わせること。コミュニケーションの基本であり，特に非言語的コミュニケーションでは，感情を表す相手の目を見ることによって，心理的な反応・変化を読み取るという重要かつ基本的な行為といえる。

✎非言語的コミュニケーション p.428

図1　IADL（手段的日常生活活動（動作））の例

ICIDH
アイシーアイディーエイチ
International Classification of Impairments, Disabilities, and Handicaps
▶国際障害分類 p.154

ICSW
アイシーエスダブリュー
International Council on Social Welfare
▶国際社会福祉協議会 p.153

ICF
アイシーエフ
International Classification of Functioning, Disability and Health
▶国際生活機能分類 p.155

ICD
アイシーディー
International Classification of Disease
▶国際疾病分類 p.153

ICU
アイシーユー
intensive care unit

集中治療室の略称。重症患者を短期間収容し，医療密度の高い医療を行う病院内の施設をいう。

アイスブレイク
ice break

直訳すると，氷を割ること。その場に漂っている硬い雰囲気を，やわらかい和みのある雰囲気にして，場をともにする人たちのコミュニケーションを促進することをいう。アイスブレイクは様々な場面で用いられる。例えば，初対面の人が多く集まった集会などでは，身体を軽く動かしたり，歌を歌ったり，じゃんけんゲームのようなことをすると緊張がほぐれる。また，講義や講演などでは最初にユーモアのある話をすると，笑いが生まれて場が和む。アイスブレイクは集会レクリエーションの場面では，欠くことのできないプログラムである。

✎集会レクリエーション p.220

アイスマッサージ
ice massage

嚥下をスムーズにするために，凍らせた綿棒で軟口蓋や舌根部のマッサージを行うこと。冷感刺激が感覚の感受性を高め，嚥下反射を促す。嚥下に関する筋力を高める効果もある。言語聴覚士や理学療法士などのリハビリ職と連携をして行っていく。

アイスマッサージを行う時は，食事前や口腔内が清潔な時に行う。アイスマッサージを食事前に行うと，嚥下反射を強め誤嚥の予防につながる。

愛　着　表1
あいちゃく

愛着（アタッチメント）とは，イギリスの精神科医であるボウルビィが提唱した「愛着理論」による概念で，幼児期までの子どもと親や保育者との間に形成される関係を中心とした情緒的な結びつきをいう。また，愛着行動とは，ストレスがかかる状況下で，乳幼児が母親などの特定の対象へ，親密さを求めるために行っている行動を指す。この愛着行動を誘発し，観察することで母子間の愛着を測定する方法として，エインズワースが開発したストレンジ・シチュエーション法がある。ストレンジ・シチュエーション法により，愛着タイプは回避型，安定型，アンビバレント型，無秩序・無方向型に分類される。

✎エインズワース p.39，ボウルビィ p.460

アイデンティティ
identity
▶自我同一性 p.185

表1　ストレンジ・シチュエーション法における４つの愛着タイプ

回避型	養育者がいなくても不安な様子にならず，再会すると避けようとする。
安定型	養育者がいないと不安な様子になり，再会すると安心して再び遊び始める。
アンビバレント型	養育者がいないと不安な様子になり，再会すると接近して怒りを示したり，養育者をたたいたりする。
無秩序・無方向型	養育者に対する愛着行動に一貫性がない。

アイロンがけ

衣類のシワを伸ばすには，アイロンに圧力をかけながら滑らせる。襞（ひだ）をつけるときは，圧力をかけて 2, 3 秒押しながらアイロンがけをする。「テカリ」を防ぐために，当て布を使用するなどの注意を払うことが大切である。素材に適合した温度を設定する。

高温：綿，麻

中温：レーヨン，キュプラ，ポリエステル，羊毛，カシミア，絹

低温：アセテート，ナイロン，アクリル，ポリウレタン

素材の特性を見極め，スチームアイロンかドライアイロンかを使い分ける。水分不可の素材は絹，レーヨンなどである。

IYDP

アイワイディーピー

International Year of Disabled Persons

▶国際障害者年 p.153

アウトリーチ

outreach

生活に何らかの問題が起き，支障が生じていても，援助を申請しなかったり，援助の必要性を感じていない人に対して，援助者が積極的に出向き，援助の契機をつくる方法あるいは技術を指す。アウトリーチで援助対象者と関係を形成し，その上で時間や場所を設定した構造的な面接に移行していく場合も少なくない。また，ケースワークの範囲を超えて，援助対象者の周囲にいる地域住民や地域社会に対して積極的にかかわることもある。積極的接近法やリーチアウトと呼ばれることもある。

✎多問題家族 p.335

青い鳥症候群

あおいとりしょうこうぐん

理想と現実のギャップを受け入れられず，もっと自分の力を発揮できる仕事があるはずだと思い込んで，転職を繰り返す状態。幸せの青い鳥を探しに行く童話にちなんでこう呼ばれる。社会体験に乏しく，忍耐力の低い若者に多く，転職を繰り返して定職に就かないでいるうちに，社会に適応できなくなる場合もある。現代日本特有の青年期の心理状態である。

悪質商法

あくしつしょうほう

違法・不当な勧誘方法を駆使し，巧妙に消費者を誤認させたり，だましたりして契約させ，多くの被害を生む商法。最近は，高齢者が被害にあう割合が高まっており，被害防止へ向け，ヘルパー，民生委員，介護サービス提供者による「見守り」が期待されている。悪質商法は訪問販売，電話勧誘販売などにその被害例が多い。年金暮らしをしている一人住まいの高齢者なのに，突然貴金属や布団類をたくさん購入した，必要もないのに住居をリフォームした，など突然生活状況が変化した場合，見守りをする周りの人はその理由を尋ね，被害にあったことが推測されるなら最寄りの消費生活センターに相談することが求められる。

✎かたり商法 p.75，催眠商法 p.177，消費生活センター p.257，次々販売 p.358，点検商法 p.365，ネガティブ・オプション p.404，利殖商法 p.497

悪性関節リウマチ

あくせいかんせつりうまち

malignant rheumatoid arthritis

関節リウマチの中でも，血管炎に基づく関節外症状（四肢の壊疽，皮膚潰瘍，心筋炎，胸膜炎，多発神経炎）を有する予後の悪い疾患。全身の血管が炎症を起こす全身血管炎型，四肢先端の壊死や壊疽を生じる末梢型動脈炎型がある。関節リウマチ患者の 0.6 ～ 1.0% を占め，高齢者に多い。難病の患者に対する医療等に関する法律に基づいて公費負担の対象となる。

✎関節リウマチ p.85，難病の患者に対する医療等に関する法律 p.387

悪性腫瘍 図2

あくせいしゅよう

malignant tumor

正常細胞が異常を生じたもの。周囲組織に対して浸潤性に発育し，リンパや血液の流れによって腫瘍細胞が離れた部位に運ばれ（遠隔）転移を生じる。このため，進行したものでは治療が困難である。全身の抵抗力の低下をもたらし，（日和見）感染症がしばしば死因となる。治療には原則として外科的切除を行うが，切除が不可能な場合には化学療法，放射線療法となる（白血病，悪性リンパ腫など血液系の悪性腫瘍では，それぞれ化学療法，放射線療法が最初から用いられる）。日本では死因の第 1 位を占め，男性では肺がん，大腸がん，女性では大腸がん，肺がんの順に多い（2021（令和 3）年）。

悪性新生物

あくせいしんせいぶつ
malignant neoplasm

悪性腫瘍，がんと同義。発生由来により「癌」と「肉腫」に分けられる。皮膚，内臓などの上皮細胞由来の悪性新生物を「癌」といい，筋肉，骨，血管などの非上皮細胞由来の悪性新生物を「肉腫」という。「癌」と「肉腫」を合わせて「がん」（＝悪性新生物，悪性腫瘍）という。

悪性新生物＜腫瘍＞の部位別死亡率

図3

あくせいしんせいぶつ＜しゅよう＞のぶいべつしぼうりつ

2021（令和 3）年の悪性新生物＜腫瘍＞の部位別死亡率をみると，男性では①肺がん，②大腸がん，③胃がん，女性では①大腸がん，②肺がん，③膵がんの順である。肺がんでは喫煙，大気汚染，アスベスト（石綿），肝臓がんではウイルス性肝炎，大腸がんでは食生活の洋風化（食物繊維の少ない食事）が関与していると考えられている。逆に，かつて多かった胃がんは，米食に伴う塩蔵食品に関連しているといわれ，食生活の変化に伴い，男女とも減少傾向にある。

✎胃がん p.15，肝細胞がん p.84，肝臓がん p.87，がん対策 p.88，子宮がん p.185，膵臓がん p.292，前立腺がん p.317，大腸がん p.330，直腸がん p.356，乳がん p.393，肺がん p.412

アクセシビリティ

accessibility

「受け入れられやすさ」を表す言葉で，利便性，接近容易性と訳される。ニーズとそれを充足するためのサービスがどのくらい接近しているか（利用しやすいか）を示す度合いを示している。特に情報の取得・活用について用いられることが多

図2 良性腫瘍と悪性腫瘍との比較

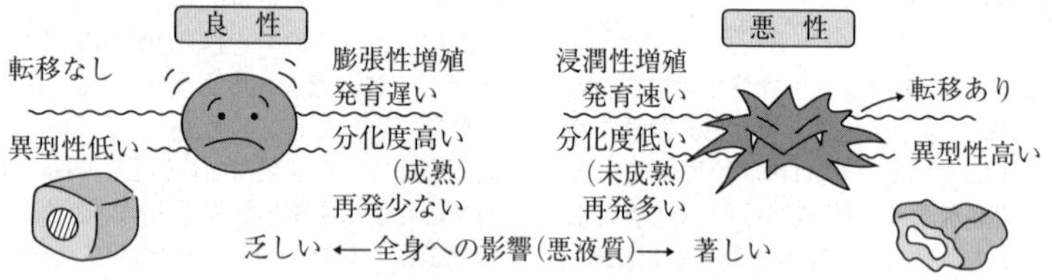

図3 悪性新生物〈腫瘍〉の主な部位別にみた死亡率（人口 10 万対）の推移

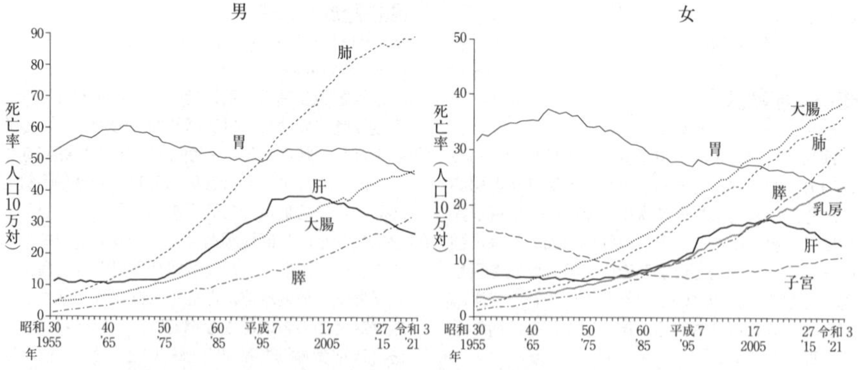

注：1）大腸の悪性新生物＜腫瘍＞は，結腸の悪性新生物＜腫瘍＞と直腸Ｓ状結腸移行部および直腸の悪性新生物＜腫瘍＞を示す。ただし，昭和 42 年までは直腸肛門部の悪性新生物を含む。
2）平成 6 年以前の子宮の悪性新生物＜腫瘍＞は，胎盤を含む。

資料：厚生労働省「人口動態統計」

い。1979（昭和 54）年の全国社会福祉協議会「在宅福祉サービスの戦略」においても，重要視された。

✎在宅福祉サービスの戦略 p.176

アクティビティ・ケア

activity care

様々なレクリエーションや音楽，談話，園芸や手作業など多様なアクティビティ＝活動を用いて，脳を刺激し，身体的な機能の維持や対人関係の向上を目指す援助活動のこと。認知症予防に効果があるとされ，また軽度の認知症の人に対して継続的に行うことによって認知症の進行を防止する効果が期待されている。

アクティブエイジング

active aging

「人が歳を重ねても生活の質が向上するように，健康，参加，安全の機会を最適化するプロセスのこと」で，世界保健機関（WHO）が 1990 年後期に第 2 回高齢者問題世界会議などで提唱した概念である。健康寿命を伸ばし，老後に生活の質を上げることを目的としている。アクティブという言葉は，行動や身体的活動ととらえがちであるが，それを含めた経済的，文化的，精神的な活動に参加できることを意図としている。個人，集団，虚弱者，障害者，要介護者等，すべての人々にあてはまる概念でもある。

アクティブ 80 ヘルスプラン

Active 80 Health Plan

1988（昭和 63）年度より，厚生省（現・厚生労働省）が展開している第 2 次国民健康づくり対策。80 歳になっても身の回りのことができ，社会参加もできることを目指す。特に対策の遅れていた適切な運動習慣を普及させることに重点を置き，国民の生活習慣を栄養，運動，休養のバランスのとれた健康的なものとすることを目標としている。なお，2000（平成 12）年度からは第 3 次国民健康づくり対策として「健康日本 21（21 世紀における国民健康づくり運動）」が実施されている。さらに 2002（平成 14）年には健康増進法が制定された。

✎健康増進法 p.128，健康日本 21 p.128

悪徳商法

あくとくしょうほう

▶悪質商法 p.3

アクリル

acryl

化学繊維のうち，合成繊維に属する。アクリルは軽くて防シワ性が高く保湿性に優れており，天然繊維の毛に似た風合いをもっているので，ニット製品に多く使われている。日光による退色は皆無で，防カビ性・防虫性にも優れているため，家庭洗濯や保管に対しても容易な繊維である。ただし吸湿性が低く毛玉になりやすいため，毛とアクリルの混紡製品が多く，衣類，毛布，カーペットなどに用いられている。

アグレッシブ・ケースワーク

aggressive casework

危機的状況にありながらも，自ら進んで援助を求めようとしないクライエントを対象とする援助方法の一つ。問題を抱えながらもクライエントが自主性や主体性を発揮できない場合，援助開始や介入が遅れがちになる。その際に，アウトリーチなどの積極的な介入によって危機状況を解決しようとする。攻撃的ケースワーク，あるいは積極的なケースワークと訳されることもある。

✎アウトリーチ p.3

アグレッシブ・コミュニケーション

aggressive communication

攻撃的自己表現ともいう。相手の反応を無視・軽視して自分の意見をはっきり言うことで，自分の意見や気持ちを通そうとする自己表現。自分の考えの正当性，優位性への思い込みが強く他者の考えを認められない，自分の要求が認められないことへの不満などの心理的な背景と，社会的な常識や地位，年齢差，性差などを理由に他者への攻撃的な態度をとる社会的・文化的な心理背景があるとされる。

✎アサーティブ・コミュニケーション p.6，ノン・アサーティブ・コミュニケーション p.409

麻

あさ

繊維植物として栽培された，亜麻（あま）（リネン）と苧麻（ちょま）（ラミー）から採取された繊維のこと。繊維の中でも麻繊維は，最も吸水性と発散性に優れており，耐久性の高いことが特性である。現在の日本では亜麻から作られたリネンが多く流通しており，麻またはリネンの名称で衣服，インナーウェア，寝具，生活雑貨に至るまで，広い範囲で商品化されている。麻は強い繊維なので家庭での洗濯が可能であり，汚れは落ちやすい。乾燥後はシワになりやすい素材なので，アイロンがけが必要である。スチームアイロンまたは霧吹きを使用して，水分を充分に与えながらシワを伸ばすと効果的である。

アサーティブ・コミュニケーション

assertive communication

自分も相手も大切にした自己表現。自分の考えや思いを尊重しながら，同時に相手の考えや思いも尊重した自己表現。自分の考えを正直に伝えることで，相手の反応を確認しながら対応し，お互いの類似点や違いを明らかにしながら，創造的な人間関係を築くことが期待できる。

✎アグレッシブ・コミュニケーション p.5，ノン・アサーティブ・コミュニケーション p.409

朝日茂

あさひしげる：1913 ～ 1964

朝日訴訟の原告。岡山県に生まれる。1936(昭和 11）年に中央大学卒業後，肺結核のために早島光風園（現・国立岡山療養所）に入所する。戦後においても単身・無収入であったため生活保護を受けながらの療養が続いていたが，後に音信不通であった兄が見つかり，兄から 1,500 円の仕送りが行われることになった。福祉事務所がこの仕送り 1,500 円のうち，当時の生活保護基準での日用品費 600 円との差額の 900 円を医療費の一部自己負担分とする保護変更処分を行ったことをきっかけに，生活保護基準の低さと生活保護行政のあり方に疑問を抱き，1957(昭和 32) 年，生活保護基準は，憲法第 25 条に規定する生存権に違反するとして東京地裁に提訴した。第一審では，朝日の主張は認められたが，第二審の東京高裁では，低額ではあるが違反ではないとして，第一審の判決は取り消された。上告した後，朝日は死亡し訴訟は終了された。闘病中の朝日による訴訟は世論を喚起し，生存権の解釈，生活保護行政の見直しを促し，後の生活保護行政の改善につながった。

✎朝日訴訟 p.6

朝日訴訟

あさひそしょう

生活保護法による生活扶助を受給していた朝日茂が，当時の生活保護基準は，日本国憲法第 25 条に定められた「健康で文化的な最低限度の生活を営む権利」という生存権を保障する水準には低すぎることから，この基準が憲法違反にあたる，として提起した行政訴訟。「人間裁判」とも呼ばれる。岡山県津山市の福祉事務所による朝日に対する保護変更の行政処分に対し，朝日は岡山県知事に不服申立てを行うが却下され，さらに当時の厚生大臣（現・厚生労働大臣）に不服申立てを行うが，厚生大臣もこれを却下したことから，1957（昭和 32）年に厚生大臣を被告として訴訟の提起に至った。訴訟の争点の一つは，生存権規定は，国民が国に対して「健康で文化的な最低限度の生活を営む権利」を請求できる具体的権利を示したものなのか，またはこれは実質的には国の努力目標や政策的方針を規定したものに過ぎないもの（プログラム規定）なのかということであり，争点の二つ目は，厚生大臣の定める生活保護基準について，違憲性を判断する司法審査権に及ぶものなのかということであった。第一審の東京地方裁判所は原告の主張を全面的に認め，第二審の東京高等裁判所は保護基準が非常に低いとしながらも明白な違法性がない限り司法審査になじまないとし，原告の請求を棄却。上告審の中途の 1964（昭和 39）年に朝日が死亡したため，養子夫妻が訴訟の継続を求めた。しかし，生活保護を受ける権利は，一身専属の権利であり他にこれを譲渡し得ず，相続の対象ともなり得ないものであるとして，1967（昭和 42）年に最高裁判所は本人の死亡により訴訟は終了したとの判決を下した。またこの判決では，付加意見として，憲法第 25 条第 1 項は，すべての国民が健康で文化的な最低限度の生活を営み得るように国政を運営すべきことを国の責務として宣言したにとどまり，直接個々の国民に対して具体的権利を賦与したものではない，と述べられた。この訴訟から社会保障の権利や生活保護水準に関する議論が起こり，法的には朝日の訴えは認められなかったものの，生活保護基準の大幅な引き上げにつながり，その後の訴訟や政策などにも大きな影響を与えた。

✎最低生活保障 p.176，生活保護制度 p.300，人間裁判 p.397

アジア太平洋障害者の十年

あじあたいへいようしょうがいしゃのじゅうねん

Asian and Pacific Decade of Disabled Persons

1992 年に国連アジア太平洋経済社会委員会（ESCAP）総会が決定した長期共同行動計画のこと。1993 ～ 2002 年までの 10 年間をその期間とした。2002 年 5 月の国連 ESCAP 総会で 2012 年までの延長が決まり，1993 ～ 2002 年を第一次，2003 ～ 2012 年を第二次と分けて呼んでいる。国内調整，立法，情報，啓発広報，施設の整備およびコミュニケーション，教育，訓練および雇用，障害の予防，リハビリテーション・サービス，介助機器，自助組織，地域協力，以上12の行動課題を設定した。2002年10月には，「アジア太平洋障害者の十年（1993-2002）」最終年ハイレベル政府間会合が滋賀県大津市で開催され，第二次十年（2003-2012）の行動計画となる「アジア太平洋障害者のための，インクルーシブで，バリアフリーな，かつ権利に基づく社会に向けた行動のためのびわこミレニアム・フレームワーク」（BMF；Biwako Millennium Framework）が採択された。2012年に第二次十年最終年ハイレベル政府間会合が韓国の仁川（インチョン）にて開催され，次の「十年」（2013-2022）の行動計画として「仁川戦略」が採択された。

アスピリン

aspirin

消炎鎮痛，解熱作用を有する代表的な非ステロイド系消炎鎮痛薬。ごく少量でも血小板の凝集を抑え，血栓を生じにくくする作用も有する。このため脳梗塞，虚血性心疾患，肺塞栓，心臓弁置換手術後などの抗凝固療法にしばしば用いられる。胃の粘膜を傷害し，消化管出血，胃・十二指腸潰瘍の原因となるため，胃潰瘍の既往を有する場合には投与に注意を要する。

アスペルガー症候群

あすぺるがーしょうこうぐん

AS；Asperger syndrome

発達障害者支援法に定められる発達障害の一つ。乳幼児期の発達においては明らかな遅れはないが，対人関係を構築することや情緒的なつながりをもつことに困難さを示す症候。また，限定的・反復的な行動や興味・活動の様式がみられる一方で，言語や認知の発達に遅れはみられないなどの特徴がある。2013年5月，アメリカ精神医学会により改訂された「DSM-5（精神疾患の診断・統計マニュアル）」では従来の広汎性発達障害，アスペルガー症候群，自閉性障害等を含むサブカテゴリー（レット障害を除く）が統合され，自閉症のスペクトラム（連続体）として診断名が「自閉スペクトラム症／自閉症スペクトラム障害」となった。

✎自閉症スペクトラム障害 p.209，発達障害 p.419，発達障害者支援法 p.420

アセスメント

assessment

相談援助の展開過程の一つ。社会福祉サービスを必要とする者に援助を行うと決まった後，援助計画を立てる上で必要とされる情報を収集し，分析すること。アセスメントの内容は，①利用者のニーズ・アセスメントと，②利用者が活用できる社会資源アセスメントの２つに大別できる。①は，サービスを利用する人がその人らしく生きていくためにどのようなことを必要としているのか，そして，そのためには生活場面のどこに不自由さがあるのかを見極める。②は，不自由さを解決，ないしは緩和するために必要な社会資源にはどのようなものがあるのかを調べることを指す。また，利用者が生活，職業，余暇などから得た経験，知識，技術などを生活の中で生かしきれず，その結果，不自由さを感じている可能性もあるので，それらを内的資源として掘り起こしていく場合もある。

✎援助過程 p.45

アセテート

acetate

木材の繊維に酢酸を加えて化学的に合成させた，半合成繊維である。シルクを思わせるような美しい光沢感があり，柔らかな風合いがある。レディースウェアにおいて，レーヨンやポリエステルとの混紡素材として用いられている。また，裏地としても使われる。洗濯に使用する洗剤は中性洗剤で，ぬるま湯洗いをすると汚れ落ちが良い。漂白剤に関しては酸素系漂白剤であれば使用できる。アイロンがけをするときは，高熱を使用すると縮む素材なので当て布を使用して，低温から中温（120～140℃）で使用することが望ましい。

遊　び

あそび

生産労働，あるいは真面目（まじめ）と対立する，自由で楽しい活動または気分のこと。レクリエーションの中心となる概念。レクリエーションは遊びの価値を認めることを土台に，遊びから価値を引き出す行為と解される。子どもにとって遊びは生活の主軸であり，心身の成長・発達に欠かせないものである。成人すると労働が生活の中で大きな位置を占め，遊びは後退するが，それでも心身の疲れを癒し，生きる喜びを実感するために遊びは依然として重要である。高齢期になると生活は自由時間を中心に営まれることになり，様々な文化的な遊びの実践が生きがいと結びつく。これまでの労働中心の時代には成人の遊びに対する否定的な見方が根強くあったが，高齢社会になった現在，遊びを重要な生活課題としてとらえる見方が広がっている。

レクリエーション p.504

アダムス

Addams, Jane：1860 ～ 1935

アメリカの社会改良家。イギリスのトインビー・ホールにならい，1889 年，シカゴ市の移民スラム街に後にアメリカを代表するセツルメントとなるハル・ハウスを創設した。女性問題，人種差別問題などに積極的に取り組み，講演・執筆を精力的にこなす一方で，数多くの改革団体の役員も務めた。ハル・ハウスでは，後に社会改良に関しても積極的に取り組まれるようになり，少年裁判所の設置やプロベーション（保護観察）制度の発展に寄与した。1931 年にノーベル平和賞を受賞した。

ハル・ハウス p.422

新しい少子化対策について

あたらしいしょうしかたいさくについて

2006（平成 18）年 6 月に政府・与党の合意を経て，少子化社会対策会議において決定された指針。2005（平成 17）年，初めて日本の総人口が減少に転じ，出生数約 106 万人，合計特殊出生率 1.26 と，いずれも過去最低を記録した。こうした予想以上の少子化の進行に対処し，少子化対策の抜本的な拡充，強化，転換を図ることを目的に策定された。基本的な視点としては，1社会全体の意識改革と，2子どもと家族を大切にする観点からの施策の拡充，という 2 点を柱としている。具体的には，①子育て支援策（新生児・乳幼児期，未就学期，小学生期，中学生・高校生・大学生期），②働き方の改革，③国民運動の推進に大別され，40 項目の推進施策を挙げている。次代の生命や家族の大切さについて社会の意識改革を促すと同時に，支援としては，児童手当ての乳幼児加算創設に加え，出産環境の整備，登下校時の安全の確保，育児休業や短時間勤務の普及，児童虐待の防止など，子育て支援から働き方にまで言及し，推進施策は広範にわたっている。

少子化社会対策会議 p.248

アダルトチルドレン

adult children

1970 年代のアメリカにおいて，アルコール依存症の患者に対する治療現場で，心理療法家やソーシャルワーカーにより用いられ始めた言葉。当初は，アルコール依存症の親のもとで育ち，成人になった人（adult children of alcoholics）の意味で用いられていた。現在では，機能不全家庭で育ち，成人になっても心理的外傷が残っている人（adult children of dysfunctional family）を指し，前者を ACOA，後者を ACOD と区別する場合もある。親のパーソナリティ障害や精神障害，あるいは虐待，子どもの自主性を認めない，無関心，過干渉といった家庭で育つと，子どもは情緒的欲求が満たされず，不安が慢性的に生じるとともに自己に対する健全な信頼や自尊心の発達が阻害され，「偽りの自己」をつくってしまうとされる。こうした状態から回復し，自らの人生を自らのものとして再建していくには，人生の物語の再構築が必要とされる。

圧迫骨折

あっぱくこっせつ

compression fracture

骨の軸方向の圧力によって生じた骨折のこと。いわば骨がつぶれた状態。強力な屈曲外力が加わると椎体がつぶれ，くさび状の変形をきたす。高齢者では脊椎の圧迫骨折は最もよくみられ，骨粗鬆症との関連が強い。

骨粗鬆症 p.163

アドバンス・ケア・プランニング

ACP；Advance Care Planning

もしもの時のために，自らが望む医療やケアを受けるために大切にしていることや望んでいることを，自分自身で前もって考え，家族，医療やケアの担当者と話し合い共有するプロセスのこと。また，心身の状態に応じて意思は変化することがあるため，何度でも繰り返し考え話し合い，話し合った内容はその都度記録する。

この取り組みを多くの人に浸透させるため，厚生労働省は ACP の愛称を「人生会議」とし，11 月 30 日（いい見取り・看取られの語呂から）を人生会議の日と決定した。

アトピー性皮膚炎 図4

あとぴーせいひふえん

atopic dermatitis

乳幼児期に顔面，頸部，体幹，四肢の湿疹として発生し，幼小児期には皮膚の乾燥傾向を呈し，思春期頃までに多くは軽快する。原因は不明であるが，アレルギー性鼻炎，気管支喘息などのアレルギー性疾患を合併することが多く，また血液中 IgE 抗体の上昇を認めることから，アレルギーの機序が考えられている。治療には，ダニの除去，保清などの生活指導，抗アレルギー薬，副腎皮質ステロイド外用薬などを用いる。

✎アレルギー p.13

アドボカシー

advocacy

ベイトマン（Bateman, N.：1955 ～）は,「アドボカシーは，個々人の権利侵害と個人であること以上に影響を与えている不公平に挑戦することを支援する」としている。これによると，ワーカーにとってのアドボカシーは，代弁的・弁護的・権利擁護・政策提言の機能を発揮するものであり，アドボカシーの形態としては，①個人またはグループが，自らのニーズと利益を求めて自ら主張しあるいは行動する過程であるセルフアドボカシー，②支援者同士がパートナーシップに基づき協力関係のもとで行動する市民アドボカシー，③法廷内を中心としたものや正しい法的原則の活用によって法的権利を獲得する法的アドボカシーがある。

アドミニストレーション

administration

▶ソーシャル・アドミニストレーション p.321

アドラー

Adler, Alfred：1870 ～ 1937

オーストリア出身で主にアメリカで活躍した心理学者。ジークムント・フロイトやカール・グスタフ・ユングらとともに精神分析学の形成に貢献したが，後にフロイトと別れて個人心理学を創始した。アドラーは，個人とは分割できない存在であると考え，共同体感覚や器官劣等性などを提唱した。

✎器官劣等性 p.92，フロイト p.450，ユング p.487

アドレナリン

adrenaline

副腎髄質より分泌されるホルモンでカテコールアミンの一つ。交感神経を興奮させ，脈拍の増加，血圧の上昇，血糖上昇などの作用をもつ。

✎資料㉗ p.541

アニサキス感染症

あにさきすかんせんしょう

アニキサスは体長 1 ～ 3cm ほどの海産哺乳類を終宿主とする回虫の一種で，人が中間宿主である魚介類を生食することにより感染する。感染源となる魚類としては，サバが最も多い。その他，アジ，イカ，イワシなども感染源になる。刺身，しめさば，醤油漬け，にぎりずしなどを摂取して感染する場合が多い。魚介類を生食後，発症までの潜伏期に相当する時間は早いもので 1 時間，遅いもので 36 時間であるが，約 70% が 8 時間以内に発症する。症状は激しい腹痛，嘔吐などで，血圧下降，呼吸不全，意識喪失などを起こす

図4　アトピー性皮膚炎の症状

こともある。幼虫は熱に弱く60℃ 数秒間，50℃ 15 分で死滅する。また，－20℃ 以下で24 時間以上冷凍した冷凍ものであれば安全である。しかし，各種の調味料に対しては抵抗性があり，酢や塩でとり除くことはできない。

アニマル・セラピー
animal therapy

動物との交流による心理療法のこと。アニマル・アシステッド・セラピー（animal assisted therapy）ともいう。動物とのふれあいは精神面に良い影響を与え，幼児の情緒発達を刺激するほか，孤独になりがちな高齢者にも有効であるといわれる。このため児童福祉施設や老人福祉施設では，動物を伴っての訪問ボランティアを受け入れたり，小動物（ペット）との共同生活を許可するところも増えている。その一方で，複数の人を収容する施設では，こうした動物に対して心理的あるいは身体的にアレルギーを起こす人もいるので，慎重な対応が求められる。

アパシー
apathy

通常であれば感情が動かされる対象への無関心・無気力・感情鈍磨などの状態を指す。気分の落ち込みとは異なる。社会学では政治的無関心（political apathy）の意味で用いられる。これは，政治に対する要求が満たされず，無力感や疎外感，あるいは不信感を抱き，政治への関心を失ってしまう状態である。また，スチューデント・アパシーとは，高校生や大学生が学業などへの意欲を失い，無気力・無関心になり，非生産的な生活を送る状態のことをいう。

アビリンピック
Abilympic

▶全国障害者技能競技大会 p.315

アプテカー
Aptekar, Herbert H.

診断派と機能派を統合しようとしたケースワークの理論家。その著書『ケースワークとカウンセリング』（1955）の中で，診断と機能の行使の間の力動的相互関係を強調した。機能主義的方法が発達する以前は，ケースワークは個人的性格をおびた技能でしかなかった。機能派の出現によって，クライエントのために機関の機能を明確化し，それを活用することの大切さが強調されるようになった。アプテカーは機能主義的方法を上手く使うために，診断派の強調したクライエントのパーソナリティの理解を不可欠なものとした。

アポクリン腺
あぽくりんせん

▶汗腺 p.86

アミノ酸
あみのさん

たんぱく質の構成成分。約 20 種類のアミノ酸が多数結合してできた高分子化合物が，たんぱく質である。アミノ酸の構造上の特徴は，アミノ基（$-NH_2$）とカルボキシル基（$-COOH$）を同時に分子内にもつことである。たんぱく質を構成するアミノ酸は共通してアミノ基を含んでいるので，たんぱく質を構成する元素にはC（炭素），H（水素），O（酸素）以外に必ずN（窒素）を含んでいることになる。食物中のたんぱく質は各種の酵素によってアミノ酸にまで分解され，腸管より吸収される。また，食品中に含まれるたんぱく質の一部で生体が必要とする場合にはポリペプチド（たんぱく質の分解過程）の段階でそのまま吸収されるものもある。多くのアミノ酸は体内で合成できるが，合成できないものが 9 種類ある。これは食物中から摂取しなければならない。このアミノ酸を必須（不可欠）アミノ酸という。イソロイシン，ロイシン，リシン（リジン），メチオニン，フェニルアラニン，スレオニン，トリプトファン，バリン，ヒスチジンである。

✎たんぱく質 p.338，必須アミノ酸 p.431

アムネスティ・インターナショナル
Amnesty International

▶国際アムネスティ p.153

アメンチア
Amentia（独）

意識変容（意識の方向性の変化）の一つ。軽い意識混濁に思考散乱（思考のまとまりのなさ）と困惑（周囲の状況を理解しようとするがよく分からないこと）が加わった状態をいう。重篤な意識混濁やせん妄からの回復過程でみられることが多い。なお，英語の amentia は，精神遅滞のことをいう。

綾　織
あやおり

▶斜文織 p.220

新たな重点施策実施５か年計画

あらたなじゅうてんしさくじっしごかねんけいかく

障害者基本法第 11 条に基づき，国が策定する障害者施策。「障害の有無にかかわらず国民だれもが互いに支え合い共に生きる社会へのさらなる取組」をテーマとしている。自立と共生を理念として，①地域での自立生活を基本に障害特性に応じ，ライフサイクルに合わせた総合的な利用者本位の生活支援，②ユニバーサルデザインに配慮した生活環境の整備等の推進，③障害者自立支援法（現・障害者総合支援法）の抜本的見直しの検討，④障害者の権利条約の締結を目指した国内法令の整備，に重点を置いている。

計画は 2008 ～ 2012（平成 20 ～ 24）年度の５年間に重点的に取り組む課題について，120 の施策項目と 57 の数値目標，その達成期間を定めている。地域自立支援協議会の全市町村設置（平成 24 年）や精神障害者の退院促進（3.7 万人，平成 23 年），高次脳機能障害の支援拠点の全都道府県設置（平成 24 年）などの数値目標が定められた。

✎重点施策実施５か年計画 p.226，障害者基本計画 p.237

新たな少子化社会対策大綱「子ども・子育てビジョン」

あらたなしょうしかしゃかいたいさくたいこうこどもこそだてびじょん

▶子ども・子育てビジョン p.164

あらゆる形態の人種差別の撤廃に関する国際条約

あらゆるけいたいのじんしゅさべつのてっぱいにかんするこくさいじょうやく

ICERD；International Convention on the Elimination of All Forms of Racial Discrimination

略称は人種差別撤廃条約。1965 年 12 月 12 日，第 20 回国際連合（国連）総会において採択，1969 年 1 月 4 日に発効した。人種，民族，宗教などに基づく差別を撤廃することを目的とする。1960 年前後に，ネオ・ナチズムの活動や南アフリカ共和国でのアパルトヘイト（人種隔離政策）があり，1960 年の第 15 回国連総会において，そうした行為への非難決議がなされた。しかし，これらに法的拘束力はなかったため，差別撤廃に向けた具体的な施策の実施を義務づける同条約が新たに採択されることとなった。同条約は前文と３部からなる構成で，締約国は，人種差別撤廃のための政策の推進，人種差別を生じさせる法令の改正・廃止，個人や団体による人種差別の禁止といった措置を講じ，これらに関する報告を国連事務総長に提出することが義務づけられている。また，人種差別撤廃委員会と特別調停委員会の設置についても明記されている。日本は 1995（平成 7）年に締約国となった。2020（令和 2）年 10 月現在，署名国数 88，締約国数は 182 である。

アルコール依存症　図5

あるこーるいぞんしょう

alcohol dependence

薬物依存症の一種で，アルコール摂取によって得られる精神的・肉体的な薬理作用に強く囚われ，アルコールを摂取せずにはいられなくなった状態。精神依存と身体依存から成り立っており，自分の意思でアルコール摂取をコントロールできなくなる精神依存と，アルコール摂取を中止することで発汗，振戦などといった離脱症状が出現する身体依存がある。DSM-5（精神疾患の診断・統計マニュアル）では「アルコール使用障害」となった。

アルコール幻覚症

あるこーるげんかくしょう

alcoholic hallucinosis

飲酒中止時または大量飲酒時に，ほぼ清明な意識下に幻聴を主とした幻覚症が，急性または亜急性に出現すること。振戦せん妄よりはるかに頻度は低い。幻聴の内容は被害的なものが多い。

✎幻覚 p.127，幻聴 p.132，振戦せん妄 p.284

図５　アルコール離脱の主な症状

アルコール性肝炎

あるこーるせいかんえん

alcoholic hepatitis

アルコール性肝障害の一つ。アルコールの過飲により生じる。肝細胞の変性壊死，小葉中心部に肝細胞の膨化（ballooning），マロリー小体 Mallory body（アルコール硝子体），白血球の浸潤を認める。経過は禁酒の有無が決定的で，禁酒できた場合には多くは回復するのに対して，できなかった場合には肝硬変に進行することが多い。

肝硬変 p.83

アルコール精神病

あるこーるせいしんびょう

alcoholic psychosis

アルコールを過量飲用したときに発生する器質性の精神障害。栄養障害によるビタミン（$V.B_1$）欠乏症が主な原因である。急性期にみられる振戦せん妄やウェルニッケ脳症と，急性期経過後に発症するアルコール性の認知機能低下やコルサコフ症候群がある。

ウェルニッケ脳症 p.34，コルサコフ症候群 p.170

アルコール性認知症

あるこーるせいにんちしょう

アルコール多飲により生じた認知症で，アルコールによる脳血管障害の合併，ビタミン欠乏症（特に B_1 欠乏によるウェルニッケ－コルサコフ症候群）が原因。ウェルニッケ－コルサコフ症候群では健忘（記憶障害），見当識障害のほか，作話がみられる。

認知症 p.398

アルコール中毒

あるこーるちゅうどく

alcohol poisoning/alcohol intoxication

急性中毒と慢性中毒とに分けられる。急性中毒は，アルコール酩酊といい，単純酩酊と複雑酩酊とに分けられる。単純酩酊はいわゆる酒酔いで血中濃度の上昇とともに上機嫌，多弁，多幸，多動を経て酩酊期から泥酔期となる。さらに進むと昏睡状態となる。複雑酩酊は酒乱，酒癖が悪いというもので，平素の人格とは異なる行動をとるタイプと，強い意識障害を伴う病的な酩酊とがある。一方，アルコールの慢性中毒は最近では，アルコール依存症ととらえられている。

アルコホーリクス・アノニマス

AA；alcoholics anonymous

「無名のアルコール依存症者たち」という意味のアルコール依存症者の自助グループで，AA（エーエー）とも呼ばれる。アルコール依存からの回復を目的にミーティングを開催している。AAの特徴は，無名という言葉のとおり，グループ内では姓名を名乗ること，住所を明かすことは個人の判断に委ねられることにある。また，同等の立場の人々の集まりという原則から，メンバー同士は対等な関係が求められる。

アルコール依存症 p.11

アルツハイマー型認知症

あるつはいまーがたにんちしょう

DAT；dementia of alzheimer type

アルツハイマー病理によって生じた認知症で，器質性精神障害の一つ。発症年齢により老年期（65歳以上），若年性（64歳以下）に分類され，そのうち特に40～64歳の発症は初老期と呼ばれる。また，家族歴（家族にアルツハイマー病がいるかいないか）から家族性アルツハイマー病（FAD），孤発性アルツハイマー病に分類されるが，孤発性アルツハイマー病が多い。アルツハイマー型若年性認知症は20歳頃よりみられることがある。家族性アルツハイマー病は常染色体顕性（優性）遺伝で，遺伝性アルツハイマー病とも呼ばれる。アルツハイマー型老年認知症の年間発症率は加齢とともに増加し，85歳以上で認知症を有する頻度は2人に1人以上となる。

アルツハイマー病 p.13，アルツハイマー型老年認知症 p.12，認知症 p.398

アルツハイマー型老年認知症

あるつはいまーがたろうねんにんちしょう

SDAT；senile dementia of alzheimer type

65歳以上で発症するアルツハイマー型認知症で，通常，70歳頃からもの忘れに気付かれる。もの忘れは徐々に進行して記銘力（もの覚え），見当識（状況把握）が障害され，日常生活に支障をきたすようになる。記銘力では直近のエピソード（さっき起こったこと），見当識では時間（日時や季節）が最初に障害されやすい。進行すれば買い物，電話の受け答え，服薬管理などが自立せず，やがて着替え，入浴，トイレ操作にも介助が必要となる。進行速度は若年性，初老期より遅く，年単位でゆっくりと進む。

認知症 p.398

アルツハイマー病

あるつはいまーびょう

Alzheimer's disease

認知症の中で最も多いタイプであり，物忘れから始まるのが一般的で，同じことを何度も繰り返し聞く，物を置いた場所を思い出せない，日付が分からない，約束を忘れる，慣れた場所で道に迷うなどの症状が起こる。進行すると食事や着替え，排泄，入浴などの日常生活動作も困難となり，更に徘徊，易怒性，攻撃性，夜間せん妄（夜になると興奮して騒いだりする）などの症状が出現する場合もある。不可逆的な進行性の脳疾患である。

✎ アルツハイマー型認知症 p.12，認知症 p.398

アルブミン

albumin

血液中に含まれるたんぱく質の一種で，最も量が多く 60 ～ 70% を占める。体内での主な働きは，血液量や体内の水分量の調整や血中物質の輸送である。肝臓で生合成され，肝臓の状態を測る指標となる。アルブミンの減少は，肝臓疾患，ネフローゼ症候群，胃腸疾患，炎症性疾患，甲状腺機能亢進症などが考えられる。また，栄養失調でもアルブミン値が減少するので，高齢者の低栄養状態の指標ともなる重要な成分である。

✎ 低栄養 p.360

アルマ・アタ宣言

あるまあたせんげん

Alma-Ata Declaration on Primary Health Care

1978 年に旧ソビエト連邦の都市アルマ・アタにおいて開催された国際会議で，「西暦 2000 年までにすべての人に健康を」との目標を実現するために，国際連合児童基金（ユニセフ）と世界保健機関（WHO）により採択されたプライマリ・ヘルス・ケア（PHC：Primary Health Care）に関する宣言。PHC には，「一般的な健康問題とその予防・管理についての教育」，「食品と適切な栄養供給の促進」，「安全な水と衛生設備の提供」，「家族計画を含む母子保健」，「主要な感染症の予防接種」，「風土病の予防と管理」，「日常的な疾患と外傷の治療」，「必須医薬品の供給」が含まれる。

✎ プライマリ・ケア p.448，プライマリ・ヘルス・ケア p.448

アレルギー

allergy

人の身体は，細菌，ウイルスなど体外からの異物を「非自己」として認識し，これらから「自己」を守る機序を有しており，これを免疫という。免疫は，主として B リンパ球から産生される免疫グロブリンによる液性免疫と，キラー T 細胞，マクロファージなどの細胞が直接「非自己」を破壊する細胞性免疫からなる。この免疫の機序が何らかの形で自己に傷害を与える病態をアレルギーという。アレルギーの原因としては，花粉，食物，薬物などの外部からの抗原のほかに，自己の体を構成する物質が抗原となる自己免疫疾患がある。アレルギー性鼻炎，アトピー性皮膚炎，気管支喘息などは代表的なアレルギー疾患である。

✎ 膠原病 p.138

アレルギー表示

あれるぎーひょうじ

食品による健康被害を防ぐため，食品衛生法の関連法令が改正され，2002（平成 14）年 4 月以降に製造・加工もしくは輸入された加工食品を対象とする表示制度。アレルギー物質に関する情報を提示することで，アレルギー症状の発症を防ぐことが目的である。対象となる品目は 28 品目で，表示義務のある 7 品目（特定原材料：卵，乳，小麦，えび，かに，そば，落花生）と，表示を奨励されている（任意表示）21 品目（特定原材料に準ずるもの：アーモンド（2019 年に追加），あわび，いか，いくら，オレンジ，カシューナッツ，キウイフルーツ，牛肉，くるみ，ごま，さけ，さば，大豆，鶏肉，バナナ，豚肉，まつたけ，もも，やまいも，りんご，ゼラチン）が定められている。

安静臥床

あんせいがしょう

安らかにじっと床に臥せることで傷病の回復，体力温存をはかる技法。大きな手術後や，脳卒中の再発作の恐れがある期間，腎・肝臓の傷病により血流を集中させる期間以外は早期離床が望ましいとされている。高齢者等は安静臥床が長引く傾向にあり，心身機能低下につながるため留意する。

アンビバレンス

ambivalence

両価性，両面価値，両価感情などと訳される。同一対象に対して，愛情と憎しみ，独立と依存，安心と不安など，相反する感情や態度を同時に抱くこと。誰にでも存在する基本的な感情のありようでもある。しかし，例えば，母親から虐待を受けた子どもの場合は，母親を一つの全体像として統合することが難しく，その結果，周囲と安定した対人関係をもてず，相手に強い愛着を示したかと思えば，憎しみをぶつけてくることなどもある。

あん法

あんぽう

温あん法と冷あん法の２つに大別できる。炎症や痛みを和らげるために，患部を温めたり，冷やしたりして刺激を与える方法。

✎温あん法 p.51，冷あん法 p.504

あん摩マツサージ指圧師，はり師，きゆう師等に関する法律

あんままつさーじしあつしはりしきゆうしとうにかんするほうりつ

昭和 22 年制定，法律第 217 号。略称は，あはき法。あん摩マッサージ指圧師，はり師，きゅう師の業務および義務，登録，免許証の交付などについて定めている。あん摩マッサージ指圧師，はり師，きゅう師は，医行為に類似する行為である医業類似行為を行うことのできる国家資格である。

✎医行為 p.17

安　眠

あんみん

質の良い眠り。安らかに落ち着いて眠ること。日中の過ごし方（運動不足や疲れ過ぎ）や興奮や沈み込みなどの感情のありようによって，眠りは影響を受けやすい。安眠できるように環境を整えるとともに，足浴や静かに話を聞くなど，寝る前のケアが大切である。

✎不眠 p.447

安　楽

あんらく

苦痛や不安がない状態。安楽は人間の基本的欲求であり，介護を必要とする人（利用者）が人間らしく生活するために不可欠である。安楽の阻害は，利用者の回復に向かうエネルギーを減少させる。安楽を妨げる因子には，痛み，体温上昇，冷汗，不自然な体位，疲労，睡眠不足などの身体的要因，不安などの心理的要因，居室環境，寝具，衣類，生活習慣の変化などの環境的要因がある。これらの要因の除去に努め，心身の安定が保たれるように援助する。

安楽死

あんらくし

本人の自発的な要請に基づき，医師が医療的方法により死に至らしめること。苦痛から患者を解放するために死なせることであるが，日本では法律で認められていない。むしろ殺人罪になり得る。

✎生命倫理 p.310，尊厳死 p.325

い

EPA

イーピーエー

Economic Partnership Agreement

▶経済連携協定 p.119

EPA

イーピーエー

eicosapentaenoic acid

EPA（エイコサペンタエン酸）は，不飽和脂肪酸の一つ。C_{20} で，二重結合を５つもつ n-3 系脂肪酸である。魚油に多く含まれ，血中の中性脂肪値低下作用，血小板凝集防止作用などがあり，動脈硬化，脳梗塞，高血圧などの生活習慣病予防に効果があるとされる。また，炎症やアレルギー疾患にも効果があるとされる。ヒトは体内で作ることができないため，食べ物から摂取する必要がある。

EBM

イービーエム

evidence-based medicine

根拠に基づく医療とも訳され，個々の患者のケアについての意思決定過程に，現在得られる最良の「根拠」を良心的・明示的，かつ思慮深く利用すること。具体的には，問題を有する患者に対して，「疑問の定式化」「根拠についての情報収集（文献検索）」「検索結果の批判的吟味（妥当性・有用性についての検討）」「実際の臨床への応用」の各過程を繰り返すことにより，問題の解決を図ろうとする。代表的な疾患には EBM の手法を用いて診療ガイドラインが作成される。診療ガイドラインは医療の標準化により質の向上を図る代表的な手法である。

胃潰瘍 図6

いかいよう

gastric ulcer

胃の粘膜の欠損により，胃部痛，出血（吐血，下血），穿孔などを生じる疾病をいう。欠損が表面の粘膜にのみ限られたものは，胃びらんという。胃液中に含まれる胃酸，ペプシンなどの組織傷害作用を有する攻撃因子と，胃壁の保護作用を有する粘液・血流などの防御因子のバランスが崩れた場合に生じやすいとされ，タバコや遺伝的要素，精神的なストレスなどにより生じる。また，ヘリコバクター・ピロリ（ピロリ菌）の感染も原因となる。治療には，制酸薬，抗コリン薬，ヒスタミン H_2 受容体拮抗薬，プロトンポンプ阻害薬，ピロリ菌の除菌を目的とした抗生物質などを用いる。

✎ヘリコバクター・ピロリ p.453

医学的リハビリテーション

いがくてきりはびりてーしょん

リハビリテーションの体系を構成する一つで，主に医学的知識・技術を基盤とした心身にかかわるリハビリテーションをいう。医学的リハビリテーションは，疾患の治療とともに日常生活能力の向上，廃用症候群の予防，機能回復，さらに疾病予防や健康増進などが主要な目的である。リハビリテーションには，このほかに，職業リハビリテーション，教育リハビリテーション，社会リハビリテーションなどがある。

✎教育リハビリテーション p.102，社会リハビリテーション p.219，職業リハビリテーション p.259

図6 胃潰瘍の特徴

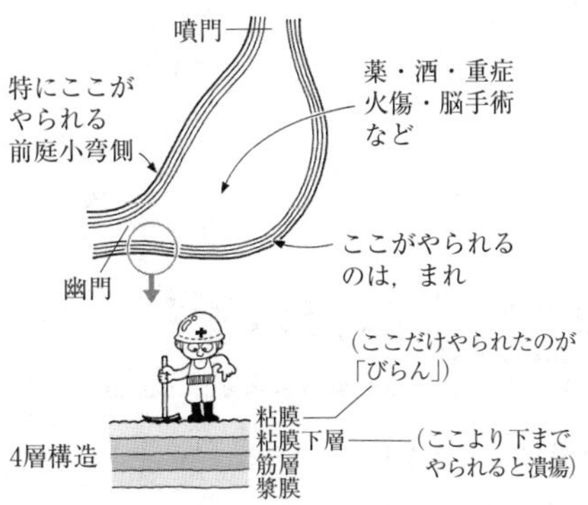

医学モデル

いがくもでる

医学において疾病の治療を行う場合，各種の検査や問診を通じて疾病の原因を探り，その病因に対して治療を加えることで治癒を目指そうとする。こうした考え方の枠組みのこと。社会福祉援助技術，とりわけケースワークはこの考え方に大きく影響され，クライエントの抱える問題はクライエントの内部に見いだせる，という見方に束縛された。一概に医学モデルが否定されるものではないが，人間は環境に影響を受ける存在であると同時に環境に影響を与える存在であり，特定の原因を簡単に挙げることができない。こうした点をとらえられないことが医学モデルの限界であり，これらを克服するために生態系やシステム理論を取り入れたモデルが開発されている。なお，医学モデルは上述したように，調査（study）－診断（diagnosis）－治療（treatment）という過程をとるため，SDT モデルとも呼ばれる。

✎診断派／診断主義 p.289，生活モデル p.301

胃がん

いがん

gastric cancer

胃に発生する悪性新生物。かつては死亡率の高い疾患であったが，がん検診の普及などにより，近年は減少傾向にある。

✎悪性新生物＜腫瘍＞の部位別死亡率 p.4

生きがい

いきがい

生きがいは，自分に価値が感じられるもののことを指している。それは主観的なのではっきりした形にするのが難しい。生きがいの調査には質問紙が用いられることが多い。質問紙には，生活満足度スケール（LSI）やモラール・スケール（代表例として PGC モラール・スケール），PANAS などのスケールも使われている。この得点は，主観的幸福感とも呼ばれている。日本では生きがいに関する施策が多方面にわたり，国によって講じられている。その代表例として，生きがい・健康づくりに関する施策が挙げられる。厚生労働省関連の老人クラブ活動，老人憩の家，老人休養ホームなどのほか，雇用・所得補償，学習・社会参加など幅広い省庁にまたがり行われている。

✎老人憩の家 p.510，老人クラブ p.511

育児・介護休業法

いくじかいごきゅうぎょうほう

▶育児休業，介護休業等育児又は家族介護を行う労働者の福祉に関する法律 p.16

育児休業，介護休業等育児又は家族介護を行う労働者の福祉に関する法律

いくじきゅうぎょうかいごきゅうぎょうとういくじまたはかぞくかいごをおこなうろうどうしゃのふくしにかんするほうりつ

平成３年制定，法律第 76 号。略称は育児・介護休業法。育児休業および介護休業に関する制度などを設け，養育または介護を行う労働者の雇用継続および再就職の促進を図り，これらの者の職業生活と家庭生活の両立に寄与する法律。当初は育児休業等に関する法律として制定されたが，1995（平成７）年に介護休業の規定を導入した改正が行われ，現名称となった。育児休業は，労働者が１歳に満たない子（一定の条件を満たす場合には最長で２歳まで）を養育するためにする休業をいい，介護休業は要介護状態にある家族を介護するためにする休業（対象家族１人につき通算 93 日まで）をいう。このほかにも，子の看護休暇や介護休暇，事業主がとるべき労働時間管理にかかわる措置等についても定められている。

2021（令和３）年６月に実施された最新の法改正では，「産後パパ育休」（出生時育児休業）制度が創設された（2022（令和４）年 10 月から施行）。これは，通常の育児休業とは別に，子の出生後８週間以内に４週間まで育児休業が取得できる仕組みであり，最初にまとめて申し出ることで２回に分割して取得することも可能である。

✎育児休業制度 p.16，介護休業制度 p.54

育児休業給付金

いくじきゅうぎょうきゅうふきん

雇用保険法第 61 条の６に規定される。子が１歳（父母がともに育児休業を取得する場合は１歳２か月）に達するまで，一定の要件を満たす場合は最長で２歳までの子を養育するための育児休業をした雇用保険の被保険者（育児休業開始前２年間に，みなし被保険者期間（賃金支払の基礎となった日数が 11 日以上ある月）が 12 か月以上ある者）を対象としている。支給額は育児休業を取得した期間中に「休業開始時賃金日額」の 50％（休業開始後６か月間は 67％）に相当する額である。「休業開始時賃金日額」とは，雇用保険の被保険者期間として計算された最後の６か月間に支払われた賃金の総額を 180 で除して得た額である。育児休業期間中において事業主から賃金が支払われる場合は，賃金と育児休業基本給付金をあわせて「休業開始時賃金月額」の 80％を超える場合には，超えた分が支給停止される。

✎雇用保険法 p.170

育児休業制度 図７

いくじきゅうぎょうせいど

雇用者が乳幼児の育児を行うため，雇用関係を継続したまま一定の期間休業する制度。日本で

図７　育児休業取得率の推移

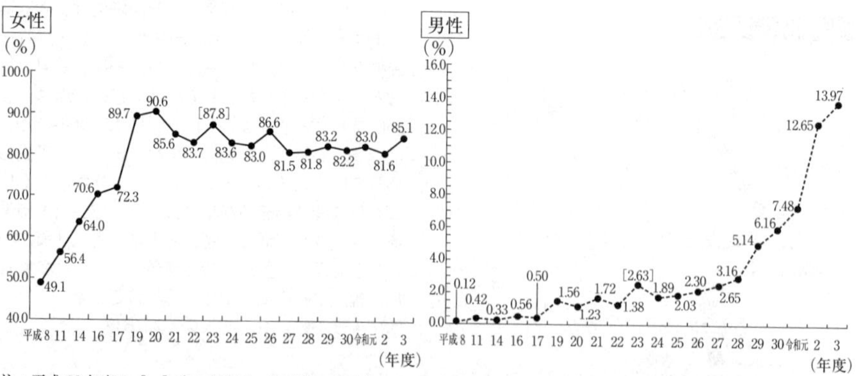

注：平成 23 年度の［　］内の割合は，岩手県，宮城県および福島県を除く全国の結果。
資料　厚生労働省「令和３年度雇用均等基本調査」

は，育児休業，介護休業等育児又は家族介護を行う労働者の福祉に関する法律（育児・介護休業法）に育児休業制度が定められている。なお，地方公務員，国家公務員，裁判官はそれぞれ地方公務員の育児休業等に関する法律，国家公務員等の育児休業等に関する法律，裁判官の育児休業に関する法律に定められている。

育児ノイローゼ

いくじのいろーぜ

育児が負担となり，精神症状が出現した場合の総称。症状は気分の落ち込み，苛々感，不安焦燥感，罪悪感，頭重感など様々である。対処法としては，気分転換をしたり，断乳など子供との距離を取ることなどが挙げられる。また，児童相談所や自治体の家庭支援センターなど，育児相談を受けている第三者機関の協力を求める方法もある。

育児不安

いくじふあん

乳幼児を養育する親が抱くもので，育児行為の中で一時的・瞬間的に生じる疑問や心配ではなく，子どもの発育状態や子育てについて精神的な緊張が継続・蓄積される状態の総称。多くの場合，父親よりも養育の中心になる母親に生じやすい。不安の生じる背景には，子どもの発育状況や経済的不安に加え，配偶者の非協力的態度や地域の養育機能の低下による在宅親子の孤立化などが考えられる。不安の程度は，子育てに自信がないというものから衝動的に虐待してしまうものまで，かなりの幅がある。

このような子育てに伴う不安感や負担感を軽減するため，育児不安に対する相談援助や，子育てサークルへの支援，集う場の提供などを行う地域子育て支援拠点事業が促進されている。そこでは，多様な保育ニーズに対応するため，延長保育・病児保育，夜間保育，特定保育に加え，幼稚園における預かり保育などの推進が図られている。「令和元年度幼児教育実態調査」において子育て相談の実施や情報提供，未就園児の親子登園などの子育て支援活動を実施している幼稚園の割合は，2018（平成30）年度時点で約84%となっている。

育成医療

いくせいいりょう

障害者総合支援法に基づく自立支援医療の一つ。身体に障害のある児童について，放置すれば将来に障害を残すこととなる状態を未然に防止することを目的とする。実施主体は2013（平成25）年4月より市町村となった。

✎自立支援給付 p.270

医行為

いこうい

医師の医学的判断および技術をもってするのでなければ人体に危害を及ぼし，または危害を及ぼすおそれのある行為のこと。社会福祉士及び介護福祉士法の一部改正により，2012（平成24）年4月から介護福祉士等や一定の教育を受けた介護職員等によるたんの吸引等の実施が可能となった。対象となる行為は，口腔内の喀痰吸引（咽頭より手前の範囲），鼻腔内の喀痰吸引（咽頭より手前の範囲），気管カニューレ内部までの喀痰吸引，胃ろうまたは腸ろうによる経管栄養，経鼻経管栄養とされている。医師の指示，看護師等との連携の下において，介護福祉士（2015（平成27）年度以降の国家試験合格者）並びに介護職員等（ホームヘルパー等の介護職員，上記以外の介護福祉士，特別支援学校教員等）であって一定の研修を修了した者が実施可能である。介護職員等がたんの吸引を行うためには，社会福祉士及び介護福祉士法に基づき，研修の受講や，都道府県から認定特定行為業務従事者の認定を受けること，および登録喀痰吸引等事業者（登録特定行為事業者）として登録を行うことが必要となる。

✎喀痰吸引 p.71，気管カニューレ p.91，資料① p.522

医行為でないもの 表2

いこういでないもの

2005（平成17）年7月26日に厚生労働省医政局長から出された「医師法第17条，歯科医師法第17条及び保健師助産師看護師法第31条の解釈について」の通知（医政発第0726005号）によると，原則として医行為ではないと考えられるものについての解釈は次の通りである。①腋窩と外耳道での電子体温計による体温測定，②自動血圧測定器による血圧測定，③動脈血酸素飽和度を測定するためのパルスオキシメータ装着，④軽微な切り傷，擦り傷，やけど等の専門的な判断や技術を必要としない処置，⑤軟膏の塗布（褥瘡の処置を除く），湿布の貼付，点眼，一包化された内用薬の内服（舌下錠の使用も含む），肛門からの坐薬挿入または鼻腔粘膜への薬剤噴霧を介助すること，⑥爪切りおよびやすりがけ，⑦重度の歯周病等がない場合の口腔ケア，⑧耳垢の除去，⑨ストーマ装具のパウチ内の排泄物を捨てる，⑩自己導尿のカテーテルの準備，体位の保持，⑪市販のディスポーザブルグリセリン浣腸器を用いて浣腸すること。

上記①～③で測定された数値をもとに，投薬の要否など医学的な判断を行うことは医行為であり，事前に示された数値の範囲外の異常値が測定された場合には医師，歯科医師または看護職員に報告するべきものである。上記①～⑪に掲げる行為について，病状が不安定であること等により専門的な管理が必要な場合には，医行為であるとされる場合もあり得る。サービス担当者会議開催時等に医師，歯科医師，看護職員に確認し，病状の急変が生じた場合その他必要な場合は，医師，歯科医師または看護職員に連絡を行う等の必要な措置を速やかに講じる必要がある。看護職員による実施計画が立てられている場合は，具体的な手技や方法をその計画に基づいて行うとともに，その結果について報告，相談することにより密接な連携を図るべきである。上記⑤に掲げる医薬品の使用の介助が福祉施設等において行われる場合には，看護職員によって実施されることが望ましく，また，その配置がある場合には，その指導の下で実施されるべきである。

椅座位 図8

いざい

椅子に腰かけた状態の体位。上半身の重さが坐骨に集中するが，動作の範囲は広く動きやすくなる。体幹・頭部を垂直に保ち，腰椎にわずかの前弯がある体位が基本である。そのためには股関節・膝関節ともに90度の屈曲位をとり，足底全体が床に接するようにする。

医 師

いし

医師法を根拠とする業務独占，名称独占の国家資格。6年制の医科大学あるいは医学部を卒業後，医師国家試験に合格し，厚生労働大臣より医籍の登録を受け医師免許を得た者。同法第17条では「医師でなければ，医業をなしてはならない」と規定されている。医師の役割は「医療及び保健指導を掌ることによつて公衆衛生の向上及び増進に寄与し，もつて国民の健康な生活を確保する」と規定されており，応召義務，診断書・処方せんの交付義務，異状死体の届出義務などが定められている。医療の高度化に伴い，登録医，認定医，専門医，指導医などの専門医制度を導入する学会が最近では増えている。日本の届出医師数は約34.0万人（2022（令和2）年）であるが，人口当たりの医師数はほかの経済協力開発機構（OECD）諸国に比較して少ない。医師の絶対数は増加しつつあるものの，医療ニーズの高度化・多様化を背景に医療現場において医師数の不足が依然として指摘されている。また，ハイリスクで拘束時間の長い病院を嫌い，辞めて診療所へ転職する者が多いことも病院における医師不足の一因となっている。医師の需給という側面からは，絶対数の不足，地域の偏在，診療科の偏在，病院から診療所への移動が問題として指摘される。今後の課題としては，医師不足の解消，医療の高度化

表2 医行為でないもの

①水銀体温計・電子体温計により腋下で体温を計測すること，及び耳式電子体温計により外耳道で体温を測定すること
②自動血圧測定器により血圧を測定すること
③新生児以外の者であって入院治療の必要がないものに対して，動脈血酸素飽和度を測定するため，パルスオキシメータを装着すること
④軽微な切り傷，擦り傷，やけど等について，専門的な判断や技術を必要としない処置
⑤容態が安定している患者の皮膚への軟膏の塗布（褥瘡の処置を除く），皮膚への湿布の貼付，点眼薬の点眼，一包化された内用薬の内服（舌下錠の使用も含む），肛門からの坐薬挿入または鼻腔粘膜への薬剤噴霧を介助すること
⑥爪そのものに異常がなく，爪の周囲の皮膚にも化膿や炎症がなく，かつ，糖尿病等の疾患に伴う専門的な管理が必要でない場合に，その爪を爪切りで切ること及び爪ヤスリでやすりがけすること
⑦重度の歯周病等がない場合の日常的な口腔内の刷掃・清拭において，歯ブラシや綿棒または巻き綿子などを用いて，歯，口腔粘膜，舌に付着している汚れを取り除き，清潔にすること
⑧耳垢を除去すること（耳垢塞栓の除去を除く）
⑨ストーマ装具のパウチにたまった排泄物を捨てること
⑩自己導尿を補助するため，カテーテルの準備，体位の保持などを行うこと
⑪市販のディスポーザブルグリセリン浣腸器（挿入部の長さが5～6cm程度以内，グリセリン濃度50%，成人用の場合で40g程度以下，6～12歳未満の小児用の場合で20g程度以下，1～6歳未満の幼児用の場合で10g程度以下の容量のもの）を用いて浣腸すること

に対応した専門医制度の拡充，プライマリ・ケアに対応する医師の養成，働き方改革への対応などが挙げられる。

石井十次

いしいじゅうじ：1865 ～ 1914

明治期の代表的な民間社会事業家の一人。宮崎県に生まれる。児童養育を志して 1887（明治 20）年に日本では先駆的となる岡山孤児院を設立した。小舎制や里親委託などを導入するなど独創的な運営が行われた。現在も石井記念友愛社や石井記念愛染園などにその理念と活動が引き継がれている。また，大阪にセツルメント活動である友愛社を創設した。

✎岡山孤児院 p.50

図 8　椅座位：椅子または車いすに腰かけた姿勢

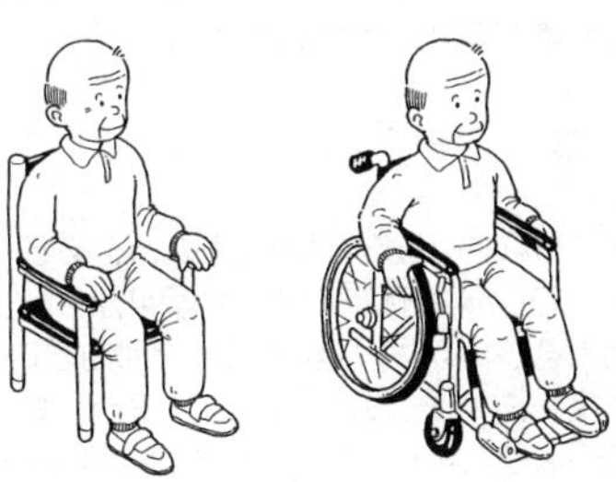

石井亮一

いしいりょういち：1867 ～ 1937

知的障害者福祉の先駆的人物。佐賀県に生まれる。1891（明治 24）年の濃尾大地震の際，女子の孤児院として孤女学院を設立した。入所者に知的障害児がいたため，その後さらに日本で最初の知的障害児施設である滝乃川学園を設立した。東京都国立市谷保に住所があり，現在でも幅広い年齢層に対応できる社会福祉法人として存続している。

✎滝乃川学園 p.332

意識混濁

いしきこんだく

意識の清明度（覚醒レベル）が低下している状態。意識混濁の程度は，軽度（昏蒙：浅眠状態でぼんやりしている状態），中等度（昏眠：刺激が加わらなければ眠り込む状態），高度（昏睡：刺激しても覚醒しない状態）に分けられる。

意識障害　表3

いしきしょうがい

disturbance of consciousness

物事の理解や，周囲の刺激への適切な対応が損なわれている状態。意識には，「清明度」「広がり」「質的」の 3 要素がある。意識障害は「清明度」の低下を意味することが多い。「広がり」の低下（意識狭窄）には催眠，昏睡，昏迷，失神があり，「質的」の変化（意識変容）にはせん妄，もうろうがある。「3-3-9 度方式」（Japan Coma Scale）

表3　3-3-9 度方式（Japan Come Scale）

Ⅲ	刺激しても覚醒しない状態	300	痛み刺激に全く反応しない。
		200	痛み刺激で少し手足を動かしたり，顔をしかめる。
		100	痛み刺激に対し払いのけるような動作をする。
Ⅱ	刺激すると覚醒する状態（刺激をやめると眠り込む）	30	痛み刺激を加えつつ呼びかけを繰り返すとかろうじて開眼する。
		20	大きな声または体を揺さぶることにより開眼する（簡単な命令に応ずる。例：手を握る，離す）。
		10	普通の呼びかけで容易に開眼する（合目的的な運動をし言葉も出るが間違いが多い）。
Ⅰ	刺激しなくても覚醒している状態	3	自分の名前・生年月日が言えない。
		2	時・人・場所がわからない（見当識障害）。
		1	大体意識清明だが，今ひとつはっきりしない。

は日本で開発された尺度で，「意識障害のレベル」の評価に用いられる。

医師法

いしほう

1874（明治 7）年に衛生行政の方針を示した医制が布告されたが，1906（明治 39）年に医師法が制定され，医師の義務や資格などが明確化された。医療を独占的に行える者として，医師の資格と権利や義務に関して定めている。具体的には免許，試験，業務等について規定している。特に，医師でなければ医業をしてはならない，医師またはこれに紛らわしい名称を用いてはならない旨が規定されており，これに抵触すれば医師法違反となる。

いじめ 図9

文部科学省による定義は，いじめ防止対策推進法の施行に伴い，2013（平成 25）年度から「児童等に対して，当該児童等が在籍する学校に在籍している等当該児童等と一定の人的関係にある他の児童等が行う心理的又は物理的な影響を与える行為（インターネットを通じて行われるものを含む。）であって，当該行為の対象となった児童等が心身の苦痛を感じているもの」とされている。いじめは多くの場合，いじめっ子，いじめられっ子，観衆，傍観者という 4 層構造で成り立っているといわれ，最も数が多いのは通常傍観者である。こうした傍観は，「関与の否定」であり，いじめっ子に暗黙の支持と受け取られ，いじめをエスカレートさせる一因になるといわれる。また，いじめの責任はいじめられっ子にあるというのがいじめについての見方としてあり，こうした考え方は結果的に傍観者を増やし，いじめを深刻化させることが指摘されている。

図9　いじめの構図

異常心理

いじょうしんり

異常心理は，様々な原因が複雑にからみあって発生する。高齢期では，認知症やうつ病などの病的老化が関係する場合が多い。中年期またはそれ以前に罹患した精神障害が原因であることも少なくない。身体疾患，家族などの人間関係等が関係することもある。大きな災害や事件に巻き込まれることなどが関係する場合も考えられる。様々な要因のからみあいを解きほぐすには，その人の人生を理解する縦断的視点が欠かせない。

移乗動作

いじょうどうさ

ベッドから車いす，車いすから便座などの間を移る，乗り移りの動作で移動前と移動後の平面が変わる移動動作。トイレや入浴など毎日の動作で頻繁に必要とされる。介護者が無理なく安心して移乗できる方法を身につけることで，移乗の頻度も高まり生活の広がりを持つことも可能になる。適切な移乗動作が実行されない場合，要介護者に打撲や擦過傷，転倒事故につながることもある。また介護者の腰痛の原因にもなる。

異　食

いしょく

食べられないものを食べてしまう，あるいは口に入れてしまう行動のこと。中程度から重度の認知症で見られる。食べるものは，新聞などの紙類，化粧品，タバコ，ゴミ，土，花，洗剤，電池，自分の便など。電池，洗剤，タバコは危険なので周囲に置かないようにし，食べてしまった場合は直ちに病院へ連れて行くこと。異食に遭遇した場合には，怒ったり大声を上げたりせず，静かに穏やかに話しかけ，菓子などを渡して交換するなどするとよい。

✎行動・心理症状 p.143，認知症 p.398

移送サービス

いそうさーびす

高齢者や障害者（児）等が自力での移動が困難な際に，輸送・運搬を行うサービス。一般の交通機関を利用することが困難な者に対して，リフトつき車両などの移送用車両により利用者の居宅とデイサービスなどの在宅福祉サービスを提供する施設との間を移送する。介護保険の保険給付の中で，市町村特別給付によって横出しサービス（法定給付以外のサービス）として実施している市町村もある。2000（平成 12）年度に介護予防を目的として事業化された「介護予防・生活支援事業」(2003（平成15）年度から「介護予防・地域支え合い事業」と改称，さらに現在は「地域支援事業」の中の総合事業（介護予防・日常生活支援総合事業）へ再編）の中では，外出のできない高齢者に外出を支援するサービスとしてメニュー化され，外出支援サービス事業となり，対象者におおむね60歳以上の高齢者で下肢が不自由な者が加わった。実施方法もショッピングセンター等での移動支援のための拠点を整備して，情報提供や電動スクーターや車いすの貸し出し等を行うことが追加されている。なお，類似の移送手段として福祉有償運送があるが，これは民間非営利団体（NPO）等が主体として国土交通省の登録を経て行うものであり，行政サービスではないため全額自己負担となる。

✎市町村特別給付 p.195，福祉有償運送 p.442

遺族基礎年金

いぞくきそねんきん

国民年金（基礎年金）の給付の一つ。支給要件は，①被保険者が死亡したとき，②被保険者であった60歳以上65歳未満の者で，日本国内に住所を有していた者が死亡したとき，③老齢基礎年金の受給権者が死亡したとき，④老齢基礎年金の受給資格期間を満たしている者が死亡したとき，のいずれかの場合に，子のある妻または子に支給される。ただし，①および②については，保険料納付期間について一定の要件を満たしていなければならない。

遺族厚生年金

いぞくこうせいねんきん

主として厚生年金の被保険者が死亡したとき，その者に生計を維持されていた一定範囲の遺族に対して支給される。ただし，死亡した者が国民年金の遺族基礎年金の保険料納付要件を満たしていない場合には支給されない。遺族厚生年金の支給額は，原則として老齢厚生年金の計算式［平均報酬月額×支給乗率×被保険者月数］× 3/4 という計算式に基づいて算出される。ただし，一定の給付水準を確保するために，被保険者月数が300か月（25年分）に満たない場合は300か月の被保険者期間があったものとして算定される。

✎遺族基礎年金 p.21

遺族年金

いぞくねんきん

年金保険には，遺族年金や寡婦年金など，被保険者であった個人のみを対象とするのでなく，被扶養者も給付対象とするものがある。遺族への年金としては，①国民年金の一給付である遺族基礎年金，②厚生年金の一給付である遺族厚生年金，③自営業者などの第一号被保険者のみを対象とした独自給付である寡婦年金および死亡一時金，がある。なお，各給付ごとに要件が異なっている。

✎遺族基礎年金 p.21，遺族厚生年金 p.21，寡婦年金 p.77

遺族補償給付（遺族給付）

いぞくほしょうきゅうふ（いぞくきゅうふ）

労働者災害補償保険法に基づく給付の一つ。労働者が業務上の災害または通勤災害により死亡した場合に，その遺族に対して行われる金銭給付。業務災害に関する給付が遺族補償給付であり，通勤災害に関する給付が遺族給付である。両者に関する実質的な給付の内容はほぼ同一である。遺族補償給付には遺族補償年金と遺族補償一時金，遺族給付には遺族年金と遺族一時金がある。

✎労働者災害補償保険 p.515

イタイイタイ病

いたいいたいびょう

岐阜県の三井金属鉱業株式会社神岡鉱業所が，製錬に伴う廃水を未処理のまま排出したことにより生じた公害病で，大正時代から昭和40年代にかけて多くみられた。公害健康被害の補償等に関する法律（公害健康被害補償法）において，「第二種地域」の指定疾病として規定されている疾患の一つ。「イ病」ともいう。神岡鉱業所（神岡鉱山）は，富山県の神通川上流の岐阜県神岡町に位置したことから，神通川を通じて水質や土壌の汚染が進み，被害は神通川下流域の両岸，特に富山県婦中町（現・富山市）において多発した。廃水にはカドミウムが含まれ，汚染された飲料水や米，野菜の摂取を通じて，20～30年をかけて体内にカドミウムが蓄積されていき，筋力低下，腰痛，運動痛が生じ，進行すると腎臓障害による骨軟化症に侵される。骨の強度が極端に弱くなるため，くしゃみや咳をしただけで骨折し，昼夜を問わず「いたい，いたい」と訴えることから「イタイイタイ病」と名付けられた。

✎骨軟化症 p.163，水俣病 p.474

委　託

いたく

ある行為を他者に依頼すること。法律等により委任・寄託・信託など用語が異なる。社会福祉では，事業を実施すべき行政が，その実施を民間団体や私人に依頼する，という意味で用いられることが多い。

1型糖尿病

いちがたとうにょうびょう

type 1 diabetes mellitus

膵臓からのインスリン分泌がほとんどないために生じる糖尿病で，生活習慣とは無関係に若年者に発症することや，やせていることが多い。自己免疫の機序によることが多い。治療はインスリンの投与と食事療法が中心となる。

✎糖尿病 p.369，2型糖尿病 p.388

一次救命処置

いちじきゅうめいしょち

BLS；Basic Life Support

バイスタンダー（bystander＝救急現場に居合わせた人，発見者，同伴者など）による救命処置のことをいう。「JRC蘇生ガイドライン2020」に基づく成人の一次救命処置についての重要なポイントは次の通りである。①傷病者に反応がない場合は119番通報をして通信指令員の指示を仰ぐ。②傷病者に反応が見られず，普段通りの呼吸がない，もしくは呼吸の状態に迷った場合はただちに胸骨圧迫を開始する。③胸骨圧迫の部位は胸骨の下半分とし，深さは胸が約5cm沈むように圧迫する（6cmを超えない）。④胸骨圧迫のテンポは1分間に100～120回とし，圧迫解除時は，胸が元の位置に完全に戻るまで解除する。⑤人工呼吸の訓練を受けている救助者は胸骨圧迫と人工呼吸を30：2の比で行う。人工呼吸を2回行う時に胸骨圧迫を中断している時間は10秒以内とする。⑥AEDが到着したら，すみやかに電源を入れて，電極パッドを貼付する。AEDの音声メッセージに従ってショックボタンを押し，電気ショックを行った後は胸骨圧迫を再開する。新型コロナウイルス感染症（COVID-19）への対策としては，②の呼吸状態の確認の際に傷病者の顔に近づきすぎないようにする。胸骨圧迫を開始する前にマスクやハンカチ，衣服などで傷病者の鼻と口を覆い，救助者もマスクを着用する。⑤の人工呼吸は成人には人工呼吸の技術と意思があっても実施しない。

✎人工呼吸 p.277

一次判定

いちじはんてい

▶要介護認定 p.488

一時保護

いちじほご

虐待や暴力などの脅威から一時的に避難させるために保護すること。あるいは，一時的に欠如した介護や養育を緊急的に代替すること。法的には児童福祉法，児童虐待の防止等に関する法律（児童虐待防止法），配偶者からの暴力の防止及び被害者の保護等に関する法律（DV防止法），売春防止法などに規定がある。児童福祉法では，児童に対し，児童相談所の一時保護所などで一時保護を行うことが規定されている（児福12条の4）。保護は2か月を超えてはならないと記載されているが（児福33条3項），必要な場合は延長させられることも明記されている（児福33条4項）。児童虐待防止法においては，一時保護に際して必要な場合は，警察の協力を要請できることなどが規定されている（児虐10条）。DV防止法（3条3項3号）や売春防止法（34条3項3号）においては，要保護女子が必要な場合，婦人相談所によって一時保護が行われることが規定されている。また，児童に対する保護では，今後の支援を検討することを目的に多面的な情報収集のために行われる場合もある。

一部調査

いちぶちょうさ

▶部分調査 p.447

一過性脳虚血発作

いっかせいのうきょけつほっさ

TIA；transient ischemic attack

脳梗塞では脳の血管が血栓などにより詰まり，血流が遮断され，閉塞部より下流で脳組織の壊死を生じる。血栓がいったん詰まるものの，何らかの原因で外れたり，溶けたり（血液には血栓を溶かすメカニズムがある）することにより，麻痺などの症状が24時間以内に消失するものを一過性脳虚血発作という。症状は消失するものの，将来的に脳梗塞を生じる危険が高いために，抗凝固薬投与などが予防的に行われる。

1歳6か月児健康診査　表4

いっさいろっかげつじけんこうしんさ

市町村により実施される満1歳6か月を超え満2歳に達しない幼児に対する健診のこと。母子保健法第12条に定められているもので，同法施行規則第2条に，健康診査の項目が定められている。身体発育状況，栄養状態，育児上問題となることなどに関して健診が行われる。

3歳児健康診査 p.180

一酸化炭素中毒

いっさんかたんそちゅうどく

carbon monoxide poisoning

一酸化炭素は，ヘモグロビンとの親和性が高く，いったんヘモグロビンに結合すると容易に離れない。一酸化炭素と結合したヘモグロビンは，酸素の運搬能力を失うため，一酸化炭素中毒では全身の細胞の酸素不足（＝窒息）を生じる。脳は酸素消費量が多いため，酸素不足による障害は脳に生じやすい。炭化物が燃焼するときには酸素が必要になるが，酸素が十分でない場合に不完全燃焼となり，一酸化炭素が発生する。特に家庭におけるガスの使用の際には，換気を十分に行うことが重要である。

五つの巨人

いつつのきょじん

1942年のイギリスにおけるベヴァリッジ報告において，第二次世界大戦後の社会再建を進めていく上で障害になりうるとされた「窮乏」「疾病」「無知」「不潔」「怠惰」の5種類の社会問題のこと。ベヴァリッジ報告は，五つの巨人のうちの「窮乏」に対する攻撃を社会保障として想定している。

ベヴァリッジ報告 p.452

1.57ショック

いちてんごななしょっく

日本の出生率は，1973（昭和48）年をピークに低下し，1989（平成元）年になると合計特殊出生率は1.57にまで落ち込んだ。これは，1966(昭和41)年「丙午(ひのえうま)」の1.58を抜く戦後最低の数値であり，この数値が1990（平成2）年6月に発表されると，増加する高齢者の扶養に係る負担の問題や社会や経済の活力低下が懸念され，日本の社会保障制度や経済成長への脅威として出生率低下が危機意識を伴って強く認識されるようになったことから，「1.57ショック」と呼ばれる。これを受けて，「エンゼルプラン（今後の子育て支援のための施策の基本的方向について）」が策定されている。

エンゼルプラン p.46，合計特殊出生率 p.137，出生率 p.231

一般財源

いっぱんざいげん

使途が特定されない地方公共団体（都道府県・市区町村）の財源のこと。国庫補助金などのように国に利用法を指定されない。反対語は特定財源。住民税，事業税，固定資産税などの地方税や地方交付税などがそれにあたる。なお，介護保険制度の財源は公費と保険料から構成され，都道府県，市町村は12.5%ずつを一般財源で賄っている。

一般相談支援事業

いっぱんそうだんしえんじぎょう

障害者総合支援法第5条第18項に規定される相談支援の一つ。基本相談支援および地域相談支援のいずれも行う事業をいう。指定は都道府県知事が行う。「相談支援専門員研修」を受講した相談支援専門員が必置である。

表4　1歳6か月児健診と3歳児健診の概要

名　称	1歳6か月児健康診査	3歳児健康診査
実　施	市町村	市町村（平成6年より）
概　要	昭和53年から実施。平成9年から母子保健法に規定	昭和36年から実施。平成2年に視聴覚検査追加
健診内容	• 身体計測，医師による問診など	• 身長・体重などの身体計測，医師の問診など
	• 身体的発達——ひとり歩き，コップを持って飲む	• 視聴覚異常，精神発達・言葉の遅れなどの発見と相談指導
	• 心理社会的発達——「パパ，コップ」など，意味のある言葉を話す	• 異常が認められた場合，一般医療機関，児童相談所などで精密検査

溢流性尿失禁

いつりゅうせいにょうしっきん

overflow urinary incontinence

不完全な尿道の狭窄・閉塞や膀胱の収縮機能低下などにより，尿が膀胱に充満しているにもかかわらず勢いよく排出されず，むしろじわじわと漏れ出すような尿失禁をいう。一般に，糖尿病などによる神経因性膀胱（糖尿病性神経障害によって尿意も感じず，排尿反射も起こらない），薬剤（抗コリン作動薬で膀胱の収縮機能が抑制される）などでみられるが，男性では前立腺肥大症，前立腺がん，尿道狭窄，女性では子宮がん術後なども原因となる。

尿失禁 p.396

遺伝子組換え食品

いでんしくみかえしょくひん

ある生物の特定機能を持つ遺伝子（DNA）を取り出して別の作物に組み入れたものを，遺伝子組換え作物（GMO：genetically modified organism）という。その技術を食品に応用したものが遺伝子組換え食品である。日本ではGMOの商業栽培は許可されていないが，アメリカ，カナダ，ブラジル，オーストラリアなど世界約30か国では害虫耐性トウモロコシや，除草剤耐性大豆などの栽培面積が拡大している。日本ではそれらの原材料を利用した遺伝子組換え食品が国の安全審査を経て許可され，豆腐や食用油，しょう油，その他加工食品に幅広く活用されている。組み換えられたDNAやたんぱく質などが検出されない油やしょう油などを除き，遺伝子組換え作物だけを利用した食品には「遺伝子組換え」との表示が，また分別生産流通管理されていない作物を使った食品には「遺伝子組換え不分別」との表示がそれぞれ義務づけられている。その他の表示は任意となり，2023（令和5）年からは遺伝子組換え食品が混入していないものに限って「遺伝子組換えでない」という表示が可能となる。2022（令和4）年現在，日本で遺伝子組換え作物が認可されているものは，大豆，とうもろこし，ばれいしょ，なたね，綿実，アルファルファ，てん菜，パパイヤ，カラシナの9作物となっている。

移転所得

いてんしょとく

生産活動への貢献とは直接の関係はなく，政府などを通じて得られた収入を意味する。一般的には年金をはじめとした社会保障給付を指して用いられることが多い。社会保障の給付などに要する費用は，主として生産活動への貢献により所得を得た個人や企業から，政府がその一部を税や社会保険料として強制的に徴収した金銭を財源とするからである。すなわち，政府はある人々の所得を強制的に徴収し，それを必要とする人々に対して分配することによって，所得を移転させているのである。

移動支援

いどうしえん

障害者総合支援法第5条第26項に「障害者等が円滑に外出することができるよう，障害者等の移動を支援する事業をいう」と定められている。市町村地域生活支援事業の一つ（障総合77条1項8号）。ガイドヘルパーということもある。

糸賀一雄

いとがかずお：1914～1968

知的障害児施設である近江学園，重症心身障害児施設であるびわこ学園などを開設した。糸賀は，いかなる状態にある子どもであっても発達する可能性を有していることを確信し，その可能性を追求し子どもたちを輝かせることこそが教育や社会福祉の目的である，という「発達保障」の考え方を形成した。この考え方は，当時，支配的であった重度の障害を有する者は，発達の見込みがないといった「不治永患」という見方や障害の有無が発達の可能性を規定する，という障害観に挑むものでもあった。主著に『この子らを世の光に－近江学園二十年の願い－』（1965）がある。

意図的な感情表出の原則

いとてきなかんじょうひょうしゅつのげんそく

フェリックス・P・バイステック（Biestek, F. P.：1912～1994）によるケースワークの7原則の一つ。クライエントの心の中にある考えや感情，特に否定的なものを自由に表現し，ワーカーと分かち合えるようにかかわることが大切である，というものである。「ワーカーが自分の感情を受け入れてくれている」という体験の積み重ねにより，クライエントに安心感が生まれ，強められていく。なお，この原則の新訳として「クライエントの感情表現を大切にする」とも訳されている。

バイステックの7原則 p.413

遺尿症

いにょうしょう

enuresis

本人が意図しないのに不随意的に尿を漏らす現象を遺尿という。一般的には子どもによる尿失禁のこと。一般に小児の精神症状は，行動の異常や身体症状として現れることが多い。遺尿症で特に問題となるものは夜尿症で，一次性夜尿と二次性夜尿がある。一次性夜尿は素因性のもので，成長とともに自然に治癒する。二次性夜尿は，精神的・環境的原因で起こる。例えば，弟や妹が生まれたときに，親の愛情を独占したいために出現する場合などがある。

✎夜尿症 p.484

井上友一

いのうえともいち：1871 ～ 1919

明治・大正期の内務官僚。石川県において士族の家に生まれる。帝国大学法科大学（現・東京大学法学部）卒業後，内務省に入省し，地方行政に携わっていたが，1900（明治 33）年にパリの万国公私救済慈恵事業会議に出席し，地方自治と感化救済事業の必要性を痛感し，帰国後は救済行政に力を注いだ。井上は，独立心や自助心を失うとして公的救済の権利性を否定し，住民が互いに助け合うことが重要と考えた。1908（明治 41）年には，感化救済事業講習会を開催し，また，公私社会事業の全国組織である中央慈善協会の創立にも尽力した。主著に『救済制度要義』（1909）がある。

衣服の着用

いふくのちゃくよう

衣服を身につけること。または，身につけている衣服のことをいう。衣服を身につける理由は，気温の変化に対する体温調節，体や皮膚の保護，快適な生活の維持，社会生活の適応，自己表現の手段などがある。衣服を着ることで肌と衣服の間にできる空気の層（温度，湿度）のことを衣服気候という。寒い時期を温かく過ごすには，服の繊維と繊維の間を体温で温めた空気の層を作る，重ね着が効果的である。

異物収集

いぶつしゅうしゅう

所有欲が病的に亢進したものを収集癖というが，特に異常なものを集めることを異物収集という。統合失調症，認知症，躁病などでみられる。

意味記憶

いみきおく

エンデル・タルヴィング（Tulving, E.：1927 ～）により提唱された記憶概念の一つで，長期記憶のうちの宣言的（陳述）記憶に含まれる。言葉の意味や概念などの一般的な知識や情報についての記憶を指す。例えば，「1 週間は 7 日である」「リンゴは果物の一種である」などがそれにあたり，個人的経験に関するエピソード記憶と対比される。

✎エピソード記憶 p.43

いも類の調理

いもるいのちょうり

いも類は，植物の根や根茎に貯蔵栄養素を多く含む。その栄養素は炭水化物が主で，たんぱく質，脂質は少ないが，カリウムやビタミン B_1，ビタミンCなどを多く含んでいる。乳幼児の離乳食から高齢者まで，幅広く利用しやすい食品である。それぞれの調理のポイントは次の通り。

じゃがいも：切る，皮をむくなどしたら，酸化して変色するのを防ぐため，すぐに水にさらす。芽が出たり，皮が緑変している部分は，ソラニンという毒性物質があるので，しっかり取り除く，皮を厚めにむくなど注意が必要である。

さつまいも：あくが強いので，切る，皮をむくなどしたら，すぐに水にさらす。色良く仕上げたい場合には，皮を厚めにむく。

✎ソラニン p.324

医薬品，医療機器等の品質，有効性及び安全性の確保等に関する法律

いやくひん，いりょうききとうのひんしつ，ゆうこうせいおよびあんぜんせいのかくほとうにかんするほうりつ

昭和 35 年制定，法律第 145 号。医薬品，医薬部外品（口臭予防，脱毛防止など，作用が緩和で厚生労働大臣が指定したもの），化粧品，医療器具の品質・有効性・安全性の確保を目的とした法律。臨床試験（治験）の基準としての GCP（Good Clinical Practice），製造・品質管理の基準として GMP（Good Manufacturing Practice）などを定めている。2014（平成 26）年の改正で，名称が薬事法より改められ，医療機器，再生医療等製品（iPS 細胞），医薬品のインターネット販売についても規定が追加された。

医薬品副作用被害救済制度

いやくひんふくさようひがいきゅうさいせいど

医薬品（病院・診療所で投薬されたもののほか，薬局で購入したものも含む）を適正に使用したにもかかわらず副作用による健康被害が生じた場合に，医療費等の給付を行い，これにより被害者の救済を図る制度。独立行政法人医薬品医療機器総合機構（PMDA）が窓口となり，最終的な判定は厚生労働大臣が行う。許可医薬品製造販売業者から納付される拠出金が原資となっている。

医療・介護関係事業者における個人情報の適切な取扱いのためのガイダンス

いりょうかいごかんけいじぎょうしゃにおけるこじんじょうほうのてきせつなとりあつかいのためのがいだんす

2004（平成 16）年 12 月に厚生労働省より「医療・介護関係事業者における個人情報の適切な取扱いのためのガイドライン」として出された後，2017（平成 29）年 5 月末にガイドラインが廃止され，ガイダンスとなった。個人情報の保護に関する法律の規定に基づき，法の対象となる病院，診療所，薬局，介護保険法に規定する居宅サービス事業を行う者等の事業者等が行う，個人情報の適正な取扱いの確保に関する活動を支援するための具体的留意点・事例等を示すもの。同法第 3 条の，「個人情報は，個人の人格尊重の理念の下に慎重に取り扱われるべきものである」という規定を踏まえ，個人情報を取り扱うすべての者は，その目的や様態を問わず，個人情報の性格と重要性を十分認識し，適正に取り扱わなければならない，という考え方が示されている。

✎ 個人情報の保護に関する法律 p.161

医療介護総合確保推進法

いりょうかいごそうごうかくほすいしんほう

▶地域における医療及び介護の総合的な確保を推進するための関係法律の整備等に関する法律 p.341

医療介護総合確保方針

いりょうかいごそうごうかくほほうしん

▶地域における医療及び介護を総合的に確保するための基本的な方針 p.341

医療過誤

いりょうかご

医療を受ける原因となった疾病や外傷ではなく，医療行為により健康障害を生じることを医療事故という。このうち，医療側の間違い（ミス）により生じたものを医療過誤という。

✎ 医療事故 p.27，ヒヤリ・ハット p.433

医療型障害児入所施設

いりょうがたしょうがいじにゅうしょしせつ

児童福祉法に基づく「障害児入所施設」の一つ。障害のある児童に対し入所を通じて治療を含めた介護，日常生活の指導，独立自活に必要な知識や技能の付与および治療を行う。サービスの内容として，①疾病の治療，②看護，③医学的管理の下における食事・排泄・入浴等の介護，④日常生活上の相談支援・助言，⑤身体能力・日常生活能力の維持・向上のための訓練，⑥レクリエーション活動等の社会参加活動支援，⑦コミュニケーション支援がある。同施設を経営する事業は，社会福祉法における第一種社会福祉事業とされている。

医療観察法

いりょうかんさつほう

▶心神喪失等の状態で重大な他害行為を行った者の医療及び観察等に関する法律 p.282

医療計画

いりょうけいかく

都道府県が二次医療圏ごとに策定する，医療提供体制の確保を図るための計画で，医療法第 30 条の 4 で規定されている。定められる内容は，がん・脳卒中・急性心筋梗塞・糖尿病・精神疾患（5 疾病）等の生活習慣病の治療または予防事業に関する事項，救急医療・災害時における医療・へき地の医療・周産期医療・小児医療（5 事業）および在宅医療等の医療連携体制の構築に関する事項，また，医師・歯科医師・薬剤師・看護師その他の医療従事者の確保に関する事項，二次医療圏・三次医療圏の設定，基準病床数に関する事項，などとなっている。新型コロナ感染症の経験を経て，6 つ目の事業として新興感染症対応が追加される予定である（2022 年現在）。6 年ごとに調査・評価等を行い，必要と認められるときは変更される（医療 30 条の 6）。

✎ 医療法 p.29

医療圏

いりょうけん

都道府県が設定する医療提供体制の確保のために設けられた単位のこと。医療圏には，一次医療圏から三次医療圏まであり，一次医療圏は，身近な医療を提供する単位である。二次医療圏は入院に係る医療提供体制の確保をする上で適切な範囲で，複数の市町村を一つの単位とする。三次医療圏は都道府県を単位に設定され（北海道のみ6つの三次医療圏を有する），高度・先端医療に係る提供体制範囲を定めたものである。

✎医療法 p.29

医療・健康・介護・福祉分野の情報化グランドデザイン

いりょうけんこうかいごふくしぶんやのじょうほうかぐらんどでざいん

2006（平成18）年1月に内閣IT戦略本部（高度情報通信ネットワーク社会推進戦略本部）により決定された「IT新改革戦略」を受け，医療・健康・介護・福祉分野の横断的な情報化についての将来像，方針，実施計画を示したもの。平成18年度からおおむね5年間にわたる計画である。今後，さらに少子高齢化が進展し，医療・健康・介護・福祉サービスの利用者が増加すると見込まれることから，限られた資源の中で効果的かつ効率的なサービス提供を行うため，進歩の著しい情報技術をどのように活用するのかについてまとめられている。①総合的施策の着実な実施，②利用者視点の重視，③真に必要なIT化の推進，④個人情報の保護と国民の選択の尊重，⑤官民の役割分担の5つの基本的視点に基づき，関係機関の間で安全確保に資する利用者情報（持病，アレルギーなど）の共有，情報の統計的・疫学的分析のための医療機関内の情報化，医療機関のネットワーク化，レセプト請求事務の完全オンライン化，介護給付適正化システムの見直しなどを示した。

医療行為

いりょうこうい

▶医行為 p.17

医療構造改革関連法

いりょうこうぞうかいかくかんれんほう

当時の小泉純一郎（こいずみじゅんいちろう：1942～）首相の主導により2006（平成18）年の第164回通常国会に提出，成立した「健康保険法等の一部を改正する法律案」「良質な医療を提供する体制の確立を図るための医療法等の一部を改正する法律案」の2案をいう。具体的には，①医療費適正化の推進（医療費適正化計画の導入，自己負担の見直し，介護療養病床の廃止），②後期高齢者医療制度の創設，③医療保険の都道府県単位での再編成・統合，④その他（中央社会保険医療協議会の見直しなど）からなる。

✎後期高齢者医療制度 p.135

医療事故

いりょうじこ

医療を受ける原因となった疾病・外傷ではなく，医療行為により健康障害を生じたものをいう。アクシデントともいう。医療側の過誤（誤り）に起因する医療過誤（medical error）と，過誤はないが不可抗力で生じるものに大別される。また，不具合が放置された場合には健康障害を生じた可能性が高いもの，あるいは患者に及んだものの（幸運にも）健康障害を生じなかったものをヒヤリ・ハット（ニアミス，インシデント）という。

✎医療過誤 p.26，ヒヤリ・ハット p.433

医療施設

いりょうしせつ

▶医療提供施設 p.28

医療制度改革大綱

いりょうせいどかいかくたいこう

急速な少子高齢化の進展，経済の低成長などを背景に，医療制度の持続を図るため2008（平成20）年度までに行うべき改革事項をまとめたもの。2005（平成17）年12月1日に政府・与党医療改革協議会によりまとめられた。「安心・信頼の医療の確保と予防の重視」「医療費適正化の総合的な推進」「超高齢社会を展望した新たな医療保険制度体系の実現」の3つを基本的な視点とし，医療費適正化計画の策定，高齢者の患者負担の見直し，高額療養費の自己負担限度額の引き上げ，レセプトのオンライン化，新たな高齢者医療制度の創設，保険者の再編・統合，診療報酬の見直しなどを改革の焦点とする。これを受けて，健康保険法，医療法などが改正され，後期高齢者医療制度の導入などが行われた。

✎後期高齢者医療制度 p.135

医療ソーシャルワーカー

いりょうそーしゃるわーかー

MSW：medical social worker

保健・医療の場で，医療を必要とする患者とその家族が抱える，心理・社会的問題や経済的問題の解決，および社会復帰の促進を図るために行われるソーシャルワークを実践するソーシャルワーカーの総称。MSWともいう。19世紀末から20世紀初頭にかけて，イギリスやアメリカの医療機関において設置されたが，1905年，マサチューセッツ総合病院の医師リチャード・キャボット（Cabot, R. C.：1868～1939）により「ソーシャルアシスタント」が配置され，ここでの活躍が後の医療ソーシャルワーカーの発展につながった。

医療ソーシャルワーク

いりょうそーしゃるわーく

主に保健・医療機関において，ソーシャルワークの技術を用い，患者やその家族の心理・社会・経済の側面に着目し，援助を行う活動。経済的負担を軽減する制度の活用，退院や社会復帰を支援する制度の紹介や調整，家族関係の調整，療養生活や生活再建の過程における心理的な支持，他職種との連携などを行う。日本では浅賀ふさ（あさがふさ：1893～1986）により，その分野が開拓された。

医療提供施設

いりょうていきょうしせつ

医療法では，病院，診療所，介護老人保健施設，調剤を実施する薬局，その他の医療を提供する施設を指す（医療1条の2）。病院は20人以上の患者の収容施設を，診療所は19人以下の収容施設（有床診療所），あるいは有さないもの（無床診療所）をいう。病院は，高度医療を行う特定機能病院（大学病院本院，一部のナショナルセンター），救急，急性期入院医療を中心にほかの医療施設を支援する地域医療支援病院，その他の病院に分けられる。2020（令和2）年現在，日本には，病院が約8,300施設，診療所が約10.3万施設あり，国民皆保険により自己負担が低額であることと相まって，医療への良好なアクセスが比較的よく確保されている。

医療判断代理委任状

いりょうはんだんだいりいにんじょう

自分で意志を決定できない状態になった場合，その本人が受ける医療について，本人に代わって意思決定を行う人を指名する文書のことで，事前指示書の一つ。

✎事前指示書 p.193，リビング・ウィル p.500

医療費適正化基本方針

いりょうひてきせいかきほんほうしん

▶医療費適正化に関する施策についての基本的な方針 p.28

医療費適正化に関する施策についての基本的な方針

いりょうひてきせいかにかんするしさくについてのきほんてきなほうしん

略称は，医療費適正化基本方針。高齢者の医療の確保に関する法律第8条に基づき，厚生労働大臣が策定する方針。都道府県医療費適正化計画で定める目標の参酌基準や達成状況の評価に関する事項，都道府県医療費適正化計画の策定指針，医療費の調査および分析，医療費適正化の推進に係る基本的な事項が定められる。なお，同方針は「良質かつ適切な医療を効率的に提供する体制の確保を図るための基本的な方針」（医療30条の3），「介護保険事業に係る保険給付の円滑な実施を確保するための基本的な指針」（介護116条），「国民の健康の増進の総合的な推進を図るための基本的な方針」（健増7条）と調和が保たれたものでなければならない（高医確8条3項）。

✎医療制度改革大綱 p. 27

医療福祉

いりょうふくし

医療と福祉は，以前はまったく別のものであると考えられてきたが，医療も福祉も生活者の幸福のために存在するとの考え方を基に，医療，福祉に求められる複合的なニーズに応え，健康で安心できる生活を保障するという共通の目的を実現するためのシステムの必要性から，医療と福祉を統合した医療福祉という考え方が生まれてきた。そのために様々な法律・制度が作られ，その総体として社会保障制度と呼ばれるようになった。また，実践では医療ソーシャルワークの実践が，医療福祉の一つの形として現れている。

✎医療ソーシャルワーク p.28

医療扶助

いりょうふじょ

生活保護法第11，15条に規定される8つの扶助のうちの一つ。疾病や負傷のため，入院または通院により治療を必要とする場合に，生活保護の「指定医療機関」に委託して行う給付である。現物給付が原則となっている（生保34条）。入院，診療，投薬や手術だけでなく，入退院，通院，転院の場合の交通費（移送費）や輸血，眼鏡などの治療材料の支給も含まれている。市町村は，被保護者からの医療扶助の申請があった場合，まず指定医療機関の意見などが記載された医療要否意見書によって医療の要否を判定する。その後，医療の必要があるとされた被保護者に対して，医療券を発行する。被保護者はこの医療券を指定医療機関に提出し，必要な医療の現物給付を受けることになる。生活保護費負担金（事業費ベース）実績額の約半分は医療扶助となっている。

生活保護法 p.301

医療法

いりょうほう

昭和 23 年制定，法律第 205 号。医療を提供する体制を確保し，国民の健康に寄与することを目的とする。病院や診療所をはじめとする医療提供施設について規定するほか，病床の種類，公的医療機関や医療法人についても定め，1985（昭和 60）年の第 1 次医療法改正では都道府県医療計画についても盛り込まれた。当初は医療施設の施設基準を定めたものであったが，2021（令和 3）年の第 10 次にわたる改正により，医療のあり方，医療提供体制を管理・調整する役割が強くなっている。

医療計画 p.26

医療法人

いりょうほうじん

医療法第 39 条第 1 項において「病院，医師若しくは歯科医師が常時勤務する診療所又は介護老人保健施設を開設しようとする社団又は財団」と規定される法人。基金拠出型法人，特定医療法人，特別医療法人，社会医療法人，経過措置型医療法人，などに分類される。

医療保険

いりょうほけん

傷病，出産に際して，医療給付のほか，所得保障給付なども行う社会保険。日本の医療保険は，被用者保険と地域保険の 2 つに分けられる。地域保険は国民健康保険に一元化されるが，被用者保険は，健康保険（組合管掌，全国健康保険組合管掌など）のほか，船員保険，国家公務員共済組合，地方公務員等共済組合，私立学校教職員共済組合がある。どの医療保険でも，基本的に給付は現物給付の形をとる（一部に手当て等現金給付あり）。

医療保険制度 図10

いりょうほけんせいど

傷病，死亡，分娩などを保険事故とする社会保険制度の一分野。傷病という最も頻繁に発生する生活上の危険に対して備える制度であり，保険的方法を用いて医療にかかる経済的な負担を軽減するとともに，所得の中断要因を速やかに解消して従来の（家計）状態に戻すことが期待される。医療保険の方法としては，窓口で支払った医療費を保険者が払い戻す現金給付（償還払い）方式と，医療サービスそのものを給付する現物給付方式に大別される。日本では主に現物給付方式を採用しているが，窓口での支払いが一定限度を超えた場合には，超えた分を保険者が払い戻す制度（高額療養費制度）も備えている。医療保険の運営主体（保険者）に関しては，日本では制度が分立しており，大別すると，相対的に規模の大きい民間企業・団体に勤める人々および扶養家族は組合管掌健康保険，中・小規模の民間企業・団体に勤める人々および扶養家族は全国健康保険協会管掌健康保険（協会けんぽ），一部の特殊な自営業者と家族は国民健康保険組合，船員は船員保険，公務員および私学教職員と扶養家族は共済組合，それ以

図 10　医療保険制度の体系

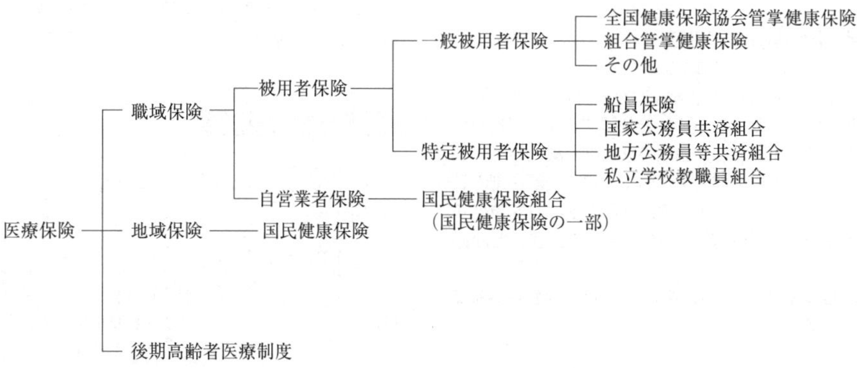

外の人々は（市町村）国民健康保険に，75 歳以上の高齢者はすべて後期高齢者医療制度にそれぞれ加入することになっている。

✎高額療養費支給制度 p.135

医療保護施設

いりょうほごしせつ

生活保護法第 38 条に規定される保護施設の一つ。医療を必要とする要保護者に対して，医療の給付を行うことを目的とする（生保 38 条 4 項）。2020（令和 2）年 10 月現在，全国に 56 施設存在する。

✎保護施設 p.462

医療保護入院

いりょうほごにゅういん

精神保健及び精神障害者福祉に関する法律第 33 条に規定される精神障害者の入院形態の一つ。精神保健指定医 1 人の診察の結果，精神障害により医療および保護のため入院の必要があるが，患者本人から入院についての同意を得られない場合に，保護者または扶養義務者の同意を得ることで可能となる入院形態。この入院形態は精神科病院入院患者の約 48 %にあたる。

✎精神保健及び精神障害者福祉に関する法律 p.306

医療保障

いりょうほしょう

所得保障，社会福祉サービスとともに社会保障給付の一分野を構成する。人々が「健康に生きる権利」を具体的に保障するための社会的施策の総体として理解できる。医療保障の方法は大別して，①一般（公費）財源による直接給付方式，②医療保険による現金給付（償還払い）方式，③医療保険による現物給付方式，の 3 つに区別することができる。

衣料用漂白剤　表5

いりょうようひょうはくざい

化学反応によって，洗剤だけでは落とすことが難しい衣料のシミや汚れを分解する薬剤。衣料用として使用できる漂白剤の種類は，酸化型塩素系漂白剤，酸化型酸素系漂白剤，還元型漂白剤の3種類である。漂白剤を使用するときは，対象とする素材を見極め使用方法に注意を払うことが必要。

✎塩素系漂白剤 p.47，還元型漂白剤 p.82，酸素系漂白剤 p.180

衣類の防虫剤

いるいのぼうちゅうざい

衣類など繊維製品の虫害を防ぐもの。防虫剤には忌避と殺虫のタイプがある。樟脳，ナフタリン，パラジクロロベンゼンなどは薬剤のガスを発生し，忌避効果を示す。ピレスロイド系のエンペントリンなどは殺虫成分を蒸散し，殺虫効果を示す。エンペントリンは無臭で人体に対する毒性は低く，他の防虫剤と同時使用も可能であるが，無臭のため必要以上に使用しないよう注意が必要である。

胃ろう

いろう

胃の内腔と腹壁との間をつなぐ瘻（ろう）孔のこと。口腔周囲の悪性腫瘍，食道癌，嚥下障害などで，口から十分に栄養を摂取できない場合に，胃ろうが造設される。胃ろうを介して経腸的に栄養が補給される。内視鏡的に（開腹手術をせず）造設される。

インクルージョン

inclusion

「包み込み」を意味するもの。障害児教育・社会福祉の分野で用いられる場合，障害の有無や社会的な境遇にかかわらず，地域や社会に包み込む方法・理念を指す。もとより，インクルージョンは，インテグレーション（integration：統合教育）が「障害児が統合の場で，何の支援もないまま投げ捨てられた（dumping)」と批判されたことを受け，インテグレーションに対する批判として，一人ひとりの特別なニーズに応じて必要な支援を保障するものとして登場したもの。国際連合教育科学文化機関（ユネスコ）が 1994 年にスペインで「特別なニーズ教育に関する世界会議（World Conference on Special Needs Education)」を開き，「全ての者の教育（Education for All)」を主張した，「サラマンカ

表5　衣料用漂白剤の分類

分類			成分例
酸化型	塩素系		次亜塩素酸ナトリウム
	酸素系	粉　末	過炭素ナトリウム
		液　体	過酸化水素
還元型			ハイドロサルファイト，二酸化チオ尿素

声明」を出したころからインクルージョンの理念が注目されるようになった。

✎インテグレーション p.31

インスリン

insulin

膵臓のランゲルハンス島β細胞から分泌されるホルモン。インスリンは血液中からブドウ糖の細胞内への取り込みを促進し，血糖を低下させる働きをもつ。細胞は血液中より得たブドウ糖と酸素からエネルギーを得て活動を行う。インスリンの欠乏により糖尿病を生じる。

✎糖尿病 p.369，ランゲルハンス島 p.496，資料㉗ p.541

インターグループワーク

intergroup work

コミュニティワークの一部に位置づけられるコミュニティ・オーガニゼーションの主要技術の一つ。ピッツバーグ大学教授などを歴任したニューステッターにより提唱された。その考え方は，地域社会は様々なグループの相互作用により成り立つ１つの実体であるととらえ，グループ間に適切な関係が形成されるように努めることで選択された社会的な目標が達成できる，というものであった。ボランティア団体や当事者組織，または民間や公的な団体・組織，といった地域に存在する団体の機能の強化，また，各団体間の連携や協力体制の構築などを図る技術であり，そのための方法として，各団体の代表者がやり取りを密に行うことが挙げられ，各団体の連携や機能の強化に有効であるとされた。

✎コミュニティ・オーガニゼーション p.167，ニューステッター p.394

インターベンション

intervention

相談援助の展開過程の一つ。介入とも訳される。アセスメントを通して立てられたプランに基づき，実際に援助を実施する段階のことで，利用者やその置かれた環境，両者の関係などへの介入を行う。この際，社会資源の活用や情報提供を行うことになるが，それが不十分な場合，アドボカシー機能の一つとしてその問題を社会に働きかけ，社会資源開発を促進する場合もあり得る。

✎援助過程 p.45

インテーク

intake

相談援助の展開過程の一つ。受理面接のことであり，ケースワークやケアマネジメントの初期段階に位置づけられる。援助は援助を求める人（クライエント）が自分の抱えている問題や困難の解決を求めることから始まる。援助者はクライエントの問題解決に適した援助過程を展開するために，クライエントの抱える問題をより正確に把握する必要がある。そのスタートが初回面接（インテーク）である。クライエントから持ち込まれた相談内容を吟味し，当該機関が受理すべきものであるかを判断する。不適当であれば他の機関に送致（リファー）され，適当であれば次のアセスメントに移行する。

✎援助過程 p.45

インテグレーション

integration

統合教育を意味するもので，障害をもつ児童と障害のない児童を同じ場所で教育することを指す。障害の有無や年齢，性別にかかわらず社会に統合していくことともいい，社会的統合とも訳される。

✎インクルージョン p.30

院内感染

いんないかんせん

医療機関内で細菌やウイルスなどに感染すること。薬剤耐性の病原体や日和見感染症，メチシリン耐性黄色ブドウ球菌（MRSA）によるものが多い。医療関連感染と同じ意味。

インフォーマルサービス

informal service

家族や近親者または地域住民やボランティアなどによる私的・非公式（インフォーマル）な支援のこと。法規・制度に基づく公的・公式（フォーマル）な社会資源によるフォーマルサービスの対義語。両者を総合的に活用し，その人らしい生活の再構築を支援していくことがソーシャルワークでは重要視される。かつてはインフォーマルサービスが現在よりも一般的であったが，家族の介護機能の縮小に伴い，介護の社会化が進んでいる。

✎フォーマルサービス p.437

インフォーマルセクター

informal sector

福祉サービスの提供主体の一つ。政府や地方公共団体といったフォーマルセクター（公的セクター）に対して，近隣社会やボランティアを指す。インフォーマルセクターは，社会的連帯感や互助の精神をも育むサービスを提供するといわれている。近隣社会やボランティア団体による給食サービスなどがその代表例である。福祉サービスの供給者が多様化する中で，インフォーマルセクターの役割はますます重視されている。さらに近年では，NPO や営利企業などを含めることがある。この場合，連帯や互助に加えて，フォーマルセクターにない効率性をも求めることができるとされる。

✎公的セクター p.143

インフォームド・コンセント

IC；informed consent

自分の病状について十分な説明を受けた後の患者の同意をいう。説明内容には，病名，可能な治療方法，予後，合併症，治療を行わない場合に予測される経過などが含まれる。子どもや高齢者など，判断能力が未熟もしくは低下している場合などには，近親者が代わって承諾を与えることは許されるが，その場合にも患者の判断能力に応じた説明が行われる必要がある。治療内容など自分自身にとって重要な事柄を自分で決めることを自己決定権といい，インフォームド・コンセントは自己決定権の行使の重要な部分をなす。

陰部洗浄　図11

いんぶせんじょう

陰部を清潔にするため，洗浄すること。陰部は排泄物や分泌物などにより汚れやすい部位であるとともに，臭気の発生しやすい部位でもある。シャワーボトルの中に湯（微温湯）を入れ，陰部を洗浄し，やわらかなタオルで水分を拭き取る。女性の陰部洗浄は，尿路感染を防ぐために尿道口から腟の方向に洗い流す。男性の場合は，陰茎，陰のうなど面と面が触れ合う部位（皮膚の二面が接する部分）は，特に丁寧に湯で洗い流す。湯を流すときは，陰部全体から肛門の方へ行う（逆方向に流してはいけない）。

図11　陰部洗浄（女性）

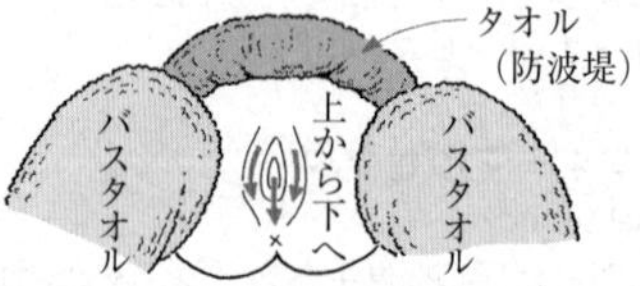

インフルエンザ

influenza

インフルエンザウイルスの感染により生じる急性の気道感染症。急速に出現する発熱，悪寒，咳，筋肉痛，頭痛，咽頭痛，疲労感などの症状を認める。冬季に流行する。医療機関，介護施設などでは施設内流行に注意が必要である。なお，新たに人から人に伝染する能力を有することになり，国民が免疫を獲得していないことから，全国的かつ急速なまん延のおそれが認められるものを新型インフルエンザという。2009（平成 21）年には豚由来の新型インフルエンザ（A 型 /H1N1：北米インフルエンザ）の世界的流行を認めた。

インフルエンザワクチン

influenza vaccine

インフルエンザの予防に有効である。インフルエンザウイルスは毎年型が変わるため，その年に流行すると予想される型のワクチンを接種する必要がある。65 歳以上の高齢者，心肺などに基礎疾患を有する者，医療従事者など不特定多数の患者に接する機会を有する者などにおいては，インフルエンザワクチンの接種が勧められる。2001（平成 13）年の予防接種法改正により，65 歳以上の高齢者には，接種費用の一部が公費で負担されることになった。

✎ワクチン p.519

インペアメント

impairment

▶機能障害 p.96

う

ウィリアムズ

Williams, George：1821 ～ 1905

キリスト教青年会である YMCA（Young Men's Christian Association）の創設者。イギリスのサマーセットの農家に生まれる。16 歳のときに呉服商に徒弟奉公に出され，劣悪な環境下での生活を経験する。アメリカの信仰復興論者であるチャールズ・フィニー（Finney, C. G.：1792 ～ 1875）の著作の影響を受け，キリスト教を信仰する者としての義務や責任について考え，身につけることを目的とした小規模なグループを作り，1844 年にこのグループを母体としてYMCAを創設した。当初は宗教色が強かったが，青年の精神的な向上という目的から様々な活動を包摂するようになった。その期に試行錯誤しながら行われていたレクリエーションの活動は，後のグループワークの起源でもある。

ウイルス性肝炎

ういるすせいかんえん

viral hepatitis

肝炎ウイルスの感染によって起こる肝臓の疾患。主にA～E型肝炎が知られている。A型は汚染された食物などからの経口感染により，急性肝炎として慢性化することはまれである。B型は血液，体液による感染が主である。母子感染については，感染防止事業が進められており，性行為による感染が重要となっている。一般的に一過性で，治癒する。C型は血液感染が主であり，輸血後肝炎の主たる原因であった。A型肝炎やB型肝炎の場合，ワクチンは実用化されているが，C型肝炎のワクチンはいまだ開発されていない。最近では免疫抑制剤投与に伴うB型肝炎の再活性化が注目されている。血中のAST（GOT），ALT（GPT）は高値を示し，重症では黄疸，血液凝固系の異常など，肝不全の徴候を認める。また，B型，C型では慢性化し，肝硬変，肝細胞癌に進行することがある。

✎A型肝炎 p.39，C型肝炎 p.182，B型肝炎 p.426

WAIS

ウェイス

Wechsler Adult Intelligence Scale

ウェクスラー式成人知能検査の通称。2018年に発行されたWAIS-Ⅳ知能検査（日本版）では，適用年齢が16歳0ヶ月から90歳11か月までと拡大された。15の下位検査（基本検査：10，補助検査：5）で構成されており，全般的な知能を表す全検査IQ（FSIQ）と，特定の認知領域の知的機能を表す言語理解指標（VCI）・知覚推理指標（PRI）・ワーキングメモリー指標（WMI）・処理速度指標（PSI）を算出することができる。IQ（知能指数）は平均値が100，標準偏差が15前後となるように設定されており，受検者の同年齢集団内での位置を示している。

✎ウェクスラー式知能検査 p.33

ウェクスラー式知能検査

うぇくすらーしきちのうけんさ

医療・福祉・教育の分野で広く活用されている知能検査の一つ。心理学者のデイヴィッド・ウェクスラー（Wechsler, D.：1896～1981）によって開発された個別式の知能検査。1対1で行う個別式の検査であり，年齢に応じて，幼児用のWPPSI知能検査（Wechsler Preschool and Primary Scale of Intelligence，通称ウィプシ），児童用のWISC知能検査（Wechsler Intelligence Scale for Children，通称ウィスク），成人用のWAIS知能検査（Wechsler Adult Intelligence Scale，通称ウェイス）の3種類がある。

✎WAIS p.33

ウエスト症候群

うえすとしょうこうぐん

West syndrome

点頭てんかんともいう。点頭とは，うなずくことである。乳児に発症し，次の3つの特徴的症状からなる。①点頭けいれんといい，軀幹の電撃的屈曲，点頭，軀幹の前屈と両側上肢の側方への挙上からなる発作，②精神運動の発達遅滞，③発作間欠期の脳波でみられる特徴的な脳波（高振幅のδ波やθ波）が出現する。副腎皮質刺激ホルモン（ACTH）療法が奏効する。

✎てんかん p.364

ウェッブ夫妻

うぇっぶふさい

Webb, Sidney：1859～1947 & Beatrice：1858～1943

イギリスの社会民主主義者。フェビアン社会主義を拠り所に，著書『産業民主制論』（1897）を著した。救貧法改革王立委員会のメンバーとしてまとめた少数派報告において，ニーズに即した普遍的サービス保障や包括的に窮乏を予防する所得保障にとどまらないナショナル・ミニマムなどの理念を提唱した。『産業民主制論』では，イギリスの産業を活性化させるために，工場労働者の労働時間や衛生状態の改善，最低賃金の確保，児童労働の改善などが不可欠であることを提言し，「雇用条件」「余暇」「衛生・医療」「教育」の4つの分野で政府が最低限の保障を行う必要性を示した。

また，救貧法改革王立委員会少数派報告では，救貧法の解体を主張した。これらの提言は，第二次世界大戦後，イギリスの社会保障・社会福祉体制の発展に対して大きな影響を与えた。

✎ナショナル・ミニマム p.385

ウエルシュ菌
うえるしゅきん
Clostridium perfringens

偏性嫌気性の芽胞形成菌。クロストリジウム属の一菌種でグラム陽性桿菌である。健康な人や動物の腸管内，土壌，下水などの自然界に広く常在している。ヒトの便からも検出されるが，その保菌率は食習慣や生活環境によって異なり，年齢による差も認められ，青壮年者より高齢者の方が高い。家畜の糞便，魚介類からも検出される。原因は肉，魚介類，野菜類を使用した煮物やカレーなどが最も多く，弁当や仕出し料理，給食施設での発生が多い。症状としては軽く，腹痛，下痢が主で，特に下腹部がはることが多い。予防策として，①生産→製造加工→流通→販売→消費の各段階で汚染を防止する，②加熱殺菌：十分に加熱することで生残菌数を少なくすることが重要，③増殖防止：一般細菌より発育温度域が 20 ～ 50℃ と広く，発育至適温度も 43 ～ 47℃ と高いので，調理後すぐ喫食，調理品を冷却する場合は素早く 20℃ 以下にする，保存は 10℃ 以下または 55℃ 以上に保つことが大切，再加熱は 75℃ 以上で十分に行うこと，などが挙げられる。

✎エンテロトキシン p.47，食中毒の原因菌 p.263

ウェルナー症候群
うえるなーしょうこうぐん
Werner's syndrome

常染色体潜性（劣性）遺伝により生じ，若年から白髪，皮膚の萎縮と角化，毛髪の脱落，白内障，骨粗鬆症などの老化現象を急激に生じる疾患をいう。早老症の一つ。糖尿病，脳腫瘍を伴うことがある。

✎早老症 p.320

ウェルニッケ失語
うぇるにっけしつご
Wernicke's aphasia

▶感覚性失語 p.81

ウェルニッケ脳症
うぇるにっけのうしょう
Wernicke's encephalopathy

慢性的なビタミンB_1（チアミン）の欠乏によって起こる中枢神経障害。意識障害を伴う精神症状（傾眠や昏睡など），複視と眼球運動障害，眼振と運動失調が 3 主徴である。アルコール多飲者やインスタント食品の偏食による栄養の偏りなどが発症要因である。作話を伴う高度の健忘（コルサコフ症候群）を残すことが多い。

✎コルサコフ症候群 p.170

ウェルビーイング
well-being

1946 年 7 月 22 日の世界保健機関（WHO）憲章前文の健康の定義では，ウェルビーイング（well-being）を「よい状態」と訳している。

「健康とは，身体的，精神的，社会的に完全によい状態にあることで，単に疾病または虚弱でないということではない」

なお，日本では，ウェルフェア（welfare）と同様に「福祉」とも訳されている。

迂　遠
うえん
circumstantiality

思考障害の一つ。思考の目標は見失われないが，一つひとつにこだわって詳細に説明するため，表現が回りくどく，重要でない枝葉末節にこだわり，要領よく目標に達せないもの。統合失調症，てんかん，認知症患者などでみられる。

ウォーカーケイン

歩行補助具の一つで，ウォーカーケイン，バランスウォーカー，サイドウォーカー，サイドケインなどの呼び名がある。安定した脚立状の杖で，杖より幅があり身体のサイドについて使う。安定性が高く，麻痺側の足に体重をかけると不安定になる場合でも安定した歩行が期待できる。

歩行の補助を目的とするウォーカーケインは，介護保険の貸与（レンタル）対象である。

ヴォルフェンスベルガー
Wolfensberger, Wolf.：1934 ～不詳

ドイツに生まれ，アメリカに移住し，アメリカ，カナダでノーマライゼーションの理念を紹介した。その後，ノーマライゼーションの独自の理論化・体系化を行い，社会的役割の実践（Social Role Valorization）という考え方を導入するようになった。ヴォルフェンスベルガーは，社会によって否定的にラベリングされることで形成される「逸脱状態」を是正するために，①環境を整備することで社会が受容する，②逸脱している個人が変容することで社会への適応を図るという 2 つの側面が必要であることを主張している。この

②の個人の変容の考え方が，バンク-ミケルセン，ベンクト・ニィリエらのノーマライゼーションの考え方と大きく異なる点である。

内田クレペリン精神検査

うちだくれぺりんせいしんけんさ

クレペリン検査ともいう。ドイツの精神医学者エミール・クレペリン（Kraepelin, E.：1856～1926）が発見した作業曲線をもとに，日本の心理学者内田勇三郎（うちだゆうざぶろう：1894～1966）が開発した心理検査。作業検査の一種で，1桁の足し算を一定時間連続して行い，能力および性格・行動面の特徴を判定する。職業適性検査として広く用いられている。

うっ血性心不全

うっけつせいしんふぜん

congestive heart failure

心臓の収縮力低下のため，血流のうっ滞，浮腫を生じた状態。就寝時など，体を横にすると心臓への静脈血流入が増大し，肺の血液うっ滞，呼吸困難を生じる。起坐位をとることにより呼吸困難が軽減するため，うっ血性心不全患者は起坐呼吸を行うようになる。治療には，体内の水分貯留を減らし心臓への負担を軽減するために，水分・塩分摂取の制限，利尿薬や強心薬の投与を行う。

✎浮腫 p.445

うつ状態

うつじょうたい

▶抑うつ状態 p.492

うつ熱

うつねつ

体温が異常上昇する状態として，発熱とうつ熱が挙げられる。うつ熱は熱を放散する仕組みを最大限に働かせても，体内に貯まる熱量の方が多く，体温が上昇してしまうこと。頸髄損傷により自律神経障害が起こると，体温調節機能が障害され，麻痺領域に発汗障害が起こる。そのため体熱の放散ができず体温が上昇するので，衣服の調節，濡れタオルでの清拭，アルコール清拭，冷房の使用などの対処が必要である。

うつ病 図12

うつびょう

depression

気分障害の一つ。有病率は4～5%で女性が男性の2倍とされ，発症のピークは20歳代，40～50歳代にある。真面目で几帳面な性格の人がうつ病になりやすいとされている。感情面では，気分の沈み込みや不安が生じ，興味などの喪失にみられるように意欲が減退する。また，認知面では，判断力や記憶力が低下するほか，行動面では，自分の世界に閉じこもりがちになる。身体症状としては，解熱薬や抗生物質の無効な微熱，全身倦怠感，腹痛，吐き気，胃もたれ感，食欲不振，体重減少，休養が有効でない慢性疲労などが挙げられる。うつ病の特徴としては，「思考制止」といわれる状態があり，思考活動が緩慢になり，記憶や計算など素早い判断を必要とすることができなくなる。老年期うつ病では，この「思考制止」により記憶や判断が鈍くなり，認知症と間違えられることがあるので注意が必要である。また，「憂うつだ」「気分が落ち込む」などと表現される抑うつ気分は，一般に朝に強く，夕方になると軽快することが多く，日内変動が特徴的である。近年，自殺者が増加し，うつ病との関連が指摘されている。うつ病を正しく理解することで，病気の早期発見，適切な支援機関の紹介，適切なかかわりなどにつながる。

✎仮面うつ病 p.78，気分障害 p.97，躁うつ病 p.318，大うつ病 p.327

羽毛わた

うもうわた

鳥類の羽毛を，わたとして使用したもの。ダウン（わた毛・胸毛）とフェザー（羽根）がある。ダウンは軽量で保温性・保湿性に優れており，フェザーは羽毛に芯があり弾力性があるので，ダウンとフェザーの混合したものを掛け布団や敷き

図12 うつ病の日内変動

布団のわたとして使用している。また防寒衣料として，ダウンジャケットのわたとしても用いられる。軽量，小さく畳んで収納することが可能，復元力が優れているなどが羽毛わたの特徴である。

上乗せサービス

うわのせさーびす

介護保険制度において，市町村が条例に基づき，厚生労働大臣が設定した区分支給限度基準額・福祉用具購入費支給限度基準額・住宅改修費支給限度基準額を上回る額を，独自の支給限度基準額として設定したもの（介護43条3項など）。また，介護保険制度では，支給限度基準額を超えた分のサービスを利用者の全額自己負担で利用することも認められているため，こうしたサービスを指す場合もある。

✎区分支給限度基準額 p.112，市町村特別給付 p.195

運営適正化委員会

うんえいてきせいかいいんかい

社会福祉法第83～87条の規定に基づき，都道府県社会福祉協議会に設置される苦情解決のための第三者機関である。その役割は，申出人（福祉サービス利用者）に対する相談・助言・あっせんであるが，そのために中立性・公平性が強く求められており，委員の選考にあたっては選考委員会の同意が必要となっている。運営適正化委員会には申出のあった苦情についての事情を調査する権限が与えられている一方，苦情解決のあっせんにあたっては利用者と事業者の双方の同意が必要となっている。これは両当事者に一定の効力のある解決を図るための合理的な根拠が必要となるからである。

✎資料② p.525

運動機能障害

うんどうきのうしょうがい

運動に関する情報を伝達する神経系，および実際に運動を行う骨や関節，筋肉が何らかの疾患や外傷などが原因で障害を受けたことによって生じるもので，運動麻痺，変形，関節拘縮，筋萎縮などがある。

✎片麻痺 p.74，関節拘縮 p.85，筋萎縮 p.110，四肢麻痺 p.190，対麻痺 p.356

運動失調症

うんどうしっちょうしょう

ataxia

麻痺はないが，運動をうまくできない状態をいう。小脳の障害，脊髄の障害で生じることが多い。

運動性失語 図13

うんどうせいしつご

脳血管障害などの後遺症で前頭葉が損傷されると，話したい内容を言語化する機能が損傷され，自発言語や言語復唱ができなくなる。これを運動性失語あるいはブローカ失語と呼ぶ。

✎感覚性失語 p.81，失語症 p.197

運動麻痺

うんどうまひ

motor paralysis

運動をつかさどる神経が障害されて筋肉の収縮ができず，運動できない状態をいう。脊髄損傷，脳血管障害（脳卒中），脳性麻痺など中枢神経，または末梢神経障害で生じる。

✎脊髄損傷 p.311，脳性麻痺 p.407

運動療法

うんどうりょうほう

障害や疾患の治療，予防のために運動を活用すること。なかでも，生活習慣病などに対して，食事療法とともに基礎的な療法に位置づけられる。主にウォーキングなどの有酸素運動を勧められることが多いが，症状や状態に応じて実施することが肝要であり，疾患によっては控えた方がよい場合もある。

✎食事療法 p.262

図13 運動性失語

え

エイコサペンタエン酸

えいこさぺんたえんさん

eicosapentaenoic acid

▶EPA p.14

エイジズム

ageism

年齢による偏見や差別を意味し，特に高齢者に対して用いられる。アメリカの精神科医ロバート・バトラー（Batler,R.N.：1927～2010）により提唱された。例えば，高齢者を役に立たないもの，能力の劣ったものといった否定的な見方をしたり，就業差別，年齢による退職や解雇などの差別がある。しかし，否定的なものばかりでなく，高齢者は経験豊富，親切などといった肯定的な見方，税の控除，入館料割引などの肯定的な差別も含まれる。

エイジング

aging

▶加齢 p.80，サクセスフル・エイジング p.178，老化 p.509

エイズ 図14

AIDS；acquired immunodeficiency syndrome

後天性免疫不全症候群と訳され，HIV（ヒト免疫不全ウイルス）の感染により生じる。HIV は感染後数年間の潜伏期を経て，白血球（特にヘルパーＴ細胞というリンパ球）を破壊するため，徐々に抵抗力が低下し，日和見感染症や特殊な悪性新生物を起こしやすい。末期にはニューモシスチス肺炎，カポジ肉腫などにより死亡する。HIV は，性交，血液の媒介（針刺し事故，同じ注射器による麻薬の回し打ち，加熱処理していない血液凝固製剤），母児感染などにより感染する。日常的な接触では感染しない。感染症法の５類感染症に指定されており，診断した医師は届出が必要である。

✎血友病 p.126，ニューモシスチス肺炎 p.394

図14 エイズの主な症状

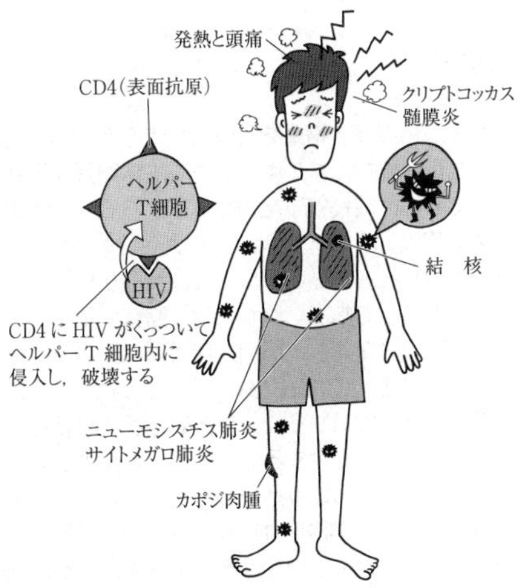

エイズ予防対策

えいずよぼうたいさく

エイズは HIV（ヒト免疫不全ウイルス）の感染により生じる。HIV の感染力は比較的弱く，日常生活で感染することはない。感染は，①血液：輸血による感染は現在では考えにくく，同じ注射器による麻薬の回し打ちをした場合など，②性行為：コンドームを使用しないで行う，③母子感染：妊娠中の検査と感染予防の対応でほぼ防ぐことが可能，による。日本での感染は，性行為，特に同性愛によるものが多い。先進国の多くでは新規の HIV 感染者数が減少傾向にある中で，日本は HIV 感染率は低いものの，新規感染者数は増加傾向にあり，正しい予防知識の普及啓発が重要である。2006（平成 18）年に見直された「エイズ予防指針」では，①エイズが「不治の特別な病」から「コントロール可能な一般的な病」へと疾病概念が変化したことを踏まえて施策を展開すること，②都道府県等が中心となって普及啓発，検査，医療体制の再構築を図ること，③同性愛者や青少年に重点を置いた普及啓発や，都道府県レベルの中核拠点病院の整備など，施策の重点化・計画化を図ることの３点を基本的な考え方としている。

衛生委員会

えいせいいいんかい

労働安全衛生法第 18 条の規定により，事業場における労働衛生管理のために設置される委員会のこと。事業者が事業場の安全衛生管理体制を整備すべきことが義務づけられている。常時 50 人以上の労働者を有する事業場では衛生委員会を設けて，月に１回以上開催しなければならない。この委員会には衛生管理者や産業医が参加し，労働者の健康障害の防止対策，労働災害の原因と再発防止対策について調査や審議を行い，事業者に対して意見を具申するのが目的である。

労働安全衛生法 p.515

HIV

エイチアイブイ

▶エイズ p.37

HDS-R

エイチディーエスアール

Hasegawa's Dementia Scale-Revised

▶長谷川式認知症スケール p.417

栄養改善法

えいようかいぜんほう

▶健康増進法 p.128

栄養機能食品

えいようきのうしょくひん

▶特定保健用食品 p.376

栄養士

えいようし

栄養士法第1条に，都道府県知事の免許を受けて，栄養士の名称を用いて栄養の指導に従事することを業とする者と定義されている。栄養士の免許は，厚生労働大臣の指定した栄養士養成施設において2年以上栄養士として必要な知識および技能を修得した者に対して，都道府県知事から与えられる。

栄養士の役割は，多種多様で大量に氾濫している食物をそれぞれ正しい選択ができるように栄養指導を行うことであり，人間に害を与えるような不適正な食物を排除し，適正に組み合わせた献立を作成して，健康増進を図ることである。このために，栄養学を基礎にして，生化学・生理学・医学の面，また食品に関する学問，調理学，調理技術，さらに社会学，心理学など文化に関する面も十分に学ぶことが大切である。2000（平成12）年4月に栄養士法が改正され，栄養士制度が変更された。また，2003（平成15）年5月より健康増進法が施行されているので，制度上のことは栄養士法，健康増進法をよく注意してみることが重要。

管理栄養士についても栄養士法の中で定められている。栄養士が主に健康な人に対する栄養指導や給食管理に携わるのに対し，管理栄養士は主に傷病者や，特別な配慮，高度な知識・技術を必要とする栄養指導に従事する役割を担っている。

管理栄養士 p.90

栄養障害

えいようしょうがい

摂取した栄養素が体内で適切に消化・吸収されず，新陳代謝が正常に行われない状態。栄養障害があると，栄養不良を引き起こし身体を健全に保つことができなくなる。また，摂取した栄養素は十分でも，消化・吸収，代謝に障害があると，栄養欠乏症（ビタミン類，たんぱく質，鉄分など）による異常状態として浮腫，徐脈，貧血，下痢，倦怠感などが現れる。

栄養摂取量

えいようせっしゅりょう

人間が生きていくためには，食べ物を摂取し，それが体内で利用されることが必要である。生体が外界から物質を摂取し，代謝を行い生体活動に必要なエネルギーを得て生体物質を更新し，あるいは成長する過程を栄養といい，摂取する個々の物質を栄養素という。そのエネルギーおよび各栄養素をどれだけ体内に取り込んだか，または取り込めたかを示す量を栄養摂取量という。その量の不足や過剰が不健康や疾病をもたらす原因になる。そこで，人が健康な生活を送るために，または正常に成長するために生理的に必要とされる栄養素の量を示したものに「日本人の食事摂取基準（2020年版）」がある。これは健康を保持し増進させるために，どのような栄養素をどれだけ摂取したらよいかを1日当たりの数値で示したもので，各栄養素の摂取量の基準となるものである。

食事摂取基準 p.261

栄養素

えいようそ

生体が外界から物質を摂取し，代謝を行い，生体活動に必要なエネルギーを得て生体物質を更新し，あるいは成長するために摂取する個々の物質を栄養素という。人に関していえば，「人間が健康で十分な社会活動を行うために食事から摂取する食品成分」を指す。炭水化物，脂質，たんぱく質を「三大栄養素」といい，無機質（ミネラル），ビタミンを加えて「五大栄養素」という。「三大栄養素」は摂取量も多く，体内で分解されるときにエネルギーを発生する。その他，人が生きていくために外界から取り込む必要があるものに酸素と水もあるが，通常これらは栄養素には入らない。ただし，水については五大栄養素とは別に絶対必要なものとして考えられるので，無機質として栄養素に入れる考え方もある。

✎五大栄養素 p.162，脂質 p.189，炭水化物 p.338，たんぱく質 p.338，微量栄養素 p.435，ビタミン p.428，無機質 p.476

栄養表示基準制度

えいようひょうじきじゅんせいど

食品にエネルギーと栄養成分の表示を義務づけ，消費者の適切な食品選択を支援する制度。食を通じて国民の健康づくりに寄与することを目的とし，1995（平成7）年に栄養改善法により規定された後，2002（平成14）年に健康増進法へと引き継がれた（健増31条）。しかし，食品の表示に関する規定を統合して，包括的かつ一元的な食品表示制度とするため，食品表示法を創設し，2015（平成27）年に施行された。加工食品の栄養成分について何らかの表示を行う場合には，エネルギー，たんぱく質，脂質，炭水化物，ナトリウムの含有量を表示すること，また「ノンオイル」「低カロリー」などとうたっている食品の「ゼロ」「ノン」「無」「軽」「ひかえめ」「高」「強化」「減」などの表示は，一定量以下または以上でなければ認められないこととなり，より正確な情報が得られるようになった。

エインズワース

Ainsworth, M. D. S.：1913～1999

ボウルビィとの共同研究により，愛着理論を確立した心理学者。エインズワースはさらに，養育者と乳幼児の愛着の類型を観察・評価するために，ストレンジ・シチュエーション法を考案した。これは母親が部屋から退室する場面，母親と再会する場面などにおける乳幼児の反応を見るもので，愛着をあまり示さない（回避型），安定した愛着を示す（安定型），不安定でアンビバレントな愛着を示す（葛藤型）の3タイプに分類される。なお，後に無秩序型の存在が指摘されている。

✎ボウルビィ p.460

AED

エーイーディー

automated external defibrillator

▶自動体外式除細動器 p.204

AA

エーエー

alcoholics anonymous

▶アルコホーリクス・アノニマス p.12

ALS

エーエルエス

amyotrophic lateral sclerosis

▶筋萎縮性側索硬化症 p.110

A型肝炎

えーがたかんえん

hepatitis A

A型肝炎ウイルスに汚染された食物（魚介類が多い），水などの摂取により経口感染で生じる。感冒様症状，肝機能障害，黄疸を認める。自然に治癒し，重症化・慢性化することはまれである。

✎C型肝炎 p.182，B型肝炎 p.426

ACP

エーシーピー

Advance Care Planning

▶アドバンス・ケア・プランニング p.8

ADHD

エーディーエイチディー

Attention-Deficit/Hyperactivity Disorder

▶注意欠陥多動性障害 p.351

ADA

エーディーエー

Americans with Disabilities Act

▶障害をもつアメリカ人法 p.247

ADL 図15

エーディーエル

activities of daily living

日常生活活動（動作）と訳される。ADLとは，日常生活の中で必要とされる基本的な活動であり，IADL（手段的日常生活活動（動作））と区別して身辺ADLと呼ばれることもある。日本ではバーセル指数やFIM（機能的自立度評価法）が用いられている。代表的な項目としては，「移動」「食事」「排泄」「入浴」「整容」「更衣（着脱衣）」などがある。障害や疾患がある人に対し，ADLの自立度を評価することによって「障害」を構造的にとらえ，リハビリテーションの方針決定や効果判定に利用されている。

✎IADL p.1

A-PIEプロセス

エーパイプロセス

レクリエーション活動の援助を，事前評価（assessment），計画（planning）から実行

(implementation)，評価（evaluation）に至る4段階のプロセスとして説明したもの。頭文字をとってこのように呼ぶ。

✎レクリエーション援助 p.504

APDL

エーピーディーエル

activities parallel to daily living

日常生活関連活動（動作）と訳される。日常生活の基本となる身体的活動（動作）であるADL（日常生活活動（動作））とは別に，家庭生活の基本である家事や，社会生活・文化的生活に必要な移動・交通，情報・通信などの諸活動を指す。よく似た概念でIADL（手段的ADL）やE-ADL（拡張ADL）があるが，評価項目や評価法にそれぞれ違いがある。

✎IADL p.1，ADL p.39

絵カード 図16

えかーど

言葉を絵で表現し伝達するためのイラストが描かれたカード。構音障害や運動性失語症を有する障害者，または自閉症や発達障害を有する障害児とのコミュニケーション，リハビリテーションなどで用いられる。

腋窩検温

えきかけんおん

腋の下に体温計をはさんで体温を測る方法をいう。注意点として，①腋の下の汗を拭き取る，②食事，入浴や運動の直後の測定は避ける，③腋の下に炎症や疼痛などがみられる場合は反対側で測り，片麻痺のある場合は健側の腋の下で測る（片麻痺の腋窩温は健側の腋窩温より低くなる），④

図16　絵カードの例

図15　ADL（日常生活活動（動作））の例

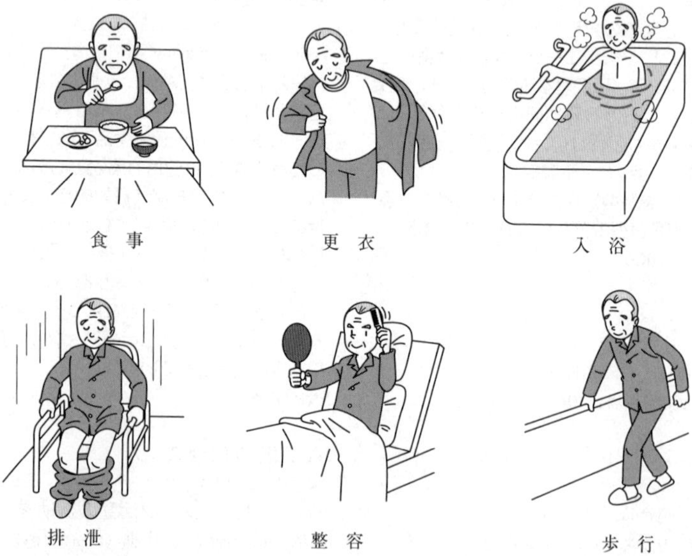

測定時には体温計の先端を腋窩前方約45度の角度に下方より挿入する，などが挙げられる。

✎体温測定 p.327

エクリン腺

えくりんせん

▶汗腺 p.86

エコマップ　図17

ecomap

ハルトマン（Hartman, A.）によって開発された生態地図を描く記録法である。対象となる世帯を中心に，それを取り囲む公私の社会資源や関係者を配置しその関係性を視覚的に図示する。これによって，サポート体制の構成や構造が明確化され，援助課題の焦点化に活用できる。

✎ジェノグラム p.182

エコロジカル・アプローチ

ecological approach

ソーシャルワークにおけるアプローチの一つ。ジャーメイン（Germain, C. B.：1917～1995）により提唱された。人と環境の相互作用に着目するもので，問題の因果関係を局所的な原因だけに求めず，広く環境条件との相互作用としてとらえる。問題をクライエント自身のものとしてとらえるそれまでの古い伝統的な医学モデルに代わって登場した，生活モデルを実践に具体化する一つの方法論である。

✎生活モデル p.301

エコロジカル・モデル

ecological model

人が抱える諸問題に対し，その人と周辺環境との相互作用として表現したもの。1970年代以降，人間生態学，一般システム論，自我心理学などが社会福祉の援助方法に影響を与え，今日ではエコロジカル・モデルにおける確固たる概念の枠組みとして支持されている。代表的な理論家は「生活モデル」を体系化したジャーメイン（Germain, C. B.：1917～1995）やギッターマン（Gitterman, A.：1938～）らである。

✎エコマップ p.41，エコロジカル・アプローチ p.41，生活モデル p.301

壊　死

えし

necrosis

血流の障害や血管内腔の閉塞などにより血流が止まり，支配下領域の局所組織や細胞が変性し死んでしまうこと。なお，壊死組織が外界の影響によって腐敗したものを壊疽という。

SST

エスエスティー

social skills training

▶社会生活技能訓練 p.211

SF商法

えすえふしょうほう

▶催眠商法 p.177

図17　エコマップの例

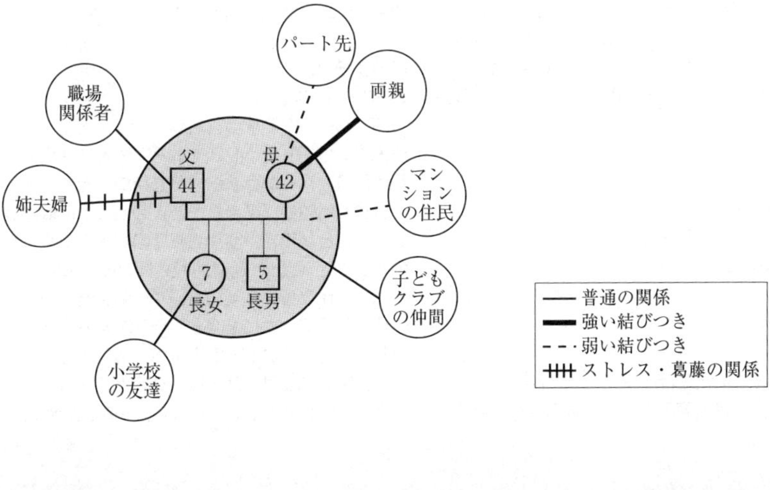

SCT
エスシーティー
sentence completion test
▶文章完成テスト p.451

ST
エスティー
speech-language-hearing therapist
▶言語聴覚士 p.130

SDS
エスディーエス
Safety Data Sheet

安全データシートの略語で，化学物質の危険有害性情報を記載した文書のこと。危険有害性の要約，組成および成分情報，緊急時の対応，廃棄方法等が記される。これらの内容は，使用者の安全を守り，環境への悪影響を未然に防ぐために必要であるが，化学物質を取引する際，商品価値を下げる恐れがあるため，積極的に提供されにくいこともある。そのため，「特定化学物質の環境への排出量の把握等及び管理の改善の促進に関する法律」「労働安全衛生法」「毒物及び劇物取締法」において，対象となる化学物質を他事業者へ譲渡または提供する際には，SDS を交付することが義務づけられている。

SDGs
エスディージーズ
Sustainable Development Goals

2015 年 9 月に行われた国連サミットにおいて採択された「持続可能な開発のための 2030 アジェンダ」に示された国際目標のこと。「持続可能な開発目標」と訳される。「誰一人取り残さない」持続可能な社会の実現を目指す目標であり，2030 年を達成年限とする。17 の目標（貧困・飢餓・保健・教育・ジェンダー・エネルギー・気候変動・平和等）と 169 のターゲットからなる。

STD
エスティーディー
sexually transmitted disease
▶性行為感染症 p.302

エストロゲン
estrogen

卵胞ホルモンともいう。卵巣から分泌されて，子宮の発育，子宮内膜の増殖，乳腺の発育，月経の発来，第二次性徴をつかさどる。

✎プロゲステロン p.451

NGO
エヌジーオー
non-governmental organization

非政府組織と訳される。本来は政府機関ではない民間組織全般を指すが，日本においては，国際連合（国連）と関係する活動において，政府間の協定によらず設けられた民間の国際協力機関を指すことが多い。NGO のタイプには，①政府の政策を批判し，それに代わる代替案を提出する「政策批判型 NGO」，②政府批判のみならず，地域社会や開発途上国の現場に赴いて，その場所における現行システムや生活を変革させていこうとする「開発型 NGO」がある。

✎NPO p.42

NPO
エヌピーオー
non-profit organization

民間非営利組織・団体と訳される。利益の追求を一義的な目的とせず，かつ政府や地方公共団体の一部ではない組織。公益事業や市民的活動を行う。市民が自らの社会を自らの手で構築し，柔軟に社会を変革していくための存在として，その役割が期待されている。1998（平成 10）年 3 月，特定非営利活動促進法（NPO 法）が成立し，同年 12 月 1 日から施行されている。同法により，NPO にも法人格を取得する道が開かれた。

✎NGO p.42，特定非営利活動促進法 p.374

NPO 法
えぬぴーおーほう
▶特定非営利活動促進法 p.374

NPO 法人
えぬぴーおーほうじん

NPO 法（特定非営利活動促進法）によって，法人格を取得した NPO を NPO 法人（特定非営利活動法人）という。法人格を持つことで，団体に対する信頼性が高まり，法人の名の下に取引等を行うことができ，団体名義での契約締結や土地の登記など，団体がいわゆる「権利能力の主体」となり団体自身の名義において権利義務の関係の処理を行うことができる。NPO 法人のうち，実績判定期間において一定の基準を満たすと所轄庁の「認定」を受けた法人は，認定 NPO 法人（認定特定非営利活動法人）となり，税制上の優遇措置を受けることができる。

エネルギー代謝

えねるぎーたいしゃ

エネルギー産生物として食物を摂り，生体内で酸化・分解しエネルギーが発生する。そのエネルギーを生命活動に利用している。熱量素を生体内でエネルギーに換える反応と，生きるための仕事でエネルギーを消費する過程をエネルギー代謝という。消費エネルギーよりも摂取エネルギーが多いときは，余分なエネルギーは体脂肪として貯蔵され，逆の場合は体成分を酸化・分解して，そのときに発生するエネルギーを利用する。エネルギーの単位は栄養学的にはキロカロリー（kcal）である。

エバリュエーション

evaluation

▶効果測定 p.135

エピソード記憶

えぴそーどきおく

エンデル・タルヴィング（Endel Tulving：1927～）により提唱された記憶概念の一つで，長期記憶のうちの宣言的（陳述）記憶に含まれる。特定の場所や日時と関連した個人的経験に関する記憶を指す。例えば，「昨夜は家で家族とカレーライスを食べた」など，具体的な出来事に関する記憶であり，いつ・どこで・何をしたか，また，その時どんな気持ちだったかなど，周囲の状況や自己の心情などを伴うことが特徴である。一般的な知識や情報についての意味記憶と対比される。

✎意味記憶 p.25

MRI

エムアールアイ

magnetic resonance imaging

磁気共鳴画像のこと。磁場に置かれた物質が特定の周波数の電波に共鳴して自ら電波を発信する現象を利用し，体内の病変を診断する方法をいう。検査時は眼鏡，補聴器，義歯などの金属類をはずす。同様に，CT（computed tomography：コンピュータ断層撮影）ではエックス線の体内組織での吸収程度を，超音波検査では音響特性を利用して画像を得て診断に用いる。

MRSA

エムアールエスエー

methicillin-resistant *Staphylococcus aureus*

▶メチシリン耐性黄色ブドウ球菌 p.479

MMSE

エムエムエスイー

mini-mental state examination

老人用知能評価スケール（認知症スクリーニングスケール）の一つ。入院患者の認知障害測定のため，1975年にフォルスタイン（Folstein, M. F.：1941～）により開発された。11問の質問項目で構成され，30点満点で，認知症と非認知症とのカットオフポイント（基準点）は22/23点とするのが有効であるとする研究報告が多い。

エリクソン 表6

Erikson, Erik Homburger：1902～1994

アメリカの精神分析家。ドイツにユダヤ系デンマーク人として生まれ，ナチスの迫害を逃れて渡米し，1939年にアメリカ国籍を取得す

表6 エリクソンの人生の８つの発達段階

発達段階	年齢（歳）	発達課題と危機	達成で得られる力
乳児期	0～2	基本的信頼 対 基本的不信	希　望
幼児期初期	2～3	自律 対 恥・疑惑	意　志
遊戯期	3～5	自発性 対 罪悪感	目　的
児童期	6～11	勤勉さ 対 劣等感	有能感
思春期/青年期	12～18/25	同一性* 対 同一性拡散	忠誠心
成人期初期	18/25～25/35	親密さ 対 孤立	愛
中年期	25/35～65	生殖性 対 停滞	世話・思いやり
老年期	65～	統合 対 絶望・嫌悪	知　恵

* 同一性とはアイデンティティのこと。上から下へとたどるのが発達の道筋であるが，逆戻りもあり，すべての段階をたどってきた高齢者を理解するには，この道筋を理解する必要がある。

る。精神分析理論に基づくアイデンティティ論や心理社会的発達段階の８段階をまとめた。エリクソンによると，発達の各段階において，社会的に要求される課題と内面との葛藤があり，その葛藤の解決と危機の克服が，次の成熟への重要なステップとなる。こうした各発達段階における代表的な課題と危機状況を「心理社会的危機」という。

✎自我同一性 p.185，生涯発達 p.246

エリザベスⅠ世

えりざべすいっせい

Elizabeth Ⅰ：1533 ～ 1603

イギリス女王。ヘンリー８世（Henry Ⅷ：1491～1547）の娘。権力争いに巻き込まれながらも教養を深め，プロテスタント信仰に厚かった。在位中は，宮廷に官僚機構を形成するとともに地方行政を整備し，絶対主義体制を確立した。東インド会社などを認可し国際貿易を発展させると同時に国内では重商主義政策を展開し，国威を高めた。在位の1601年に制定された救貧法は，エリザベス救貧法とも呼ばれる。

エリザベス救貧法

えりざべすきゅうひんほう

Elizabethan Poor Law

近代的産業社会の生成期に産業革命が進むイギリスにおいて，エリザベスⅠ世のもとで1601年に国家的規模で制度化された貧困救済のための法規。救済の対象者を，①労働能力のある貧民，②労働能力のない貧民，③親が扶養できない児童，の３つに分類した。また，中央集権的救貧行政機構を確立するため，教区を救貧行政の単位とし，治安判事に任命された貧民監督官が救貧税の徴収と救済の業務にあたった。改正は繰り返されたが，救貧法は，1948年の国民扶助法制定によって廃止されるまで救貧行政の基本法規として存続した。

✎救貧法 p.101

LGBTQ

エルジービーティーキュー

性的マイノリティ（性的少数者）を表す総称の一つ。Lesbian（レズビアン）は女性同性愛者，Gay（ゲイ）は男性同性愛者，Bisexual（バイセクシュアル）は同性愛と異性愛をあわせ持つ両性愛者，Transgender（トランスジェンダー）は性自認が出生時に割り当てられた性別と異なる人，Queer（クイア）またはQuestioning（クエスチョニング）は性的志向や性自認がはっきりしない，定まっていない，どちらかに決めたくないなど多様な状態をふくむ人。このそれぞれの頭文字をとった言葉である。

エルバーフェルト制度

えるばーふぇるとせいど

Elberfelder System

ドイツ西部の都市エルバーフェルト（1930年よりヴッパータール）において，1853年より実施された救貧制度。全市を小規模単位で区分けし，区ごとに１名ずつ置かれた名誉職の委員が，貧困者の調査や救済を行った。1918（大正7）年に大阪で始まった戦前日本の方面委員制度は，この制度を参考としたものである。

✎方面委員制度 p.458

園芸療法

えんげいりょうほう

草花や野菜など，身の回りにある自然との関わりを通して，健康の維持増進や生活の質の向上などを目的として行う療法。1950年代のアメリカで，心身ともに傷ついた退役軍人の社会復帰のための作業療法の一つとして開発されたリハビリテーションであり，1990年初頭に日本に紹介された。統一された定義はないが，高齢者や障害者の心のケアや社会参加，認知症予防等を目的に広く行われている。

嚥下障害

えんげしょうがい

dysphagia

飲食物を上手に飲み込むことができない状態で，このため摂食を拒んだり，飲食物が気管に入ってむせ返る。嚥下とは飲み込む一連の運動を指し，口腔・舌，咽頭，食道が協同運動によって円滑に行われる。すなわち，嚥下運動は食塊を飲み込む直前までは随意であり，舌背の奥に送り込まれた食塊が嚥下反射誘発部位にかかるやいなや嚥下反射が誘発される。反射弓は舌咽・迷走神経と脳幹からなり，延髄の嚥下パターン形成器で巧妙に支配されている。飲食物の通過経路や神経系に異常があると嚥下障害が生じるが，高齢者では脳血管障害や神経筋疾患が原因となる。嚥下障害は誤嚥性肺炎や窒息，栄養障害や脱水症を合併する。

✎嚥下性肺炎 p.45，誤嚥性肺炎 p.151

嚥下性肺炎

えんげせいはいえん

嚥下に伴って生じた肺炎のことで，嚥下性肺疾患の一つ。誤嚥性肺炎が代表的で，その他，人工呼吸器関連肺炎，メンデルソン症候群（嘔吐した胃液，胃酸を肺に吸引して生じる重篤な肺炎），びまん性嚥下性細気管支炎などが含まれる。また，嚥下障害がなくても，気管食道瘻（がんなどで食道と気管が交通）のように飲み込んだ食物が瘻孔から気管に入って生じた肺炎も嚥下性肺炎に含まれる。

✎誤嚥性肺炎 p.151

嚥下反射

えんげはんしゃ

食物が咽頭を通過するときに，脳神経の働きにより気管，鼻咽頭腔などを塞ぐ反射運動をいう。これにより食物は食道を通り胃に入る。反射は刺激に対して無意識に行われる反応である。脳血管障害後遺症などで嚥下反射がうまく行われない場合，食物は気道に誤嚥され，嚥下性（誤嚥性）肺炎を生じる。

✎誤嚥性肺炎 p.151

嚥下補助食品

えんげほじょしょくひん

嚥下困難な人のために，食物を飲み込みやすくする材料として使われるもの。ゼラチン，寒天，ペクチンなどを用いてゼリー状にしたり，でんぷんを用いて食品にとろみをつけたりする。ゼリーは冷たい食物に，とろみつけは温かい食物に適する。ゼラチンはたんぱく質の一種，寒天はてんぐさ，おごのりなどの海藻から作る。ペクチンは果実類に含まれる複合多糖類。でんぷんの代表は片栗粉で，じゃがいもでんぷんであり，コーンスターチはとうもろこしでんぷんである。

食物に添加するだけでよい嚥下障害者用の補助食品も開発されている。加工でんぷん，デキストリン，増粘多糖類などを主成分とするもので数種類ある。食物に含まれている食塩，砂糖，酸の影響がそれぞれで異なり，飲み込みやすさにも差があるので，確認してから有効に利用する。

✎寒天 p.89，ゼラチン p.313，増粘剤 p.320，ペクチン p.453

エンゲルの法則

えんげるのほうそく

ドイツの統計学者エルンスト・エンゲル（Engel, E.：1821 ～ 1896）が見いだした，所得の上昇につれ家計支出総額に占める飲食物費の割合が低下するという統計的法則。「ザクセン王国の生産と消費」と題する論文の中で示された。この法則により規定される，総生活費に占める飲食物費の割合をエンゲル係数という。飲食費は生存のため一定以上は不可欠であることから，エンゲル係数は飲食費以外の支出の余裕がどの程度あるかという生活水準も反映する。

エンゲル方式

えんげるほうしき

生活扶助基準の算定方式の一つ。生活保護制度において，1961 ～ 1964（昭和 36 ～ 39）年にかけて採用されていた。栄養審議会（現・厚生科学審議会）で算出する日本人の標準栄養所要量を満たす飲食物費を理論的に計算し，それと同額の支出をしている低所得世帯を家計調査から抽出して，総生活費を算出する方式。総生活費に占める飲食物費の割合により生活程度を測定できるというエンゲルの法則をもとにしている。エンゲル方式は，マーケット・バスケット方式と比較して，低所得世帯の現実的な変動に対応できる性格を有したが，生活変化に伴い，一般世帯との生活水準が拡大される結果を招いた。

✎エンゲルの法則 p.45

遠城寺式乳幼児分析的発達検査法

えんじょうじしきにゅうようじぶんせきてきはったつけんさほう

1958（昭和 33）年に遠城寺宗徳（えんじょうじむねのり：1900 ～ 1978）らによって開発され，1975（昭和 50）年に「九大小児科改訂版」として発表された。検査項目は，移動運動，手の運動，基本的習慣，対人関係，発語，言語理解の 6 領域であり，0 歳から 4 歳 8 か月までの乳幼児の発達状況を精神面や身体面の両面から診断しようとする検査法である。

援助過程

えんじょかてい

援助の過程とは，その援助が依拠する考え方や視点を具現化していくために定めた一連の手続きや留意点のこと。こうした性格から各々の援助の特徴を顕著に反映するものでもある。例えば，1940 年代から 1950 年代にかけて激しく対立した診断派と機能派とでは，前者が社会調査－社会診断－社会治療と問題や病理に焦点を当てて，これを修正・治療する過程を描いたのに対し，後者では時間経過をもとに初期－中期－終結としている。
現在では，その区分の仕方が論者により若干異なるものの，おおむね，6つないしは7つからなる過程とされている。この過程とはすなわち，①インテーク，②アセスメント，③援助計画の作成，④援助活動の実施，⑤モニタリング，⑥終結，⑦事後評価である。これらの段階は明確に区分されたものではなく，例えば，援助の実践においてクライエントに関する情報が不足していると考えたり，援助効果があまり上がっていないと判断できる場合には，再アセスメントを行い，援助の目標や方法を吟味するなど，状況に応じて循環や並行がなされる。

✎アセスメント p.7，インテーク p.31，援助計画 p.46，再アセスメント p.172，終結 p.222，モニタリング p.481

援助関係

えんじょかんけい

ソーシャルワーク関係ともいわれるが，個別援助であれば一対一の関係で，集団援助であれば一対一の関係と一対集団という二重の関係となる。この援助関係が利用者の力を強化する働きをする。援助関係の形成におけるワーカー（援助者）のとるべき態度として，個別援助技術（ケースワーク）ではバイステックの7原則，集団援助技術（グループワーク）ではコノプカの14原則が知られている。

✎コノプカ p.164，バイステックの7原則 p.413

援助計画

えんじょけいかく

援助過程において，アセスメントによって問題の所在が明らかとなってから，その問題解決に向けた援助計画を立案する。一般的には，長期目標，短期目標，ニーズ，援助内容，援助方法で構成される。その際，利用者とともに具体的に解決すべきポイントを明らかにしてそれを援助目標として掲げることによって，援助過程において継続的に目標達成度を確認し，利用者の動機づけを高めることができる。援助計画は，単にサービスの組合せを計画するだけでなく，問題解決に寄与する理論を適用して自立に向けた支援を行うものである。

✎アセスメント p.7

エンゼルケア

End of Life Care

遺体に対して行われる処置をいう。血流がなくなることによって死体の色調は蒼白化し，皮膚は乾燥する。さらに死後経過時間とともに腐敗による変色が進む。一般的には，死後変化の進行を抑えるために周囲にドライアイスなどを置いて低温環境とするが，限界はある。これらの状態に対して化粧を行うことや整髪し，遺体を美しい状態にすることをエンゼルケアという。遺体の外表に損傷がある場合には，それを隠すことや目立たせないことも含む。死亡した人の尊厳を保つことや，美しい姿にすることで遺族の悲しみを癒す（グリーフケア）効果もある。エンゼルケアを行うのに資格は必要ない。なお，遺体に損傷を加えてはならない。

✎グリーフケア p.113

エンゼルプラン

正式名称は「今後の子育て支援のための施策の基本的方向について」。1994（平成6）年12月に，当時の文部・厚生・労働・建設の4大臣合意のもとで策定された指針。少子化の進展の中で，子どもを安心して産み育てられるような環境を整備することを目的としている。子育てと仕事の両立を支援するための多様な保育サービスの充実，家庭における子育て支援のための地域子育て支援センターの充実などが施策目標として挙げられた。1999（平成11）年12月には，「新エンゼルプラン（重点的に推進すべき少子化対策の具体的実施計画について）」が策定された。

✎新エンゼルプラン p.275

塩　蔵

えんぞう

食品に食塩を添加することにより，食品の保存性を高める方法。食品内の浸透圧が上昇することで離水が起こり，水分活性が低下する。水分活性が低下すると，微生物の生育・増殖や酵素反応などを抑制できる。多くの細菌の増殖は，食塩濃度2～5％で阻止することができるが，好塩細菌（食塩濃度2～30％で増殖）や，高濃度食塩（20～30％）で増殖するカビや酵母が存在するので，要注意である。塩蔵を利用した食品には，魚の塩蔵品（さば，さけなど），塩辛，漬物，塩昆布などがあり，みそ漬け，ぬか漬けも塩蔵品の一つである。最近は，健康を考慮して，甘塩，低塩，減塩などの傾向があるため，塩蔵品といえども冷蔵（冷凍）保存することが望ましい。

✎食品の保存方法 p.266

塩素ガス

えんそがす

毒性が強い刺激性の気体。次亜塩素酸ナトリウムを主成分とする塩素系洗剤に酸性洗剤を混ぜると発生し，粘膜に対する強い刺激作用が起こり身体に危険を及ぼす。「まぜるな危険」の注意書きがある洗剤は，取り扱い方法と換気には充分な注意が必要である。塩素系洗剤は漂白剤や消毒液に，酸性洗剤はトイレ洗剤に多く使用されている。

塩素系漂白剤

えんそけいひょうはくざい

衣料用漂白剤のうち，酸化型に分類されるものの一つ。アルカリ性の液体で，漂白力が最も強く除菌力にも優れている漂白剤。綿やポリエステルの白物には使用できるが，色柄物，毛，絹，ナイロンには使用できない。水に溶かし，30 分程度つけ置きをすると効果的である。主成分は次亜塩素酸ナトリウムであり，酸性の洗剤と混ぜると特有の臭気を発生し，毒性をもった塩素ガスを発生するので「まぜるな危険」の注意が書かれている。塩素ガスは身体に危険を及ぼすおそれがあるので，取り扱い方法には注意を要する。

✎衣料用漂白剤 p.30，塩素ガス p.47，つけ置き洗い p.359

延滞記憶

えんたいきおく

即時記憶が覚えたことをすぐに思い出すことであるのに対し，延滞記憶は覚えてから少し時間をおいてから思い出すことである。覚えてから思い出すまでの時間が長くなるほど，思い出しにくくなる。遅延記憶ともいう。

エンテロトキシン

enterotoxin

飲食物中で増殖した一部の細菌が産出する毒素。ブドウ球菌のエンテロトキシンは食品内で産生され，主に嘔吐を引き起こす毒素で，非常に熱抵抗性が強い。通常の調理温度では，食品中のブドウ球菌が死滅しても，エンテロトキシンは分解されない。完全に分解するには，218 ～ 248℃ で 30 分間の加熱が必要である。このほか，ウエルシュ菌が産生するエンテロトキシンもある。

✎ウエルシュ菌 p.34，黄色ブドウ球菌 p.48

エンパワメント

empowerment

課題を抱えた人や人々自身が自己決定し，問題解決能力および諸々の生活能力を身につけていくこと。エンパワメントは 17 世紀に「公的な権威や法律的な権限を与えること」という法律用語として使われたのが初めであるといわれる。その後 1960 年代の公民権運動や 1970 年代のフェミニズム運動の中で発展し，1980 年代から社会福祉の領域で用いられるようになった。社会福祉にエンパワメントの考え方が導入される端緒となったのは，バーバラ・ソロモンのアフリカ系アメリカ人に対するソーシャルワークの研究『黒人のエンパワメント』といわれる。その中でソロモンは，「スティグマの対象となり，否定的な評価を受けてパワーが欠如した状態の人々」に注目し，人々を無力な状態に陥らせるのは，個人の素質や能力を阻害する差別的・抑圧的な環境によるものであると考察し，ソーシャルワーク実践におけるエンパワメントの重要性をいち早く指摘した。近年では社会福祉実践や施策の理論的支柱とされるまでに重要な概念とされているが，エンパワメントの定義は成熟しているとは言い難く，スローガンにとどまってしまう危険もある。

✎スティグマ p.294，ストレングス p.295，ソロモン p.324

エンパワメント・アプローチ

empowerment approach

臨床的志向（対クライエント）と政治的志向（対社会）を 1 つのソーシャルワーク構造に取り入れた接近法である。福祉サービスの利用者は，差別や社会的な排除に遭うような環境により，本来もっているような能力を発揮できず，力不足・抑圧された状態に陥りやすい。そうした状態に置かれた個人や集団が主体的に問題解決を目指すパワー（力）を取り戻せるように援助することが，ソーシャルワークの目的であるとされている。このようにクライエント（利用者）のパワー（力）の回復，強化を意識した接近法（アプローチ）がエンパワメント・アプローチである。援助者はクライエント（利用者）の環境上の障壁とストレスの刺激源とを取り除き，ニーズの実現，権利の擁護，目標の応答性を高めることが求められる。

✎ソーシャルワーク p.322

エンプティネスト症候群

えんぷてぃねすとしょうこうぐん

▶空の巣症候群 p.79

延命処置

えんめいしょち

不治の状態で死期が迫っている患者に対して，死期を引き延ばす治療を行うこと。末期癌で呼吸状態が悪い患者に気管挿管を行う，死期が間近で血圧が低下している患者に昇圧剤を投与する，などである。ターミナルケア（終末期医療）では，無理な延命処置を行わず，緩和医療を行うことが目的とされている。

緩和医療 p.90，ターミナルケア p.326

お

応益負担

おうえきふたん

福祉サービスの利用に際して，利用料の一定割合を利用者が負担すること。介護保険サービスや障害福祉サービスは，原則としてこの応益負担とされている。ただし，各種の負担軽減措置を取り入れることにより，応益負担に応能負担の要素を取り入れるのが一般的である。

応能負担 p.48

応急入院

おうきゅうにゅういん

精神保健及び精神障害者福祉に関する法律第33条の7に規定される精神障害者の入院形態の一つ。本人と保護者または扶養義務者の同意をすぐに得られないが，直ちに入院させなければ医療や保護に支障が出ると判定された場合に適用となる。精神保健指定医の判断で，応急入院指定病院（都道府県知事が応急入院のために指定する精神科病院）に72時間まで入院させることができる。

精神保健及び精神障害者福祉に関する法律 p.306

黄色ブドウ球菌

おうしょくぶどうきゅうきん

Staphylococcus aureus

食中毒の原因菌の一つ。人を取り巻く環境に広く分布しており，健常者の20～30%が保菌者であると考えられている。その他各種哺乳動物，鳥類などにも分布し，人の皮膚の化膿巣や牛の乳房炎は食品の主な汚染源になる。汚染されやすい食品として，サラダ・惣菜類，にぎりめし，菓子類，豆腐などがある。本菌はグラム陽性の球菌で食塩耐性（7.5%食塩培地で増殖可），通性嫌気性である。発育温度は7～46℃で至適温度は30～37℃。食中毒の原因となるエンテロトキシンなど多くの酵素や毒素を産生する。本菌による食中毒の特徴としては，潜伏期間が極めて短く，摂取後1～6時間（平均約3時間）で急激に発症する。症状は唾液の分泌亢進，悪心，嘔吐，腹痛，下痢など。脱水症状や血圧低下，脈拍微弱など重症の中毒症状を示すこともあるが，一般的には一過性で経過も良好，1～3日間で回復する。

エンテロトキシン p.47

黄　疸

おうだん

icterus

血液中ビリルビンの上昇により，皮膚や眼球結膜（白目の部分）が黄染すること。肝臓で産生された胆汁はいったん胆嚢に蓄えられた後に，総胆管より十二指腸に分泌されて，食物の消化吸収を助ける。胆石，悪性腫瘍（胆管がん，膵臓がん）などで胆道の狭窄を生じ，胆汁の分泌が妨げられると黄疸を生じる。

横断的観察

おうだんてきかんさつ

ある時点で，複数の年齢群を比較して観察する方法。ここで得られるのは年齢群差であり，これを加齢変化に読み替えると変化が過大視されやすい。これは年齢群差には世代差（コホート差）が含まれており，コホート差は一般に若い世代に有利に働くためである。

縦断的観察 p.225

横断法

おうだんほう

ある時点での異なる年齢集団を対象とし，それぞれの集団の特徴を比較する調査法。短期間に広範な年齢層を一度に収集することができるという長所がある一方で，比較対象が異なる独立した対象であるため，個人の発達的変化を把握することができないという課題がある。

応能負担

おうのうふたん

利用者が，所得や能力に応じてサービス費用を負担すること。一般的に社会保険の保険料はこの方式によって徴収されている。

応益負担 p.48

近江学園
おうみがくえん

「知的障害者福祉の父」ないし「障害者福祉の父」と称される糸賀一雄が，池田太郎，田村一二らと 1946（昭和 21）年に創設した日本初の複合児童施設。近江学園は二部制からなり，第一部を戦災孤児や生活困窮孤児の部門，第二部を精神薄弱児（当時の呼称）の部門とし，それぞれの持前を生かしながら，お互いに助け合う精神を養う教育を目指した。1948（昭和 23）年には児童福祉法の施行に伴い滋賀県立施設となり児童養護施設兼精神薄弱児施設となり，この併設のあり方が，社会の本来あるべき姿，ノーマライゼーションの理念の先駆けとなった。1971（昭和 46）年から現在の湖南市に移転。

✎ 糸賀一雄 p.24，ノーマライゼーション p.409

ORT
オーアールティー

orthoptist

▶ 視能訓練士 p.207

O157 図 18
オーイチゴーナナ

Escherichia Coli O157：H7

腸管出血性大腸菌とも呼ばれる病原性をもつ大腸菌の一つで，汚染された食材や水を摂取することで感染する（経口感染）。少数の菌で発症し，腹痛，下痢などの消化器症状のほか，重症では出血性大腸炎や溶血性尿毒症症候群を引き起こす。強い酸性に対して耐性があるが，熱には弱いため，基本的には，食物を加熱処理することで予防できる。調理をする人の手洗い，消毒，そして調理機器の煮沸消毒も合わせて行うことが効果的である。

図 18　O157 の主な症状

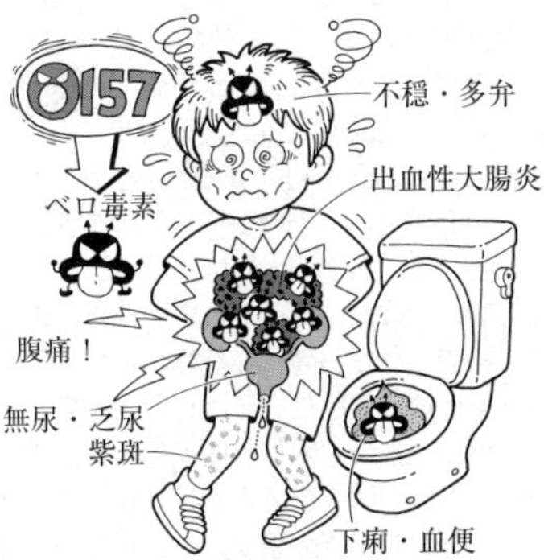

大河内一男
おおこうちかずお：1905 ～ 1984

昭和期の経済学者。東京都に生まれ，1929（昭和 4）年，東京帝国大学経済学部を卒業後，河合栄治郎（かわいえいじろう：1891 ～ 1944）のもとで助手となり，助教授・教授を経て 1963（昭和 38）年に東大総長となる。大河内は，社会政策を国家による労働力保全政策と規定し，社会事業（＝社会福祉）はこの社会政策を補充・補強するものと位置づけた。すなわち，社会福祉とは，経済秩序内にある生産者を対象として行われる労働政策と区別して，「経済秩序外的存在」である被救恤的窮民を対象として行われる政策である，としたのである。この「大河内理論」は，日本の社会福祉政策や研究に大きな影響を与えた。主な著作に『社会政策の基本問題』（1940），『スミスとリスト』（1943），『社会政策の経済理論』（1952）などがある。

✎ 孝橋正一 p.145

OJT
オージェーティー

On the Job Training

オン・ザ・ジョブ・トレーニングの略で，職務を通じて行う研修のこと。OJT が職場研修の基本であり，上司が部下に対して，仕事を通じて，仕事に必要な知識，技術，技能，態度，価値観等を指導するすべての活動のことをいう。なお，OJT の一環として，定期的に職務や職場の移動を行うジョブ・ローテーションというものがある。

✎ OFF-JT p.51

OT
オーティー

occupational therapist/occupational therapy

▶ 作業療法 p.177，作業療法士 p.178

ODA
オーディーエー

Official Development Assistance

政府開発援助のこと。先進国の政府や政府の実施機関が開発途上国または国際機関に対し，資金や技術提供の協力を行うことである。開発途上国に対して直接援助を実施する二国間援助と，国際機関を通じた多国間援助がある。このうち，二国間援助には，無償資金協力，技術協力，有償資金協力がある。日本の場合，二国間援助には贈与と政府貸付等とがあり，贈与には無償資金協力と技術協力，政府貸付等には政府等向けの円借款（貸し付ける形態の援助）と民間セクター向けの海外投融資がある。途上国に対する援助は，1990年代から2000年まで日本は実績（支出純額ベース）として世界第1位であったが，2021年では，支出純額実績はアメリカ，ドイツに次いで，第3位となっている。

オーバーベッドテーブル　図19
over bed table

ベッドの横幅にわたる長さのテーブルで，ベッド上で食事をとる場合や書き物をする場合などに使用される。はめ込み式と移動式がある。

オープン・クエスチョン
opened question

▶開かれた質問 p.434

オープン・グループ
open group

集団精神療法等におけるグループの形態の一つ。メンバーをあらかじめ決めることなく，常に新たなメンバーの参加を受け入れるもの。気楽に参加できるため，一般的に心理的負荷が少ないと考えられている。

✎クローズド・グループ p.117

岡村重夫
おかむらしげお：1906～2001

日本を代表する社会福祉研究者の一人。社会福祉固有の視点を追求した。個人と社会制度の関係を社会関係ととらえ，この関係を取り結ぶ国民個人個人の主体的側面を援助するのが社会福祉であるとした。すなわち，社会関係の客体的側面だけに着目する一般的な政策だけでは不十分であって，社会関係の主体的側面を問題とする個別化援助の方策がなくてはならないとした。この方策のために示された4つの社会福祉援助の原理（現実性，主体性，社会性，全体性）はよく知られている。また，一般的コミュニティ，福祉コミュニティの理論を展開した。一般的コミュニティの構成員は，普遍主義的権利意識と地域主体的態度を備えており，福祉コミュニティは，福祉サービスの対象者，共鳴者，代弁者，福祉機関・団体などによって構成される，とした。さらに，福祉コミュニティは，一般的コミュニティの下位コミュニティであり，機能の一つとして福祉サービスの新設と運営があるとした。主な著書に『社会福祉学総論』（1957），『地域福祉論』（1973），『社会福祉原論』（1983）などがある。

✎福祉コミュニティ p.440

図19　オーバーベッドテーブルの種類

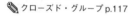

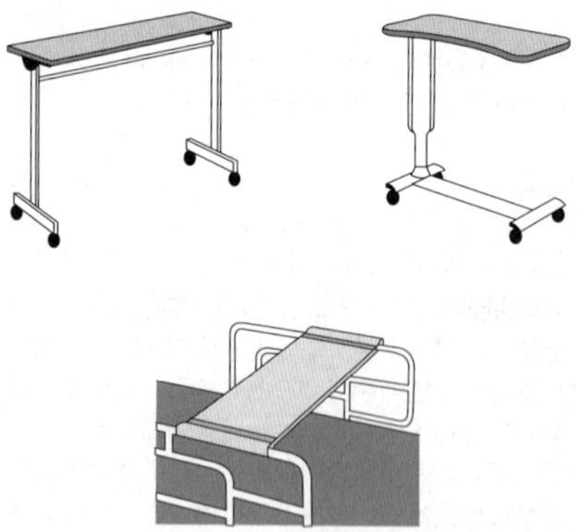

岡山孤児院
おかやまこじいん

社会事業家でありキリスト者である石井十次によって1887（明治20）年に設立された児童養護施設。日本の孤児院事業・児童福祉事業としては先駆的であり，小舎制を導入したり，院内に私立小学校を開校するなど独創的な運営が行われた。現在も，社会福祉法人である石井記念友愛社や，石井記念愛染園などにその理念と活動が引き継がれている。

✎石井十次 p.19

小河滋次郎
おがわしげじろう：1864～1925

日本における監獄学者の先駆者・感化教育の開拓者。長野県に生まれ，東京専門学校（現・早稲田大学）卒業後，内務省に入省し，25年間にわたり監獄行政に携わった。その後，大阪府知事大久保利武（おおくぼとしたけ：1865～1943）の招きに応じて，救済事業指導の嘱託となる。当時の大阪は，日本の商工業の中心地であり，貧富の隔差が大きかったものの市民社会に関する意識も高く，積極的に民間による救済事業が行われていた。こうした土地の特質を背景に，小河は救済に関して国家責任を重視するとともに，地域の隣人らによる相互扶助も必要であると考え，1918（大正7）年，林市蔵（はや

しいちぞう：1867～1952）知事のもと済世顧問制度とともに民生委員の原型となった方面委員制度を創設した。主著に『社会問題・救恤十訓』（1912），『社会事業と方面委員制度』（1924）などがある。

✎済世顧問制度 p.174，方面委員制度 p.458

置き換え

おきかえ

防衛機制の一つ。受け入れがたい感情や衝動，欲求を，無意識に本来の対象ではなく，別の対象に向けることで，不安や罪悪感，欲求不満を解消しようとすること。例えば，子供が親に対する不満や怒りを年下のきょうだいに向けて発散する「八つ当たり」や，妻が夫に対する満たされない感情を，ドラマの俳優に夢中になることで充足しようとすることなど。

オストメイト

▶人工肛門 p.277

オタワ憲章

おたわけんしょう

Ottawa charter for health promotion

1986 年にカナダの首都オタワにおいて開催された第 1 回健康づくり国際会議で採択された世界保健機関（WHO）作成の憲章。新しい健康観に基づく，21 世紀の健康戦略として，「人々が自らの健康とその決定要因をうまくコントロールし，改善できるプロセス」をヘルスプロモーションと定義した。健康の前提条件として，①平和，②住居，③教育，④食糧，⑤収入，⑥安定した環境，⑦持続可能な資源，⑧社会的公正と公平，の 8 条件を挙げるとともに，健康づくりの保健戦略や活動領域について触れている。

✎世界保健機関 p.310

OFF-JT

オフジェーティー

Off the Job Training

オフ・ザ・ジョブ・トレーニングの略で，一定期間職務を離れて行う研修のこと。OFF-JT は，集合研修の形態で行われることが多いが，体系的・計画的な研修を受けることができること，ほかの研修生との交流等による視野の拡大や相互啓発を図れることがメリットである。

✎OJT p.49

オペラント条件づけ

おぺらんとじょうけんづけ

operant conditioning

道具的条件づけともいう。ネズミがレバーを押すたびに餌が与えられるようにすると，レバーを押す行動が次第に増える。このように，自発的な反応に対して報酬などの特定の刺激を与えることにより，行動の頻度が増える（強化される）ような能動的な学習の手続き。アメリカの心理学者スキナー（Skinner,B.F：1904～1990）により提唱された。

✎レスポンデント条件づけ p.508

おむつ

排泄物の尿や便で下腹部の衣服を汚さないように，尻当てとして着用するもの。布おむつと紙おむつ（使い捨ておむつ）に分類される。布おむつはさらし布を使用し，洗濯をすることで繰り返し使用できることは利点であるが，防水性に乏しい。一方で紙おむつは，使われる素材の開発により吸水性と防水性が高まり，後処理の手軽さからも近年では広く普及している。

✎紙おむつ p.78

温あん法

おんあんぽう

身体の一部に温熱を作用させて局所あるいは全身に刺激を与える方法である。湿性温あん法と乾性温あん法とがあるが，前者には温湿布などがあり，後者には湯たんぽ，ホットパック，カイロ，電気毛布などがある。温あん法は身体を温め，血行を改善し筋の緊張をほぐし，痛みを軽くして，気分を安らかにさせる効果がある。しかし，方法を間違えると，電気毛布のように脱水を招くものやカイロなどのように低温やけどを起こすものもあるので，十分に配慮して安全に行うことが大切である。使用中は，口唇の乾燥など脱水症状に注意して観察を続ける必要がある。特に，カイロは身体に固定して用いるため，低温やけどの危険性が高いので，本体を十分にカバーで覆うなど注意する。

✎温湿布 p.52，湿性温あん法 p.197，低温やけど p.360，冷あん法 p.504

音楽療法

おんがくりょうほう

music therapy

音や音楽の持つ力と人との関わりを用いて，心身の健康状態の維持改善や生活の質の向上などを目的として行う療法。音楽を聴くなどの受動的な方法や，歌ったり，楽器を演奏したり，音楽に合わせて身体を動かしたりする能動的な方法があり，個人や集団に対して行われる。対象は，乳幼児から高齢者までと幅広く，健常な人から重度の障害のある人までと多様である。

音響外傷

おんきょうがいしょう

acoustic trauma

非常に大きな音によって生じる聴力障害。強力な音波のエネルギーによる内耳蝸牛の感覚有毛細胞の障害が原因とされている。具体的には，爆発音，機械の作動大音響，大音声のロックコンサート音，ヘッドフォン・イヤフォンからの大音響，金管楽器からの大音響などがある。回復困難となることが多い。大きな音に長期間さらされた場合，騒音性難聴になることがある。

資料㉙ p.542

温湿布

おんしっぷ

温湿布は温あん法のうちの湿性温あん法の一つ。フランネル，タオル，ガーゼなどの柔らかい吸湿性のある布を湯に浸してかたく絞り，局所を十分覆うように当てて温熱刺激を与える方法のこと。湿性温湿布の場合は湿布用布の温度が 43℃程度になるようにする。局所的には消炎，鎮痛，血行促進，炎症産物の吸収促進の効果が期待できる。ただし，発赤や熱感，傷がある場合は避ける。

温熱療法

おんねつりょうほう

各種の物理的刺激を用いてリハビリテーションを行う物理療法の一つ。患部の血行を良くし，痛みを軽減して，筋肉の緊張を取り除き，関節の可動範囲を改善することを目的とする。ホットパック，パラフィン浴，マイクロウェーブ療法，超音波療法などがある。

オンブズパーソン

ombudsperson

住民・国民からの苦情の申し出に対して，中立的な立場から職権で行政を監察し，是正勧告を行う者や制度のこと。裁判制度で訴訟するよりも迅速な対応が必要なときに用いられる。1809 年にスウェーデンで最初に導入された（護民官制度）。日本では国の制度としては存在しないが，自治体で設置していたり，民間組織で行っていたりする。もともとはオンブズマン（ombudsman）と呼ばれていた。

か

臥 位

がい

横になった状態。体位の基本形の一つで，基底面を広くした静止位。最も安定した姿勢であり，直立位に比べ，エネルギーの消費量は約 20% も少ない。臥位には仰臥位，側臥位，腹臥位がある。長時間，同一体位をとり続けることは苦痛であり，褥瘡の原因ともなるので，自力で寝返りをうてない場合は体位変換が必要である。

✎ 仰臥位 p.102，側臥位 p.323，腹臥位 p.438

外因性精神障害

がいいんせいせいしんしょうがい

exogenous mental disorder

精神障害を原因別に，内因性・外因性・心因性と大きく 3 つに分類した場合の一つ。脳血管障害や頭部外傷などの脳の器質的変化，感染症や内分泌疾患などの脳以外の身体疾患，あるいは薬物などの中毒性疾患が含まれる。ただし，この分類方法は古典的なものである。

✎ 心因性精神障害 p.274，内因性精神障害 p.385，資料⑦⑧ p.533

絵画欲求不満テスト

かいがよっきゅうふまんてすと

▶PF スタディ p.426

絵画療法

かいがりょうほう

自由に絵を描くことを通して行われる療法。描かれた絵から，言語では表現できない内面の課題を読み取る。また，絵を描き表現するという行為によってリフレッシュを図ったり，作品を通して自己洞察を深めたりする助けとなる。高齢者や障害者の心のケアなどを目的に広く活用されている。

壊血病

かいけつびょう

scurvy

ビタミン C の欠乏症で，全身倦怠，体重減少，関節痛，歯茎の腫脹や出血，皮膚・粘膜などの出血・変化，低色素性貧血などの症状を特徴とする疾患である。ビタミン C は，野菜類，果実類，緑茶，いも類など多くの食品に豊富に含まれているので，それらを十分に摂取していれば，欠乏症はほとんど起こらない。

✎ ビタミン C p.430

介 護

かいご

身体的または精神的な障害によって日常生活上に支障をきたしている人に対して，その人らしく，前向きに生きていけるように支援する活動。

✎ 介護福祉士 p.59

介護医療院

かいごいりょういん

介護保険法等の改正により，2017（平成 29）年度から新たに新設された施設。介護保険法等を根拠に，長期的な医療と介護のニーズを併せ持つ高齢者が対象。医療機能と生活施設としての機能とを兼ね備えた施設で，対象の高齢者に対し，同一施設内で医療と日常生活上の世話（介護）を一体的に提供する。2018（平成 30）年 3 月で廃止された介護療養型医療施設の代替施設として，介護保険 3 施設の一つとなっている。

介護過程 図20

かいごかてい

介護上の課題を，利用者が望む「よりよい生活」を実現するために，客観的で科学的な思考によって達成していく際のプロセスである。介護過程の目的は，利用者が望む生活を実現するための問題点を改善・解決し，利用者の生活の質を向上させることである。介護過程は，アセスメント，計画の立案，実施，評価というプロセスを経るが，達成できなかった場合は，再アセスメント，計画の修正，再評価を行う。

✎ アセスメント p.7，評価 p.434

介護休業給付金

かいごきゅうぎょうきゅうふきん

雇用保険法第 61 条の 4 に規定される，失業等給付のうちの雇用継続給付の一つ。配偶者，父母，子，配偶者の父母またはこれに準ずる家族の介護をするために介護休業を取得した被保険者に対して介護休業給付金が支払われる。支給要件は，被保険者が当該休業を開始した日前 2 年間に，賃金支払基礎日数が 11 日以上ある月が通算して 12 か月以上あることである。支給額は，休業開始前 6 か月の賃金を 180 で除した額である「休業開始時賃金日額」×支給日数× 67%であり，対象家族 1 人につき通算 93 日を限度として３回までに限り支給される。対象となる期間中に賃金が支払われ，賃金と介護休業給付金の合計が80%を超えた場合，超えた分だけ支給が停止される。

✎介護休業制度 p.54，雇用保険法 p.170，失業等給付 p.195

介護休業制度 表７

かいごきゅうぎょうせいど

育児休業，介護休業等育児又は家族介護を行う労働者の福祉に関する法律（育児・介護休業法）に基づく制度。労働者は事業主に申し出ることにより，要介護状態にある対象家族（配偶者，父母，子など）１人につき，最大３回の介護休業をとることができる。ただし，休業日数は通算93日間とされる。また，要介護状態にある家族の通院の付き添いなどに対応するための介護休暇制度もあり，１人であれば年５日，２人以上であれば年10日取得できる。

介護給付（介護保険法）

かいごきゅうふ

介護保険法第40条に規定される，介護保険における保険給付を指す。要介護者を対象とし，次の①～⑥⑨⑩は原則９割が支給され１割（一定以上の所得がある場合は２割または３割）が自己負担となるが，サービス計画を作成する費用の⑦⑧や低所得者などの負担軽減のための⑪～⑭については全額が支給される。

①居宅介護サービス費，②特例居宅介護サービス費，③地域密着型介護サービス費，④特例地域密着型介護サービス費，⑤居宅介護福祉用具購入費，⑥居宅介護住宅改修費，⑦居宅介護サービス計画費，⑧特例居宅介護サービス計画費，⑨施設介護サービス費，⑩特例施設介護サービス費，⑪高額介護サービス費，⑫高額医療合算介護サービス費，⑬特定入所者介護サービス費，⑭特例特定入所者介護サービス費，の14種類がある。

図20　介護過程

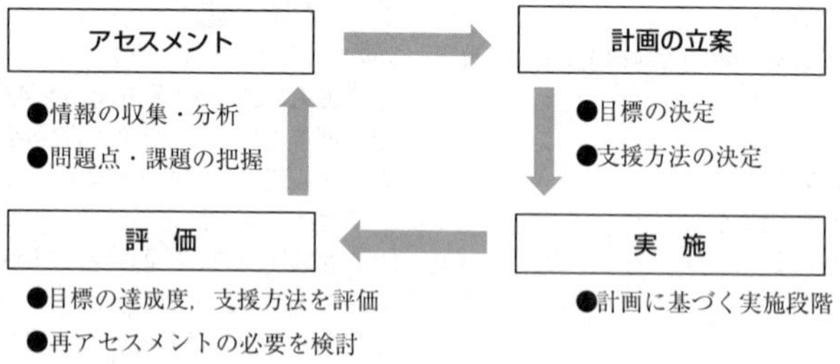

表７　介護休業制度の利用状況

介護休業者割合　（%）

	男女計		女性		男性	
平成29年度	100.0	0.11	100.0	0.15	100.0	0.08
令和 元 年度	100.0	0.11	100.0	0.16	100.0	0.07

注：「介護休業者」は，調査前年度１年間に介護休業を開始した者をいう。

介護休業者の男女割合　（%）

	介護休業者計	女性	男性
平成29年度	100.0	57.1	42.9
令和 元 年度	100.0	61.1	38.9

資料：厚生労働省「令和元年度雇用均等基本調査」

介護給付（障害者総合支援法）

かいごきゅうふ

障害者総合支援法に基づく自立支援給付の一つ。障害福祉サービスのうちの，①居宅介護，②重度訪問介護，③同行援護，④行動援護，⑤療養介護，⑥生活介護，⑦短期入所，⑧重度障害者等包括支援，⑨施設入所支援，にかかるサービス費を支給する。

✎自立支援給付 p.270

介護記録

かいごきろく

介護計画に基づいて実施した内容，それに対する利用者の反応や変化，介護従事者の観察や判断を記したもの。チームで行う介護において，質の良いケアを継続的に提供するために介護記録は不可欠である。記録上の留意点は，①事実と推測は明確に分けて記す，②利用者の言動はそのまま記す，③簡潔明瞭に記す，④情報源を明確にする，⑤鉛筆ではなく，ボールペン等で記す，⑥訂正には修正液などは用いず，二重線を用いる，⑦署名をする。介護記録は個人のプライバシーにかかわる記録であるので，適切に管理されることが求められる。

IT 化に伴い記録の方式も多様化しているので，その入力方式，保存方式，管理方式についても職場でのルールを定め徹底する必要がある。

外国人介護従事者

がいこくじんかいごじゅうじしゃ

日本において外国人労働者の受け入れを認めてこなかった分野について，経済活動の連携強化の観点から，経済連携協定（EPA：Economic Partnership Agreement）により，外国人看護師・介護福祉士候補者を受け入れるようになった。介護福祉士の場合，介護施設で 3 年間の実務経験をした後，介護福祉士の国家試験を受験し，合格した者のみ外国人介護従事者として継続的に日本に滞在することが認められるようになった。

2008（平成 20）年 7 月に「日・インドネシア経済連携協定」，同年 12 月に「日・フィリピン経済連携協定」，2012（平成 24）年 6 月に「日・ベトナム経済連携協定」を発効した。この協定に基づき，2008（平成 20）年度よりインドネシア共和国から，2009（平成 21）年度よりフィリピン共和国から，2014（平成 26）年度よりベトナムから候補者を受け入れている。日本における候補者の受け入れ調整機関は，公益社団法人国際厚生事業団（JICWELS：Japan International Corporation of Welfare Services）である。

✎経済連携協定 p.119

介護計画

かいごけいかく

▶個別援助計画 p.165

介護サービス計画　図21

かいごさーびすけいかく

介護保険において，被保険者より要介護・要支援認定の申請が市町村に提出されたことを受けて，要介護あるいは要支援と認定された後，利用するサービスの内容や種類を定める計画のこと。ケアプランともいう。計画には利用するサービスの種類，内容，担当者，本人の健康上・生活上の問題点，解決すべき課題，サービスの目標およびその達成時期が定められる。

在宅の場合は「居宅サービス計画」，施設に入所している場合は「施設サービス計画」が作成され，それに基づいてサービスが提供される。なお，居宅介護支援事業者に依頼して介護サービス計画を策定した場合には，居宅介護サービス計画費として保険給付の対象となる（介護 46 条）。介護サービス計画の作成において留意することは，①要介護者および家族などの参画，②チームによる全人的ケアのかかわり，③必要であれば，自己負担によるサービスや保健・福祉サービス，ボランティアによる協力なども計画の中に盛り込むこと，などである。

✎居宅サービス計画 p.108，施設サービス計画 p.192

介護サービス施設・事業所調査

かいごさーびすしせつじぎょうしょちょうさ

統計法に基づく一般統計調査であり，全国の介護サービスの提供体制，提供内容等を把握し，介護サービスの提供面に着目した基盤整備に関する基礎資料を得ることを目的に厚生労働省が毎年実施している調査。

介護サービス情報の公表制度

かいごさーびすじょうほうのこうひょうせいど

介護保険法第 115 条の 35 ～ 44 に規定がある。介護サービス利用者のサービス選択に資する情報を都道府県知事や情報公表センターが一括して管理・公表することで，利用者による情報の閲覧を容易にすることを目的とする制度。2005（平成 17）年の介護保険法改正により創設された。2011（平成 23）年の改正では，都道府県知事はこれまでの年に 1 回の調査から，必要と認めた場合に介護サービス情報の報告をした事業者に対して調査できることに変更され，従業者に関する情報の提供を受けた場合の公表の配慮規定が追加された。

✎指定情報公表センター p.199

介護サービス相談員

かいごさーびすそうだんいん

2000（平成 12）年度より実施されている介護サービス相談員派遣等事業（実施主体は市町村）に基づき，申し出のあったサービス事業所などに派遣される行政委嘱の相談員。介護サービスについて利用者や家族の不満や悩みを聴き，その内容を事業者へと橋渡しする役割を担うことで，事業所の介護サービスの質的向上が期待されている。資格は特に必要ないが，介護サービス相談員研修の受講が必要である。

介護サービス相談員派遣等事業

かいごさーびすそうだんいんはけんとうじぎょう

市町村が介護サービス相談員を登録し，派遣を希望する施設などの事業者に介護サービス相談員を選定して派遣する事業。利用者の疑問や不満・不安の解消を図るとともに，派遣を受けた事業所の介護サービスの質的向上を図るため，介護サービス相談員は，利用者から介護サービスに関する苦情や不満などを聴き，サービス提供者や行政との間に立って，課題の解決方法を考える専門家であり，事業所を訪問して，相談に応じる。市町村や都道府県国民健康保険団体連合会への苦情に至る事態を未然に防止することを目指す。介護保険制度における地域支援事業の任意事業として実施

図 21　要介護認定と介護サービス計画の作成

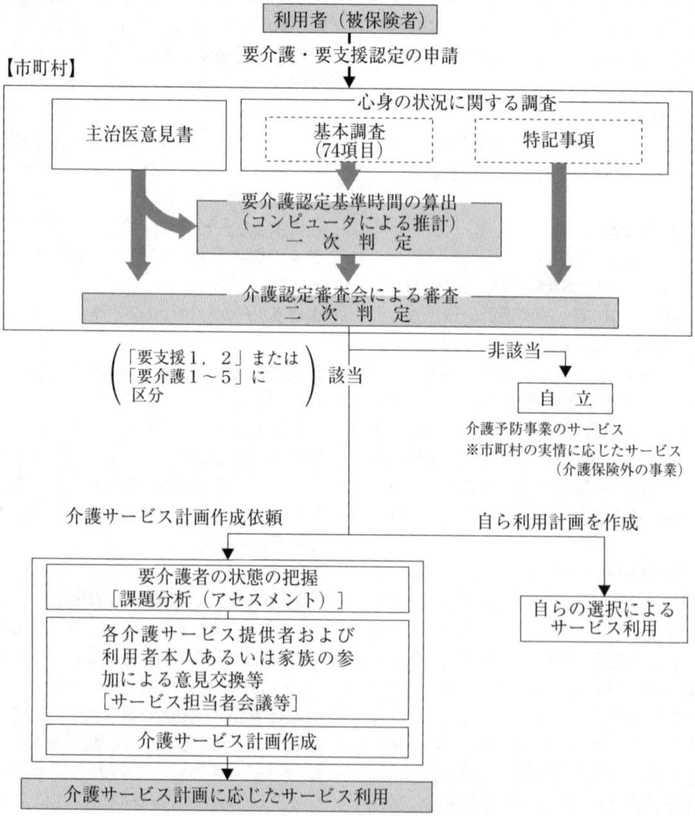

される。

介護支援サービス

かいごしえんさーびす

居宅要介護者などが介護サービスを効果的に利用できるよう，事業者などとの連絡調整を行うサービス。利用する側より依頼を受けて，心身の状況，生活環境，利用者やその家族の希望を考慮し，利用するサービスの種類，内容などを定めた計画を作成する。

✎ケアマネジメント p.118

介護支援専門員

かいごしえんせんもんいん

ケアマネジャーともいう。介護保険法第７条第５項にその定義が規定されており，要介護者または要支援者からの相談に応じ，要介護者等の状況に応じた適切なサービスを利用できるよう関連する事業・施設などと連絡調整等を行い，介護支援専門員証の交付を受けた者とされている。介護保険制度導入に伴って創設された資格であり，ケアプラン作成，社会資源の調整などを行う。介護福祉士，社会福祉士，医師などの国家資格保有者が，一定職務に一定期間従事したことを要件に受験資格が得られ，さらに試験に合格し実務研修を修了した者で，当該都道府県の登録を受けた者に「介護支援専門員証」が交付される。なお,「介護支援専門員証」の有効期間は原則として５年で，申請に基づき更新する（介護 69 条の 7, 8)。なお，更新にあたっても，更新研修の受講が必要である。

✎主任介護支援専門員 p.232

介護支援専門員実務研修

かいごしえんせんもんいんじつむけんしゅう

介護支援専門員実務研修受講試験に合格した者が，合計 87 時間の本研修を受講修了した後に，介護支援専門員実務研修修了書が交付され，必要な手続きを経ることで，介護支援専門員としての業務に就くことができる。なお，2016（平成 28）年度からは任意研修であった実務従事者基礎研修を統合し，実務研修の充実を図っている。

介護支援専門員実務研修受講試験

かいごしえんせんもんいんじつむけんしゅうじゅこうしけん

介護支援専門員の業務に関する専門的知識を確認するための試験で，各都道府県レベルで実施される。試験内容は介護保険制度，要介護認定，居宅介護サービス計画等に関する知識に加え，要介護者等が自立した日常生活を営むのに必要な援助に関する専門的知識についてである。受験資格は保健・医療・福祉の法定資格に基づく業務に従事した者および相談援助業務に従事した者であり，かつ，上記期間が，５年以上かつ 900 日以上の者に限定されている。

✎介護支援専門員 p.57

介護事故

かいごじこ

介護に伴う身体・生命に関する事故。食品による窒息や，歩行中の転倒事故が代表。製品関連では 2010（平成 22）年頃から介護ベッドの器具に要介護者の首が挟まる事故が頻発し，消費者庁が注意を喚起した。被害者家族からベッドメーカーに対する製造物責任訴訟も提起されている。高齢者関連施設での介護事故については行政機関への報告制度が十分ではなく，都道府県レベルでの報告制度は整備されつつあるものの，施設からの報告や都道府県から国への報告が滞る例があり，今後の高齢社会の進展にあわせて，介護事故の増加に対応する制度導入や事故の未然防止体制を構築する必要性が高まっている。介護事故防止の一環として 2021（令和 3）年度に介護保険施設における安全対策担当者の選任義務化が導入された。安全対策体制を整備する措置として注目される。

介護実習普及センター

かいごじっしゅうふきゅうせんたー

「高齢者を社会全体で支える地域づくりを支援すること」を目的とした，地域住民に高齢者介護に対する意識啓発，介護技術の普及，介護機器の相談・展示・情報提供を行う施設。原則として無料で利用できる。都道府県・指定都市が設置主体であるが，運営を地方公共団体や財団法人などの民間団体に委託することができる。

介護従事者

かいごじゅうじしゃ

身体や精神に障害があり，日常生活を営む上で支障がある者に対して，心身の状況に応じて食事，排泄，入浴，移動等の介護を行うことを業とする者の総称。介護従事者は，常に教養と感性を養い，専門的知識と技術の研鑽に努め，いつでも利用者に適切なサービスを提供できることが求められている。

✎介護支援専門員 p.57，介護福祉士 p.59，訪問介護

員 p.459

介護従事者の安全

かいごじゅうじしゃのあんぜん

介護従事者の安全には，心身の健康管理，腰痛予防，感染予防，労働安全と事故防止などの内容が含まれる。心身の健康管理については，十分な睡眠と休息，バランスの良い食事，生活リズムを整えて疲労を蓄積させないこと，職場の定期健康診断を受けること，体調不良時は休息と早めの受診を心掛ける，ストレスをため込まない（ストレスの発散方法をもつ），職場の人間関係を豊かにする，などが挙げられる。労働安全と事故防止については，労働基準法，労働安全衛生法などに定められている労働条件や職場環境の整備，健康の保持増進，労働災害についての知識をもち，業務上の事故が起こらないように一人ひとり，および職場全体で取り組む姿勢が大切である。

✎感染予防対策 p.87，腰痛予防 p.492

介護従事者の健康管理

かいごじゅうじしゃのけんこうかんり

▶介護従事者の安全 p.58

介護・障害福祉従事者の人材確保のための介護・障害福祉従事者の処遇改善に関する法律

かいごしょうがいふくしじゅうじしゃのじんざいかくほのためのかいごしょうがいふくしじゅうじしゃのしょぐうかいぜんにかんするほうりつ

平成26年制定，法律第97号。2008（平成20）年に，介護従事者等の人材確保のための介護従事者等の処遇改善に関する法律の制定以降，介護報酬の改定や介護職員処遇改善交付金，福祉・介護人材における処遇改善事業助成金制度などにより，介護従事者などに対する賃金が引き上げられ，一定の改善が図られた。しかし，全産業の賃金と比較すると，介護職員は賃金が低く，重労働のため，離職率が高くなっており，社会福祉施設の人手不足が続いていた。このような介護職員の実態に対して，本法は，更なる処遇改善を行うために成立した法律である。

本法では，処遇改善のために，「政府は，高齢者等並びに障害者及び障害児が安心して暮らすことができる社会を実現するためにこれらの者に対する介護又は障害福祉に関するサービスに従事する者（以下「介護・障害福祉従事者」という。）が重要な役割を担っていることに鑑み，これらのサービスを担う優れた人材の確保を図るため，平成27年4月1日までに，介護・障害福祉従事者の賃金水準その他の事情を勘案し，介護・障害福祉従事者の賃金をはじめとする処遇の改善に資するための施策の在り方についてその財源の確保も含め検討を加え，必要があると認めるときは，その結果に基づいて必要な措置を講ずるものとする」と規定されている。

なお，本法の成立により，介護従事者等の人材確保のための介護従事者等の処遇改善に関する法律は廃止された。

介護職員等喀痰吸引等指示書

かいごしょくいんとうかくたんきゅういんとうしじしょ

喀痰吸引等を行うための文書による指示書のことであり，利用者の主治医が作成する。指示内容の実施については，介護福祉士に限定されず，「喀痰吸引等研修」を修了した介護職員等にも認められており，所属する事業者に対して指示を行う。また，2014（平成26）年4月1日より介護職員等喀痰吸引等指示書を交付できる事業者に特別支援学校等の学校が加えられ，教員が医療的ケアを行う場合は，この指示書の取得が必要になった。指示書の有効期限は6ヶ月である。

✎喀痰吸引 p.71

介護単位

かいごたんい

高齢者施設でよく使われる規模単位の一つで，30～50％程度の入居者で構成される単位のこと。実務上，介護職員のローテーションを組む単位を意味することもある。なお，規模単位は職員側の視点から管理運営上設定された単位で，その他には「管理単位」がある。

介護付有料老人ホーム

かいごつきゆうりょうろうじんほーむ

有料老人ホームの類型の一つで，介護等のサービスが付いた高齢者向けの居住施設。入居後に介護が必要となったとき，その有料老人ホームが提供する特定施設入居者生活介護を利用しながら居室で生活を継続できる。介護保険の特定施設入居者生活介護の指定を受けていなければ，「介護付」と表示できない。なお，有料老人ホームの職員が介護サービスを提供する「一般型特定施設入居者生活介護」と，有料老人ホームの職員が安否確認や計画作成等を実施し，介護サービスは委託先の介護サービス事業所が提供する「外部サービス利用型特定施設入居者生活介護」の2つのタイプがある。

介護認定審査会
かいごにんていしんさかい

介護保険法第 14 ～ 17 条に規定がある。被保険者が要介護者または要支援者に該当するか審査，判定するために市町村が設置するもの。審査会の委員は，市町村長から任命され，任期は 2 年（2 年を超え 3 年以下の期間で市町村が条例で定める場合は，当該条例で定める期間）である。保健・医療・福祉の 5 人程度の学識経験者で構成されるが，委員の定数は市町村の条例で定められる。市町村が共同して介護認定審査会を設置することもできる。

介護福祉士
かいごふくしし

社会福祉士及び介護福祉士法の規定に基づき登録を受け，介護福祉士の名称を用いて，専門的知識および技術をもって，身体上または精神上の障害があることで日常生活に支障をきたしている者に対して，心身の状況に応じた介護（喀痰吸引などで，その者が日常生活を営む上で必要な行為であって，医師の指示の下に行われるものを含む），そして，その者とその介護者に対して介護に関する指導を行うことを仕事とする者をいう（福祉士 2 条 2 項）。介護福祉士は国家資格であり，名称独占の職種である。義務規定には，誠実義務（44 条の 2），信用失墜行為の禁止（45 条），秘密保持義務（46 条），他職種との連携（47 条），資質向上の責務（47 条の 2），がある。医師の指示の下に行われる行為とは，口腔内，鼻腔内，気管カニューレ内部の喀痰吸引と，経管栄養（胃ろう，腸ろう，経鼻経管栄養）となっている。いずれも実施にあたっては一定の研修を必要とする。

✎社会福祉士及び介護福祉士法 p.215，日本介護福祉士会 p.390，資料① p.522

介護福祉士国家試験
かいごふくししこっかしけん

介護福祉士資格を取得するための国家試験であり，介護福祉士として必要な知識及び技能について行う。試験には筆記と実技があり，筆記試験に合格した場合のみ実技試験を受けることができる。受験資格は養成施設ルート，実務経験ルート，福祉系高校ルート，経済連携協定（EPA）ルートがある。「社会福祉士及び介護福祉士法」の改正により，2019（平成 29）年度（第 30 回）から，養成施設ルートが介護福祉士国家試験の受験資格となった。なお，養成施設を 2026（令和 8）年度末までに卒業する者は，卒業後 5 年間は，国家試験を受験しなくても，または，合格しなくても，介護福祉士になることができる。この間に国家試験に合格するか，卒業後 5 年間続けて介護等の業務に従事することで，5 年経過後も介護福祉士の登録を継続することができる。2027（令和 9）年度以降に養成施設を卒業する者からは，国家試験に合格しなければ介護福祉士になることはできない。

介護福祉士登録証
かいごふくししとうろくしょう

介護福祉士の資格は，指定養成施設において介護福祉士として必要な知識及び技能を修得し，介護福祉士国家試験に合格した者及び技能検定に合格した者に与えられるものであり，介護福祉士となるにはその後に登録が必要である（福祉士 42 条）。登録とは，厚生労働大臣に対し同省に備えてある名簿に氏名，生年月日，登録番号，登録年月日，本籍地の都道府県名（日本国籍を有さない者については国籍），試験に合格した年月（もしくは所定施設を卒業した年月）を提出・申請することである。受付は公益財団法人社会福祉振興・試験センターが行っている。登録の終了とともに登録証が交付される。なお，登録事項に変更があったときは，指定登録機関を通して同省大臣に届け出なければならない（福祉士 31 条，35 条，42 条 2 項）。

✎資料① p.522

介護福祉士養成施設
かいごふくししようせいしせつ

介護福祉士に必要な専門的知識および技術の習得を目的に設置された施設で，基準を充たした施設が，設置者の申請に基づき厚生労働大臣より指定される。修業年限は，入学要件に応じて 1 年あるいは 2 年となっている。養成施設の修了者は，登録を受けることで介護福祉士となることができるが，2027（令和 9）年度より，介護福祉士国家試験に合格することを資格取得の要件とすることが検討されている。

介護扶助
かいごふじょ

生活保護法第 11 条，15 条の 2 に規定される 8 つの扶助のうちの一つ。介護扶助の対象者として，生活保護法第 15 条の 2 において，困窮のために最低限度の生活を維持することのできない要介護者および要支援者（介護７条３，４項）に対して行われる，と規定されている。介護扶助は原則として現物給付であるが（生保 34 条の2），介護保険の保険給付が行われる場合は保護の補足性の原理に基づき保険給付が保護に優先し，介護保険における自己負担部分が金銭給付の対象となる。居宅介護，福祉用具，住宅改修，施設介護，移送が扶助の範囲である。現物給付の方法については，医療扶助の方法と同様に，都道府県知事が介護扶助の現物給付を担当する機関を指定し，この指定介護機関に介護の給付を委託するものとなっている。

✎医療扶助 p.28，生活保護法 p.301，保護の補足性 p.463

介護報酬

かいごほうしゅう

事業者が利用者（要介護者または要支援者）に介護サービスを提供した時，その対価として事業者に支払われる報酬のこと。介護サービスの種類ごとに，サービス内容または要介護度や，事業所・施設の所在地等に応じた平均的な費用を勘案して決定することとされている。介護報酬の基準額は，介護保険法において，厚生労働大臣が審議会（介護給付費分科会）の意見を聴いて定めることとされている。

2014（平成 26）年度の介護報酬改定は４月からの消費税率が 5%から 8% に引き上げられることに伴って，介護サービス施設，事業所に実質的な負担が生じないよう，消費税対応分を補てんする必要があるため，0.63% の介護報酬改定が行われた。合わせて区分支給限度額の引き上げも行われた。

2015（平成 27）年度の改定では，マイナス 2.27%（在宅－1.42%，施設－0.85%）の改定率であった。改定のポイントは，①中重度者や認知症高齢者への対応のさらなる強化として地域包括ケアシステムの構築に向けた対応，活動と参加に焦点を当てたリハビリテーションの推進，看取り期における対応の充実，口腔・栄養管理にかかる取組の充実，②介護人材確保対策の推進，③サービス評価の適正化と効率的なサービス提供体制の構築，となっている。

2018（平成 30）年度の改定では，プラス 0.54%の改定率で，改定のポイントは①地域包括ケアシステムの推進（介護医療院の創設など），②自立支援・重症化防止に資する質の高い介護サービスの実現（リハビリテーションや通所介護におけるアウトカム評価の拡充・導入等），③多様な人材の確保と生産性の向上（介護ロボットの活用の促進等），④介護サービスの適正化・重点化を通じた制度の安定性・持続可能性の確保（福祉用具貸与価格の上限設定等）となっている。

2021（令和３）年度の改定では，プラス 0.70%の改定率で，改定のポイントは①感染症や災害への対応強化，②地域包括ケアシステムの推進，③自立支援・重症化防止の取組の推進（介護サービスの質の評価と科学的介護の取組の推進等），④介護人材の確保・介護現場の革新，⑤制度の安定性・持続可能性の確保，となっている。

✎定期巡回・随時対応型訪問介護看護 p.360，複合型サービス p.438

介護保険

かいごほけん

社会保険方式により，財源を保険料で賄い，加齢に伴う介護が必要な際にサービスを提供する仕組み。ドイツにおける取組はよく知られている。日本では，健康保険，国民健康保険，雇用保険，労働者災害補償保険に次ぐ５番目の社会保険として 2000（平成 12）年度より実施されている。

✎介護保険法 p.63

介護保険事業（支援）計画

かいごほけんじぎょう（しえん）けいかく

国の基本指針に即して，市町村や都道府県が３年を一期として策定する介護保険の基盤整備を進めていくための基本計画のこと（介護 117，118 条）。市町村が策定する市町村介護保険事業計画，都道府県が策定する都道府県介護保険事業支援計画があり，策定が義務づけられている。なお，両計画とも，当該自治体が策定する老人福祉計画と一体のものとして作成しなければならない。

2011（平成 23）年の介護保険法の改正により，市町村介護保険事業計画において，認知症被保険者の地域における生活支援，医療との連携，高齢者の居住に係る施策との連携に関する事項を盛り込むことが加えられた。都道府県介護保険事業支援計画においては，高齢者の居住安定確保法に規定する高齢者居住安定確保計画と調和が保たれたものでなければならないとされた。

✎市町村介護保険事業計画 p.194，都道府県介護保険事業支援計画 p.381

介護保険施設

かいごほけんしせつ

介護保険法第８条第 25 項に規定される，施設介護サービスを提供する施設。指定介護老人福祉施設，介護老人保健施設，指定介護療養型医療施設の３施設がある。なお，指定介護療養型医療施設は，2012（平成24）年３月をもって廃止される予定であったが，2011（平成23）年の介護保険法の改正に合わせて，2018（平成30）年３月まで延長されたが，同年に創設された介護医療院への移行期間のため，2024（令和6）年３月末まで延長されている。

介護保険施設等における防災対策

かいごほけんしせつとうにおけるぼうさいたいさく

2016（平成28）年，台風10号に伴う暴風と豪雨により，高齢者施設で多数の利用者が亡くなるという被害が発生し，これを受けて介護保険施設においては利用者の安全を確保するため，各種災害に備えた十分な対策を講じるよう厚生労働省から通知が出された（介護保険施設等における利用者の安全確保及び非常災害時の体制整備の強化・徹底について）。そこでは，①情報の把握及び避難の判断について，②非常災害対策計画の策定や避難訓練について示されているが，②の非常災害対策計画は内容を職員間で十分共有することが求められている。

介護保険審査会

かいごほけんしんさかい

介護保険法第184条に基づき都道府県に設置される。介護保険の保険給付（要介護認定，給付制限に関する処分など）や保険料などの徴収金に関する不服申立ての審理・採決を行う第三者機関。被保険者代表・市町村代表・公益代表の三者を構成員とする。なお，同審査会に審査請求ができるものは，同法第183条に規定される保険給付に関する処分などであり，サービス内容については対象となっていない。なお，サービス内容に不服がある場合は，国民健康保険団体連合会に苦情を申し立てることができる。

✎審査請求 p.280

介護保険の財政構造　図22

かいごほけんのざいせいこうぞう

介護保険の財源は，保険料収入（第一号被保険者と第二号被保険者から徴収）の５割分と，公費負担（国庫，都道府県，市町村）の５割分から構成されている。内訳は，居宅給付費に関しては保険料（50%：第一号被保険者保険料＝23%，第二号被保険者保険料＝27%），国（25%），都道府県（12.5%），市町村（12.5%）となっている。施設等給付費に関しては，保険料と公費負担の割合は50%ずつと同一であるが，公費負担の内訳が異なっており，国（20%），都道府県（17.5%），市町村（12.5%）となっている。

介護保険の第一号被保険者　表8

かいごほけんのだいいちごうひほけんしゃ

介護保険法第９条第１号に規定される，市町村の区域内に住所を有する65歳以上の者。要介護認定あるいは要支援認定を受ければ保険給付を受けることができる。第一号被保険者の保険料は個別に保険料を支払う仕組みとなっており，一定額以上の年金受給者は年金から源泉徴収される（特別徴収）。保険料額は，その所得状況などに応じて原則９段階とされているが，各段階の保険料率は保険者の判断により弾力化することができる。また９段階についても，保険者によって条例でさらに細分化することもできる。なお，生活保護を受けている第一号被保険者の介護保険料は生活保護の「生活扶助」より支給される。

介護保険の第二号被保険者　表8

かいごほけんのだいにごうひほけんしゃ

介護保険法第９条第２号に規定される，市町村の区域内に住所を有し医療保険に加入している40歳以上65歳未満の者。保険給付は老化に起因する16の特定疾病によって要介護状態あるいは要支援状態に至った場合に限定されている。保険料は，医療保険と一括して医療保険の保険者に納める。

✎介護保険の第一号被保険者 p.61，介護保険の特定疾病 p.61

介護保険の特定疾病

かいごほけんのとくていしっぺい

介護保険による要支援・要介護認定を受けるには，第一号被保険者（65歳以上）では原因を問わないが，第二号被保険者（40～64歳）では，身体上・精神上の障害が加齢に伴って生じる心身の変化に起因する特定疾病によるものに限定されており，以下の16の疾病が定められている。

①がん（医師が一般に認められている医学的知見に基づき回復の見込みがない状態に至ったと判断したものに限る），②関節リウマチ，③筋萎縮性側索硬化症，④後縦靱帯骨化症，⑤骨折を伴う骨粗鬆症，⑥初老期における認知症，⑦進行性核上性麻痺，大脳皮質基底核変性症及びパーキンソン病，⑧脊髄小脳変性症，⑨脊柱管狭窄症，⑩早

図 22　介護保険制度の体系図

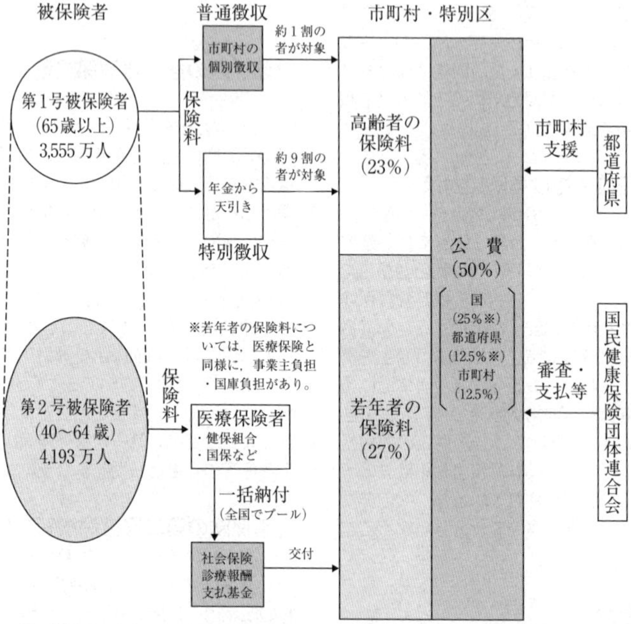

※国の負担分のうち 5% は調整交付金であり，75 歳以上の方の数や高齢者の方の所得の分布状況に応じて増減
※施設等給付費（都道府県指定の介護保険 3 施設及び特定施設に係る給付費）は，国 20%，都道府県 17.5%
※第 1 号被保険者の数は，「令和元年度介護保険事業状況報告年報」によるものであり，令和元年度末現在のものである。
※第 2 号被保険者の数は，社会保険診療報酬支払基金が介護給付費納付金額を確定するための医療保険者からの報告によるものであり，令和元年度内の月平均値である。
資料：厚生労働省「令和 4 年版厚生労働白書」をもとに作成

表 8　介護保険における第一号被保険者と第二号被保険者

	第一号被保険者	第二号被保険者
対象者	65 歳以上の者	40 歳以上 65 歳未満の医療保険加入者
受給権者	・要介護者（寝たきりや認知症で介護が必要な者） ・要支援者（要介護状態となるおそれがあり日常生活に支援が必要な者）	左のうち，初老期における認知症，脳血管疾患などの老化に起因する疾病によるもの
保険料負担	所得段階別定額保険料 （低所得者の負担軽減）	・健保：標準報酬×介護保険料率（事業主負担あり） ・国保：所得割，均等割等に按分（国庫負担あり）
賦課・徴収方法	年金額 18 万円以上は特別徴収（年金天引），それ以外は普通徴収として被保険者が納付	医療保険者が医療保険料とともに徴収し，納付金として一括して納付

老症，⑪多系統萎縮症，⑫糖尿病性神経障害，糖尿病性腎症及び糖尿病性網膜症，⑬脳血管疾患，⑭閉塞性動脈硬化症，⑮慢性閉塞性肺疾患，⑯両側の膝関節または股関節に著しい変形を伴う変形性関節症。

介護保険の被保険者

かいごほけんのひほけんしゃ

介護保険の適用を受ける者で，市町村の区域内に住所を有する40歳以上の者。第一号被保険者と第二号被保険者がある。

✎介護保険の第一号被保険者 p.61，介護保険の第二号被保険者 p.61

介護保険の保険給付

かいごほけんのほけんきゅうふ

介護保険法第18条に規定がある。介護保険の保険給付には，介護給付・予防給付・市町村特別給付の3種類がある。

✎介護給付（介護保険法）p.54，市町村特別給付 p.195，予防給付 p.493

介護保険の保険者

かいごほけんのほけんしゃ

保険料の決定徴収や保険給付など介護保険の中心を担って運営していく保険者は，市町村と特別区となっている。

介護保険法　表9

かいごほけんほう

平成9年制定，平成12年施行，法律第123号。国民の共同連帯の理念に基づき，介護にかかる保険給付などに関する必要事項を定め，保健医療の向上・福祉の増進を図ることを目的としている。介護を保険事故とする社会保険方式を社会福祉に導入した。施行5年後の2005（平成17）年には，①予防重視型システムへの転換，②施設給付の見直し，③新たなサービス体系の確立，④サービスの質の向上・確保，⑤負担のあり方・制度運営の見直し，⑥被保険者・受給者範囲の見直し，といった6つの項目を柱とする改正介護保険法が成立した。

2011（平成23）年には，①医療と介護の連携強化，②介護人材確保とサービスの質の向上，③高齢者の住まいの整備，④認知症対策の推進，⑤保険者による主体的な取組の推進，⑥保険料の上昇の緩和，を中心とした改正が行われた。

2014（平成26）年の改正では，①地域包括ケアシステムの構築，②費用負担の公平化，を大きな柱とした。①については，構築に向けた地域支援事業の充実として在宅・医療介護の連携推進，認知症施策の推進，地域ケア会議の推進，生活支援サービスの充実強化と重点化・効率化として全国一律の予防給付（訪問介護，通所介護）を市町村が取り組む地域支援事業に移行，多様化し，特別養護老人ホームの新規入所者を原則要介護3以上に限定した。②については，低所得者の保険料を公費を投入して軽減割合を拡大し，重点化・効率化として一定以上の所得のある利用者の負担割合を2割に引き上げ，低所得の施設利用者の食費・居住費を補てんする補足給付の要件に資産などを追加した。予防給付の見直しや負担割合の見直しなど，2005（平成17）年に次ぐ大きな改正になっている。

2017（平成29）年の改定では，①新たな介護保険施設としての介護医療院の創設，②所得の高い層への3割負担の導入，③介護納付金への総報酬制の導入等が行われた。

2020（令和2）年には，①地域住民の複雑化・複合化した支援ニーズに対応する市町村の包括的な支援体制の構築の支援，②地域の特性に応じた認知症施策や介護サービス提供体制の整備等の推進，③医療・介護のデータ基盤の整備の推進，④介護人材確保および業務効率化の取組の強化について，社会福祉法等とともに改正が行われた。

介護保険料

かいごほけんりょう

介護保険の財源とするため拠出する金額で，保険者（市町村）が被保険者（各市町村の40歳以上の住民）から徴収する。40歳以上65歳未満は，国民健康保険や健康保険などの公的医療保険の保険料に上乗せする形で徴収される。65歳以上は，納付用紙や口座振替などで支払う「普通徴収」と公的年金から天引きをする「特別徴収」の2種類ある。

介護補償給付（介護給付）

かいごほしょうきゅうふ（かいごきゅうふ）

労働者災害補償保険法第12条の8，第21条に規定される給付の一つ。障害（補償）年金もしくは傷病（補償）年金の受給者が，介護を必要とする状態にある場合に支給される。支給額は要介護区分に応じて決められるが，上限額が設定されている。業務災害に対しては介護補償給付の名称が，通勤災害に対しては介護給付の名称が用いられる。

✎労働者災害補償保険 p.515

表9　介護保険法の近年の主な改正

2005（平成 17）年	●予防重視型システムへの転換 新予防給付の創設。市町村による地域支援事業（介護予防事業，包括的支援事業など）の創設。 ●施設給付の見直し 介護保険施設等の食費・居住費が全額自己負担となった。低所得への補足給付を創設。 ●新たなサービス体系の確立 地域密着型サービスの創設。地域包括支援センター（介護予防支援事業所）の創設。居住系サービスの充実。 ●サービスの質の確保・向上 介護サービス情報の公表（都道府県知事へ）。ケアマネジメントの見直し。 ●負担の在り方・制度運営の見直し 第 1 号被保険料の見直し。保険者機能の強化。
2008（平成 20）年	＜介護保険法及び老人福祉法の一部を改正する法律＞ 介護サービス事業者に対し，業務管理体制の整備（法令順守責任者の選任）の義務づけ。事業者の本部への立入検査権等の創設。不正事業者に対する処分逃れ対策等。
2011（平成 23）年	＜介護サービスの基盤強化のための介護保険法等の一部を改正する法律＞ ●医療と介護の連携の強化等 「地域包括ケア」の推進。定期巡回・随時対応型訪問介護看護や複合型サービスの創設。地域支援事業に介護予防・日常生活支援総合事業を創設し，市町村の判断で実施可能に。 ●介護人材の確保とサービスの質の向上 介護福祉士や一定の教育を受けた介護職員等による痰の吸引等を実施可能に（社会福祉士及び介護福祉士法の一部改正）。介護事業所における労働法規の遵守の徹底，事業所指定の欠格要件および取消要件に労働基準法等違反者を追加。 ●高齢者の住まいの整備等 サービス付き高齢者向け住宅の供給を促進（高齢者住まい法の改正）。有料老人ホーム等における前払金の返還に関する利用者保護規定を追加。 ●認知症対策の推進 市町村における高齢者の権利擁護を推進（市民後見人など）。市町村の介護保険事業計画に認知症支援策を盛り込む。 ●保険者による主体的な取組の推進 介護保険事業計画と医療サービス，住まいに関する計画との調和を確保。地域密着型サービスの公募・選考による指定を可能に。 ●保険料の上昇の緩和
2014（平成 26）年	＜医療介護総合確保推進法（地域における医療及び介護の総合的な確保を推進するための関係法律の整備に関する法律）＞ ●地域包括ケアシステムの構築 地域支援事業の充実（在宅医療・介護連携，認知症施策の推進等）。訪問介護・通所介護を市町村の地域支援事業に移行。特別養護老人ホームの新規入所者を原則要介護 3 以上に重点化。 ●費用負担の公平化 低所得者の第一号保険料，一定以上の所得のある利用者の自己負担を見直し。補足給付の要件に資産等を追加。
2017（平成 29）年	＜地域包括ケアシステム強化法（地域包括ケアシステムの強化のための介護保険法等の一部を改正する法律）＞ ●地域包括ケアシステムの深化・推進 保険者機能の強化，医療・介護の連携，地域共生社会の実現に向けた取組の推進等（介護医療院の創設）。 ●介護保険制度の持続可能性の確保 現役世代並みの所得の層の負担割合を 3 割に（第 1 号被保険者に限る）。介護納付金の総報酬割の導入。
2020（令和 2）年	＜地域共生社会の実現のための社会福祉法等の一部を改正する法律＞ ●地域住民の複雑化・複合化した支援ニーズに対応する市町村の包括的な支援体制の構築の支援（社会福祉法） ●地域の特性に応じた認知症施策や介護サービス提供体制の整備等の推進（老人福祉法） ●医療・介護のデータ基盤の整備の推進（医療介護総合確保法） ●介護人材確保および業務効率化の取組の強化（老人福祉法，社会福祉士及び介護福祉士法等の一部を改正する法律） ※上記（　）内は，合わせて改正された介護保険法以外の法律

介護予防
かいごよぼう

介護を要する状態へと陥ることを予防すること。あるいは，介護を要する状態であっても，その状態を進行させず維持すること。筋力低下を防ぐトレーニングや口腔ケアなどがこれにあたる。介護保険法においても重視されている考え方である。

介護予防サービス
かいごよぼうさーびす

2005（平成 17）年の介護保険法改正により，それまでの予防給付を再編・拡大して導入されたもの。要介護者の増加を受け，健常から要介護に至る前での「一貫性・連続性のある総合介護予防システムの確立」が必要とされ，実施されることとなった。内容は，市町村が 65 歳以上を対象に介護予防検診の実施や，必要に応じて筋力トレーニングなどの予防教室の実施，栄養改善や口腔機能向上，認知症の予防につながる教室の開催などである。旧介護保険の「要支援」「要介護 1」は，従来のサービスを引き続き受けられるもの（要介護 1 以上）と新たな予防給付を受けるもの（要支援 1，2）に分割された。

介護予防サービス計画
かいごよぼうさーびすけいかく

要支援 1，2 の対象者に対して立てるもの。地域包括支援センターの保健師や，委託を受けた居宅介護支援事業者に勤務する介護支援専門員（ケアマネジャー）などが，本人や家族の希望を聞きながら，一人ひとりの心身の状態に応じて，適切な計画を，介護予防サービス・支援計画書を用いて作成する(介護 8 条の 2・16 項)。計画書には，一日・一年の具体的な目標と，「運動・移動」「日常生活」「社会参加，対人関係・コミュニケーション」「健康管理」の 4 項目についてアセスメントを行い，導き出された総合的な課題に対する目標と，具体策の提案を記載する。計画の作成費用は自己負担なし。また，自分で計画を作成することもできる。

介護予防サービス費
かいごよぼうさーびすひ

介護保険法第 53 条に規定される予防給付の一つ。居宅要支援被保険者が，指定介護予防サービス事業者から指定介護予防サービスを受けた場合（現物給付），その費用の 9 割または 7 ～ 8 割(一定以上の所得者の場合）が介護予防サービス費とされ，1 割または 2 ～ 3 割を自己負担分として支払う。

介護予防支援
かいごよぼうしえん

居宅要支援者が介護予防サービスなどを適切に利用できるように，地域包括支援センターの職員が介護予防サービス計画を作成し，その他の事業者等と連絡調整を行うこと（介護 8 条の 2・16 項)。2005（平成 17）年の介護保険法改正において予防給付が創設されたことで，要支援者に対する介護支援サービスの名称が「居宅介護支援」から「介護予防支援」に変更になった。

介護予防事業
かいごよぼうじぎょう

要支援・要介護状態になることの予防または要介護状態になった場合の軽減や悪化防止のために，65 歳以上の者を対象に，運動・栄養・口腔・うつ・閉じこもりに効果のある教室や講座，啓発などを通じて支援する事業。これらをもとに，できるだけ地域で長く健康で生活できることを目指す。2005(平成 17) 年の介護保険法改正によって包括的支援事業，任意事業とともに市町村が実施する地域支援事業の中に位置づけられた。

2014（平成 26）年の介護保険法改正により 2015（平成 27）年 4 月から従来の一次予防，二次予防とを区分して実施されていたものを一般介護予防と介護予防生活支援サービス事業とに分けて実施することとし，全体として介護予防・日常生活支援総合事業と位置づけた。

✎ 介護予防市町村支援事業 p.65，地域支援事業 p.340

介護予防市町村支援事業
かいごよぼうしちょうそんしえんじぎょう

市町村が実施する介護予防事業に対して，都道府県が支援するという事業。市町村（特別区を含む）に居住する高齢者が，要支援・要介護状態となることの予防や悪化の防止を目的として介護保険関連事業が行われている。都道府県においては，これら介護予防に関する普及啓発，市町村の担当者の資質の向上，介護予防関連事業の事業評価などを行うことにより，市町村における効果的な介護予防関連事業の実施を支援している。

✎ 介護予防事業 p.65

介護予防十カ年戦略
かいごよぼうじっかねんせんりゃく

2007（平成 19）年を始期とする 10 カ年戦

略「新健康フロンティア戦略」を踏まえ，策定されたもので，高齢者の生活機能の低下や，要介護に陥る主原因である「骨折」や「脳卒中」「認知症」をできる限り予防することを目的に，効果的な介護予防対策を推進する。具体的な施策として，介護予防拠点の整備，介護予防プログラムの開発・普及，地域における「転倒・骨折予防教室」の普及，切れ目のないリハビリテーションの推進・医療と介護のリハビリテーションの連携強化，地域における認知症サポート体制の整備などを挙げている。

介護予防住宅改修費

かいごよぼうじゅうたくかいしゅうひ

介護保険法第 57 条に規定される予防給付の一つ。居宅要支援者が現に住んでいる住宅について，手すりを取り付けたり，床を滑りにくくするといった小規模な改修を行った際に申請により 20 万円の利用限度額の範囲内で，かかった費用の 9 割または 7 ～ 8 割（一定以上の所得者の場合）が償還払いで住宅改修費として支給されるもの。

✎居宅介護住宅改修費 p.108

介護予防通所介護

かいごよぼうつうしょかいご

介護保険法に基づく介護予防サービスの一つとして，居宅要介護者が介護予防を目的として老人デイサービスセンターなどに通い，介護予防サービス計画に定める期間にわたり，入浴，排泄，食事などの日常生活上の支援を受けたり機能訓練を行うもの。2014（平成 26）年の介護保険法改正により 2015(平成 27) 年 4 月から 2017(平成 29）年度末までに介護予防訪問介護と合わせて地域支援事業に移行することとなり，介護保険法の介護サービスの規定から削除された。

介護予防通所リハビリテーション

かいごよぼうつうしょりはびりてーしょん

介護保険制度における介護予防サービスの一つに位置づけられ，要支援 1，2 の者が利用する，介護予防を目的としたリハビリテーションサービス（介護 8 条の 2）。地域包括支援センターが作成した介護予防を目的とするケアプランに基づき，介護老人保健施設，病院，診療所などにおいて実施される。運動器機能向上，栄養改善，口腔機能向上なども選択的に利用できる。

介護予防・日常生活支援総合事業

かいごよぼうにちじょうせいかつしえんそうごうじぎょう

市町村が実施する地域支援事業に 2011（平成 23）年の介護保険法改正により新たに加えられたもので，任意事業の位置づけであった。事業の対象者は要支援者と二次予防事業対象者（2010（平成 22）年改正以前の特定高齢者）であるが，一次予防事業も含めて実施されるので一般高齢者も対象となる。事業の内容は，①訪問型，通所型で行う身体介護，相談助言等の予防サービス，②配食，安否確認，その他介護予防・日常生活支援に資する生活支援サービス，③ケアマネジメントで，これらを総合的に実施する。ケアマネジメントについては地域包括支援センターに委託する。2014（平成 26）年の介護保険法改正により 2015（平成 27）年 4 月からこれまでの一次予防事業を引き継いだ一般介護予防事業（いわゆる第二号事業）に加えて訪問型，通所型サービス（予防給付の訪問介護，通所介護からの変更）に生活支援サービス事業とケアマネジメント事業を加えた介護予防生活支援サービス事業（いわゆる第一号事業）を合わせて新しい介護予防・日常生活支援総合事業として再編されている。新しい総合事業はすべての市町村が 2018（平成 30）年 4 月までには実施しなければならないとされている。

✎地域支援事業 p.340

介護予防福祉用具購入費

かいごよぼうふくしようぐこうにゅうひ

介護保険法第 56 条に規定される予防給付の一つ。居宅要支援者が指定介護予防サービス事業者から特定介護予防福祉用具を購入し，市町村が必要と認めた場合に限り，その購入費を限度額の 9 割または 8 割（一定以上の所得者の場合）を償還払いで支給するもの。購入費の上限は一年度につき 10 万円となっている。

介護療養型医療施設

かいごりょうようがたいりょうしせつ

▶指定介護療養型医療施設 p.198

介護老人福祉施設

かいごろうじんふくししせつ

▶指定介護老人福祉施設 p.198

介護老人保健施設
かいごろうじんほけんしせつ

介護保険法に規定される介護保険施設の一つ。要介護者に対して，施設サービス計画に基づき，看護，医学的管理の下における介護および機能訓練，日常生活上の世話や必要な医療を行う施設をいい，都道府県知事の許可を受けたものをいう(介護 8 条 27 項)。

介護老人保健施設の運営基準
かいごろうじんほけんしせつのうんえいきじゅん

▶介護老人保健施設の人員，施設及び設備並びに運営に関する基準 p.67

介護老人保健施設の人員，施設及び設備並びに運営に関する基準
かいごろうじんほけんしせつのじんいんしせつおよびせつびならびにうんえいにかんするきじゅん

介護保険法第 96 条および第 97 条で規定された介護老人保健施設開設にあたっての基準。平成 11 年，厚生省令第 40 号により介護老人保健施設に配置すべき医師・介護職員・看護師などの職員の種類と人数や，居室・食堂・浴室などの設置すべき設備および運営にあたって遵守すべき基準が示されている。介護老人保健施設を開設するにあたって許可を受ける（指定ではない）際には，この基準を満たす必要がある。居室の広さや職員の配置基準は，介護老人福祉施設と介護療養型医療施設の中間になっている。地域の自主性及び自立性を高めるための改革の推進を図るための関係法律の整備に関する法律の施行（2012（平成 24）年 4 月）に伴い，国で定めたこの省令については，都道府県が別に条例で定めることとなった。

介護労働安定センター
かいごろうどうあんていせんたー

我が国の高齢社会の進展に伴う介護労働力の需要増大に対処し，介護労働者の雇用管理の改善，能力の開発・向上，その他の福祉の向上を図るために設立された公益財団法人。業務として，①雇用管理の改善（雇用管理に関する相談援助等），②職業能力の開発（介護労働者のキャリア形成に関する相談援助や教育訓練等），③介護関係機関との連携（介護労働懇談会の実施），④情報の提供（図書の発行や介護情報サイトの運営），⑤福利厚生の充実（傷害補償制度や感染症見舞金制度等），がある。

介護労働者の雇用管理の改善等に関する法律
かいごろうどうしゃのこようかんりのかいぜんとうにかんするほうりつ

平成 4 年制定，法律第 63 号。急速な高齢化の進行に伴って，介護業務に係る労働力への需要が増大していることを背景に，介護労働者について雇用管理の改善，能力の開発・向上等に関する措置を講じることによって，介護関係業務に係る労働力の確保と介護労働者の福祉の増進を図ることを目的としている。

介護ロボット
かいごろぼっと

ロボット技術が応用され，利用者の自立支援や介護者の負担の軽減に役立つ介護機器を介護ロボットという。移乗支援，移動支援，排泄支援，見守り，入浴支援，介護業務支援等の分野で活用が期待されている。2011（平成 23）年度より厚生労働省にて「福祉用具・介護ロボット実用化支援事業」が実施され，2012（平成 24）年 11 月には，厚生労働省と経済産業省の共同で「ロボット技術の介護利用における重点分野」が策定された。介護現場で必要とされる福祉用具や介護ロボット実用化のための環境整備，企業による製品化を促進することで，要介護者の自立支援や介護者の負担軽減を図ることを目的としている。

概算払い
がいさんばらい

支払うべき債務金が未確定のときに，その後，金額を詳細に計算することを条件に，おおよその金額を支払っておくことをいう。国，地方公共団体は，旅費や委託費など経費の性質上事務に支障を及ぼし，かつ，政令に定められている経費については，概算での支払いができることになっている。支払いの時期は，支出原因が発生する前に支払う場合と，発生後に支払う場合がある。

概日リズム
がいじつりずむ

人間の身体機能が，体内時計により一定にコントロールされていることをいう。サーカディアンリズムとも呼ばれる。人間の体は睡眠と覚醒，血圧や体温リズムなど 1 日の中で一定の生体リズムを保っており，このリズム周期はおよそ 25 時間弱で，生活上 24 時間に修正されている。

外傷後ストレス障害 図23

がいしょうごすとれすしょうがい

PTSD；post-traumatic stress disorder

原因となる外傷体験が存在し，数週間～数か月の潜伏期間の後にその体験が当時と同じ強さをもってよみがえったり，過敏になるなどの症状が，ある程度以上の強さをもって一定期間以上続くこと。極めて威圧的（破壊的）な性質をもった出来事（自然災害，テロリズム，事故，他人の死，戦争など）を体験・目撃したことが原因となる。ある種の無感覚，感情鈍化，快楽の喪失，侵入する回想（フラッシュバック），夢の中で反復して外傷を再体験すること，不眠，驚愕反応などが一定期間続く。

介助犬

かいじょけん

身体障害者補助犬法に盲導犬，聴導犬とともに規定される補助犬の一つ。肢体不自由のため日常生活に著しい支障がある身体障害者のために，物の拾い上げや運搬，着脱衣の補助など肢体不自由を補う補助を行う犬であって，厚生労働大臣が指定した法人から認定を受けているもの（同法2条3項）。

✎身体障害者補助犬法 p.288

疥　癬

かいせん

scabies

ヒゼンダニ（疥癬虫）が皮膚の角質層に寄生し，人から人へ感染する疾患のこと。感染経路は接触感染で，長時間，直接肌と肌が接することで感染することが多い。寝具を介して感染することもある。特徴的な症状は，激しい痒みを伴う小さな紅い丘疹（腹部，胸部，大腿部内側，腋窩）や，指間，指側面，手掌，手首の疥癬トンネル（線状の皮疹）などが挙げられる。男性の外陰部に暗赤色の小結節を伴うこともある。ヒゼンダニは50℃10分で死滅するが，潜伏期間は3週間～1か月と長い。通常疥癬と角化型疥癬（ノルウェー疥癬）があり，感染力が異なる。通常疥癬では隔離の必要はなく，手袋や予防衣の着用も不要である。角化型疥癬の場合は感染力が強いため，治療開始後1～2週間の隔離が必要である。隔離期間中は手袋と予防衣を着用する。

図23　外傷後ストレス障害（PTSD）

回想法

かいそうほう

アメリカの精神科医ロバート・バトラー（Butler,R.N.：1927～2010）により提唱された。懐かしい写真や音楽，過去に使っていた馴染みの深い家庭用品などを見たり触れたりしながら，過去の経験や思い出を語り合う療法。高齢者が人生の意味や価値を見直し，肯定的に受け止めることによって，脳を活性化し，情緒を安定させる効果があると考えられている。個人回想法とグループ回想法があり，高齢者のリハビリテーションや認知症予防等を目的に広く行われている。

ガイドヘルパー

視覚障害者や全身性障害者などの外出時の付き添いや，移動の介助といったいわゆるガイドヘルプを行う介護員のこと。移動支援従業者とも呼ばれる。単独で外出困難な障害者等が外出するときに付き添うことにより，社会参加と自立を促進させる。公的な資格はないが，厚生労働大臣により定められた研修課程がある。

ガイドヘルプ

障害者総合支援法の地域生活支援事業に基づく「移動支援事業」として位置づけられている。ひとりで移動することが困難な障害者を対象にした，外出時の移動介助のこと。ガイドヘルプには障害によって「同行援護」「移動支援」「行動援護」「全身性障害者移動介護」等がある。「同行援護」は移動案内が必要な視覚障害者等，「移動支援」は外出時の安全を守る支援が必要な知的障害者，「行動援護」は行動障害がある精神障害や自閉症等，「全身性障害者移動介護」は四肢の機能障害がある人が対象。いずれも，余暇活動や社会参加活動，公的外出時に利用できるが，通学や通勤には原則として利用できない。

介　入

かいにゅう

▶インターベンション p.31

外反母趾

がいはんぼし

hallux valgus

先の尖ったハイヒールなどの靴を長期間にわたって履くことなどによって，足の親指がくの字型に変形すること。女性に多い。変形による疼痛や腫脹がみられ，進行例では手術が必要となる。

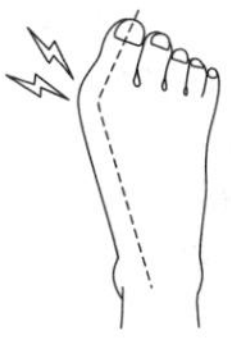

母趾が「くの字型」に変形

回復期リハビリテーション

かいふくきりはびりてーしょん

急性期の治療やリハビリテーション後，ADLの改善や自宅退院，社会参加などを目指して行われる包括的なリハビリテーションのこと。回復期リハビリテーション病棟にて行われる。医師，看護師，理学療法士，作業療法士，言語聴覚士，栄養士，介護福祉士，社会福祉士などの専門職がリハビリテーションプログラムに基づいてチームを組んで対応する。脳卒中，大腿骨頸部骨折など回復期リハビリテーションの基準に適した患者に対して，一定の期間に限定して実施されるものである。

開放骨折

かいほうこっせつ

▶複雑骨折 p.439

潰瘍性大腸炎　図24

かいようせいだいちょうえん

ulcerative colitis

クローン病とともに炎症性腸疾患に含まれる。大腸の粘膜を侵し，びらんや潰瘍を形成する原因不明の疾患。20～35歳の若年者に好発する。下痢，粘血便などが初発症状である。病変は直腸に始まり，連続しながら上行する。長期間の経過中にがん化することが多い。患者数は年々増加し，国内で20万人以上が罹患している。難病の患者に対する医療等に関する法律に基づいて公費負担の対象となる。

✎難病の患者に対する医療等に関する法律 p.387

解離性障害

かいりせいしょうがい

dissociative disorder

従来はヒステリーと呼ばれ，①過去の記憶，②自己同一性意識・直接的感覚の意識，③身体運動のコントロールなどの統合が完全にまたは部分的に失われる障害。正常な状態では「記憶をどのように思い出すか」や「運動をどのように行うか」は意識的にコントロールできるが，解離性障害では意識的に選択的なコントロールを行う能力が障害されている。症状の原因となる身体的障害がないこと，ストレスの多い出来事や対人関係障害に関連した心理的原因が存在すること（患者が否定しても）が重要な診断のポイントになる。

✎転換性障害 p.364

カウンセラー

counselor

カウンセリングの実施者で，個人（クライエント）の抱える様々な問題の相談に応じ，必要な情報の提供や助言をして，問題解決の手助けをする専門職をいう。セラピスト，相談員などの名称でも呼ばれており，公認心理師や臨床心理士などが担うことが多い。

✎公認心理師 p.144，臨床心理士 p.503

カウンセリング

counseling

生活における様々な問題や課題，特に適応上の問題を抱えた個人に対して行う心理的援助方法の一つ。代表的なものに精神分析的カウンセリング，行動療法的カウンセリング，クライエント中心療法などがある。適用される分野は，医療・福

図24　潰瘍性大腸炎の診断

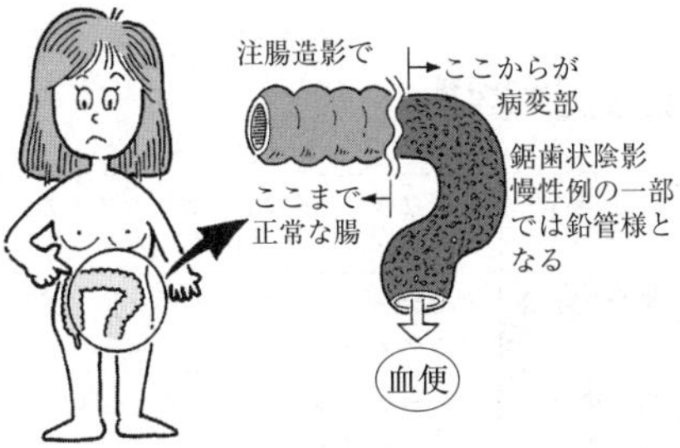

祉に限らず，産業，学校，司法など多岐にわたる。
✎クライエント中心療法 p.113

化学繊維　表10

かがくせんい

化学的な製造方法によって作られた繊維。製造方法と原料の種類により，合成繊維，半合成繊維，再生繊維に分別される。

✎合成繊維 p.140，再生繊維 p.174，半合成繊維 p.423

かかりつけ医

かかりつけい

緊急時に限らず，日常的に健康相談を受けたり，持病の治療や日常生活上の健康管理について中心的な役割を果たす医師のこと。高齢者の場合，特別に重い病気をもっていなくても，定期的に健康管理を受けることは介護予防の見地からも重要であることから，かかりつけ医をもつことが望ましい。

賀川豊彦

かがわとよひこ：1888 ～ 1960

明治末期から昭和初期にかけての社会運動家。神戸市に生まれ，徳島中学在学中にキリスト教に入信，明治学院大学神学部予科から神戸神学校に転じ，在学中からスラム街であった神戸・新川地区に住み込み，伝道を開始している。アメリカに留学の後は，労働組合運動に力を注ぎ，川崎・三菱造船所の労働争議などを指導した。また，消費組合や農民組合などの協同組合運動にも携わった。40 歳代以降は，伝道に専心し，各国を回った。主著に自伝的小説『死線を越えて』（1920），『一粒の麦』（1929）などがある。

過換気症候群

かかんきしょうこうぐん

▶過呼吸発作 p.72

表 10　繊維の分類

合成繊維	アクリル，ナイロン，ポリエステル，ビニロン，ポリウレタン
半合成繊維	アセテート，トリアセテート，プロミックス
再生繊維	レーヨン，キュプラ，テンセル，ポリノジック

核家族

かくかぞく

アメリカの文化（社会）人類学者ジョージ・マードック（Murdock, G. P.：1897 ～ 1985）が，父親－母親－子どもから成る集団を「核家族」と呼び，父母子の関係が様々な社会の家族構成の中に見いだすことができるため，核家族は普遍的に存在すると主張したことから広く用いられるようになった概念。一般的には夫婦と未婚の子から成る家族を指すが，子どものいない夫婦のみの家族，ひとり親と未婚の子どもから成る家族も核家族に含まれる。国民生活基礎調査では，核家族世帯を「夫婦のみ」「夫婦と未婚の子のみ」「ひとり親と未婚の子のみ」の３つに区分しているが，国勢調査では，「夫婦のみの世帯」「夫婦と子供から成る世帯」「男親と子供から成る世帯」「女親と子供から成る世帯」の４つに分類している。

✎家族 p.73

格差社会

かくさしゃかい

明確な定義が与えられているわけではないが，社会の中で所得，職業，学歴などの格差が拡大している状況を指す。日本では，2000（平成12）年頃から格差が社会問題化し，格差の固定化が指摘されてきた。所得については，所得格差をあらわす指標にジニ係数があり，その値が１に近いほど格差が大きいとされる。厚生労働省の「所得再分配調査」（2017（平成 29）年）では，日本の当初所得のジニ係数は 0.5594 で，再分配後の所得のジニ係数は，0.3721 となっている。職業では，非正規雇用と正規雇用との格差が指摘されている。非正規雇用者の割合は 2021（令和３）年に女性 53.6%，男性 21.8%であり，1980 年代頃と比べて高くなっている。賃金や社会保障の面での格差是正を目的に 2015（平成 27）年に労働者派遣法が改正され，2019（令和元）年にパートタイム・有期雇用労働法が成立した。学歴については，1995（平成７）年以降の SSM 調査（社会階層と社会移動全国調査）で，高度経済成長期に比べて親の学歴や社会的地位が子どもに引き継がれる傾向が強くなっていることが明らかになっている。

学　習

がくしゅう

各理論上の立場から様々な定義がなされているが，概して「経験の結果として生じる，比較的永続的な行動の変容やそのプロセス」のこと。知識や技能，価値感などを新たに獲得したり，修正したりすること。

学習障害

がくしゅうしょうがい

LD；learning disabilities

発達障害者支援法に定められる発達障害の一つ。1999（平成11）年に旧文部省は学習障害（LD）を「基本的には全般的な知的発達に遅れはないが，聞く，話す，読む，書く，計算する又は推論する能力のうち特定のものの習得と使用に著しい困難を示す様々な状態を指すもの」と定義づけている。知的水準はある程度年齢に応じた発達でありながらもある分野において困難が生じる場合と，知的障害がもととなり学習においても障害が生じる場合がある。また，情緒的に学習に向かうことができない場合もあるため，何が困難を引き起こしているのかを見極めて対応する必要がある。なお，「DSM-5（精神疾患の診断・統計マニュアル」では，診断名を「限局性学習症/限局性学習障害」としている。

✎発達障害 p.419，発達障害者支援法 p.420

学習性無力感

がくしゅうせいむりょくかん

ある状況下で不快な体験をし，どうしてもその状況を変えられないことが続くと，「何をしても無駄」という気持ちになり，自発的行動すら起こせなくなる現象をいう。アメリカの心理学者セリグマン（Seligman,M.：1942～）は，実験により学習性無力感とうつ病の内容はほぼ同様であるとする「うつ病の無気力感モデル」を提唱した。現在ではうつ病などにおける「無力感」を説明する上での一つのモデルとされている。

覚醒剤依存

かくせいざいいぞん

精神障害の一つ。覚醒剤の使用量が増え，渇望が強くなり使用を抑制できない状態。覚醒剤依存では，幻覚（幻聴が最も多い）や妄想（主に関係妄想，被害妄想，追跡妄想）によって傷害行為を起こすことがある。

覚醒剤中毒

かくせいざいちゅうどく

覚醒剤の摂取により，生体の正常な機能が阻害される状態。覚醒剤中毒（特に急性）では身体依存が比較的低く，使用をやめても離脱症状が起こることは少ない。中枢神経系の異常興奮による精神神経症状として興奮，発揚，多幸感，多弁，不安など，身体中毒症状として不眠，食欲減退，頻脈，血圧上昇，振戦などが出現する。薬効が低下するにつれて無欲，疲労，脱力，不快感，抑うつ気分が生じる。

拡大家族

かくだいかぞく

成人し，結婚した子が親たちの家族と同居する形態を指す。アメリカの文化（社会）人類学者であるジョージ・マードック（Murdock, G. P.：1897～1985）が，親族の関係網から基本ユニットである「核家族」の組み合わせによって類型化した家族の一つ。なお，マードックの類型は，「核家族」「拡大家族」「複婚家族（一夫多妻のように一人の配偶者を共有する）」の３つである。

✎家族 p.73，修正拡大家族 p.224

喀痰吸引

かくたんきゅういん

口腔，咽喉頭，鼻腔，気管内などにたまっているたんなどの分泌物を，吸引チューブや吸引器等を利用して体外へ排出すること。嚥下障害や体力低下，気管切開をしている人など自力でたんなどを出せない場合に行う。吸引時は，呼吸状態やたんの色・量・性状の観察をしておく。たんの吸引は医行為に該当しているが，社会福祉士及び介護福祉士法の一部改正により，2012（平成24）年４月から，一定の研修を受けた介護職員等においては，医療や看護との連携による安全確保が図られている等，一定の条件の下でたんの吸引等の行為が実施できる。

✎医行為 p.17，資料① p.522

拡張期血圧

かくちょうきけつあつ

▶最低血圧 p.176

学童保育

がくどうほいく

▶放課後児童健全育成事業 p.456

角膜軟化症

かくまくなんかしょう

keratomalacia

ビタミンＡ欠乏によって起こり，はしかや肺炎の後，あるいは不完全な人工栄養の乳児に起きやすい疾患。昔，俗に「かん目」といわれ，失明の主要な原因の一つになっていた。発症すると，結膜・角膜が乾燥してつやがなくなり，混濁してくる。病状が進行すると，角膜の中央部がくずれて潰瘍ができ，破壊されて角膜・虹彩が脱出し，失明に至る。治療は早期発見の上，ビタミンAまたは肝油の投与である。

✎ビタミンA p.429

家計調査

かけいちょうさ

総務省統計局によれば，家計調査は，学生の単身世帯を除外した全国の世帯のうち，一定の統計上の抽出方法に基づき選定された全国約9,000世帯を対象として，家計の収入・支出，貯蓄・負債などを毎月調査するものである（ただし，勤労者世帯および無職の世帯については日々の家計上の収入および支出が，個人営業世帯などの勤労者・無職以外の世帯については支出のみが「家計簿」により調査される）。また，すべての調査世帯を対象に，世帯および世帯員の属性，住居の状態に関する事項などが調査されている。家計調査の結果は，景気動向の把握，生活保護基準の検討，消費者物価指数の品目選定およびウエイト作成などの基礎資料として利用されている。

加工食品

かこうしょくひん

食品を加工することの第一の理由は，保存のためである。日ごろ多種類の食品を摂取することが可能なのは，缶詰，凍結，脱水，包装その他の保存技術があるからである。これに加えて，食品の非可食部の除去，有害細菌の死滅，嗜好性の改善，などの効用がある。さらには家庭での労力と時間の軽減などから加工食品が利用される。加工を施すことによって，当然栄養素の損失はある。損失は加工条件や食品の種類，食品の収穫時期，品種，加工前の取り扱いなどによって著しく変わってくる。そのほか，加工中に起こる損失，流通過程での損失，家庭での貯蔵中および調理の際にも起こる。近年，加工食品に対するイメージは必ずしも良くない面もあるが，現在の食生活を考えるとき，加工食品が極めて重要であることはいうまでもない。

2017（平成29）年の食品表示基準の改正・施行により，国内製造の加工食品すべてに対し，原料原産地表示を行うことが義務づけられた。

過呼吸発作

かこきゅうほっさ

「過換気症候群」と同じ。不安，ヒステリー（解離性障害）など心因性に呼吸回数の増加を生じ，血液中の二酸化炭素分圧が低下し，血液はアルカリ性に傾く。手指・口周囲のしびれ，こわばりを生じ，脳血管が収縮するために脳血流が減少し，目の前が真っ白になって意識障害を生じる。対処としては，患者を落ち着かせ，ゆっくりと深呼吸させる。

家事援助サービス

かじえんじょさーびす

家事援助とは，身体介助以外の訪問介護のことである。日常生活において家事全般（掃除，調理，洗濯など）を利用者が単身あるいは，家族等が疾患や障害などのため本人や家族が行うことが困難な場合に行われる。介護保険制度による訪問介護サービスと，社会福祉協議会や市区町村，NPOシルバー人材等が行う有償のものなどがある。

過剰介護

かじょうかいご

必要以上に介護を提供すること。高齢者の能力や発達を阻害し，可能性をつみ取ることにもなるため，本人にとって何が必要か十分検討した上でサービスを提供する必要がある。

過食症

かしょくしょう

hyperphagia

摂食障害の一つ。大量の食物の摂取と意図的な嘔吐，下剤の乱用などを特徴とする，心身症である。過食性障害は，DSM-5（精神疾患の診断・統計マニュアル）では神経性やせ症，神経性過食症と同列に扱われる独立した診断カテゴリーとなった。

✎心身症 p.281，摂食障害 p.313

可処分所得

かしょぶんしょとく

一般的には個人が自分の意志で自由に処分できる所得を意味し，手取り収入ともよばれる。賃金や事業所得，あるいは社会保障給付というかたちで得られた個人所得の総額から，直接税や社会保険料といった非消費支出を差し引いた後で，手元に残った所得のことをいう。

家事労働

かじろうどう

家族生活を営む上で必要となる労働。衣食の調達と管理，住居の清潔維持，子どもの養育や病人の看病，地域との関係形成など多岐にわたる。これらは金銭的に評価されないシャドウ・ワークである。

✎シャドウ・ワーク p.220

仮性認知症

かせいにんちしょう

認知症は，アルツハイマー型認知症や血管性認知症などのように，脳の器質的変化によるものである。仮性認知症は，器質的原因がないのに認知症と同じような症状がみられる場合の総称である。うつ病や解離性障害（ヒステリー）などでみられる。

✎認知症 p.398

過疎化

かそか

ある地域において人口の過度な流出が生じた結果，地域の生活と経済活動の再生産が困難となることを指す。具体的には，仕事を求めて若年層が地域を出ていくと，地域人口が高齢化し，医療，教育，消防，買い物など地域の基礎的生活条件を維持する施設の縮小や活動の低下を招き，さらには農林漁業などの地場産業が衰退していく。そうなるとますます働き手は仕事を求めて地域を離れる。日本では，高度経済成長期頃から過疎問題が顕在化した。その背景として，①若年労働者の都市部への集中移動，②農林業（地場産業）の衰退，③商品経済の浸透による現金収入の必要性増加，④交通網の発達による都市への距離の短縮，⑤マスコミ（主としてテレビ）を通じた都市文化の伝播による向都離村意識，⑥高学歴志向，などが挙げられる。

家　族

かぞく

配偶関係や血縁関係によって結ばれた親族関係を基礎にして成立する小集団である。家族は社会の存続や発展を可能にするため，社会の中で重要視され，法や制度や規範によって規定されてきた。家族制度の分類で最も一般的なのは，居住規制と財産の継承を基準にしたもので，夫婦家族制，直系家族制，複合家族制の３つに分類される。

また，家族は，構造と機能という二つの側面からとらえられ，理解されてきた。家族を構造からとらえる視点は，家族構成から家族を理解しようとする。アメリカの文化（社会）人類学者ジョージ・マードック（Murdock, G. P.：1897～1985）は，父親－母親－子どもから成る集団を「核家族」と呼び，この父母子から成る単位の組み合わせにより家族を核家族，拡大家族，複婚家族に類型化した。家族を機能からとらえる視点は，家族が個人や社会にとってどのような働きをしているのかを分析し，家族を理解しようとする。家族機能は時代や社会によって変化するとされ，ウィリアム・オグバーン（Ogburn, W. F.：1886～1959）は，現代の家族は産業化に伴い家族が本来もっていた多くの機能を他の機関に移譲したと主張した（家族機能の外部化）。タルコット・パーソンズ（Persons, T.：1902～1979）は，子どもの社会化と成人のパーソナリティの安定化を家族機能に挙げている。

1980年代後半以降，家族を上記のように自明の集団としてとらえることに対して，社会史やフェミニズムの領域から批判が出てきた。それにより，従来の夫婦とその子どもを中心とした集団という家族定義や性別役割分業は近代以降の家族の特徴であることから，近代家族と呼ばれるようになった。

✎核家族 p.70，拡大家族 p.71

家族会

かぞくかい

病気や障害，生活上の問題を抱える人の家族により結成された互助組織。団体により活動内容は異なるが，おおむね当事者への支援活動や家族によるピア・カウンセリング，地域住民への普及・啓発活動，地域社会の改善や資源・制度等の開発運動などを行う。家族会には，高齢者や認知症の人等を介護している家族の集まり，精神障害者やアルコール依存症者等の家族の集まりなどがある。さらに家族（主に父母）の高齢化等から，精神保健福祉の領域では兄弟姉妹の会や精神疾患の親をもつ子どもの会などの活動を行っている。

✎ピア・カウンセリング p.426

家族介護支援事業

かぞくかいごしえんじぎょう

介護予防・地域支え合い事業の一環であり，保険者の任意事業。保険者ごとに事業内容が異なるが，介護用品（おむつや使い捨て手袋など）支給や家族介護教室の開催，家族介護者交流事業などが展開されている。目的としては要介護高齢者等を在宅で介護する家族に対して，訪問や介護保険外のサービスの提供や個別相談の機会を設けることにより，家族介護者の身体的および精神的負担の軽減ならびに生活の質の確保向上を図ることや，要介護高齢者等と家族介護者が在宅生活を継続できるよう支援することが挙げられる。

家族の機能
かぞくのきのう

家族の機能とは，社会や個人に対する家族の働きを指す。アメリカの人類学者ジョージ・マードック（Murdock, G. P.:1897～1985）は，家族機能として４つの機能（性，経済，生殖，教育）を挙げている。性は，社会的儀礼を済ませた一組の男女に性の特権を付与する働きである。経済は，住居や食事を共にし，協力して経済活動を行う働きである。生殖と教育は，文字通り子どもを産み育てる働きである。また，アメリカの社会学者タルコット・パーソンズ（Parsons, T.：1902～1979）は，家族の機能を，子どもの基礎的な社会化と成人のパーソナリティ安定であるとしている。日本の社会学者である袖井孝子（そでいたかこ：1938～）は，上記のパーソンズの家族機能に加え，介護といったケア機能を指摘している。

家族の多様化
かぞくのたようか

近年，家族の変化として指摘されるのが，家族の多様化である。若年層では晩婚化・未婚化が進んでおり，結婚を先送りする，あるいは「いずれ結婚するつもり」で未婚のまま年齢を重ねる人が増えている。これは必ずしも婚姻にこだわらない人々が増えているということを示す。また，離婚件数も長期的にみると増加しており，離婚に対する抵抗感が薄れてきていることが指摘されている。このように結婚や離婚に関する規範の変化が個人の生き方の選択肢を増やし，家族のあり方に大きく影響を与えていると考えられる。

さらに諸外国では，事実婚のカップルの増加とそれに伴う婚外子の増加，同性婚の合法化など家族の多様化はより進展してきている。日本においても，同性婚は，自治体のパートナーシップ制度として認めているところも増えてきている。

家族療法
かぞくりょうほう

家族を一つのシステムとしてとらえ，家族成員との合同面接の形で展開される心理療法。問題を抱えた個人だけではなく，その問題を生み出す家族間の関係性の変化を目指す点に特徴がある。家族の中にある資源や問題解決の力に焦点をあてていく。

家族療養費
かぞくりょうようひ

健康保険法第110条に規定される保険給付の一つで，被扶養者の傷病に対する現物給付。内容は被保険者本人に対する療養の給付および保険外併用療養費と同一である。船員保険法第76条，国家公務員共済組合法第57条，地方公務員等共済組合法第59条にも同様の規定がある。

課題中心アプローチ
かだいちゅうしんあぷろーち

ソーシャルワークにおけるアプローチの一つ。リード（Reid, W.J.）とエプスタイン（Epstein, L.）らによって提唱された。その方法は援助展開の実験・観察的研究（効果測定）に基づいており，課題を明確化し，契約に基づき短期間でその課題解決を図るといった特性がある。課題設定では，援助者のみによる課題設定ではなく，クライエントが自覚し対処可能である課題を，援助者との合意の上で設定する。

肩関節周囲炎
かたかんせつしゅういえん

frozen shoulder

いわゆる五十肩。40～50歳代に好発し，肩関節の炎症，疼痛を生じる。疼痛による運動制限が関節の拘縮の原因となるので，適切なリハビリテーションが必要である。温熱療法を行うことで血流を増加させ，拘縮した組織を柔らかくし，疼痛を和らげることができる。

✎温熱療法 p.52

片麻痺
かたまひ

大脳皮質から内包，脳幹，脊髄のどこかの経路に障害があるときに運動麻痺が起こる。身体一側の上下肢にみられる運動麻痺を片麻痺という。麻痺は「不全麻痺」から「完全麻痺」まである。「不全麻痺」とは「麻痺はあるが，上下肢が少し動く」，「完全麻痺」とは「上下肢が全く動かない」状態をいう。

✎資料⑥ p.532

片山潜
かたやません：1859～1933

明治・昭和期の社会運動家。岡山県の農家の次男として生まれる。上京の後，1884（明治17）年から1895（明治28）年までアメリカ

で社会事業を学び，キリスト教社会主義と社会問題に関心をもつ。帰国後の 1897（明治 30）年，東京の神田三崎町に日本におけるセツルメントの先駆けであるキングスレー館を開設した。トインビーホールやアンドーバーハウスにならい，片山は労働者教育型のセツルメントを構想していたことから労働者階級への教育活動を中心に活動が展開された。その後，片山は労働組合運動に携わり，社会民主党を組織するなど晩年まで精力的に活動を続け，モスクワで客死した。

かたり商法

かたりしょうほう

「消防署の方から来ました」「保健所の方から来ました」などと言って消防署や保健所の職員と誤認させて消火器や健康食品などを販売する商法。特定の公的機関や有名企業をかたったりして消費者を安心させ，商品・サービスの契約を勧誘する。服装も偽装することが多く，全国で被害が絶えない。特に，高齢者を狙ったかたり商法が多く，区役所の関係者と偽り，「税の還付金を支払うので口座番号を教えて」と言って暗証番号など個人情報を聞き出す手口もある。

カタルシス

katharsis

過去のつらい体験や経験など，無意識の世界に抑圧していた葛藤などの観念や感情を，自由に表現させることによって心の不安や緊張を解き，浄化する技法。もともとはギリシャ語。

価値転換

かちてんかん

自分自身の価値観の転換であり，障害受容のプロセスに関する本質的な概念とされている。障害は不便であり制約的なものではあるが，自分の価値を低めるものではないという認識をもつこと。

✎障害受容 p.245，ライト p.495

脚　気

かっけ

beriberi

ビタミン B_1 欠乏症であり，手足のしびれ感，腱反射の減退，心臓障害，浮腫などの症状を呈する。日本では 9 ～ 12 世紀（平安時代）に脚気が流行し，また特に元禄時代の江戸では白米食の普及により脚気が多発して江戸煩（わずらい）と呼ばれ，その原因については伝染説，中毒説が有力であった。1910（明治 43）年に東京大学の鈴木梅太郎（すずきうめたろう：1874 ～ 1943）博士により米ぬかから抗脚気成分が結晶分離され，米またはイネの学名（oryza sativa）にちなんでオリザニンと名付けられた。また，ポーランドのカシミール・フンク（Funk, C.：1884 ～ 1967）らも同じような成分を分離し，ビタミンと呼んだ。これが後に抗脚気物質ビタミン B_1 と呼ばれる重要な栄養素となる。

✎ビタミン B_1 p.430

喀　血

かっけつ

▶吐血 p.380

学校教育法

がっこうきょういくほう

昭和 22 年制定，法律第 26 号。学校制度の基本的な事項について規定した法律。第 1 条では，「学校とは，幼稚園，小学校，中学校，高等学校，中等教育学校，特別支援学校，義務教育学校，大学及び高等専門学校」と定義している。2006（平成 18）年の改正では，①盲・聾・養護学校は，障害種別を超えた特別支援学校に一本化，②特殊学級から特別支援学級へ改称，③特別支援学校は，在籍児童の教育を行うほかに小中学校などに在籍する障害のある児童生徒の教育について助言援助に努める，④小中学校などでは，学習障害（LD）・注意欠陥多動性障害（ADHD）などを含む障害のある児童生徒に対して適切な教育を行うこと，などが規定された。

✎特別支援学校 p.376

学校保健安全法

がっこうほけんあんぜんほう

昭和 33 年制定，法律第 56 号。日本の学校における児童生徒や職員の保健管理について規定している。例えば，学校感染症の予防の規定があり，インフルエンザ，結核などに感染した者，または感染した疑いのある者や感染するおそれがある者の登校を禁止している。また，同法施行規則では，健康診断の実施時期や検査項目，感染症の種類や出席停止期間の基準などが定められている。2009（平成 21）年 4 月に学校保健法から現名称に改称され，学校での安全管理についての条項も追加され，現在に至っている。

葛　藤

かっとう

同じ程度の大きさの欲求が 2 つ以上あり，その内容が互いに反する場合に，いずれか一つ選ばなければいけない心の緊張状態のこと。接近－接近型，接近－回避型，回避－回避型，の３つの型，もしくはこれに二重の接近－回避型を加えた４つの型があるとされる。

葛藤解決の原則

かっとうかいけつのげんそく

グループワークの原則の一つ。グループワークの過程において，メンバーの相互作用の中で葛藤が生じた場合，メンバー自身やグループが自主的に解決方法を見出せるよう，ワーカーがその解決への援助を行うこと。ワーカーの支持がある状況で解決方法を学ぶことはメンバーの社会的成長を促進させる上で重要である。

✎グループワークの原則 p.114，コノプカ p.164

割賦販売法

かっぷはんばいほう

昭和36年制定，法律第159号。クレジットを使って商品・サービスを購入する際に利用者（消費者）の利便性を図りつつ，クレジット契約の健全性と消費者被害の防止を規定した法律。2009（平成21）年12月，特定商取引に関する法律（特定商取引法）とともに抜本的な改正法が施行され，利用者保護策が強化された。2020（令和2）年にはデジタル社会やキャッシュレス社会の進展に対応できるよう改正された。カード会社が実施してきた包括支払可能見込み額に代わる与信審査手法について認定制度を設けたこと，限度額10万円以下の包括信用購入あっせん事業者に登録制度を課したこと，カード番号の適切な管理規定を設置したこと，などが改正のポイントである。同法では悪質販売会社による被害防止を目的に，消費者の契約取消権や，クレジットカード会社への既払金返還請求権なども認めている。また，クーリング・オフをクレジット契約にも導入，悪質な販売事業者を排除する「加盟店情報交換制度」および「個別クレジット会社の登録制度」も採用されている。今後のキャッシュス社会の中では，消費者保護に向けて新たな決済方法への対応も急がれる。

家庭裁判所

かていさいばんしょ

裁判所法に基づいて設置される裁判所の一種。家事事件手続法で定める家事事件の審判や調停，人事訴訟法で定める人事訴訟事件の第一審の裁判，少年法で定める少年保護事件の審判を行う（裁判所法31条の3）。家事審判事件の一つとして，認知症や精神障害などにより判断能力を欠いたり不十分となった者のための成年後見制度の審判も取り扱う（家事法117条）。各家庭裁判所に配置される，専門的知識を有する家庭裁判所調査官は，裁判所の職権に基づき審判や調停に必要な事項について広く調査できる。

✎成年後見制度 p.309

家庭相談員

かていそうだんいん

1964（昭和39）年より，福祉事務所の家庭児童福祉に関する相談指導業務を充実するため，家庭児童相談室を置くことができることとなった。家庭相談員は，家庭児童相談室に，都道府県または市町村の非常勤職員として採用された職員である。家庭児童福祉の業務に従事する社会福祉主事と連携しながら，家庭児童福祉に関する専門的技術を必要とする相談業務を行っている。なお，市区町村子ども家庭総合支援拠点の職員と兼務することも可能である。

家庭内暴力

かていないぼうりょく

▶ドメスティック・バイオレンス p.382

家庭用品品質表示法

かていようひんひんしつひょうじほう

昭和37年制定，法律第104号。これまで家庭用品の実態に即した見直し・法改正が取り組まれてきた。同法は消費者が製品の品質を正しく認識できるよう，事業者に品質表示の適正化を求めるなど，消費者の利益擁護を目的に制定された。対象製品を指定し，それらの品質表示基準を定め，販売にあたって適正な表示の実行を求めている。指定対象品目では繊維製品が最も多く約40品目，合成樹脂加工品が約10品目，電気機械器具約20品目，雑貨工業品が約40品目となっている。たびたび通信販売製品でカシミア衣料品の混用率偽装が問題となっている。2011（平成23）年から指定商品のあり方をめぐり，継続して改正検討が取り組まれている。

✎取扱表示（洗濯表示）p.382

カテーテル

catheter

薬液の投与や，心臓や血管の病気の検査・治療，体液や尿の排出などを目的に，体内に挿入・留置される細い筒状の管のこと。中心静脈カテーテル，心臓カテーテル，膀胱留置カテーテルなどがある。用途や使用目的により太さ，長さ，形，材質が異なる。カテーテルは生体にとっては異物であり，異物が体内に留置されると，挿入部からの細菌の侵入を生じ感染症をきたしやすい。中心静脈カテーテルではカテーテル熱，敗血症など，膀胱留置カテーテルでは尿路感染症に注意する。

尿路感染症 p.396，膀胱留置カテーテル法 p.457

果　糖

かとう

糖質の中の単糖類の一つ。はちみつや果実の中に遊離した形で存在する糖（フルクトース）。そのほかにショ糖（スクロース）やイヌリンなどの構成成分にもなっている。特に果実類に多く含まれているので，果糖と呼ばれている。

寡　動

かどう

精神的原因（統合失調症，うつ病など）や神経学的原因（パーキンソン症候群など），脳器質性疾患による自発性障害（前頭葉障害など）により，随意運動が異常に減少すること。じっとしていることが多く，表情の動きも乏しくなることが特徴。多くは硬直とともに出現する。高度になると無動という。

パーキンソン病 p.410

過敏性腸症候群

かびんせいちょうしょうこうぐん

irritable bowel syndrome

腸に器質的な異常を認めないにもかかわらず，精神的なストレスなどを原因として，腹痛や腹部の不快感を伴って，便秘や下痢が長く続く状態をいう。20 ～ 40 歳代の若年者に多い。下痢の場合，突然生じる便意のために，外出が困難になったり，心配のため通勤・通学の駅ごとのトイレを確認したりすることもある。便秘は，腸の運動が亢進して生じ，水分が奪われた便はウサギの糞のようにコロコロになり，排便が困難になる。腸の蠕動運動が低下して生じる弛緩性の便秘とは異なる。

寡　婦

かふ

夫と死別した女性あるいは離婚の後再婚していない女性のことを指すが，母子及び父子並びに寡婦福祉法第 6 条第 4 項では「配偶者のない女子であつて，かつて配偶者のない女子として民法第877 条の規定により児童を扶養していたことのあるもの」とされている。つまり，かつて母子家庭の母で，扶養していた児童が 20 歳に達することで独立した者のこと。なお，児童を扶養したことのない配偶者のいない女子や，現在母子家庭の母である女子は含まれない。1981（昭和 56）年の改正によって，母子家庭に準じた扱いがなされるようになった。寡婦に対する支援としては，税制上の特別措置や寡婦年金，寡婦福祉資金貸付制度などがある。また，都道府県は，母子家庭等及び寡婦自立促進計画を策定し，その生活の安定と向上のために必要な措置を実施することになっている。

母子及び父子並びに寡婦福祉法 p.463，（母子家庭等及び寡婦）自立促進計画 p.463

カフェイン

caffeine

植物由来成分であるアルカロイドの一種で，コーヒー豆，カカオの実，茶葉などに含まれる。摂取してから 30 分～ 1 時間後に血中でピークとなり，半減期は 3 ～ 5 時間とされ，効果は 3 時間程度持続する。入眠を妨げたり，睡眠時間を短くさせたり，睡眠を浅くする傾向がある。利尿作用もあり，夜中に尿意で目が覚めることにもつながるため，夕食以降にはカフェインの入った飲み物の摂取については注意が必要である。

寡婦年金

かふねんきん

国民年金の遺族基礎年金の支給対象は「子のある妻」と「子」のみである。そのため，子のない妻もしくは夫の死亡時に子が成人している妻には年金の支給がない。こうした妻へ年金を支給する制度として，寡婦年金がつくられた。①老齢年金を受給する資格のある夫が亡くなり，②婚姻期間が 10 年以上あり，③夫が老齢基礎年金をまだ受け取っていなかった，などの条件を満たせば 60 ～ 65 歳の間受給することができる。死亡一時金を支給された場合は支給対象とならないので，どちらか一方を選択することになる。

寡婦（ひとり親）控除

かふ（ひとりおや）こうじょ

寡婦とは，夫との死別あるいは離婚後に結婚をしていない女性のことである。寡婦控除は所得税法第 80 条に規定される所得控除の一つであり，控除額は 27 万円である。納税者自身が寡婦であるときに，以下の条件のいずれかを満たせば対象となる。①夫と離婚した後婚姻をしておらず，扶養親族がいる人で，合計所得金額が 500 万円以下の人，②夫と死別後婚姻をしていない人または夫の生死が明らかでない一定の人で，合計所得金額が 500 万円以下の人。

ひとり親控除は所得税法第 81 条に規定される所得控除であり，控除額は 35 万円。納税者自身がひとり親の場合に一定の条件を満たせば適用される。2020（令和 2）年分から，寡夫控除からひとり親控除へと変更された。ひとり親控除の対象となるには，以下の 3 つの条件を全て満たす必要がある。①事実婚関係にあると認められる人がいないこと，②生計を一にする子がいること，③合計所得金額が 500 万円以下であること。

寡婦福祉資金貸付制度

かふふくししきんかしつけせいど

母子及び父子並びに寡婦福祉法第 32 条に規定される，寡婦の経済的自立の助成と生活意欲の助長を図ることに加え，寡婦が扶養する 20 歳以上の者の福祉を増進させることを目的とした貸付制度のこと。なお，本制度では，寡婦の被扶養者が事業を開始し，または就職するために必要な知識技能を習得するのに必要な資金も対象となっている。

貨幣的ニード

かへいてきにーど

三浦文夫（みうらふみお：1928 ～ 2015）によれば，貨幣的ニードとは，ニードそのものが経済的要件に規定され，貨幣的に測定され得るものであり，さらにそのニードの充足は主として金銭給付によって行われるものとされる。なお，非貨幣的ニードとは，主に対人援助サービスによって充足されるものをいう。

潜在的ニード p.315，非貨幣的ニード p.427

紙おむつ 図25

かみおむつ

おむつのうち，布おむつとは異なり，使い捨てできる紙製のものを指す。高吸水性ポリマーと不織布の工夫により，使用感や肌触りが向上したことで，1980 年代以降，布おむつに代わって需要が高まった。高吸水性ポリマーは保水性能が高い材料で，吸水後に圧力をかけても逆戻りしない。パッドタイプ・パンツタイプ・テープ止めタイプ・フラットタイプと 4 種類に分類されており，利用者・用途によって使い分ける。布おむつと違って使い捨てなので，再度の使用はしない。

おむつ p.51，不織布 p.445

神谷美恵子

かみやみえこ：1914 ～ 1979

日本の精神科医，作家，翻訳家。ハンセン病療養所に精神科医療を導入したことで知られる。19 歳の時に，ハンセン病療養所である国立療養所多磨全生園でオルガン演奏を頼まれたことをきっかけにハンセン病医療を志す。1940（昭和 15）年コロンビア大学医学進学課程入学，その後東京女子医学専門学校に編入し 1944（昭和 19）年卒業，1957（昭和 32）～ 1972（昭和 47）年岡山県の国立療養所長島愛生園に精神科医として勤務。精神科医療を導入する。

医師としての顔以外に，作家・翻訳家の顔も持ち，ミシェル・フーコー『臨床医学の誕生』，ヴァージニア・ウルフ『ある作家の日記』などの翻訳や，『生きがいについて』，『ケアへのまなざし』など多くの著作がある。

仮面うつ病

かめんうつびょう

masked depression

睡眠障害，倦怠感，食欲不振，性機能障害，身体各部の痛みなど身体愁訴は多岐にわたるが，それが抑うつ気分や抑制などの症状を覆い隠している場合をいう。詳細な問診により背後にうつ症状が確認できるが，最初から精神科や心療内科を受診することは少なく，多くの場合，身体各科を受診する。その際，うつ症状が見落とされることも多い。

うつ病 p.35

図 25　紙おむつの種類

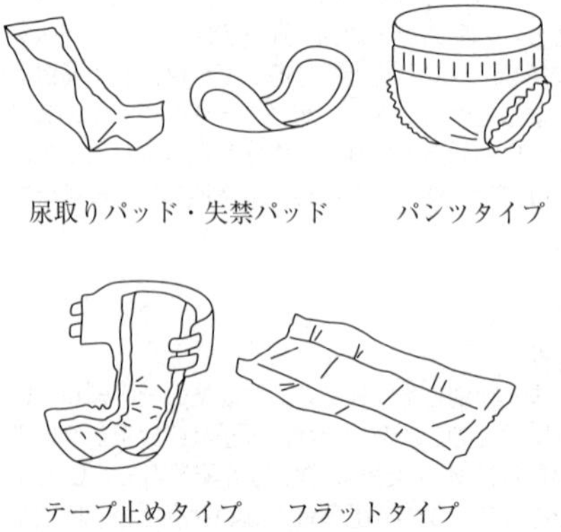

仮面様顔貌
かめんようがんぼう
masked face

パーキンソン病，パーキンソン症候群（脳血管障害，一酸化炭素中毒など，ほかの原因によりパーキンソン病様症状を生じるもの）の症状の一つ。まばたきをしなくなり，顔面の表情に乏しくなる。

✎パーキンソン病 p.410

か ゆ

穀類に多めの水を加えて加熱し，軟かく煮た料理。粥。白がゆ，茶がゆ，ミルクがゆ，中華がゆなど具材や水分の種類によるもの，小豆がゆ，七草がゆなど行事食として食べられるものなどもある。かゆの飯粒を取り除き，上澄みだけのものを重湯（おもゆ）という。水分量の違いにより，全がゆ（全がゆ 10：重湯 0），七分がゆ（全がゆ 7：重湯 3），五分がゆ（全がゆ 5：重湯 5），三分がゆ（全がゆ 3：重湯 7），おまじり（飯粒 数粒：重湯 10）がある。風邪のときや，胃腸など消化器系に負担をかけたくない場合の治療食として用いられる。

過用症候群
かようしょうこうぐん

麻痺や廃用性筋力低下などで弱っている筋に対して，通常よりわずかに強い訓練を行った場合でも筋肉や関節構造に損傷を生じ，障害が悪化すること。

✎誤用症候群 p.168

柄澤式「老人知能の臨床的判定基準」
からさわしきろうじんちのうのりんしょうてきはんていきじゅん

高齢者の知的機能の段階を日常生活における観察を通じて判断する観察式の検査法。柄澤昭秀（からさわあきひで：1930～）が 1981（昭和 56）年に開発したもの。本人が質問に答えられない場合でも，家族の観察に基づく情報を活用して評価を得ることができる。なお，同基準には認知症の判定を目的にしているとは明記されてはいないが，認知症の重症度を判定することに優れ，特に本人との接触が取れなくても実施可能である。ただし，その情報の信憑性の裏づけが必要である。日本で広く用いられていたが，「認知症高齢者の日常生活自立度判定基準」が厚生省（現・厚生労働省）によって 1993（平成 5）年に提案されて以降，用いられることが少なくなった。

✎認知症高齢者の日常生活自立度判定基準 p.400，長谷川式認知症スケール p.417

空の巣症候群
からのすしょうこうぐん
empty nest syndrome

空の巣とは，子どもが家庭から巣立ち，夫婦のみの生活となったライフステージにある状態のことで，空の巣症候群とは，育児に全力を注いできた主婦が子どもの独立後，精神的な虚無感にみまわれて何かにすがるような生活に陥ること。例えば，アルコールに頼って依存症などになってしまう場合がある。特に，夫が多忙で不在がちで，家庭が空になった空虚感から中年の主婦がうつ状態に陥る状態であり，エンプティネスト症候群ともいわれる。

カリウム
Kalium（独）/potassium（英）

人体に必要なミネラルの一つ。中枢性交感神経の活動を抑制し，腎臓の交感神経活動を低下させてナトリウムの利尿による排泄を促し，血管拡張作用があることから高血圧患者の血圧を下げる働きがある。カリウムは肉，魚介類，乳製品，野菜，果物，豆類，いも類などに多く含まれている。ただし，調理過程で失われることも多い。

カリニ肺炎
かりにはいえん

▶ニューモシスチス肺炎 p.394

カルシウム
calcium

人体に必要なミネラルの一つ。人体構成成分元素で，その 99％は骨に存在している。残りの 1％は血液中や細胞内に存在し，情報伝達などに直接または間接的に関与している。食品からのカルシウムの吸収は小腸，特に十二指腸で行われる。乳糖は腸管からのカルシウム吸収に有効な作用をする。また，カルシウムとリンの比率が 2：1～1：2 の範囲でよく吸収される。吸収は年齢，妊娠，哺乳，閉経，カルシウム欠乏，ビタミンD 欠乏，リン・マグネシウムの欠乏や運動などにも影響を受ける。

カルシウムの摂取量が不足すると血中カルシウム濃度が下がる。そこで，副甲状腺ホルモンが分泌され，骨からカルシウムが取り出される。一方，血中カルシウム濃度が過剰になるとカルシトニンが分泌され，カルシウムを骨に戻す。カルシウム欠乏の状態が続くと骨のカルシウムが減少し，骨粗鬆症が起こる。すなわちカルシウムの摂取が不足すると骨量が減少しやすい。乳製品，小魚，大豆食品，野菜類や海藻などに多く含まれる。ビタミンDはカルシウムが骨や歯を形成するときに関係が深い。

✎ビタミンD p.430

加　齢

かれい

年齢を重ねることに伴って起こる変化には，①身体的変化，②精神的変化，③社会的変化があり，それぞれが密接に結びついている。従って，高齢期における身体的・精神的変化の特徴を知っておくことが適切な介護につながる。介護従事者は医学的（療養上の）注意事項を理解した上で，利用者が快適な生活を送ることができるように創意工夫が求められる。筋力や運動機能は20～30歳代をピークとして，加齢に伴って低下していくが，その程度には個人差がある。

身体的機能とは異なり，知的機能は年老いてもなお若年者にはない優れたレベルを示すものもある。経験と関連の強い言語的知能は，老年期でも比較的遅くまで維持される。教育や社会経験を通して身につけた能力は，高齢になっても発揮することができる。また，柔軟な考え方ができ，広い視野をもって物事を見つめることもできる。

一方で，加齢により心筋の収縮力は減少し，肺活量も低下する。また，貧血気味となり，腎機能も低下する。免疫力の低下もみられ，感染症にかかりやすくなったり，治りにくくなったりする。平衡感覚も衰え，立位バランスが悪くなって転倒しやすくなる。加齢に伴うパーソナリティの変化として，慎重で用心深くなる，抑うつ的，頑固，依存的，自己中心的などが挙げられているが，性格的な変化は高齢期の環境や適応によるところが大きく，基本的な変化は少ない。

なお，老年期の生活環境において必要な場合には，一方の性役割に固執せず，柔軟に両方の性を取り入れると環境に適応しやすい。

加齢黄斑変性症

かれいおうはんへんせいしょう

ARMD：age-related mascular degeneration

加齢に伴い眼の網膜にある黄斑部が変性を生じる疾患。喫煙者，高血圧に伴うことが多い。脈絡膜新生血管を伴う増殖膜が広がって黄斑部の出血や浮腫を生じる滲出型と，黄斑部が徐々に萎縮する萎縮型の2つに大別される。網膜の中央の黄斑部が傷害されるために，視野の中心部分が暗く見えにくくなる中心暗点が主な症状で，視力低下や変視症（物がゆがんで見える）などが認められる。進行すると失明の原因となる。新生血管に対して，VEGF（血管内皮増殖因子）阻害剤，レーザー手術などが行われるが，黄斑の変性に対しては有効な治療法はない。難治性疾患実用化研究事業の対象疾患（難病）である。

✎難病 p.386

カロテン（カロチン）

carotene

プロビタミンAとも呼ばれ，植物体に広く分布するカロチノイド色素である。α，β，γ-カロテンとクリプトキサンチンは吸収された後，体内でビタミンAに変わる。プロビタミンAのうち，β-カロテンが食品中に最も多く含まれ，しかもビタミンAの効力が最も高い。生理作用として，視覚機能や生殖機能の維持，動物の成長，上皮細胞の分化，骨の発育，抗がん作用，免疫賦活作用などが知られている。視覚機能に関しては作用機構が詳しく解明されている。またカロテンはプロビタミンAの作用のほかに抗酸化作用もあるので，がん，動脈硬化，心筋梗塞などの予防にも有効である。動物の肝臓，うなぎ，やつめうなぎ，銀だら，植物性食品にはカロテンが含まれ，特にあまのり，にんじんなど緑黄色野菜に多い。

✎ビタミンA p.429

がん／癌

cancer

▶悪性腫瘍 p.3，悪性新生物 p.4

簡易生命表

かんいせいめいひょう

生命表は，ある時点における死亡状況（年齢別死亡率）が今後変化しないと仮定したときに，各年齢の者が平均してあと何年生きられるか（平均余命）を示したものをいう。例えば70歳の者が平均してあと何年生きることができるかは70歳平均余命という。特に，0歳の平均余命を平均寿命という。生命表には，毎年作成される簡易生命表と，国勢調査による人口（確定数）と人口動態統計（確定数）による死亡数，出生数を基に5年に1度作成される完全生命表がある。

肝　炎

かんえん

▶アルコール性肝炎 p.12，ウイルス性肝炎 p.33，A

型肝炎 p.39，C 型肝炎 p.182，胆汁うっ滞性肝炎 p.337，B 型肝炎 p.426，薬剤性肝炎 p.483

感音性難聴

かんおんせいなんちょう

perceptive deafness

内耳，聴神経は音を信号に変換して脳に伝達する部分で，感音器と呼ばれる。そこが障害を受けると感音性難聴になる。音がひずんで聞こえるのが特徴なので，どのような音か聞き分けることが難しく，治療が困難であることが多い。高齢者に多い。

伝音性難聴 p.364，難聴 p.386，老人性難聴 p.511，資料㉙ p.542

寛　解

かんかい

remission

病気による症状や，検査異常が消失した状態のこと。病気が完全に治った「治癒」「完治」とは異なり，このまま治る可能性もあるが，再発する可能性も残された状態。

感覚記憶

かんかくきおく

記憶の三段階説で記憶の入り口とされる。視覚，聴覚，味覚などの感覚器官を通して，情報を最初に取り込む段階であり，膨大な情報を扱うことができるが，瞬間的で，保持期間が非常に短い記憶のことである。その情報のうち，注意を向けられたものだけが次の短期記憶に送られる。注意を向けるとは必ずしも意識することではない。感覚記憶は比較的加齢の影響を受けないと考えられている。

短期記憶 p.335，長期記憶 p.354

感覚障害

かんかくしょうがい

sensory disturbance

末梢の知覚神経，脊髄，脳のいずれかの部位が損傷し，痛みや温冷感・触った感じなどが正しく伝わらず，異常な感じ方となる状態のこと。症状としては感覚消失（感覚がなくなる），感覚鈍麻（感覚が鈍くなる），感覚過敏（実際よりも激しく感じてしまう）がある。感覚障害があると創傷や褥瘡ができても，分かりにくく悪化させてしまうことがあるので，介護者はケアを行うときの皮膚の観察を怠ってはならない。また，異常感覚としてしびれ感や強い自発痛を伴う場合がある。

感覚性失語　図26

かんかくせいしつご

receptive aphasia

言葉の理解面が障害される失語で，しばしば失語（単語を読む能力の喪失）もみられる。ウェルニッケ失語，超皮質性感覚失語，皮質下性失語に分類される。このうちウェルニッケ失語は，側頭葉の障害で起こるとされる。

運動性失語 p.36，失語症 p.197

感覚麻痺

かんかくまひ

sensory paralysis

温覚・痛覚・触覚・圧覚などの感覚が低下あるいは消失すること。感覚麻痺では痛みを感じないため，けがをしても本人が気付かず，重症化したり感染を生じることがあるので，注意が必要である。各種の末梢神経障害，糖尿病性神経症，脳血管障害などで認められる。脳血管障害によって生じる大脳の障害では，障害部位と反対側の感覚障害を生じる。

換　気

かんき

室内の汚れた空気を新鮮な空気と入れ替えること。送風機や換気扇を用いる機械換気と，室内外の温度差や風を利用した自然換気がある。温度や湿度の調整，酸素の供給，細菌や有害物質，あるいは臭気の除去等，快適な環境を維持するために行われる。ナイチンゲールは，『看護覚え書』（*Notes on Nursing*，1859）において，患者の自然治癒力を引き出すために換気の重要性を述べているが，これは看護だけではなく介護におい

図 26　感覚性失語

ても共通する重要な支援行動である。また，2019年より新型コロナウイルス（COVID-19）の世界的な感染拡大を受けて，室内の換気の重要性が認められているが，内閣官房新型コロナウイルス等感染症対策推進室では，第17回新型コロナウイルス感染症対策分科会（2022（令和4）年7月）の提言を受けて，感染予防のための効果的な換気方法についてまとめている。それによれば，①機械換気は常時運転が基本，ただし，通常のエアコンには換気機能が付いていないため注意，②換気の状況を確認するにはCO_2センサーが有効，CO_2濃度の目安はおおむね1,000ppm以下，③自然換気は吸入口と排気口として2つの窓を開けること，④排気口の窓の近くに，外向きに換気扇を置いて回すと効果的，⑤人が多い場所を空気の出口近くに置き，ウイルスの拡散を防ぐ，などが挙げられている。

環境因子

かんきょういんし

国際生活機能分類（ICF）の構成要素の一つ。人々が生活し，人生を送っている物的な環境や社会的環境，人々の社会的な態度による環境を構成する因子のこと。

✎国際生活機能分類 p.155，個人因子 p.161

環境ホルモン

かんきょうほるもん

環境中に存在し，生物に対しホルモンのような影響を与える化学物質のこと。内分泌かく乱作用を持つ化学物質（外因性内分泌かく乱化学物質）の俗称として「環境ホルモン」という言葉が使われている。1990年代に微量な化学物質による野生生物の生殖機能への影響を示す事例が世界的に取り上げられ，人への影響も懸念されるに至り，摂取量の違いによる生殖毒性や神経毒性などの疑いも問題化した。日本では環境省が中心となり，1998（平成10）年から環境ホルモン作用の疑いが指摘される65物質をリストアップ，魚類への影響などを調査した。2005（平成17）年には野生生物の観察や環境中の濃度測定，リスク評価やリスク管理手法の検討を実施，2010（平成22）年からも継続的に環境中の濃度把握，ばく露評価やリスク評価・管理の推進などを展開。各国連携して試験法や評価手法の確立に取り組んでいる。日本での調査は，子どもとその両親など全国10万人を対象に，2027（令和9）年まで実施される予定。

環境マネジメントシステム

かんきょうまねじめんとしすてむ

環境活動の推進を目標に，企業をはじめ組織の環境対策や活動の監視・チェックなどのあり方をマネジメントする仕組み。国際規格としては1990年代に確立。国際標準化機構（ISO）の規格として策定され，各国で採用されている。規格番号は14000番台に位置づけられ，「ISO 14000シリーズ」として定着している。環境に負荷を与えない生産システム，企業内チェック体制，地域活動への貢献，製品への環境表示のあり方など幅広く設定している。ISO規格は任意規格だが，取得する際は第三者機関による認証が必要になる。この第三者認証によって規格の信頼性が保証され，企業だけでなく，地方公共団体も取得する例がある。

✎国際標準化機構 p.155

関係妄想

かんけいもうそう

reference delusion

妄想の一つ。一般的に妄想とは，病的な内容の誤り，感情的な確信，訂正不能の3点が特徴である。つまり，その内容が不合理で間違っているにもかかわらず異常な確信によって支えられてしまい，それを理性によって訂正できない観念のこと。関係妄想は広義の被害妄想の一つである。自分と関係のない人の動作や発言がすべて自分に関係していると思い込んでしまう状態であり，統合失調症や老年認知症でみられる症状である。

間欠性跛行

かんけつせいはこう

intermittent claudication

跛行とは，一方の足を引きずる歩行異常のこと。閉塞性動脈硬化症では，動脈，特に下肢の動脈狭窄のために運動時に下肢の筋肉への血流不足を生じる。一定距離を歩くとふくらはぎが痛み跛行をきたすようになるが，数分間の休息で疼痛は消失し，再び歩行が可能になる。これを間欠性跛行という。

還元型漂白剤

かんげんがたひょうはくざい

衣料用漂白剤の一つ。主成分は，二酸化チオ尿素である。弱アルカリ性の粉末で白物専用の漂白剤であり，鉄分による黄ばみを回復するのに効果的である。白物で水洗い可能な綿，麻，化学繊維，毛，絹には使用することができるが，生成り，色柄物，金属性のファスナー，ボタン，バックルなどの付属品の付いた衣類には使用することはできない。約 40℃の湯に溶かし，30 分程度のつけ置きをすると効果的である。

衣料用漂白剤 p.30，つけ置き洗い p.359

がん検診事業

がんけんしんじぎょう

がん検診は健康増進法第 19 条の 2 に基づいて市町村が実施しており，胃がん，子宮頸がん，肺がん，乳がん，大腸がんの各検診と総合がん検診の 6 種類が行われている。胃がん，肺がんおよび大腸がん検診は 40 歳以上，乳がん検診は 40 歳以上の女性，子宮頸がん検診は 20 歳以上の女性，そして総合がん検診は 40 歳および 50 歳が対象となっている。

がん検診
めざせ受診率50%超

悪性新生物 p.4

看　護

かんご

看護とは，あらゆる場であらゆる年代の個人および家族，集団，コミュニティを対象に，対象がどのような健康状態であっても，独自にまたは他と協働して行われるケアの総体である。看護には，健康増進および疾病予防，病気や障害を有する人々あるいは死に臨む人々のケアが含まれる。また，アドボカシーや環境安全の促進，研究，教育，健康政策策定への参画，患者・保健医療システムのマネジメントへの参与も，看護が果たすべき重要な役割である，と定義されている。看護の本質的定義としては，国際看護師協会（ICN）が 1987 年に採択した「ICN 看護の定義」があり，世界で共有されている一定の認識である。

代表的な看護理論家としては，フローレンス＝ナイチンゲールが挙げられる。彼女の最大の功績は近代看護の礎を築いたことにあり，現代において看護が専門職として認識されるようになったのも，彼女の功績があってのことである。

肝硬変　図27

かんこうへん

liver cirrhosis

肝臓の障害が慢性的に持続した結果，腹水，出血傾向，食道静脈瘤などを認める疾患。B 型肝炎ウイルスキャリアや C 型肝炎では慢性化しやすく，10 ～ 20 年の経過で肝硬変となる。肝硬変では肝臓がんを生じやすく，肝臓がん（肝細胞がん）の大部分は肝硬変に合併する。

肝細胞がん p.84，肝臓がん p.87

喚語困難

かんごこんなん

失語症の中核症状の一つ。何かを言おうとした際に，言葉を思い出せない状態。日常的に使う言葉の想起が難しい場合もあれば，日常会話は問題ないものの特定の言葉を思い出せない場合など，困難の程度は様々である。周辺症状としては，すぐには言葉を思い出せないが，5 ～ 10 秒待つと正しい言葉が出てきたり（遅延反応），回りくどく他の言葉で説明したり（迂言，迂回表現）することなどがみられる。

看護師

かんごし

保健師助産師看護師法を根拠とする業務独占の国家資格。傷病者などに対する療養上の世話や診療の補助を行う（保助看 5 条）。同法において，医師または歯科医師の指示があった場合，保健師・助産師・看護師・准看護師は診療の補助行為をなすことができる。就業者数は看護師 128.1 万人，准看護師 28.5 万人である（令和 2 年）。

看護の専門性に対応するために，専門看護師（日本看護協会と日本看護系大学協議会），認定看護師（日本看護協会）の認定制度が運営されてきたが，2015（平成 27）年には国の制度として特定看護師が導入された。特定看護師は，厚生労働省の明示する「特定行為研修」を受講，修了した者で，医師の指示に基づき手順書に沿って，特定行為（胃ろうのボタン交換，褥瘡の壊死組織の

図 27　肝硬変の主な症状

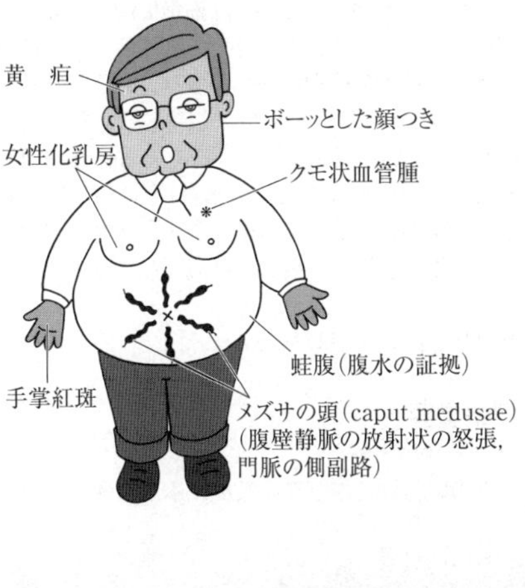

除去，脱水に対する補正など）を行う。

看護師人材確保法

かんごしじんざいかくほほう

▶看護師等の人材確保の促進に関する法律 p.84

看護師等の人材確保の促進に関する法律

かんごしとうのじんざいかくほのそくしんにかんするほうりつ

平成４年制定，法律第 86 号。看護職員の確保対策として同法が制定された。同法第２条では，看護師等を「保健師，助産師，看護師及び准看護師」と定義している。夜勤の回数の制限など，看護職員の労働条件を整備することが示されている。また，看護師等の確保を図るための情報提供や各種研修を行う都道府県ナースセンターの指定を行うことが定められている。

看護小規模多機能型介護

かんごしょうきぼたきのうがたかいご

介護保険法に基づく地域密着型サービスの一つ（介護８条）。2012（平成 24）年４月に「訪問看護」と「小規模多機能型居宅介護」を組み合わせて提供するサービスを創設し「複合型サービス」とした。医療ニーズの高い利用者の状況に応じたサービスの組み合わせにより，地域における多様な療養支援を行う。特徴として①退院直後の在宅生活へのスムーズな移行，②がん末期等の看取り期・病状不安定期における在宅生活の継続，③家族に対するレスパイトケア・相談対応による負担軽減，がある。

肝細胞がん

かんさいぼうがん

hepatocellular carcinoma

原発性肝臓がんのうち，肝細胞に由来するものをいう。B 型・C 型慢性肝炎，肝硬変で高率に発生する。日本の肝細胞がんのうち，約 70% が肝炎ウイルス（B，C 型）により生じる。かつては肝炎ウイルスは輸血により感染したが，現在では輸血用血液の肝炎ウイルス検査がなされており，感染の可能性はない。今後はウイルス性肝炎より生じる慢性肝炎，肝硬変，肝臓がんは減少することが期待されている。

✎肝硬変 p.83，肝臓がん p.87

観察学習

かんさつがくしゅう

他者の行動を観察することにより，新たな行動を習得（学習）すること。他者の行動を模範（手本）とすることから，「モデリング」と言われることもある。バンデューラ（Bandura, A.：1925 ～ 2021）による攻撃行動の実験が有名である。この実験では，子どもが他者（大人）の攻撃的な行動を観察すると，その行動に対する観察学習が起こり，同様の攻撃行動を起こすことが明らかになった。

観察法

かんさつほう

ある対象に対して，調査者の視覚・聴覚・嗅覚・味覚・触覚の五感を活用して記録・分析する調査方法のこと。時間見本法，事象見本法，参与観察法，アクションリサーチ法などがある。

✎参与観察 p.181

患者調査

かんじゃちょうさ

病院および診療所を利用する患者について，医療機関を対象に３年ごとに行われる調査。外来，退院患者の傷病名などについて医療機関に質問し，正確な傷病名，受療率，患者数，在院日数などのデータを得ることができる。直近の「2021（令和２）年の患者調査の概況」によれば，全国の受療率（人口 10 万対）は，入院 960，外来 5,658 で，入院・外来とも減少傾向にある。性別でみると，入院・外来とも女性の方が多くなっている。年齢階級別にみた受療率は，入院では「5 ～９歳」が最も低く，年齢が上がるにつれ高くなる。外来では「15 ～ 19 歳」が最も低く，「80 ～ 84 歳」が最も高い。傷病分類別にみた入院患者数は「精神及び行動の障害」，「循環器系の疾患」，「新生物」の順となっている。外来患者数は，「消化器系の疾患」，「健康状態に及ぼす要因及び保健サービスの利用」，「筋骨格系及び結合組織の疾患」の順となっている。

感情失禁　図 28

かんじょうしっきん

emotional incontinence

些細な刺激で過剰に泣いたり，笑ったり，怒ったりするなど，情動が過度に発現される状態。情動を抑えるべき意志の力が病的に低下することによって起きる。器質性脳疾患（特に間脳付近の病変）により起こり，脳梗塞など脳血管障害に特徴的である。認知症高齢者においてよく認められる症状の一つであり，情動失禁ともいう。

感情障害
かんじょうしょうがい

▶気分障害 p.97

冠状動脈硬化症
かんじょうどうみゃくこうかしょう

coronary sclerosis

心臓に血液を供給する心臓の栄養血管を冠状動脈という。冠状動脈は側副路，つまり枝分かれし交互に交通する通路が不十分であり，このような形態を終動脈と呼ぶ。終動脈が動脈硬化をきたし，その部分が閉塞を起こすと，その動脈が栄養する組織は虚血や壊死に陥る。冠状動脈の動脈硬化は狭心症，心筋梗塞などの虚血性心疾患の原因となる。

✎虚血性心疾患 p.107，心筋梗塞 p.276

感情鈍麻
かんじょうどんま

刺激に対する感受性の低下で，通常ならば感情反応が起こるような刺激があるにもかかわらず，感情が起こらない状態。近親者に対する愛情低下，道徳感情や美的感情など精神的感情の低下，身だしなみが不潔となるなど，統合失調症の陰性症状の一つ。

間接援助技術
かんせつえんじょぎじゅつ

直接援助技術，関連援助技術とならぶ社会福祉援助技術の一分類。利用者自身に直接はたらきかけるのではなく，環境にはたらきかけていくもの。①コミュニティワーク（地域援助技術），②ソーシャルワークリサーチ（社会福祉調査法），③ソーシャル・アドミニストレーション（社会福祉運営管理），④ソーシャルプランニング（社会福祉計画法），⑤ソーシャルアクション（社会活動法）が含まれる。

✎関連援助技術 p.90，コミュニティワーク p.168，社会福祉調査法 p.216，ソーシャルアクション p.321，ソーシャル・アドミニストレーション p.321，ソーシャルプランニング p.322，ソーシャルワーク p.322，直接援助技術 p.356

図 28　感情失禁

ちょっとしたことで，急に泣いたり，
笑ったり，怒ったりする

関節可動域　図29
かんせつかどういき

ROM；range of motion

各関節には動かすことが可能な範囲があり，この運動範囲を関節可動域という。自分の筋力で関節を動かせる範囲を自動的関節可動域，他人の力で関節が動く範囲を他動的関節可動域という。測定する方向や名称は図のように決められている。体幹や四肢を一定期間動かさないと廃用症候群をきたし，例えば足関節は尖足となり，関節可動域の範囲は制限されるようになる。

✎廃用症候群 p.415

関節可動域運動
かんせつかどういきうんどう

関節可動域（ROM）は麻痺，拘縮などで制限を受けるが，自動運動や他動運動，自動介助運動でこの範囲を維持増加させることが可能である。この運動を関節可動域運動，または関節可動域訓練という。

✎自動運動 p.200，他動運動 p.334

関節拘縮
かんせつこうしゅく

joint contracture

皮膚・筋・靱帯など関節自体以外の軟部組織の変化により，関節の正常な可動範囲が制限されていること。長期間関節を動かさないと関節の拘縮をきたし，可動域（ROM）が制限される。これによって歩行困難となり，寝たきりになることも少なくない。また，運動麻痺があると筋肉を動かすことがなくなり，関節可動域運動を行なわなければ関節拘縮を招く。

✎関節可動域 p.85

関節リウマチ　図30
かんせつりうまち

RA；rheumatoid arthritis

原因不明の多発関節炎を主病変とする慢性の炎症性疾患。35～55歳の女性に好発し，膠原病では最多である。進行すると関節の破壊と変性をきたし，さらに，関節以外の臓器も障害される。関節滑膜の炎症，関節変形，痛みなどを症状とするため，日常生活での「家事負担」は非常に大きい。介護保険の特定疾病とされている。

✎悪性関節リウマチ p.3

汗　腺　図31

かんせん

汗を作り出し表皮に送り出す器官。全身に分布するエクリン腺と，腋窩，乳首，陰部，下腹部に分布するアポクリン腺がある。エクリン腺は大量の水分を汗として分泌して体温調節を行う。アポクリン腺からの分泌物は複雑な成分を有し，特殊な臭気を有することがあり，思春期以後に機能が高まる。

完全参加と平等

かんぜんさんかとびょうどう

国際連合（国連）決議により 1981 年が国際障害者年とされ，「完全参加と平等」がその際のテーマとなった。障害者が完全に社会参加し，社

図 29　関節可動域 ROM；Range of Motion

関節の可動域を確認し，ADLへの影響をアセスメントして介護に役立てる。

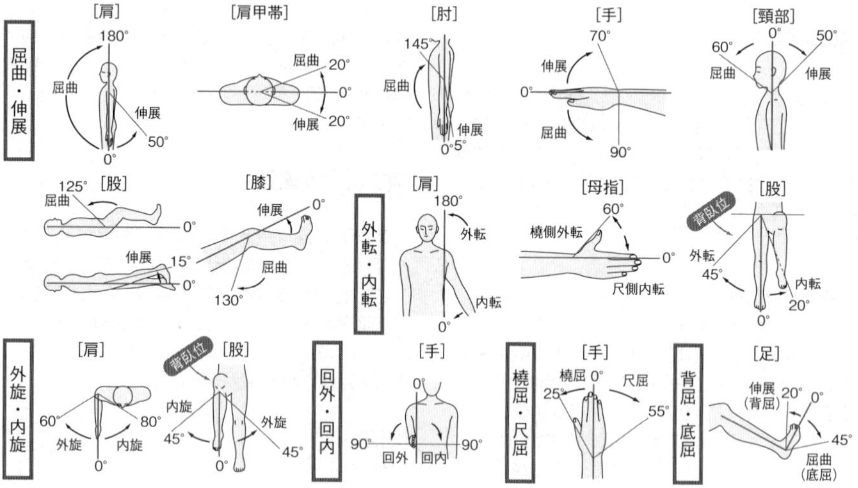

図 30　関節リウマチの症状

図 31　汗腺

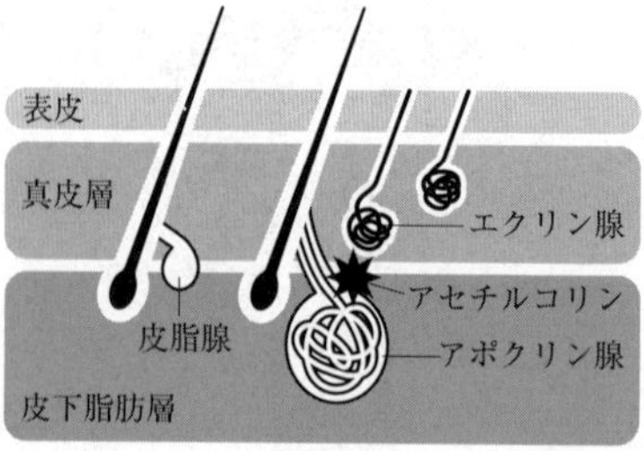

会生活を営むにあたり平等であることは，社会全体で取り組むべきものとされた。それは，政策決定への参加も含むものであった。

国際障害者年 p.153

感染症

かんせんしょう

infectious disease

寄生虫，細菌，真菌，ウイルスなどの病原体が，感染経路を介してヒトなどの生体に感染し，増殖することにより生じる。症状を呈する顕性感染と，症状を呈さない不顕性感染がある。ワクチンの開発や医療技術の飛躍的進歩により，1970年代には「感染症は脅威ではない」という認識が広まった。しかし，1980年以降，30年間に30余りの感染症（新興感染症）が発見され猛威を振るっている。また，古くから存在し沈静化していたが，再び流行する傾向のある感染症（再興感染症）も増え，日本における感染症対策は引き続き重要な位置を占めている。感染症の取扱いは，福祉・医療・介護の領域において，重要な課題である。正しい知識で，対処・実践を行わなければ感染症の拡大や，院内感染などの原因をつくることになる。

感染症対策

かんせんしょうたいさく

感染症の対策には種々のレベルの活動が含まれる。「感染症の予防及び感染症の患者に対する医療に関する法律（感染症法）」では，感染症を社会に対するリスクのレベルから１～５類，新型インフルエンザ等感染症，指定感染症に分類して対策を定めている。対策としては，健康診断，就業制限，入院，医療費の取扱いなどがある。また，発生動向調査（サーベイランス）は，感染症の発生状況を継続的に把握することを目的に行われる。このほか，院内感染の重要性が増していることから，ICT（Infection Control Team：感染症対策チーム）を設置する医療機関が増えている。

感染症の予防及び感染症の患者に対する医療に関する法律　表11

かんせんしょうのよぼうおよびかんせんしょうのかんじゃにたいするいりょうにかんするほうりつ

平成10年制定，法律第114号。略称は感染症法。従来の伝染病予防法，性病予防法，エイズ予防法を廃止し，統合したもの。2007（平成19）年には結核予防法も感染症法に統合された。また，2008（平成20）年には新型インフルエンザも対象とされた。感染症を危険性に応じて類型化し，医師の届け出，入院勧告，就業制限，健康診断，感染症特定医療機関，医療費の公費負担などを定めている。2022（令和4）年には，新型コロナ感染症の教訓を活かし感染症まん延時の医療提供体制確保が強化されている。

感染症法

かんせんしょうほう

▶感染症の予防及び感染症の患者に対する医療に関する法律 p.87

完全房室ブロック

かんぜんぼうしつぶろっく

complete atrioventricular block

不整脈の一つ。通常の心臓の収縮は，心房→心室の順に行われ，心房から心室へ駆出された血液が，続く心室の収縮で体の各部に駆出される。それに対して，心房→心室への刺激の伝達が障害されて，心房，心室がそれぞれ独自に収縮をする状態をいう。重症の不整脈であり，心臓ペースメーカーが必要となる。

不整脈 p.446，資料⑳ p.538

感染予防対策　図32

かんせんよぼうたいさく

病原体が体内に侵入して増殖することを予防すること。その対策として，①感染の原因となる病原体が含まれているもの（感染源）をもちこまない，②感染経路を遮断する，③感染を受けないように抵抗力を高めること（普段の健康管理に気を付け，予防接種を受けるなど）が挙げられる。介護従事者にとっての感染予防の基本はうがいとケア前後の手洗いである。

手洗い p.360

肝臓がん

かんぞうがん

liver cancer

肝臓原発のものと，転移性のものに分けられる。肝臓原発の大部分は肝細胞由来の肝細胞がんである（このほか，胆管細胞由来のものなどがある）。肝硬変に伴い増加するのは，この肝細胞がんである。また，肝臓は消化管から門脈を介して栄養分を含んだ血液の供給を受けるため，消化管悪性腫瘍（胃がん，大腸がん）ではがん細胞の転移を生じやすい。これを転移性肝臓がんという。消化管悪性腫瘍の治療方針決定にあたっては，転移性肝臓がんの精査が重要である。

肝硬変 p.83，肝細胞がん p.84

患 側

かんそく

障害あるいは麻痺がある側のこと。例えば，右麻痺であれば右側を患側といい，左側を健側という。

健側 p.131

がん対策

がんたいさく

日本におけるがん（悪性新生物）による死亡率は上昇する一方，部位別にみると，胃がんや子宮がんの死亡率が低下したものの，生活習慣の変化に伴い，肺がんや大腸がんなどの増加が認められるなど，その実態に応じた対策を講ずる必要が求められている。国民の生命と健康に重大な問題となっているがんに対して，国は 1984（昭和59）年度より戦略を立て本格的に取り組んでいる。2006（平成 18）年には，がん対策のより

表 11　感染症法の対象となる感染症の定義・類型（2022（令和 4）年）

	感染症の分類・定義	疾病名	主な対応・措置
1類感染症	危険性が極めて高い感染症	エボラ出血熱，クリミア・コンゴ出血熱，痘そう，南米出血熱，ペスト，マールブルグ病，ラッサ熱	・原則として入院（特定感染症指定医療機関，第一種感染症指定医療機関） ・医療保険適用，残額について公費負担（入院） ・消毒等の対物措置
2類感染症	危険性が高い感染症	急性灰白髄炎，結核，ジフテリア，重症急性呼吸器症候群（SARS），中東呼吸器症候群（MERS），鳥インフルエンザ（H5N1，H7N9）	・状況に応じて入院（特定感染症指定医療機関，第一種，第二種感染症指定医療機関） ・医療保険適用，残額について公費負担（入院） ・消毒等の対物措置
3類感染症	危険性は高くないものの，特定の職業に就業することにより感染症の集団発生を起こしうる感染症	コレラ，細菌性赤痢，腸管出血性大腸菌感染症，腸チフス，パラチフス	・特定職種への就業制限 ・医療保険適用（自己負担あり） ・消毒等の対物措置
4類感染症	人から人への伝染はほとんどないが，動物，飲食物などの物件を介して人に感染し，国民の健康に影響を与えるおそれのある感染症	E 型肝炎，A 型肝炎，黄熱，Q 熱，狂犬病，炭疽，鳥インフルエンザ（特定鳥インフルエンザを除く），ボツリヌス症，マラリア，野兎病，その他の感染症（政令で定めるもの）	・医療保険適用（自己負担あり） ・動物の措置を含む消毒等の対物措置
5類感染症	国が感染症発生動向調査を行い，その結果に基づき必要な情報を国民や医療関係者などに提供・公開していくことによって，発生・拡大を防止すべき感染症	インフルエンザ（鳥インフルエンザ・新型インフルエンザ等感染症を除く），ウイルス性肝炎（E 型肝炎・A 型肝炎を除く），クリプトスポリジウム症，後天性免疫不全症候群，性器クラミジア感染症，梅毒，麻しん，メチシリン耐性黄色ブドウ球菌感染症，その他の感染症（厚生労働省令で定めるもの）	・医療保険適用（自己負担あり） ・感染症発生状況の収集，分析とその結果の公開，提供
新型インフルエンザ等感染症	人から人に伝染すると認められるが一般に国民が免疫を獲得しておらず，全国的かつ急速なまん延により，国民の生命および健康に重大な影響を与えるおそれがある感染症	新型インフルエンザ，再興型インフルエンザ，新型コロナウイルス感染症，再興型コロナウイルス感染症	・状況に応じて入院（特定感染症指定医療機関，第一種，第二種感染症指定医療機関） ・医療保険適用，残額について公費負担（入院） ・消毒等の対物措置 ・外出自粛の要請
指定感染症	既知の感染症の中で，一から三類および新型インフルエンザ等感染症に分類されないが，同等の措置が必要となった感染症	（政令で指定，1 年限定。延長含め最長 2 年）	（適用は政令で規定する）
新感染症	人から人に伝染すると認められ，既知の感染症と症状等が明らかに異なり，その伝染力およびり患した場合の重篤度から，危険性が極めて高い感染症	（政令で指定）	・原則として入院（特定感染症指定医療機関） ・医療費は公費負担（医療保険の適用なし）

一層の推進を目的にがん対策基本法が制定され，現在，がん対策基本法に基づいた「がん対策推進基本計画」が策定され，対策がとられている。

✎悪性新生物＜腫瘍＞の部位別死亡率 p.4，第３次対がん十か年総合戦略 p.328

がん対策基本法

がんたいさくきほんほう

平成 18 年制定，平成 19 年施行，法律第 98 号。日本の死因の上位を占めるがんへの対策として，基本的施策を定めるとともに，国や地方公共団体の役割について示した法律。厚生労働省にがん対策推進協議会を設置することや，がん対策推進基本計画や都道府県がん対策推進計画の策定を，国や都道府県に義務づけている。

2016（平成 28）年の改正により，事業主の責務として，がん患者の雇用の継続等に配慮するとともに，がん対策に協力するよう努めることが明記された。また，がんに対する知識およびがん患者に関する理解を深めることができるよう，がんに関する教育の推進についても規定されている。

✎悪性新生物 p.4

浣　腸

かんちょう

排便を促すために，肛門から細い管を挿入して液体を直接，直腸に注入する方法。浣腸は原則的には医行為である。副作用として，肛門粘膜の損傷，出血，急な蠕動運動による腹痛や，排便に伴う急激な血圧低下が起こる場合もある。一定の条件を満たした場合に，市販のディスポーザブルグリセリン浣腸器を用いて，介護従事者でも浣腸を介助できる。利用者の体位は左側臥位または仰臥位とする。利用者には，ゆっくりと口呼吸をしてもらい，浣腸器の先端にワセリンかオリーブオイルを少量付けて，ゆっくりと挿入する。浣腸液を入れ終わったら静かに抜いて肛門を５～ 10 分間，ティッシュペーパーで押さえる。便意を訴えても我慢してもらう。このときに顔色，冷汗の有無など利用者の状態をよく観察する。その後トイレやおむつで排便する。排泄された便の性状も観察し，気になることがあれば医療従事者に連絡する。浣腸する場所とトイレまでの距離を配慮したり，緊急時の医療従事者との連絡体制を整えておくことも重要である。

寒　天

かんてん

てんぐさ，おごのりなどの紅藻類に含まれる粘性物質を煮溶かして冷却凝固し，凍結・融解・乾燥を繰り返して水分を除去して作られた食品。主な成分は多糖類で，ゲル化力の強いアガロース（70％）とゲル化力の弱いアガロペクチン（30％）である。消化しにくくエネルギー源にはならないが，整腸作用がある。ゲル化する性質を利用して，ゼリー，ようかん，寄せ物などに用いられる。使用濃度は 0.5 ～ 1.5％，溶解温度は 90℃ 以上であるため，沸騰させて十分に溶解さ

図 32　感染予防のポイント

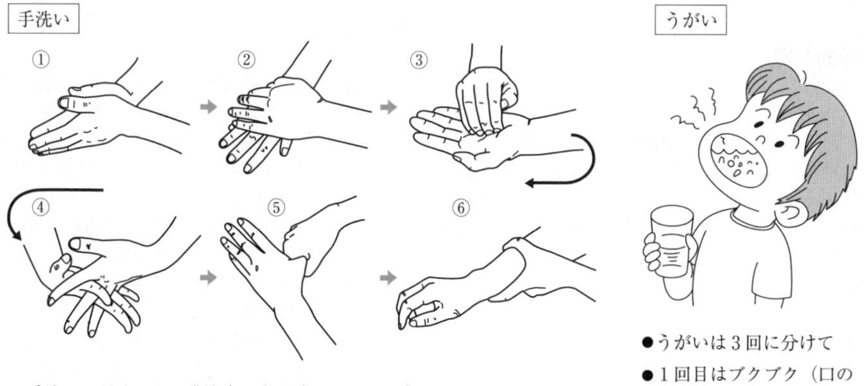

- 手洗いのポイントは“流水・もみ洗い・石けん”
- 手洗いの順番は“①手の平→②手の甲→③指の先・爪→④指の間→⑤親指と手の甲（ねじり洗い）→⑥手首”

- うがいは３回に分けて
- １回目はブクブク（口の中を少し強めに）
- 2，３回目はガラガラ（上を向いてのどの奥まで）

せる。凝固温度は 35℃ 前後であるため，室温で凝固する。寒天ゲルはゲル化力は強いが，離水しやすい性質がある。付着性は劣るため，多層ゼリーには適さない。

感応精神病

かんのうせいしんびょう

induced psychosis

感応性妄想性障害ともいう。妄想性障害を親密な情緒的つながりのある２人または複数の人が共有する状態をいう。例えば，精神障害者と同居していると，その精神障害者に感応され，似たような精神状態を呈するようになること。もとの支配的な精神障害者は統合失調症圏の疾患であることが多い。

カンピロバクター

Campylobacter jejuni

感染型の食中毒菌で，家畜（ウシ，ブタ），家禽，ペット，野生動物，野鳥などあらゆる動物の腸管に常在する。食中毒原因食品として，肉（特に鶏肉），調理食品，魚介類などがあるが，原因食品が明らかにならないことも多い。汚染された飲料水による事例もある。潜伏期間は２～７日で，少量の菌でも感染する。症状は，下痢（水様便，粘血便），腹痛，嘔吐，発熱，頭痛，筋肉痛などである。２～10 日で回復し，予後は良好で死亡例は少ない。予防策として，生肉は素手で取り扱わず，使用した調理器具をよく洗浄することである（まな板・包丁は肉専用に）。また，加熱により急速に死滅するため，十分に加熱することが重要である。

✎食中毒 p.262

顔面蒼白

がんめんそうはく

facial pallor

血圧の低下により一過性の脳虚血を生じた場合や精神的な動揺などで認められる。なお，医療の場でいう「色が悪い」は，チアノーゼ（口唇の紫色化）を意味し，顔面蒼白とは異なる意味であるため，注意する。

✎チアノーゼ p.339

緘　黙

かんもく

mutism

無言症のこと。発語器官に異常がないのに黙った状態でいること。意図的な場合と精神障害性とがある。神経症性障害や心因性昏迷，統合失調症でみられる。

管理栄養士

かんりえいようし

栄養士法第１条において，厚生労働大臣の免許を受け，管理栄養士の名称を用いて，①傷病者の療養のための栄養の指導，②個人の身体状況，栄養状態等に応じた高度の専門的知識・技術を要する健康の保持増進のための栄養の指導，③特定多数の人々に対して継続的に食事を供給する施設における利用者の身体状況，栄養状態，利用の状況等に応じた特別の配慮を必要とする給食管理及びこれらの施設に対する栄養改善上必要な指導等を行うことを業とする者をいう。

なお，管理栄養士資格取得については，栄養士免許を取得した後，定められた施設において栄養の指導に従事し，管理栄養士国家試験受験資格を得てから，国家試験に合格し，厚生労働省の管理栄養士名簿に登録されて免許が与えられる。

✎栄養士 p.38

関連援助技術

かんれんえんじょぎじゅつ

直接援助技術，間接援助技術とならぶ社会福祉援助技術の一分類。直接援助，間接援助に関連するもの。①ネットワーク，②ケアマネジメント，③スーパービジョン，④カウンセリング，⑤コンサルテーションが含まれる。

✎カウンセリング p.69，ケアマネジメント p.118，コンサルテーション p.171，スーパービジョン p.293，ソーシャルワーク p.322，ネットワーク p.405

緩和医療

かんわいりょう

がんの末期など終末期（慢性かつ致命的疾患で非可逆的な状態）における医療，介護，看護のことを指す。がん対策基本法第 17 条にも緩和を目的とした医療が行われるべきことが記されている。世界保健機関（WHO）によると，緩和ケアとは，生命を脅かす疾患に起因した諸問題に直面している患者と家族の QOL を改善するアプローチである。終末期の患者は身体的苦痛，精神的苦痛，社会的苦痛，霊的苦痛（スピリチュアルペイン）といった全人的苦痛に悩まされており，これらに対してチーム医療で対応する必要がある。

緩和ケア
かんわけあ

終末期患者の残りの人生をより豊かに満足が得られるように配慮する医療。世界保健機関（WHO，2002年）は，緩和ケアとは，生命を脅かす疾患による問題に直面している患者とその家族に対して，疾患の早期より痛み，身体的問題，心理社会的問題，スピリチュアルな（魂の）問題に関してきちんとした評価を行い，それが障害とならないように予防したり対処したりすること，と定義している。

✎ターミナルケア p.326

き

奇異性尿失禁
きいせいにょうしっきん

paradoxical incontinence

自分の意思では排尿できないが，意思に反して尿を漏らしてしまう尿失禁のこと。前立腺肥大症では尿路の狭窄，排尿障害，残尿を生じる。残尿のために膀胱内の圧は上昇し，断続的に尿が漏れる。溢流性尿失禁ともいう。

✎溢流性尿失禁 p.24，尿失禁 p.396

記　憶
きおく

新しいことを覚える「記銘」，それを一定の期間覚えておく「保持」，覚えた情報を思い出す「想起（再生）」という一連の過程をいう。その内容の保持時間に基づいて「感覚記憶」（ほとんど瞬間的），「短期記憶」（最大30秒程度），「長期記憶」（数分から生涯にわたるものもある）に分類される。

✎感覚記憶 p.81，作業記憶 p.177，短期記憶 p.335，長期記憶 p.354

記憶障害
きおくしょうがい

memory disorder

自分の体験した出来事や，過去についての記憶が障害される症状。記憶のメカニズムは，記憶の過程という点からみると，記銘（符号化）・保持（貯蔵）・再生（想起・追想）という3つの過程が正常に働く必要がある（書籍により，記銘・保持・追想（再生）・再認と4つに分類しているものもある）。記憶の長さにより短期記憶（数秒で消えてしまう）と長期記憶（数年間貯えられる）に分けられる。感覚記憶は持続時間からみたもので，1秒以内の瞬間的なものである。記憶障害を起こす疾患としては，コルサコフ症候群，アルツハイマー型認知症などがある。認知症患者では古い記憶は残っているが，新しい事柄を記憶する能力が低下する（記銘力の低下）。認知症の高齢者が古い時代のことを現在と誤認し，死んだ人を生きていると思っていることがあるのは，このような記憶障害のためである。

✎感覚記憶 p.81，短期記憶 p.335，長期記憶 p.354

企画指導員
きかくしどういん

全国社会福祉協議会に置かれる，地域福祉の企画および運営について，専門的知識を有する職員のこと。

機関委任事務
きかんいにんじむ

旧地方自治法に規定されていた事務執行形態の一つ。国やその他の地方公共団体の事務を地方公共団体の機関に委任して処理させるもので，国より委任された事務を処理する場合，主務大臣の下位機関とされ指揮監督を受けた。しかし，機関委任事務制度は，地方自治を阻害するとして，いわゆる地方分権の推進を図るための関係法律の整備等に関する法律（地方分権推進一括法）の成立に伴い廃止され，自治事務と法定受託事務に振り分けられた。

✎自治事務 p.194，地方分権の推進を図るための関係法律の整備等に関する法律 p.350，法定受託事務 p.458

気管カニューレ
きかんかにゅーれ

気管切開をして首の中央部から気管に挿入されているチューブをいう。気管カニューレの外側周囲にはカフ（小さい風船のようなものを膨らませる部分）がある。このカフは気管カニューレを固定し，口や鼻からの分泌物が気管に入り込まないようにするためのもので，内部には医師が指示した量の空気が入っている。

気管カニューレの種類には，カフが付いてない気管カニューレ，カフ付き気管カニューレ，カフとサイドチューブ付き気管カニューレがある。サイドチューブとは，気管カニューレの外側であるカフの上部にたまっている分泌物を吸引するための細い管のことである。

気管支炎

きかんしえん

bronchitis

気管・気管支の炎症であり，かぜをこじらせて生じることが多い。かぜの症状である，くしゃみ，鼻汁，鼻閉などの症状に加えて，咳，喀痰，発熱などの症状を認める。

気管支喘息　図33

きかんしぜんそく

BA；bronchial asthma

抗原（異種たんぱく，塵，花粉，ダニなど），冷気吸入などの刺激により，気道が発作的に収縮・狭窄して生じる(喘息発作)。咳，呼吸困難(呼気性)，特有の喘鳴（ヒューヒューする音）を呈する。治療には気管支拡張薬，副腎皮質ステロイド薬などを用いる。発作時は起坐位やファーラー位にすると胸郭が広がり，呼吸が楽になる。

基幹相談支援センター

きかんそうだんしえんせんたー

障害者総合支援法に基づき，市町村が設置することのできる相談支援センター（障総合 77 条の2)。地域における相談支援の中核的な役割を担うことを目的としている。一般相談支援事業所に委託することも可能。

器官劣等性

きかんれっとうせい

アルフレッド・アドラーにより提唱された概念。人間には機能的・形態的に劣等な身体器官があって，他人と比較することから劣等感を抱き，それを補償しようとして様々な行動をとっていくものだと考えられた。劣等感は「自分は無力で価値のない人間である」という自信のない感情状態をつくり，行動にブレーキをかけるが，適度の劣等感はむしろ積極的に働き，人間を進歩・向上させていく力ともなる。

✎アドラー p.9

企業年金

きぎょうねんきん

一般企業が従業員を対象に企業単位で加入・実施している年金のこと。主な種類として，自社年金，厚生年金基金，確定給付企業年金，確定拠出年金がある。企業年金の受給者にとって，企業年金は退職と公的年金支給開始までの空白期間を埋める「つなぎ」機能と，より豊かな老後のための公的年金の「上乗せ」機能を有する。また，企業経営者にとっての企業年金のメリットとして，従業員の士気向上と職場定着の促進，退職金の支払いコストの平準化，法人税の軽減などが挙げられる。

起座位

きざい

ベッド上または床上で上体を起こし，やや前傾させる体位。オーバーベッドテーブルや机，膝などの上にクッションを置いて抱きかかえるようにする。この体位は，臥位よりも横隔膜が下がり，胸腔の体積が増してガス交換がより多くできて呼吸がしやすくなるため，呼吸困難時に用いる。

✎臥位 p.53

図 33　気管支喘息の主な症状

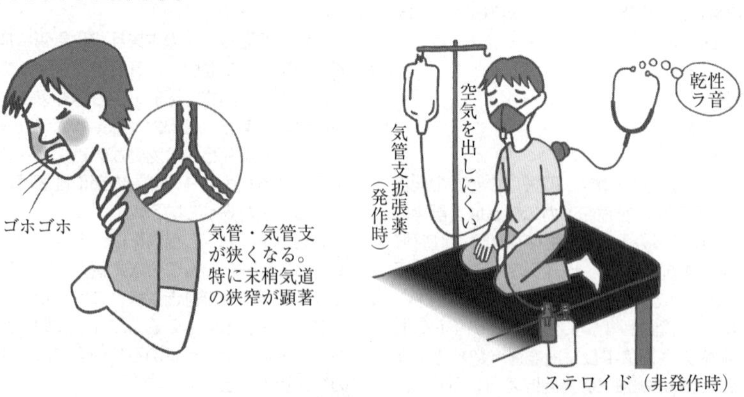

きざみ食
きざみしょく

咀嚼力の低下，嚥下困難な人（高齢者に多い）に提供する食事で，普通食や軟食の食事をきざんだものである。食品をきざんでから調理する方法と，調理が済んでからきざむ方法がある。どちらにしても，盛り付けのときに料理の原型が分かるようにすることが，摂食する人への思いやりである。例えば，焼魚のようなものであれば，身をほぐし骨をとった後，形を整えることはある程度可能である。どんな料理を食べているか分かる方が，食欲も高まり摂食量も増える。また，嚥下食とする場合には，とろみをつけるなどの工夫が必要である。

高齢者の食事 p.150

義　歯　図34
ぎし

失った歯の代わりに補う目的で使用される人工の歯のことである。義歯の役割は，審美性，発音機能，咀嚼・嚥下機能，顔貌を整えるなどの効果がある。適切な義歯を入れて噛み合わせを回復させることで，QOL（生活の質）が改善される。義歯には歯肉全部を大きく覆う全部床義歯（総義歯）と欠損した歯を補う部分床義歯（局部床義歯）がある。上下顎に義歯を装着する場合，上顎から装着し，外す場合は下顎から先に外す。乾燥すると破損しやすくなるため，外した後は専用容器に入れ水に浸して保管する。

義　肢
ぎし

四肢の一部を欠損した場合にその部分に装着し，機能を補ったり，失った機能を代替したりするもの。人工の機能および外観を補う器具で補装具ともいう。購入または修理費の一部が，障害者総合支援法による補装具費支給制度により支給される。義肢は，ソケット（断端を収納するもの）と手先または足部，これらをつなげる支持部の3つで構成されている。導入に際しては，医師の処方によって義肢装具士が製作を行う。

補装具 p.466

既視感
きしかん

初めて見るものを，かつて見たことがあるように感じること。統合失調症の発病初期段階の人や，側頭葉てんかん症状を持つ人に現れるとされるが，健常人が持っているごく一般的な感覚である。déjàvu（デジャヴ）ともいう。

義肢装具士
ぎしそうぐし

義肢装具士法に基づく国家試験に合格した専門職。義手や義足などの義肢装具を製作し，手足を失った人の身体に適合させるという高度の専門的技術をもつと認められた者に与えられる国家資格。

義肢装具士法
ぎしそうぐしほう

昭和62年制定，法律第61号。義肢装具士の資格法。国家試験は資格取得の要件である。

図34　義歯の管理

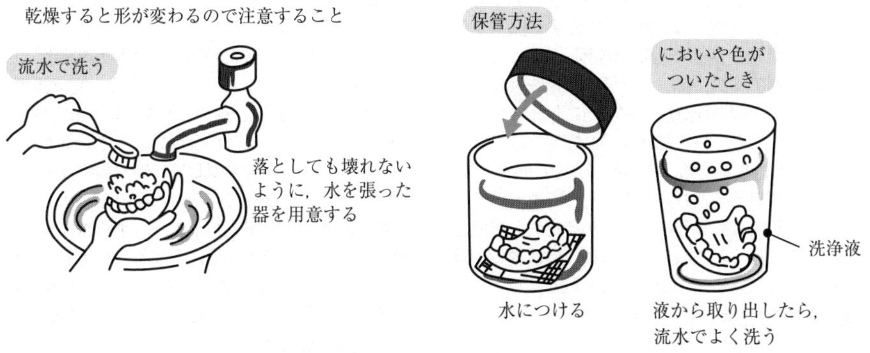
乾燥すると形が変わるので注意すること
流水で洗う
落としても壊れないように，水を張った器を用意する
保管方法
においや色がついたとき
洗浄液
水につける
液から取り出したら，流水でよく洗う

気　質

きしつ

人間の精神機能の特徴のうちで知的な面は知能と呼ばれるのに対して，情意の面の特性は性格といわれる。この性格のベースにある感情面のもって生まれた特性を気質という。

器質性精神障害

きしつせいせいしんしょうがい

organic mental disorder

脳そのものに器質的な病変があって精神障害が出現する場合をいう。一般的精神症状としては，急性脳疾患でみられるのは意識障害，慢性疾患では認知症，記憶障害，情意障害，人格水準の低下などである。

義　手

ぎしゅ

上肢切断の場合に使用される義肢のこと。物をつかむ，離す，押さえるなどの上肢機能を獲得することと，欠損部を補完する意味合いを併せもつ。機能面から，装飾用義手，作業用義手，能動義手がある。

✎義肢 p.93

基準及び程度の原則

きじゅんおよびていどのげんそく

生活保護法第8条に規定される，申請保護，必要即応，世帯単位とならぶ生活保護の原則の一つ。2つの基準についての規定がなされており，同法同条第1項では，保護は，厚生労働大臣の定める基準により測定した要保護者の需要を基本とし，その者のもつ金銭などで満たすことができない不足分を補う程度行う，とされている。ここでいう基準とは，その基準の合計額（生活保護基準）と保護を申請した人との収入とを比較して，保護を受けることができるかどうかを判断するものである。また第2項では，この基準は，要保護者の年齢別，性別，世帯構成別，所在地域別，その他保護の種類に応じて必要な事情を考慮した最低限度の生活の需要を満たすに十分なものであって，かつ，これを越えないものでなければならない，とされている。すなわち，この基準とは，保護が必要であるとされた人に対しては，現実に保護費として支給する程度を決めるための尺度となるものである。これらの基準は，要保護者の最低生活需要に応じて細かく決められている。

✎生活保護の原理・原則 p.301

基準該当介護予防サービス

きじゅんがいとうかいごよぼうさーびす

基準該当が認められた福祉系の介護予防サービスのこと（介護54条）。介護予防支援，介護予防訪問入浴介護，介護予防短期入所生活介護，介護予防福祉用具貸与がある。

✎基準該当サービス p.94

基準該当居宅介護支援

きじゅんがいとうきょたくかいごしえん

基準該当サービスの認められた福祉系居宅サービス（訪問介護，訪問入浴介護，通所介護，短期入所生活介護，福祉用具貸与）（介護47条）。介護支援専門員が，利用者の心身の状況や置かれている環境に応じた介護サービスを利用するための「特例居宅介護サービス計画」を作成し，そのプランに基づいて適切なサービスが提供されるよう，事業者や関係機関との連絡・調整などを行う。介護保険から全額給付される。

✎基準該当サービス p.94

基準該当居宅サービス

きじゅんがいとうきょたくさーびす

介護保険法第42条に規定される介護給付の一つ。ボランティア団体などには指定事業者と同じ程度にサービスを提供できるものがある。指定居宅サービス事業者の3つの要件（法人であること，人員基準，設備・運営基準による適正な運営）を満たしていなくとも，市町村がそのような団体に対して一定のサービス水準を満たしていると判断した場合，これを基準該当居宅サービスといい，保険適用サービスとして認めることができる。基準該当居宅サービスの基準については，2011（平成23）年の介護保険法の改正により都道府県の条例によって定めることとされた。

基準該当サービス

きじゅんがいとうさーびす

居宅サービス事業者や居宅介護支援事業者としての指定要件（法人格，人員，設備，運営基準）を満たしていなくとも，保険者である市町村が，当該事業者のサービスが一定の水準を満たすと認めた場合，被保険者に対して，特例居宅サービス費等として，保険給付の対象とすることができる制度。基本的には償還払いだが，市町村と事業者間の契約等により代理受領とするのが一般的である。なお，基準該当サービスが認められるのは，居宅サービス，居宅介護支援，介護予防サービス，介護予防支援である。

✎基準該当介護予防サービス p.94，基準該当居宅介護支援 p.94，基準該当居宅サービス p.94

基準該当障害福祉サービス

きじゅんがいとうしょうがいふくしさーびす

指定障害福祉サービスとしての基準は満たしていないものの，介護保険事業所等の基準を満たす事業所であり，市町村が認めたものにおいては，当該事業者が障害者を受け入れた場合，基準該当障害福祉サービスとして特例介護給付費・特例訓練等給付費が支給される（障総合 30 条, 35 条）。居宅介護，生活介護，短期入所，機能訓練，生活訓練（宿泊型自立訓練を除く），就労継続支援 B 型などが想定されている。

義　足

ぎそく

下肢切断の場合に使用される義肢のこと。義足装着の可否は，全身状態・断端状況によって決定される。原則的に健側下肢で片足立ちができることが義足装着の可否の目安になる。本人のニーズによって，室内レベルからトライアスロン競技に参加できるレベルまで，様々な種類の義足がある。

✎義肢 p.93

基礎代謝量　表12

きそたいしゃりょう

基礎代謝は推定エネルギー必要量を算出するための一指標であり，身体的・精神的な安静の状態で代謝される最小のエネルギー代謝量であって，生きていくために必要な最小のエネルギー代謝量である。基礎代謝基準値（kcal/kg 体重 / 日）は年齢の若い人ほど大きく，男性の方が女性より大きい。基礎代謝は体温の高い人の方が大きい。季節では一般に夏に低く冬に高い。月経開始 2 ～ 3 日前に高くなり月経中に低くなる，とされている。基礎代謝は成人ではだいたい体重 1kg 当たり 1 時間 1kcal として概算できる。

基礎年金

きそねんきん

1985（昭和 60）年の年金制度改正により，国民年金は全国民共通の基礎年金を支給する制度となり，その他の公的年金は報酬（所得）比例年金として基礎年金に上乗せする方式になった。基礎年金には，老齢基礎年金，障害基礎年金および遺族基礎年金がある（国年 15 条）。

吃　音

きつおん

なめらかに話すことが難しい，話したい言葉がスムーズに出てこないといった発話困難の一つ。話す時に，言葉に詰まって間が空いたり（難発・ブロック），一部の音を繰り返したり（連発・反復），伸ばしたり（伸発・引き伸ばし）してしまうなど，流暢さの失われた状態。幼児期に発症する発達性吃音と，疾患や心的ストレスなどによって青年期以降に発症する獲得性吃音に大別される。

表 12　基礎代謝量

性　別	男　性			女　性		
年　齢（歳）	基礎代謝基準値（kcal/kg体重/日）	参照体重（kg）	基礎代謝量（kcal/日）	基礎代謝基準値（kcal/kg体重/日）	参照体重（kg）	基礎代謝量（kcal/日）
1～2	61.0	11.5	700	59.7	11.0	660
3～5	54.8	16.5	900	52.2	16.1	840
6～7	44.3	22.2	980	41.9	21.9	920
8～9	40.8	28.0	1,140	38.3	27.4	1,050
10～11	37.4	35.6	1,330	34.8	36.3	1,260
12～14	31.0	49.0	1,520	29.6	47.5	1,410
15～17	27.0	59.7	1,610	25.3	51.9	1,310
18～29	23.7	64.5	1,530	22.1	50.3	1,110
30～49	22.5	68.1	1,530	21.9	53.0	1,160
50～64	21.8	68.0	1,480	20.7	53.8	1,110
65～74	21.6	65.0	1,400	20.7	52.1	1,080
75以上	21.5	59.6	1,280	20.7	48.8	1,010

資料：厚生労働省「日本人の食事摂取基準」（2020年版）

ぎっくり腰

ぎっくりごし

急性腰痛症のことで，重い物を持ったり，身体をねじったりすることにより突然腰痛を生じる。腰部椎間板ヘルニアもその一つであるが，これは椎間板の髄核が飛び出し，周囲の神経を圧迫することで腰部の疼痛・可動制限，下肢の知覚鈍麻，筋力低下を生じるものである。安静，コルセット，温熱療法，牽引療法などにより症状は軽減することが多いが，重症例では手術が必要となる。

✎椎間板ヘルニア p.356

キットウッド

Kitwood, T.：1937 ～ 1998

イギリスの臨床心理学者で，それまでの医学的な対応を中心としたケアではなく，「その人らしさ（personhood）」を尊重するケアの理論であるパーソンセンタードケア（person-centered care）を提唱し，パーソンセンタードケアにおける介護の質を評価するためのツールである「認知症ケアマッピング（dementia care mapping：DCM）を開発した。

✎パーソンセンタードケア p.410

気道確保　図35

きどうかくほ

空気が肺にまで容易に通るように，気道が塞がった状態を解消する方法のこと。意識を消失した人の舌根が後ろに落ち込む舌根沈下や，分泌物による窒息を防止するためには，仰臥位で顔を横に向ける。呼吸停止を認めた場合では，舌根沈下を防ぐために，仰臥位で頭部を下げ（頭部後屈），顎を突き出す（顎先挙上）ような体位をとる。空気が入りやすいように気道（空気の通り道）を真っすぐにするためである。肩枕をすると，この体位がとりやすい。

✎仰臥位 p.102，舌根沈下 p.312

図35　気道確保

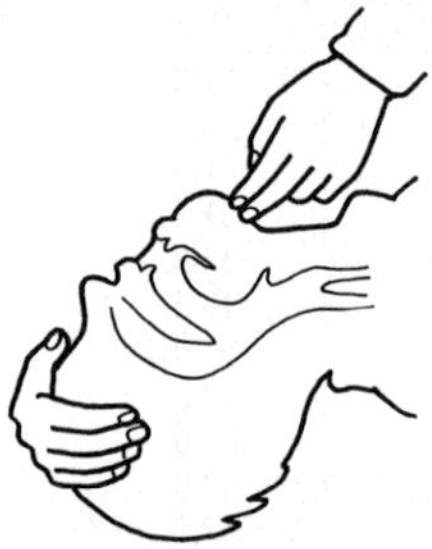

頭を後ろに下げ（頭部後屈），下顎を前に突き出した状態（顎先挙上）にする

絹

きぬ

蚕（かいこ）の繭（まゆ）からとれる天然繊維。シルクのこと。独特の光沢感をもち，高級品として扱われている。絹は適度な吸湿性があり，肌触りが優しく，柔軟性をもち，軽量である。「手洗い可」表示のあるものは，中性洗剤で家庭洗濯が可能である。アイロンは，蒸気を当てるとシミになるので使用しない，他の繊維に比べて摩耗強度が低いので，当て布を使用するなどの注意が必要である。

機能回復訓練

きのうかいふくくんれん

損なわれた身体機能をリハビリテーションによって回復するための訓練。運動療法，物理療法，機能的作業療法，日常生活活動（動作）訓練などをいう。作業療法士や理学療法士を中心として，身体機能の総合的な評価を基に計画が立てられる。機能回復訓練は身体のみならず心理面にもかかわるため，訓練に対する意欲やニーズなどに耳を傾け，この訓練が対象者にとってどのような意味をもっているのか丁寧に説明して実施する必要がある。

✎作業療法士 p.178，理学療法士 p.497

機能障害

きのうしょうがい

1980 年に世界保健機関（WHO）の国際障害分類（ICIDH）において提唱された，障害構造モデルを構成する 3 つのレベルの 1 番目の段階。インペアメント（impairment）とも呼ぶ。ICF（国際生活機能分類：2001）では，心身機能・身体構造の否定的側面として使われている。例えば，脳の血管障害によって起こった片麻痺は器官レベルの機能障害であり，大脳の言語野が損傷し，失語症になるのも器官レベルの機能障害である。切断は身体構造の否定的側面といえる。

✎国際障害分類 p.154，社会的不利 p.212，能力障害 p.408

機能衰退説

きのうすいたいせつ

加齢に伴って，様々な器官や臓器は萎縮し，その機能が低下することで老化が起こると考える学説。

機能性精神障害

きのうせいせいしんしょうがい

functional mental disorder

明らかな病理所見を呈さない脳内部の働きの変化が原因となって起こる精神障害。てんかん，躁うつ病などがこれにあたる。器質性精神障害に対するものとして非器質性（＝機能性）ととらえられてきたが，近年，分子レベルの解明が進むにつれて，構造的な変化と機能的変化との区別が不明確になりつつある。

✎器質性精神障害 p.94

機能性尿失禁

きのうせいにょうしっきん

functional urinary incontinence

排尿，蓄尿にかかわる下部尿路に異常はみられないが，トイレへの移動やトイレ動作，排尿動作に問題があって生じた尿失禁のこと。例えば，手足の運動障害があれば動作に時間がかかり過ぎて排尿が間に合わない。認知症があれば尿意はあるがトイレがどこにあるか分からず，適切に排尿することが困難となり，尿失禁となる。定期的な排尿誘導で，尿失禁を回避することが可能である。

✎尿失禁 p.396

気分障害

きぶんしょうがい

mood disorder

持続する気分の変調により，苦痛を感じたり，日常生活に支障をきたしたりする状態をいう。主にうつ病と躁うつ病が含まれる。ICD-10（国際疾病分類第10版）では気分障害を以下のように分類している。

躁病エピソード，双極性感情障害（躁うつ病），うつ病エピソード，反復性うつ病性障害，持続性気分（感情）障害，その他の気分（感情）障害，詳細不明の気分（感情）障害

✎うつ病 p.35，躁うつ病 p.318

基本的人権

きほんてきじんけん

人間が生まれながらにして享有している基本的な権利のことで，人権，基本権などともいわれる。いわゆる立憲主義的意味における憲法に規定される基本的人権は，日本国憲法が国家を名宛人とする法規範であることを前提に，その性質に応じて自由権，国務請求権，参政権，社会権などに大別される。憲法においても基本的人権が保障される一方，絶対無制限に保障されるものではなく，公共の福祉に反しない限り認められるものとされる。個別の法律においては，成年後見制度の利用の促進に関する法律，障害者の日常生活及び社会生活を総合的に支援するための法律，発達障害者支援法，障害者基本法，等の目的や基本理念の中で，基本的人権を享有する個人としての尊厳が重んじられることが規定されている。

✎参政権 p.180，自由権 p.222，社会権 p.210，生存権 p.308

記　銘

きめい

記憶のメカニズムは，記憶の過程という点からみると，記銘（符号化）・保持（貯蔵）・再生（想起・追想）という3つの過程が正常に働くことによる。経験したことを覚える段階が記銘である。記銘された内容は脳の中で保持され，必要に応じて思い出される（想起）。記憶したことが思い出せないのは，記銘力の低下ではなく，健忘，つまり想起障害の症状である。新しいことの記銘と貯蔵は海馬，海馬回が重要な役割を果たしている。

✎記憶 p.91

記銘障害

きめいしょうがい

経験などを記憶に取り込む働き（記銘）に障害が生じることをいう。記憶にとどめることができないために，見当識に障害をきたすことが多い。

記銘力検査

きめいりょくけんさ

記憶障害の程度を知るために行う検査。記銘力検査にはいくつか方法がある。三宅式記銘力検査（東大脳研式記銘力検査）は，汽車－電車，家－庭などの対語を被験者に聞かせ，復唱させ記銘させる。その後，対語の一方の汽車，家を読み，対語を答えさせる。これを連続3回行う。ベントン視覚記銘検査は線図形を記銘させ，描画により再生させる。

✎内田クレペリン精神検査 p.35，ベントン視覚記銘検査 p.455

逆転移

ぎゃくてんい

▶転移 p.363

逆流性食道炎 図36

ぎゃくりゅうせいしょくどうえん

reflux esophagitis

食物は食道から胃に運ばれる。食道から胃上部（噴門という）への移行部は，通常では胃内容が逆流しないようになっているが，これが食道裂孔ヘルニアなどにより障害され，酸性の胃内容が食道に逆流することにより炎症を生じるものをいう。胸やけ，潰瘍，狭窄などを生じる。治療としては，軽症では食後しばらく体を起こしておけばよいが，制酸薬の服用なども行う場合もある。

客観的情報

きゃっかんてきじょうほう

五感を通しての観察や検査・測定したデータで表すことができる情報をいい，憶測ではなく事実を正確に示した情報をいう。介護職が観察した時の自身の思いや感情は，主観的情報であって客観的情報ではない。

✎主観的情報 p.230

ギャッチベッド

Gatch bed

背上げと膝上げの角度をそれぞれ個別に操作できるベッド。高さを調節できるものもあり，手動式と電動式がある。Gatch はこのベッドを考案したアメリカの外科医の名前。

キャッテル

Cattell, Raymond Bernard：1905～1998

イギリス出身で，主にアメリカで活躍した心理学者。知能を結晶性知能と流動性知能に分類した。また，文化や言語の違いによる影響を減らした文化自由知能テストや，因子分析法を用いてパーソナリティの特性を把握するキャッテル16因子質問用紙を開発した。

✎結晶性知能 p.124，流動性知能 p.501

図36 逆流性食道炎

QOL

キューオーエル

quality of life

生活の質と訳される。世界保健機関（WHO）のQOL基本調査表（1995年）によると「個人が生活する文化や価値観の中で，目標や期待，基準または関心に関連した個人の生活状況における個人の立場に対する認識」と定義されている。医療・福祉の領域では，病気や障害，加齢などによって生活に制限が加わった場合でも，本人の価値観や人生観を尊重して，本人が納得して生活を送れるようにする目標をいう。

嗅覚機能障害

きゅうかくきのうしょうがい

においは，鼻腔内にある嗅粘膜，脳内の嗅球，大脳皮質を通じて認知される。この過程に何らかの障害があると嗅覚障害が起きる。嗅覚機能障害は，①呼吸性嗅覚障害（鼻の病気等によりにおいが分からない），②末梢神経性嗅覚障害（嗅粘膜にある嗅細胞ににおいが伝わらない），③中枢神経性嗅覚障害（脳内の障害，頭部外傷や脳腫瘍など）に分類される。身体障害者等級表では嗅覚障害の項目はなく，身体障害にはあてはまらない。障害厚生年金の障害手当金の対象には，「鼻を欠損し，その機能に著しい障害を残すもの」とあり，鼻の欠損が条件となる。

救急救命士

きゅうきゅうきゅうめいし

救急救命士法で定められた国家資格。救急車が医療機関に到着するまでのプレホスピタルケアを担当する。医師の指示に基づき，①静脈路確保と輸液，②気道確保，③薬剤投与（アドレナリン投与），④ブドウ糖液の投与，等の特定行為のほか，吸引器を用いた異物除去，酸素投与などを行うことができる。

救急処置

きゅうきゅうしょち

容態急変時の救急処置としては，まず呼吸・心拍動を確認する。これが認められない場合には，①胸骨圧迫，②気道の確保，③人工呼吸を行う（心肺蘇生）。その後に，血管を確保し，病態に応じた薬剤（強心薬，血管収縮薬，副腎皮質ステロイド薬など）の投与を行う。

救急病院

きゅうきゅうびょういん

救急医療は，初期救急医療体制（外来治療に対応），第二次救急医療体制（入院治療に対応，一般の病院），第三次救急医療体制（生命にかかわる重症患者の入院治療に対応，救命救急センター）に分けられる。このうち第二次，第三次救急医療を行う病院を救急病院という。また，病院に着く前のプレホスピタルケアを行う専門職として救急救命士が設けられている。

✎救急救命士 p.98

休業補償給付（休業給付）

きゅうぎょうほしょうきゅうふ（きゅうぎょうきゅうふ）

労働者災害補償保険法第 12 条の 8，第 21 条に規定される給付の一つ。業務災害もしくは通勤災害による傷病にかかる療養のため労働することができず，賃金を受けられない日が 4 日以上に及ぶ場合に，休業 4 日目より支給される。給付額は，1 日につき給付基礎日額（労働基準法の平均賃金に相当する額）の 60% にあたる金額である。業務災害に対しては休業補償給付の名称が，通勤災害に対しては休業給付の名称が用いられる。

✎労働者災害補償保険 p.515

救護施設

きゅうごしせつ

生活保護法第 38 条に規定される保護施設の一つ。2020（令和 2）年 10 月現在，全国に 183 施設あり，保護施設の中で設置数が最も多い。第一種社会福祉事業である（社福 2 条 2 項 1 号）。身体上または精神上著しい障害があるために日常生活を営むことが困難な要保護者を入所させ，生活扶助を行うことを目的とする（生保 38 条 2 項）。なお，救護施設では通所部門を設け，社会適応能力に欠ける居宅の被保護者を通所させたり，救護施設に入所している者で通所可能な状態の者を通所に切り替えて，生活指導・訓練などを受けさせたりすることで，効果的に自立を促すことも行われている。

✎生活扶助 p.299，保護施設 p.462

救護法

きゅうごほう

昭和 4 年制定，法律第 39 号。1874（明治 7）年に定められた恤救規則に代わって，制定された総合的な一般救済立法。1946（昭和 21）年に旧生活保護法が制定されるまで機能した。制定の背景には，第一次世界大戦後の慢性的不況による深刻な社会不安があったが，世界恐慌のために実施が延期され，施行は 1932（昭和 7）年となった。公的扶助義務（国家に救貧の義務があるということ）を確立し，救護の種類を拡大（生活扶助・医療・助産・生業扶助）した上で，さらに埋葬費の支給も認めた。対象者は 65 歳以上の老衰者，13 歳以下の幼者，妊産婦，傷病あるいは障害のために労務に服せない者のうち，扶養義務者が扶養できない者。しかし，労働能力のある者は原則として救済の対象から除外され，たとえ生活に困窮していても，怠惰な者や素行不良な者は救護の対象外とされる欠格条項があるなど，今日からみれば問題点もあった。救護の実施主体は市町村長であり，救護の費用は，国庫は市町村・都道府県の負担した費用に対して 2 分の 1 以内を，都道府県は市町村の負担した費用に対して 4 分の 1 を補助することとされていた。

✎恤救規則 p.231

9 歳の壁

きゅうさいのかべ

ろう教育学者の萩原浅五郎は，聴覚障害児は小学校高学年になるあたりで学習が停滞するとして，「9 歳の壁（峠）」と呼び，それをどう克服していくかが教育上の重大な課題であるとした。その後，学習内容が抽象的になり，思考力が必要とされるようになるこの時期に，学習につまずく子どもが多いことから，聴覚障害児に限らず，子どもの発達上の問題として，広くこの言葉が用いられるようになった。

給食サービス

きゅうしょくさーびす

老人デイサービスセンターにおいて行われる通所事業で，利用するおおむね 65 歳以上の要援護高齢者や，身体障害者で身体が虚弱または寝たきりなどのために日常生活を営むのに支障がある者に対して，食事を提供する。給食サービスは，住民参加型在宅福祉サービスという形態で先駆的に行われていることもある。ただし現在では，あまりこのような用語は使われていない。介護予防・地域支え合い事業（現・地域支援事業）のメニューの一つとして市町村で行われている。

✎配食サービス p.413

求職者給付

きゅうしょくしゃきゅうふ

雇用保険法第10条第2項に規定される失業等給付の一つ。主として求職期間中の労働者の所得保障を行うことを目的とした給付である。一般被保険者，高年齢被保険者，短期雇用特例被保険者，日雇労働被保険者に対してそれぞれ異なる求職者給付がある。一般被保険者に対する求職者給付には，基本手当のほかに，技能習得手当，寄宿手当，傷病手当がある。

✎雇用保険法 p.170，失業等給付 p.195

求心性視野狭窄

きゅうしんせいしやきょうさく

afferent contraction of visual field

中心に向かって円状に視野が狭くなり，中心の視野が残る症状。網膜色素変性症や緑内障などでみられる。求心性視野狭窄のある人の移動では，特に階段など段差のある場所において，上方・下方の視覚情報を認識しにくいため，転倒・転落による危険に注意する。

✎視野狭窄 p.219，網膜色素変性症 p.480

旧生活保護法

きゅうせいかつほごほう

昭和21年制定，法律第17号。一般国民に対する包括的な公的扶助法。1945（昭和20）年8月に終結した第二次世界大戦は，国民生活に大きな影響を与え，国民のほとんどは，家族や親類との死別や離別・戦争被災・離職などにより，生活は困窮を極めていた。こうしたことから，国民の最低生活を保障することが急務の課題とされ，この事態を受けた連合国軍最高司令官総司令部（GHQ）は，1945年12月に，日本政府に対して「SCAPIN404」（救済並福祉計画ノ件）と題する覚書を発出し，公的救済についての計画を策定することを求めた。同年12月31日に日本政府はこれに回答し，国民の最低生活保障を目的とする新法の制定を示した。日本政府の回答を踏まえ，GHQは，1946（昭和21）年2月に「SCAPIN775」（社会救済に関する覚書）を発し，公的扶助における3つの原則として「国家責任の原則」「無差別平等の原則」「最低生活保障の原則」を伝えた。日本政府はこの3原則に基づき新法の検討を行った上で法案を帝国議会に上程し，1946年9月に旧生活保護法が可決・成立する。旧生活保護法は，要保護者に対する保護を国家の責任とし，無差別平等の原則に従うことを明文化したことから，救済に厳しい要件を設けていたこれまでの救済制度と一線を画すものであった。扶助の種類は，生活扶助・医療扶助・助産扶助・生業扶助・葬祭扶助の5種類とされ，その費用負担は国8割・都道府県1割・市町村1割とされた。このように近代的な公的扶助制度としての性格を獲得する一方で，旧生活保護法には扶養義務者を有する者・素行不良者・怠惰者を対象から除外し，保護請求権や不服申立権を認めず，民生委員を協力機関として実際の保護決定権を委ねていたなど，不十分な点もあった。1950（昭和25）年には全面改正され，現行の生活保護法となる。

✎社会救済に関する覚書 p.210，生活保護法 p.301

急性期リハビリテーション

きゅうせいきりはびりてーしょん

疾病の急性期には心身の障害（機能障害）に対して早期診断・早期治療が開始されるが，廃用症候群や肺炎などの合併症を予防するために，疾病の急性期からベッドサイド等にて開始するリハビリテーションをいう。関節可動域訓練や起居動作訓練，呼吸訓練などであり，早期離床が主な目標である。

救世軍

きゅうせいぐん

1878年にイギリスのメソジスト派の牧師であるウィリアム・ブースにより創設された民間の慈善事業団体。従来の慈善活動と違い，救済に値するか否かを基準とせずに救済活動を行うことを旨とした。また，効率的な救済を可能とするために活動形態に軍隊組織を取り入れた。日本では1895（明治28）年に日本救世軍の活動が始まり，初期においては山室軍平が指導した。

✎ブース，ウィリアム p.437，山室軍平 p.484

急性腎不全

きゅうせいじんふぜん

acute kidney failure

腎臓機能の急速な低下により，乏尿（尿量の減少），体液の貯留による浮腫，血圧上昇を生じる病態。脱水，大量出血による腎臓への血流不足(腎前性)，薬剤などによる腎障害（腎性），結石などによる尿路閉塞（腎後性）などが原因となる。経過は可逆的で，乏尿期→利尿期→回復期と進んでいく。

✎腎不全 p.290

急性膀胱炎
きゅうせいぼうこうえん
acute cystitis

外尿道口から膀胱の上行性感染により生じる。女性に多く，起因菌としては大腸菌が多い。頻尿，尿意逼迫，排尿時痛などの膀胱刺激症状を認める。感染が尿管を上行し腎盂に及ぶと腰部痛，発熱，白血球増加などを認める（腎盂腎炎）。

休　息
きゅうそく

心身の緊張を解いて休むこと。余暇には休息，気晴らし，自己開発の３つの機能があり，まず最初に求められるのがこの休息である。休息はすべての活動の土台となる大切な機能である。しかし，心と体では休息の仕方が異なる。体を休めるには安静にしておくのが最適であるが，心の緊張を解くにはむしろ適度な運動をした方がよい場合もある（これを「積極的休息」という）。五感を刺激することも休息につながる。温泉につかったり，癒し効果の高い音楽や香りを取り入れることもよく行われる。

✎余暇 p.492

牛　乳
ぎゅうにゅう

生乳 100%無調整の「牛乳」以外にも，乳脂肪分を調整した「低脂肪牛乳」「無脂肪牛乳」「成分調整牛乳」や，原材料が生乳 100%でない「加工乳」，乳製品以外のものを添加した「乳飲料」などがある。牛乳は，栄養的にも優れており，すべての必須アミノ酸をバランスよく含んでいる。また，カルシウム源として重要であるが，このカルシウムはほかの食品のカルシウムに比べ吸収率が高い。また，ビタミンC以外のビタミンを豊富に含んでいる。よって，牛乳には，風邪予防，脳の活性化，快適な睡眠，疲労回復，体調維持，便通改善，美肌効果などの効果が期待できるといわれている。

✎カルシウム p.79，必須アミノ酸 p.431

救　貧
きゅうひん

生活が窮乏状態に陥ってから援助を開始する制度のことで，生活保護制度などがこれにあたる。貧困に陥る前に行う対策は「防貧」という。

1601 年のエリザベス救貧法や 1834 年の新救貧法などのイギリスにおける各種救貧法（Poor Relief Act），日本における 1874（明治７）年の恤救規則など，最初期の福祉関係法規に救貧を目的としたものが多いことから考えても，救貧は社会福祉の出発点といってもよい。

1908（明治 41）年から開かれた感化救済事業講習会は，民間の慈善事業を国家が再編しようとし始めたきっかけとされている。そこで説かれた感化救済事業では，一部の貧困層だけではなく労働大衆一般を対象とするために，前者を対象とする「救貧」だけでなく「防貧」の必要が強調されることになった。

✎エリザベス救貧法 p.44，新救貧法 p.275

救貧院
きゅうひんいん

貧困者や障害のある者を収容するための施設。1834 年のイギリスの新救貧法では，救貧院以外での救済を認めないとする院外救済禁止の原則が示された。

✎新救貧法 p.275

救貧法
きゅうひんほう
Poor Law/Poor Relief Act

かつてのイギリスにおける貧困救済行政の一連の根拠法。有名なものに，1601 年のエリザベス救貧法と，1834 年の新救貧法（マルサス救貧法）がある。前者の特徴は，①教区を救貧行政の単位としたこと，②治安判事に任命された貧民監督官が救貧税の徴収と救済の業務にあたったこと，③貧民を３分類したこと，である。後者の特徴は，①行政水準の全国的統一の原則により救貧行政を整備したこと，②劣等処遇の原則により被保護者の生活は労働者よりも低位にしなければならないとしたこと，③労役場を用いた院内救済を原則としたこと，である。1948 年の国民扶助法制定によって廃止となるまで，その体制は継続された。

✎エリザベス救貧法 p.44，新救貧法 p.275，劣等処遇の原則 p.508

キューブラー＝ロス
Kübler-Ross, Elisabeth：1926 ～ 2004

アメリカの精神医学者。スイスに生まれ，チューリッヒ大学にて医学の博士号を取得。その後，アメリカに渡り，シカゴ大学医学部教授，サウスクック家族精神衛生センター医学部長などを歴任後，エリザベス・キューブラー＝ロス・センターを設立。死に面したときの人間の精神が経る過程を研究し，それを①否認，②怒り，③取り引き，④抑うつ，⑤受容の５段階に整理した。これを死の受容過程という。主著に『死ぬ瞬間』(*On Death and Dying,1969*）がある。

✎死の受容過程 p.207

球麻痺

きゅうまひ

延髄にある運動神経の障害による麻痺のこと。球麻痺によって，咀嚼障害，嚥下障害，構音障害などの障害をきたす。球麻痺をきたす代表的な疾患には，筋萎縮性側索硬化症（ALS），ギラン・バレー症候群，多発性硬化症，重症筋無力症などがある。

教育基本法

きょういくきほんほう

平成 18 年制定・施行，法律第 120 号。教育についての基本的原則を定めた基本法。義務教育や教育の目的・目標，機会の均等などについて規定されている。1947（昭和 22）年制定の教育基本法（いわゆる旧法）を全面改正し，新法（現行法）が制定された。新法では，道徳教育や愛国心などが盛り込まれ，日本の伝統と文化を尊重し，国や郷土を愛するとともに，他国を尊重し国際社会の平和と発展に寄与する態度を育むことなどが，明文化された。また，より具体的なものとして，同法第 17 条第１項の規定に基づき，教育の振興に関する施策の総合的かつ計画的な推進を図るため「教育振興基本計画」が作成された。

教育訓練給付金

きょういくくんれんきゅうふきん

雇用の安定と就職の促進を図ることを目的として，厚生労働大臣の指定を受けた教育訓練を受講・修了した受給資格者に対し，その費用の一部を支給する制度。受給資格者は，同一の事業主に被保険者として継続的に雇用された期間が３年以上あり，かつ教育訓練を開始した日に雇用保険の一般被保険者か高年齢被保険者である者，または離職から１年以内の者である。対象となる教育訓練は３種類に分かれており，それぞれ給付率が異なる。「一般教育訓練給付」では上限額を 10 万円として受講費用の 20%，「特定一般教育訓練給付」は上限額を 20 万円として受講費用の 40%，「専門実践教育訓練給付」は年間上限額を 40 万円として受講費用の 50%を支給する。

✎雇用保険法 p.170，失業等給付 p.195

教育支援資金

きょういくしえんしきん

生活福祉資金貸付制度によって貸し付けられる，４種類ある生活福祉資金の一つ。低所得世帯に属する者が高等学校，大学，高等専門学校に入学・修学する際に必要な資金を貸し付けるもの。修学に必要な経費を在学期間中に月額で貸し付ける「教育支援費」と，入学に際し一時的に必要な経費を貸し付ける「就学支度費」の２種類がある。

✎生活福祉資金 p.299

教育的介入

きょういくてきかいにゅう

educational intervention

心理的支援には個別カウンセリングによるものが多いが，特にクライエントへの教育を行うことによる支援のことを指す。代表的なものとして心理教育的介入がある。

教育扶助

きょういくふじょ

生活保護法第 11，13 条に規定される８つの扶助のうちの一つ。教育扶助の範囲は，義務教育に伴い必要な教科書，その他の学用品，通学用品，クラブ活動費および学校給食，その他義務教育に伴って必要なものである。教育扶助は，原則として金銭給付によることとなっており（生保 32 条），通常は生活扶助とあわせて支給されている。なお，高等学校等就学費は，教育扶助ではなく生業扶助として支給される。

✎生活保護法 p.301

教育リハビリテーション

きょういくりはびりてーしょん

心身に障害のある児童，生徒や脳卒中などの中途障害者に対し，学校教育のみならず社会教育，生涯教育を通して，身体・精神両面の自立と社会適応の向上，社会参加を目指して行われるリハビリテーションのこと。

✎医学的リハビリテーション p.15，社会リハビリテーション p.219，職業リハビリテーション p.259

仰臥位 図37

ぎょうがい

からだを仰向けにして寝ている姿勢。

✎臥位 p.53

共　感

きょうかん

相談者の内的な世界を，あたかも自分のもののごとく感じ取り，それに巻き込まれたり，批判したり，同情したりしないこと。様々なカウンセリングの技法において，その重要さは認められているが，特にクライエント中心療法を提唱したカール・ロジャーズの理論が有名である。なお，同情は自分の視点や立場を変えないでとらえるのに対し，共感は相手の視点や立場に立って物事を認識しようとする点に違いがある。

✎クライエント中心療法 p.113，ロジャーズ p.517

共感的理解

きょうかんてきりかい

相手の感情の流れと似たものを自分の中に作り出すという「有機的関係」，あるいは「共振れ」によって相手を理解すること。ワーカーと利用者との間に信頼関係を形成する上で不可欠な要素である。ワーカーはその共感を得るために「自己覚知」，あるいは「純粋さ」が求められる。

行　基

ぎょうき/ぎょうぎ：668 ～ 749

奈良時代の僧侶。15 歳で出家し，法興寺，薬師寺で学ぶ。704 年に帰郷した後，各地を巡り布教を行ったことにより，民衆を惑わしたとして禁圧を受けたが説法をやめなかった。説法を行う一方で，道路や橋，田畑の灌漑施設を建設するなどの土木開発を行った。また，調庸運脚夫や役民の往復路に飢えや病に苦しむ者を救済するための施設である布施屋を設置した。抑圧と貧困に苦しむ民衆に対する救済活動を行ったことから，民間福祉の先駆けとされる。

図 37　仰臥位：仰向けに寝た姿勢

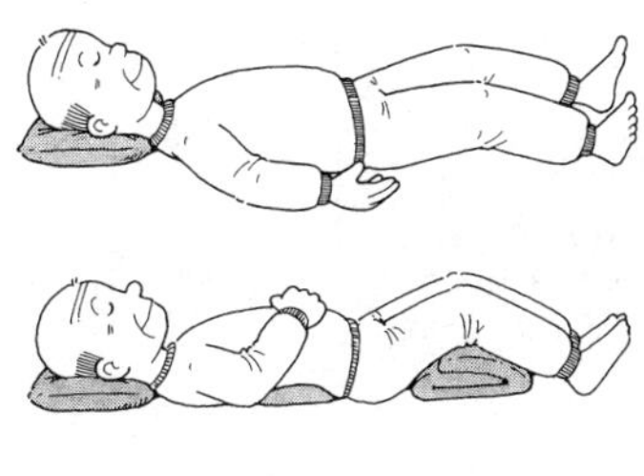

協議会

きょうぎかい

障害者総合支援法第 89 条の 3 において定められている。「地方公共団体は，単独で又は共同して，障害者等への支援の体制の整備を図るため，関係機関，関係団体並びに障害者等及びその家族並びに障害者等の福祉，医療，教育又は雇用に関連する職務に従事する者その他の関係者（次項において「関係機関等」という。）により構成される協議会を置くように努めなければならない」とされている。「協議会は，関係機関等が相互の連絡を図ることにより，地域における障害者等への支援体制に関する課題について情報を共有し，関係機関等の連携の緊密化を図るとともに，地域の実情に応じた体制の整備について協議を行うもの」（89 条の 3・2 項）である。また，市町村（88 条 8 項），都道府県（89 条 6 項）ともに協議会を設置しているときは障害福祉計画を策定したり変更したりする場合に，協議会の意見を聴くように努めなければならないと定められている。

恐慌性障害

きょうこうせいしょうがい

▶パニック障害 p.421

教室リアリティ・オリエンテーション

きょうしつりありてぃおりえんてーしょん

24 時間リアリティ・オリエンテーションが生活に織り込んで行われるのに対し，行う場所と時間を決めて行う。場所は普段の生活の場所と違うところが望ましい。適度な緊張感が生まれるからである。そこで服装や身だしなみなども考慮するとさらに良い。5 名前後の小グループで行い，2 ～ 3 人に 1 人のスタッフが付くことが望ましい。グループは認知症の程度が同じであることが大切で，一般に重度，中等度，軽度でクラスを編成し，重症度別のプラグラムを作る。時間は重度では 30 分，中等度，軽度では 60 ～ 90 分である。

狭心症

きょうしんしょう

angina pectoris

心臓の筋肉（心筋）に酸素や栄養分を供給する冠状動脈の狭窄，あるいはれん縮（スパスム）のために，心筋が一時的に酸素不足に陥り，胸部痛を生じる。労作により誘発される労作性狭心症，安静時に出現する安静時狭心症に分けられる。冠動脈狭窄によるものでは，運動，食事，入浴などに伴い運動量が増加するときに生じやすい。発作時には，血管を拡張させ，心臓の負担の軽減をもたらすニトログリセリンの舌下錠（吸収を早くするため）を用いる。

✎虚血性心疾患 p.107，ニトログリセリン p.390，労作性狭心症 p.510

胸髄損傷

きょうずいそんしょう

脊髄の部位の一つである，胸髄の損傷。脊髄損傷は，損傷された脊髄の部位と程度によって麻痺の状態に差異を生じるが，胸髄損傷では一般に体幹の麻痺と対麻痺（両下肢の麻痺）が生じる。また，より高位の損傷である場合には，四肢の麻痺を生じる。

共生型サービス 図 38

きょうせいがたさーびす

介護保険法と障害者総合支援法の改正により，2018（平成 30）年から開始された仕組み。介護保険法の訪問介護・通所介護・（介護予防）短期入所生活介護については，障害者総合支援法もしくは児童福祉法の指定を受けている事業所からの申請があった場合，共生型介護保険サービスとして指定が可能。また介護保険法の指定を受けている事業所は，障害福祉サービスの共生型障害福祉サービスとして指定が可能となる。これにより，障害者が 65 歳以上になっても，従来から障害福祉で利用してきたサービスの継続利用が可能となる。また高齢者だけでなく，障害児・者など多様な利用者が共に暮らし支え合うことで，お互いの暮らしが豊かになることを目指す。

行政機関の保有する情報の公開に関する法律

ぎょうせいきかんのほゆうするじょうほうのこうかいにかんするほうりつ

平成 11 年制定，法律第 42 号。国民主権の理念にのっとり，行政文書の開示を請求する権利につき定めること等により，行政機関の保有する情報の一層の公開を図り，もって政府の有するその諸活動を国民に説明する責務が全うされるようにするとともに，国民の的確な理解と批判の下にある公正で民主的な行政の推進に資することを目的として，国の保有する行政文書の開示を請求する権利を定めた法律。情報公開に関する法律は，開示請求の相手方や対象によって法律上の根拠が異なり，「独立行政法人等の保有する情報の公開に関する法律」と合わせて「情報公開法」といわれる場合もある。また，同法が開示請求の対象としていない地方公共団体が保有する情報は，各地方公共団体の情報公開条例などに基づき開示請求をすることとなる。2022（令和 4）年度現在，全国ほぼ全ての地方公共団体において情報公開条例が制定されている。

行政行為

ぎょうせいこうい

講学上の概念であり，行政の行為のうち，特に，「行政主体が，法に基づき，公権力の行使として国民に対し具体的に法的規制をする行為」，あるいは，「行政庁が，法に基づき，優越的な意思の発動または公権力の行使として，国民に対し，具体的事実に関し法的規制をする行為」などと定義される。法令上は，許可，認可，処分などがこれに相当し，行政の行為の中でも，国民に対する一方的優越性が認められる場合が多い。行政処分と同義に用いられる場合もある。

図 38 共生型サービスの実施イメージ

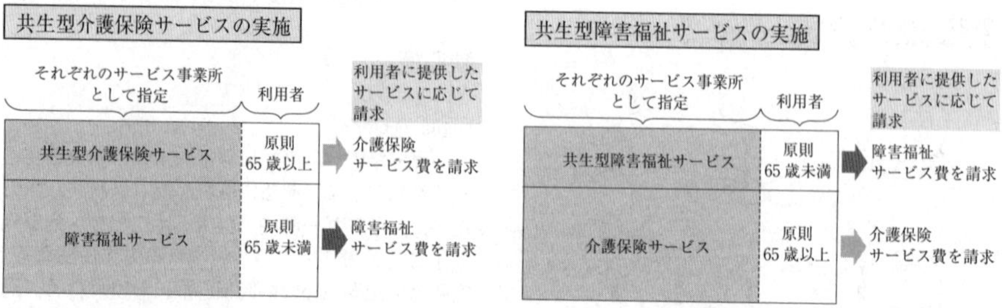

資料：厚生労働省

行政処分

ぎょうせいしょぶん

▶行政行為 p.104

行政手続における特定の個人を識別するための番号の利用等に関する法律

ぎょうせいてつづきにおけるとくていのこじんをしきべつするためのばんごうのりようとうにかんするほうりつ

平成 25 年 5 月交付。平成 27 年 10 月 5 日施行，法律第 27 号。通称はマイナンバー法。マイナンバーは国民一人ひとりに付けられる 12 桁の個人番号。「社会保障・税番号制度」として導入された。複数機関に存在する個人情報を同一人の情報であると確認する基盤となる番号のこと。社会保障・税制度の効率性・透明性を高め，利便性を向上させた公平・公正な社会を実現することを目的とする。2015（平成 27）年 10 月から住民票の個人住所に「マイナンバー」が，また法人にも「法人番号」が通知された。2016（平成 28）年 1 月からは社会保障・税・災害対策に関する行政手続きの実施面で必要となる。2017（平成 29）年 1 月からは自宅のパソコンから情報を取得できる個人用サイト「マイナポータル」事業も開始。事業者には従業員およびその扶養家族のマイナンバーを管理する管理責任が課せられる。医療情報など，あらゆる個人情報の蓄積も計画されており，その管理体制の整備が急がれる。マイナンバーカードに集積される情報はそれぞれ所管する行政機関が管理する建前になっているが，カード紛失などによる個人情報ろうえいの可能性などを懸念する意見は多い。2024（令和 6）年からは健康保険証がマイナンバーカードに統一される予定。

強直間代発作

きょうちょくかんたいほっさ

tonic-clonic seizure

もっとも典型的なてんかんの全般発作。突然意識が消失すると同時に，十数秒間の全身性の強直発作に続いて，数十秒間持続する間代期の発作が出現する。発作後は数分間のもうろう状態の後，数十分間の睡眠状態となる。てんかん全体の 40 ～ 50% を占め，抗てんかん薬が奏効し，予後良好である。

✎てんかん p.364

共同生活援助

きょうどうせいかつえんじょ

障害者総合支援法第 5 条第 17 項に規定される訓練等給付の一つ。グループホームともいう。地域で共同生活を営んでいる障害者の共同住居において，相談や日常生活上の援助を行うとともに，利用者の必要性に応じて，食事等の介護を提供する。

共同募金 図 39

きょうどうぼきん

社会福祉法第 112 ～ 124 条に規定され，「赤い羽根・共同募金」の名称で知られている寄付金の募集事業。人々の善意に基づく寄付金募集であることから社会福祉法第 2 条にかかわらず第一種社会福祉事業とされている。毎年厚生労働大臣の告示により 10 月 1 日～ 12 月 31 日までが実施期間と定められ，都道府県の区域を単位として寄付金の募集と配分が行われている。2000（平成 12）年からはその目的が「地域福祉の推進」に位置づけられ，社会福祉法人への過半数配分の原則が撤廃された。それにより民間社会福祉団体やボランティア団体等が住民参加で行う地域福祉活動の支援にも助成されるようになった。

✎歳末たすけあい運動 p.177，配分委員会 p.414，資料② p.525

共同募金会

きょうどうぼきんかい

社会福祉法第 113 条に規定される，共同募金

図 39　令和 2 年共同募金助成内訳

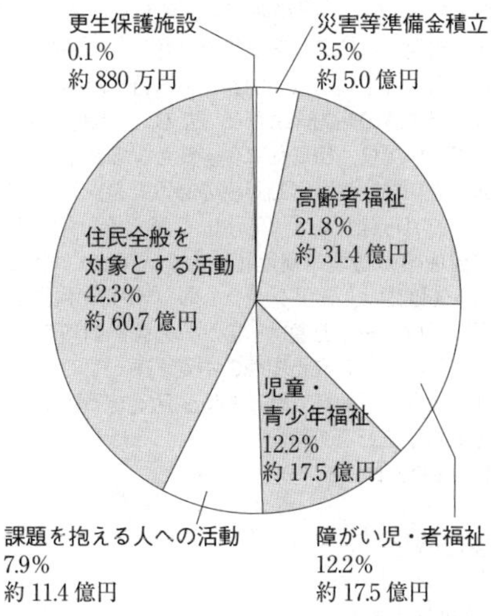

資料：中央共同募金会

事業を行うことを目的とする社会福祉法人で，中央共同募金会と各都道府県共同募金会からなる。配分委員会を置くことが義務づけられており，寄付金を配分する際は，配分委員会の承認が必要とされている（社福 115，117 条）。また，災害救助法第 2 条に規定される災害発生などに備え，準備金を積み立てることができる（社福 118 条）。なお，共同募金の実施にあたり，共同募金会は都道府県社会福祉協議会の意見を聴き，目標額，受配者，配分方法を公告することとされている（社福 119 条）。また，寄付金の配分が終了したときは，1 か月以内に募金総額，配分先などを公告しなければならない（社福 120 条）。

✎資料② p.525

共同募金の基本原則
きょうどうぼきんのきほんげんそく

共同募金の理念としては，寄付や募金活動を通じて，誰もが参加できることや，国民の福祉への理解の推進を目指し，寄付の文化と住民参加による福祉コミュニティの構築が掲げられている。基本原則として，民間性，地域性，計画性，公開性，参加性，福祉教育の普遍性の 6 原則がある。

強度行動障害
きょうどこうどうしょうがい

1988（平成元）年，行動障害児（者）研究会において命名され，「精神科的な診断として定義される群とは異なり，直接的他害（噛み付き，頭突き等）や間接的他害（睡眠の乱れ，同一性の保持等），自傷行為等が通常考えられない頻度と形式で出現し，その養育環境では著しく処遇の困難なもの」と定義されている。強度行動障害は，重度・最重度の知的障害があったり，自閉症の特徴が強かったり，コミュニケーションの苦手な人がなりやすい。強度行動障害のある人を支えるための 5 つの原則は，①安心して通える日中活動，②居住内の物理的構造化，③ 1 人で過ごせる活動，④確固としたスケジュール，⑤移動手段の確保であり，医療と連携しながら，強い刺激を避けたリラックスできる環境の中で，1 人でできる活動を増やし，地域で継続的に生活できる体制作りを進めることである。

✎行動障害 p.143

強迫観念
きょうはくかんねん
compulsive idea

自分の意志に反して，常同的に繰り返し心に出現する観念。その内容は本人に苦悩をもたらし（わいせつなこと，不合理な内容など），本人はこれに抵抗しようとしても成功せず，本人の意志に反して，自分自身の考えとして認識されてしまう（払いのけられない）考えをいう。

強迫行為
きょうはくこうい
compulsive act

強迫症状の一つである。やめようと努力するがやめられず，かといって行わないと不安が募ること。強迫観念の結果，起こることが多い。

強迫症状
きょうはくしょうじょう

自分の意志でなく独りでに強迫的に出現し，それが無意味で現実に適合していないことを本人も十分理解しているが，排除することができない体験。強迫行為，強迫観念，強迫思考などが含まれる。

✎強迫観念 p.106，強迫行為 p.106

強迫神経症 図 40
きょうはくしんけいしょう
obsessive-compulsive neurosis

非器質的で心因によって生じる青年期に発症することが多い病態で，1 つのことにこだわり続け，そのこだわりに悩む神経症のこと。強迫観念と強迫行為からなる。

✎強迫観念 p.106，強迫行為 p.106

図 40　強迫神経症の例

強迫性障害

きょうはくせいしょうがい

OCD；obsessive compulsive disorder

自分では不必要でやめたいと思っていながら，やめると不安になるために，思想や行為をやめることができないこと（強迫思考，強迫行為）がある。このような症状を呈する神経性障害を強迫性障害という。

強迫笑い，強迫泣き

きょうはくわらい，きょうはくなき

感情失禁（情動）と似ているが，感情失禁が何らかの刺激に対する反応であるのに対し，強迫笑い，強迫泣きは刺激と関係なく，笑ったり泣いたりする。視床下部などの脳の器質障害によると考えられている。

✎感情失禁 p.84

恐怖症

きょうふしょう

fear/phobia/anxiety

もし実際に起これば危険を生じるが，通常危険でないにもかかわらず強い不安，恐怖が誘発される状態。対人恐怖，高所恐怖，閉所恐怖など。日常生活に支障をきたすこともある。

業務独占

ぎょうむどくせん

医師，弁護士，税理士などの有資格者のみに，その業務を独占して行うことが許されていること。無資格者がそれらの業務と類似の行為を行うことは法令により禁止され処罰の対象となる。

✎名称独占 p.478

虚血性心疾患

きょけつせいしんしっかん

IHD；ischemic heart disease

大動脈の基部より左・右冠動脈の２本が分岐し，心臓に血液を供給する心臓の栄養血管を冠状動脈という。この冠状動脈の動脈硬化により生じるのが虚血性心疾患（狭心症，心筋梗塞）である。虚血性心疾患の三大危険因子として，高血圧，喫煙，高コレステロール血症がある。そのほか，糖尿病，肥満，高尿酸血症，高中性脂肪血症，運動不足が発症リスクを高める。日本において，心疾患は死因の第２位（令和３年）である。心疾患死亡の中でも，虚血性心疾患は心不全に次いで多い。

虚血性脳血管疾患

きょけつせいのうけっかんしっかん

ischemic cerebrovascular disease

脳梗塞ともいう。脳の血管が血栓などにより詰まり，血流が遮断され，下流の壊死を生じる。血栓がいったん血管に詰まるものの，何かの原因で外れたり，溶けたり（血液には血栓を溶かすメカニズムがある）することにより，麻痺などの症状が 24 時間以内に消失するものを一過性脳虚血発作という。多くは動脈硬化に伴って生じ，高血圧，糖尿病，脂質異常症，喫煙，過剰なストレスなどが危険因子となる。

虚弱高齢者

きょじゃくこうれいしゃ

寝たきりの状態ではないが，心身機能の低下や病気などのために，日常生活の一部に介助を要する高齢者。寝たきりや閉じこもりの状態にならないように適切な食事や転倒予防への配慮が必要である。

拒　食

きょしょく

▶摂食障害 p.313

居宅介護

きょたくかいご

障害者総合支援法第５条第２項に規定される介護給付の一つ。居宅で生活する障害者に対して，入浴，排泄，食事の介護等を行うもの。

✎自立支援給付 p.270

居宅介護サービス計画費

きょたくかいごさーびすけいかくひ

介護保険法第 46 条に規定される介護給付の一つ。居宅要介護被保険者が居宅介護サービスや地域密着型介護サービスを利用する場合，指定居宅介護支援事業者に居宅介護サービス計画（通称，ケアプラン）の作成を依頼することが一般的である。この居宅介護サービス計画の作成に要した費用に関し，保険給付として市町村から指定居宅介護支援事業者に支払われるのが居宅介護サービス計画費である。居宅要支援被保険者の場合には介護予防サービス計画費が支給される。居宅介護サービス計画費および介護予防サービス計画費は，ほかの保険給付と異なり 10 割給付となっている。したがって，利用者負担は発生しない。

居宅介護サービス費

きょたくかいごさーびすひ

介護保険法第 41 条に規定される介護給付の一つ。要介護認定を受けた在宅の被保険者に対して支給される。具体的には，訪問介護，訪問入浴介護，訪問看護，訪問リハビリテーション，通所介護（デイサービス），通所リハビリテーション（デイケア），短期入所生活介護・短期入所療養介護（ショートステイ）などが含まれる。要介護度に応じて支給限度額が設定されており，原則としてその範囲で利用するサービスの選択ができる。利用した介護サービス費用のうち，その所得に応じて９割から７割が居宅介護サービス費として保険給付される。

居宅介護支援

きょたくかいごしえん

介護保険制度における居宅サービスの一つに位置づけられ，介護給付の対象となるサービス（介護８条 23 項）。全額保険給付される。居宅要介護者が日常生活を営むために必要な居宅サービスなどを適切に利用できるよう，心身の状況，環境，本人や家族の希望を勘案したケアプラン（居宅サービス計画）を作成するとともに，サービス事業者との連絡調整やその他の便宜を図ること。また，介護保険施設へ入所を要する場合には，施設の紹介やその他の便宜を図ることも行う。計画作成の際は，介護保険給付範囲のいわゆるフォーマルサービスだけでなく，介護保険給付範囲外の隣近所の支え合いなどのインフォーマルサポートを含む内容で策定することが望ましく，また，計画の見直しについては，専門家の判断のみで行うのではなく，本人や家族の了解をとりながら進めることが肝要となる。

✎居宅サービス p.108

居宅介護支援事業所

きょたくかいごしえんじぎょうしょ

要介護者の依頼を受けて，介護支援専門員が心身の状況，環境，要介護者や家族の希望等を考慮して介護支援計画（ケアプラン）を作成，その他の介護に関する専門的な相談に応じる。居宅介護支援事業所の指定を受けるには法人格が必要で，申請により都道府県が認可する。

居宅介護住宅改修費

きょたくかいごじゅうたくかいしゅうひ

介護保険制度における居宅サービスの一つに位置づけられ，介護給付の対象となるサービス（介護 45 条）。自立生活を促進するための住宅のバリアフリー化を行うもの。介護状態によって「居宅介護住宅改修費」と予防給付である「介護予防住宅改修費」がある。現在，支給額の限度基準額はどちらも 20 万円であり，これは要介護状態により上限額が変わるものではない。限度額の範囲内で，かかった費用の９割または７～８割（一定以上の所得者の場合）が償還払いで支給される。住宅改修に関しては介護支援専門員（ケアマネジャー）のみならず，介護従事者は住宅改修に関する知識を有する必要があり，利用者のニーズに応えられるような情報を提供する必要がある。

✎介護予防住宅改修費 p.66，居宅サービス p.108

居宅介護等事業

きょたくかいごとうじぎょう

高齢者および障害児（者）への訪問介護，ホームヘルプサービスの総称。身体上または精神上の障害があるために日常生活を営むのに支障がある人への入浴，排泄，食事等の介護ならびに調理，洗濯，掃除などの家事支援や相談などを行う。

居宅介護福祉用具購入費

きょたくかいごふくしようぐこうにゅうひ

介護保険法第 44 条に規定される介護給付の一つ。特定福祉用具を指定事業者より購入した場合，市町村が必要と認めた場合に限り，費用の９割または７～８割（一定以上の所得者の場合）を償還払いで支給する。購入費の上限は一年度につき 10 万円となっている。

✎資料④ p.531

居宅サービス　表13

きょたくさーびす

介護保険法によるサービスのうち居宅で生活している者が受けるもので，同法第８条第１項に規定されている。居宅サービスには，訪問介護，訪問入浴介護，訪問看護，訪問リハビリテーション，居宅療養管理指導，通所介護(デイサービス)，通所リハビリテーション（介護老人保健施設等のデイケア），短期入所生活介護（ショートステイ），短期入所療養介護（ショートステイ），特定施設入居者生活介護（有料老人ホーム・ケアハウス），福祉用具貸与，特定福祉用具販売の 12 種類がある。

居宅サービス計画

きょたくさーびすけいかく

介護保険における在宅の要介護・要支援者に対

するケアプラン。計画は，要介護者または要支援者の健康上・生活上の問題点および解決すべき課題，利用する居宅サービスなどの種類・内容・担当者・目標とその達成時期・提供される日時・提供上の留意点，利用者が負担する金額などについて要介護者・要支援者やその家族などの合意を得た上で，定めなければならない。

居宅サービス事業者

きょたくさーびすじぎょうしゃ

介護保険の12種類の居宅サービスを行う事業者。事業者には，①指定基準に基づき都道府県知事の指定を受ける指定居宅サービス事業者，②指定基準を部分的に緩和した一定の基準を満たす事業所で，市町村が必要と認める場合に保険給付の

表 13　介護保険制度における居宅サービス等

訪問介護（ホームヘルプサービス）	訪問介護員（ホームヘルパー）が居宅を訪問し，要介護者等に対して，入浴，排泄，食事等の介護，調理・洗濯等の日常生活上の世話を行う
訪問入浴介護	入浴車等により居宅を訪問し，浴槽を提供して要介護者等に対して，入浴の介護を行う
訪問看護	病状が安定期で訪問看護を要すると主治医等が認めた要介護者等について，病院や訪問看護ステーション等の看護師等が，居宅を訪問し，療養上の世話や必要な診療の補助を行う
訪問リハビリテーション	病状が安定期で計画的な医学的管理の下におけるリハビリテーションを要すると主治医等が認めた要介護者等について，理学療法士または作業療法士が居宅を訪問し，心身の機能の維持回復を図り，日常生活の自立を助けるために必要なリハビリテーションを行う
居宅療養管理指導	医師，歯科医師，薬剤師などが通院が困難な要介護者等について，居宅を訪問し，心身の状況等を把握した上で療養上の管理や指導を行う
通所介護（デイサービス）	老人デイサービスセンター等において，要介護者等に対して，入浴，食事等の介護，その他の日常生活上の世話，機能訓練を行う
通所リハビリテーション（デイ・ケア）	病状が安定期で計画的な医学的管理の下におけるリハビリテーションを要すると主治医等が認めた要介護者等について，介護老人保健施設や病院等で心身の機能の維持回復を図り，日常生活の自立を助けるために必要なリハビリテーションを行う
短期入所生活介護（ショートステイ）	老人短期入所施設，特別養護老人ホーム等に要介護者が短期入所し，入浴，排泄，食事等の介護，日常生活上の世話，機能訓練を行う
短期入所療養介護（ショートステイ）	病状が安定期でショートステイを必要としている要介護者等について，介護老人保健施設，介護療養型医療施設等に短期入所し，看護，医学的管理下における介護，機能訓練，その他必要な医療，および日常生活上の世話を行う
特定施設入居者生活介護（有料老人ホーム）	有料老人ホーム，軽費老人ホーム（ケアハウス）等に入所している要介護者について，入浴，排泄，食事等の介護，その他の日常生活上の世話，機能訓練および療養上の世話を行う
福祉用具貸与	在宅の要介護者等について福祉用具の貸与（厚生労働大臣が定めるもの）を行う
特定福祉用具販売	福祉用具のうち，入浴や排泄のための福祉用具その他の厚生労働大臣が定める福祉用具の販売を行う
居宅介護住宅改修費（住宅改修）	要介護者等に対する手すりの取り付けその他の厚生労働大臣が定める種類の住宅改修費の支給を行う
居宅介護支援	在宅の要介護者等が在宅介護サービスを適切に利用できるよう，その者の依頼を受けて，心身の状況等や本人および家族の希望等を勘案し，利用するサービス等の種類，内容等，本人の健康上・生活上の問題点，課題，在宅サービスの目標や達成時期等を定めた計画（居宅サービス計画）を作成し，その計画に基づくサービス提供が確保されるよう，事業者等との連絡調整等の便宜の提供を行う。介護保険施設に入所が必要な場合は，施設への紹介等を行う

対象となる，基準該当サービスの事業者，③サービスの確保が困難である離島等の地域で，市町村が必要と認める場合に保険給付の対象となる指定居宅サービスと基準該当サービス以外の居宅サービスまたはそれに相当するサービスを行う事業者，の３種類がある。

居宅生活支援事業

きょたくせいかつしえんじぎょう

身体あるいは精神上の理由により日常生活を営むことに支障がある者に対して行われる社会福祉事業。入浴，排泄，食事などの介護や，調理，洗濯，掃除などの家事援助を行うホームヘルプサービス，福祉施設や医療施設に短期間入所して介護などの支援を受けるショートステイ（短期入所事業），日中福祉施設などに通所して入浴や食事などの療養上の世話を受けるデイサービスの３つが主な事業。対象者は老人，障害者（身体，知的，精神），児童，難病患者などで，児童福祉法などの規定に基づき実施されてきたが，障害者については障害者自立支援法（現・障害者総合支援法）の施行により，身体，知的，精神の種別ごとではなく，一元的な福祉サービスとして提供されることとなった。知的，精神障害者についてはグループホームの利用もこの事業に位置づけられる。

居宅療養管理指導

きょたくりょうようかんりしどう

介護保険制度における居宅サービスの一つに位置づけられ，介護給付の対象となるサービス（介護８条６項）。居宅要介護者が，医師・歯科医師・薬剤師などから療養上の管理と指導を受けるもの。介護保険法において居宅介護サービス費の支給対象となっている。

✎居宅サービス p.108

拒　否

きょひ

要求や希望，指示等を受け入れずはねつけること。介護拒否は援助者にとって困難を感じる場面であるが，被介護者の気持ちを理解するための好機ととらえられる。防衛機制の一つとして，欲求不満を起こさせるような状況を避けるために，相手の要求を無視することで，自分の安定を得ようとしているという見方もある。

起立性低血圧

きりつせいていけつあつ

orthostatic hypotension

臥位から立位になると重力の影響で下半身から心臓への静脈還流量は低下する。その結果，心拍出量は減少し，血圧低下をきたす。これを起立性低血圧というが，これに加えて心臓より高い位置にある脳ではさらに血流量が減少し，脳循環不全をきたす。このような現象に対して，健常者では頸動脈にある圧受容体が働いて下肢の血管を収縮させる反射が作動し，血圧低下，脳血流減少を回復させ，立ちくらみや失神，転倒は回避される。高齢者，特に長期臥床者や糖尿病患者では反射が弱く，起立性低血圧が起こりやすい。介護においては，立ちくらみや失神を起こさないように仰臥位よりゆっくりと身体を起こし，端座位にしてから立位にする。

記　録

きろく

社会福祉援助活動の一部。ソーシャルワークにおける記録は，適切な援助を行うために援助者同士で共有するものである。また，公的な記録は，関係者以外が閲覧する可能性もあるため，誰が読んでも理解できるものでなければならず，不明瞭な略語，専門用語などはできるだけ使用を避ける。記録内容については，援助者の主観的な印象なども重要な情報となり得るが，事実と混同すると実際の状況を把握しにくくなるため，客観的事実と主観的印象は分けて記録する。

✎叙述記録 p.268

筋萎縮

きんいしゅく

amyotrophy

筋肉がやせること。筋肉を収縮させる運動神経や筋肉自体に異常があると，筋肉は萎縮し，筋力は低下，消失する。また，寝たきり・麻痺などで動けない・動かさないときにも筋萎縮は起こる。絶対安静の状態で筋肉を１週間動かさないと 10～15％筋力が低下し，筋肉も萎縮するといわれている。

筋萎縮性側索硬化症　図41

きんいしゅくせいそくさくこうかしょう

ALS；amyotrophic lateral sclerosis

脳や末梢神経からの命令を筋肉に伝える運動神経細胞（運動ニューロン）の変性によって，筋肉を動かすことができなくなる疾患。多くは中年以降に上下肢の筋力低下や嚥下障害が発症し，発症から２～３年で呼吸筋麻痺により死亡する。末期に人工呼吸器を装着すれば呼吸管理が可能で，適切な介護・看護によって 10 年以上生存することもある。難病の患者に対する医療等に関する法律に基づいて公費負担の対象となる指定難病であるとともに，介護保険の特定疾病ともされている。

✎介護保険の特定疾病 p.61，難病の患者に対する医療等に関する法律 p.387

緊急時ケア

きんきゅうじけあ

けがや急病において，医療機関で治療を受けるまでの間，一時的に行う処置のことをいう。負傷者の全身状態をよく観察し，意識の有無，呼吸，脈拍，出血部位などを確認する。一次救命処置（BLS）としての心肺蘇生法，自動体外式除細動器（AED）を使用しての処置，誤嚥時の異物除去，誤飲時や骨折の応急手当，外傷の手当，圧迫止血法，熱傷の手当などが挙げられる。

✎一次救命処置 p.22，救急処置 p.98，止血法 p.186，自動体外式除細動器 p.204

緊急措置入院

きんきゅうそちにゅういん

精神保健及び精神障害者福祉に関する法律第 29 条の 2 に規定される精神障害者の入院形態の一つ。1 人の精神保健指定医の診察の結果，直ちに入院させなければ自傷他害のおそれがあると認めた患者を，本人・保護者または扶養義務者の同意がなくても都道府県知事の権限で 72 時間を限度に入院させることができる。

✎精神保健及び精神障害者福祉に関する法律 p.306

図 41　筋萎縮性側索硬化症（ALS）の症状

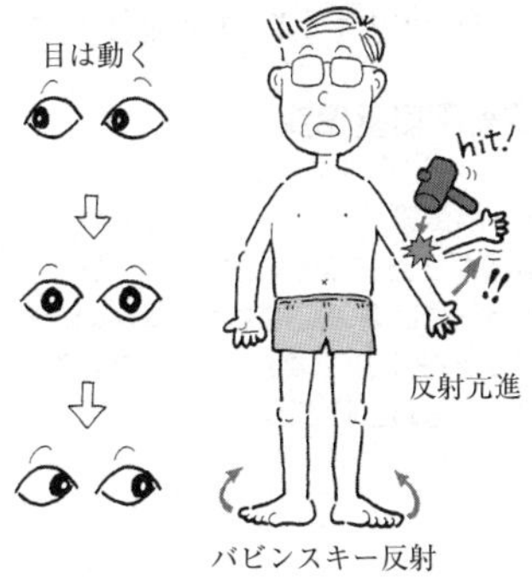

緊急通報装置

きんきゅうつうほうそうち

一人暮らしの高齢者や障害者が，急病などの緊急時に，ブザーやボタン１つで異変を伝えられるようなシステムの日常生活用具。従来は日常生活用具給付等事業の対象品目であったが，介護保険制度の施行とともに，2000（平成 12）年度から介護予防・地域支え合い事業（現在は介護保険法上に規定される地域支援事業に整理・統合）の中の一事業として緊急通報体制等整備事業が位置づけられているため，この中で対応することとなった。

✎地域支援事業 p.340

緊急保育対策等５か年事業

きんきゅうほいくたいさくとうごかねんじぎょう

1994（平成６）年の「エンゼルプラン（今後の子育て支援のための施策の基本的方向について）」を受けて策定された。特に保育対策における具体的数値目標を掲げた，1999（平成 11）年度までの実施計画。

✎エンゼルプラン p.46

筋ジストロフィー

きんじすとろふぃー

▶進行性筋ジストロフィー p.278

金銭給付

きんせんきゅうふ

▶現金給付 p.127

筋肉内注射

きんにくないちゅうしゃ

筋肉内に薬剤を投与すること。薬の血中濃度が高くなるまでの時間は投与経路によって異なり，静脈内注射・筋肉内注射・皮下注射・内服薬の順で速い。注射針の刺入角度は皮膚面に対して 90 度ないし 45 度とする。注射部位は片側臀部の外側上部で腸骨稜から３分の１の箇所，あるいは肩峰（けんぽう）３横指下のやや前面。

✎静脈内注射 p.258

金融サービスの提供に関する法律

きんゆうさーびすのていきょうにかんするほうりつ

平成 12 年制定，法律第 101 号。略称は金融サービス法。2020（令和 2）年に金融商品販売法から改正，改称された。投資信託や外貨預金など多様な金融商品が販売されるようになったことに伴い，顧客と販売業者との間で生じる問題が増加している。これらの問題は，金融商品販売業者が商品のリスクについて顧客に十分な説明を行わないために生じている場合が多いが，金融商品販売法制定以前は，顧客の救済について規定した法律がなく，また業者の損害賠償責任を問う裁判を起こしても，業者の説明の有無と損害の因果関係の立証は原告に求められ，裁判が長期化し顧客に負担がかかることが指摘されていた。同法は，こうした事態を受け制定され，顧客保護の観点から，金融商品販売業者に対して金融商品の重要事項（元本割れのおそれやその要因，ワラント（warrant）やデリバティブ（derivative）などでは権利の行使期間の制限や解約期間の制限）の説明が義務づけられるとともに，業者による説明義務が果たされず，顧客が被害を受けた場合には業者が損害賠償責任を負うことが規定された。また，業者は勧誘方針を策定し，公表することが義務づけられた。

金融サービス法

きんゆうさーびすほう

▶金融サービスの提供に関する法律 p.111

筋力増強訓練

きんりょくぞうきょうくんれん

筋の収縮力や持久力を維持・増強するリハビリテーション訓練。一定の運動負荷をかける等張性運動訓練，一定の関節位置を保って行う等尺性運動訓練，一定の角速度を保って行う等速性運動訓練がある。

く

空　書

くうしょ

空中に手指でゆっくりと文字を書くこと。相手との距離を通常 1.0 ～ 1.5 m くらいとり，楷書でゆっくり，はっきり書く。

空腹時血糖

くうふくじけっとう

血糖は食事摂取により上昇するために，通常は空腹時の血糖で評価する。70 ～ 90 mg/dL が正常である。

✎血糖値 p.126，糖尿病 p.369

クーリング・オフ制度

くーりんぐおふせいど

消費者に与えられた「契約の無条件解約権」を定めた制度。消費者が契約を結んだ後，冷静に考えたら当該契約が必要ではないと判断したときに，その契約を消費者側から無条件に解約できる制度。主に強引販売を受けやすい契約や，高額被害に結びつきやすい契約にこの制度が導入されている。頭を冷やす（クーリング）という意味でこの名称になった。ただ，一定期間を過ぎるとクーリング・オフはできず，訪問販売や電話勧誘販売での契約は契約書面（法定書面）を受け取った日から 8 日間，連鎖販売（マルチ商法）では 20 日間，など販売形態によってもその期間は異なっている。なお，通信販売には同制度はない。

屈曲拘縮

くっきょくこうしゅく

flexion contracture

関節が曲がった位置（屈曲位）で拘縮を起こし，伸ばすこと（伸展）ができない病態。火傷，炎症，筋疾患，脳血管障害後や，いわゆる寝たきり状態などの長期臥床でみられる。

✎拘縮 p.139

国等による障害者就労施設等からの物品等の調達の推進等に関する法律

くにとうによるしょうがいしゃしゅうろうしせつとうからのぶっぴんとうのちょうたつのすいしんとうにかんするほうりつ

平成 24 年 6 月成立，平成 25 年 4 月施行，法律第 50 号。略称は障害者優先調達推進法。障害者が福祉施設で作った事務用品などの製品を，国の機関や自治体などが優先的に購入したり，清掃や印刷などの業務の委託を行うよう求める法律。すべての省庁と自治体などは，福祉施設からの製品の購入や業務委託についての計画を毎年作成し，実績を公表することが義務付けられる。

区分支給限度基準額

くぶんしきゅうげんどきじゅんがく

介護保険法第 43 条，55 条に規定されている。要介護状態区分によって決められる 1 か月に利用できるサービスの支給限度基準額のこと。その基準は要支援 1 から要介護 5 までの要介護度ごとに同法で定められている。

組合管掌健康保険

くみあいかんしょうけんこうほけん

被保険者が常時 700 人以上いる大企業が，健康保険組合を作って運営する医療保険制度のこと。ただし，総合して 3,000 人以上であれば，厚生労働大臣の認可を得て健康保険組合を設立し同種同業の企業が連合して運営することもできる。

✎健康保険組合 p.129

クモ膜下出血

くもまくかしゅっけつ

subarachnoidal hemorrhage

脳血管が破れてクモ膜下腔に出血を生じるものをいう。高血圧，脳動脈瘤に伴うことが多い。突然の激烈な頭痛で発症する。脳内出血，脳梗塞と異なり，麻痺は生じない。また，クモ膜下出血が原因となり水頭症を生じることがある。これは，脳脊髄液のクモ膜顆粒からの吸収が妨げられて生じる。頭痛，嘔吐，認知機能の低下などの症状を認める。

クライエント

client

問題を抱える当事者であって，援助者とともにその課題の解決に向け，協力することを契約した者。利用者とも呼ばれるが，特に，カウンセリングなど心理的な苦痛や葛藤を抱えている人に対して，クライエントという呼び方をする傾向が強い。

クライエント中心療法

くらいえんとちゅうしんりょうほう

client-centered therapy

来談者中心療法，人間中心療法ともいう。カール・ロジャーズにより創始された心理療法。クライエントへの非指示が特徴である。ロジャーズの 3 原則，①純粋性（自己一致），②無条件の肯定的関心，③共感的理解，はカウンセラーに求められる基本的な態度である。カウンセラーの役割は，クライエント自らが，自己の内面や現在の事態を理解し，自ら決定していくのを手助けすることにあると考えられている。

✎ロジャーズ p.517

グリーフ

grief

家族や親しい人との死別や離別，離婚，失職など，喪失を経験した時に起こる「悲嘆（深い悲しみ)」のこと。グリーフは正常な反応であり，心理面，身体面，認知面，行動面など様々な側面で起こる。「喪（mourning)」と呼ばれることもあり，ほぼ同じ意味で用いられることが多い。グリーフの過程についてはジョン・ボウルビィの４段階説，①無感覚，②思慕・探求，③混乱・絶望，④離脱・再建や，エリザベス・キューブラー＝ロスの５段階説，①否認，②怒り，③取り引き，④抑うつ，⑤受容など諸説ある。

✎キューブラー＝ロス p.101，ボウルビィ p.460

グリーフケア

grief care

子ども，配偶者，親，友人など大切な人を亡くし，大きな悲嘆（グリーフ）に襲われている人をサポートすることをいう。こうした悲嘆と向き合う作業は，グリーフワーク（喪の仕事）という。このプロセスを支援することで，遺された人が，少しずつ死までの過程を振り返ったり，それに伴う感情や思いなどを語ったりしながら，グリーフワークをすすめ，自分の生活や思い出を意味のあるものにしていくことを目指す。

グリコーゲン

glycogen

グルコース（ブドウ糖）のみからなる単純多糖類。グリコーゲンは動物の貯蔵多糖で，肝臓や筋肉に多く含まれ，アミロペクチンとよく似た構造をしている。肝臓のグリコーゲンは血糖値の維持のために，最も重要な働きをしている。肝臓には 2 ～ 8% のグリコーゲンが含まれ，このグリコーゲンの合成と分解が絶えず繰り返されている。筋肉には 0.5 ～ 1.0% のグリコーゲンが含まれてはいるが，血糖の供給源にはならず，もっぱら筋収縮のエネルギー源として利用される。グリコーゲンの分解は各組織細胞内でグルコースの消費量が高まると始まる。肝臓ではグルコース-6-ホスファターゼの作用によりグルコース（ブドウ糖）となって血液中に放出されて血糖となる。筋肉にはグルコース-6-ホスファターゼがないので，そのまま解糖系に入り，エネルギー源となる。

クリニカル・ソーシャルワーク

clinical social work

治療的なソーシャルワークと訳される。アメリカでは，1971 年「全国クリニカル・ソーシャルワーク協会連盟」が結成され，ソーシャルワーカーの中で，クリニカル・ソーシャルワーカーと呼ばれる（Master of social worker：MSW 以上の資格を有する高度の専門的技術を志向する）専門家の集団が認知されている。相談援助の対象が拡大するにつれ，直接援助と呼ばれるケースワークやグループワークにおける治療的な実践の地位は後退しがちであるが，人の変化の可能性に着目して支援するソーシャルワークにおいて治療的なかかわりは不可欠であるので，今後もその理論的な発展が注目されている。

クリニカルパス
clinical path

治療や検査の標準的な経過を説明するため，入院中の予定をスケジュール表のようにまとめた入院診療計画書をいう。通常は，縦軸にケアの項目，横軸に時間を示し，例えば手術の場合には，その前後の検査，安静の状態などを示す。医療者用と患者用がある。チーム医療においては，包括指示出し・指示受け・実施記録の機能を有し，情報の共有，医療内容の標準化を促進するとともに，入院から退院までの経過を示すことから教育教材としても用いられる。最近では複数の医療機関で用いる地域連携パス（骨折の治療＋リハビリテーションなど），外来診療にも用いられる。クリティカルパス，パス法ともいう。

グループ・カウンセリング
group counseling

１対１で行う個人カウンセリングとは異なり，集団を対象に行われるカウンセリング。同じ悩みや課題を抱える人たちが話し合うなど，メンバー同士のかかわりを通して，問題解決を目指す。

グループ・スーパービジョン
group supervision

▶スーパービジョン p.293

グループダイナミクス
group dynamics

集団力学と訳される。集団において，個人の行動や思考は集団から影響を受け，それは同時に集団に対しても影響を与えるという，集団を構成するメンバー相互の関係や特性のこと。心理学者クルト・レヴィン（Lewin, K.：1890 ～ 1947）によって提唱された。

グループホーム

少人数の入居者が住まう共同生活住宅のこと。サービスを受ける場より生活の場としての側面に焦点を当て，家庭的雰囲気の中で運営される点が特徴である。障害者総合支援法では共同生活援助，介護保険法では認知症対応型共同生活介護として制度化されている。

✎共同生活援助 p.105，認知症対応型共同生活介護 p.402

グループワーカー
group worker

グループワークにおいて援助活動に必要な情報を提供し，集団の意思決定を援助して，具体的な行動の採り方を指導する立場にある者。外に向かっては，メンバーの立場を擁護しつつ，内に向かってはメンバーとともに目的に沿った活動を進める知識と技術をもった専門家であることが望まれる。

グループワーク
group work

直接援助技術の一つ。集団援助技術ともいう。集団を意図的に形成し，小集団内におけるグループダイナミクスを活用して援助を行うもの。グレイス・コイル（Coyle, G. L.：1892 ～ 1962）により，社会福祉援助活動の一方法として位置づけられた。その源流はセツルメントにおけるグループの活用や，YMCA・YWCA など社会教育におけるグループの活用にみることができる。

✎グループダイナミクス p.114，直接援助技術 p.356，波長合わせ p.417

グループワークの原則
ぐるーぷわーくのげんそく

ギゼラ・コノプカによるものがよく知られている。グループワークの実践指針として基本原理 14 項目があり，そのうち現在でも実践的に用いられている７原則は，個別化の原則，受容の原則，参加の原則，経験の原則，葛藤解決の原則，制限の原則，継続評価の原則である。

✎葛藤解決の原則 p.76，コノプカ p.164，個別化の原則（グループワーク）p.165，参加の原則 p.180，受容の原則（グループワーク）p.232，制限の原則 p.302

グルテン
gluten

小麦粉に含まれるたんぱく質のこと。小麦粉の糖質は約 70% で，その大部分はでんぷんである。たんぱく質は約 10% であり，そのたんぱく質のうち 40% 強がプロラミンに属するグリアジンで，そのほかグルテリン属のグルテニンが

40% 含まれ，この二者で大部分を占める。

グリアジンは吸水すると粘着力を生じ，少量の食塩が存在すると粘性を増す。小麦粉に水を加えて練るとき，硬い弾性のあるたんぱく質の塊，グルテンが形成される。これはグリアジンの性質によるもので，グルテンはグリアジンとグルテニンの複合体である。小麦粉はたんぱく質の含量が多い順から強力粉，準強力粉，中力粉，薄力粉に分類される。調理に適した小麦粉を用いることが重要であり，例えば，パンはグルテンによって形成された網目構造が内部から強い圧力を受けて膨化するため，粘弾性が強い強力粉を使用する。

うどん，そうめんなどのめん類は小麦粉の生地形成能を利用してめん帯を作り細いめん線に切る。従来は中力粉（うどん粉）を用いることが一般的であったが，最近はコシが強く歯切れの良いものが好まれるようになったため，強力粉を用いることが多くなった。中華めんは準強力粉を原料とし，カン水を使って生地を作る。マカロニ，スパゲッティはめん生地を穴型から圧力（100～200 気圧 /cm^2）をかけ圧し出すもので，中力粉が使われていることが多い。麸は強力粉，中力粉のようにグルテン量の多いものを用い，でんぷんを除き生麸を作る。

でんぷん p.366

くる病

くるびょう

rickets

紫外線不足，ビタミン D の欠乏により小児に生じる骨の発育障害をいう。骨発育不良，鳩胸，脊椎彎曲などの症状を認める。同様の病態が成人に生じた場合には骨軟化症という。

骨軟化症 p.163，ビタミン D p.430

車いす 図 42

くるまいす

身体上の機能障害などで歩行を行うことに困難がある者が使用し，生活の行動範囲を広げるための福祉用具。一人ひとりに合ったものを個別に選定されるべきものである。補装具としての車いすは医師の判定書または意見書を要する。駆動の方式によって，電動式と手動式（マニュアル）に分けることができる。手動式はさらに，①標準型(後輪駆動型)，②リクライニング型，③ティルト型（シートとバックサポートの角度を保ったまま後

図 42 車いす（手動式）の種類

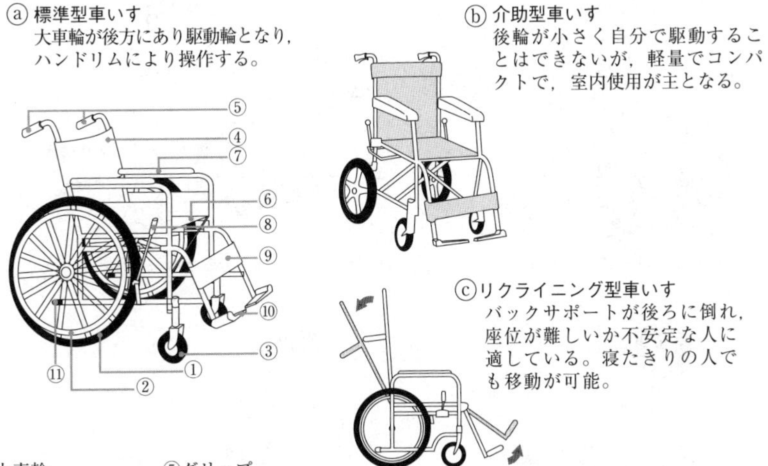
ⓐ 標準型車いす
大車輪が後方にあり駆動輪となり，ハンドリムにより操作する。
⑤
④
⑦
⑥
⑧
⑨
⑩
③
①
⑪
②
ⓑ 介助型車いす
後輪が小さく自分で駆動することはできないが，軽量でコンパクトで，室内使用が主となる。
ⓒ リクライニング型車いす
バックサポートが後ろに倒れ，座位が難しいか不安定な人に適している。寝たきりの人でも移動が可能。

①大車輪
②ハンドリム
③キャスター
④バックサポート（バックレスト）
⑤グリップ
⑥シート
⑦アームサポート（アームレスト）
⑧ブレーキ
⑨レッグサポート（レッグレスト）
⑩フットサポート（フットレスト）
⑪ティッピングレバー

バックサポート，アームサポート，レッグサポート，フットサポート等，2005（平成17）年10月，JISの改正により福祉用具の名称について規定が図られた。

方へ倒せる)，④モジュラー型（構成する各部分を利用者のニーズに合わせ組み替え調整する)，⑤介助型（手押し式)，⑥リフト式普通型（座面を上下に昇降させ高さを変え移乗しやすくなる）などのように分類される。電動式と手動式が切り替えられる手動兼用型もある。標準規格品の車いすはJIS（日本産業規格）に従って製造されているが，オーダーメイド品はユーザー（車いす使用者）の身体や障害状況に合わせて処方される。

車いすの介助方法 図43

くるまいすのかいじょほうほう

介護者が車いすの介助を行う場合には移動・移乗（トランスファー）に関する知識と技術が不可欠である。また，ユーザーの麻痺や変形，痛みの部位や程度などについても把握しておかなければならない。例えば，片麻痺のユーザーがベッドから車いすに移乗する場合では健側を軸として身体を回転させて座らせるので，ブレーキをかけた車いすをユーザーの健側に，ベッドから20～30度の角度で斜めに置くことが基本である。また，自力でベッドから車いす，車いすから便器に移乗できる場合でもベッドや便器と車いすのシート（座面）の高さが同じくらいであることが望ましく，介護従事者がその点に配慮をしなければならない場合もある。なお，車いすは本来移動用の福祉用具であり，椅子代わりとして食事時やその他の日常生活場面で常時使用することは避けることが望ましい。

呉秀三

くれしゅうぞう：1865～1932

日本の精神科医。座敷牢に監置されていた精神障害者の実態調査を行い，「コノ邦二生レタルノ不幸」という言葉を残した呉秀三の力で結成されたのが，精神病者慈善救治会である。その活動を通して精神病院法が成立している。

クロイツフェルト・ヤコブ病

くろいつふぇるとやこぶびょう

CJD；Creutzfeldt-Jakob disease

プリオンと呼ばれる感染因子により，脳に異常化したプリオン蛋白が蓄積され，脳神経細胞の機能が侵される疾患。中年～初老期に好発する。脳

図43　車いすの介助方法

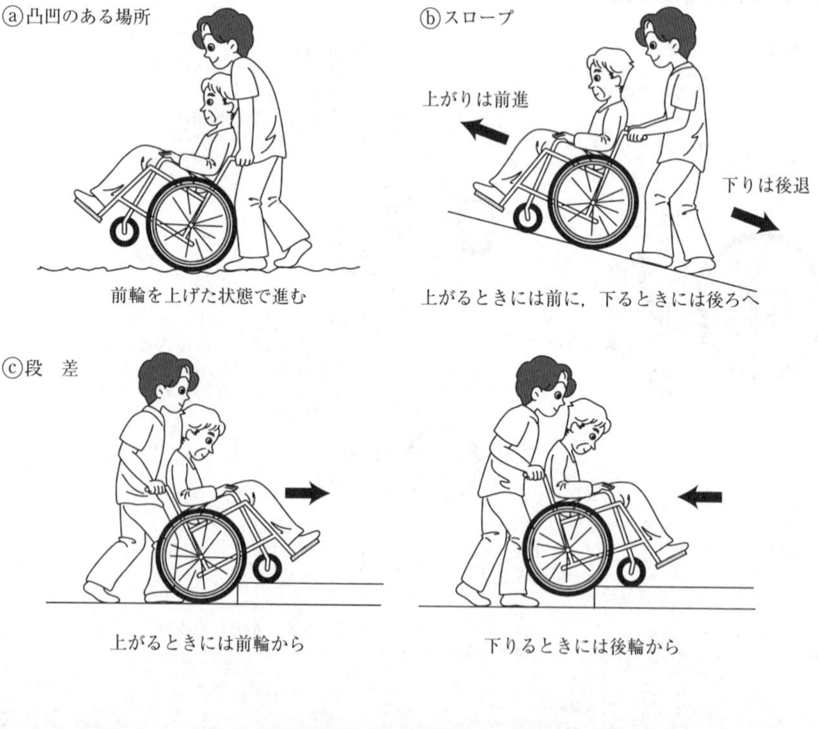
ⓐ凸凹のある場所
前輪を上げた状態で進む
ⓑスロープ
上がりは前進
下りは後退
上がるときには前に，下るときには後ろへ
ⓒ段　差
上がるときには前輪から
下りるときには後輪から

組織に海綿状変化と神経細胞の変性・脱落を認める。急速に進行する認知症とミオクローヌス（短時間の筋収縮）を特徴とする。無動・無言状態を経て発症から１～２年で死亡する。難病の患者に対する医療等に関する法律に基づいて公費負担の対象となる指定難病である。

✎難病の患者に対する医療等に関する法律 p.387

クローズド・クエスチョン

closed question

▶閉じられた質問 p.380

クローズド・グループ

closed group

集団精神療法等におけるグループの形態の一つ。固定メンバーで開始し，終了するまでメンバーの入れ替えや追加のないもの。メンバー間の関係が安定しやすく，グループとしての発達を目指しやすい。

✎オープン・グループ p.50

グローバリゼーション

globalization

国境を越えて，ヒト・モノ・カネ・情報の流通が地球規模で拡大し，国や地域での旧来の制度などに大きな影響を与える現象を指す。社会的・経済的・文化的な世界の緊密なつながりがこれまでの国内制度のあり方や人々の考え方・行動様式に変化をもたらす意味で使われることが多い。ただし，経済の活性化手段として政策的に導入されてきた一方で，国際間の経済競争が激化したことによる格差拡大や失業問題の発生など，グローバリゼーションの負の側面も表面化している。高齢者介護事業でも，ヘルパーなどへの外国人の起用が促進されており，グローバリゼーションは推進されている。

クロックポジション　図44

視覚障害者に物の位置を知らせる方法の一つ。時計の文字盤になぞって位置（クロックポジション）を示す。例えば食卓で，12 時の位置にサラダ，3 時の位置にパン皿，6 時の位置にオムレツが盛られた皿，9 時の位置にコーヒーカップがある，というように説明する。

訓練等給付

くんれんとうきゅうふ

障害者総合支援法第 28 条第 2 項に規定される自立支援給付の一つ。自立訓練，就労移行支援，就労継続支援，就労定着支援，自立生活援助，共同生活援助にかかるサービス費を支給する。障害程度にかかわらず，身体的または社会リハビリテーションや就労，地域生活に関する支援を行う。

✎共同生活援助 p.105，就労移行支援 p.229，就労継続支援 p.229，自立訓練（機能訓練）p.270，自立訓練（生活訓練）p.270，自立支援給付 p.270

け

ケ　ア

care

本来は人を気遣う，人に関心を寄せるという意味をもつ。介護をケアという言葉に置き換えて表現する場面が多く見受けられるが，ケア＝介護ではなく，「ケア」のもつ意味はもっと幅広い。福祉の領域に焦点をしぼって考えてみてもケアとは単に「世話をする」というニュアンスではなく，利用者－介護者－生活の場という介護関係があり，その上に成り立った介護を求める者と介護を提供する者の相互の意思の疎通が含まれている。ケアは介護者側の一方的な「～してあげる」という気持ちだけでは成立せず，利用者の要求を受け止めた介護者が，その必要性を感じ取り自らの身体的・精神的能力を使って「介護したい」と思って起こした行動が利用者にも共感的に受け取られたときに，その本来の意味が生きてくる。

図 44　クロックポジション

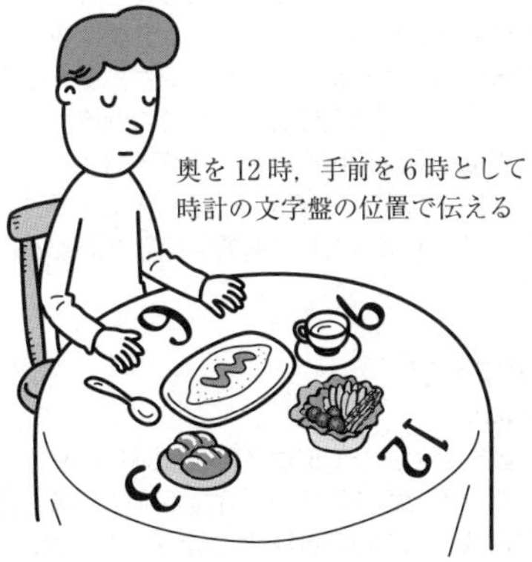
奥を 12 時，手前を 6 時として
時計の文字盤の位置で伝える
9
3
6
12

ケアカンファレンス

care conference

　ケースにかかわる専門職が集まって，情報を共有したり，ケアの方針を確認・決定するために行う話し合いのこと。利用者の変化が分かるケース記録や，処遇上の問題点などに関するレポートなどを活用し，援助の課題，方針を吟味する。また，利用者やその家族が加わることもある。介護保険制度においては，サービス担当者会議にあたる。

✎サービス担当者会議 p.172

ケア付住宅

けあつきじゅうたく

　障害者や高齢者が地域で安心して生活できるようにケアサービス提供を行う住宅のこと。緊急時通報システムや配食サービスなどのサービスが提供される仕組みである。高齢者については公営賃貸住宅・公団賃貸住宅ではシルバーハウジングが該当し，高齢者向けのバリアフリーを備えた住まいであり，安否の確認，緊急時の対応などのサービスを行う生活援助員が配置されている。しかし，介護が重度になった場合は介護保険サービスでの訪問介護サービスを利用することになる。

✎シルバーハウジング p.274

ケアハウス

▶軽費老人ホーム p.121

ケアハラスメント

　介護現場において発生する様々な種類のハラスメントの総称。介護福祉職が職場で受けるパワーハラスメントやセクシャルハラスメント，利用者やその家族から受けるセクシャルハラスメント等に加え，介護休業など介護のための制度を利用した人が職場で受けるハラスメントも含まれる。地域包括ケアシステムを推進するうえで介護人材の確保は重要な課題となっており，介護職員が安心して働ける環境を整えるため，厚生労働省は令和3年度介護報酬改定において全ての介護サービス事業者に，男女雇用機会均等法等におけるハラスメント対策に関する事業者の責務を踏まえつつ，ハラスメント対策として必要な措置を講ずることを義務づけた。

ケアプラン

care plan

　介護をどのように提供するか計画したもの。介護における計画を指すが，介護保険法や障害者自立支援法（現・障害者総合支援法）において制度化されている，包括的なサービスの利用計画を指すことが多い。

✎介護サービス計画 p.55

ケアマネジメント

care management

　複合的な支援を必要とする利用者に対して，利用者の状況に応じ，地域に散在する社会資源の連絡・調整を図り，継続して安定したサービス供給を図ることを目的とする技術のこと。社会福祉援助技術における関連援助技術の一つ。当初はケースマネジメントと呼ばれていた。1970年代半ばより主としてアメリカで研究され，後にコミュニティケアを基底とする社会福祉や医療を展開するようになったイギリスにおいてさらに研究が進められ，1990年の「国民保健サービス及びコミュニティケア法」の中でケアマネジメントという用語が用いられた。日本では，在宅福祉サービスの制度化に先行して1980年代後半より研究が盛んになり，介護保険の導入によってケアマネジメントという用語が普及した。現在では，介護保険制度や障害者総合支援制度に位置づけられるなど，重要な技術とされている。

✎援助過程 p.45，関連援助技術 p.90

ケアマネジャー

care manager

　多様なニーズをもった要介護者・要支援者が，希望する生活を自立して送れることを目指して，保健・医療・福祉サービスの調整を図る（ケアマネジメント）役割をもつ者をいう。要介護者・要支援者のインテーク，ニーズの明確化，ケアプラン作成，サービスの調整などを行う。なお，介護保険においてはケアマネジャーのことを「介護支援専門員」という。

✎介護支援専門員 p.57

計画相談支援

けいかくそうだんしえん

　障害者総合支援法第5条第18項において規定されている。障害者や障害児が障害福祉サービスを利用する際に，サービス等利用計画を作成（「サービス利用支援」）し，一定期間ごとにモニタリングを行う（「継続サービス利用支援」）などの支援を行う。障害福祉サービスを利用するすべての者が，計画相談支援の対象者である。また，事業を行うには，相談支援専門員を配置しなければならない。

計画担当介護支援専門員

けいかくたんとうかいごしえんせんもんいん

施設サービス計画を作成する介護支援専門員（ケアマネジャー）をいう。計画担当介護支援専門員は，施設サービス計画の原案の内容について入所者またはその家族に対して説明し，文書により入所者の同意を得る必要がある。また，施設サービス計画の実施状況の把握および解決すべき課題の把握にあたり，定期的に入所者に面接し，支援の実施状況の把握の結果を記録することや，入所者が要介護更新認定，要介護状態区分の変更の認定を受けた場合には，サービス担当者会議の開催，担当者に対する照会などにより，施設サービス計画の変更の必要性について，担当者から，専門的な見地からの意見を求めることになっている。

✎サービス担当者会議 p.172，施設サービス計画 p.192

経管栄養

けいかんえいよう

食物の経口摂取ができない場合に，胃または小腸まで細いチューブを挿入し，流動食を投与する栄養管理法をいう。①鼻からチューブを挿入する経鼻経管栄養と，②経皮的（皮膚に穴を開ける）にチューブを挿入する経皮経管栄養がある。経鼻経管栄養は，比較的簡単で，自己抜去されても再挿入が容易であるが，患者に意識がある場合には，違和感，苦痛，排痰が困難であり呼吸器合併症を生じやすいなどの欠点を有する。一方，経皮経管栄養は，鼻・口腔内の違和感がなく，呼吸器合併症を生じにくいものの，チューブ挿入には外科的処置が必要であった。最近では，外科手術なしに胃内視鏡を用いてチューブを挿入する経皮内視鏡的胃瘻（ろう）造設術（PEG）が行われるようになった。

経験説

けいけんせつ

発達心理学において，個人の発達が主に経験の影響によるとする考え方。遺伝よりも経験の影響が大きいとするもので，かならずしも遺伝の影響を否定しない。

✎生得説 p.309，輻輳説 p.444

頸肩腕症候群

けいけんわんしょうこうぐん

neck-shoulder-arm syndrome

同じ姿勢を続けたり過度に使い続けることによって，筋肉が硬くなり周囲の血管や神経が圧迫されて，首から肩，腕（上肢）にかけて痛みやしびれ，脱力などの症状が出現すること。エックス線検査では明確な異常が認められないことが多い。心理的・精神的ストレスも関与する。予防策としては，作業姿勢や作業継続時間の見直し，ストレッチの導入，休息，ストレス回避や発散が大切である。

経口感染

けいこうかんせん

病原微生物に汚染された水，食物を口から摂取することにより感染することをいう。赤痢，コレラなどは経口感染により生じる。

経口補水液（経口補液剤）

けいこうほすいえき（けいこうほえきざい）

ORS；oral rehydration solution

経口補水液（経口補液剤）は脱水時の体液の補正のために用いられる。普通の水より，身体への吸収速度が速い。補液剤の組成は Na50 ～ 60mEq/L，ブドウ糖 50～100mmpl/L，浸透圧 200 ～ 240mOsm/L のものが推奨される。

✎脱水 p.333

脛骨骨幹部骨折

けいこつこっかんぶこっせつ

脛骨とは，下腿（膝から足首までの部分）の内側の骨を指す。下腿は外傷を受けやすく，脛骨は皮下にあり軟部組織が少ないために複雑骨折（開放骨折）となりやすい。脛骨骨幹部骨折は，スキー中の骨折で生じることが多い。高齢者では少ない。

✎複雑骨折 p.439，資料⑨ p.534

経済連携協定

けいざいれんけいきょうてい

EPA；Economic Partnership Agreement

２つ以上の国または２つ以上の地域の間で，幅広い分野の経済活動における連携の強化を目的として，物品やサービスにおける貿易の自由化に加え，人の移動や投資，国や地域間の様々な分野における協力などを含めて締結される協定のこと。2021（令和３）年１月時点で，日本は 21 の国，地域において EPA を発行済，書名済である。2008（平成 20）年８月から EPA によって，外国人介護福祉士候補者の受け入れを開始した。2008（平成 20）年度よりインドネシア共和国から介護福祉士候補者の受け入れを始め，2009（平成 21）年度からは，就労コース，就学コースにフィリピン共和国からの介護福祉士候補者を受け入れている。2014（平成26）年度からは，ベトナムからの介護福祉士候補者の受け入れを行っている。

✎外国人介護従事者 p.55

芸術療法
げいじゅつりょうほう
art therapy

様々な芸術活動を通して，心身の健康状態の維持改善や生活の質の向上などを目的に行う療法。絵画療法，造形療法，コラージュ療法，音楽療法，ダンスセラピー，ムーブメントセラピー，心理劇など多彩な技法の総称で，リハビリテーションとして広く実施されている。

頸髄損傷
けいずいそんしょう
cervical cord injury

脊髄を構成する頸髄，胸髄，腰髄，仙髄のうち最も上位の部分を損傷したもので，障害が高位のものほど重症である。損傷部位より下位，つまり首から下が麻痺し，いわゆる四肢麻痺の状態となる。このほか，呼吸，循環，排尿，排便などの機能も障害される。

継続雇用制度
けいぞくこようせいど

高年齢者等の雇用の安定等に関する法律第9条において，65歳未満を定年とする事業主に対し，雇用する高年齢者の65歳までの安定した雇用を確保するために，①当該定年の引上げ，②継続雇用制度の導入，③当該定年の定めの廃止，のいずれかの措置を講じなければならないと定めている。継続雇用制度とは，現に雇用している高年齢者の希望に基づいて，定年後も引き続き雇用する制度のことであり，継続雇用先は自社以外にグループ会社でも認められる。

継続評価の原則
けいぞくひょうかのげんそく

グループワークの原則の一つ。グループメンバー個人およびグループ全体について，ワーカーが継続して評価を行うこと。

✎グループワークの原則 p.114

傾　聴
けいちょう

対人援助の領域で用いられる技法の一つ。相手の言葉をただ聴くだけでなく，その言葉を語るときの声の調子や姿勢・表情など非言語表現を含め，相手の経験や感情などを総合的に受けとめながら聴くこと。評価や判断は二の次として耳を傾けることである。そのように聴くことは相手の立場を理解し，積極的にかかわっていくことであり，援助を必要としている人との信頼関係を築く上で基本となる。たとえ相手が沈黙していても，相手の感情の流れは表情やしぐさなどに現れる。援助者がそうした相手の感情に反応することによって，相手は援助者が自分に関心をもっていることを知り，安心するのである。

系統的脱感作法
けいとうてきだつかんさほう
systematic desensitization

ウォルピ（Wolpe, J.：1915～1997）によって考案された行動療法の技法の一つ。リラックスした状態で，不適応（恐怖や不安）を生じさせる場面をイメージさせ，徐々に不適応を生じさせる刺激とその反応を弱める方法をとる。不安階層表などを用いて，自律訓練法によるリラクセーションを併用させたうえで，不安が弱い状況から系統的（systematic）に症状を減ずる（desensitize）ところに特徴がある。

軽度認知障害
けいどにんちしょうがい
mild cognitive impairment

もの忘れが自他ともに認められるが，日常生活は自立している状態。軽度認知障害と診断された者の多くは良性健忘であるが，1～2割は1年後にアルツハイマー型認知症などに移行する。この点で軽度認知障害は精神的フレイルの一つとされ，認知症への進展を予防する上でその原因を診断することは重要である。通常，原因診断には画像が用いられ，アルツハイマー病では海馬萎縮などの変化が観察される。

✎CDR p.182，フレイル p.450

経鼻経管栄養
けいびけいかんえいよう

意識障害や嚥下障害，誤嚥性肺炎を繰り返すなどの理由で経口摂取が困難な場合などは，経口摂取以外の経管栄養法により，栄養・水分補給する。経管栄養法には，経鼻経管栄養法と胃ろう・腸ろうによる栄養法がある。経鼻経管栄養法は，栄養チューブを鼻孔から咽頭部食道を経て胃部まで到達させ，栄養剤を注入する。

経管栄養 p.119

軽費老人ホーム

けいひろうじんほーむ

老人福祉法第20条の6に規定される老人福祉施設の一つ。60歳以上の者を対象に，無料または低額な料金で，老人を入所させ，食事や日常生活上の便宜を供与する施設。また，社会福祉法における第一種社会福祉事業に属する施設とされている。給食サービスがあるA型，給食サービスが付かず自炊するB型，ケアハウス（C型）の3種類がある。「軽費老人ホームの設備及び運営に関する基準」（平成20年厚生労働省令第107号）が2008（平成20年）6月1日より施行され，A型とB型はケアハウスに一元化されることになったが，この省令が施行された際，すでに都道府県知事から指定を受けていた両者は，建て替えまで経過的軽費老人ホームとして存続する。ケアハウスは，A型・B型とは異なり所得制限はなく，原則個室で食事と入浴サービスが付く。また，要支援・要介護認定者は介護保険の居宅サービスなども利用できる。2010（平成22）年には，低所得高齢者向けの住居を都市部に確保することを目的に，従来の軽費老人ホームの基準（職員配置基準や入所者一人あたりの床面積基準など）を緩和した「都市型軽費老人ホーム」が新たに創設された。

老人福祉施設 p.512

刑　法

けいほう

明治40年制定，法律第45号。どのような行為が犯罪となり，また，それに対してどのような刑罰が科されるか定めた法律。責任年齢として，14歳に満たない者の行為は罰しないとしている（41条）。刑法のほかにも犯罪および刑罰を規定する法律は多数あり，そのような法律を特別刑法と呼ぶ。刑法には，その適用範囲，刑罰の種類，未遂，共犯などを定めた総則部分と，各種の犯罪の構成要件および刑罰を定めた各則部分とがあり，総則部分の規定は，特別刑法の罰則についても適用される。

2022（令和4）年改正では，懲役および禁錮が廃止され，これらに代えて拘禁刑が創設された（2025年6月16日までに施行）。

傾　眠

けいみん

somnolence

呼べば目覚めるが，そのまましばらく放置するとうとうと眠ってしまう（半醒半眠）状態。痛覚刺激や強い音刺激の間は応じる。

契　約

けいやく

相対する意思表示の合致によって成立する法律行為。当事者は，契約の締結・方法・内容・相手方の選択の自由を有する。民法は典型的な契約として，贈与，売買，賃貸借，請負などの13の契約を規定しているが，法令に反しない契約は自由が認められることから，契約の種類は多岐に渡る。一般的には，債権契約（当事者の一方が他方に一定の行為を求める債権と，これに応じる債務が生じる契約）が多い。このほか，夫婦，親子などの家族法上の身分を発生させるための婚姻や養子縁組なども，契約としての性質を有する。

契約施設

けいやくしせつ

法令による名称ではなく，通称として用いられている。入所が利用者との契約に基づく形態をとる施設を「契約施設」，入所が措置という行政処分に基づく形態をとる施設を「措置施設」という。例えば，特別養護老人ホームは，介護保険法施行前は措置施設だったが，同法施行後，介護保険法に基づく契約施設としての利用形態が中心になった。

契約トラブル

けいやくとらぶる

消費者と事業者が商品・役務（サービス）の購入（売買）などをめぐって結ぶ契約を大きくは消費者契約と呼ぶが，契約トラブルはその契約締結過程や契約後に発生するトラブルを指す。価格・品質・契約条件などで双方の認識の違いが原因になることが多い。介護契約も消費者契約であり，介護サービスの価格・品質，サービス提供の履行状況などで要介護者が行政機関に苦情を申し立てる例が目立つようになった。また，一人住まいの高齢者に対し，訪問販売や電話勧誘販売などで商品・サービスの購入を強引に勧誘・契約させる例もあとを絶たない。これらのような契約トラブルは全国の消費生活センターに寄せられる苦情相談の約8割を占めている。

消費生活センター p.257

鶏卵の調理性

けいらんのちょうりせい

生卵は流動性があり，卵白と卵黄に分けることができる。卵白は粘性をもち，起泡性があり，卵黄は乳化性をもつものである。全卵を混ぜれば，粘性のある液状となり，挽き肉やすり身などを混ぜ合わせやすくし，味を良くするとともにつなぎの役目をする。また，卵液に出し汁や牛乳を加えて適当に希釈することができる特性もある。生卵は，そのまま食用に提供することもできる。卵白は起泡性を利用してメレンゲに，卵黄は乳化性をもつのでマヨネーズなどに使われるが，ほとんどは加熱による調理である。加熱すると食味や消化性が良くなり，なめらかな食感を得ることができる。卵豆腐，プリンなどがその一例で，卵の凝固性を利用したものである。鶏卵は現在では，価格も供給も安定し，栄養的にも調理性も豊かなので多くの調理に使用されている。

けいれん

spasm/convulsion

大脳の運動をつかさどる神経細胞が異常興奮したり，発熱や代謝性，中毒などによって全身または一部の骨格筋が意志と関係なく収縮した状態のこと。けいれんが起きた場合は，衣服をゆるめて見守る。全身性か部分的かの区別，意識障害の有無，持続時間や型（強直性—四肢が突っ張るか，間代性—四肢がガクガクするかなど），失禁の有無などを観察し，医療従事者に報告する。けいれんが起きている際に身体を大きくゆすったり，口の中に無理やりハンカチや何か物をかませる行為は危険である。通常は 1 ～ 2 分以内でおさまる。その後は入眠することもあるが，その際は静かに休ませる。けいれんが反復して起きる場合や，5 分間以上続くときには重積発作のおそれがあるので，救急車を要請する。

ケーゲル法

けーげるほう

▶骨盤底筋訓練法 p.163

ケース会議

けーすかいぎ

利用者に対して，的確な評価をして援助するために，一つひとつのケースに関して，援助過程に関与する者たちが一堂に会して援助について検討すること。ケースカンファレンスともいう。そこでは，準備されたケース記録とソーシャルワーカーのレポートをもとに，スーパーバイザーなどの助言を得ながら検討，情報交換が行われる。それにより今後の援助方針や援助計画が決まるとともに，事例の共有が図られる。

ケースカンファレンス

case conference

▶ケース会議 p.122

ケース記録

けーすきろく

▶記録 p.110

ケーススタディ

case study

▶事例研究 p.274

ケース・ヒストリー

case history

▶生活歴 p.302

ケースワーカー

case worker

個別援助技術を用いて，社会生活の中で問題を抱えた人の個別の事情に対して助言，支援などの専門的な援助を行う者のこと。近年はクライエントの自己決定を援助し，利用者の生活と権利を擁護・代弁する役割も求められる。

ケースワーク

case work

直接援助技術の一つ。個別援助活動，個別援助技術ともいう。援助者が個々のクライエントに対し行う援助。援助関係を形成しながら，ケースワーカーの所属機関の社会資源の情報提供を行い利用に結び付けたり，そのほかの社会資源との連絡調整を行ったりする。また，クライエントのパーソナリティの発達を促したり，環境調整をして自立助長の支援を行う。さらに，クライエントを取り巻く制度や社会の課題・問題点への考察，問題改善のために社会への働きかけを行う。ケースワークの考え方は，19 世紀後半のイギリスの慈善組織協会（COS）の活動の中に芽生え，アメリカのメアリー・リッチモンドによって理論化・定式化された。リッチモンドは「ケースワークの母」と呼ばれ，1917 年に記したその著書『社会診断』においてクライエントの問題は，クライエントのパーソナリティと社会的状況（環境）の複合により生じているという仮説を展開している。クライエントの問題が極めて個人的なもののようにみえても，実は制度上の問題であったり，社会における文化や価値基準によるものであるという社会病理学的な視点である。問題を個人の内側に限定して扱うのではなく，クライエントが生活している家庭・地域，ひいては社会を射程に入れてクライエントの問題を考察するのである。クライエントとの個別的援助関係からこうして具体的に問題点を発見し，何らかの形で社会に提言していくことが，ケースワークがソーシャルワークと呼ばれるゆえんである。

直接援助技術 p.356，リッチモンド p.499

下　血

げけつ

消化管からの出血が肛門からみられるものをいう。直腸や肛門の出血性病変のように肛門に近い部位では鮮血便になり，上部消化管出血のように肛門から遠い部位ではタール便（黒色便）になることが多い。

吐血 p.380

ゲゼル

Gesell, Arnold Lucius：1880 ～ 1961

アメリカ合衆国の心理学者，小児科医。ゲゼルは，学習を成立させるためにはその学習に必要な成熟が必要であると考え，それを準備状態（readiness：レディネス）と呼んだ。また，階段上りの実験によって，身体的・心理的準備状態が整う前の訓練が無意味であることを示した。ゲゼルの学説は，発達における成熟優位説（遺伝説）といわれる。

発達 p.418

ゲゼルシャフト

Gesellschaft

ドイツの社会学者フェルディナント・テンニース（Tönnies, F.：1855 ～ 1936）により概念化されたもので，ゲマインシャフトと対にされる。ある目的を達成するため，人為的で打算的な選択によって形成される集団のこと。都市，国家，会社など。利益社会とも呼ばれる。

ゲマインシャフト p.126

血　圧　表14

けつあつ

血管壁にかかる血液の圧力のこと。心臓が収縮したときを収縮期血圧（最高血圧），心臓が拡張したときを拡張期血圧（最低血圧）といい，収縮期血圧/拡張期血圧で表す。120/80 mmHg 未満が正常である（診察室での測定の場合）。

高血圧症 p.138，低血圧 p.361

血液透析

けつえきとうせき

慢性腎不全では，尿の産生が障害されるため，老廃物の体外への排泄が障害される。障害された腎臓に代わり，人工的に老廃物の排泄を行う治療法を人工透析という。人工透析には血液透析と腹膜透析がある。血液透析は，ポンプを用いて血液を体外に導き，老廃物を除いた後に，再度体内に戻す治療をいう。また，腹膜を介して同様の治療を行う腹膜透析も行われる。

腎不全 p.290，腹膜透析 p.444

表 14　成人における血圧値の分類（mmHg）

分類		診察室血圧			家庭血圧		
		収縮期血圧		拡張期血圧	収縮期血圧		拡張期血圧
正常域血圧	正常血圧	＜ 120	かつ	＜ 80	＜ 115	かつ	＜ 75
	正常高値血圧	120～129	かつ	＜ 80	115～124	かつ	＜ 75
	高値血圧	130～139	かつ／または	80～89	125～134	かつ／または	75～84
高血圧	Ⅰ度高血圧	140～159	かつ／または	90～99	135～144	かつ／または	85～89
	Ⅱ度高血圧	160～179	かつ／または	100～109	145～159	かつ／または	90～99
	Ⅲ度高血圧	≧ 180	かつ／または	≧ 110	≧ 160	かつ／または	≧ 100
	（孤立性）収縮期高血圧	≧ 140	かつ	＜ 90	≧ 135	かつ	＜ 85

結　核　図45

けっかく

tuberculosis

　感染症の一つ。免疫機能低下により，発症または再発することが多い。一度結核に罹患した者が，高齢者になって再発する例があるのは，年齢やその者のもっている疾患により免疫機能が低下することによる。感染経路は飛沫感染が中心である。結核に罹患した既往の有無はツベルクリン反応を用いて確認する。1950（昭和25）年まで，日本の死因順位第1位であった結核は，その後激減し，低下傾向を示していた。しかし，1997（平成9）年に増加傾向がみられ，「結核緊急事態宣言」が出された。その後は患者数が減少したが，2020（令和2）年で，登録患者数3.2万人，うち活動性全結核患者数8.6千人，新規登録結核患者数1.3万人と，依然として大きな問題である。結核対策は，感染症法（2類感染症）と予防接種法によって規定されている。

ツベルクリン反応 p.359

結核対策

けっかくたいさく

　結核は感染症法で2類感染症に分類され，その対策についても規定されている。結核を診断した場合の届出（擬似症，無症状を含む），事業者等による結核の定期健康診断，保健所長による登録票の記録，保健所による家庭訪問指導，結核患者の通院医療費用の公費負担等が定められている。

図45　結核の症状

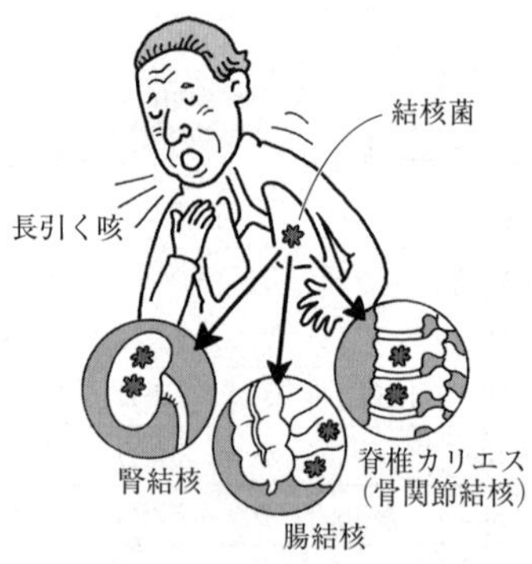

結核菌が血行性に移動して感染する

結核対策特別促進事業

けっかくたいさくとくべつそくしんじぎょう

　結核対策のために，事業主体である都道府県に対して国が補助を行う制度。都市地域におけるDOTS事業（Directly Observed Treatment, Short-Course：直接服薬確認療法）や地方における高齢者対策，院内感染・集団感染対策，結核診査会の強化などが行われている。

血　球

けっきゅう

　血液は，血漿と血球から構成されている。血球は，血液中の細胞，および細胞に由来する成分で，赤血球，白血球，血小板をいう。赤血球は，赤色のヘモグロビン色素を有し，酸素の運搬をつかさどる。白血球（リンパ球，好中球，好酸球，好塩基球など）は生体の免疫機能に関与し，細菌などに対する生体防御を行う。血小板は，止血に関与する。

血小板 p.125，赤血球 p.312，白血球 p.418

血行障害

けっこうしょうがい

　循環不全があって末梢の血管に血液が届かず，周囲の組織に栄養が行き渡らない状態のこと。褥瘡の原因ともなる。また，動脈硬化によって動脈壁がアテローム（粥状）変化を起こし，動脈が細くなって血流が減ったり途絶えたりすると，脳梗塞や狭心症，心筋梗塞や壊死の原因となる。

結婚家族

けっこんかぞく

▶生殖家族 p.303

血　漿

けっしょう

　血液中の液体成分のこと。血液が凝固しないように処理して放置すると，2層に分離するが，その上にある液体層のことをいう。血液全体の約55%を占める。なお，血漿からフィブリノーゲンが除去されたものを血清という。

結晶性知能

けっしょうせいちのう

　レイモンド・B・キャッテルにより分類された知能の一つ。経験や学習によって得られた知識や技能とその適応能力のことで，老化による影響を受けにくいとされる。

キャッテル p.98，流動性知能 p.501

血小板

けっしょうばん

血球の一つであり，止血を行う。基準値は 12 ～ 41 万/μL である。止血は，出血部位に血小板が集まって行われる一次止血と，その後に血液中のたんぱく質である凝固因子が集まって行われる二次止血からなる。

欠神発作 図46

けっしんほっさ

absence seizure

てんかん発作の中の一型（小発作ともいう）。前兆もなく突然に意識混濁または意識消失をきたし，短時間（30 秒以内）で回復する。発作時の脳波所見は，3 Hz か 2 ～ 4 Hz の棘徐波複合ならびに多棘徐波複合が連続して出現する。遺伝的要因が強く，5 ～ 15 歳の間に発症するが予後は比較的良く，成人になると自然に治癒する場合がある。

✎てんかん p.364

血清肝炎

けっせいかんえん

▶B 型肝炎 p.426

血清総コレステロール

けっせいそうこれすてろーる

血清中のコレステロールの濃度を指す。この値が高い高コレステロール血症は，動脈硬化のリスクを増加させる。血清総コレステロール値の基準値は 150 ～ 219 mg/dL である。

✎高コレステロール血症 p.138，脂質異常症 p.190

血　痰

けったん

bloody sputum

痰に血液が混じること。気道からの出血を口から認めることを喀血という。出血量が少ないときには血液を混じた喀痰（血痰）として認められる。肺がん，肺結核，慢性気管支炎などで認める。

結腸ストーマ 図47

けっちょうすとーま

結腸に造設された人工肛門。コロストミーともいう。結腸がんや直腸がんなどの腫瘍や炎症性の疾患，先天性疾患などにより消化管が障害され，排泄経路を変更する必要がある場合に適応となる。造設部位により，上行結腸ストーマ・横行結腸ストーマ・下行結腸ストーマ・S 状結腸ストーマがある。

図 47　結腸ストーマの種類

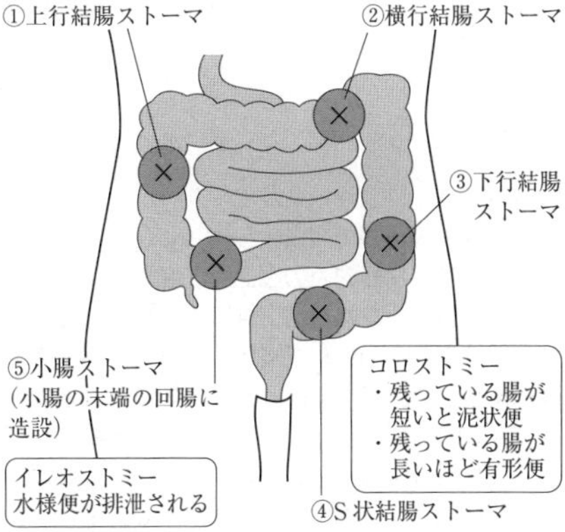

図 46　欠神発作（小発作）の主な症状

✎小腸（回腸）ストーマ p.251，ストーマ用装具 p.295，資料㉓ p.540

血糖値

けっとうち

　血液中に含まれるブドウ糖の量のこと。血液は酸素とブドウ糖を末梢組織に運搬し，組織ではブドウ糖を酸素の下で燃焼させて，活動に必要なエネルギーを得る。組織の細胞がブドウ糖を取り込むにはインスリンが必要である。このインスリンの欠乏のために，血液中のブドウ糖の利用がうまくいかず高血糖，組織の傷害を生じるものが糖尿病である。また，肝硬変，インスリン産生性の腫瘍（インスリノーマ）などでは血糖値は低下する。

✎インスリン p.31，空腹時血糖 p.112

血　尿

けつにょう

hematuria

　尿中に血液が混じたもの。肉眼的に明らかな肉眼的血尿と，検査でなければ分からない顕微鏡的血尿がある。

血友病

けつゆうびょう

hemophilia

　血液凝固因子の欠損により生じる。血液の凝固が障害され，関節内での出血・血腫形成，関節の拘縮を生じ，ひどい場合には寝たきりとなる。凝固因子は血液中のたんぱく質の一種で，血液の凝固に関与する。凝固には 13 種類の凝固因子が順序よく働く必要があり，このうち 1 種類でも欠損している場合に凝固は障害される。血友病では，遺伝的に凝固因子の欠損を生じる。生後，歩き始めるにつれて，関節部を打撲するため，関節内出血・血腫形成を繰り返し，進行すると関節が固まり，寝たきりとなる。治療には，健常者から抽出した凝固因子製剤を投与するが，かつてはこれが原因となって生じた後天性免疫不全症候群（エイズ）が問題となった。

✎エイズ p.37

ゲマインシャフト

Gemeinschaft

　ドイツの社会学者フェルディナント・テンニース（Tönnies, F.：1855 ～ 1936）により概念化されたもので，ゲゼルシャフトと対にされる。家族，友達，地域集団など，人間の本質意志に基づき結合する集団とされ，共同社会とも呼ばれる。

✎ゲゼルシャフト p.123

ケラー

Keller, Helen Adams：1880 ～ 1968

　アメリカの著述家・社会事業家。1880 年 6 月に生まれ，生後 19 か月の 1882 年 2 月，病気による高熱が原因で視覚と聴覚を失う。1887 年 3 月，アン・サリヴァン（Sullivan, A.：1866 ～ 1936）を家庭教師として迎え，教育を受けた。1904 年にラドクリフ大学（現・ハーバード大学）に入学。卒業後は，障害者の福祉の向上を促すため世界各地で講演を行い，基金を集めた。日本にも 1937（昭和 12）年をはじめとし，三度来日している。主著に自伝である『私の生涯』（*The Story of My Life,1903*）がある。

下　痢

げり

diarrhea

　便中の水分割合が増加した状態をいい，多くは排便回数の増加を伴う。水分割合の増加程度により，軟便，水様性下痢などという。コレラでは米のとぎ汁様，カンピロバクター，サルモネラ菌感染では血性，乳児冬季下痢症では白色など，疾患により特徴的な性状を示すことがある。頻回の下痢では，脱水，電解質異常を生じやすいので，補液が必要である。

✎ブリストル便性状スケール p.449

減塩の工夫

げんえんのくふう

　塩分の取り過ぎは，高血圧や心疾患などの生活習慣病の原因となり，国民健康・栄養調査においても，毎年，食塩の摂取過剰が指摘されている。「日本人の食事摂取基準（2020 年版）」では男性 7.5g/ 日未満，女性 6.5g/ 日未満が食塩摂取量の目標量と算定されている。これを達成するための減塩の工夫としては，①酸味（食酢・柑橘類）や香辛料を上手に用いる，②香味野菜（しそ，しょうが，パセリなど）や種実類（ゴマ，くるみなど）の香りを利用する，③旨味のある食材（こんぶ，しいたけなど）を利用する，④油を上手に用いる，⑤焦げ味（香ばしさ）を利用する，⑥味を寄せるため，とろみをつけたり，あんかけ料理にする，⑦和風より減塩しやすい洋風メニューにする，⑧減塩しょうゆ，減塩みそなどの減塩食品を用いる，などがある。このような工夫した調理法で薄味を習慣づけることが望ましい。

食塩摂取量 p.259

限界集落

げんかいしゅうらく

社会学者の大野晃（おおのあきら：1940～）による概念で，65歳以上の高齢者が集落人口の50%を超え，一人暮らしの高齢者世帯が増加することにより，集落の共同活動の機能が低下し，社会的共同生活の維持が困難な状態にある集落のことを指す。

幻　覚

げんかく

hallucination

現実には存在しない物を存在していると知覚すること。幻覚には，幻聴，幻視，幻味，幻嗅などの種類がある。統合失調症ではしばしば幻覚が出現し，対話型の幻聴（神や悪魔の発言に応答する）や異常な体感幻覚（脳が腐って流れ出す，子宮に無線機が取り付けられている）などが認められる。また，レビー小体型認知症の幻覚では，実際には存在しないものが見える幻視が特徴的である。幻覚は本人にとっては現実であり，否定し訂正するだけでは，本人の混乱や症状の悪化を招く場合もある。見守ること，適宜医師へ相談することが必要である。

幻視 p.131，幻聴 p.132，統合失調症 p.368

原家族

げんかぞく

▶定位家族 p.360

現金給付

げんきんきゅうふ

社会保障給付に関する方法の一つ。制度の受給要件に合わせて，生活を維持する上で必要な物資やサービスの購入手段としての金銭を支給するもの。現金給付によって実施される主な制度としては，公的年金や雇用保険，児童手当や生活保護などが挙げられる。一般的には現物給付で行われる日本の医療保険においても，傷病手当金や出産手当金，埋葬料，出産育児一時金といった現金給付の仕組みがある。現物給付との対比でみれば，受給者の消費・選択の自由が確保されることに現金給付のメリットを見いだすことができるが，その反面，給付された金銭の目的外使用を排除できないデメリットがある。

現物給付 p.132

健康型有料老人ホーム

けんこうがたゆうりょうろうじんほーむ

有料老人ホームの類型の一つで食事等のサービスがつく。介護の不要な高齢者が入居できる。基本的に要介護となったら契約を解除し，退去しなければならない。

介護付有料老人ホーム p.58

健康教育

けんこうきょういく

疾病の予防，健康の維持・増進を目的に行われる教育活動。健康増進法第7条では，厚生労働大臣は健康増進の推進を図るための基本方針を定めるものとし，この中には食生活，運動，休養，飲酒，喫煙，歯の健康，その他の生活習慣について正しい知識の普及が含まれるとして，健康教育を位置づけている。

健康増進法 p.128

健康寿命

けんこうじゅみょう

健康の定義によって異なるが，厚生労働省は，ある健康状態で生活することが期待される平均期間を表す指標としている。わが国では算出対象となる集団の各個人について，その生存期間を「健康な期間」と「不健康な期間」に分け，前者の平均値を求めることで表していたが，2012（平成24）年に策定された健康日本21（第二次）では「日常生活に制限があること」を不健康と定義し，3年ごとに実施される「国民生活基礎調査」で得られたデータをもとに算出している。

健康食品

けんこうしょくひん

健康食品には，①特定保健用食品，②栄養機能食品，③機能性表示食品のほかに，④いわゆる健康食品がある。①はトクホと呼ばれ，国が最終製品の安全性・有効性を評価し，表示を許可する。②は国が評価・指定した関与成分を使った食品で，表示するに際しては①と同様に過剰摂取防止への目安量記載が義務づけられている。③は2014（平成26）年4月に導入された機能性表示制度に基づく食品で，安全性や機能性について国は評価しない。④の「いわゆる健康食品」は制度もなく，法的定義もない。これら健康食品は成分が濃縮されていることから，過剰摂取や成分同士の相互作用，ほかの健康食品の成分との影響などが常に懸念される。また，医薬品と併用する高齢者も多いことから，医薬品成分の効果への影響も心配される。健康被害が発生した場合には，迅速に医師に相談することが求められる。

健康診査

けんこうしんさ

高齢者の医療の確保に関する法律（高齢者医療確保法）等に基づく保健事業で，40～74歳対象の特定健康診査と75歳以上対象の健康診査（以上は医療保険者が行う），65歳以上対象の生活機能評価（介護保険者が行う），また，健康増進法に基づく歯周疾患検診，骨粗鬆症検診，がん検診など市町村が実施するものがある。

✎がん検診事業 p.83，特定健康診査 p.372

健康増進

けんこうぞうしん

疾病に対する予防対策は，第一次予防（健康増進・発病予防），第二次予防（早期発見・早期治療），第三次予防（機能維持・リハビリテーション）に分けられる。生活習慣病では，まず第一次予防としての健康的な生活習慣の確立が重視される。健康増進の3要素は，栄養・運動・休養である。

健康増進計画

けんこうぞうしんけいかく

健康増進法第8条に規定される計画。国の基本方針に基づいて，地方自治体が地域住民の健康増進を推進する施策についての計画を策定する。

✎健康増進法 p.128

健康増進センター

けんこうぞうしんせんたー

個人の健康増進を目的とし，運動を中心とした健康づくりを支援する施設。主に，市区町村ごとに設置されている。センターごとにトレーニング設備（例：プール，トレーニングジム）や健康増進プログラムの内容が異なるが，一人ひとりが健康状態・体力に合った健康管理・増進が行えるような支援や栄養・運動についての健康指導が行われている。

健康増進法

けんこうぞうしんほう

平成14年制定，平成15年施行，法律第103号。「健康日本21（21世紀における国民健康づくり運動）」を中核とする国民の健康づくり・疾病予防を積極的に推進することを目的とする法律。栄養改善法（昭和27年法律第248号）が改正，改称された。具体的内容としては，①国が健康づくりに関する全国的な目標や基本的な方向を掲示するための基本方針の策定，②地方自治体において，地域の実情に応じた健康づくりを推進するための健康増進計画の策定，③共通の健康診査指針を定めること（医療保険の保険者，学校・企業などによる健康診査等を個人が生涯を通じた健康づくりに一層活用できるようにするため），が規定されている。2018（平成30）年の改正により，受動喫煙防止対策が強化され，学校，病院，行政機関の庁舎などの第1種施設では敷地内禁煙が，事務所，工場，ホテル，飲食店，鉄道などの第2種施設では原則屋内禁煙が規定された。

✎健康日本21 p.128

健康相談

けんこうそうだん

健康づくり（運動，食事・食品，病人食），健康管理，家族計画，家庭内介護，ストレス対処法，医療・介護・福祉機関にかかわる一般的な情報提供などにかかわる相談をいう。市町村保健センターの業務の一つである。

健康チェック

けんこうちぇっく

訪問看護やデイサービスセンターなどにおいて行われる事業（サービス）の一つ。血圧測定，体温の測定，顔色の変化など，健康状態の確認を行うこと。

健康手帳

けんこうてちょう

健康増進法に基づく健康増進事業の一つとして交付される。厚生労働省のホームページからダウンロードできる。健康手帳には，健康診査の結果や健康状態などが記録され，自分自身の健康管理に役立たせようというねらいがある。行政区，市町村より，主に40歳以上の者が対象となる。

健康日本21 図48

けんこうにっぽんにじゅういち

正式名称は，21世紀における国民健康づくり運動。21世紀において日本に住む一人ひとりの健康を実現するための，新しい考え方による国民健康づくり運動である。日本は，世界トップクラスの長寿国となったが，その一方で，がん，心臓病，脳卒中などの生活習慣病が増加し，さらに寝たきりや認知症のように高齢化に伴う障害も増加している。また，急速な出生率の低下と高齢化が進行し超高齢社会に入った現在，21 世紀の日本は，病気や介護の負担が極めて大きな社会となることが考えられる。そこで，少子，超高齢社会を健康で活力あるものとしていくため，国民の健康増進，疾病予防および QOL の向上を図るため，健康日本 21 が策定された。当初の計画より 2 年延長し，2012（平成 24）年度に最終評価を行うこととして個別具体的な数値目標を示した。その後，2013 ～ 2023（平成 25 ～令和 5）年度までの「健康日本 21（第二次）」に引き継がれた（当初は 2022（令和 4）年度までであったが，1 年延長された。目標数値はそのままで変更されていない）。健診による早期発見や早期治療にとどまらず，疾病の発病を予防する「一次予防」に重点を置いている。また，個人では自己選択に基づく健康的な生活習慣の確立を，社会はそのための支援を行うことを基本的な考えとしている。

具体的には，①栄養・食生活，②身体活動・運動，③休養・こころの健康づくり，④たばこ，⑤アルコール，⑥歯の健康，⑦糖尿病，⑧循環器病，⑨がん，について数値目標を定めて健康増進を図っている。

✎ 健康増進法 p.128，生活習慣病 p.298

健康保険
けんこうほけん

日本の公的医療保険は複数の制度に分立しているが，健康保険法に規定され，主として民間企業・組織・団体に勤める一般被用者を対象とする公的医療保険を総称して健康保険と呼ぶ。健康保険の保険者は，全国健康保険協会と健康保険組合の 2 種類である。前者の実施する健康保険を全国健康保険協会管掌健康保険（通称，協会けんぽ），後者の実施する健康保険を組合管掌健康保険と呼ぶ。健康保険組合をもつ事業所に使用される者は，組合管掌健康保険の被保険者となり，健康保険組合を設立していない事業所に使用される者は，全国健康保険協会管掌健康保険の被保険者となる。いずれの場合も，その扶養家族は被保険者本人と同様の保険給付を受けることができる。

✎ 全国健康保険協会管掌健康保険 p.315

健康保険組合
けんこうほけんくみあい

健康保険事業を運営するために，事業主およびその事業所で雇用される従業員を組合員として組織された法人。組合の設立は，単一企業による場合と，同種同業の複数の企業による場合がある。単一企業の場合は，従業員 700 人以上（単一健保組合），複数の企業の場合は合わせて 3,000 人以上の従業員を必要とする（総合健保組合）。両者とも，組合運営に関する規約を作り，厚生労働大臣の認可を得なければならない。

健康保険法
けんこうほけんほう

大正 11 年制定，昭和 2 年施行，法律第 70 号。現在も一般被用者を対象とする公的医療保険としての健康保険制度を規定する法律として機能している。労働者の生活上の不安を取り除き，労働能率の向上と労使の協調によって国内産業の健全な発達を図ることを目的として制定された。施行当初は工場や鉱山の労働者を適用対象としたが，その後制度適用の対象範囲を大きく拡大した。

✎ 健康保険 p.129

言語間代
げんごかんだい

吃音が文章の出だしを繰り返すのに対し，例え

図 48　健康日本 21 の主な目標

規則正しい食生活　　禁　煙　　適度な運動と体を清潔に保つ

ば，「それはいけない，ない，ない，ない」のように文章の最後を繰り返すこと。アルツハイマー型認知症のように，脳が広範囲に障害された場合に起きる。

✎吃音 p.95

言語訓練
げんごくんれん

言語に障害のある者に対して，言語機能，音声機能の発達あるいは回復を目指して行う訓練。言語聴覚士が行う。

✎言語聴覚士 p.130

言語障害
げんごしょうがい

言語によるコミュニケーション障害の総称。その原因には，①脳血管障害などの脳の障害によるもの（失語症など），②発声・発語器官の障害によるもの（構音障害など），③発達上の障害によるもの（言語発達の遅れ），④聴覚障害によるもの（言語獲得前に聴覚障害があるために明瞭な発音が困難など），⑤その他（吃音，口蓋裂による発音の不明瞭，脳性麻痺による発音の不明瞭や発語困難，喉頭がん術後などによる音声障害など）がある。

✎吃音 p.95，構音障害 p.134，失語症 p.197

言語障害者のコミュニケーション
げんごしょうがいしゃのこみゅにけーしょん

言葉以外の手段すなわち非言語的コミュニケーション手段を用いて対応する（視覚など）。しかし，脳損傷による言語の障害では，非言語的コミュニケーション手段も使えないことがある。対応にあたっては言語聴覚士と連携をとる必要がある。

言語障害者のコミュニケーションの基本は，相手の言っていること（言おうとしていること）を理解しようとする気持ちをもつことと，待つ姿勢である。イライラして話を途中で遮ってしまったり，良かれと思って逆に代弁し過ぎないように注意する。コミュニケーションの基本である「話す」ことが障害された辛さを考慮し，信頼関係を築くことから介護が始まる。何度も聞き返すことはお互いに気まずくなるが，話の内容を未確認のままで事を進めると事故やトラブルの原因となる。それを避けるためには，「はい」「いいえ」で答えられる質問（閉じられた質問）も準備したり，文字カードや絵カード，そして非言語的コミュニケーションも活用するなどの工夫をしていく。

✎絵カード p.40，閉じられた質問 p.380，非言語的コミュニケーション p.428

言語新作
げんごしんさく

統合失調症の患者にみられる，自分にしか通じない意味不明の新しい言葉を作ること。造語症（neologism）ともいわれる。

✎統合失調症 p.368

言語性知能
げんごせいちのう

WAIS-ⅢまたはWISC-Ⅲ以降では，言語性知能はさらに言語理解と作動記憶に分けられている。言語理解は結晶性知能と対応する。作動記憶は，古くから知能の第三因子として知られていたものであり，記憶・転動性からの解放因子とも呼ばれている。

✎WAIS p.33，ウェクスラー式知能検査 p.33，結晶性知能 p.124，作動記憶 p.179

言語聴覚士
げんごちょうかくし

言語機能に起因するコミュニケーション障害に対し，検査，評価，治療，指導にあたる専門職。また，聴覚の評価や訓練および嚥下機能の評価や訓練，指導を，医師の指導の下に行う。言語聴覚士の資格法は，1997（平成9）年に成立した言語聴覚士法である。ST（speech-language-hearing therapist）ともいう。

言語聴覚士法
げんごちょうかくしほう

平成9年制定，法律第132号。言語聴覚士の資格を定め，医療の普及および向上に寄与することを目的としている。言語聴覚士の定義として，厚生労働大臣の免許を受けて，言語聴覚士の名称を用いて，音声機能，言語機能または聴覚に障害のある者についてその機能の維持向上を図るため，言語訓練その他の訓練，これに必要な検査および助言，指導その他の援助を行うことを業とする者をいう，と規定している。また，第42条において「診療の補助として，医師又は歯科医師の指示の下に，嚥下訓練，人工内耳の調整その他厚生労働省令で定める行為を行うことができる」と記載されている。

言語的コミュニケーション
げんごてきこみゅにけーしょん

コミュニケーションの方法の一つ。言語を媒体にコミュニケーションを図るもの。具体的には，文字や音声を用いて意思や感情，経験などを伝え合う行為のことである。相談援助において，他者理解のための情報収集の重要な手段である。

✎非言語的コミュニケーション p.428

言語発達遅滞
げんごはったつちたい

言葉の遅れなどと言われ，発語や言葉の理解が，生活年齢に期待される水準よりも明らかに下回る状態。原因としては，聴覚機能や知的能力，その他様々な発達の問題などが考えられるが，養育環境などが影響している場合もある。

顕在的ニード
けんざいてきにーど

三浦文夫（みうらふみお：1928～2015）によれば，「顕在的（主観的）ニード」とは，福祉ニードを有する本人が，その依存的状態やその解決の必要性を自覚あるいは感得している状態をいう。例えば，生活困窮者（要保護者）が，生活を送っていく上で限界を感じ，福祉事務所などの機関に生活保護の申請を希望したとき，生活保護を必要とするニーズが顕在化し，顕在的ニードとして示されたことになる。顕在的ニードの対語は潜在的ニードである。

✎潜在的ニード p.315

幻　肢
げんし

事故や病気のために手足を失った人や，生まれながらにして持たない人が，存在していない身体部位が，あたかも存在するかのように感じること。痛みを伴うものを幻肢痛という。身体像との関連が指摘されているが，発症のメカニズムは解明されていない。

幻　視
げんし

visual hallucination

幻覚の中の一つ。実際には存在しないものが見える症状。レビー小体型認知症で特徴的な症状。アルコール依存症でみられる小動物幻視（虫や小動物が見える）も有名。

✎幻覚 p.127，統合失調症 p.368

現実見当識訓練
げんじつけんとうしきくんれん

▶リアリティ・オリエンテーション p.496

現実性の原理
げんじつせいのげんり

岡村重夫の示した社会福祉援助の原理の一つ。社会福祉援助には，社会性・全体性・主体性・現実性の原理という４つの原理がある。現実性の原理とは，社会生活上の困難を現実に解決できるものでなければならないという視点である。利用者の社会生活上の基本的要求は，それが充たされない限り，解消するものではない。しかしながら，現行の制度や施策が，利用者との社会関係の中でその基本的要求を充たさなかったり，困難を解決できないことがある。そのとき，利用者はそれに代わるものを求めて多様な対応をすることがある。生活は休止することができないものであり，利用者はその休止することのない生活の中で問題を現実に解決していかなければならないからである。社会福祉の援助は一定の効率や能率を求められながらも，現実に利用し得る社会資源とのかかわりで問題を解決していかなくてはならないとされている。

✎岡村重夫 p.50，主体性の原理 p.231，社会性の原理 p.211，全体性の原理 p.316

原子爆弾被爆者に対する援護に関する法律
げんしばくだんひばくしゃにたいするえんごにかんするほうりつ

平成６年制定，法律第 117 号。略称は被爆者援護法。原子爆弾被爆者の医療等に関する法律（原爆医療法），原子爆弾被爆者に対する特別措置に関する法律（原爆特別措置法）を統合・発展させたもので，被爆者に対する援護を定めた法律。医療受給の証明書となる被爆者健康手帳について規定するほか，各種手当，援護について規定している。2009（平成 21）年 12 月には，同法による原爆症認定から漏れた者を救済する原爆症救済法が成立した。

顕性誤嚥
けんせいごえん

▶誤嚥 p.151

健　側
けんそく

障害あるいは麻痺のない側をいう。例えば，右麻痺であれば左側が健側となり，右側が患側となる。

✎患側 p.88

倦怠感

けんたいかん

boredom/malaise

身体的または精神的に「疲れた」「だるい」と感じる状態で，身体が重く，力が入り難い身体感覚。原因は様々であり，癌のような身体疾患からうつ病のような精神疾患でも認められる。また，健常人でも睡眠不足や偏った食事による栄養不足，また女性の月経周期や更年期などでも起こりうる。

幻　聴

げんちょう

auditory hallucination

幻覚の一つ。現実には聞こえてこない音が聞こえてくる症状。自分に関する悪口や批判の声が聞こえてきたり，神や悪魔の言葉が聞こえてくるなどの例がある。統合失調症，薬物中毒にみられることが多い。

✎幻覚 p.127

見当識

けんとうしき

orientation

自分の置かれた状況および立場についての認識のこと。つまり，自分が置かれている時・場所，周りにいる人や状況を，正しく認識できている状態である。

✎見当識障害 p.132，失見当識 p.196

見当識障害

けんとうしきしょうがい

disorientation

時間的・場所的・空間的な事柄について，認識の低下と混乱が起きる状態。ひどくなると外出しても1人で自分の家に戻ってこられないといった状態となる。失見当識ともいわれ，時間・空間・他者や環境と自分との関係性，自分に関する情報などを認識する機能が低下している状態を指す。意識障害，記憶障害，知能障害で起こりやすく，老年認知症の主要な症状の一つである。なお，見当識障害は健忘症候群の症状の一つでもある。

✎行動・心理症状 p.143，失見当識 p.196

現物給付

げんぶつきゅうふ

社会保障給付に関する方法の一つ。制度の目的を達成するために必要な物資やサービスを直接提供するものである。医療保険の療養の給付や生活保護における医療扶助が代表的である。介護保険給付は，法的には現金給付（介護サービス費）であるが，実際上はサービス事業者が代理受領する形で現物給付化されている。現物給付においては，給付の目的外使用が生じにくく，制度の趣旨に沿って受給者に確実に行き届く反面，受給者の選択の自由をある程度制約せざるを得ないデメリットもある。

✎現金給付 p.127

健　忘

けんぼう

amnesia/forgetfulness

過去の経験を部分的または，完全に思い出せなくなること。認知症，頭部外傷，脳炎など様々な疾患で出現する。

健忘失語

けんぼうしつご

日常的な品物や人物の名前が思い出せない，言いたい語が出てこない状態。他人に言われれば，ああそうかと思い出せる。

健忘症候群

けんぼうしょうこうぐん

コルサコフ症候群もその一つである。健忘症候群では，意味記憶やエピソード記憶を含む宣言的記憶は障害されるが，手続き記憶やプライミングなどの非宣言的記憶は障害されにくい。認知症や様々な器質障害で認められる。現実ではないことを思い出したり，誤った情報を述べる作話も見られやすい。

✎コルサコフ症候群 p.170

権利擁護

けんりようご

人権や社会正義の実現を人間の権利の到達点と設定し，障害の有無や老若男女全ての人間に等しく，権利の行使が保障され，権利侵害からの保護・救済，さらには時代の変遷とともに変化する新たな権利への接近，機会の均等並びに選択の保障を実現することである。特に，社会福祉の領域では，社会的に不利をこうむっている者で，自分自身で権利を主張できない者に代わり，社会福祉専門職や親・友人等による代弁（advocacy）や権利化（empowerment・entitlement）すること，としている。

アドボカシー p.9，エンパワメント p.47

こ

誤　飲

ごいん

食物以外の物を誤って飲み込んでしまうこと。応急手当は，傷病者の意識があって呼吸も脈も正常な場合に行う。意識がなくて，けいれんなどが起こっている場合はすぐに救急車を呼ぶ。何を飲んだのかを確認する。空き瓶や空き箱などの残量から，飲んだ量を推定する。固形物の場合（義歯やコインなど）は口の中に残っていたら吐き出させる。喉までいってしまっていたら医療機関を受診する。特に針や画鋲などの先の尖っている物は危険なので早急に受診する。飲み込んだ物が気道を塞ぐ状態（誤嚥）になってしまっている場合は救急車を呼んでいる間にも異物除去の救命処置を行う。灯油，液体の殺虫剤，マニキュア，除光液などの石油製品は，何も飲まさず吐かせず直ちに医療機関へ。漂白剤，トイレ用洗剤，換気扇用洗剤などの「酸性」または「アルカリ性」と表記している洗剤等は牛乳または水を飲ませて吐かせず直ちに医療機関へ。防虫剤のしょうのうは水を飲ませて（牛乳は禁！）直ちに医療機関へ，などの対応を守る。飲み込んだ物の容器や残箱を持参する。誤飲が起こらないように，日常生活の中で注意していくことが大切である。特に認知症高齢者の場合は物品の置き場所などに配慮を要する。

広域連合

こういきれんごう

都道府県や市町村などの複数の地方公共団体が協同して一定の事務処理を行う特別地方公共団体で，1994（平成 6）年の地方自治法の改正で新たに制度化された。従来の一部事務組合との違いは，①都道府県を含む場合は国に，市町村のみの場合は都道府県に，それぞれの権限や事務を委任するよう要請できる，②広域連合の議会の議員や広域連合の長を住民の直接選挙で選ぶことができる，③広域連合の条例，事務議会の解散，長の解職等について住民が直接請求できる，がある。介護保険の安定的な財政基盤や効率的なサービス提供体制の確立を図るために，隣接する市町村が協力して広域連合として一つの保険者となって事務を処理する例がみられる。

2008（平成 20）年４月から施行された高齢者医療制度では，都道府県を区域とする市町村が加入した広域連合が保険者となっている。

公営住宅

こうえいじゅうたく

国による補助を受けて地方公共団体（市町村，都道府県）が，建設，買い取り，借り上げを行い，低所得者に対して賃貸するための住居および付随施設のこと。公営住宅法に定められている。公営住宅の中には，高齢者の優先入居や高齢者世帯向け住宅制度などがある。「高齢世帯向け」「母子世帯向け」といった特定目的公営住宅の供給が拡充する傾向にあるなど，公営住宅の「福祉住宅化」が進んでいる。

公営住宅法

こうえいじゅうたくほう

昭和 26 年制定，法律第 193 号。国および地方公共団体が協力して，健康で文化的な生活を営むに足りる住宅を整備し，これを住宅に困窮する低額所得者に対して低廉な家賃で賃貸し，または転貸することにより，国民生活の安定と社会福祉の増進に寄与することを目的とする。公営住宅への入居者資格として同居親族要件（老人，身体障害者等特に居住の安定を図る必要がある者は単身での入居が可能），入居収入基準（本来階層と裁量階層で月収設定あり），住宅困窮要件が示されている。

公益事業

こうえきじぎょう

社会福祉法人の行う事業には，本来の事業である社会福祉事業以外に公益事業と収益事業がある。そのうち公益事業とは，社会福祉と関係のある公益を目的とする事業であり，社会福祉事業の円滑な遂行を妨げるおそれがない限り行うことができるものである。例えば，介護老人保健施設（無料低額老人保健施設利用事業を除く）の経営や有料老人ホームの経営などがこの事業にあたる。なお，公益事業に関する会計は，社会福祉事業に関する会計から区分し，特別の会計として経理しなければならない（社福 26 条）。

社会福祉事業 p.215，収益事業 p.220，資料② p.525

公益信託制度

こうえきしんたくせいど

信託法および公益信託に関する法律に基づき，

委託者が祭祀，宗教，慈善，学術などの公益目的のため，受託者に財産を移転，管理または処分させることによりその目的を実現する制度である。その機能面からは財団法人制度と類似するが，財団法人は法人の設立のために大きなコスト（人的・物的）がかかるが，信託では既存の法人格を利用できることからコストを抑制でき，比較的短期間の管理・運用も可能となっている。

公益通報者保護法

こうえきつうほうしゃほごほう

平成 16 年制定，法律第 122 号。会社内部の不正など，業務の上で知り得た情報を労働者が行政機関に提供することで不利益を受けないために，事業者や行政機関の責務を示した法律。社会福祉の分野でいえば，施設内において利用者に対する虐待を見つけたり，そうした事実を知った場合，行政機関に情報を提供した職員に対して施設事業者は不当な扱いをしない，ということである。2022（令和 4）年から施行された改正法により，事業者の体制整備の義務化，事業者の内部通報担当者に守秘義務が規定され，「公益通報者」として保護される範囲や，保護される「通報対象事実」の範囲が拡大された。

構音指導

こうおんしどう

構音訓練ともいう。構音障害など話し言葉の困難に対する指導や訓練。主に，医師の指示のもとに言語聴覚士が担う。客観的な評価のもとに，舌や口唇などの構音器官の使い方の練習，正しい音を作る練習，音を聞き取る練習などを行う。

✎言語聴覚士 p.130，構音障害 p.134

構音障害

こうおんしょうがい

言語障害の原因の一つで，言葉が正しく発音できない状態。言語障害には，他に言葉の理解の障害としての失語症がある。構音障害は原因によって，①器質性構音障害，②運動障害性（麻痺性）構音障害，③機能性構音障害に分けられる。①器質性構音障害は，けがや病気などのために身体に奇形や欠損がある場合（口唇口蓋裂，舌がんの摘出後など）が原因で起こる。②運動障害性（麻痺性）構音障害は，舌，口唇，頬，顎などの発声や発語器官の筋肉や神経の働きに障害があるために起こり，脳血管障害の後遺症として多くみられる。③機能性構音障害は，神経にも構造にも問題はないが，構音が正しくできない状態をいい，言語発達の遅れや言語環境に問題がある場合などがある。

言葉によるコミュニケーションが障害されると心理的な問題も生じやすく，人間関係にも影響を及ぼすこともある。適切なリハビリテーションとともに，構音障害のある人が自分の意思を表出できるような環境づくりも大切である。

✎失語症 p.197

高額医療合算介護サービス費

こうがくいりょうがっさんかいごさーびすひ

各医療保険（国民健康保険，被用者保険，後期高齢者医療制度）に加入しており，1 年間の医療保険と介護保険の自己負担額の合計額が，自己負担限度額を超えた場合，超えた分について介護保険から払い戻されるもの。自己負担額は世帯単位で計算される。支給額は，医療保険，介護保険における自己負担額の比率に応じて決められる。

口角炎

こうかくえん

angular stomatitis

口の両端が切れて，口を開けたときに痛みを感じるもの。原因は様々だが，その中でもビタミン不足が大きな誘因とされ，特にビタミン B_2（リボフラビン）の欠乏により起こりやすくなる。ビタミン B_2 は，炎症を抑え粘膜を保護する働きがあり，不足すると，口角炎のほか，口内炎，舌炎などが起こる。ビタミン B_2 を多く含む食品には，レバー，うなぎ，納豆，卵などが挙げられる。

✎ビタミン B_2 p.430

高額介護合算療養費

こうがくかいごがっさんりょうようひ

各医療保険（国民健康保険，被用者保険，後期高齢者医療制度）に加入しており，1 年間の医療保険と介護保険の自己負担額の合計額が，自己負担限度額を超えた場合，超えた分について医療保険から払い戻されるもの。自己負担額は世帯単位で計算される。支給額は，医療保険，介護保険における自己負担額の比率に応じて決められる。

高額介護サービス費

こうがくかいごさーびすひ

介護保険法第 51 条に規定される給付である。要介護者が 1 か月に支払った利用者負担が一定の上限額を超えた場合に，その超えた分に相当する金額が申請により介護保険から払い戻される仕組みである。保険の対象である介護サービスの利用限度額を超えた自己負担分，住宅改修費，福祉用具購入費，入所・入院（ショートステイ）の食費や居住費（滞在費），差額ベッド代，日常生活費などは支給の対象に該当しない。基準額は所得に応じて定められており，2021（令和3）年から所得の高い現役並み世帯の負担額が見直され，課税所得690万円以上の世帯は月額140,100円に，課税所得380万～690万円世帯は月額93,000円の負担となった。

高額障害福祉サービス等給付費

こうがくしょうがいふくしさーびすとうきゅうふひ

同一世帯に障害福祉サービス等を利用している人が複数いる場合や，1人で複数のサービスを併用したために，世帯における利用者負担額の合計が一定の基準額を超えた際に支給される。また，1人の者が障害福祉サービスと介護保険サービスを併せて利用している場合には，介護保険の自己負担額（訪問介護，訪問看護，訪問入浴，通所リハビリ，福祉用具貸与など）も対象となる。世帯のサービス利用料（利用者負担額）の合計と基準額（2022（令和4）年現在37,200円）との差額が支給される。

高額療養費支給制度

こうがくりょうようひしきゅうせいど

健康保険には，自己負担が高額の場合，一定額以上の自己負担分を還付する高額療養費支給制度がある（健保115，147条）。また，健康保険と同様の制度が，国民健康保険にもある（国保57条の2）。なお，高額療養費支給制度の基準額は，年齢や所得による区分がある。2018（平成30）年8月診療分から，所得水準で70歳以上は6区分，69歳以下は5区分でひと月の上限を超えた場合に，その超えた金額が支給される。

効果測定

こうかそくてい

実施した社会福祉援助やサービスが，問題解決にどの程度有効であったかを測定すること。効果測定の方法としては，単一事例実験計画法（シングル・システム・デザイン），集団比較実験計画法があるが，倫理的な問題や時系列での変化を追いやすいことなどから，単一事例実験計画法が注目されている。

✎単一事例実験計画法 p.335

高カリウム血症

こうかりうむけっしょう

hyperpotassemia/hyperkalemia

血中のカリウム濃度が高い状態をいう。健康状態であれば，余分なカリウムは体外に排泄されるが，腎機能障害などがあると体外に排泄されず体内に蓄積されてしまう。血液中のカリウムが多すぎると心臓への負担が重くなる。生野菜をはじめ，果物（特にバナナや柿など），海草はカリウムを多く含んでいる。高カリウム血症の場合，状態によっては果物や海草は控え，野菜はゆでて調理するとよい（水に溶けやすいカリウムの性質を利用する。ゆでた水は捨てる）。

✎カリウム p.79

交感神経

こうかんしんけい

自律神経の一つ。アドレナリンを神経伝達物質とし，「闘争と逃走の神経（fight and flight）」とも呼ばれるように，激しい活動が予期されるときに活性化し，運動に際して身体の準備状態を整える機能を有する。交感神経の働きにより，瞳孔の散大，気管支の拡大，脈拍の増加，末梢血管の収縮，発汗，腸の蠕動運動の低下などを生じる。副交感神経は休息状態で活性化し，交感神経とは逆の機能を有する。

✎自律神経 p.272，副交感神経 p.438

後期高齢者

こうきこうれいしゃ

▶高齢者 p.146

後期高齢者医療制度 図49

こうきこうれいしゃいりょうせいど

長寿医療制度ともいわれ，2006（平成18）年6月に医療制度改正の一つとして創設された。75歳以上の高齢者（後期高齢者）を対象とした独立した医療制度である。75歳以上の高齢者は，広域連合が運営する独立した制度に加入し，給付を受ける仕組みである。これにより，若者と高齢者の分担が明確となり，都道府県毎の医療費水準に応じた保険料の公平負担が可能となった。2022（令和4）年10月から現役世代の保険料負担の上昇を抑制するため，後期高齢者患者負担割合は，一定の所得がある者は2割負担となった。

✎広域連合 p.133，高齢者の医療の確保に関する法律 p.149

高機能自閉症

こうきのうじへいしょう

high-functioning autism

他人とうまくコミュニケーションが取れない，場の雰囲気をつかむことが困難，こだわりが強く興味関心が狭いなど，社会生活における困難さがある等の傾向がある場合に，広く「自閉症スペクトラム障害」としてとらえる。そのうち，幼少期に発達の遅れはみられず，知的発達にも特に問題がない場合，高機能自閉症として区別されることがある。

文部科学省は高機能自閉症を，「3歳位までに現れ，①他人との社会的関係の形成の困難さ，②言葉の発達の遅れ，③興味や関心が狭く特定のものにこだわることを特徴とする行動の障害である自閉症のうち，知的発達の遅れを伴わないものをいう。また，中枢神経系に何らかの要因による機能不全があると推定される」と定義づけている。

✎自閉症 p.208，自閉症スペクトラム障害 p.209

公共職業安定所

こうきょうしょくぎょうあんていじょ

一般的にはハローワークと呼ばれる。職業安定法第8条に基づき設置されており，職業紹介，職業指導，雇用保険そのほか必要な業務を行い，無料で公共に奉仕する機関。公共職業安定所長は，都道府県労働局長の指揮監督を受けて，所務をつかさどり，所属の職員を指揮監督する。

後期老年人口

こうきろうねんじんこう

75歳以上の人口のことを指す。また，65～74歳の者を前期老年，前期老年者の人口を前期老年人口という。国立社会保障・人口問題研究所が公表した「日本の将来推計人口（平成24年1月推計）」によると，2025（平成37）年には，75歳以上が18.1%（2,178万6千人：出生中位〔死亡中位〕推計）になり，65～74歳の12.3%（1,478万8千人）より高率になると推計されている。また，内閣府が公表した『令和2年版高齢社会白書』によると，2065（令和47）年には，日本の総人口に占める75歳以上の人口割合は25.5%に達し，約3.9人に1人が75歳以上の高齢者になると推計している。

（＊中位推計：平均的な年齢別死亡率，出生率，国際人口移動率などをもとに算出する将来人口の推計値。ほかに高位推計と低位推計があるが，政策決定には中位推計が用いられることが多い）

✎前期老年人口 p.314

抗菌防臭加工

こうきんぼうしゅうかこう

繊維に抗菌剤を付着させることで，細菌の繁殖を抑制し，細菌から発する嫌な臭気の発生を抑える加工のこと。加工法は，繊維に直接練りこむ方法と，製品になった状態で付着させる後加工の2種類がある。抗菌防臭加工は肌着，靴下，寝具などに多く使用されている。

図49　後期高齢者医療制度の仕組み

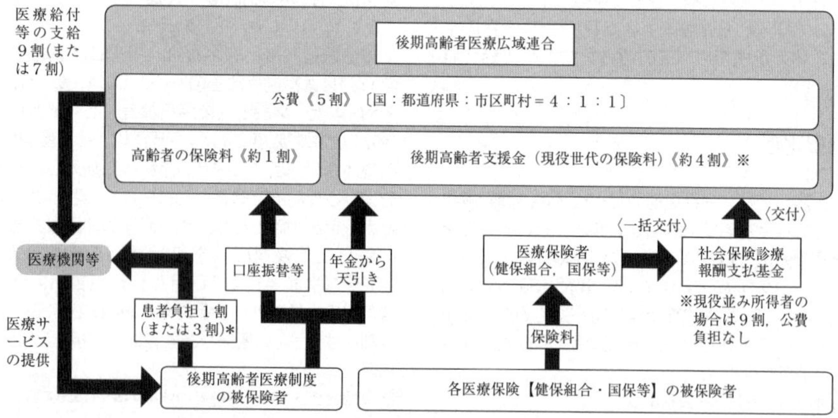

＊令和4年10月1日から患者負担2割・医療給付等の支給8割が導入

資料：東京都後期高齢者医療広域連合

口腔ケア

こうくうけあ

口腔衛生の改善のためのケア，すなわち口腔清掃を指すといえる。2006（平成 18）年の介護保険法の見直しによる介護予防の位置づけは，口腔ケアに対する重要性を高めるきっかけになった。最近では，歯石の除去，義歯の手入れ，簡単な治療や摂食・咀嚼・嚥下訓練まで含められる場合もある。口腔ケアの目的としては，①誤嚥性肺炎の予防，②口腔疾患の予防，③ QOL（生活の質）の向上，が挙げられる。口腔内を清潔にすることで，不顕性誤嚥による誤嚥性肺炎を予防することができ，口腔疾患（歯周病や虫歯など）の予防は口臭防止や全身性疾患（敗血症や糖尿病など）の予防にもなる。口腔内が清潔になることで，精神活動は活発になり全身状態も保たれ，食事を美味しく食べることができ，日常生活そのものに張り合いが出てくる。

✎誤嚥 p.151

合計特殊出生率 図50

ごうけいとくしゅしゅっしょうりつ

15 歳から 49 歳までの女性の年齢別出生率を合計した値で，その年の年齢別出生率が今後とも変わらないと仮定した場合に，1 人の女性が一生の間に産む子どもの数の平均である。世代の単純再生産を可能とするためには，およそ 2.1 が必要といわれる。2021（令和 3）年の合計特殊出生率は，1.30 となっている。

✎少子化 p.248，ベビーブーム p.453

攻　撃

こうげき

怒り，敵意，不満などで，他の人や対象物を傷つけたり破壊したりする意図的な行動をいう。自傷や自殺などの形で，攻撃が自分自身に向かうこともある。防衛機制の一つとして，妨害になっていると思う人や状況に反抗や攻撃を示すことで，一時的に葛藤を解消しているという見方もある。

攻撃的言動

こうげきてきげんどう

認知症の周辺症状の一つで，感情のコントロールがうまくいかず，一度怒り出すとひどい言葉で非難したり暴力をふるったりする。状況判断や理解ができずに怒り出したりする。金切り声を上げ

図 50　合計特殊出生率の国際比較

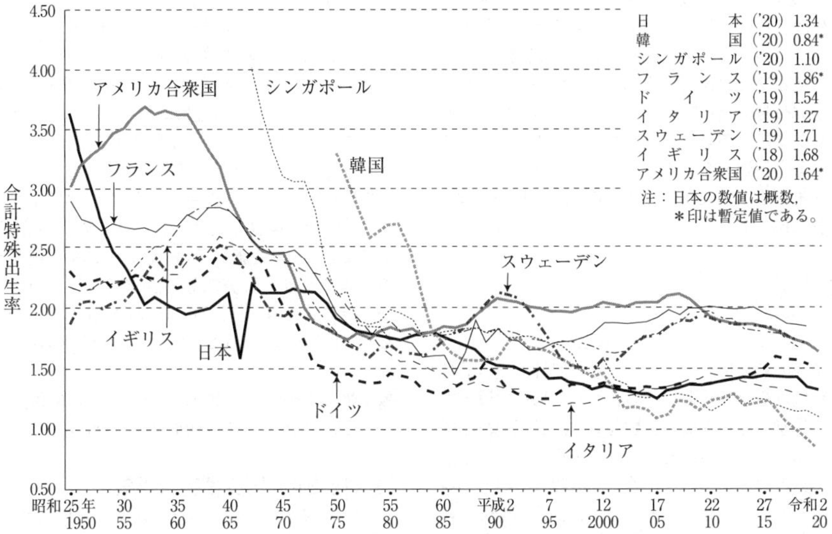

注　1）日本の 2020 年は概数，韓国，アメリカの 2020 年及びフランスの 2019 年は暫定値である。
2）1990 年以前のドイツは，旧西ドイツの数値である。
3）1981 年以前のイギリスは，イングランド・ウェールズの数値である。

資料：厚生労働省「人口動態統計特殊報告（令和 3 年度）」

たり，ののしるといった攻撃的なものや，ぶつぶつ独り言を繰り返すタイプもある。

✎行動・心理症状 p.143

高血圧症

こうけつあつしょう

hypertension

高血圧症の基準は，血圧が 140/90mmHg 以上である。130/80mmHg 以上を高値血圧という。患者は全国で約 1,000 万人おり，傷病別の通院者率では，高血圧が最多である。塩分の過剰摂取がリスク要因となる代表的な生活習慣病で，脳血管障害，腎機能障害，虚血性心疾患などの原因となり，メタボリックシンドロームの診断基準の一つとされている。高血圧症の予防として，醤油，味噌，漬物などの摂取を控え，塩分を制限することが望ましい。高血圧症，糖尿病などの生活習慣病では無症状であることが多く，生活習慣の改善，健診による早期発見が重要である。

✎血圧 p.123，メタボリックシンドローム p.478

後見人

こうけんにん

後見の事務を行う者。未成年後見人と成年後見人の 2 種類がある。契約などの法律行為において，本人を代理したり，本人が行った法律行為を一定の条件の下で取り消す権限がある。未成年者や破産者といった一定の事由がある者は後見人にはなれず（民法 847 条），また，後見監督人および家庭裁判所の監督に服し（民法 863 条），不正な行為，著しい不行跡などの後見の任務に適しない事由があるときは，家庭裁判所により解任される（民法 846 条）。

✎成年後見制度 p.309，成年後見人 p.309，未成年後見人 p.474

膠原病

こうげんびょう

collagen disease

全身の病変部にフィブリノイド変性と結合組織の粘液性膨化が共通してみられるためにつけられた病理学的な疾患概念。現在では，自己免疫の機序により，諸臓器に対する慢性炎症反応が起こる疾患群ととらえられている。すなわち，自分の身体の一部を，病原微生物などの異物と同様に「非自己」とみなして，その身体組織に対して免疫反応を生じ，破壊してしまうのである。膠原病には，関節リウマチ，全身性エリテマトーデス（SLE）などがある。

✎関節リウマチ p.85，全身性エリテマトーデス p.315

高コレステロール血症

こうこれすてろーるけっしょう

hypercholesterolemia

脂質異常症の一つで，血清中のコレステロールが高値となっている状態。高値とは，将来，動脈硬化性疾患（心筋梗塞，脳梗塞など）の発症率が有意に高くなるレベルである。コレステロールにも LDL コレステロールと HDL コレステロールがあり，LDL コレステロールが高ければ，あるいは，HDL コレステロールが低ければ動脈硬化性疾患のリスクとなる。治療としては生活習慣（食事・運動）の改善，薬物療法（スタチンなど）があるが，治療目標値は患者の病態によって異なる。

高脂血症

こうしけっしょう

▶脂質異常症 p.190

高次脳機能障害

こうじのうきのうしょうがい

脳血管障害や交通事故などにより脳に損傷を受けた結果，その損傷部位に応じて様々な障害が生じることがある。主な障害として失語・失行・失認のほか記憶障害，注意障害，遂行機能障害，社会的行動障害などがあり，これらの高次脳機能（認知機能）の障害を主たる要因とした日常生活や社会生活への不適合が生じている状態を高次脳機能障害という。高次脳機能障害は，日常生活や対人関係において大きな支障を来すことも多いが，一見してその症状が障害に由来するものと分かりにくいために，周囲から理解されないだけでなく，当事者自身も気付きにくい傾向がある。医学的には「高次脳機能障害」という言葉は認知機能障害全般を示し認知症も含まれることが多いが，行政的に用いられる「高次脳機能障害」の定義では進行性の病気は除外され，認知症は含まれない。

✎記憶障害 p.91，失語症 p.197，失行 p.196，失認 p.197，遂行機能障害 p.292，半側空間無視 p.425

高次脳機能障害支援普及事業

こうじのうきのうしょうがいしえんふきゅうじぎょう

障害者総合支援法第 78 条に規定される都道府県地域生活支援事業の一つ。都道府県に高次脳機能障害者への支援拠点機関を置き，専門的な相談支援，関係機関との地域支援ネットワークの充実，研修などを行う。高次脳機能障害者に対して適切な支援が提供される体制を整備する事業。

公私分離の原則

こうしぶんりのげんそく

1946（昭和21）年，連合国軍総司令部（GHQ）が発した覚書，「SCAPIN 775」（公的扶助に関する覚書（社会救済））に示された，国が行うべき政策を民間の事業体に行わせてはならないという原則。これに基づき，社会福祉事業法（現・社会福祉法）では民間が行う事業への公金支出を禁止することとした。とはいえ，公私分離を完全なものとすれば福祉サービスは不足するため，民間事業体を十分な統制の下で利用する措置委託制度が苦肉の策として導入された。

✎措置委託 p.324

口　臭

こうしゅう

他人に不快な気持ちを与える口の中の臭いのこと。う蝕や歯周病などの口腔の疾患や，鼻や咽頭，呼吸器系，消化器系の疾患などの場合，ストレスや起床直後・空腹時・緊張時などに唾液量が減少し，口腔内の自浄作用が低下する場合が原因となる。食事や水分摂取を積極的に行うことで，唾液量は増加し口臭は弱まる。口臭を気にして，他者との交流を避けたいと思うようになることがあるため，介護者は，利用者の口臭の有無をよく確認することが必要である。

公衆衛生

こうしゅうえいせい

public health

臨床医学が患者個人の健康問題を取り扱うのに対して，公衆衛生では，集団を対象として，地域や集団の健康問題を取り扱う。疫学，臨床疫学，生物統計学，医療政策，医療経済などの分野が含まれる。世界保健機関（WHO）は公衆衛生を「組織された地域社会の努力を通して，疾病を予防し，生命を延長し，身体的，精神的機能の増進をはかる科学であり技術」と定義している。

後縦靱帯骨化症

こうじゅうじんたいこっかしょう

OPLL；ossification of posterior longitudinal ligament

50歳以上の男性に多い疾患で，脊柱の後縦靱帯が骨化（カルシウムの沈着）を生じ，脊椎管腔の狭小化，脊髄の圧迫，脊髄症を生じる。進行例では脊髄圧迫に対して手術的に除圧を行う。難病の患者に対する医療等に関する法律（難病法）に基づいて公費負担の対象となる指定難病であるとともに，介護保険の特定疾病ともされている。

✎介護保険の特定疾病 p.61，難病の患者に対する医療等に関する法律 p.387

拘　縮

こうしゅく

運動器官である関節が，長期におよぶ安静や固定によって可動域の制限を生じたもの。曲がったままの状態の屈曲拘縮と，伸ばしたままの状態の伸展拘縮がある。長期臥床になりやすい高齢障害者や慢性疾患患者には，拘縮が顕著に現れる。また，運動麻痺があると筋肉を動かすことがなくなり，結果として関節拘縮を招くことになる。拘縮をきたした場合，温熱療法により局所に熱を加えることで，血流を増加させ，拘縮した組織を柔らかくすることで疼痛を和らげる効果はある。しかし，拘縮をきたさないように予防することが第一である。

甲状腺

こうじょうせん

頸部の前面に位置する内分泌器官。重さ15～20g程度，上下方向に3～5cm程度の長さ，幅の狭い中央部（峡部）で，左右の部分（左葉，右葉）がつながったH型をしている。甲状軟骨のやや下方に位置し，気管を前面から囲むように存在する。甲状腺ホルモン，カルシトニンなどのホルモンを分泌する。

✎資料㉗ p.541

甲状腺機能亢進症　図51

こうじょうせんきのうこうしんしょう

hyperthyroidism

甲状腺の機能が亢進し，過剰な甲状腺ホルモン（サイロキシン(T_4)，トリヨードサイロニン(T_3)）が血液中に分泌される状態をいう。若年～中年の女性に好発する。代謝は亢進し，脈拍数の増加，下痢，発汗，やせ，眼球突出などの症状を認める。代表的疾患としてバセドウ病がある。

✎甲状腺疾患 p.140，サイロキシン p.177，バセドウ病 p.417

甲状腺機能障害

こうじょうせんきのうしょうがい

甲状腺機能亢進症（甲状腺から過剰に甲状腺ホルモンが分泌されることで，全身の細胞の新陳代謝が異常に高まる）と甲状腺機能低下症（甲状腺ホルモンが不足し，神経系，心臓，代謝など各器官の働きが低下する）の２種類がある。どちらも薬物療法によって改善されることが多い。甲状腺機能亢進症の代表的な疾患としてバセドウ病，甲状腺機能低下症の代表的な疾患としてクレチン症がある。

甲状腺機能亢進症 p.139，甲状腺機能低下症 p.140，バセドウ病 p.417

甲状腺機能低下症

こうじょうせんきのうていかしょう
hypothyroidism

甲状腺ホルモンの低下により種々の症状をきたす疾患。原因としては橋本病（慢性甲状腺炎）が多い。全身症状（元気がなくなる，疲れやすい，脱力感，寒がり，体重増加，食欲低下，便秘など），精神症状（記憶力低下，集中力低下，動作が緩慢など），皮膚症状（発汗低下，皮膚乾燥，腫れぼったい），むくみ（押してもへこみが残らない，粘液水腫），白髪が増加，脱毛，高コレステロール血症，徐脈，抗甲状腺抗体陽性（橋本病の場合）などを認める。治療には，甲状腺ホルモンを投与する。

甲状腺疾患 p.140

甲状腺疾患

こうじょうせんしっかん

▶甲状腺機能亢進症 p.139，甲状腺機能低下症 p.140

更生医療

こうせいいりょう

障害者総合支援法に基づく自立支援医療の一つ。身体障害者の職業能力や日常生活を向上することを目的に行われる医療で，治療を目的とする医療とは異なる。実施主体は市町村。

図 51　甲状腺機能亢進症の主な症状

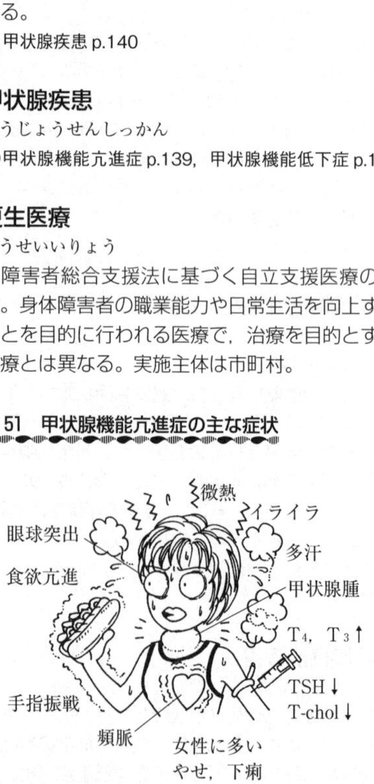

自立支援給付 p.270

更生施設

こうせいしせつ

生活保護法第 38 条に規定される保護施設の一つ。身体上あるいは精神上の理由により養護および生活指導を必要とする者を入所させ，生活扶助を行うことを目的とする（生保 38 条３項）。第一種社会福祉事業である。2020（令和２）年10 月現在，全国に 20 施設ある。

生活扶助 p.299，保護施設 p.462

抗精神病薬

こうせいしんびょうやく

向精神薬の一種で，主として統合失調症，双極性障害の治療において承認されている精神科の薬。主な作用は，脳内の神経伝達物質であるドーパミンを遮断することで，幻覚，妄想といった精神症状を軽減させることである。また鎮静作用を有する薬も多く，強度の不安・不眠，興奮，錯乱状態に対する目的においても使用されることがある。副作用としては，錐体外路症状（EPS）といわれるもので，パーキンソニズム，アカシジア，ジストニア，ジスキネジアなどがあり，重篤なものでは悪性症候群が知られている。また口渇，便秘，起立性低血圧，体重増加，高プロラクチン血症といったものも副作用として認められることがある。

双極性感情障害 p.318，統合失調症 p.368

向精神薬

こうせいしんやく

中枢神経系に対して選択的に作用し，精神活動に何らかの影響を与える薬物の総称。抗精神病薬のような精神科の薬やニコチン，アルコール，LSD，大麻といったものも含まれるが，狭義には，麻薬及び向精神薬取締法で個別に指定された薬物を指す。メチルフェニデートのような精神刺激薬や，ベンゾジアゼピン系，バルビツール酸系に属する抗不安薬，睡眠薬，麻酔薬，抗てんかん薬の一部が，第一種から第三種に指定されている。

合成繊維

ごうせいせんい

石油を原料として作られた化学繊維。合成繊維の種類はアクリル，ナイロン，ポリエステル，ビニロン，ポリウレタンなどである。ナイロンが世界初の合成繊維であるとされている。摩擦強度・

防シワ性・保温性が高く軽量であるが，吸湿性はほとんどなく，熱に対して弱く，静電気を発生しやすい。衣料用の布地・編地などに広く使用されており，他の繊維との混紡繊維としての利用も高くなっている。

✎アクリル p.5，化学繊維 p.70，混紡製品 p.171，ナイロン p.385，ビニロン p.431，ポリエステル p.469

更生相談

こうせいそうだん

更生相談とは，連絡・調整，情報の提供を含めた援助であると考えられる。身体障害者法第 11 条および知的障害者福祉法第 12 条において，更生相談所が規定されており，都道府県に設置を義務づけられている。その業務としては「市町村の更生援護の実施に関し，市町村相互間の連絡及び調整，市町村に対する情報の提供その他必要な援助を行うこと並びにこれらに付随する業務を行うこと」と規定がある。なお「更生」という言葉は，本来は「リハビリテーション」の訳語として使われてきたものである。

厚生年金

こうせいねんきん

民間被用者を対象とする最大の公的年金制度。国が被保険者である。1941（昭和 16）年制定の労働者年金保険法に起源をもち，1954（昭和 29）年に全文が改定されてから，改正を重ねつつ現在に至る。国民年金の対象者を拡大してできた基礎年金部分（1985（昭和 60）年より）とそれに上積みされる報酬比例部分からなる。厚生年金の被保険者と被扶養配偶者は，それぞれ国民年金の第二号，第三号の被保険者となり，国民年金の保険料を個別に納める必要はなく，納めた厚生年金保険料ですべて負担されることになっている。2015（平成 27）年 10 月より，共済年金制度がなくなり厚生年金に統一された。

厚生年金基金

こうせいねんきんききん

企業年金の一つで，調整年金とも呼ばれる。1966（昭和 41）年の厚生年金保険法の改正により，翌年よりこの厚生年金基金制度が実施された。この制度の仕組みは，厚生年金の報酬比例部分（スライド・再評価部分を除く）の給付（代行部分）を国に代わって基金が支給するとともに，独自の上乗せ給付を行うといったものである。この制度が設立されているときは，被保険者は，厚生年金の保険料の一部を国ではなく基金に納付することになる。2013（平成 25）年 6 月に厚生年金保険法が改正され，新規設立は認められず，財政状況が悪化している厚生年金基金を代行割れ基金と分類し，5 年以内に解散させ母体企業に代行部分を返還させることになった。

厚生年金保険法

こうせいねんきんほけんほう

昭和 29 年制定，法律第 115 号。目的は，「労働者の老齢，障害又は死亡について保険給付を行い，労働者及びその遺族の生活の安定と福祉の向上に寄与すること」とされている（1 条）。被保険者の資格や期間，保険給付の種類や算定，支給期間などについて記載されている。

更生保護 図52

こうせいほご

犯罪や非行をした者の改善更生を図るため，必要な指導監督，補導援護等の措置を行い，また，一般社会における犯罪予防の活動を助長することによって，犯罪や非行から社会を保護し，個人および公共の福祉を増進することを目的とする施策。更生保護は，警察，検察，裁判，矯正と並んで日本の刑事司法制度の一翼を担っており，犯罪や非行をした者に，実社会で通常の生活を営ませつつ，指導監督等の措置を行うことから，矯正の施設内処遇に対して，社会内処遇といわれる。

更生保護の歴史は，徳川幕府が設置した石川島人足寄場にまでさかのぼるが，直接的な更生保護の先駆けは，1888（明治 21）年に金原明善（きんぱらめいぜん：1832 ～ 1923）が静岡県に創設した「出獄人保護会社」である。更生保護制度が整備されたのは比較的新しく，1949（昭和 24）年の犯罪者予防更生法をはじめ，1950（昭和 25）年に更生緊急保護法と保護司法，1954（昭和 29）年に執行猶予者保護観察法が制定されている。そして，2007（平成 19）年には，犯罪者予防更生法と執行猶予者保護観察法が整理・統合されて，更生保護法が成立した。

更生保護法

こうせいほごほう

平成 19 年制定，平成 20 年施行，法律第 88 号。法務省に設置された「更生保護のあり方を考える有識者会議」の提言を踏まえて，犯罪者予防更生法と執行猶予者保護観察法を整理・統合し，更生保護の機能の充実強化を図るための規定や制度の整備を行うことを目的とした法律。更生保護関係機関，仮釈放，保護観察，生活環境の調整，更生緊急保護，審査請求等について規定している。更生保護法では，法の目的の明確化，保護観察における遵守事項の整理・充実，生活環境の調整の充実および仮釈放等の審理において犯罪被害者等の意見を聴取する制度等が整備されている。

厚生労働省

こうせいろうどうしょう

厚生労働省設置法に基づき設置されている国の行政機関。2001（平成13）年に当時の厚生省と労働省を統合することによって発足した。外局に社会保険庁（業務を全国健康保険協会（協会けんぽ）や日本年金機構に移して，機能を順次縮小し，2010（平成22）年1月に廃止），中央労働委員会がある。「国民生活の保障及び向上を図り，並びに経済の発展に寄与するため，社会福祉，社会保障及び公衆衛生の向上及び増進並びに労働条件その他の労働者の働く環境の整備及び職業の確保を図ることを任務とする」（厚労設3条1項）。

厚生労働白書

こうせいろうどうはくしょ

厚生労働省により出される年次刊行の報告書。業務報告であると同時に，取り組むべき課題や新しい施策の解説も盛り込まれる。自殺動向や高齢者の就業状況，社会保障関係費などの情報が豊富に特集される。

交代性片麻痺

こうたいせいかたまひ

脳幹（中脳・橋・延髄）の片側に脳出血や脳梗塞などの障害を受けた場合に生じる。障害を受けた側と同側の脳神経障害によって，これと反対側の上下肢の麻痺が生じたものをいう。

公団住宅

こうだんじゅうたく

かつて日本住宅公団が供給していた住宅のこと。現在では，公団の呼称は用いられることが少なくなったが，運営主体を独立行政法人都市再生機構（UR）に変えて存続している。障害者世帯の優先入居などを実施している。

図52 更生保護の組織

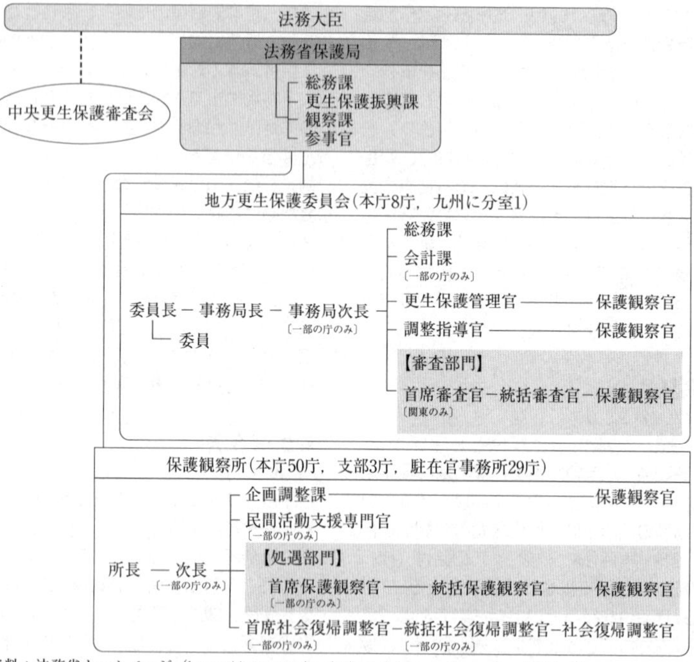

資料：法務省ホームページ（https://www.moj.go.jp/hogo1/soumu/hogo_hogo03.html）

高中性脂肪血症

こうちゅうせいしぼうけっしょう

hypertriglycemia

血清中のLDL-コレステロールが140mg/dL以上，中性脂肪が150mg/dL以上，HDL-コレステロールが40mg/dL未満を脂質異常症という。このうち，中性脂肪が150mg/dL以上を高中性脂肪血症という。内臓肥満，メタボリック症候群と関連し，脳血管障害のリスク要因となる。治療には，食事療法，運動療法，薬物（フィブラートなど）を用いる。

公的セクター

こうてきせくたー

税や社会保険料などの財源により公的サービスを提供する機関のこと。狭義には行政機関のことであるが，広義には社会福祉協議会などの社会福祉法人や各種の独立行政法人などを含めることがある。福祉多元主義をとる国々の福祉サービスの供給は，公的セクター，民間非営利セクター，民間営利セクター，インフォーマルセクターなどによって担われる。

✎インフォーマルセクター p.31，民間営利セクター p.475，民間非営利セクター p.476

公的年金制度

こうてきねんきんせいど

日本の公的年金制度は，19世紀末ごろより，軍人や官吏を対象にした税を財源とした恩給制度に端を発している。その後，鉄道や専売，印刷などの官庁，民間被用者を対象とする公的年金制度が設けられていった。1959（昭和34）年，自営業者や零細事業所の被用者を対象とした国民年金が制度化され，1961（昭和36）年には全面施行されて国民皆年金制となった。1986（昭和61）年4月から全国民共通の基礎年金制度が導入され，報酬比例の厚生年金や共済年金はその上乗せ部分へと改編された。年金の給付には，物価スライドをはじめとした各種スライド制を採用している（国年4条，厚年2条の2)。

公的扶助

こうてきふじょ

国または地方公共団体が，税による一般財源から，最低生活保障のために，資力と所得の調査（ミーンズ・テスト）をした上で必要に応じて行う経済的援助。公的扶助制度は，近代的産業社会の生成，経済の発展に関連している。近代的産業社会の生成期に産業革命を進行させたイギリスにおいて，国家的規模で制度化されていった救済制度がモデルとなり，諸外国に導入されていった。対象者が貧困に陥った原因を問わずに，最低生活保障ラインと収入との差額が給付され，必要に応じて現物の給付も行われる。日本の場合は生活保護がこれにあたる。

✎生活保護法 p.301，ミーンズ・テスト p.473

公的扶助に関する覚書

こうてきふじょにかんするおぼえがき

▶社会救済に関する覚書 p.210

後天性免疫不全症候群

こうてんせいめんえきふぜんしょうこうぐん

▶エイズ p.37

行動援護

こうどうえんご

障害者総合支援法第5条第5項に規定される介護給付の一つ。知的障害や精神障害により行動上の困難を有し，常時介護を要する状態にある者に対し，危険を回避するために必要な援護や外出時における移動中の介護などを行う。

✎重度知的障害者 p.228，自立支援給付 p.270

行動障害

こうどうしょうがい

通常の社会基準からは明らかに逸脱した，他者の迷惑や本人の苦痛を伴うような不適切な行動をとること。具体的には食事行動の障害（拒食，過食，異食など)，物を破壊する，自傷，他傷，異常な動き（多動，徘徊など)，強いこだわり，睡眠障害，騒がしさ，排泄行動の障害（強迫的な排泄，便こねなど）がある。

行動・心理症状

こうどうしんりしょうじょう

BPSD：behavioral and psychological symptoms of dementia

認知症の中核症状に様々な要因が重なって起こる症状のこと。認知症の症状には，中核症状（脳機能の低下を直接示す症状で，物忘れ，判断力低下，見当識障害，言語障害など）と，中核症状に伴って出現する精神・行動面の症状である周辺症状（せん妄，抑うつ，徘徊，妄想，睡眠障害，興奮など）がある。周辺症状はBPSDと重なる概念である。行動症状としては，暴力，暴言，徘徊，拒絶，不潔行為などがあり，心理症状としては，不安，抑うつ，幻覚，妄想，睡眠障害などがある。

これまで，認知症に伴う精神徴候は「問題行動」と呼ばれ，差別的なニュアンスがあったため，近年「行動・心理症状」（BPSD）と呼ぶようになった。BPSD は認知症の経過中のある時期に 60 ～ 90% の患者にみられる。

認知症 p.398

行動療法

こうどうりょうほう

不適応的な行動を，学習理論に基づき変化・除去する，あるいは適応的な行動を増やすことで状態を改善する療法。行動上の問題は誤った学習によるものととらえ，望ましい行動を再学習することで修正できると考える。気持ちや心などの内面の変化ではなく，あくまで客観的に測定できる行動をターゲットにする。最近は，認知的な学習を重視した認知行動療法が広く提唱されている。

高度経済成長

こうどけいざいせいちょう

1950 年代半ばから 1970 年代初頭にかけて続いた日本における経済の高度成長期のこと。産業基盤の大規模な整備が行われる一方で，公害や過疎・過密化など新たな問題も生じた。高度経済成長期には，男性が外で働き，女性が家内労働を行うという性別役割分業が定着し，男性雇用者と無業の妻からなる片働き世帯が増加した。

高尿酸血症

こうにょうさんけっしょう

hyperuricemia

血液中の尿酸値は男性，飲酒，肥満者，プリン体を多く含む肉やレバーの食べすぎなどで上昇する。一般に尿酸値 7.0 mg/dL 以上を高尿酸血症と呼び，しばしば痛風を発症する。痛風では，血液中の過剰の尿酸塩が関節（特に足の親指付け根）に沈着し，激痛を伴う関節炎を生じる。また，糖尿病や脂質異常症などを伴うことが多い。

痛風 p.358

公認心理師

こうにんしんりし

公認心理師法（平成 27 年制定法律第 68 号）により定められた，日本初の心理業務に関する国家資格。保健医療，福祉，教育などの分野で，心理学に関する専門知識・技術を用いて，対象者や関係者に対しての心理的支援，教育，情報提供を行う。

抗認知症薬

こうにんちしょうやく

現在用いられている抗認知症薬は，認知機能に関わるコリン作動性ニューロンの賦活化作用を有する薬物で，アルツハイマー型認知症，脳血管性認知症，レビー小体型認知症の治療に用いられる。抗認知症薬は，症状の進行を完全に止めることはできない。

更年期障害

こうねんきしょうがい

menopause symptom

更年期（主に 50 歳前後の閉経をはさんだ約 10 年間）における，ホルモン分泌の変化によって起こる不定愁訴のこと。自律神経性・心因性によって起こる（男性でも 40 歳代以降に起こることがある）。顔などの熱感，発汗，頭痛，肩こり，腰痛，めまい，不眠，疲労感など，症状は多岐にわたる。

高年齢者雇用安定法

こうねんれいしゃこようあんていほう

▶高年齢者等の雇用の安定等に関する法律 p.144

高年齢者等の雇用の安定等に関する法律

こうねんれいしゃとうのこようのあんていとうにかんするほうりつ

昭和 46 年制定，法律第 68 号。略称は高年齢者雇用安定法。少子高齢化が急速に進行し人口が減少する中で，経済社会の活力を維持するため，働く意欲がある誰もが能力を十分に発揮できるよう，高年齢者が活躍できる環境整備を図る法律である。65 歳までの雇用確保（義務）に加え，2021（令和 3）年 4 月より 65 歳から 70 歳までの就業機会を確保するため，高年齢者就業確保措置として① 70 歳までの定年引き上げ，②定年制の廃止，③ 70 歳までの継続雇用制度（再雇用制度・勤務延長制度）の導入（特殊関係事業主に加えて，他の事業主によるものを含む），④ 70 歳まで継続的に業務委託契約を締結する制度の導入，⑤ 70 歳まで継続的に以下の事業に従事できる制度の導入のいずれかの措置を講じる努力義務が施行された。

シルバー人材センター p.274

光背効果

こうはいこうか

▶ハロー効果 p.422

孝橋正一

こうはししょういち：1912 ～ 1999

社会福祉研究者。兵庫県神戸市に生まれる。大河内一男の理論を受け継ぎつつも，独自の孝橋理論を展開した。大河内は社会政策を，国家による労働力保全政策と規定し，社会事業（社会福祉）は，あくまでこの社会政策を補充・補強するものと位置づけた。孝橋はそれを批判して，社会事業（社会福祉）は，資本主義体制の維持・存続を目指すための本質に関連するものであると考えた。社会事業は，社会政策の限界から生まれる「派生的な社会的問題」を対象とするとしている。

✎ 大河内一男 p.49

広汎性発達障害

こうはんせいはったつしょうがい

PDD；pervasive developmental disorder

▶ 自閉症スペクトラム障害 p.209

抗ヒスタミン薬

こうひすたみんやく

神経伝達物質ヒスタミンにより引き起こされるアレルギー反応を抑え，蕁麻疹，花粉症，喘息などによる皮膚の腫れやかゆみ，鼻炎，咳などの症状を改善する薬のこと。主な副作用に，眠気，口渇，粘膜乾燥感，便秘があらわれる場合がある。

公費負担医療

こうひふたんいりょう

公費により医療にかかる費用を全額または一部負担する制度。この制度にはいくつかの種類がある。例えば，公的扶助（生活保護）による医療扶助，障害者総合支援法による自立支援医療（更生医療，育成医療，精神通院公費），児童福祉法による療育の給付などである。

公民館

こうみんかん

社会教育法に規定される社会教育施設。公民館の目的，設置者，運営方針，職員，運営の状況に関する情報の提供など，詳細については同法第５章の第 20 条から第 42 条の中で規定されている。公民館は，市町村が設置し，設置および管理に関する事務は市町村の教育委員会が行うこととされている。

公民権運動

こうみんけんうんどう

American Civil Rights Movement

1950 年代から 1960 年代にかけてアメリカで起こった社会運動。人種によらず公民としての権利の獲得を目指した。運動を担った中心的な人物として，マーチン・ルーサー・キング・ジュニア（キング牧師，Martin Luther King, Jr.：1929 ～ 1968）などがいる。

合理化

ごうりか

防衛機制の一つ。自分の失敗や行動に対して事実を認めるのを避け，他のもっともらしい理屈をつけて正当化し，情緒的安定を保とうとする心の働き。例えば，欲しいものが手に入らなかったとき，あれはつまらないものだったと自分を納得させるなど。意識的に行われることもあれば，無意識に行われることもある。

✎ 防衛機制 p.456

合理的配慮

ごうりてきはいりょ

障害者の権利に関する条約第２条では，「合理的配慮」とは，障害者が他の者との平等を基礎として全ての人権および基本的自由を享有し，又は行使することを確保するための必要かつ適当な変更および調整であって，特定の場合において必要とされるものであり，かつ，均衡を失した又は過度の負担を課さないものをいう，と定義している。また，障害を理由とする差別の解消の推進に関する法律（障害者差別解消法）第７条，第８条では，国，地方公共団体等および民間事業者に対し，障害者に対する差別的取扱いの禁止を法的義務とし，合理的配慮の不提供の禁止について，国，地方公共団体等については法的義務，民間事業者には努力義務としている。

高齢化率

こうれいかりつ

国の総人口に占める高齢者（65 歳以上）人口の割合。当該地域における人口に占める高齢者の割合を示す。高齢化率に応じて，「高齢化社会」「高齢社会」「超高齢社会」の３つに分類して呼称するのが一般的である。2021（令和３）年の高齢化率は，28.9%である。

✎ 高齢社会 p.146，超高齢社会 p.354

高齢期の心理的問題

こうれいきのしんりてきもんだい

加齢に伴う身体的変化や認知的変化，環境の変化などにより引き起こされる，様々な心理的課題を指す。いわゆる老化による身体機能の低下や疾患の合併等から健康不安を感じたり，近しい人との死別などの喪失体験や生活環境の変化，定年退職等による社会的立場の喪失などから孤独感を増したりすること。また，近年では老々介護などもあり，ストレスは多岐にわたる。様々な要因が複雑に絡み合っていることが多く，うつ状態を引き起こすこともある。高齢期のパーソナリティーの特徴については，ライチャードやニューガーテンらの分類が有名。

✎うつ状態 p.35，ニューガーテン p.393，ライチャード p.495，ライチャードの老年期の性格類型 p.495

高齢者

こうれいしゃ

一般的に 65 歳以上の者を指すが，統一の見解・基準に基づいたものではない。わが国の老年人口などの社会統計上や国際的には 65 歳以上としているのが一般的である。高齢者医療制度では，65 歳以上 75 歳未満の者を前期高齢者，75 歳以上の者を後期高齢者と区分している。

高齢者医療確保法

こうれいしゃいりょうかくほほう

▶高齢者の医療の確保に関する法律 p.149

高齢者円滑入居賃貸住宅

こうれいしゃえんかつにゅうきょちんたいじゅうたく

高齢者の入居を拒まず，居室の広さなど一定の条件を満たす賃貸住宅のこと。略称は「高円賃」。2011（平成 23）年 10 月 20 日に，高齢者の居住の安定確保に関する法律（高齢者住まい法）の改正法が施行され，「サービス付き高齢者向け住宅（サ高住）」の都道府県等への登録制度が創設されたことにより廃止された。高円賃からサ高住に移行した事業者も多い。

✎高齢者の居住の安定確保に関する法律 p.150，サービス付き高齢者向け住宅 p.172

高齢社会

こうれいしゃかい

当該地域における人口に占める高齢者（65 歳以上）の割合である高齢化率が 14 ～ 21％の間にある社会のこと。なお，高齢化社会は 7 ～ 14％の間とされる。

✎超高齢社会 p.354

高齢社会対策基本法

こうれいしゃかいたいさくきほんほう

平成 7 年制定，法律第 129 号。第 1 条では目的に「高齢社会対策を総合的に推進し，もって経済社会の健全な発展及び国民生活の安定向上を図ること」を明記している。また，第 2 条では，国民が生涯にわたって社会を構成する重要な一員として尊重され，地域社会が自立と連帯の精神に立脚して形成される社会が構築されること，と基本理念を規定している。高齢化の進展に適切に対処するための施策に関して基本理念を定めるとともに国と自治体の責務などの明確化，高齢社会対策大綱の策定，高齢社会対策会議の設置，年次報告書（高齢社会白書）の発行などが規定されている。

高齢社会対策大綱

こうれいしゃかいたいさくたいこう

1995（平成 7）年に高齢社会対策基本法が施行され，この法律を推進するためのものとして，従来の長寿社会対策大綱を総合的に見直し，1996（平成 8）年に閣議決定された大綱。急速に高齢社会を迎える日本の将来に備えて，計画的に総合的な高齢社会対策を策定するための指針であり，高齢社会対策基本法を具現化するために検討された重要課題が記されている。その中には，「新ゴールドプラン（新・高齢者保健福祉推進十か年戦略）」の推進や介護保険制度創設，福祉サービスへの民間サービスの参入，介護休業制度の導入，今後増大するであろう認知症高齢者の財産を守るための権利擁護システムの検討などが盛り込まれており，今日の福祉サービスの根幹をなすものである。

その後，2001（平成 13）年には 5 年経過したとして，高齢社会対策の推進にあたっての基本姿勢を明確にするとともに，対策の一層の推進を図るため，分野別の基本的な施策の枠を越え，横断的に取り組む課題を設定し，関連施策の総合的な推進を図るための新しい高齢社会対策大綱が策定された。さらに 2012（平成 24）年には，11 年ぶりに大綱が見直され，初めて数値目標が示されて，2018（平成 30）年 2 月には第 4 次高齢社会対策大綱が策定されている。就業・所得，健康・福祉などの 5 分野について，引き続き 2020（令和 2）年までの数値目標が設定された。

高齢社会白書

こうれいしゃかいはくしょ

高齢社会対策基本法に基づき，1996（平成 8）年から毎年政府が国会に提出している年次報告書。高齢化の状況や政府が講じた高齢社会対策の実施の状況，今後講じようとする施策について明らかにしている。例年 5 月から 6 月に公表される。

高齢社会福祉ビジョン懇談会

こうれいしゃかいふくしびじょんこんだんかい

▶21 世紀福祉ビジョン p.388

高齢者関係給付費

こうれいしゃかんけいきゅうふひ

「社会保障費用統計」に示される社会保障給付費のうち，高齢者に対して行われる社会保障給付に要する費用のこと。年金保険給付費，高齢者医療給付費，老人福祉サービス給付費（介護保険給付を含む），高年齢雇用継続給付費の合計である。社会保障給付費全体に占める高齢者関係給付費の割合は，2020（令和 2）年度において 62.9% となっている。

✎社会保障給付費 p.218

高齢者虐待　図53 図54 表15

こうれいしゃぎゃくたい

高齢者虐待防止法では，虐待を，身体的虐待，介護等の放棄・放任（ネグレクト），心理的虐待，性的虐待，経済的虐待に類型化している。

国によって毎年対応状況調査が行われており，2013（平成 25）年度からは，市町村単位ではなく事例単位の積上げで集計されている。2020（令和 2）年度は，虐待と判断されたもののうち，養介護施設従事者等によるものは 595 件，養護者によるものは 17,281 件。

✎通告（通報）義務 p.357

高齢者虐待の防止，高齢者の養護者に対する支援等に関する法律

こうれいしゃぎゃくたいのぼうしこうれいしゃのようごしゃにたいするしえんとうにかんするほうりつ

平成 17 年制定，平成 18 年施行，法律第 124 号。略称は高齢者虐待防止法。通報義務，事実確認・対応協議，一時保護措置・成年後見申立，立入調査，警察署長に援助要請，面会制限の法的根拠，内部告発者保護などについて規定されている。高齢者虐待防止ネットワーク（早期発見・見守り，保健医療福祉サービス介入，関係専門機関介入支援）を構築し，高齢者虐待の一次，二次，三次予防を図ることが求められる。

高齢者虐待防止ネットワーク　図55

こうれいしゃぎゃくたいぼうしねっとわーく

高齢者虐待防止法は，第 16 条（連携協力体制）により，市区町村に，養護者による高齢者虐待の防止や早期発見，被虐待者である高齢者や虐待者である養護者に適切な支援を行うために，関係機関や民間団体との連携協力体制を整備することを求めている。具体的には，地域包括支援センターが構築する「高齢者虐待防止ネットワーク」を活用し，ネットワークの成員が「高齢者虐待対応協力者」として，市区町村とともに個別事例への対応策を検討し支援を行う。

✎地域包括支援センター p.343

高齢者虐待防止法

こうれいしゃぎゃくたいぼうしほう

▶高齢者虐待の防止，高齢者の養護者に対する支援等に関する法律 p.147

高齢者，障害者等の移動等の円滑化の促進に関する法律

こうれいしゃしょうがいしゃとうのいどうとうのえんかつかのそくしんにかんするほうりつ

平成 18 年制定・施行，法律第 91 号。略称はバリアフリー新法。高齢者，身体障害者等の公共交通機関を利用した移動の円滑化の促進に関する法律（交通バリアフリー法）と高齢者，身体障害者等が円滑に利用できる特定建築物の建築の促進に関する法律（ハートビル法）を再編・統合し，交通機関と建築物を総合的に整備する目的で制定された。ハートビル法や交通バリアフリー法では対象外であった駐車場，公園，福祉施設や官公庁間等の経路を整備の対象とし，市町村の基本構想策定時には市町村，施設設置管理者，高齢者，障害者，学識経験者などからなる協議会を設置し，意見を聴くことなどが定められている。

高齢者住まい法

こうれいしゃすまいほう

▶高齢者の居住の安定確保に関する法律 p.150

高齢者生活福祉センター

こうれいしゃせいかつふくしせんたー

原則として 60 歳以上の独居，夫婦のみの世帯に属する者および家族による援助を受けることが困難な高齢者を対象としている。独立して居宅で

の生活に不安がある者に対し，必要に応じ住居を提供し，相談，助言，緊急時対応，介護サービス利用支援等の援助を行う施設。老人デイサービスセンター等の通所介護事業，地域住民との交流の場の提供も義務づけられている。定員は10人前後であり，20人が限度とされている。通所介護事業の職員の他に利用者に応じて生活援助員が配置されている。

高齢者世帯

こうれいしゃせたい

65歳以上の者で構成するか，またはこれに18歳未満の未婚の者が加わった世帯を指す。国勢調査では，65歳以上の親族のいる世帯，高齢夫婦世帯（夫65歳以上，妻60歳以上の夫婦1組の一般世帯で他の世帯員がいないもの），高齢単身世帯（65歳以上の者1人のみの世帯）などの区分をしている。国民生活基礎調査などによると，夫婦のみの世帯や単独世帯の比率が近年増加

図53 高齢者虐待の種別・類型

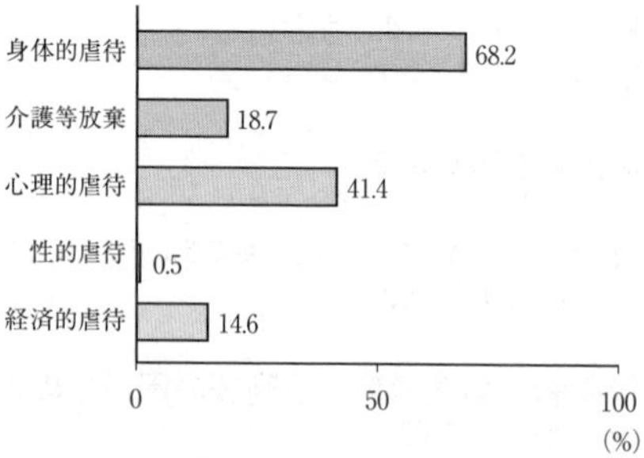

※被虐待高齢者の総数17,778人において，被虐待高齢者ごとの虐待種別を複数回答形式で集計。

図54 被虐待高齢者からみた虐待者の続柄

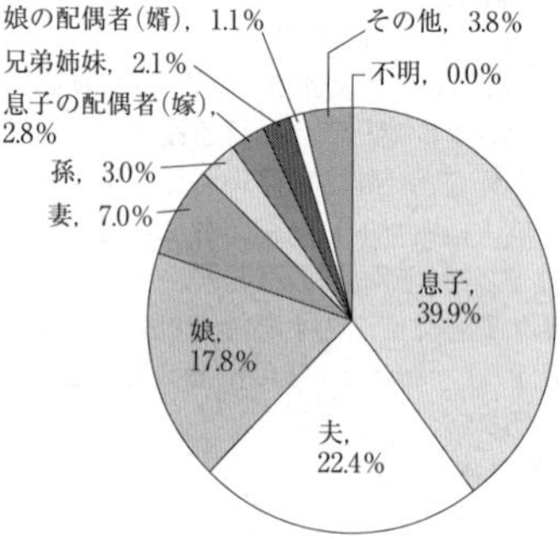

※虐待者の総数18,687人における割合。

資料：厚生労働省「令和2年度 高齢者虐待の防止，高齢者の養護者に対する支援等に関する法律に基づく対応状況等に関する調査結果」

表15 高齢者虐待の具体的内容

身体的虐待	暴力的行為 高齢者の利益にならない強制による行為，代替方法を検討せずに高齢者を乱暴に扱う行為 「緊急やむを得ない」場合以外の身体拘束
介護等放棄	必要とされる介護や世話を怠り，高齢者の生活環境・身体や精神状態を悪化させる行為 高齢者の状態に応じた治療や介護を怠ったり，医学的診断を無視した行為 必要な用具の使用を限定し，高齢者の要望や行動を制限させる行為 高齢者の権利を無視した行為またはその行為の放置
心理的虐待	威嚇的な発言，態度 侮辱的な発言，態度 高齢者や家族の存在や行為を否定，無視するような発言，態度 高齢者の意欲や自立心を低下させる行為 羞恥心の喚起 心理的に高齢者を不当に孤立させる行為
性的虐待	高齢者にわいせつな行為をすること 高齢者をしてわいせつな行為をさせること
経済的虐待	金銭の寄付・贈与の強要 着服・窃盗 無断流用

資料：厚生労働省「令和2年度 高齢者虐待の防止，高齢者の養護者に対する支援等に関する法律に基づく対応状況等に関する調査結果」

傾向にある。

高齢者世話付住宅
こうれいしゃせわつきじゅうたく

▶シルバーハウジング p.274

高齢者総合相談センター(シルバー110番)
こうれいしゃそうごうそうだんせんたー(しるばー110ばん)

高齢者および家族の抱える保健・福祉・医療などに関する相談に応じ，また市町村の相談体制を支援することを目的に都道府県レベルを中心に設置されている。電話相談や面接相談を行っており，シルバー110番とも呼ばれる。プッシュホンの場合「#8080（ハレバレ)」で全国どこからでも利用できるようになっている。このほか，福祉機器の展示や市町村の窓口職員などの研修を行っている。

高齢者の医療の確保に関する法律
こうれいしゃのいりょうのかくほにかんするほうりつ

昭和57年制定，法律第80号。略称は高齢者医療確保法。老人保健法を全面改正・改称し成立した法律。高齢期における適切な医療の確保のため，計画作成や健康診査などの措置を講ずるとともに，前期高齢者に係る保険者間の費用負担調整，後期高齢者に対する適切な医療給付に必要な制度を設け，国民保健の向上と高齢者福祉の増進を図ることを目的とする。同法に基づき，75歳以上の高齢者を対象にした新たな医療保険制度である後期高齢者医療制度（長寿医療制度）が創設された。なお，同法第51条により，生活保護の受給者は，後期高齢者医療制度の被保険者から除外されている。また，同法第18条に基づき，2008（平成20）年度から，医療保険者は，原則として，40～74歳の「加入者」に対して，特定健康診査および特定保健指導を行うことが義務づけられた。

✎後期高齢者医療制度 p.135

高齢者能力開発情報センター
こうれいしゃのうりょくかいはつじょうほうせんたー

高齢者の能力に応じた就労期間の確保や，高齢者が積極的に社会参加するための福祉情報などを提供する施設。主な事業内容は就労のあっせんと，社会活動のための福祉情報の提供などである。各都道府県に設置されており，利用料は無料となっている。

図55　高齢者虐待防止ネットワーク

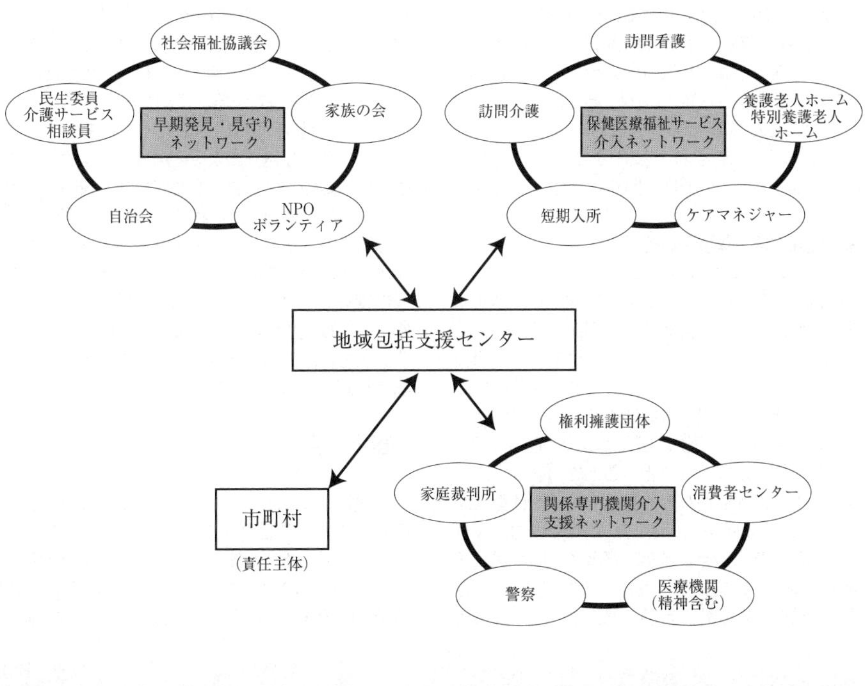

高齢者の居住の安定確保に関する法律

こうれいしゃのきょじゅうのあんていかくほにかんするほうりつ

平成 13 年制定，法律第 26 号。略称は高齢者住まい法。目的は「高齢者が日常生活を営むために必要な福祉サービスの提供を受けることができる良好な居住環境を備えた高齢者向けの賃貸住宅等の登録制度を設けるとともに，良好な居住環境を備えた高齢者向けの賃貸住宅の供給を促進するための措置を講じ，併せて高齢者に適した良好な居住環境が確保され高齢者が安定的に居住することができる賃貸住宅について終身建物賃貸借制度を設ける等の措置を講ずることにより，高齢者の居住の安定の確保を図り，もってその福祉の増進に寄与すること」（第 1 条）である。2011（平成 23）年 4 月にサービス付き高齢者向け住宅制度が創設され，高齢者円滑入居賃貸住宅，高齢者専用賃貸住宅，高齢者向け優良賃貸住宅の制度等が廃止された。

✎高齢者向け優良賃貸住宅制度 p.151

高齢者の健康に関する意識調査（内閣府）

こうれいしゃのけんこうにかんするいしきちょうさ（ないかくふ）

高齢社会対策の総合的な推進のため，内閣府が 5 年ごとに行っている調査。高齢社会に対する健康状態，食生活，介護，医療，楽しみ，不安など高齢者の健康に関する実態並びに意識などを問う総合的調査である。2002（平成 14）年から開始され，第 1 回目は 65 歳以上の男女を対象としていたが，第 2 回目以降は，55 歳以上の男女を対象とした調査となっている。現在までに 4 回の調査が実施され，5 回目の 2017（平成 29）年は「高齢者の健康に関する調査」となった。

高齢者の骨・関節疾患

こうれいしゃのこつかんせつしっかん

高齢者では骨・関節疾患を有する割合が高い。関節軟骨は，骨の表面を覆い，関節がスムーズに可動する役割を担っている。変形性関節症は関節軟骨がすり減って変性して生じ，進行すると骨にも変化をきたす。変形性膝関節症は膝の内側に多く，この部分の関節軟骨が変性し O 脚を生じる。歩き始めや正座から立ち上がるときの痛み，進行すると関節液の貯留などをきたす。変形性脊椎症では神経の圧迫により下肢のしびれ，脱力，坐骨神経痛などを生じる。また，高齢者では骨粗鬆症を生じやすく，脊椎圧迫骨折，大腿骨頸部骨折，橈骨遠位端（前腕骨遠位端）骨折は，特に高齢者に多い骨折として知られる。大腿骨頸部骨折は寝たきりの原因として重要である。高齢者では寝たきりを避けるために，原則として手術を行う。

✎骨粗鬆症 p.163，脊椎圧迫骨折 p.311，大腿骨頸部骨折 p.329，橈骨遠位端骨折 p.368，変形性関節症 p.454，変形性膝関節症 p.454

高齢者の住宅と生活環境に関する意識調査

こうれいしゃのじゅうたくとせいかつかんきょうにかんするいしきちょうさ

内閣府が，高齢社会対策の総合的な推進に資するために，基本的生活や住宅の状況，転倒事故などについて調査しているもの。直近では 2010（平成 22）年に行われた。高齢者が，住み慣れた地域で安心して不自由なく外出・買物などができる環境を整備するには，住宅を，高齢期の身体機能の低下や多様な居住形態に合わせた構造や設備にする必要があるが，そのために役立つ知見を得る目的で，全国の 60 歳以上の男女を対象に，調査員による面接聴取法によって調査される。なお，2018（平成 30）年度には「高齢者の住宅と生活環境に関する調査」が行われている。

高齢者の消費者被害

こうれいしゃのしょうひしゃひがい

全国の消費生活センターに寄せられる消費者からの苦情相談件数は年間約 90 万件。それら苦情相談に占める 60 歳代以上の高齢者被害の割合が 20 年前の数%から，2014 年（平成 26）年度に約 30%となり，2021（令和 3）年度には約 40%へと急増している。契約被害をはじめ，身体・生命に関する事故についても高齢者がその当事者である例が目立つようになった。契約被害では，訪問販売をはじめ，金融商品や投資関連の勧誘に対する苦情が多く，振り込め詐欺などの対象になることも多い。身体・生命の事故被害でも製品事故例の占める割合が高まっている。また，被害に遭遇した高齢者の 4 割が，どこにも相談せずに泣き寝入りせざるを得ない状況に置かれている実態も行政機関の調べで明らかになっている。

✎消費生活センター p.257

高齢者の食事

こうれいしゃのしょくじ

高齢者の食事は，身体的状況や生活環境などを考慮に入れることが重要である。①咀嚼力の低下，②嚥下困難，③味覚の変化，④消化吸収力の低下，⑤腸管の蠕動（ぜんどう）運動の低下，といった身体的特徴・状況を十分に把握した適切な調理・食事作りが求められる。また，個人差が大きく，健康状態が変化しやすく障害のある人もいるので，食事作りをする人は常にその状況を把握する必要がある。さらに，食事を楽しくするために，好みをとり入れる，調理に季節感を出す，行事に合わせた食事や郷土食を作るなどの工夫や変化も大切である。高齢者に必要な栄養素については，①エネルギー量の適正摂取，②良質のたんぱく質の確保，③カルシウムを十分に摂る，などの点を念頭におき，食事の配分（朝・昼・夕・間食）を決めて献立を作成する。高齢者だけの世帯や一人暮らしの場合，調理が面倒なために1日2食になったり，時間が不規則になったりして生活のリズムが崩れ，心と身体の健康を維持ができなくなることに注意する。また，身体に必要な栄養素が不足することで体調が悪くなるので注意が必要である。

高齢者でも一人ひとりが食生活の改善に自覚をもち，実践できるように1990（平成2）年に「高齢者のための食生活指針」が厚生労働省健康増進栄養課より提示されている。

高齢者の睡眠

こうれいしゃのすいみん

高齢者は，加齢性変化や生活様式・睡眠習慣の変容などの原因により睡眠が浅くなり，中途覚醒や早朝覚醒が増加する。このうち，夜間頻尿回数が睡眠に影響を与えることも多い。また，高齢者が陥りやすい心理的原因によって不眠症が引き起こされることが多い。対処として，日常生活で昼間の活動を増やすこと，早い時間に床に入らないこと，排泄に課題がある場合は泌尿器科の医師に相談するなどが考えられる。

高齢者の薬物代謝

こうれいしゃのやくぶつたいしゃ

高齢者は肝臓や腎臓への血流量が減少するため，薬剤の代謝に時間がかかり，薬物排泄量が低下する。薬物の代謝機能の低下により，複数の薬剤間の相互作用が起こりやすくなる。また，加齢により筋肉量が落ち脂肪が増えると，脂溶性（水に溶けにくい）の薬剤が蓄積しやすい。このような肝機能や腎機能などの低下により，高齢者は薬剤の影響を受けやすい。なお，薬剤起因性老年症候群の原因として，処方量の過不足（投薬過誤），多剤併用や副作用による有害作用，高齢者自身の誤った服用などがある。

高齢者保健福祉推進十か年戦略

こうれいしゃほけんふくしすいしんじっかねんせんりゃく

▶ゴールドプランp.152

高齢者向け優良賃貸住宅制度

こうれいしゃむけゆうりょうちんたいじゅうたくせいど

高齢者の居住の安定確保に関する法律に基づき実施されていた高齢者向け賃貸住宅の供給を促進していた制度。2011（平成23）年10月に同法改正施行により新規認定は廃止となった。その後，高齢者の居住の安定確保に関する法律による，サービス付き高齢者向け住宅の登録が開始された。また，バリアフリー化された賃貸住宅に高齢者が終身にわたり安心して居住できる仕組みとして，都道府県知事が認可した住宅について，借家人が生きている限り存続し，死亡時に終了する借家人本人一代限りの借家契約の締結が認められる，終身建物賃貸借事業の認可制度が行われている。

✎高齢者の居住の安定確保に関する法律 p.150

誤　嚥

ごえん

食物，水分，胃の中のもの，唾液などを誤って気管や肺へと吸い込んでしまうこと。嘔吐や咳き込み，むせなどによって吸い込んでしまった場合を「顕性誤嚥」といい，寝ている間に自分自身の唾液の飲み込みが上手くいかずに誤嚥してしまうことを「不顕性誤嚥」という。口腔内には常に雑菌があり，その雑菌を気管から肺に繰り返し吸い込むことで「誤嚥性肺炎」となる。食事などでの誤嚥がないのに誤嚥性肺炎を生じるのは不顕性誤嚥が原因であり，高齢者の場合は嚥下機能の低下があるため，口腔内の清潔を保つことでその危険を少なくすることが大切である。

✎嚥下障害 p.44

誤嚥性肺炎

ごえんせいはいえん

aspiration pneumonia

高齢者では，咳反射や嚥下反射が低下しており，食物を気道に誤嚥し，肺炎を生じやすい。誤嚥は右主気管支の傾斜の方が急であるため，右肺に多い。

✎嚥下障害 p.44

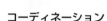

コース立方体組み合わせテスト
こーすりっぽうたいくみあわせてすと

アメリカの心理学者コース（Kohs,S.C.：1890～1984）が考案した非言語性の知能検査。「分析」と「統合」の能力を測定する速度検査である。6面がそれぞれ異なる色で塗り分けられた1辺約3cmの立方体を組み合わせて，指定された模様を作る。シンプルな作業式テストであり，負担も軽い。聴覚障害者，言語障害者，高齢者や認知症患者にも適用しやすいため，広く活用されている。

コーディネーション
coordination

社会福祉の援助においては，特に施設・機関・団体等，複数の社会資源の間で，サービスの提供体制，サービス内容等を調整し，ネットワークを構築すること。例えば，介護支援専門員（ケアマネジャー）によるサービス事業者間の調整，地域福祉活動におけるボランティア活動の調整などがある。

コーディネーター
coordinator

連絡調整をする人のこと。援助技術においてその役割が発揮されるのは，例えば次のような場面である。①介護支援専門員（ケアマネジャー）がサービス提供者間のネットワークの中で調整する，②ボランティアコーディネーターがボランティア活動の需要側と供給側を結び付け，問題が生じれば調整する，など。福祉の組織化にあたっては，行政機関，民間機関・施設等の間を連絡調整する。

✎ボランティアコーディネーター p.469

コーホート分析
こーほーとぶんせき

誕生や入学などある事象を時期を同じくして経験した集団をコーホート（cohort）といい，この集団を時間経過とともに調査・分析する調査方法のこと。これにより，ある集団を時系列的に分析することが可能となる。

ゴールドプラン

正式名称は「高齢者保健福祉推進十か年戦略」。1989（平成元）年に策定された。1999（平成11）年度までの，高齢者福祉を推進するため，社会福祉の人材，施設の実現目標数や，高齢者施策の根本理念，目標を定めたもの。ゴールドプランは，21世紀を目標に設定されたもので，1999年を最終目標としていたが，高齢化が進んだことによってこれを大きく上回るニーズが明らかになったため，1994（平成6）年にはゴールドプランの目標水準を引き上げ，新ゴールドプラン（1995～1999（平成7～11）年度）が策定された。そして，1999年に新ゴールドプランの終了に伴い，「ゴールドプラン21（今後5か年間の高齢者保健福祉施策の方向）」が策定された。

✎ゴールドプラン21 p.152，新ゴールドプラン p.280

ゴールドプラン21
ごーるどぷらんにじゅういち

正式名称は「今後5か年間の高齢者保健福祉施策の方向」。「新ゴールドプラン（新・高齢者保健福祉推進十か年戦略）」が1999（平成11）年に終了するのに伴い，修正・策定されたもの。活力ある高齢者像の構築，高齢者の尊厳の確保と自立支援，支え合う地域社会の形成，利用者から信頼される介護サービスの確立を基本目標とし，具体的には，①介護サービス基盤の整備，②認知症高齢者支援対策の促進，③元気な高齢者づくり対策の促進，④地域支援体制の整備，⑤利用者保護，⑥社会的基盤の確立，の6つを施策としている。2000（平成12）年を初年度とした5か年計画で3年ごとに見直しすることとされていたが，2004（平成16）年度に終了した。

✎ゴールドプラン p.152，新ゴールドプラン p.280

小刻み歩行
こきざみほこう

marche a petits pas/short-stepped gait

極端に短い歩幅（小刻み）となって足で地面を擦るように（すり足）して歩く歩行のこと。前かがみの姿勢をとる。パーキンソン病や多発性脳梗塞，脊柱後弯，下肢筋力の低下した高齢者でみられる。

✎パーキンソン病 p.410

呼吸器機能障害者の介護
こきゅうききのうしょうがいしゃのかいご

呼吸器機能障害者は，呼吸運動そのものに多大なエネルギーを必要とするため，動作によって呼吸困難が増してしまう。そのため，一人ひとりにあった動作のペースや生活の方法を守ることが大切である。しかし終日臥床していると体力は低下し，呼吸筋も弱ってしまうので，主治医と相談の上，適度な運動を取り入れることは好ましい。室内は，掃除をこまめに行い，温度・湿度を適切に保つ。食生活ではアレルギーや糖尿病や高血圧などの合併症がない限り，特別な食事制限はないが，咳によるエネルギーの消耗や痰の喀出による成分の消失を考えた食事や水分摂取が必要である。また，過食の防止などの注意も必要である。在宅酸素療法（HOT）をしている人は主治医の指示による酸素吸入量を守り，本人のペースでQOL（生活の質）を高めていけるように援助をする。気管切開をしている人や人工呼吸器装着者においては，生命の安全とともにコミュニケーションの工夫が大切である。緊急時にあわてないように，介護者は医療機関へつなぐべき場合の知識を得ておく必要がある。

✎気管カニューレ p.91，在宅酸素療法 p.175，人工呼吸器 p.277，慢性呼吸不全 p.473

国際アムネスティ

こくさいあむねすてぃ

Amnesty International

人権侵害に対する調査や政策提言，市民運動などを行う非政府組織（NGO）として活動する国際的な人権団体。事務局はロンドンにあり，日本支部は 1970（昭和 45）年に設立されている。

国際家族年

こくさいかぞくねん

IYF；International Year of the Family

1989 年の第 44 回国際連合（国連）総会において，1994 年が国際家族年と定められた。スローガンは「家族からはじまる小さなデモクラシー」であった。家族問題に対する政府，国民の関心を高め，個人のウェルビーイングを高めるための家族のあり方を考え，家族政策を促進することを目的とする。現在，日本の子育てに対する社会的支援の必要性が高まり，その施策の推進が図られてきたことに大きな影響を及ぼしている。

国際高齢者年

こくさいこうれいしゃねん

高齢者の自己実現や尊厳の確保を目的に，1992 年の第 47 回国連総会において定められた国際年のこと。1999 年が国際高齢者年とされ，「高齢者のための国連原則」（高齢者の自立，参加，ケア，自己実現，尊厳の 6 分野について，施策推進の基本的考え方を示したもの）を促進するため，国連を始め，各国政府，民間団体等により，記念行事やシンポジウムの開催，論文募集，関係団体による会議の実施等，多くのイベントが実施された。テーマは，「すべての世代のための社会をめざして」（towards a society for all ages）であった。

国際疾病分類

こくさいしっぺいぶんるい

ICD；International Classification of Disease

異なる国や地域の間で死亡や疾病の比較を行うために設けられた，「疾病，傷害及び死因統計分類」（ICD）と呼ばれる世界保健機関（WHO）がまとめた疾病分類のこと。現在国際的に用いられている ICD は，2019 年に採択され，2022 年 1 月に発効された第 11 版（ICD-11）である。しかし日本国内での適用には，和訳や分類等の課題があり，2022（令和 4）年現在，第 10 版（ICD-10）が用いられている。

国際児童年

こくさいじどうねん

IYC；International Year of the Child

1976 年の第 31 回国際連合（国連）総会において，1979 年が国際児童年と定められた。1959 年に児童権利宣言が採択されて 20 周年にあたることにもよる。スローガンは「わが子への愛を世界のどの子にも」であった。その目的は，国際的なレベルで子どもに対する問題に社会の注意を喚起し，そのための措置を取ることであり，多くの国でキャンペーン活動や記念事業が展開された。

国際社会福祉協議会

こくさいしゃかいふくしきょうぎかい

ICSW；International Council on Social Welfare

社会福祉の向上，社会正義の実現，並びに社会開発の推進を目的として，国際会議の開催や研究・調査などの活動を行う国際的非政府機関。各国の社会福祉に関する各種団体から構成されており，日本は社団法人国際社会福祉協議会日本国委員会がその代表となっている。国際連合（国連）の経済社会理事会に対し，議題提案と意見陳述を行う権利をもっている。

国際障害者年 表16

こくさいしょうがいしゃねん

IYDP；International Year of Disabled Persons

国連では障害者の人権問題に焦点を当てて 1971 年に「知的障害者の権利宣言」，1975 年に「障害者の権利宣言」を採択し，これらの権利宣言を具体的に反映させるために，国際障害者年を設定した。1976年の第31回国際連合（国連）総会において「完全参加と平等」をテーマとし，1981年を「国際障害者年」とする旨の決議がなされた。さらに，「完全参加と平等」というテーマを計画的に達成するため，1982年には「障害者に関する世界行動計画」とともに「国連・障害者の十年」を採択した。日本では，政府のキャンペーン活動や，障害者問題を取り上げたマスコミの活躍によって，障害者に対する国民の理解や関心，ノーマライゼーションの理念が深まったと同時に，障害者施策が進展し，多くの政策が実施された。

✎完全参加と平等 p.86，国連・障害者の十年 p.160

国際障害分類

こくさいしょうがいぶんるい

ICIDH；International Classification of Impairments, Disabilities, and Handicaps

世界保健機関（WHO）が1980年に発表した障害構造モデル。保健活動の実践の中では，心身の障害を「機能障害（impairment)」と，そのために生じる個人レベルの制約である「能力障害（disability)」およびその能力低下の社会的結果である「社会的不利（handicap)」の間には区別があることを認識すべきであるとの立場から，3つのレベルの障害について定義した。機能障害（形態異常を含む）とは，心理的・生理的または解剖的な構造，または機能の喪失，または異常のことである。能力障害とは，人間として正常とみなされる方法や範囲で活動していく能力の制限や欠如のことであり，ADL（日常生活活動（動作））の制限はこれに該当する。社会的不利は，年齢や性別や社会文化的因子からみて正常な役割を果たすことが制限されることである。これらが障害の3つの側面をなしているとし，相互に作用しあうことで障害の像を呈していると説明されている。2001年に後継分類として国際生活機能分類が発表された。

✎機能障害 p.96，国際生活機能分類 p.155，社会的不利 p.212，能力障害 p.408

国際人権規約

こくさいじんけんきやく

International Covenants on Human Rights

1966年の第21回国際連合（国連）総会において採択された。社会権規約である「経済的，社会的及び文化的権利に関する国際規約」（国際人権A規約），自由権規約である「市民的及び政治的権利に関する国際規約」（国際人権B規約），国際人権B規約の選択議定書「市民的政治的諸権利に関する選択議定書」から構成される。日本も1979年に批准している（昭和54年条約6，

表16　国連における主な障害者施策

1948（昭和23）年	「世界人権宣言」採択
1950（昭和25）年	「身体障害者の社会リハビリテーション」決議
1961（昭和36）年	「世界精神衛生年」
1969（昭和44）年	「社会的発展と開発に関する宣言」採択
1971（昭和46）年	「知的障害者の権利宣言」採択
1975（昭和50）年	「障害者の権利宣言」採択
1981（昭和56）年	「国際障害者年」
1982（昭和57）年	「障害者に関する世界行動計画」採択
1983～1992(昭和58～平成4)年	「国連・障害者の十年」
1993（平成5）年	「障害者の機会均等化に関する標準規則」採択
1993～2002（平成5～14）年	ESCAP「アジア太平洋障害者の十年」
2002（平成14）年	ESCAP「アジア太平洋障害者の十年」の延長（新十年）
2006（平成18）年	「障害者の権利に関する条約」採択（2008年発効）
2013（平成25）年	障害と開発に関する総会のハイレベル会合の開催

７号）が，一部の項目は留保されている。

国際シンボルマーク
こくさいしんぼるまーく

障害をもつ人々にも住みやすいまちづくりを推進するために，1969年に国際リハビリテーション協会(RI)によって採択されたマーク。図に示すように車椅子をモチーフとしたデザインであるため，「車椅子マーク」と呼ばれることもある。障害のある人々が利用できる建築物や施設，公共交通機関であることを示す世界共通のマークである。日本においてこのマークの普及啓発は，（公財）日本障害者リハビリテーション協会が行っており，広く普及している。しかし，このマークはしばしば誤って理解され，使用されている現状がある。車椅子のデザインであることから，車椅子を利用する人のための施設と思われやすいが，すべての障害のある人のために配慮された施設であることを示している。また，個人用の自動車にこのマークを掲示する人もいるが，本来は運転補助装置や車椅子用のリフトを装備した福祉車両に用いられるものである。

✎国際リハビリテーション協会 p.156

国際生活機能分類 図56
こくさいせいかつきのうぶんるい

ICF；International Classification of Functioning, Disability and Health

世界保健機関（WHO）が，2001年に第54回世界保健総会で，国際障害分類（ICIDH）の改定版として承認した分類。健康状況と健康関連状況を記述するため，統一的で標準的な言語と概念的枠組みを提供することを目的とする。障害とともに対象者の活動と参加を含む生活機能を評価し，人間の生活機能と障害に関して，アルファベットと数字を組み合わせた方式で分類（コード化）されている。1980年度版の国際障害分類と比較すると，機能障害を「心身機能・身体構造」，能力障害を「活動」，社会的不利を「参加」とするなど，障害構造を肯定的言語に置き換えて概念が整理されている。また，背景因子として，環境因子，個人因子を加え，社会的・環境的側面が重視されている。

✎環境因子 p.82, 国際障害分類 p.154, 個人因子 p.161

国際標準化機構
こくさいひょうじゅんかきこう

ISO；International Organization for Standardization

1947年に発足した，ジュネーブに本部を置く国際機関。2021（令和3）年12月末時点で，日本を含む167か国が加盟している。国際貿易の推進へ向け，製品やサービスの標準化を担い，規格を策定する。その規格は世界共通の「ISO規格」として各国の標準化の基本とされる。策定規格件数は現在約24,000件。ISO規格がない

図56　国際生活機能分類の概念

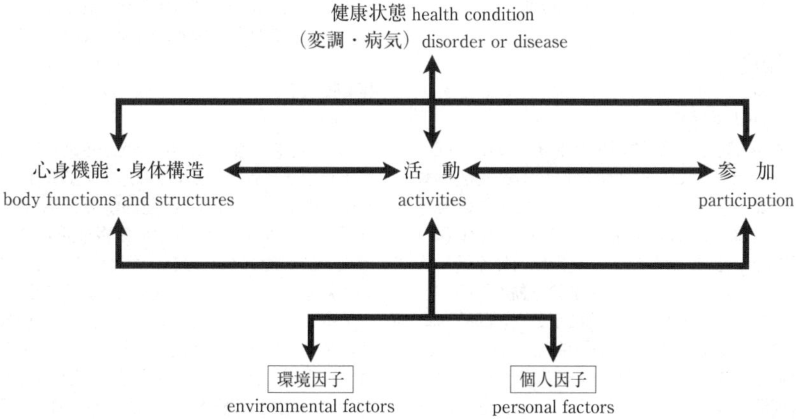

と各国ばらばらの規格が並行して存在し，貿易の障害になるばかりか，国内の製品使用にも支障をきたす。代表的なISO規格として，乾電池の容量，写真フィルムの感度指標などがある。ISOは製品だけではなくマネジメント規格も策定しており，「ISO 14000」シリーズとして有名な環境マネジメントシステムや「ISO 10002」の苦情対応マネジメントシステム，2010（平成22）年に策定された企業を含むあらゆる組織の「社会的責任規格」（ISO 26000）などがある。これら規格は任意規格だが，規格の取得が事業者など組織の信頼性を向上させる例は多い。

国際婦人年

こくさいふじんねん

International Women's Year

1972年の第27回国際連合（国連）総会において，1975年を国際婦人年とすることが定められた。同年，メキシコで国際婦人年会議が開催され，女性の地位向上のための世界行動計画が採択された。これにより，1976～1985年の10年間が「国連婦人の10年」とされ，各国で男女平等を進める法整備を推進することとなった。

国際リハビリテーション協会

こくさいりはびりてーしょんきょうかい

RI；Rehabilitation International

障害者の権利や社会参加の促進・向上を目的に，1922年に設立された国際的な組織。事務局はニューヨークにある。障害者の当事者団体，障害者の権利擁護団体，リハビリテーションの提供団体，研究機関，政府機関などから構成され，障害者施策の推進に向けて活動が行われている。2022年現在，加盟国は約100か国。

国際連合

こくさいれんごう

UN；United Nations

略称は国連。国際連盟に代わるものとして，1945年10月24日に発足した国際機構。本部はニューヨーク。国際連合憲章では，その目的を，①世界の平和および安全の維持，②諸国間の友好関係の発展，③国際的な問題に対して諸国が協力して解決すること，④諸国の行動の調和，としており，加盟国の主権平等に基づき，国際的問題について対話・討論する場となっている。国連の機構は，6つの主要機関（総会，安全保障理事会，経済社会理事会，信託統治理事会，国際司法裁判所，事務局）とその下に置かれる委員会や補助機関から構成される。また，国連憲章に規定される国際連合教育科学文化機関（ユネスコ）や世界保健機関（WHO）などの専門機関が国連と連携協定を結んでいる。2021年現在，加盟国は193か国である。

国際連合教育科学文化機関

こくさいれんごうきょういくかがくぶんかきかん

▶ユネスコ p.487

国際連合憲章

こくさいれんごうけんしょう

Charter of the United Nations

サンフランシスコ会議において，1945年6月26日に採択された国際連合（国連）の設立条約。国連の設立目的と機構，加盟国の権利と義務について定められている。

国際連合児童基金

こくさいれんごうじどうききん

▶ユニセフ p.486

国際労働機関

こくさいろうどうきかん

ILO；International Labour Organization

現在は，国際連合（国連）の専門機関の一つ。第一次世界大戦が終結した1919年のベルサイユ条約で国際連盟とともに創設された。本部はジュネーブにあり，総会，理事会，事務局の機関からなる。政府，労働者，使用者の三者で構成されることを原則としている。国際労働条約とその国内実施への勧告を行うことにより，国際労働基準の設定とその国内実施への監督，並びに開発途上国への技術協力，調査研究を実施している。労働組合や社会保障の世界的普及に貢献してきた。

国勢調査

こくせいちょうさ

国が領土内の全人口の状態を一定時点で把握するための社会調査。日本では，国勢調査が人口静態統計の基本。1920（大正9）年に第一回調査が行われて以来（第二次世界大戦末期を除く）5年ごとに実施されており，西暦の末尾が0の年の大規模調査と5の年の簡易調査がある。統計法に基づき全数調査を基本とし，外国人を含む日本に常住するすべての人が対象となる。調査項目は，世帯員に関して，氏名，性別，出生年月（年齢），世帯主との続き柄，配偶関係，国籍，現在の住居の居住期間，5年前の住居の所在地，就業状態，所属の事業所の名称および事業の種類，仕事の種類，従業地または通学地，など。世帯に関しては，世帯の種類，世帯員の数，住居の種類，住宅の建て方，などである。

✎人口静態統計 p.278，世帯 p.312

国民医療費 図57

こくみんいりょうひ

1年間に国民が傷病治療のために医療機関に対して支出した額の総額であり，国の医療費の規模を示す指標となるもの。具体的に国民医療費の中に算入されるのは，医科診療や歯科診療にかかる診療費，薬剤調剤医療費，入院時食事・生活医療費，訪問看護医療費等であり，保険診療の対象とならない費用，正常分娩や差額ベッド，処方せんなしで購入する医薬品にかかる費用は含まれない。2019（令和元）年度の国民医療費は44兆3,895億円で，国民一人当たりでは35万1,800円，また，国民医療費の対国民所得比は11.06%となっている。

国民栄養調査

こくみんえいようちょうさ

▶国民健康・栄養調査 p.157

図57　国民医療費と対国民所得比の年次推移

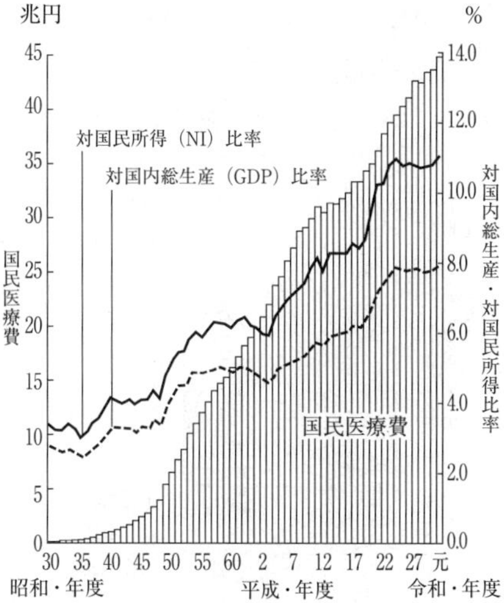

資料：厚生労働省「令和元年度国民医療費の概況」

国民皆年金

こくみんかいねんきん

一定の年齢の国民全員が年金制度に加入していること。日本においては，19世紀末より，軍人，官吏，民間被用者に対して公的年金が整備されていったが，年金加入の権利がある者は一部にとどまっていた。国民皆年金が制度化されたのは，1961（昭和36）年の国民年金法の全面施行による。同法によって，自営業者や零細事業所などの被用者を対象とした公的年金が制度化された。

✎国民年金法 p.160

国民皆保険

こくみんかいほけん

国民全員が医療保険制度に加入することができる状態のこと。1959（昭和34）年の国民健康保険法の施行により，職域保険の対象にならない者も医療保険に加入できる国民皆保険体制となった。実際に皆保険が実現したのは1961（昭和36）年で，全市町村に国民健康保険の運営義務が課せられてからである。国民健康保険の適用除外となるのは，健康保険，船員保険，各種共済組合の被保険者または組合員とその被扶養者である。こうした公的医療保険の加入者を除いては，市町村の国民健康保険か国民健康保険組合のいずれかに強制加入することとなっている。

✎国民健康保険 p.157

国民健康・栄養調査

こくみんけんこうえいようちょうさ

健康増進法第10～16条に基づいて，国民の健康増進のための必要な情報を得る目的で厚生労働省が行う全国調査。毎年11月に実施されている。各保健所が栄養摂取状況調査，身体状況調査，生活習慣調査を実施し，集計業務を国立研究開発法人医薬基盤・健康・栄養研究所で行っている。体型（メタボリックシンドローム，BMIなど）や運動習慣，睡眠，飲酒，喫煙，栄養・食生活（野菜摂取量，食塩摂取量）といった項目について調査される。従来の「国民栄養調査」を拡充し，2003（平成15）年からは「国民健康・栄養調査」として実施されている。結果は「国民健康・栄養の現状」として毎年刊行されている。

✎メタボリックシンドローム p.478

国民健康保険

こくみんけんこうほけん

被用者保険に加入しない人々の「受け皿」として機能する医療保険である。農林水産業や自営業者のほかに，健康保険の加入条件を満たさない短時間労働者や無職者，退職した75歳未満の高齢者等が加入する。このうち開業医や弁護士，理美容師を含む一部の自営業者は同業種で形成される国民健康保険組合の被保険者となるが，それ以外の人々は都道府県がその区域内の市町村とともに行う国民健康保険の被保険者となる。保険給付の内容は基本的に被用者保険と変わらないが，傷病手当金と出産手当金が任意給付である点は被用者保険と異なっている。

国民健康保険団体連合会

こくみんけんこうほけんだんたいれんごうかい

国民健康保険法第83条に基づき設置されている法人で，都道府県ごとに1つ設立される。同連合会は，国民健康保険の給付に関する診療報酬の審査支払業務を行うことを主な目的としている。この目的を達成するために同連合会の中に国民健康保険診療報酬審査委員会を設置し，診療報酬請求書の審査を行う。また，療養の給付に要する費用，入院時食事療養費等の支払い業務も行う。国民健康保険法に規定するもの以外の業務として，介護保険法に規定する居宅介護サービス費等の介護報酬に関する審査支払業務（介護176条）や，障害者総合支援法に規定する介護給付費や訓練等給付費等に関する審査支払業務（障総合105条の2）などを行っている。

社会保険診療報酬 p.217

国民健康保険法

こくみんけんこうほけんほう

昭和33年制定，法律第192号。国民健康保険事業の健全な運営を確保し，社会保障および国民保健の向上に寄与することを目的とする。保険者は国民健康保険組合の他に，都道府県が市町村（特別区を含む）とともに国民健康保険を行うものとされている。被用者保険および後期高齢者医療制度に加入しない人々を被保険者とし，被保険者の疾病，負傷，出産または死亡に関して必要な保険給付を行う。

国民皆保険 p.157

国民生活基礎調査 図58

こくみんせいかつきそちょうさ

保健，医療，福祉，年金，所得など国民生活に関する基礎的な事項について，世帯面から総合的に把握し，厚生労働行政の企画および運営に必要な基礎資料を得ることを目的として行われる調

図58 主な介護者と要介護者等との続柄及び要介護者等との続柄別にみた主な介護者及び同居の構成割合

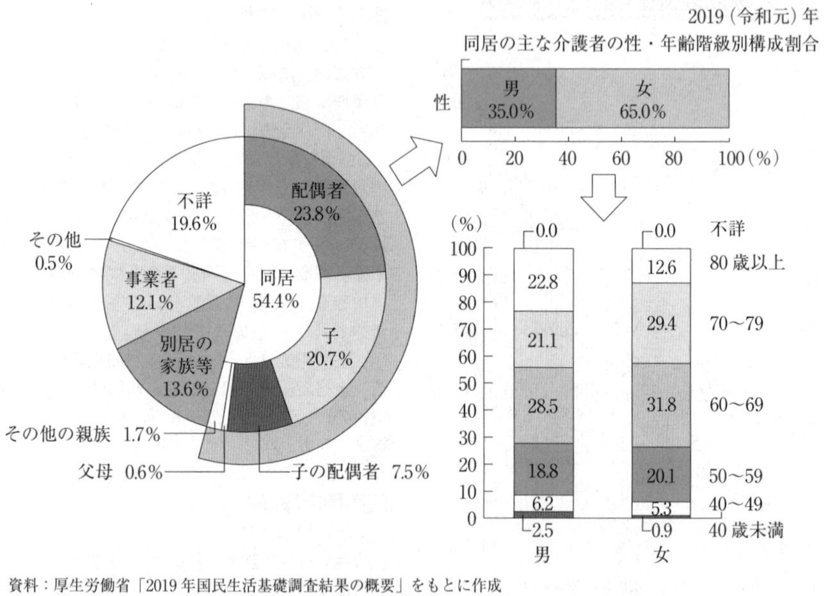

資料：厚生労働省「2019年国民生活基礎調査結果の概要」をもとに作成

査。1986（昭和 61）年を初年として 3 年ごとに大規模な調査を実施し，中間の各年は小規模な調査を実施する。

国民生活センター

こくみんせいかつせんたー

消費者庁が所管する独立行政法人。全国の消費生活センターを支援する「センターオブセンター」として位置づけられる。被害防止へ向け消費者トラブルの収集・分析・提供を担い，介護の契約相談をはじめ，幅広く苦情相談も受け付けている。2009（平成 21）年からは ADR（Alternative Dispute Resolution：裁判外紛争解決手続）の業務もスタートさせ，申請に基づき年間約 150 件程度の重大消費者紛争の審議・解決を手がける。商品テストも実施し，苦情相談をもとに事故の原因究明にも取り組む。同センターが運営する PIO-NET（パイオネット＝全国消費生活情報ネットワークシステム）には年間約 90 万件程度の苦情相談が全国から集められ，重大な消費者被害については消費者庁に通知するとともに，同センター自ら解決に乗り出す。全国の消費生活センターで相談業務に従事する相談員の研修事業も同センターの重要な業務である。

✎消費生活センター p.257，商品テスト p.257

国民的最低生活水準

こくみんてきさいていせいかつすいじゅん

▶ナショナル・ミニマム p.385

国民年金 図59

こくみんねんきん

保険者を政府とする，対象を全居住者とした基礎年金制度。1959（昭和 34）年の国民年金法の制定により，1961（昭和 36）年度より発足した。被保険者は 3 つに分かれる。第一号被保険者は 20 歳以上 60 歳未満の自営業者などであり第二号，第三号に該当しない者，第二号被保険者は厚生年金，共済年金等の被保険者または組合員，第三号被保険者は，第二号被保険者の配偶者で，主として第二号被保険者の収入により生計を維持している 20 歳以上 60 歳未満の者である。年金保険は老齢，障害，死亡を保険事故として年金の給付を行うが，その給付額は物価変動などに対応するスライド制を採用している。また，給付には，老齢，障害，遺族の 3 つの「基礎年金」と，付加年金，寡婦年金，死亡一時金の 3 つの「その他の給付」がある（国年 15 条）。

✎国民年金法 p.160

国民年金基金

こくみんねんきんききん

1991（平成 3）年から設置されている基礎年金の上乗せ部分を担当する年金制度。厚生年金な

図 59　年金制度のしくみ

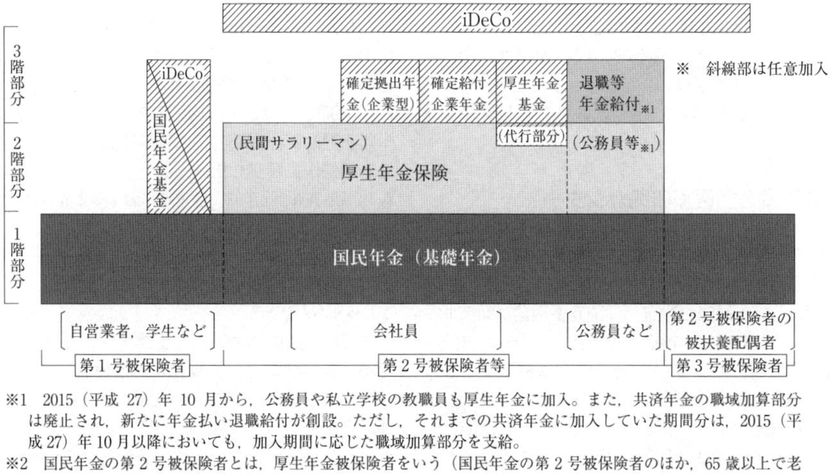

※1　2015（平成 27）年 10 月から，公務員や私立学校の教職員も厚生年金に加入。また，共済年金の職域加算部分は廃止され，新たに年金払い退職給付が創設。ただし，それまでの共済年金に加入していた期間分は，2015（平成 27）年 10 月以降においても，加入期間に応じた職域加算部分を支給。

※2　国民年金の第 2 号被保険者とは，厚生年金被保険者をいう（国民年金の第 2 号被保険者のほか，65 歳以上で老齢，または退職を支給地涌とする年金給付の受給権を有するものを含む）。

どと違い上乗せ部分をもたなかった国民年金の第一号被保険者が，この国民年金基金へ加入することができるようになった（国年 127 条）。任意加入の制度であり，老齢年金に上乗せする二階部分の年金制度としての役割を担っている。なお，基金には，地域型国民年金基金と職能型国民年金基金とがあり，加入希望者はいずれかを選択して加入することができる。

国民年金法

こくみんねんきんほう

昭和 34 年制定，昭和 36 年施行，法律第 141 号。自営業者などが加入する地域年金として，それまで公的年金がなかった人々も加入できる国民皆年金を実現させた。同法には，被保険者，給付などについて示されている。目的は「老齢，障害又は死亡によつて国民生活の安定がそこなわれることを国民の共同連帯によつて防止し，もつて健全な国民生活の維持及び向上に寄与すること」とされている（1 条）。国民年金制度にかかわる様々な処分に不服がある者は，社会保険審査官に審査請求をすることができる。さらに不服がある場合には，社会保険審査会に再審査請求をすることができる（101 条）。

✎国民皆年金 p.157

国民負担率

こくみんふたんりつ

税と社会保障の負担の合計を国民所得で割った率のこと。2022（令和 4）年度の日本の国民負担率は，46.5%（租税負担率 27.8%，社会保障負担率 18.7%）となっている。社会保障負担率とは，社会保険料の負担のことである。

国際的にみると，日本の国民負担率は，ヨーロッパ諸国（イギリス，ドイツ，スウェーデン，フランス）よりは低いが，アメリカよりは高くなっている。

国立高度専門医療研究センター

こくりつこうどせんもんいりょうけんきゅうせんたー

独立行政法人の中で研究開発成果の最大化を目指す国立研究開発法人として位置づけられており，国立がん研究センター，国立循環器病研究センター，国立精神・神経医療研究センター，国立国際医療研究センター，国立成育医療研究センター，国立長寿医療研究センターが該当する。わが国の医療政策と一体となって医療をけん引し，世界の保健医療の向上に貢献することが期待されている。

国立社会保障・人口問題研究所

こくりつしゃかいほしょうじんこうもんだいけんきゅうじょ

厚生労働省組織令に基づき 1996（平成 8）年に設置された国立の研究所。特殊法人である社会保障研究所と厚生省人口問題研究所が統合して設立された。社会保障や人口問題に関する調査および研究を行っている。

✎社会保障給付費 p.218

国立障害者リハビリテーションセンター

こくりつしょうがいしゃりはびりてーしょんせんたー

1979（昭和 54）年 7 月，旧国立東京視力障害者センター，旧国立身体障害センター，旧国立聴力言語障害センターを統合して発足した厚生労働省の施設等機関（2008（平成 20）年 10 月より国立身体障害者リハビリテーションセンターから現名称へ変更）。国立障害者リハビリテーションセンターにおいては，①身体障害者に対する統合的リハビリテーション，②リハビリテーション技術の研究開発，③リハビリテーションにかかわる職員の養成，④国内外のリハビリテーションに関する情報・資料の提供を行っている。

国　連

こくれん

▶国際連合 p.156

国連・障害者の十年

こくれんしょうがいしゃのじゅうねん

国際連合（国連）は,「完全参加と平等」をテーマとした障害者問題への取り組みを，国際障害者年の 1 年で終わらせるべきではないと考え，「障害者に関する世界行動計画」を策定するとともに，1983 ～ 1992 年までを「国連・障害者の十年」として，継続的に障害者問題に取り組むことを加盟国に要請した。

✎国際障害者年 p.153，障害者に関する世界行動計画 p.243

五十音表 図60

ごじゅうおんひょう

言葉の伝達のためのコミュニケーションツールである文字盤の一つ。障害者と治療者，介護者，家族などが，お互いに指や視線などで表の上の一連の文字を指して，言語のコミュニケーションやリハビリテーションを行う。筋萎縮性側索硬化症（ALS），構音障害などのコミュニケーション，運動性失語症などのリハビリテーションで使われるが，一般に失語症でのコミュニケーションのための使用には適していないといわれている。

五十肩
ごじゅうかた

▶肩関節周囲炎 p.74

孤　食
こしょく

ひとりで食事を摂ること。近年，高齢者の孤食が増加しており，それが栄養不足の一因となっている。ひとりのための食事は簡単なものとなりがちで，栄養が偏りやすい。「孤食」はほかの「こ食」にもつながりやすく，自分の食べたいものばかり食べる「固食」や，パンや麺類など粉ものの主食のみで済ます「粉食」，手軽な加工食品やお惣菜など味が濃いものばかりを食べる「濃食」や，食欲が湧かず食事量が減り，欠食が増えて「小食」となる，などから栄養不足に陥ることが多い。

個人因子
こじんいんし

国際生活機能分類（ICF）における背景因子の構成要素。個人の人生や生活の特別な背景であり，健康状態や健康状況以外のその人の特徴のこと。

✎環境因子 p.82，国際生活機能分類 p.155

個人情報取扱事業者
こじんじょうほうとりあつかいじぎょうしゃ

個人情報の保護に関する法律においては，個人情報データベース等を事業の用に供する者から，国の機関，地方公共団体，独立行政法人等を除いた者を個人情報取扱事業者と規定し，利用目的の特定，適正な個人情報の取得，安全管理措置等に関する義務を課す。2015（平成 27）年の個人情報の保護に関する法律の改正により，個人情報保護の強化を目的として，取り扱う個人情報の量にかかわらず，原則としてすべての事業者が個人情報取扱事業者となった。

✎個人情報の保護に関する法律 p.161

図 60　五十音表

あ	か	さ	た	な	は	ま	や	ら	わ
い	き	し	ち	に	ひ	み	ゆ	り	を
う	く	す	つ	ぬ	ふ	む	よ	る	ん
え	け	せ	て	ね	へ	め	゛	れ	?
お	こ	そ	と	の	ほ	も	゜	ろ	
1	2	3	4	5	6	7	8	9	0

個人情報の保護に関する法律
こじんじょうほうのほごにかんするほうりつ

平成 15 年制定。法律第 57 号。個人情報の適正な取扱いに関し，個人の権利利益を保護することを目的として，個人情報の保護に関する施策の基本となる事項を定め，国および地方公共団体の責務等を明らかにするとともに，個人情報を取り扱う事業者の遵守すべき責務等を定めた法律。同法では「個人情報」を，生存する個人に関する情報であり，氏名，個人識別符号などにより個人を識別できるもの，と定めている。従来，個人情報の保護に関する法律は，情報の保有者に応じて，民間が保有する個人情報を対象とした「個人情報の保護に関する法律」，公的機関が保有する個人情報を対象とした「行政機関の保有する個人情報の保護に関する法律」，独立行政法人等が保有する個人情報を対象とした「独立行政法人等の保有する個人情報の保護に関する法律」が規定されていたが，「デジタル社会の形成を図るための関係法律の整備に関する法律」（令和 3 年法律第 37 号）の公布・施行により，「行政機関の保有する個人情報の保護に関する法律」および「独立行政法人等の保有する個人情報の保護に関する法律」が廃止され，「個人情報の保護に関する法律」に一元化されると共に，地方公共団体が保有する個人情報についても「個人情報の保護に関する法律」において共通の規定が適用されることとなった。

個人情報保護法
こじんじょうほうほごほう

▶個人情報の保護に関する法律 p.161

個人スーパービジョン
こじんすーぱーびじょん

▶スーパービジョン p.293

子育て支援事業
こそだてしえんじぎょう

児童福祉法第 21 条の 8 ～ 17 に規定される事業で，①放課後児童健全育成事業，②子育て短期支援事業，③乳児家庭全戸訪問事業，④養育支援訪問事業，⑤地域子育て支援拠点事業，⑥一時預かり事業，⑦病児保育事業，⑧子育て援助活動支援事業，などがある。2012（平成 24）年に公布された子ども・子育て関連３法に基づく子ども・子育て支援新制度は，幼児教育，保育，地域の子ども・子育て支援を総合的に推進するもので，児童福祉法および子ども・子育て支援法それぞれの調和を図ることが求められている。

なお，従来保育の対象は，「保育に欠けるところがある場合」と規定されていたものが「保育を必要とする場合」と改められ，専業主婦家庭も含んだすべての子どもの健やかな育ちを重層的に保障することが目指されている。

五大栄養素

ごだいえいようそ

人の栄養素を大別すると，炭水化物，脂質，たんぱく質，無機質（ミネラル），ビタミンの５群となり，これらを「五大栄養素」と呼ぶ。栄養素とは，生体が外界から物質を摂取し，代謝を行い，生体活動に必要なエネルギーを得て生体物質を更新し，あるいは成長するために摂取する個々の物質のこと。人についていえば，健康で十分な社会活動を行うために食事から摂取する食品成分を指す。なお，炭水化物，脂質，たんぱく質は摂取量が多く「三大栄養素」と呼ばれ，エネルギー供給源としては炭水化物，脂質が主になるが，たんぱく質もエネルギー源となり得るところから，三大熱量素と呼ばれることもある。

✎脂質 p.189，炭水化物 p.338，たんぱく質 p.338，ビタミン p.428，無機質 p.476

誇大妄想

こだいもうそう

delusion of grandeur/megalomania

自分は非常に優秀な人間だ，何でもできる，抜群の能力がある，大金持ちだ，天皇の親戚だ，などといった自己に対する過大評価を特徴とする妄想の一種。その内容により，恋愛妄想，血統妄想，発明妄想，宗教妄想などに分けられる。躁状態，統合失調症で認められることが多い。

5W1H

ゴダブルイチエイチ

物事を明確に把握するための要素。介護記録・報告や介護計画を作成する上で，When（いつ），Where（どこで），Who（だれが），What（なにを），Why（なぜ）。そして，How（どのように）に従って整理するとよい。

骨萎縮

こついしゅく

寝たきり，麻痺などによる廃用症候群では，筋萎縮，骨萎縮，関節拘縮，起立性低血圧，褥瘡などを認める。骨の形成は，活動による機械的刺激によってバランスが保たれているので，適度の刺激が骨に加わらなければカルシウムバランスは負になり（体内からカルシウムが失われ），廃用性骨萎縮（骨粗鬆症）を生じる。骨の変形，痛み，骨折を生じやすい。

✎廃用症候群 p.415

骨格筋

こっかくきん

筋肉は骨格筋，平滑筋，心筋に分けられる。骨格筋は筋肉の大部分を占め，骨格につき運動を行う。骨格筋は横紋筋からなる随意筋（自分の意思で動かすことができる筋肉）である。また，人体最大の熱産生器官としての役割も担っている。骨格筋の数は約 400，骨は約 200 である。平滑筋は腸管などの内臓に分布し蠕動運動を行うが，自らの意思では動かすことができないので不随意筋といわれる。なお，例外的に心筋は横紋筋であるが，不随意筋である。

国家公務員共済組合

こっかこうむいんきょうさいくみあい

国家公務員共済組合法に基づき設立された，国家公務員の病気，負傷，出産，休業，災害，退職，障害，死亡，被扶養者の病気や負傷，出産などに対して給付を行うことを目的とする共済組合である。共済組合は原則として省庁単位で設けられており，財務省により監督される。医療保険にあたる短期給付事業は，それぞれの共済組合の独立採算で（短期）保険料率も異なる。年金にあたる長期給付事業に関しては，2015（平成 27）年10月より厚生年金に一元化された。

国家責任の原理

こっかせきにんのげんり

生活保護法第１条に規定される，無差別平等，最低生活，保護の補足性とならぶ生活保護の原理の一つ。国家の責任に基づき保護を行うというもの。第１条ではこれとあわせて自立の助長を図ることも目的としている。国家責任の原理は第二次世界大戦後の占領期に，連合国軍最高司令官総司令部（ＧＨＱ）が日本政府に対して公的扶助のあり方について提示した「SCAPIN775」（社会救済に関する覚書）の中で示され，戦前までの限定的で慈恵的な保護からの転換をもたらした。

✎最低生活保障 p.176，社会救済に関する覚書 p.210，生活保護の原理・原則 p.301，保護の補足性 p.463，無差別平等 p.477

骨　髄

こつずい

骨の中にある組織で，血球の産生を行う。骨髄中にある造血幹細胞はあらゆる血球（赤血球，白血球，血小板のもとになる巨核球など）に分化が可能である。骨髄移植は白血病や再生不良性貧血の治療に用いられる。

✎血球 p.124

骨髄移植

こつずいいしょく

骨髄の幹細胞はすべての血球に分化する能力を有する。白血病の治療法として，がん細胞・正常細胞を問わず患者の血球をすべて殺した後に，提供者（ドナー）の骨髄幹細胞を移植する骨髄移植が行われる。最近では，造血幹細胞は，他人（ドナー）のみならず，臍帯血，自己末梢血からも得ることが可能で，造血幹細胞移植と総称される。

✎血球 p.124，骨髄バンク事業 p.163

骨髄バンク事業

こつずいばんくじぎょう

骨髄移植は白血病の治療に用いられる。骨髄幹細胞を移植するには，提供者（ドナー）と受け手（レシピエント）の HLA 血液型が一致している必要がある。この HLA 血液型が合うドナーを探すために，あらかじめドナー候補を登録し，レシピエントの HLA 血液型に応じてドナーのあっせんを行う事業をいう。

骨　折

こっせつ

▶単純骨折 p.337，複雑骨折 p.439

骨粗鬆症　図61

こつそしょうしょう

osteoporosis

骨の吸収率が産生率を上回る状態。すなわち，骨から主成分のカルシウムが溶け出してしまうために，その中にある骨組織（骨量，骨密度）が減ってしまった状態をいう。原発性（閉経後の女性や老人性のもの）と，続発性（内分泌性疾患や骨髄疾患によるものなど）に分類される。骨密度の測定が一般的になっており，この値が低いことでも診断できる。全身の骨が骨折しやすくなる。なお，骨折を伴う骨粗鬆症は介護保険の特定疾病とされている。

✎圧迫骨折 p.8，資料⑨⑩ p.534

骨軟化症

こつなんかしょう

osteomalacia

カルシウムとリンの不足により骨石灰化が低下し，非石灰化骨基質（類骨）が増加する疾患。特にビタミンDの働きが損なわれると起こりやすい。症状は病名のとおり，骨が軟らかくなり，骨格が変形する成人の疾患である。小児に起こったものをくる病と呼ぶ。

✎くる病 p.115，ビタミン D p.430

骨盤底筋訓練法

こつばんていきんくんれんほう

くしゃみをしたときや重いものを持ち上げたときなどに，急激に腹圧が高まって生じる腹圧性尿失禁に対して治療に用いられる訓練法。ケーゲル法ともいう。お腹や太ももに力を入れさせないように，傍腟筋や肛門括約筋を中に引き込むように収縮させる。10 秒間の収縮と 10 秒間の弛緩を 1 日 30 〜 80 回，少なくとも 8 週間継続して行う。

✎腹圧性尿失禁 p.438

コップホルダー

コップを外側から包み込み，なおかつ取っ手が付いている物。ストローを固定するクリップが付いているものもある。上肢機能に障害がある場合，液体を満たしたコップをしっかりと持ち，口

図 61　骨粗鬆症による骨折の好発部位

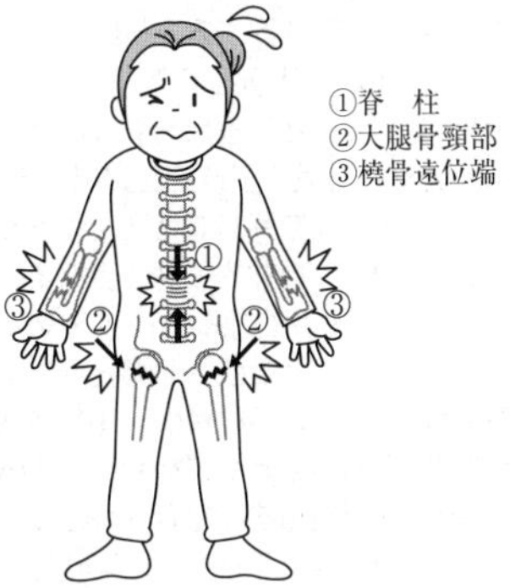

元まで運んで飲むという動作が困難となるため，このような自助具の使用によって食事の自立を促進する。

自助具 p.191

子ども・子育て応援プラン

こどもこそだておうえんぷらん

正式名称は「少子化社会対策大綱に基づく重点施策の具体的実施計画について」。少子化社会対策会議により2004（平成16）年に策定された，少子化社会対策大綱に盛り込まれた内容の具体的計画。地方公共団体や企業などとともに計画的に取り組む必要がある施策について，2005～2009（平成17～21）年度の5年間を計画期間として，その内容と目標を示したもの。少子化社会対策大綱に掲げられた4つの重点課題，①若者の自立とたくましい子どもの育ち，②仕事と家庭の両立支援と働き方の見直し，③生命の大切さ・家庭の役割等についての理解，④子育ての新たな支え合いと連帯，に従い，具体的施策について示している。なお，2010（平成22）年1月に，新たな「大綱」，「子ども・子育てビジョン」が閣議決定された。

子ども・子育てビジョン p.164，少子化社会対策会議 p.248，少子化社会対策大綱 p.250

子ども・子育てビジョン

こどもこそだてびじょん

正式名称は「新たな少子化社会対策大綱『子ども・子育てビジョン』」。少子化社会対策基本法第7条の規定に基づく「大綱」として定められたもので，2010（平成22）年度からの「子ども手当」の導入や高校無償化施策の実施に向けて，2010年1月に閣議決定された。これまでの施策の多くが「少子化対策」という視点から策定されたものであったのに対して，本ビジョンでは「子ども・子育て」へと視点を変えている。また，「子どもが主人公である（チルドレン・ファースト）」ことと「生活と仕事と子育ての調和」といった当事者目線での支援に重点を置くことで，個人の希望する結婚・出産・子育てを実現する環境を，ライフサイクル全体を通じて社会全体で支えることを目指している。具体的には，目指すべき社会への政策4本柱（①子どもの育ちを支え，若者が安心して成長できる社会へ，②妊娠，出産，子育ての希望が実現できる社会へ，③多様なネットワークで子育て力のある地域社会へ，④男性も女性も仕事と生活が調和する社会へ）と12の主要施策に加え，2014（平成26）年度を目途にした数値目標が示され，内閣府による施策計画も行われた。

少子化社会対策大綱 p.250

子どもの喀痰吸引

こどものかくたんきゅういん

先天性や遺伝性の疾患，出生時，新生児期に起こった脳の障害や，気管切開や気管内挿管をしている場合など，人工呼吸器の装着や呼吸管理が必要となる発達過程にある子どもに対して喀痰の吸引が行われる。子どもの成長・発達段階に応じた，吸引チューブのサイズ，吸引圧等の指示，年齢に応じた説明などが必要になる。乳幼児の場合には保護者の協力も必要となる。

喀痰吸引 p.71

子どもの経管栄養

こどものけいかんえいよう

先天性形態異常（口唇裂，口蓋裂），神経・筋疾患などにより，摂食行動が障害され十分な栄養補給ができない子どもに対して，経鼻経管栄養，胃ろう・腸ろうによる経管栄養が行われる。栄養剤の量，チューブの太さなど子供の成長段階に応じた対応が必要になる。

胃ろう p.30，経鼻経管栄養 p.120，腸ろう経管栄養 p.356

子どもの権利条約

こどものけんりじょうやく

▶児童の権利に関する条約 p.204

コの字縫い

このじぬい

▶手縫いの方法 p.363

コノプカ

Konopka, Gisela：1910～2003

グループワークの研究者。ユダヤ系ドイツ人であった彼女は，ナチスの迫害を逃れてアメリカに亡命。ピッツバーグ大学でグループワークを学ぶ。自我心理学や学習理論を取り入れ，診断－計画－処遇という一連の処遇過程を基礎とした治療モデルの体系化に貢献した。特に収容施設におけるグループワークの治療的役割についての研究が著名である。14のグループワークの原則（参加の原則，個別化の原則，葛藤解決の原則，制限の原則など）も有名。主著に『ソーシャル・グループワーク：援助の過程』（*Social Group Work：A Helping Process, 1963*），『収容施設のグループワーク』(*Group Work in the Institution – A Modern challenge,1954*)がある。

✎グループワークの原則 p.114

小振り歩行

こぶりほこう

swing-to gait

松葉杖を用いた歩行で，左右松葉杖を同時に前に突き，その後，両脚を振り子のように同時に進めて松葉杖の手前の位置まで小さく振り出し移動する状態をいう。

個別援助技術

こべつえんじょぎじゅつ

欧米では，ソーシャル・ケースワーク（social casework）といわれているもの。個別的な相談援助技術を中心に，環境調整など間接的処置をも含めながら問題解決を図る。

✎ケースワーク p.122

個別援助計画

こべつえんじょけいかく

介護保険の場合，ケアマネジャーが作成したケアプランに基づき，それぞれの専門分野の援助提供者ごとに作成された個別の援助計画のこと。

個別化の原則（グループワーク）

こべつかのげんそく

グループワークの原則の一つ。これはグループ内のメンバーの個別化と，グループの個別化という２つの意味を含む。前者は個別化の原則（ケースワーク）と原理的に共通するものであり，後者はグループはみな違うのであるからまずグループの個性を把握し，それを前提としてグループの成長を目指すものである。前者を強調していう場合，グループワークはケースワークの束であるといわれる。

✎グループワークの原則 p.114

個別化の原則（ケースワーク）

こべつかのげんそく

フェリックス・P・バイステック（Biestek, F. P.：1912～1994）によるケースワークの７原則の一つ。ソーシャルワーク，特にケースワークにおいて重視されている。クライエントは，氏名・年齢・職業に始まり，育った環境や現在暮らしている場所，好みや交友関係，人と接するときの態度や口調に至るまで個々の独自性をもっている。ケースワーカーは，このように，クライエントを「特定の一人の人間」として認め，理解するとともに，問題を抱えた状況でクライエント個々が抱く感情の違い，問題解決のクライエントのペース，クライエントに応じた援助目標の設定など，それぞれのクライエントに合った援助を行う必要がある。なぜなら，クライエントには一人の個人として対応してほしいというニードがあり，ケースワーカーが個々のクライエントに応じた援助の方法を適切に選択することで，援助関係が形成され，クライエントが援助に参加する可能性が高くなるからである。なお，この原則の新訳として「クライエントを個人としてとらえる」とも訳されている。

✎バイステックの７原則 p.413

個別支援計画

こべつしえんけいかく

障害福祉サービス事業者のサービス管理責任者等が，サービス等利用計画等における総合的な援助方針等を踏まえ，当該事業所が提供するサービスの適切な支援内容等について検討し，作成する計画のこと。利用者の置かれている環境や，日常生活の状況，利用者の希望する生活や課題などをアセスメントし，サービス等利用計画を受けて，自らの障害福祉サービス事業所の中での取組について具体的に掘り下げて計画を作成する。

✎サービス等利用計画 p.172

個別的レクリエーション活動

こべつてきれくりえーしょんかつどう

一人ひとりが行うレクリエーション活動のことで，「集団的レクリエーション活動」に対置して用いられる。他者との交流がなくてもできる活動で，絵画や音楽を楽しんだり，読書やビデオ鑑賞，ものを作ったりするなど，様々なものがある。支援者は，一人ひとりの好みや関心に添うために，提供するプログラムに豊富なバラエティをもたせることが必要である。また，一人で行う活動は，時に行き詰まりを招くこともあるので，折にふれて同好者と交流をもつように促したい。要介護の高齢者なら，デイサービスや地域のサークル活動などを利用して，情報交換の場や作品発表の場を設けるとよいだろう。

✎集団的レクリエーション活動 p.226，レクリエーションの個別化 p.506

個別面接調査

こべつめんせつちょうさ

社会調査の情報収集プロセスにおける方法の一

つ。個々の対象者に調査員が口頭で質問し，回答を調査員が調査票に記入するのがよくあるやり方である。

ごみの排出量

ごみのはいしゅつりょう

ごみは大きくは「一般廃棄物」と「産業廃棄物」に分類される。家庭から排出されるのは「家庭系ごみ」で，事業者のオフィスから排出される紙くずなどの「事業系ごみ」とともに「一般廃棄物」に含まれる。工場などから排出される「汚泥」「製造廃機材」などは「産業廃棄物」に分類され，それらの排出量は一般廃棄物の約 9 倍。いずれの廃棄物もここ 10 年では減少傾向である。一般廃棄物の場合は，2020（令和 2）年度では 4,167 万トンとなった。減少の背景には，長引く経済不況に起因した経済停滞があり，同時期に定着したリサイクル率の向上がある。ただ，ごみの種類は生活の多様化で増加。不要になった家庭用品などの処理が課題になっている。容器包装リサイクル制度や各種製品リサイクル制度の普及・定着が求められている。

コミュニケーション　図 62

communication

人と人とが「送り手」と「受け手」になってメッセージのやり取りを共有すること。しかしコミュニケーションは，単なるメッセージのやり取りだけではない。援助者は，メッセージの送り手と受け手の関係は一方通行ではなく，様々な影響を及ぼし合っていることを念頭に置いてかかわることが必要である。今は，パソコンや携帯電話での電子メールなどを用いて相手の顔を見なくても意思伝達が可能な代わりに，「顔を見ないこと」に慣れ，相手の思いをくみ取ることができない人々も増えてきている。「コミュニケーション障害」をもつクライエントとかかわる場合，どのような障害や疾患をもっているのかを理解することから援助が始まる。クライエント自身が自分の障害状態を理解して苦しんでいる場合もあれば，自分が「コミュニケーション障害」に陥っていることすら理解できていない場合（認知症に多い）もある。援助者も人間であり，対象者とかかわる場面の中では様々な感情の動きが生じることがある。しかし，援助者は「対象者が目の前にいることで初めて“援助者”という役割」を与えられることを忘れず，クライエントがどのような障害（疾患によるとは限らない）によって「コミュニケーションが困難」となっているか，それを専門職として見極めながら援助していかなければならない。

コミュニケーション・エイド

communication aid

音声でコミュニケーションすることが困難な人の音声を代替えする道具のこと。文字盤や視線コミュニケーションボード，メモ帳などを利用した

図 62　コミュニケーションを構成するもの

④コミュニケーションに影響する因子：互いの個人背景・社会的条件（生育環境，文化，教育など），健康状態，性格・態度，信念，問題解決能力（観察・情報収集・判断・計画・実践・評価能力）など

ローテク・コミュニケーション・エイドと携帯用会話補助装置や重度障害者意思伝達装置などのハイテク・コミュニケーション・エイドがある。

重度障害者用意思伝達装置 p.227

コミュニケーション支援

こみゅにけーしょんしえん

障害者総合支援法第 77 条第 1 項第 6 号に定める市町村地域生活支援事業の一つ。必須事業とされている。聴覚，言語機能，音声機能その他の障害のため意思疎通を図ることに支障がある障害者等その他の日常生活を営むのに支障がある障害者等につき，意思疎通支援（手話その他厚生労働省令で定める方法により当該障害者等とその他の者の意思疎通を支援することをいう）を行う者の派遣，日常生活上の便宜を図るための用具であって厚生労働大臣が定めるものの給付又は貸与その他の厚生労働省令で定める便宜を供与する事業。

コミュニティ

community

コミュニティ概念は研究者によって定義が異なり厳密な定義は確立していないが，日本でよく紹介されるのが，ジョージ・A・ヒラリー（Hillery, G. A.）とロバート・M・マッキーバー（MacIver, R. M.：1882 ～ 1970）の定義である。ヒラリーは他研究における 94 のコミュニティの定義を比較検討し，そこから 3 つの共通点を導き出した。それは，①コミュニティを構成する成員間での相互作用がみられること，②コミュニティごとに空間の境界が存在すること，③成員の心理的絆を支える共通感情や共通規範が存在することである。マッキーバーは，コミュニティを一定の地域の上に人々の共同生活が営まれる社会とし，そこでは人々の「われわれ意識」（we-consciousness/we-feeling）や一体感，帰属感などの感情が生み出されるとした。ヒラリーがコミュニティを地域社会と同義であるとみなしていたのに対し，マッキーバーは地域社会だけではなく都市や国家といったより広い範囲も想定していた。このようにマッキーバーのコミュニティ概念は必ずしも地域社会に限定されるものではなかったが，日本では地域社会として理解されることが多い。

コミュニティ・オーガニゼーション

community organization

地域組織化活動ともいい，地域の問題を自主的に解決・緩和するように地域住民を組織化すること。間接援助技術の一つ。1939 年の全米社会事業会議において，「ニーズ・資源調整説」と呼ばれるレイン報告書が出された後，日本の社会福祉協議会に影響を与えたロスによって理解体系化が確立された。その後，ロスマンはコミュニティ・オーガニゼーションを，「小地域開発モデル」「社会計画モデル」「ソーシャルアクションモデル（社会活動法）」の 3 つに整理した。1987 年のトロップマン（Tropman, J. E.）との共同研究でこれらに「ポリシープラクティスモデル」「アドミニストレーションモデル」の 2 つを加えている。

ロス p.517，ロスマン p.518

コミュニティケア

community care

1960 年代イギリスにおける精神障害者医療・福祉施策の転換を示す言葉として登場した。施設偏重から社会復帰への指向を意味するこの言葉は，その後，諸外国へと紹介された。日本では，1960 年代の高度経済成長や社会保険の整備に伴い，貧困対策から生活援助へと社会福祉の対象・内容が変化・拡大し，社会福祉が「施設中心」から「在宅福祉」へと転換していくきっかけとなる考え方となった。また，施設偏重に対する内部からの疑問や自治省の「モデルコミュニティ」事業の実施を背景とし，1960 年代後半から議論・研究が行われるようになった。なお，日本においてコミュニティケアという用語が初めて使用された公的文書は，1969（昭和 44）年，東京都社会福祉審議会答申「東京都におけるコミュニティケアの進展について」である。

在宅福祉サービスの戦略 p.176

コミュニティ・ソーシャルワーク

community social work

1982 年にイギリスのバークレイ報告で提唱された，地域を基盤とした新たなソーシャルワークの実践モデルである。原田正樹（はらだまさき：1966 ～）によると，地域の中で自立生活を営むことができるように，個別支援と地域支援を総合的に展開するアプローチとシステムであるとし，利用者の自立へ向けた個別相談援助活動（カウンセリング機能）を行いながら，地域での社会資源（フォーマル・インフォーマル）を活用・改善・開発し総合的なケアシステムを構築することである。

社会資源 p.211

コミュニティ・ディベロップメント

community development

地域社会開発の意味をもち，ボランタリーアクション（民間社会事業）とともに，イギリスを起源としたコミュニティワークの原語ともいわれている。地域社会（コミュニティ）で生じた生活課題を地域住民が主体となって解決することに主眼を置いている。

コミュニティ・ビジネス

community business

地域の様々な課題やニーズに対し，市民を主体として，ビジネスの手法で解決していくこと。市場化には至らない，あるいは行政の生活支援サービスにはなじまない地域の課題やニーズに，きめ細かく対応できることが特徴である。

コミュニティワーカー

community worker

地域の生活問題の解決や福祉コミュニティの形成などを目的として，専門技術（コミュニティワーク）を用いて，住民，家族，集団，組織との協働活動をしながら，支援を行うソーシャルワーカーである。その役割は，地域診断，計画立案，住民組織化である。日本のコミュニティワーカーの多くは市区町村社会福祉協議会に所属していたが，1998（平成 10）年の特定非営利活動促進法の制定以来その活動領域は広がりつつある。また 2006（平成 18）年に地域包括支援センターが設置されたことにより，その領域がさらに拡大したといえる。

✎地域診断 p.340

コミュニティワーク

community work

地域援助技術と訳される。社会福祉援助技術における間接援助技術の一つ。地域や福祉資源の組織化をはじめ，地域の福祉課題の解決を目指す技術。コミュニティワークには 7 つの機能，すなわち，①診断的機能，②連絡・調整機能，③組織化機能，④情報提供・広報機能，⑤開発的機能，⑥地域福祉活動支援機能，⑦地域福祉活動計画策定機能，がある。コミュニティワークでは，地域の福祉課題に応じて社会資源の実態把握を行い，調整を図ったり再編や統合したりするなどしてその活用を促進する。また，社会資源の不足に対しても，その開発を計画的に進めるなど，社会資源に関して多面的なアプローチを行うことを重視している。さらに，住民主体の原則があり，政策形成における住民参加や実践主体として地域福祉活動に参加することを徹底させるようになってきている。

✎間接援助技術 p.85，地域診断 p.340

コメディカルスタッフ

co-medical staff

医師，歯科医師以外の医療関連職種の総称。医療が近代化するにつれて，コメディカルの職種の役割が増大している。

✎保健・医療・福祉の従事者 p.461

雇用継続給付

こようけいぞくきゅうふ

雇用保険法第 10 条第 6 項に規定される失業等給付の一つ。介護休業給付金，高年齢雇用継続基本給付金および高年齢再就職給付金が含まれる。

✎育児休業給付金 p.16，介護休業給付金 p.53，雇用保険法 p.170

雇用形態の変化

こようけいたいのへんか

日本は第二次世界大戦終了時まで第一次産業（特に農業）が中心であったが，戦後の高度経済成長期（1955 ～ 1973（昭和 30 ～ 48）年）を経て第二次産業・第三次産業が中心となっていく。こうした産業構造の変化に伴い，自営業者，家族従業者が減少し，雇用者の割合が増加した。現在でもこの傾向は続いており，1980 年代まで雇用者の多くは正規の職員・従業者であったが，1980 年代後半以降，パート，派遣，契約社員といった非正規雇用者の割合が上昇し，「雇用の多様化」が進んだ。1985（昭和 60）年に女性の 32.1%，男性の 7.4%が非正規雇用者であったが，2021（令和 3）年には女性の 53.6%，男性の 21.8%が非正規雇用者である。

誤用症候群

ごようしょうこうぐん

リハビリテーション施行時の不適切な訓練，運動により起こる症状。関節の変形，炎症，骨折，拘縮などが起こる。

✎過用症候群 p.79

雇用対策法

こようたいさくほう

▶労働施策の総合的な推進並びに労働者の雇用の安定及び職業生活の充実等に関する法律 p.515

雇用の分野における男女の均等な機会及び待遇の確保等に関する法律

こようのぶんやにおけるだんじょのきんとうなきかいおよびたいぐうのかくほとうにかんするほうりつ

昭和 47 年制定，法律第 113 号。略称は男女雇用機会均等法。1972（昭和 47）年に成立した勤労婦人福祉法を前身とし，1985（昭和60）年に改正・改称した雇用の分野における男女の均等な機会及び待遇の確保等女子労働者の福祉の増進に関する法律を経て，1997（平成 9）年に現名称へと改正された。勤労婦人福祉法は，1960 年代後半から 1970 年代において職場での男女格差を改善することを目標とする運動，いわゆる第二次フェミニズム運動が実を結んだもので，その後，女性の職業生活と家庭生活の調和，募集・採用・配置・昇進・教育訓練・福利厚生・定年・退職・解雇に関する差別禁止規定を設けている。また，いわゆるセクシャルハラスメント対策についても規定がある（同法 11 条)。

雇用保険 図 63

こようほけん

雇用保険法に規定される，政府が管掌する強制保険制度であり，労働者を雇用する事業は原則として強制的に適用される。労働者が失業してその所得の源泉を喪失した，雇用の継続が困難となる事由が生じた，労働者が自ら職業に関する教育訓練を受けた，労働者が子を養育するための休業をした場合に，生活および雇用の安定並びに就職の促進のために，失業等給付および育児休業給付を支給する。また，失業の予防，雇用状態の是正および雇用機会の増大，労働者の能力の開発および

図 63　雇用保険制度の体系

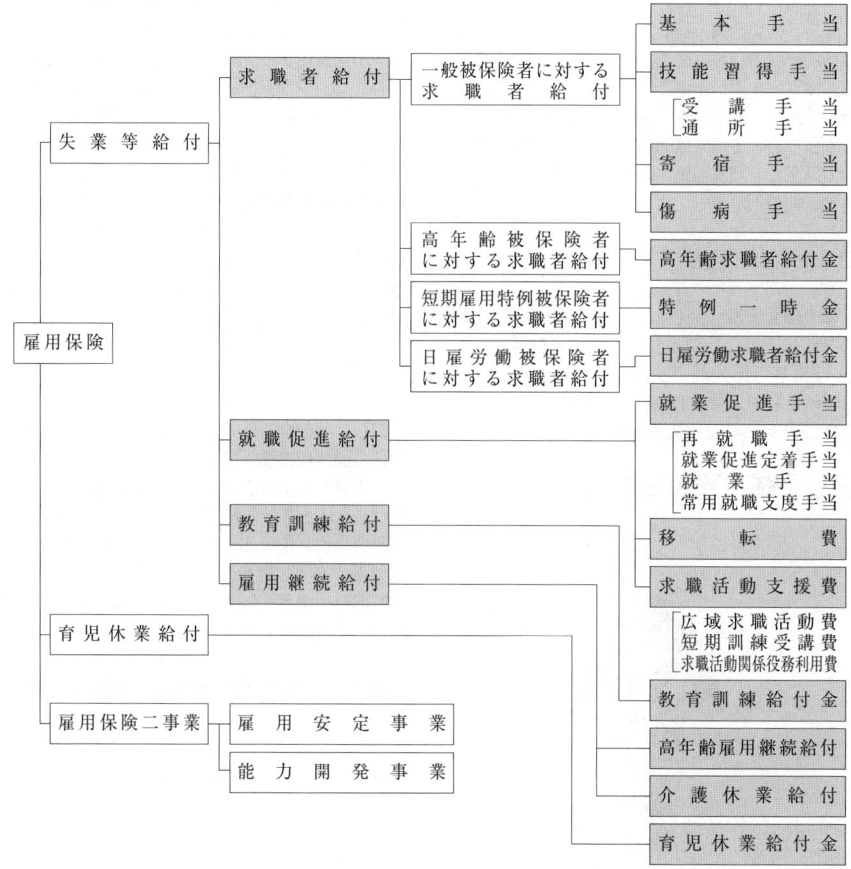

向上その他労働者の福祉の増進を図るための2事業を実施する。

✎育児休業給付金 p.16，雇用保険法 p.170，失業等給付 p.195

雇用保険法

こようほけんほう

昭和49年制定，法律第116号。それまでの失業保険法を全面的に改める形で制定された。労働者が失業した場合および雇用の継続が困難となる事由が生じた場合に必要な給付を行うとともに，労働者の職業の安定に資するために，失業の予防，雇用状態の是正および雇用機会の増大，労働者の能力開発および向上その他労働者の福祉の増進を図ることを目的とする。

コルサコフ症候群

こるさこふしょうこうぐん

Korsakoff's syndrome

健忘，失見当識，記銘力障害，作話を主症状とした症候群のこと。健忘症候群と同じ意味とされる。慢性アルコール中毒（アルコール使用障害），伝染性疾患，頭部外傷，脳腫瘍，老年認知症などでみられる。主病巣は海馬，乳頭体，視床，帯状回の障害で，記憶回路が障害をきたす。

✎健忘症候群 p.132

コルセット 図64

corset

体の部位を固定，免荷（めんか），支持，変形矯正するものを装具といい，コルセットとは骨盤部から胸椎-腰椎移行部の間で使用される体幹装具のこと。軟性装具と硬性装具がある。軟性装具には，腰椎部の支持や固定に使用されるダーメンコルセットなどがある。

図64　腰椎固定用軟性コルセット

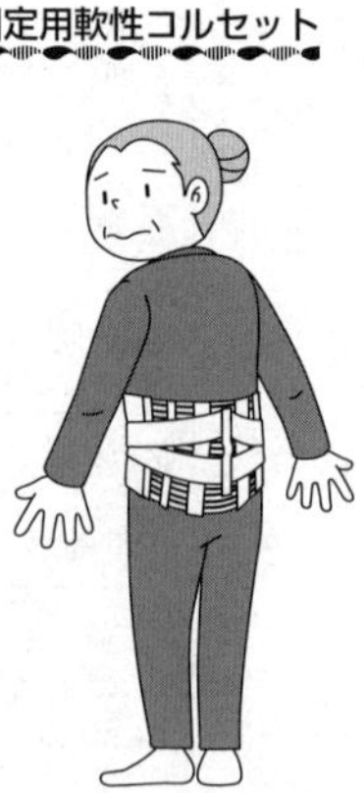

コレクティブハウス

collective house

既成の家族や福祉，住宅概念にとらわれず，自由に住み続ける暮らし方。それぞれが独立した専有の住居と共有のスペースをもち，生活の一部を共同化する合理的な住まいのことを指す。

コレステロール

cholesterol

脂質を加水分解したときに得られるものに，脂肪酸，アルコール，ステロールなどがある。ステロール類は動植物の組織の中で遊離の状態か，他の物質と結合した状態で存在し，動物ステロール，植物ステロールに分類される。動物ステロールの代表的なものがコレステロールであり，主に血液中に含まれる。摂取し過ぎると動脈硬化を招く危険がある。摂取過多を予防するには，コレステロールの含有率が高い食物を避け，コレステロールを緩和する食品を効果的に摂取することである。コレステロール含有量の多い食品には卵黄，魚卵類などいろいろあるが，摂取し過ぎないように注意が必要である。また，食物繊維にはコレステロールや胆汁酸などの吸収抑制作用および中性脂肪の濃度を薄める作用があり，魚油には血中コレステロール量を減少させる作用があるといわれている。

✎血清総コレステロール p.125，高コレステロール血症 p.138

コレラ

cholera

コレラ菌の経口感染により生じる感染症。1～3日の潜伏期の後，菌の産生するエンテロトキシン（毒素）により激しい下痢と嘔吐を生じる。下痢は「米のとぎ汁」様である。治療には補液，抗生物質の投与を行う。ほとんどは海外で感染した輸入例である。感染症法で3類感染症に指定されており，患者，保菌者について直ちに都道府県知事へ届け出る必要がある。

今後5か年間の高齢者保健福祉施策の方向

こんごごかねんかんのこうれいしゃほけんふくししさくのほうこう

▶ゴールドプラン21 p.152

今後の子育て支援のための施策の基本的方向について

こんごのこそだてしえんのためのしさくのきほんてきほうこうについて

▶エンゼルプラン p.46

今後の認知症施策の方向性について

こんごのにんちしょうしさくのほうこうせいについて

2012（平成 24）年 6 月に厚生労働省認知症施策検討プロジェクトチームが公表した。基本目的は「認知症になっても本人の意思が尊重され，できる限り住み慣れた地域のよい環境で暮らし続けることができる社会」の実現と認知症ケアパスの構築である。基本的な考えとして，これまでの認知症施策を再検証する，ケアの流れを変える，7 つの視点からの取組，新たなケアの流れ，認知症の人の精神科病院への長期入院の解消等が提示された。

コンサルテーション

consultation

相談，協議の意。社会福祉援助技術における関連援助技術の一つ。援助者が，課題を解決し業務を遂行するために当該分野の専門家，例えば医師，理学療法士，臨床心理士などから情報や助言，技術を得ることを指す。また，ソーシャルワーカー間において，対等な関係の中で協議したり助言を受けたりする場合も含まれる。コンサルテーションは独立した専門職間で展開されるものであり，指導する・されるという，権威構造やいわゆる上下関係はない。

✎関連援助技術 p.90

昏　睡

こんすい

coma

意識障害の一つ。どんな刺激に対しても反応（応答）しない，もしくは強い刺激にごくわずかに反応する状態をいう。深部反射，瞳孔反射，角膜反射は多くの場合，消失している。筋肉は弛緩しており，自発反射はない。

コンプライアンス

compliance

法人が法令や社会規範・倫理を守ること。法令遵守と訳される。法人が利益追求を優先することで，法律違反をする場合があるので，それを防ぐためにもコンプライアンスは重要である。法人がコンプライアンスを確保するための手段として，業務が適切であるかを検証して報告する監査などが挙げられる。ただし，法令には違反していないが，社会的に批判される行為もある。

混紡製品

こんぼうせいひん

異なる種類の繊維を 2 種類以上混ぜ合わせ，紡績した糸で作られた製品。天然繊維と化学繊維の優れた特性を取り入れた，多種類の混紡繊維が開発されている。何種類かの繊維を混ぜ合わせた製品で，繊維のもつ特性が異なるため，洗濯をする際に見極めが必要である。

昏　迷

こんめい

stupor

一般の意識障害とは区別されるが，外部から与えられる刺激に対して反応せず，意思の表出を欠いた状態。器質性脳疾患や薬物によるもの，また統合失調症，双極性障害など様々な疾患で起こりうる。

さ

サーカディアンリズム
circadian rhythm
▶概日リズム p.67

SARS
サーズ
Severe Acute Respiratory Syndrome
▶重症急性呼吸器症候群 p.222

サービス管理責任者
さーびすかんりせきにんしゃ

障害者総合支援法に定められた療養介護，生活介護，自立訓練（機能訓練，生活訓練），就労移行支援，就労継続支援A型・B型，共同生活援助，障害者支援施設の各施設・事業所において，事業規模に応じて1人以上配置することが義務づけられている。個別支援計画の作成のための会議を開催し，計画を作成し，実施状況についてモニタリングを行うこと，また，計画に基づく支援の実施および他の従業者に対する技術指導・助言を行うことが主な業務である。

サービス担当者会議
さーびすたんとうしゃかいぎ

介護保険制度において，介護支援専門員（ケアマネジャー）が主催し，援助を行っている保健・医療・介護などの担当者が集まり，援助方針について討議をしたり，利用者に関する情報の交換などを行うもの。ケアプランを新規に作成したり更新あるいは変更する場合は，サービス担当者会議を開催しなければならず，開催していない場合は，介護給付費が減算される。

サービス付き高齢者向け住宅
さーびすつきこうれいしゃむけじゅうたく

2011（平成23）年に改正された高齢者の居住の安定確保に関する法律（高齢者住まい法）により創設された住宅。「サ高住」と呼ばれる。建物やサービス，契約等に関して一定の登録基準が定められており，条件を満たした住宅が都道府県知事の登録を受けることができる。サービス面での基準は，少なくとも状況把握（安否確認）と生活相談サービスの提供が必須となっている。特定施設（介護保険サービスのうち，特定施設入居者生活介護の指定を受けている施設のこと）の指定を受けて介護サービスが提供される住宅と，外部の事業者より居宅サービスを利用する一般型に分かれる。

✎高齢者円滑入居賃貸住宅 p.146

サービス提供責任者
さーびすていきょうせきにんしゃ

障害者総合支援法に定められた居宅介護，重度訪問介護，同行援護，行動援護および重度障害者等包括支援の各事業所において，事業の規模に応じて1人以上配置することが義務づけられている。重度障害者等包括支援事業ではサービス利用計画を，その他の事業では居宅介護計画を作成するとともに，従業者に対する技術指導を含めたサービス内容の管理を行うことを業務としている。

サービス等利用計画
さーびすとうりようけいかく

障害福祉サービスの利用にあたり，課題や支援の目標などを記載した総合的な支援計画。障害者総合支援法に基づき，市町村がサービスの利用申請者に対して，その作成と提出を求め，支給の決定を行う。計画については，指定特定相談支援事業者に作成を依頼する方法と，本人や家族自身で作成する方法がある。

座　位
ざい

体位の基本型の一つで，骨盤と大腿部を底面とする体位。椅子に腰かけた姿勢が基本となるが，介護を必要とする人（利用者）に安楽な座位をとらせるためには背もたれのある椅子を用いる。ベッドの上で座位をとる場合はバックレストを使用したり，ギャッチアップを行う。半座位（ファーラー位・セミファーラー位）は座位の一変型である。そのほか，椅座位，端座位，正座，あぐら，長座位，立て膝位などがある。

✎椅座位 p.18，セミファーラー位 p.313，端座位 p.336，半座位 p.423

再アセスメント
さいあせすめんと

相談援助の過程を構成するものの一つ。アセスメントは利用者のニーズや問題を明らかにし，それらを緩和，解消するための外的・内的資源にどのようなものがあるかを調査するもの。これはサービスの提供にあたって行われるものではあるが，サービスが開始された後でも適宜見直しを行い，サービスの効果を吟味する場合もある。サービス開始後に再びアセスメントを行うことを，特に「再アセスメント」と呼ぶ。

✎アセスメント p.7，援助過程 p.45

災害救助法

さいがいきゅうじょほう

昭和 22 年制定，法律第 118 号。災害時に国・地方公共団体や日本赤十字社，国民の協力のもと，必要な救助を行い，被災者の保護と社会秩序の保全を目的とする法律。救助における計画の策定，救助組織の整備，物資の確保などを都道府県知事の努力義務とし，救助の種類，災害救助基金について規定している。

災害拠点病院

さいがいきょてんびょういん

1995（平成 7）年の阪神・淡路大震災を契機に当時の厚生省が 1996（平成 8）年に発令した「災害時における初期救急医療体制の充実強化について（平 8 健政発第 451 号）」において，要件が定められた医療機関のこと。その後も何度か見直しが図られ，直近では 2019（令和元）年に改正されている。災害拠点病院の要件としては，① 24 時間緊急対応し，災害発生時に被災地内の傷病者の受入れ及び搬出が可能な体制を有する，②災害発生時に，被災地からの傷病者の受入れ拠点になる，③災害派遣医療チーム（DMAT）を保有し，その派遣体制がある，④救命救急センターまたは第二次救急医療機関である，⑤業務継続計画の整備を行なっている，⑥事業継続計画に基づき，被災した状況を想定した研修及び訓練を実施している，⑦地域の第二次救急医療機関及び地域医師会，日本赤十字社等の医療関係団体との定期的な訓練の実施，⑧ヘリコプター搬送の際に，同乗する医師を派遣できること，が挙げられる。

✎災害派遣医療チーム p.174

災害種別図記号 図65

さいがいしゅべつずきごう

2013（平成 25）年に災害対策基本法の一部が改正され，2014（平成 26）年 4 月から市町村において，新たに緊急避難場所や避難所の指定に関する規定が定められた（災対法 49 条の 4）。これに伴い，2016（平成 28）年以降，緊急避難場所や避難所をわかりやすく表示するために，全国的に統一して用いられている図記号。避難場所と災害種別図記号の併記や，避難場所までの避難誘導を含めた表示方法として災害種別避難誘導標識システムが JIS で制定されており，国際的な規格を制定する ISO に認定されている。

災害時要配慮者支援

さいがいじようはいりょしゃしえん

災害時要配慮者とは，災害時に，高齢者，障害者，乳幼児，難病患者，妊産婦，外国人など特に配慮を要する者のこと。2013（平成 25）年に災害対策基本法の一部が改正され，市町村長は，円滑かつ迅速な避難の確保を図るため，要配慮者のうち，災害発生時の避難等に特に支援を要する者の名簿（避難行動要支援者名簿）を作成するこ

図 65 避難場所等の図記号

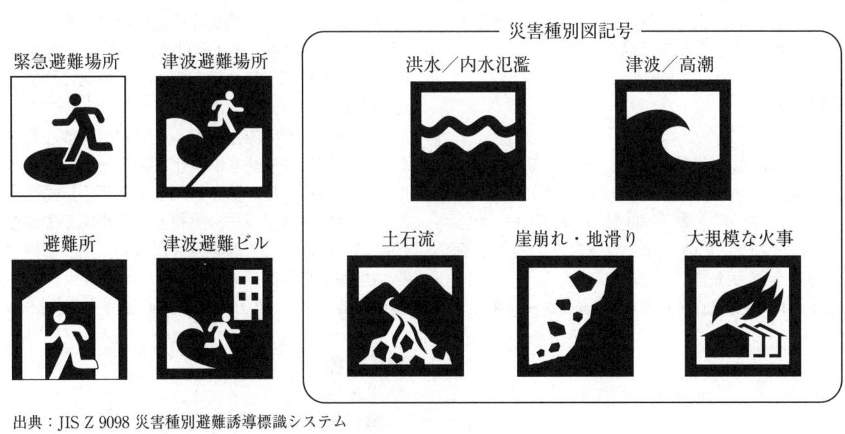

出典：JIS Z 9098 災害種別避難誘導標識システム

さ

とが義務づけられている（災対法49条の10)。

災害対策基本法

さいがいたいさくきほんほう

昭和36年制定，法律第223号。災害から国土ならびに国民の生命と財産を守るため，災害対策の基本として，防災計画の作成，災害予防，災害応急対策，災害復旧，防災に関する財政金融措置など総合的な防災行政の整備などを定めた法律。また，内閣府に中央防災会議の設置，国・地方公共団体・公共機関の体制確立とそれぞれの責務を示すとともに，防災ボランティア活動の環境整備の実施，高齢者・障害者・乳幼児など特別な配慮を必要とする者に対して防災上必要な措置を講ずること，についても定められている。

災害派遣医療チーム

さいがいはけんいりょうちーむ

DMAT；Disaster Medical Assistance Team

大規模災害などの現場に，急性期（おおむね48時間以内）から活動できる機動性を持った，専門的な訓練を受けた医療チームのこと。医師，看護師，業務調整員（医師・看護師以外の医療職および事務職員）で構成される。1995（平成7）年の阪神・淡路大震災での教訓をいかし，2005（平成17）年に創設された。

細菌性肺炎

さいきんせいはいえん

bacterial pneumonia

肺炎のうち，細菌により生じるものをいう。肺炎は，健常者でも生じる市中肺炎と，免疫機能の低下した者に生じやすい院内肺炎に大別される。市中肺炎では，肺炎球菌，インフルエンザ菌が起因菌として多い。また，院内肺炎の起炎菌としては，緑膿菌，クレブシエラなどが多い。

最高血圧

さいこうけつあつ

心臓が収縮したときの血圧。収縮期血圧ともいう。最高血圧/最低血圧（例：140/80 mmHg）のように表す。最高血圧の著しい低下（90mmHg以下）は，ショックなどの重篤な病態の存在を疑う所見である。

✎血圧 p.123，最低血圧 p.176，ショック p.269

罪業妄想

ざいごうもうそう

delusion of culpability

うつ病患者によくみられる症状。著しく悲観的になり，しばしば過大な罪の意識を抱き自分を責める。

財政安定化基金

ざいせいあんていかききん

介護保険法第147条に規定される基金。予定していた保険料収納額の低下や介護給付費の増加などの理由で，市町村の保険財政が赤字になることを回避し，市町村の介護保険財政の安定を図るために都道府県単位に設置される。財源は国・都道府県・市町村がそれぞれ3分の1ずつ負担する。

✎市町村相互財政安定化事業 p.194

済世顧問制度

さいせいこもんせいど

1918（大正7）年の大阪府方面委員制度とともに現在の民生委員制度の起源とされる。1917（大正6）年5月に，当時の岡山県知事であった笠井信一の尽力により，岡山県に「済世顧問設置規定」が公布され，同制度が生まれることとなった。ドイツのエルバーフェルト(現・ヴッパータール）で行われていた「救貧委員制度」を参考にしたもの。救貧よりも防貧活動を重視したこと，顧問の人選に厳しい条件がつけられていたことなどに特徴がある。

✎エルバーフェルト制度 p.44，方面委員制度 p.458

再生繊維

さいせいせんい

化学繊維の一つ。再生された繊維は，植物系と化学系の2種類に分けられる。植物系である再生繊維は木材パルプや綿を溶かして繊維に再生したもので，レーヨン，キュプラ，テンセル，ポリノマジックなどに再生される。吸湿性や放湿性は高いがシワになりやすい。化学系である再生繊維は，ペットボトルを溶かしポリエステルに再生される。近年ではフリース素材として市場での需要が高い。特性としては吸湿性がなく，防シワ性が高いが静電気を帯びやすい。

✎化学繊維 p.70，ポリエステル p.469，レーヨン p.504

在宅医療

ざいたくいりょう

通院困難な患者に対し，自宅もしくは施設などを医療者が訪問して，医療を提供すること。通院困難な高齢患者の増加と共にその重要性が増している。1992（平成4）年の第2次医療法改正において「居宅」が「医療提供の場」と位置づけられ，1994（平成6）年の健康保険法の改正において在宅医療が「療養の給付」と位置づけられた。1998（平成10）年の診療報酬改定においては,「寝たきり老人在宅総合診療料」および「24時間連携体制加算」が新設され，2006（平成18）年改定において，「在宅療養支援診療所」が診療報酬上の制度として導入された。医療計画においても，「5疾病・5事業および在宅医療」として，医療連携体制の構築が進められている。なお，訪問診療とは，スケジュールに基づき医師が居宅を訪問することをいい，患者の急病などで患者の求めに応じて行われる往診とは区別される。

✎医療計画 p.26，療養の給付 p.502

在宅医療・介護連携推進事業

ざいたくいりょう・かいごれんけいすいしんじぎょう

介護や医療を受ける人の増加が考えられている一方で，訪問診療を提供している医療機関の数も連携も不十分であることを受け，地域における医療・介護の関係機関が連携して，包括的かつ継続的な在宅医療・介護を一体的に提供できるように，都道府県あるいは保健所の支援の下，市区町村が中心となって，地域の医師会等と緊密に連携しながら，地域の関係機関の連携体制の構築を推進することをいう。医療と介護の両方を必要とする状態の高齢者が，住み慣れた地域で自分らしい暮らしを続けることができることを目指す。

在宅介護

ざいたくかいご

身体や精神による障害のために日常生活を営むことに支障がある者に対して，その居宅において食事・排泄・入浴などの介護を行うこと。高齢者，重度の身体障害者がその主な対象者となる。在宅介護では他職種が携わり，また，法律では在宅における介護の提供者として民間事業者の参入を幅広く認めていることもあって，利用する側にとってはとても煩雑である。したがって，それら他職種間の連絡・調整を行い，サービス利用の際に助言を行うマネージャー的性格をもつ職種（ケースマネジャー，介護保険法ではケアマネジャー：介護支援専門員）が必要となる。また，在宅の場で行う介護では，利用者を取り巻く家族の存在は大きく，介護の質にも大きく影響するので，家族をも視野に入れて介護を行うことも重要となる。

在宅介護支援センター

ざいたくかいごしえんせんたー

▶老人介護支援センター p.510

在宅ケア

ざいたくけあ

居宅において行われる援助。利用者の家族，医療・保健・社会福祉の専門職が連携，協同して利用者のニーズの充足，問題の解決または緩和を目的として，継続的な在宅での地域生活が送れるように援助活動を行うこと。民生委員やボランティア，近隣の者が加わることもある。

在宅サービス

ざいたくさーびす

身体や精神に障害があり，そのために日常生活上に何らかの支障をきたしている者に対して，日常の利便を提供し，あるいは身体・精神機能の維持・向上を図ることで，居宅における生活の自立を促し，維持をすることを目的に提供されるサービス。日本においてはもっぱら高齢者，身体障害者福祉の領域で用いられることが多い。制度内のサービスの内容は，居宅における介護，短期入所施設における一時的入所によるサービス，デイサービスなどの通所サービス，グループホームなどである。こうしたサービスは，介護保険法や障害者総合支援法等に規定され制度化されている。

在宅酸素療法 図66

ざいたくさんそりょうほう

HOT：home oxygen therapy

慢性呼吸不全患者においては常時酸素吸入が必要となるため，医師の指示の下で，定められた流量の酸素を自宅で吸入する治療法のこと。酸素濃縮器，酸素ボンベ，液体酸素装置を用いる方法がある。在宅酸素療法が認められたことで慢性呼吸不全患者のQOL（生活の質）は向上した。正しい吸入方法と定期的な受診を継続することが必要

図66　在宅酸素療法

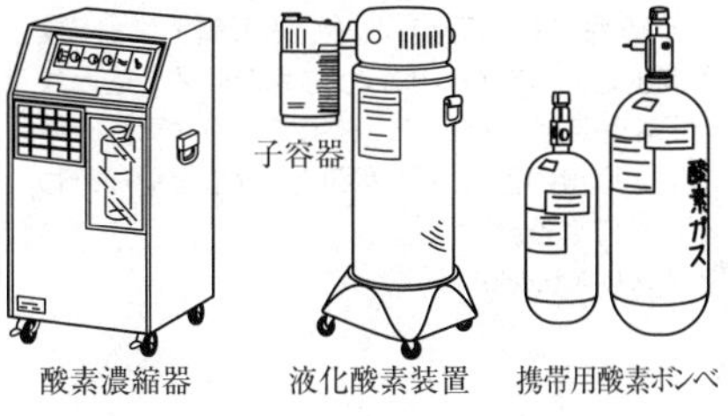

である。在宅酸素療法を行っている者にとって，入浴はエネルギーを必要とするので体力消耗につながるが，医師の指示の範囲内であれば，浴槽につかることも可能である。入浴時間は短い方が疲れにくい。お湯の温度はぬるめに設定し，半身浴を勧める。入浴中も酸素吸入を行う。

在宅三本柱

ざいたくさんぼんばしら

ホームヘルプサービス，ショートステイサービス，デイサービスのことを指す。1990（平成 2）年の社会福祉関係八法の改正の際，老人福祉法において，在宅における社会福祉サービスの充実を目的として，「在宅三本柱」と銘打たれた。

✎社会福祉関係八法の改正 p.213

在宅福祉サービスの戦略

ざいたくふくしさーびすのせんりゃく

1979（昭和 54）年に全国社会福祉協議会が刊行したもので，日本で初めて在宅福祉サービスを体系的にまとめたとされる。1970 年代には，ボランティア団体や社会福祉協議会などにより在宅福祉サービスの開発や提供が行われていたが，それらは制度として運用されていたわけではなく，先駆的な取組の範囲内を出なかった。また，核家族化などの家族構造の変化により，ニーズの充足機能が弱まり，社会的な解決を要するとも考えられていた。このような状況を背景に，施策としての展開を視野に入れ，それまでの経済給付による充足中心の貨幣的ニーズに代わり，人的サービス中心の非貨幣的ニーズの充足に着目し，在宅福祉サービスの推進を政策的にいかに行うかについて検討している。ニーズとサービスにどの程度アクセスしやすいかを示すアクセシビリティ（接近性）の概念も盛り込まれた。

✎アクセシビリティ p.4

在宅ホスピス

ざいたくほすぴす

末期患者などのための終末期のケアを行う施設である「ホスピス」に代わり，本人が住み慣れている自宅において QOL（生活の質・生命の質）の向上を図ったり，安らかな死を迎えることができるようにする目的で，在宅で行うケア。医療的には，心身の苦しみの緩和に向けた援助が行われることになる。

✎ホスピス p.466

在宅療養支援診療所

ざいたくりょうようしえんしんりょうじょ

2006（平成 18）年の医療法改正により新設された診療所。自宅におけるターミナルケアや慢性疾患患者の療養生活を援助するため，緊急入院先の確保，医療機関・訪問看護ステーション・介護支援専門員（ケアマネジャー）と連携するとともに，24 時間の連絡・往診体制を確保することが要件とされている。

最低血圧

さいていけつあつ

心臓が拡張したときの血圧。拡張期血圧ともいう。

✎血圧 p.123，最高血圧 p.174

最低生活費

さいていせいかつひ

人間が生存し，再生産する上で必要となる最低限の生計費のこと。動物的生存水準と社会的・文化的な最低水準との 2 つがあるが，人間にとっては後者が重要となる。狭義では，生活保護制度で保障される最低生活保障水準を指すこともある。一般に，所得が最低生活費を下回っていれば貧困状態であることを意味する。最低生活費の算定方法は，その妥当性について研究が重ねられている。エルンスト・エンゲル（Engel, E.：1821 ～ 1896）によるエンゲル係数の限界数字やベンジャミン・シーボーム・ラウントリーの第一次貧困は，人間の生理的な生存の維持のための食料品を中心とした最低限の必要量から最低生活費を算定するものである。貧困研究の進展と社会全体の生活水準の向上により，貧困の概念が当該社会で通常期待される社会的・文化的生活が遂行できないことへと重点を移すに従って，最低生活費の算定方法も，社会全体の平均的な所得や消費との格差を重視する方法へと移行していった。なお，生活保護制度における最低生活費は，厚生労働大臣が定める生活保護基準によって決まり，地域・世帯構成等によって異なっている。収入がこの狭義の最低生活費に満たない場合には，最低生活費と収入の差額が保護費として支給される。

✎ラウントリー p.496

最低生活保障

さいていせいかつほしょう

日本国憲法第 25 条に規定する生存権の理念を構成するもの。生活保護制度は，同法同条を具体化するため，国が生活に困窮するすべての国民に対し，健康で文化的な最低限度の生活を保障するための制度である。また，生活保護法の条文においても，第３条にて，国家責任，無差別平等，保護の補足性とならぶ生活保護の原理の一つとして規定されている。

生活保護制度 p.300，生活保護の原理・原則 p.301

再動機づけ法

さいどうきづけほう

生きる意欲を失った人に意欲を取り戻させるためのグループワーク。15 名以下のグループで週 1 回，30 ～ 60 分程度行う。生活への意欲や関心を呼び覚ますことが目標となる。挨拶と雰囲気づくりから始まり，読書や朗読などを行ったり，趣味や日常生活などについて話し合ったりする。読書やゲームなどを行うことにより高齢者同士の触れ合いを活発にする。次に感想を述べ合い，話し合う。また，メンバーの過去や経験についても話してもらい，これも最後に感想を述べ，評価を行う。

再認法

さいにんほう

記憶の思い出し方の一つ。手がかりを与えて思い出させる。手がかりなしの再生法よりも容易で，加齢の影響を受けにくい。

歳末たすけあい運動

さいまつたすけあいうんどう

共同募金の一環として毎年 12 月に行われる募金活動。名称のとおり，支援を必要とする人が明るい気持ちで新年を迎えることができるよう，主に年末年始に行われる福祉活動に対して配分される。募金方法は，市区町村社会福祉協議会や民生委員協議会の協力を得て共同募金会が行う「地域歳末たすけあい募金」と，日本放送協会（NHK）・社会福祉法人 NHK 厚生文化事業団が呼びかけを行い，共同募金会が募金のとりまとめと配分を行う「NHK 歳末たすけあい募金」がある。

共同募金 p.105

催眠商法

さいみんしょうほう

SF 商法ともいう。SF とは「新製品普及会」の略称で，生活改善を唱えながら高額商品を販売する商法として 1970 年代に横行，問題化した。この SF 商法を勧誘実態に即して表現した言葉が催眠商法で，両者は同じ商法を示す。典型例で，街角でチラシやティッシュを配り，設営されたビルの一室や公民館などに消費者を集め，退席できない密室状態の中で，講演会の形式をとりながら高額な商品を販売する。最初はトイレットペーパーなど安価な日用品を「欲しい人は」と言って手を挙げさせ，無料で配布する。それを何回か繰り返し，最後に高額な布団や健康食品などの購入を迫る。高揚する雰囲気の中で，催眠状態に消費者を追い込むことからこの名が付いた。

催眠療法

さいみんりょうほう

催眠による暗示で神経症状の改善を図る方法。強迫神経症，心身症，夜尿，乗り物酔いなどに用いられる。催眠療法はあくまでも患者が主体であり，患者の自律訓練を促すために行うものである。

サイロキシン

thyroxine

甲状腺より分泌される甲状腺ホルモンであり，代謝を亢進させる。甲状腺機能亢進症では，脈拍数の増加，下痢，発汗，やせなどの症状を認める。

甲状腺 p.139

作業記憶

さぎょうきおく

ワーキングメモリ，あるいは作動記憶ともいう。短期記憶は様々な情報を短期間保持する記憶であるが，作業記憶は認知機能と作用し合い，情報処理を行うために必要な情報を短期的に保持するプロセスのことをいう。暗算をするときにそれまでに足しあげた数字を覚えておきつつ新しい数字を足すことや，立体イメージを頭の中で回転させることなどである。

作業療法

さぎょうりょうほう

作業を通した訓練により，障害者の社会的自立の能力を高めていく技法。つまり，身体または精神に障害のある者に対して行う療法のこと。応用的動作能力や社会的適応能力の回復を図るため，機能的作業訓練（主に上肢の関節可動域訓練，筋力増強訓練など），ADL（日常生活活動（動作））訓練，義手の操作訓練，自助具・装具の装着，心理的作業療法などがある。OT（occupational therapy）ともいう。

ADL p.39

作業療法士

さぎょうりょうほうし

医師の指示に基づき，作業療法を行う専門職。理学療法士及び作業療法士法に基づく国家試験に合格し，厚生労働大臣より免許を受ける。高齢化，在宅ケアの推進などに伴って，介護福祉士や社会福祉士などの社会福祉専門職と協働することも多い。作業療法士は，OT（occupational therapist）とも呼ばれる。

理学療法士及び作業療法士法 p.497

サクセスフル・エイジング

successful aging

高齢期において身体・精神・経済的に良好であり，本人も幸福感をもって生活している状態の総称。「幸福な老い」ともいわれる。これらの条件としては高齢者が幸せであると感じている感情（主観的側面）と生活満足度（客観的側面）などがあるが，幸福感は個々人で異なる抽象的なものであり，いまだに明らかにされていない。

作　話

さくわ

confabulation

記憶障害の一種。記憶の欠如した部分を周囲の情報やその他の記憶で埋め合わせる際に，実際にはなかった事や覚えていない事を，あたかも覚えているかのように話してしまう現象。コルサコフ症候群においてよく起こり，アルツハイマー型認知症でも認められることがある。

コルサコフ症候群 p.170

坐骨神経痛

ざこつしんけいつう

sciatic neuralgia

腰椎椎間板ヘルニアにより坐骨神経が圧迫されて生じることが多い。臀部，大腿背面，下腿外側，足先に放散する痛み，知覚異常（しびれ），脱力を認める。

ぎっくり腰 p.96，椎間板ヘルニア p.356，資料⑨ p.534

査察指導員

ささつしどういん

福祉事務所に配置される，指導監督を行う職員のこと。社会福祉法第 15 条に規定されている。社会福祉の相談業務の第一線で働く現業員のスーパーバイズ（専門的助言・指導訓練）を行う。この手法を実践する者として，スーパーバイザー（SV）と呼ぶこともある。同時に管理者としての役割を担っている。

スーパーバイザー p.293，福祉事務所 p.441

差し込み便器

さしこみべんき

腰部の下に差し込んで使用する便器。ベッド上での使用が中心で，移動が困難な場合や移動介助が難しい場合に使用する。便器の中央が肛門部分にあることを確認し，臀部に便器を当てるようにする。そのため，褥瘡や傷のある利用者への使用には十分な配慮が必要である。

排泄介助 p.413

させられ思考

させられしこう

自分で考えたことなのに，自分が考えるのでなく，他人によって考えさせられていると感じるもの。統合失調症でしばしばみられる。

させられ体験　図 67

させられたいけん

させられ思考を体験するもの。作為（さくい）体験ともいう。自我の障害である。

錯　覚　図 68

さっかく

対象を誤って知覚すること。不注意や興奮状態で起きることもあるが，幻覚やせん妄などの重大な障害の前駆症状であることもある。ミューラー・リヤー錯視のように経験によって獲得され，生活上有用なものもある。

図 67　させられ（作為）体験の症状の例

他人にあやつられている感じ

作動記憶
さどうきおく

▶作業記憶 p.177

里親制度 表17
さとおやせいど

児童福祉法に基づき，保護者のない児童または保護者に監護させることが不適当であると認められる児童（要保護児童）の養育を，都道府県知事より認められた者が委託を受けてその自宅で養育する制度。法律上親子の関係を結ぶ養子縁組制度とは異なる。児童福祉法第３条の２で，児童を家庭において養育することが困難または適当でない場合に，「児童が家庭における養育環境と同様の養育環境において継続的に養育される」と，里親を優先することが明記された。今後里親等を支援する機関として，里親支援センターが児童福祉施設として位置づけられる見込みである。

親族里親 p.285，専門里親 p.317，養育里親 p.488，養子縁組里親 p.490

座　薬
ざやく

鎮痛や解熱・消炎，下剤，嘔気止め目的のため，肛門や膣などに挿入して使用する固形の外用剤をいう。薬剤が体温や分泌液によって溶け出し，直腸や膣などの粘膜にある血管から吸収されるため，内服薬に比べて効果が早く現れる。気温が高いと溶けるため，冷蔵庫など冷所で保管することが望ましいが，水分により溶ける成分の場合，室温では溶けないため室温保管可能である。

図 68　ミューラー・リヤー錯視図形

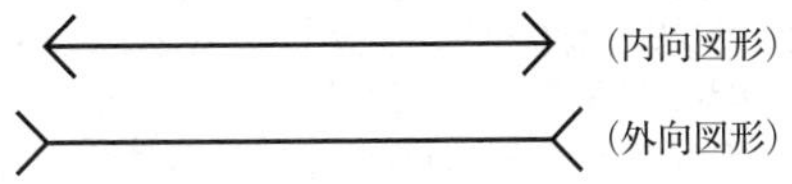

線の両端の矢印が「内向き」か「外向き」かにより異なる長さに見える。実際は同じ長さである。

サリドマイド
thalidomide

1957 年に旧西ドイツのグリューネンタール社が合成化合物 3'-(N- フタルイミド）グルタルイミドを睡眠薬として販売した際の名称。日本では，1958（昭和 33）年より妊婦のつわり防止用として販売されたが，胎児の奇形や四肢の発育不全を引き起こし，1962（昭和 37）年には出荷が停止された。この間に 300 人以上の薬害被害者が出た。近年，悪性疾患の治療薬として再び評価されるようになり，厚生労働省では薬事・食品衛生審議会薬事分科会の答申を受けて，2008（平成 20）年 10 月に多発性骨髄腫の治療薬として承認している。

サルコペニア
sarcopenia

加齢性筋肉減少症と訳される。実際には，筋肉の減少に加え，筋力の低下と ADL の低下がみられた状態を指す。筋肉減少はデキサ法，インピーダンス法で測定され，筋力低下，ADL 低下はそれぞれ握力，歩行速度で代用される。不活発な生活，低栄養，慢性疾患などの高齢者でみられ，転倒や寝たきりの原因となる。予防のためには，適度な運動と栄養バランスの良い食事を心がける。

ADL p.39

サルモネラ菌
さるもねらきん
Salmonella

食中毒の原因菌の一つ。サルモネラ菌の発育適

表 17　里親数等の推移

（福祉行政報告例　各年度末現在）

	昭和 30 年	40 年	50 年	60 年	平成 27 年	28 年	29 年	30 年	令和元年
登録里親数（世帯）	16,827	18,230	10,230	8,659	10,679	11,405	11,730	12,315	13,485
委託里親数（世帯）	8,370	6,090	3,225	2,627	3,817	4,038	4,245	4,379	4,609
委託児童数（人）	9,169	6,909	3,851	3,322	4,973 (6,234)	5,190 (6,546)	5,424 (6,858)	5,556 (7,104)	5,832 (7,492)

（注）平成 27 年度以降委託児童数の（　）はファミリーホームを含む。
資料：厚生労働省

さ

温は30～37℃で，10℃以下ではほとんど生育しない。熱抵抗性は比較的弱く60℃20分で死滅するので，加熱調理による予防が可能である。サルモネラの汚染経路には，家畜が汚染飼料などから感染して起こる卵や肉の汚染と，生産・加工・流通・消費に至る段階での汚染がある。卵・肉類はこの二次汚染も受けやすいので注意が必要である。サルモネラの潜伏時間は10～24時間程度で，下痢，腹痛，発熱（38～40℃），頭痛，嘔吐がみられる。下痢は水様性で時に粘液や血液を含む。

✎食中毒 p.262

参加の原則

さんかのげんそく

グループワークの原則の一つ。グループメンバーの個々の能力に応じたグループへの参加を促すこと。メンバー同士の積極性や主体性を育て合い，メンバー間の相互作用により一人ひとりの参加意欲を増強させる面がある。

✎グループワークの原則 p.114

産業ソーシャルワーク

さんぎょうそーしゃるわーく

企業において，従業員が抱える問題を解決し，仕事と生活の調和を図るために行われる社会福祉援助のこと。2015（平成27）年12月から労働安全衛生法に基づき，定期的に従業員のストレスチェックを行うことが義務づけられ，職場における従業員のメンタルヘルスが近年の重要な課題となっており，産業ソーシャルワークにおける従業員のカウンセリング，助言，福利厚生活動が重要視されている。

✎ストレスチェック p.295

3歳児健康診査

さんさいじけんこうしんさ

市町村により実施される満3歳を超え満4歳に達しない幼児に対する健診のこと。母子保健法第12条に定められているもので，同法施行規則第2条に，健康診査の項目が定められている。身体発育状況，栄養状態，育児上問題となることなどに関して健診が行われる。

✎1歳6か月児健康診査 p.22

3-3-9度方式

さんさんくどほうしき

意識障害の評価方法で，刺激を与えたときの反応によって評価する。ジャパン・コーマ・スケール（JCS）ともいう。覚醒度について，刺激をしても覚醒しない状態，刺激をすると覚醒する状態，刺激をしないでも覚醒している状態の3段階に分け，さらに，それぞれ3段階（9レベル）あることから3-3-9度方式と呼ばれる。

✎意識障害 p.19

三色食品群

さんしょくしょくひんぐん

栄養素の役割から食品を，血や肉となるたんぱく質性食品を示す赤色，体温や力となるエネルギー源を示す黄色，体の調子を整える成分を多く含む野菜類を示す緑色の，3群に分けたもの。分類が単純化しているので，初歩的な栄養指導に役立てることができる。

①赤色群：肉類，魚介類，牛乳および乳製品，豆類などたんぱく質を多く含む食品。
②黄色群：米，麦類，いも類，油脂，砂糖など脂肪，糖質を多く含む食品。
③緑色群：野菜類，果物類，海藻類などビタミン，ミネラルを多く含む食品。

✎食品群 p.265

参政権

さんせいけん

いわゆる基本的人権の一つに位置付けられる権利であり，国民が政治に参加する権利。国民が主権者として政治へ参加することから，「国家への自由」ともいわれる。参政権は，具体的には選挙権や被選挙権に代表されるが，より広義の意味においては，公務員となるための権利である公務就任権や公務員を罷免する権利（憲法15条），憲法改正における国民投票権（憲法96条），なども参政権に属する。

✎基本的人権 p.97

酸素系漂白剤

さんそけいひょうはくざい

衣料用漂白剤のうち，酸化型漂白剤に分類されるものの一つ。粉末と液体の2種類あるが，塩素系漂白剤と比較すると漂白力は弱く適応範囲が広いため，一般的に衣類の漂白や黄ばみ・黒ずみ防止として使用されることが多い。粉末漂白剤の主成分は過炭酸ナトリウムで弱アルカリ性である。使用できる素材は綿，麻，ポリエステル，アクリルなどで，色柄物から白物まで使用することができるが，毛や絹には使用できない。液体漂白剤は主成分が過酸化水素で弱酸性である。衣料用洗剤と一緒に使用することが可能であり，部分的な漂白効果を求める場合は直接に塗ると効果的である。使用できる素材は同様であるが，毛や絹にも使用が可能である。

✎衣料用漂白剤 p.30，塩素系漂白剤 p.47

残存機能

ざんぞんきのう

病気や障害，老化などによって，精神的・身体的機能の一部を喪失した人の，残された機能をいう。残存機能は使わないままでいると低下していくため，生活の中で積極的に活用し，できるだけ伸ばしていくことが重要である。

三大栄養素

さんだいえいようそ

▶栄養素 p.38，五大栄養素 p.162

三大死因

さんだいしいん

2021（令和 3）年の日本における死因別の順位は，①悪性新生物，②心疾患，③老衰，④脳血管疾患，⑤肺炎の順である。以前は，悪性新生物，心疾患，脳血管疾患を三大死因と呼ぶことが多かったが，現在の死因順位とは必ずしも一致していない。

✎悪性新生物＜腫瘍＞の部位別死亡率 p.4，心疾患 p.281，脳血管疾患 p.406，肺炎 p.411

三動作歩行

さんどうさほこう

▶杖歩行 p.358

残　尿

ざんにょう

residual urine

排尿が不十分で膀胱に尿が残っている状態をいう。残尿があると細菌が繁殖しやすく，尿路感染症を生じやすい。脳血管障害，脊髄損傷で排尿障害がある人（神経因性膀胱），高齢の男性に多い前立腺肥大症（奇異性尿失禁）でよくみられる。

✎奇異性尿失禁 p.91，尿路感染症 p.396

三位一体の改革

さんみいったいのかいかく

地方分権を推進するために，国庫補助負担金の改革，国から地方への税源移譲，地方交付税の見直しの 3 つを同時一体的に行うことをいう。

✎児童手当 p.204

参与観察

さんよかんさつ

事例研究あるいは質的研究を行う際に，非参与観察とならんでよく用いられる観察法。調査対象をあるがままにとらえるために，対象を統制（コントロール）することなく観察する。調査研究者が外部からの観察では調査対象の集団の実態をつかめない場合，調査研究者自身が対象集団の内部に入り込み，生活をともにしながら，比較的長期にわたって観察を行う。4 つの段階があるといわれ，「完全なる参加者」（周囲から観察者とみなされない），「観察者としての参加者」（調査目的で参与していることは知られている），「参加者としての観察者」（参加を最少限とした参加），「完全なる観察者」（現地との接触を持たない観察）がある。

✎非参与観察 p.428

し

次亜塩素酸ナトリウム

じあえんそさんなとりうむ

酸化型塩素系漂白剤の主な成分で，殺菌効果がある化学物質。白物に使用することは効果的だが，色柄物は色落ちするため使用できず，綿とポリエステルなどの化学繊維は使用できるが，毛，絹，ポリウレタンなどは黄ばみが生じるため使用できない。またノロウィルスなどの食中毒の原因菌の消毒にも有効である。ノロウィルス感染者の嘔吐物などにはウィルスが含まれており二次感染の原因になるため，次亜塩素酸ナトリウムを用いて消毒を行う。ただし皮膚に対する刺激が強いため，直接触れてはいけない。なお，酸性の洗剤と混ぜると毒性の塩素ガスが発生し，人体に危険を及ぼすおそれがあるため，取り扱いには十分注意が必要である。

✎塩素ガス p.47

CIL

シーアイエル

center for independent living

▶自立生活センター p.272

CE

シーイー

clinical engineering technologist

▶臨床工学技士 p.503

CAPD

シーエーピーディー

continuous ambulatory peritoneal dialysis

▶腹膜透析 p.444

COS

シーオーエス

Charity Organization Society

▶慈善組織協会 p.193

COPD

シーオーピーディー

chronic obstructive pulmonary disease

▶慢性閉塞性肺疾患 p.473

C 型肝炎

しーがたかんえん

hepatitis C

病原体はＣ型肝炎ウイルスで，輸血など血液を媒介して感染する。ほかの肝炎に比べ，慢性化して肝硬変，肝臓がんへ発展する傾向が強いのが特徴。治療にはインターフェロンが用いられてきたが，最近では直接的抗ウイルス薬（DAA）の開発が進み，Ｃ型肝炎ウイルスの排除が多くの場合可能となっている。

✎A 型肝炎 p.39，B 型肝炎 p.426

CDR

シーディーアール

Clinical Dementia Rating

行動観察で認知症の重症度を評価する尺度。①記憶，②見当識，③判断と問題解決，④地域社会とのかかわり，⑤家庭と趣味，⑥セルフケア（生活自立度）の６項目から成る。重症度は０（認知症なし），0.5（認知症の疑い），１（軽度認知症），２（中等度認知症），３（高度認知症）で判定する。

シーティング

seating

車いすに座ったとき，その人に合った正しい座位姿勢が保てるように，シートの幅や高さ，バックサポート（背もたれ）の角度，フットサポート（足置き）の位置，アームサポート（肘かけ）の位置などの部位を調整すること。適切なシーティングが行われることによって，ユーザーの筋緊張の改善が得られ，その結果，身体の痛みの緩和，変形や褥瘡の予防，座位保持の時間延長，QOL（生活の質）の向上などの効果が期待できる。

✎車いす p.115

CPR

シーピーアール

cardiopulmonary resuscitation

▶心肺蘇生法 p.289

JA

ジェイエー

Japan Agricultural Cooperatives

▶農業協同組合 p.406

ジェノグラム 図69

genogram

家族や親族の系譜を記号を用いて図式化したもの。世代関係図，家族関係図，家族構成図とも呼ばれる。男性は四角，女性は丸で示す。家族成員の婚姻関係，同居の有無，死亡といった状態を表す表記ルールがあり，家族の状況を簡潔に把握できる点に特徴がある。

シェマ

schema

ジャン・ピアジェが発達理論においてまとめた概念で，認知システムを構成するひとまとまりの構造を指す。このシェマによって，同じような状況であれば同じ対処が可能である。また，シェマは新しい刺激に会うと，「同化」（対象を取り入れる）や「調節」（対象に合わせて自らを調整する）という働きによって，発達し，新たな行動が可能になる。

✎ピアジェ p.426

ジェンダー

gender

社会から期待される社会的・文化的な性別のこと。生得的・生物的な性差と区別される。ジェンダーに関連した用語として一般的なものに，例えばジェンダー・トラック（性差によって違う就業先や退職などの人生の道のり）や，ジェンダー・ロール（性差に基づく社会的役割）などがある。

支援調整会議

しえんちょうせいかいぎ

生活困窮者自立支援法における自立相談支援事業の中で，生活困窮者の自立を支援するプランについて関係者間で開催される会議。基本的に自立相談支援事業を実施する自立相談支援機関が開催し，支援提供者らが参加する。支援調整会議では，プラン案が課題解決や目標実現に向けて適切であるかを合議形式で協議し，プランを共有すると共に，プラン終結時などに支援の経過と成果の評価やプラン終結の検討をする。生活困窮者のニーズに対応する社会資源が不足している場合には，地域の課題としてとらえ，必要に応じて社会資源の開発へ向けた取り組みも検討する。

✎生活困窮者自立支援法 p.297

支援費制度

しえんひせいど

障害者福祉措置制度に代わり，2003（平成15）年度より導入された給付制度。第二次世界大戦後，日本の福祉サービスは，措置制度に基づいて提供されてきた。措置制度では，サービス提供の可否が行政的な判断に委ねられていたが，支援費制度では，障害者自らがサービスを選択し，サービスの提供を受ける仕組みとなった。2005（平成17）年に成立した障害者自立支援法（現・障害者総合支援法）が施行されるまで，障害者福祉サービスの基礎的な制度として機能した。障害者は，利用したい施設・事業者を選択し，直接に利用の申込みを行うとともに，利用の前に市町村に対して支援費支給の申請を行う。支給決定後，施設・事業者と契約をし，サービス提供を受けた後は，施設・事業者に対して市町村が利用者負担分を控除した上で当該施設・事業者に支援費を支給するという仕組み。利用者負担は利用者世帯の所得に応じた，いわゆる応能負担が採用されていた。しかし，精神障害者福祉分野のサービスが対象外であったり，支給決定の全国統一の基準がなく，支給決定に不透明さが残るなど，いくつかの問題があった。

✎障害者自立支援法 p.242，障害者の日常生活及び社会生活を総合的に支援するための法律 p.244，措置制度 p.324

自 我

じが

エゴ（ego）ともいう。精神分析用語であり，様々な葛藤を調整し，判断して適切な方向を選ぶ力のこと。ジークムント・フロイトが提唱した概念である。自我は，イドと超自我の間の調整役で，欲求や衝動を現実原則に即して統制をする意識である。自我には意識的な部分と，無意識的防衛機制を含む部分がある。子どもの発達においては，本能的な欲求を示す乳児期から社会の規制や文化を学ぶ幼児・児童期を通して，自我が発達し欲求と社会的規制の間で折り合いをつける力を培っていく。

✎精神分析理論 p.306，フロイト p.450

歯科医師

しかいし

国際歯科連盟の定義によると，歯・顎・口腔の疾病・奇形・傷害を予防し，診断し，治療し，失われた歯と関連する組織を代わりの物で補うという医療行為を行う医師のことをいう。歯科医師免許のもとに，歯科医業を行う。1942（昭和17）年の戦時中に医師法と歯科医師法が国民医療法に統合されたが，1948（昭和23）年に医師法と歯科医師法が制定され，それぞれ個別の資格（免許）が必要となった。

図69　ジェノグラムの例

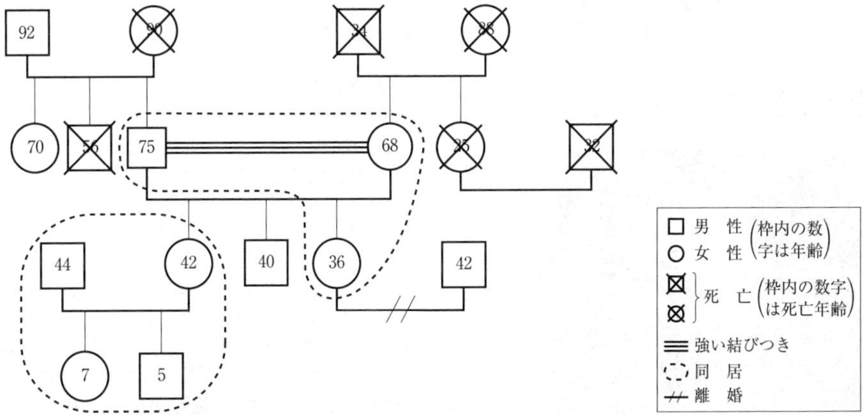

歯科医師法

しかいしほう

　歯科医師の資格と，権利や義務について定めた法である。内容は医師法とほぼ同様であり，第1条の「医療 / 歯科医療及び保健指導を掌ることによつて，公衆衛生の向上及び増進に寄与し，もつて国民の健康な生活を確保することを任務とする」という記載は同様である。療養指導の義務，応召義務，診断書の交付義務，無診療治療の禁止，処方箋の交付義務，診療録の記載および保存義務などが規定されている。

歯科衛生士

しかえいせいし

　歯科衛生士法に基づき，歯科診療の補助，歯科保健指導，歯科疾患予防などを業務とする国家資格。介護保険制度では，歯科医師の指示に基づき，歯科衛生士が要介護者の居宅において口腔内の清掃や歯科衛生指導を行う居宅療養管理指導が，介護報酬に位置づけられている。

視覚障害

しかくしょうがい

　視機能の障害。身体障害者手帳の交付要件である視覚障害の障害認定は，視力または視野（正面を向いて眼を動かさないで見える範囲）の障害程度に応じて行われる。

視野狭窄 p.219

視覚障害者誘導用ブロック　図70

しかくしょうがいしゃゆうどうようぶろっく

　視覚障害者誘導用ブロック設置指針では，「視覚障がい者が通常の歩行状態において，主に足の裏の触感覚でその存在及び大まかな形状を確認できるような突起を表面につけたブロックであり，道路及び沿道に関してある程度の情報を持って道路を歩行中の視覚障がい者に，より正確な歩行位置と歩行方向を案内するための施設である」と明記している。

　移動等円滑化のために必要な道路の構造に関する基準を定める省令（平成18年国交省令第116号）第2条では，「視覚障害者に対する誘導又は段差の存在等の警告若しくは注意喚起を行うために路面に敷設されるブロックをいう」と規定している。また，同省令第34条では，「歩道等，立体横断施設の通路，乗合自動車停留所，路面電車停留場の乗降場及び自動車駐車場の通路には，視覚障害者の移動等円滑化のために必要であると認められる箇所に，視覚障害者誘導用ブロックを敷設するもの」とし，「色は，黄色その他の周囲の路面との輝度比が大きいこと等により当該ブロック部分を容易に識別できる色とするもの」としている。

　なお，視覚障害者誘導用ブロックには下記の2種類がある。①線状ブロック：視覚障害者に移動方向を示すために路面に敷設されるブロックであり，平行する線状の突起をその表面につけたブロックで，線状の突起の長手方向が移動方向を示すもの，②点状ブロック：視覚障害者に対し段差の存在等の警告または注意を喚起する位置を示すために敷設されるブロックであり，点状の突起をその表面につけたもの。

図70　視覚障害者誘導用ブロック

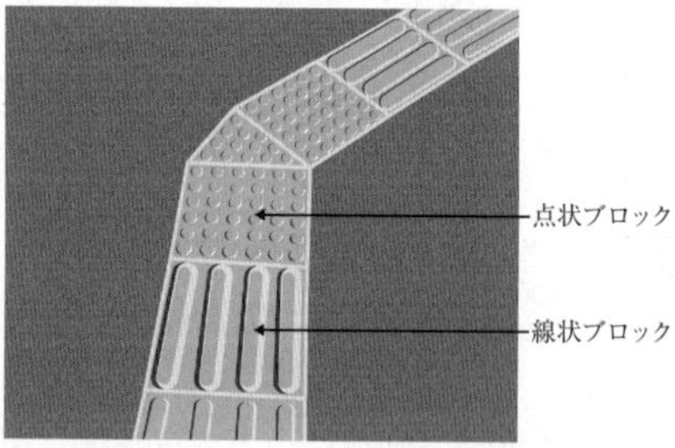

視覚代行機器

しかくだいこうきき

　視覚障害者用補助機器ともいい，障害によって失われた能力を補い，自立した生活をおくるために用いる福祉用具。白杖（盲人安全つえ），盲人用時計，視覚障害者用ポータブルレコーダー，視覚障害者用拡大読書器，罫プレート（タイポスコープ）などがある。

白杖 p.416

シカゴ学派

しかごがくは

　1920年代から30年代にかけてアメリカのシカゴ大学を中心として活躍した都市社会学の研究者集団を指す。シカゴ学派の研究対象は多岐にわたるが，主として実証的な手法による都市研究で知られている。当時のシカゴは新しい産業都市として仕事を求める多くの移民が流入，人口が急増し，それに伴い貧困・犯罪・民族的対立などの様々な社会問題が深刻化した。シカゴ学派の研究者たちはシカゴの都市を「社会的実験室」と呼び，都市の生態学的な構造や逸脱問題を明らかにするとともにセツルメント活動なども行い，地域福祉活動の先駆的な役割も果たした。代表的な社会学者にはロバート・E・パーク（Park, R. E.：1864～1944），ルイス・ワース（Wirth, L：1897～1952），アーネスト・W・バージェス（Bargess, E. W.：1886～1966）などが挙げられる。なお，シカゴ学派の都市研究は現在の都市社会学の基礎となっている。

自我障害

じがしょうがい

disturbance of ego

自分と他人の区別があいまいとなった状態をいう。人間は自我を意識することはなかなかないが，自我が障害されると初めて精神活動の前景に現れてくる。それには，自分が活動しているという能動性の意識の障害，自己は同一であるという単一性の意識の障害，自己が時間の経過の中で同一人物であるという意識の障害，自己と他人・外界との区別を意識する障害の４つの場合がある。統合失調症などでみられる。

自我同一性

じがどういつせい

自己同一性（アイデンティティ）ともいう。エリク・H・エリクソンによって提唱された精神分析学上の概念。自らが同一で連続しているという感覚に基づく自己意識のこと。また，歴史や民族といった社会的な観点から，「社会的アイデンティティ」という概念も用いられる。これは自分が何者であるかという感覚（アイデンティティ）の，社会的レベルのものをいう。ある集団における自分自身という認識であり，「普段は意識しないが，海外などで自分が日本人であると実感する」などがこれにあたる。

✎ エリクソン p.43

磁気共鳴画像

じききょうめいがぞう

▶MRI p.43

子宮がん 図71

しきゅうがん

uterus carcinoma

子宮から発生するがん。子宮頸部に発生する子宮頸がんと子宮体部に発生する子宮体がんに分けられる。子宮頸がんは 40～50 歳代で子どものいる女性に多くみられ，子宮がんの半数以上を占めており，最近減少傾向にある。一方，子宮体がんは，50～60 歳代で子どものいない女性に好発する。結婚率の低下や高齢化によって近年増加傾向を示している。子宮頸がんはヒトパピローマウイルス（HPV）感染により発生リスクが高まることが知られている。不正性器出血を症状として認めることが多い。治療は外科的に病巣部を含めた子宮の切除とリンパ節郭清を行う。現在では HPV に対するワクチンが開発されている。子宮頸がん検診は健康増進法に基づくがん検診推進事業として，20 歳以上を対象に実施されている。

✎ がん検診事業 p.83

子宮筋腫

しきゅうきんしゅ

uterus myoma

子宮を構成する筋肉から発生する良性腫瘍であり，子宮がんとの鑑別が問題となる。治療としては，大きなものでは外科的に病巣を切除する（がんと異なり，広範な切除は必要としない）。

支給限度基準額

しきゅうげんどきじゅんがく

▶区分支給限度基準額 p.112

市区町村社会福祉協議会

しくちょうそんしゃかいふくしきょうぎかい

▶社会福祉協議会 p.213

自計式調査

じけいしきちょうさ

社会調査における現地調査の２つある記入方式の一つ。自記式調査ともいう。現地調査の際，調査を受ける側が調査票に自分で直接記入する方

図 71　子宮がん

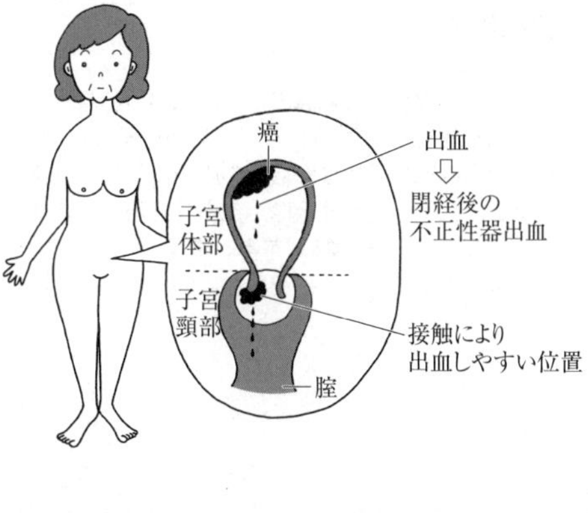

式で，現地調査法の種類の中では，留置法（配票調査法），集合調査法，郵送調査法はこれにあたる。

✎集合調査法 p.222，他計式調査 p.333，配票調査法 p.414，郵送調査法 p.485

止血点

しけつてん

出血している傷口よりも心臓に近く，圧迫可能な動脈の位置のこと。頭部からの出血→耳の横（浅側頭動脈），肩と上腕からの出血→鎖骨の窪み（鎖骨下動脈），上腕・前腕からの出血→腋窩（腋窩動脈），肘の内側（上腕動脈），手や指からの出血→手首の親指側（橈骨動脈），下肢からの出血→鼠径部（大腿動脈），膝の裏側（膝窩動脈）となる。

止血法

しけつほう

外傷等による出血を止める方法のこと。止血法には，①直接圧迫法（出血している部位に清潔なガーゼやハンカチ，タオルなどを当てて，その上から掌で強く押さえる），②間接圧迫法（止血点を圧迫する），③止血帯法（止血帯を用いて血流を遮断する），④焼灼止血法（傷口をレーザーや電気メスなどを用いて止血する），⑤止血剤を用いる方法がある。このうち④と⑤は医師が行う医行為である。②と③は従来，①の直接圧迫止血法では止血ができない場合に推奨されていたが，止血点または止血帯から先が循環不全，虚血状態となり組織に損傷が生じる危険があるため，「JRC蘇生ガイドライン 2020」では，これまでどおり，まず直接圧迫止血法を行うことを推奨している。①直接圧迫止血法を行う場合，傷病者の血液が直接，介助者の手に触れないように防水性の手袋か，なければビニール袋を代用して用いる。

自己意識

じこいしき

自分に向けられる意識のこと。私的自己意識と公的自己意識に分けられる。私的自己意識とは，他者からは観察できない自己の内面に関する意識である。公的自己意識とは，他者から観察可能な外観に関する自己意識である。羞恥心，罪責感，困惑なども関連づけて研究されている。

思考障害

しこうしょうがい

thinking disorder

思考とは，ある目的に向かって想起しながら，判断・推理し課題を分析していく精神活動である。この思考の異常として，思考過程の異常，思考の体験様式の異常，思考内容の異常がある。思考過程の異常には観念奔逸や思考制止が，思考の体験様式の異常には離人体験や強迫観念が，思考内容の異常には妄想がある。

思考制止

しこうせいし

inhibition of idea

思考抑制ともいう。観念が思うように浮かばなかったり，判断の低下や思考がうまく進まない状態をいう。主にうつ病にみられる。

思考途絶

しこうとぜつ

blocking of idea

思考の進行が突然中断され，思考が停止してしまう状態をいう。主に統合失調症にみられる。

自己覚知

じこかくち

援助の混乱を防ぐために，ソーシャルワーカー自身の反応や判断，特定のクライエントに対して抱きやすい感情の傾向について気付くこと。相談援助は，クライエントの内面や日常生活にかかわる問題を扱うため，ともすると自身の価値観や感情に左右される危険がある。クライエントに対して，拒絶や過度の感情移入が生じているにもかかわらず，こうした点に気付かなければ，援助が混乱しかねない。スーパービジョンは，ソーシャルワーカーの自己覚知に有効とされる。

✎スーパービジョン p.293

自己決定

じこけってい

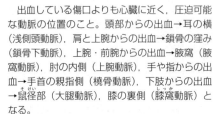

援助過程において，判断し決定する当事者は，本質的には利用者本人であり，援助者ではないとする考え方。この背景には，人にはそれぞれ自己決定を行う能力をもっているという信念がある。社会福祉基礎構造改革以後，利用者によるサービス決定権や自己決定権が重視され，それまでの措置制度を改め，利用者とサービス提供者との契約に基づく利用方式が導入された。社会福祉専門職は，利用者が自分で自分の問題の解決方法を決定

できるように，サポートを行うことが求められる。また，特に注意すべき点として，重度の認知症高齢者や知的障害者のように，状況を判断する能力が限られている利用者も存在することがある。この場合，社会福祉専門職は，利用者の権利が侵害されないよう日常生活自立支援事業（地域福祉権利擁護事業）やオンブズパーソン制度などを活用し，利用者の権利擁護に努めることが期待される。

✎自己責任 p.187，社会福祉基礎構造改革 p.213

自己決定の原則

じこけっていのげんそく

フェリックス・P・バイステック（Biestek, F. P.：1912～1994）によるケースワークの７原則の一つ。クライエントは，自分の人生に関する選択・決定を自ら行いたいというニーズをもっている。これに基づき，クライエントの自己決定を援助・促進し尊重して，個人が自ら選択し，決定する権利を認めること。つまり，個人に自分自身や生活のあり方を自ら決めていく能力があり，成長する可能性があると信じ，その力を伸ばす機会として自己決定を支援する。なお，この原則の新訳として「クライエントの自己決定を促して尊重する」とも訳されている。

✎バイステックの７原則 p.413

死後硬直

しごこうちょく

死亡直後に弛緩した筋肉が，再び硬直すること。硬直は下顎・頸部に始まり，次第に体の下方に進む。硬直は気温が高い方が早く始まり，早く消失する。死後２～３時間で始まり，夏は１日半，冬では３～７日ほど続く。

自己実現

じこじつげん

自身の能力を発揮し，成長を望む姿勢・態度・行動のこと。アブラハム・マズローの「欲求の階層説」では第５段階に位置づけられる。マズローは，自己実現は最高の欲求であり，生理的欲求→安全欲求→親和欲求→尊厳（承認）欲求という下位の欲求が一つひとつ満たされて初めて目指すことができるとした。転倒を繰り返しながらも自転車に乗る練習を続けることなどは，この欲求によって説明ができる。

✎マズロー p.471，欲求の階層説 p.493

自己臭恐怖

じこしゅうきょうふ

自分の身体から不快な臭いが出て他人に迷惑をかけているのではないか，と思いこむ一種の対人恐怖。

自己受容

じこじゅよう

自分をありのままに受け入れること。これは実際には難しいことで，特に自分の否定的な面は受け入れにくい。そこで不適応が生じる。心理療法やカウンセリングの目標は自己受容を達成することにより，自己を成長させることである。

✎心理療法 p.291

自己責任

じこせきにん

利用者自身が問題解決の方法や結果に責任をもつこと。社会福祉基礎構造改革においては，サービス利用に関する利用者の自己責任が強調されている。しかしながら，社会福祉の領域においては，認知症高齢者や知的障害者など自己責任を果たすことが困難な利用者も少なくない。そのため，社会福祉基礎構造改革でも自己責任に委ねることが適当ではない問題に対して，自助努力と社会連帯の両方に基づく支援が必要であることを掲げている。

✎自己決定 p.186，社会福祉基礎構造改革 p.213

死後の介護

しごのかいご

▶エンゼルケア p.46

事故報告書

じこほうこくしょ

実際に起きた事故の状況について，客観的に記録し報告するための書類。介護事故の行政への報告は，法令上の義務である。日時，施設，利用者の状況，事故の経緯や事故後の対応，事故原因，利用者家族の対応等を記録する。そして，事故を繰り返さないために情報共有し，事故の原因を分析することで，再発防止対策，業務改善につなげる記録とする。また万が一，訴訟となった際の証拠ともなるので，事実を客観的に記録することが大切になる。

自己免疫疾患

じこめんえきしっかん

autoimmune disease

免疫系が自身の細胞や組織に対して過剰反応することにより生じる疾患の総称。①全身に影響が及ぶ全身性自己免疫疾患と，②特定臓器に影響が及ぶ臓器特異的疾患の２つに分けられる。自己の身体の構成成分に対する抗体（自己抗体）が障害を引き起こすことがある。代表的な疾患として，①では関節リウマチ，全身性エリテマトーデス，②では重症筋無力症，大動脈炎症候群などがある。

関節リウマチ p.85，重症筋無力症 p.223，全身性エリテマトーデス p.315

自　殺　図72 表18

じさつ

日本における自殺者数は，1998（平成 10）年に年間３万人を超え，それ以降ほぼ横ばいとなり，2010（平成 22）年からは減少傾向にあ

図 72　自殺者数の年次推移（自殺統計）

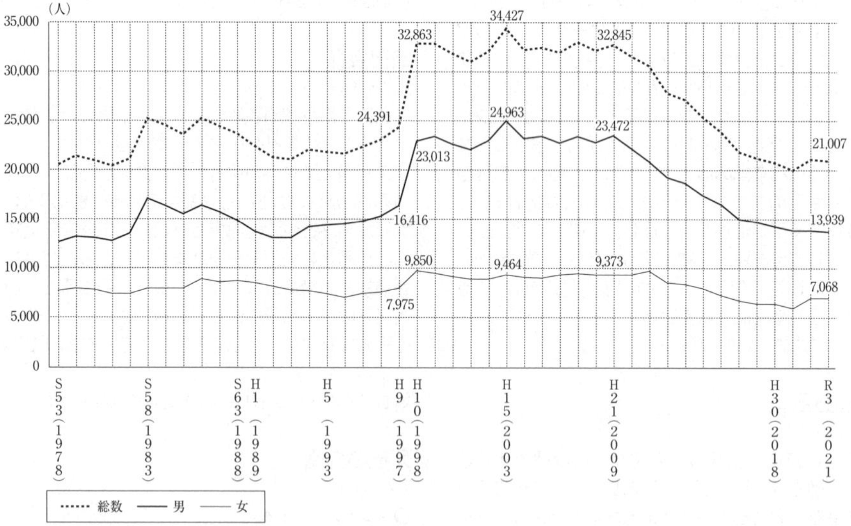

資料：警察庁「自殺統計」，一部改変

表 18　令和３年における自殺者の自殺の原因・動機別件数および構成比

	総数	原因・動機特定者	原因・動機不特定者
令和３年	21,007	15,093	5,914
構成比	100.0%	71.8%	28.2%

（単位：人）

	原因・動機特定者の原因・動機別						
	家庭問題	健康問題	経済・生活問題	勤務問題	男女問題	学校問題	その他
令和３年	3,200	9,860	3,376	1,935	797	370	1,302

注　：自殺の多くは多様かつ複合的な原因および背景を有しており，様々な要因が連鎖する中で起きている。

注　：遺書等の自殺を裏づける資料により明らかに推定できる原因・動機を自殺者一人につき３つまで計上可能としたため，原因・動機特定者の原因・動機別の和と原因・動機特定者数とは一致しない。

資料：警察庁「自殺統計」，一部改変

る。男女別の構成比では，男性の割合が大きい。2006（平成 18）年に自殺対策基本法が制定され，自殺対策の総合的な推進が図られている。

自殺企図
じさつきと

自殺しようとすること。自殺を企てること。うつ病では不安焦燥感，抑うつ気分から自殺企図に至る可能性がある。また，統合失調症，双極性障害など疾患問わず，精神障害では病状によって自殺企図に至る可能性があるため，注意が必要である。

自殺念慮 p.189

自殺対策基本法
じさつたいさくきほんほう

平成 18 年制定・施行，法律第 85 号。自殺予防の総合的な推進，自殺者の親族，自殺未遂者に対する支援などについて規定されている。自殺を個人的な問題としてとらえるのではなく，社会的に取り組むことを基本的理念とし，国・地方公共団体・事業主の責務を定めるとともに，国民に自殺対策の重要性に関する関心と理解を深める努力を求めている。また，政府に自殺対策大綱の策定を義務づけ（12 条），政府が毎年，国会に提出する報告書である「自殺対策白書」の規定（11 条）をするとともに，内閣府に自殺総合対策会議を設置すること（23 条）を定めている。

自殺念慮
じさつねんりょ

自殺したいという考え。希死念慮ともいう。うつ病では異常に追い詰められた感覚，もう後がないという感覚が生じやすく，自殺念慮が非常に生じやすい。自殺念慮が発展すれば自殺企図に至るが，うつ病では制止が強いので，極期に至ると自殺するエネルギーすら生じてこない。このために，自殺はうつ病の初期，または回復期にみられる。

資産調査
しさんちょうさ

▶ミーンズ・テスト p.473

死産率 図73
しざんりつ

妊娠 12 週以降の死児の出産を死産という。死産数 / 出産数（＝出生＋死産）を死産率といい，出産 1,000 当たりの日本の数値は 19.7 である（令和 3 年）。死産には人工死産と自然死産が含まれるが，人工死産は母体保護法により妊娠満 22 週未満までしか認められていないことに注意する。

支持基底面積 図74
しじきていめんせき

身体（または物体）を支持している基底となる面。これらを支えるために床と接している部分を結んだ範囲であり，この支持基底面積が広いほど安定する。例として，揺れている電車内で足の幅を広くとると安定することが挙げられる。

脂 質
ししつ

脂肪（トリグリセリド）と脂肪性物質（リン脂質，糖脂質，ステロールなど）を総称したもの。

図 73 自然－人工別死産率（出産千対）の推移

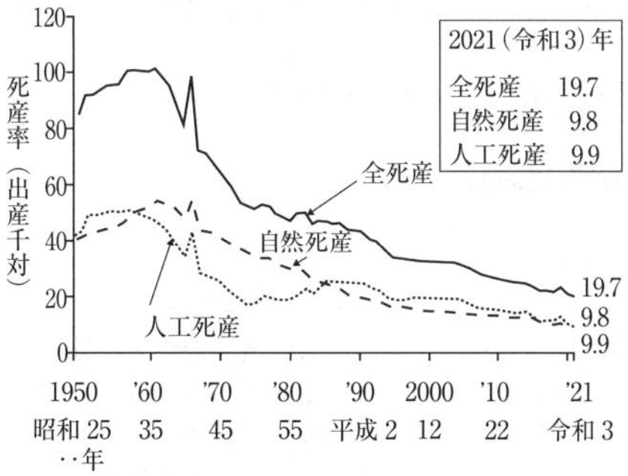

資料：厚生労働省「人口動態統計」

図 74 支持基底面積

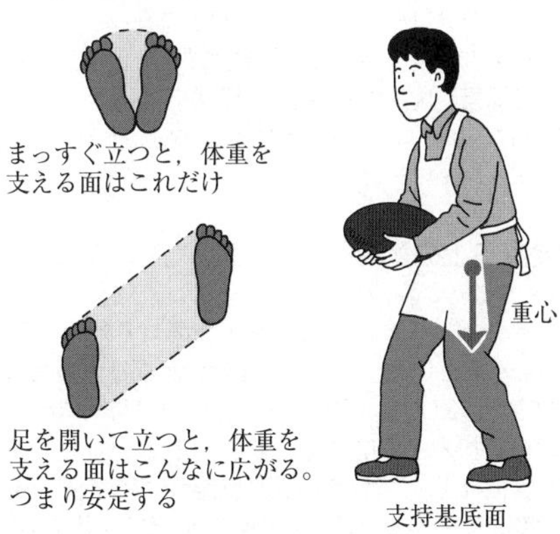

水に難溶のものが多いが，エーテル，クロロホルム，アセトンなどの有機溶媒には溶ける性質をもつ。炭水化物，たんぱく質とともに「三大栄養素」，無機質（ミネラル），ビタミンを含めると「五大栄養素」といわれる。

脂質はその構成成分により，単純脂質，複合脂質，誘導脂質に分類される。単純脂質には脂肪とロウがあり，脂肪はグリセロールと脂肪酸がエステル結合したもので，結合している脂肪酸の種類と量によってその性質が決まる。脂肪は動物の脂肪，乳汁，肉などに含まれる動物性脂肪と，植物の種子などに含まれる植物性脂肪の２つに分けられる。動物性脂肪はコレステロールや飽和脂肪酸を多く含み，植物性脂肪と魚介類の脂肪は不飽和脂肪酸を多く含む。脂肪の消化は膵液中のリパーゼと胆汁に含まれる胆汁酸の働きで脂肪酸とグリセロールに分解されて吸収される。栄養面では，1g 当たり 9kcal のエネルギーを発生する。胃の中での滞留時間が長いために腹もちが良い，燃焼するときに糖質と比べてビタミン B_1 の必要量が少ない，脂溶性ビタミンの吸収を助ける，などの特徴をもつ。

✎植物性脂肪 p.266，動物性脂肪 p.371

脂質異常症
ししついじょうしょう
dyslipidemia

血液中のコレステロール，中性脂肪（トリグリセリド），リン脂質などの脂質の過剰または不足をいう。従来用いられてきた「高脂血症」は，2007（平成 19）年より「脂質異常症」に統一された。高コレステロール血症（220mg/dL 以上），高 LDL コレステロール血症（140mg/dL 以上），低 HDL コレステロール血症（40mg/dL 未満），高トリグリセリド血症（150mg/dL 以上）に分けられる。メタボリックシンドロームの重要な構成要素である。動脈硬化を促進し，脳血管障害，虚血性心疾患のリスクを高める。

✎高コレステロール血症 p.138，メタボリックシンドローム p.478

資質向上の責務
ししつこうじょうのせきむ

社会福祉士及び介護福祉士法第 47 条の２に定められている，社会福祉士と介護福祉士の義務規定で，2007（平成 19）年における同法改正の際に加えられた条文である。「社会福祉士又は介護福祉士は，社会福祉及び介護を取り巻く環境の変化による業務の内容の変化に適応するため，相談援助又は介護等に関する知識及び技能の向上に努めなければならない」として，社会福祉士と介護福祉士に対し，自ら専門性を向上させていく責務があることを求めている。

四肢麻痺
ししまひ

両側の上下肢の麻痺を指す。両側の大脳皮質，脳幹，脊髄等のいずれの障害でも起こりうる。

✎資料⑥ p.532

思春期やせ症 図 75
ししゅんきやせしょう
puberal emaciation

摂食障害の一つ。ほとんど女性に発症するが，男性でもまれにある。摂食拒否により，意図的な体重減少および極端なやせを症状とするもの。原因は明らかではないが，パーソナリティの問題，心理学的機序などがその発症に関与するといわれている。ボディイメージの歪みを認め，高度にやせていても太っていると主張したり，やせるために自ら嘔吐を誘発したり，緩下剤の乱用がみられることがある。

✎心身症 p.281，摂食障害 p.313

自傷行為
じしょうこうい

自らの身体を傷つける行為。青年期に始まる傾向があり，自閉スペクトラム症，統合失調症，摂食障害，人格障害などに多く見られる。傷つけ方は，顔や頭部，手足などを叩く，身体の一部をひっかく・かむ，頭髪を引き抜く，手首や腕を刃物で傷つける（リストカット），火で焼くなどであり，痛みを伴う行動でありながら繰り返され

図 75 思春期やせ症の例

る。負の感情を和らげるため，あるいは自己刺激行為などとして起こる。

✎リストカット p.498

自傷他害のおそれ 図76

じしょうたがいのおそれ

自らや他人の身体を傷つけるおそれがあること。自傷行為は自殺を目的としたものではない。

✎緊急措置入院 p.111，精神保健及び精神障害者福祉に関する法律 p.306，措置入院 p.324

自助具 図77

じじょぐ

高齢者や障害者などが残存能力を十分に活用して日常生活ができるように考案された補助的器具や道具。食事用具としては，片麻痺のある人が片方の手（健側の手）だけで食事ができるように底にゴムなどのすべり止めが付いた食器，あるいは片側に食物を集めてすくえるようになっている皿，柄の部分が太くなっているスプーンやフォーク，先（食物をすくう部分）が片側に傾いているスプーンやフォークなど，食事しやすいものがいろいろと考案され，実用化されている。また，関節リウマチなど変形，拘縮のある人では，整容・更衣動作に関するものとして，長柄ブラシ，ソックスエイド，ボタンエイド，リーチャーなどがある。清潔・入浴動作に関するものとして柄付きブラシ，固定ブラシ，ループ付きタオルなどがある。

自助グループ

じじょぐるーぷ

▶セルフヘルプグループ p.314

JIS

ジス

Japanese Industrial Standards

日本産業規格のこと。1949（昭和24）年に工業標準化の促進と製品の安心，安全確保のため，国家規格として工業標準化法が制定され，2019（令和元）年7月1日に産業標準化法に改正された。それに伴い，標準化の対象にデータ，サービス，経営管理等を追加し，日本工業規格は日本産業規格に変更された。登録認証機関により認証を受けた認証製造業者は，出荷製品に対してJISマークを表示できる。購買者にとっては安心・安全な製品であるという意味も含まれている。

次世代育成支援対策推進法 図78

じせだいいくせいしえんたいさくすいしんほう

平成15年制定，法律第120号。2005（平成17）年度より施行されている10年間の時限立法。2014（平成26）年の改正により，10年間延長されている。日本の急速な少子化の進行などに鑑み，次世代育成支援対策に関し基本理念を定め，関係者の責務を明らかにするとともに，

図76 自傷他害行為

図77 食事に役立つ様々な自助具

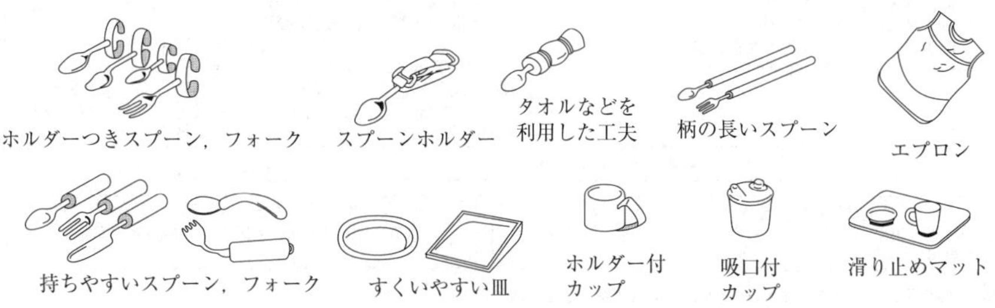

厚生労働大臣が示す「行動計画策定指針」に沿って，市町村・都道府県・事業主の三者がそれぞれ行動計画を定めることにより，同対策を迅速かつ重点的に推進し，もって次代の社会を担う子どもが健やかに生まれ育成される社会の形成に資することを目的としている。同法に基づき，一般事業主行動計画を策定した企業のうち，計画に定めた目標を達成し，一定の基準を満たした企業は「くるみん認定」を受けることができる。

施設介護サービス費

しせつかいごさーびすひ

介護保険において，在宅ではなく，特定の施設で提供する介護サービスに対して支給される費用のこと。施設介護サービスを提供できるのは，指定介護老人福祉施設，介護老人保健施設，指定介護療養型医療施設の３つであったが，指定介護療養型医療施設の廃止に伴い，新たに創設された介護医療院がその役割を担っている。

施設サービス

しせつさーびす

介護保険施設において入所の形態で提供される食事・入浴・排泄等の介助などのサービス。施設サービス計画に基づいて提供される。サービスの提供者が一堂に会しているために連絡・調整を緊密に行うことができ，サービス間の整合性をとりやすい，というメリットがある。

✎施設サービス計画 p.192

施設サービス計画

しせつさーびすけいかく

介護保険法第８条第25項に規定される，介護保険施設において介護支援専門員（ケアマネジャー）が入所者それぞれについて作成し，施設職員がチームとしてケアにあたる介護サービス計画のこと。計画には，要介護者の氏名・年齢・認定日・要介護状態区分・サービス計画作成日・担当者会議などの情報をはじめとして，要介護者等と家族の希望，要介護者の抱える健康上・生活上のニーズ，および解決すべき課題，医学的管理の内容と留意点，サービスの目標や達成時期，具体的なサービス内容やスケジュール，要介護者などとその家族の承諾，担当介護支援専門員の氏名および職種を盛り込むこととしている。

施設入所支援

しせつにゅうしょしえん

障害者総合支援法第５条第10項に規定される介護給付の一つ。居住系サービスで，施設に入所している障害者に対して，主として夜間に入浴，排泄，食事の介護等を行うもの。生活介護利用者のうち障害程度区分４以上の者（50歳以上の場合は程度区分３以上），自立訓練または就労移行支援の利用者のうち通所することが困難である者などが対象となる。

✎自立支援給付 p.270

施設の社会化

しせつのしゃかいか

入所型施設の利用者（入所者）は，介護等の日常生活の支援がすべて施設の内部で完結することから，地域社会（コミュニティ）とのかかわりが希薄となってしまう傾向がある。その反省から，地域社会とのかかわりに配慮した運営が行われている。その内容は，地域住民と施設入所者との交

図78　次世代育成支援対策推進法の概要

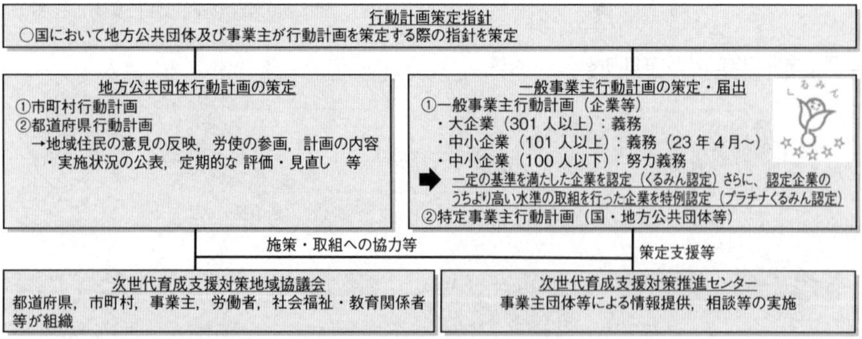
行動計画策定指針
○国において地方公共団体及び事業主が行動計画を策定する際の指針を策定
地方公共団体行動計画の策定
①市町村行動計画
②都道府県行動計画
→地域住民の意見の反映，労使の参画，計画の内容・実施状況の公表，定期的な 評価・見直し　等
一般事業主行動計画の策定・届出
①一般事業主行動計画（企業等）
・大企業（301人以上）：義務
・中小企業（101人以上）：義務（23年4月～）
・中小企業（100人以下）：努力義務
一定の基準を満たした企業を認定（くるみん認定）さらに，認定企業のうちより高い水準の取組を行った企業を特例認定（プラチナくるみん認定）
②特定事業主行動計画（国・地方公共団体等）
くるみん
施策・取組への協力等
策定支援等
次世代育成支援対策地域協議会
都道府県，市町村，事業主，労働者，社会福祉・教育関係者等が組織
次世代育成支援対策推進センター
事業主団体等による情報提供，相談等の実施

資料：厚生労働省「次世代育成支援対策推進法の概要と改正のポイント」，一部改変

流，ショートステイ・デイサービスなどの在宅福祉サービスの実施や施設の開放はもとより，入所生活の居宅型化，情報公開・苦情解決・第三者評価などの運営の社会化にまで及んでいる。

事前指示書

じぜんしじしょ

医療に関する決断を下すことができなくなった場合に，医療についての本人の希望を伝える法的文書のことで，「リビング・ウィル」と「医療判断代理委任状」の２種類がある。

医療判断代理委任状 p.28，リビング・ウィル p.500

慈善組織協会

じぜんそしききょうかい

COS；Charity Organization Society

産業革命後のイギリスでは，貧困者が増大したにもかかわらず国家政策としての対策が不十分であったことから，代わって多くの慈善活動が活発化した。これら慈善団体間の調整を目指し，1869 年に前身として，民間組織「慈善的救済組織化および乞食抑圧のための協会」がロンドンで設立され，翌 1870 年には慈善組織協会（COS）と改称された。COS では，貧困者を救済に値するかしないかで分類し，値するとされた者を事業対象とした。また，アメリカにおいても，1877 年のバッファローでの設立を始まりとし，この COS 活動は急速に広がりをみせた。

友愛訪問活動 p.485

自然毒

しぜんどく

天然の動植物に含まれる毒物のこと。有毒魚介類による動物性自然毒と，毒キノコや毒草による植物性自然毒に分けられる。カビ毒も自然毒に含められることがある。自然毒中毒の場合には，一般に潜伏期間が短く発熱しないことが多く，神経症状を呈する場合がある。

自然毒の代表的なものに，フグ毒と毒キノコがある。フグ毒はテトロドトキシンで卵巣に最も多く存在する。毒性は強く，早いもので食後 30 分以内，通常３時間前後で発症し，口唇，顔面，手指のしびれなど知覚鈍麻が起き，その後歩行困難，言語障害，呼吸困難，血圧低下などで死亡することもある。毒キノコによる中毒症状は，消化器症状と神経症状に大別できる。潜伏時間は 10 ～ 14 時間で激しい腹痛，吐気，嘔吐，下痢，脱力感を伴い，神経症状は４時間以内にしびれやけいれん，時に幻覚を起こす。致死率はキノコの種類によって異なるが，タマゴテングタケは極めて高く，テングタケ，ベニテングタケなどではまれである。

食中毒 p.262

持続可能な社会保障制度の確立を図るための改革の推進に関する法律

じぞくかのうなしゃかいほしょうせいどのかくりつをはかるためのかいかくのすいしんにかんするほうりつ

平成 25 年制定，法律第 112 号。同法の主な概要は，受益と負担の均衡がとれた持続可能な社会保障制度の確立を図るため，医療制度，介護保険制度等の改革について，改革の検討項目，改革の実施時期と関連法案の国会提出時期の目途を明らかにするものである。具体的には，①少子化対策（既に成立した子ども・子育て関連法，待機児童解消加速化プランの着実な実施等），②医療制度（後期高齢者支援金の全面総報酬割，70 ～ 74 歳の患者負担・高額療養費の見直し，難病対策等），③介護保険制度（地域包括ケアの推進，予防給付の見直し，低所得者の介護保険料の軽減等），④公的年金制度（既に成立した年金関連法の着実な実施，マクロ経済スライドの在り方等）である。

持続携行式腹膜透析

じぞくけいこうしきふくまくとうせき

CAPD：continuous ambulatory peritoneal dialysis

腹膜を透析膜として利用する透析療法の一つ。腹腔内に専用のカテーテルを留置し，ビニールバッグに入った透析液を流しこむ。装置とつながれることがないため，透析中に行動が制限されることがない。在宅でも行うことができるが，管理が難しい。

人工透析 p.278

肢体不自由

したいふじゆう

四肢や体幹，あるいはその双方の欠損や変形，運動機能障害により，日常生活動作が困難な状態のことをいう。高木憲次の造語である「肢体不自由児」に由来するとされる。身体障害者福祉法や学校教育法で規定されている用語でもあるが，医学的に明確な定義が与えられているわけではなく，主に行政上で用いられる用語である。

高木憲次 p.332

自治事務

じちじむ

地方自治法第２条第８項に規定されている。1999（平成11）年，地方分権の推進を図るための関係法律の整備等に関する法律（地方分権一括法）の制定により，従来の機関委任事務，団体委任事務および固有事務が廃止され，法定受託事務，自治事務に区分された。自治事務は，地方公共団体が処理する事務のうち，法定受託事務以外の事務で，法律に違反しない限りは，条例で定めることができる。原則，国からの干渉を受けずに，地方公共団体独自の責任で事務を執行できる。社会福祉関連の自治事務の例は，生活保護の相談・助長，要介護認定，障害支援区分認定，介護報酬・障害福祉サービス費の支給，養護老人ホームへの入所措置などである。

✎法定受託事務 p.458

視聴覚障害者情報提供施設

しちょうかくしょうがいしゃじょうほうていきょうしせつ

身体障害者福祉法第34条に規定される身体障害者社会参加支援施設の一つ。情報，コミュニケーション支援を行う。①点訳・手話通訳等を行う者の養成・派遣，②点字刊行物等の普及促進，③視聴覚障害者に対する情報機器の貸し出し，④視聴覚障害者に関する相談等を行っている。点字図書館，聴覚障害者情報提供施設などがある。同施設を経営する事業は，社会福祉法における第二種社会福祉事業とされている。

✎聴覚障害者情報提供施設 p.353，点字図書館 p.365

市町村介護保険事業計画

しちょうそんかいごほけんじぎょうけいかく

介護保険法第117条に規定される，介護保険の基盤整備を進めていくために市町村が定める基本計画。制度発足時に最初の事業計画が５か年計画として出されたが，2005（平成17）年の介護保険法改正により，2006（平成18）年度より３年を一期として策定されている。同計画の策定においてはサービスを必要とする高齢者数やサービス利用者の実態調査，保険料の算定や必要サービス量，提供可能なサービス量などを把握しながら進めていく必要がある。また，同計画は市町村地域福祉計画（社福107条）等と調和が保たれたものでなければならず，これを策定または変更しようとするときはあらかじめ都道府県の意見を聴くことが義務づけられている。

✎介護保険事業（支援）計画 p.60，都道府県介護保険事業支援計画 p.381

市町村障害者計画

しちょうそんしょうがいしゃけいかく

1993（平成５）年，障害者基本法の成立により導入された障害者計画である。障害者基本法第11条第３項に規定され，国が立案する障害者基本計画と都道府県障害者計画を基本に，当該市町村における障害者の状況などを踏まえ，当該市町村における障害者のための施策に関する基本的な計画の策定を，市町村に義務づけたものである。当初，市町村障害者計画の策定は，市町村の努力義務であったが，2004（平成16）年の障害者基本法の改正で，2007（平成19）年より市町村に対し障害者計画策定の義務が課せられた。法律には，市町村障害者計画における規定すべき事項と，計画期間についての規定は定められていない。計画策定にあたっては，市町村に置かれている障害者関係施策推進に関する審議会や障害者その他関係者の意見を聴くことになっている（同法第11条第６項）。

✎障害者基本計画 p.237

市町村審査会

しちょうそんしんさかい

障害者総合支援法第15～18条に規定される，市町村に設置される介護給付等の支給に関する審査判定業務を行う審査会。委員は，障害者等の保健や福祉に関する学識経験のある者から，市町村長が任命する。

市町村相互財政安定化事業

しちょうそんそうございせいあんていかじぎょう

介護保険法第148条に規定される事業。複数の市町村が相互に財政の安定化を図ることを目的に，介護保険の特別会計において負担する費用のうち，介護給付および予防給付に要する費用，地域支援事業に要する費用，財政安定化基金拠出金に要する費用，基金事業借入金の償還に要する財源について，調整保険料率を基準として財政調整を行う。複数の市町村間で，複数市町村の介護給付などの総額と収入の総額が均衡するような調整保険料率を設定し，それらの当該率に基づいて保険財政の調整を行う。都道府県の役割として市町村間の調整を行い，市町村の求めに応じて調整保険料率にかかる基準の提示などの支援を行うことになっている。

✎財政安定化基金 p.174

し

市町村地域生活支援事業
しちょうそんちいきせいかつしえんじぎょう

障害者が自立した日常生活または社会生活を営むことができるよう，地域の環境や障害者の人数，障害程度など利用者の状況に応じて，市町村が必要な支援を委託契約や広域連合等を活用したり，突発的なニーズや個別給付では対応できない複数の利用者に対して臨機応変に柔軟に行う事業。必須事業と任意事業に分かれており，必須事業には，①理解促進研修・啓発事業，②自発的活動支援事業，③相談支援事業，④成年後見制度利用支援事業，⑤成年後見制度法人後見支援事業，⑥意思疎通支援事業，⑦日常生活用具給付等事業，⑧手話奉仕員養成研修事業，⑨移動支援事業，⑩地域活動支援センター機能強化事業がある。任意事業には，日常生活支援，社会参加支援，権利擁護支援，就業・就労支援がある。また，必須事業，任意事業とは別に障害支援区分認定等事務が位置づけられている。事業の実施主体は市町村だが，地域活動支援センターが中心となり，利用者や地域の実情に合わせて事業を運営する。また，市町村の域を超えて広域的な支援が必要な事業については，広域連合等を活用したり，都道府県が市町村必須事業を代行することも可能となっている。

✎地域活動支援センター p.339

市町村地域福祉計画
しちょうそんちいきふくしけいかく

社会福祉法第 107 条に規定される法定計画。同法では市町村は，地方自治法の基本構想に即し，地域福祉の推進に関する事項として，①地域における高齢者の福祉，障害者の福祉，児童の福祉その他の福祉に関し，共通して取り組むべき事項，②地域における福祉サービスの適切な利用の推進に関する事項，③地域における社会福祉を目的とする事業の健全な発達に関する事項，④地域福祉に関する活動への住民の参加の促進に関する事項，⑤地域生活課題の解決に資する支援が包括的に提供される体制の整備に関する事項を一体的に定める計画を策定し，または変更しようとするときは，あらかじめ，地域住民等の意見を反映させるよう努めるとともに，その内容を公表するよう努めるものと位置づけられている。

✎地域福祉計画 p.342，資料② p.525

市町村特別給付
しちょうそんとくべつきゅうふ

介護保険法第 18 条第 3 号，第 62 条に規定される，全国共通の法定介護保険給付とは別に，市町村が独自に行う給付のこと。横出し給付ともいう。法定介護保険給付の回数などを増やす「上乗せサービス」や，法定介護保険給付にない移送サービスや寝具乾燥サービスなど，市町村の独自サービスである「横出しサービス」がある。市町村が任意に条例で定めることができる。財源は，第一号被保険者の保険料があてられる。

✎移送サービス p.20，上乗せサービス p.36

市町村保健センター
しちょうそんほけんせんたー

地域保健法第 18 条に定められており，市町村により任意に設置される施設。地域住民に密着した保健サービスを提供し，健康相談，保健指導および健康診査などを行う。近年では，健やか親子 21 において，母子保健の主要事業の一つとして児童虐待対策を行うことが明記されるなど，その役割と機能が強化されている。都道府県が設置する保健所が専門的な業務（対人サービス以外，対人サービスでは困難な事例，市町村スタッフの教育等）を行うのに対して，市町村の設置する保健センターでは身近な対人サービスを提供している。

✎健やか親子 21 p.294，保健所 p.461

市町村老人福祉計画
しちょうそんろうじんふくしけいかく

老人福祉法第 20 条の 8 に基づき，地方自治体に策定が義務づけられており，市町村が策定する法定計画。当該市町村区域において確保すべき老人福祉事業の量の目標やそのための方策，その他事業の供給体制に関する事項を定めるものとされている。策定の際には，市町村介護保険事業計画（介護 117 条 1 項）と一体のものとして作成され，また，市町村地域福祉計画（社福 107 条）等の老人福祉に関する事項を定めるものと調和が保たれたものでなければならない旨が示されている。

✎市町村介護保険事業計画 p.194，市町村地域福祉計画 p.195

悉皆調査
しっかいちょうさ

▶全数調査 p.316

失業等給付
しつぎょうとうきゅうふ

雇用保険法における被保険者に対して行われる

給付を総称して失業等給付という。求職者給付，就職促進給付，教育訓練給付，雇用継続給付が含まれる。徴収される雇用保険料のうち，被保険者と事業主が折半負担によって賄われる分が失業等給付の財源にあてられるが，求職者給付と雇用継続給付にはさらに国庫負担がある。

✎雇用保険法 p.170

失　禁

しっきん

incontinence

自分の意思で排泄をコントロールできない状態をいい，尿失禁，便失禁がある。

✎尿失禁 p.396

シックハウス症候群

しっくはうすしょうこうぐん

sick house syndrome

主に新築の住居などの建材などから発生する微量化学物質などによって，アレルギーや頭痛，めまい，倦怠感，のどの痛み，呼吸器疾患など，各種身体変調をきたす症状。住宅の室内汚染に由来する様々な健康障害であることから「シックハウス症候群」と呼ばれる。室内汚染源の一つには，家具や壁紙の製造に利用される接着剤，塗料，防腐剤などに含まれるホルムアルデヒド，トルエン，キシレンなどの揮発性有機化合物が考えられている。これらの化学物質だけではなく，カビや微生物による空気汚染も原因の一つになることも指摘されている。ホルムアルデヒドなどの有機化合物 13 種類については人体に対する有害な影響を考慮して，厚生労働省が室内濃度指針値を設定している。また，国土交通省は建築基準法に基づき使用の一部制限を課している。しかし，機密性の高い住宅環境が整備されるに伴い，シックハウス症候群は増加傾向にある。

✎ホルムアルデヒド p.470

失計算

しつけいさん

数の概念が分からなくなり，簡単な計算が行えなくなること。認知症疾患がある人の多くにこの症状がみられる。

失見当識

しつけんとうしき

disorientation

自分がどこにいるか，今はいつかといった，自分が置かれた時間・場所・状況の認識ができないことをいう。意識障害，認知症，脳血管障害の後遺症，コルサコフ症候群の症状として認められることが多い。見当識障害ともいう。

✎見当識障害 p.132，コルサコフ症候群 p.170

失　行　図79

しっこう

apraxia

高次脳機能障害の一つ。麻痺などの運動障害がなく，行うべき行為も分かっているにもかかわらず目的の行為を行うことができない状態。例えば，手足に麻痺はないのに衣服を着たり脱いだりすることができない（着衣失行），タバコとマッチを与えてタバコを吸う動作を命じても物品を上手く扱う手順が失われておかしな動作をする（観念失行）など。いずれも大脳半球の障害であるが，着衣失行は右頭頂－後頭葉の，観念失行は左頭頂葉の障害と考えられている（右利きの場合）。

✎高次脳機能障害 p.138

実行機能障害

じっこうきのうしょうがい

executive function disturbance

高次脳機能障害の一つ。目標達成に向かう行動を効果的にするためには，目標の設定から始まり，その目標達成のための効率のよい計画立案と実行が不可欠であるが，実行機能障害が起こると無計画な行動，段取りの悪さから，仕事を完遂することができなくなる。例えば，食事の準備の場面で，献立を立て，必要な食材を買い出しして手際よく料理を作る，調理用具を使うといった作業が成り立たない。前頭葉の障害で生じる。

✎高次脳機能障害 p.138，遂行機能障害 p.292

図 79　観念失行の例

タバコを火のついていない
マッチでつけようとする
タバコに火をつけるという順序立った行為ができない

失語症
しつごしょう
aphasia

高次脳機能障害の一つ。話は聞こえていても言葉の内容が理解できない感覚性失語と，声は出せるけれども言葉を表出したり文章を組み立てることができない運動性失語，その両者を組み合わせた全失語がよく知られ，言語によるコミュニケーション，読字・書字が困難となった状態。感覚性失語は左側頭葉の部分的病変（ウェルニッケ領域）で，運動性失語は左前頭葉の部分的病変（ブローカ領域）で生じる。ほかに伝導失語（復唱ができない），健忘失語（名詞が出てこない）がある。

✎高次脳機能障害 p.138

湿性温あん法
しっせいおんあんぽう

温あん法の一種で，熱伝導の良い「水（＝湯）」を使い，身体を温めることで安楽を得る方法。入浴，足浴，温湿布，蒸しタオルなどがある。温湿布の場合，使用する湯は，皮膚温度の最高温度（43℃）が適温といえる。

✎温あん法 p.51

失調性歩行
しっちょうせいほこう
ataxic gait

足の踏み出しが一定しないために，そのつど，重心が動揺してふらつく不安定な歩き方のこと。小脳変性症などによる小脳障害（小脳失調のために協同運動が粗雑化），メニエール病などによる前庭神経障害（平衡感覚が障害），多発性神経炎などによる深部感覚障害（関節の位置覚障害）が原因でみられる。一見，酩酊様に見え，不安定なために両足は開いている。転倒もまれではない。

嫉妬妄想
しっともうそう
delusion of jealousy

被害妄想の一つ。恋人や配偶者が不実を働いている（浮気をしているなど）との病的嫉妬に由来する誤った信念のこと。認知症の周辺症状の一つでもある。

失　認 図80
しつにん
agnosia

高次脳機能障害の一つ。視覚，聴覚，触覚に障害がないにもかかわらず対象を認知できない症状。例えば，人物の弁別，表情の理解ができないものを相貌失認といい，後頭葉の障害でみられる。半側空間失認は開眼状態で視野の半分（左半分あるいは右半分）の空間を認識できない症状（無視）で，右大脳半球の障害による左半側空間失認が有名である。このため，患者は歩行時に左側の障害物に気付かず，衝突の危険が高い。しばしばリハビリテーションや ADL の自立に支障をきたす。

✎高次脳機能障害 p.138

質問紙調査法
しつもんしちょうさほう

調査の手法の一つで，調査対象者に対してあらかじめ調査項目が設定された用紙を配布し，回答を求める方法。調査対象者が自ら書き込む「自計式（自記式）」と，調査者が調査項目を読み上げ，調査対象者が答えた回答を調査者が書き込む「他計式（他記式）」がある。

✎自計式調査 p.185，他計式調査 p.333

質問紙法
しつもんしほう

人格検査の一つで，自己評定法である。性格類型，行動上の特徴，種々の心理的葛藤の有無，思考様式の特徴，病的性向の有無等について質問項目を設定し，被験者の自己評定による回答を求める。回答方法は，「はい・いいえ」の２段階，「どちらでもない」を加えた３段階，さらに「ややあてはまる」「ややあてはまらない」を加えた５段階などの尺度で回答する。この方法は，被験者の自分自身の評定，自己の主張を知る上で有意義であるが，本人の主観が入り，意図的作為的に回

図 80　失認の例

触れただけではアスパラガスかペンかが分からない

答することもできるので，限界がある。代表的な方法には，矢田部・ギルフォード性格検査（Y-G性格検査），ミネソタ多面人格目録（MMPI），モーズレイ性格検査（MPI），コーネルメディカルインデックス（CMI）等がある。

✎ミネソタ多面人格目録 p.474，Y-G 性格検査 p.519

実用手

じつようしゅ

片麻痺の場合，麻痺側の手の機能が改善し，ほぼ日常生活に支障をきたさないレベルの状態を指す。物を押さえる程度の補助的な機能のレベルを補助手，それも不可能なレベルを廃用手という。

指定介護予防サービス事業者

していかいごよぼうさーびすじぎょうしゃ

介護保険制度で，介護予防サービスの種類別に定められる指定についての人員・設備・運営基準や介護予防の支援方法に関する基準を満たし，都道府県知事の指定を受けた介護サービス事業を行う者をいう（介護 53 条，115 条の 2 ～ 11）。サービスを受ける利用者の立場に立つことや，他の保健医療・福祉サービスとの連携が必要とされる。

指定介護療養型医療施設

していかいごりょうようがたいりょうしせつ

介護保険法に規定される介護保険施設の一つ。療養病床等を有する病院・診療所で，要介護者に対して療養上の管理，看護，医学的管理の下における介護その他の世話および機能訓練を行う施設。2006（平成 18）年に医療制度改革関連法が成立したことに伴い，2012（平成 24）年 3 月をもって廃止される予定であったが，2011（平成 23）年の介護保険法の改正に合わせて 2018（平成 30）年 3 月まで延長された。2012 年 4 月以降新たな指定はされていない。

指定介護老人福祉施設

していかいごろうじんふくししせつ

介護保険法第 8 条第 25 項に規定される介護保険施設の一つ。老人福祉法では特別養護老人ホームと規定されている（20 条の 5）。入居する要介護者に対して入浴，排泄，食事等の介護を行うとともに日常生活の世話，機能訓練，健康管理，療養上の世話を行う施設のこと。

✎特別養護老人ホーム p.378

指定介護老人福祉施設の人員，設備及び運営に関する基準

していかいごろうじんふくししせつのじんいんせつびおよびうんえいにかんするきじゅん

1999（平成 11）年，厚生省令第 39 号により，指定介護老人福祉施設（特別養護老人ホーム）に配置すべき医師・介護職員・看護師などの職員の種類と人数や，居室・食堂・浴室などの設置すべき設備および運営にあたって遵守すべき基準を示したもの。指定介護老人福祉施設を開設するにあたって介護保険の指定を受ける際には，この基準を満たす必要がある。

地域の自主性及び自立性を高めるための改革の推進を図るための関係法律の整備に関する法律の施行（2012（平成 24）年 4 月）に伴い，国で定めたこの省令の基準については，都道府県が別に条例で定めることとなった（介護 88 条 2 項）。

指定居宅介護支援事業者

していきょたくかいごしえんじぎょうしゃ

介護保険法第 46 条第 1 項，第 79 ～ 85 条に規定される，要介護者または要支援者からの依頼を受けて，居宅介護サービス計画を作成する事業者として都道府県知事の指定を受けたもの。申請者は法人であり，一定数の介護支援専門員（ケアマネジャー）が配置されていなければならない。

指定居宅介護支援等の事業の人員及び運営に関する基準

していきょたくかいごしえんとうのじぎょうのじんいんおよびうんえいにかんするきじゅん

指定居宅介護支援等の事業を行うためには，省令で定められた人員基準，運営基準を全て満たす必要がある。人員に関する基準では，介護支援専門員や管理者の必置や員数および管理者は主任介護支援専門員であることが規定され，運営に関する基準では，利用申込者および家族に対して重要事項を文書にて説明し同意を得ることや，正当な理由なきサービス提供拒否の禁止などが規定されている。地域の自主性及び自立性を高めるための改革の推進を図るための関係法律の整備に関する法律の施行（2012（平成 24）年 4 月）に伴い，国で定めた省令については都道府県が別に定めることとなった。

指定居宅サービス
していきょたくさーびす

指定居宅サービス事業者が行う在宅サービスのこと。訪問介護，訪問入浴介護，訪問看護，訪問リハビリテーション，居宅療養管理指導，通所介護，通所リハビリテーション，短期入所生活介護，短期入所療養介護，特定施設入居者生活介護，福祉用具貸与，特定福祉用具販売の12種類が保険給付の対象となる。

✎居宅サービス p.108，指定居宅サービス事業者 p.199

指定居宅サービス事業者
していきょたくさーびすじぎょうしゃ

介護保険法第41条第1項，第70～78条に規定される，訪問介護などの居宅サービスを行う事業者として，都道府県知事の指定を受けたもの。事業者の指定は事業所単位でサービスの種類ごとに行われるが，①原則として法人であること，②人員の基準を満たすこと，③設備・運営の基準に従い適正な運営ができること，が要件となっている。

指定障害福祉サービス事業者
していしょうがいふくしさーびすじぎょうしゃ

障害者総合支援法に定められた居宅介護，短期入所，行動援護，生活介護，自立訓練，就労継続支援，就労移行支援などの福祉サービス（ただし，入所施設で行われる生活介護，自立訓練，就労移行支援，就労継続支援B型事業は除く）を提供する事業者を指す。各事業は，その事業者のある都道府県（指定都市，中核市の場合はその指定都市，中核市）に届け出，認可を受けることが必要とされる。

指定情報公表センター
していじょうほうこうひょうせんたー

介護サービス情報の公表制度では，全国すべての介護サービス事業所を対象に，その事業所において実際に行われていること，現況などを公表することとされている。都道府県知事は，介護保険法第115条の42に基づき，都道府県の区域ごとに1機関を指定情報公表センターとして指定し，介護サービス情報の報告の受理および公表ならびに，指定調査機関の指定に関する事務の全部または一部を行わせている。介護サービス事業所は調査票を記入して情報公表センターに報告し，指定調査機関の調査員が事実確認をしている。調査票には，「基本情報」（職員の体制，サービス提供時間など）と「調査情報」（介護サービスに関するマニュアルの有無など）があり，「基本情報」はそのまま，「調査情報」は調査機関による事実確認の後，すべての項目が公表される。

✎介護サービス情報の公表制度 p.55

指定都市
していとし

地方自治法第252条の19第1項に基づき，政令で指定する人口50万以上の市をいう。政令指定都市ともいう。指定都市は，一定の事務のうち都道府県が法律またはこれに基づく政令の定めるところにより処理することとされているものの全部または一部で政令で定めるものを，政令で定めるところにより処理することができる。これにより，指定都市に指定されると児童福祉，身体障害者の福祉，生活保護，社会福祉事業，知的障害者の福祉などに関する事務の処理で都道府県と同格に取り扱われる。2022（令和4）年1月1日現在，全国に20市ある。

✎中核市 p.351

指定訪問看護ステーション
していほうもんかんごすてーしょん

介護保険の訪問看護を行う訪問看護ステーションとして指定を受けたもので，指定訪問看護事業者ともいう。要介護認定を受けていない人は介護保険から給付を受けられないため，健康保険等から訪問看護を受けることとなる。この場合は，健康保険の指定訪問看護事業者が提供することとなるが，介護保険の指定を受けた訪問看護ステーションについては，健康保険の指定を受けたものとみなされる。

✎訪問看護ステーション p.459

四点杖
してんつえ

多点杖の一つ。四点支持杖ともいい，バランスの悪い人に用いる。4つの支点で支えている。

✎杖 p.358

児　童　図81
じどう

児童福祉法第4条では，0歳から18歳未満の者を指し，さらに児童を，乳児：満1歳に満たない者，幼児：満1歳から小学校就学始期に達するまでの者，少年：小学校就学始期から満18歳に達するまでの者，に区分している。このほかにも，法律によって児童の定義は異なる場合がある。18世紀までは「小さい大人」とみなされることが多かったが，現代では人格主体とみなされている。

児童委員

じどういいん

児童福祉法第 16 条～ 18 条の 3 に規定される，市町村の区域に置かれる行政委嘱のボランティアで，民生委員も兼ねることが示されている。任期は 3 年で，児童および妊産婦の生活や環境の把握，保護や福祉に関する情報提供や援助および指導，児童福祉司および福祉事務所の社会福祉主事の職務への協力などを職務とする。また，1994（平成 6）年から主任児童委員が新たに創設され，2001（平成 13）年の児童福祉法改正時に法定化された。児童福祉に関することを専門的に担当し，児童福祉関係機関と区域を担当する児童委員との連絡・調整や，区域を担当する児童委員との共同による相談支援をその職務とする。

✎主任児童委員 p.232，民生委員 p.476

自動運動

じどううんどう

他者からの介助や抵抗を受けることなく，自分自身で意識して筋肉を収縮させて関節を動かす運動（随意運動）のこと。この運動により関節可動域を維持・増大したり，筋力増強を図るのが自動運動訓練である。

✎関節可動域 p.85，他動運動 p.334

児童買春・児童ポルノ禁止法

じどうかいしゅんじどうぽるのきんしほう

▶児童買春，児童ポルノに係る行為等の規制及び処罰並びに児童の保護等に関する法律 p.200

児童買春，児童ポルノに係る行為等の規制及び処罰並びに児童の保護等に関する法律

じどうかいしゅんじどうぽるのにかかるこういとうのきせいおよびしょばつならびにじどうのほごとうにかんするほうりつ

平成 11 年制定，法律第 52 号。略称は児童買春・児童ポルノ禁止法。児童に対する性的搾取・性的虐待が児童の権利を著しく侵害することの重大性にかんがみ，その処罰，および児童の権利の擁護に資することを目的としている。2014（平成 26）年に一部改正がなされ，法の名称の改正や児童ポルノの定義の明確化などが行われた。

児童家庭支援センター

じどうかていしえんせんたー

児童福祉法第 44 条の 2 に規定される児童福祉施設の一つ。1997（平成 9）年の児童福祉法改正によって創設された利用型の児童福祉施設で，地域の児童に関する相談援助，市町村の求めに応じた技術的助言や援助，児童相談所からの指導措置を受託することなどを業務とする。夜間・緊急時の対応や一時保護も行うことから，原則として児童養護施設など基幹的な児童福祉施設に附置されている。同センターを経営する事業は社会

図 81　各法律における児童の定義

	0歳　1歳　6歳　18歳　20歳	
児童福祉法	児童（0歳～18歳） （乳児）（幼児）（少　年）	18 歳未満
児童虐待防止法	児　童（0歳～18歳）	18 歳未満
児童手当法	児　童*1（0歳～18歳）	18 歳を迎えた年の 3 月 31 日まで
母子及び父子並びに寡婦福祉法	児　童（0歳～20歳）	20 歳未満
民法	未　成　年　者（0歳～18歳）	18 歳未満
母子保健法	乳児*2　幼児	定義なし
特別児童扶養手当法	障　害　児（0歳～20歳）	20 歳未満
少年法	少　年*3（0歳～20歳）	20 歳未満

＊1　児童手当の支給は 15 歳を迎えた年の 3 月 31 日まで（中学校修了前の児童）
＊2　新生児を含む
＊3　ただし 18 歳以上の少年を「特定少年」という

福祉法における第二種社会福祉事業とされている。

✎一時保護 p.22

児童虐待 表19

じどうぎゃくたい

親や家族などの，大人から子どもに加えられる人権を侵害する行為のこと。日本において，児童虐待の定義が法的に明定されたのは，2000（平成12）年に制定された児童虐待の防止等に関する法律（児童虐待防止法）によってである。虐待行為の4類型として，身体的虐待，心理的虐待，ネグレクト，性的虐待がある。現在の日本では増加の一途をたどっている。社会的背景として，親の子育て経験不足，社会における心理的ストレス，周囲の協力の消極性，などが指摘されている。また，児童虐待を受けたと思われる児童を発見した者は，速やかに，福祉事務所もしくは児童相談所に通告しなければならない。

✎児童虐待の防止等に関する法律 p.201

児童虐待対応協力員

じどうぎゃくたいたいおうきょうりょくいん

児童相談所などにおいて児童福祉司と協力し，児童虐待に関する調査や関係機関との連絡調整を職務とする者。

✎児童福祉司 p.205

児童虐待の防止等に関する法律 図82 表20

じどうぎゃくたいのぼうしとうにかんするほうりつ

平成12年制定，法律第82号。略称は児童虐待防止法。最初の児童虐待防止法は，1933（昭和8）年に制定されたが，1947（昭和22）年に児童福祉法が制定されたことに伴い，廃止された。制定の背景として，大正からの凶作や経済恐慌で多くの児童が劣悪な労働をさせられていた社会状況があった。現在のネグレクトの一部に該当する行為や，14歳以下の児童に軽業，見せ物，物売りなどをさせることを禁止する内容が盛り込まれていた。1990年代後半には，児童虐待に関する相談件数が急増し，問題の深刻化や複雑化が徐々に明らかになり，社会的な支援を行う必要性が認識され，2000（平成12）年5月に同法が制定，同年11月に施行された。虐待に関する4つの定義（身体的虐待，性的虐待，ネグレクト（育児・保護放棄），心理的虐待）およびそれらの禁止規定に関すること，児童相談所の取り組み強化などが定められている。これを受け，一時保護の期間を原則として2か月を超えてはならないなど，児童福祉法における関連事項の改正も行われた。なお，児童相談所における相談件数をみると，同法制定の2000年度の17,725件より増加し続けており，2021（令和3）年度は，207,659件（速報値）となっている。また，虐待の内容別では，心理的，身体的，ネグレクト，性的の順に多い傾向にある。

また，児童虐待は家庭内の問題であって，外部から介入するものではないという，いわば「家庭内のしつけ」という名目に隠れ，潜在化することが多いことから，児童と接する機会の多い学校の教職員，児童福祉施設の職員，医師，保健師，弁護士などは児童虐待の早期発見・通告に努めなければならないとされている（児虐5，6条）。2017（平成29）年の改正でしつけを名目とした体罰の禁止が明記された（児虐14条）。

✎児童虐待 p.201，通告（通報）義務 p.357

児童虐待防止法

じどうぎゃくたいぼうしほう

▶児童虐待の防止等に関する法律 p.201

児童厚生員

じどうこうせいいん

児童館や学童保育などに勤務する職員。児童の遊びを指導する者ともいわれる。主な業務に，子

表19 児童虐待の定義（児童虐待防止法第2条より）

身体的虐待	児童の身体に外傷を生じ，または生じるおそれのある暴行を加えること
性的虐待	児童にわいせつな行為をすることまたは児童をしてわいせつな行為をさせること
ネグレクト	児童の心身の正常な発達を妨げるような著しい減食または長時間の放置，保護者以外の同居人による身体的・性的・心理的虐待と同様の行為の放置その他の保護者としての監護を著しく怠ること
心理的虐待	児童に対する著しい暴言または著しく拒絶的な対応，児童が同居する家庭における配偶者に対する暴力その他の児童に著しい心理的外傷を与える言動を行うこと

どもの遊びの援助，遊び環境づくり，安全管理などがある。保育士，幼稚園教諭，小中高校の教員資格などが基礎となることが多い。

児童厚生施設

じどうこうせいしせつ

児童福祉法第 40 条に規定される児童福祉施設の一つ。「児童遊園，児童館等児童に健全な遊びを与えて，その健康を増進し，又は情操をゆたかにすることを目的とする施設」である。同施設を経営する事業は社会福祉法における第二種社会福祉事業とされている。

児童指導員

じどうしどういん

児童福祉施設の設備及び運営に関する基準第 43 条にその資格が規定されている。児童養護施設，児童心理治療施設など，ほとんどの児童福祉施設に配置が義務づけられており，児童の生活指導，家庭環境調整，関係機関との連絡・調整など，主としてソーシャルワークに携わる。

児童自立支援施設

じどうじりつしえんしせつ

児童福祉法第 44 条に規定される児童福祉施設の一つ。1997（平成 9）年の児童福祉法改正以前は「教護院」という名称であったが，法改正により施設の目的が「児童の自立支援」へ変更され，以前の「不良行為をなし，又はなすおそれのある児童」に加えて，「家庭環境その他の環境上の理由により生活指導等を要する児童」も施設入所・通所の対象児童となった。児童自立支援専門員，児童生活支援員などを置くことが規定されている（最低基準 80 条）。同施設を経営する事業は社会

図 82　児童虐待相談対応件数の推移

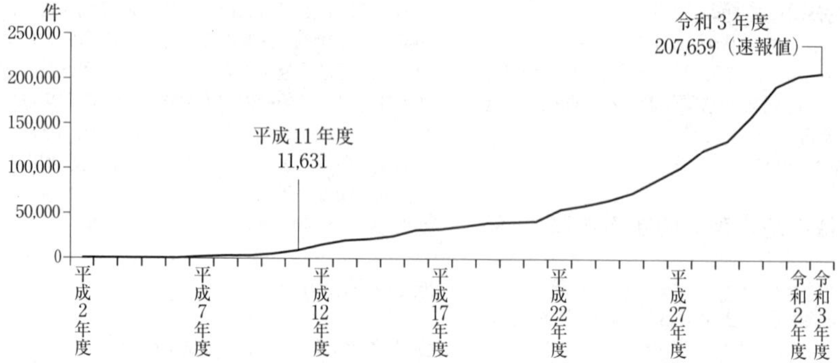

資料：厚生労働省「福祉行政報告例」
注　平成 22 年度は，東日本大震災の影響により，福島県を除いて集計した数値である。

表 20　児童虐待の内容別相談件数

	平成12年度('00)	17('05)	22*('10)	27('15)	令和2('20)	3('21)
総数	17,725	34,472	56,384	103,286	205,044	207,659
身体的虐待	8,877	14,712	21,559	28,612	50,035	49,238
ネグレクト	6,318	12,911	18,352	24,444	31,430	31,452
心理的虐待	1,776	5,797	15,068	48,700	121,334	124,722
性的虐待	754	1,052	1,405	1,521	2,254	2,247

資料：厚生労働省「福祉行政報告例」
注　＊は，東日本大震災の影響により，福島県を除いて集計した数値である。

福祉法における第一種社会福祉事業とされている。

✎児童自立支援専門員 p.203

児童自立支援専門員

じどうじりつしえんせんもんいん

児童自立支援施設の職員。児童の学習・生活・職業指導を行うことで，社会的な自立を支援することを主業務とする。資格要件は，児童福祉施設の設備及び運営に関する基準第 82 条に定められている。同じく児童自立支援施設に配置される児童生活支援員の業務が，ケアワークとしての意味合いが強いことと対照的である。

✎児童自立支援施設 p.202

児童自立生活援助事業

じどうじりつせいかつえんじょじぎょう

児童福祉法第 6 条の 3 に規定される事業。第二種社会福祉事業に位置づけられる。義務教育終了後，児童養護施設・児童自立支援施設等を退所した児童を対象に，日常生活上の援助，生活指導，就業支援を行う事業。具体的には自立援助ホームの実施・運営に関するものとなっている（同法 33 条の 6）。 2004（平成 16）年の児童福祉法改正により，措置を解除された者に対する相談・その他の援助を行うことが事業内容に明記された。

児童心理司

じどうしんりし

かつては心理判定員と呼ばれていたが，現在は児童心理司と呼ばれる。児童福祉法第 12 条の 3 第 2 項第 4 号および児童相談所運営指針第 2 章第 4 節に規定されるが，任用資格ではない。児童相談所の職員であり，子どもや保護者の相談に応じ，心理診断や心理療法，カウンセリング，助言指導を行う。学校教育法に基づく大学で心理学を専修する学科等を卒業した者がこの職員となることが多い。身体障害者更生相談所および知的障害者更生相談所にも同様の職員がいる。

児童心理治療施設

じどうしんりちりょうしせつ

児童福祉法第 43 条の 2 に規定されている児童福祉施設の一つ。2017（平成 29）年に「情緒障害児短期治療施設」から名称変更された。「家庭環境，学校における交友関係その他の環境上の理由により社会生活への適応が困難となった児童を，短期間，入所させ，又は保護者の下から通わせて，社会生活に適応するために必要な心理に関する治療及び生活指導を主として行い，あわせて退所した者について相談その他の援助を行うこと」を目的としている。必置とされる職員は，医師，心理療法担当職員，児童指導員，保育士，看護師，個別対応職員，家庭支援専門相談員，栄養士および調理員とされている。

児童相談所　図83

じどうそうだんじょ

都道府県や政令指定都市に設置が義務づけられている児童福祉の第一線機関。児童福祉司，児童相談員，児童心理司，精神科医，小児科医が配置され，児童の養護に関する相談に応じ，継続して援助が必要であると判断される場合には，医学や心理学・社会学などの異なった観点から情報が集められ，これをもとに今後の援助が決定される。また，児童の安全が脅かされ，緊急に保護を必要とする場合などに一時保護を行う。相談内容は多岐にわたるが，障害相談，養護相談，育成相談，非行相談，保健相談，その他の相談，と大まかに 6 つに分けられている。2016（平成 28）年度までは，障害相談が最も多かった。2020（令和 2）年度の統計では，虐待を含む養護相談が 53.3%と最も多く，次いで障害相談の 30.8%となっている。

✎一時保護 p.22，児童虐待 p.201

図 83　児童相談所での相談の種類別対応件数（令和 2 年度）

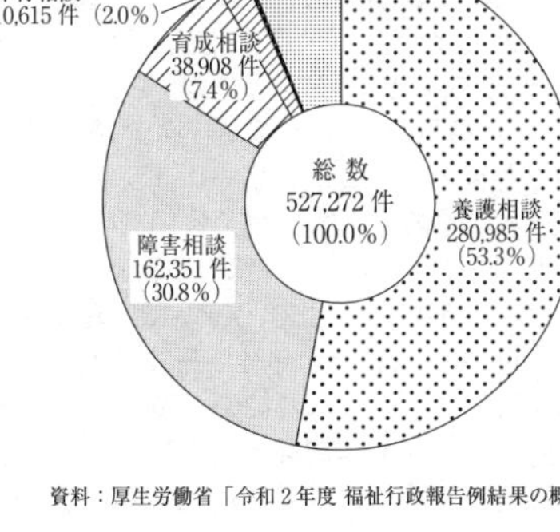

資料：厚生労働省「令和 2 年度 福祉行政報告例結果の概況」

自動体外式除細動器
じどうたいがいしきじょさいどうき
AED ; automated external defibrillator

電気ショックにより心臓の状態を元に戻す機能を有する小型の機器。不整脈のうち心室細動では，有効な血液の駆出ができず，しばしば致命的となる。AEDは，電源を入れ，電極パッドを胸に貼り付けると心電図を解析して電気ショックを与えるべきかを調べ，音声で指示を出す。資格を有さない一般の人でも使用可能で，駅などに広く設置されている。

児童手当
じどうてあて

児童手当法に基づき，子ども・子育て支援の適切な実施を図るため，父母その他の保護者が子育てについての第一義的責任を有するという基本的認識の下に，家庭等における生活の安定に寄与するとともに，次代の社会を担う児童の健やかな成長に資することを目的に金銭を支給する仕組み。養育者の所得が，設定された所得制限限度額未満の場合に支給される。月額支給額は，3歳未満は一律15,000円，3歳以上小学校修了前は10,000円（第3子以降は15,000円），中学生は一律10,000円となる。2022（令和4）年10月支給分から，児童を養育している者の所得上限限度額を超えている場合は支給されなくなった。

✎児童扶養手当 p.205，特別児童扶養手当 p.377

児童手当法
じどうてあてほう

昭和46年制定，法律第73号。同法の目的は「父母その他の保護者が子育てについての第一義的責任を有するという基本的認識の下に，児童を養育している者に児童手当を支給することにより，家庭等における生活の安定に寄与するとともに，次代の社会を担う児童の健やかな成長に資すること」である。2010（平成22）年4月からは子ども手当に移行したが，2012（平成24）年から再び児童手当に戻った。支給額はいずれも月額で，3歳未満が一律15,000円，3歳以上小学校修了前が10,000円（第3子以降15,000円），中学生が一律5,000円となっているが，保護者の所得により支給額は異なる。さらに2022（令和4）年10月支給分からは，所得制限が設けられた。なお，児童が児童養護施設などへの入所や里親などに委託されている場合，原則，入所している施設の設置者や里親などに支給される。

児童の権利に関する条約
じどうのけんりにかんするじょうやく

児童権利宣言30周年にあたる1989年11月20日に，第44回国際連合（国連）総会で採択され，翌1990年に発効したもの。前文と54条からなり，日本は，1994（平成6）年5月に批准した。第1条では児童を「18歳未満のすべての者」と定義している。また，児童の受動的な権利のみならず，意見表明権（12条），表現・情報の自由（13条），思想・良心・宗教の自由（14条）などの市民的自由権も保障され，権利行使の主体としての児童観が打ち出された点が画期的とされる。そして，子どもの養育に関して第一義的に責任があるのは，「親」であるとする「親の第一義的養育責任」（18条）も明文化された。なお，同条約第44条により，条約発効から2年以内，その後は5年ごとに，権利保障の進歩に関する報告を「児童の権利委員会」に報告することが義務付けられている。

児童発達支援管理責任者
じどうはったつしえんかんりせきにんしゃ

指定障害児入所施設・指定障害児通所支援に1名以上専任かつ常勤で配置することが定められている者。サービス利用者の個別支援計画の作成およびサービス提供の管理をする専門職である。実務経験を持っている者が基礎研修を修了し，既に1名の児童発達支援管理責任者が配置されている事業所で，2年間の実務経験（OJT）を経ると受講可能になる実践研修を受講することが要件となっている。また，5年ごとの更新研修の受講も必要である。これは，一定期間ごとの知識や技術の更新を図り，段階的にスキルアップを行うためである。

児童発達支援センター
じどうはったつしえんせんたー

児童福祉法第43条に規定される児童福祉施設の一つ。障害児を保護者の下から通わせて，日常生活における基本的動作の指導，独立自活に必要な知識技能の付与または集団生活への適応のための訓練などの福祉サービスを行う「福祉型」と，福祉サービスに併せて治療を行う「医療型」（上肢・下肢または体幹の機能の障害のある児童に対する児童発達支援および治療）に大別される。2012（平成24）年度の同法改正によって，従来の知的障害児通園施設などの通園施設が，障害児にとって身近な地域で支援を受けられるようにするために，児童発達支援へと再編された。

児童福祉

じどうふくし

児童を対象とする社会福祉施策，援助実践の総称。日本では，児童福祉法を中心とした施策が展開されていたが，児童虐待の防止等に関する法律や次世代育成支援対策推進法などが整備され，援護を要する児童からすべての児童へと援助の対象が変わりつつある。

児童福祉司

じどうふくしし

児童福祉法第 13 ～ 15 条に規定され，児童相談所に配置が義務づけられている職員で，児童相談所長の命を受け，児童福祉の専門的な援助を行う。医師，社会福祉士，2 年以上児童福祉事業に従事した社会福祉主事などから任用される。同法第 13 条において都道府県知事の補助機関である職員とされている。

✎児童相談所 p.203

児童福祉施設

じどうふくししせつ

児童福祉法第 7 条に定められる児童の育成・養護・指導等を行う施設の総称。助産施設，乳児院，母子生活支援施設，保育所，幼保連携型認定こども園，児童厚生施設，児童養護施設，障害児入所施設，児童発達支援センター，児童心理治療施設，児童自立支援施設，児童家庭支援センター，の 12 種類がある。また，2022（令和 4）年の児童福祉法等改正において，新たに里親支援センターの創設も予定されている。

児童福祉施設の設備及び運営に関する基準

じどうふくししせつのせつびおよびうんえいにかんするきじゅん

昭和 23 年制定，厚生省令第 63 号。児童福祉法第 45 条，46 条に基づいて定められている。児童福祉施設において，その設備や居室の広さ，あるいは勤務する職員の職種や，人員配置の基準などを規定するもの。施設ごとに別個の基準があり，施設側はこれを遵守しなければならない。

児童福祉法 表21

じどうふくしほう

昭和 22 年制定，昭和 23 年施行，法律第 164 号。「児童とは，満 18 歳に満たない者」と定義している。すべての児童の健全育成と生活保障，愛護を実現するために，「児童の権利に関する条約」の批准の影響を受けての 1997（平成 9）年改正，また，保育士資格にかかわる 2001（平成 13）年改正が，大きな改正として挙げられる。2008（平成 20）年の改正では，児童相談における市町村の役割が明確化され，関連した事業（乳児家庭全戸訪問事業など）が規定された。また，2010（平成 22）年改正では，障害者福祉にかかる改正に伴い，障害児施設・サービスの見直しが主に行われた。2016（平成 28）年の改正では，市町村における母子健康包括支援センターの設置や，児童相談所への弁護士の配置などが盛り込まれた。また，第 1 条において，全ての児童は，児童の権利に関する条約の精神にのっとった，権利を有することが明示された。

2019（令和元）年の改正では，児童相談所長，児童福祉施設長による体罰の禁止が明記された。また，児童虐待対応のために，児童相談所の体制強化および関係機関の連携の強化が示された。

2022（令和 4）年に成立した改正法においては，2024（令和 6）年 4 月 1 日を施行期日として，子育て世帯に対する包括的な支援のための体制強化や，社会的養育経験者等への自立支援の強化，児童の意見聴取の仕組みの整備などが盛り込まれている。

✎児童相談所 p.203

児童扶養手当

じどうふようてあて

児童扶養手当法に基づき，父もしくは母が死亡したり，父母が婚姻を解消した児童の父もしくは母がその児童を監護するとき，または父もしくは母がいないなどの理由で父もしくは母以外の者がその児童を養育する場合に，金銭で支給されるもの。所得に応じて全部支給と一部支給がある。近年の離婚の急増に伴い，2002（平成 14）年に支給方法が改められ，一部支給を 10 円きざみできめ細かく定めることになった。また，従来は母子家庭の母を対象としていたが，2010（平成 22）年 8 月より父子家庭の父にも支給されることとなった。2012（平成 24）年 8 月からは，支給要件に配偶者からの暴力（DV）で「裁判所からの保護命令」が出された場合が加わった。また，これまで公的年金を受給する場合は児童扶養手当を受給できなかったが，2014（平成 26）年 12 月以降は，年金額が児童扶養手当額より低い場合，その差額分の児童扶養手当を受給できる

表 21　児童福祉法等の近年の主な改正

1997（平成 9）年	●児童保育施策の見直し，児童の自立支援施策の充実等 保育所への入所の仕組みの変更。放課後児童健全育成事業，児童自立生活援助の法制化。児童家庭支援センターの創設。児童福祉施設の名称変更等。
2001（平成 13）年	●認可外保育施設増加への対策 保育士資格の法定化。保育所整備促進のための公有財産の貸付け等の推進。児童委員活動の活性化。認可外保育施設に対する監督の強化。
2004（平成 16）年	●児童相談に対する体制の充実 市町村，都道府県の役割の明確化，要保護児童対策地域協議会の設置。 ●児童福祉施設，里親等の在り方の見直し ●要保護児童に係る措置に関する司法関与の見直し
2008（平成 20）年	●子育て支援事業等の法定化 乳児家庭全戸訪問事業，養育支援訪問事業，地域子育て支援拠点事業，一時預かり事業，また家庭的保育事業を法律上位置付け。 ●困難な状況にある子どもや家庭に対する支援の強化 養育里親の制度化，小規模住居型児童養育事業（ファミリーホーム）の創設等。
2010（平成 22）年	●障害児の地域施設・事業の一元化 障害児の定義の見直し。障害児に関する根拠規定の一元化。障害児施設の一元化。障害児通所支援，障害児入所支援の創設等。
2012（平成 24）年	●保育の実施のあり方，各種事業の定義・規則などの整備 小規模保育事業，居宅訪問型保育事業，事業所内保育事業，病児保育事業，子育て援助活動支援事業の法定化等。
2014（平成 26）年	●小児慢性特定疾病の患者に対する医療費助成の規定
2016（平成 28）年	●児童福祉法の理念の明確化等 児童が権利の主体であること，児童の最善の利益が優先されること等を明確化。親権者が児童のしつけに際し，監護・教育に必要な範囲を超えて児童を懲戒してはならない旨を明記。 ●児童虐待の発生予防 市町村における母子健康包括支援センターの設置。 ●児童虐待発生時の迅速・的確な対応 市区町村子ども家庭総合支援拠点の整備。要保護児童対策地域協議会へ専門職の配置。児童相談所設置の拡大（特別区への設置）。都道府県は児童相談所に①児童心理司，②医師または保健師，③指導・教育担当の児童福祉司，弁護士等の配置を行う。 ●被虐待児童への自立支援 親子関係再構築支援。養子縁組里親の法定化。自立援助ホームの対象者追加。 ●障害児支援のニーズの多様化への対応，サービスの質の確保・向上に向けた環境整備 居宅訪問型児童発達支援の創設。保育所など訪問支援対象の拡大。医療的ケアを要する障害児への各種支援の連携。障害児福祉計画の策定義務の創設。サービス提供者の情報公開制度の創設。
2017（平成 29）年	●介護保険と障害福祉制度に共生型サービスを位置付け ●児童等の保護についての司法関与の強化 児童虐待の際の保護者への指導の司法関与。家庭裁判所による一時保護の審査の導入等。
2019（令和元）年	●児童の権利擁護 親権者（児童虐待防止法），児童相談所長，児童福祉施設の長による体罰の禁止。民法上の懲戒権のあり方の見直し。都道府県（児童相談所）の業務として児童の安全確保を明文化。 ●児童相談所の体制強化および関係機関間の連携強化等 児童相談所の体制強化（児童相談所長，児童福祉司の任用要件への追加，児童相談所への弁護士の配置等），設置促進，関係機関間の連携強化。
2022（令和 4）年	●子育て世帯に対する包括的な支援のための体制強化 こども家庭センターの設置，相談機関の整備。家庭支援事業の創設。児童発達支援センターが障害児支援の中核的役割を担うことの明確化。児童発達支援の類型（福祉型，医療型）の一元化。 ●都道府県等・児童相談所による支援の強化 ●社会的養育経験者等への自立支援の強化 ●児童の意見聴取の仕組みの整備や，児童をわいせつ行為から守る環境整備

ようになった。そして，2016（平成 28）年 8 月より，児童扶養手当の第 2 子の加算額（月額 5,000 円から最大で月額 10,000 円）および第 3 子以降の加算額（月額 3,000 円から最大で月額 6,000 円）が変更された。

児童扶養手当法 表22 表23

じどうふようてあてほう

昭和 36 年制定，昭和 37 年施行，法律第 238 号。ひとり親家庭の児童に対して手当を支給するもので，都道府県知事，市長および福祉事務所を管理する町村長により支給される。また，2006（平成 18）年度より国庫負担率が削減されることとなった。受給の理由としては，離婚が最も多くなっている。従来は母子家庭の母を支給対象としていたが，2010（平成 22）年 8 月より父子家庭の父にも支給されるようになった。2014（平成 26）年の改正により，公的年金給付等の額が児童扶養手当の額よりも低い場合は，その差額分が支給されることになった。

児童養護施設

じどうようごしせつ

児童福祉法第 41 条に規定される児童福祉施設の一つ。保護者のない児童，虐待されている児童その他環境上養護を要する児童を入所させて，これを養護し，あわせて退所した者に対する相談その他の自立のための援助を行う施設。また，2000（平成 12）年に開設された地域小規模児童養護施設は，従来の大舎制の課題を克服することを目的としたもので，地域の通常の民家の様式の家屋に，保護者のない児童など（心理的課題があるとは限らない），6 人以下の児童が入所している。地域活動や子ども会などにも参加することも期待されている。同施設を経営する事業は社会福祉法における第一種社会福祉事業とされている。

視能訓練士

しのうくんれんし

CO：Certified Orthoptist

医師の指示に基づき，斜視の矯正などを行う専門職。視能訓練士法に基づく国家試験に合格し，厚生労働大臣より免許を受ける。ORT（orthoptist）ともいう。

視能訓練士法

しのうくんれんしほう

昭和 46 年制定，法律第 64 号。視能訓練士法は，視能訓練士の資格法である。国家試験は資格取得の要件である。

死の受容過程 図84

しのじゅようかてい

エリザベス・キューブラー＝ロスによりまとめられたもので，否認，怒り，取り引き，抑うつ，受容などの 5 段階からなる。①否認：死の宣告は何かの間違いとし，突きつけられた現実を否定すること，②怒り：自分に降りかかってきた運命に対する怒り，③取り引き：良いとされる様々な治療法を試したり，今自分が死んではいけないという理由を探したりする，④抑うつ：死が目前に

表 22　児童扶養手当受給者数の推移

各年度末

	受給者数
昭和 50 年度（'75）	251,316
60（'85）	647,606
平成 7（'95）	603,534
17（'05）	936,579
27（'15）	1,037,645
令和 2（'22）	877,702

資料：厚生労働省「福祉行政報告例」

表 23　児童扶養手当の理由別受給者数

令和 2 年度末

	総数	生別世帯		死別世帯	未婚の世帯	障害者世帯	遺棄世帯
		離婚	その他				
総数	877,702	…	…	…	…	…	…
母子世帯	803,179	691,276	1,553	4,938	99,332	4,561	1,519
父子世帯	43,417	38,617	33	2,485	637	1,527	118
その他の世帯	31,106	…	…	…	…	…	…

資料：厚生労働省「福祉行政報告例」

注　「生別母子世帯　その他」「生別父子世帯　その他」に，それぞれの「DV 保護命令世帯」を含む。

し

あることを理解し，絶望感をもったり抑うつ状態に陥ったりする，⑤受容：自分だけが特別なわけではなく，死は誰にでも訪れるものなのだと死の過程を受け入れる。

✎キューブラー＝ロス p.101

死の準備教育

しのじゅんびきょういく

人が生きる延長上にある，必ず訪れる「死」について考え，今ある「生」を見つめること，充実させることを目的とした教育。death education ともいわれる。死への準備教育は「生への準備教育」ともいわれ，「死」を学ぶことは「生きること」を学ぶことでもあるともいわれている。日本の学校教育においては，1980 年代からアルフォンス・デーケン（Alfons Deeken：1932～2020）が「death education」として展開をしているが，十分な教育の浸透には至っていない。

ジフテリア

diphtheria

ジフテリア菌の飛沫感染により生じる感染症。1～6日の潜伏期の後，感冒様症状，咽頭の偽膜性病変，心筋炎，神経障害を生じる。治療には抗毒素，抗生物質の投与を行う。感染症法で 2 類感染症に指定されており，患者および保菌者は直ちに都道府県知事への届出が必要である。また，DPT ワクチン（ジフテリア，百日せき，破傷風の三種混合）が予防接種法に基づく予防接種の対象となっている。

自閉症

じへいしょう

autism

発達障害者支援法に定められる発達障害の一つ。社会性の獲得やコミュニケーション能力などの発達の遅れを特徴とする。一つのことや動作にこだわりをもって執着する，他者とうまくかかわれない，場面に沿った適切な言動をとれないことなどがみられる場合が多い。知的障害は随伴するときもあればしないときもある。アメリカの児童精神医学者であるレオ・カナー（Kanner, L.：1894～1981）が「情緒的接触の自閉的障害」として報告し，統合失調症や精神遅滞と区別した。かつては情緒的接触が不足するなどの親の養育が原因と考えられていたが，注意深い臨床例の分析を通じて多様な症状が報告されたため，現在この考え方は否定されている。

✎高機能自閉症 p.136，自閉症スペクトラム障害 p.209，発達障害 p.419，発達障害者支援法 p.420

図 84　死の受容過程

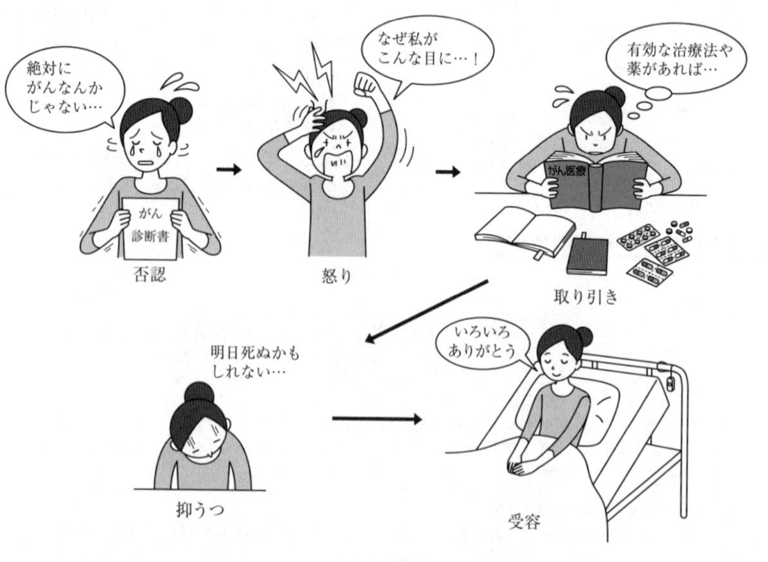

自閉症児施設

じへいしょうじしせつ

児童福祉法に規定されていた知的障害児のための施設で，自閉症を主たる症状とする児童を入所させ，保護するとともに必要治療・訓練などを行っている。病院に入院させることを必要とする場合は第一種自閉症施設，入院を要しない場合は第二種自閉症施設となる。2012（平成24）年の児童福祉法の改正により，障害児入所施設（同法42条）へと移行し，福祉型障害児入所施設および医療型障害児入所施設へと再編された。

自閉症スペクトラム障害

じへいしょうすぺくとらむしょうがい

autism spectrum disorder

社会性やコミュニケーションの障害，特定のものへの強い興味・関心，反復性の行動の障害を特徴とし，日常生活を送る上でこれらが支障をきたしている状態にある。「DSM-5（精神疾患の診断・統計マニュアル）」では従来の広汎性発達障害，アスペルガー症候群，自閉症障害等を含むサブカテゴリー（レット障害を除く）が統合され，自閉症のスペクトラム（連続体）として診断名が「自閉スペクトラム症／自閉症スペクトラム障害」となった。

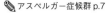

✎アスペルガー症候群 p.7

死別体験

しべつたいけん

大切な人と死に別れる体験のこと。誰にとっても配偶者との死別はつらい体験である。また，子どもを亡くすことはさらにつらい体験である。平均寿命は女性の方が男性よりも7歳ほど長いので，配偶者との死別を体験するのは大部分が女性である。高齢者の男女に共通するのは，結婚生活が長いので本人が思っている以上に相互依存が強くなっていることである。残された人が亡くなった人に依存する度合いが高いほど，死別後の適応が難しくなる。高齢者では死別後も同じ家に住み続けることが多いが，亡くなった人との思い出の場所に住み続けることは孤独感を強める。引越しにより生活の自立ができなくなる場合もあり，生活環境の大きな変化へ新たに適応することが求められる。女性では夫がやってきた役割を，男性では妻がやってきた役割を担わねばならなくなる。家事をやってきた女性は負担が少ないが，不慣れな男性では生活そのものが困難になるため，男性の方が子どもに引き取られることが多い。

✎喪失体験 p.319

死亡一時金

しぼういちじきん

国民年金法に規定される給付金。国民年金独自の給付であり，原則として国民年金の第一号被保険者として保険料を3年以上納付した者が，老齢基礎年金と障害基礎年金のいずれも受給しないまま死亡し，その遺族が遺族基礎年金を受給できない場合，その者と生計を同じくしていた遺族に支給される。支給額は，保険料の納付済期間に応じて12万円から32万円まで6段階に区分されている。

死亡診断書

しぼうしんだんしょ

医師が発行する，死亡を証明する書類のこと。死亡時刻，死因，死亡場所などが記載される。これをもとに死亡届（用紙の左面が死亡届，右面が死亡診断書となっている）を市町村に届けることにより戸籍が抹消される。死亡診断書は，診療継続中で，かつ死亡の原因が当該傷病と関連したものである場合に発行することができる。必ずしも死亡に立ち会っている必要はない。

死亡届

しぼうとどけ

市町村に提出される，死亡したことの届出。これに基づいて戸籍が抹消される。

死亡率

しぼうりつ

粗死亡率ともいう。1年間の死亡数を人口で割ったもので人口1,000に対する数字で表す。日本の死亡数は約144.0万人，死亡率は11.7である（令和3年）。

✎出生率 p.231

しみ取り 表24

しみとり

シミ抜きともいう。しみを取る方法は，しみの種類：油溶性（油分を含んでいる），水溶性（水に溶けやすい），不溶性（水や油にも溶けない）によって異なる。家庭でしみ取りをする場合，しみをできるだけ広げずに適切な対処をすることが重要である。困難な場合は，間違った処理をするよりも専門家に依頼をしたほうが安全である。

✎ベンジン p.455

シャイ・ドレーガー症候群
しゃいどれーがーしょうこうぐん
Shy-Drager syndrome

中年以降に好発する，原因不明の自律神経障害を主症状とする疾患。起立性低血圧，排尿障害，インポテンス，めまいなどの症状を認める。進行すると小脳障害，パーキンソン症状が加わる。多系統萎縮症の一つ。難病の患者に対する医療等に関する法律（難病法）に基づいて公費負担の対象となる。

✎難病の患者に対する医療等に関する法律 p.387

社会活動法
しゃかいかつどうほう

▶ソーシャルアクション p.321

社会救済に関する覚書
しゃかいきゅうさいにかんするおぼえがき

第二次世界大戦後の占領期に，連合国軍最高司令官総司令部（GHQ）が日本政府に対して提示した訓令（SCAPIN；Supreme Command for Allied Powers Instruction Note）の一つであり，「SCAPIN775」または「SCAPIN 第 775 号」，あるいは「SCAPIN775（社会救済）」などとも表記される。また，「公的扶助に関する覚書」と呼ばれることもある。社会救済に関する覚書は 1946（昭和 21）年 2 月に発令され，困窮者に対する無差別平等の保護，救済の国家責任と公私分離，最低生活の保障のための救済費用の無制限という公的扶助の原則が示された。これらの原則は，旧生活保護法，新生活保護法に大きな影響を与えた。

✎旧生活保護法 p.100

社会教育
しゃかいきょういく

学校教育以外の社会で行われる教育のこと。日本独自の概念とされ，1949（昭和 24）年には社会教育法が成立し，社会教育が推進されている。現在は生涯学習とほぼ同義に考えられることもある。高齢者向けのもの，成人男女向けのもの，子ども向けのものなど，多様な事業が自治体によって実施されている。

✎生涯学習 p.234

社会権
しゃかいけん

いわゆる基本的人権の一つに位置付けられる権利であり，社会国家の理念のもとに，国民が，個人の生存，生活の維持・発展に必要な諸条件の確保を国家に対して要求する権利。一般に，国家によって施策を具体化する立法があって初めて請求権が具体化することから，「国家による自由」ともいわれる。生存権（憲法 25 条），教育を受ける権利（憲法 26 条），勤労の権利（憲法 27 条），労働基本権（憲法 28 条），などが社会権に属する。

✎基本的人権 p.97

社会事業
しゃかいじぎょう

1920 年代初期に一般的に使われるようになった言葉である。例えば，1921（大正 10）年に，中央慈善協会は中央社会事業協会に，全国慈善事業大会という大会名は，1917（大正 6）年に全国救済事業大会，1920（大正 9）年に全国社会事業大会に改称された。貧困問題を解決するための中核となる概念であるが，慈善事業と違い，ある程度貧困が社会体制などの不備によって生成してくることを認め，貧困問題を専門的・科学的にとらえ，貧困に陥らないような予防対策も含め，社会的・組織的に解決していこうとした時代の救済事業である。

『社会事業綱要』
しゃかいじぎょうこうよう

キリスト者であり，日本社会事業の父とも呼ばれる生江孝之による 1923（大正 12）年の著作。社会的原因による大衆の生活脅威は，社会自身の回復治療として取り除かれるのが当然であるとする社会有機体説に基づく社会事業思想である。社会的弱者と強者が相互努力することによる社会的連帯の必要性を説き，修正資本主義的な立場をとった。

表 24　しみ取りの分類

油溶性：油，口紅，ファンデーション，チョコレート	ベンジン
水溶性：アルコール，コーヒー，しょうゆ，血液	水，薄い中性洗剤
不溶性：泥，さび，ボールペン	オキシドール，漂白剤の希釈液

✎生江孝之 p.386

社会資源
しゃかいしげん

援助に活用することのできる要素，いわゆるヒト・モノ・カネ，さらには制度や情報などを指す。その性質によって，物的資源，人的資源，文化的資源，社会関係的資源などに分類することができる。また，法規・制度に基づく公的（フォーマル）なものと，近親者や地域住民による私的（インフォーマル）なものに区分される。社会資源は，情報の収集と提供，利用者と資源の仲介など，多様な援助活動があってこそ，その意義が発揮できる。当然，ソーシャルワーク実践ではその機能がより活かせるような環境整備や再活性化を図ることや，必要に応じて新たな資源開発への取り組みも必要である。

社会集団
しゃかいしゅうだん

▶集団 p.225

社会診断
しゃかいしんだん

相談援助の展開過程の一つであるが，今日では社会診断に代わって，アセスメントが用いられることが多くなってきている。インテーク（受理面接）後の情報分析によってクライエントの抱える問題を明確化する。その後のプランニングの基礎をつくる役割を担う診断主義の立場における一つの過程。

✎アセスメント p.7，インテーク p.31

『社会診断』
しゃかいしんだん

Social Diagnosis

1917年にメアリー・リッチモンドがまとめた著書。多くのケース記録を収集し，これらを当時の法学，医学，社会学，哲学などの知見を利用して分析したものである。社会診断の過程をクライエントに関する情報の収集，情報の検討と吟味，問題の解釈，問題の本質の解明の順に整理し，個人をめぐる環境に問題の原因解明の中心を置いた。

✎リッチモンド p.499

社会生活技能訓練
しゃかいせいかつぎのうくんれん

SST；social skills training

精神科リハビリテーションとして，1970年代にアメリカにおいて実施されるようになった認知行動療法の一つ。観察学習や役割演技（ロールプレイ）などの手法により，服薬の習慣，再発徴候に対する対処技能，衣服の着脱や金銭管理といった基本的な生活に関する技能，日常生活上必要な対人関係の保持能力，作業能力などの獲得を目的とし，病状と社会生活機能の回復を図る。

社会生活力
しゃかいせいかつりょく

SFA；social functioning ability

1986年に国際リハビリテーション協会（RI）において採択された社会リハビリテーションの定義の中で明記された。「社会生活力とは，様々な社会的な状況の中で，自分のニーズを満たし，一人ひとりにとって可能な最も豊かな社会参加を実現する権利を行使する力を意味する」というものである。

✎国際リハビリテーション協会 p.156

社会性の原理
しゃかいせいのげんり

岡村重夫の示した社会福祉援助の原理の一つ。社会福祉援助には，社会性・全体性・主体性・現実性の原理という4つの原理がある。社会性の原理とは，要援護者のもっている様々な困難を専門分化的に孤立させてとらえるのではなく，社会関係の障害としてとらえる視点である。社会福祉の対象とする問題は，個人の精神世界や心身機能それ自体を対象とするものではなく，それらの問題を社会関係の中でとらえ，援助していくものである。同時に，社会福祉においては，その問題を利用者と援助者との共同作業の中で，社会的に解決していかなくてはならない。

✎岡村重夫 p.50，現実性の原理 p.131，主体性の原理 p.231，全体性の原理 p.316

社会調査
しゃかいちょうさ

社会における人々の意識や行動，あるいは社会現象を対象とする調査。大別して量的調査と質的調査がある。量的方法は質問紙調査法が代表で，主に統計解析などを用いて，数値によって分析・報告する。一方，質的方法は面接や観察が主流で，記述的な形式で分析・報告する。両者にはそれぞれの長所と短所があり，必要に応じて使い分けたり，併用したりすることが求められる。

✎個別面接調査 p.165，質問紙調査法 p.197，面接調査法 p.480

社会手当

しゃかいてあて

年金などの拠出型の社会保険と生活保護などの公的扶助の中間に存在する無拠出型の社会保障制度として現金給付を行う。税を主な財源とすることから，支給に際して，ある程度の所得制限を設けている。児童手当，児童扶養手当，特別児童扶養手当，特別障害者手当，障害児福祉手当，経過的福祉手当がある。

社会的障壁

しゃかいてきしょうへき

障害者基本法第２条の２に定義される。障害がある者にとって，日常生活または社会生活を営む上で障壁となるような，社会における事物，制度，慣行，観念その他一切のものをいう。社会における事物とは通行・利用しにくい施設，設備などを指し，制度とは利用しにくい制度などを指し，慣行は障害のある者の存在を意識していない慣習や文化を指し，観念とは障害のある者への偏見などを指す。

社会的ジレンマ

しゃかいてきじれんま

個人は自分に好都合で望ましい合理的判断をし，行動するが，こうした人たちが集団となったときに結果として，個人にも社会全体にとっても望ましくない不利益が生じてしまうという葛藤のこと。個人レベルでの合理性と集団・社会レベルでの合理性が必ずしも一致しないということに起因する。例えば，一人ひとりが楽をしようとしてゴミの分別をしないことにより，ゴミの処理過程で有害物質が発生し環境汚染が生まれ，社会全体の不利益が発生すること，などがある。

社会的入院

しゃかいてきにゅういん

治療の必要性が低いのに長期入院を続ける状態，もしくは入院し続ける患者のこと。高齢者の窓口負担が無料化された1970年代以降，入院すると食費や居住費が無料になることもあって増加した。医療が福祉の肩代わりをしているとして社会問題化し，その受け皿として，1993（平成5）年に「療養型病床群」が創設された。2000（平成12）年の介護保険制度発足に際して「介護療養病床」と名称が変わったが，2006（平成18）年，健康保険法等の一部を改正する法律の成立に伴い，2011（平成23）年度末に廃止されることになった。これを受けて，2007（平成19）年，国は，「地域ケア体制の整備に関する基本指針」の中で，都道府県に療養病床の再編成を踏まえた「地域ケア体制整備構想」を策定するよう求めた。しかし，当初想定していた介護老人保健施設などへの転換が進まず，介護療養病床が廃止されることにより行先を失う人々が多発するおそれがあるため，既存の介護療養病床の廃止期限は2017（平成29）年度末まで６年間延長された。また，2012（平成24）年度の介護報酬改定において，老人保健施設等への転換を円滑に進めるための追加的支援策がとられた。ただし，平成24年度以降の介護療養病床の新設は認められていない。

✎地域ケア体制整備構想 p.340

社会的不利

しゃかいてきふり

世界保健機関（WHO）の国際障害分類（ICIDH）による障害構造モデルの３番目の段階。ハンディキャップ（handicap）ともいう。障害分類におけるハンディキャップは，社会的存在である人間のレベルでの障害であり，その時代における社会一般に保障されている生活水準や社会活動への参加の条件が保障されていない状態を示す。職業的・経済的活動の制限だけでなく，趣味や娯楽活動に関する不利益も含まれる。

国際生活機能分類（ICF）では，参加の否定的側面である参加制約に相当する。

✎機能障害 p.96，国際障害分類 p.154，能力障害 p.408

社会的欲求

しゃかいてきよっきゅう

学習や経験によって得られた欲求，つまり（生得的な欲求である一次的欲求に対する）二次的欲求のことである。社会生活に不可欠のもので，周りの人や広く社会的に認められたいと思うことや，よりよい自己のあり方を求めることなどがこれにあたる。マズローの欲求の階層説では，「親和欲求」，「尊厳（承認）欲求」，「自己実現欲求」のこと。

✎欲求の階層説 p.493

社会福祉
しゃかいふくし

社会福祉学は戦後における現実の社会福祉（政策・制度・援助）の展開とともに，当時主流の社会理論を踏まえつつ，多様な社会福祉のとらえ方を示してきた。戦後の日本では，1952（昭和27）年1月から翌年1月までの間に，大阪社会福祉協議会機関紙『大阪社会福祉研究』で展開された「社会福祉本質論争」を起点に，公的扶助サービス論争，岸・仲村論争，孝橋・嶋田論争，新政策論論争など社会福祉関連の論争が展開された。1970年代に入ると，三浦文夫（みうらふみお：1928～2015）の社会福祉経営論が提起された。このような社会福祉の理論研究の動向を背景に，古川孝順（ふるかわこうじゅん：1942～），京極高宣（きょうごくたかのぶ：1942～）などによって社会福祉学の研究が進められた。社会福祉学が確立していく経緯とその到達点は，古川孝順著『社会福祉学』（誠信書房，2002年）などで学ぶことができる。

社会福祉運営管理
しゃかいふくしうんえいかんり

▶ソーシャル・アドミニストレーション p.321

社会福祉援助技術
しゃかいふくしえんじょぎじゅつ

▶ソーシャルワーク p.322

社会福祉援助の原理
しゃかいふくしえんじょのげんり

岡村重夫が示した社会福祉援助における4つの原理のこと。社会福祉援助には，全体性の原理，社会性の原理，主体性の原理，現実性の原理という4つの原理があるとしている。

岡村重夫 p.50，現実性の原理 p.131，社会性の原理 p.211，主体性の原理 p.231，全体性の原理 p.316

社会福祉関係八法の改正
しゃかいふくしかんけいはっぽうのかいせい

1990（平成2）年に行われた，児童福祉法，身体障害者福祉法，精神薄弱者福祉法（現・知的障害者福祉法），老人福祉法，母子及び寡婦福祉法（現・母子及び父子並びに寡婦福祉法），社会事業法（現・社会福祉法），老人保健法（現・高齢者の医療の確保に関する法律），社会福祉・医療事業団法（現・独立行政法人福祉医療機構法）の8つの法律を改正したもの。地方自治体に老人保健福祉計画の策定を義務づけ，計画福祉の先鞭をつけるとともに，老人福祉施設への入所措置権を市町村に移譲し，在宅福祉サービスを制度化するなど，地方分権と在宅福祉の推進が進められた。また，当時の社会事業法に「地域住民の理解と協力」の必要性がはじめて明記された。

高齢者の医療の確保に関する法律 p.149，児童福祉法 p.205，社会福祉法 p.216，身体障害者福祉法 p.288，知的障害者福祉法 p.349，母子及び父子並びに寡婦福祉法 p.463，老人福祉法 p.513

社会福祉基礎構造改革
しゃかいふくしきそこうぞうかいかく

1997（平成9）年より厚生省（現・厚生労働省）により示された社会福祉制度の改革案。1998（平成10）年，中央社会福祉審議会がまとめた「社会福祉基礎構造改革について（中間まとめ）」では，それまでの社会福祉の共通基盤制度は戦後間もない時期の生活困窮者対策を中心として作り上げられたことを指摘した。さらに，これからの社会福祉の目的は，個人が人としての尊厳をもって，家庭や地域の中で，障害の有無や年齢にかかわらず，その人らしい安心のある生活が送れるよう自立を支援することにあり，国民全体を対象とする内容のものに変えなければならないと提言した。こうした提言を受け，2000（平成12）年の社会福祉事業法からの社会福祉法への改正・改称において，利用制度の導入，利用者保護制度の創設，地域福祉の推進などが盛り込まれた。

社会福祉法 p.216

社会福祉協議会 図85
しゃかいふくしきょうぎかい

社会福祉法に規定される地域福祉推進を目的とする民間団体（社会福祉法人）であり，通称は社協。全国区・都道府県・市区町村レベルにおいて独立した形で組織され，それぞれの区域内（全国・都道府県単位・市区町村単位）の社会福祉事業または更生保護事業を経営する者の大半が参加するものとも規定されている。

市区町村社会福祉協議会：社会福祉法第109条1項に規定され，①社会福祉を目的とする事業の企画および実施，②社会福祉に関する活動への住民参加のための援助，③社会福祉を目的とする事業に関する調査，普及，宣伝，連絡，調整および助成，④ ①～③のほか，社会福祉を目的とする事業の健全な発達を図るために必要な事業，を行うことにより，地域福祉の推進を図ることを目的とした団体である。

地区社会福祉協議会：政令指定都市の区ごと，あるいは複数の区にまたがって設置される社会福祉協議会（社福 109 条 2 項）。都市社会福祉協議会に内包されることから，事業活動の実施にあたっては公平性，均等性の見地からの「全市共通事業」と区社会福祉協議会が区域の地域特性に応じて独自に実施する「区固有事業」に分担し取り組んでいる。なお，法上で規定される地区社会福祉協議会とは別に，市区町村社会福祉協議会の区域内の小学校区や自治会単位といった小地域を単位として設置する社会福祉協議会を指すこともある。

都道府県社会福祉協議会：社会福祉法第 110 条に規定され，①市区町村社会福祉協議会が行う①〜④の事業で市区町村を通ずる広域的な見地から行うことが適切な事業，②社会福祉を目的とする事業に従事する者の養成および研修，③社会福祉を目的とする事業の経営に関する指導および助言，④市区町村社会福祉協議会の相互の連絡および事業の調整を行うことにより，区域内の地域福祉の推進を図ることを目的とした団体である。

全国社会福祉協議会：1951（昭和 26）年に，日本社会事業協会・恩師財団同胞援護会・全日本民生委員連盟が統合し創設された社会福祉法人。都道府県社会福祉協議会や市区町村社会福祉協議会などとのネットワークを組み，地域福祉に関する調査・研究，都道府県社会福祉協議会や関係機関との連絡調整，地域福祉に関する提言，国際社会福祉活動の推進を目的としている。

✎更生保護 p.141，社会福祉事業 p.215，資料② p.525

図 85　社会福祉協議会の概要
（2021（令和 3 年）年 4 月 1 日現在）

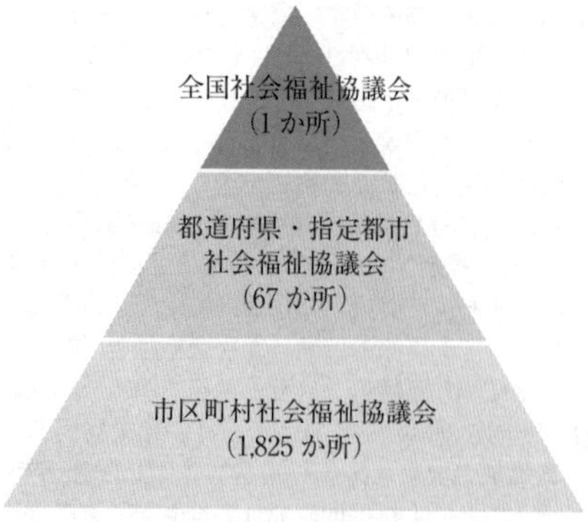

資料：厚生労働省「令和 4 年版　厚生労働白書」

社会福祉計画

しゃかいふくしけいかく

住民サービスにおける根拠・目的・手段の合理性を高めるため，社会福祉の分野においての課題抽出，目標設定，施策実施の方法とその内容の総体（＝計画）をいう。国および地方自治体のレベルで策定するもの。例として次世代育成支援計画，障害福祉計画，老人福祉計画，介護保険事業計画，地域福祉計画等があり，社会福祉協議会が住民と協働して策定する地域福祉活動計画などがある。計画の策定にあたっては，企業経営で用いられる Plan（計画）−Do（実行）−Check（評価）−Action（改善）という PDCA サイクルを導入している自治体が多い。

社会福祉計画法

しゃかいふくしけいかくほう

▶ソーシャルプランニング p.322

社会福祉三法

しゃかいふくしさんぽう

▶福祉三法 p.440

社会福祉士

しゃかいふくしし

社会福祉士及び介護福祉法の規定に基づき登録を受け，社会福祉士の名称を用いて，専門的知識及び技術をもって，福祉に関する相談に応じたり，他職種と連携のもと様々な援助を行う者のこと。具体的には，身体上もしくは精神上の障害があることまたは環境上の理由により日常生活を営むのに支障がある者の福祉に関する相談に応じ，助言，指導，福祉サービスを提供したり，医師その他の保健医療サービスを提供する者その他の関係者との連絡及び調整その他の援助を行う。社会福祉士の名称を用いる資格を有するためには，社会福祉士国家試験に合格し，厚生労働省に備えてある登録簿に登録をする必要がある。社会福祉士及び介護福祉士法には社会福祉士の義務が定められている。①担当する者に対する「誠実義務」（44 条の 2）。②社会福祉士の信用を傷つけるようなことはしてはならない「信用失墜行為の禁止」（45 条）。この規定に違反したときには，登録の取り消しや名称の使用停止が命じられる。③仕事上知り得たクライエントの秘密を漏らしてはならない「秘密保持義務」（46 条）。違反者は罰則の適用範囲となる。④地域に即した創意と工夫を行いつつ，福祉サービス関係者等との連携を保たなければならない「連携」（47 条）。⑤知識・技能の向上に努める「資質向上の責務」(47条の2)。⑥社会福祉士でない者はその名称を用いてはならない「名称の使用制限」(48条)である。なお，⑥の規定により社会福祉士は名称独占の資格とされる。

介護福祉士 p.59，社会福祉士及び介護福祉士法 p.215，名称独占 p.478

社会福祉士及び介護福祉士法

しゃかいふくししおよびかいごふくししほう

昭和62年制定，法律第30号。社会福祉専門職の国家資格を定めた日本最初の法律で，社会福祉士と介護福祉士の業務・義務や名称独占の国家資格であることなどについて規定されている。少子高齢化の進行による新たな福祉ニーズへの対応の必要性が高まったことと，1986（昭和61）年に東京で第23回国際社会福祉会議が開催されたことを契機に，社会福祉専門職の養成が急務になった。このような社会状況の変化の中で，1987（昭和62）年，福祉関係三審議会（当時の中央社会福祉審議会・身体障害者福祉審議会・中央児童福祉審議会）合同企画分科会が，「福祉関係者の資格制度について」（意見具申）を公表した。この意見具申に基づいて，社会福祉士及び介護福祉士法が制定された。2007（平成19）年12月に大きく改正され，社会福祉士・介護福祉士の定義規定，義務規定，資格取得方法などが見直された。義務については，信用失墜行為の禁止（45条），秘密保持義務（46条），連携（47条）に加え，誠実義務（44条の2），資質向上の責務（47条の2）の2つが同改正において加えられた。2011（平成23）年，介護サービスの基盤強化のための介護保険法等の一部を改正する法律が成立したことにより，社会福祉士及び介護福祉士法が一部改正された。同法改正により，医療従事者との連携が確保されている事業所で，診療の補助として，介護福祉士や一定の研修を受けた介護職員などが，喀痰吸引を実施できるように制度化され，2012（平成24）年4月から施行された。

介護福祉士 p.59，喀痰吸引 p.71，資質向上の責務 p.190，社会福祉士 p.214，信用失墜行為の禁止 p.290，誠実義務 p.303，秘密保持義務 p.433，名称独占 p.478，連携 p.509，資料① p.522

社会福祉事業

しゃかいふくしじぎょう

1951（昭和26）年，社会福祉事業法（現・社会福祉法）が制定されたことにより，社会福祉事業という言葉が一般化した。社会福祉法第2条において，第一種社会福祉事業と第二種社会福祉事業に大別され，具体的な事業が列挙されているが，社会福祉事業の定義は示されていない。主として，第一種社会福祉事業は入所施設などが中心，第二種社会福祉事業は通所・在宅サービスなどが中心である。厚生労働省の資料などによると，第一種社会福祉事業と第二種社会福祉事業のほかに，社会福祉法人設立の目的となる事業，知事からの指導監督を受ける事業，税制上優遇措置を受ける対象事業などがその範囲に含まれる。

第一種社会福祉事業 p.326，第二種社会福祉事業 p.330，資料② p.525

社会福祉事業に従事する者の確保を図るための措置に関する基本的な指針

しゃかいふくしじぎょうにじゅうじするもののかくほをはかるためのそちにかんするきほんてきなししん

「福祉人材確保指針」ともいう。1992(平成4)年の福祉人材確保法を受け，1993（平成5）年4月に「国民の社会福祉に関する活動への参加の促進を図るための措置に関する基本的な指針」(福祉活動参加基本指針）とならび策定された，社会福祉法第89条に基づく基本指針。社会福祉事業に従事する人材確保のために，福祉専門職の養成力強化，生涯にわたる研修体系確立，適切な給与水準確保，週40時間労働制の実現，年次有給休暇の完全取得，夜間勤務・祝日勤務の負担軽減，福祉サービスの評価基準確立と業務の平準化・効率化，就業促進や定着化のための事業推進などの具体的措置を掲げている。

しかし，社会福祉分野においては離職率が高く，人材を安定的に確保していく観点から，2007（平成19）年に改正され，労働環境の整備の推進，キャリアアップの仕組みの構築，福祉・介護サービスの周知・理解，潜在的有資格者などの参入の促進，多様な人材の参入・参画の促進の5つの観点から措置が整理されている。2014（平成26）年，社会保障審議会福祉部会に福祉人材確保専門委員会が設置され，2015（平成27）年に報告書が公表された。同報告書を受け，2016（平成28）年に社会福祉法等の一部を改正する法律が成立し，これにより指針，対象範囲の拡大，福祉人材センターの機能強化が行われた。

資料② p.525

社会福祉事業法等改正
しゃかいふくしじぎょうほうとうかいせい

▶社会福祉の増進のための社会福祉事業法等の一部を改正する等の法律 p.216

社会福祉施設
しゃかいふくししせつ

社会生活を営む上で支援を必要とする人を対象に，援助を提供する施設の総称。利用者の保護や援助の適正化を目的に，法令により援助内容や運営基準が示されていることが多い。生活保護法による保護施設，老人福祉法による老人福祉施設，障害者総合支援法による障害者支援施設，売春防止法による婦人保護施設，児童福祉法による児童福祉施設，母子及び父子並びに寡婦福祉法による母子・父子福祉施設，などがある。

社会福祉施設職員等退職手当共済法
しゃかいふくししせつしょくいんとうたいしょくてあてきょうさいほう

昭和 36 年制定，法律第 155 号。民間社会福祉施設の職員は，国公立の社会福祉施設の職員と比べて待遇が悪かったため，その改善策としてこの法律が制定された。同法は，「社会福祉施設，特定社会福祉事業及び特定介護保険施設等を経営する社会福祉法人の相互扶助の精神に基づき，社会福祉施設の職員，特定社会福祉事業に従事する職員及び特定介護保険施設等の職員について退職手当共済制度を確立し，もつて社会福祉事業の振興に寄与すること」を目的としている。退職手当共済制度とは，社会福祉施設（社会福祉法人）等の経営者が，独立行政法人福祉医療機構と契約を結び，職員が退職するときに，同機構から退職手当金が支払われるシステムになっている。

✎福祉医療機構 p.439

社会福祉施設等調査
しゃかいふくししせつとうちょうさ

厚生労働省が全国の社会福祉施設等の数，在所者，従事者の状況等を把握し，社会福祉行政推進のための基礎資料を得るとともに，社会福祉施設等名簿を作成することを目的とした調査。対象となる施設は，生活保護法による保護施設，老人福祉法による老人福祉施設，障害者総合支援法による障害者支援施設等並びに障害福祉サービス等事業所，売春防止法による婦人保護施設，児童福祉法による児童福祉施設，母子及び父子並びに寡婦福祉法による母子・父子福祉施設などの社会福祉施設などとなっている。

社会福祉主事
しゃかいふくししゅじ

社会福祉法第 18，19 条に規定されるもので，都道府県，市および福祉事務所を設置する町村に置かれ，福祉六法に定める援護，育成または更生の措置に関する事務を行う者である。福祉事務所を設置しない町村が社会福祉主事を置くこともできる。なお，社会福祉主事は，国家資格ではなく科目履修などによる任用資格である。

✎福祉事務所 p.441，資料② p.525

社会福祉調査法
しゃかいふくしちょうさほう

ソーシャルワークリサーチともいう。社会福祉援助技術における間接援助技術の一つ。社会調査の一つであるが，福祉ニーズを対象にした実態調査や制度・政策の評価や実践活動の効果測定・評価などを目的に行われる調査のこと。大別して，量的調査法と質的調査法に分けられる。

✎間接援助技術 p.85，社会調査 p.211

社会福祉の増進のための社会福祉事業法等の一部を改正する等の法律
しゃかいふくしのぞうしんのためのしゃかいふくしじぎょうほうとうのいちぶをかいせいするとうのほうりつ

平成 12 年制定，法律第 111 号。1998（平成 10）年，中央社会福祉審議会社会福祉構造改革分科会でまとめられた，「社会福祉基礎構造改革について（中間まとめ）」（6 月）と「社会福祉基礎構造改革を進めるに当たって（追加意見）」（12 月）を受けて，1951（昭和 26）年の社会福祉事業法（現・社会福祉法）成立によって体系化された社会福祉事業の内容，社会福祉法人，措置制度などの社会福祉の共通基盤を，国民の福祉ニーズの多様化に合わせて，改正することを目的に制定された法律である。

具体的には，①利用者の立場に立った社会福祉制度の構築，②サービスの質の向上，③社会福祉事業の充実・活性化，④地域福祉の推進を改正の内容としている。改正の対象となった法律は，社会福祉事業法，身体障害者福祉法，知的障害者福祉法，児童福祉法，民生委員法，社会福祉施設職員等退職手当共済法，生活保護法であり，廃止となった法律は，公益質屋法である。

社会福祉法
しゃかいふくしほう

昭和 26 年制定，法律第 45 号。社会福祉全般にわたり，共通的基本事項を定める基本法である。地域福祉の推進を図るとともに，社会福祉事業の公明かつ適正な実施の確保，「社会福祉を目的とする事業」の健全な発達を図り，社会福祉の増進に資することを目的としている。社会福祉事業，福祉事務所，社会福祉主事，社会福祉法人，地域福祉計画，社会福祉協議会，共同募金会などについて規定している。社会福祉の増進のための社会福祉事業法等の一部を改正する等の法律の成立により社会福祉基礎構造改革が結実したが，この改正法により，2000（平成 12）年に社会福祉事業法から現名称へと改正・改称された。

✎資料② p.525

社会福祉法人

しゃかいふくしほうじん

社会福祉事業を行うことを目的として，社会福祉法第 22 条に基づき設立された法人。同条において「社会福祉事業を行うことを目的として，この法律の定めるところにより設立された法人」と定義されている。この「社会福祉事業」とは，同法第 2 条に規定された第一種社会福祉事業，第二種社会福祉事業のこと。国・地方公共団体以外では，日本赤十字社とならび第一種社会福祉事業を行える団体である。公費による助成が容易であったり，税制上の優遇措置を受けられたりするが，質の向上・透明性の確保といった経営の原則を遵守する必要があるとともに，十分な資産を備えているという要件がある（社福 22 ～ 59 条の 3）。社会福祉法人は，社会福祉事業以外に公益事業，収益事業を実施することが可能である。

✎第一種社会福祉事業 p.326，資料② p.525

社会福祉六法

しゃかいふくしろっぽう

▶福祉六法 p.444

社会保険

しゃかいほけん

社会保険制度とは，税ではなく保険料による拠出によって運営される公的社会保障制度のこと。日本には医療保険，年金保険，雇用保険，労災保険，介護保険がある。特定の出来事，例えば年金保険では老齢，障害，死亡を保険事故として，保険給付を行う。給付には，金銭給付と現物給付がある。社会保険を国の制度として初めて取り入れたのは，19 世紀のドイツにおいて鉄血宰相と呼ばれたオットー・フォン・ビスマルクによるもので，社会運動を弾圧するとともに，その懐柔策として社会保険政策を行った。

✎ビスマルク p.428

社会保険診療報酬　図86

しゃかいほけんしんりょうほうしゅう

保険医療機関が行った保険診療の対価として，各医療保険者から保険医療機関に支払われる報酬のことをいう。保険診療に関しては原則として出来高払い方式で算定される。各種の医療行為は細分化して点数化されており，1 点 10 円で換算する。その点数の合計額から患者負担分を差し引いた額が，各医療保険者から審査支払機関を介して保険医療機関に支払われる。審査支払機関は 2 種類あり，被用者保険（健康保険及び共済組合）の審査支払にかかわる「社会保険診療報酬支払基金」と，国民健康保険と後期高齢者医療制度の審査支払にかかわる「国民健康保険団体連合会」である。どちらも都道府県に一つずつ設置されている。

✎国民健康保険団体連合会 p.158，社会保険診療報酬支払基金 p.217

社会保険診療報酬支払基金

しゃかいほけんしんりょうほうしゅうしはらいききん

診療報酬に関する内容審査と支払業務の効率化を目的として，社会保険診療報酬支払基金法に基づいて設立された民間法人。本部を東京都に置き，支部を各都道府県の県庁所在地に置いている。各支部に審査委員会を設置し，管轄する都道府県内の医療機関から提出された診療報酬明細書（レセプト）に基づき，提供された医療行為の内容に関する審査を行う。審査の結果をもとに，健康保険等の支払者に対して診療報酬の請求を行い，各医療保険者から支払われた診療報酬を各医療機関に払い込むというのが，社会保険診療報酬支払基金の主な業務である。ただし，国民健康保

図 86　保険診療の仕組み

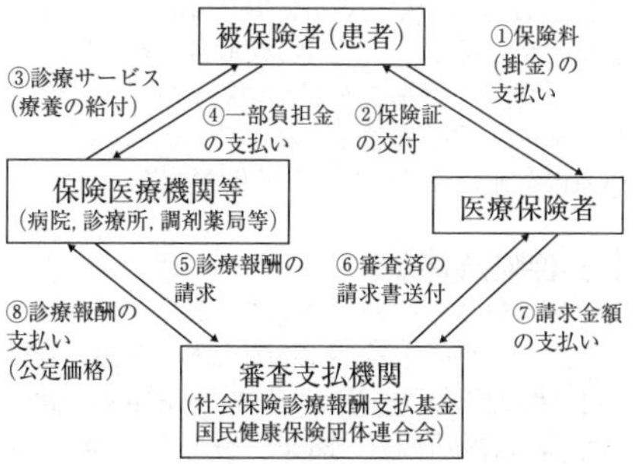

険の給付に関する診療報酬の審査・支払業務は国民健康保険団体連合会が行う。

✎国民健康保険団体連合会 p.158，レセプト p.508

社会保障

しゃかいほしょう

「社会保障」という用語は 1935 年のアメリカ連邦社会保障法（Social Security Act）で初めて使われたが，この言葉が普及・定着したのは 1942 年に発表された「ベヴァリッジ報告」，および同年に国際労働機関（ILO）が発表した「社会保障への途」以降である。日本においては 1950（昭和 25）年に社会保障制度審議会による勧告において，社会保障制度の位置づけに関して整理がなされた。それによれば，社会保障とは，国民の文化的生活を保障するために展開される社会保険，公的扶助，社会福祉，公衆衛生の上位概念として位置づけられるものである。

✎社会保障制度審議会 p.219，社会保障法 p.219，ベヴァリッジ報告 p.452

社会保障関係費

しゃかいほしょうかんけいひ

国庫の一般歳出のうち，国民生活を保障する社会保障に関連する歳出のこと。年金給付費，医療給付費，介護給費費，少子化対策費，生活扶助等社会福祉費，保健衛生対策費，雇用労災対策費からなる。現在，一般歳出に占める割合は，53.8%となっている（2022（令和 4）年度予算）。

✎福祉元年 p.439

社会保障給付費 図87

しゃかいほしょうきゅうふひ

年金，医療，福祉等のすべての社会保障制度を通じて，1 年間に国民に給付される費用の総額を，国際労働機関（ILO）の定めた国際比較のための基準に基づいて計算したもの。2020（令和 2）年度の社会保障給付費は，132 兆 2,211 億円（GDP の 24.69%）となっている。部門別でみると，年金：医療：福祉＝42.1%：32.3%：25.6%という構成割合となっている。

✎高齢者関係給付費 p.147，国際労働機関 p.156

社会保障構造改革

しゃかいほしょうこうぞうかいかく

2000（平成 12）年以降の医療・年金・介護などの分野における社会保障構造に関する一連の改革のことを指す。例えば，2004（平成 16）年に年金制度の改正が行われ，2017（平成 29）年以降の厚生年金，国民年金の保険料水準が固定化され，被保険者数の減少と平均余命の伸長に応じて給付を自動調整するマクロ経済スライド方式などが導入された。2005（平成 17）年には，介護保険法が改正され，新予防給付の導入による介護予防重視型システムへの転換，在宅の要介護高齢者を支える地域密着型サービスの導入などが行われた。2006（平成 18）年には，医療制度が改革され，医療費適正化計画の策定や後期高齢者医療制度創設など新たな高齢者医療制度の体系化などが行われた。

社会保障審議会

しゃかいほしょうしんぎかい

厚生労働省設置法第 6 条第 1 項に基づき，従来の社会保障制度審議会の社会保障に関する事項を引き継ぎ，2001（平成 13）年に厚生労働省に設置された。同法第 7 条によると，社会保障審議会がつかさどる事務は，厚生労働大臣の諮問に応じて社会保障や人口問題に関する重要事項を調査審議し，厚生労働大臣または関係行政機関に意見を述べること，医療法，児童福祉法，社会福祉法，身体障害者福祉法，精神保健及び精神障害者福祉に関する法律，介護保険法，健康保険法などの規定により，その権限に属させられた事項を処理することである。

図 87　2020（令和 2）年度の部門別社会保障給付費とその対 GDP 比

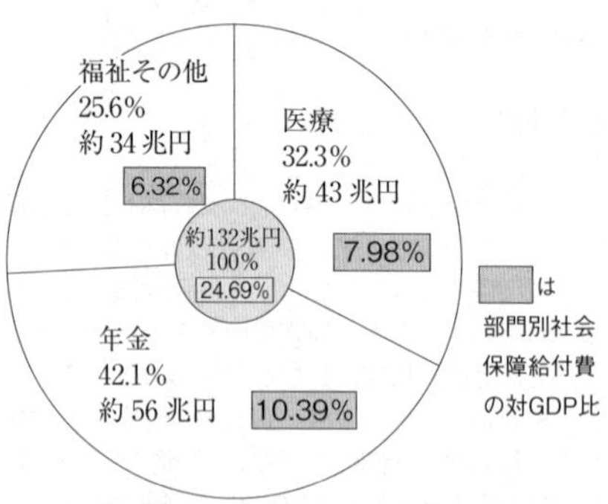

※福祉その他は介護対策 8.6%・約 11 兆円 2.13% を含む。

資料：国立社会保障・人口問題研究所「2020 年度社会保障費用の概要」より作成

社会保障制度改革推進法

しゃかいほしょうせいどかいかくすいしんほう

平成 24 年制定，法律第 64 号。急速な少子高齢化に伴う社会保障給付費の増大という社会的背景を踏まえ，安定財源の確保および受益と負担の均衡がとれた持続可能な社会保障制度の確立を目的として，今後の社会保障制度改革の基本的な考え方および基本的事項，有識者による社会保障制度改革国民会議の設置を定めた。社会保障制度改革国民会議は，2012（平成 24）11 月から 2013（平成 25）年 8 月にかけて 20 回実施され，その報告書が取りまとめられた。その内容を踏まえて 2013 年 12 月に，持続可能な社会保障制度の確立を図るための改革の推進に関する法律が制定された。

✎持続可能な社会保障制度の確立を図るための改革の推進に関する法律 p.193

社会保障制度審議会

しゃかいほしょうせいどしんぎかい

1948（昭和 23）年に占領軍の勧告に基づいて設置され，社会保障に関連する政策・立法について研究・審議し，その結果をもって内閣総理大臣に勧告を行う任務・権限を有していた。1950（昭和 25）年，1962（昭和 37）年，1995（平成 7）年に勧告を行い，いずれの勧告も社会保障制度における重要な転換点に位置している。2001（平成 13）年の省庁再編に伴って廃止され，社会保障に関する研究・審議に関する役割は厚生労働省に新たに設置された社会保障審議会に引き継がれた。

✎社会保障審議会 p.218

社会保障法

しゃかいほしょうほう

Social Security Act

1929 年に発生した世界恐慌に対処するため，いわゆる「ニューディール政策」の一環として，1935 年にアメリカで制定された。世界で初めて社会保障という言葉を用いた法として知られる。社会保障法には，年金保険および失業保険という社会保険の制度と，「老齢者扶助」「視覚障害者扶助」「要扶養児童扶助」という，特殊な事情を抱えた生活困窮者を対象とする 3 種類の無拠出制カテゴリー別金銭給付制度，および社会福祉サービスが盛り込まれていた。

✎ニューディール政策 p.394

社会リハビリテーション

しゃかいりはびりてーしょん

家庭，施設，地域などの社会システムの中で障害者の社会的統合を図り，社会生活力を高めることを目的とした，社会保障や社会福祉援助の様々なアプローチのこと。

✎医学的リハビリテーション p.15，教育リハビリテーション p.102，職業リハビリテーション p.259

視野狭窄

しやきょうさく

contraction of visual field

視野（見ることのできる範囲）が狭窄する視野障害の一つ。これには，視野の外周からほぼ一様に求心性に狭窄を起こす求心性視野狭窄，視野の外周からくさび状に視野が欠損する切痕視野狭窄がある。また，その他の視野障害には，視野の半分が見えなくなる半盲，1/4 が見えなくなる 4 分の 1 半盲，ある一点ないし部分的に視野が欠損する暗点がある。

若年性認知症

じゃくねんせいにんちしょう

juvenile dementia

65 歳未満で発症する認知症の総称。40 歳以降のものは特に初老期認知症と呼ばれてきた。原因には脳血管性認知症，アルツハイマー病，頭部外傷後遺症などが知られている。男性の方が罹患率が高く，高齢者の認知症と比べて進行が速い傾向がある。働き盛りに発症するため，仕事に支障をきたし，辞職することにもなりかねず，家族にも大きな負担を強いる。

JAS マーク 図84

ジャスマーク

日本農林規格の検査に合格した加工食品や農林産物につけられるマーク。JAS は，Japanese Agricultural Standard の頭文字をとったもの。JAS マークの付いている食品には，名称，原材料名，内容量，賞味期限，保存方法，製造業者の氏名・住所などの表示が義務づけられている。なお，JAS マークの根拠法である「日本農林規格等に関する法律（JAS 法）」は，2017（平成 29）年改正では，規格対象をモノ（農林水産物・食品）だけではなく，プロセス（生産方法），サービス（取扱方法）にまで拡大した。

シャドウ・ワーク

shadow work

産業社会が財とサービスの生産を補足するものとして要求し，必要不可欠だが賃金の支払われない労働（アンペイド・ワーク）のこと。賃金労働を補完する労働として位置づけられる。具体的には，家庭で行う家事，買い物に関する諸活動，学生たちが家で行う試験勉強，通勤に費やされる骨折り，などが挙げられる。イヴァン・イリイチ（Illich, I.：1926～2002）により提唱された概念。

✎家事労働 p.72

斜文織

しゃもんおり

織物の基本組織である三原(さんげん)組織（平織，斜文織，朱子織）の一つ。綾織ともいう。経(たて)糸と緯(よこ)糸の3本以上から構成されており，織組織に斜交する織文様が浮き出した光沢感のある美しい織地で，保温性がある。斜文織の代表的なものはフランネル，デニム，ダンガリー，サージ，ツイードである。

✎朱子織 p.230，平織 p.434

収益事業

しゅうえきじぎょう

社会福祉法人が行う事業のうち，その収益を社会福祉事業または公益事業の経営に充てることを目的とした事業。法人の社会的信用を傷つけるおそれのないものであれば，社会福祉とは直接関係のない事業でもよい。社会福祉事業法などの改正により，法人の本来の事業である社会福祉事業に限定されていた収益の充当先が拡大され，公益事業に充ててもよいことになった（社福 26 条）。

✎公益事業 p.133，社会福祉事業 p.215，資料② p.525

自由回答法

じゆうかいとうほう

質問紙法（調査票法）において，質問形式は選択肢法と自由回答法に分けられる。前者はあらかじめ回答文をいくつか用意して選ばせる方式であり，後者は回答文を用意せず，回答者に自由に記述させる方式である。

✎質問紙調査法 p.197

集会レクリエーション

しゅうかいれくりえーしょん

多数の人が集まって行うレクリエーションのことで，「集い」ともいわれる。人は集まって遊ぶことによって一人では得られない楽しさを味わい，連帯感を育てることができる。最初はバラバラで孤立していた個人が時間の経過とともに 1 つにまとまって「和」を共有できるようになれば，参加者は「集い」から大きな歓びを引き出せる。

「集い」を心地良い楽しさへと昇華させるには，グループワークの原理に従って演出するとよい。初めは参加者が緊張している場合が多いので，心身のリラックスを促すアイスブレイク（氷割り）からスタートする。人は緊張がほぐれると他者とのコミュニケーションを求めるようになるので，次に参加者相互の交流を促すようにする。最後は集団のまとまりを土台にして，一人ひとりが自己表現による個の発揮ができるように配慮する。集会レクリエーションは集団の高揚感を生み出すことを主目的に考えられることが多いが，最終的な目標はあくまで「個人」にあることを忘れないようにしたい。

✎アイスブレイク p.2，レクリエーション援助 p.504，

図 84　JAS マーク

JASマーク

品位，成分，性能等の品質についてのJAS規格を満たす食品や林産物などに付される。

有機JASマーク

有機JAS規格を満たす農産物などに付される。

特色JASマーク

特色のあるJASに係るJASマークとしてこれまであった，特定JASマーク（地鶏肉や熟成ハム類など），生産情報公表JASマーク，定温管理流通JASマークの3つを統合。相当程度明確な特色のあるJASを満たす製品などに付される。

レクリエーション・サービス p.506, レクリエーション・プログラム p.507

就学指導委員会

しゅうがくしどういいんかい

障害などの特別な教育ニーズをもつ児童・生徒の調査や審議を行う機関で，子どもの適切な就学指導などを行うために設置されている。学識経験者や医師，児童福祉施設職員，特別支援教育担当職員などによって構成されるもので，県単位または市町村の教育委員会に置かれている。就学指導委員会の設置根拠や基準となる法令・通知は，学校教育法施行令第 18 条の 2，および，第 22 条の 3，2013（平成 25）年に示された文部科学省初等中等教育局長通知「障害のある児童生徒等に対する早期からの一貫した支援について」である。なお，上記通知をもって，2002（平成 14）年に示された文部科学省初等中等教育局長通知「障害のある児童生徒の就学について」は廃止され，「就学指導委員会」という名称についても，就学先の判定ではなく，早期からの相談・支援を行うという観点から，「教育支援委員会」といった名称に変更することが適当とされている。

住環境整備 表25

じゅうかんきょうせいび

加齢や障害，疾病などが原因で，生活機能が低下し，自立した生活の継続が困難となる場合が出てくる。そのような状況になった際，住宅改修や空間整備をすることによって困難や危険を回避し，使いやすい環境を確保することで生活機能の低下を補い，慣れ親しんだ環境での生活を守ることができる。

周期性四肢運動障害

しゅうきせいししうんどうしょうがい

睡眠中，下肢に繰り返し（通常 20 ～ 40 秒毎に）筋収縮や蹴るような運動がみられる。異常運動とそれに続く短い覚醒の自覚はなく，レストレスレッグス症候群と異なり，異常な感覚はみられない。このような動きがあることも，その後に短時間目が覚めたことも，本人は覚えていない。診

表 25 住環境整備のポイント

場所	ポイント	照明
玄関・廊下	開口部を大きくとる。引き戸が望ましい。 敷居などの小さな段差も解消する。 床は滑りにくく，つまずきにくい素材にする。 廊下の幅 85cm 以上（車椅子で移動の場合）。	暗くなったら門灯や玄関周りの明かりをつける。 人を感知し，自動的に点灯する照明があると便利。 フットライトを備えるとよい。
階段	転落などに備え，踊り場があるとよい。 手すりは両側にあるとよい。片側のみの場合は降りる際に利き手で握る側に設置する。 滑り止め等を用いて滑らないようにする。 手すりは階段の手前 30cm 前から設置する。手すりの握り幅 3.2 ～ 3.6cm 程度。手すりを設置する場合は床から 75 ～ 80cm 程度の高さにする。 手すりの端は下側または壁側に折れ曲がっていると引っかかることなく安全。	上からの照明だけだと足元に影ができて見にくくなるため，フットライトを備えるとよい。
トイレ	扉は引き戸が望ましい。 手すりは便器からの立ち上がり用と，トイレへの出入り用の 2 種類あるとよい。 排泄の負担を考えると洋式便器のほうがよい。 室温に配慮する。	明るすぎず，落ち着いた明るさにする。
浴室	脱衣場に暖房を備えると脱衣時の寒暖差を抑えることができる（ヒートショック予防のため）。 滑り止めマットを使用すると転倒予防になる。 バスボード，シャワーチェアー等を使用すると浴槽へまたぎやすくなる。 浴槽の縁幅は 50 ～ 70cm 程度。縁を広くとると腰掛けてまたぐことができる。 浴槽の出入りは立ち上がり動作が伴うため縦手すりの設置が適している。 麻痺がある場合，片手で手すりをつかんで立ち上がるため，複数の異なる角度の手すりを設置するとよい。	明るすぎず，落ち着いた明るさにする。

断には，筋電図検査（EMG）を含めたポリソムノグラフィ検査が用いられる。ポリソムノグラフィ検査では，睡眠中の脳の活動，心拍数，呼吸，筋肉の活動，眼の動きをモニタリングする。夜間の就寝中にビデオ撮影を行って，四肢の動きを記録することもある。

レストレスレッグス症候群 p.508

就業構造基本調査

しゅうぎょうこうぞうきほんちょうさ

総務省統計局統計調査部が，日本の就業・不就業の実態を明らかにし，全国および地域別の就業構造に関する基礎資料を得ることを目的に行っている調査。以前は３年ごとだったが，1982（昭和 57）年からは５年ごとに行われている。2017（平成 29）年調査は，全国の約 52 万世帯（15 歳以上の世帯員約 108 万人）を対象に行われ，2022（令和４）年は 10 月１日現在で調査された。

住居確保給付金の支給

じゅうきょかくほきゅうふきんのしきゅう

生活困窮者自立支援法における，生活困窮者支援のための事業の一つであり，離職・廃業や休業に伴う収入の減少によって住居を失った，または失う恐れが生じている場合に，有期で家賃相当額を給付するもの。支給額の上限は住宅扶助基準額に基づく。離職等から２年以内であること，世帯の生計を主として維持していること，収入および資産が一定額以下であること，求職活動を行うことなどが要件となる。

生活困窮者自立支援法 p.297

終　結

しゅうけつ

相談援助の展開過程の一つ。援助の終了の準備，および終了を行う。終結期の援助においては，これまでの問題解決過程の評価を利用者と援助者で行うとともに，残された問題，すなわち未解決の問題や将来発生すると予測される課題を明らかにして，対応の準備の必要性を示唆する。さらには再度の利用や受け入れ準備があることを伝え，不安感を軽減する。

援助過程 p.45

自由権

じゆうけん

いわゆる基本的人権の一つに位置付けられる権利であり，国家権力の介入・干渉によって個人の意思決定や活動の自由を侵害されない権利。前国家的権利（国家という存在とは関係なく，生存や人身の自由のように，人が生まれながらに有している権利）であり，「国家からの自由」ともいわれる。一般に，その内容から，人の精神活動の自由を保障する精神的自由，人の経済活動の基礎を確保するための自由を保障する経済的自由，人の身体に対する自由を保障する人身の自由に大別される。

基本的人権 p.97

集合調査法

しゅうごうちょうさほう

被調査者を会場に集め，一斉に調査を実施する方法である。時間と経費が節約でき，確実に本人の回答が得られるという優れた面をもつ調査方法であるが，調査対象者が限定されるという制約を伴う。

自計式調査 p.185

周産期死亡率　図85

しゅうさんきしぼうりつ

周産期死亡（妊娠満 22 週以後の死産＋生後１週未満の早期新生児死亡）は，母子保健の水準を表す指標としてしばしば用いられる。周産期死亡数／出産数（＝出生数＋妊娠満 22 週以後の死産数）を周産期死亡率といい，出産 1,000 当たりの日本の数値は 3.4 である（令和３年）。日本では年々低下しており，母子保健の水準の高さを示している。

新生児死亡率 p.282，乳児死亡率 p.393

収縮期血圧

しゅうしゅくきけつあつ

▶最高血圧 p.174

重症急性呼吸器症候群

じゅうしょうきゅうせいこきゅうきしょうこうぐん

SARS；Severe Acute Respiratory Syndrome

SARS コロナウイルスの飛沫感染により生じる呼吸器感染症。潜伏期は２～７日で，発熱，咳，呼吸困難，胸部エックス線での肺浸潤影を生じる。2002（平成 14）年の冬には東南アジアを中心に流行を生じ，旅行・航空業界などに大きな影響を与えた。ワクチン，治療法はない。感染症法で２類感染症に指定されている。

重症筋無力症

じゅうしょうきんむりょくしょう

myasthenia gravis

神経筋接合部の後シナプス膜にあるアセチルコリン受容体に対する抗体が，神経筋伝達をブロックする自己免疫疾患。筋肉が疲れやすく脱力が生じる。外眼筋や咽頭筋が侵されやすく，眼瞼下垂，複視（物が二重に見える），嚥下困難，構音障害などをきたす。難病の患者に対する医療等に関する法律に基づいて公費負担の対象となる指定難病である。

難病の患者に対する医療等に関する法律 p.387

重症心身障害児

じゅうしょうしんしんしょうがいじ

1967（昭和 42）年の児童福祉法改正時に作られた行政用語であり，「重度の知的障害及び重度の肢体不自由が重複している児童」のことをいう。医学的診断名ではなく判定基準は明確ではないが，おおむね重度の知的障害は IQ35 以下，重度の肢体不自由は身体障害者等級 1・2 級の肢体不自由を意味するといわれる。現在では元東京都立府中療育センター院長大島一良博士により考案された判定方法である「大島の分類」や，その分類の項目数を増やし，具体性をもたせて改訂した「横地分類」により判定されることが一般的。これらの児童を対象として，医療，リハビリテーション，生活支援などを行う医療法に基づく病院の機能をもったものが重症心身障害児施設であった。2012（平成 24）年に施行された改正児童福祉法及び障害者総合支援法により，重症心身障害児・者についてはその年齢により適用される法律が異なることとなり，18 歳未満の者については障害児入所施設（医療型），18 歳以上の者については障害者施策である療養介護により対応することとなった。ただし，適切な支援を提供できる体制が限られていることや，本人をよく知る職員が継続して関わるなど児・者一貫した支援が望ましいことから，障害児入所施設の指定を受けていることをもって，障害者支援施設または療養介護の指定基準を満たすものとみなす(みなし規定)などの特例が経過措置として認められた。その後，2017（平成 29）年に厚生労働省障害保健福祉関係主管課長会議においてこの特例措置を恒久化する方針が示された。

障害児入所施設 p.236

重症心身障害児施設

じゅうしょうしんしんしょうがいじしせつ

重度の知的障害および重度の肢体不自由が重複している児童を入所させて，保護するとともに治療および日常生活の指導を行う施設。1967（昭和 42）年の児童福祉法改正によって設置され，児童福祉施設であるとともに，医療法に規定される「病院」としての性格ももち，社会福祉法における第一種社会福祉事業とされていた。なお，2012（平成 24）年の児童福祉法改正により，同法第 42 条に規定される障害児入所施設へと移

図 85　周産期死亡数と率の推移

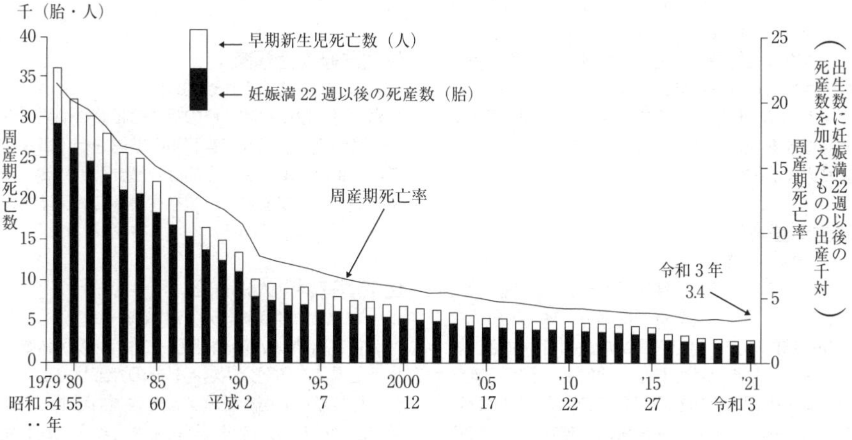

資料：厚生労働省「人口動態統計」

行している。対象は，18歳未満とされているが，18歳に達した後も20歳まで，施設で生活することができる。20歳に達して以降は，地域生活や他の障害者施設へ移行するか，施設そのものが新たに障害者サービスの指定を受ける必要がある。

✎障害児入所施設 p.236

住所地特例

じゅうしょちとくれい

介護保険施設などに入所して，住所を施設所在の市町村に変更したときは，住所地の特例として，変更後の住所ではなく，変更前の市町村が保険者になることになっている（介護13条）。これを住所地特例という。これには，施設が多く所在することの多い郊外や，山間部の市町村の財政負担が重くなることを回避するという目的がある。有料老人ホーム等の特定施設も対象であるが2011（平成23）年の介護保険法の改正により，有料老人ホームのうち，高齢者の居住の安定確保法の登録を受けた高齢者向けの賃貸住宅は除かれることとなった。2014（平成26）年の介護保険法改正により2015（平成27）年4月からは有料老人ホームに該当するサービス付き高齢者住宅（地域密着型特定施設（入居定員29人以下のもの）は除く）が特定施設の対象となった。

✎特定施設 p.372

修正拡大家族

しゅうせいかくだいかぞく

ひとつながりの核家族（親の家族と息子あるいは娘の家族）が同居はしないが，頻繁に交流し，緊密な相互扶助関係をもっていることをいう。リトウォク（Litwak, E.：1925～）は，産業社会に内在する職業的・地理的移動によってくずれたのは厳密には「古典的拡大家族」であり，その変形である「修正拡大家族」は今日においても重要な機能を果たしていると指摘した。

✎拡大家族 p.71

住生活基本法

じゅうせいかつきほんほう

平成18年制定，法律第61号。人口減少社会の到来や少子高齢化の進展に鑑み，住宅の量的拡大から質的向上に重点を置いた法律で，住宅建設計画法に代わり制定された。住生活の安定の確保及び向上の促進に関する施策について，国及び地方公共団体，住宅関連事業者の責務を明らかにするとともに，基本理念を実現するための基本的施策，住生活基本計画など基本的事項を定めることによって，総合的・計画的な住生活に関する施策を推進し，国民生活の安定と向上，社会福祉の増進，国民生活の健全な発展に寄与することを目的としている（1条）。

従属人口

じゅうぞくじんこう

14歳以下（年少人口），65歳以上（老年人口）の合計のこと。生産年齢人口とは，従属人口以外の人口のことをいう。また，生産年齢人口が従属人口を扶養している割合を示したものを従属人口指数という。従属人口指数＝従属人口÷生産年齢人口×100で求める。年少人口は減少，老年人口は増加傾向にあり，全体としては従属人口指数は増加しており，社会保障の1人当たりの負担が重くなっている。

✎生産年齢人口 p.302

住宅改修

じゅうたくかいしゅう

要介護者等が身体状況等に応じて住居を改修する介護保険サービス。対象は要支援，要介護者であり，要介護区分にかかわらず一人生涯，定額20万円，9割額が償還払いで支給される。ただし，要介護状態区分が3段階上昇時もしくは転居した場合，再度20万円までの支給限度基準額が設定される。認められる改修内容は，手すりの取付け，段差の解消，滑りの防止および移動の円滑化等のための床または通路面の材料の変更，引き戸等への扉の取替え，洋式便器等への便器の取替え，その他住宅改修に付帯して必要となる住宅改修である。

住宅改修支援事業

じゅうたくかいしゅうしえんじぎょう

高齢者向けに住宅改修のための相談や助言，介護保険制度の住宅改修費利用の助言を行う事業のこと。相談・助言を行うのは介護支援専門員，理学療法士，作業療法士，福祉住環境コーディネーターなどとなっている。

住宅型有料老人ホーム

じゅうたくがたゆうりょうろうじんほーむ

有料老人ホームの類型の一つ。介護が必要になった場合，訪問介護など外部の介護サービスを利用しながら入居を継続する形態。当該ホームの職員が介護する，施設入居者生活介護の指定を受けた「介護付有料老人ホーム」とは異なる。

介護付有料老人ホーム p.58

住宅金融支援機構

じゅうたくきんゆうしえんきこう

1950（昭和 25）年に設立された住宅融資専門の政府系金融機関（独立行政法人）のこと。高齢者と子どもの親子二代で住宅ローンが返済できる承継償還制度や，バリアフリー基準を満たした住宅に対する基準金利での融資制度，障害者用の浴室やトイレなどの設置工事に対する割増融資制度を設けている。なお，「住宅金融公庫」は 2007（平成 19）年４月から「住宅金融支援機構」となり，業務も引き継がれた。

承継償還制度 p.248，バリアフリー p.422

住宅の品質確保の促進等に関する法律

じゅうたくのひんしつかくほのそくしんとうにかんするほうりつ

平成 11 年制定，法律第 81 号。住宅の品質の確保を目的に，住宅性能表示制度の創設（それまでばらばらであった住宅品質の表示方法について共通ルールを設けた），住宅に関する紛争処理体制の整備（専門的な処理体制がないため，解決に大変な労力が必要とされていた）等を図り，住宅の生産から入居した後のアフターサービスまで，住宅の品質を確保する仕組みを整備している。

住宅扶助

じゅうたくふじょ

生活保護法第 11，14 条に規定される 8 つの扶助のうちの一つ。住宅扶助の対象は，住居および補修その他住宅の維持のために必要なものである。住宅扶助の給付は，原則として金銭給付である（生保 33 条）。被保護世帯が借家，借間住まいをしている際の家賃や間代，地代にあてる費用として，要保護者が居住している地域別などに定めた基準額の範囲内で支給される。そのほか，被保護者が現に居住している家屋が災害などにより破損し，最低限度の生活が維持できなくなった場合に一定限度内の補修費が支給される。また，要保護者の所在地域を考慮し，「級地」の考え方が導入されている。

生活保護法 p.301

住宅用火災警報器

じゅうたくようかさいけいほうき

火災に伴い発生する熱や煙を感知することで，火災の発生を知らせる機器のこと。音や音声，光などにより警報を発する。消防法により，すべての住宅に設置が義務づけられている。

集　団

しゅうだん

共通の目的を有し，目標達成のため個々の役割分担と行動の一定の基準が存在する人間の集まりのこと。社会集団ともいう。社会学の分析における最重要概念の一つ。人口統計学的な集団（性別集団・年齢集団など）もあれば，目にみえる直接の相互作用でつながる集団（家族・友人・会社・地域など）もある。多くの社会学者が分析を蓄積しており，多様な集団が分析対象になっている。著名なところでは，歴史性やその親密性などにより，「ゲマインシャフトとゲゼルシャフト」「コミュニティとアソシエーション」「第一次集団と第二次集団」などの二項概念による区分がある。

ゲゼルシャフト p.123，ゲマインシャフト p.126

集団援助技術

しゅうだんえんじょぎじゅつ

グループワーク p.114

集団精神療法

しゅうだんせいしんりょうほう

治療者 1 人と 10 人前後の患者が集団で行う精神療法。患者がもっている心の問題をお互いに自由に話し合い，お互いがその話を聞く過程を重視する。その過程で洞察，共感，受容，普遍化などにより自己の理解，孤独感の解消，統合された自己への発展などがみられ，現実の世界への適応が図られる。アルコール依存症，神経症，うつ病，統合失調症などが対象疾患である。

縦断的観察

じゅうだんてきかんさつ

ある時点で異なる年齢集団を比較する横断的観察に対し，ある集団を追跡観察することで変化を観察すること。短期間の変化を観察する場合は，変化の観察として優れている。しかし，高齢者の研究では，10 年以上の長期の観察が必要となり，追跡期間が長くなるほど，期間中に対象者が死亡などで脱落することが避けられない。その人の資質や，条件が悪い人ほど早く脱落する。これを対象のエリート化という。そこで，長期の追跡では，加齢による低下が過小評価されやすくなる。

横断的観察 p.48

集団的レクリエーション活動

しゅうだんてきれくりえーしょんかつどう

集団で行うレクリエーション活動のこと。ここで重要なのは，集団の力動を利用しながら（グループワークという），最終的には一人ひとりのレクリエーションの自立を促すということである。集団的レクリエーションというと，ゲームや歌，ダンスなどの場面を思い浮かべることが多いが，話し合いをしたり，何かを作ったりすることも重要な活動である。集団で他者と快い交流ができると，人は楽しく元気になる。集団的レクリエーションを行うときは，他者との交流を通して新たな自己発見につながるようなプログラムを組み立てることが重要である。

✎グループワーク p.114，個別的レクリエーション活動 p.165

集団比較実験計画法

しゅうだんひかくじっけんけいかくほう

事前・事後コントロール・グループ・デザインとも呼ばれる。例えば，ある援助について，利用者を援助を受ける群（実験群）と受けない群（統制群）に分けて，援助の前後による観察結果を比較することで，援助がもたらした効果を測定する。援助の効果を統計的に把握できる一方で，手続きの厳密性が要求され，数量化しにくい要素が多い援助の効果測定などには困難な面もある。また，あえて統制群を設けることの倫理的問題も指摘されている。

✎単一事例実験計画法 p.335

執着気質

しゅうちゃくきしつ

下田光造（しもだみつぞう：1885～1978）が提唱したうつ病の病前性格。仕事熱心，徹底的，正直，几帳面，凝り性，責任感が強い，などの特徴がある。

集中治療室

しゅうちゅうちりょうしつ

▶ICU p.2

重点施策実施５か年計画

じゅうてんしさくじっしごかねんけいかく

新障害者プランともいう。2003～2012（平成 15～24）年度までの「新障害者基本計画」に基づき，その前期５年間（平成 15～19 年度）において，重点的に実施する施策およびその達成目標などを定めたもの。2002（平成 14）年，障害者施策推進本部において決定された。その基本的考え方は，「新障害者基本計画」に掲げた「共生社会」の実現を目的として，障害のある人たちが活動し，社会に参加する力の向上を図るとともに，福祉サービスの整備やバリアフリー化の推進など，自立に向けた地域基盤の整備等に取り組むというものである。後期５年間（平成 20～24 年度）は，「新たな重点施策実施５か年計画」として定められた。

✎新たな重点施策実施５か年計画 p.11，障害者基本計画 p.237

重点的に推進すべき少子化対策の具体的実施計画について

じゅうてんてきにすいしんすべきしょうしかたいさくのぐたいてきじっしけいかくについて

▶新エンゼルプラン p.275

柔道整復師

じゅうどうせいふくし

業務として柔道整復を行うことができる国家資格と国家資格をもつ者のこと。柔道整復師法第２条では「厚生労働大臣の免許を受けて，柔道整復を業とする者」と定義され，厚生労働省や文部科学省の許可した教育機関等で一定の科目を履修し，国家試験に合格して資格を取得する。国家資格取得後は臨床研修を行い，「接骨院」や「整骨院」を開業したり，病院や接骨院などに勤務したりする。柔道整復は，日本固有の伝統医療，代替医療であり，骨・関節・筋・腱・靱帯などに加わる急性，亜急性の原因に起因する骨折・脱臼・打撲・捻挫・挫傷などに対し，手術をせずに整復・固定などにより治療する。

重度障害児・者日常生活用具給付等事業

じゅうどしょうがいじしゃにちじょうせいかつようぐきゅうふとうじぎょう

▶日常生活用具給付等事業 p.389

重度障害者多数雇用事業所施設設置等助成金

じゅうどしょうがいしゃたすうこようじぎょうしょしせつせっちとうじょせいきん

障害者の雇用の促進等に関する法律第 49 条に基づき，対象障害者を多数雇用し，これらの障害者が就労するために必要な事業施設等の整備等を行う事業主に対して助成するもので，障害者の雇用の促進や雇用の継続を図ることを目的としている。独立行政法人高齢・障害・求職者雇用支援機構が支給する。

支給対象事業主は，支給対象となる障害者を雇い入れるか継続して雇用する事業所の事業主で，次のいずれにも該当する事業主である。①支給対象障害者を10人以上継続して雇用している，②雇用されている労働者数のうちに占める支給対象障害者数の割合が10分の2以上である，③支給対象事業施設等の設置（賃借による設置を除く）または整備を行う事業所である。

支給対象障害者は，重度身体障害者，知的障害者（重度知的障害者でない短時間労働者を除く），精神障害者となっている。

重度障害者等通勤対策助成金

じゅうどしょうがいしゃとうつうきんたいさくじょせいきん

障害者の雇用の促進等に関する法律第49条に基づき，独立行政法人高齢・障害・求職者雇用支援機構が支給するもの。重度身体障害者，知的障害者，精神障害者または通勤が特に困難と認められる身体障害者を雇い入れるか継続して雇用している事業主，またはこれらの重度障害者などを雇用している事業主が加入している事業主団体が，これらの障害者の通勤を容易にするための措置を行う場合に，その費用の一部が助成される助成金をいう。重度障害者等通勤対策助成金には次の種類の助成金がある。①重度障害者等用住宅の賃借助成金，②指導員の配置助成金，③住宅手当の支払助成金，④通勤用バスの購入助成金，⑤通勤用バス運転従事者の委嘱助成金，⑥通勤援助者の委嘱助成金，⑦駐車場の賃借助成金，⑧通勤用自動車の購入助成金，である。

重度障害者等包括支援 表26

じゅうどしょうがいしゃとうほうかつしえん

障害者総合支援法第5条第9項に基づく介護給付の一つ。重度の障害者に対し，居宅介護，重度訪問介護，同行援護，行動援護，生活介護，短期入所，自立訓練，就労移行支援，就労継続支援，就労定着支援，自立生活援助及び共同生活援助を包括的に提供する障害福祉サービスの一つである。対象者は，常時介護を要する障害者等であって，その介護の必要の程度が著しく高い者である。具体的な状態像では，障害支援区分6（児童については区分6に相当する者とする）で，意思の疎通に著しい困難を伴う者であって，表27のいずれかに該当する者（主たる対象）となっている。

自立支援給付 p.270

重度障害者用意思伝達装置

じゅうどしょうがいしゃよういしでんたつそうち

主として，四肢麻痺があり言語障害を合併する人がわずかな身体動作で他者に思考を伝えるための装置で，発音・発語だけでなく，書字等の指先動作さえ困難な状態にあっても意思が伝達できる装置。基本的にパーソナル・コンピューターを使用する。障害者総合支援法，補装具支給制度の対象になる。

コミュニケーション・エイド p.166，補装具 p.466

重度身体障害者

じゅうどしんたいしょうがいしゃ

障害者の雇用の促進等に関する法律第2条第3項において，「身体障害者のうち，身体障害の程度が重い者であつて厚生労働省令で定めるものをいう」と定義されている。さらに，厚生労働省令で定める身体障害の程度が重い者は，障害者の雇用の促進等に関する法律施行規則第1条で「別表第一に掲げる身体障害がある者とする」とされている。

重度障害者等包括支援 p.227，重度訪問介護 p.228，

表26 重度障害者等包括支援の対象者

類型		状態像
重度訪問介護の対象であって，四肢すべてに麻痺等があり寝たきり状態にある障害者のうち，右のいずれかに該当する者	人工呼吸器による呼吸管理を行っている身体障害者 ＜Ⅰ類型＞	・筋ジストロフィー ・脊椎損傷 ・ALS（筋萎縮性側索硬化症） ・遷延性意識障害　等
	最重度知的障害者 ＜Ⅱ類型＞	・重症心身障害者　等
障害支援区分の認定調査項目のうち行動関連項目等（12項目）の合計点数が10点以上である者＜Ⅲ類型＞		・強度行動障害　等

※別途，類型ごとに認定調査項目等の要件がある

身体障害者 p.286

重度知的障害者

じゅうどちてきしょうがいしゃ

障害者の雇用の促進等に関する法律第２条第５項において,「知的障害者のうち，知的障害の程度が重い者であつて厚生労働省令で定めるものをいう」と定義されている。さらに，厚生労働省令で定める知的障害の程度が重い者は，障害者の雇用の促進等に関する法律施行規則第１条の３で「知的障害者判定機関により知的障害の程度が重いと判定された者とする」とされている。

行動援護 p.143，重度障害者等包括支援 p.227，知的障害者 p.348

重度訪問介護

じゅうどほうもんかいご

障害者総合支援法第５条第３項に基づく介護給付の一つ。重度の肢体不自由者その他の障害（知的障害もしくは精神障害）であって長時間の介護が必要な居宅の障害者に対して，入浴，排泄，食事等の介護，調理・洗濯・掃除などの家事援助，外出時の移動支援，生活に関する相談・助言等，一体的に提供するサービス。対象は障害支援区分が４（要介護３程度）以上で，次の①，②のいずれかに該当する者。①二肢以上に麻痺等があり，障害支援区分の認定調査項目のうち「歩行」「移乗」「排尿」「排便」のいずれも「支援が不要」以外と認定されている，②障害支援区分の認定調査項目のうち行動関連項目等（12 項目）の合計点数が 10 点以上である。

自立支援給付 p.270

十二指腸潰瘍

じゅうにしちょうかいよう

duodenal ulcer

胃潰瘍と同様に，粘膜下層より深いところまで及んだ十二指腸粘膜の欠損を指す。胃潰瘍に比較して若年者に多い。ピロリ菌感染，薬剤，ストレス，飲酒，喫煙などが発症に関係する。空腹時の心窩部痛を認め，食事により軽快する。十二指腸は胃に比較して壁が薄いために穿孔を生じやすい。

胃潰瘍 p.15

収尿器 図86

しゅうにょうき

排尿障害となった場合などの補助具として使用する。採尿部と蓄尿部で構成され，尿の逆流防止システムがある。障害者総合支援法で対象となる日常生活用具の一つ。

日常生活用具給付等事業 p.389

終末期

しゅうまつき

▶ターミナルケア p.326

終末期の介護

しゅうまつきのかいご

ターミナルケアともいう。死期の近づいた人に対して延命を第一の目的とするのではなく，苦痛の緩和を中心としたケアを行うことにより，苦痛から解放されて，残された日々を充実して過ごせるように援助する取り組みである。

医療的なかかわりのみならず，生命と人権を尊重した全人的なケア（トータルケア）が求められる。近代ホスピスの生みの親であるシシリー・ソンダース（Saunders, C.：1918～2005）は死にゆく人々の複雑な痛みを全人的苦痛（トータルペイン）という言葉で表現した。全人的苦痛には，身体的苦痛，精神的苦痛，社会的苦痛，スピリチュアルペイン（霊的苦痛）が含まれる。この考え方は，全人的なケアを進めていく上での大きな手

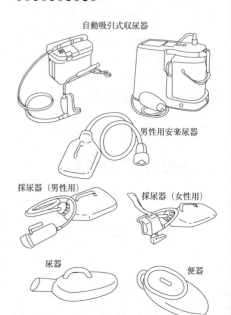

図 86　収尿器の種類

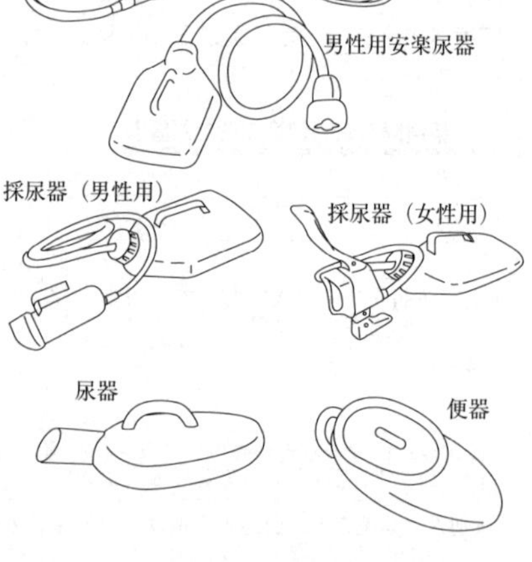

がかりとなる。

利用者の終末期ケアに携わる介護者には，生理的欲求を満たし苦痛を和らげるための介護，本人および家族の不安や孤独を軽減するという役割が求められる。また，医療従事者，介護従事者，福祉関係者，ボランティア，家族など本人を中心に多くの人々のチームアプローチが必要である。終末期ケアは医療施設としての病院，ホスピスのほかに特別養護老人ホームやグループホーム，在宅など様々な場で展開されている。

終末期の身体の変化

しゅうまつきのしんたいのへんか

終末期とは，現代の医学をもってしても回復の見込めない，進行した慢性期もしくは臨死期と思われる状態。摂食困難，体力消耗から身体的にはバイタルサインの不良所見として血圧低下，微弱な頻脈，意識混濁，尿量減少から努力呼吸（安静時呼吸では使用されない呼吸筋を動員して行う呼吸），チアノーゼ（皮膚が紫藍色），死前喘鳴（死の前にみられる喘ぎ呼吸），下顎呼吸を経て死に至る。

住民基本台帳法

じゅうみんきほんだいちょうほう

昭和 42 年制定，法律第 81 号。1951（昭和 26）年に制定された住民登録法に代わり制定された。個人を単位とする住民に関する記録である住民票を世帯ごとに整理・編成する当該地区全住民の公簿「住民基本台帳」の作成を市町村長の義務として規定している（6 条）。このほか，閲覧請求，住民基本台帳カード，不服申立てについて示している。

住民参加

じゅうみんさんか

福祉社会の形成・実現の中で，地域福祉を推進する上での原則とされる。社会福祉法第 4 条では，地域住民があらゆる分野の活動に参加する機会が与えられるように，地域福祉の推進に努めなければならないと規定されている。地域福祉の実現・推進には，計画策定から実施，評価に至る一連の過程において住民が主体となって参加することが住民自治の観点からも重要である。その住民参加活動を側面から支援する専門技術がコミュニティワークである。住民の組織化を中心としたコミュニティワークでは，地縁により形成される地域コミュニティ型と特定の関心・目的によって形成されるアソシエーション型の組織等の参加と協働を促進させ，地域の課題に取り組むことを支援するのがその機能の一つである。住民参加の典型的な例として地域福祉計画や地域福祉活動計画などへの参加が挙げられる。

✎コミュニティワーク p.168，地域福祉 p.342，資料② p.525

住民参加型在宅福祉サービス

じゅうみんさんかがたざいたくふくしさーびす

1980 年代に入り大都市近郊では，一人暮らしの高齢者や夫婦のみの高齢者世帯が増加し，買い物や家屋の管理といった日常生活上の支援が必要とされるようになった。このような地域ニーズを背景として，主婦層を中心とした有志により展開されるようになったのが，住民参加型在宅福祉サービスである。自発性，互助や有償性，非営利性，会員制などがその特徴である。2000（平成 12）年以降は，介護保険事業者や障害福祉サービス事業者（障害者自立支援給付）として活動している団体もある。

住民主体の原則

じゅうみんしゅたいのげんそく

1962（昭和 37）年に全国社会福祉協議会がまとめた「社会福祉協議会基本要項」に示されているものである。住民が自己の生活課題の解決のために自主的積極的に参加することを原則とし，それを専門職が公私協働や住民連携・組織化等によって支援するとしたものである。

就労移行支援

しゅうろういこうしえん

障害者総合支援法第 5 条第 13 項に規定される訓練等給付の一つ。一般就労を希望する障害者に対して，一定期間，生産活動などの機会の提供を行うことによって，一般就労に必要な知識や能力の向上のために必要な訓練等を提供する支援をいう。また，あわせて一般就労への移行に向けて事業所内や企業における作業や実習を実施して，職場定着を図る支援でもある。

✎自立支援給付 p.270

就労継続支援

しゅうろうけいぞくしえん

障害者総合支援法第 5 条第 14 項に規定される訓練等給付の一つ。通常の事業所に雇用されることが困難な障害者につき，就労の機会を提供するとともに，生産活動その他の活動の機会の提供を通じて，その知識や能力の向上のために必要な訓練等を供与することをいう。雇用契約を中心とするＡ型と福祉的就労のＢ型がある。

自立支援給付 p.270

就労支援

しゅうろうしえん

失業者，不安定な仕事に就いている労働者などに，働く権利を保障して，働く者の尊厳を守りながら，安定的な就労ができるように支援すること。社会福祉の分野では，障害者雇用や生活保護の対象者に対する領域の中に，就労支援制度が体系化されている。例えば，障害者総合支援法は，就労を希望する障害者に対し，生産活動などの機会の提供を通じた就労に必要な知識・能力の向上のために，必要な訓練を行う就労移行支援について規定している。また，生活保護の就労支援としては，公共職業安定所（ハローワーク）と協定を結び実施されている「『福祉から就労』支援事業」を活用して，相談援助活動を行っている。しかし，今後は，失業，非正規雇用，ニート（NEET；Not in Education, Employment, or Training），フリーター，ワーキングプアなどの問題が表面化している日本の現状にかんがみ，就労支援を社会全体の就労構造をとらえたうえでのソーシャルワーク論として考える必要がある。

公共職業安定所 p.136，就労移行支援 p.229，ワーキングプア p.519

就労定着支援

しゅうろうていちゃくしえん

障害者総合支援法第５条に定められた障害福祉サービス事業の一つ。生活介護事業所，自立訓練事業所，就労移行支援事業所および就労継続支援事業所から一般企業に就職した障害者を対象として，事業主や医療機関等との連絡調整や，日常生活，社会生活に関する問題に対する相談，指導および助言を行う事業である。原則として３年間の期間が設けられている。

主観的情報

しゅかんてきじょうほう

介護過程を展開するうえで，利用者の全体像を把握するために情報収集が必要となる。情報は大きく分けると，主観的情報と客観的情報がある。利用者の主観的情報には，本人の言葉や表情・態度などで表現した内容があり，介護者の主観的情報には，観察や共感を通して介護者が直感的に感じ取った内容がある。情報収集するうえで，利用者の主観的情報であるのか，介護者の主観的情報であるのか区別しておく必要がある。

客観的情報 p.98

宿所提供施設

しゅくしょていきょうしせつ

生活保護法第 38 条に規定される保護施設の一つ。住居のない要保護者の世帯に対して，住居扶助を行うことを目的とする施設。設置主体は都道府県，市町村，地方独立行政法人，社会福祉法人，日本赤十字社に限られている。2020（令和２）年 10 月現在，全国に 15 施設ある。

保護施設 p.462

授産施設

じゅさんしせつ

身体上もしくは精神上の理由または世帯の事情により就業能力の限られている要保護者に対して，就労または技能習得の機会を与え，その者の自立を助長する就労支援・生活訓練を行うことを目的とした施設。社会福祉事業としての授産施設は，第一種社会福祉事業であり，生活保護法第 38 条に基づく授産施設（保護授産施設）と，社会福祉法第２条に基づく社会事業授産施設がある。かつては，身体障害者福祉法や知的障害者福祉法等に規定された授産施設があったが，現在は，障害者総合支援法に基づく就労継続支援施設等に移行している。2020（令和２）年 10 月現在，保護授産施設は 15 か所，社会事業授産施設は 61 か所ある。

保護施設 p.462

朱子織

しゅすおり

織物の基本組織である三原（さんげん）組織（平織，斜文織，朱子織）の一つ。繻子織とも書く。経（たて）糸５本以上と緯（よこ）糸５本以上から構成されており，一定の間隔を保ち交錯点が少ない組織なので，手触りが滑らかで光沢感はあるが，摩擦に弱くシワが目立ちやすい。朱子織の代表的なものはサテン，ドスキンなどである。

斜文織 p.220，平織 p.434

主　訴

しゅそ

相談場面において，クライエントが困っていることとして援助者に伝える主たる内容のこと。インテーク面接・訪問面接においては，クライエントの主訴の確認が行われる。

主体性の原理

しゅたいせいのげんり

岡村重夫の示した社会福祉援助の原理の一つ。社会福祉援助には，社会性・全体性・主体性・現実性の原理という４つの原理がある。主体性の原理とは，利用者自らが主体的に問題を解決できるように援助を行うという視点である。利用者は，多数の社会関係に規定されながらも，それを自らの立場で統合し，調和のとれたものにしていく主体者でもある。利用者は様々な社会制度の中から，自分の問題を解決するために意味と価値をもつサービスを選択する。同時に，社会制度や諸サービスの質や内容が問題解決に合致しないときは，それらを変革するように働きかけて，社会人としての役割を果たしていくことが求められる。

✎岡村重夫 p.50，現実性の原理 p.131，社会性の原理 p.211，全体性の原理 p.316

手段的 ADL

しゅだんてきえーでぃーえる

▶IADL p.1

恤救規則

じゅっきゅうきそく

1874（明治７）年，太政官達第 162 号として布達された救貧制度。近代日本における最初の公的救済制度である。「人民相互ノ情誼」，つまり村落共同体による救済を基本とし，家的扶養の重視，共同体上の個人的道義による救済が重視された。救済の対象はそうした相互扶助的な不可能な「無告ノ窮民」のみの極めて限定的なものであり，慈恵的・制限扶助主義的な制度であったが，1929（昭和４）年の救護法の制定まで唯一の公的な救貧制度だった。

✎救護法 p.99

出産育児一時金

しゅっさんいくじいちじきん

全ての医療保険者に共通の法的給付であり，被保険者本人が出産したときに支給される現金給付。支給額は原則として 408,000 円であるが，産科医療補償制度に加入する病院等で出産した場合には 42 万円が支給される。健康保険における被扶養者が出産した時は，家族出産育児一時金として支給される。

✎医療保険 p.29

出産手当金

しゅっさんてあてきん

健康保険法に規定される保険給付の一つ。被保険者が出産のために休職し，出産の日以前 42 日から出産の日以後 56 日の間において休職した期間，出産手当金として１日につき標準報酬日額（標準報酬月額の 30 分の１に相当する額）の３分の２に相当する額が支給される。給料の一部が支給されるときは，その分だけ減額される。

出産扶助

しゅっさんふじょ

生活保護法第 11，16 条に規定される８つの扶助のうちの一つ。施設および居宅での分べんの際に，分べんの介助，分べんに伴い必要となる処置などのいわゆる助産のほか，分べんに伴い必要となる衛生材料費などを原則として金銭で給付するもの。施設に入院する場合は，入院料についても必要最小限度の額が支給される。

✎生活保護法 p.301

出生数

しゅっしょうすう

2022（令和３）年の日本の出生数は 81 万人，人口 1,000 当たりの出生率は 6.6 で，減少傾向にある。人口ピラミッド（男女別に年齢を縦軸，年齢別人口を横軸に表したもの）は，72 ～ 74 歳と 47 ～ 50 歳を中心とした「2 つの膨らみを持つ型」である。1947（昭和 22）～ 1949（昭和 24）年の第一次ベビーブーム，その人たちの子どもが生まれた 1971（昭和 46）～ 1974（昭和 49）年の第二次ベビーブーム，「ひのえうま」での出生の減少に注意する。

✎人口ピラミッド p.279，ベビーブーム p.453

出生率

しゅっしょうりつ

人口 1,000 当たりの出生数である普通出生率のことで，普通出生率または粗出生率（CBR；crude birth rate）と呼ばれる。また，合計特殊出生率とは１人の女性が一生の間に産む子どもの数を目安としている。厚生労働省「令和３（2021）年人口動態統計（確定数）の概況」によると，出生数は 81 万 1,622 人で，明治 32（1899）年の人口動態調査開始以来最少となった。出生率 6.6，合計特殊出生率は 1.30 で前年の 1.33 より低下した。

✎合計特殊出生率 p.137，ベビーブーム p.453

シュテルン

Stern, Wilhelm：1871 ～ 1938

ドイツの心理学者で，晩年はアメリカで生活した。人格心理学で有名であり，法心理学者としても知られている。発達は遺伝的（生得的）要因と環境的（経験的）要因が加算的に作用し，両方が収束することで発達が進むとする輻輳説を説いた。

✎輻輳説 p.444

受動喫煙

じゅどうきつえん

他人のタバコの煙を吸わされること。喫煙者が吐き出す煙（呼出煙）と，火の付いたタバコから出る副流煙などが受動喫煙の原因煙となる。厚生労働省や各大学の疫学調査によって，がんや心臓病などで受動喫煙の有害性が指摘されるようになった。タバコ自体が有害性のある商品で，世界各国の衛生当局は喫煙の害を低学年の学校教育から教えている。近年では受動喫煙による健康被害が広く認識されたことから，喫煙者の被害とともに受動喫煙による周囲の人が受ける害についても社会で対応するようになっている。2018（平成30）年には健康増進法が改正され，「原則屋内禁煙」「各種喫煙室の設置」「20 歳未満の喫煙可能エリア立入禁止」などの措置が導入された。

主任介護支援専門員

しゅにんかいごしえんせんもんいん

2006（平成 18）年度に創設された職種で，地域包括支援センターに配置される職員として介護保険法施行規則第 140 条の 66 に規定されている。介護支援専門員（ケアマネジャー）として 5 年以上の実務経験を有し，主任介護支援専門員研修を受講する必要がある。地域包括支援センターに配置された保健師，社会福祉士と連携して，総合相談や介護予防マネジメント事業などを行う。

✎介護支援専門員 p.57

主任児童委員

しゅにんじどういいん

1994（平成 6）年から新たに創設され，2001（平成 13）年の児童福祉法改正時に法定化された。児童福祉に関することを専門的に担当し，児童福祉関係機関と区域を担当する児童委員との連絡・調整や，区域を担当する児童委員との共同による相談支援をその職務とする。なお，厚生労働省通知「主任児童委員の設置について」における関係通知「主任児童委員設置運営要綱」では，主任児童委員は，生活保護法，身体障害者福祉法，老人福祉法などの行政事務への協力に関しては，制度の周知徹底を行うにとどめ，指導援助などが必要な世帯を発見しても，当該世帯を担当する民生委員・児童委員に連絡，必要な指導を要請し，自らは生活福祉資金貸付業務や老人世帯への訪問活動などは行わないものとする旨が定められている。

✎児童委員 p.200，民生委員 p.476

守秘義務

しゅひぎむ

業務上知り得たクライエント（利用者やその家族等）などの秘密を第三者に漏らしてはならないとする社会福祉従事者の倫理。社会福祉士及び介護福祉士法第 46 条においても規定されている。同法では，秘密保持義務に違反した者は，1 年以下の懲役または 30 万円以下の罰金に処される。この規定は，社会福祉士または介護福祉士でなくなった後も，その者に対して効力をもつ。

✎秘密保持義務 p.433，資料① p.522

樹木画法

じゅもくがほう

▶バウムテスト p.416

受容の原則（グループワーク）

じゅようのげんそく

グループワークの原則の一つ。ワーカーはメンバーの長所・短所ともをあるがままに受け入れると同時に，グループをあるがままに受け入れることによって，メンバー個々に対する理解とグループに対する理解が可能となる。ワーカーがメンバーおよびグループを受容できてはじめてワーカーもメンバーから受け入れられるのである。

✎グループワークの原則 p.114

受容の原則（ケースワーク）

じゅようのげんそく

フェリックス・P・バイステック（Biestek, F. P.：1912 ～ 1994）によるケースワークの 7 原則の一つ。「非審判的態度の原則」とともに，利用者に対する価値判断よりもあるがままの姿を受け止めるべきとする原則である。批判者に対して安心して自己開示したりその援助を積極的に活用したりすることは困難であるが，自分のあるがままの現実を無条件で受け止められることは，安心感や自尊感をもたらす。援助者から受け入れられてこそ，クライエントは安心して自己の課題と向き合うことができる。なお，この原則の新訳として「受けとめる」とも訳されている。

✎バイステックの７原則 p.413，非審判的態度の原則 p.428

腫瘍マーカー

しゅようまーかー

がん細胞により産生される特徴的な物質で，血液中に現れることがある。これを測定することにより，がんの早期診断，治療中の病勢の把握が可能になる。代表的な腫瘍マーカーとしては，AFP, PIVKA-Ⅱ（肝臓がん），CEA（大腸がん），CA19-9（膵臓がん），PSA（前立腺がん），hCG（卵巣がん）などがある。

手　浴　図87

しゅよく

手首の少し上までを湯につける方法。座位または，側臥位で行う。側臥位の場合では一側ずつ行う。血液循環を促し，リラックスできる。湯の温度は 39 ～ 40℃前後。いきなり手を湯に入れず，必ず利用者に温度の確認をする。特に麻痺がある場合は注意する（健側で確認する）。必要時には石けんなどを用いて汚れをとる。手浴後は水分をよく拭き取り，指の間の水分を残さないように注意する。

✎足浴 p.323

手　話　図88

しゅわ

手指・手・腕などの位置，形，動きの方向や表情，口の動きなどで特定の意味，概念を表現する視覚的な言語で，聴覚障害者のコミュニケーション手段である。日本手話（伝統的手話），日本語対応手話，中間型手話がある。

手話通訳者

しゅわつうやくしゃ

聴覚，言語・音声機能障害のため意思疎通を図ることに支障がある障害児（者）に対して手話を用いてその他の人との間での意思疎通ができるよう仲介する役割の人をいう。障害者総合支援法第 77 条，78 条における地域生活支援事業の中に，意思疎通支援を行う者の派遣，意思疎通支援を行う者を養成する事業が規定されている。それぞれの資格により手話通訳士，手話通訳者，手話奉仕員として登録される者が行う。

巡回型ホームヘルプサービス

じゅんかいがたほーむへるぷさーびす

身体上または精神上著しい障害があるために，常時介護を必要とする高齢者等を抱える家庭に，ホームヘルパーを巡回型で派遣すること。これにより，深夜帯等を含めて 24 時間対応できる体制を整備し，療養者の福祉の向上および家族の介護負担軽減を図ることを目的としている。提供されるサービスは，食事，排泄，衣類着脱，入浴の介護等身体介護に関するサービスである。巡回型と滞在型のホームヘルプサービスを併せて受けることで 24 時間を通したホームヘルプサービスを受けることができる。

循環型社会形成推進基本法

じゅんかんがたしゃかいけいせいすいしんきほんほう

平成 12 年制定，平成 13 年 1 月施行，法律第 110 号。「循環型社会」の形成を推進するための基本的枠組みを定めた基本法。同法に基づ

図 87　手浴の方法

き，建設，食品，家電，容器包装，自動車，小型家電などに関する個別リサイクル法も整備された。同法は「循環型社会」について，廃棄物の発生抑制，資源の循環的利用，廃棄物の適正処分の確保，天然資源の消費抑制などが確保されることによって，環境への負荷ができる限り低減される社会，と定義した。その社会構築へ向け，廃棄物の「発生抑制(リデュース)」,「再使用(リユース)」,「再生利用（マテリアルリサイクル)」,「熱回収(サーマルリサイクル)」,「適正処分」の順に優先施策を提示している。そのために国や地方公共団体，事業者および国民の役割分担を明確化し，事業者と国民の「排出者責任」と，自らの生産品が製品として廃棄されて以降も一定の責任を負う生産者の「拡大生産者責任」を盛り込んだ。政府に対しては５年ごとに「循環型社会形成推進基本計画」を策定・見直すことも定めている。

消炎鎮痛薬

しょうえんちんつうやく

炎症を抑え，鎮痛・解熱作用を有する薬剤。感冒などの発熱に用いられるほか，関節リウマチでは，関節の痛みやこわばりに対してアスピリンやインドメタシンなどの消炎鎮痛薬を用いる。代表的な消炎鎮痛薬のアスピリンは血小板の凝集を阻害し，血液を固まりにくくするため，虚血性心疾患や脳梗塞の治療に用いられる。一方，出血傾向を生じること，胃・十二指腸潰瘍を生じやすいことに注意が必要である。

✎アスピリン p.7

昇　華

しょうか

sublimation

自己防衛機制の一つ。性欲や攻撃欲を芸術・文学・スポーツなどの建設的な活動に振り替えることなどをいう。神経症性障害の治癒過程や正常者でもみられる。

✎防衛機制 p.456

生涯学習

しょうがいがくしゅう

生涯を通じて，人々が主体的に行う学習活動のこと。国際連合教育科学文化機関（ユネスコ）のポール・ラングラン（Lengrand, P.：1910～2003）が最初に提唱した。日本では，1990（平成２）年に生涯学習の振興のための施策の推進体制等の整備に関する法律が制定され，生涯学習の振興が図られている。大学の社会人入学や公開講座，スポーツ・レクリエーション活動などがそれにあたる。また，教育基本法第３条にも生涯学習の理念が示されている。

✎社会教育 p.210

生涯学習の振興のための施策の推進体制等の整備に関する法律

しょうがいがくしゅうのしんこうのためのしさくのすいしんたいせいとうのせいびにかんするほうりつ

▶生涯学習 p.234

障害過大視

しょうがいかだいし

自分の障害を著しく過大にとらえること。特に中途障害者の場合には，障害を受けたことのショックが大きく，障害に意識が集中することなどから，障害を過大評価する傾向があると指摘されている。

図 88　手話の一例

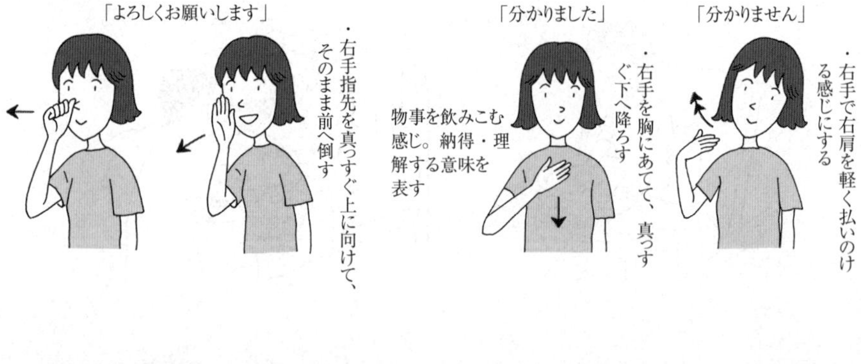

「よろしくお願いします」
・右手指先を真っすぐ上に向けて，そのまま前へ倒す
「分かりました」
物事を飲みこむ感じ。納得・理解する意味を表す
・右手を胸にあてて，真っすぐ下へ降ろす
「分かりません」
・右手で右肩を軽く払いのける感じにする

障害基礎年金

しょうがいきそねんきん

国民年金の給付の一つ。受給要件は，①傷病の初診日に国民年金（基礎年金）の被保険者である，または20歳前である，または被保険者であった（60歳以上65歳未満）こと，②障害認定日に障害等級1級または2級程度の障害の状態にあること，③保険料の納付済み期間が保険料免除期間を含めて加入期間の3分の2以上あること，または，2026（令和8）年4月1日前に初診日のある障害の場合は，初診日において65歳未満であり，初診日のある月の前々月までの1年間に保険料の未納がないこと，である。なお初診日が20歳前であった者は③の要件は不要となるが，本人の所得が一定以上の場合は支給の制限がある。②の障害状態は，「国民年金・厚生年金保険障害認定基準」に基づいて判定される。支給額は障害等級2級であれば満額の老齢基礎年金と同額である。また，障害等級1級であれば，障害基礎年金は，障害に伴う特別の経費を補う意味もあるため，通常の老齢基礎年金の給付水準よりも高額の，満額老齢基礎年金の1.25倍と定められている。さらに，受給権者に18歳到達年度の末日（3月31日）を経過していない子，または障害等級の1級ないし2級の障害の状態にある20歳未満の子がある場合は，加算額が加えられる。

✎国民年金 p.159，老齢基礎年金 p.516

障害厚生年金

しょうがいこうせいねんきん

厚生年金の保険給付の一つ。受給要件は，①傷病の初診日に厚生年金の被保険者であること，②障害認定日に1級，2級および3級程度の障害の状態にあること，③保険料の納付済み期間が保険料免除期間を含めて加入期間の3分の2以上あり，かつ初診日の前日が含まれる月の前々月に被保険者期間があること，または，2026（令和8）年4月1日前に初診日のある障害の場合は，初診日において65歳未満であり，初診日のある月の前々月までの1年間に保険料の未納がないこと，である。②の障害状態は，「国民年金・厚生年金保険障害認定基準」に基づいて判定される。支給額は，2級と3級の場合は老齢厚生年金における報酬比例部分に相当し，1級の場合はその1.25倍になり，1級と2級の場合に障害厚生年金の受給権者によって生計を維持している配偶者がいる場合は，さらに加給年金額が加算される。障害等級1級，2級の場合は障害基礎年金と併給が可能であり，障害基礎年金に上乗せして障害厚生年金が支給される。

✎障害基礎年金 p.235

障害高齢者の日常生活自立度（寝たきり度）判定基準 表27

しょうがいこうれいしゃのにちじょうせいかつじりつど（ねたきりど）はんていきじゅん

高齢者の日常生活の自立度の程度を示す指標。1991（平成3）年，厚生省大臣官房老人保健福祉部長通知で示された。介護保険における審査判

表27 障害高齢者の日常生活自立度（寝たきり度）判定基準

生活自立	ランクJ	何らかの障害等を有するが，日常生活はほぼ自立しており独力で外出する 1. 交通機関等を利用して外出する 2. 隣近所へなら外出する
準寝たきり	ランクA	屋内での生活は概ね自立しているが，介助なしには外出しない 1. 介助により外出し，日中はほとんどベッドから離れて生活する 2. 外出の頻度が少なく，日中も寝たり起きたりの生活をしている
寝たきり	ランクB	屋内での生活は何らかの介助を要し，日中もベッド上での生活が主体であるが，座位を保つ 1. 車いすに移乗し，食事，排泄はベッドから離れて行う 2. 介助により車いすに移乗する
	ランクC	1日中ベッド上で過ごし，排泄，食事，着替において介助を要する 1. 自力で寝返りをうつ 2. 自力では寝返りもうてない

※判定に当たっては，補装具や自助具等の器具を使用した状態であっても差し支えない。
資料：厚生労働省「認定調査員テキスト　2009　改訂版」

定の際に参考とされ，ランクＪからランクＣまでの４ランクがある。

✎認知症高齢者の日常生活自立度判定基準 p.400

障害支援区分

しょうがいしえんくぶん

障害者総合支援法第４条第４項において，障害者等の障害の多様な特性その他の心身の状態に応じて必要とされる標準的な支援の度合を総合的に示すものとされている。必要な支援の度合いが低い方から，非該当，区分１～６となっている。

障害支援区分認定 図89

しょうがいしえんくぶんにんてい

市町村は，障害者等から介護給付費等の支給に係る申請を受理した場合，「障害支援区分の認定」を行う。認定調査員による訪問調査（80項目）と主治医の意見書により一次判定を行い，認定調査員の特記事項と主治医の意見書に基づき，市町村審査会において二次判定を行う。認定調査項目は，①移動や動作等に関連する項目，②身の回りの世話や日常生活等に関連する項目，③意思疎通等に関連する項目，④行動障害に関連する項目，⑤特別な医療に関連する項目である。

障害児相談支援事業

しょうがいじそうだんしえんじぎょう

児童福祉法第６条の２の２第７～９項において規定されている。障害児支援利用援助および継続障害児支援利用援助を行う事業。障害児が障害児通所支援（児童発達支援や放課後等デイサービス，保育所等訪問支援）を利用する前に，障害児支援利用計画を作成し，一定期間ごとにモニタリングを行うなどの支援を行う。

障害児通所支援

しょうがいじつうしょしえん

児童福祉法第６条の２の２に規定される，児童発達支援，医療型児童発達支援，放課後等デイサービス，居宅訪問型児童発達支援，及び保育所等訪問支援のこと。実施主体は市町村。各施設に障害児を通わせ日常生活に必要な訓練や治療等を行う。

✎保育所等訪問支援 p.456，放課後等デイサービス p.457

障害児入所支援

しょうがいじにゅうしょしえん

重度・重複障害児に対し，福祉型障害児入所施設，または医療型障害児入所施設に入所させ提供される支援のこと。実施主体は都道府県。福祉型障害児入所施設では，保護，日常生活の指導および独立自活に必要な知識技能の付与が行われ，医療型障害児入所施設では，保護，日常生活の指導，独立自活に必要な知識技能の付与および治療が行われる。

✎医療型障害児入所施設 p.26，福祉型障害児入所施設 p.439

障害児入所施設

しょうがいじにゅうしょしせつ

児童福祉法第42条に規定される児童福祉施設の一つ。障害児を入所させて，保護や日常生活の指導，独立自活に必要な知識技能の付与を行うものと，それに加えて治療を行うものがある。2012（平成24）年度の同法改正によって，従来の知的障害児施設や盲ろうあ児施設，肢体不自由児施設，重症心身障害児施設が，障害の重度・重複化や被虐待児への対応，専門的医療を必要とすることなどから，複数の障害に対応できるよう再編されたものである。

✎医療型障害児入所施設 p.26，福祉型障害児入所施設 p.439

障害児福祉手当

しょうがいじふくしてあて

精神・身体に重度の障害があり，自宅で暮らす20歳未満の者に支給される手当。特別児童扶養

図89　障害支援区分の認定手続き

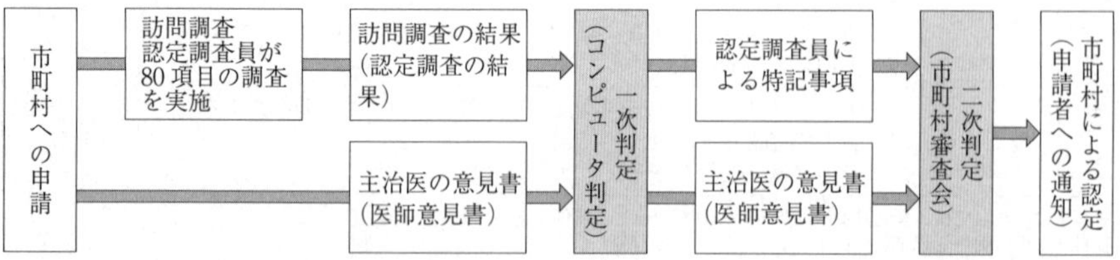

手当等の支給に関する法律第 17 ～ 26 条に基づいている。本人等の前年の収入が一定以上である場合や，公的年金の障害年金を受け取ることができる場合は支給されない。

障害者運動

しょうがいしゃうんどう

当事者や家族，専門家，市民などによる社会運動のこと。一般的には当事者団体による運動を指すことが多い。障害者の処遇や待遇などについて，公的施策の改善を求める障害者関係団体の運動をいう。

障害者介護給付費等不服審査会

しょうがいしゃかいごきゅうふひとうふふくしんさかい

障害者総合支援法第 98 条に規定される介護給付費等又は地域相談支援給付費等に関する処分の審査請求を受け付ける機関で，都道府県が条例に基づき任意で設置する。委員は，障害者等の保健・福祉の学識経験のある者から，都道府県知事が任命する。

障害者基本計画 表28

しょうがいしゃきほんけいかく

障害者基本法第 11 条において，国に策定義務が課せられているもの。障害の有無にかかわらず，国民誰もが相互に尊重し支え合う共生社会を目指すとする考え方のもと，定められている。また，都道府県は同計画を基本に都道府県障害者計画を，市町村は前述 2 つの計画を基本に市町村障害者計画を策定しなければならない。1993（平成 5）年に同法で法定化されたことに伴い，1993 ～ 2002（平成 5 ～ 14）年度までの 10 年計画「障害者対策に関する新長期計画（障害者基本計画）」が策定された。その中で，1996 ～ 2002（平成 8 ～ 14）年度までを「障害者プラン～ノーマライゼーション 7 か年戦略～」とした。2003 ～ 2012（平成 15 ～ 24）年度までの 10 年計画である「障害者基本計画（第二次）」のうち，前期の 5 年を「重点施策実施 5 か年計画（新障害者プラン）」，後期の 5 年を「新たな重点施策実施 5 か年計画」とした。「障害者基本計画（第三次）」は 2013 ～ 2017（平成 25 ～ 29）年度の期間の計画である。「障害者基本計画（第四次）」は 2018 ～ 2022（平成 30 ～令和 4）年度の期間の計画である。東京パラリンピックを契機とした社会のバリアの除去をより強力に推進し，11 の分野における分野別の基本的な方向が示されている。

✎新たな重点施策実施 5 か年計画 p.11，市町村障害者計画 p.194，重点施策実施 5 か年計画 p.226，障害者プラン p.245，都道府県障害者計画 p.381，ノーマライゼーション 7 か年戦略 p.409

障害者基本法

しょうがいしゃきほんほう

昭和 45 年制定，法律第 84 号。1993（平成 5）年に心身障害者対策基本法から改称され，全面改正された。障害者施策に関する基本的理念を定め，国，地方公共団体などの責務を明らかにするとともに，日本の障害者施策の根幹となる事項を定めている。その内容は，多分野にわたっている。地域社会における共生等（3 条），差別の禁止（4 条），障害者週間（12 月 3 日～ 12 月 9 日）の設定（9 条），政府・都道府県・市町村に対する障害者計画策定の義務付け（11 条），医療，介護等（14 条），教育（16 条），雇用の促進等（19 条），バリアフリー化（21，22 条），防災及び防犯（26 条），消費者としての障害者の保護（27 条）選挙等における配慮（28 条），

表 28　障害者基本計画の概要

	国	都道府県	市町村
障害者基本法第 11 条	「障害者基本計画」（障基 11 条 1 項で政府に策定義務）（平成 30 ～令和 4 年度）	「都道府県障害者計画」（障基 11 条 2 項で都道府県に策定義務）	「市町村障害者計画」（障基 11 条 3 項で努力義務，平成 19 年 4 月から策定義務へ）
障害者総合支援法第 87 ～ 89 条	「障害福祉サービス及び相談支援並びに市町村及び都道府県の地域生活支援事業の提供体制を整備し，自立支援給付及び地域生活支援事業の円滑な実施を確保するための基本的な指針」（障総合 87 条で厚生労働大臣に策定義務）	「都道府県障害福祉計画」（障総合 89 条で都道府県に策定義務）	「市町村障害福祉計画」（障総合 88 条で市町村に策定義務）
いずれも策定義務			

司法手続における配慮等（29条）など。また，同法第2条では，障害者の定義が示されており，「身体障害，知的障害，精神障害（発達障害を含む。）その他の心身の機能の障害（以下「障害」と総称する。）がある者であつて，障害及び社会的障壁により継続的に日常生活又は社会生活に相当な制限を受ける状態にあるもの」とされている。この定義については，「長期にわたり」という表現が2004（平成16）年の法改正で「継続的に」という表現に改められ，2011（平成23）年の法改正で「発達障害」が加えられたという経緯がある。同改正では，目的（1条）に，「全ての国民が，障害の有無によつて分け隔てられることなく，相互に人格と個性を尊重し合いながら共生する社会を実現する」という「共生社会」の考え方が明文化された。

✎障害者週間 p.240

障害者虐待

しょうがいしゃぎゃくたい

養護者による障害者虐待，障害者福祉施設従事者等による障害者虐待，使用者による障害者虐待のこと。障害者虐待の防止，障害者の養護者に対する支援等に関する法律（障害者虐待防止法）によれば，障害者虐待の類型は，身体的虐待，放棄・放置，心理的虐待，性的虐待，経済的虐待の5つに類型化され，対象となる「障害者」とは，身体・知的・精神障害（発達障害を含む。）その他の心身の機能の障害がある者であって，障害及び社会的障壁により継続的に日常生活・社会生活に相当な制限を受ける状態にあるものとされている。

✎障害者虐待の防止，障害者の養護者に対する支援等に関する法律 p.238

障害者虐待の防止，障害者の養護者に対する支援等に関する法律

しょうがいしゃぎゃくたいのぼうししょうがいしゃのようごしゃにたいするしえんとうにかんするほうりつ

平成23年6月制定，平成24年10月施行，法律第79号。通称は障害者虐待防止法。障害者の虐待を防止し，養護者に対する支援等に関する施策を促進することで障害者の権利利益の擁護に資することを目的としている。この法律では，障害者虐待を[1]養護者による障害者虐待，[2]障害者福祉施設従事者等による障害者虐待，[3]使用者による障害者虐待と定義し，その類型として，①身体的虐待，②ネグレクト，③心理的虐待，④性的虐待，⑤経済的虐待の5類型を掲げている。障害者虐待の種別ごとに，通報先，措置の方法が定められている。また，市町村，都道府県に対して，虐待の対応の窓口として，市町村障害者虐待防止センター，都道府県障害者権利擁護センターの機能を果たすように求めている。

障害者虐待防止法

しょうがいしゃぎゃくたいぼうしほう

▶障害者虐待の防止，障害者の養護者に対する支援等に関する法律 p.238

障害者ケアマネジメント 図90

しょうがいしゃけあまねじめんと

地域で暮らす障害者が，地域に散在する多くのサービスを有効に活用できるように支援するべく，障害者本人の意向を尊重し，福祉，保健，医療，教育，就労などの幅広いニーズと様々な地域の社会資源の間に立って，障害者のエンパワメントを高める視点から総合的かつ継続的なサービスの供給を確保するための重要な援助方法（手法）である。

障害者控除

しょうがいしゃこうじょ

障害者である親族を扶養している場合，所得税の控除を受けられる。障害者控除の対象となる者は，①精神障害者保健福祉手帳の交付を受けている人，②身体障害者手帳の交付を受けている人，③療養手帳（①②と違って都道府県の制度のため，自治体によって名称が異なる場合がある）など知的障害者のための手帳の交付を受けている人，④精神または身体に障害のある年齢が65歳以上の人で，その障害の程度が①～③に掲げる人に準ずるものとして市町村長や福祉事務所長の認定を受けている人，⑤戦傷病者手帳の交付を受けている人，である。控除額は，障害者の場合は27万円，特別障害者に該当する場合は40万円，さらに同居特別障害者の場合は75万円である。

✎特別障害者控除 p.378

障害者更生センター

しょうがいしゃこうせいせんたー

身体障害者福祉法に規定される身体障害者社会参加支援施設に位置づけられる身体障害者福祉センターの一類型。身体障害者またはその家族に対して，宿泊，レクリエーション，その他休養のための便宜を提供する。

✎身体障害者福祉センター p.288

障害者雇用促進法

しょうがいしゃこようそくしんほう

▶障害者の雇用の促進等に関する法律 p.243

障害者雇用納付金制度 図91

しょうがいしゃこようのうふきんせいど

障害者の雇用の促進等に関する法律に規定される制度。障害者の法定雇用率を満たしていない常用雇用労働者 101 人以上（2015（平成 27）年 4 月 1 日より適用）の企業から納付金を徴収し，これを多くの障害者を雇用している企業に配分し，企業の負担を軽減する。雇用率達成企業には調整金，報奨金を支給している。

✎障害者雇用率制度 p.239

障害者雇用率制度 表29

しょうがいしゃこようりつせいど

障害者の雇用の促進等に関する法律に規定される制度。法定雇用率とも呼ばれる。行政や企業に対して，雇用する労働者に対する障害者の割合を基準として設定され，少なくとも 5 年ごとに政令で改定が行われる。2021（令和 3）年 1 月から，国・地方公共団体では 2.6%，都道府県教育委員会は 2.5%，特殊法人等は 2.6%，民間企業 2.3%（常用雇用労働者が 43.5 人以上），とされている。2005（平成 17）年の法改正前は，身体障害者と知的障害者に限られていたが，現在では，精神障害者保健福祉手帳所持者も対象とされている。

また，重度の障害者はダブルカウント（その 1 人をもって 2 人雇用）となる。2010（平成 22）年 7 月から，短時間労働にも障害者雇用率が適用され，短時間労働の障害者も雇用障害者としてカウントされることとなり，企業全体の常時雇用労働者数にも，短時間労働者を 0.5 カウントとして計算する。2020（令和 2）年の民間企業全体の実雇用率は 2.15%，法定雇用率達成企業の割合は 48.6%であった。

図 90　障害者ケアマネジメントの概要

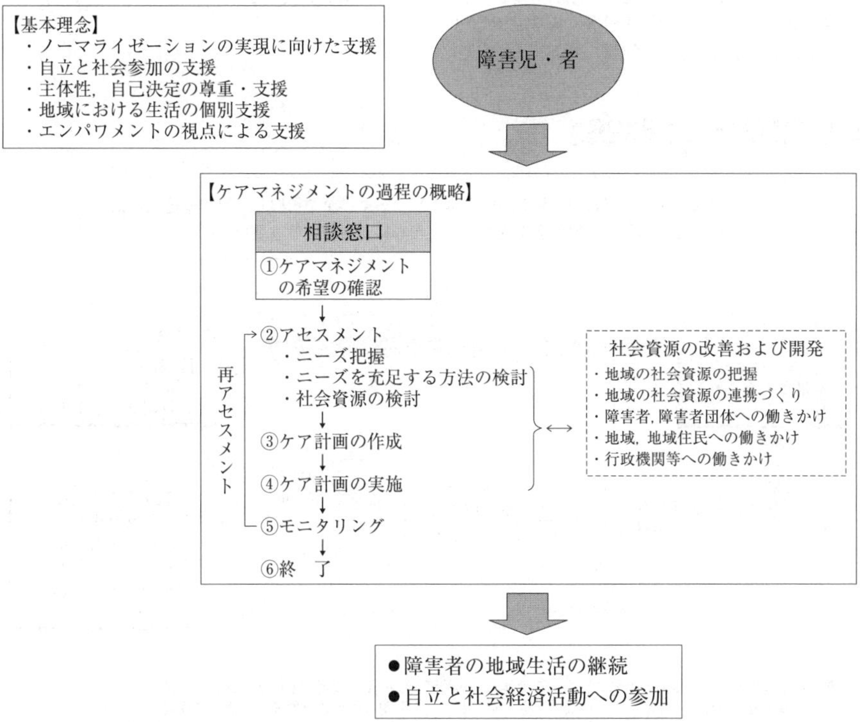

資料：厚生労働省，障害者ケアガイドライン，一部改変

✎障害者雇用納付金制度 p.239

障害者差別解消法

しょうがいしゃさべつかいしょうほう

▶障害を理由とする差別の解消の推進に関する法律 p.247

障害者支援施設

しょうがいしゃしえんしせつ

障害者総合支援法第5条第11項に規定される施設。障害者に対し，施設入所支援を行うとともに，施設入所支援以外の施設障害福祉サービスを行う。

障害者週間

しょうがいしゃしゅうかん

毎年12月3日から12月9日までの1週間をいい，障害者基本法第9条に規定されている。障害者の福祉についての関心と理解を国民の間に広く深めるとともに，障害者が社会，経済，文化その他あらゆる分野の活動に積極的に参加する意欲を高めることを目的としている。1995（平成7）年に，当時の総理府（現・内閣府）障害者施策推進本部により12月9日を「障害者の日」とすると定められたが，2004（平成16）年の障害者基本法の改正により，「障害者週間」へと拡大された。12月3日は，1982年に国連総会で「障害者に関する世界行動計画」が採択された日であることから，1992年に「国際障害者デー」と国連で制定されている。

障害者就業・生活支援センター 図92

しょうがいしゃしゅうぎょうせいかつしえんせんたー

障害者の雇用の促進等に関する法律第27～33条に規定される，都道府県知事の指定を受けた社会福祉法人などによる施設。就職を希望する障害のある人や，在職中の障害のある人を対象に，大きく分けて，就業面の支援と生活面の支援を行っている。2002（平成14）年の同法改正で制度化された。同法第28条では，業務内容を，①障害者からの相談に応じ，就労にかかわる関係機関との連絡調整，②障害者職業総合センター，地域障害者職業センターその他厚生労働省令で定める事業主により行われる職業準備訓練のあっせん，③障害者がその職業生活における自立を図るために必要な業務を行う，としている。同センターは2022（令和4）年度，全国で338か所が設置されている。

図91　障害者雇用納付金制度の概要

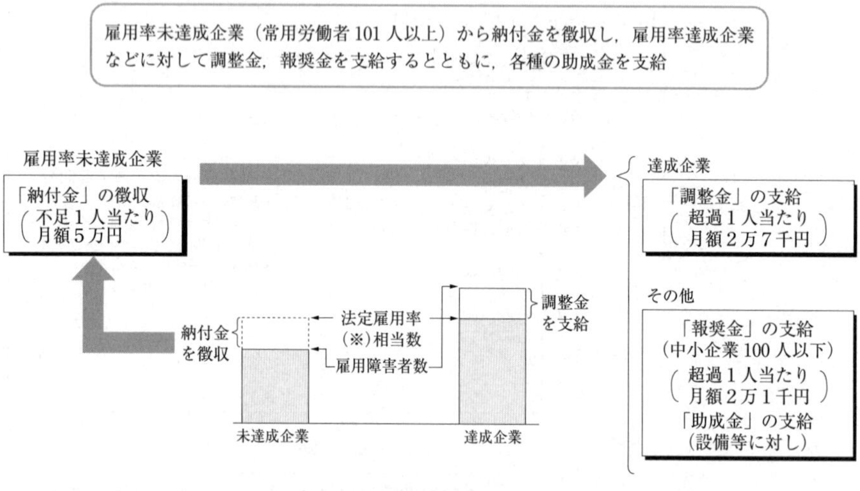

※1　法定雇用率は，労働者の総数に対する身体又は知的障害者の総数の割合を基準に設定。現在2.0%。
※2　障害者雇用促進法に基づき，少なくとも5年ごとに，上記割合の推移を勘案して政令で設定。

資料：厚生労働省，内閣府「障害者白書」（令和3年版），一部改変

障害者職業カウンセラー

しょうがいしゃしょくぎょうかうんせらー

障害者の雇用の促進等に関する法律第24条に規定される者。①障害者職業センターに障害者職業カウンセラーを置かなければならないこと，②厚生労働大臣が指定する試験に合格し，講習を修了した者，といった規定がなされていることから，準国家資格といえるが，独立した資格法に基づくものではない。

障害者職業生活相談員

しょうがいしゃしょくぎょうせいかつそうだんいん

障害者の雇用の促進等に関する法律第79条に規定される者。障害者を5人以上雇用する事業所において，障害者の職業生活に関する相談・指導を行うために，その雇用する労働者で厚生労働大臣の行う講習を修了した者のうちから，事業主によって選任される者。

表29　障害者である短時間労働者のカウントの方法

週所定労働時間	30時間以上	20時間以上30時間未満
身体障害者	1	0.5
重度	2	1
知的障害者	1	0.5
重度	2	1
精神障害者	1	0.5※

※　精神障害者である短時間労働者で，①かつ②を満たす方については，1人をもって1人とみなす。
①新規雇入れから3年以内の方または精神障害者保健福祉手帳取得から3年以内の方
②平成35年3月31日までに，雇い入れられ，精神障害者保健福祉手帳を取得した方

出典：厚生労働省「障害者雇用対策について」

障害者職業センター

しょうがいしゃしょくぎょうせんたー

障害者の雇用の促進等に関する法律第19～26条に規定される。①障害者職業総合センター，②広域障害者職業センター，③地域障害者職業センターがある。①障害者職業総合センターは，職業リハビリテーションに関する調査および研究を行い，障害者雇用に関する情報の収集，分析および提供を行う。また，関係機関に対して職業リハビリテーションについての助言，指導その他の援助を行う。②広域障害者職業センターは，広範囲の地域にわたり，職業リハビリテーションを受ける必要のある障害者に関し，関係機関との連携のもと，障害者に対する職業評価，職業指導および職業講習，また，事業主に対する助言などを行う。③地域障害者職業センターは，都道府県区域内において，障害者に対する職業評価，職業指導および職業講習，事業主に対する助言など，職場適応援助者の養成・研修，障害者就業・生活支援センターなどに対する職業リハビリテーションに関する助言などを行う。

図92　障害者就業・生活支援センター

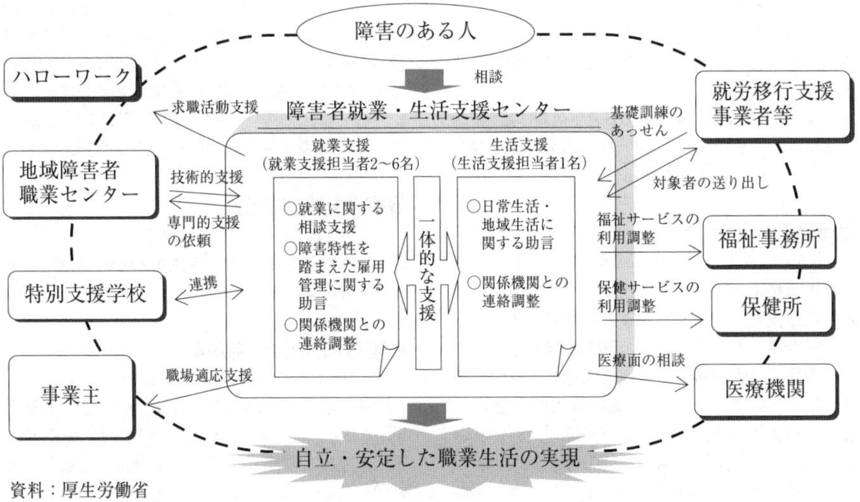

資料：厚生労働省

障害者職業能力開発校

しょうがいしゃしょくぎょうのうりょくかいはつこう

職業能力開発促進法に基づき，障害者が就職に必要な知識や技能・技術を習得して職業的に自立し，生活の安定と地位向上を図ることを目的として設置されている。

✎職業能力開発促進法 p.259

障害者自立支援法

しょうがいしゃじりつしえんほう

平成17年制定，法律第123号。「障害者及び障害児が自立した日常生活又は社会生活を営むことができるよう」にすることが目的である。支援費制度に代わるもので，障害者の福祉サービス（身体障害者福祉法，知的障害者福祉法，精神保健及び精神障害者福祉に関する法律等）を一元化し，保護から自立に向けた支援を目指した。2006（平成18）年4月から段階的に実施された。制度開始当初から，応益負担の導入や発達障害が含まれなかったことなど問題点も多く指摘され，利用者負担の軽減措置などの法改正を繰り返し行ってきた。2011（平成23）年の法改正により，応能負担（29条3項）への変更，発達障害者が精神障害者に含むこと（4条）について明文化された。また，同改正により，障害児サービスについては，児童福祉法を基本とすることになり，従来の児童デイサービスは，同じく改正された児童福祉法の「障害児通所支援」（6条の2）事業への転換が図られた。2012（平成24）年に，障害者自立支援法に代わる障害者総合支援法が国会で審議され，同年6月，障害者自立支援法を改正し難病患者等も対象とする，障害者の日常生活及び社会生活を総合的に支援するための法律（障害者総合支援法）が成立した（平成26年施行）。

✎支援費制度 p.183，障害者の日常生活及び社会生活を総合的に支援するための法律 p.244，障害福祉サービス p.246，自立支援給付 p.270

障害者政策委員会

しょうがいしゃせいさくいいんかい

障害者基本法第32条に規定され，内閣府に設置される機関。障害者に関する基本的な政策について調査審議を行う。30人以内の委員で構成され，委員は，障害者・障害者に関する事業の従事者・学識経験者の内から内閣総理大臣が任命する。障害者政策委員会は，障害者権利条約において締約国に条約実施の監視体制の整備が求められていることを受け，2011（平成23）年の障害者基本法改正により，それまでの中央障害者施策推進協議会が改組されたものである。これにより，同協議会の事務とされていた障害者基本計画案の調査審議に加え，①基本政策の調査審議，②施策実施の監視（モニタリング），③内閣総理大臣への勧告の3つが新規事務として加えられた。なお，地方障害者施策推進協議会も同様に「都道府県等における合議制の機関」へと改組され，障害者計画の調査審議に加え，施策の実施状況のモニタリングも行うこととされた。地方に置かれるこの合議制の機関は，都道府県（指定都市を含む）で必置，市町村では任意設置である（障基36条）。

✎障害者基本法 p.237

障がい者制度改革推進本部

しょうがいしゃせいどかいかくすいしんほんぶ

2009（平成21）年12月8日，閣議決定により内閣に設置された。同本部は，「障害者の権利に関する条約」の締結に必要な国内法の整備をはじめとする日本の障害者制度の集中的な改革を行うため，設置されることとなった。構成員は，本部長である内閣総理大臣の下，すべての国務大臣となっている。本部は，当面5年間を障害者の制度に係る改革の集中期間と位置付け，改革の推進に関する総合調整，改革推進の基本的な方針の案の作成及び推進並びに法令等における「障害」の表記の在り方に関する検討等を行う。また，障害者施策の推進に関する事項について意見を求めるため，障がい者制度改革推進会議が開催された。同推進会議では，総合福祉部会，差別禁止部会を設置し，障害者基本法の改正（平成23年）や障害者総合福祉法（仮称）の骨格に関する総合福祉部会の提言（平成23年），障害者差別禁止法についての検討（障害者差別解消法）を行っていた。2012（平成24）年7月24日に廃止され，障害者政策委員会に引き継がれた。

障害者総合支援法

しょうがいしゃそうごうしえんほう

▶障害者の日常生活及び社会生活を総合的に支援するための法律 p.244

障害者に係る欠格条項

しょうがいしゃにかかるけっかくじょうこう

障害を理由に制限を課す仕組みのこと。1999（平成11）年に総理府（現・内閣府）障害者施策推進本部が決定した方針「障害者に係る欠格条項の見直しについて」に基づき，各省庁が63制度について受験や免許交付に関する欠格条項の見直しを行い，2001（平成13）年にこれら見直しを反映した法案が可決・成立した。

障害者に関する世界行動計画

しょうがいしゃにかんするせかいこうどうけいかく

1982年12月の第37回国際連合（国連）総会で決議された計画。「障害の予防」「障害者のリハビリテーション」「障害者に対する機会均等化」という目標を達成するための具体的内容・方法を，国際的レベル，地域レベル，国内レベルでいかに取り組んだらよいかを明示した文書である。世界各国の今後なすべき課題についての具体的な提案が201項目にまとめられている。ここではリハビリテーションを「損傷を負った人に対して，身体的，精神的，かつまた社会的に最も適した機能水準の達成を可能にすることにより，各個人が自らの人生を変革していくための手段を提供していくことをめざし，かつ時間を限定したプロセスを意味する」と定義した。

✎リハビリテーション p.499

障害者の機会均等化に関する標準規則

しょうがいしゃのきかいきんとうかにかんするひょうじゅんきそく

1993年12月の第48回国際連合（国連）総会で採択された。障害者の社会参加や機会均等化，医療，リハビリテーション，支援サービス，アクセシビリティ，教育，就労など様々な分野にまたがる国際的な基準，ルールを示した規則。各国が取り組むべき具体的な指針を示した。

障害者の権利宣言

しょうがいしゃのけんりせんげん

1975年12月の第30回国際連合（国連）総会で採択された宣言。障害者の権利について，身体的・精神的障害の防止，障害者が最大限に多様な活動分野においてその能力を発揮し得るよう援助し，また可能な限り彼らの通常の生活への統合を促進する必要性の視点に立って宣言されている。能力や技能を開発するサービスを受ける権利，職業に従事し労働組合に参加する権利，レクリエーション活動に参加する権利，差別からの保護など，障害者の権利が挙げられている。また，障害者を「先天的か否かにかかわらず，身体的又は精神的能力の不全のために，通常の個人又は社会生活に必要なことを確保することが，自分自身では完全に又は部分的にできない人のこと」と定義している。

障害者の権利に関する条約

しょうがいしゃのけんりにかんするじょうやく

2006年12月の第61回国際連合（国連）総会で採択された条約。障害者団体などの非政府組織（NGO）が参加し，意見表明の機会が与えられ，障害者団体の参加により，当事者の意見を反映した権利条約の策定を目指した。障害者に対する差別を撤廃し，社会参加を促すことを目的とした初の国際条約。条文は前文と50条からなり，教育や就業，結婚などで差別を全廃することを求めている。また，社会基盤づくりを通して，障害者の人権や基本的自由を完全かつ平等に享受できるよう立法措置も要求している。日本の署名は，2007（平成19）年9月28日であった。翌年4月3日までに20か国が批准し，2008年5月3日に発効した。日本は2014年1月20日に批准した。

障害者の雇用の促進等に関する法律

しょうがいしゃのこようのそくしんとうにかんするほうりつ

昭和35年制定，法律第123号。略称は障害者雇用促進法。身体障害者の雇用促進を目的とした法律であったが，1987（昭和62）年の法改正により知的障害者も対象とされると同時に，現名称へと改称された。同法第2条では障害者を「身体障害，知的障害，精神障害（発達障害を含む）その他の心身の機能の障害があるため，長期にわたり，職業生活に相当の制限を受け，又は職業生活を営むことが著しく困難な者」と定義している。職業リハビリテーション，障害者職業センター，雇用義務（障害者雇用率制度），障害者雇用納付金制度などについて規定している。

1997（平成9）年には，知的障害者が法定雇用率の算定基礎に加えられ，さらに2005（平成17）年の改正では，精神障害者の雇用対策の強化を主な柱として，①精神障害者に対する雇用対策の強化（雇用率制度の適用），②在宅就業障害者に対する支援（企業が在宅就業障害者に仕事を発注することを奨励し，特例調整金等の支給），③障害者雇用促進施策と障害者福祉施策の有機的な連携，などが図られた。2013（平成25）年の改正により，2018（平成30）年4月より精神障害者（手帳所持者）が雇用義務の対象となった。

✎障害者雇用納付金制度 p.239，障害者雇用率制度 p.239，障害者職業センター p.241，職業リハビリテーション p.259

障害者の職業リハビリテーション及び雇用に関する条約

しょうがいしゃのしょくぎょうりはびりてーしょんおよびこようにかんするじょうやく

ILO 第 159 号条約ともいう。1983 年 6 月 20 日，第 69 回国際労働総会において採択，1985 年 6 月 20 日発効。1981 年「国際障害者年」のテーマである「完全参加と平等」を受けてまとめられたもので，障害者の社会参加を目的に，職業リハビリテーションの充実，雇用機会の増大，雇用機会の均等化に関する原則，必要な措置について定めている。日本は 1992（平成 4）年 6 月 12 日に批准している。

✎完全参加と平等 p.86，国際障害者年 p.153

障害者のための国際シンボルマーク

しょうがいしゃのためのこくさいしんぼるまーく

▶国際シンボルマーク p.155

障害者の定義

しょうがいしゃのていぎ

国際連合（国連）の障害者の権利宣言（1975 年）では，「『障害者』とは，先天的か否かにかかわらず，身体的又は精神的能力の不全のために，通常の個人又は社会生活に必要なことを確保することが自分自身では完全に又は部分的にできない人のことを意味する」と定義している。日本の法律上の定義は，各法律によって少しずつ異なっているが，障害者基本法第 2 条では，「身体障害，知的障害，精神障害（発達障害を含む）その他の心身の機能の障害がある者であつて，障害及び社会的障壁により継続的に日常生活又は社会生活に相当な制限を受ける状態にあるものをいう」としている。

✎障害者基本法 p.237

障害者の日常生活及び社会生活を総合的に支援するための法律 表30

しょうがいしゃのにちじょうせいかつおよびしゃかいせいかつをそうごうてきにしえんするためのほうりつ

平成 17 年制定，法律第 123 号。地域社会における共生の実現に向けて障害福祉サービスの充実等障害者の日常生活及び社会生活を総合的に支援するため，障害者自立支援法を改正した法律。略称は障害者総合支援法。具体的には障害者の定義に難病等が追加され，また 2014（平成 26）年 4 月 1 日より重度訪問介護の対象者の拡大やケアホームのグループホームへの一元化などが行われた。2018（平成 30）年の改正では，自立生活援助や就労定着支援が創設された。

障害者の日

しょうがいしゃのひ

国民の間に障害者の福祉についての関心と理解を深めるとともに，障害者が社会，経済，文化その他のあらゆる分野の活動に積極的に参加する意

表 30　障害者総合支援法の近年の改正

2005（平成 17）年	＜障害者自立支援法＞ 障害者施策の一元化（身体・知的・精神），就労支援の強化（就労移行支援事業，就労継続支援事業の創設），社会資源の活用規制緩和，支給決定等の透明化，安定的な財源の確保。
2010（平成 22）年	＜障害者自立支援法　改正＞ 利用者負担の見直し（応益負担から応能負担へ），障害者の範囲の見直し（発達障害も対象へ），相談支援の充実（基幹相談支援センターの設置，自立支援協議会の法定化，地域移行支援・地域定着支援の個別給付化），障害児支援の強化（放課後等デイサービス，保育所等訪問支援の創設），地域における自立した生活のための支援の充実。
2012（平成 24）年	＜障害者総合支援法　改称・改正＞ 基本理念の創設，障害者の範囲の見直し（難病等を追加），障害支援区分の見直し，障害者支援の拡大（重度訪問介護の対象拡大，共同生活介護（ケアホーム）の共同生活援助（グループホーム）への一元化，地域移行支援の対象拡大，地域生活支援事業の追加），サービス基盤の計画的整備（基本指針，障害福祉計画，協議会の見直し）。
2016（平成 28）年	＜障害者総合支援法　改正＞ 障害者の望む地域生活の支援（自立生活援助，就労定着支援の創設，重度訪問介護の訪問先拡大，高齢障害者の介護保険サービスの負担軽減），障害児支援の多様化への対応（居宅訪問型児童発達支援の創設，保育所等訪問支援の対象拡大，医療的ケアの支援，障害児福祉計画の策定），補装具費の支給範囲の拡大（貸与の追加），情報公表制度の創設，共生型サービスの法定化

欲を高めるために設けられた。障害者基本法において12月9日と定められた。この日は,「障害者の権利宣言」が国連で採択された日である。その後,2004(平成16)年6月に同法が改正され,「障害者の日」から「障害者週間」(12月3日～9日)へ改められた。12月3日は1992年の国連総会で宣言された「国際障害者デー」である。

✎障害者週間 p.240

障害者白書

しょうがいしゃはくしょ

内閣府より発行される報告書。1993(平成5)年の障害者基本法への改正・改称により,政府は障害者福祉施策に関する年次報告を国会に提出することが義務づけられた(障基13条)。これを受けて1994(平成6)年より毎年発行されている。各省庁において実施されている障害者施策について解説するとともに,各年ごとに設けられるテーマに従い,まとめられている。

✎障害者基本法 p.237

障害者福祉

しょうがいしゃふくし

機能障害や活動制限,参加制約が生じ,日常生活を営む上で何らかの支援を必要とする人を対象とする施策・援助実践の総称。障害者福祉施策における日本の法体系は,基本法である障害者基本法に基づき,生活支援の具体的内容を記した障害者総合支援法,身体障害者福祉法,知的障害者福祉法,精神保健及び精神障害者福祉に関する法律(精神保健福祉法),発達障害者支援法,社会参加などの環境整備を記した,障害者の雇用の促進等に関する法律,高齢者,障害者等の移動等の円滑化の促進に関する法律(バリアフリー新法),経済的保障について規定されている国民年金法などがある。

障害者プラン

しょうがいしゃぷらん

1995(平成7)年,ノーマライゼーション7か年戦略として障害者対策推進本部により決定。「障害者対策に関する新長期計画－全員参加の社会づくりをめざして－」として出された国の障害者基本計画の重点施策実施計画で,1996～2002(平成8～14)年までの7年をいう。住まいや働く場の確保,ホームヘルパーや入所施設の充実など数値目標を設定し,具体的な施策目標を明記した。

✎ノーマライゼーション7か年戦略 p.409

障害者優先調達推進法

しょうがいしゃゆうせんちょうたつすいしんほう

▶国等による障害者就労施設等からの物品等の調達の推進等に関する法律 p.112

障害受容

しょうがいじゅよう

自分に障害がある事実を認識し,受け入れること。障害の受容には,身体の症状や予後について知ること(身体的受容),情緒的混乱を起こさないこと(心理的受容),家庭・職業・住居などに現実的に即応すること(社会的受容),の3つの側面がある。障害の受容過程は一般的に,①ショック期,②回復への期待の時期,③混乱と苦悩の時期,④適応への努力期,⑤適応期,という段階があるといわれるが,この過程はまっすぐに進むものではなく,行ったり来たりする。また,障害受容には年齢,障害の原因や程度,家族をはじめとする社会的環境なども大きな影響をもっている。

✎価値転換 p.75

障害程度区分

しょうがいていどくぶん

障害者自立支援法(現・障害者総合支援法)において,障害者等に対する障害福祉サービスの必要性を明らかにするため当該障害者等の心身の状態を総合的に示すものとしたもの。2014(平成26)年4月より「障害の程度(重さ)」ではなく,支援の必要の度合を示す区分として「障害支援区分」に変更となった。

✎障害支援区分 p.236

障害等級

しょうがいとうきゅう

障害の状態に応じて過不足のない支援を行うため,サービスの量や種類を判断するために設けられる等級のこと。数が小さい等級ほど重度とされる。障害の等級化が行われているのは,身体障害者福祉法では身体障害者手帳制度において1～6級(等級表では7級まで,7級が2つあると6級となる)が設定されている。年金制度などでも用いられている。障害基礎年金では1・2級,障害厚生年金では1～3級がある。

✎身体障害者 p.286,身体障害者手帳 p.287

障害認定日

しょうがいにんていび

障害の程度を判定し，障害年金を支給できるかどうか，支給するとすれば何級に認定するかを判断する基準日のこと。障害認定の結果，障害等級に当たる場合は，その日が障害年金の受給権取得日となる。具体的には次のいずれか。①障害の原因となる傷病について最初に医師の診察を受けた日から１年６か月経った日，②①の日までの傷病が治った（障害，症状が固定した）日。ただし，20 歳前の傷病による障害年金は 20 歳の誕生日の前日が障害認定日となる。

生涯発達

しょうがいはったつ

エリク・H・エリクソンによりまとめられた考え方で，人格発達の８段階ごとに発達課題と危機を示した。①基本的信頼と基本的不信，②自律性と恥，疑惑，③積極性（自発性）と罪悪感，④勤勉性（生産性）と劣等感，⑤同一性（自我同一性，アイデンティティ）と同一性拡散，⑥親密性と孤立，⑦生殖性と停滞感，⑧統合（自我統合）と絶望，である。同一性を中心に考える研究者も多い。

✎エリクソン p.43

障害福祉計画　図93

しょうがいふくしけいかく

障害者総合支援法第 87 ～ 91 条に規定される法定計画。障害福祉サービス，相談支援，地域生活支援事業の提供体制を整備し，自立支援給付と地域生活支援事業の円滑な実施を目的とする計画。国が定める基本指針（87 条），市町村が定める市町村障害福祉計画（88 条），都道府県が定める都道府県障害福祉計画（89 条）があり，いずれも策定が義務付けられている。

障害福祉サービス

しょうがいふくしさーびす

障害者総合支援法第５条に規定されるサービス。①居宅介護，②重度訪問介護，③同行援護，④行動援護，⑤療養介護，⑥生活介護，⑦短期入所，⑧重度障害者等包括支援，⑨施設入所支援，⑩自立訓練，⑪就労移行支援，⑫就労継続支援，⑬就労定着支援，⑭自立生活援助，⑮共同生活援助の 15 種類を総称したもの。

障害福祉サービス等の提供に係る意思決定支援ガイドライン

しょうがいふくしさーびすとうのていきょうにかかわるいしけっていしえんがいどらいん

障害福祉サービス提供にあたっての意思決定支援の枠組みを示したガイドラインのこと。本人の意思および選好の推定が困難な利用者に対して，

図 93　障害福祉計画と基本方針

○基本指針（厚生労働大臣）では，障害福祉計画の計画期間を３年としており，これに即して，都道府県・市町村は３年ごとに障害福祉計画を作成している。

H24　H25　H26 H27　H28　H29 H30　H31　R2 R3　R4　R5

第１期計画期間 18 年度～20 年度	第２期計画期間 21 年度～23 年度	第３期計画期間 24 年度～26 年度	第４期計画期間 27 年度～29 年度	第５期計画期間 30 年度～32 年度	第６期計画期間 3 年度～5 年度
平成 23 年度を目標として，地域の実情に応じた数値目標および障害福祉サービスの見込量を設定	第１期の実績を踏まえ，第２期障害福祉計画を作成	つなぎ法による障害者自立支援法の改正等を踏まえ，平成 26 年度を目標として，第３期障害福祉計画を作成	障害者総合支援法の施行等を踏まえ，平成 29 年度を目標として，第４期障害福祉計画を作成	精神障害にも対応した地域包括ケアシステムの構築などを目標とした第５期障害福祉計画を作成	相談支援体制の充実・強化，障害福祉サービス等の質の向上などを目標とした第６期障害福祉計画を作成

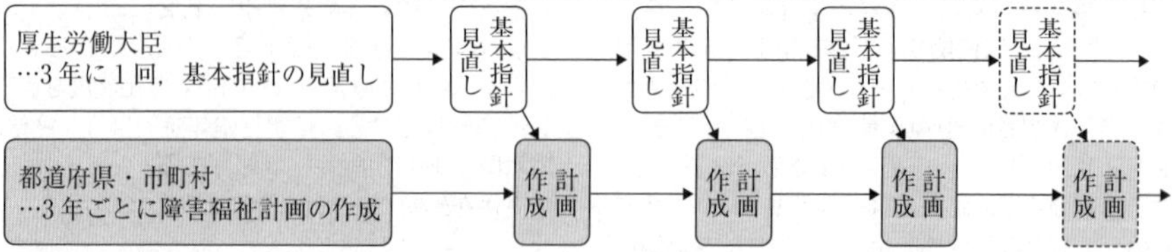

資料：厚生労働省

最後の手段として本人の最善の利益を検討するために，事業者の職員や成年後見の担い手等が行う，支援の行為および仕組みをいう。意思決定支援の基本的原則には，①本人への支援は，自己決定の尊重に基づき行うこと，②職員等の価値観においては不合理と思われる決定でも，他者への権利を侵害しないのであれば，その選択を尊重するよう努めること，③本人の自己決定や意思確認がどうしても困難な場合は，関係者が集まって，本人の意思および選好を推定することが挙げられている。

障害補償給付（障害給付）

しょうがいほしょうきゅうふ（しょうがいきゅうふ）

労働者災害補償保険法第 12 条の 8，第 21 条に規定される給付の一つ。業務災害もしくは通勤災害による傷病にかかる療養から回復したときに支給される。2 種類あり，障害等級が 1 級から 7 級の場合は障害（補償）年金が，8 級から 14 級の場合は障害（補償）一時金が支給される。業務災害に対しては障害補償給付の名称が，通勤災害に対しては障害給付の名称が用いられる。

✎労働者災害補償保険 p.515

障害をもつアメリカ人法

しょうがいをもつあめりかじんほう

ADA；Americans with Disabilities Act

1990 年にアメリカで制定された連邦法。障害者に対する差別を禁止したもので，雇用機会，サービスの利用，交通機関の利用などに関する障害者への配慮を法的に義務付けた。

障害を理由とする差別の解消の推進に関する法律

しょうがいをりゆうとするさべつのかいしょうのすいしんにかんするほうりつ

平成 25 年判定，平成 28 年 4 月 1 日施行，法律第 65 号。行政機関および事業者における障害を理由とする差別を解消するための措置等を定めることにより，全ての国民が相互に人格と個性を尊重し合いながら共生する社会の実現に資することを目的としている。ここでいう「障害を理由とする差別」とは，「障害を理由として，正当な理由なく，サービスの提供を拒否したり，制限したり，条件づけたりするような行為」（内閣府「障害者差別解消法リーフレット」）とされている。また，社会における事物（施設・設備など），制度，慣行，観念といった社会的障壁を取り除くために必要で合理的な配慮を，負担になり過ぎない範囲で行うことを求めている。

償還払い方式

しょうかんばらいほうしき

利用者がサービスや診療を受けた際，かかった費用の全額を支払っておき，後から自己負担分を差し引いた金額の現金の払い戻しを受ける給付方式。介護保険制度の福祉用具購入費，住宅改修費，高額介護サービス費，高額介護予防サービス費などがこの方式であり，1 割負担であるので 9 割が償還払いされる。実際上は，利用者の一時的な費用の立替え，請求手続などの負担を軽減するため，市町村などが給付費分を事業者に支払う代理受領方式が用いられることも多い。

小規模作業所

しょうきぼさぎょうじょ

障害児・者の日中活動や就労の場を設けるため，障害のある当事者や家族，関係者により設立された施設。共同作業所，無認可作業所，地域作業所といった名称で呼ばれることもある。1950 年代から 60 年代にかけて，先駆的な取り組みとして行われ，1970 年代に入るとその数を増やすとともに，利用対象者も知的障害者から身体障害者，精神障害者へと拡大されるようになる。1990 年代では，さらに対象者の拡大がみられ，アルコールや薬物の依存症者，脳血管障害による中途障害者のための作業所も設置されるようになった。その間，小規模作業所の数は増加したが，法律に基づく施設ではなく，いわゆる法定外施設であったため，各施設の基準はまちまちで，また，財源の面からも安定的な運営が困難な状況にあった。2005（平成 17）年に障害者自立支援法（現・障害者総合支援法）が制定され，小規模作業所の事業内容が同法に位置づけられると，地域活動支援センターや就労継続支援事業所などに移行する作業所が増えた。現在では，多くの自治体が補助金を廃止していることもあり，新規開設は難しい状況にある。

小規模多機能型居宅介護

しょうきぼたきのうがたきょたくかいご

介護保険制度における地域密着型サービスの一つ（介護 8 条 19 項）。居宅要介護者に対して，心身の状況や置かれている環境に応じ，その者の選択に基づいて，居宅への訪問または一定のサービスの拠点に通所または短期間宿泊させ，その拠点において入浴，排泄，食事等の介護，その他の日常生活上の世話や機能訓練を行う。要支援者に対しては介護予防小規模多機能型居宅介護を給付する。

✎地域密着型サービス p.344

承継償還制度

しょうけいしょうかんせいど

独立行政法人住宅金融支援機構による融資制度の一つ。高齢者とその子どもが二代にわたって住宅ローンを返済できる制度。親子リレー返済制度ともいう。

✎住宅金融支援機構 p.225

条件づけ

じょうけんづけ

人間や動物に，特定の刺激に対して，特定の反射や反応を起こさせるようにすること。条件づけは，新しい行動の形成であり，学習の基本的な手続きである。受動的な「レスポンデント条件づけ（古典的条件づけ）」，能動的な「オペラント条件づけ（道具的条件づけ）」に大別される。

✎オペラント条件づけ p.51，レスポンデント条件づけ p.508

猩紅熱

しょうこうねつ

scarlatina

発赤毒を保有しているA群溶血性レンサ球菌（溶連菌）の感染により生じる病型の一つ。小児に多くみられ，2～5日の潜伏期の後，突然の悪寒，発熱，咽頭炎，苺舌，特徴的な皮膚の発疹を認める。治療には抗生物質の投与が行われる。

少子化

しょうしか

日本の合計特殊出生率（1人当たりの女性が一生の間に産む平均子ども数）は，戦後減少傾向をたどってきた。少子化の原因としては，結婚年齢の上昇，住宅や教育費の高騰，価値観の多様化などが挙げられる。また，近年では心理的影響などによる出生力自体の低下も指摘されている。少子化が進展すると，将来の高齢者人口を支える労働力人口が少なくなり，社会保障制度を維持することが困難となる。また，児童にとっても，子ども同士の交流の減少や，母子密着による自立の欠如などが問題となる。日本では，1989（平成元）年の合計特殊出生率が，丙午（ひのえうま）のために落ち込んだ1966（昭和41）年の1.58を下回ったいわゆる「1.57ショック」を契機に，少子化対策が検討されることとなった。2020（令和2）年の出生数は84万832人となり過去最少となった。

✎1.57ショック p.23，合計特殊出生率 p.137，ベビーブーム p.453

少子化社会対策会議

しょうしかしゃかいたいさくかいぎ

少子化社会対策基本法第18条，19条に基づき内閣府に設置される機関。内閣総理大臣を会長とし，関係行政機関の長を委員として構成される。事務内容は，少子化社会対策大綱案の作成や関係行政機関の調整・重要事項の審議，施策の実施の推進である。同会議では，2007（平成19）年に「『子どもと家族を応援する日本』重点戦略」，2012（平成24）年に「子ども・子育て新システムの基本制度について」，2013（平成25）年に「『少子化危機突破』のための提案」，2014（平成26）年に「放課後子ども総合プラン」，2015（平成27）年に新たな「少子化社会対策大綱」が，策定されている。

✎少子化社会対策基本法 p.248

少子化社会対策基本法 図94

しょうしかしゃかいたいさくきほんほう

平成15年制定，法律第133号。急速な少子化の進行に対処するため，1999（平成11）年，超党派の議員による「少子化社会対策議員連盟」設立，少子化対策基本法案が議員立法として衆議院に提出された。その後，数回の国会審議を経て成立した。少子化対策に関する基本的理念を示すとともに，基本的施策として，雇用環境の整備，保育サービス等の充実，地域社会における子育て支援体制の整備，母子保健医療体制の充実等，ゆとりのある教育の推進等，生活環境の整備，経済的負担の軽減，教育および啓発，を掲げている。また，この法律に基づいて，同年，内閣府に少子化社会対策会議が設置され，少子化社会対策大綱の作成が義務づけられた。

✎少子化社会対策大綱 p.250

少子化社会対策推進会議

しょうしかしゃかいたいさくすいしんかいぎ

予想以上のスピードで進行する少子化に対応するために，2005（平成17）年，少子化社会対策会議の下に設置された会議。内閣官房長官が主催し，関係閣僚と有識者で構成されている。「少子化社会対策の一層の推進について」（平成17年10月27日少子化社会対策会議決定）に基づき設置されたもので，少子化社会対策大綱および子ども・子育て応援プランに掲げた課題の検討やフォローアップなどを行い，少子化社会対策の戦略的な推進を図ることを目的としている。さらに少子化社会対策推進会議の下に，少子化担当大臣と有識者からなる専門委員会を置いており，この委員会からは報告書「これからの少子化対策につ

図 94　少子化対策の経緯

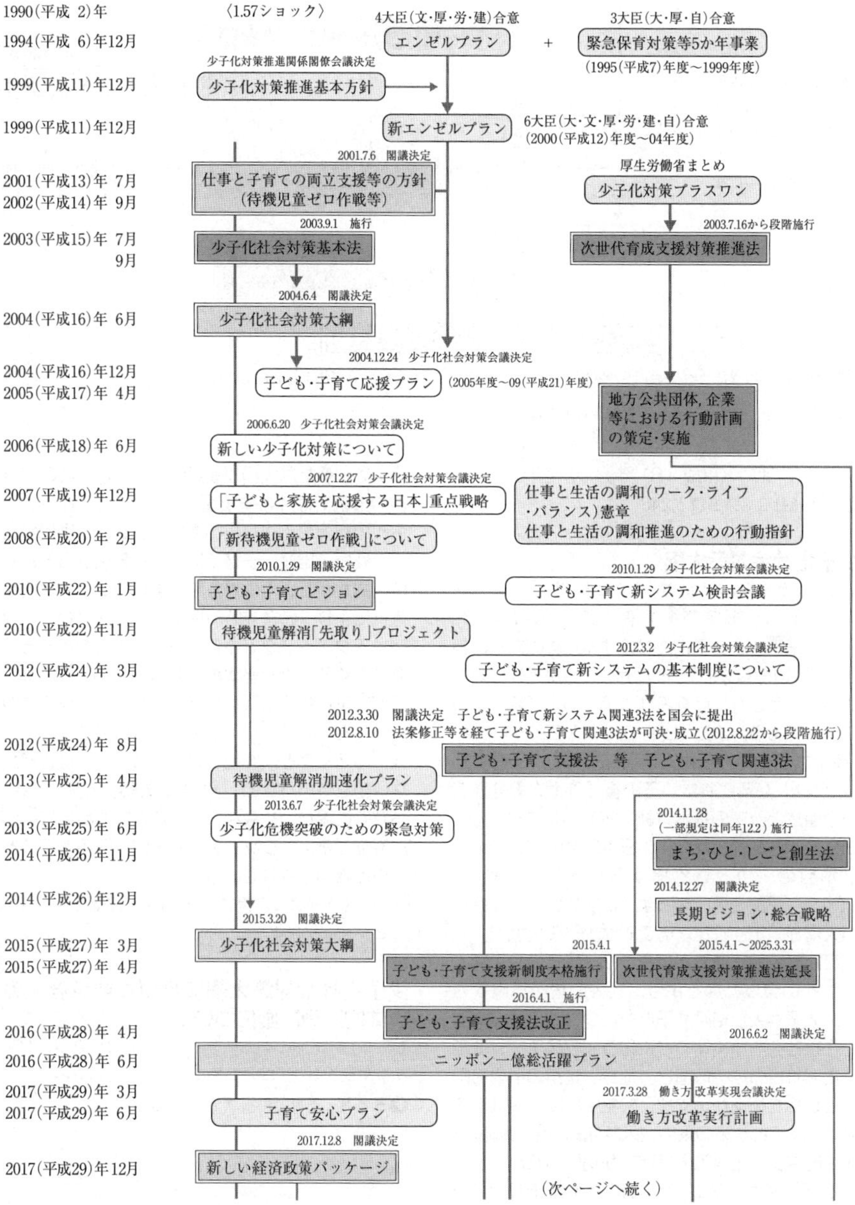

(次ページへ続く)

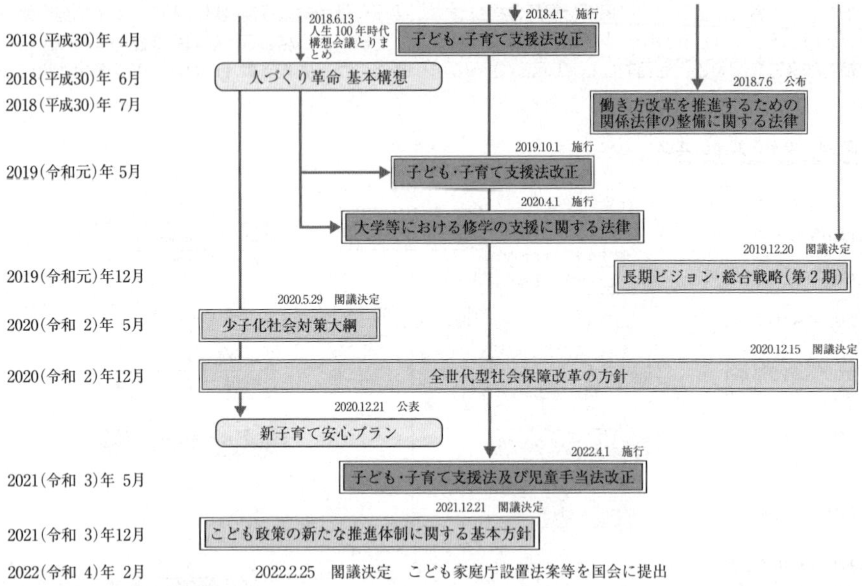

資料：内閣府「令和3年版少子化社会対策白書」

いて」(2006(平成18)年)が示されている。

✎少子化社会対策会議 p.248

少子化社会対策大綱

しょうしかしゃかいたいさくたいこう

少子化社会対策基本法第7条に規定される，政府が策定する少子化に対処するための施策の指針(2004(平成16)年6月，閣議決定)。なお，実際に策定された計画名は，子ども・子育て応援プランである。また，2010(平成22)年には，「新たな少子化社会対策大綱『子ども・子育てビジョン』」が示された。その後「骨太方針(経済財政運営と改革の基本方針)2014」において人口急減・超高齢化が今後の日本経済の課題の大きな項目の一つとして掲げられたことを受け，2015(平成27)年には，新たな少子化社会対策大綱が策定された。そこでは少子化危機を，克服可能な課題であると位置づけ，①結婚や子育てしやすい環境となるよう，社会全体を見直すこと，②個々人が結婚や子どもについて希望を実現できる社会をつくること，③ライフステージに応じた切れ目のない取組と，地域・企業の取組を両輪としたきめ細かい支援，④集中取組期間(5年間)の設定と政策の集中投入，⑤長期的・継続的・総合的な少子化対策の推進，が掲げられた。

上記に加え，2020(令和2年)年5月29日には，新たな大綱が閣議決定された。この第4次の大綱では「希望出生率1.8」の実現に向け，令和の時代にふさわしい環境を整備し，国民が結婚，妊娠・出産，子育てに希望を見出せるとともに，男女が互いの生き方を尊重しつつ，主体的な選択により，希望する時期に結婚でき，かつ，希望するタイミングで希望する数の子供を持てる社会をつくることが基本的な目標とされ，①結婚・子育て世代が将来にわたる展望を描ける環境をつくること，②多様化する子育て家庭の様々なニーズに応えること，③地域の実情に応じたきめ細かな取組を進めること，④結婚，妊娠・出産，子供・子育てに温かい社会をつくること，⑤科学技術の成果など新たなリソースを積極的に活用することが重点課題とされている。

✎子ども・子育て応援プラン p.164，子ども・子育てビジョン p.164

少子化社会対策大綱に基づく重点施策の具体的実施計画について

しょうしかしゃかいたいさくたいこうにもとづくじゅうてんしさくのぐたいてきじっしけいかくについて

▶子ども・子育て応援プラン p.164

少子化対策推進基本方針

しょうしかたいさくすいしんきほんほうしん

1999(平成11)年12月17日，政府によって策定された中長期的に進めるべき総合的な少子化対策の指針。1998（平成10）年7月に設置された内閣総理大臣主催の「少子化への対応を考える有識者会議」による提言の趣旨を踏まえたもの。同年の「新エンゼルプラン（重点的に推進すべき少子化対策の具体的実施計画について)」策定に影響を及ぼした。結婚や出産を当事者の自由な選択とした上で，男女共同参画社会の形成，子どもが健やかに育つことができる社会づくり，社会全体による子育て家庭の支援を基本的な視点としている。

具体的な施策は，①固定的な性別役割分業や職場優先の企業風土の是正，②仕事と子育ての両立のための雇用環境の整備，③安心して子どもを産み，ゆとりをもって健やかに育てるための家庭や地域の環境づくり，④利用者の多様な需要に対応した保育サービスの整備，⑤子どもが夢を持ってのびのびと生活できる教育の推進，⑥子育てを支援する住宅の普及など生活環境の整備，の6点に沿って実施されることとなった。

✎エンゼルプラン p.46，新エンゼルプラン p.275

少子化対策プラスワン

しょうしかたいさくぷらすわん

「新エンゼルプラン（重点的に推進すべき少子化対策の具体的実施計画について)」から少子化対策をいっそう充実させるために，厚生労働省が2002（平成14）年9月に打ち出したもの。少子化の主たる要因であった晩婚化に加え，「夫婦の出生力そのものの低下」という新しい現象を将来人口推計の結果から見いだしたため，従来の子育てと仕事の両立支援から一歩踏み出し，子育てをする家庭が重視されることになった。そのため，「男性を含めた働き方自体の見直し，多様な働き方の実現」など4つの柱に沿った対策が総合的かつ計画的に推進された。すなわち，これまでは働くことを前提とした対策であったが，仕事一辺倒ではなく家庭に戻ることも求められたのである。

✎次世代育成支援対策推進法 p.191

少子高齢化

しょうしこうれいか

出生率の低下により子どもの人口が減少する（少子化）と同時に，平均寿命が伸びていることにより，人口全体に占める子どもの割合が減少し，65歳以上の高齢者の割合が高まる（高齢化）こと。少子高齢化だけでなく，人口減少とあわせて考えることが求められる。影響として，労働力人口の減少，国全体の貯蓄の減少，年金・医療・介護などの社会保障負担の増大，社会資本ストックの維持管理・更新投資の大幅増加，地域コミュニティ機能の弱体化などが考えられる。

症状性精神障害

しょうじょうせいせいしんしょうがい

symptomatic mental disorder

脳以外の器官の疾患（例：甲状腺機能障害，ビタミン欠乏症など）や全身疾患（例：腸チフス，マラリアなど）の症状として出現する精神障害。症状として意識障害，幻覚症，躁うつ状態などがある。

焦燥感

しょうそうかん

落ち着きがなく，多動・多弁となり，顕著な苦悶を伴う状態。いらだち焦る感覚のこと。

小腸（回腸）ストーマ

しょうちょう（かいちょう）すとーま

回腸部（小腸の最終部で大腸に続く部分）に造設された人工肛門。イレオストミーともいう。多発性大腸がんや潰瘍性大腸炎などにより排泄経路を変更する場合に適応となる。大腸（結腸）で消化・吸収する前の便が排泄されるため水様便となり，皮膚のただれをおこすことがあるため，皮膚の保護ケアが必要となる。

✎結腸ストーマ p.125，ストーマ用装具 p.295

常同行動

じょうどうこうどう

まとまった，あるいは系統だった行為を繰り返すこと。前頭側頭葉変性症では，何らかの常同行動が高率に認められる。例えば，家庭では，毎日同じ食物を食べ続ける常同的食行動や，同じコースを何kmも散歩する常同的周遊がよくみられる。雨が降ろうと雪が降ろうと関係なく周遊し，制止は困難である。前頭側頭葉変性症患者の常同行動は，固執した行動を制した際に生じやすいので，迷惑行動とならない限り本人の自由にさせることが望ましい。しかし，散歩の途中で万引きをするなどの行動がみられた場合は，公的サービスを利用するなど何らかの対応が必要である。

情動失禁
じょうどうしっきん

▶感情失禁 p.84

小児自閉症
しょうにじへいしょう
childhood autism

社会性や行動などが年齢相応に発達しない状態で，自閉スペクトラム症/自閉症スペクトラム障害（DSM-5）に分類される。有病率は0.1%，男女比は4：1で男の子に多い。原因としては，遺伝的要因といわれるが詳しくは不明。特徴的な症状は主に3つあり，相互的対人関係の障害，コミュニケーション能力の発達障害，物や遊びや行動に対する強いこだわりである。そのほかに，学習障害，運動障害，落ち着き不足，異物を口に含むなどがある。有効な治療はなく，障害は生涯にわたる。自閉症の特徴はあるが知的障害や言語障害を伴わない高機能自閉症（アスペルガー症候群）と，知的障害と言語障害のある低機能自閉症（カナー症候群）とに分類することもある。

✎自閉症 p.208，自閉症スペクトラム障害 p.209

小児慢性特定疾患対策
しょうにまんせいとくていしっかんたいさく

2014（平成26）年に改正された児童福祉法により，新たに同法第19条を根拠として，小児慢性特定疾患に関する治療の確立と普及，患者家庭の医療費負担の軽減を目的に実施されるもので，従来，実施されてきた小児慢性特定疾患治療研究事業が，2015（平成27）年から，小児慢性特定疾病医療費および小児慢性特定疾病児童等自立支援事業と改められ，法定化された。

小児慢性特定疾病医療費の助成の対象となるものは，小児疾患のうち，①慢性に経過するもの，②生命を長期に脅かすもの，③症状や治療が長期にわたって生活の質を低下させるもの，④長期にわたって高額な医療費の負担が続くものであり，厚生労働大臣が定める16疾患群788疾病（従来は，11疾患群514疾病）にかかっている18歳未満の児童（必要と認められる場合は，20歳未満まで）である。また，小児慢性特定疾病児童等自立支援事業においては，相談支援事業と小児慢性特定疾病児童自立支援員を必須事業として都道府県に義務づけている。その他，任意事業として，①療養生活支援事業（医療機関等によるレスパイト事業の実施），②相互交流支援事業（小慢児童等が相互に交流することで，コミュニケーション能力の向上，情報収集，社会性の涵養等を図り，自立を促進），③就職支援事業（職場体験・職場見学，就労に向けて必要なスキルの習得支援等），④介護者支援事業（小慢児童等の通院等の付添い支援等），⑤その他，長期入院等に伴う学習の遅れ等についての学習支援等が実施されている。

少年法
しょうねんほう

昭和23年制定，法律第168号。少年保護事件の手続および少年の刑事事件の特別措置を定めた法律。少年の健全な育成を期し，非行のある少年に対して性格の矯正および環境の調整に関する保護処分を行うとともに，少年の刑事事件について特別の措置を講ずることを目的とする。第2条では「『少年』とは，20歳に満たない者をいい，『成人』とは，満20歳以上の者をいう」と規定している。対象少年は，①犯罪少年，②触法少年，③虞犯少年（同法3条）であり，家庭裁判所が非行少年に対して行う保護処分には①保護観察，②児童自立支援施設・児童養護施設送致，③少年院送致がある（同法24条1項）。

2000（平成12）年の改正では，刑罰処分可能年齢の撤廃，16歳以上で故意の犯罪行為により被害者を死亡させた少年の原則逆送などが盛り込まれた。2007（平成19）年の改正では，少年院送致の対象年齢が14歳以下からおおむね12歳以上と引き下げられ，2014（平成26）年の改正では，国選付添人制度および検察官関与制度の対象事件の拡大，少年に対する有期刑および不定期刑の上限の引き上げが行われた。2021（令和3）年改正では，選挙権年齢や民法の成年年齢が20歳から18歳に引き下げられたことを受け，18・19歳の者が罪を犯した場合には「特定少年」として，17歳以下の少年とは異なる取り扱いがされる特例が規定された。

消費期限 表31
しょうひきげん

加工食品の中でも品質が劣化しやすく，製造日を含め5日以内に消費すべき食品（弁当，惣菜，調理パン，生菓子類，生めん類，食肉など）に表示される年月日のこと。定められた方法で保存した場合において，腐敗，変敗，その他の品質の劣化に伴い安全性を欠くおそれがないと認められる期限を示す年月日である。

✎賞味期限 p.258

消費者安全法 表32

しょうひしゃあんぜんほう

平成21年制定・施行，法律第50号。消費者庁と消費者委員会の設置とともに施行された。消費者被害の防止と安全の確保へ向け，内閣総理大臣による基本方針の策定，都道府県・市町村による消費生活相談等の事務の実施，および消費生活センターの設置，消費者事故等に関する情報の集約，消費者被害防止のための適切な措置，などを盛り込んでいる。重大な消費者被害発生に対して，内閣総理大臣はその防止へ向け事業者に勧告・命令ができる。重大事故への緊迫した危険がある場合も内閣総理大臣は，当該商品等の販売禁止や回収等を命令することができる等の規定を盛り込んでいる。

表31 食品の期限表示

	賞味期限	消費期限
意　味	おいしく食べることができる期限（best-before）。この期限を過ぎても，すぐ食べられなくなるわけではない。	期限を過ぎたら食べない方がよい期限（use-by date）。
表示法	3か月を超えるものは年月で表示し，3か月以内のものは年月日で表示。	年月日で表示。
対象食品	消費期限以外の食品。 （例）スナック菓子，カップめん，缶詰等	賞味期限以外の食品。 （例）弁当，サンドイッチ，生めん等
開封後	開封する前の期限を表しており，一度開封したら期限にかかわらず早めに食べる。	開封する前の期限を表しており，一度開封したら期限にかかわらず早めに食べる。

表32 消費者安全法の概要

被害の防止・安全の確保へ向け，内閣総理大臣による基本方針の策定，都道府県・市町村による消費生活相談等の事務の実施，及び消費生活センターの設置，消費者事故等に関する情報の集約，消費者被害防止のための措置を盛り込む

◎「基本的事項」

内閣総理大臣は消費者安全の確保へ向け「基本方針」を策定する。そのときは消費者委員会の意見を聴かなくてはならない

◎地方公共団体による消費生活センターの設置等

- 地方公共団体は消費者生活相談，苦情処理のあっせん，消費者安全の確保のための必要な情報収集・提供等の事務を実施。国と国民生活センターは必要な援助を行う
- 地方公共団体は消費生活センターを設置する（都道府県は必置，市町村は努力）
- 消費生活センターを設置する自治体は相談員の適切な処遇，人材確保，資質の向上を図るものとする

◎消費者事故等に関する情報の集約

- 行政機関，地方公共団体，国民生活センターは消費者事故等の発生情報を内閣総理大臣に通知する
- 内閣総理大臣はその情報を集約・分析して結果を関係行政機関に提供，国会・消費者委員会に報告し公表

◎消費者被害防止のための措置

- 内閣総理大臣は，事務を所掌する大臣に対し速やかな措置の実施を求める
- 重大消費者被害の防止へ向け事業者に対し，勧告・命令ができる。命令のときは消費者委員会の意見を聴かなくてはならない
- 重大事故への緊迫した危険がある場合，内閣総理大臣は6月以内の期限を定めて当該商品等の「譲渡」「引渡し」「役務に使用すること」を禁止または制限できる。禁止・制限の場合は消費者委員会の意見を聴かなくてはならない
- 内閣総理大臣は，事業者が上記に違反した場合，当該商品等の回収等を命令することができる

資料：日本消費者新聞社「消費者運動年鑑 2014」

消費者委員会

しょうひしゃいいんかい

消費者庁とともに2009（平成21）年9月に発足。消費者庁と連携して消費者行政を推進するとともに，消費者庁はじめ消費者行政全般を監視する役割を担い内閣府に設置された。連携しつつ監視するという消費者委員会の機能は日本では初めてとなる。消費者委員会の委員は「独立して職権を行う」ことが法律に明記されている。委員は10人（以内）。重要事項について建議をし，関係行政機関への資料要求や，内閣総理大臣に対し勧告・報告要求ができるなど，様々な権限をもつ。これまで，高齢者をターゲットにした未公開株や社債などの投資詐欺防止へ向けた政策提言を政府に提出したり，有料老人ホームの適正運用や，実効性ある高齢者被害防止策の導入を求めたりするなど，独自の調査活動に基づく政策改善を検討。2010（平成22）年の自動車リコール制度改善へ向けての初の建議以降，高齢者対策，食の安全性など様々な分野での建議を関係大臣に提出している。

✎消費者安全法 p.253，消費者行政 p.254，消費者庁 p.256

消費者運動

しょうひしゃうんどう

日常の身近な課題の解決へ向け，消費者が連携して取り組む活動。多くは消費者グループや消費者団体の形をとる。内閣府の調査では全国で約3,000の消費者団体が活動している。運動のテーマには「食の安全性」「環境保護」「契約被害の救済」「製品事故の防止」などが目立ち，生活に影響を与える大きな課題についてはそれぞれの消費者団体が連携運動を呼びかけ，対応している。2006（平成18）年から消費者団体訴訟制度が導入され，不当な契約条項や販売行為に対し，国から認定された「適格消費者団体」が消費者に代わって裁判を提訴することができるようになった。適格消費者団体は2022（令和4）年10月現在，全国で22団体ある。

消費者基本法

しょうひしゃきほんほう

2004（平成16）年に消費者保護基本法を改正・改称した，国の消費者政策の理念法。旧来の消費者保護基本法を抜本的に改正し，法律として初めて「消費者の権利」を明記した。国や地方公共団体，事業者の責務を規定し，行政は消費者政策を推進するにあたって「消費者の権利の尊重と自立支援」を責務とすることを定めている。安全の確保，契約の適正化，消費者被害の救済などの基本的施策を盛り込み，高齢者との契約では事業者に「適合性原則の遵守」を求めている。消費者の権利には知らされる権利，安全の権利，選択する権利，意見が反映される権利などが盛り込まれ，同法の制定によって消費者は「保護される者」から「権利の主体」へと転換した。

✎消費者保護基本法 p.256

消費者教育

しょうひしゃきょういく

より良い消費生活を自ら構築し，消費者問題に主体的に対応できる消費者の育成を目指した教育として，消費者教育は小中高生，成人，高齢者などを対象に，学校，職場，各種施設，消費生活センターで実施されている。消費生活相談員や消費生活センターによる「出前講座」も各地で活発化している。消費者被害の未然防止や，適切な商品・サービスの選択に寄与できる実効性ある消費者教育の体制整備が求められており，消費者庁は2010（平成22）年，消費者教育のポータルサイトを設置した。行政はじめ消費者団体，事業者団体が連携した消費者教育の推進が期待されている。2012（平成24）年12月に「消費者教育の推進に関する法律」が施行されて以降は，「消費者市民社会」の構築を目指した，より具体的な消費者教育推進策の導入が検討されることとなった。

消費者行政 図95

しょうひしゃぎょうせい

消費者保護基本法時代の1960年代から90年代前半まで，消費者行政は消費者を保護する施策展開が特徴だった。これを「保護行政」という。消費者を保護するためには事業者に対する事前規制に重きが置かれ，「規制行政」が展開された。90年代後半以降は規制緩和の流れを背景に多くの分野で「事前規制から事後規制」へと施策転換が図られ，消費者行政も「保護行政」から「支援行政」へと転換した。その傾向は2004（平成16）年の消費者基本法への改正・改称でさらに促進されている。この流れの集大成が2009（平成21）年9月に発足した消費者庁および消費者委員会。消費者庁は消費者行政を一元的に担う機関。消費者委員会は消費者庁と連携しつつ，消費者庁を含む消費者行政全般を監視する役割が期待されている。いずれの機関も「消費者の権利の尊重」と「自立支援」の政策推進を「任務」としていることが法律に明記されている。

✎消費者委員会 p.254，消費者庁 p.256

消費者契約法

しょうひしゃけいやくほう

平成 12 年制定，平成 13 年施行，法律第 61 号。消費者契約の適正化と消費者被害の防止を目的に制定された。同法は，消費者と事業者との間には情報の質・量に格差があり，交渉力でも格段の差があることを前提に，不当な勧誘や消費者の利益を一方的に害する約款（契約条項）などについて消費者が契約を取り消したり，無効を主張できることを定めている。対象には介護サービスの契約も含まれる。これまで民法では「契約の平等」を前提に，消費者と事業者の情報の格差を認めておらず，被害を受けた消費者の主張は立証が難しかったことから，同法の制定は消費者契約に関して大きな転換を意味する。なお，同法に基づく消費者団体訴訟制度が 2006（平成 18）年から導入され，事業者による不当約款や不当勧誘行為

図 95　消費者庁及び消費者委員会創設後の消費者行政のイメージ

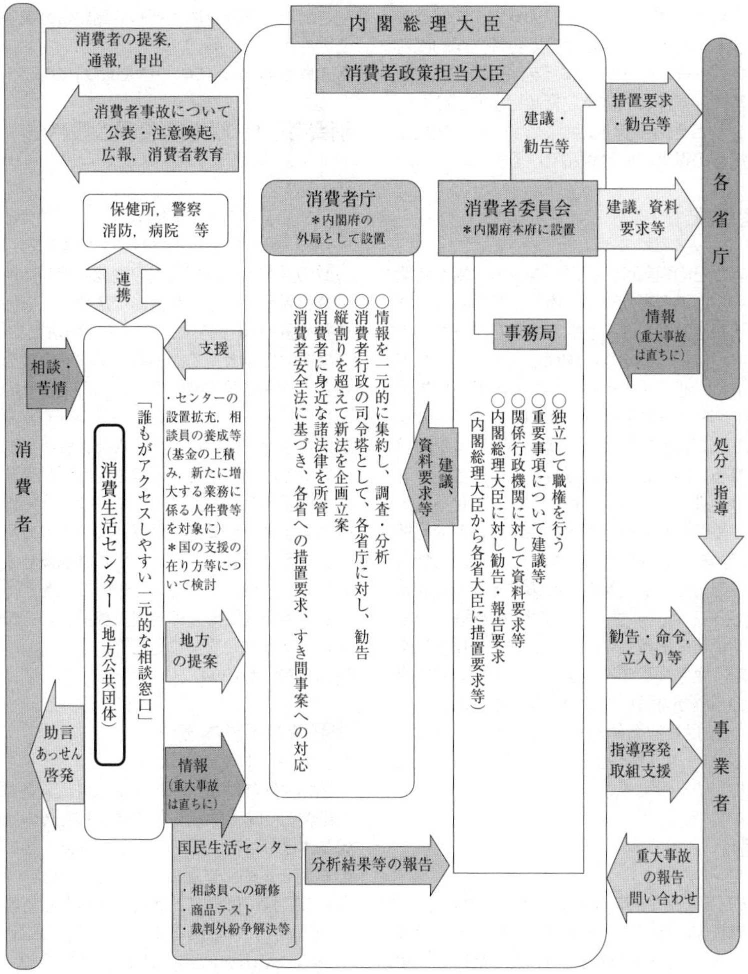

資料：消費者庁

について国から認定された適格消費者団体が差止訴訟を提起している。

消費者情報の提供

しょうひしゃじょうほうのていきょう

行政・事業者が積極的に推進しているのが消費者情報の提供である。2000（平成 12）年以降，消費生活の「安全・安心」の確保が重大な政策課題となり，その実現を求める消費者志向が高まるにつれ，適正な消費者情報の提供や消費者対応の整備が課題となった。消費者情報には，生活に役立つ商品・サービス情報をはじめ，より良い生活を送る上で注意すべき啓発情報などがある。その中でも「安全」「取引」「表示」の分野に関する情報は重要で，商品・サービスの安全性，契約内容や契約条件，表示の適切さなどを消費者が判断する際の基本的要件ともなる。行政・事業者はホームページや各地の消費生活センターなどを通し，消費者情報の提供に取り組んでいる。

消費者相談

しょうひしゃそうだん

消費者からの相談は，行政，事業者・事業者関連団体および消費者団体等に寄せられる。行政は各地の消費生活センターが窓口となり，日々，相談を受け付け，その事案は国民生活センターが運営する PIO-NET（パイオネット＝全国消費生活情報ネットワーク）システムに蓄積される。PIO-NET には年間 90 万件程度の消費者相談が収集される。事業者の消費者相談では，社内に消費者向け相談室を設置する例が多く，寄せられた相談を商品改善や今後の開発に活かすことを目指す。ただ，相談の中には「苦情」も多く，欠陥による「リコール」や企業の不祥事などが発覚すると当該企業の商品・サービスに関する解約相談や，当該企業の消費者対応について苦情が殺到する。通常，大手製造業者や食品メーカーでは年間数万件の相談が寄せられているが，不祥事発覚の際には 1 か月で数万件となる例もある。重大な相談事案については経営トップに伝えるシステムを構築している事業者も多い。

消費者庁

しょうひしゃちょう

2009（平成 21）年 9 月に設置。消費者庁は，これまで省庁ばらばらに実施されていた消費者行政を総合的・一元的に管轄する独立した行政機関として発足した。2022（令和 4）年 10 月現在，消費者庁及び消費者委員会設置法を含め約 40 本の法律を所管・共管する。消費者行政の司令塔として，各省庁に対し勧告を行う。縦割りを超えて新法を企画立案したり，消費者安全法に基づき各省への措置要求をしたり，どの省庁も管轄していないすき間事案について対応したりする。「安全」「取引」「表示」の分野を中心に施策展開する。同設置法には「消費者の権利の尊重と消費者の自立支援」に基づく消費者政策を推進することが任務と定められている。毎年 5 月に開催される消費者庁主催の「消費者月間」では，「高齢者被害の防止」もテーマに，高齢者の契約トラブルなどへの注意喚起も実施する。「介護サービス」に関する適正使用や「介護事故防止」へ向けた課題も検討された。同庁では子どもや高齢者の被害防止にも力を入れている。

✎消費者委員会 p.254，消費者行政 p.254

消費者庁及び消費者委員会設置法

しょうひしゃちょうおよびしょうひしゃいいんかいせっちほう

平成 21 年施行，法律第 48 号。消費者行政を一元的・総合的に推進させる消費者庁と，消費者行政の推進支援及び監視の機能発揮が期待される消費者委員会の設置を定めた法律。二機関の事務遂行範囲が盛り込まれている。同法第 3 条では二機関の任務として，消費者基本法で定めた「消費者の権利の尊重及びその自立の支援その他の基本理念にのっとり，消費者が安心して安全で豊かな消費生活を営むことができる社会の実現」を挙げている。その上で，消費者庁の所掌事務として 40 本以上の消費者関連法に基づく施策推進，消費者安全調査委員会や消費者教育推進会議の設置などを定めている。また，同法は消費者委員会に対して，委員は「独立してその職権を行う」と明記し，消費者委員会の第三者機関としての独立性を保障する規定も盛り込んでいる。

✎消費者行政 p.254

消費者保護基本法

しょうひしゃほごきほんほう

昭和 43 年制定，法律第 78 号。消費者政策の方向性を初めて明記した法律として後の施策展開の基本となった。国・地方公共団体・事業者などの役割を定め，安全の確保，公正な契約の確保，公平な計量の確保などを重要施策として盛り込んでいる。ただ，1962 年にアメリカのジョン・F・ケネディ（Kennedy, J. F.：1917 ～ 1963）大統領が提示した「消費者の 4 つの権利」を各国政府は自国の法律に明記し始め，日本でも消費者団体が消費者の権利の明記を要求したものの，消費者保護基本法に盛り込まれることはなかった。それが明記されるのは同法制定後，36年経って改正・改称された消費者基本法を待たなければならなかった。消費者保護基本法によって消費者政策の基盤が整備され，国民生活センターや各地の消費者センターの設置が同法制定以降，各自治体で実現した。

✎消費者基本法 p.254

消費者問題

しょうひしゃもんだい

広義の意味では「消費者を取り巻く政治的・経済的・社会的諸問題」を指し，狭義の意味では，「消費者が商品・サービスを契約・購入・消費・廃棄する際の諸問題」と位置づけられる。広義の消費者問題には食料自給などの農業のあり方や環境問題，医療・社会福祉・高齢者介護・政治献金問題なども含まれる。現在は，各地の消費生活センターに寄せられる相談苦情例によって消費者問題の範囲が位置づけられる傾向にあるため，狭義の分野が消費者問題とみなされている。かつては契約トラブルでも民事事件が消費者問題だったが，現在では，高齢者をだます「振り込め詐欺」のように詐欺罪が適用される刑事事件も消費者問題に含まれるようになった。介護分野では介護サービスの提供に関する契約トラブル，介護サービスの質への苦情などが消費生活センターに寄せられ，消費者問題として位置づけられている。

✎国民生活センター p.159，消費生活センター p.257

消費生活協同組合

しょうひせいかつきょうどうくみあい

生活協同組合（生協）の名称を用いることもある。一般の消費者が職場や地域で出資金を出し合い，生活の改善・向上のために自発的に運営する組織。消費生活協同組合法をその根拠法としている。消費生活協同組合は，福祉，健康，文化など生活全般にわたり活動しており，積極的な役割が期待されている。そのため，組合員の購入活動における要望に応えるだけでなく，地域社会に貢献することが求められる。近年は，社会福祉サービスの担い手としても注目を高めている。

消費生活協同組合法

しょうひせいかつきょうどうくみあいほう

昭和23年制定，法律第200号。国民の自発的な協同組織の発達を図り，国民生活の安定と生活文化の向上を目的としている。消費生活協同組合（生協）の基準として，一定地域・職域による人と人との結合であること，組合員の任意加入・脱退，組合員一人一票，生活の文化や経済的な側面を向上させる非営利的な活動であること，などを規定している。

消費生活センター

しょうひせいかつせんたー

全国に約850か所ある消費者相談の受付所。運営は都道府県や市区町村。これら自治体が民間団体に運用を委託する例もある。消費者から苦情相談を受け付け，その解決へ向け相談者へのアドバイスだけではなく，事業者との間で交渉・あっせんも実施する。センター機能としてはこのほかに，消費者への情報提供，消費者教育・啓発活動なども担い，特定のセンターでは商品テストも実施する。2009（平成21）年に施行された消費者安全法によって，都道府県に設置が義務づけられ，市区町村には設置の努力義務が課せられた。地方の消費者行政の核心となる機関。

✎消費者安全法 p.253，商品テスト p.257

傷病手当金

しょうびょうてあてきん

健康保険法における保険給付の一つ。被保険者が業務外の傷病による療養のため就労不能となり，給料を支給されないとき，休職した日から起算して4日目以降から最大で1年6か月の間，1日につき標準報酬日額（標準報酬月額の30分の1に相当する額）の3分の2に相当する額が支給される。給料の一部が支給されるときは，その分だけ減額される。

傷病補償年金（傷病年金）

しょうびょうほしょうねんきん（しょうびょうねんきん）

労働者災害補償保険法第12条の8，第21条に規定される給付の一つ。業務災害もしくは通勤災害による傷病が，1年6か月を経過した日もしくは同日以降において回復していないとき，傷病の程度が傷病等級第1級から第3級に該当する場合に支給される。業務災害に対しては傷病補償年金の名称が，通勤災害に対しては傷病年金の名称が用いられる。

✎労働者災害補償保険 p.515

商品テスト

しょうひんてすと

商品テストには，試買テスト，原因究明テスト，相談テストなどがある。消費者の選択に寄与し，あるいは事故の拡大防止に役立てることなどが目的。試買テストは市販されている商品の品質・性能，表示の実態などを調べるもので，何種類かの商品をテスト対象にすることから商品比較テストとも呼ばれる。原因究明テストは製品による事故発生の原因を調べ，今後の未然防止・拡大防止を図ることを目的とする。各種の原因究明テスト機関が実施したテスト結果は原則公開されている。それに対し相談テストは，消費者の相談をもとに，各地の消費生活センターが自らあるいは国民生活センターなどの他機関に委託して実施される。相談事例に基づくテストであることから，事業者との相対交渉への活用を求めてテストされることが多く，テスト結果が公開されないこともある。そのため相談テストの結果については公開システムの導入を求める意見が高まっている。

情報公開法

じょうほうこうかいほう

▶行政機関の保有する情報の公開に関する法律 p.104

賞味期限　表31

しょうみきげん

定められた方法で保存した場合，味や安全性などすべての品質の保持が十分に可能であると保証する期限を示す年月日のこと。ただし，当該期限を超えた場合であっても，ただちに食べられなくなるというものではない。賞味期限を表示すべき食品のうち，製造日から賞味期限までの期間が3か月を超えるものについては，「年月」で表示してもよいことになっている。品質の劣化が比較的緩やかな食品などに表示する期限表示には，従来食品衛生法に規定する「品質保持期限」および「農林物資の規格化及び品質表示の適正化に関する法律（JAS法）」に規定する「賞味期限」のいずれの用語を用いてもよいこととされていたが，2003（平成15）年7月に「賞味期限」と記載することに統一された。

✎消費期限 p.252

静脈内注射

じょうみゃくないちゅうしゃ

静脈内に直接薬剤を投与する方法をいう。薬の吸収時間は与薬の中で最も速く，全身に薬液が回るのに要する時間は約5～10分である。このため，副作用，中毒，ショックに対する注意が必要である。注射部位は通常，前腕肘窩の正中皮静脈で，刺入角度は10～20度。

✎筋肉内注射 p.111，ショック p.269

上腕骨近位端骨折

じょうわんこつきんいたんこっせつ

骨粗鬆症を有する高齢者が，転倒して手を伸ばしてついたときに生じることが多い。上腕骨近位端，前腕の橈骨遠位端，大腿骨頸部，肋骨などの骨折は，骨粗鬆症に伴って生じやすい。

✎骨粗鬆症 p.163，資料⑨⑩ p.534

上腕骨頸部骨折

じょうわんこつけいぶこっせつ

▶上腕骨近位端骨折 p.258

ショートステイ

▶短期入所 p.336

職域保険

しょくいきほけん

同種類の職業の形態の者を対象とした医療保険のこと。職域保険は被用者を対象とした保険で，一般のサラリーマンを対象とする健康保険，船員を対象とする船員保険，各種公務員を対象とする国家公務員共済組合，地方公務員等共済組合，私立学校教職員共済制度に分類される。一方，職業ではなく，同一の地域内の住所に着目したものを「地域保険」といい，自営業者などが対象の国民健康保険がこれに該当する。

✎地域保険 p.344

食　育

しょくいく

人が健康でいきいきと過ごすために，「自分の健康は自分で守る」という食生活における自己管理能力を養うこと。また，生きていく上での基本であり，知育・徳育・体育の基礎となるべきものと位置づけ，健全な食生活を実践することができる人間を育てることであるともいえる。毎年5月頃，農林水産省より「食育白書」が公表されており，食育推進施策やその具体的取組が報告されている。その年ごとのトピックもあり，近年では「新型コロナウイルス感染症の感染拡大と食育」が取りあげられている。

✎食育基本法 p.258

食育基本法

しょくいくきほんほう

平成17年制定，法律第63号。国民の食生活をめぐる環境の変化に伴い，国および地方自治体が食育に関する施策を総合的かつ計画的に推進し，健康で文化的な国民生活と豊かで活力ある社会の実現に寄与することを目的としている。概要として，①学校や保育所，施設等の食育推進，②家庭における食育推進，③地域における食育推進，④食育推進運動，⑤生産者，消費者との交流の推進，⑥食文化の継承のための活動への支援，⑦食品の安全性，栄養その他の食生活に関する調査，研究，情報の提供，国際交流の推進が挙げられる。国民一人ひとりが「食」について改めて意識を高め，心身の健康を増進する健全な食生活を実践するために，家庭，学校，保育所，地域などを中心に，食育の推進に取り組んでいくための法律である。

食塩摂取量

しょくえんせっしゅりょう

日本人の成人の平均的な食塩摂取量は 10.1g，男性 10.9g，女性 9.3g（令和元年国民健康・栄養調査結果）であり，2005（平成 17）年以降年々減少し，ここ 10 年は横ばいである。しかし，年齢別にみると男女とも年齢とともに摂取量が増加している。食塩の摂取量が多いと，高血圧によって脳卒中に罹患しやすくなることが疫学上知られている。その他，妊娠高血圧症候群や心疾患，腎臓疾患などでも病態を悪化させるため，減塩が必要になる。「日本人の食事摂取基準（2020年版）」では，食塩摂取量の目標量は，男性 7.5g/日未満，女性 6.5g/日未満と算定されている。この目標量は疾病予防の理想値ではなく，食塩摂取量の現状から判断した当面の値と考えてよい（WHO は 5.0g/日）。

✎減塩の工夫 p.126

職　親

しょくおや

市町村から委託を受け，知的障害者を自己のもとに預かり，その更生援護に熱意を有する事業経営者などの私人。市町村地域生活支援事業による知的障害者職親委託制度に基づき，市町村長が適当と認めたものをいう。また，精神障害者社会適応訓練事業においては，精神障害者の社会的自立を促進することに熱意を有する事業所であって，都道府県知事または指定都市市長が適当と認め，事業の委託を受ける協力事業所の事業主をいう。

職業安定法

しょくぎょうあんていほう

昭和 22 年制定，法律第 141 号。職業紹介に関する基本法。公共職業安定所（ハローワーク）やその他の職業安定機関が関係行政庁などの協力を得て職業紹介事業等を行うこと，職業安定機関以外の者の行う職業紹介事業等の適正な運営を確保することなどにより，各人のもつ能力に適合する就業の機会を与え，また産業に必要な労働力を充足することで，職業の安定を図るとともに，経済および社会の発展に寄与することを目的とする法律。職業安定機関の行う職業紹介および職業指導，職業安定機関以外の者の行う職業紹介，労働者の募集，労働者供給事業，労働者派遣事業などが扱われている。

✎公共職業安定所 p.136

職業能力開発促進法

しょくぎょうのうりょくかいはつそくしんほう

昭和 44 年制定，法律第 64 号。目的は「職業訓練及び職業能力検定の内容の充実強化及びその実施の円滑化のための施策並びに労働者が自ら職業に関する教育訓練又は職業能力検定を受ける機会を確保するための施策等を総合的かつ計画的に講ずることにより，職業に必要な労働者の能力を開発し，及び向上させることを促進し，もつて，職業の安定と労働者の地位の向上を図るとともに，経済及び社会の発展に寄与すること」とされている。一般労働者への職業訓練，職業能力検定などを行う。障害者については，障害者職業能力開発校を拠点としている。一般企業や特定非営利活動（NPO）法人などに委託して職業訓練をすることも，近年増えてきている。

✎障害者職業能力開発校 p.242

職業リハビリテーション

しょくぎょうりはびりてーしょん

障害のある人に対し，職業的な能力を正しく評価して，就労への適応に向けた訓練を行い，雇用の機会を用意するための総合的なアプローチのこと。障害者の雇用の促進等に関する法律第 2 条第 7 項では，「障害者に対して職業指導，職業訓練，職業紹介その他この法律に定める措置を講じ，その職業生活における自立を図ることをいう」と規定している。

✎医学的リハビリテーション p.15，教育リハビリテーション p.102，社会リハビリテーション p.219

職業倫理

しょくぎょうりんり

職業人としてゆるがすことのできない行動における規範や道徳をいう。介護従事者においては，介護を行うのに必要な専門的知識・技術とともに豊かな感性を身につけ，介護を必要としている人の自主性を尊重し，安全に支援できるように努めること，利用者の秘密の保持，他職種との連携，信用失墜行為の禁止，誠実義務，資質向上の責務などがある。

✎日本介護福祉士会倫理綱領 p.390，日本社会福祉士会倫理綱領 p.390

食　材

しょくざい

食品材料の略のこと。多くの種類がある。植物性食品として，穀類，いも類，豆類，種実類，野菜類，果実類，きのこ類，海藻類などがあり，動物性食品として，魚介類，肉類，乳類，卵類などがある。それぞれの食品ごとに栄養成分や形状，性質，調理上の特性の違いがあるため，その特徴をつかんで調理に用いることが大切である。

食材の下処理

しょくざいのしたしょり

調理の際には，下ゆで，下味，下塩など調理の初めに行う工程がある。それは，素材の種類によって異なり，アクを除いたり，臭みを取ったり，水分量を減らしたり，味をしみ込ませたり，その目的は様々である。この下処理を適切に行ったかどうかで，料理の仕上がりに大きく影響するので，重要な工程である。

食事介助　図96

しょくじかいじょ

食べるという行動に何らかの支障がある人に対して「食べる」ことを支援すること。食事をする環境を整える，姿勢（基本姿勢は座位でやや前屈。寝たままの場合は，上体を少し上げるか側臥位とする。片麻痺で顔面に麻痺がある場合では，麻痺側を上にする），食形態は咀嚼・嚥下能力にあった状態のもの（常食，粥食，ミキサー食，流動食など），介助の方法（全面介助，自助具の活用など），誤嚥予防などがポイントとなる。

食事サービス

しょくじさーびす

コミュニティケアサービスの一つで，高齢，障害などにより食事の準備や調理が困難な人々に対して，通所または訪問により食事を提供するもの。単に食事を提供するだけではなく，自立とQOL（生活の質）を確保し，家族の身体的・精神的な負担の軽減を図ることを目的としている。提供方法としては，①利用者宅に食事を配る配食型，②地域のコミュニティセンターなどで食事を行う会食型に分けられる。内容としては，①ほぼ毎日に近い生活支援型，②月 1 回程度のふれあい型に大別される。サービスの提供者は，社会福祉協議会，ボランティア団体のほかに，企業によるものもある。

食事指導

しょくじしどう

食事内容の提案を行うこと。食事量については，生活全体のリズムや活動状況を把握し，各自に適した量を考える。食形態は咀嚼や嚥下の状況に合わせてミキサー食，きざみ食，粥食，軟食，普通食などの工夫をする。食事制限がある場合

図 96　食事介助の例

顔面の健側から介助する
頸部はやや前屈
麻痺側に安楽枕を挿入

片麻痺のある人の場合

顔は横向きにし，誤嚥を防ぐ配慮を
顔面に麻痺がある場合は健側を下にする
介護を必要とする人のひと口の量，食べる速度に合わせる

臥床した状態で介助する場合

は，制限の中でもおいしく食べられる献立を考え実践していく。管理栄養士や栄養士，医師，看護師，保健師など他職種との連携を保って，充実した食事指導を継続できるようにする。

✎きざみ食 p.93，食事介助 p.260，ミキサー食 p.473，流動食 p.500

食事摂取基準 表33

しょくじせっしゅきじゅん

2020（令和2）年4月から2024（令和6）年3月までの5年間使用される「日本人の食事摂取基準（2020年版）」は，策定目的として，生活習慣病予防とともに重症化予防の徹底を図るとともに，高齢者の低栄養予防やフレイル予防も視野に入れている。対象としては，健康な個人並びに集団とし，生活習慣病等に関する危険因子を有していたり，高齢者においてはフレイルに関する危険因子を有していても，おおむね自立した日常生活を営んでいるものを中心として構成されている集団は含むものとした。

設定指標は，食事摂取基準として，エネルギーについては1種類，栄養素については5種類である。エネルギー：エネルギーの不足のリスクおよび過剰のリスクの両者が最も小さくなる摂取量として「推定エネルギー必要量」を設定。栄養素：健康の維持・増進と欠乏症予防のために，「推定平均必要量」と「推奨量」の2つの値を設定。この2指標を設定できない栄養素については，「目安量」を設定。また，生活習慣病の一次予防をもっぱら目的として食事摂取基準を設定する必要のある栄養素については，「目標量」を設定。過剰摂取による健康障害を未然に防ぐことを目的として「耐容上限量」を設定。

食事バランスガイド 図97

しょくじばらんすがいど

2005（平成17）年6月に農林水産省と厚生労働省が，食生活指針を具体的な行動に結びつけるものとして，1日に「何を」，「どれだけ」食べたらよいかをコマの形と料理のイラストでわかりやすく示したもの。コマは「主食，副菜，主菜，牛乳・乳製品，果物」の5つのグループに分けられ，それぞれ目安となる料理やその分量が示されている。

✎食生活指針 p.262

触手話

しょくしゅわ

盲ろう者とのコミュニケーションの方法の一つで，聴覚障害者が用いる手話を基本的に使用する。盲ろう者が両手で相手の両手の手指や手に直接触れて，その形や動き，位置関係を読み取って（触読ともいう）相手の手話を理解する方法。

表33 身体活動レベル別にみた活動内容と活動時間の代表例

	低い（Ⅰ）	ふつう（Ⅱ）	高い（Ⅲ）
身体活動レベル[1]	1.50 （1.40～1.60）	1.75 （1.60～1.90）	2.00 （1.90～2.20）
日常生活の内容[2]	生活の大部分が座位で，静的な活動が中心の場合	座位中心の仕事だが，職場内での移動や立位での作業・接客等，通勤・買物での歩行，家事，軽いスポーツ，のいずれかを含む場合	移動や立位の多い仕事への従事者，あるいは，スポーツ等余暇における活発な運動習慣をもっている場合
中程度の強度（3.0～5.9メッツ）の身体活動の1日当たりの合計時間（時間/日）[3]	1.65	2.06	2.53
仕事での1日当たりの合計歩行時間（時間/日）[3]	0.25	0.54	1.00

1 代表値。（ ）内はおよその範囲。
2 Black, *et al.*, Ishikawa-Takata, *et al.* を参考に，身体活動レベル（PAL）に及ぼす仕事時間中の労作の影響が大きいことを考慮して作成。
3 Ishikawa-Takata, *et al.* による。
資料：厚生労働省「日本人の食事摂取基準」（2020年版），一部改変

食事療法
しょくじりょうほう

　食事によって疾患の進行を阻止し，回復，再発防止など，治療の基礎的な役割を担うもの。治療効果が認められている食事療法は，疾病管理上重要視されている。肥満症，糖尿病などの代謝性疾患，循環器疾患，腎疾患，肝・胆・膵疾患，消化器や血液疾患など多くの疾患が食事療法の対象になり，その治療効果があることが認められている。食事療法については，対象者の必要な情報を把握し，得られた情報に基づいて食生活の問題点を把握し，医師の治療方針をよく理解した上で実施する。対象者の疾患の程度や経過，臨床検査値などをもとに食事作りをするが，食事療法は長期にわたることが多く，疾患によっては一生涯続けなければならないこともあるので，嗜好なども取り入れて，習慣化できるように配慮する。

食生活指針　表34
しょくせいかつししん

　2000（平成12）年に厚生省（現・厚生労働省），農林水産省，文部省（現・文部科学省）の共同で策定された指針。国民の健康の増進，生活の質の向上，食料の安定供給の確保を図るために，3省が連携して，国民への理解と実践を推進していくものである。指針は10項目からなり，さらに実践のための小項目が示されている。また，2005（平成17）年には「食生活指針」を具体的に行動に結びつけるものとして，「食事バランスガイド」が農林水産省と厚生労働省より発表された。

✎食事バランスガイド p.261

褥　瘡　図98
じょくそう

decubitus

　長時間の圧迫による血液循環の低下によって皮膚に生じた瘡のこと。床ずれともいう。特に寝たきりの状態にある者に注意が必要で，また，車いすを使用する場合に生じることもある。寝たきりの状態の場合，後頭部，肩甲骨部，仙骨部，踵骨部など，体重がかかり，組織が骨と床面に圧迫される部位に生じやすい。圧迫が同じ場所にかからないように，定期的に体位変換を行い，無圧布団，栄養管理，皮膚の清潔などによる予防が必要となる。自重によるもののほか，医療関連機器の圧迫（血管留置カテーテルの接続部，ギプス，シーネなど）でも生じることがあり，医療関連機器圧迫創傷（MDRPU）という。

✎廃用症候群 p.415

食中毒　図99
しょくちゅうどく

　飲食物そのものおよび器具・容器・包装を介して人の体内に侵入した食中毒原因菌や有毒・有害な化学物質などによって起こる健康障害と定義されている。症状としては急性の胃腸炎症状が多い。しかし，同様の症状がみられるコレラ，赤痢，腸チフスは経口伝染病として食中毒とは区別される。

図97　食事バランスガイド

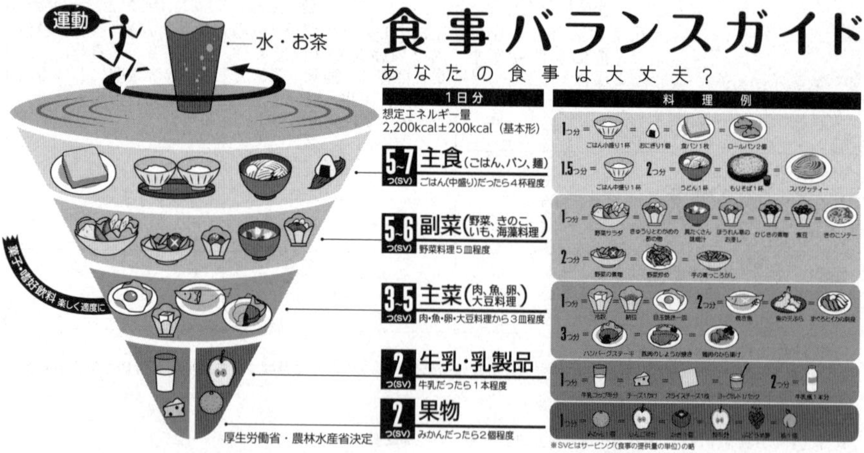

食中毒には細菌性，ウイルス性，化学性，自然毒によるものがある。細菌性食中毒はさらに食品中で増殖した菌による感染型，菌が産生した毒素による毒素型に分類される。ウイルス性食中毒はノロウイルス，ロタウイルスなどによる。食中毒全体をみたとき，ノロウイルスによる事件数，患者数が最も多い。自然毒による食中毒は，毒キノコは植物性自然毒，フグは動物性自然毒によるもので，これらが代表的なものである。化学性食中毒はメチルアルコール，有機塩素，有機リンなどの化合物，水銀，ヒ素，カドミウムなどの重金属による中毒を指す。

✎コレラ p.170，自然毒 p.193，赤痢 p.311，ノロウイルス p.409

食中毒の原因菌 表35

しょくちゅうどくのげんいんきん

細菌性食中毒には，感染型と毒素型の 2 種類があり，前者の代表的な細菌としては，腸炎ビブリオ，サルモネラ，カンピロバクター，ウエルシュ菌，エルシニア菌，セレウス菌などが，後者の代表的な細菌としては，黄色ブドウ球菌，ボツリヌス菌などが挙げられる。感染型とは，食品と一緒に摂取した細菌が体内で増殖したり，またはすでに菌が増殖して付着している食品を摂取したとき，その菌が腸管粘膜へ作用して発症するタイプである。毒素型とは，食品中で菌が増殖するときに産生した毒素が，体内に食品とともに入り発症するタイプである。この 2 タイプは完全に分かれているというものでもなく，大腸菌感染症では，腸管病原性大腸菌は感染型，また毒素原性大腸菌は毒素型である。

✎ウエルシュ菌 p.34，黄色ブドウ球菌 p.48，カンピロバクター p.90，サルモネラ菌 p.179，腸炎ビブリオ p.352，ボツリヌス菌 p.467

食道機能障害

しょくどうきのうしょうがい

食道に腫瘍や炎症による狭窄などの病気がないにもかかわらず，食事の運搬がうまく機能しなくなること。先天性食道閉鎖症や食道アカラシアといった疾患がある。身体障害者手帳には食道機能障害の項目はなく，身体障害者手帳は交付されない。

食道静脈瘤

しょくどうじょうみゃくりゅう

esophageal varix

肝硬変では，肝臓が硬くなり，腸管から門脈を

表 34 食生活指針

食事を楽しみましょう。
1 日の食事のリズムから，健やかな生活リズムを。
適度な運動とバランスのよい食事で，適正体重の維持を。
主食，主菜，副菜を基本に，食事のバランスを。
ごはんなどの穀類をしっかりと。
野菜・果物，牛乳・乳製品，豆類，魚なども組み合わせて。
食塩は控えめに，脂肪は質と量を考えて。
日本の食文化や地域の産物を活かし，郷土の味の継承を。
食料資源を大切に，無駄や廃棄の少ない食生活を。
「食」に関する理解を深め，食生活を見直してみましょう。

資料：厚生省，農林水産省，文部省（2016 年一部改正）

図 98 褥瘡の好発部位

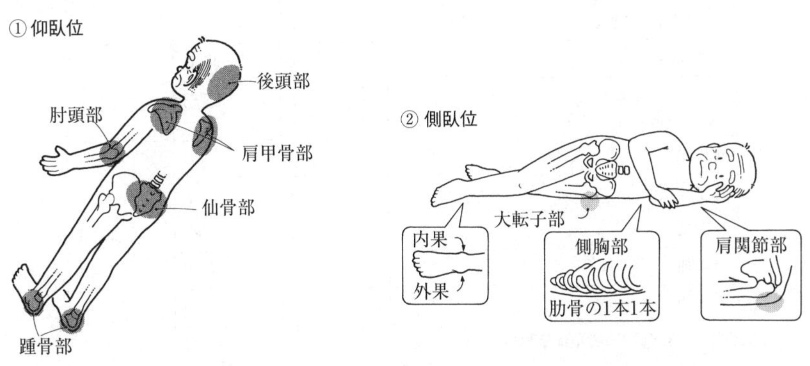

図 99　食中毒の分類

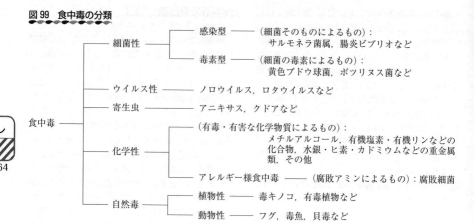

- 食中毒
  - 細菌性
    - 感染型 ——（細菌そのものによるもの）：サルモネラ菌属，腸炎ビブリオなど
    - 毒素型 ——（細菌の毒素によるもの）：黄色ブドウ球菌，ボツリヌス菌など
  - ウイルス性 —— ノロウイルス，ロタウイルスなど
  - 寄生虫 —— アニキサス，クドアなど
  - 化学性
    - （有毒・有害な化学物質によるもの）：メチルアルコール，有機塩素・有機リンなどの化合物，水銀・ヒ素・カドミウムなどの重金属類，その他
    - アレルギー様食中毒 ——（腐敗アミンによるもの）：腐敗細菌
  - 自然毒
    - 植物性 —— 毒キノコ，有毒植物など
    - 動物性 —— フグ，毒魚，貝毒など

表 35　病因物質別の食中毒事件・患者・死者数

令和 3 年（'21）

病因物質	総数		
	事件数	患者数	死者数
総　数	717	11,080	2
細　菌	230	5,638	1
サルモネラ属菌	8	318	1
ぶどう球菌	18	285	–
ボツリヌス菌	1	4	–
腸炎ビブリオ	–	–	–
腸管出血性大腸菌（VT 産生）	9	42	–
その他の病原大腸菌	5	2,258	–
ウエルシュ菌	30	1,916	–
セレウス菌	5	51	–
エルシニア・エンテロコリチカ	–	–	–
カンピロバクター・ジェジュニ／コリ	154	764	–
ナグビブリオ	–	–	–
コレラ菌	–	–	–
赤痢菌	–	–	–
チフス菌	–	–	–
パラチフス A 菌	–	–	–
その他の細菌	–	–	–
ウイルス	72	4,733	–
ノロウイルス	72	4,733	–
その他のウイルス	–	–	–
寄生虫	348	368	–
化学物質	9	98	–
自然毒	45	88	1
その他	1	5	–
不　明	12	150	–

資料：厚生労働省「食中毒発生状況」

介しての肝臓への血液の流れが妨げられる。そのため，門脈の血液は食道周囲の静脈とバイパスを形成し，そこから心臓に戻ることになる。これを側副血行路といい，食道，胃上部の静脈瘤として認められる。食道静脈瘤の破裂は，大量の吐血を生じ，しばしば肝硬変での死因となる。

✎肝硬変 p.83

職場適応援助者

しょくばてきおうえんじょしゃ

ジョブコーチともいう。障害者の雇用の促進等に関する法律第 20 条第 3 号に，身体障害者，知的障害者，精神障害者等が職場に適応することを容易にするための援助を行う者，と規定されている。2005（平成 17）年 10 月 1 日の同法改正によって，障害者雇用納付金制度において職場適応援助者助成金が創設された。同助成金の支給を受けて，①身近な地域において就労支援移行機能を果たす福祉施設などが，そのノウハウを活かして地域においてより効果的な職場適応援助を行うこと，②障害者を雇用する事業主が，当該企業の業務内容を熟知している職場適応援助者を自ら配置し，当該企業内で効果的に職場適応援助を行うこと，が可能となった。

食品安全基本法

しょくひんあんぜんきほんほう

平成 15 年施行，法律第 48 号。2001（平成 13）年以降に発生した BSE（牛海綿状脳症）事件，牛乳による大量食中毒事件，無許可の食品添加物の大量使用事件，さらに相次ぐ原産地偽装表示事件など，食品の安全性を揺るがす事件の続発を受けて，従来の食品行政の省庁間役割分担を見直す機運が高まった。安全性評価と施策管理が省庁ごとに一体的に実施されていた仕組みを変えて，食品のリスク評価（健康影響評価）とリスク管理（健康安全施策）を分離させ，新たに科学的知見に基づく公正・公平な独立した機関として食品安全委員会の設置を規定した。同委員会はリスク評価を専門に担い，その結果をもとに厚生労働省や農林水産省などがリスク管理を推進させるシステムが同法により確立された。

食品衛生法

しょくひんえいせいほう

昭和 22 年制定，法律第 233 号。食品の安全性確保へ向け，1947（昭和 22）年に施行され，厚生労働省がこれまで度重なる法改正に取り組んできた。公衆衛生の見地から事業者規制や行政措置がとられ，飲食に起因する衛生上の危害の発生を防止している。そのことを通して国民の健康の保護を図ることを目的にしている。同法では，食品，添加物，器具，容器包装などについて規格基準を定め，適正化へ向けた規制措置を導入している。国・都道府県・保健所の責務や食品事業者の責務なども盛り込み，食品衛生上の危害発生防止へ向けて「無害の確証のない食品等の販売の禁止」「人の健康を損なうおそれのある食品や食品添加物」などの「販売・製造・輸入等の禁止」を一定の手続きの上執行することができる規定も定めている。2015（平成 27）年 4 月に食品表示法が施行され，従来，食品衛生法で規定されていた添加物表示やアレルギー成分表示，期限表示，遺伝子組換え表示などの表示規定分野については，食品表示法に移管・一元化された。

✎食品添加物 p.265，食品表示法 p.266

食品群

しょくひんぐん

食品を，類似した栄養素ごとにいくつかの群に分類したもの。必要な栄養量を充足させるために食品群ごとの給与目安量を定めたものを食品構成という。食品群の分類は栄養指導に用いるエネルギー源，たんぱく質源，ビタミン・無機質源の 3 群分類と，エネルギー源をさらに糖質源と脂質源の 2 つに分けた 4 群分類，また厚生労働省が推薦する 6 群分類（六つの基礎食品）などがある。食品構成では通常 13 ～ 15 群に分類することが多い。各施設で給与しなければならない給与栄養量を満たした献立を作成するには，どの食品をどのくらい使用したらよいかの目安量が示されていると作業しやすいので，集団給食施設では施設ごとに，食品構成を作成している。

✎三色食品群 p.180，六つの基礎食品 p.477

食品成分表

しょくひんせいぶんひょう

▶日本食品標準成分表 p.392

食品添加物

しょくひんてんかぶつ

食品添加物は食品の品質を保持したり，味や香りを良くしたり，製造・加工段階などで使用されたりするものがある。用途によって「甘味料」「着色料」「保存料」「増粘剤」「酸化防止剤」「防かび剤」「香料」「酸味料」「調味料」「乳化剤」「膨張剤」などがある。栄養強化を目的とする添加物には「ビタミン類」「ミネラル」「アミノ酸類」などが指定されている。これら食品添加物を種類や品目数で分類すると大きくは4種類。①食品衛生法に基づき厚生労働大臣が指定する「指定添加物」（約470品目），②すでに日本で広く使用され長い食経験がある「既存添加物」（約360品目），③一般に飲食されているもので添加物として使用されている「一般飲食物添加物」（約100品目），そして④動植物から得られる天然物質で食品に香りを付ける目的で使用される「天然香料」（約600品目）。合計すると約1,500品目の添加物が日本で使用されている。安全性については食品安全委員会が「リスク評価」を実施し，各種毒性試験に基づき「ADI」（acceptable daily intake：一日摂取許容量）を設定している。

✎食品衛生法 p.265

食品の保存方法

しょくひんのほぞんほうほう

食品を保存する際に大事なことは，食品の変質を防止することである。食品の変質には，微生物，酵素，成分間反応，光，酸素，水など様々な要因がある。特に微生物の影響が大きく，微生物汚染を最小限にすることが変質防止の基本となる。微生物対策を行うことで，その他の要因による変質も同時に防ぐことが可能となる場合が多い。食品の保存法には，以下のものがある。

物理的方法：①冷蔵，冷凍，加熱（温度により微生物の成育・増殖を抑制），②脱水，乾燥（水分を除去することにより水分活性を低下），③紫外線，放射線（電磁波を利用し殺菌）。

化学的方法：①塩蔵，糖蔵（塩，糖などを加えることで水分活性を低下），②酢漬け，灰を用いる（酸，塩基などを用い，pHを調整），③食品添加物（殺菌剤；殺菌力のある物質を利用，保存料・酸化防止剤・防カビ剤；保存を促進させる物質を利用），④ガス充塡（窒素，二酸化炭素；包装容器中の空気組成を変化）。

その他の方法：①くん煙（煙中の化学物質により殺菌，酸化防止），②真空包装（脱気により微生物の成育・増殖を抑制，酸化防止）など。

✎塩蔵 p.46，食品添加物 p.265，酢漬け p.294，糖蔵 p.369，保存料 p.467

食品表示法

しょくひんひょうじほう

平成27年施行，法律第70号。「食品表示の一元化」と「機能性表示食品制度の導入」の2つの制度改革を盛り込んでいる。食品衛生法，JAS法（農林物資の規格化等に関する法律），健康増進法の三法で規定していた58本の表示基準を一元化し，新たな「食品表示基準」によって具体的表示内容を定めている。国は基準違反の事業者には指示・命令処分を下し，安全性等に関連して緊急性があるときは，回収や業務停止命令を下すことなどを明記している。同法第3条の「法律の基本理念」で「消費者の権利の尊重と自立の支援を図る」と明記。消費者基本法で規定された「消費者の安全の権利」「選択の権利」「知る権利」などの「消費者の権利」を尊重することを明らかにしている。食品表示に疑義がある場合は何人(なんびと)も申し出ることができるとする「申出制度」を導入。政府が認定する適格消費者団体には表示の「差止請求権」を付与した点なども特徴。同法で規定する加工食品の原料原産地表示，遺伝子組換え食品表示，食品添加物表示などに関する新表示は2022（令和4）年4月から順次導入される。ただし，機能性表示食品制度については2015（平成27）年から導入されている。

食品分類法

しょくひんぶんるいほう

健康を維持するために，栄養バランスの良い食生活を実践するための基礎資料となるもの。食品をどのように組み合わせて摂ればよいか示すため，食品群に分類している。3群，4群，6群，10群などの分類法があり，利用する対象と目的に応じて使い分ける。例えば，幼児や学童期（低年齢）の子ども，また，栄養・食品にあまり関心のない人などには，赤・黄・緑の3群分類法で指導すると分かりやすい。6群分類法は，「六つの基礎食品」といわれ，一般的に広く使われている。

✎三色食品群 p.180，六つの基礎食品 p.477

植物性脂肪

しょくぶつせいしぼう

大豆，米ぬか，種実類など多くの植物性食品に含まれる脂肪のこと。脂肪を構成する脂肪酸が不飽和脂肪酸を多く含むので常温で液状である（ヤシ油は除く）。不飽和脂肪酸はオレイン酸，リノール酸，EPA（エイコサペンタエン酸）などで，これらのうち，リノール酸，α-リノレン酸，アラキドン酸は人間の成長に欠かすことができないが，体内で合成できないので食物として摂取する必要があり，必須（不可欠）脂肪酸といわれる。これが欠乏すると成長停止，皮膚炎，腎臓障害などを起こす。必須脂肪酸は細胞膜や血清中のリポたんぱく質の構成成分であり，生体内での代謝機能を正常に保つために欠かすことはできない。また，血清のコレステロール濃度を低下させる働きがあるので，動脈硬化の予防・治療に植物油を摂取することが勧められている。不飽和脂肪酸は酸化されやすく，過酸化物ができる。保存方法が悪い状態で長期間貯蔵されたポテトチップス，インスタントラーメンなどは注意が必要である。

✎EPA p.14，動物性脂肪 p.371，不飽和脂肪酸 p.447，リノール酸 p.499，リノレン酸 p.499

食物アレルギー

しょくもつあれるぎー

摂取した食物が原因となって免疫学的機序を介して様々な症状が起こること。原因食物の体内への侵入経路は大きく経口，経皮，吸入や注射などに分けられ，いずれの経路で症状が起きても食物アレルギーとされる。我が国の即時型食物アレルギーは，鶏卵，牛乳，小麦が三大主要原因食品で，以下，甲殻類，果物類，そば，魚類がそれに続く。症状としては，皮膚症状（じんましん，紅斑など）が極めて多く，また呼吸器症状やショック症状など，生命を危機的な状況に陥らせることも少なくない。複数の臓器に全身性にアレルギー症状が惹起され，生命に危機を与え得る過敏性反応をアナフィラキシーと呼び，これに血圧低下や意識障害を伴う場合をアナフィラキシーショックと呼ぶ。食物アレルギーの治療は原因療法として食事療法，出現した症状に対して対症療法を行う。食事療法とは，正しい原因アレルゲンの診断とその必要最小限の除去食である。

✎食事療法 p.262

食物繊維

しょくもつせんい

人の消化酵素で消化されない難消化性成分の総体。食物繊維は，不溶性と水溶性に大別される。不溶性食物繊維は水に溶けず，水分を吸収して膨れる。セルロース，ヘミセルロース（植物性），キチン，キトサン（動物性）などがある。機能として，①満腹感が得られるため肥満を防止する，②腸の蠕動を活発化し，整腸作用がある，③血中コレステロールの低下などがある。水溶性食物繊維にはドロドロ型（ペクチン，グアガム，グルコマンナンなど）とサラサラ型（低分子アルギン酸，低分子グアガム，ポリデキストロースなど）がある。機能として，①エネルギー源となる栄養素の消化・吸収をわずかに阻害する，②唾液・胃液の分泌を促進し，満腹感を得る，③胃・小腸の通過時間を遅延し，糖・脂肪の吸収を遅らせる，④血中インスリン・グルコース・中性脂肪の上昇を抑制する，などがあり，肥満や糖尿病の予防に効果がある。

食欲不振

しょくよくふしん

anorexia

食欲が低下する状態。消化管の機能の問題（便秘，下痢など），器質的な問題（癌などによる通過障害），心因性（うつ病など），薬剤性（抗がん剤による副作用）など原因は多岐にわたる。

食料自給率 図100

しょくりょうじきゅうりつ

国内の食料消費について，国産でどの程度賄えているかを示す指標である。示し方としては，品目別自給率（重量ベース），総合食料自給率（カロリーベース，生産額ベース）の2つに分類される。通常，食料自給率として使用されているものは，カロリーベースの食料自給率（供給熱量総合食料自給率）である。これは，食料が生命と健康の維持に不可欠であり，最も基礎的で重要な物質であるため，エネルギーが国産でどのくらい確保できているかに着目している。2021（令和3）年度の日本のカロリーベースの食料自給率は，38%である。

食料・農業・農村基本法

しょくりょうのうぎょうのうそんきほんほう

平成11年制定，法律第106号。21世紀における食料・農業・農村に関する施策の基本方針を示したものである。同法の中で政府は基本法が掲げる食料の安定供給の確保，多面的機能の発揮，農業の持続的発展および農村の振興という4つの基本理念や施策の基本方向を具体化し，それを的確に実施していくために食料・農業・農村基本計画を定めることが規定されている。なお，基本計画は食料・農業・農村をめぐる情勢の変化や施策の効果に関する評価を踏まえて5年ごとに見直しが図られることになっている。同法成立後，2000（平成12）年に最初の基本計画が決定し，その後，2005（平成17）年，2010（平成22）年，2015（平成27）年，そして2020（令和2）年に基本計画が変更されている。

助産師

じょさんし

保健師助産師看護師法に基づく国家資格。助産または妊婦，褥婦もしくは新生児の保健指導を行うことを業とする女子のこと。助産師になろうとする者は，助産師国家試験および看護師国家試験に合格し厚生労働大臣の免許を受けなければならない。

助産施設

じょさんしせつ

児童福祉法第 36 条に規定される児童福祉施設の一つ。保健上必要があるにもかかわらず，経済的理由によって，入院助産を受けることができない妊産婦が，入院助産を受けられるようにする施設。医療法の病院である第一種助産施設と，医療法の助産所である第二種助産施設の 2 種類がある。同施設を経営する事業は，社会福祉法における第二種社会福祉事業とされている。

叙述記録

じょじゅつきろく

ソーシャルワークの記録の文体には叙述体と説明体があり，叙述体で書かれた記録が叙述記録である。叙述記録は，時間の経過に沿って，記録者の主観的な解釈を加えずに，客観的な事実（起こった出来事）だけを記述するものである。説明体は客観的事実に加え，対象者の発言に対する記録者の解釈などを説明するものである。

記録 p.110

女性労働の変化 図 101

じょせいろうどうのへんか

女性労働は時代によってこれまでかなり変化してきた。日本では第二次世界大戦後から高度経済成長期が始まる 1950 年代半ばごろまで，女性は自営業者・家族従業者が多く，専業主婦は都市のホワイトカラー層の配偶者など一部に限られていた。高度経済成長期に産業構造が第一次産業から第二次産業中心に変化すると，男性は雇用者で女性は専業主婦といった性別役割分業が確立していった（なお，女性に専業主婦が最も多かったのは 1975(昭和 50) 年の時点である)。1973(昭和 48) 年のオイルショックにより高度経済成長期は終わりを迎えるが，そのころから産業構造は第二次産業から第三次産業中心へと転換していった。これが女性に就業機会をもたらし，働く女性が増加した。だが，その多くはパートタイマーなど非正規労働者である。このため，あくまでも主たる稼ぎ手は男性であるという点で性別役割分業は変化していないと指摘される。

また，女性労働にはもう一つの特徴がある。女性は学卒後いったん就職するが，結婚や出産を機会に仕事を辞めて専業主婦となり，子育てが一段落すると再び働き出すという人が多い。そのため，女子の労働力率を年齢階級別にみるとアルファベットの M の字のような曲線を描くことから「M 字型就労」と呼ばれている。これも，女

図 100　世界の食料自給率

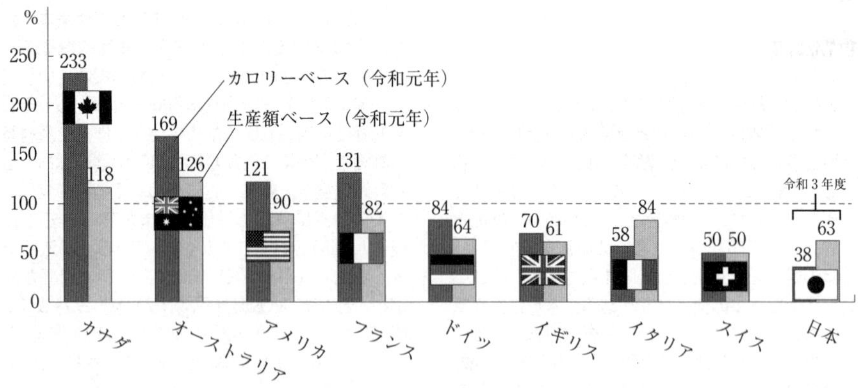

資料：農林水産省「食料需給表」，FAO “Food Balance Sheets” 等を基に農林水産省で試算。(アルコール類等は含まない)

注 1：数値は暦年（日本のみ年度)。スイス（カロリーベース）およびイギリス（生産額ベース）については，各政府の公表値を掲載。

注 2：畜産物および加工品については，輸入飼料および輸入原料を考慮して計算。

性が育児役割を担うとする性別役割分業の影響と考えられる。近年，M字の底が浅くなってきており，2020（令和2）年は25～29歳が85.9%，30～34歳が77.8%と上昇している。既婚女性の労働率が上昇していることから，M字型から欧米の台形型に近づきつつあると指摘されている。

ショック

shock

急性に生じる血液循環不全状態をいう。大量出血，心筋梗塞，不整脈，敗血症などが原因となる。顔面は蒼白となり，血圧は低下し，脈拍数は増加する。重篤であり，放置すると死亡することもある。なお，日常会話での「ショックを受けた」とは意味が異なるので注意する。

所得再分配

しょとくさいぶんぱい

社会保障の機能の一つ。最初に賃金や配当として人々に分配された所得（当初所得）の一部を，政府が税や社会保険料として徴収することによって社会保障の財源を確保できることから，社会保障は所得再分配の機能をもつといわれる。政府が税制や社会保障制度を通して所得の再分配を行うことにより，著しい経済的不平等の是正および低所得者や貧困者の生活保障を行うことが可能になる。

所得保障

しょとくほしょう

社会保障の中心的機能の一つ。事前的に機能するか，事後的に機能するかを問わず，所得の喪失や減少などに対して，一定の生活水準の確保のための保障を行うものである。社会保険・社会手当・公的扶助といった様々な仕組みを通じて行われており，通常現金給付の形をとる。

ジョハリの窓 図102

じょはりのまど

Johari Window

自分についての認識や，他者との関係を4つの領域に分けてとらえなおし，自己分析を促すツールのこと。自分にも他人にも明白になっている部分は開放の窓と呼び，自分では分かっているが他人からは知られていない部分は秘密の窓，自分では分かっていないが他人から知られている部分は盲点の窓，自分自身も他人も分かっていない部分は未知の窓と分けられる。他者とのコミュニケーションを通して，自分では気づいていなかった癖や長所に気づくきっかけとすることや，人間関係を円滑にするために，グループ内で相手に対してどう思っているかを伝えることができる。

ジョブコーチ

job coach

▶職場適応援助者 p.265

図101 女性年齢階級別労働力率の推移

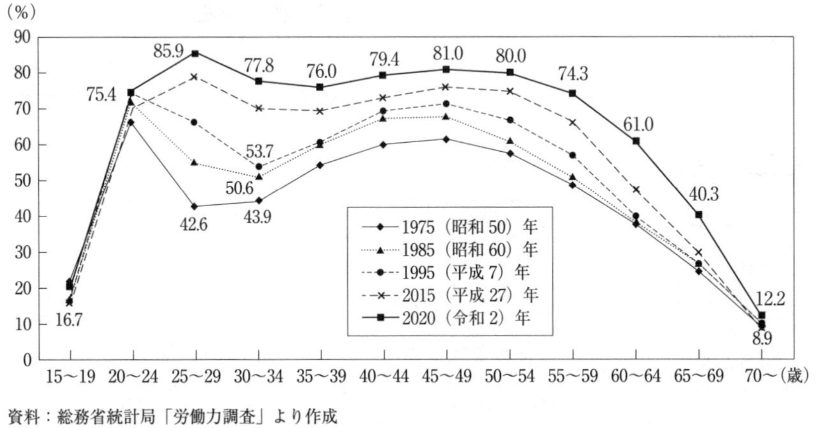

資料：総務省統計局「労働力調査」より作成

初老期うつ病
しょろうきうつびょう

40歳以上65歳未満で発病するうつ病のこと。それ以前の年齢で発病したうつ病と区別される。退行期うつ病ともいう。焦燥感，不安感が強いのが特徴ともいわれるが，これは日本人のうつ病の特徴でもある。若年性のうつ病に比べ，治りやすく再発しにくいといわれている。

✎うつ病 p.35

自　立
じりつ

自立の概念は多様であり，妥当性を有する統一した見解を導き出すことは難しいが，社会福祉で自立という用語が用いられる場合，それは経済的な自立が重視される傾向にあった。しかし，自立生活運動にみられるように，自らの意思で選択していくことができることを自立ととらえ，選択と責任という観点から自立が考察されるようになってからは，自立に与えられる意味は，広がりをもち始め，多様な意味を擁するようになる。一方で，社会環境により引き起こされた問題を個人が背負ってしまった場合，個の責任が強調される危険もあり，今後，丁寧な吟味が課題となる。

✎自立生活運動 p.272

自立訓練（機能訓練）
じりつくんれん（きのうくんれん）

障害者総合支援法第５条第12項に規定される訓練等給付の一つ。地域生活を営む上で，身体機能・生活能力の向上のため，一定の支援が必要となる身体障害者を対象とする。標準期間内の18か月内で理学療法や作業量等の身体的リハビリテーション，日常生活上の相談支援等を実施する。

✎自立支援給付 p.270

自立訓練（生活訓練）
じりつくんれん（せいかつくんれん）

障害者総合支援法第５条第12項に規定される訓練等給付の一つ。地域生活を営む上で，生活能力の向上のため，一定の支援が必要となる知的障害者・精神障害者を対象とする。標準期間内の24か月内で食事や家事等の日常生活能力向上のための支援，日常生活上の相談支援等を実施する。

✎自立支援給付 p.270

自立支援
じりつしえん

介護における自立とは，必要な介助を受け入れ，自己選択・自己決定に基づき自分の役割を果たして社会参加をすることであり，その実現のためにマンパワーや社会資源の提供を行うことをいう。また生活環境の整備としてのバリアフリーの促進やユニバーサルデザインの導入も含まれる。

✎バリアフリー p.422，ユニバーサルデザイン p.486

自立支援医療
じりつしえんいりょう

障害者総合支援法第５条第24項に規定される自立支援給付の一つ。障害者等につき，その心身の障害の状態の軽減を図り，自立した日常生活又は社会生活を営むために必要な医療であって政令で定めるもの。更生医療，育成医療，精神通院医療にかかるサービス費が支給される（原則１割負担）。

✎育成医療 p.17，更生医療 p.140，自立支援給付 p.270，精神通院医療 p.306

自立支援給付 図103
じりつしえんきゅうふ

障害者総合支援法第６条に規定される給付。介護給付費，特例介護給付費，訓練等給付費，特

図102　ジョハリの窓

	自分は知っている	自分は知らない
他人は知っている	開放の窓 自分にも他人にも明白になっている部分	盲点の窓 自分では分かっていないが，他人から知られている部分
他人は知らない	秘密の窓 自分では分かっているが，他人からは知られていない部分	未知の窓 自分自身も他人も分かっていない部分

例訓練等給付費，特定障害者特別給付費，特例特定障害者特別給付費，地域相談支援給付費，特例地域相談支援給付費，計画相談支援給付費，特例計画相談支援給付費，自立支援医療費，療養介護医療費，基準該当療養介護医療費，補装具費及び高額障害福祉サービス等給付費の総称。

自立支援プログラム

じりつしえんぷろぐらむ

社会保障審議会福祉部会生活保護の在り方に関する専門委員会（2003（平成 15）年から開催）で自立支援プログラムを策定し支援を実施するべきであるとの報告書が 2004（平成 16）年にまとめられた。厚生労働省は 2005（平成 17）年度から自立支援プログラムの導入を推進し，国がその基本方針を定め，地方自治体がそれに基づき自立支援プログラムを策定し実施していくこととした。自立支援プログラムとは，実施機関が管内の生活保護受給世帯全体の状況を把握した上で，その状況や自立阻害要因について類型化を図り，取り組むべき具体的内容及び実施手順等を定め，これに基づき個々に必要な支援を組織的に実施するものである。なお，克服すべき課題は多岐にわたるものと考えられ，自立支援プログラムは，就労による「経済的（就労）自立」のみならず，「日常生活自立」（身体や精神の健康を回復・維持し，自分で生活管理を行うなど日常生活において自立した生活を送ること）および「社会生活自立」（社会的なつながりを回復・維持し，地域社会の一員として充実した生活を送ること）を目指すプログラムについても幅広く用意し，多様な課題に対応できるようにする必要があるとしている。

図 103　障害者総合支援法等における給付・事業

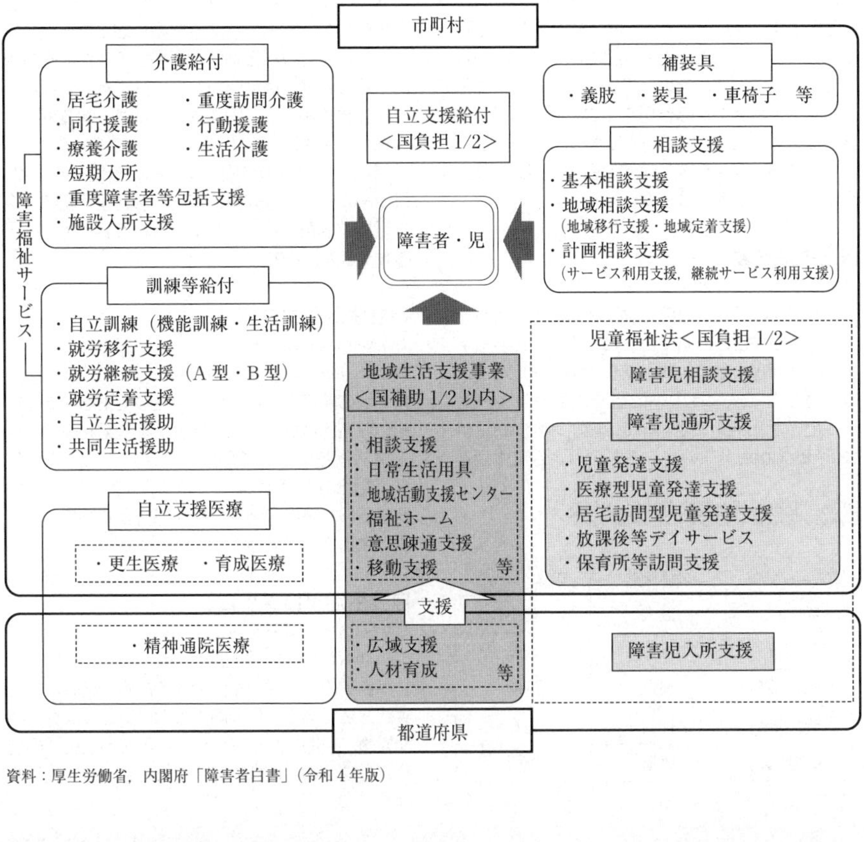

資料：厚生労働省，内閣府「障害者白書」（令和 4 年版）

自律神経 表36

じりつしんけい

交感神経と副交感神経に分けられる。循環，消化，発汗，体温調節，代謝などの機能をコントロールし，ホルモンによる調節機構である内分泌系と協調しながらホメオスタシスの維持を行っている。自律神経は意志の支配を受けない自律性支配（不随意）であり，交感神経はアドレナリン，副交感神経はアセチルコリンにより刺激が伝達され，両者は反対の機能を有する。多くの器官は交感神経と副交感神経により二重に支配されている。交感神経は激しい運動が予期されるときに，副交感神経は休息時に優位となる。

✎交感神経 p.135，副交感神経 p.438，ホメオスタシス p.468

自律神経失調症

じりつしんけいしっちょうしょう

dysautonomia

自律神経は，交感神経と副交感神経に分けられる。交感神経は，活動したり運動したりする際に活動が高まり，脈拍の増加，心臓収縮力の増加，血圧の上昇，瞳孔の散大，末梢血管の収縮，発汗，気管支の拡張，腸管運動の低下などをもたらす。副交感神経は，休息を取っているときに活動が高まり，交感神経と逆の作用をもつ。このような調整がうまくいかない状態を自律神経失調症という。倦怠感，食欲不振，心悸亢進，肩こり，不眠，便秘，下痢など症状は様々。

自立生活運動

じりつせいかつうんどう

1972年，アメリカのカリフォルニア大学バークレー校の障害のある学生であるエド・ロバートが，同じ障害のある仲間と話し合い，家族や友人の協力も得て，地域の中に自立生活センターを作ったのが出発点である。IL運動（movement of independent living）ともいう。自立生活運動で強調された考えは，「障害者の自己決定権と選択権が最大限に尊重されていれば自立はあり得る」という障害者の自立観であり，この考えが世界中の障害者の自立観を大きく変化させることになる。

表36 交感神経と副交感神経の比較

	交感神経	副交感神経
瞳　孔	散大	縮小
気管支	拡張	収縮
心臓の拍動	促進	抑制
腸管の運動	抑制	促進
末梢血管	収縮	拡張

自立生活援助

じりつせいかつえんじょ

障害者総合支援法第5条第16項に規定される。施設入所支援または共同生活援助を受けていた障害者が，居宅における自立した日常生活を営む上での各般の問題について，一定の期間（標準利用期間1年）にわたり，定期的な巡回訪問または随時通報を受け，当該障害者からの相談に応じ，必要な情報の提供および助言を行うこと。

自立生活支援・重度化防止のための見守り的援助

じりつせいかつしえんじゅうどかぼうしのためのみまもりてきえんじょ

介護保険法の訪問介護において，利用者の自立支援やADL・IADL・QOL向上の観点から安全を確保しつつ，常に介助できる状態で見守りを行うこと。見守り的援助は，利用者の身体に直接触れて行う介助ではないが，身体介護として算定される。具体例として①移乗，②排泄，③食事・水分補給，④入浴・更衣，⑤移動，⑥就寝，⑦服薬，⑧掃除，⑨ゴミの分別，⑩食品の管理，⑪洗濯，⑫シーツ交換，⑬衣類の整理，⑭調理・配膳・後片付け，⑮買い物などが挙げられる。

✎訪問看護 p.459

自立生活センター

じりつせいかつせんたー

CIL；center for independent living

地域の障害者すべてに，自立した生活を送るための総合的なサービスを提供する非営利組織。自立生活運動によって形成され運営されるようになった自立生活センター（CIL）の実施方式は，運営委員や事業実施責任者が障害者であり，当事者による実践である。

自立生活プログラム

じりつせいかつぷろぐらむ

ILP；independent living program

障害者の自立生活を実現するために構想された実践方法であり，仲間同士のカウンセリング，権利擁護，自助，バリアフリーなどを自立生活の規範としている。これを実践するため，自立生活センターが形成されている。
✎自立生活センター p.272

自立相談支援事業

じりつそうだんしえんじぎょう

生活困窮者自立支援法における，生活困窮者支援のための事業の一つ。福祉事務所設置自治体において実施され，未設置自治体でも一次的な相談に応じて都道府県等の自立相談支援機関につなぐ事業を行うことができる。生活困窮者の相談に応じ，アセスメントを実施して就労状況，心身の状況，地域からの孤立といった個々人の状態にあった包括的な自立支援計画を作成し，必要な支援の提供につなげると共に，関係機関への同行訪問や就労支援員による就労支援等，関係機関とのネットワークづくりと地域に不足する社会資源の開発等に取り組むものである。この自立相談支援事業の対象となる生活困窮者について収入等の要件は設けられておらず，できるだけ幅広く対応することが目指され，自立相談支援機関からの訪問支援などのアウトリーチも重視されている。
✎アウトリーチ p.3，アセスメント p.7，生活困窮者自立支援法 p.297

支離滅裂

しりめつれつ

思考過程の異常で，統合失調症に特有な基本症状の一つ。思考の進み方の上で関連性・連続性・統一性・目的性などが失われ，まとまりのないものとなっているため，聞く人にとって意味不明となること。

資力調査

しりょくちょうさ

▶ミーンズ・テスト p.473

シルバーカー 図104

杖だけの歩行では不安定になった高齢者が，屋外で買い物などの際に荷物を運ぶために使用する収納用の袋がついている押し車。室内で使用することの多い歩行器と比較すると，軽量に作られていること，握る部分が前方にあるため，前傾姿勢になりやすいこと，車輪の構造から歩幅が小さくなりやすいなどの理由から安定性は低い。介護保険対象となるものは歩行を補助するのを目的とした歩行器等である。買い物の補助が主な目的となるため，シルバーカーは対象外である。

シルバーサービス

1986（昭和 61）年の「シルバーサービスの現状と健全育成に関する研究会」報告書で最初に用いられた和製英語である。国，地方を通じた適切な行政指導と，民間事業者による自主的な取り組みで，良質なサービスが提供されるよう方向性が示されている。介護保険制度導入後は，各種サービスが「シルバーサービス」として位置づけられ，経営主体は民間営利企業，社会福祉法人，特定非営利活動（NPO）法人と幅広く，1987（昭和 62）年には厚生労働省所管の公益法人として，社団法人シルバーサービス振興会が設立されている。そのほか，WAC 法（民間事業者による老後の保健及び福祉のための総合的施設の整備の促進に関する法律）や PFI 法（民間資金等の活用による公共施設等の整備等の促進に関する法律）の制定もシルバーサービスの展開に影響を与えた。また，介護保険を利用しない人にとっては，金融サービスやカルチャースクールやフィットネスクラブなどもシルバーサービスとして位置づけられている。
✎シルバーサービス振興会 p.273

シルバーサービス振興会

しるばーさーびすしんこうかい

介護サービスなどのシルバーサービスを提供する民間事業者を会員とし，1987（昭和 62）年に厚生労働省管轄の公益法人として設立され，2012（平成 24）年には一般社団法人へと移行。倫理綱領やガイドラインを設け，シルバーサービスの質の向上を促進することを目的としている。

図 104　シルバーカー

シルバー人材センター
しるばーじんざいせんたー

高年齢者等の雇用の安定等に関する法律第37条に規定される，高年齢者等の雇用に関する事業を行う公益法人をいう。「定年退職者その他の高年齢退職者の希望に応じた就業で，臨時的かつ短期的なもの又はその他の軽易な業務に係るものの機会を確保し，及びこれらの者に対して組織的に提供することにより，その就業を援助して，これらの者の能力の積極的な活用を図ることができるようにし，もつて高年齢者の福祉の増進に資することを目的とする一般社団法人又は一般財団法人」のこと。都道府県知事の許可を受けたもので，市町村（特別区含む）ごとに一個に限り，設置できる。

✎高年齢者等の雇用の安定等に関する法律 p.144

シルバーハウジング
高齢者世話付住宅とも呼ばれる。1986（昭和61）年度から厚生労働省と国土交通省との共同による「シルバーハウジング構想」に基づき建設が進められている住宅であり，住宅政策と福祉政策との連携による高齢者向け住宅である。60歳以上の高齢者が，地域の中で自立して安全で快適な生活を送れるようになっており，高齢者の身体状況を考慮したトイレ，浴室などの設備と，緊急通報システム設置などの安全面に配慮されている。入居対象は，単身高齢者，高齢者のみの世帯，高齢者夫婦世帯などである。おおむね30戸に1人の生活援助員（ライフサポートアドバイザー）が同一敷地内に居住し，生活相談や安否確認，緊急時の対応を行っている。

✎生活援助員 p.296

シルバー110番
しるばー110ばん

▶高齢者総合相談センター（シルバー110番）p.149

事例研究
じれいけんきゅう

ソーシャルワーカーの援助記録をもとに，援助の質的な分析を行う研究方法。少数の事例であるため，統計的な法則性の発見はできないが，少数であるがゆえに綿密で全体関連をとらえる研究が行えるため，質的な発見ができる。また，事例研究にケースを提供する場合，人物を特定できないように配慮し，その関係者に対し事前に承認を得なければならない。

事例検討会
じれいけんとうかい

ケースカンファレンス，ケアカンファレンスともいう。ワーカーが，クライエント（利用者）により良い支援を行えるようにすることがその目的である。特に個人のスーパービジョンと違う点は，援助にかかわる職員集団（チームメンバー全体）の教育訓練・専門技術・実践力の向上を高めることに主眼をおいていることである。事例検討会においては，チーム内の専門職の個々の価値・知識・技能を問い合い，その上で共通認識を図り，チームとして機能させることがその課題となる。

✎ケアカンファレンス p.118，ケース会議 p.122

事例調査
じれいちょうさ

少数の社会的単位に関するデータを収集し，主観的に把握して質的な分析を行うもので，全体関連的把握を目指した調査である。事例調査法では少数の事例を調査するので，多面的・全体的に調査することができる。ゆえに，対象における部分的側面しか調査できない統計的方法より問題発見力で優れている面もある。調査票による調査のようにあらかじめ調査項目を設定して行う質問紙法ではない観察法が用いられることもある。

心因性健忘
しんいんせいけんぼう

本人にとって耐え難い事実に直面した直後に，そのことから逃げ出したい，思い出したくないといった強い気持ちから出現する記憶障害。脳の器質的な異常は認められない。

心因性精神障害
しんいんせいせいしんしょうがい

psychogenic mental disorder

精神障害を原因別に，内因性・外因性・心因性と大きく3つに分類した場合の一つ。心理的な原因によって起こる精神障害。心因反応，神経症，心身症，適応障害などが含まれる。ただし，この分類方法は古典的なものである。

✎外因性精神障害 p.53，内因性精神障害 p.385，資料⑦⑧ p.533

心因性頻尿
しんいんせいひんにょう

psychogenetic frequent urination

尿路感染症など，明らかな器質的原因を有さないで生じる頻尿をいう。

腎盂腎炎
じんうじんえん

▶尿路感染症 p.396

新エンゼルプラン 表37
しんえんぜるぷらん

正式名称は「重点的に推進すべき少子化対策の具体的実施計画について」。1999（平成 11）年 12 月に策定された指針。当時の大蔵・文部・厚生・労働・建設・自治の 6 大臣合意により，これまでの「エンゼルプラン（今後の子育て支援のための施策の基本的方向について）」等を見直したもの。子育てに関する相談・支援体制をはじめ，母子保健医療体制や保育サービスの整備を掲げている。仕事と子育ての両立のための環境整備だけでなく，子育てに必要な時間確保のため，働き方の見直しを提言することに踏み込んだ点に特徴がある。具体的な実施計画として，2000 ～ 2004（平成 12 ～ 16）年度にかけての，低年齢児保育の受け入れ枠の拡大（68 万人）や延長・休日保育の拡大，専業主婦層も含めた一時保育の推進などを掲げている。2005（平成 17）年からは「子ども・子育て応援プラン」に引き継がれている。

✎エンゼルプラン p.46，子ども・子育て応援プラン p.164

人格検査
じんかくけんさ

心理検査の一つで，性格の特性や傾向，その障害をとらえることを目的としたもの。自己評定法と投影法とがある。自己評定法は質問紙法ともいう。

✎質問紙法 p.197，心理検査 p.291，投影法 p.367

表 37　新エンゼルプランの施策の目標

①保育サービス等子育て支援サービスの充実
②仕事と子育ての両立のための雇用環境の整備
③働き方についての固定的な性別役割分業や職場優先の企業風土の是正
④母子保健医療体制の整備
⑤地域で子どもを育てる教育環境の整備
⑥子どもたちがのびのび育つ教育環境の実現
⑦教育に伴う経済的負担の軽減
⑧住まいづくりやまちづくりによる子育ての支援

資料：厚生労働省「重点的に推進すべき少子化対策の具体的実施計画について（新エンゼルプラン）」

人格障害
じんかくしょうがい
personality disorder

▶パーソナリティ障害 p.410

人格的欲求
じんかくてきよっきゅう

人間らしく生きることを願う精神的な欲求。人とのつながりや愛情を求めたり，真実を追求したり，知識や技術を学ぼうとする知的な欲求のこと。「社会的欲求」と同じ意味で用いられることもある。

✎社会的欲求 p.212

人格変化
じんかくへんか

加齢や認知症の発症などにより，本来と比べて人格が変わったような場合を指す。人格と性格はほぼ同義的に用いられるが，人格には道徳的な側面が含まれる。特に，アルツハイマー型認知症では初期から人格変化がみられる。前頭葉に病変がある方が，人格変化はみられやすい。

新感染症
しんかんせんしょう

感染症の予防及び感染症の患者に対する医療に関する法律（感染症法）で用いられる語。これまで知られていなかった未知の感染症で，危険性が極めて高いものをいう。政令で指定し，1 類感染症と同様に，患者の届出，就業制限，健康診断，感染症指定医療機関の受診，医療費の公費負担などが行われる。

心気症
しんきしょう
hypochondriasis

▶身体表現性障害 p.289

心気妄想
しんきもうそう
hypochondriac delusion

自分は不治の病にかかっている，などの自分の身体障害についての妄想。うつ状態で認められる症状の一つで，統合失調症でも起こる。

新救貧法
しんきゅうひんほう

1834 年，イギリスで制定されたエリザベス救貧法に代表される 16 世紀から 17 世紀に確立した救貧制度の内容を改正した法律。正式名称は，イングランドとウェールズにおける貧困者に関する法律の改正と運営のための法律である。マルサス救貧法とも呼ばれる。新救貧法は，劣等処遇の原則，ワークハウス・テスト，全国的統一の原則という３つの基本原則を定めたことで知られている。劣等処遇の原則とは，被救済貧民の生活水準は最低層の自立労働者以下の水準でなければならないとする規定であり，ワークハウス・テストとは，院外救済を禁止して，労役場（ワークハウス）以外での救済は認めないとする決まりである。いずれも，自立労働者と被救済貧民との境界線を明確にして，なるべく公的な救貧制度で救済せず，貧困問題を生活困窮者自身で解決させるという意図に基づいている。

エリザベス救貧法 p.44，劣等処遇の原則 p.508

心筋梗塞

しんきんこうそく

myocardial infarction

冠状動脈の閉塞により心筋の虚血，壊死を生じ，心臓のポンプ機能が障害される病態をいう。動脈硬化による冠状動脈の狭窄を有することが多く，高血圧，喫煙，脂質異常症，肥満，糖尿病などがリスク要因となる。突然出現する胸部痛で発症し，重症ではショック，不整脈，心破裂などにより死亡に至ることもある。狭心症と心筋梗塞をあわせて虚血性心疾患という。

狭心症 p.103，虚血性心疾患 p.107

シングル・システム・デザイン

single-case experimental design

▶単一事例実験計画法 p.335

新経済社会７ヵ年計画

しんけいざいしゃかいななかねんけいかく

1979（昭和 54）年に当時の大平正芳（おおひらまさよし：1910～1980）首相のもとで閣議決定された経済計画。国民生活の質的充実，国際経済社会発展への貢献などが目標とされた。また，大都市抑制・地方振興の田園都市国家構想と同時に，社会保障分野の方針として日本型福祉社会の建設が提唱された。日本型福祉社会とは，日本的社会の特質を生かし，高福祉・高負担の北欧型福祉国家を否定して，家庭や地域社会を基盤としながら，民間企業を含めた民間社会福祉による福祉サービスの供給体制を中核とした，社会福祉のシステムを構築しようとする考え方である。日本型福祉社会の構想は，1981（昭和 56）年に発足した第二次臨時行政調査会で示された行政改革路線に引き継がれた。

日本型福祉社会 p.390

神経症性障害

しんけいしょうせいしょうがい

neurotic disorder/neurosis

性格的な要因と環境的な要因が関与し，欲求の赴くままに行動したいという本能と，それを抑制しようとする気持ち（超自我という）との間に生じた葛藤や欲求不満を処理しきれなくなるために発症すると考えられている。症状は不安，心気，強迫，ヒステリーなどが多いが，それは周囲の人にとって全く理解できないような異質なものではなく，了解できる程度のものである。また，本人は自分が病気であることを理解し，自覚的にも苦しみを訴えることが多い。

神経性食思（欲）不振症

しんけいせいしょくし（よく）ふしんしょう

▶思春期やせ症 p.190，摂食障害 p.313

神経性大食症

しんけいせいたいしょくしょう

摂食障害の一つで，発作的に大食（無茶食い）を繰り返す病態である。内分泌代謝疾患や視床下部疾患はなく，ストレスに起因する。多くは肥満を恐れて，嘔吐をしたり下剤を用いて排出しようとする。したがって，標準体重である人も多い。思春期後半から若年成人に好発し，女性に多い。衝動的に行動する人が多いが，自分の行動についての認識はあるという。治療には，認知行動療法や薬物療法が効果的である。入院を必要とする例は多くない。

神経性無食欲症

しんけいせいむしょくよくしょう

▶摂食障害 p.313

親　権

しんけん

父母が未成年子に対して行う，監護教育（精神的・肉体的発育）と財産管理の権利義務の総称。親が未成年子に対して適切な親権行使を行う限りにおいては親の権利とも言えるが，親の義務としての色彩が強い。父母が婚姻中は共同で（民法 818 条１項），離婚する場合にはいずれか一方が単独で行使する（民法 819 条１～３項）。離婚時には，親権者とは別に子の身上監護を行う者として，父母のうち親権者にならなかった者や第三者を監護権者に指定できる（民法 766 条 1 項，771 条）。父母による虐待や悪意の遺棄があるとき，その他父母の親権の行使が著しく困難または不適当なことにより子の利益を著しく害し，またその原因が 2 年以内に消滅する見込みがないときには，家庭裁判所は，子，その親族，児童相談所長などの所定の申立人の請求により，父または母の親権喪失の審判をすることができる（民法 834 条，児福 33 条の 7）。父母の親権の行使が困難または不適当で，子の利益を害するときは，家庭裁判所は，所定の申立人の請求により，2 年を超えない範囲で，父または母の親権停止の審判をすることができる（民法 834 条の 2）。

人工甘味料

じんこうかんみりょう

人為的に何らかの手を加えて作られた甘味料のこと。天然物に化学的に手を加えたもの，天然には存在しない合成品などいろいろあるが，現在人工甘味料として使用が許可され，ただし使用基準のあるもの，つまり用途や対象食品，用量などが制限されているものには，サッカリン，サッカリンナトリウム，グリチルリチン酸二ナトリウムがある。使用基準のないものには，アスパルテーム，D- ソルビトール，キシリトールなどがある。表示には物質名のほかに用途名も併記する。サッカリンナトリウムは水によく溶け砂糖の約 500 倍の甘味，グリチルリチン酸二ナトリウムは甘草から抽出され，砂糖の約 200 倍の甘味をもつ。アスパルテームはアスパラギン酸とフェニールアラニンからなるメチルエステルで砂糖の約 200 倍の甘味，その他キシリトール，ステビア抽出物，ステビア末，ソーマチンなど南米，西アフリカ産の植物からとられたものがある。

人工喉頭

じんこうこうとう

喉頭がんなどにより喉頭を摘出した人，気管切開をした人，神経難病など声帯からの発声が困難な人などに対し，その発声を補助する機器のこと。笛式喉頭と電気式喉頭がある。障害者総合支援法における日常生活用具給付等事業の日常生活用具の例として示されているもので，具体的には情報・意思疎通支援用具として例示されている。

✎資料⑤ p.532

人工肛門 図105

じんこうこうもん

直腸がんなどの消化管の疾患などによって，排泄経路を変更する必要がある場合に，体外に造設した便の排泄口のこと。ストーマあるいは消化管ストーマともいう。便の性状はストーマの造設位置によって異なる。自分の意思で排泄をコントロールできないため，適切な装具などを使用する必要がある。人工肛門造設者（オストメイト）は，身体障害者福祉法により，内部障害者として認定される。

✎ストーマ p.295，ストーマ用装具 p.295

人工呼吸 図106

じんこうこきゅう

呼吸が停止している状態の者に対して，呼吸を誘導して空気を肺に流通させること。人工呼吸は開始のタイミングが重要で，発見者が直ちに行うことが予後（生命）に影響する。従って人工呼吸は，介護従事者の禁忌事項ではなく，救急法・心肺蘇生法を習練しておくことが求められる。倒れていて意識が消失し，呼吸や脈拍がない場合には，医療従事者へつなぐ間，人工呼吸や心臓マッサージを行う。人工呼吸を行うときには，気道の確保を確実に行うことが必要である。

✎一次救命処置 p.22

人工呼吸器

じんこうこきゅうき

神経筋疾患や呼吸不全，脳障害などにおいて換気が十分にできなくなった人に対して，人工的に換気を補助するためのもの。人工呼吸療法の種類は「侵襲的人工呼吸療法」と「非侵襲的人工呼吸療法」がある。「侵襲的人工呼吸療法」は，気管

図 105 オストメイトマーク

人工肛門・人工膀胱を造設している人のための設備があることを表す。
オストメイト対応のトイレの入口・案内指導プレートに表示されている。

切開をして気管カニューレを挿入し，そこから蛇管（ホース）を通して酸素を送り込む。「非侵襲的人工呼吸療法」は，口・鼻または鼻のみをマスクで覆い，そのマスクを通して酸素を送り込む。

人工呼吸器という器械につながれた生活を送る人に対しては，ストレスを上手に緩和するような配慮が必要となる。器械に頼って呼吸していることへの不安，器械が故障したらと考えることへの恐怖などに対して，確実な技術と観察を持って対応する必要がある。特に侵襲的人工呼吸療法の場合は声を出すことができないので，その不安を解消するためにも，必要なときはいつでも知らせることができる工夫やコミュニケーション方法を確立して，意思の疎通を図ることが重要となる。

✎コミュニケーション・エイド p.166

進行性筋ジストロフィー 図107

しんこうせいきんじすとろふぃー

PMD ; progressive muscular dystrophy

遺伝性の筋疾患で，進行性の筋力低下と筋組織の変性を主徴とする。遺伝形式などによって分類されているが，最も患者数が多いのはデュシェンヌ（Duchenne）型筋ジストロフィーである。X連鎖潜性（劣性）遺伝で，男児に発症する。3歳頃に発症し，徐々に筋萎縮と筋力低下が進行して15～20年で呼吸不全などにより死亡する。本症への特異的な治療法はなく，理学療法が中心となる。なるべく寝たきり状態を避けることが重要である。

人口静態統計 図108

じんこうせいたいとうけい

人口集団の一定時点における規模，構造，分布などの状態のことを人口静態といい，それを把握するのが人口静態統計である。日本の人口静態統計の基本は，「国勢調査」である。

✎国勢調査 p.156，人口動態統計 p.278

図106 人工呼吸<口対口>

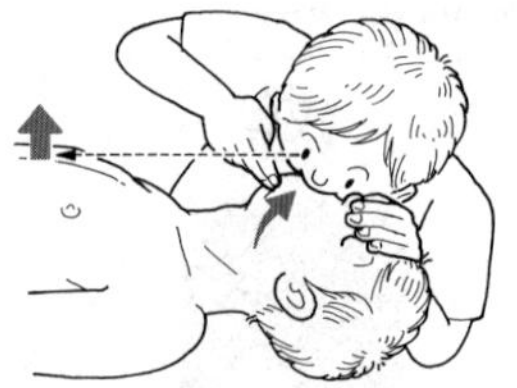

頭部後屈と下顎挙上で気道を確保し，額をおさえている母指と示指で患者の鼻をつまんで術者の口で患者の口を覆い，息をゆっくり吹き込む（約1秒間）。このとき患者の胸郭が膨らむのを確認する。口を離すと呼気が出るので患者の胸が沈むのを確認する。心肺蘇生ガイドラインでの心臓マッサージ(胸骨圧迫）と人工呼吸の比は 30：2とする。

人工透析 図109

じんこうとうせき

末期腎不全などによりうまく働かなくなった腎臓の機能を人工的に代替し，体内の余分な水分や塩分，老廃物を取り除いて血液を浄化する治療法。チューブを介して体外に出した血液から機械的に老廃物や過剰な水分を除去する（血液透析），あるいは腹部に透析液を一定時間入れて，腹膜を介して老廃物や水分の除去が行われる（腹膜透析）。人工透析では，老廃物の蓄積を防ぎ生命維持を図ることは可能であるが，対症療法にとどまり，成長障害（腎臓では骨の成長に必要なビタミンDの活性化が行われる），貧血（腎臓で赤血球産生に必要なエリスロポエチンが産生される），社会参加の制限，高コストを要する，などのデメリットが発生することから，根治的な治療法である腎臓移植が望ましい。日本では社会的な理解不足から，人工透析患者は約35万人であるのに対して，腎臓移植は年間1,000件，うち献腎移植は約150件にとどまっている。

✎血液透析 p.123，腹膜透析 p.444

人口動態統計 図108

じんこうどうたいとうけい

人口集団の変動を人口動態といい，主に出生と死亡，死産，流出と流入による人口の変化，婚姻や離婚といった人口の内部構成の変化をとらえるのが人口動態統計である。日本の人口動態統計は厚生労働省大臣官房統計情報部によって出生，死亡，婚姻，離婚および死産の全数が整理され，各月ごとの「人口動態統計月報（概数）」並びに年ごとの「人口動態統計（確定数）の概況」（毎年，

図107 進行性筋ジストロフィーの症状

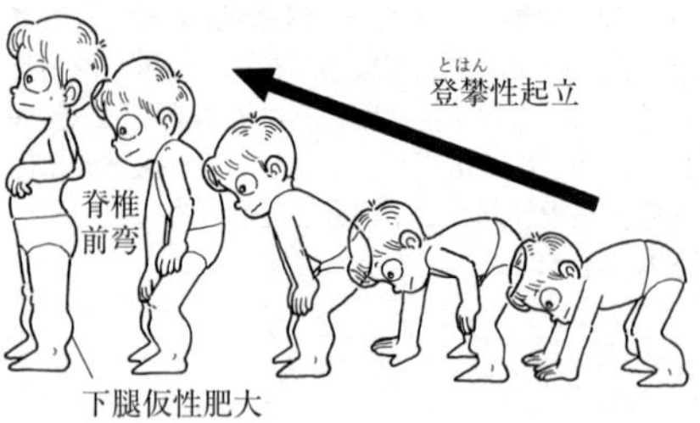

調査年の翌年９月頃）などで公表されている。

✎人口静態統計 p.278

人口ピラミッド 図110

じんこうぴらみっど

年齢別の人口を，上方へいくほど高年齢になるような形の縦軸に沿って積み重ね，男女別の人口構成を横軸として組み合わせた，ある国家や地域などの人口の全体構造を視覚化したもの。開発途上国などでは人口ピラミッドの形が文字どおり「ピラミッド型」となる傾向にあるが，産業化・医療技術の向上などの要因によって出生率・死亡率の低下，移動率の上昇などが生じ「つりがね型」へ，さらには「つぼ型」「ひょうたん型」に変化するとされる。日本の形は現在「２つの膨らみをもつ型」と表現される。

人工膀胱 図105

じんこうぼうこう

膀胱がんなど腫瘍や炎症性疾患などにより，正常な尿の排泄経路での排泄ができない場合，尿を体外へ排出するため，尿路変向を行う。ストーマあるいは尿路ストーマ（ウロストミー）ともいう。回腸から排尿するものや尿路が腹部に出ているもの，腎・膀胱に留置されたカテーテルから排尿するものがある。人工膀胱造設者（オストメイト）は，身体障害者福祉法により，内部障害者として認定される。

✎人工肛門 p.277，ストーマ p.295，ストーマ用装具 p.295

図 108　人口静態統計・人口動態統計の例

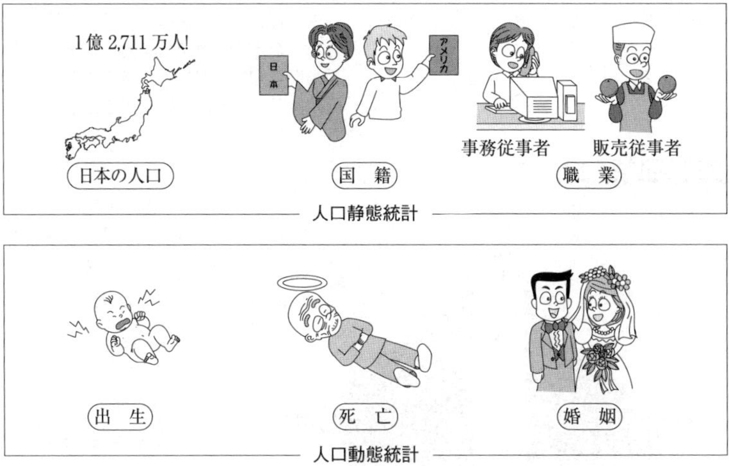

図 109　人工透析の種類

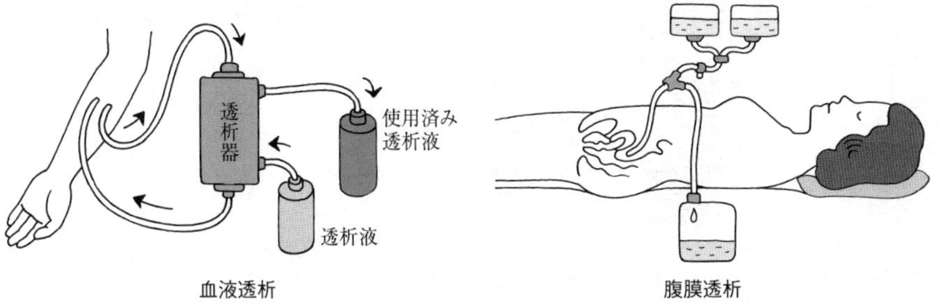

新・高齢者保健福祉推進十か年戦略

しんこうれいしゃほけんふくしすいしんじっかねんせんりゃく

➡新ゴールドプラン p.280

新ゴールドプラン

しんごーるどぷらん

正式名称は「新・高齢者保健福祉推進十か年戦略」。1994（平成 6）年に策定された高齢者福祉に関して，1999（平成 11）年度までの人材や施設などの実現目標を数値で定めた計画。「ゴールドプラン（高齢者保健福祉推進十か年戦略）」を見直して作成された。新ゴールドプランは，ゴールドプランの当初の目標数値より，ホームヘルパー 7 万人増，ショートステイ 1 万人増，デイサービス 7,000 か所増，老人訪問看護ステーション 5,000 か所（新）など大幅に見直された。2000（平成 12）年度には介護サービス基盤のさらなる整備を目指した「ゴールドプラン 21（今後 5 か年間の高齢者保健福祉施策の方向）」が策定された。

✎ゴールドプラン 21 p.152

審査請求

しんさせいきゅう

行政不服審査法上で規定された行政上の不服申立手続の一つ。行政庁の違法もしくは不当な処分または不作為（法令に基づく申請に対して何の処分もしないこと）について不服がある場合，当該処分を行った行政庁または不作為庁の最上級庁に対して行う不服申立てをいう。

旧行政不服審査法においては，当該処分を行った行政庁に対して行う異議申立て，処分をした行政庁または不作為に係る行政庁以外の行政庁に対して行う審査請求，処分についての審査請求に対する裁決に対して行う再審査請求の 3 種の不服申立手続が規定されていたが，2014（平成 26）年の行政不服審査法の改正により異議申立ては廃止され，不服申立手続は，原則として当該処分を行った処分庁または不作為庁の最上級庁に不服を申し立てる「審査請求」に一元化された（行審 2 条以下）。

生活保護においては，市町村長がした保護の決定および実施に関する処分等に不服がある者は，都道府県知事に対して「審査請求」を行うことができ，この裁決に不服がある者は，厚生労働大臣

図 110　日本の人口ピラミッド

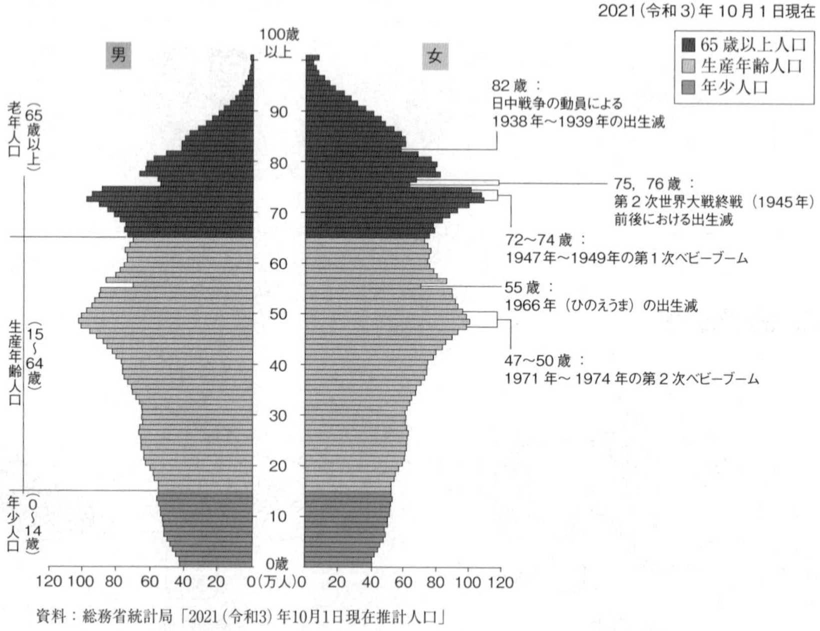

資料：総務省統計局「2021（令和3）年10月1日現在推計人口」

に対して「再審査請求」を行うことができる（生保 64，66 条）。厚生労働大臣または都道府県知事は，生活保護についての審査請求がされたときは，行政不服審査法の規定により行政不服審査会等へ諮問をする場合は 70 日，それ以外の場合は 50 日以内に当該審査請求に対する裁決をしなければならず，当該審査請求をした日から 50 日以内に行政不服審査法の規定により諮問をした旨の通知を受けた場合は 70 日，それ以外の場合は 50 日以内に裁決がないときは，審査請求人は厚生労働大臣または都道府県知事が当該審査請求を棄却したものとみなすことができる（生保 65 条）。

また，障害者の自立支援においては，市町村の介護給付費等に係る処分に不服がある障害者または障害児の保護者は，都道府県知事に対して審査請求をすることができる（障総合 97 条）。審査請求は，処分があったことを知った日の翌日から起算して 3 月以内に，文書または口頭でしなければならない(障総合 101 条)。都道府県知事は，条例で定めるところにより，市町村の介護給付費等に係る処分に対する審査請求の事件を取り扱わせるため，障害者介護給付費等不服審査会を置くことができる（障総合 98 条以下）。

なお，介護保険においては，保険給付に関する処分（被保険者証の交付の請求に関する処分および要介護認定または要支援認定に関する処分を含む）または保険料に関する処分に不服がある者は，介護保険審査会に審査請求をすることができる（介護 183 条）。審査請求は，処分があったことを知った日の翌日から起算して 3 月以内に，文章または口頭でしなければならない（介護 192 条）。介護保険審査会は各都道府県に置かれ（介護 184 条以下），審査請求は，当該審査をした市町村をその区域に含む都道府県の介護保険審査会に対してしなければならない(介護 191 条)。

心疾患 図111

しんしっかん

cardiac disease

心臓は全身に血液を送り出すポンプの機能を果たしている。心疾患（心臓病）は，心臓に生じる疾患の総称であり，何らかの原因により，このポンプ機能が障害された状態を心不全という。代表的な心疾患としては，①虚血性心疾患，②先天性奇形，③心内膜炎，④心臓弁膜症，⑤心筋炎，⑥心筋症，などがある。また，日本の三大死因の一つであり，2021（令和 3）年の死因順位の第 2 位となっている。

✎虚血性心疾患 p.107，心不全 p.290

人種差別撤廃条約

じんしゅさべつてっぱいじょうやく

▶あらゆる形態の人種差別の撤廃に関する国際条約 p.11

新障害者プラン

しんしょうがいしゃぷらん

▶重点施策実施 5 か年計画 p.226

寝食分離

しんしょくぶんり

介護する上で，基本的に寝る場所と食事をする場所を分けること。安静に臥床し続けることは "寝たきり状態" の原因となる。利用者や介護者の「寝ていた方が楽だから」という理由と，寝たきりで動かさないことによる悪循環により，食欲不振，便秘，褥瘡，筋力低下，精神機能の低下，依存心の増大などの状況が生じる。一日の大半を就床して生活する人の場合であっても，寝食分離は生活にリズムを与え，気分転換，食欲増進などに結びつき，身体機能の維持向上が期待できる。

心身症 図112

しんしんしょう

psychophysiologic disorder

心理社会的因子が密接に関与して，自律神経系と内分泌系，免疫系などの調節障害を引き起こし，身体的不調和が継続的に起こる病態を総称したものである。主な症状として，気管支喘息，過

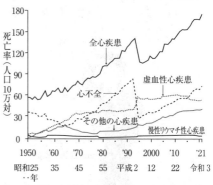

図 111　心疾患の死亡率（人口 10 万対）の推移

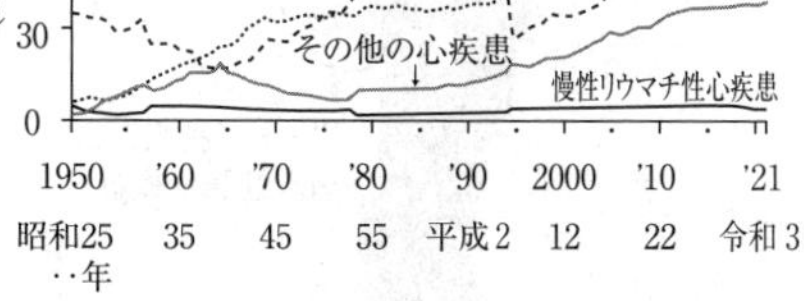

注　「その他の心疾患」は，「全心疾患」から「虚血性心疾患」「心不全」「慢性リウマチ性心疾患」を除いたものである。
資料：厚生労働省「人口動態統計」

換気症候群，高血圧，胃・十二指腸潰瘍，神経性食思（欲）不振症，過食症，片頭痛，アトピー性皮膚炎，めまい，など全身にわたる症状が出現する。

心神喪失

しんしんそうしつ

精神の障害などにより，物事の是非善悪を弁別する能力がなく，またはその弁別に従って行動する能力のない状態。心神喪失者は，責任無能力者として，その行為は罰されない（刑法第 39 条第 1 項）が，心神喪失または，心神耗弱（こうじゃく）の状態で殺人，放火等の重大な他害行為を行った場合，裁判所の審判により，入院や通院などの処遇が行われる（心身喪失等の状態で重大な他害行為を行った者の医療及び観察等に関する法律）。

心神喪失等の状態で重大な他害行為を行った者の医療及び観察等に関する法律 p.282

心神喪失等の状態で重大な他害行為を行った者の医療及び観察等に関する法律

図 113

しんしんそうしつとうのじょうたいでじゅうだいなたがいこういをおこなったもののいりょうおよびかんさつとうにかんするほうりつ

平成 15 年制定，平成 17 年施行，法律第 110 号。いわゆる，医療観察法，または心神喪失者等医療観察法をいう。同法の対象は，①不起訴処分になったが，対象行為（殺人，放火，強盗，強制性交等，強制わいせつ，傷害にあたる行為）を行ったことおよび心神喪失者または心神耗弱者であることが認められた者，②対象行為について，心神喪失を理由とする無罪の確定裁判または心神耗弱を理由として刑を減軽する旨の確定裁判を受けた者である。対象者については，原則として，検察官の申立てにより，地方裁判所において裁判官と精神保健審判員（精神科医）の合議体による審判が行われるが，必要に応じて精神障害者の保健・福祉に関する専門的知識および技術を有する精神保健福祉士などからなる精神保健参与員の意見を聴き，処遇の要否・内容が決定される。

精神保健審判員 p.307

図 112　心身症の主な症状

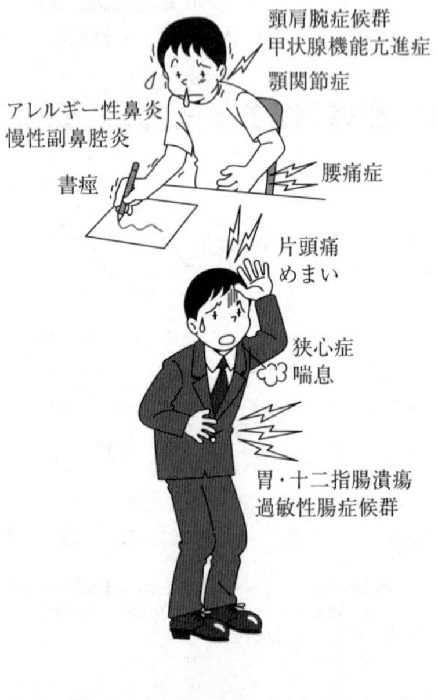

新生児死亡率　図 114

しんせいじしぼうりつ

生後 4 週未満の児の死亡を新生児死亡という。新生児死亡数 / 出生数を新生児死亡率といい，日本の新生児死亡率は出生 1,000 当たり 0.8（令和 3 年）。同様に生後 1 週未満の児の死亡を早期新生児死亡，生後 1 年未満の児の死亡を乳児死亡という。同年の早期新生児死亡率は 0.6，乳児死亡率は 1.7。

周産期死亡率 p.222，乳児死亡率 p.393

申請主義

しんせいしゅぎ

社会福祉サービスの利用は，利用を希望する者からの申請があって初めて開始される，とする考え方。そのため，申請しなければ利用要件を満たしていても利用につながらない。この理由としてサービスを利用する権利と同時に，利用したくないという権利にも配慮したものであるとされている。

申請保護の原則 p.282

申請保護の原則

しんせいほごのげんそく

生活保護法第 7 条に規定される，基準及び程度，必要即応，世帯単位とならぶ生活保護の原則の一つ。生活に困窮する国民には，同法により生活保護を受給する権利が保障されているが，この権利の実現を図る前提として，保護の申請がなされる必要があるとする原則である。ただし，要保護者を，申請することができる者のみに限定すると，実際には様々な理由により自分で申請できない者がいる場合の不都合も考えられる。そのため，要保護者自身のほかにも，要保護者の生活事情を詳しく知っている扶養義務者や，扶養義務者以外の同居している親族も申請することができるとされている。また，急迫した場合には，保護の実施機関が職権をもって保護を行う，いわゆる職権保護を実施できる（生保 25 条）。

✎生活保護の原理・原則 p.301

図 113　心神喪失者等医療観察法による手続の流れ

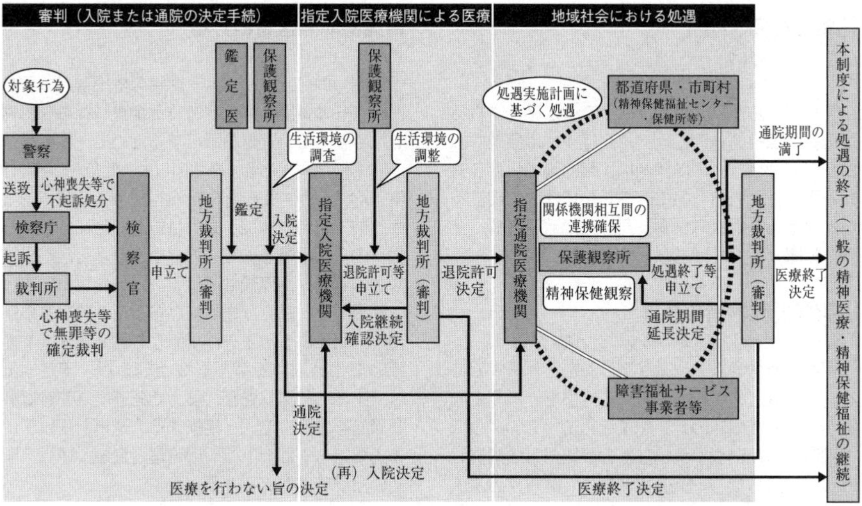

資料：法務省法務総合研究所編「令和 3 年版犯罪白書」，p.226

図 114　生存期間別乳児死亡率（出生千対）の推移

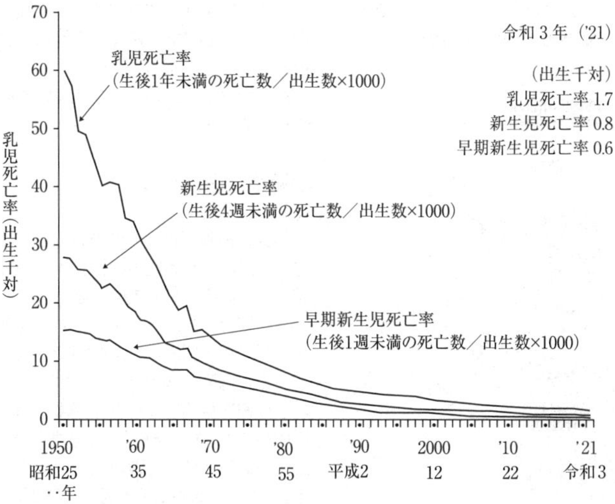

資料　厚生労働省「人口動態統計」

振　戦

しんせん

tremor

手指の細かい震えるような運動をいう。パーキンソン病でみられる振戦は安静時に強く，「丸薬まるめ運動」といって丸薬を丸めるような動作をみせる。

パーキンソン病 p.410

振戦せん妄 図115

しんせんせんもう

delirium tremens

アルコールからの離脱によって引き起こされるせん妄の急性発作のこと。バルビツール酸系やベンゾジアゼピン系の鎮静剤に比較的強い依存を有する人が，それらを急に断薬した場合にも起こることがある。症状は興奮，見当識障害，悪夢，発汗，振戦（震え），幻覚など様々である。

心臓機能障害者の介護

しんぞうきのうしょうがいしゃのかいご

過度の疲労やストレスを避けることが基本である。風邪などの感染症によって発熱をきたすと心臓への負担が増すので，感染を起こさないように帰宅時のうがいや手洗いなどの予防対策は重要である。発熱したら，安静を保ち早く解熱するように主治医の指示を受ける。入浴に際しては，ぬるめの湯での入浴を心がける。また，首まで湯につかると静水圧作用により，心臓・血液循環に負担がかかるので半身浴にするとよい。冬期は特に脱衣所と浴室の温度差に注意する。また，便秘で腹圧をかけることは心臓への負担が増すため，便秘の予防を心掛けることも必要である。介護者は主治医による運動許容量の判断や食事制限の内容，服用している薬剤とその管理などについて把握していなければならない。心臓ペースメーカーを装着している場合には，定期的なチェックと緊急時の対応を心得ておく。

心臓ペースメーカー p.204，ヒートショック p.427

図115　振戦せん妄の典型的症状

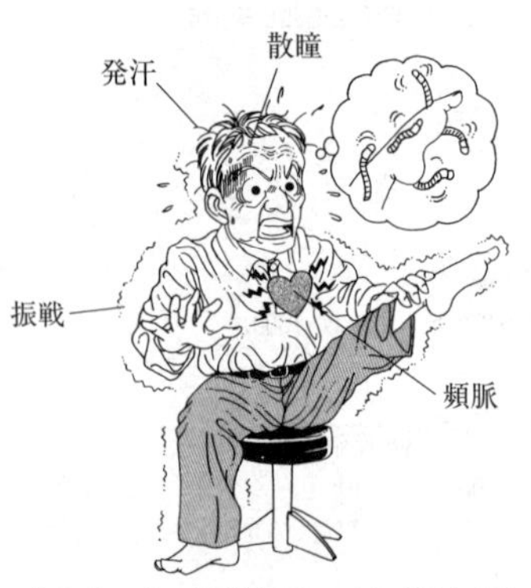

虫が出てくる幻覚を見る（小動物幻視）

腎臓機能障害者の介護

じんぞうきのうしょうがいしゃのかいご

代謝，内分泌，造血，老廃物の排出など重要な機能をもつ腎臓が障害されると全身へ様々な影響を及ぼす。それを最小限にするために，食事療法が非常に重要となる。高カロリー，低たんぱく（体重 1kg 当たり 0.8 g のたんぱく質），塩分制限が原則である。また，高カリウム血症になると心臓への負担となるので，カリウムを多く含む果物や生の野菜，海藻類は避ける。水分も尿量によって制限する。献立が単調にならず長期的な食事制限が守れるような工夫が求められる。急性期や症状の悪化時には安静が必要となるが，安定期には，生活のリズムを整える上でも適度な運動は必要であるので主治医と相談する。透析を受けている人に対してはシャントの管理と食事，運動，服薬の自己管理を支援する。

心臓病

しんぞうびょう

cardiac disease

血液を駆出するポンプ機能が心臓の基本的な役割である。心臓病では様々な原因により心筋が障害され，ポンプ機能が低下する。虚血性心疾患，心臓弁膜症，心筋症などが代表的である。

心疾患 p.281

心臓ペースメーカー

しんぞうぺーすめーかー

心臓の拍動が著しく減少してしまう心臓疾患に対して用いられる医療機器。人工的に電気刺激を発して心臓のリズムを整える。一般的には左鎖骨の下に埋め込む。ペースメーカーを使用している人は脈拍を毎日決まった時刻に（同じ条件で）測定する。過激な運動でなければ，適度に身体を動かし普通に生活することが望ましい。めまいや動悸があるときは，その都度，脈拍をチェックする。自分で健康管理する習慣をつけることが肝要である。また，定期的に主治医によるチェックを受け，生活上の指示を受けておくことが必要である。そして，生活を営む場で種々の外的要因によりペースメーカーの機能が乱れることに特に留意しなければならない。例えば，金属探知機を通過する前に申し出ることで，高エネルギーの電磁波によるペースメーカーの誤作動を避けるようにする。また，携帯電話の受信電波も影響を及ぼすおそれがあるため 15 cm 程度以上離す。なお，ペースメーカーはリチウム電池が内蔵されているため，火葬による高温で爆発するおそれがあるので装着者の死亡時には，医師に，火葬前にペースメーカーの除去を依頼する必要がある。

心臓マッサージ　図116

しんぞうまっさーじ

胸骨圧迫ともいう。心停止状態に対して，外部から心臓を押して血液を拍出させること。実際には胸骨が 5cm 下降するくらいの圧迫を 1 分間に 100 ～ 120 回行う。患者が成人ならば，救助者の人数にかかわらず，30 回の心臓マッサージと 2 回の呼気吹き込みを繰り返す。ただし，気道確保，人工呼吸は訓練を受けた者のみが行う。

親族里親

しんぞくさとおや

里親制度における里親の類型の一つ。両親などが死亡や行方不明，拘禁などにより監護することが不可能の場合，民法上の扶養義務の有無にかかわらず，三親等以内の親族に委託する制度である。

✎里親制度 p.179

身体依存

しんたいいぞん

ある量の物質を使用し続けると，物質の効果が減弱し（耐性），それによって生体不均衡が生じて症状が出現する。この症状を避けるために，一層その物質を求めるようになることを身体依存という。その物質が体内から消えていくときに，離脱症状という極めて不快な症状が出現する。したがって，これを避けるために，より一層その物質を求めるようになる。

✎アルコール依存症 p.11，精神依存 p.303

身体介護

しんたいかいご

「訪問介護におけるサービス行為ごとの区分等について（平成 12 年 3 月 17 日老計第 10 号）」によると，（1）利用者の身体に直接接触して行う介助サービス（そのために必要となる準備，後かたづけ等の一連の行為を含む），（2）利用者の ADL・IADL・QOL や意欲の向上のために利用者と共に行う自立支援・重度化防止のためのサービス，（3）その他専門的知識・技術（介護を要する状態となった要因である心身の障害や疾病等に伴って必要となる特段の専門的配慮）をもって行う利用者の日常生活上・社会生活上のためのサービス，とされる。具体的には，①排泄介助，食事介助，特段の専門的配慮をもって行う調理，②清拭（全身清拭），部分浴，全身浴，洗面等，

図 116　胸骨圧迫心臓マッサージ

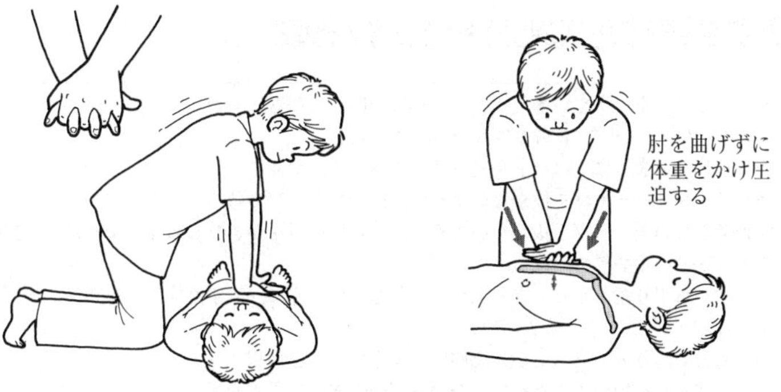

患者が柔らかい床の上に臥床しているときは背中に堅い板を敷くか，床の上で仰臥位にする。マッサージする部位は両乳頭を結ぶ線上の真ん中の胸骨の部分とする。剣状突起部には肝臓が位置しているため，圧迫により肝破裂をきたす可能性がある。

身体整容，更衣介助，③体位変換，移乗・移動介助，通院・外出介助，④起床・就寝介助，⑤服薬介助，⑥自立生活支援・重度化防止のための見守り的援助（自立支援，ADL・IADL・QOL 向上の観点から安全を確保しつつ，常時介助できる状態で行う見守り等）。

身体拘束 表38

しんたいこうそく

身体拘束は，介護保険指定基準上，利用者または他の入所者等の生命または身体を保護するための緊急やむを得ない場合，「切迫性」「非代替性」「一時性」の三つの要件を満たし，また，要件確認等の手続きが慎重になされる場合に限って認められている。それ以外は，原則としてすべて高齢者虐待に該当すると考えられる（厚生労働省老健局「市町村・都道府県における高齢者虐待への対応と養護者支援について（平成 18 年４月）」。

なお，障害者の虐待防止，障害者の養護者に対する支援等に関する法律（障害者虐待防止法）では，「正当な理由なく障害者の身体を拘束する」ことは，身体的虐待にあたるとされている。

✎障害者虐待の防止，障害者の養護者に対する支援等に関する法律 p.238

身体拘束ゼロへの手引き

しんたいこうそくぜろへのてびき

厚生労働省「身体拘束ゼロ作戦推進会議」が 2001（平成 13）年３月に発行した冊子。身体拘束はなぜ問題なのか，身体拘束廃止のためになすべき方針，身体拘束をしないケアを行うための原則，緊急やむを得ない場合の対応等について記載されている。なお，介護保健指定基準上，「当該入所者（利用者）又は他の入所者（利用者）等の生命又は身体を保護するために緊急やむをえない場合」には身体拘束が認められているが，「切迫性」「非代替性」「一時性」の３要件全てを満たすという確認等の手続きが極めて慎重に実施される事例に限られる。

✎身体拘束 p.286

身体障害児・者実態調査

しんたいしょうがいじしゃじったいちょうさ

在宅身体障害児・者の生活の実情とニーズを把握し，今後における身体障害児・者福祉行政の企画・推進のための基礎資料を得ることを目的として実施された調査。2011（平成 23）年より「生活のしづらさなどに関する調査（全国在宅障害児・者等実態調査）」に統合された。

✎全国在宅障害児・者等実態調査 p.315

身体障害者 表39

しんたいしょうがいしゃ

身体障害者福祉法第４条では，身体障害者とは，別表に掲げる身体上の障害がある 18 歳以上の者であって，都道府県知事から身体障害者手帳の交付を受けたものとされている。同法施行規則の別表第５号（身体障害者障害程度等級表）には，視覚障害，平衡機能障害，音声機能・言語機能障害または咀嚼機能の障害，肢体不自由，心臓，じん臓，呼吸器，膀胱，直腸，小腸，肝臓，ヒト免疫不全ウイルス（HIV）による免疫の機能障害が障害種別として規定され，障害程度の等級として１級から６級までが設けられている。なお，同

表 38　介護保険指定基準において禁止の対象となる具体的な行為

①徘徊しないように，車いすやいす，ベッドに体幹や四肢をひも等で縛る。
②転落しないように，ベッドに体幹や四肢をひも等で縛る。
③自分で降りられないように，ベッドを柵（サイドレール）で囲む。
④点滴・経管栄養等のチューブを抜かないように，四肢をひも等で縛る。
⑤点滴・経管栄養等のチューブを抜かないように，または皮膚をかきむしらないように，手指の機能を制限するミトン型の手袋等をつける。
⑥車いすやいすからずり落ちたり，立ち上がったりしないように，Y 字型抑制帯や腰ベルト，車いすテーブルをつける。
⑦立ち上がる能力のある人の立ち上がりを妨げるようないすを使用する。
⑧脱衣やおむつはずしを制限するために，介護衣（つなぎ服）を着せる。
⑨他人への迷惑行為を防ぐために，ベッドなどに体幹や四肢をひも等で縛る。
⑩行動を落ち着かせるために，向精神薬を過剰に服用させる。
⑪自分の意志で開けることの出来ない居室等に隔離する。

別表には7級の記載があるが，それに複数該当すると6級になる場合があるためのみ設けられている。肝臓が対象となったのは2010（平成22）年4月からである。

✎重度身体障害者 p.227，障害等級 p.245，身体障害者手帳 p.287

身体障害者更生相談所

しんたいしょうがいしゃこうせいそうだんじょ

身体障害者福祉法第11条に規定される，都道府県に設置が義務づけられる機関（ただし政令指定都市については法に設置規定はなく，地方自治法施行令において設置できることとなっている）。業務は，市町村相互間の連絡調整と市町村への情報提供，そして，身体障害者の各市町村間領域を越えた範囲の実情把握，身体障害者に対する専門的な相談指導，医学的・心理学的・職能的判定，補装具の処方・適合判定などである。しかし，都道府県によっては専門的な知識・技術をもつ職員が配置されていない更生相談所もある。身体障害者福祉司を置かなければならない，とされている（身障11条の2）。

身体障害者障害程度等級表

しんたいしょうがいしゃしょうがいていどとうきゅうひょう

身体障害者手帳を取得する際の指標となる表。身体障害者福祉法施行規則に別表として規定されている。等級は数字で表され，数字が小さいほど重度である。障害の種類は，視覚障害，聴覚または平衡機能の障害，音声・言語機能またはそしゃく機能障害，肢体不自由，内部障害である心臓機能障害，呼吸器機能障害，じん臓機能障害，ぼうこうまたは直腸機能障害，小腸機能障害，免疫機能障害，肝臓機能障害である。同一の等級について2つの重複する障害がある場合は，1級上の級とする。ただし，2つの重複する障害が特に本表中に指定されているものは，該当等級とする。肢体不自由には等級上「7級」が存在するが，7級単独の障害では身体障害者手帳は交付されない。7級の障害が重複して6級以上となる場合は手帳が交付される。

✎身体障害者手帳 p.287

身体障害者相談員

しんたいしょうがいしゃそうだんいん

身体障害者福祉法第12条の3に規定のある民間の協力者。市町村もしくは都道府県から委託を受けて，ボランティアで身体障害者の相談に応じ，更生のために必要な援護を行う。社会的信望があり，身体に障害のある者の更生援護に熱意と識見をもっている者が委託される。また，業務について秘密保持義務が課せられる。

身体障害者手帳 表40

しんたいしょうがいしゃてちょう

身体障害者福祉法における福祉の措置の一環として交付される。同法別表に規定する身体障害の範囲に該当する人の申請により，都道府県知事が障害程度を認定し交付するもので，他法他施策の福祉サービスの基準ともされる身体障害者手帳は身体障害者福祉法による施策であるが，身体障害者手帳に関しては18歳未満の者も対象となる。15歳未満の場合は保護者が申請する。身体障害者障害程度等級表には1級から7級まで規定されているが，7級の身体障害者手帳はなく，異なる等級において2以上の重複する障害がある場合については，障害の程度を勘案して当該等級より上の級とすることができる。肢体不自由では，7級に該当する障害が2つ以上重複する場合に

表39 身体障害児・者の状況

	総　数	在　宅　者	施設入所者
18歳未満	7.2万人	6.8万人	0.4万人
18歳以上	419.5万人	412.5万人	7.0万人
年齢不詳	9.3万人	9.3万人	—
合　計	436.0万人	428.7万人	7.3万人

※四捨五入で人数を出しているため，合計が一致しない場合がある。
注：身体障害児・者の施設入所者数には，高齢者関係施設入所者は含まれていない。
資料：在宅者；厚生労働省「生活のしづらさなどに関する調査」（2016年）
施設入所者；厚生労働省「社会福祉施設等調査」（2018年）等
内閣府「障害者白書」（令和4年版）

は６級となる。例えば，上肢の機能障害が７級，下肢の機能障害が７級に該当する場合は６級となる。

身体障害者障害程度等級表 p.287，身体障害者福祉法 p.288

身体障害者福祉司

しんたいしょうがいしゃふくしし

身体障害者福祉法第９条第７項において，「身体障害者の福祉に関する事務をつかさどる職員」と規定がある。身体障害者の福祉に関し，専門的な知識および技術を用いて，相談や指導，更生援護の必要とその種類の判断，関係機関との連絡調整，福祉事務所の所員に対する技術的指導を業務とする者。身体障害者更生相談所に配置が義務づけられるほか，市町村の福祉事務所に配置することもできる（身障 11 条の２）。また，同福祉司は都道府県または市町村長の補助機関である職員とされ，身体障害者の更生援護などに２年以上携わった社会福祉主事，医師，社会福祉士，身体障害者福祉に関する学識経験者などから任用される（身障 12 条）。

身体障害者更生相談所 p.287

身体障害者福祉センター

しんたいしょうがいしゃふくしせんたー

身体障害者福祉法第 31 条に規定される身体障害者社会参加支援施設の一つ。「無料又は低額な料金で，身体障害者に関する各種の相談に応じ，身体障害者に対し，機能訓練，教養の向上，社会との交流の促進及びレクリエーションのための便宜を総合的に供与する施設」と規定されている。A 型は都道府県，指定都市が設置し，B 型は区市町村，社会福祉法人が設置している。同センターを経営する事業は社会福祉法における第二種社会福祉事業とされている。

身体障害者福祉法

しんたいしょうがいしゃふくしほう

昭和 24 年制定，法律第 283 号。身体障害者の自立と社会経済活動への参加を促進するために必要な身体障害者への援助と保護について規定している法律。制定時から身体障害者福祉の中心的な法律であったが，2003（平成 15）年度の支援費支給制度の導入を経て，サービスの再編を行った 2005（平成 17）年制定の障害者自立支援法（現・障害者総合支援法）により，事業や施設に関する条項が大きく改正された。現行法では，身体障害者生活訓練等事業，手話通訳事業，介助犬訓練事業，聴導犬訓練事業について定めるほか，身体障害者社会参加支援施設，身体障害者更生相談所，身体障害者福祉司，身体障害者手帳，措置の実施などについて規定している。

身体障害者補助犬法

しんたいしょうがいしゃほじょけんほう

平成 14 年制定，法律第 49 号。盲導犬，介助犬および聴導犬からなる「身体障害者補助犬」の，訓練を行う事業者や使用する身体障害者の義務，認定，取扱いや衛生の確保，施設や公共交通機関等に補助犬を同伴する際の措置を定めた法律。

厚生労働省による補助犬ステッカー

介助犬 p.68，聴導犬 p.354，盲導犬 p.480

身体像

しんたいぞう

ボディ・イメージともいう。自分自身の身体のイメージであり，主には知覚を通して把握される。自我を形成する重要な構成要素の一つであり，身体の成長や発達，加齢，疾病，障害等に伴って変化する。身体像が密接に関わる疾病や障害と

表 40　障害の種類別にみた身体障害者手帳所持者数

（単位：千人）

	総　数	視覚障害	聴覚・言語障害	肢体不自由	内部障害	不　詳
平成 28 年	4,287 (100.0)	312 (7.3)	341 (8.0)	1,931 (45.0)	1,241 (28.9)	462 (10.8)
平成 23 年	3,864 (100.0)	316 (8.2)	324 (8.4)	1,709 (44.2)	930 (24.1)	585 (15.1)

資料：厚生労働省（平成 28 年生活のしづらさなどに関する調査）

し

して，幻肢痛，身体失認，醜形恐怖，摂食障害などがある。

器官劣等性 p.92，幻肢 p.131

身体的欲求
しんたいてきよっきゅう

健康を維持し，身体を十分に使い，元気に活動したいという欲求。ここから，様々なスポーツや野外活動などの，レクリエーションやリハビリテーションが考えだされている。もしくは，マズローの欲求の階層説における「生理的欲求」のこと。

身体の清潔
しんたいのせいけつ

生活環境や身体条件を考慮に入れながら，身体各部位の清潔を図る基本的な介護技法の一つ。身体の清潔を保つ方法には，清拭と入浴がある。身体を清潔にすることは，気分が爽快になるだけではなく，皮膚の生理機能の働きを良好にし，細菌の感染を予防する効果がある。また，洗面，歯磨き，洗髪，爪の手入れなどの身だしなみは，自尊心を保つためにも，快適に過ごすためにも重要な行為であり，様々な意欲や人との交流にも影響を与えることになる。

清拭 p.303，入浴介助 p.395

身体表現性障害
しんたいひょうげんせいしょうがい

somatoform disorder

痛みや吐き気，しびれなどの身体症状を認め，日常生活を妨げられているものの，その原因となるような一般の身体疾患や，何らかの薬物の影響，または他の精神疾患などが認められず，むしろ心理社会的要因によって説明される障害のこと。

診断派／診断主義
しんだんは／しんだんしゅぎ

ジークムント・フロイトの精神分析理論を取り入れ，1920 年代から 30 年代にかけて形成されたケースワークの方法。診断を中核として，調査－診断－治療という援助過程をもつ。問題の原因をクライエントの内面に求め，社会環境が与える影響を軽視する傾向にあったことが指摘されている。代表的な論者にゴードン・ハミルトン，フローレンス・ホリスがいる。

医学モデル p.15，ハミルトン p.422，フロイト p.450，ホリス p.470

心的外傷後ストレス障害
しんてきがいしょうごすとれすしょうがい

外傷後ストレス障害 p.68

新寝たきり老人ゼロ作戦
しんねたきりろうじんぜろさくせん

1994（平成 6）年に策定された「新ゴールドプラン（新・高齢者保健福祉推進十か年戦略）」の中で，従来の「寝たきり老人ゼロ作戦」に引き続いて主な施策として位置づけられた。内容は地域における機能回復訓練，健康教育の充実，地域の介護を支える人材の確保など，ほとんど変更はない。

寝たきり老人ゼロ作戦 p.404

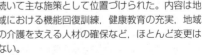

心配ごと相談（所）
しんぱいごとそうだん（じょ）

市区町村社会福祉協議会の相談機能の一つであり，民生委員を中心に構成される。その内容は住民生活の全般にわたる心配ごと，悩みに関することであるが，近年は法律相談や行政相談などの専門相談とともに総合相談活動に組み込まれているところもある。

心肺蘇生法
しんぱいそせいほう

CPR；cardiopulmonary resuscitation

呼吸と心臓が止まっている人に対して，呼吸および循環を復活させるための方法をいう。

一次救命処置 p.22

心肺停止
しんぱいていし

CPA；cardiopulmonary arrest

何らかの原因によって突然，心臓と呼吸が停止した状態をいう。総務省消防庁によると，心肺停止の目撃があった時刻から救急隊員が心肺蘇生を開始した時点までの時間が短いほど，1 か月後生存率・1 か月後社会復帰率ともに高い。なお，一般市民により心肺停止状態の瞬間が確認され，かつ救急隊到着前に一般市民により応急手当が実施された例の 1 か月後生存率は 15.2 %(2020(令和 2）年）である。

心　拍
しんぱく

一定時間内に心臓が拍動する回数をいう。通常は 1 分間の拍動の数をいい，正常は 60 ～ 100 回/分。59 以下を除脈，101 以上を頻脈という。

心臓が血液を送り出す際には，動脈に拍動が生じる。この回数を脈拍数，または脈拍という。交感神経の働きで心拍は増加し，副交感神経の働きで減少する。

深部静脈血栓症

しんぶじょうみゃくけっせんしょう

DVT；deep vein thrombosis

通常，下肢静脈内の血液はポンプ作用を有するふくらはぎの筋運動で静脈還流が促されるが，長時間下肢を動かさないでいると下肢筋肉内の静脈にうっ血が生じ，やがて血栓が形成される疾患。いわゆる「エコノミークラス症候群」とも呼ばれる。血栓が形成されると静脈還流はますます障害され，患肢の浮腫や静脈怒張，ふくらはぎを握ったときの痛みを生じる。また，血栓が静脈内を移動して心肺に達すれば肺血栓塞栓症を起こす。このため肺循環が障害され，突然に呼吸困難，胸痛，ショック症状が出現し，時に致死的となる。原因は，長期臥床，長時間安静の座位姿勢，術中術後の長時間の同一体位などである。そのため予防として，血流を滞らせないように，足首やつま先の運動，ふくらはぎのマッサージが有効である。

心不全　図117

しんふぜん

cardiac failure

心臓は，血液を駆出するポンプ機能を担っている。虚血性心疾患，心筋症，その他の原因により，ポンプ機能が低下した状態を心不全という。心不全では血液の駆出が十分にできないため，心臓の拡大，心拍出量低下，尿量減少，下肢のむくみ，肺のうっ血（肺水腫）などの症状を呈する。治療には，利尿薬，強心薬などを用いる。

図117　心不全の症状

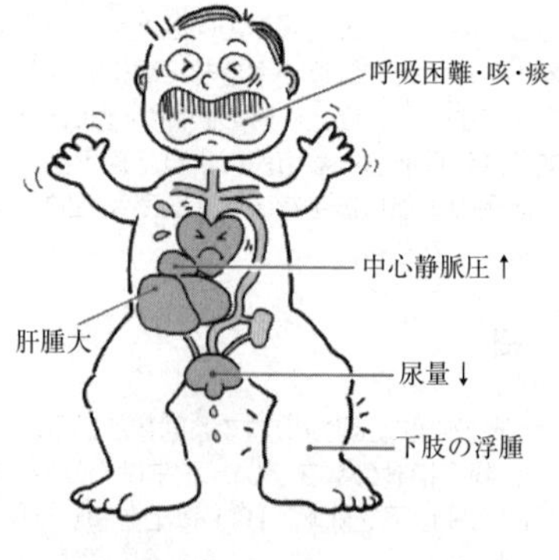

腎不全

じんふぜん

renal failure

腎臓は左右に各１個ある臓器であり，造血ホルモン（エリスロポエチン）の産生，尿中への老廃物の排泄などの機能をつかさどっている。腎不全はその機能が障害された状態で，急速に生じ回復が可能な急性腎不全と，比較的徐々に生じ回復が期待できない慢性腎不全に分けられる。急性腎不全は，出血，脱水，腎毒性を有する化学物質・薬剤，尿閉などにより生じる。慢性腎不全は，慢性糸球体腎炎，糖尿病などにより生じる。慢性腎不全では人工透析，腎臓移植による治療が必要である。日本では腎臓移植が少なく，患者の多くは人工透析により治療を受けており，近年，人工透析患者数の増大やそれに伴う医療費増大が問題となっている。

✎ 血液透析 p.123，人工透析 p.278

心房細動

しんぼうさいどう

AF；atrial fibrillation

心臓の筋肉が個別に収縮し，全体としての収縮，血液の拍出ができない状態を細動という。心房は血液を心室に送る機能を有している。全身に血液を送る心室の細動では，血液の駆出ができずポンプ不全となり致命的であるが，心房細動では不整脈を認めるのみでほかに症状を認めないことが多い。しかし，心房内に血栓を生じやすく，血栓が血流に乗って脳まで運ばれ，脳血管を閉塞すると脳梗塞を生じる。

✎ 不整脈 p.446

信用失墜行為の禁止

しんようしっついこういのきんし

介護福祉士，社会福祉士，精神保健福祉士，保育士などに課せられる義務。社会福祉士及び介護福祉士法第45条において，「社会福祉士又は介護福祉士は，社会福祉士又は介護福祉士の信用を傷つけるような行為をしてはならない」と規定されている。同法第32条（および第42条第２項）では，社会福祉士または介護福祉士がこの規定に違反した場合，厚生労働大臣はその登録を取り消し，または期間を定めて社会福祉士または介護福祉士の名称の使用停止を命じることができる，としている。また，公益社団法人日本社会福祉士会の「社会福祉士の行動規範」では社会福祉士は，社会的信用を保持するため，他の社会福祉士と協力してお互いの行為をチェックし，ともに高め合わなければならない，と規定されている。

✎介護福祉士 p.59，社会福祉士及び介護福祉士法 p.215，資料① p.522

心理劇

しんりげき

ヤコブ・L・モレノ（Moreno, Jacob L.：1889～1974）が考案した集団心理療法。サイコドラマともいう。クライエントが主役だけでなく，劇中の様々な役割を取ることで，違った立場を経験することから自己洞察を得ることができ，治療効果が現れる。高齢者でも用いられることがあり，レクリエーション療法的な利用をさせることもある。

心理検査　表41

しんりけんさ

個人（または集団）の性格・能力，その他の心理的特徴や傾向，さらにその障害について知る目的で行われる検査の総称である。目的別に分類すると，「人格検査」「知能検査」「特殊能力検査」などに大別され，施行法別に分類すると，「質問紙法」「投影法」「描画法」「作業検査法」などに分けられる。

心理的リハビリテーション

しんりてきりはびりてーしょん

リハビリテーションの実践を構成する一つで，心理学的な立場から行われるリハビリテーション。臨床心理士やカウンセラーなどが，本人と家族への支援を行っていく。

心理判定員

しんりはんていいん

▶児童心理司 p.203

診療所

しんりょうじょ

19人までの入院設備を有する医療施設をいう。開設には，都道府県知事への届出（開設者が医師でない場合には許可）が必要である。病床を有さないものを無床診療所，有するものを有床診療所という。令和3年医療施設調査によると，無床診療所は約9万8千あり増加傾向，有床診療所は約6千あり減少傾向にある。

診療報酬

しんりょうほうしゅう

▶社会保険診療報酬 p.217

心理療法

しんりりょうほう

クライエントが抱える心理的問題を解決するために心理専門家が援助を与えること。精神科医が行う場合は精神療法という。心理療法家（サイコセラピスト）は，専門的な訓練を受けてはじめて心理療法を行うことができ，個別に行う個人療法と集団で行う集団療法がある。また，家族を単位として行う場合は家族療法という。理論的立場からは，精神分析，行動療法，クライエント中心（パーソンセンタード）療法，認知療法（認知行動療法）などが区別される。日本で始まったものとしては，森田療法，内観療法，動作法（動作療法）などがある。高齢者を対象としたものとしては，リアリティ・オリエンテーション（現実見当識訓練）や回想法がある。この2つはグループワークとして行われることが多く，専門家でなくても行うことができる。他にも芸術療法や音楽療法など様々な技法がある。心理療法とカウンセリングを区別する場合は，心理療法は病的な問題と深刻な問題の解決を目指し，カウンセリングは生活上の問題や自己成長を促すことを目指す。

✎回想法 p.68，クライエント中心療法 p.113，行動療

表41　主な心理検査

人格検査	Y-G 矢田部ギルフォード性格検査，新版 TEG-Ⅱ，PIL テスト，MMPI，SCT，バウムテスト，P-F スタディ，ロールシャッハテスト，TAT 絵画統覚検査
発達および知能検査	ビネー式知能検査（田中・ビネー知能検査Ⅴ，鈴木・ビネー式検査），遠城寺式乳幼児分析的発達検査法，新版 K 式発達検査，ウェクスラー式知能検査（WAIS，WISC，WPPSI），長谷川式認知症スケール，コロンビア知的能力検査
認知機能および特殊能力検査	WAB（Western Aphasia Battery）失語症検査，K-ABC 心理・教育アセスメントバッテリー，内田クレペリン精神検査，日本版 CMI，柄澤式「老人知能の臨床的判定基準」，ベントン視覚記銘検査，MMSE，GBS スケール

法 p.144，認知療法 p.403，リアリティ・オリエンテーション p.496

す

遂行機能障害

すいこうきのうしょうがい

　高次脳機能障害の症状の一つ。日常生活や仕事の内容を計画して処理することができない，一つひとつ指示されないと行動できないなどの特徴がある。前頭葉障害という場合もある。この障害のある人への対応としては，具体的に紙に書いておくことや，作業をするときは時々見直すよう促すことが挙げられる。

✎高次脳機能障害 p.138

水晶体

すいしょうたい

　眼球の中でレンズの働きをする部位。白内障では水晶体が白濁する。加齢白内障では，白濁は水晶体の周辺から始まるため，初期段階では視力障害はきたさない。手術的に水晶体摘出，眼内レンズの装着といった治療を行うことによって，視力の回復が図れる。

✎白内障 p.416，資料㉘ p.542

膵臓がん　図118

すいぞうがん

pancreatic carcinoma

　60 歳以上の高齢者に好発し，ほとんどが膵管上皮細胞から発生する悪性腫瘍である。約 2/3 は膵頭部に発生する。自覚症状がないことが多い。浸潤傾向が強く，血行性やリンパ行性に転移しやすいため，予後が不良である。がんの後腹膜神経叢への直接浸潤によって，背中や腰に激痛を生じることがある。患者数は世界的に年々増加している。

図 118　膵臓がん

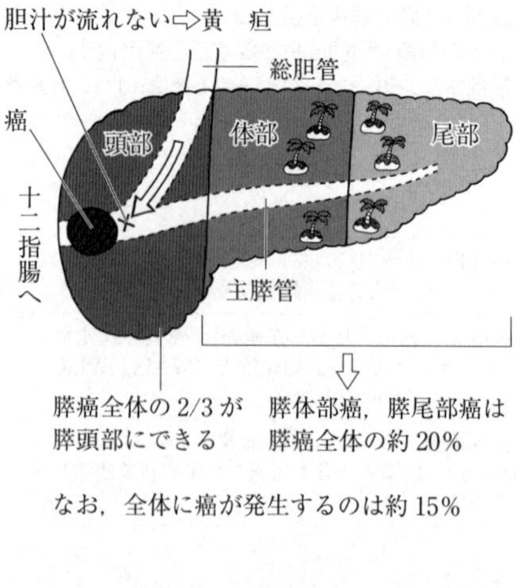

膵臓機能障害

すいぞうきのうしょうがい

　膵臓に関する疾患としては，膵臓がんや慢性膵臓炎が代表的なものである。膵臓がんは予後が不良なことが多い。膵臓はインスリンを分泌し，血糖値を下げているので，膵臓機能に障害があると膵性糖尿病となる。膵臓疾患は自覚症状があまり出ないといわれている。身体障害者手帳には膵臓機能障害に関する項目はなく，身体障害者手帳は交付されない。

水分補給

すいぶんほきゅう

　人間の体内にある水分は体重の約 60% であり，小児ではこれより多く，高齢者では少ない(新生児で約 80%，高齢者は約 50%)。40% が細胞内，20% が細胞外（血液，リンパ液など）にある。体重 1kg 当たりの 1 日の水分必要量は，幼児 100 ～ 120mL，子供 50 ～ 100mL，成人 50mL（体重 60kg で 3,000mL），高齢者 40mL であるが，発汗が多いなどの場合にはこれより多くなる。

✎資料⑱ p.537

睡眠時無呼吸症候群

すいみんじむこきゅうしょうこうぐん

SAS；sleep apnea syndrome

　睡眠中に無呼吸または低呼吸状態が何回も起こり，そのために睡眠が妨げられるもの。無呼吸とは，口や鼻の気流が 10 秒以上停止すること。低呼吸とは，10 秒以上換気量が 50% 以上低下すること。上気道の閉鎖は肥満，扁桃肥大などが原因である。症状には，昼間の耐え難い眠気，抑うつ，頻回の中途覚醒，集中力の低下，大きないびき，睡眠中の呼吸の停止（家族が気付く）などがある。

睡眠障害 図119

すいみんしょうがい

sleep disorder/sleep disturbance

睡眠に関連した様々な病気の総称。不眠症と過眠症に大別される。不眠症は①入眠障害，②熟眠障害（浅眠と中途覚醒），③早朝覚醒，④睡眠時間短縮に分けられる。うつ病の不眠は要注意で，うつ病を見逃して不眠だけの治療をしていると自殺の危険性がある。過眠症の代表はナルコレプシーで，居眠り病ともいわれ，昼間の睡眠発作や入眠時幻覚がある。また，昼夜のサイクルと体内時計のリズムが合わないため，本来望ましい時間帯に睡眠が取れなくなり，活動に困難をきたすような睡眠障害を概日リズム障害という。

✎早朝覚醒 p.320，入眠障害 p.394

睡眠薬

すいみんやく

中枢神経の興奮を抑えることで，睡眠を促す，または持続させる薬剤。睡眠薬には，超短時間型，短時間型，中間型，中～長時間型がある。高齢者においては，副作用でよくみられるふらつきや転倒などに注意する。離脱期にせん妄を起こす場合もある。服用量・時刻は医師の指示を守る。原則的に投与は医療従事者の業務であるが，介護従事者も十分注意し副作用の有無を確認する。

スーパーバイザー

supervisor

ソーシャルワーカーが，専門職としてより成長するための援助・指導（スーパービジョン）を行う者のことである。スーパーバイザーは，ワーカー（スーパーバイジー）の上司が行う場合と職場外から招く場合とがある。

✎スーパービジョン p.293

図 119　過眠症の一例・ナルコプレシー

スーパービジョン

supervision

クライエント（利用者）に対する支援の質の向上とソーシャルワーカーの養成を目的として，社会福祉施設や機関で行われる専門職養成・教育訓練の過程のこと。その機能には，①実践上の葛藤で苦しむワーカーを精神的に支え，燃え尽き（バーンアウト）を防ぐように支援する支持的機能，②実践を通して抽象的な理論と実践を結びつけさせ，またワーカーとして必要な知識・技術・価値を伝授する教育的機能，③ワーカーの力が発揮できるよう機関・組織の環境を管理し，また組織・機関の方針に沿った活動を行うようにワーカーを管理する管理的機能の３つがある。

個人スーパービジョン：最も典型的なスーパービジョンの形態。スーパーバイザーとスーパーバイジー（ワーカー）が一対一の面接方式で行う。その利点は，スーパーバイジー（ワーカー）の到達点やニーズに応じたスーパービジョンを行うことができることである。

グループスーパービジョン：スーパーバイザーを含むグループ形式で行う形態。ケースカンファレンスや研修会形式で行うことが多い。その利点は，グループメンバーが相互に意見を交換することで新しい気づきや共感といった学習効果が期待できることである。

ライブスーパービジョン：スーパーバイジー（ワーカー）が行っている面接などの実践現場にスーパーバイザーが同席してスーパービジョンを行う形式。その利点は，スーパーバイジー（ワーカー）が体験している事柄に時間差なく助言できることである。

ピアスーパービジョン：実践経験が同程度のワーカー・同僚のみによるスーパービジョン，スーパーバイザーを含めない形式。その利点は，親しみやすい雰囲気での討議ができることである。

✎スーパーバイザー p.293，燃えつき症候群 p.481

SCAPIN775

スキャッピンナナナナゴ

▶社会救済に関する覚書 p.210

すくみ足歩行

すくみあしほこう

frozen gait

歩行開始の際，第一歩が踏み出せず，あたかも足が床にへばりついたかのようにみえる状態。患者は足を右足から出したらよいのか，左足から出したらよいのか躊躇する。号令や手拍子をリズミカルに送って足踏みをさせ，そのまま前進させると歩けることがある。パーキンソン病でみられる歩行障害の一つ。

✎パーキンソン病 p.410

スクリーニング

screening

様々な条件や状況の中から選別する，ふるいにかける，選び出すという意味。具体的には，ある母集団から疾患の疑いがある者や介護を要する状態に陥りやすい危険がある者などを見分けることにより，効果的な介入を行うことが可能となることである。

健やか親子 21

すこやかおやこにじゅういち

2000（平成 12）年 11 月に当時の厚生省「健やか親子 21 検討会報告書」によって取りまとめられたもの。21 世紀の母子保健の主要な取り組みを示すビジョンであり，関係者，関係機関・団体が一体となって推進する国民運動計画のこと。健康増進法を根拠とする「健康日本 21（21 世紀における国民健康づくり運動）」の一環として実施されている。計画期間は，第 1 次が 2001 ～ 2014（平成 13 ～ 26）年で，第 2 次が 2015 ～ 2024（平成 27 ～令和 6）年とされている。第 2 次計画では，すべての国民が地域や家庭環境の違いにかかわらず，同じ水準の母子保健サービスが受けられるよう 3 つの基盤課題（①切れ目のない妊産婦・乳幼児への保健対策，②学童期・思春期から成人期に向けた保健対策，③子どもの健やかな成長を見守り育む地域づくり）と 2 つの重点課題（①育てにくさを感じる親に寄り添う支援，②妊娠期からの児童虐待防止対策）を挙げている。

✎育児不安 p.17，健康日本 21 p.128

鈴木・ビネー知能検査

すずきびねーちのうけんさ

心理学者の鈴木治太郎（すずきはるたろう：1875 ～ 1966）が，1930（昭和 5）年に発表したビネー式知能検査。正式名称は「実際的個別的知能検査法」。子どもの日常生活場面から問題が作成され，短時間で測定できる。2007（平成 19）年の改訂版では，時代に即して問題内容と尺度が作成され，図版や絵カードなどの検査用具も一新された。適用範囲は，2 歳 0 か月～ 18 歳 11 か月。

✎ビネー p.432，ビネー式知能検査 p.432

スタンダードプリコーション

standard precaution

標準予防策ともいう。病原体の種類にかかわらず，感染の予防に対して共通して行われる対策のこと。患者の，汗を除いた体液（血液や唾液など），皮膚，排泄物などは感染の可能性がある物質とみなして対応する。石鹸を使用した手洗い，体液や粘膜に触れる際の手袋着用，体液が飛び散る可能性がある場合のマスク，ゴーグル，ガウン着用，体液で汚染されたリネン類をビニール袋で密閉し，感染があることを明示して処分する，などである。病原体によっては標準予防策のみでは不十分なので，さらなる対策を講じる。

酢漬け

すづけ

主に野菜や魚などを酢に漬ける調味・保存法。食品の pH を低下させることで，微生物を死滅させ，増殖の抑制をする。食酢の主成分は酢酸であるが，柑橘類のクエン酸や発酵食品の乳酸などの有機酸も有効である。酢漬けを利用した食品として，魚の酢漬け（さば，あじ，たいなどのきずし），野菜の酢漬け（らっきょう，しょうが，ピクルスなど）がある。同じ pH であっても，酢酸や乳酸など弱酸の方が，クエン酸などより菌体への透過性があり，保存効果が高いと考えられている。

✎食品の保存方法 p.266

スティグマ

stigma

ギリシャ語に由来し，異常もしくは悪いところのある人々を区別するために身体につけられた烙印，しるしを指す言葉であった。社会学ではアーヴィング・ゴフマン（Goffman, E.：1922 ～ 1982）が『スティグマの社会学』（1963）の中で，社会的アイデンティティの問題として取り上げてから広く使われるようになった。ゴフマンは，自分が思っている社会的アイデンティティとはずれた，他者からみた社会的アイデンティティおよびそれを引き起こす特徴をスティグマとした。具体的には，身体上の障害，個人の性格上の欠点，人種・民族・宗教などの集団に帰属するものが挙げられる。

福祉の分野では，援助を必要とする事態に直面すること，実際に援助を受けることなどに関してつきまとう烙印，否定的なイメージをスティグマとしている。選別主義におけるミーンズ・テストなどではサービス利用者にスティグマを与えやすいとされる。利用者自身がそうした意識を抱いていたり，周囲から何らかの形でスティグマを付与されたりしていることもあり，援助者には配慮が求められる。

ストーマ

stoma

人工膀胱や人工肛門のように，尿や便の排泄物が体外に出るよう手術により腹壁に造られた排泄口のこと。ストーマは，自分の尿管や腸を直接腹部の外に出してあり，自分の意思とは関係なく排泄されるため，ストーマ用の装具を腹部に貼って管理を行う。手術の目的により永久的なストーマと，後からストーマを閉じる一時的ストーマがある。

結腸ストーマ p.125，小腸（回腸）ストーマ p.251，人工肛門 p.277，人工膀胱 p.279

ストーマ用装具 図120

すとーまようそうぐ

ストーマからの排泄物を溜めるため，ビニールで作られたパウチという袋を使用する。パウチには，ワンピースタイプとツーピースタイプの2種類があり，総称して装具という。ワンピースは腹部に貼りつける接着剤のついたフランジ(面板)とパウチが一体となっているもので，ツーピースは，別々になっている。装具は，ストーマや腹部の形に合ったものを選ぶ。身体障害者手帳の取得により，ストーマ用装具の購入費の給付等が支援される。

日常生活用具給付等事業 p.389，資料⑤ p.532

ストレス

stress

カナダの生理学者であるハンス・セリエ(Selye, H.：1907～1982）によりまとめられた概念。ストレスとは元来，何らかの力（ストレッサー）が加わって，物体が変形したり緊張した状態になることを指す。しかし現在では，様々な原因で心身の健康を脅かされている「状態」またはその「原因」の両方を「ストレス」と呼ぶことが多い。

図120 ストーマ用装具

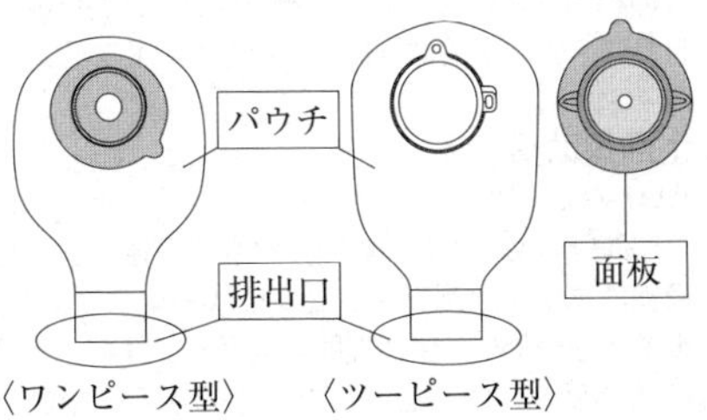

ストレスチェック

ストレスに関する質問票（選択回答）に労働者が記入し，それを集計・分析することで，自分のストレスがどのような状態にあるのかを調べる簡単な検査。労働安全衛生法の改正により，労働者が50人以上いる事業所では，毎年1回，この検査を全ての労働者（契約期間が1年未満の労働者や，労働時間が通常の労働者の所定労働時間の4分の3未満の短時間労働者は義務の対象外）に対して実施することが義務づけられている。

労働安全衛生法 p.515

ストレスマネジメント

stress management

ストレスに対し適切に対処し，つきあっていくための対策の総称。ストレスは多くかかりすぎると身体的な症状が現れたり病気になったりするが，多少のストレスがかかることで，人は改善を求めたり上昇・上達するための意欲をもったりすることができるともいえる。ストレスマネジメントにより，ストレスを感じる過程を見直し，もととなるストレスを回避することや，受け止め方を変えること，またストレスの発散を促すことなどで，状況に応じてストレスとうまく付き合っていくことが大切である。

ストレングス

strength

強さ，力の意。人間は困難や試練の中に置かれても，強さや健康的な面をもち，こうした復元力が人間を支える，という考え方で，エンパワメントの前提をなす視点であるととらえられる傾向にある。ストレングスは，比較的新しいソーシャルワークの視点であり，1989年にヴェック(Weick, A.）らによりまとめられ，カンザス大学を中心に実践・研究が進められている。

エンパワメント p.47

ストレングス・モデル

strength model

要支援者の「できないこと」「問題点」に目を向けるのではなく，本人がもっている「できること」「強さ」に焦点を当てて支援をすること。こうした援助を行うことで，要支援者は自らが課題を解決する力を獲得するといわれている。サレエベイ（Saleebey, D.）によれば，ストレングスとは「人間は困難でショッキングな人生経験を軽視したり，人生の苦悩を無視したりせず，むしろこのような試練を教訓にし，耐えていく能力である復元力を基本にしている」という。

スプーンホルダー

手指に麻痺があったり，握る力が弱いためにスプーンが持てない場合に手にスプーンを固定するための自助具である。

自助具 p.191

スペシフィック

specific

1929年のミルフォード会議の報告書で提示されたもので，ケースワークの共通性を「ジェネリック」，分野ごとの特殊性を「スペシフィック」という概念で示した。「スペシフィック」とはジェネリック・ソーシャル・ケースワークのある側面のより一層の発展や，他の領域がほとんど用いない極めて特有な技術，ある一つの領域にのみ個別化して適用されるものと考えられる。

スモン

SMON；subacute myelo-optico-neuropathy

亜急性脊髄・視神経・末梢神経障害。1960（昭和35）年に下痢・腹痛に対してキノホルムが処方されていたが，その後，足のしびれや歩行困難，寝たきりになる症例が相次いだ。後に，キノホルム中に含まれる3価鉄キレートが原因と分かり，1970（昭和45）年にキノホルムの製造販売停止が勧告された。すなわち，スモンはキノホルムによる薬害である。脱力・歩行困難・視力障害に加え，白内障・高血圧症を合併することもある。日本の難病対策に端を発する疾患である。特定疾患治療研究事業の対象疾患であり，医療費の自己負担分が公費で助成される。

特定疾患治療研究事業 p.373

スライディングシート（マット）

移乗や移動，体位交換等の場面で用いることで，利用者と介護者双方の体の負担を軽減しスムーズにするための福祉用具。滑りやすい素材で丈夫な布を用いて体の下に敷き，滑らせて移動する。移動・移乗時に起こる摩擦を軽減し，少ない力で介助をすることができる。

スライディングボード

移乗時にベッドと車いすの隙間や，シャワーチェアと浴槽の隙間などを埋めて（橋渡しをする），移乗動作を安全にスムーズに行うための板状の福祉用具。トランスファーボードともいう。身体をボードの上に乗せてすべらせるようにして移動する。

スロープ

slope

車いすなどの走行時に使用する段差解消のための板状の福祉用具。介護保険制度による福祉用具の貸与の対象は，取り付け時に工事を伴わないものとされている。

せ

性　格

せいかく

個人の精神機能の持続的・恒常的な特徴のうち，情意面（感情と意志）の特性をいう。性格の基礎にある感情面の先天的な特性を気質という。先天的および後天的な要因が性格の形成に関与する。

気質 p.94

生活援助

せいかつえんじょ

介護保険制度における生活援助とは，「身体介護以外の訪問介護で，掃除，洗濯，調理などの日常生活の援助」と示されている。介護を必要とする人にとっては，生命維持と生活の継続のために不可欠なものである。単に家事を代行するのではなく，ケアプランに基づいた利用者の生活の自立支援，QOLの向上に結びつく支援の提供が求められる。一般的に生活援助の範囲に含まれない行為として，「直接本人の援助」に該当しない行為，「日常生活の援助」に該当しない行為が示されている。同居家族のいる利用者の場合でも，それぞれの利用者の状況に応じて適切なプランが作成されれば，生活援助は提供できるとされている。

生活援助員

せいかつえんじょいん

1987（昭和62）年に，厚生労働省と国土交通省は高齢者世話付住宅（シルバーハウジング）事業を始めたが，生活援助員（ライフサポートアドバイザー）は，こうした住宅30戸につき1

人の配置割合で，高齢入居者への生活相談，安否の確認，緊急時の対応などを行う。民間賃貸住宅においてもボランティアなどによる準援助員が派遣される。

✎シルバーハウジング p.274

生活介護

せいかつかいご

障害者総合支援法第５条第７項に規定される介護給付の一つ。常時介護を要する障害者に対し，主に昼間，障害者支援施設などの施設において入浴，排泄，食事の介護，創作的活動，生産活動の機会の提供等を行うもの。

✎自立支援給付 p.270

生活困窮者

せいかつこんきゅうしゃ

生活困窮者自立支援法においては，「就労の状況，心身の状況，地域社会との関係性その他の事情により，現に経済的に困窮し，最低限度の生活を維持することができなくなるおそれのある者」と定義されている。同法による自立相談支援事業においては，収入等の具体的な要件を設けずに，複合的な課題を抱える生活困窮者がいわゆる「制度の狭間」に陥らないよう，できるだけ幅広く対応することを目指すべく，「生活困窮者」の厳密な範囲や要件を規定していない。

✎生活困窮者自立支援法 p.297

生活困窮者自立支援法

せいかつこんきゅうしゃじりつしえんほう

平成25年制定，平成27年４月施行，法律第105号。生活保護受給者や生活困窮に陥る人々の増大に対応して，生活保護制度の見直しと併せ，生活困窮者支援のために制定された法律。生活保護に至る前の段階の生活困窮者に対して，自立支援策の強化を図ることを目的としている。自立相談支援事業，住居確保給付金の支給を福祉事務所設置自治体の必須事業とし，さらに任意でその他の生活困窮者に対する自立の支援に関する措置を講ずるものとしており，就労準備支援事業，一時生活支援事業，家計相談支援事業，就労訓練事業，生活困窮世帯の子どもの学習支援なども示されている。

✎住居確保給付金の支給 p.222，自立相談支援事業 p.273

生活史

せいかつし

生活史については，社会学や社会福祉学の領域など，学問によって意味づけが異なる。よくライフヒストリー，ライフストーリーなどと同意に並べられ，ややもすると，すべてが同様の意味をもつように扱われがちであるが，整理することが必要である。生活史は，個別援助技術（ケースワーク）においての「生活モデル」，あるいは，回想法を用いるとき，レクリエーション活動援助の際に，個人へのかかわりにおいて有効な情報を提供することになる。そして，何よりも「一人のひと」を理解しようとする姿勢において欠かすことはできないものである。

✎回想法 p.68

生活支援

せいかつしえん

身体や精神の障害により，日常生活を営む上で支障のある人に対して，食事，排泄など身体維持に必要な事柄を提供するとともに，社会参加にまつわる移動介護や付き添いなどを行うサービス。介助や介護を含み，かつ生活を支えるために必要な様々な支援を包括するもの。

生活支援員

せいかつしえんいん

社会福祉法第２条で第二種社会福祉事業に規定される福祉サービス利用援助事業（事業名：日常生活自立支援事業）において，専門員が作成した支援計画に基づき，日常的・具体的な福祉サービスの利用援助や日常的金銭管理を行う者。また支援計画に基づく定期的な援助だけではなく，利用者が適切な福祉サービスを受けながら，人間らしい尊厳のある生活を営むことができているかを見守り，必要とあれば支援計画の見直し，新たな援助を行うよう専門員に報告する役割がある。

✎日常生活自立支援事業 p.388

生活支援ハウス

せいかつしえんはうす

60歳以上で一人暮らしをしていること，夫婦のみの世帯，家族からの援助を受けることが困難な場合など，独立した生活を送ることに不安がある高齢者を対象とした小規模多機能施設。住居の提供，利用者への各種相談・緊急時の対応，介護あるいは保健福祉サービスの利用手続きなどの援助，地域住民との交流のための場所の提供などが事業内容。介護保険法の指定通所介護事業所となる老人デイサービスセンターや，通所リハビリテーション事業を行う介護保健施設などに併設され，実施主体は市町村である。元々は「高齢者生活福祉センター」とされていたが，過疎地などの設置地域の限定がなくなり，2001（平成 13）年から同名称に変更された。

生活指導

せいかつしどう

高齢者福祉，障害者福祉の領域で主に入所施設において，入所者の生活全般について行う指導のこと。施設内で，一定の規範を守って生活できるように支援すること。

生活指導員

せいかつしどういん

現在，生活指導員という職種があるのは生活保護法の救護施設と更生施設，売春防止法の婦人保護施設においてである。また，障害者自立支援法（現・障害者総合支援法）に基づく多くの事業においては，同法施行以前は生活指導員と呼ばれていたが，現在は生活支援員という名称になっている。

✎生活支援員 p.297

生活習慣病

せいかつしゅうかんびょう

lifestyle related disease

喫煙，飲酒，運動不足，肥満など生活習慣（ライフスタイル）が発症や経過に密接な関係を有する疾患を生活習慣病という。糖尿病，肺がん・大腸がん，高血圧症，脂質異常症，肥満症，虚血性心疾患，脳血管疾患などが含まれる。栄養のバランス，脂肪エネルギー比率を適正にすることは，予防の第一歩である。「健康日本21〈第２次〉(21世紀における第２次国民健康づくり運動)」においても５つの基本的方向の中で生活習慣病の予防が掲げられている。

✎健康日本 21 p.128，生活習慣病対策 p.298，メタボリックシンドローム p.478

生活習慣病対策

せいかつしゅうかんびょうたいさく

食生活や運動習慣などの生活習慣がその罹患に深く関係している疾患の総称。糖尿病，肺がん・大腸がん，高血圧症，脂質異常症，肥満症，虚血性心疾患，脳血管疾患などが含まれる。日本では，生活水準の上昇に伴い，偏った食生活や運動不足，不規則な生活に陥る人が多くなり，生活習慣病の罹患者や予備軍が増加している。生活習慣病は，その発病が生活習慣と密接に関係していることから，現在，第一次予防が対策の中心とされている。具体的には，健康増進法を根拠として国が策定している「健康日本 21（21 世紀における国民健康づくり運動)」に基づき実施されている。個々の施策により設けられた項目は異なるが，生活習慣病対策を重要項目として位置づけており，予防にかかる適度な運動や栄養改善についての指導・普及啓発，受療率の低下を目的に個々の施策を連携しながら実施されている。また，医療制度改革に伴い，2008（平成 20）年度より 40 ～ 74 歳の被保険者・被扶養者に対してメタボリックシンドロームに着目した「特定健康診査」の実施が保険者に義務づけられるとともに，健診を受けた者の中から発症リスクの高い者を抽出し，面接や電話を通じて生活習慣改善を継続的に支援する「特定保健指導」が行われている。

✎健康日本 21 p.128，特定健康診査 p.372，メタボリックシンドローム p.478

生活相談員

せいかつそうだんいん

介護老人福祉施設，短期入所生活介護，通所介護等に配置される職員。資格要件は社会福祉法第 19 条第 1 項各号のいずれかに該当する者，またはこれと同等以上の能力を有すると認められる者でなければならない（社会福祉主事等の任用資格)。利用者並びにその家族等の相談に応じ，自立に向けた援助を行う。入所施設の場合，入所者の数が 100 名またはその端数を増すごとに 1 名以上とされており，常勤であることとされている。

生活単位

せいかつたんい

入居者同士がなじみの関係を形成しやすく，個人が自分らしさを保てるグループの単位をいう。ユニット（入居者側からみた「生活単位」）の単位規模については，6 ～ 15 人程度と想定されるが，その適正規模は，状態像，提供される介護の質，建築空間のあり方などにより変わる。

生活の質

せいかつのしつ

▶QOL p.98

生活のしづらさなどに関する調査

せいかつのしづらさなどにかんするちょうさ

全国在宅障害児・者等実態調査ともいう。在宅の障害児・者等（これまでの法制度では支援の対象とならない人を含む）の生活実態とニーズを把握することを目的とする。これまでの身体障害児・者実態調査及び知的障害児（者）基礎調査を拡大・統合して実施。調査の対象は，全国約4,500の国勢調査の調査区に居住する在宅の障害児・者等（障害者手帳所持者又は障害者手帳は非所持であるが，長引く病気やけが等により生活のしづらさがある者）である。調査項目は，日常生活のしづらさの状況，障害の状況，障害者手帳の有無，福祉サービスの利用状況，日常生活上の支援の状況，日中活動の状況，外出の状況，家計の状況などである。

生活のレクリエーション化

せいかつのれくりえーしょんか

日常生活の様々な局面を楽しみとして追求し，それが最低限の必要を越えてレクリエーションとして定着すること。例えば，食事をつくることは生命の維持に欠かせない生活上の行為だが，それを「料理の楽しみ」あるいは「会食の楽しみ」として追求すれば，その食事は命をつなぐばかりでなく，楽しいレクリエーションとしての側面ももつことになる。生活そのものを楽しむという姿勢は，高齢者や障害者の日常生活の充実のために，健常者の場合以上に重要な課題である。

生活場面面接

せいかつばめんめんせつ

ライフスペース・インタビューともいう。面接室や時間など，面接に関する取り決めなどを明確にすることを構造化というが，生活場面面接は，こうした構造化が緩やかである。利用者の居宅，福祉施設の居宅や食堂など，利用者の生活環境に近い場面で行われ，利用者は緊張せず気楽に話せる。また，利用者の生活場面を理解する上でも有効である。

生活福祉資金 表42

せいかつふくししきん

生活福祉資金貸付制度によって，低所得者世帯などに対して，必要な援助指導とともに低利または無利子で貸し付けられる資金。対象は低所得者世帯，障害者世帯，高齢者世帯で，資金種類は総合支援基金，福祉資金，教育支援資金，不動産担保型生活資金の４種である。生活福祉資金貸付制度は，社会福祉協議会が軸となり，民生委員の協力のもと実施されている。

✎教育支援資金 p.102，生活福祉資金貸付制度 p.299，総合支援資金 p.319，福祉資金 p.441，不動産担保型生活資金 p.447

生活福祉資金貸付制度

せいかつふくししきんかしつけせいど

低所得者世帯などに対して，経済的自立や安定した生活の確保を目的として，必要な援助指導とともに低利または無利子で資金を貸し付ける制度。生活保護法の「補足性の原則」に対応する制度の一つである。生活福祉資金貸付制度の貸付業務は，都道府県社会福祉協議会が主体となって行われており，制度利用の手続きの流れでは，貸付の審査・貸付決定を担っている。市町村社会福祉協議会は，担当職員を配置し，都道府県社会福祉協議会の業務のうち，申込受付，直接利用者にかかわる貸付金の交付，償還金の受入・督促などの業務を行っている。民生委員は，生活福祉資金の利用を希望する者の相談・支援を担っている。

✎生活福祉資金 p.299

生活扶助

せいかつふじょ

生活保護法第 11，12 条に規定される８つの扶助のうちの一つ。生活扶助の範囲には，衣食その他の日常生活の需要を満たすために必要なものと，移送がある。原則として居宅による金銭給付の形をとるが，それにより最低生活に達し難い場合は施設（救護施設，更生施設など）を利用して現物給付（入所保護）を行う（生保 30, 31 条)。給付額は毎年改定される生活保護基準のうちの生活扶助基準による。また，「級地」の考え方が導入されている。現行の８種類の扶助の中でも最も基本的な扶助である。なお，この扶助は，食費や被服費など，個人単位の費用である第１類の経費と，光熱水費などの世帯単位の費用である第２類の経費および各種加算を中心に構成されている。

✎生活保護法 p.301

生活保護基準

せいかつほごきじゅん

生活保護における，健康で文化的な最低限度の生活水準を示す尺度。これによって生活保護の要否が判定されるとともに，保護の際の給付の水準も表し，さらには国家にとって適切なナショナル・ミニマムの水準も示すことになる。国民の最低生活を保障するために，8 種類の扶助の基準が「生活保護法による保護の基準」で規定されている。保護の基準は，要保護者の必要に応じて，性別，年齢別，地域別，世帯別で区分されており，原則として年に 1 回改定される。地域別の区分に関しては，「級地」の考え方が導入されている。

✎ナショナル・ミニマム p.385

生活保護制度

せいかつほごせいど

日本国憲法第 25 条は，「すべて国民は，健康で文化的な最低限度の生活を営む権利を有する」と生存権を規定している。この生存権の保障を具体的に実現するための手段の一つとして，生活保護法が制定された（旧法 1946（昭和 21）年，新法 1950（昭和 25）年）。保護の種類として 8 つの扶助から構成され（生保 11 条），必要に

表 42　生活福祉資金貸付条件等一覧

資金の種類		貸付条件				
		貸付限度額	据置期間	償還期限	貸付利子	保証人
総合支援資金	生活支援費	（二人以上） 月 20 万円以内 （単身） 月 15 万円以内 ・貸付期間：12 月以内	最終貸付日から 6 月以内	据置期間経過後 10 年以内	保証人あり 無利子 保証人なし 年 1.5%	原則必要 ただし，保証人なしでも貸付可
	住宅入居費	40 万円以内	貸付けの日（生活支援費とあわせて貸し付けている場合は，生活支援費の最終貸付日）から 6 月以内			
	一時生活再建費	60 万円以内				
福祉資金	福祉費	580 万円以内 ※資金の用途に応じて上限目安額を設定	貸付けの日（分割による交付の場合には最終貸付日）から 6 月以内	据置期間経過後 20 年以内	保証人あり 無利子 保証人なし 年 1.5%	原則必要 ただし，保証人なしでも貸付可
	緊急小口資金	10 万円以内	貸付けの日から 2 月以内	据置期間経過後 12 月以内	無利子	不要
教育支援資金	教育支援費	< 高校 > 月 3.5 万円以内 < 高専 > 月 6 万円以内 < 短大 > 月 6 万円以内 < 大学 > 月 6.5 万円以内 ※特に必要と認める場合は，上記各上限額の 1.5 倍まで貸付可能	卒業後 6 月以内	据置期間経過後 20 年以内	無利子	不要 ※世帯内で連帯借受人が必要
	就学支度費	50 万円以内				
不動産担保型生活資金	不動産担保型生活資金	・土地の評価額の 70% 程度 ・月 30 万円以内 ・貸付期間 借受人の死亡時までの期間または貸付元利金が貸付限度額に達するまでの期間。	契約終了後 3 月以内	据置期間終了時	年 3%，または長期プライムレートのいずれか低い利率	要 ※推定相続人の中から選任
	要保護世帯向け不動産担保型生活資金	・土地および建物の評価額の 70% 程度（集合住宅の場合は 50%） ・生活扶助額の 1.5 倍以内 ・貸付期間 借受人の死亡時までの期間または貸付元利金が貸付限度額に達するまでの期間				不要

資料：厚生労働省「生活福祉資金貸付条件等一覧」，一部改変

応じて併給もできる。社会保障制度上の位置づけとしては，公的扶助，国家扶助，公共扶助などと呼ばれるもので，主として貧困者に対する最低限度の生活保障と自立助長を目的とするものである。

✎最低生活保障 p.176

生活保護の原理・原則

せいかつほごのげんりげんそく

生活保護法において示される，生活保護の基本的なあり方と運用についての原理および原則。生活保護の基本原理は①国家責任の原理，②無差別平等の原理，③最低生活の原理，④保護の補足性の原理の４つである。

保護の実施と運用についての原則は①申請保護の原則，②基準及び程度の原則，③必要即応の原則，④世帯単位の原則の４つである。

✎基準及び程度の原則 p.94，国家責任の原理 p.162，最低生活保障 p.176，申請保護の原則 p.282，世帯単位の原則 p.312，必要即応の原則 p.431，保護の補足性 p.463，無差別平等 p.477

生活保護法　図121

せいかつほごほう

昭和 25 年制定，法律第 144 号。1946（昭和 21）年に制定された旧生活保護法を引き継いだ法律。旧法に対して新法と呼ぶことも多い。この法において貧困者に対する最低生活保障と自立助長を目的とした生活保護制度が創設された。目的は「日本国憲法第 25 条に規定する理念に基づき，国が生活に困窮するすべての国民に対し，その困窮の程度に応じ，必要な保護を行い，その最低限度の生活を保障するとともに，その自立を助長すること」とされている。財源をすべて公費（国庫と地方公共団体財源）に求め，最低生活費としての保護基準を設けている。

また，従来と異なり，国民に最低生活を保障すると同時に，積極的にその請求権を認めている。生活保護における原理として，国家責任・無差別平等・最低生活・保護の補足性の４つ，原則として，申請保護・基準及び程度・必要即応・世帯単位の４つを定めている。生活扶助，教育扶助，住宅扶助，医療扶助，介護扶助，出産扶助，生業扶助，葬祭扶助の８つの扶助から構成されている。

✎旧生活保護法 p.100，審査請求 p.280，生活保護制度 p.300

生活モデル

せいかつもでる

社会福祉援助の共通基盤が模索されていた 1980 年代に提唱された考え方の枠組み。それまで援助技術研究の主流であった「どのように援助を行うか」といった「方法・技法モデル」から，社会福祉援助者の人間のとらえ方・物の見方といった共通基盤をなす「専門職モデル」への転換を意図した試みの一つである。代表的な論者にジャーメイン（Germain, C. B.：1917 ～ 1995）やギッターマン（Gitterman, A.：1938 ～）がいる。このモデルは，一般システム理論を基底にすえ，さらに生態学を援用することで，一般システム理論の抽象的すぎる点や価値が存在しないといった問題点を克服し，また，人間と環境との有機的な交互作用をとらえることができるなど，総合的かつ包括的な視点を可能にした。また，生活モデルは，先に述べた共通基盤の

図 121　生活保護法における８つの扶助

模索といった性格から，社会福祉の援助者の役割拡大が必要とされたことを受けると同時に，社会福祉サービスの細分化や官僚化，あるいは制度とニードとの不整合などの状況が生じていることを考慮し，それまでのケースワークでは特に取り上げられなかった仲介者や代弁者としての役割が強調された点に特徴がある。

✎医学モデル p.15，ソーシャルワーク p.322

生活歴

せいかつれき

クライエント本人の出生から現在までの過去の出来事の記録である。生活歴は，本人自身のことのみでなく，家族の文化（価値観や行動様式）を知る上で重要な情報であり，そこから援助の資源を見いだすことができる。援助のための資源として，本人の情報（趣味，職業，性格など）のほか，家族の情報（家族関係，家族の価値観，行動規範など）も用いられる。「ライフ・ヒストリー（life history)」としてケースワークで用いられるほか，「余暇歴」としてレクリエーション支援で用いられることもある。一方，機能主義ケースワークなど，本人の生活歴を重視しない立場もある。

請求権

せいきゅうけん

①主に私法(私人間の関係を規律する法。民法，商法など）の分野において，特定の人に対して一定の行為（作為又は不作為）を請求することができる権利。主として債権から生じ，債権と同義に用いられる場合もある。

②主に公法(国家と私人との関係を規律する法。憲法，行政法，刑法など）の分野において，国家の積極的な作為を要求する権利の総称。一般に，国務請求権ないし受益権といわれる。人権保障をより確実にするための権利であり，請願権（憲法16条)，国または公共団体に対する賠償請求権（憲法17条)，裁判を受ける権利（憲法32条)，刑事補償請求権（憲法40条)，などが国務請求権に属する。

生　協

せいきょう

▶消費生活協同組合 p.257

生業扶助

せいぎょうふじょ

生活保護法第11，17条に規定される8つの扶助のうちの一つ。要保護者の収入増加または自立助長を目的としており，対象はほかの扶助と異なり，困窮のため最低限度の生活を維持できない者だけでなく，そのおそれのある者にまで拡大されている。生業に必要な資金や技能の習得，就労のために必要なものについて給付を行う。高等学校等就学費も生業や就労に必要なものと認められる場合，生業扶助として給付される。生業扶助基準では，生業費，技能修得費，就職支度費が設定されている。

✎生活保護法 p.301

制限の原則

せいげんのげんそく

グループワークの原則の一つ。無条件に受け入れるのではなく，メンバーやグループがもつニードと団体・機関の機能に合った，積極的でグループの発展へとつながるような建設的な制限を加えること。「受容の原則」は無条件の許容ではないし，「葛藤解決の原則」もワーカーが不在でよいのではない。ワーカーは，常にメンバーを見ていて，メンバーが肉体的・精神的にお互いを傷つけあったり，目標に向かう方向から外れてしまったりしないように，制限を加えることが必要である。

✎葛藤解決の原則 p.76，グループワークの原則 p.114，受容の原則（グループワーク）p.232

性行為感染症

せいこういかんせんしょう

STD；sexually transmitted disease

性行為により感染する感染症をいう。梅毒，性器クラミジア感染症，性器ヘルペスウイルス感染症，尖圭コンジローマ，淋菌感染症の5疾患が，感染症法では5類感染症として届出の対象とされている。

生産年齢人口 表43

せいさんねんれいじんこう

15～64歳の階層の人口を指す。生産活動に従事することの可能な人口階層。実際に就労しているか否かは問わない。生産年齢人口と混同されやすい労働力人口とは，15歳以上で労働に対する意思と能力を持っている人口のこと。2022（令和4）年10月1日時点の生産年齢人口は7,420万人で，前年と比較して53万3千人減少した。

✎従属人口 p.224，年少人口 p.406，老年人口 p.516

清　拭

せいしき

身体を清潔にする方法の一つ。入浴ができないときに蒸しタオルなどで身体を拭くこと。全身を拭く方法（全身清拭）と身体の一部を拭く方法（部分清拭）がある。また，手だけを湯につける手浴や，足だけを湯につける足浴もある。全身清拭に使うタオルは55～60℃程度の熱い湯で絞ったものが爽快感があるが，使用時は必ず介護者の皮膚で温度を確認する。清拭時には不必要な露出を避け，身体の観察を行う（発赤の有無，皮膚の状態など）。背部の清拭では健側を下にし，大きめのタオルを用いて蒸すようにすると入浴に近い感じが得られる。清拭後に身体に残った水分は十分に拭き取る。

✎ 手浴 p.233，身体の清潔 p.289，足浴 p.323

誠実義務

せいじつぎむ

社会福祉士及び介護福祉士法第44条の2に定められている，社会福祉士と介護福祉士の義務規定で，2007（平成19）年の同法改正で加えられた条文である。2010（平成22）年，障がい者制度改革推進本部等における検討を踏まえて障害保健福祉施策を見直すまでの間において障害者等の地域生活を支援するための関係法律の整備に関する法律が成立したことにより，社会福祉士及び介護福祉士法が一部改正された。この改正により，誠実義務の条文は，「社会福祉士及び介護福祉士は，その担当する者が個人の尊厳を保持し，自立した日常生活を営むことができるよう，常にその者の立場に立つて，誠実にその業務を行わなければならない」という規定に変更された。

正常圧水頭症

せいじょうあつすいとうしょう

normal pressure hydrocephalus

原因不明で，脳脊髄液の循環不全が起こり，急激な脳圧亢進症状をきたすことなく慢性的に脳圧亢進状態が持続する病気である。脳の機能が次第に障害され，認知障害，歩行障害，尿失禁などの神経症状が出現する。治療は脳室－腹腔シャント術や脳室－心房シャント術などにより髄液の排出を行う。難治性疾患政策研究事業の対象疾患とされている。

生殖家族

せいしょくかぞく

結婚して自分たちで作り上げる家族のこと。

✎ 定位家族 p.360

精神依存

せいしんいぞん

ある物質を使用することによる快楽や報酬効果により，その物質をさらに使用したいという欲求が生じて，自分の意志では使用を制限できなくなる状態。まさに，悪いと分かっているがやめられない状態。精神依存をきたす代表的薬物としては覚醒剤，大麻などが挙げられる。

✎ 身体依存 p.285

表43　人口の総数と年齢3区分別構成割合の年次比較

各年10月1日現在

	総　数（万人）	年齢3区分別構成割合（%） 年少人口（0～14歳）	生産年齢人口（15～64歳）	老年人口（65歳以上）
1950（昭和25）	8320	35.4	59.7	4.9
1960（　35）	9342	30.0	64.2	5.7
1970（　45）	10372	23.9	69.0	7.1
1980（　55）	11706	23.5	67.3	9.1
1990（平成2）	12361	18.2	69.5	12.0
2000（　12）	12693	14.6	68.1	17.4
2005（　17）	12777	13.7	65.8	20.1
2010（　22）	12806	13.2	63.7	23.1
2015（　27）	12709	12.5	60.8	26.6
2020（令和2）	12596	12.0	59.4	28.6
2022（　4）	12471	11.6	59.3	29.1

資料：総務省統計局「国勢調査」および「人口推計」

精神医療審査会

せいしんいりょうしんさかい

精神保健及び精神障害者福祉に関する法律第12～15条に規定がある。1987（昭和62）年の精神保健法改正により創設された。都道府県（指定都市）に設置義務が課せられている審査機関である。入院中の本人または家族等が退院請求や処遇改善請求を行った場合，入院の必要性や処遇の適切さについて審査をするほか，医療保護入院の届け出や措置入院・医療保護入院患者の定期の症状報告の際に，入院の要否を審査する。委員は，精神保健指定医，精神保健福祉に学識経験を有する者，法律に関する学識経験者，から構成された合議体で審査を行い，任期は2年となっている。また，精神保健福祉センターが同審査会の事務を行っている。

✎医療保護入院 p.30，精神保健及び精神障害者福祉に関する法律 p.306，精神保健指定医 p.307，精神保健福祉センター p.308，措置入院 p.324

精神衛生法

せいしんえいせいほう

昭和25年制定，法律第123号。1987（昭和62）年改正で精神保健法と改称された後，1995（平成7）年の改正により，現行の精神保健及び精神障害者福祉に関する法律（精神保健福祉法）に改称されている。精神衛生法は，精神障害者に対する医療および保護，精神障害の予防について定めていたが，精神障害者の隔離収容を基本としていた。1984（昭和59）年無資格者による診療，入院患者への暴行等によるいわゆる宇都宮病院事件に端を発する精神科病院における問題が明らかになると，国内外から精神障害者の人権擁護と社会復帰についての施策が求められるようになり，1987年に大きく改正され，法律名も精神保健法に改称された。

✎精神保健及び精神障害者福祉に関する法律 p.306

精神科医

せいしんかい

医師の中でも精神医学を専門とし，その診療や研究を行う者。さらに精神保健指定医（精神保健福祉法第18条に基づき厚生労働大臣が指定する法的資格）の資格を有する精神科医は，措置入院，緊急措置入院，医療保護入院，応急入院といった強制入院，または隔離，拘束，退院制限などといった行動制限を行う際に，診察および判定を行う。

✎精神保健指定医 p.307

精神科ソーシャルワーク

せいしんかそーしゃるわーく

PSW；psychiatric social work

病院，保健所，精神保健福祉センターなどの精神科分野においてクライエントの社会的復権や権利擁護等の実践を行うソーシャルワークのこと。精神障害者やその家族を対象に援助を行う。援助者はPSWと呼ばれ，日本では精神保健福祉士がこれにあたる。

✎精神保健福祉士 p.307

精神科病院

せいしんかびょういん

精神障害者の治療・保護・社会復帰を目的とする病院。都道府県は原則的に精神科病院の設置が義務づけられている。なお，2006（平成18）年に精神病院の用語の整理等のための関係法律の一部を改正する法律が制定され，行政上使用する用語としては，「精神病院」から「精神科病院」に改められた。

精神作業能力検査

せいしんさぎょうのうりょくけんさ

一定の条件の下で被験者に一定の単純精神作業を課し，作業量，誤数，作業状況などを一定の基準で判定するもので，被験者の単純作業能力や性格傾向を把握しようとする方法。内田クレペリン精神検査，ブルドン抹消検査，ベンダー・ゲシュタルトテスト（BGT）などがある。

✎内田クレペリン精神検査 p.35

成人失語

せいじんしつご

大脳半球の言語領域が種々の原因で損傷を受け，言語機能に障害をきたした状態を失語症という。したがって，末梢の感覚・運動系の損傷による言語障害や，精神障害に伴う言語の異常は失語症といわない。原因疾患として脳血管障害が最も多く，次いで交通事故などの外傷性損傷，脳腫瘍などがある。成人失語とは，成人のこのような障害による失語をいう。

✎失語症 p.197

精神障害者 表44

せいしんしょうがいしゃ

精神保健及び精神障害者福祉に関する法律第5条では，精神障害者を「統合失調症，精神作用物質による急性中毒又はその依存症，知的障害，精神病質その他の精神疾患を有する者をいう」と定義している。また，障害者基本法第２条では，障害者を「身体障害，知的障害，精神障害（発達障害を含む。）その他の心身の機能の障害がある者であって，障害及び社会的障壁により継続的に日常生活又は社会生活に相当な制限を受ける状態にあるものをいう」としている。

障害者基本法 p.237，統合失調症 p.368

精神障害者社会復帰促進センター

せいしんしょうがいしゃしゃかいふっきそくしんせんたー

精神保健及び精神障害者福祉に関する法律第51条の２～11に規定される事業。精神障害者の社会復帰を促進することを目的とする一般社団法人または一般財団法人が，申請に基づき厚生労働大臣より全国で一か所指定される。精神障害者の社会復帰の促進に関する普及・啓発，社会復帰に関する訓練・指導についての調査研究，研究成果に関する情報提供，従事者への研修などを行う。かつては財団法人全国精神障害者家族会連合会（全家連）が指定されていたが，現在指定されている法人はない。

精神障害者地域移行・地域定着支援事業

せいしんしょうがいしゃちいきいこうちいきていちゃくしえんじぎょう

精神障害者地域移行支援特別対策事業を見直し2010（平成22）年度から実施されている事業。「精神障害者地域移行支援特別対策事業」で行ってきた地域移行推進員と地域体制整備コーディネーターの配置に加え，未受診・受療中断等の精神障害者に対する支援体制の構築と精神疾患への早期対応を行うための事業，ピアサポーターの活動費用を計上し，精神障害者と地域の交流促進事業も行えるよう見直しが行われた。2012（平成24）年度に事業の一部が障害者自立支援法（現・障害者総合支援法）の地域相談支援（地域移行支援，地域定着支援）として個別給付化され，2013（平成25）年度からは障害者総合支援法に引き継がれた。

地域生活支援事業 p.340

精神障害者通院医療費公費負担制度

せいしんしょうがいしゃつういんいりょうひこうひふたんせいど

精神障害者の通院医療費について保険給付7割に高額医療費を加え，自己負担として定率負担0.5割と公費負担で賄われていた制度。生活保護の場合は公費負担で9.5割，生活保護から0.5割が支給されていた。1965（昭和40）年の精神衛生法改正によって創設され，全年齢を対象とした。2006（平成18）年から障害者自立支援法（現・障害者総合支援法）の施行に伴い自立支援医療に移行され廃止となった。

精神通院医療 p.306

精神障害者保健福祉手帳　表45

せいしんしょうがいしゃほけんふくしてちょう

1995（平成7）年に成立した精神保健及び精神障害者福祉に関する法律（精神保健福祉法）第45条に規定されている精神障害者の手帳制度。同法では標記の名称とされているが，施行規則第25条に規定のある別記様式第３号により，表紙は「障害者手帳」と記載され，有効期限の記入欄が設けられている。当初は身体障害者手帳，療育手帳と異なり，写真貼付欄がなかったが，2006（平成18）年10月より本人の顔写真が添付されるようになった。障害程度が１級から３級までに区分されており，１級は日常生活の用を弁ず

表44　精神障害者の状況

	総　数	外来患者	入院患者
20歳未満	27.6万人	27.3万人	0.3万人
20歳以上	391.6万人	361.8万人	29.8万人
年齢不詳	0.7万人	0.7万人	0.0万人
合　計	419.3万人	389.1万人	30.2万人

注：精神障害者の数は，ICD-10「V 精神及び行動の障害」から知的障害（精神遅滞）を除いた数に，てんかんとアルツハイマーの数を加えた患者数に対応している。
また，年齢別の集計において四捨五入しているため，合計とその内訳の合計は必ずしも一致しない。
資料：外来患者；厚生労働省「患者調査」（平成29年）より厚生労働省社会・援護局障害保健福祉部で作成
入院患者；厚生労働省「患者調査」（平成29年）より厚生労働省社会・援護局障害保健福祉部で作成
内閣府「障害者白書」（令和4年版）

るのが不能，2 級は日常生活に著しい制限，3 級は日常生活または社会生活に制限，とされている。2 年の有効期限があり，2 年ごとに医師の診断書とともに更新できる。手帳取得により受けることができる主なサービスは，①等級に応じた所得税，住民税等の控除，②生活保護の障害者加算（1，2 級のみ），③ NHK 受診料の減免，その他自治体により公共交通機関の運賃割引や公共施設利用料の減免などである。市町村の担当窓口において申請できる。

精神遅滞

せいしんちたい

全般的な知的機能が平均より明らかに低く，同時に適応行動の障害を有するもので，それが発育途上に現れたもの。先天性または早期後天性（周産期，出生後）の原因で起こり，生涯にわたり精神発達は低い状態にとどまる。

精神発達遅滞と同義で，かつては「精神薄弱」といわれていたが ICD - 9(国際疾病分類第 9 版）以来，精神遅滞を用いる。

✎知的障害 p.347

精神通院医療

せいしんつういんいりょう

障害者総合支援法に基づく自立支援医療の一つ。統合失調症，精神作用物質による急性中毒またはその依存症，知的障害，精神病質その他の精神疾患を有する者で，通院による精神医療を継続的に要する程度の病状にある者が対象。実施主体は都道府県および指定都市。

✎自立支援給付 p.270

精神病質

せいしんびょうしつ

psychopathy

クルト・シュナイダー（Schneider, K.：1887 ～ 1967）により定義された。情緒的体験の貧しさによる自我理想形成の失敗を原因として，性格異常のことで自らが悩むか，あるいは社会により問題とされる異常人格のことを指す。

精神分析療法

せいしんぶんせきりょうほう

頭に浮かぶことを思いのまま語らせる自由連想法で，患者の現在から過去にまでさかのぼり分析する方法。

心的外傷は心因性精神障害の一つであり，ジークムント・フロイトが創始したこの療法が効果的といわれている。

✎外傷後ストレス障害 p.68，フロイト p.450

精神分析理論

せいしんぶんせきりろん

ジークムント・フロイトにより創始されたもので，心の動き・働きとして，「イド」（欲動，行動に駆り立てる力），「自我（エゴ）」（様々な葛藤を調整し，判断して適切な方向を選ぶ力），「超自我（スーパーエゴ）」（道徳的規範，禁止する力）を想定した。この三者のありようや成熟に応じて，その人の適応や病理を考える。古典的精神分析では，頭に浮かんだことを自由に話すことや，みた夢の解釈などにより，無意識の中に抑圧された葛藤を意識にのぼらせ，現在の症状への自覚を得ることによって治療を行う。

✎自我 p.183，フロイト p.450

精神分裂病

せいしんぶんれつびょう

▶統合失調症 p.368

精神保健及び精神障害者福祉に関する法律　表46

せいしんほけんおよびせいしんしょうがいしゃふくしにかんするほうりつ

昭和 25 年制定，法律第 123 号。制定時の名

表 45　等級別にみた精神障害者保健福祉手帳所持者数

（単位：千人）

	総　数	1　級	2　級	3　級	不　詳
平成 28 年	841 (100.0)	137 (16.3)	452 (53.7)	204 (24.3)	48 (5.7)
平成 23 年	568 (100.0)	115 (20.2)	304 (53.5)	129 (22.7)	20 (3.5)

資料：厚生労働省（平成 28 年生活のしづらさなどに関する調査）

称は，精神衛生法で，後に精神保健法と改称され，1995（平成7）年に現名称へと改正。略称は精神保健福祉法。精神障害者の医療及び保護を行い，障害者総合支援法と相まってその社会復帰の促進及びその自立と社会経済活動への参加の促進のために必要な援助を行い，精神障害の発生予防，国民の精神的健康保持・増進に努めることによって，精神障害者の福祉の増進及び国民の精神保健の向上を図ることを目的とする。第5条で，「『精神障害者』とは，統合失調症，精神作用物質による急性中毒又はその依存症，知的障害，精神病質その他の精神疾患を有する者」と定義している。精神保健福祉センター，地方精神保健福祉審議会および精神医療審査会，精神保健指定医，精神障害者の入院にかかわる事項，精神障害者保健福祉手帳，精神障害者社会復帰促進センターなどについて規定している。入院形態については，本人の同意に基づく任意入院のほか，保護や措置を想定して規定がされている。障害者自立支援法（現・障害者総合支援法）施行に伴い，精神障害者通院医療費公費負担制度，居宅生活支援事業，社会復帰施設に関する規定は削除された。

✎医療保護入院 p.30，応急入院 p.48，緊急措置入院 p.111，精神医療審査会 p.304，精神衛生法 p.304，精神障害者社会復帰促進センター p.305，措置入院 p.324，地方精神保健福祉審議会 p.350

精神保健指定医

せいしんほけんしていい

精神保健及び精神障害者福祉に関する法律第18条に基づき，厚生労働大臣より指定される医師。精神科3年以上を含む5年以上の臨床経験並びに研修を修了し，特定症例のレポート提出により指定の合否が判定される。精神障害者の措置入院や医療保護入院，行動制限の要否判定等を行う。精神科病院に必置とされる。指定後も，5年ごとに厚生労働省令により行われる研修を受けなければならないとされる（同法19条）。

✎医療保護入院 p.30，応急入院 p.48，措置入院 p.324

精神保健審判員

せいしんほけんしんぱんいん

心神喪失等の状態で重大な他害行為を行った者の医療及び観察等に関する法律（医療観察法）にかかる審判において，裁判官とともに合議体を形成し，対象者の処遇を決定する者である。厚生労働大臣が作成した必要な学識経験を有する医師（精神保健判定医）の名簿に記載された者のうち，地方裁判所が毎年あらかじめ選任したものの中から，処遇事件ごとに地方裁判所により任命される（同法6条）。

✎心神喪失等の状態で重大な他害行為を行った者の医療及び観察等に関する法律 p.282

精神保健福祉士

せいしんほけんふくしし

1998（平成10）年に施行された精神保健福祉士法に基づき，精神障害者の保健，福祉に関する専門的知識，技術をもって，精神科病院等の医療施設において精神障害の医療を受け，または，精神障害者の社会復帰に関する相談に応じ，日常生活への適応のための相談援助を行う名称独占の国家資格。2010（平成22）年に同法改正により，地域相談支援の利用に関する相談に応じるこ

表46　精神保健福祉法における入院形態

入院形態	権限者	必要条件
任意入院	精神科病院管理者	患者本人の同意（書面による意志の確認）
医療保護入院	精神科病院管理者	①精神保健指定医の診察（1人）（特定医師による診察の場合は12時間まで入院可能） ②家族等のうち1名が同意
応急入院	精神科病院管理者	①精神保健指定医の診察（1人） ②72時間以内（特定医師による診察の場合は12時間まで入院可能） （③急を要し，家族等の同意を得ることができないこと）
措置入院	都道府県知事または指定都市の長	①自傷他害のおそれ ②2人以上の精神保健指定医の診察と一致した判断
緊急措置入院	都道府県知事または指定都市の長	①自傷他害のおそれが著しく，急を要する ②精神保健指定医の診察（1人） ③72時間以内に限る（急を要し通常の措置入院の手続きを踏むことが困難な場合）

とも加えられた。社会福祉士や介護福祉士と同様に，信用失墜行為の禁止，秘密保持義務，医療関係者との連携，誠実義務，資質向上の責務が課せられる。

精神保健福祉法 p.308，名称独占 p.478

精神保健福祉士法

せいしんほけんふくししほう

平成９年制定，平成10年施行，法律第131号。精神保健福祉士の根拠法。1993（平成５）年に障害者基本法により精神障害者が障害者に加えられ，1995（平成７）年に精神衛生法が精神保健及び精神障害者福祉に関する法律となるなど，遅れていた精神障害者を対象とした保健医療福祉の充実が図られてきたという流れから，精神障害者の社会復帰を支援する人材の確保が必要となったことによって制定された。精神保健福祉士とは，「精神保健福祉士の名称を用いて，精神障害者の保健及び福祉に関する専門的知識及び技術をもって，精神科病院その他の医療施設において精神障害の医療を受け，又は精神障害者の社会復帰の促進を図ることを目的とする施設を利用している者の地域相談支援の利用に関する相談その他の社会復帰に関する相談に応じ，助言，指導，日常生活への適応のために必要な訓練その他援助を行うことを業とする者をいう」と規定されている。なお，2010（平成22）年の改正で「誠実義務」と「資質向上の責務」の規定が新たに追加された。

精神保健福祉士 p.307

精神保健福祉センター

せいしんほけんふくしせんたー

精神保健及び精神障害者福祉に関する法律第６～８条に規定される行政機関。精神保健の向上や精神障害者の福祉の増進を図ることを目的に，都道府県および指定都市が設置し，地域精神保健福祉活動推進のための中核的機能をもつ。精神保健や精神障害者福祉に関する知識の普及，調査研究，精神医療審査会の事務，精神障害者保健福祉手帳や自立支援医療（精神通院医療）の判定，複雑な事例に対する援助，市町村に対する技術的な助言および指導などを行う。

自立支援医療 p.270，精神医療審査会 p.304，精神障害者保健福祉手帳 p.305

精神保健福祉相談員

せいしんほけんふくしそうだんいん

精神保健及び精神障害者福祉に関する法律第48条に規定される職員。精神保健福祉士その他政令で定める資格を有する者のうちから，都道府県知事または市町村長から任命され，精神保健福祉センターや保健所，その他これらに準ずる施設に置くことができる。精神保健および精神障害者の福祉に関する相談，精神障害者やその家族などを訪問して必要な指導を行う。

精神保健福祉士 p.307

精神保健福祉法

せいしんほけんふくしほう

▶精神保健及び精神障害者福祉に関する法律 p.306

精神療法

せいしんりょうほう

▶心理療法 p.291

製造物責任法

せいぞうぶつせきにんほう

平成６年制定，平成７年施行，法律第85号。PL法ともいう。PLとはproduct liabilityのこと。欠陥商品で被害を受けた被害者の救済を目的とした法律。製造事業者の責任を「過失責任」から「無過失の欠陥責任」へと転換させ，被害者は事故にあった製品に欠陥があることを証明すれば事業者の製造物責任を問えることになった。ただ同法では，欠陥の定義を「通常有すべき安全性を欠く状態」としており，実際の裁判では，この解釈の判断と事故の発生部位や原因箇所，および事故と製品との因果関係をめぐってなお被害者の側に立証の壁がある。そのため，消費者・市民団体からは立証責任の転換，対象製品の拡大，事業者に証拠を開示させる「証拠開示規定」や「推定規定」の導入など，PL法改正の要求も高まっている。

生存権

せいぞんけん

いわゆる基本的人権の一つに位置づけられる権利であり，個人の生存または生活の維持および発展に必要な一定の諸条件の確保を国家に対して要求する権利。日本国憲法においては，第25条で，「すべて国民は，健康で文化的な最低限度の生活を営む権利を有する。国は，すべての生活部面について，社会福祉，社会保障及び公衆衛生の向上及び増進に努めなければならない」と規定される。また，第25条はドイツのワイマール憲法の影響を受けている。

基本的人権 p.97，日本国憲法 p.390

生態学アプローチ

せいたいがくあぷろーち

▶エコロジカル・アプローチ p.41

成長ホルモン

せいちょうほるもん

脳下垂体前葉より分泌されるホルモン。骨に作用して，骨の成長を促進する。睡眠時に分泌が増加する。

資料㉗ p.541

生得説

せいとくせつ

発達心理学において，個人の発達は遺伝によって決定されるという考え方。生まれながらに持っている性質や性格を説明する。

経験説 p.119，輻輳説 p.444

成年後見制度 表47

せいねんこうけんせいど

精神上の障害により，判断能力を欠く，またはその能力が不十分であるために，意思決定や意思表示ができない，あるいは自らに不利益な契約などの法律行為を行う可能性のある成年者について，支援者・保護者が本人の能力を補い，本人の社会参加と自己実現を果たすことを可能にする制度。家庭裁判所が，支援者・保護者を選任する法定後見制度と，任意後見契約に基づき開始する任意後見制度がある。法定後見制度には，後見，保佐，補助があるが，いずれを利用できるかは，本人の判断能力の程度による。

任意後見制度 p.397，法定後見制度 p.458

成年後見人

せいねんこうけんにん

精神上の障害により常に判断能力を欠く成年者に対して，後見開始の審判がなされたときにおかれる後見人（民法7，8条）。財産に関するすべての法律行為を代理できる。また，成年被後見人が日用品の購入その他日常生活に関する法律行為に含まれない法律行為を単独で行った場合，この法律行為を取り消すことができる（民法9条）。成年後見人の職務は，財産管理のほか成年被後見人の生活・医療・介護に関する法律行為（身上監護）であるが，職務の遂行に当たっては，成年被後見人の心身の状態及び生活の状況に配慮し，その意思を尊重しなければならない（身上配慮義務および意思尊重義務　民法858条）。成年後見人は，複数でも（民法843条3項），法人でもよい（民法843条4項）。

政府開発援助

せいふかいはつえんじょ

▶ODA p.49

政府管掌健康保険

せいふかんしょうけんこうほけん

▶全国健康保険協会管掌健康保険 p.315

表47　法定後見制度の概要

	後　見	保　佐	補　助
対象者	判断能力が欠けているのが通常の状態の者	判断能力が著しく不十分な者	判断能力が不十分な者
申立てをすることができる人	本人，配偶者，4親等内の親族，検察官，市町村長など		
成年後見人等の同意が必要な行為		民法13条1項所定の行為	申立ての範囲内で家庭裁判所が審判で定める「特定の法律行為」（民法13条1項所定の行為の一部）
取消しが可能な行為	日常生活に関する行為を除く行為	同上（ただし日常生活に関する行為は除く）	
成年後見人等に与えられる代理権の範囲	財産に関するすべての法律行為	申立ての範囲内で家庭裁判所が審判で定める「特定の法律行為」（ただし保佐人や補助人に代理権を与える審判を申し立てる場合本人の同意が必要）	

資料：法務省ホームページ，一部改変

生命倫理
せいめいりんり

医療や生命科学に関する倫理的・哲学的・社会的問題やそれに関連する問題をめぐり学際的に研究する学問のこと。主な対象として，人工妊娠中絶，臓器移植，脳死，尊厳死，遺伝子診断などがある。特に医療に関しては「医の倫理」という言葉が用いられる。

✎安楽死 p.14，尊厳死 p.325

性欲低下
せいよくていか

脳の器質性，あるいは機能性の障害により性欲が低下する状態。うつ病，内分泌障害，アルコール症，精神遅滞，去勢者などや，不安，恐怖，抑うつなどの精神的原因による。男性では性交不能，女性では不感症として現れる。

生理的欲求
せいりてきよっきゅう

生まれながらに生体に備わっている基本的欲求（一次的欲求ともいう）。具体的には，食欲，呼吸，排泄，睡眠，性的欲求など。これらは，生命の維持や種の保存に不可欠のもので，当然人間以外の生物にも備わっている。マズローの欲求の階層説における「生理的欲求」は同義。

生理的老化
せいりてきろうか

医学では，病理的でない場合を生理的という。したがって，生理的老化は正常老化と同じ，病気の影響を受けず加齢のみによって起こる老化である。生理的老化の原因を説明するものとして，プログラム説，エラー説，フリーラジカル説，機能衰退説がある。

✎機能衰退説 p.96

政令指定都市
せいれいしていとし

▶指定都市 p.199

セーターの管理方法
せーたーのかんりほうほう

毛糸で編んだ上半身に着る衣服をセーターという。セーターは，前開きがなく頭からかぶって着る形式のプルオーバーと，前開き形式のカーディガンに分類される。素材は毛糸が主流であるが，素材に適した管理方法を選択することが必要である。セーターの裏側についている「取扱表示」のラベル指示に従い，「ドライ」表示のあるものの洗濯は専門業者に依頼し，「手洗い」表示のあるものは家庭で洗うことが可能とされている。家庭で洗う場合は，衣料用の中性洗剤を使用し 30℃以下のぬるま湯で弱い手洗いをし，脱水は短時間で行う。縮みの原因となり素材を傷めるので，もみ洗いはしない。吊り下げて干すと型崩れを起こすので，平干しをする。仕上げ方法は毛糸の縮みを復元させるため，スチームアイロンの蒸気を浮かし気味に当て，補正をするとよい。

✎取扱表示（洗濯表示）p.382

世界人権宣言
せかいじんけんせんげん

The Universal Declaration of Human Rights

1948 年 12 月 10 日の第 3 回国際連合(国連)総会で採択された。第二次世界大戦において，残虐な行為と悲惨な状況をもたらした反省に立って，人類社会における人々の尊厳と平等の権利を確保するために，「すべての人民とすべての国とが達成すべき共通の基準」として定められたものである。第 1 条では，「すべての人間は，生れながらにして自由であり，かつ，尊厳と権利とについて平等である。人間は，理性と良心とを授けられており，互いに同胞の精神をもって行動しなければならない」と規定している。なお，1950 年の第 5 回国連総会で，毎年 12 月 10 日を「人権デー」とすることが決議された。

世界保健機関
せかいほけんきかん

WHO：World Health Organization

略称は WHO。1948 年に設立された。本部はスイスのジュネーブ。健康の増進を目的に設立された国際連合（国連）の専門機関。国際疾病分類（ICD）の作成，感染症対策，多国間協力の推進，災害緊急対策などを行っている。2019 年現在，194 か国が加盟している。

世界保健機関憲章
せかいほけんきかんけんしょう

世界保健機関（WHO）憲章では，「健康とは身体的・精神的・社会的に完全に良好な動的状態であり，単に病気あるいは虚弱でないことではない」と定義している。これは単に病気・虚弱というマイナス要因がないこと（消極的健康）のみではなく，生きがい（積極的健康）も重要であることを示す。

脊髄小脳変性症
せきずいしょうのうへんせいしょう
SCD；spinocerebellar degeneration

小脳および脊髄を中心とした原因不明の変性疾患。慢性に経過する筋力低下などの運動失調を主症状とする。病型として，オリーブ橋小脳萎縮症，マシャド‐ジョセフ病，フリードライヒ運動失調症，シャイ・ドレーガー症候群などがある。難病の患者に対する医療等に関する法律に基づいて公費負担の対象となる指定難病であるとともに，介護保険の特定疾病ともされている。

✎介護保険の特定疾病 p.61，難病の患者に対する医療等に関する法律 p.387

脊髄神経
せきずいしんけい

脊髄は中枢神経の一部であり，運動，知覚，自律などの神経線維が走り，脳と末梢神経を結んでいる。脳から運動の指令が発せられると，下行性伝導路を通って脊髄の前角神経細胞に伝えられる。そこから遠心路に入って筋肉に指令が到達する。逆に，皮膚や筋肉の知覚は求心路を通って脊髄の後角神経細胞に伝えられ，この情報は上行性伝導路によって脳に送られる。この部位の障害（脊髄損傷）により，麻痺や知覚障害を生じる。

脊髄損傷
せきずいそんしょう
spinal cord injury

交通事故，転落などの外傷により生じる。損傷した脊髄の位置により頸髄損傷，胸髄損傷，腰髄損傷，仙髄損傷などに分けられる。脊髄損傷では，手足の運動機能障害のほかに，排泄障害，性機能障害などを認める。損傷部位が高位になるほど障害は重くなる。

✎胸髄損傷 p.104，頸髄損傷 p.120，腰髄損傷 p.491

脊柱管狭窄症 図122
せきちゅうかんきょうさくしょう
spinal canal stenosis

脊椎は椎体と椎弓板からなる。椎孔は前方を椎体，側・後方を椎弓板に囲まれた部分をいい，椎孔が上下に重なって脊柱管が形成される。脊髄は脊柱管の中を通る。先天性，後縦靱帯骨化症，椎間板ヘルニアなどで脊柱管の内腔が狭小化して脊髄の傷害を生じるものを脊柱管狭窄症という。腰部脊柱管狭窄症では下肢に至る神経を圧迫するため，間欠性跛行（一定距離を歩くと下肢に痛みが生じること），下肢の脱力・しびれ・痛みなどの症状を呈する。介護保険の特定疾病とされている。

✎介護保険の特定疾病 p.61，資料⑪ p.535

脊椎圧迫骨折
せきついあっぱくこっせつ

高齢者で骨粗鬆症をもつ者に多い。振り向いたり重いものを持ち上げるときに生じやすい。胸椎下部と腰椎に好発する。

赤　痢
せきり
dysentery

赤痢菌の経口感染により生じる感染症。2～4日の潜伏期の後に発熱，腹痛，しぶり腹（何度も便意におそわれ排便するが，その量が少なく，またすぐに便意をもよおす状態），粘血便を伴う下痢を認める。治療には抗生物質を投与する。予後は良好であり，死亡することはまれである。疫痢は，かつて小児にみられた重症の経過をたどる赤痢の一型をいう。感染症法で3類感染症に指定されており，患者，保菌者，疑わしい症状の者を直ちに都道府県知事へ届け出る必要がある。

セクシュアリティ
sexuality

生物学では有性生殖を示すが，精神分析では性行為や性的欲求に関することを示す。アメリカ心理学会の定義では，性的志向（sexual orientation），生物学的性（biologial sex），ジェンダー・アイデンティティ（gender identity），ジェンダー役割（gender role）を含むとしている。

✎LGBTQ p.44

図122 脊柱管狭窄症

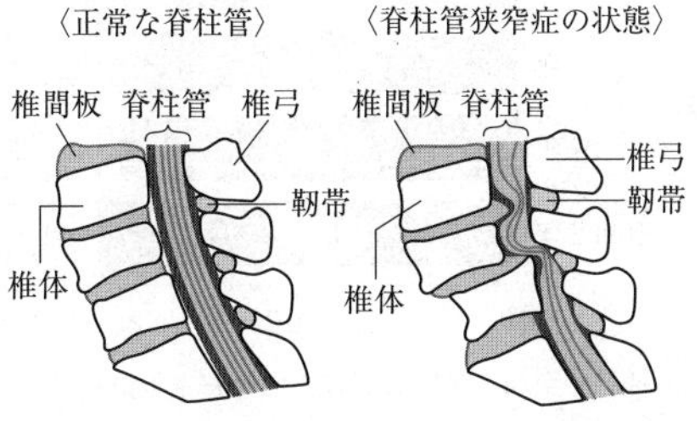

せ

世帯 図123

せたい

国勢調査における世帯の定義では，住居および生計を共にする者の集まり，または一戸を構える単身者を指す。家族と重なる点も多いが，世帯は婚姻や血縁といった関係，愛情などの感情的なかかわりを必ずしも前提としないため，家族と同義ではない。日本の世帯構成は，高度経済成長期以降，従来型の三世代世帯が減少し核家族化が進んだ。しかし，近年では核家族世帯の実数は増加しているものの，総世帯に占める割合はやや減少傾向にある。それに代わって単独世帯の実数・総世帯に占める割合が増加傾向にある。

世帯単位の原則

せたいたんいのげんそく

生活保護法第10条に規定される，申請保護，基準及び程度，必要即応とならぶ生活保護の原則の一つ。「保護は，世帯を単位としてその要否及び程度を定める」とするもの。ここでいう世帯とは，同一の住居に居住し，生計を一つにしている者の集まりをいう。ただし，世帯単位の原則を貫くと法の目的である最低生活の保障に欠けるような場合や，被保護者の自立を損なうような場合については，例外的に個人を単位として保護の要否および程度を定めることができるとされている。これを「世帯分離」という。

✎生活保護の原理・原則 p.301

赤血球

せっけっきゅう

血液細胞を血球といい，白血球，赤血球，血小板の３つがある。赤血球はその一つで，赤色のヘモグロビン色素を有し，酸素の運搬を行う。男性で410万～610万/μL，女性で380万～530万/μLが正常である。ヘモグロビンの産生には鉄が必要であり，偏食，ダイエット，妊娠・出産などで摂取量が不足すると貧血の原因となる。

舌根沈下

ぜっこんちんか

意識の消失などにより，弛緩した舌が喉頭の後方に落ち込んで気道の閉塞を起こすことをいう。窒息を防ぐため，気道確保を行う。

✎気道確保 p.96

摂食・嚥下の５分類 図124

せっしょくえんげのごぶんるい

摂食・嚥下のプロセスは，①食物の認識（認知期），②摂食（準備期），③咀嚼・食塊形成，食塊の奥舌への送り込み（口腔期），④飲み込まれた食塊の咽頭通過（咽頭期），⑤食道通過（食道期）の順である。①②③が摂食，④⑤が嚥下であり，③までは随意的に行われ，④は嚥下反射（舌咽－迷走神経反射）による嚥下運動，⑤は迷走神経支配による蠕動運動から成る。

図123　一般世帯の家族類型別割合の推移－全国（平成12年～令和2年）

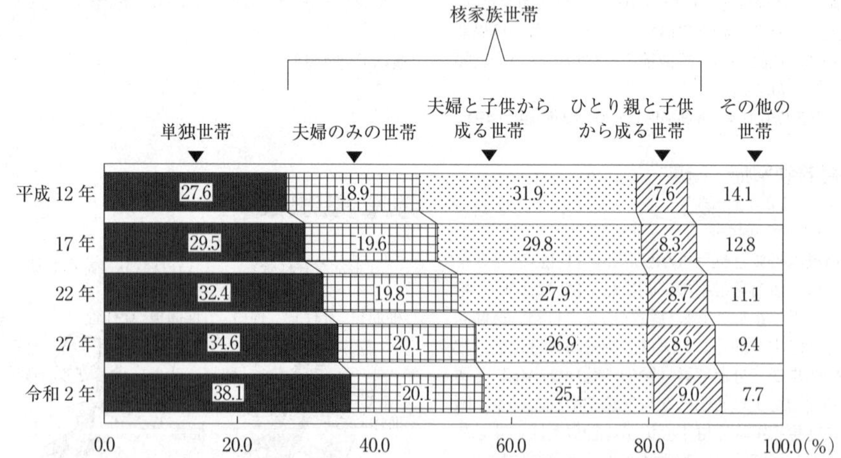

資料：令和2年国勢調査人口等基本集計結果

接触感染

せっしょくかんせん

皮膚同士の接触による感染（皮膚炭疽など），性交による感染（エイズ，梅毒など），菌保有動物に直接咬まれることによる感染（狂犬病など）を指す。

摂食障害

せっしょくしょうがい

eating disorder

主に青年期の女性に発症する食の行動異常。体重が低いにもかかわらず正常体重を維持することを拒否するか，あるいは恐怖とする神経性やせ症と，身体的に食べられなくなるまで一度に多量の食物を摂取し，その後に体重増加を恐れて嘔吐，下剤の乱用，長期間の絶食を行う神経性大食症に大別される。先進諸国の若年女性に多い。

切迫性尿失禁

せっぱくせいにょうしっきん

urge incontinence

過活動膀胱や尿路感染症において，排尿回数が増加し（頻尿），尿意が強く，トイレに行くのが間に合わずに尿失禁を生じること。

尿失禁 p.396

セツルメント

settlement

知識人・学生・篤志家がスラムに住み込んで住民たちの教育や生活指導などの啓蒙的活動を行う事業をいう。イギリスのエドワード・デニスン（Denison, E.：1840～1870）が，セツルメントの思想・理念を体系化した。実践的には，バーネット夫妻が，1884 年にイギリスのロンドン東部に設立したトインビー・ホールが世界初のセツルメントとされる。これに感銘を受けたジェーン・アダムスは 1889 年，アメリカのシカゴにハル・ハウスを設立した。日本では，片山潜が 1897（明治 30）年に東京の神田三崎町に設立したキングスレー館が知られている。

アダムス p.8，片山潜 p.74，トインビー・ホール p.367，バーネット p.411，ハル・ハウス p.422

セミファーラー位

せみふぁーらーい

仰臥位から上半身を 15～30 度に起こした体位である。45～60 度に起こした体位は，ファーラー位（半座位）という。

半座位 p.423

ゼラチン

gelatin

動物性の結合組織に含まれるコラーゲンを，酸またはアルカリで加水分解して，精製したもの。主な成分はたんぱく質で，消化吸収が良いので，乳幼児食，高齢者食，病人食に適している。特に嚥下困難のための治療食に適している。ゼラチンはゲル化する性質を利用して，ゼリー，ババロア，ムースなどに用いられ，アイスクリームやシャーベットの安定剤，マシュマロなどにも利用されている。使用濃度は，液に対して 1.5～4%，溶解温度は 40～50℃ であるため，湯煎（50℃）で溶解させる。凝固温度は 10℃ 以下であるため，冷蔵庫または氷水中で冷却する。付着性が強いので，液の内容を変えて多層ゼリーなども作られる。主成分がたんぱく質であるため，たんぱく分解酵素を含む生のパイナップル，パパイヤ，キウイフルーツなどはゲル化を弱めるので，加熱し

図 124　嚥下の過程

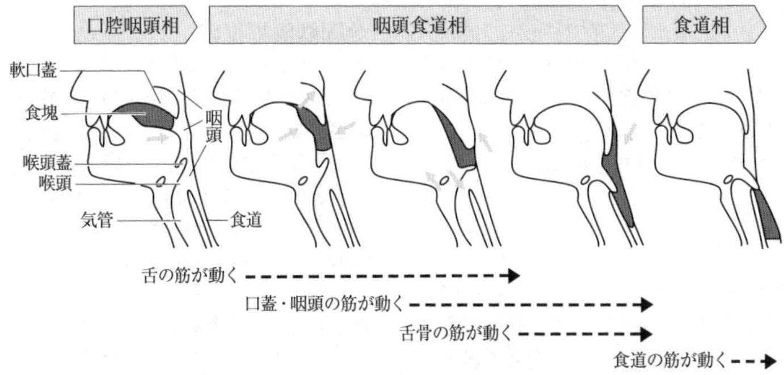

て酵素を失活させてから使用する。

セラピューティック・レクリエーション

TR；therapeutic recreation

治療的効果を追求するレクリエーション活動のこと。レクリエーションが人の心身を元気にするという，治療・教育的価値をもつことに注目して生まれた。その人にとっての最良のレクリエーション活動が生活全般と密接につながるよう，生活習慣の見直しなどを図る。アメリカで誕生し，現在同国には「セラピューティック・レクリエーション・スペシャリスト」と呼ばれる専門家が存在する。具体的には，個人のレクリエーション能力や関心についての事前評価（アセスメント）に基づいて，①セラピー（個人に必要なレクリエーションの基礎的機能の回復・獲得），②レジャー教育（自己のレクリエーション能力の開発），③レクリエーション参加（レクリエーションを通じた地域交流）の３段階をたどりながらサービスが提供される。

✎レクリエーション・セラピー p.506

セルフケア

self-care

本人自らが身体や精神の状態を把握し，身体や精神の機能の維持，促進のために行う取り組み。自己管理。

セルフヘルプグループ

self-help group

共通する問題や課題を抱える当事者やその家族が，相互支援や情報提供を目的に自発的に形成する自助グループのこと。患者会，家族会などと呼ばれる。カッツ（Katz, A.H.）によれば，セルフヘルプグループは，①治療的グループ，②ソーシャルアクションを行うもの，③少数者のライフスタイルを支援するためのグループ，④24時間生活をともにするもの，⑤上記の混合，に分けられるという。また，セルフヘルプグループにおいて重要なポイントはヘルパー・セラピー原則と呼ばれるもので，「援助をする人が最も援助を受ける」という意味をもつ。

✎アルコホーリクス・アノニマス p.12，ダルク p.335

セルロース

cellulose

炭水化物（多糖類）の一つで，不溶性食物繊維の代表。野菜類やきのこ類など多くの植物性食品に含まれ，腸の働きを活発にして，有害物質を体外に排出する働きがある。

✎食物繊維 p.267

船員保険

せんいんほけん

船員保険法に規定される全国健康保険協会が保険者となる職域保険の一つ。船員として船舶所有者に使用される人は強制被保険者となる。海上労働の特殊性を踏まえた制度である。一制度内に複数分野の保険事故に対応する保障を包括している。一時は，疾病部門，失業部門，年金部門のほぼすべてをそろえた総合的な保険制度であった。しかし，1985（昭和60）年の年金改革に伴い，職務上の保険事故に関する部分を除き年金部門は厚生年金に統合された。なお，2010（平成22）年に，社会保険庁が廃止されたことに伴い，医療保険に関しては，全国健康保険協会が引き継ぎ，健康保険相当部分（職務外疾病部門）と船員労働の特性に応じた独自給付の運営を行っている。労働保険に関しては，労災保険相当部分（職務上疾病・年金部門）は労災保険制度に，雇用保険相当部分（失業部門）は雇用保険制度にそれぞれ引き継がれ，厚生労働省が運営している。

✎職域保険 p.258

前期高齢者

ぜんきこうれいしゃ

▶高齢者 p.146

前期老年人口

ぜんきろうねんじんこう

65歳以上の高齢者のうち，65～74歳の者を前期老年といい，前期老年者の人口を前期老年人口という。高齢者の医療の確保に関する法律第32条前期高齢者交付金の条文において，年齢が定められている。

✎後期老年人口 p.136

全国健康福祉祭

ぜんこくけんこうふくしさい

1988（昭和63）年より毎年開催される，高齢者を中心としたスポーツ・文化・健康・福祉に関する全国規模の総合的な祭典。「ねんりんピック」という愛称がつけられている。主催は開催地の地方自治体と厚生労働省，一般財団法人長寿社会開発センター。60歳以上の高齢者などによるゲートボール，卓球，テニスなどのスポーツ競技とともに，美術展などの文化イベント，健康福祉機器の展示，子どもフェスティバルなどが行われる。

全国健康保険協会管掌健康保険

ぜんこくけんこうほけんきょうかいかんしょうけんこうほけん

政府（＝社会保険庁）が保険者となって運営していた政府管掌健康保険を引き継いだ医療保険制度。協会けんぽとも呼ばれる。2008（平成20）年10月1日に新たに全国健康保険協会が設立され，運営を引き継いだ。一般の被用者，主に健康保険組合が設立されていないことが多い中小の民間企業に使用されている者を対象としている。全国健康保険協会管掌健康保険において，国庫は事務費の全額と事業費の一部を補助している。

全国在宅障害児・者等実態調査

ぜんこくざいたくしょうがいじしゃとうじったいちょうさ

▶生活のしづらさなどに関する調査 p.299

全国社会福祉協議会

ぜんこくしゃかいふくしきょうぎかい

▶社会福祉協議会 p.213

全国障害者技能競技大会

ぜんこくしょうがいしゃぎのうきょうぎたいかい

愛称は，アビリンピック（Abilympic）。アビリティ（能力）：Ability とオリンピック：Olympic を合わせたもの。

障害のある人々が日頃培った能力を互いに競い合うことにより，その職業能力の向上を図るとともに，企業や社会一般の人々に障害のある人々に対する理解と認識を深めてもらい，その雇用の促進を図ることを目的とし，独立行政法人高齢・障害・求職者雇用支援機構が主催し，1972（昭和47）年からほぼ毎年実施されている障害者の職業技能を競う大会。過去の大会では，DTP，CAD，歯科技工，プログラミング，データ入力などの競技大会が設けられている。

洗　剤

せんざい

洗濯用洗剤は，衣類の汚れを落とす界面活性剤の働きにより，皮脂汚れや油汚れを引きはがし再付着を防ぐ効力がある。使用時は溶液の濃度を適正に扱い，使用量の目安に従うことが大切であり，目安以上に増やしても洗浄力は変わらない。過多に洗剤を使用し，すすぎ水を多量に使用することは，環境汚染につながるため注意を払いたい。

潜在的ニード

せんざいてきにーど

三浦文夫（みうらふみお：1928～2015）によれば「潜在的ニード」とは，人々が自分のニードを実感していないが，社会の一定基準に照らしてみると，社会的に援助が必要な状態にあることを指す。ニードに対する本人の自覚や感得の有無が「潜在的ニード」と「顕在的ニード」を区別する。社会福祉専門職は，利用者の潜在的ニードを掘り起こし，利用者が既存の社会福祉制度を利用できるように，援助を展開していくことが重要である。

染色体異常

せんしょくたいいじょう

chromosome abnormality/chromosome aberration

突然変異により染色体の数の異常（二倍体，三倍体等の倍数性異常）と構造異常（欠損，重複，逆位，環状染色体，転座など）が生じること。原因は自然発生，放射線，化学物質，ウイルスなどによる。染色体異常により先天異常，奇形やがんを生じる。染色体異常症として，ダウン症候群，ターナー症候群，クラインフェルター症候群などがある。

✎ダウン症候群 p.332

全身性エリテマトーデス　図125

ぜんしんせいえりてまとーです

SLE；systemic lupus erythematosus

慢性に経過する炎症性疾患で，経過中に緩解と再燃を繰り返し，多臓器の病変を伴う。紫外線や

図125　全身性エリテマトーデス（SLE）の症状

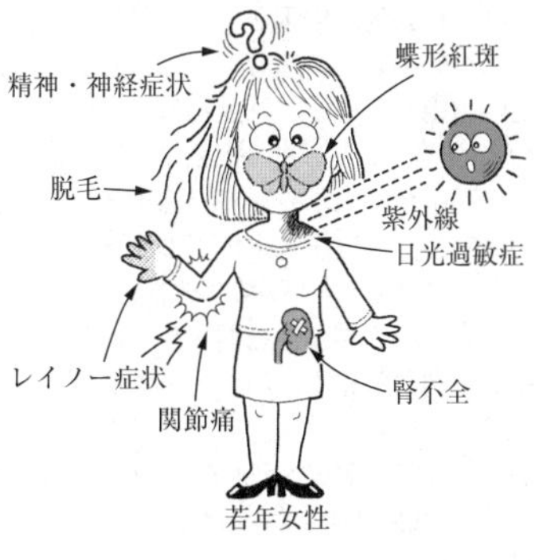

妊娠・出産，心身のストレスなどが誘因となり，関節痛や筋肉痛，蝶形紅斑などの皮膚症状，肺炎や心筋炎が生じる疾患で，若年女性に好発する。血液中から抗核抗体が検出される。難病の患者に対する医療等に関する法律に基づいて公費負担の対象となる指定難病である。

✎難病の患者に対する医療等に関する法律 p.387

全数調査
ぜんすうちょうさ

悉皆調査，センサスともいう。調査対象すべてを調べる統計調査のこと。日本の国勢調査は，統計法の定めるところにより，全数調査を基本としている。最も正確なデータを得ることができる一方で，母集団が大規模である場合，労力，費用，時間がかかるという難点がある。また，全数調査では標本誤差は生じないが，測定誤差を避けることは困難である。

✎部分調査 p.447

尖　足
せんそく

足関節が底屈位を示し，固定した状態である。尖足になると足首が伸びてしまうため，立位歩行が不可能となってしまう。麻痺や意識障害があり，臥床時間が長い場合は，足関節を 90 度に保つように支持する。

喘　息
ぜんそく

▶気管支喘息 p.92

全体性の原理
ぜんたいせいのげんり

岡村重夫の示した社会福祉援助の原理の一つ。社会福祉援助には，社会性・全体性・主体性・現実性の原理という 4 つの原理がある。全体性の原理とは，社会生活の困難を，多数の社会関係とのかかわりの中で，矛盾なく全体としてとらえていくという視点である。社会福祉の援助では，社会生活上の諸困難を解決・緩和していくにあたって，その利用者個人がもっている複数の社会関係が調和をもち，社会生活上の基本的要求が充足できるようにすることが必要である。したがって，利用者個人が取り結ぶ社会関係がどこかに偏ることなく調和的であるような，全体的な援助を行うことが求められる。

✎岡村重夫 p.50，現実性の原理 p.131，主体性の原理 p.231，社会性の原理 p.211

選択性緘黙
せんたくせいかんもく

選択性無言ともいう。話す能力をもち言語を理解しているが，ある限定された社会的状況（学校も含まれる）では話すことができない状態のことで，家庭や親しい友達とは話すが，見知らぬ人には黙ってしまう。これに対して，どんな状況でも全くしゃべらないものを全緘黙症という。

✎緘黙 p.90

先天性視覚障害者
せんてんせいしかくしょうがいしゃ

生まれながらにして，視覚をつかさどる感覚器，感覚神経などの機能が損なわれているか，あるいは欠損している者。物を認識するときに「見て分かる」ことができないため，聴覚や触覚を用いての学習や日常生活訓練が必要となる。成長に伴って「見える世界」と「見えない世界」があることに気付き，様々な心理的葛藤を経て自立に向かっていく。

先天性代謝異常
せんてんせいたいしゃいじょう
inborn error of metabolism

代謝経路に遺伝的な異常があり，正常な代謝が行われない疾患。その原因に応じて，アミノ酸代謝異常，糖代謝異常，脂質代謝異常，その他に分類され，138 疾患が挙げられている。2014（平成 26）年度からはすべての都道府県・政令指定都市でタンデムマス法を用いた新生児スクリーニング検査が実施されている。この検査は公費負担であり，20 以上の疾患の早期発見が可能である。

✎小児慢性特定疾患対策 p.252

蠕動運動
ぜんどううんどう
peristalsis

腸管などの管腔臓器（管状，袋状の形態を有する臓器）にみられる律動的，波動的な一連の運動。食道や胃，小腸，大腸の輪状の平滑筋が，順次，連続性に収縮することによってその内容物（食物，消化物，糞便）が，肛門側に送り出される。しかし，蠕動運動が低下しても亢進しても内容物の送り出しに支障をきたす。

前頭側頭型認知症
ぜんとうそくとうがたにんちしょう
frontotemporal dementia

認知症の原因の約 5% を占める。前頭葉と側頭葉に変性症を生じ，MRI でこれらの部の萎縮がみられる。病理学的にはピック細胞とよばれる腫脹した神経細胞や，ピック小体とよばれるクウ陽性神経細胞内封入体が認められる。性格変化と社会的振る舞いの障害が特徴的であるが，記憶力，道具を使う能力，視空間能力，日常生活動作は比較的保たれる。本人の病識が欠如している場合がほとんどである。

認知症 p.398

全般性てんかん

ぜんぱんせいてんかん

generalized epilepsy

両側大脳半球全体（脳幹部に当たる部分）から同時に起こる発作で，意識障害は最初からある。特発性全般性てんかんと続発性全般性てんかんとがある。特発性には強直間代発作（大発作），欠神発作（小発作）およびミオクロニー発作がある（p.364 表参照）。

強直間代発作 p.105，欠神発作 p.125，てんかん p.364，ミオクロニー発作 p.473

全般性認知症

ぜんぱんせいにんちしょう

generalized dementia

認知症でも精神機能が広く一様に障害された状態を指す。アルツハイマー型だけでなく，進行麻痺でもみられ，血管型も最終的には全般性認知症となることに注意。

認知症 p.398

喘　鳴

ぜんめい

stridor

気道が狭窄した場合に聴取される肺雑音。息を吐くとき（呼気時）にヒューヒューという音が聴取される。気管支喘息，慢性肺気腫などで認める。

気管支喘息 p.92

せん妄

せんもう

delirium

軽度から中等度の意識障害が基底に存在し，そこに幻覚や錯覚が伴ったり，あるいは不安が強まったりすることで，異常な行動，言動，および興奮などを認める状態のこと。せん妄状態は薬物やアルコールなどの中毒，脳外傷，認知症，感染症など様々な疾患で起こり，心因性精神障害の際にも認められることがある。アルコール中毒の離脱時に起こる振戦せん妄がよく知られる。

振戦せん妄 p.284

全　盲

ぜんもう

光すら感知し得ない重度の視覚障害を指す。

視覚障害 p.184，ロービジョン p.517

専門里親

せんもんさとおや

里親制度における里親の類型の一つ。虐待などにより心身に有害な影響を受けた児童の養育にあたる制度。委託児童の対象については，虐待などの行為により受けた心身への有害な影響の程度などを見極め，児童相談所が慎重に行うことや，できるだけ年齢の低い幼児が望ましいこと，などが定められている。専門里親の認定要件として，養育里親としての要件が満たされていることが前提となる。

里親制度 p.179，養育里親 p.488

前立腺がん　図 126

ぜんりつせんがん

prostatic cancer

前立腺は男性に特有の臓器で，尿道の周囲に位置する。この前立腺の外腺と呼ばれる部位に発生する悪性腫瘍をいう。粗死亡率，年齢調整死亡率ともに増加傾向にある。がんの浸潤が内側に向かうと，尿道の狭窄によって排尿障害を生じやすい。この場合は前立腺肥大症との鑑別が重要になる。外側への浸潤では，骨盤内リンパ節，骨盤骨，腰椎などへの転移がみられ，腰痛や坐骨神経痛を生じる。いずれにしても，初期には自覚症状がなく，血中 PSA を用いたスクリーニング，直腸指診で発見されることが多い。

図 126　前立腺がんの主な症状と診断法

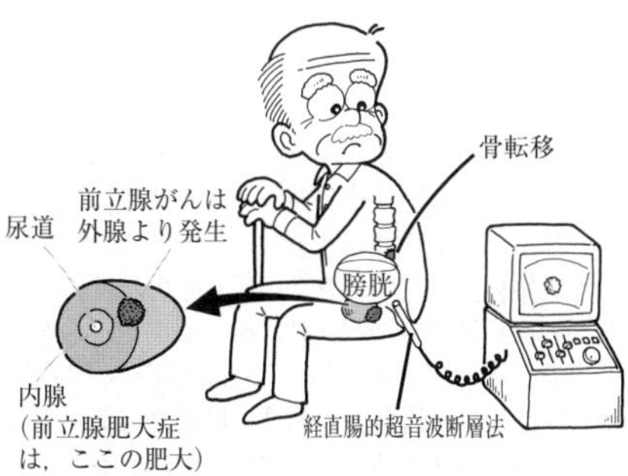

せ

前立腺肥大症

ぜんりつせんひだいしょう

benign prostatic hypertrophy

男性の尿道の周囲に位置する前立腺の内腺が肥大する疾患。尿道の狭窄，尿閉などの排尿障害を生じやすい。高齢の男性に多い疾患で，症状は3期に分かれる。まず，肥大した前立腺が膀胱を刺激するため，夜間頻尿となる。次に排尿に時間がかかるようになり，尿線が細くなり，残尿が出現する。さらに進行すると，尿失禁(奇異性尿失禁)，尿路感染症，尿閉，水腎症などが生じる。高齢の男性で下腹部膨満を伴う腹痛を認めた場合には，尿閉を疑い排尿の有無を必ず確認する必要がある。

そ

躁うつ病

そううつびょう

manic-depressive psychosis

躁状態とうつ状態を繰り返す精神疾患であり，気分障害の一つである。双極性感情障害ともいう。

✎ うつ病 p.35，気分障害 p.97

層化抽出法

そうかちゅうしゅつほう

調査対象（母集団）に関する予備知識を有効に活用して標本を抽出する方法。母集団をいくつかの同質な群（層）に分け，各層から一定の方法で抽出する。単純無作為抽出法より精度は落ちるが，抽出作業や現地調査をやりやすくする目的で用いられる。標本を各層に割り当てる方法として，「比例割当法」がよく用いられる。これは，各層の大きさに比例して標本を無作為に抽出するものである。

✎ 標本抽出法 p.434

臓器移植

ぞうきいしょく

臓器を入れかえることでしか治療できない医療のことで，臓器提供者（ドナー）から受容者（レシピエント）に臓器（組織）を移すこと。臓器移植には生体移植（生きている人からの提供によるもの）と死体移植（脳死判定後・心停止後の摘出によるもの）がある。日本では1997（平成9）年に臓器の移植に関する法律（臓器移植法）の制定により，脳死と判定された者からの臓器提供が可能となった。2010（平成22）年7月からは，①本人が臓器提供に書面で同意し，かつ家族が脳死判定を拒まない，または家族がないとき，もしくは，②本人が臓器提供拒否の意思表示をしていない場合で，家族がこれに書面で承諾する場合，のいずれかの場合に，脳死は人の死との前提のもと，臓器摘出を行うことができるようになった。そして，臓器の親族優先提供が認められた（同年1月17日から一部施行）。また，年齢制限が撤廃され，15歳未満の子どもからの臓器提供も可能になった。同法第5条では，臓器を「人の心臓，肺，肝臓，腎臓その他厚生労働省令で定める内臓及び眼球をいう」と定義している。

✎ 臓器の移植に関する法律 p.318，脳死 p.407

臓器移植法

ぞうきいしょくほう

▶臓器の移植に関する法律 p.318

臓器の移植に関する法律

ぞうきのいしょくにかんするほうりつ

平成9年制定，法律第104号。略称は臓器移植法。臓器の移植および臓器売買の禁止について規定している。2009（平成21）年7月に国会で改正案が可決され，2010（平成22）年7月に施行された。原則として脳死は人の死であることとなり，臓器提供の年齢制限が撤廃された。

✎ 臓器移植 p.318

双極性感情障害

そうきょくせいかんじょうしょうがい

bipolar emotional disorder

躁状態とうつ状態が同一患者に繰り返し現れる気分障害の一つで，躁うつ病や双極性障害ともいわれていた。統合失調症と並んで二大精神疾患の一つである。生涯有病率は海外では1.0～1.5%といわれ，日本の統計では0.2%とかなり低い。理由は明確ではないが，関連遺伝子を多数もち潜在的リスクの高い人が，外的要因（例えばストレスなど）にさらされて発症すると考えられる。一卵性双生児の発症の一致率は50～80%，二卵性双生児では5～30%であり，必ずしも遺伝疾患とは見なされない。遺伝的要因があっても生活習慣で回避できる可能性もあるという。治療は，薬物療法と心理・社会的治療を単独または併用する。DSM-5（精神疾患の診断・統計マニュアル）では，うつ病（単極性うつ病）と区別し「双極性障害及び関連障害群」とされている。

✎ 気分障害 p.97

総合支援資金

そうごうしえんしきん

生活福祉資金貸付制度によって貸し付けられる，４種類ある生活福祉資金の一つ。失業や減収などにより生活に困窮している者について，就労支援や家計指導などの継続的な相談支援とあわせて，生活費および一時的な資金の貸付を行うことにより生活の立て直しを支援するもの。失業などからの生活再建までの間に必要な生活費となる「生活支援費」（最長１年間），敷金・礼金など住宅の賃貸契約を結ぶために必要な費用となる「住宅入居費」，生活再建のため一時的に必要であり日常生活費で賄うことが困難な就職活動費・技能習得費・債務整理手続費用等となる「一時生活再建費」の３種類がある。原則として，生活困窮者自立支援制度による自立相談支援事業の利用が貸付の要件となる。

✎生活福祉資金 p.299

相互作用説

そうごさようせつ

人間の発達には遺伝的にもっている可能性がすべて現れるのではなく，環境との出会いや経験によって遺伝情報に読み解かれ発現する部分と読み解かれず発現しない部分があるとする考え方。

✎輻輳説 p.444

相互扶助

そうごふじょ

チャールズ・ダーウィン（Darwin, C.R.：1809～1882）の生存競争説に異を唱えたピョートル・クロポトキン（Kropotkin, P.A.：1842～1921）が主張したことに由来するもので，集団の構成員が，疾病や障害など日常生活を営む上で何らかの助力を必要とする場合に，互いに助け合うことをいう。資本主義社会の成立以前は，共同体内の地縁・血縁における相互扶助の仕組みが存在した。その後，資本主義社会が発展し，核家族化の進行と地域社会の崩壊によって，地縁・血縁の相互扶助機能が弱体化するとともに，社会的な制度・仕組みを整備して共助の機能を構築した。社会保険制度や地域のボランティア組織などはその代表的なものである。

葬祭扶助

そうさいふじょ

生活保護法第 11，18 条に規定される８つの扶助のうちの一つ。葬祭扶助は，原則として金銭給付であるが，必要があるときは現物給付によって行う（生保 37 条）。死亡者に対して，その遺族または扶養義務者が困窮のために葬祭を行うことができない場合に行われる。扶助は遺体の検案，遺体の運搬，火葬または埋葬，納骨そのほかの葬祭のために最低限度必要なものの範囲にかかる費用を，基準で定める額の範囲内で給付する。地域別（級地），大人・小人別に基準が設定されている。

✎生活保護法 p.301

喪失体験

そうしつたいけん

自分の大切なものを失う体験をいう。親しい人やペットなどとの別離や死別に代表されるが，その他，疾病や障害，加齢等による心身の健康の喪失，災害等による家屋や財産などの喪失，退職や転居等による社会的関係や役割の喪失など，状況は多様である。喪失体験は悲嘆（グリーフ）を引き起こし，その過程はボウルビィやキューブラー＝ロスの提唱するものなど諸説ある。

✎キューブラー＝ロス p.101，グリーフ p.113，死別体験 p.209，ボウルビィ p.460

創　傷

そうしょう

創は皮膚の連続性が絶たれている開放性損傷を，傷は皮膚の連続性が保たれている閉鎖性損傷をいう。擦過傷，打撲傷，裂創，切創，刺創，割創などがある。

躁状態

そうじょうたい

気分の高揚感が病的レベルであり，怒りっぽくなる，尊大な振る舞いをする，または多幸的で延々喋り続けるなどといった症状を認める。考えが次々と飛躍してまとまらなくなることもあり，注意は散漫になる。また，睡眠欲求も低下する。ギャンブルや買い物などの浪費が盛んになったり，問題行動から他者とのトラブルを起こすこともある。双極性障害に特徴的な状態。

✎双極性感情障害 p.318

相　続

そうぞく

死者が生前に有していた財産上の権利義務を，死者の配偶者および一定の親族法上の関係にある者（民法 886，887，889，890 条）が承継すること。死者を被相続人，承継者を相続人，承継される財産を相続財産という。相続人には，配偶者の他，血族相続人がいる。血族相続人には相続順位があり，第一順位は子（直系卑属），第二順位は直系尊属，第三順位は兄弟姉妹である（民法 900 条）。被相続人は，各相続人の遺留分を害しない程度で，遺言によって各相続人の相続分を指定できる（民法 902 条）。相続は被相続人の死亡によって開始し（民法 882 条），相続人は，自己のために相続が開始したことを知った時から 3 か月以内に，相続財産を包括承継する単純承認，または積極財産の範囲でのみ消極財産を弁済する限定承認，あるいは相続放棄の意思表示をしなければならない（民法 915 条 1 項）。

相対的剥奪

そうたいてきはくだつ

ピーター・B・タウンゼント（Townsend, P. B.：1928 ～ 2009）により提唱された貧困概念。社会が整備した生活上のニーズを満たす諸機構を利用できない，あるいはそういった諸機構が整備されていないことによりニーズが充足されないこと。絶対的基準による剥奪感ではなく，むしろ周囲の他者や他集団・他地域等と比較して，相対的に自らの状況が剥奪され，劣っていると感じることである。

相談支援

そうだんしえん

障害者総合支援法に規定されているサービスであり，相談や助言，情報の提供，障害者の状態に応じたサービス利用計画の策定や計画のモニタリング等を行うものである。相談支援には目的や支援の内容の違いにより 3 つの種類が設けられている。相談や助言，事業者等との連絡調整を主に行う基本相談支援，施設から地域生活への移行支援や緊急時の対応等を行う地域相談支援（地域移行支援，地域定着支援），サービス等利用計画の作成を行う計画相談支援（サービス利用支援，継続サービス利用支援）である。

相談支援専門員

そうだんしえんせんもんいん

障害者や障害児が地域で安心して生活できるように，障害者や障害児の保護者等からの相談に応じ，情報の提供や助言，サービス提供事業者や関係機関との連絡調整を行う者。主な業務は，サービスの種類や量を盛り込んだ計画（障害児支援利用計画やサービス等利用計画）の作成，計画実施に対するモニタリング，障害福祉サービス事業者等との連絡調整，緊急事態への対応，入所型施設や病院から地域生活へと移行する際の相談や住宅の確保などである。資格要件は，障害者の保健・医療・福祉・就労・教育の分野における相談支援や介護等の実務経験が一定期間あり，かつ，相談支援従事者研修を修了していることとされている。

早朝覚醒

そうちょうかくせい

睡眠障害の一つ。朝，起床しようと思う時間よりも早く目が覚めてしまうことをいう。うつ病，高齢者に多くみられる。

増粘剤

ぞうねんざい

とろみのない液体はむせやすいので，咀嚼・嚥下能力が低下した高齢者や身体障害者にとろみ付けのため使用する食事補助剤である。主に飲み物や味噌汁，スープなどに使用し，ゼリー状のとろみをつけることで飲食しやすくする。嚥下能力低下においては，とろみをつける，またはゼリー状に固めるの 2 通りがあるが，喫食する人の状態はもちろん食品の特徴や注意点を考えて用いる。とろみをつけるものとして，でんぷん（片栗粉，コーンスターチ，さつまいもでんぷん，くず粉，米粉，小麦粉など）と，とろみ調整食品（第一世代：でんぷん系，第二世代：でんぷん＋グアーガム系，第三世代：キサンタンガム系）がある。その特徴をつかんで，食材に合わせた使用が大切である。

躁　病

そうびょう

mania

精神疾患の気分障害の一つ。気分が高揚し，支離滅裂な言動を発したりする。主要な症状としては，感情障害（気分の高揚，自分の過大評価，他者への干渉），思考障害（観念奔逸，錯乱，誇大妄想など），欲動障害（多動・多弁，行為心迫（何か行動しなければとせかされている状態）），その他（睡眠障害，食欲・性欲の亢進，集中力低下など）を認める。

✎ 気分障害 p.97

早老症

そうろうしょう

progeria

染色体の異常により加齢が急速に進行する疾病。このうちの一つであるウェルナー症候群は，先天性の結合組織病で，18～35 歳にかけて白内障，脱毛，動脈硬化，皮膚萎縮といった早老性変化が現れる。介護保険の特定疾病とされている。

ウェルナー症候群 p.34

ソーシャルアクション

social action

社会活動法と訳される。社会福祉援助技術における間接援助技術の一つ。制度・サービスの拡充や新設を求め，行政や議会など関係機関に働きかける活動のこと。ソーシャルワーカーをはじめとする援助者が中心となっている形態や当事者組織が中心となって行われる形態などいくつかに分類される。

間接援助技術 p.85

ソーシャル・アドミニストレーション

social administration

社会福祉運営管理と訳される。社会福祉援助技術における間接援助技術の一つ。社会福祉施設の運営管理にとどまらず，社会福祉機関の運営管理，さらに，国や自治体の行政の計画や施策・法制度などの適切な運営・運用までを視野に入れた技術。

間接援助技術 p.85

ソーシャルインクルージョン

social inclusion

元々はヨーロッパにおける外国籍労働者への社会的排除（ソーシャル・エクスクルージョン）に対する施策として導入された概念であったが，現在では特定の人だけを対象としたものでなく，全ての人が制度や暮らし，労働など社会のあらゆる領域において排除されず，社会参加の可能性を保障されること。「社会的包摂」「社会的包括」などと訳される。

2000（平成 12）年 12 月 8 日に当時の厚生省がとりまとめた「社会的な援護を要する人々に対する社会福祉のあり方に関する検討会」報告書では，新しい社会福祉の考え方を提言し，新たな「公」の創造として，「今日的な『つながり』の再構築を図り，全ての人々を孤独や孤立，排除や摩擦から援護し，健康で文化的な生活の実現につなげるよう，社会の構成員として包み支え合う（ソーシャル・インクルージョン）ための社会福祉を模索する必要がある」としている。

ソーシャル・グループワーク

social group work

日本では集団援助技術（グループワーク）と称されている。直接援助技術の一つで，個別援助技術（ケースワーク）とならんで利用者を直接援助するもの。すなわちソーシャルワーカーは集団場面でもメンバー一人ひとりを援助する存在である。個人の社会的な機能の強化という点では個別援助技術も目指すところは同じだが，人間は集団を離れては生活できないことを考えると，集団関係の活用によって同じ目的を達成できればその方が望ましい。集団援助技術は，そこを目指して発展してきたのである。

グループワーク p.114

ソーシャル・サービス

social service

生活に関連する公共施策全体を指す場合もあれば，公共性を有する対人サービスを示すものとして用いられる場合もあるため，ソーシャル・サービスを定義することは難しく，明確な定義をもち得ていない。イギリスのバウ（Baugh, W.E.）は，ニードをもっている人々に地域社会が提供するサービスのことをソーシャル・サービスとしている。日本では，1986（昭和 61）年版の厚生白書において「社会サービス」という用語が用いられた際，保健・医療・福祉をその範囲としていたが，欧米の社会サービスは対象範囲にばらつきがある。

ソーシャルサポートネットワーク

social support network

日常生活上のニーズに対して支援を提供する人々のネットワークであり，家族，親族，友人，近隣住民，職場の同僚，ボランティアなどのインフォーマルなサポートの提供者と法・制度に基づく公的機関・民間機関の専門職によって構成される。ソーシャルサポートネットワークには，ソーシャルネットワーク（構造面に着目）とソーシャルサポート（機能面に着目）の 2 つの概念を含んでいる。ソーシャルネットワークは個人を中心とする人間関係の内にある流動的なつながりであり，ソーシャルサポートは人間関係における個人を支持する機能を指し，愛情や信頼などの情緒的サポート，労力や金銭などの道具・手段的サポート，有効な知識や地域資源などの情報を提供する情報的サポートがある。

ソーシャルプランニング
social planning

社会福祉計画法と訳される。社会福祉援助技術における間接援助技術の一つ。今日の福祉ニーズのみならず将来の福祉ニーズを予測してとらえ，それらの充足を目標として，そのための手段をあらかじめ計画的に準備する政策形式をいう。計画化のプロセスにおいて，たとえ行政計画を立案する場合でも，住民の参画が必然となりつつある。

✎間接援助技術 p.85

ソーシャル・リサーチ
social research

▶社会調査 p.211

ソーシャルワーカー
social worker

従来は社会福祉従事者の一般名称として用いられていたが，「社会福祉士」および「介護福祉士」の資格職ができて以来，社会福祉士とそれに準ずる職種の人をソーシャルワーカーと呼び，介護福祉士とそれに準ずる職種の人をケアワーカーと呼ぶ傾向にある。前者は福祉サービス利用者（申請者を含む）の相談に応じ，助言，指導その他の援助を行うことを業とする者である。

ソーシャルワーク　図127
social work

社会福祉援助技術と訳される。社会福祉政策・制度の下で，社会福祉に関する専門的知識・技術を拠り所とする専門的な実践体系のこと。直接援助技術，間接援助技術，関連援助技術の３つに分類される。イギリスやアメリカで始まり，展開されてきた。もとは産業革命に伴い社会問題化してきた貧困に際して，貧民そのものに対して行われる処罰的で自助努力を求める方法に対して，その限界を感じ，セツルメント運動を通じて模索された方法である。メアリー・リッチモンドにより体系化を試みられて以来，ソーシャルワークはその独自性と専門的な自己同一性を見いだすべく，関係領域の知見を援用しながら，その体系化が多くの研究者・実践家により行われてきた。すなわちソーシャルワークとは，リッチモンドが述べるように，クライエントが抱える問題は，最終的には制度・施策，あるいは固有の文化的背景をもつ社会に連なっているため，そうした点の分析を経て，制度・施策，社会に対して，問題を提起し，変化させるという機能をもつ。しかし，日本における最近の傾向は，諸資源の効率的な組み合わせといった，ソーシャルワークのサービスのコーディネーション機能が特化されすぎている。

✎リッチモンド p.499

図 127　社会福祉援助技術（ソーシャルワーク）の体系

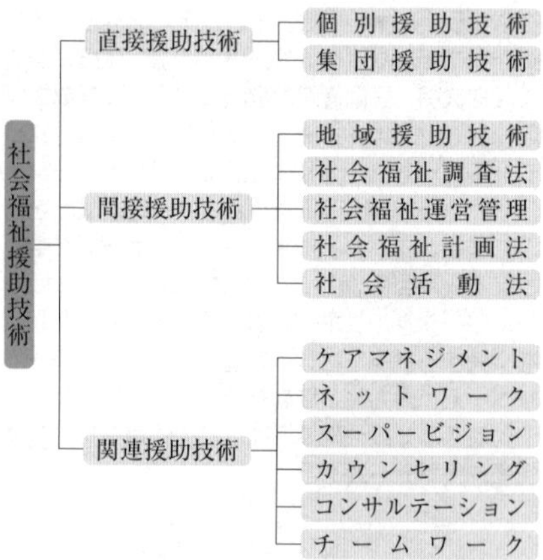

ソーシャルワーク・教育・社会開発合同世界会議
そーしゃるわーくきょういくしゃかいかいはつごうどうせかいかいぎ

国際社会福祉協議会（ICSW）により隔年ごとに「国際社会福祉会議」が開かれてきた。これは1928年にパリで「国際社会福祉事業会議」として第１回が開催され，1968年の第14回ヘルシンキ会議から国際社会福祉会議と改称したものである。さらに，2010年の第34回香港会議からは国際社会福祉協議会とともに国際ソーシャルワーク学校連盟（IASSW）および国際ソーシャルワーカー連盟（IFSW）との合同会議となり，名称も「ソーシャルワーク・教育・社会開発合同世界会議」となった。

ソーシャルワークリサーチ
social work research

▶社会福祉調査法 p.216

SOAP方式
そーぷほうしき

▶問題志向型医療記録 p.482

SOLER

ソーラー

人とのかかわりを示す基本動作には５つのポイントがあり，その頭文字をとって SOLER という。S（Squarely）：相手と向かい合う，O（Open）：開いた姿勢，L（Lean）：相手に少し身体を傾ける，E（Eye Contact）：適切な視線，R（Relaxed）：リラックスして話を聴く。

側臥位 図128

そくがい

臥位の一つで，身体を左右に向かせた体位のこと。右側に身体を傾斜（右側を下）にすることを右側臥位，左側に身体を傾斜（左側を下）にすることを左側臥位という。側臥位では，下側になる上肢が圧迫されるので，軽く肘関節を曲げて前方に位置させたり，胸部から腹部にかけてクッションを抱きかかえるようにしてしびれ（循環障害）を予防する。上側の下肢は膝関節を軽度屈曲させて下側の下肢よりやや前方に置くと，基底面が広がって安定する。必要に応じて，背部，両脚部，下腿から足部にもクッションを入れる。

臥位 p.53

足　浴 図129

そくよく

足首の少し上，または足首と膝の中間辺りまでを湯に浸す温あん法。通常はベッドでの端座位や椅子に座って行う。寝た状態（仰臥位）でも膝を立てた姿勢で行える。血液循環を促し，全身が温まるとともに精神的にもリラックスできる。就寝前に行うと安眠効果もある。湯の温度は 39 ～ 40℃前後。いきなり足を湯に入れず，必ず利用者に温度の確認をする。特に麻痺がある場合は注意する（健側で確認する）。必要時には石けんなどを用いて汚れをとる。足浴後はよく水分を拭き取り，特に足指の間の水分は残さないように注意する。

手浴 p.233

ソシオグラム

sociogram

アメリカの精神病理学者であるモレノ（Moreno, J. L.：1889 ～ 1974）が発案したソシオメトリーの考え方を基に，ある集団内の人間関係を，線や矢印を使ってネットワーク状に図示したもので，集団の内部構造を明らかにすることを目的としている。成員同士の関係は，牽引（親和性）と反撥（排斥）に分類される。

ソシオメトリー

sociometry

ヤコブ・L・モレノ（Moreno, J.L.：1889 ～ 1974）によって創始された，集団の心理的特徴の数学的研究，またはその測定のためのソシオメトリック・テストのこと。モレノは小集団内の人間関係構造を測定するためのテストを提案したが，そのうち心理学的関係の分析法としてソシオメトリック・テストが考案された。集団構成員同士の対人関係について，「選択（親和性）」と「排斥」を軸に分析する。排斥者を選ばせる場合の否定的影響や，選択した後に，互いに詮索し合う可能性に注意が必要である。

粗死亡率

そしぼうりつ

▶死亡率 p.209

図 128　側臥位

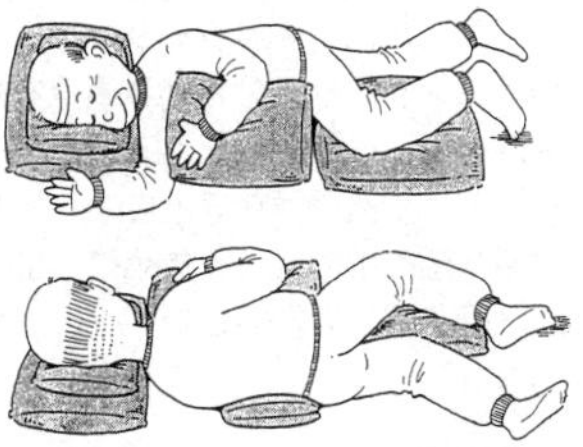

図 129　足浴の方法

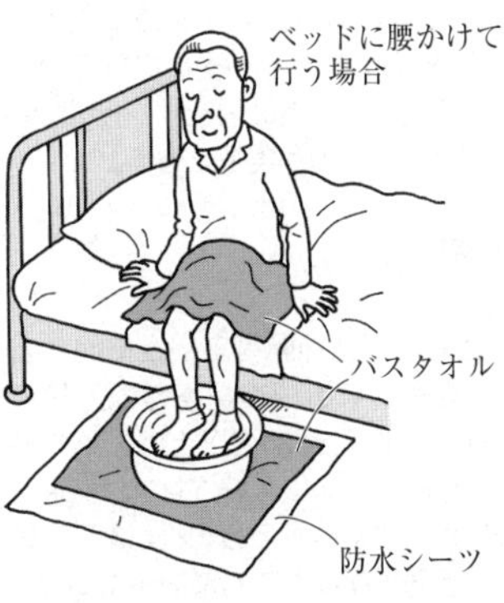

咀　嚼

そしゃく

口の中に取り込んだ食べ物をよく噛み砕き，唾液と混ぜ合わせ飲み込みやすい形にし嚥下動作を開始するまでの一連の動作をいう。咀嚼には食物を摂取してから嚥下するまで，摂食，咬断(切断)，粉砕，混合，食塊形成，嚥下などの様々な機能があり相互に影響し合っている。

組成表示

そせいひょうじ

家庭用品品質表示法に基づき，消費者が，衣類に混紡している素材の割合を正しく認識できるよう，組成の表示をしているもの。衣服に縫いつけられているラベルや，衣服にプリントされた状態で表示されている。衣類は複数の素材が混紡されていることが多く，手入れ方法，洗濯方法，アイロン方法などが異なる。

組成表示例：綿 40% ポリエステル 60%

✎家庭用品品質表示法 p.76

措置委託

そちいたく

措置の実施機関が当該地方公共団体以外の者の経営する社会福祉施設に，入所その他の措置の委託を行うこと。

措置制度

そちせいど

措置という言葉は広範囲な意味をもち，多義的な言葉であるが，社会福祉における措置制度とは，福祉サービス提供の可否が行政の判断に基づき行われる給付の決定と，その給付のことを指す。措置の権限をもつ行政庁を措置権者という。措置制度において，福祉の措置を請求する権利を定めた法律の条文がなく，利用者は措置権者に措置義務があるという反射的利益によって，福祉サービスを受けていると解釈されている。したがって，原則，利用者は福祉サービスの種類や場所を選択できないのが実情である。

措置入院

そちにゅういん

精神保健及び精神障害者福祉に関する法律第29条に規定される精神障害者の入院形態の一つ。精神保健指定医2人以上の診察の結果，医療および保護のために入院させなければその精神障害のために自傷他害のおそれがあると認めた場合，本人の同意がなくても都道府県知事の権限で可能な入院形態。この入院形態は精神科病院入院患者の約 0.6 %にあたる。

✎精神保健及び精神障害者福祉に関する法律 p.306

ソラニン

solanine

じゃがいもに含まれるアルカロイド(神経性毒)の一種で，皮（特に，日光に当たり緑化した部分）や芽の部分に多く含まれる。ソラニンを摂取し中毒を起こすと，腹痛，吐気，嘔吐，下痢，食欲減退，頻脈，頭痛，めまい，喉の痛みなどの症状が出る。大量摂取の場合，昏睡状態に陥り，死亡することもある。予防法としては，芽の部分はしっかり取り除く，皮を厚めにむく，自家栽培のじゃがいもは特に注意する（未成熟の小型のじゃがいもはソラニン含量が多いので摂食しない，収穫後は冷暗所に保存し日光に当てない），などである。

ソルビン酸カリウム

そるびんさんかりうむ

potassium sorbate

酸性域で抗菌性を発揮する酸型保存料。白色～淡黄色のりん片状結晶または結晶性粉末で，水溶性である。無味・無臭で食品の味に影響を与えないため，最もよく使われている保存料である。チーズ，魚肉練り製品，食肉製品，漬物，佃煮，ケチャップ，みそ，ジャム，マーガリンなど多くの食品を対象として使用が認められている。

✎保存料 p.467

ソロモン

Solomon, Barbara：1934 ～

南カリフォルニア大学の名誉教授で，アメリカのソーシャルワーク研究者。1976 年に，『黒人のエンパワメント－. 抑圧された地域社会におけるソーシャルワーク』を刊行し，ソーシャルワークにおけるエンパワメントの重要性を指摘した。ソロモンは，1950 年代，60 年代のアメリカにおける公民権運動やブラック・パワー運動が展開された黒人革命時代に，勤務していた南カリフォルニア大学ソーシャルワーク大学院で，黒人に対する社会の差別や偏見を解消するという実践を基盤に研究を行っていた。そして，黒人が社会の差別を受けたことにより生きる力を失っている状態を解消させるために，エンパワメントの実践の必要性を指摘した。

✎エンパワメント p.47

尊厳死

そんげんし

末期状態にある患者が，延命措置を自発的に拒否して，より自然な状態で死を迎えること。患者の意思を表示したリビング・ウィルという宣言書がある。患者の権利に関する「リスボン宣言」に，患者は尊厳をもって死を迎える権利を有すると記載されている。

✎安楽死 p.14，生命倫理 p.310，リビング・ウィル p.500

た

ターミナルケア
terminal care

終末期医療，終末期ケアともいう。末期がんの患者などを対象に，無理な延命を目的とせず，身体的苦痛や精神的苦痛の軽減を図り，人生の質を向上させることを主眼とするもの。医療，看護，介護，ソーシャルワーク，ボランティアなどによる総合的な支援を行う点に特徴がある。

第 1 号研修（喀痰吸引等業務）
だいいちごうけんしゅう（かくたんきゅういんとうぎょうむ）

不特定多数の利用者を対象に，基本研修（講義50 時間と決められた回数以上の各行為のシミュレータ演習）および実地研修（口腔内・鼻腔内・気管カニューレ内の喀痰吸引と胃ろうまたは腸ろう・経鼻による経管栄養）により，喀痰吸引等の医行為を実施できる介護職員を養成する研修。

医行為 p.17，喀痰吸引 p.71

第一次予防
だいいちじよぼう

健康増進・発病予防を行うことをいう。体力増進，リスク要因の回避，予防接種などが含まれる。総合的な疾病コントロールは，第一次予防（健康増進・発病予防），第二次予防（早期発見・早期治療），第三次予防（機能維持・リハビリテーション）に分けられる。生活習慣病では，まず第一次予防が重視される。

第三次予防 p.328，第二次予防 p.330，予防医学 p.493

第一種社会福祉事業 表48
だいいっしゅしゃかいふくしじぎょう

社会福祉法第 2 条第 2 項に具体的な事業が列挙されている。第一種社会福祉事業は，利用者への影響が大きいため，経営安定を通じた利用者の保護の必要性が高い事業（主として入所施設サービス，授産施設など）である。経営主体は原則として，国，地方公共団体または社会福祉法人である（社福 60 条）。国，地方公共団体，社会福祉法人以外の者が社会福祉施設を設置して，第一種社会福祉事業を経営しようとするときは，原則として，その事業を開始する前に，その施設を設置する地の都道府県知事の許可を受けなければならない（社福 62 条 2 項）。

社会福祉事業 p.215，第二種社会福祉事業 p.330，資料② p.525

体位ドレナージ
たいいどれなーじ

痰や分泌物のたまった箇所を上にし，重力を使って自力で痰や分泌物を外に出す方法。体位排痰法ともいう。60 度側臥位や頭部を下げる腹臥位，座位で頭部を左右，前後に傾ける体位等がある。体位を整える際，気道を加湿するネブライザー，背部を叩打することを併用すれば，より効果的に痰や分泌物を出せるとされる。

体位変換
たいいへんかん

寝たきり状態による褥瘡や関節拘縮の予防を目的に，長時間同じ部位を圧迫させないように体位を変えること。食事や着がえ，清拭の際にも行う。仰臥位→側臥位，仰臥位→座位などがある。体位変換時は，利用者に声かけをして，可能な範囲で協力してもらう，介護者の身体に負担がかからないよう，ベッドの高さや力加減を調整することがポイントである。

表 48　社会福祉法（第 2 条第 2 項）に規定される第一種社会福祉事業（入所施設が中心）

生活保護法に規定する，救護施設，更生施設その他生計困難者を無料または低額な料金で入所させて生活の扶助を行うことを目的とする施設を経営する事業及び生計困難者に対して助葬を行う事業
児童福祉法に規定する，乳児院，母子生活支援施設，児童養護施設，障害児入所施設，児童心理治療施設または児童自立支援施設を経営する事業
老人福祉法に規定する，養護老人ホーム，特別養護老人ホームまたは軽費老人ホームを経営する事業
売春防止法に規定する，婦人保護施設を経営する事業
授産施設を経営する事業及び生計困難者に対して無利子または低利で資金を融通する事業

✎仰臥位 p.102，座位 p.172，側臥位 p.323

大うつ病

だいうつびょう

いわゆる「うつ病」と同義。アメリカ精神医学会のDSM-5（精神疾患の診断・統計マニュアル）では，うつ病を①破壊的気分調節不全障害，②月経前不快気分障害，③大うつ病性障害，④持続性うつ病性障害，の４つに分類している。

✎うつ病 p.35

体温測定

たいおんそくてい

健康状態の重要な情報として，体温・脈拍数・呼吸数がある。経時的に測られた体温の記録は，利用者の健康状態を知るための大切な情報である。腋窩のほか，口腔舌下，直腸で測定できる。直腸温＞口腔温＞腋窩温の順に体温が高い。水銀体温計の場合は，一般的に腋窩検温は 10 分間測定し，直腸検温は３分間の測定でその都度，体温計の消毒を行う。体温は，食事・運動・入浴・興奮などにより，そして年齢や日内変動の影響を受ける。体温の正常値は年齢によって異なり，乳幼児の方が高齢者より高い。また，体温は１日の中で早朝最も低く，夕方高くなる。日内変動は1℃以内。片麻痺がある場合の体温測定は健側で行う。これは麻痺側では，体温計をきちんと保持できないこと，また麻痺側の腋窩温が健側の腋窩温より低いためである。また，口腔検温は，理解力の乏しい人には危険であり，鼻閉のある人は正確に測ることができないために不適切である。

✎腋窩検温 p.40

待機児童問題 図130

たいきじどうもんだい

保育所への入所申請がされており，入所条件を満たしているにもかかわらず，入所できないでいる児童を待機児童という。保育所の定員充足率の推移をみると，サービス供給量は満たされている。しかし，大都市部を中心に待機児童が発生しており，その多くが３歳未満の低年齢児となっている。こうした待機児童問題は，1990 年代後半に注目をあつめ，保育所に関する規制緩和や待機児童解消に向けての施策（数値目標が盛り込まれた，2002（平成 14）年「待機児童ゼロ作戦」，2008（平成 20）年「新待機児童ゼロ作戦」，2010（平成 22）年「国と自治体が一体的に取り組む待機児童解消『先取り』プロジェクト」，2013（平成 25）年「待機児童解消加速化プラン」）が展開されている。

この「待機児童解消加速化プラン」は，待機児童の解消に向けて，2013（平成 25）年度から2017（平成 29）年度末までの５年間で約 50万人分の保育の受け皿確保を目標に，自治体が行う保育所の整備などの取組に対して支援するもの。その結果，企業主導型保育事業による保育の受け皿拡大とあわせて，約 53.5 万人の保育の受け皿を確保し，政府目標を 2018（平成 30）年度に達成。つづいて，政府は「子育て安心プラン」を展開。2018 ～ 2020（平成 30 ～令和 2）

図130 都市部における待機児童の状況

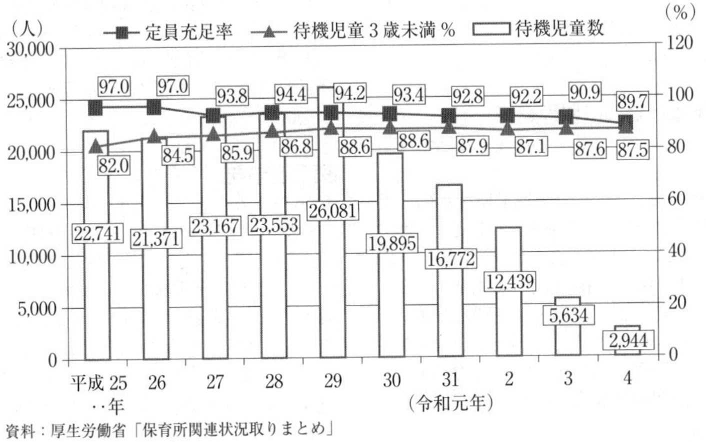

資料：厚生労働省「保育所関連状況取りまとめ」

年度までの3か年計画であり，待機児童解消を図り，女性の就業率8割に対応できるよう，自治体が行う保育の受け皿整備の取組を支援。さらに，「新子育て安心プラン」では，2021～2024（令和3～6）年度までの4か年計画において女性の就業率の上昇（令和7年の政府目標：82%）に対応するため，2024年度末までに約14万人分の保育の受け皿を確保することとし，2024年度末までに約14.2万人分の保育の受け皿を拡大する見込み。待機児童を解消するためには，市区町村において，「保育コンシェルジュ」などを活用しながら，潜在的ニーズも含めた保育の利用意向を適切に把握し，それを反映した受け皿整備を進めることが重要である。

退却神経症

たいきゃくしんけいしょう

精神科医の笠原嘉（かさはらよみし：1928～）により提唱された日本独自の概念。個人に期待される社会的役割から選択的に退却し，その部分にのみ，無気力・無関心・抑うつなどを示す状態。

✎アパシー p.10

退　行

たいこう

防衛機制の一つ。現在の危機を回避するために，発達的に以前の状態に戻ること。そのため行動様式がその時期に戻ってしまう。病的退行，治療的退行，健康な退行に区別される。病的退行は機能低下を起こすが，治療的退行は一次的なものでエネルギーの回復を得るためのものである。健康な退行は治療的退行と似ており，自我が十分に機能した状態で起こり，リラックス効果やエネルギーの回復が期待される。大人にも遊びが必要といわれるのはそのためである。

✎防衛機制 p.456

第3号研修（喀痰吸引等業務）

だいさんごうけんしゅう（かくたんきゅういんとうぎょうむ）

在宅の重度障害者に対する喀痰吸引等のように，個別性の高い特定の対象者に対して，特定の介護職員が喀痰吸引等を実施する場合に要する研修。基本研修（講義8時間と基本1時間のシミュレータ演習）および実地研修（口腔内・鼻腔内・気管カニューレ内の喀痰吸引と胃ろうまたは腸ろう・経鼻による経管栄養）により，その対象者に限っては喀痰吸引等を行うことが可能になる研修。

第3次対がん十か年総合戦略

だいさんじたいがんじっかねんそうごうせんりゃく

1984（昭和59）年度を始期とする第1次，1994（平成6）年度を始期とする第2次に次いで，2004（平成16）年度より厚生労働省と文部科学省によって実施されたがん対策の総合的な戦略。「がん研究の推進」「がん予防の推進」「がん医療の向上と社会環境の整備」を3つの柱とし，がん医療水準の均てん化，在宅療養・終末期医療の充実，がん対策情報センターの設置などが行われた。

✎がん対策 p.88

第三者委員

だいさんしゃいいん

社会福祉事業における利用者の苦情解決のため，中立的な立場から客観的な判断に基づきアドバイスを提供する人のこと。社会福祉法第82条では，社会福祉事業の経営者は利用者からの苦情の適切な解決に努めなければならないとしており，これに基づいて厚生省（現・厚生労働省）は2000（平成12）年に，「社会福祉事業の経営者による福祉サービスに関する苦情解決の仕組みの指針について」という通知を行っている。そこでは，第三者委員は苦情解決に社会性・客観性を確保し，利用者の立場や特性に配慮した適切な対応を推進するため，経営者の責任において選任するかたちで設置される，としている。

✎資料② p.525

第三者評価

だいさんしゃひょうか

事業者の提供するサービスの質を，当事者以外の公正・中立な第三者機関が評価する事業のこと。サービス事業者による自己評価，利用者による利用者評価，評価機関が実施する訪問調査による評価によって，評価が行われる仕組みとなっている。

第三次予防

だいさんじよぼう

疾病コントロールにおける機能維持・リハビリテーションをいう。すでに疾病は発症してしまったが，それによる機能障害の拡大を防ぎ，社会復帰を目指す。最近では，疾病による後遺症を防ぐために，疾病発症後早期からのリハビリテーションの重要性が注目されている。

✎第一次予防 p.326，第二次予防 p.330，予防医学 p.493

第三セクター

だいさんせくたー

国や地方公共団体(第一セクター)，民間企業(第二セクター)に次ぐ第三の方式の事業体。国際的には第三セクターは，NPO 市民団体その他の民間非営利団体を指し，特にイギリスでは NPO や慈善団体など，公共サービスを提供する民間団体のことを示す。日本では，国または地方公共団体が民間企業との共同出資により設立した法人を指すことが多い。

第三の波

だいさんのなみ

アルビン・トフラー（Toffler, A.：1928～2016）が同名の著作の中で，1950 年代後半以降の情報技術革命がもたらす社会の変化をとらえた概念。トフラーは人類史における技術体系の発展に注目し，農業技術の発展を「第一の波」，産業革命による工業の発展を「第二の波」，そして情報技術革命による発展を「第三の波」とした。「第三の波」の特徴には，①画一化された情報を多数の人々に伝達する既存のマスメディアが衰退し，コミュニティラジオやケーブルテレビなど多様なメディアが個別の情報を発信するようになること（非マス化），②大量生産方式から多品種少量生産への変化，③画一化された労働から柔軟な労働形態への変化，④生産と消費の分離が再統合され，プロシューマーという生産活動を行う消費者が出現すること，⑤政治の分野でも情報化が「民主化」を進め，地方分権の進展と国家機能が低下すること，などが挙げられる。

代　償

だいしょう

compensation

自己防衛機制の一つ。どうしても満たされない欲求がある場合に，それに代わって得られやすい他のもので満足すること。恋人にふられたときに買い物に走ったりグルメ三昧したりするのは代償の一つである。

✎防衛機制 p.456

帯状疱疹

たいじょうほうしん

herpes zoster

小児期の水痘（水ぼうそう）の後に神経節の中に潜伏した水痘ウイルスが，ストレス，疲労，抵抗力低下などに伴って，再度増殖し，肋間（肋間神経），顔面（顔面神経）などで発疹，水疱を生じる。神経に沿って帯状に赤い発疹と小水疱が出現し，強い疼痛を伴う。1 週間ほど前から違和感やぴりぴりした痛みを感じることもある。治療にはバルトレックス®，アシクロビルなどの抗ウイルス剤を用いる。

退職者医療制度

たいしょくしゃいりょうせいど

被用者健康保険の被保険者が定年退職すると，多くは国民健康保険に加入する。そのうち，一定の要件を満たす者は，退職者医療制度の被保険者となる。退職者医療制度は国民健康保険制度の中に設けられており，その費用は退職被保険者の保険料に加えて，各種健康保険の保険者から納付される拠出金による。以前は窓口負担割合などで優遇されていたが，現在は一般の被保険者と同様の取り扱いとなっている。2008（平成 20）年 4 月の制度改正により，65 歳以上の者およびその被扶養者に関するこの制度は廃止された。平成 26 年度末までの経過措置期間が終了したため，平成 27 年度以降の新規適用はない。ただし，平成 26 年度末までの対象者で，この制度の該当になることが判明した場合は適用し，65 歳到達までは資格が継続される。

対人援助関係

たいじんえんじょかんけい

専門職が，個人または集団に対して各種の社会福祉援助技法・技術を用いながら，意識的・継続的に対象者と援助関係を結ぶこと。ただし，そのベースには専門職としてかかわる以前の，人と人との基本的な人間関係の構築が不可欠である。

対人恐怖症

たいじんきょうふしょう

anthrophobia

神経症性障害の一つで，強迫観念に属し，放置すると不安だけでなく強い恐怖をもたらす観念のうち，対人関係にみられるものをいう。思春期によくみられる。人目を気にすることが原因である点はやせ症と同じであるが，対人恐怖症の場合，不登校につながりやすい。

✎強迫観念 p.106，恐怖症 p.107，不登校 p.447

大腿骨頸部骨折

だいたいこつけいぶこっせつ

femoral neck fracture

股関節の内側にある，大腿骨の頸部と呼ばれる部分の骨折。高齢者で骨粗鬆症をもつ者に多く，尻餅をついた場合に生じやすい。脚の付け根に痛みがあり，ほとんどの場合，起立や歩行ができなくなる。寝たきりになるのを避けるために外科手術が行われるが，難治性である。

骨粗鬆症 p.163

大腸がん

だいちょうがん

colon cancer

大腸表面の粘膜から発生する悪性腫瘍の総称。食物繊維の少ない食事をする人に多く，直腸，S 状結腸に好発するが，結腸でみると最近は盲腸や上行結腸など右側結腸の頻度が高くなっている。大腸がん自体は増加傾向にあり，悪性腫瘍の部位別の死亡数順位では男性で 2 位（①肺，②大腸，③胃），女性で 1 位（①大腸，②肺，③膵）である（2021（令和 3）年）。

悪性新生物<腫瘍>の部位別死亡率 p.4，資料㉜ p.543

第 2 号研修（喀痰吸引等業務）

だいにごうけんしゅう（かくたんきゅういんとうぎょうむ）

不特定多数の利用者を対象とした基本研修は第 1 号研修と同じであるが，実地研修にて実施する行為に違いがあり，気管カニューレ内の喀痰吸引及び経鼻経営栄養の 2 つが含まれない。

第二種社会福祉事業 表49

だいにしゅしゃかいふくしじぎょう

社会福祉法第 2 条第 3 項に具体的な事業が列挙されている。第二種社会福祉事業は，第一種社会福祉事業と比較して，公的規制の必要性が低い事業（主として通所・在宅サービスなど）とされ，経営主体の制限は特にない。国，地方公共団体以外の者が第二種社会福祉事業を行う場合，事業開始の日から 1 か月以内に，社会福祉法第 67 条第 1 項に示されている事項を都道府県知事に届出る必要がある（社福 69 条）。

第一種社会福祉事業 p.326，資料② p.525

第二次予防

だいにじよぼう

疾病コントロールにおける早期発見・早期治療をいう。検診が代表的である。検診が有効であるためには，①早期診断によってより良い治療効果が期待されること，②病人の見逃しが少なく（感度が高い），健常者を病人と間違った判定をすることが少ないこと（特異度が高い），③費用が安いこと，④苦痛を伴わない（侵襲が低い）ことが重要である。

第一次予防 p.326，第三次予防 p.328，予防医学 p.493

タイプ A 行動パターン

たいぷえーこうどうぱたーん

Type A behavior pattern

過度に競争心が強く，意欲的かつ攻撃的に仕事をこなすタイプ。またせっかちで，何かにつけて時間に追われるタイプの行動パターン。狭心症や心筋梗塞など虚血性心疾患の患者に多い性格・行動パターンである。「A」は Active（活動的），Aggressive（攻撃的）の頭文字。

タイプ B 行動パターン p.330

タイプ B 行動パターン

たいぷびーこうどうぱたーん

Type B behavior pattern

時間に追われることもなく常にマイペースに行動し，内向的でのんびりしており，目立たず，非攻撃的などの性格傾向を持つ人の行動パターン。タイプ A 行動パターンの正反対の行動パターン。

タイプ A 行動パターン p.330

代弁的機能

だいべんてききのう

ソーシャルワークの機能の一つで，利用者やその家族，あるいは特定層の住民に代わり，権利を擁護するもの。日本介護福祉士会倫理綱領には，利用者ニーズの代弁についての記載がある。

アドボカシー p.9

対面法 図131

たいめんほう

利用者との面談や会話における位置関係から生じる効果を活用したコミュニケーション技術の一つ。他にも「直角法」や「平行法」がある。「対面法」は正対する方法で，しっかり相手に向き合えるが，視線を外しにくかったり，圧迫感を与えてしまう面がある。フォーマルな面接で用いられることが多い。「直角法」は直角に位置する方法で，視線を自由に動かせ対峙することができるので，フォーマルにもインフォーマルにも活用できる。「平行法」は同じ方向を向くので，圧迫感がなく気さくで打ち解けたインフォーマルな場面で活用されることが多いが，距離や関係性を近づけるために用いられることもある。

表 49 社会福祉法（第２条第３項）に規定される第二種社会福祉事業（通所・在宅サービスが中心）

生計困難者に対して，その住居で衣食その他日常の生活必需品若しくはこれに要する金銭を与え，または生活に関する相談に応ずる事業
生活困窮者自立支援法に規定する，認定生活困窮者就労訓練事業
児童福祉法に規定する，障害児通所支援事業，障害児相談支援事業，児童自立生活援助事業，放課後児童健全育成事業，子育て短期支援事業，乳児家庭全戸訪問事業，養育支援訪問事業，地域子育て支援拠点事業，一時預かり事業，小規模住居型児童養育事業，小規模保育事業，病児保育事業または子育て援助活動支援事業，同法に規定する助産施設，保育所，児童厚生施設または児童家庭支援センターを経営する事業及び児童の福祉の増進について相談に応ずる事業
就学前の子どもに関する教育，保育等の総合的な提供の推進に関する法律に規定する，幼保連携型認定こども園を経営する事業
民間あっせん機関による養子縁組のあっせんに係る児童の保護等に関する法律に規定する，養子縁組あっせん事業
母子及び父子並びに寡婦福祉法に規定する，母子家庭日常生活支援事業，父子家庭日常生活支援事業または寡婦日常生活支援事業及び同法に規定する母子・父子福祉施設を経営する事業
老人福祉法に規定する，老人居宅介護等事業，老人デイサービス事業，老人短期入所事業，小規模多機能型居宅介護事業，認知症対応型老人共同生活援助事業または複合型サービス福祉事業及び同法に規定する老人デイサービスセンター，老人短期入所施設，老人福祉センターまたは老人介護支援センターを経営する事業
障害者総合支援法に規定する，障害福祉サービス事業，一般相談支援事業，特定相談支援事業または移動支援事業及び同法に規定する地域活動支援センターまたは福祉ホームを経営する事業
身体障害者福祉法に規定する，身体障害者生活訓練等事業，手話通訳事業または介助犬訓練事業若しくは聴導犬訓練事業，同法に規定する身体障害者福祉センター，補装具製作施設，盲導犬訓練施設または視聴覚障害者情報提供施設を経営する事業及び身体障害者の更生相談に応ずる事業
知的障害者福祉法に規定する，知的障害者の更生相談に応ずる事業
生計困難者のために，無料または低額な料金で，簡易住宅を貸し付け，または宿泊所その他の施設を利用させる事業
生計困難者のために，無料または低額な料金で診療を行う事業
生計困難者に対して，無料または低額な費用で介護保険法に規定する介護老人保健施設を利用させる事業
隣保事業（隣保館等の施設を設け，無料または低額な料金でこれを利用させることその他その近隣地域における住民の生活の改善及び向上を図るための各種の事業を行うものをいう。）
福祉サービス利用援助事業（精神上の理由により日常生活を営むのに支障がある者に対して，無料または低額な料金で，福祉サービス（第一種社会福祉事業（社福２条２項各号）と第二種社会福祉事業（社福２条３項各号）の各事業において提供されるものに限る。）の利用に関し相談に応じ，及び助言を行い，並びに福祉サービスの提供を受けるために必要な手続または福祉サービスの利用に要する費用の支払に関する便宜を供与することその他の福祉サービスの適切な利用のための一連の援助を一体的に行う事業をいう。）
第一種社会福祉事業（社福２条２項各号）と第二種社会福祉事業（社福２条３項各号）の各事業に関する連絡または助成を行う事業

図 131 対面法，直角法，平行法（座り方）

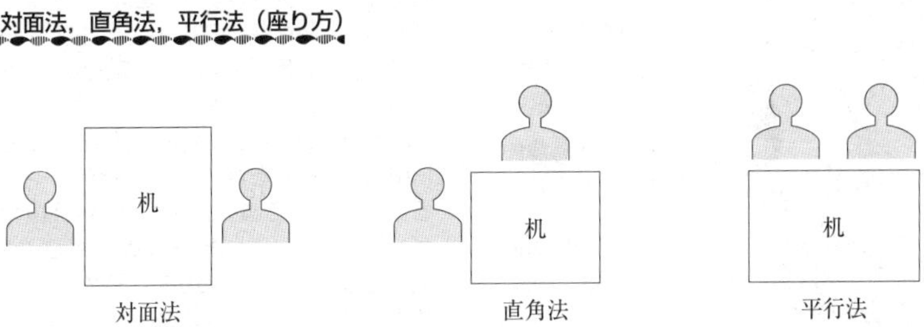

ダウン症候群 図132

だうんしょうこうぐん

Down syndrome

21番目の染色体が3本ある（21トリソミー）染色体異常であり，罹病率は新生児約700人に1人。40歳以上の母親からの出生では約1%に発症する。特異な顔貌（つり上がった目じり・眉，低い鼻筋，よく舌を出しているなど），多発奇形（心奇形，消化器奇形など），発育・発達遅滞が特徴的である。

唾　液

だえき

唾液は大唾液腺（耳下腺，顎下腺，舌下腺）と口腔内に無数に存在し，直接口腔内に唾液を分泌する小唾液腺から，1日に約1,000～1,500mL分泌される。唾液の生理作用は，①消化作用，②自浄作用，③pH緩衝作用，④粘膜保護作用，⑤抗菌作用，などがある。高齢になると，唾液の分泌量は低下するので，様々な生理作用も効果が減少する。また，唾液の分泌量の低下により，食物の消化がうまくいかず栄養を摂取しにくくなり，口腔内が汚れやすくもなる。高齢者に食事の援助を行うときにはなるべく水分を与えて，食べやすいように工夫することが重要である。

高木憲次

たかぎけんじ：1889～1963

東京帝国大学医学科を卒業，整形外科学講座に籍を置きながら，東京のスラム街で肢体不自由児・者の調査・治療にあたった。この経験を通じて，肢体不自由児・者に対して教育と治療の双方の重要性を痛感し，療育を主張した。1932（昭和7）年に日本で最初の肢体不自由児学校である「光明学園」を東京市で開設し，1942（昭和17）年には，財界などに働きかけ，整肢療護園を開園した。戦後は，児童福祉法の起草に参加し，東大教授を退官後も障害者福祉制度の整備・発展に貢献した。肢体不自由という用語は，高木が提唱したものであり，療育を基軸とする戦後の肢体不自由児福祉は高木にその多くを負っている。

✎肢体不自由 p.193

図132　ダウン症候群の主な症状

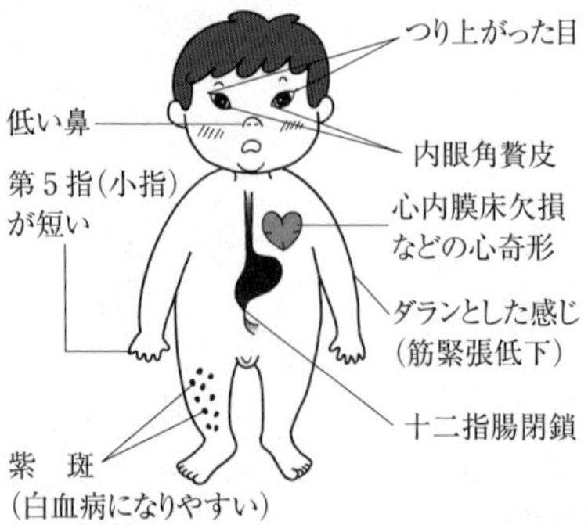

滝乃川学園

たきのがわがくえん

石井亮一により，日本で最初に設立された知的障害児施設。1891（明治24）年，石井は，濃尾大地震のために孤児となった女児（弧女）が身売りされていることを知り，その救済と教育のために弧女学院を設立した。学院の弧女の中に知的障害児が含まれていたことから，石井は知的障害児教育に関心をもつようになる。1896（明治29）年，石井は渡米しエドワード・セガン（Seguin, E.：1812～1880）の知的障害児の教育方法を研究，帰国後，知的障害児の教育に本格的に取り組み，1897（明治30）年，弧女学院を滝乃川学園に改称した。その後，渡辺筆子（わたなべふでこ：1861～1944）と結婚，2人は生涯にわたり，同学園において，知的障害児教育に尽力した。

✎石井亮一 p.19

宅老所

たくろうしょ

地域の民家を活用し，おおむね10人前後の高齢者に対してケアを行う場所のこと。その形態が児童福祉分野で行われている託児所と似ていることから，宅（託）老所と名づけられた。家庭的な雰囲気の中で利用者個々に応じたきめ細かいサービスを行うことが特徴であるが，この独自サービスに加え，介護保険法よりデイサービス事業者の指定を受け，介護保険サービスを提供している所もある。宅老所独自のサービスとは，1日の生活のリズムや利用者個々の生活の流儀を大切にしたもの，例えば，利用者とスタッフが一緒に折り込みチラシを見ながら夕食の食材や献立を考え，店に出向いて食材を買い求め，帰って一緒に調理するという具合である。基本的には通所型であるが，一時的な宿泊や比較的長期間に及ぶ滞在も可能であり「住まい」としての側面もある。NPO法人やボランティア団体などにより運営され，多様で柔軟なサービス形態をもつことから，地域における高齢者ケアの拠点として期待されてもいるが，法定の施設ではない。しかし，2005（平成17）年６月に介護保険法の一部が改正され，15人程度の利用者に対して，「通い」を中心にサービスを提供し，利用者の希望に応じて「泊まり」もできる「小規模多機能型居宅介護」が同法に位置づけられた。

✎小規模多機能型居宅介護 p.247

他計式調査

たけいしきちょうさ

社会調査における現地調査の２つある記入方式のうちの一つ。他記式調査ともいう。調査員が口頭で質問し回答を調査員が調査票に記入する方式で，個別面接調査や電話調査がこれにあたる。

✎自計式調査 p.185

多系統萎縮症

たけいとういしゅくしょう

multiple system atrophy

自律神経障害，小脳症状，パーキンソニズムを呈する症候群。シャイ・ドレーガー症候群，オリーブ橋小脳萎縮症，線条体黒質変性症などが含まれる。それぞれ前景に立つ症状は異なり，病理学的にも萎縮が始まる部位が異なるが，最終的にみられる症状や変性部位が同じであることから，一つの疾患群として理解されている。介護保険の特定疾病とされている。

✎介護保険の特定疾病 p.61，シャイ・ドレーガー症候群 p.210

タスク・ゴール

task goal

コミュニティワークの分野では，タスク・ゴール，プロセス・ゴール，リレーションシップ・ゴールの３つを評価の視点として挙げている。この中でタスク・ゴールは地域生活課題として解決される問題そのものを指す。プロセス・ゴールはコミュニティの主体形成，参加・参画や問題解決能力がどの程度深まったかを評価の視点とする。リレーションシップ・ゴールは，地域における権力構造の転換が評価の視点となる。

多段抽出法

ただんちゅうしゅつほう

標本調査の方法の一つ。調査対象（母集団）が全国にまたがるような場合，副次的抽出法を数次にわたり繰り返す方法。

立入調査

たちいりちょうさ

生活保護法や児童福祉法などで認められている保護の実施機関や関係職員などの権限。生活保護法第28条では，保護の実施機関が，要保護者の居住場所に立ち入り，その資産及び収入の状況や健康状態などの調査ができることを規定している。また，児童福祉法第29条では，都道府県知事が，保護者の児童虐待などの措置のために，児童委員，児童福祉に従事する職員が，児童の居住地などに立ち入り，必要な調査や質問をさせることができるとしている。また，高齢者虐待の防止，高齢者の養護者に対する支援等に関する法律（高齢者虐待防止法）第11条では，市町村長は，養護者により高齢者虐待が行われているおそれがある場合，地域包括支援センターや高齢者福祉に従事する職員に，当該高齢者の住所，居住に立ち入り，必要な調査，質問をさせることができると規定されている。ただし，立入調査を行う当該職員は，身分を証明する証票を携帯し，関係者の請求があったときは，それを提示する義務がある。

脱　水

だっすい

体内の体液量が減少した状態のこと。高齢者は脱水を起こしやすい状態にある。その理由として，①高齢者は筋肉が少ないために，体内の水分貯蔵が少ない，②加齢による腎機能低下に伴い，老廃物を排出するために多量の尿排泄が必要，③喉の乾きを感じにくくなる，④生活上の理由（トイレの回数を減らす，自分では水分摂取ができない，普段からあまり水分を摂らないなど），などが挙げられる。

脱水症　表50

だっすいしょう

dehydration

水分摂取の低下，体外への排泄の増加（下痢，発汗など）により生じる。血液量は減少し，口渇，皮膚のツルゴールの低下（皮膚をつまんで離したときに戻りが悪いこと），排尿がなくなる，血圧の低下，脈拍数の増加などの症状を認める。水分，ナトリウムの損失により，低張性脱水，等張性脱水，高張性脱水に分けられる。

多点杖

たてんつえ

脚が３本ないし４本ある杖のことであり，補装具のうち，歩行補助つえの中に含まれる。

✎杖 p.358，歩行補助つえ p.462

多　動

たどう

場面や状況に応じて集中することが難しく，落ち着きがなく，座っていても手足をそわそわ動かしたり，座っていられずに歩き回ったり，絶え間なく喋ったりするなどの過活動状態。多動を特徴とする発達障害に注意欠陥多動性障害（ADHD）があり，不注意・多動性・衝動性を中核症状とする。

✎注意欠陥多動性障害 p.351

他動運動

たどううんどう

他者からの力により関節を動かす運動のこと。自分で筋肉を収縮させない状態，筋肉が麻痺している状態，筋収縮を制限しなければならない状態などの時，この運動により関節可動域を維持，増大させる訓練が他動運動訓練である。

✎関節可動域 p.85，自動運動 p.200

多発梗塞性認知症

たはつこうそくせいにんちしょう

multi-infarct dementia

脳血管性認知症の一つ。脳梗塞が多発して生じる認知症。脳梗塞ではラクナ梗塞（脳の深部にみられる小さな梗塞巣で，大きさは通常，1.5cm 未満）の多発が多い。

✎脳血管性認知症 p.407

多発性神経炎

たはつせいしんけいえん

polyneuritis

四肢の末梢神経がびまん性，左右対称性に障害される病態をいう。障害される神経により麻痺・脱力などの運動神経の障害が優位なものと，しびれなど感覚神経の障害が優位なものに分けられる。ギランバレー症候群，ジフテリア，ビタミン B_1・B_6・B_{12} 欠乏，ヒ素中毒，鉛中毒，水銀中毒など種々の原因による。

WHO

ダブルエイチオー

World Health Organization

▶世界保健機関 p.310

ダブルバーレル

double-barreled

1 つの質問文に 2 つの意味や論点を含んでいる質問文のこと（例「あなたは家庭や仕事に満足していますか？」）。どちらの質問に対して回答を得られているかが分からないため，信頼性（同じ調査を繰り返しても同じ結果が得られる）が低く，社会調査では避けるべきものとされている。

多文化共生社会

たぶんかきょうせいしゃかい

国籍や文化，習慣，宗教等の背景が異なる人々が，対等な関係を築きながら地域社会の構成員として，お互いを認め合いながら共に生きることを目指す社会，と総務省により定義されており，政策として推進されている。ボーダレス化やグローバル化が進み，先進諸国では多様な民族が共存するようになっており，日本で暮らす外国人に対する差別や偏見が居住，労働，教育，結婚，子育てなど外国人の人権および生活に疎外的影響を及ぼしていることが背景としてある。

「多文化の共生」とは複数の文化が併存するだけではなく，平等で対等な，文化やアイデンティティを尊重することができる関係性を築くことができ，固定した文化ではなく相互の違いを認め合

表 50　脱水の種類

分　類	対　象	状　態	主な症状
低張性脱水	嘔吐，下痢，副腎機能の低下，利尿剤使用時など	体内のナトリウムの欠乏（低ナトリウム血症を伴う）。細胞内浮腫がみられる	頻脈，血圧低下，頭痛，悪心，嘔吐など
等張性脱水	出血，下痢，熱傷などで体液が一気に失われた場合など	体内の水分とナトリウムの同等の欠乏	冷汗，脱力感，脈拍増加など
高張性脱水	高齢者，子ども，口渇中枢に障害がある人など，自ら飲水できない場合など	体内の水分の欠乏（高ナトリウム血症を伴う）。細胞内脱水がみられる	強い口渇，尿量の減少など

い，多様な人々によって新たな文化が作られていくことも含まれている。

また，「共生」の対象には，ニューカマーといわれる近年日本に流入してきた多民族・多言語，多文化をもつ外国人に焦点が当てられているが，戦前から日本に定住しているオールドカマーといわれる人々や，先住民族であるアイヌ人も含まれており，世界的には障害者や性の多様性（LGBTQなど）なども共生の対象として組み込むことが必要とされている。

✎LGBTQ p.44

多問題家族

たもんだいかぞく

1950年代から家族類型の一つに挙げられるようになった概念である。同一家族内で複数の問題を抱える家族のことで，問題は慢性化していることが多い。多問題家族に対しては，従来の援助方法では問題解決が困難であることから，事例の蓄積によって，新たな家族中心主義ケースワークが生み出された。

ダルク

DARC；Drug Addiction Rehabilitation Center

全国各地にある民間の薬物依存症回復支援施設を指す。覚醒剤や大麻，危険ドラッグ，有機溶剤（シンナー等），精神安定剤，市販薬（風邪薬，咳止め薬，鎮痛剤等），その他の薬物，アルコール等から解放され，社会復帰を支えるプログラムを実施している。主にミーティングを中心とした自助グループ活動への参加を通して，薬物依存症からの回復を目指す。

✎セルフヘルプグループ p.314

単一事例実験計画法

たんいつじれいじっけんけいかくほう

シングル・システム・デザイン（single-case experimental design）とも呼ばれる。1人の調査対象者に対して，何らかの介入を行い，その前後でどのように変化するかを比較することにより，介入の有効性を確認する測定法。介入前を「基礎線（ベースライン）期」，介入後を「インターベンション期」という。

団塊の世代

だんかいのせだい

通常は1947～1949（昭和22～24）年生まれの年齢集団を指す。第一次ベビーブームの時期に出生した人たちで，他の年齢集団と比べて人口が多い。いわゆる戦後教育の影響を強く受けて成長し，青年期に学園紛争などを経験，就職期には「金の卵」と呼ばれ集団就職などで重宝された。また，アメリカ式の若者のファッションを受けいれるなど，この世代特有の経験は他の世代から注目を集めた。2007（平成19）年より団塊世代の多くのサラリーマンが定年退職を迎えており，その社会的受け皿が注目されてきた。この事象は「2007年問題」と呼ばれた。また，2025年には団塊の世代の全員が75歳以上の後期高齢者となることから，超高齢社会における様々な影響を「2025年問題」と呼ぶ。

✎ベビーブーム p.453

短下肢装具

たんかしそうぐ

下肢機能の麻痺した者に用いられる補装具のこと。内反尖足変形に用いられることが多い。装具は材質が何であろうと，その人の状態に合わせ皮膚を傷つけないように配慮し製作されるものであるが，処方・適合が不完全な場合は，プラスチック等が皮膚を圧迫し，損傷することもあり得る。したがって，装具装着後も観察が必要である。障害者総合支援法第5条第25項に規定する補装具の中の一つであって，歩行障害のある下肢障害者に給付される。

✎補装具 p.466

短期記憶

たんききおく

記憶の三段階説で，感覚記憶から送られた情報を一次的に貯蔵する記憶。0.5秒から数十秒間程度記憶できる。それ以上たつと，長期記憶に送られない部分が消えてしまう。頭の中で反復すると長期記憶に移しやすくなる。PTSDのフラッシュバックのように，激しい感情を伴う事柄は即座に長期記憶に送られる。一般的な成人の記憶の容量は7±2単位（5～7チャンク）である。チャンクは記憶の塊であり，よく知っている電話番号なら，それが1チャンクであるが，知らない電話番号なら一つひとつの数字がチャンクとなる。短期記憶の加齢による低下はわずかである。

✎感覚記憶 p.81，長期記憶 p.354

短期職場適応訓練

たんきしょくばてきおうくんれん

就職を希望する障害者に対し，実際に従事することとなる仕事を経験させることで，就業の自信を与え，作業環境に適応することを容易にさせるための訓練。事業主は，技能の程度や職場への適応性を把握することができる。期間は２週間以内（重度障害者は４週間以内）を原則とする。

短期入所
たんきにゅうしょ

障害者総合支援法第５条第８項に規定される介護給付の一つ。ショートステイともいう。介護者の疾病などにより，介護を必要とするようになった障害者に対して，障害者支援施設などに短期間入所させ，入浴，排泄，食事の介護等を提供するもの。

✎自立支援給付 p.270

短期入所生活介護
たんきにゅうしょせいかつかいご

ショートステイともいう。介護保険制度における居宅サービスの一つに位置づけられ，介護給付の対象となるサービス（介護８条９項）。指定介護老人福祉施設（特別養護老人ホーム）や養護老人ホームなどに併設された（単独型もある）老人短期入所施設に短期間入所させ，入浴，排泄，食事等の介護，日常生活上の世話や機能訓練を行う。

✎居宅サービス p.108

短期入所療養介護
たんきにゅうしょりょうようかいご

介護保険制度における居宅サービスの一つに位置づけられ，介護給付の対象となるサービス（介護８条10項）。医学的管理を必要とするが病状が安定している居宅要介護者を，介護老人保健施設や介護療養型医療施設（療養病床をもつ病院・診療所，老人介護医療院）に短期間入所させ，看護や医学的管理のもとに行われる介護・機能訓練，その他必要な医療並びに日常生活上の世話を行う。

✎居宅サービス p.108

短期保険給付
たんきほけんきゅうふ

保険事故が発生した際に臨時の費用を賄うために設けられている保険制度のこと。医療保険や雇用保険の失業等給付はこれにあたる。例えば，医療保険では，疾病，負傷，分娩などを保険事故としており，その発生時に給付が行われる。手当金として支給される場合もあるが，給付期間が定められている。例えば，医療保険の傷病手当金は給付期間が支給開始後１年６か月である。対義語である長期保険給付の典型は終身型の老齢年金保険である。

✎長期保険給付 p.354

単極性感情障害
たんきょくせいかんじょうしょうがい

うつ状態と躁状態が交互に出現する「躁うつ病」のことを双極性感情障害と呼ぶのに対して，うつ病のみの場合を単極性感情障害と呼ぶ。抑うつ状態がない躁病のみの場合でも単極性感情障害と呼ぶが，これは非常にまれである。

✎双極性感情障害 p.318

端座位 図133
たんざい

ベッドの端に腰かけて足をベッドから下ろして座った体位。足底を床につける。

胆　汁
たんじゅう

黄色の苦味のあるアルカリ性液で，肝臓で生成されて胆嚢に送られる。１日分泌量は500～1,000mL，成分はほとんどが水で，そのほかに胆汁酸，ビリルビン（胆汁色素），コレステロールなどからなるが，消化酵素は含まれていない。胆嚢に蓄えられた胆汁は，食事により胆嚢が収縮すると総胆管を通って十二指腸中に分泌され，胆汁酸の作用によって脂肪の消化吸収を促進する。便や尿が黄色なのはビリルビンによる。胆石などが総胆管を塞ぐとビリルビンが血中にあふれ出し，皮膚や粘膜が黄染して黄疸を生じる。

✎黄疸 p.48

図133 端(たん)座位：ベッドの端に腰かけた姿勢

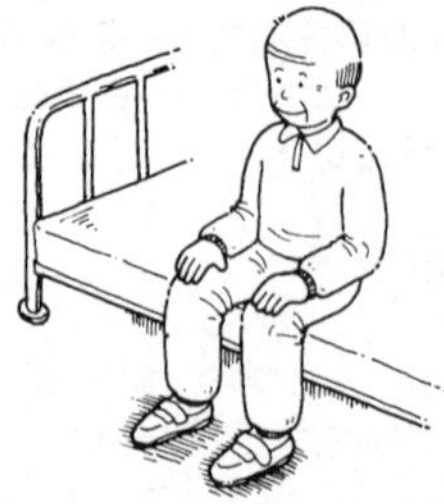

胆汁うっ滞性肝炎

たんじゅううったいせいかんえん

cholestatic hepatitis

急性肝炎により胆汁うっ滞，黄疸を生じる状態をいう。数か月以内に黄疸は消失することが多い。胆汁は肝細胞で産生され，胆管を介して十二指腸に排泄される。途中で排泄が障害されると胆汁うっ滞を生じる。赤血球のヘモグロビンから産生されるビリルビンは，胆汁に含まれて排泄される。胆汁うっ滞では血液中のビリルビン濃度が上昇し，黄疸を生じる。

胆汁酸

たんじゅうさん

胆嚢から放出される胆汁中に存在する物質。中性脂肪のほとんどが小腸で膵リパーゼによって加水分解される。脂肪は水に溶けないが，胆汁中の胆汁酸により乳化されることによってリパーゼの作用を受けやすくなり，分解されやすい形になる。この酵素はトリアシルグリセロール（中性脂肪）のエステル結合を加水分解し，ジアシルグリセロール，モノアシルグリセロールとする。さらに，その一部は小腸上皮で腸液リパーゼによって脂肪酸とグリセリンに加水分解される。しかし，完全に加水分解されるのは摂取された脂肪の約30％で，約70％はモノアシルグリセロールの形で吸収される。

①トリアシルグリセロール：グリセロール1分子と3個の脂肪酸

②ジアシルグリセロール：グリセロール1分子と2個の脂肪酸

③モノアシルグリセロール：グリセロール1分子と1個の脂肪酸

単純骨折　図134

たんじゅんこっせつ

simple fracture

骨折のうち，折れた骨が皮膚を突き破って外に出たものを複雑骨折（開放骨折），皮膚内におさまっているものを単純骨折（閉鎖骨折）という。複雑骨折が感染を生じやすく難治性であるのに対して，単純骨折は比較的治りやすい。

✎複雑骨折 p.439

単純無作為抽出法

たんじゅんむさくいちゅうしゅつほう

すべての無作為抽出法の基本。調査対象（母集団）について予備知識をもっていないか，もっていても使用しない方法。母集団から標本を抽出する際に，作為（積極的に意図を働かせて行うこと）をしないで抽出するため，作為による偏りがなく最も精度の高い抽出法である。抽出の際には主として乱数表が用いられる。

✎標本抽出法 p.434

男女共同参画社会基本法

だんじょきょうどうさんかくしゃかいきほんほう

平成11年制定，法律第78号。「男女共同参画社会の実現を21世紀の我が国社会を決定する最重要課題と位置づけ，社会のあらゆる分野において，男女共同参画社会の形成の促進に関する施策の推進を図っていくことが重要である」と前文に規定されている。基本法とは制度・政策に関する基本方針を示すものなので，基本的に個別的な制度や施策を規定したものではないが，同法では，男女共同参画社会形成を促進するにあたって，政府は基本的な計画である男女共同参画基本計画（以下，基本計画）の策定が義務づけられており，都道府県はその計画を勘案して都道府県基本計画の策定義務が，市町村には基本計画および都道府県基本計画を勘案して市町村基本計画の策定努力義務が定められている（13，14条）。また，重要事項の調査審議を行う男女共同参画会議を内閣府に設置することを規定している（21条）。

男女雇用機会均等法

だんじょこようきかいきんとうほう

▶雇用の分野における男女の均等な機会及び待遇の確保等に関する法律 p.169

図134　単純骨折と複雑骨折との比較

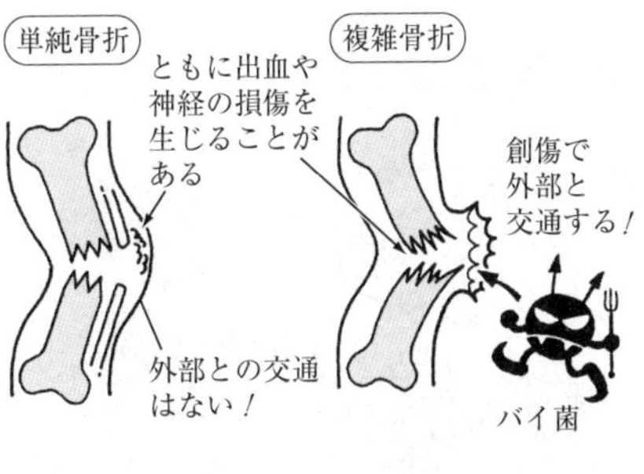
単純骨折
複雑骨折
ともに出血や
神経の損傷を
生じることが
ある
創傷で
外部と
交通する！
外部との交通
はない！
バイ菌

めちゃくちゃに折れていても（粉砕骨折），外部との交通がなければ複雑骨折ではない

炭水化物

たんすいかぶつ

生命の維持・成長に必要なエネルギーを供給する重要な栄養素。脂質，たんぱく質とともに「三大栄養素」といわれる。無機質（ミネラル），ビタミンを含めると「五大栄養素」。単糖を構成成分とする有機化合物で，糖質と食物繊維に分類され，糖質には単糖類（ブドウ糖，果糖など），二糖類（オリゴ糖：ショ糖，乳糖，麦芽糖など），多糖類（でんぷん，グリコーゲンなど）がある。人体の主要なエネルギー源として，特にブドウ糖は脳，神経などの唯一のエネルギー源である。ビタミンB_1と一緒に摂ることによって効率良くエネルギーとなる。

胆石症 図135

たんせきしょう

cholelithiasis

胆道系（胆管，胆嚢）で作られた結石が胆管や胆嚢に停滞する疾患で，肥満した中年女性に多い。成分によりコレステロール系結石とビリルビン系結石に分かれる。コレステロール系は胆嚢内に，ビリルビン系は胆管内にできやすい。脂肪分を多く含んだ食事後の右季肋部痛が特徴である。また，感染症を合併すると発熱をもたらし，胆石が総胆管を塞ぐと黄疸を生じる。この疼痛，発熱，黄疸をシャルコー（Charcot）の３徴と呼ぶ。

たんぱく質

たんぱくしつ

約20種類のアミノ酸が多数結合してできた高分子化合物で，人間にとって必須の栄養素の一つ。炭水化物，脂質とともに「三大栄養素」といわれる。無機質（ミネラル），ビタミンを含めると「五大栄養素」。たんぱく質を構成する元素はC（炭素），H（水素），O（酸素），N（窒素）であり（S（硫黄）を含むことも多い），糖質や脂質と異なり必ずNを含んでいる。これはたんぱく質を構成するアミノ酸が共通してアミノ基（$-NH_2$）を含んでいるからである。

人間の体の筋肉，臓器などの主な組織，体内での物質代謝反応の触媒となる酵素，免疫反応で働く抗体，生体調節因子となっているホルモンの一部などもたんぱく質からできており，生物が生きていく上で根幹となる重要な物質といえる。ただし，その構成アミノ酸の一部を体内では合成できない，または合成できても必要量に満たないため，必須の栄養素として食物から摂取する必要があり，これを必須アミノ酸という。食品に含まれるたんぱく質の栄養上の役割は，必須アミノ酸と，すべてのアミノ酸に含まれる窒素を供給することにあるといえる。なお，たんぱく質は体内で1g燃焼することにより4kcalの熱量を出すのでエネルギー源としても重要であるが，第一義的には身体構成のための栄養素である。

✎ アミノ酸 p.10，必須アミノ酸 p.431

図 135 胆石症の主な症状

たんぱく質・エネルギー低栄養状態

たんぱくしつえねるぎーていえいようじょうたい

PEM：Protein Energy Malnutrition

栄養素の摂取が生体の必要量より少ないときに起こる体の状態を「低栄養」といい，特にたんぱく質とエネルギーが充分に摂れていない状態を「たんぱく質・エネルギー低栄養状態（PEM：Protein Energy Malnutrition）」という。高齢者は，食事量が減少し，食事に偏りが生じやすくなるため，たんぱく質やエネルギーが不足し，PEMのリスクが高くなる。PEMの評価は，血清アルブミン値や体重減少率などで判断する。

ダンピング症候群

だんぴんぐしょうこうぐん

dumping syndrome

胃切除後症候群の一つ。食べ物が急激に小腸に入るため，その結果，小腸の蠕動運動が亢進し，腸管粘膜の血流も一時的に増加する。腸管内外の浸透圧勾配に従って水分が腸管に出ることから，循環血漿量は低下する。その結果，めまい，動悸，脱力感，悪心，嘔吐などをきたす。

単麻痺

たんまひ

脊髄や末梢神経の障害によって四肢のうちの一肢の麻痺が出現することをいう。

✎ 資料⑥ p.532

ち

チアノーゼ
cyanosis

血液中の酸素が欠乏した結果，皮膚や唇，爪の色などが青紫色になる現象のこと。心臓機能障害や呼吸機能障害で多くみられる。

地域移行支援
ちいきいこうしえん

障害者総合支援法第５条第20項に規定される相談支援の一つ。障害者支援施設に入所している障害者又は精神科病院に入院している精神障害者その他の地域における生活に移行するために重点的な支援を必要とする者であって厚生労働省令で定めるものにつき，住居の確保その他の地域における生活に移行するための活動に関する相談その他の厚生労働省令で定める便宜を供与することをいう，とされている。

地域医療計画
ちいきいりょうけいかく

医療法第30条の４に基づく医療計画であり，都道府県が策定する。地域における医療のシステム化を図り，効率的な保健医療体制を確立するための計画。「医療提供体制の確保に関する基本方針(平成19年厚生労働省告示第70号)」に即し，地域の実情に応じて策定される。なお，平成27年度から，都道府県は医療計画の一部として地域医療構想を策定することとなった。

✎医療計画 p.26，医療法 p.29

地域医療支援病院
ちいきいりょうしえんびょういん

地域の医療機関の連携の推進や，救急医療の提供，医療機器の共同利用，医療従事者への研修等を行う医療機関であり，都道府県知事の承認を受けた病院（医療４条）。地域における診療所や病院を支援するとともに，医療従事者の質の向上を目的とする。開設者は，国・都道府県・市町村・社会医療法人・医療法人・社会福祉法人等とされている。

地域援助技術
ちいきえんじょぎじゅつ

▶コミュニティワーク p.168

地域活動支援センター
ちいきかつどうしえんせんたー

障害者総合支援法第５条第27項に規定される，障害者の創作的活動・生産活動の機会提供，社会との交流の促進を行う施設。通所の形態で利用する。また，その内容に応じⅠ～Ⅲ型までの類型を設定している。

Ⅰ型：相談事業や専門職員（精神保健福祉士等）の配置による福祉および地域の社会基盤との連携強化，地域住民ボランティア育成，普及啓発等の事業を実施。Ⅱ型：機能訓練，社会適応訓練等，自立と生きがいを高めるための事業を実施。Ⅲ型：運営年数および実利用人員が一定数以上の小規模作業所の支援を充実。

地域共生社会
ちいききょうせいしゃかい

制度・分野ごとの「縦割り」や「支え手」「受け手」という関係を超えて，地域住民や地域の多様な主体が「我が事」として参画し，人と人，人と資源が世代や分野を超えて「丸ごと」つながることで，住民一人ひとりの暮らしと生きがい，地域をともに創っていく社会を指すもの。厚生労働省では「『地域共生社会』の実現に向けて（当面の改革工程)」に基づいて，その具体化に向けた改革として「地域課題の解決力の強化」「地域を基盤とする包括的支援の強化」「地域丸ごとのつながりの強化」「専門人材の機能強化・最大活用」の４つを掲げている。

✎地域共生社会の実現のための社会福祉法等の一部を改正する法律 p.339

地域共生社会の実現のための社会福祉法等の一部を改正する法律
ちいききょうせいしゃかいのじつげんのためのしゃかいふくしほうとうのいちぶをかいせいするほうりつ

令和２年制定，法律第52号。2020(令和２)年６月公布。地域共生社会の実現を図るため，地域住民の複雑化・複合化した支援ニーズに対応する包括的な福祉サービス提供体制を整備する観点から，「市町村の包括的な支援体制の構築の支援」，「地域の特性に応じた認知症施策や介護サービス提供体制の整備等の推進」，「医療・介護のデータ基盤の整備の推進」，「介護人材確保及び業務効率化の取組の強化」，「社会福祉連携推進法人制度の創設」等の措置を講じたもの。社会福祉法，介護保険法，老人福祉法，地域における医療及び介護の総合的な確保の促進に関する法律，社会福祉士及び介護福祉士法等の一部を改正する法律が対象となっている。

✎地域共生社会 p.339

地域ケア会議

ちいきけあかいぎ

地域包括支援センター等が主催し，医療，介護等の多職種が協働して高齢者の個別課題の解決を図るとともに，地域に共通した課題を明確化するもの。共有された地域課題の解決に必要な資源開発や地域づくり，さらには介護保険事業計画への反映などの，政策形成につなげる。加えて，介護支援専門員の自立支援に資するケアマネジメントの実践力を高めることを目指す。2015（平成27）年の介護保険法の改正により，同法第115条の48に位置づけられた。

地域ケア体制整備構想

ちいきけあたいせいせいびこうそう

2011（平成23）年度末で介護療養病床が廃止され，その受け皿の整備が必要なことなどから，厚生労働省は2007（平成19）年に「地域ケア体制の整備に関する基本指針」を示し，都道府県に療養病床の再編成を踏まえた「地域ケア体制整備構想」を策定するように求めた。その内容には，地域ケア体制の在り方及び療養病床の再編成に関する基本方針，地域ケア体制整備構想策定に当たっての関係計画との調和，地域ケア体制の将来像，介護サービス等の必要量の見込み及びその確保方策，療養病床の転換の推進について盛り込まれている。

✎療養病床 p.502

地域支援事業　表51

ちいきしえんじぎょう

2006（平成18）年度より，介護保険法第115条の45に位置づけられた，介護予防・日常生活総合事業，地域包括事業，任意事業の総称であり，市町村によって実施される。2015（平成27）年度の介護保険の改正により，2017（平成29）年4月までに，すべての市町村において予防訪問介護と予防通所介護が移行され，「新しい介護予防・日常生活支援総合事業」として再編成された。

地域診断

ちいきしんだん

地域を個別化して把握することを意味する。コミュニティワークにおいて，地域における福祉ニーズや社会資源を明確化すること。情報収集にあたっては，既存統計の活用，新たな社会調査，さらに，綿密な住民座談会など様々な手法が考えられる。

✎コミュニティワーク p.168

地域生活支援事業

ちいきせいかつしえんじぎょう

障害者総合支援法第77，78条に規定される事業で，都道府県，市町村が実施する。必須事業のほか，地域の実情に応じてその他の事業を実施することができる。

市町村の行う事業は，①相談支援事業として，基幹相談支援センター等機能強化事業，住宅入居等支援事業（居住サポート事業）②成年後見制度利用支援事業，③コミュニケーション支援事業，④日常生活用具給付等事業，⑤移動支援事業，⑥地域活動支援センター機能強化事業が必須事業である。また，その他の事業として，福祉ホーム事業，訪問入浴サービス事業，知的障害者職親委託制度，日中一時支援事業，地域移行のための安心生活支援事業などが挙げられている。

表51　地域支援事業の概要

◎介護予防・日常生活支援総合事業
①介護予防・生活支援サービス事業：訪問型サービス，通所型サービス，その他の生活支援サービス，介護予防ケアマネジメント ②一般介護予防事業：介護予防把握事業，介護予防普及啓発事業，地域介護予防活動支援事業，一般介護予防事業評価事業，地域リハビリテーション活動支援事業
◎包括的支援事業（地域包括支援センターの運営）：総合相談支援，権利養護業務，包括的・継続的ケアマネジメント支援業務
○包括的支援事業（社会保証充実分）：在宅医療・介護連携推進事業，生活支援体制整備事業，認知症総合支援事業，地域ケア会議推進事業
◎任意事業

都道府県の行う事業は，①専門性の高い相談支援事業として，発達障害者支援センター運営事業，高次脳機能障害支援普及事業，②広域的な支援事業として，都道府県相談支援体制整備事業が必須事業である。サービス・相談支援者，指導者育成事業として，相談支援従事者研修事業やサービス管理責任者研修事業などがある。さらに，その他の事業として福祉ホーム事業，盲人ホーム事業，情報支援等事業，障害者 IT 総合推進事業などが挙げられている。

地域生活定着支援センター

ちいきせいかつていちゃくしえんせんたー

矯正施設出所後において高齢・障害により自立した生活を営むことが困難と認められる者に対して，保護観察所と連携を図りながら，矯正施設入所中の段階から福祉的支援を行うことによって，地域社会への円滑な移行を図ることを目的とするもの。各都道府県に設置されている。主な業務は，①コーディネート業務（保護観察所の生活環境調整への協力），②フォローアップ業務（あっせんした施設等へのアフターケア），③相談支援業務（矯正施設出所者に係る福祉的な助言等）である。

地域相談支援

ちいきそうだんしえん

障害者総合支援法第 5 条第 18 項に規定される相談支援の一つ。入所施設や精神科病院から地域生活へ移行したいという障害者が受けることができる支援である。個別給付による地域移行支援および地域定着支援がある。

地域組織化活動

ちいきそしきかかつどう

▶コミュニティ・オーガニゼーション p.167

地域定着支援

ちいきていちゃくしえん

障害者総合支援法第 5 条に定められた，一般相談支援事業に含まれる相談支援のこと。単身または家族による緊急時の支援が見込まれない障害者に対し，本人との連絡体制を確保し，障害の特性に起因して生じた緊急の事態が発生した際に，緊急に訪問を行ったり，関係機関との連絡調整，一時的な滞在といった緊急対応などの，各種支援を行う。

地域における医療及び介護の総合的な確保を推進するための関係法律の整備等に関する法律

ちいきにおけるいりょうおよびかいごのそうごうてきなかくほをすいしんするためのかんけいほうりつのせいびとうにかんするほうりつ

平成 26 年制定，平成 27 年施行，法律第 63 号。略称は医療介護総合確保推進法。高齢化が進行する中で，社会保障制度を将来も維持していくために，医療・介護提供体制の構築や，医療・介護を対象とした新たな税制支援制度の確立，地域包括ケアシステムの構築などを行い，地域における医療と介護の総合的な確保を推進するものである。

地域における医療及び介護を総合的に確保するための基本的な方針

ちいきにおけるいりょうおよびかいごをそうごうてきにかくほするためのきほんてきなほうしん

地域における医療及び介護の総合的な確保の促進に関する法律第 3 条の規定に基づき，国が策定しなければならない基本方針。地域包括ケアシステム構築を目的として，地域の医療と介護を総合的に整備するために定められる。地域による創意工夫，人材確保と多職種連携，資源の有効活用を基本的な考え方として示した上で，行政や事業者，地域住民の役割，医療計画や介護保険事業計画との整合性の確保等について，まとめられている。

地域における公的介護施設等の計画的な整備等の促進に関する法律

ちいきにおけるこうてきかいごしせつとうのけいかくてきなせいびとうのそくしんにかんするほうりつ

平成元年制定，法律第 64 号。民間事業者による老後の保健及び福祉のための総合的施設の整備の促進に関する法律（通称，WAC 法）が 2005（平成 17）年に改正されて現名称に変わった。多様なサービスへの需要の増大に対して，地域における創意工夫を生かしつつ，介護サービスを提供する施設や設備の計画的な整備などを促進し，住民の健康の保持や福祉の増進を図り，あわせて住民が生きがいをもち健康で安らかな生活を営むことができる地域社会づくりに資することを目的とした。2014（平成 26）年，地域における医療及び介護の総合的な確保の促進に関する法律と改称。

地域の自主性及び自立性を高めるための改革の推進を図るための関係法律の整備に関する法律

ちいきのじしゅせいおよびじりつせいをたかめるためのかいかくのすいしんをはかるためのかんけいほうりつのせいびにかんするほうりつ

2011（平成 23）年 5 月，地方分権を推進していく視点から，公布された法律（第 1 次地方分権一括法：法律第 37 号）で，その後，第 12 次地方分権一括法（令和 4 年法律第 44 号）まで成立している。第 1 次地方分権一括法は，2009（平成 21）年 12 月に閣議決定した地方分権改革推進計画を踏まえて公布され，老人福祉法，介護保険法などが改正された。第 12 次地方分権一括法まで順次改正され，地方公共団体に対する義務づけ，枠づけ等が見直されたり，事務の権限移譲等に関することが改正された。

地域福祉　表 52

ちいきふくし

それぞれの地域において人々が安心して暮らせるよう，地域住民や公私の社会福祉関係者がお互いに協力して，地域社会の福祉課題の解決に取り組む考え方のこと。社会福祉法第 4 条に地域福祉の推進として，地域住民が相互に人格と個性を尊重し合いながら，参加し，共生する地域社会の実現を目指すと規定されている。その主体は，地域住民，社会福祉を目的とする事業を経営する者および社会福祉に関する活動を行う者であり，国および地方公共団体には，地域福祉推進のために必要な各般の措置を講ずるよう努めることが求められている。地域包括ケアシステムを機能させるためには，自助・互助・共助・公助の 4 つの助が連携することが求められており，地域福祉の推進に係る期待は大きくなっている。

✎資料② p.525，地域包括ケアシステム p.342

地域福祉活動計画

ちいきふくしかつどうけいかく

社会福祉協議会が中心となって策定する地域福祉計画。福祉活動を行う地域住民やボランティア団体，民間非営利団体（NPO）などの自主的・自発的な福祉活動を中心とした民間活動の自主的な行動計画であり，地域住民の立場から多様な民間団体や地域住民の参加・協働を促進して，様々な福祉活動を計画化するところに独自性がある。

地域福祉計画

ちいきふくしけいかく

社会福祉法第 107 条，108 条に規定される法定計画であり，市町村と都道府県が策定するよう努めるもの。福祉サービスを必要とする地域住民が日常生活を営み，社会，経済，文化その他あらゆる分野の活動に参加する機会を与えられるようにすることを目的にしたもの。計画に含まなければならない項目が挙げられているが，社会福祉を目的とする事業に従事する者の確保や資質向上に関する事項は，市町村地域福祉計画ではなく，都道府県地域福祉支援計画の項目とされている（社福 108 条）。

✎市町村地域福祉計画 p.195，都道府県地域福祉支援計画 p.381，資料② p.525

地域包括ケアシステム

ちいきほうかつけあしすてむ

団塊の世代が 75 歳以上となる 2025（令和 7）年を目途に，重度な要介護状態となっても，住み慣れた地域で自分らしい暮らしを人生の最後まで続けることができるよう，住まい・医療・介護・予防・生活支援が一体的に提供されるシステムをいう。地域包括ケアシステムは，保険者である市町村や都道府県が地域の自主性や主体性に基づき，地域の特性に応じて作り上げていくことが必要とされている。

表 52　地域福祉の 4 つの助

自　助	自分で自分を助けること。市場サービスの購入も含まれる。
互　助	家族，友人など個人的な関係性を有する者同士や，ボランティア活動・住民組織の支え合い活動など，費用負担が制度的に裏づけされていない自発的なもののこと。
共　助	制度化された扶助制度であり，年金・介護保険・社会保険などの被保険者同士の負担で成り立つもののこと。
公　助	税による公の負担であり，生活保護や生活保障を行う社会福祉制度のこと。

地域包括支援センター 図136

ちいきほうかつしえんせんたー

介護保険法第115条の46に規定される施設。2005（平成17）年の介護保険法の一部改正に伴い設置されている。市町村等は，地域包括支援センターを設置することができる。地域包括支援センターは，介護予防マネジメント事業，総合相談・支援事業，包括的・継続的マネジメント事業を実施するほか，被保険者に対する虐待の防止およびその早期発見のための事業など，被保険者のための権利擁護のために必要な事業を行う。地域包括支援センターには，保健師，社会福祉士，主任介護支援専門員の3職種またはこれらに準ずる者が配置される。運営については市町村が設置する地域包括支援センター運営協議会の意見を踏まえて適切，公正かつ中立を確保することとしている。2011（平成23）年の介護保険法の改正により，設置者は包括的支援事業の効果的な実施のために，介護サービス事業者，医療機関などの関係者との連携に努めなければならないとされた。2014（平成26）年の介護保険法改正では，地域包括支援センターが実施すべき包括的支援事業に在宅医療・介護連携の推進，認知症施策の推進，生活支援サービスの体制整備の3事業が追加された。また，地域包括支援センターの機能強化として地域ケア会議が介護保険法に位置付けられた（介護115条の48）。

地域保健

ちいきほけん

地域社会を基盤にして，健康促進，疾病予防，治療，リハビリテーションを一体化した包括医療を計画的・組織的に推し進め，住民の健康問題に対処し，解決していく活動を総称したもの。現在，高齢化の進展や出生率の低下，慢性疾患を中心とする疾病構造の変化など，地域保健を取り巻く状況は大きく変化している。このような状況の中で地域保健は，住民に最も身近な市町村を中心として提供されると同時に，地域の特性および社会福祉等の関連施策との有機的な連携に配慮することが求められる。1994（平成6）年7月に，保健所法が地域保健法と改称され，保健所が地域保健の広域的・専門的・技術的拠点として位置づけられた。また，保健・医療・福祉の連携を図るという名目で，医療法，介護保険法を参酌し，保健所の所管区域が見直されることとなった。

✎保健所 p.461

図136 地域包括支援センターのイメージ

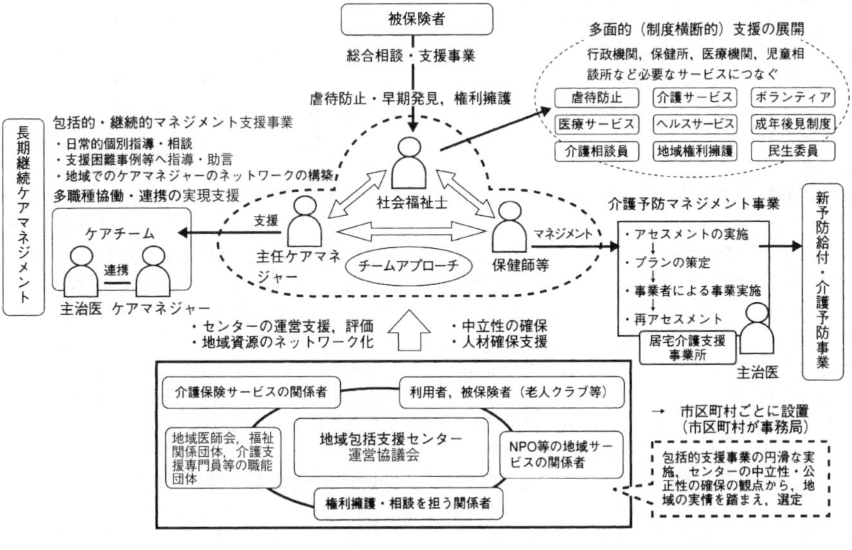

資料：厚生労働省「第17回社会保障審議会資料」

地域保険

ちいきほけん

同一の地域内の住所を単位として運営される医療保険。一部を除く国民健康保険がこれに該当する。市町村が保険者となって医療保険を運営している。一方，地域ではなく，職業の形態・同種の職業に着目したものを職域保険といい，被用者保険がそれに該当する。

職域保険 p.258

地域保健法

ちいきほけんほう

昭和 22 年制定，法律第 101 号。1994（平成 6）年に保健所法が地域保健法に刷新された。地域ごとの実状にあった細かな保健・医療・福祉に関するサービスを供給するための基本方針を策定したもの。主な実施主体を市町村とし，生涯を通じた健康づくり体制の構築が図られた。保健所や市町村保健センター，人材確保指針，地域保健対策の推進などについて規定されている。

地域密着型介護サービス費

ちいきみっちゃくがたかいごさーびすひ

高齢者が中重度の要介護状態になっても，可能な限り住み慣れた自宅または地域で生活ができるよう，身近な市町村で提供されるのが適当なサービス類型として，2006（平成 18）年に「地域密着型サービス」が創設された。在宅サービスと同様に要介護度に応じて，利用者自己負担は支給限度基準額以内ではかかった費用の 1 割または 2 ～ 3 割（一定以上の所得者の場合）となり，支給限度基準額を超えるサービスを利用する場合には，その超えた分の費用の全額を自己負担することになる。

地域密着型介護予防サービス

ちいきみっちゃくがたかいごよぼうさーびす

地域密着型サービスの一つであり，市町村長の指定を受けた事業者が要支援者を対象にサービスを提供する（介護 8 条の 2）。サービスには以下の 3 種類がある。なお，費用の 9 割または 9 割を超えない範囲内で市町村が独自に定めた額が現物給付される。

①介護予防認知症対応型通所介護：認知症である要支援者に老人デイサービスセンター等に通ってもらい，介護予防を目的として，介護予防サービス計画に定める期間内に，入浴，排泄，食事等の介護，その他の日常生活上の支援や機能訓練を行う。

②介護予防小規模多機能型居宅介護：要支援者に，心身の状況やおかれている環境等に応じて，居宅において，または，一定のサービス拠点に通所または短期間宿泊してもらい，介護予防を目的として，入浴，排泄，食事等の介護，その他の日常生活上の支援や機能訓練を行う。

③介護予防認知症対応型共同生活介護：認知症である要支援 2 の者（急性の状態にある者を除く）に対し，その共同生活住居で，介護予防を目的として，入浴，排泄，食事等の介護，その他の日常生活上の支援や機能訓練を行う。

地域密着型介護老人福祉施設入所者生活介護

ちいきみっちゃくがたかいごろうじんふくししせつにゅうしょしゃせいかつかいご

介護保険制度における地域密着型サービスの一つ（介護 8 条）。入所を要する要介護 3 以上の者（要介護 1，2 でも特例的に入所が認められる場合あり）に対し，小規模型（定員 30 人未満）の施設において，地域密着型施設サービス計画に基づき，可能な限り居宅における生活への復帰を念頭において，入浴，排泄，食事等の介護その他の日常生活上の世話および機能訓練，健康管理，療養上の世話を行うもの。

地域密着型サービス p.344

地域密着型サービス　表53

ちいきみっちゃくがたさーびす

2005（平成 17）年の介護保険法改正により創設されたサービス体系（介護 8 条）。市区町村が事業者の指定・監督を行う。原則として，当該市区町村の被保険者のみが利用できる。

要介護者に対するサービスとして，夜間対応型訪問介護，認知症対応型通所介護，小規模多機能型居宅介護，認知症対応型共同生活介護（グループホーム），地域密着型特定施設入居者生活介護，地域密着型介護老人福祉施設入所者生活介護，定期巡回・随時対応型訪問介護看護，看護小規模多機能型居宅介護（複合型サービス）地域密着型通所介護がある。要支援者に対するサービスには，介護予防認知症対応型通所介護，介護予防小規模多機能型居宅介護，介護予防認知症対応型共同生活介護（要支援 2 のみ）がある。

地域密着型特定施設

ちいきみっちゃくがたとくていしせつ

定員が 29 人以下の介護専用型特定施設のこと。厚生労働省令が定める施設である。有料老人ホーム，養護老人ホーム，軽費老人ホーム（ケアハウス），適合高齢者専用賃貸住宅がある。なお，2011（平成 23）年の高齢者の居住の安定確保に関する法律の改正により，適合高齢者専用賃貸住宅についてはサービス付き高齢者住宅の新設に伴い，これに統合されている。

地域密着型特定施設入居者生活介護

ちいきみっちゃくがたとくていしせつにゅうきょしゃせいかつかいご

介護保険制度における地域密着型サービスの一つ。入所・入居を要する要介護者に対し，小規模型（定員 30 人未満）の施設において，地域密着型特定施設サービス計画に基づき，入浴，排泄，食事等の介護その他の日常生活上の世話，機能訓練および療養上の世話を行うもの。

✎地域密着型サービス p.344

地域密着型認知症対応型共同生活介護

ちいきみっちゃくがたにんちしょうたいおうがたきょうどうせいかつかいご

介護保険における地域密着型サービスに分類されるサービス。事業所の指定は各市町村が独自に行うもので，原則当該市町村の住民が利用できる。要介護および要支援 2 の認定を受けた人で，かつ認知症であり日常生活を送るのに介護が必要と判断された人が利用できる。少人数のアットホームな共同生活環境で食事や入浴，排泄の介助を受けることができ，それに伴う行動訓練等も受けることによって，症状の重度化を防ぎ，改善維持を目的とした生活を送ることができる。1 施設につき最大 18 人以下（1 ユニット 9 人以下で最大 2 ユニットまで）と規定されていたが，2021（令和 3 年）の介護報酬改定により，ユニット数が 3 以下に緩和されている。部屋のタイプは個室である。

表 53　介護保険制度における地域密着型サービスの概要

サービスの種類	サービスの内容
定期巡回・随時対応型訪問介護看護	重度者を始めとした要介護高齢者の在宅生活を支えるため，日中・夜間を通じて，訪問介護と訪問看護が密接に連携しながら，短時間の定期巡回型訪問と随時の対応を行う
小規模多機能型居宅介護	要介護者に対し，居宅またはサービスの拠点において，家庭的な環境と地域住民との交流の下で，入浴，排泄，食事等の介護その他の日常生活上の世話および機能訓練を行う
夜間対応型訪問介護	居宅の要介護者に対し，夜間において，定期的な巡回訪問や通報により利用者の居宅を訪問し，排泄の介護，日常生活上の緊急時の対応を行う
認知症対応型通所介護	居宅の認知症要介護者に，介護職員，看護職員等が特別養護老人ホームまたは老人デイサービスセンターにおいて，入浴，排泄，食事等の介護その他の日常生活上の世話および機能訓練を行う
認知症対応型共同生活介護（グループホーム）	認知症の要介護者に対し，共同生活を営むべく住居において，家庭的な環境と地域住民との交流の下で，入浴，排泄，食事等の介護その他の日常生活上の世話および機能訓練を行う
地域密着型特定施設入居者生活介護	入所・入居を要する要介護者に対し，小規模型（定員 30 人未満）の施設において，地域密着型特定施設サービス計画に基づき，入浴，排泄，食事等の介護その他の日常生活上の世話，機能訓練および療養上の世話を行う
地域密着型介護老人福祉施設入所者生活介護	入所・入居を要する要介護者に対し，小規模型（定員 30 人未満）の施設において，地域密着型施設サービス計画に基づき，可能な限り，居宅における生活への復帰を念頭に置いて，入浴，排泄，食事等の介護その他の日常生活上の世話および機能訓練，健康管理，療養上の世話を行う
看護小規模多機能型居宅介護（複合型サービス）	医療ニーズの高い利用者の状況に応じたサービスの組み合わせにより，地域における多様な療養支援を行う
地域密着型通所介護	老人デイサービスセンター等において，入浴，排泄，食事等の介護，生活等に関する相談，助言，健康状態の確認その他の必要な日常生活の世話および機能訓練を行う（通所介護事業所のうち，事業所の利用定員が 19 人未満の事業所。原則として，事業所所在の市町村の住民のみ利用）

地域リハビリテーション

ちいきりはびりてーしょん

CBR；Community Based Rehabilitation

地域を基盤として，障害者に対する包括的な保健・医療・福祉サービス体系の中で組織され，発症後の早期リハビリテーションから在宅・施設ケアまでを含んだ一連の継続性をもつ活動として，地域生活を重視したリハビリテーション・システム。地域における生活条件の整備といった観点から就労，住居，余暇活動などのサービスのほか，権利擁護制度のようなシステムもその範疇に入る。

チームアプローチ

team approach

患者への対応の一つで，各領域の職種の専門家がチームを組んでリハビリテーションなどに取り組む方法。患者の障害の程度を正しく評価し，各職種間で問題点を共有化し，密な連絡を取り合い治療方針を統一して対応することが重要である。

チームケア

team care

高齢化に伴う在宅ケアの推進によって，地域内における異業種専門職が協働して行う援助の提供をチームケアと呼び，近年増加している。例えば，在宅ケアのチームは医師，看護師，保健師，社会福祉士および介護福祉士，ケアマネジャー（介護支援専門員），理学療法士，作業療法士，ホームヘルパーなどによって編成される。また，民間から民生委員やボランティアが参加する場合もある。チームケアは利用者のニーズに合致したメンバーによって行われる。専門職は，当然，その専門領域ゆえの職務技能や理念をもっている。しかし，チームケアに携わる際は，互いの専門性を尊重しつつ，共通の理念（価値意識）をもつことが必要となる。ケアチームともいう。

チームマネジメント

team management

多職種連携などのチームケアを行う際に，より良いケアを提供するために，チームの構成員が最大の力を発揮できるよう，構成員間の調整を行い，ケアのシステムを創り上げていくこと。チームリーダーに求められる役割の一つである。

チームワーク

teamwork

チームワークに必須の原理は，チームを構成する人たちが共通の目標達成のために協力すること，互いの知識，経験，技術を駆使して問題解決にあたること，さらに，互いの情報交換の場を定期的にもつことなどである。

知　覚　図137

ちかく

感覚器官を通して外部刺激や情報を受け取り，与えられた情報を把握し意味づけする働き。その情報はそれまでの経験や欲求に基づいてとらえられるため，錯覚や錯視を起こすことがある。知覚は周囲の環境のみならず，身体内部の刺激の体験についても用いられる。外部刺激は，感覚器官を通して受容する働きである感覚，経験や与えられた情報をもとに外界や自己を知る働きである知覚，過去の経験や獲得した情報をもとに思考，記憶，学習などの情報処理を行う認知とに分けられる。一つの刺激図に対して２通り以上の見方ができる図形のことを多義図形というが，ルビンの盃はその一例である。図と地が入れ替わることで見方が変わるが，図と地は同時に見えることがなく，単一の刺激であっても知覚の働きによりこのような現象が起こる。大勢の声が混在する中で特定の音を聞き分けようとするカクテルパーティー効果のように，刺激の状況にかかわらず主体側の注意の向け方などによって入力される情報が決まるのも知覚の働きによるところが大きい。知覚は一つの刺激からそれぞれに情報を処理していくため，その過程で個人差がでる。

地区社会福祉協議会

ちくしゃかいふくしきょうぎかい

▶社会福祉協議会 p.213

チック

tic

小児期の精神障害の一つ。顔面の表情筋などに

図137　ルビンの盃（Rubin, 1915）

瞬間的に起こる不随意運動で，反復する症状をいう。突然起こり無目的なものである。ストレスで増強し，睡眠中は著明に減少する。男児に多い。

窒　息

ちっそく

asphyxia

呼吸が障害されること。このために死亡した場合を窒息死という。人体を構成する細胞は，酸素をもとにブドウ糖を燃焼して活動に必要なエネルギーを得ている。窒息には，酸素を含んだ空気が得られないことによる外窒息と，細胞レベルで酸素の利用ができない内窒息がある。外窒息は気道の閉塞，溺水などでみられる。内窒息は一酸化炭素中毒，青酸中毒などでみられる。

✎一酸化炭素中毒 p.23

知的障害

ちてきしょうがい

知的障害の定義には，様々なものがあるが，広義に発達障害の一つとしてとらえられる（知的障害者福祉法では定義されていない）。日本では，当時の厚生省の「平成７年度精神薄弱児（者）基礎調査結果の概要」の中の「知的機能の障害が発達期（おおむね 18 歳まで）にあらわれ，日常生活に支障が生じるため，何らかの特別の援助を必要とする状態にあるもの」という定義がある。知的機能とは物事を認知したり，判断したりする能力である。知的障害の程度を IQ（知能指数）の指標から，軽度（IQ 51 ～ 70），中等度（IQ 36 ～ 50），重度（IQ 21 ～ 35），最重度（IQ 20 以下）と区分する。それぞれの発達状況に合わせたコミュニケーション，身辺処理，学習，家庭生活，社会生活，就労，余暇活動などにおける支援を行う。できないところに焦点を当てるのではなく，もっている能力を発揮できるようなアプローチが大切である。

用語については，長い間偏ったイメージを与えかねなかった「精神薄弱」から，1999（平成 11）年４月より「知的障害」に変わった。医学や教育の進歩によって知的障害のある子どもの発達の可能性が広がりつつある。精神障害者の定義を定めている，精神保健及び精神障害者福祉に関する法律によると，知的障害を有する者も精神障害に含まれる。

✎精神遅滞 p.306，知的障害者福祉法 p.349

知的障害児施設

ちてきしょうがいじしせつ

児童福祉法に規定されていた児童福祉施設の一つ。「知的障害のある児童を入所させて，これを保護し，又は治療するとともに，独立自活に必要な知識技能を与えることを目的とする施設」と規定されていた。必置とされる職員は，精神科の診療に相当の経験を有する嘱託医，児童指導員，保育士などとされていた。同施設を経営する事業は社会福祉法における第一種社会福祉事業とされていた。

2010（平成 22）年 12 月の障がい者制度改革推進本部等における検討を踏まえて障害保健福祉施策を見直すまでの間において障害者等の地域生活を支援するための関係法律の整備に関する法律により，児童福祉法も改正され，障害児入所施設（福祉型と医療型がある）にまとめられた。

✎障害児入所施設 p.236

知的障害児（者）基礎調査

ちてきしょうがいじ（しゃ）きそちょうさ

在宅の知的障害児（者）の生活の実情とニーズを正しく把握し，今後における知的障害児（者）福祉行政の企画・推進の基礎資料を得ることを目的にした調査。2011（平成 23）年より「生活のしづらさなどに関する調査（全国在宅障害児・者等実態調査）」に統合された。知的障害者福祉法に「知的障害」の定義はないが，この調査では知的障害を，「知的機能の障害が発達期（おおむね 18 歳まで）にあらわれ，日常生活に支障が生じているため，何らかの特別な援助を必要とする状態にあるもの」と定義した。

✎生活のしづらさなどに関する調査 p.299

知的障害児（者）の介護

ちてきしょうがいじ（しゃ）のかいご

軽度および中等度の知的障害児（者）の介護においては，一人ひとりの理解度にあった方法での個別対応を基本とし，もてる能力を発揮できるように援助して身辺自立・就労を目指す。小児期からの一貫した継続的な教育・指導が大切である。知的障害児（者）においては理解力が低かったり，新しいことを学習するのに時間がかかるため，「その場」に応じた言動や瞬発力を要求されることは苦手である。施設での介助やホームヘルパーによる援助では，できる限り一定期間は担当者や援助方法が継続するようなアプローチが好ましい。自立を促すために方法を変えていく場合でも，本人が理解し安心できるように慎重に対処していくことが求められる。重度・最重度の知的障害児（者）においては，多くの場合肢体不自由などとの重複障害であることが多く，健康管理を中心に日常生活の中の基本動作の獲得を目指すことを目標にする。高齢期の知的障害者の介護では，励ましながらできる部分を保ちつつ根気のある細やかな対応が必要となる。

知的障害 p.347

知的障害児通園施設

ちてきしょうがいじつうえんしせつ

児童福祉法に規定されていた児童福祉施設の一つ。2010（平成 22）年 12 月の障がい者制度改革推進本部等における検討を踏まえて障害保健福祉施策を見直すまでの間において障害者等の地域生活を支援するための関係法律の整備に関する法律により，児童福祉法も改正され，児童発達支援センター（福祉型と医療型がある）にまとめられた。

児童発達支援センター p.204

知的障害者 表54

ちてきしょうがいしゃ

知的障害者の定義は，知的障害者福祉法にはない。厚生労働省が実施する「生活のしづらさなどに関する調査（全国在宅障害児・者実態調査）」にあるものを参考にしたものが用いられることが多く，「おおむね発達期（18 歳未満）において発達の遅れが生じ，それが明らかで，適応行動が困難であることを要件とする」となっている。児童相談所，知的障害者更生相談所が療育手帳を発行する際の判断の基準の一つとして知能指数（IQ）を用いているが，統一されたものではない。療育手帳の判断基準の例を示すと次のとおり。最重度は IQ おおむね 19 以下，重度はおおむね 20 ～ 34，中度はおおむね 35 ～ 49，軽度はおおむね 50 ～ 75 となっている。

療育手帳 p.501

知的障害者更生相談所

ちてきしょうがいしゃこうせいそうだんじょ

知的障害者福祉法第 12 条に規定される機関。知的障害者に関する相談，18 歳以上の知的障害者の医学的・心理学的職能的判定などを行う。都道府県は，その設置する同相談所に知的障害者福祉司を置かなければならないとされている（知障 13 条)。

知的障害者福祉司 p.348

知的障害者相談員

ちてきしょうがいしゃそうだんいん

知的障害者福祉法第 15 条の 2 に規定される者。都道府県の委託により，知的障害者の福祉の増進を図るため，知的障害者やその保護者の相談・援助に応じる。社会的信望があり，知的障害者に対する更生援護に熱意と識見をもっている者が委託される。

知的障害者福祉司

ちてきしょうがいしゃふくしし

知的障害者福祉法第 13，14 条に規定される者。同法に基づき，都道府県は知的障害者更生相談所に知的障害者福祉司を配置することが義務づけられており，また市町村は，その設置する福祉事務所に置くことができる，とされている。知的障害者福祉に関する専門的な知識・技術を用いて，相談・援助を行うとともに，市町村への技術的指導を行う。社会福祉主事たる資格を有するものであって，知的障害者の福祉に関する事業に 2 年以上の従事経験をもつ者，大学などで指定科目

表 54 知的障害児・者の状況

	総　　数	在 宅 者	施設入所者
18 歳未満	22.5 万人	21.4 万人	1.1 万人
18 歳以上	85.1 万人	72.9 万人	12.2 万人
年齢不詳	1.8 万人	1.8 万人	—
合　計	109.4 万人	96.2 万人	13.2 万人

※四捨五入で人数を出しているため，合計が一致しない場合がある。
資料：在宅者；厚生労働省「生活のしづらさなどに関する調査」(2016 年)
施設入所者；厚生労働省「社会福祉施設等調査」(2018 年）等
内閣府「障害者白書」(令和 4 年版)

を修めて卒業した者，医師や社会福祉士などから任用される（知障 14 条）。

✎知的障害者更生相談所 p.348

知的障害者福祉法

ちてきしょうがいしゃふくしほう

昭和 35 年制定，法律第 37 号。「障害者総合支援法と相まって，知的障害者の自立と社会経済活動への参加を促進するため，知的障害者を援助するとともに必要な保護を行い，もって知的障害者の福祉の増進を図ること」が目的である。

知的障害者を法の対象とすることは，1949（昭和 24）年の身体障害者福祉法や 1950（昭和 25）年の精神衛生法（現・精神保健及び精神障害者福祉に関する法律）の制定時に議論はあったものの福祉サービスの対象となる規定はなかった。1953（昭和 28）年に「精神薄弱児対策基本要綱」（中央青少年問題協議会）が策定され，教育や児童福祉法にかかわる知的障害児の福祉が取り上げられたが，18 歳以上を含む包括的な策定には至らなかった。18 歳を超えた年齢超過者が児童福祉法による知的障害児施設に滞留するようになり，国立の知的障害児施設に入所している対象者は，「社会生活に順応できるようになるまで」在所させる措置がされた。これらに知的障害者施策の必要性の世論の高まりと相まって，1960（昭和 35）年に精神薄弱者福祉法（現・知的障害者福祉法）が制定された。制定後の主な改正点は以下の通り。

1998（平成 10）年には，精神薄弱の用語の整理のための関係法律の一部を改正する法律により，1999（平成 11）年に 32 の関係法律の「精神薄弱」が「知的障害者」に改められた。2000（平成 12）年の社会福祉の増進のための社会福祉事業法等の一部を改正する等の法律の制定に伴い，2003（平成 15）年には措置から，支援費制度による契約を前提にしたサービス利用の方法に改正された。その後，障害者自立支援法に関連した改正が行われ，2014（平成 26）年の改正が直近のものとなっている。具体的な主たるサービスについては障害者総合支援法によっている。

知 能

ちのう

新しい課題に対してその解決を目指す能力。様々な種類に分けられるが，加齢に伴って上昇するものと減退するものがある。具体的思考と抽象的思考，学習可能な能力，情報処理能力，経験に基づく能力など，知能には様々な能力が関係し，知能は人間の適応能力の中でも特に重要な能力の一つである。

知能検査

ちのうけんさ

知能の水準や発達の程度を測定する目的で行われる心理検査である。ウェクスラー式知能検査（WAIS など），ビネー式知能検査などがある。MA（精神年齢）や CA（生活年齢）を用いて割り出す方法や，情報処理能力や論理的思考など，様々な機能を検査し，個人内の差を測定したり，個人の知的作業の傾向を見いだしたりする。子どもの知能検査では，描画で知能を測定する検査や運動による検査などがある。

✎WAIS p.33，心理検査 p.291

知能指数

ちのうしすう

IQ；intelligence quotient

知能検査の結果を示す値である。一般的に IQ と略称され，数値が高いほど知能が高いことを示す。IQ の算出方法には大きく分けて 2 通りあり，「精神年齢（MA）／生活年齢（CA）× 100」で算出する従来の IQ と，同じ年齢群の中での位置を計る偏差知能指数（DIQ）がある。DIQ は「(得点－同じ年齢集団の平均）÷ (1/SD ×同じ年齢群の標準偏差）＋ 100」で算出される。ウェクスラー式知能検査（WAIS など）やビネー式知能検査では DIQ を算出する。DIQ の平均は 100 で，ウェクスラー式の標準偏差（SD）は 15，ビネー式では 16 である。

✎知能検査 p.349

痴 呆

ちほう

dementia

成人に起こる認知（知能）障害のことであるが，厚生労働省の「『痴呆』に替わる用語に関する検討会」は，2004（平成 16）年 12 月より「認知症」を採用することで一致した。候補は「認知症」「認知障害」「もの忘れ症」「記憶症」「記憶障害」「アルツハイマー（症）」などがあり，その中から「認知症」が採用された。痴呆という表現には侮辱的な意味もあり，「何も分からない」「できない」という誤解が生じやすいため，痴呆と診断されることに恥ずかしさや恐れなどの感情が付与されやすい。よって，早期診断の妨げになっていることも考えられた。

✎認知症 p.398

地方公共団体

ちほうこうきょうだんたい

都道府県および市町村の総称。地方自治体と呼ぶこともある。社会福祉においては特に利用者の身近な地方公共団体である市町村がサービスの実施・措置を行うことが多くなってきている。地方分権の機運から地方公共団体が社会福祉の実施主体としてさらにその役割を増していく傾向があるが，その一方で国の責務を明確にすることも肝要である。社会福祉法第6条には，福祉サービスの提供体制の確保等に関する国および地方公共団体両者の責務についての規定がある。

✎資料② p.525

地方社会福祉審議会

ちほうしゃかいふくししんぎかい

社会福祉法第７～13条に規定される，児童福祉および精神障害者福祉に関することを除いた社会福祉に関する事項を調査審議するために，都道府県・指定都市・中核市に設置される審議会。都道府県知事，指定都市・中核市市長の諮問に応じるとともに，関係行政庁に意見具申を行う。委員は都道府県，指定都市，中核市の議会，議員，社会福祉事業者および学識経験者のうちから，都道府県知事，指定都市・中核市長が任命する。特別な事項を調査審議するために必要があるときは，臨時委員を置くことができる。

地方障害者施策推進協議会

ちほうしょうがいしゃしさくすいしんきょうぎかい

▶障害者政策委員会 p.242

地方精神保健福祉審議会

ちほうせいしんほけんふくししんぎかい

精神保健及び精神障害者福祉に関する法律第９条において規定される，都道府県（指定都市）が条例に基づき任意で設置する機関。精神保健および精神障害者の福祉に関する事項を調査審議し，都道府県知事（指定都市市長）の諮問に応じるとともに意見を具申することができる。委員の任期についても，都道府県（指定都市）の条例で定める。

✎精神保健及び精神障害者福祉に関する法律 p.306

地方分権推進一括法

ちほうぶんけんすいしんいっかつほう

▶地方分権の推進を図るための関係法律の整備等に関する法律 p.350

地方分権の推進を図るための関係法律の整備等に関する法律

ちほうぶんけんのすいしんをはかるためのかんけいほうりつのせいびとうにかんするほうりつ

平成11年制定，法律第87号。地方分権を推進するために，475本の関連法の改正を一括形式で行ったもの。1999（平成11）年7月16日に公布され，原則的に2000（平成12）年４月から施行されている。この法律により，それまでの機関委任事務（国はこの事務に対して包括的指揮監督権をもち，自治体に国から委託される事務に対する拒否権はなかった）を廃止し，これを新たに自治事務と法定受託事務に区分し直した。自治体は，両事務に対して条例制定権をもつなど，一層自律的に事務を執行することが可能となった。法律またはこれに基づく政令によらなければ自治体は国などの関与を受けないとされる関与法定主義が明記されるなど，国と地方の関係のあり方も明確となった。

✎自治事務 p.194，法定受託事務 p.458

着衣介護

ちゃくいかいご

衣服を身に着けるための支援を行うこと。着替えの介助。着替えを行う目的として，生活にメリハリを作る，清潔を保つ，体を動かす機会になる，気分転換になる等がある。着衣介護の基本は，「脱健着患」の原則に従い行う。脱ぐ時は健康な側（健側）から，着る時は麻痺や痛みのある側（患側）から着ると，楽に脱ぎ着ができる。また，寝巻やパジャマへ着替えることを寝衣交換という。

着色料

ちゃくしょくりょう

食品を美化してその食品の魅力を増し，また食品の加工や保存による変色や退色を補う効果を得るために使用する色素。しかし，鮮度を誤解させるような目的での使用は禁じられており，鮮魚介類，肉類，野菜類などを着色してはならない。着色料には，タール色素とそのアルミニウムレーキ，およびそれ以外の分類があり，既存添加物名簿に収載されたものも含めてすべて使用基準がある。表示は物質名のほかに用途名も併記する。タール色素は12種類が使用許可されており，その内訳は赤色系７種類，黄色系２種類，青色系２種類，緑色系１種類である。上記のタール色素中８種類は水酸化アルミニウムに吸着させ，水に不溶性の色素（アルミニウムレーキ）として，粉末食品やおもちゃなどに使用が認められている。そのほかβ-カロテン，ウコン色素，カラメル，クチナシ色素，コチニール色素，スピルリナ青色素，パプリカ色素，ブドウ果皮色素，ベニコウジ色素などがあり，植物から得られるクロロフィル（葉緑素），赤カブから得られるベタイン系の赤色のビートレッド，赤キャベツ色素，ラックカイガラムシのアントラキノン系の赤色のラック色素，などがある。

食品添加物 p.265，食品の保存方法 p.266

注意獲得

ちゅういかくとく

防衛機制の一つで，わざと奇抜な格好をする，わざと怒られるようなことをするといったように，他人の注目を獲得するような行動をすること。親や教師の気を引くために困ったことをするのもこれである。無視されるよりも怒られる方が良いという気持ちが，無意識のうちにこのような行動をとらせる。

防衛機制 p.456

注意欠陥多動性障害

ちゅういけっかんたどうせいしょうがい

ADHD；Attention-Deficit/Hyperactivity Disorder

衝動性，多動性，不注意を主な症状とする行動に関する発達障害のこと。学齢時の約5%にみられ，男児に多い。発達障害者支援法第2条に規定がある。7歳以前に現れ，その状態が6か月以上継続し，複数の場面で観察される。社会的な活動や学業の機能に支障をきたすものである。なお，「DSM-5（精神疾患の診断・統計マニュアル）」では，診断名を「注意欠如・多動症／注意欠如・多動性障害」としている。

発達障害 p.419

注意障害

ちゅういしょうがい

高次脳機能障害の症状の一つ。同時に2つ以上のことに気配りができない，注意力や集中力が低下するなどの特徴がある。話をするときには，視線を合わせたり，ジェスチャーを交えて注意をひいたり，確認を促して注意を持続できるような対応が望ましい。

高次脳機能障害 p.138

中央共同募金会

ちゅうおうきょうどうぼきんかい

社会福祉法人である中央共同募金会は，47都道府県共同募金会で構成される。各都道府県共同募金会の相互連絡・調整をはじめ，寄付金の受け入れなど各種事業を行っている。赤い羽根をシンボルとする共同募金運動は有名である。

共同募金 p.105

中央障害者施策推進協議会

ちゅうおうしょうがいしゃしさくすいしんきょうぎかい

▶障害者政策委員会 p.242

中央福祉人材センター

ちゅうおうふくしじんざいせんたー

1992（平成4）年の福祉人材確保法の成立により，福祉人材センターの設置が盛り込まれ，社会福祉法に規定された（同法第99条～第101条）。全国社会福祉協議会に中央福祉人材センター，都道府県社会福祉協議会に都道府県福祉人材センターが設置されている。社会福祉法において，中央福祉人材センターは，厚生労働大臣の指定による社会福祉事業従事者の確保を図ることを目的とした社会福祉法人であり，都道府県福祉人材センターの業務に関する啓発活動や2つ以上の都道府県区域における社会福祉事業従事者の確保に関する調査研究などを業務とする，とされている（社福99，100条）。

福祉人材確保法 p.441

中核市

ちゅうかくし

地方自治法第252条の22第1項に基づき，政令で指定する人口20万以上の市をいう。中核市は，政令指定都市が処理することができる事務のうち，都道府県が一体的に処理すべきとされた事務以外のものを処理することができる。これにより，中核市に指定されると，民生行政，保健衛生行政に関する事務などで，政令指定都市に準じた範囲で都道府県から事務が移譲される。2022（令和4）年1月1日現在，全国に62市ある。

指定都市 p.199

中心静脈栄養

ちゅうしんじょうみゃくえいよう

生活するために必要な量のカロリーを摂るには，高濃度のブドウ糖液の輸液が必要である。しかし，末梢静脈からの点滴では，濃度の高い液を投与することは静脈炎を生じるためにできない。このため鎖骨下部，頸部，大腿部の太い静脈からカテーテルを大静脈まで挿入し，濃度の高いブドウ糖液の投与を行う方法を中心静脈栄養という。術前・術後の栄養管理，腸管大量切除後，吸収不良症候群などで用いられる。

✎経管栄養 p.119

中枢神経障害

ちゅうすうしんけいしょうがい

脳と脊髄を中枢神経といい，全身に張りめぐらされた神経系統の情報を処理し，指示を送るなどの働きを担っているが，そこに何らかの障害があって，その機能が損なわれている状態。障害の原因は，循環障害，感染，中毒，外傷，腫瘍，先天性のものなど様々であり，障害される部位によって出現する症状も異なる。

中途覚醒

ちゅうとかくせい

睡眠障害の一つ。睡眠中に途中で目が覚めてしまうことが，一晩に何度も繰り返される。女性に多い。

中途視覚障害者

ちゅうとしかくしょうがいしゃ

通常の視力をもって生まれたが，事故や病気など何らかの原因で後天的に視覚に障害を受けた者。視覚障害は盲と弱視に分けられる。先天性の視覚障害者と比べると，中途視覚障害者は他の感覚機能が視覚機能の代替を行わないことが多く，環境への適応に苦慮することが多い。見えにくさに対する支援のみならず，障害受容に関する周囲の心理的サポートが不可欠である。

✎障害受容 p.245

中途肢体不自由者

ちゅうとしたいふじゆうしゃ

生まれつき（先天性）ではなく，事故や病気など何らかの原因で後天的に，四肢や体幹に障害を有するようになった者。これまでの身体像（ボディ・イメージ）が崩れることによる心理的混乱が生じる。機能面に対する支援のみならず，障害受容に関する周囲の心理的サポートが不可欠である。

✎肢体不自由 p.193，障害受容 p.245，身体像 p.288

中途失聴者

ちゅうとしっちょうしゃ

通常の聴力をもって生まれたが，事故や病気など何らかの原因で後天的に聴力を失った者。これまでの耳が聞こえる生活からのギャップは大きく，障害の受容は容易でない。失聴による二次的な影響として，集団への消極的参加，疎外感，孤立感等があり，配慮が必要である。発話の困難が比較的少なく，聴くことが不自由な中途失聴者は，手話言語を獲得する人は限られる。筆談は有用な方法であることが多い。

✎障害受容 p.245

中途失明者

ちゅうとしつめいしゃ

▶中途視覚障害者 p.352

中途障害者

ちゅうとしょうがいしゃ

生まれつき（先天性）ではなく，事故や病気などを原因として，人生の途上で（後天的に）障害を有するようになった者。障害を負うことのショックは大きく，自身の障害を過大視する傾向があるといわれる。そのショックから回復し，前向きに社会生活を営むためには，周囲のサポートが不可欠である。中途障害者が日常生活の中で自分の障害をどう受け止め，認めていくかという障害受容の心理的過程を把握し，どの段階にあるのかを理解して援助することが重要である。

✎障害過大視 p.234，障害受容 p.245

昼盲（症）

ちゅうもう（しょう）

明るいところで物が見えにくいこと。晴れて明るいところに比べ，曇ってやや暗いところのほうがよく見える。

✎夜盲症 p.485

腸炎ビブリオ　図138

ちょうえんびぶりお

Vibrio parahaemolyticus

食中毒の原因菌の一つ。海水中に存在する好塩菌の一種であるので，3% 前後の食塩濃度で増殖する。7～9月に集中度が高く，冬季の発生はあまりない。これは，夏季に海水温度が 15℃ を超えると海水中あるいは海水プランクトン中で腸炎ビブリオが増殖し，魚介類を汚染するためである。しかし，魚類の扱いが悪ければ調理器具や手指などを介して二次汚染されることもあるので，四季を通して注意する。至適発育温度は 35～37℃ で，増殖速度はほかの菌に比べて速い。55℃ 10 分で死滅する。腸炎ビブリオの潜伏時間は 4～28 時間で潜伏期間が短いほど重篤な例が多くなる。症状は上腹部激痛，水様性下痢，時には血液が混ざる。発熱は 37～38℃。

✎食中毒 p.262

聴覚障害

ちょうかくしょうがい

聴覚障害は，①伝音性難聴，②感音性難聴，③混合性難聴（伝音性難聴＋感音性難聴の両方をあわせもつ）の3種類に分けられる。それぞれ障害部位によって難聴の種類が異なる。伝音性難聴は外耳から中耳に障害部位がある場合をいう。感音性難聴と比較すると，補聴器の装用効果が高いことが特徴である。また，感音性難聴は内耳から脳の聴中枢に障害がある場合をいう。加齢のために起こる感音性難聴は老人性難聴と呼ばれる。

✎感音性難聴 p.81，伝音性難聴 p.364，難聴 p.386，老人性難聴 p.511，資料㉙ p.542

聴覚障害者

ちょうかくしょうがいしゃ

聴覚障害者は聾（ろう）者と難聴者に分けられる。一般的に，補聴器等をつけても音声が判別できない状態の人を聾者，残存聴力を活用してある程度聞き取れる状態の人を難聴者と言う。しかし，聞こえの程度にかかわらず，手話を母語もしくは主なコミュニケーション手段とする人を聾者と呼ぶ場合もある。コミュニケーションの手段は，口話・読話（口の形から読み取る）や筆談，手話・指文字などがある。身体障害者福祉法では両耳の聴力レベルが70デシベル以上のものを聴覚障害としている。聞こえにくさによる情報不足は周囲の状況や社会的つながりからの孤立を招きやすいため，情報保障が重要となる。

✎手話 p.233，聴覚障害 p.353，読話 p.379，指文字 p.487

図 138　腸炎ビブリオ

端在性の鞭毛と
周毛性の鞭毛。
莢膜，芽胞はない
G(−)
食中毒の原因菌。夏に多い！
潜伏期は
4〜28時間
お塩が大好き
海産物・つけもの
腹痛
下痢
（時に粘血便）

聴覚障害者情報提供施設

ちょうかくしょうがいしゃじょうほうていきょうしせつ

視聴覚障害者情報提供施設の一つで，聴覚障害者に対する情報・コミュニケーション支援の拠点施設。聴覚障害者用の録画物の製作や貸し出しを主たる業務とし，あわせて手話通訳者の派遣，情報機器の貸し出し等のコミュニケーション支援や聴覚障害者に対する相談事業を行う。

✎視聴覚障害者情報提供施設 p.194

聴覚障害者のコミュニケーション

ちょうかくしょうがいしゃのこみゅにけーしょん

「聞こえない」という障害は他者からは気付かれにくい障害であり，疎外感を受けやすい。聴覚障害者とのコミュニケーションの基本は，①聴覚を補うための視覚を充分に活用できるように表情や身振りを加える，②静かな場所で話す，③正面から話しかける（後ろからでは分からない），④話す速度は普通でよい（ゆっくりすぎると口唇の形が変わり判断しにくい），⑤大声で話さない（大きすぎる声は歪んで聞こえてかえって聞きにくい），⑥できれば1対1で話す，⑦電話やマイクを通した声はさらに聞きにくいことを知っておく，⑧会議や集会の場では聞こえを補う方法を考える，⑨重要なことや分かりにくいことは必ず文字にして渡す，⑩手話や指文字などを有効に使う（すべての人が使えるということではない），などがある。手話や指文字は，日常のあいさつや名前の紹介などには積極的に活用したい。手話は単なるサインではなく，言葉としての意味をもつことを理解しておく。

✎手話 p.233，指文字 p.487

聴覚・平衡機能障害

ちょうかくへいこうきのうしょうがい

聴覚機能や体を正常な位置に保つ機能の障害。身体障害者手帳においては，聴覚障害は2，3，4，6級が設定されており，平衡機能障害は3，5級が設定されている。聴覚障害の6級では，両耳の聴力レベルがそれぞれ70 dB以上のもの（40 cm以上の距離で発声された会話語を理解し得ないもの）をいう。平衡機能障害の5級では，平衡機能の著しい障害として，閉眼で直線を歩行中10 m以内に転倒または著しくよろめいて歩行を中断せざるを得ないものをいう。

腸管出血性大腸菌

ちょうかんしゅっけつせいだいちょうきん

▶O157 p.49

長期記憶

ちょうききおく

短期記憶から移された情報を長期に貯蔵する仕組み。覚えられる量は無制限で，数分から数十年間も蓄えることができる。思い出せないことの多くは検索困難の状態にあるだけなので，効率的に思い出すためには情報を整理し組織立てることが大切である。50歳以降低下が始まるが，低下の程度は小さいと考えられている。

✎感覚記憶 p.81，短期記憶 p.335

長期生活支援資金

ちょうきせいかつしえんしきん

▶不動産担保型生活資金 p.447

長期保険給付

ちょうきほけんきゅうふ

社会保険のうち，給付期間が定まっておらず，比較的長期にわたるもの。老齢年金や障害年金は長期保険給付である。

✎短期保険給付 p.336

超高齢社会

ちょうこうれいしゃかい

当該地区における人口に占める高齢者割合が21%を超えることをいう。わが国では既に5人に1人が高齢者である超高齢社会に突入している。内閣府「令和3年高齢社会白書」によると，令和3（2021）年10月1日時点で65歳以上人口は3,621万人となり，総人口に占める割合（高齢化率）は28.9%と報告されている。

✎高齢社会 p.146

長寿医療制度

ちょうじゅいりょうせいど

▶後期高齢者医療制度 p.135

長寿社会開発センター

ちょうじゅしゃかいかいはつせんたー

明るい長寿社会づくりの実現を目的とし，1989（平成元）年に設立された財団法人。2011（平成23）年には一般財団法人へ移行した。1974（昭和49）年に設立された「財団法人老人福祉開発センター」がその前身である。明るい長寿社会づくりのための啓発・普及事業，生きがいと健康づくり事業の推進，全国健康福祉祭（ねんりんピック）の開催，都道府県の明るい長寿社会づくり推進機構などの関係団体との連絡・調整，関連事業従事者の養成や長寿社会づくりに関する調査研究，関連図書の出版などを行っている。

✎全国健康福祉祭 p.314

長寿社会対策大綱

ちょうじゅしゃかいたいさくたいこう

1985（昭和60）年に今後の高齢社会に対応するための指針として策定されたもの。人生80年時代にふさわしい経済社会システムの構築を図ることとして，1経済社会の活性化を図り活力ある長寿社会を築く，2社会連帯の精神に立脚した地域社会の形成を図り包容力ある社会を築く，3生涯を通じた健やかな充実した生活を過ごせるよう豊かな長寿社会を築く，という基本方針の下に，①雇用・所得保障システム，②健康・福祉システム，③学習・社会参加システム，④住宅・生活環境システムにかかる長寿社会対策を総合的に推進することとしている。その後，1996（平成8）年に高齢社会対策大綱が策定されて内容が改定されたが，さらに2001（平成13）年に新しい高齢社会対策大綱が策定されている。現在の高齢社会対策大綱は，2012（平成24）年に閣議決定されて見直されたものに引き続き，2018（平成30）年2月に閣議決定された第4次の高齢社会対策大綱となっている。

✎高齢社会対策大綱 p.146

調整交付金

ちょうせいこうふきん

介護保険や国民健康保険などにおいて，各保険者間の格差を調整するために国から市町村に対し支給される交付金。介護保険については，介護保険法第122条に規定され，全国の市町村の介護給付および予防給付に要する費用の総額の5%相当分を交付される。介護保険では，第一号被保険者のうち75歳以上である者の割合（後期高齢者加入割合）および所得段階別被保険者割合の全国平均との格差に応じて自治体に配分され，災害等の特別な事情がある場合にも交付されることがある。

聴導犬

ちょうどうけん

身体障害者補助犬法に盲導犬，介助犬とともに規定される補助犬の一つ。聴覚障害のために日常生活に著しい障害がある身体障害者のために，ブザー音，電話の呼出音，危険を意味する音などを聞き分け，その者に必要な情報を伝え，必要に応じて音源への誘導を行う犬であって，厚生労働大臣が指定した法人から認定を受けているもの（同法２条４項）。

身体障害者補助犬法 p.288

聴能訓練

ちょうのうくんれん

聴能とは，人の発する言葉や様々な音（楽器音，鳴き声，雑音など）に対する認知能力を意味する。耳などの障害による聴覚障害者に対して，回復に向けた治療やリハビリテーションを行い，聴能の発達を促す訓練のことをいう。

腸閉塞

ちょうへいそく

ileus

腸の通過障害のために排便，排ガスができない状態。イレウスともいう。腹部は膨満し，腹痛，嘔吐を伴う。原因としては，開腹手術後の腸の癒着（手術後長期間を経て生じる場合もあることに注意する），電解質の異常（低カリウム血症）などがある。腹痛を認めた場合には腸閉塞を疑い，排便，排ガスの有無に注意する必要がある。

調　味

ちょうみ

食物は本来食品がもっている味のみで食するのが理想であるが，それでは嗜好の満足が得られない場合が多い。そこで，別の食品を加えることにより食品自体の持ち味を生かしつつ，不足する味や香りを補い，味に変化をつけたり，新しい味を作り出しておいしく食べられるようにする。この操作を調味という。

調味料 表55

ちょうみりょう

調理操作の過程で，料理をよりおいしく仕上げる目的で，食品本来のもつ味に塩味，甘味，酸味，うま味などを加える際に使用する食品。調味料の種類は多種多様であるが，甘味料，塩味料，酸味料，うま味料，香辛料，その他に大別できる。①甘味料：砂糖，水あめ，みりんなど，②塩味料：食塩，しょうゆ，みそ，ウスターソースなど，③

表 55　主な家庭調味料の種類

		調味料	種類
基本調味料	塩味	食塩	並塩，食塩，精製塩，食卓塩
	甘味	砂糖	ざらめ糖，くるま糖，液糖，黒糖，新甘味料
	酸味	食酢	米酢，穀物酢，果実酢
	うま味	うま味調味料	アミノ酸系：L-グルタミン酸ナトリウム 核酸系：5'-イノシン酸ナトリウム，5'-グアニル酸ナトリウム
各種調味料		しょうゆ	濃口しょうゆ，薄口しょうゆ，たまりしょうゆ，再仕込しょうゆ，白しょうゆ
		みそ	米みそ，麦みそ，豆みそ，甘～辛口，白～赤色
		酒類	清酒，みりん，ワイン，焼酎，ラム，ブランデー
		ソース	ウスターソース，中濃ソース，濃厚ソース
		トマト加工品	トマトケチャップ，トマトピューレ，トマトペースト，チリソース
		ドレッシング	マヨネーズ，サラダドレッシング，乳化液状ドレッシング，分離液状ドレッシング
		風味調味料	天然エキス，うま味調味料，アミノ酸類
		スープストック類	ミートストック（ビーフ，チキン），フィッシュストック，ベジタブルストック，中華風スープの素
合わせ調味料		トムヤムスープ，キムチチゲ，棒棒鶏（バンバンジー）などメニュー名で示される調味ソース，焼き肉，焼きとりのたれ類	

資料：久保田紀久枝著『食品調理機能学』（田村真八郎，川端晶子編），建帛社（1997），p.262，一部改変

酸味料：食酢，柑橘類の果汁など，④うま味料：天然の動・植物性食品のうま味成分，アミノ酸系のグルタミン酸ナトリウム，核酸系のイノシン酸ナトリウムなど，複合うま味調味料，⑤香辛料：植物の種子，果実，花，葉茎，根などの乾燥物または粉末にしたスパイス類。

調理法

ちょうりほう

調理とは，食品をおいしく食べられるように調整すること。調理操作方法には様々な過程があり，非加熱調理操作と加熱調理操作に大別される。非加熱調理操作とは，加熱調理以外の操作で，物理的・機械的操作が主となる。加熱調理操作は，食品に熱を加えることにより，①おいしく食べられる状態にする，②衛生上，安全な状態にする，③体内での消化吸収を高める，ことを目的とした重要な操作である。

腸ろう経管栄養

ちょうろうけいかんえいよう

経腸栄養の一つ。経口摂取が不可能あるいは困難な場合や，胃の手術や進行性の胃がんなど何らかの事情により胃ろうの造設が不可能な場合，体外から空腸内に栄養チューブを挿入して栄養剤を注入すること。

直接援助技術

ちょくせつえんじょぎじゅつ

間接援助技術，関連援助技術とならぶ社会福祉援助技術の一分類。個別援助技術（ケースワーク），集団援助技術（グループワーク）が含まれる。様々に並立する援助技術を分類する際に，伝統的な援助技術の中で，利用者自身に直接対応するものを直接援助技術とし，直接対応しないものを間接援助技術とした。時代の変化に伴って援助技術の体系が拡がり，その中でケアマネジメントやカウンセリングも利用者に直接対応するものに含まれるが，それらは関連援助技術に分類された。

✎間接援助技術 p.85，関連援助技術 p.90，グループワーク p.114，ケースワーク p.122，ソーシャルワーク p.322

直腸がん

ちょくちょうがん

rectum cancer

直腸に原発する悪性腫瘍。直腸は大腸のうち下行結腸と肛門の間の部位をいう。食物繊維の少ない食生活が続くとリスクが増加する。便秘，細い便柱，便潜血などの症状を認める。外科的な切除が治療となるが，病変が肛門に近い場合には人工肛門が必要となる。

✎資料㉓ p.540，資料㉜ p.543

直面化

ちょくめんか

confrontation

クライエントの内面に抱えている葛藤や矛盾した感情・態度などを指摘することで，葛藤の核心に触れることにより話を促したり展開させる面接技法。例えば，ある話題についてクライエントが言いにくそうにした時，「話しにくいようですね」と声をかけることも含まれる。直面化を進めることによって，話の内容が深まり，面接者が解釈をしてクライエントの内面などを説明することができるようになるとされる。

治療的レクリエーション

ちりょうてきれくりえーしょん

▶セラピューティック・レクリエーション p.314

つ

椎間板ヘルニア

ついかんばんへるにあ

intervertebral disk hernia

脊椎椎間板の髄核が後方に逸脱し，脊髄や神経を圧迫して生じる。腰椎に好発し，下肢のしびれ，筋力低下を生じるほか，坐骨神経痛の原因となることも多い。ぎっくり腰の一つ。

✎ぎっくり腰 p.96，坐骨神経痛 p.178

対麻痺

ついまひ

両側の下肢に麻痺が出現すること。脊髄損傷によるものが代表的である。

✎資料⑥ p.532

通院等乗降介助

つういんとうじょうこうかいじょ

介護保険における訪問介護に含まれるサービスの一つ。居宅要介護者について，通院のため，指定訪問介護事業者の訪問介護員等が自ら運転する車両への乗車または降車の介助を行うとともに，乗車前後の屋内外における移動等の介助または，通院先もしくは外出先での受診等の手続，移動等の介助を行うことであり，介護給付費の算定をすることができる。ただし，要介護４または要介護５の利用者に対して，通院等のための乗車・降車の介助を行うことの前後に連続して，相当の所要時間（20～30分程度以上）を要しかつ手間のかかる，外出に直接関連する身体介護を行う場合に限り，その所要時間（運転時間を控除する）に応じた「身体介護中心型」の所定単位数を算定できる。

✎訪問介護 p.458

通告（通報）義務

つうこく（つうほう）ぎむ

通常「児童虐待に関する通告の義務」のことを指す。児童福祉法第25条によれば，「要保護児童を発見した者は，これを福祉事務所若しくは児童相談所又は児童委員を介して福祉事務所若しくは児童相談所に通告しなければならない」とある。また，児童虐待の防止等に関する法律（児童虐待防止法）第６条にも，「児童虐待を受けたと思われる児童を発見した者は，速やかに，これを児童福祉法第25条の規定により通告しなければならない」とある。児童虐待を発見し，保護するのは福祉専門職だけでなく，一般市民もその一端を担っていることの表れである。

それ以外の市民の通告義務として，被虐待高齢者やDV被害者に関して，高齢者の虐待の防止，高齢者の養護者に対する支援等に関する法律（高齢者虐待防止法）では市町村に，配偶者からの暴力の防止及び被害者の保護等に関する法律（DV防止法）では配偶者暴力相談支援センターまたは警察官に，いずれも通報することが求められている。

✎児童虐待の防止等に関する法律 p.201，児童福祉法 p.205

通所介護

つうしょかいご

介護保険制度における居宅サービスの一つに位置づけられ，介護給付の対象となるサービス（介護８条）。居宅要介護者を老人デイサービスセンター（老福20条の２の２）に通わせ，入浴，排泄，食事等の介護その他の日常生活上の世話，機能訓練を行うサービスをいう。要援護高齢者の生活の助長，社会的孤立感の解消，心身機能の維持向上を図るとともに，介護をしている家族の身体的，精神的な負担を軽減することを目的とする。

前年度の月平均の延べ利用者数が300人以下の小規模型通所介護事業者のうち，利用定員18名以下の事業所は，2016（平成28）年度までに「地域密着型通所介護」へ移行し，平成27年度の小規模型通所介護の基本報酬を踏襲した。

✎居宅サービス p.108，老人デイサービスセンター p.512

通所介護事業所

つうしょかいごじぎょうしょ

介護保険法のいう通所介護（デイサービス）を提供する事業者のこと。通所介護は，居宅要介護者を老人デイサービスセンターなどの施設に通わせ，入浴，排泄，食事等の介護その他の日常生活上の世話，機能訓練などを行う（認知症対応型通所介護に該当するものを除く）。具体的には，利用者ごとに作成される通所介護計画書に基づき，生活指導，日常動作訓練，養護，健康チェック，家庭介護教室，健康チェック，送迎，入浴，給食などが行われる。事業所は，１か月の平均利用延べ人数により，小規模型事業所（300人以内），通常規模型事業所（300人超750人以内），大規模型事業所Ⅰ（750人超900人以内），大規模型事業所Ⅱ（900人超）に区分される。いずれも，食堂，機能訓練室，静養室，相談室，事務室，サービス提供に必要な設備・備品などが備えられており，生活相談員，介護職員，看護職員，機能訓練導員などが配置されている。

通所施設

つうしょしせつ

通園施設ともいわれる。日常生活を家庭あるいは居住施設で過ごしている利用者が，必要に応じて授産，療育，更生などのために，日ごと通所する施設。生活保護法における授産施設，老人福祉法の老人デイサービスセンター，障害者総合支援法における障害者支援施設，児童福祉法の保育所，知的障害児通園施設，難聴幼児通園施設，肢体不自由児通園施設などがある。なお，更生施設や授産施設では，入所と通所の形態をはっきりと区別していないものもある。

✎入所施設 p.393

通所リハビリテーション

つうしょりはびりてーしょん

介護保険制度における居宅サービスの一つに位置づけられ，介護給付の対象となるサービス（介護８条）。居宅要介護者を介護老人保健施設，病院，診療所などの施設に通わせ，心身の機能の維持回復を図り，日常生活の自立を助けるために行われる理学療法，作業療法，その他必要なリハビリテーションを行うもの。

✎居宅サービス p.108

痛　風　図139

つうふう

gout

　高尿酸血症により体内組織に尿酸塩が蓄積し，急性関節炎などを引き起こす疾患。急性関節炎発作は特に足の親指付け根に生じやすく，発赤，腫脹とともに激烈な痛みを伴う。慢性期では多発性関節炎，皮下結節（耳介，肘など），尿路結石，痛風腎などをきたす。中年の肥満男性に多く，アルコール，特にプリン体を多く含むビールや肉類の摂取により生じやすい。また，糖尿病，脂質異常症などは合併症として注意が必要である。男性ホルモンが血液中尿酸値を上昇させる作用をもつため，男性に多い。

✎高尿酸血症 p.144

図 139　痛風の症状

杖　図140

つえ

　身体，特に下肢の運動機能の低下を補うために用いる用具。骨折や腱の切断など受傷による一時的なものから，脳血管障害による半身の麻痺，あるいは関節リウマチのような慢性的な関節の炎症による変形など使用者の機能低下レベルは様々である。主に一時的な運動機能の低下に対しては，松葉づえが用いられることが多く，運動機能の状態によって基底面を広く取って安定性が高い多点杖や上半身に体重を預けられるように腕支持器が付けられているロフストランド・クラッチなども使用される。福祉用具としての杖は，障害者総合支援法における補装具として，あるいは介護保険法に規定される福祉用具として，給付，貸与または購入することができる。

✎福祉用具貸与 p.443，歩行補助つえ p.462，補装具 p.466

杖歩行　図141

つえほこう

　杖歩行の基本手順は，①杖を出す，②患側（麻痺側）の足を出す，③次に健側の足を出す，の三動作歩行であり，二動作歩行では①②が同時である。二動作歩行の方が速いが，三動作歩行の方が安定性はある。

次々販売

つぎつぎはんばい

　訪問販売などで必要もない商品を次々と販売すること。訪問販売での次々販売は高齢者に被害が多く，販売商品では健康食品，化粧品，布団類などの寝具，着物，貴金属などが代表。エステティックサロンで，高額な新たな施術契約を消費者の支払い能力を越えて締結させることも「次々

図 140　杖の種類

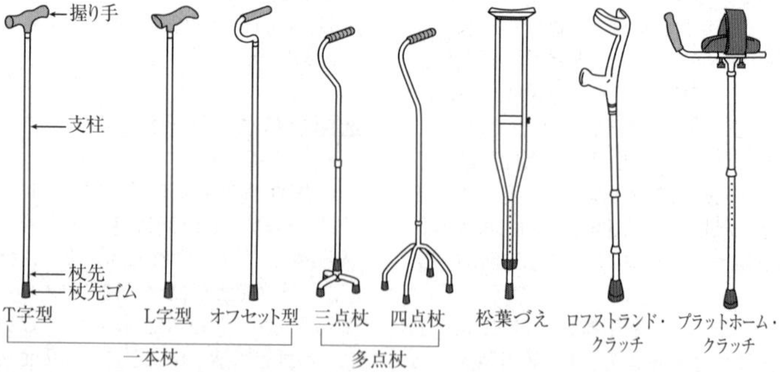

販売」あるいは「過量販売」という。このような次々販売を可能とする要件に個別クレジット契約があることから，2009（平成 21）年 12 月，割賦販売法が改正・施行された。次々販売などで消費者苦情の多い販売店について，クレジットカード会社による厳しい加盟店管理義務が課せられ，支払い能力を越える勧誘には一定の規制措置がとられるようになった。消費者契約法でも消費者に契約取消が認められている。

割賦販売法 p.76

つけ置き洗い

つけおきあらい

汚れのひどい洗濯物は，汚れをはがしやすくするため 15 ～ 20 分程度洗剤液につけ置きしてから洗濯機に入れるとよい。頑固な汚れに対してはつけ置きをしながら，つまみ洗いや押し洗いの方法で汚れを落とす。家庭で洗えるものは「取扱表示」に「手洗い」マークのついているものに限る。縮みの生じる素材や色落ちのする素材は，つけ置き洗いはしないこと。

取扱表示（洗濯表示）p.382

ツベルクリン反応

つべるくりんはんのう

tuberculin reaction

精製ツベルクリンを前腕屈側の皮内に注射して 48 時間後に発赤の大きさ，硬結の有無で結核菌感染を判定する検査法をいう。発赤の長径 10mm 以上を陽性，9mm 以下を陰性と判定する。また，陽性の中で硬結がないものを弱陽性，硬結を伴うものを中等度陽性，硬結を伴いかつ水疱や壊死を認めるものを強陽性とする。過去あるいは現在における結核菌感染を示すものであるが，BCG を接種した場合にも陽性になる。

結核 p.124

図 141　杖歩行の方法

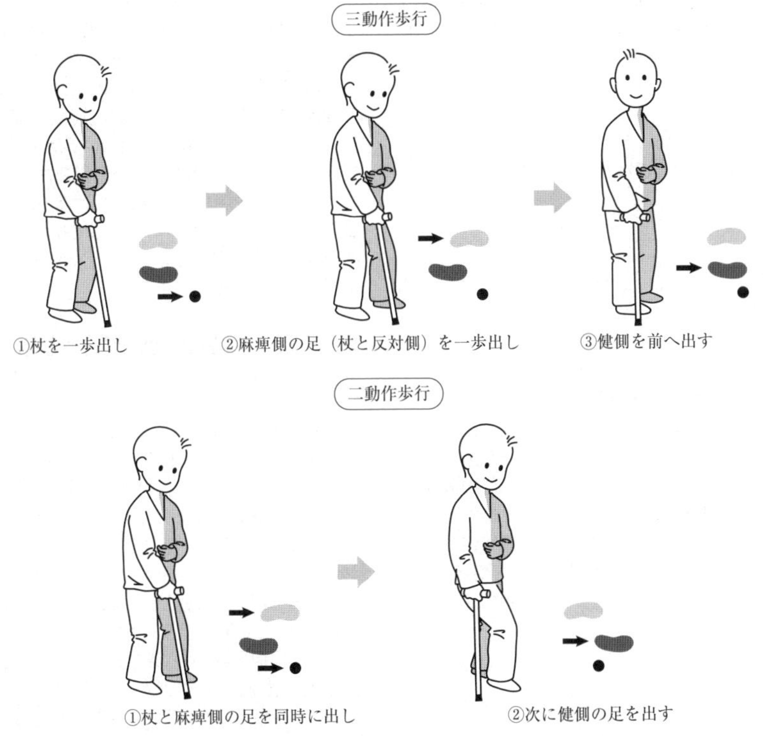
三動作歩行
①杖を一歩出し
②麻痺側の足（杖と反対側）を一歩出し
③健側を前へ出す
二動作歩行
①杖と麻痺側の足を同時に出し
②次に健側の足を出す

て

手洗い
てあらい

感染予防の基本の一つ。介護者は「一介護，一手洗い」が原則。手洗いの手順は，①流水で手をぬらし石けんを泡立てる，②手の平をこすり合わせて洗う，③手の甲を洗う，④指先・爪の間を洗う，⑤指の間を洗う，⑥親指の周囲も洗う，⑦手首を洗う（ここまで30秒間），⑧流水で石けんが残らないようにすすぐ，⑨乾いた清潔なタオルやペーパータオルで拭く。

DHA
ディーエイチエー
docosahexaenoic acid

ドコサヘキサエン酸のことで，不飽和脂肪酸の一つ。C_{22}で，二重結合を6つもつ，n-3系脂肪酸である。魚油に多く含まれ，血中のLDL-コレステロール値低下作用，中性脂肪値低下作用，血小板凝集防止作用などがあり，動脈硬化，脳血栓，心筋梗塞，高血圧などの生活習慣病予防に効果があるとされる。また，脳の活性化やアレルギー疾患にも効果があるとされる。

定位家族
ていいかぞく

子どもが生まれ，社会化される場としての家族のこと。

生殖家族 p.303

T字杖
てぃーじつえ

▶杖 p.358

ティーチング，コーチング
teaching, coaching

ティーチングは，経験・知識が豊富な人が，そうではない人に対して教えることで知識の習得を図るもの。コーチングは，教えることはせず，相手の話を傾聴し，質問を通して気づきを促進することでその人がもっている潜在能力を引き出し，最大限に力を発揮してもらうことを目指すもの。

DV
ディーブイ
domestic violence

▶ドメスティック・バイオレンス p.382

DV防止法
でぃーぶいぼうしほう

▶配偶者からの暴力の防止及び被害者の保護等に関する法律 p.412

低栄養
ていえいよう

摂取カロリーまたは1つ以上の栄養素が不足している状態のこと。摂取カロリーの不足（マラスムス），タンパク質の不足（クワシオルコル），その他特定の栄養素の不足（ビタミン，鉄など）に分類される。マラスムス，クワシオルコルをみることは先進国ではまれであるが，慢性疾病などでカロリー不足を生じた場合には，血液中のタンパク質の減少，貧血などを認める。

低温やけど
ていおんやけど

45℃くらいの熱源に長時間接していたことで生じるやけどのこと。電気アンカは，直接皮膚に長時間つけると低温やけどを起こしやすい。熱い・冷たいなどの感覚を感じることができない感覚障害では，特に注意すべきである。介護のポイントとして，①貼用部の皮膚には湯たんぽや電気アンカなどは直接当てない（貼用部から10cmくらい離しておく），②湯たんぽや電気アンカなどには厚手の布類をカバーとして使用する，③時々皮膚に発赤などがないかどうかを観察する，などが挙げられる。

定期巡回・随時対応型訪問介護看護
ていきじゅんかいずいじたいおうがたほうもんかいごかんご

在宅の要介護高齢者の日常生活を支えるために必要な介護・看護サービスを，包括的かつ継続的に提供するものであり，「地域包括ケア」の仕組みを支える基礎的なサービスとして位置づけられる。このサービスは，適切なアセスメントとマネジメントに基づいて，介護サービスと看護サービスが連携を図りつつ，「短時間の定期訪問」，「随時の対応」といった手段を適宜・適切に組み合わせて，1日複数回，「必要なタイミング」で「必要な量と内容」のケアを一体的に提供する。2011（平成23）年の介護保険法改正によって創設された。

地域密着型サービスである定期巡回・随時対応型訪問介護看護事業所では，介護・医療連携推進会議の設置開催が義務づけられており，事業者が活動状況等を利用者（家族）や地域包括支援センターの職員等の構成員に報告し，要望や助言を聞く機会とすることとなっている。

デイケア

高齢者福祉の領域では，介護保険制度による居宅介護サービスの一つである通所リハビリテーション（要支援の場合は介護予防通所リハビリテーション）を指す。要介護者が介護老人保健施設や医療機関に通って，入浴，食事，リハビリテーションなどを受ける。精神福祉の領域では，障害者総合支援法により，病院や精神保健福祉センターで行われている。集団を単位として社会生活機能の回復を図る目的で，昼間日常的に社会で生活する技術と知識を身につけ，社会参加を容易にしていけるようにするサービスである。

✎通所リハビリテーション p.357

低血圧

ていけつあつ

低血圧の明確な基準はないが，最高血圧（収縮期血圧）が 90mmHg 以下のときは，ショック（急性循環不全）を生じている可能性があり，注意が必要である。最高血圧 90 ～ 100mmHg 以下が継続してみられると，めまい，疲労感，四肢冷感，朝に弱いなどの症状を訴えることがあり，これを低血圧と呼ぶことが多い。対症療法を行う。

✎血圧 p.123，ショック p.269

低血糖発作

ていけっとうほっさ

目安として血糖が 70mg/dL 以下では低血糖発作を生じる。低血糖発作では冷汗，動悸，振戦などの症状を認め，進行すると意識障害を生じる。糖尿病のインスリン療法中にみられることが多く，低血糖状態が持続すると脳に障害を与えるため，緊急の治療が必要である。症状がみられたら，まずジュースやアメを与える。意識障害で経口摂取が不可能な場合にはブドウ糖を静脈内投与する。また，低血糖発作をきたす代表的疾患にインスリノーマがある。これは，膵臓のランゲルハンス島 β 細胞の腫瘍で，インスリンが過剰に分泌されることによって低血糖状態になる。インスリノーマの治療は，外科手術による腫瘍の切除である。

✎インスリン p.31，糖尿病性低血糖 p.371

デイサービス

主に自宅において生活をしている身体や精神に障害があり，自力で日常生活を送ることが難しい者を対象とし，デイサービスセンターなどの施設利用を中心に提供される日常生活にかかわるサービスをいう。おおむね入浴サービス，食事サービス，機能回復訓練やレクリエーション，介護にあたる家族を対象とした介護の講習会などが含まれる。介護保険法，障害者総合支援法等において制度化されている。

低出生体重児

ていしゅっせいたいじゅうじ

WHO によれば，出生時体重が 2,500g 未満の乳幼児をいう。母子保健法第 6 条では，「未熟児とは，身体の発育が未熟のまま出生した乳児であつて，正常児が出生時に有する諸機能を得るに至るまでのもの」と規定されている。出生時体重が 2,000g 以下の未熟児に対する医療給付を行う，未熟児養育医療などが母子保健対策として実施されている。2019（令和元）年の母子保健法の改正において，低出生体重児等の場合に，入院期間の長期化で退院時期が出産後 4 か月を超える場合もあることや，産婦の自殺は出産後 5 か月以降にも認められるなど，出産後 1 年を通じてメンタルヘルスケアの重要性が高いことなどを踏まえて，産後ケアセンターやその他の厚生労働省令で定める施設における産後ケアを出産後 1 年受けることが可能になった。

低所得者世帯

ていしょとくしゃせたい

一般的には，住民税非課税世帯を指す。低所得者世帯は，単に所得が低いことだけが問題ではない。雇用状態の不安定さや，所得が安定しない，社会的発言力が弱いなど，社会的にも不安定で脆弱な状況に陥っていることに留意する必要がある。

✎生活保護基準 p.299

ディスアビリティ

disability

▶能力障害 p.408

手書き文字

てがきもじ

盲ろう者とのコミュニケーションの方法の一つで，盲ろう者の手のひらに直接文字を書いて伝達する方法。書き順を間違えた文字，乱暴な文字，当て字を書くと盲ろう者は読み取りが困難となり，コミュニケーションが成り立たなくなる。

適応機制

てきおうきせい

適応機制は防衛機制，逃避機制，攻撃機制と大別でき，このうちの防衛機制にはいくつか種類がある。防衛機制は，欲求・衝動と環境の狭間で自分が傷つかないように折り合いをつけるという視点であるのに対し，適応機制は環境や状況に適応できるように無意識に調整を行うという視点に重点を置いた考え方。衝動や欲求がないものとする「否認」，自分の衝動をほかの者がもっている考えだとする「投影」そして「抑圧」や「合理化」など，機制の内容は防衛機制とほぼ同じである。

防衛機制 p.456

デスカンファレンス

death conferences

患者や利用者の死後に行うカンファレンスのこと。医療や介護のスタッフを集め，患者や遺族から得た情報，患者の看護記録，看取り業務の振り返りを共有し，スタッフ同士意見交換を行う場のことを指す。目的は，看取り業務の振り返りを共有することで，ケアの質を高めることにある。

手すり

てすり

福祉用具の一つで用途や場所によって形状や機能が多様である。水平手すり・縦手すり・L字型手すりなどがある。水平手すりは，トイレ・浴室・廊下などに最も多く使われている。縦手すりは，床面に対して垂直に設置し，ドアの開け閉めや大きな段差を超える場合等，姿勢安定などの目的で使用する。L字型手すりは，水平手すりと縦手すりが一つになったものであり，トイレ，浴室，玄関等で立ち上がり動作を行う場合に使用する。可動型手すりは，トイレのひじ掛けなどとして使用され，使用しない時はしまうことができるため移乗の際に邪魔にならない。波型手すりは病院や駅などに設置されていることが多い。曲がった波型の形状で，立ち上がり時に身体を引き寄せる，踏ん張る場合に握りやすい角度を選べる。

鉄

てつ

人体に含まれる鉄はわずか4～5gであるが，6～7割はヘモグロビン鉄である。食物からの鉄吸収率は約10%であるが，人体に鉄貯蔵が少ない場合には20～30%まで上昇する。また，食品に含まれている鉄のうち，肉や魚に多く含まれるヘム鉄は吸収率が10～30%と高く，野菜や豆，海藻などに含まれる非ヘム鉄は吸収率が5%以下と低い。胃酸やビタミンCで還元されると三価鉄が二価鉄になり，吸収が促進される。鉄が不足すると貧血になる。特に妊婦には鉄欠乏性貧血が多い。ヘム鉄を多く含むレバー，肉類，魚類など動物性食品で鉄の補給をするとよい。

鉄欠乏性貧血 図142

てつけつぼうせいひんけつ

iron-deficiency anemia

全貧血の60～85%を占める，鉄欠乏によって生じた小球性低色素性貧血である。女性，特に有経期に多い。妊娠や授乳によっても鉄需要が増し貧血が生じやすい。小児期・思春期には体の発育とともに血液量も急速に増すため，それまでと同じ食生活では鉄欠乏を起こす。その他の原因として，貧困や病気などで鉄分の摂取量が少ないとき，偏食や厳重な治療食を摂っているとき，慢性の下痢や肝・膵臓疾患，外傷や手術の際の出血，肺疾患による喀血，胃潰瘍，がん，鉤虫，痔などで胃腸管から持続的に出血しているときなどに起こる。また，症状はめまいなどの一般症状のほか，爪がスプーン状となり，舌乳頭萎縮，口角炎，嚥下痛も起こる。最も有効な治療法は鉄剤の投与で，食事療法やその他の薬物療法は補助手段にすぎないが，造血機能を促進するためには適切な食事をとることが不可欠である。良質のたんぱく質や鉄を多く含む食品，各種ビタミンなどを十分に

図142 鉄欠乏性貧血の主な症状

とる。
貧血 p.435

手続き記憶

てつづききおく

手順や行動パターンなど体で覚えるような記憶。意識せずに自動的に再現できるもので，自転車の乗り方やパズルの解き方などがそれにあたる。日常的な行動のほとんどがこれにあたり，できるようになった後も練習を続けているようなものである。そのため，高齢期にも，認知症になっても衰えにくい。

手縫いの方法 図143

てぬいのほうほう

手縫いには様々な種類があり，用途や目的によって使い分ける。

なみ縫い：薄地の2枚の布の縫い合わせに用いる。手縫いの中で最も基礎的な縫い方。両面の縫い目の間隔が均等になるように縫う。

本返し，半返し縫い：縫い目の補強や，縫い始めと終わりに糸がほつれないようにするために用いる。針を前の針目の所まで返してすくう本返し縫いと，針を前の針目の半分まで返してすくう半返しがある。

コの字縫い：2枚の布を折り山で縫い合わせるときや，テーラードカラーの上衿とラペルを縫い合わせるときなどに用いる。折り山と折り山を突合せにし，折山に直角に糸を渡し，コの字を描くように細かく縫う。

まつり縫い：表面に縫い目を目立たせたくない場合に用いる。主に裏無しの裾や袖口などの折り代を始末する方法。糸のかけ方により，普通まつり，流しまつり，奥まつりなど使い分ける。普通まつりは折山に針をだし，表布の織り糸1，2本をすくい0.3～0.7cmの間隔で繰り返す。いずれの方法も糸を引き過ぎないように注意する。

手引き歩行

てびきほこう

ガイドヘルプ p.68

転　移

てんい

精神分析学の概念。クライエントが特定の者に抱いていた感情を援助者に向けてしまうこと。これとは逆に援助者の感情がクライエントに向けられてしまうことを「逆転移」という。転移を建設的に使用する場合には，暗示，説得，元気づけ，支持，保証などがある。また，逆転移の発生要因はワーカーの社会生活や個人生活上の出来事，面接や診療環境の諸変化，クライエントを取り囲む家族，学習，職場の関係者，クライエントをめぐる人間関係など様々な要因が関与している。援助者の逆転移は少なくないため，これを押さえつけるのではなく，活用することが重要となる。

図143 手縫いの方法

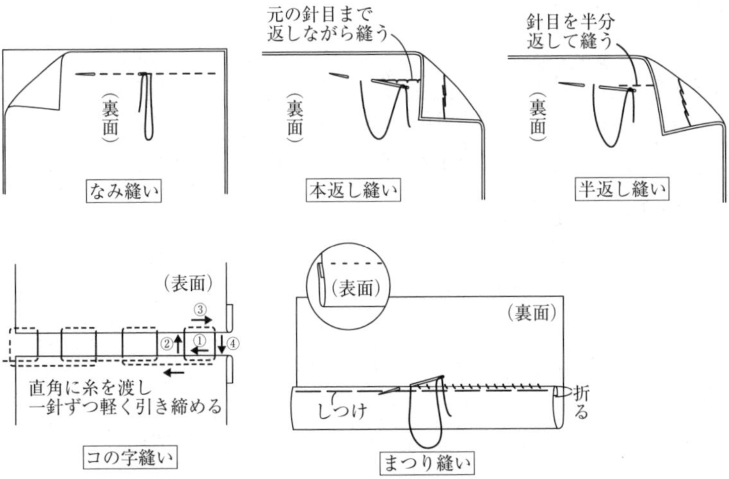

伝音性難聴

でんおんせいなんちょう

conductive deafness/transmission deafness

音を伝える器官の病変による難聴。外耳(耳介，外耳道）と中耳（鼓膜，耳小骨）が伝音系の器官に相当する。伝音性難聴は音の伝達が悪いだけなので，感音性難聴に比べて補聴器が有効である。医学的治療も可能なものが多い。鼓膜は音を振動させて奥へ伝える伝音器であるので，鼓膜の障害による難聴は伝音性難聴である。

✎感音性難聴 p.81，聴覚障害 p.353，難聴 p.386，資料㉙ p.542

てんかん　表56 表57

epilepsy

脳神経細胞の過剰な放電に由来する反復性発作を主徴とする慢性の脳疾患で，どの年齢層でもみられるが，小児期～思春期および老年期（60歳以降）に発症することが多い。てんかんは，部分てんかんと全般性てんかんに大別される。部分てんかんには意識障害を伴わない単純部分発作と，意識障害を伴う複雑部分発作とがある。全般性てんかんは両側大脳半球全体から同時に起こり，特発性と続発性とがある。てんかん発作は過労や睡眠不足，飲酒が誘発原因となるため，一般生活指導が必要である。主な治療は薬物療法で，発作型や成因により適切な薬物を選択し持続的に使用する必要がある。発作が起きたときは，転倒し頭部を床や家具などに打ち付けて怪我をしないように注意するとともに，患者を側臥位にし，医師に連絡する。

転換性障害

てんかんせいしょうがい

現実では受け入れられない欲求や願望が抑圧されて生じた無意識的心理葛藤が，知覚系または随

表56　部分てんかんの概要

分類		好発年齢	症状	治療薬	予後
単純部分発作	焦点発作（ジャクソンてんかん）	特になし	身体の一部より全身へ広がる。発作後一過性の運動麻痺	カルバマゼピン フェニトイン	比較的不良
	自律神経発作	10歳前後	自律神経症状（頭痛，腹痛，頻脈）	カルバマゼピン フェニトイン	良
複雑部分発作	精神運動発作（側頭葉てんかん）	10～20歳	自動症（口をもぐもぐさせる，舌打ち），発作時の記憶喪失	カルバマゼピン フェニトイン	比較的不良

表57　全般性てんかんの概要

分類		好発年齢	症状	治療薬	予後
特発性全般性てんかん	強直間代発作（大発作）	10歳代～	呼吸停止，突然の意識消失 ⇒重積状態では生命危険	バルプロ酸ナトリウム フェニトイン フェノバルビタール	良
	欠神発作（小発作）	5～15歳 女児に多い	数秒間の意識消失	バルプロ酸ナトリウム エトスクシミド	良
	ミオクロニー発作	1～10歳	対称性の瞬間的筋れん縮	バルプロ酸ナトリウム クロナゼパム	比較的良
続発性全般性てんかん	ウエスト症候群（点頭てんかん）	生後4か月～1歳	上半身や頭部の前屈を反復（シリーズ），知能障害（+）	ACTH ビタミンB_6	不良
	レノックス・ガストー症候群	3～5歳	精神遅滞（+），ウエスト症候群からの移行もある	ニトラゼパム クロナゼパム	不良

意運動系の障害に置き換えられた心身の反応を転換という。従来はヒステリーと呼ばれ，ICD-10（国際疾病分類第10版）で解離性（転換性）障害としてまとめられていたが，ICD-11（第11版）では転換性障害という用語は廃止され，それに相当する「解離性神経学的症状症」が新設された。ここでみられる知覚系の転換症状としては味覚・嗅覚脱失，上肢の手袋型知覚鈍麻や脱失，下肢の靴下型の知覚鈍麻や脱失，喉に球が詰まった感じがして上下に動く感じ，卵巣痛，胸骨痛，乳房痛などがある。随意運動系の転換症状には後弓反張，四肢麻痺症状や脱力，失立・失歩，失声などがある。

✎ヒステリー p.428

電気ショック療法

でんきしょっくりょうほう

ECT；Electro Convulsive Therapy

電気けいれん療法，電撃療法ともいう。100Vの家庭用交流電気を患者の両側前頭部に通電して，全身のけいれん発作を起こし，精神症状に速効性の効果をもたらす治療法。向精神薬の開発で頻度的には少なくなったが，自殺防止，興奮の鎮静，躁うつ病，統合失調症などに用いられる。

点検商法

てんけんしょうほう

「屋根の点検に来た」「水道の点検に来た」「布団の点検に来た」などと言って本来のリフォームや浄水器，布団の販売の目的を隠して，無料点検であるかのように装い，消費者宅などを訪問する商法。高齢者に被害が多い。屋根の点検では「柱が腐っている」「シロアリが棲息している」などの虚偽の説明をして，高額なリフォームの契約を迫る例が典型。水道の点検では「健康に害のある飲料水が使われている」などと言って高額な浄水器や健康食品を販売する。消費者が拒否しても何時間にもわたって契約を迫る例もある。

点　字　図144

てんじ

視覚障害者のコミュニケーション方法の一つ。6つの点から成り立ち，点の凸部分の並び方で，かな，数字，記号すべてを表す。点字器と点筆を使って右から書き，読むときは点字用紙をひっくり返して左から指で触れる。

点字出版施設

てんじしゅっぱんしせつ

視聴覚障害者情報提供施設の一つで，点字刊行物の出版にかかわる事業を行う施設。

✎視聴覚障害者情報提供施設 p.194

電磁調理器

でんじちょうりき

IH（induction heating）調理器とも呼ばれ，プレートの表面に生じた磁力線が鍋底を通る際に渦電流を起こし，鍋自体の発熱によって，食品を加熱する調理器である。鍋底がプレートに接触している部分のみが発熱するため，熱効率が非常に良いのが特徴である。鍋の材質は，磁性があり，鉄，ステンレス，ほうろうなどのもので，鍋底は平らなものが良い。火が出ないため，火災などの心配が少なく，また，二酸化炭素も排出しないため，環境にも良い。

点字図書館

てんじとしょかん

視聴覚障害者情報提供施設の一つで，点字刊行物，視覚障害者用の録音物の貸出などを行う施設。

✎視聴覚障害者情報提供施設 p.194

点字ブロック

てんじぶろっく

▶視覚障害者誘導用ブロック p.184

電子レンジによる加熱

でんしれんじによるかねつ

電子レンジは，誘導加熱を利用した調理器具である。周波数2.45GHzのマイクロ波を食品に照射すると，食品内の水分子が運動し，熱を生じることで食品自体を加熱する。食品内部から加熱

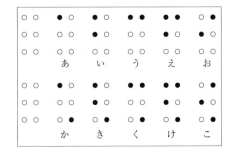

図144　点　字

○○	●○	●○	●●	●●	○●
○○	○○	●○	○○	●○	●○
○○	○○	○○	○○	○○	○○
	あ	い	う	え	お
○○	●○	●○	●●	●●	○●
○○	○○	●○	○○	●○	●○
○○	○●	○●	○●	○●	○●
	か	き	く	け	こ

されるため，短時間での調理が可能である。焦げないので，食品の色，形状，風味を損なわない。また，加熱が短時間のため，熱に弱いビタミンなどの栄養成分が壊れにくく，ゆでる調理などのように水分中への栄養成分の流出も防げるため，栄養損失は比較的少ないといえる。少量の加熱に適しているが，量が多いと時間がかかり，加熱しすぎると水分減少により硬くなるので注意が必要である。水分蒸発を防ぐためにラップなどを利用するとよい。

電動車いす

でんどうくるまいす

補装具の一つ。バッテリーで充電して電動モーターによって動く車いす。操作方法や価格，重量やバッテリーの管理などの違いにより，様々なタイプがある。バッテリーが小さく，手動と電動が切り替えられて折りたためる軽量タイプの簡易型電動車いすも実用化されている。利用者自身がハンドルやジョイスティックで操縦する。運転免許は不用であり，歩行者として扱われる。施設利用，鉄道利用についてはルールが設けられている。

✎車いす p.115

転倒・転落

てんとうてんらく

介護事故全体の約８割を占めるといわれ，65歳以上の高齢者の致命的，非致命的な外傷の主原因である。高齢者の転倒・転落のほとんどは，家庭内，日常生活中に生じる。散らかった居間，滑りやすい浴室内，高い棚に手を伸ばす時などに転倒・転落が起こる。共通してみられる怪我は頭部外傷，手首の骨折，背骨の骨折および大腿・股関節部骨折である。加齢とともに重症度が増加し，治療が長引いたために寝たきりや認知症が進行する場合もある。

天然繊維

てんねんせんい

植物繊維，動物繊維，鉱物繊維の総称。植物繊維の種類は木綿，麻。動物繊維の種類は羊毛，カシミア，モヘア，絹。鉱物繊維は石綿（アスベスト）などである。優れた特性を生かした衣類や生活用品として，幅広く製品化されている。中でも植物繊維と動物繊維は衣服・生活用品として，最も応用範囲のある繊維として親しまれている。

でんぷん

starch

米，麦，いも類など多くの植物性食品に含まれている，ブドウ糖が多数結合してできた高分子化合物。水には溶けず沈殿するが，水分と熱を加えると，ねばり気のある流動体すなわち糊状になる（でんぷんの糊化）性質がある。米を炊いて米飯とする，うどんをゆでる，いもをふかすことなどは，これを応用したものである。

また，でんぷんにはβとαがある。糊化する前のでんぷんをβでんぷんといい，水に溶けないために消化されにくい。糊化されたでんぷんはαでんぷんといい，消化液の酵素作用を受けやすく味も良くなる。しかし，αでんぷんをそのまま放置して冷えると再びβでんぷんに戻る。冷飯の味が落ちるのはこのためで，もう一度温めると再度α化しておいしくなる。糖質の中で人が最も多く食べているのは砂糖とでんぷんで，エネルギー源の大きな部分を占めているといってもよい。

和食では，食品にとろみをつける際にでんぷんを用いる。とろみをつけることで食べ物がまとまり飲み込みやすくなる。また，とろみがつき粘度が増すと，食べ物が喉に入るスピードが遅くなるため誤嚥しにくくなる。

✎糖質 p.368

展望的記憶

てんぼうてききおく

未来の予定についての記憶のこと。行動を起こす日時や，実行する内容，場所などを記銘し，予定に間に合うように想起する。正しく記憶し想起するためには，メモを残す，アラームをかけるなど想起のきっかけを作ることが有効である。予定していた時間に意図していた行動ができないことを「展望的記憶の失敗」と呼ぶ。

✎記憶 p.91

電話勧誘

でんわかんゆう

電話で商品・サービスを勧誘する販売形態。消費者にとっては「招かれざる電話」である場合が多く，「不招請勧誘の典型」ともいわれている。販売員はマニュアルに沿って一方的に勧誘を強要することから，後に被害となるケースが多い。特に高齢者が電話勧誘のターゲットになっており，契約した人の中には，長時間にわたる事業者の勧誘に断り切れずにあいまいな返答をして被害にあう人もいる。不招請勧誘となる電話勧誘販売については特定商取引に関する法律（特定商取引法）

で規制されており，８日間のクーリング・オフ（無条件解約）や，契約を断った消費者への再勧誘の禁止，法定書類の交付義務などが課せられている。

電話調査法

でんわちょうさほう

迅速に実践でき，かつ経費と時間の両面で節約が可能な優れた調査方法。しかし，相手の都合などに関係なく電話を入れる方法なのでそれだけで断られる可能性があり，通じたとしても要件を手短に伝え，相手に負担をかけない程度の時間内に行わなければならず，質問項目が量的にも質的にも制限されるという難点がある。

✎他計式調査 p.333

と

トインビー

Toynbee, Arnold：1852 ～ 1883

イギリスの経済学者。オックスフォード大学に学び，サミュエル・バーネットの誘いを受けてセツルメント運動に携わる。貧困を解決する手掛かりを歴史経済学に求め，産業革命の歴史を研究した。トインビーは，貧民の救済は組織的かつ科学的に行われなければならないと述べ，労働者の教育に力を尽くし，社会のあり方をなぜ変える必要があるのかを具体的に説いた。若くして亡くなったトインビーは，セツルメント運動への貢献を讃えられ，世界で最初のセツルメントにその名を冠したトインビー・ホールとしてセツルメント関係者に記憶された。

✎バーネット p.411

トインビー・ホール

Toynbee Hall

1884 年，イギリスの貧民街に創設された世界初のセツルメント・ハウス。バーネット夫妻の指導のもと，オックスフォード，ケンブリッジ両大学の学生がスラム街の貧困者の実態に関心をもち，「大学セツルメント協会」が発足，協会の協力により建てられた。トインビー・ホールの活動は，チャールズ・ブースのロンドンの貧困調査にも影響を与えたといわれている。セツルメント活動に精進し，若くして亡くなったアーノルド・トインビーを惜しみ，トインビー・ホールと名づけられた。サミュエル・バーネットが初代館長に就任した。

✎バーネット p.411，ブース，チャールズ p.437

同一化（視）

どういつか（し）

防衛機制の一つ。小説を読んでいるうちに主人公になったような気持ちになるのがその例である。また自分の理想とする人の行動，ふるまいをまねるのも同一視である。

✎防衛機制 p.456

投　影

とうえい

防衛機制の一つ。自分の心の中にある感情や衝動が好ましいものでなく，受け入れられないときに無意識に抑圧して，他人の中にそれがあるように考えること。例えば，ある人が苦手だと感じている場合に，「（自分は相手を嫌っていないのに）相手が自分を嫌っている」と思い込むことで，自分を納得させるなど。疑心暗鬼や責任転嫁などのように，正常な心理過程でもみられる。

✎投射 p.369，防衛機制 p.456

投影法

とうえいほう

人格検査の一つ。あいまいで多様なとらえ方のできる刺激や指示を与え，それらに対する被験者の反応の中に反映される個人的特徴から，被験者の人格のいろいろな面を知ろうとする方法。本人が無自覚に行っているテスト行動の中に，深部にある心理的傾向や葛藤の内容が反映されるところが利点であるが，反応が多様なため，整理や解釈が複雑で，信頼度は検査者の熟練度に左右される。しかし，自己像や対人関係，情緒や願望，葛藤や防衛，適応のあり方など，人格の機能や構造を明らかにするのに適した方法であることから，臨床的に繁用される。代表的な投影法検査として，ロールシャッハテスト，文章完成テスト（SCT），絵画統覚検査（TAT），描画法などがある。

✎文章完成テスト p.451，ロールシャッハテスト p.517

動機づけ

どうきづけ

行動を起こさせ，その行動を一定の目標に向けて持続させる過程や機能。動機は行動を起こす要因であり，目標に向かう推進力となる。動機づけには，評価や賞罰のような外部からの働きかけによる「外発的動機づけ」と，本人自身の興味や意志に基づく「内発的動機づけ」の２種類がある。

同居老親等扶養控除

どうきょろうしんとうふようこうじょ

納税者本人またはその配偶者と同居している直系尊属が老人扶養親族に該当する場合（満 70 歳以上），所得税の場合 58 万円，住民税の場合 45 万円が所得から控除となる。

✎老人扶養控除 p.514

統計調査

とうけいちょうさ

調査対象を数量的に把握し，分析を行う調査のこと。全数（悉皆）調査と部分（一部）調査に分類される。

✎全数調査 p.316，部分調査 p.447

同行援護

どうこうえんご

障害者総合支援法第 5 条第 4 項に規定される介護給付の一つ。視覚障害により，移動に著しい困難を有する障害者等に対して，外出時に障害者等に同行し，移動に必要な情報を提供するとともに，移動の援護を行うもの。

✎自立支援給付 p.270

統合失調症

とうごうしっちょうしょう

schizophrenia

幻覚（主に幻聴），妄想，思考障害等の陽性症状と，感情の鈍麻・平板化，意欲減退，自発性の欠如等の陰性症状が特徴的な精神障害。原因不明で，思春期～青年期に好発するが，遅発性のこともある。発症頻度は約 120 人に 1 人。経過はかなり多様で，症状の再燃（シュープ）を繰り返し，長期入院を余儀なくされ，次第に欠陥状態に陥るケースも少なくない。治療は薬物治療が主で，電気けいれん療法（ECT）を行うこともある。いまだに解明されていないことが多く，世界中で研究が進められている。かつては精神分裂病といわれていたが，患者家族団体の要望，精神科医の意見などをまとめた結果，2002（平成 14）年 8 月より新呼称「統合失調症」の使用が始まった。

✎電気ショック療法 p.365

橈骨遠位端骨折

とうこつえんいたんこっせつ

高齢者で骨粗鬆症をもつ者に多く，転倒したときに手をついて生じることが多い。手，手関節は背側に転位してフォークの背のような変形を認める。

✎骨粗鬆症 p.163，資料⑩ p.534

動作性知能

どうさせいちのう

WAIS-Ⅲまたは WISC-Ⅲ以降では，動作性知能は知覚統合と処理速度の 2 つの因子に分けられている。知覚統合が流動性知能と対応する。処理速度は頭の回転の速さである。2 つとも加齢の影響を受けやすい。

✎WAIS p.33，ウェクスラー式知能検査 p.33，流動性知能 p.501

動作法

どうさほう

肢体不自由児の動作改善を目指して成瀬悟策（なるせごさく：1924 ～ 2019）により開発された。しかし，この方法が動作の改善にとどまらず，心の活性化やリラックス効果，自己存在感や主体性の感覚などを生じることが明らかとなり，この面を中心とする心理療法としての動作療法が生まれた。高齢者にも適応され，認知症高齢者にも行われるようになった。

糖　質　図 145

とうしつ

五大栄養素の一つ。炭水化物ともいい，生体のエネルギー源となる。口腔内で唾液アミラーゼの

図 145　糖代謝のプロセス

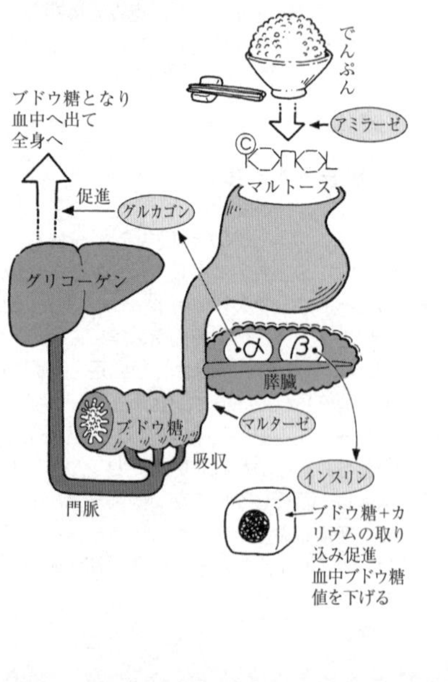

プチアリンにより，さらに小腸内で膵液アミラーゼにより二糖類まで分解され，さらに小腸粘膜表面細胞に存在する消化酵素によって単糖類にまで分解され，吸収される。吸収された単糖類は最後は二酸化炭素と水になり，そのときにエネルギーを発生する。1g 燃焼することにより 4kcal の熱量を出す。エネルギーとして用いられない必要以上のブドウ糖は，グリコーゲンとして肝臓や筋に蓄えられるか，または脂肪に合成される。糖質は米，めん，いも類などの食品に多く含まれ，これらの摂取が少なくなると脂質の代謝が低下するので，適量の摂取が必要である。摂取に際しては，糖質の分解を正常にして利用率を高める効果があるビタミン B_1 を摂るよう心がける。

投 射
とうしゃ
projection

欲求不満に陥ったときの無意識的・非合理的解決法である適応機制の一つで，自己防衛機制である。認め難い自分の感情や欲求を，他人の心の中に映して安定を図る。例えば，自分自身の弱点や嫌いな面を他人に見いだして，その人をさげすんだり，攻撃したりする。投影ともいう。援助の場面においては，援助者が被援助者に対して抱くことも時おりあるので，自らの感情を吟味しつつ援助を展開することが必要となる。

✎ 適応機制 p.362，投影 p.367

凍 傷
とうしょう

長時間，低温にさらされることによって生じる皮膚・皮下組織の損傷のこと。血行障害→血行不全→壊疽，と進行していくので，早めの対処が必要である。原因として，冬山登山，冬季スポーツ，液体ガスとの接触，寒冷地（環境）での圧迫などが挙げられる。高齢者や感覚麻痺を伴う障害者では，寒い時季（環境下）の靴や装具による下肢の圧迫で生じる凍傷に注意する。

統制された情緒的関与の原則
とうせいされたじょうちょてきかんよのげんそく

フェリックス・P・バイステック（Biestek, F. P.：1912～1994）によるケースワークの7原則の一つ。援助関係におけるコミュニケーションには，知識や情報の伝達に加え，感情を伝えることも含まれている。ケースワーカーは，クライエントの態度や言葉に込められている感情に適切に反応することで，クライエントを心理的に支持することができる。そして，クライエントの感情を的確につかむとともに，ワーカー自身がもつ自分のニーズや感情の傾向を自覚することを意味している。なお，この原則の新訳として「援助者は自分の感情を自覚して吟味する」とも訳されている。

✎ バイステックの7原則 p.413

透 析
とうせき

機能を失った腎臓に代わって，老廃物や水分などを体外に排出する治療法のこと。人工膜を用いる血液透析（HD）と，腹膜を用いる腹膜透析（PD）がある。血液透析ではシャントの管理と保護，食事療法や1回に3～4時間，ほぼ1日おきの透析の継続と生活のマネジメントが必要である。持続的携帯式腹膜透析（CAPD）は，血液透析よりも心臓への負担が軽く自宅での施行が可能であるが，食事療法や腹膜炎を起こさないような感染予防の手技など，厳重な自己管理が求められる。

✎ 血液透析 p.123，腹膜透析 p.444

糖 蔵
とうぞう

食品に砂糖を添加することにより，食品の保存性を高める方法。食品内の浸透圧が上昇することで離水が起こり，水分活性が低下する。水分活性が低下すると，微生物の生育・増殖や酵素反応などを抑制できる。砂糖の飽和濃度に近い50%以上の糖度では，一般的に微生物の生育を阻止できる。糖蔵を利用した食品は，練りようかん，果物の砂糖漬け・シロップ漬け，ジャム・マーマレードなどである。

✎ 食品の保存方法 p.266

導 尿
どうにょう

排尿障害のときにカテーテルを膀胱内に挿入して尿を体外に出すこと。

✎ カテーテル p.76

糖尿病 図146 図147
とうにょうびょう
diabetes mellitus

膵臓のランゲルハンス島β細胞より分泌されるインスリンは血液中から細胞内へブドウ糖の取り込みを促し，血糖を下げる働きを有する。インスリンが欠乏し，細胞がブドウ糖（エネルギー源）

不足に陥り，慢性的に血糖値が高くなった状態を糖尿病という。診断は，空腹時，およびブドウ糖負荷試験での血糖測定により行う。診断基準については，2019（令和元）年に日本糖尿病学会から出されたものを用いる。糖尿病は，インスリンが不足する原因により，1 型糖尿病と 2 型糖尿病の 2 つに分けられる。治療には主に食事療法，運動療法，経口血糖降下剤投与を行う。糖尿病症状としては，のどが渇く，多飲，多尿，体重減少などがある。長期間の罹患により網膜症，腎症，神経症状の三大合併症のほか，動脈硬化が進行し脳血管障害，虚血性心疾患のリスクが増加する。

✎1 型糖尿病 p.22, インスリン p.31, 2 型糖尿病 p.388

図 146　糖尿病診断基準

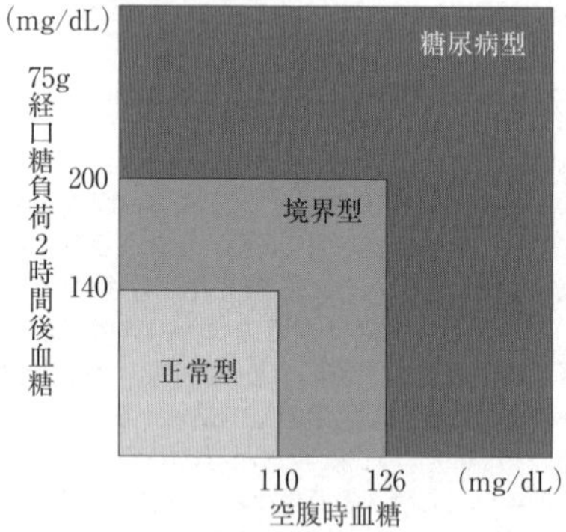

糖尿病実態調査

とうにょうびょうじったいちょうさ

日本における糖尿病に関する状況把握と今後の対策のために，厚生労働省が 5 年ごとに実施していた調査。2007（平成 19）年度より国民健康・栄養調査の一環として調査されている。令和

図 147　糖尿病の診断基準

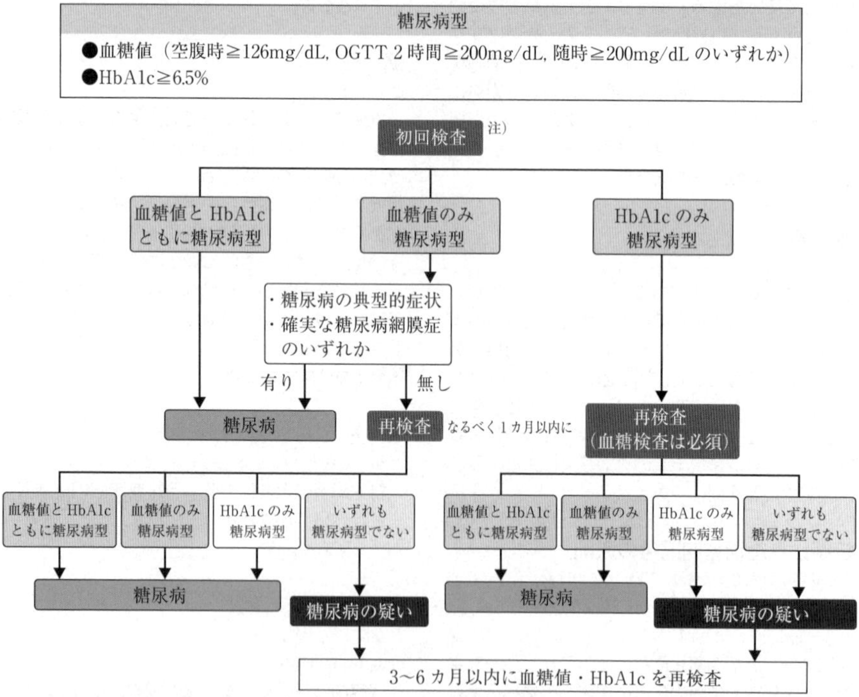

注）糖尿病が疑われる場合は，血糖値と同時に HbA1c を測定する。同日に血糖値と HbA1c が糖尿病型を示した場合には，初回検査だけで糖尿病と診断する。

日本糖尿病学会「糖尿病の分類と診断基準に関する委員会報告」，糖尿病 55（7），494 頁，2012 より一部改変

日本糖尿病学会編・著：糖尿病治療ガイド 2022-2023，p.26，文光堂，2022

元年国民健康・栄養調査によると，「糖尿病が強く疑われる人」の割合は，男性 19.7%，女性 10.8% で，この 10 年間で見ると男女とも有意な増減は見られない。年齢階級別に見ると，年齢が高い層で割合が高い傾向にある。

国民健康・栄養調査 p.157

糖尿病性腎症

とうにょうびょうせいじんしょう

diabetic nephropathy

糖尿病の代表的な合併症で，慢性透析の重要な原因である。腎臓の糸球体に結節性の病変を生じ，タンパク尿，ネフローゼ症候群（浮腫，低タンパク血症）を認め，進行すると慢性腎不全となる。介護保険の特定疾病とされている。

ネフローゼ症候群 p.405

糖尿病性低血糖

とうにょうびょうせいていけっとう

diabetic hypoglycemia

糖尿病では，インスリンの欠乏のために細胞でのブドウ糖利用障害，高血糖を生じる。糖尿病に伴って低血糖を生じるのは，①血糖降下剤，インスリンの過剰投与，②食後に血糖が急上昇し，これに対して過剰のインスリンが分泌される結果低血糖を生じるもの，が代表的である。②は糖尿病の初期に多い。低血糖では，動悸，発汗などの症状を認め，重症では意識障害を生じる。

インスリン p.31，血糖値 p.126，低血糖発作 p.361

糖尿病性網膜症

とうにょうびょうせいもうまくしょう

diabetic retinopathy

長い間，高血糖の状態が続くと，網膜の毛細血管の内腔が狭くなり，血管瘤や毛細血管の破裂・出血を起こすことがある。これを糖尿病性網膜症という。出血を何度も繰り返していると失明につながる。後天性の失明の原因疾患として重要である。介護保険の特定疾病とされている。

逃　避

とうひ

escape/avoidance

防衛機制の一つ。不快な場面や緊張する場面から逃げ出すことで，自己の安定を図ること。実際にその場所から逃げる場合，空想の世界に逃げる場合，身体的変化を無意識に起こして行う場合（病気への逃避），などがある。

防衛機制 p.456

動物性脂肪

どうぶつせいしぼう

動物性食品に含まれる脂肪。豚脂（ラード）や牛脂（ヘット）などは常温では固体であるが，これは構成脂肪酸中に飽和脂肪酸が多いからである。一方，魚油の脂肪酸は不飽和脂肪酸を多量に含むので液体である。一般に常温で液体のものを油，固体のものを脂と呼び，あわせて油脂という。摂取された脂質はエネルギー源となり，生体膜の構成成分，血液成分および貯蔵脂肪として存在し，生体にとって重要な役割をもつ。一般に飽和脂肪酸を多く含む動物性脂肪は血中コレステロールの濃度を上げ，植物性脂肪はコレステロールの吸収を阻害して血中レベルの上昇を抑える。

植物性脂肪 p.266

動脈硬化症

どうみゃくこうかしょう

arteriosclerosis

動脈壁のアテローム変性のために，血管壁の肥厚，内腔の不整を生じる疾病をいう。内腔は狭くなり，血栓を生じやすくなる。脳血管障害（脳梗塞），虚血性心疾患（狭心症，心筋梗塞），閉塞性動脈硬化症などの原因となる。高血圧症，高コレステロール血症，肥満，糖尿病，喫煙では動脈硬化が促進されることが知られており，代表的な生活習慣病である。

動揺性歩行

どうようせいほこう

waddling gait

腰と上半身を左右に振って歩く歩行で，進行性筋ジストロフィーに特有である。通常，歩くたびに骨盤は傾斜するが，腰帯筋が弱いために体幹動揺を制御することができなくなって生じる。

進行性筋ジストロフィー p.278

道路交通法　図148

どうろこうつうほう

昭和 35 年制定，法律第 105 号。道路における危険を防止し，その他交通の安全と円滑を図り，及び道路の交通に起因する障害の防止に資することを目的としている（1 条）。この法律において身体障害者用の車いす，歩行補助車等又は小児用の車を通行させている者は法律の規定の適用については，歩行者とする（2 条 3 項）。また，目が見えない者については，道路を通行するときは，政令で定めるつえを携え，又は政令で定める盲導犬を連れていなければならない（14 条）。また運転者については，身体障害者標識（四葉マーク，努力義務），聴覚障害者標識（耳マーク，設置義務，ワイドミラーの設置）などがある。

トーキングエイド

talking aid

▶コミュニケーション・エイド p.166

トキソプラズマ

Toxoplasma gondii

寄生虫の一種。ネコ科動物の腸管内で形成されたトキソプラズマのオーシスト(卵のようなもの)が糞便とともに排泄されると，経口的に，哺乳類（ネズミ，ブタなど）や鳥類に伝播していく。ヒトはオーシストを偶然経口摂取して感染するか，感染した哺乳類などのシスト（緩増虫体が皮膜に包まれているもの）を含んだ肉を経口摂取して感染する。不顕性感染が多いが，妊婦が感染した場合，胎児へ移行して，脳症，けいれん，水頭症，頭蓋内石灰化，網脈絡膜炎などを引き起こす先天性トキソプラズマ症となる。出生時に無症状でも思春期までに発育不全，精神発達遅延などが出現する場合もある。予防は，①ネコの排泄物の衛生的な処理，②肉類の生食を避け，十分に加熱することである。

特殊寝台

とくしゅしんだい

特殊機能を有する寝台全般を指す。主に頭，脚の部分の傾斜を変えられる機能をもつものが多い。介護保険法における福祉用具貸与種目の一つであるとともに，障害者総合支援法における日常生活用具給付等事業の介護・訓練支援用具の一例として挙げられている。

✎ギャッチベッド p.98，福祉用具貸与 p.443

図 148　自動車の運転者が表示する標識

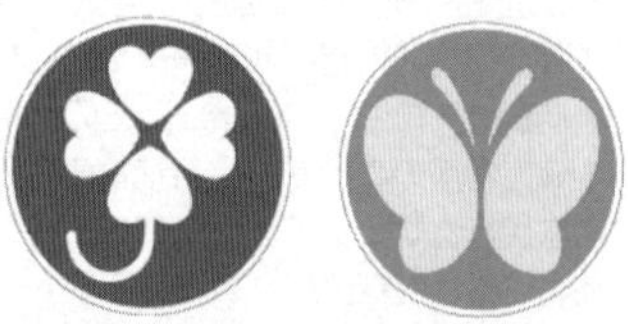

身体障害者標識　　聴覚障害者標識

特殊便器

とくしゅべんき

温水で肛門洗浄を行うことができ，温風により乾燥させる機能が付いている便器で，上肢機能に障害があっても使用できるよう，足踏みペダルにより操作が可能なもの。障害者総合支援法における日常生活用具給付等事業の自立生活支援用具の一例として挙げられている。

読　唇

どくしん

▶読話 p.379

特定機能病院

とくていきのうびょういん

高度医療の提供や開発，研修を行う医療機関であり，厚生労働大臣の承認を受けた病院（医療 4 条の 2）。2022（令和 4）年 4 月現在，承認数は 87 病院。病院の性格上，大学病院の本院が承認数の 9 割を占める。高度医療の提供を目的とするため，受診する場合には，かかりつけの診療所や一般病院を受診した後，紹介状を出してもらい，受診という流れになる。紹介状がなくても受診は可能だが，自己負担として特定療養費の支払いが必要になる場合もある。

特定健康診査　図 149

とくていけんこうしんさ

2008（平成 20）年より高齢者の医療の確保に関する法律により制度化されたもので，糖尿病，高血圧症，脂質異常症などの生活習慣病予防のために，40 歳から 74 歳までを対象として実施される健診。メタボ健診ともいう。健診項目は以下のとおり。

①問診（既往歴調査，服薬歴，喫煙習慣の状況など）②診察（理学的検査）③身体計測（身長，体重，腹囲，BMI）④血圧測定⑤血液検査（中性脂肪，HDL・LDL コレステロール，AST，ALT，γ-GTP，空腹時血糖，HbA1c）⑥尿検査

✎特定保健指導 p.375，メタボリックシンドローム p.478

特定施設

とくていしせつ

介護保険における特定施設は，介護保険法第 8 条第 11 項に規定されている。従来規定されていた施設の有料老人ホーム，養護老人ホーム，軽費老人ホームに加えて 2015（平成 27）年 4 月からサービス付き高齢者住宅（有料老人ホームに

相当するものに限る）が対象となった。都道府県から居宅サービスの一つである特定施設入居者生活介護の事業者指定を受けたもの（定員 30 人以上に限る）。

図 149　特定健康診査・特定保健指導の概要

特定健康診査

特定健康診査は，メタボリックシンドローム（内臓脂肪症候群）に着目した健診で，以下の項目を実施する。

基本的な項目	●質問票（服薬歴，喫煙歴等）●身体計測（身長，体重，BMI，腹囲）●血圧測定 ●理学的検査（身体診察） ●検尿（尿糖，尿蛋白） ●血液検査 ・脂質検査（中性脂肪，HDL コレステロール，LDL コレステロール） ・血糖検査（空腹時血糖または HbA1c） ・肝機能検査（AS，AL，γ-GTP）
詳細な健診の項目	※一定の基準の下，医師が必要と認めた場合に実施 ●心電図　●眼底検査　●貧血検査（赤血球，血色素量，ヘマトクリット値）●血清クレアチニン検査

特定保健指導

特定健康診査の結果から，生活習慣病の発症リスクが高く，生活習慣の改善による生活習慣病の予防効果が多く期待できる者に対して，生活習慣を見直すアドバイスをする。

特定保健指導には，リスクの程度（血圧，血糖，脂質，喫煙歴など）に応じて，動機づけ支援と積極的支援がある（よりリスクが高い者が積極的支援）。

動機づけ支援	積極的支援

初回面接：個別面接 20 分以上，または 8 名以下のグループ面接で 80 分以上
専門的知識・技術を持った者（医師・保健師・管理栄養士等）が，対象者一人ひとりに合わせた実践的なアドバイス等を行う。

自身で，「行動目標」に沿って，生活習慣改善を実践

面接・電話・メール・ファックス・手紙等を用いて，生活習慣の改善を応援する。（約 3 カ月以上）

（初回面接から 3 カ月以上経過後）
実績評価：面接・電話・メール等で健康状態・生活習慣（改善状況）を確認

特定施設入居者生活介護

とくていしせつにゅうきょしゃせいかつかいご

介護保険制度における居宅サービスの一つに位置づけられ，介護給付の対象となるサービス（介護 8 条）。有料老人ホーム，軽費老人ホーム（ケアハウス），養護老人ホーム，サービス付き高齢者向け住宅のうち，人員，設備および運営等の基準を満たし，特定施設入居者生活介護事業者の指定を受けた住宅に入居している要介護者を対象に，その施設で特定施設サービス計画に基づき，入浴，排泄，食事等の介護その他の日常生活上の世話，機能訓練および療養上の世話を行う。

✎居宅サービス p.108

特定疾患

とくていしっかん

原因が不明であり，治療法が確立されておらず，後遺症を残すおそれが大きい疾患，また，経過が長期間にわたり，経済的負担，家族の介護負担，精神的負担の大きい疾患を特定疾患（難病）として法律で定めている。2015（平成 27）年からの難病の患者に対する医療等に関する法律（難病法）の施行に伴い，①指定難病：医療費の助成対象となる疾患（338 疾患）②特定医療費：指定難病にかかる医療費③指定医療機関：指定難病の治療を行う医療機関等として都道府県により指定されている医療機関等④指定医療：指定難病の認定を受けた人に対して指定医療機関が行う医療等，と制度が拡充，整理された。

✎難病対策 p.387，難病の患者に対する医療等に関する法律 p.387

特定疾患治療研究事業

とくていしっかんちりょうけんきゅうじぎょう

難治性・重症度が高く，患者数が比較的少ない疾患について，治療研究を目的とし，症例数の確保のため患者に対し公費負担で医療費を給付する制度。自己負担分の一部を国と都道府県が助成している。2014（平成 26）年 12 月までは，難治性疾患克服研究事業の 130 疾患のうちの 56 疾患が対象とされていた。2014 年 5 月に成立した難病の患者に対する医療等に関する法律（難病法）に基づき，2015（平成 27）年 1 月に難病医療費助成制度が施行されたことにより，56 疾患中，スモン，難治性肝炎のうち劇症肝炎，重症急性膵炎，プリオン病（ヒト由来乾燥硬膜移植によるクロイツフェルト・ヤコブ病に限る）の 4 疾患のみが特定疾患治療研究事業の対象疾患となった。

✎難治性疾患克服研究事業 p.386，難病 p.386

特定疾病
とくていしっぺい
▶介護保険の特定疾病 p.61

特定障害者特別給付費
とくていしょうがいしゃとくべつきゅうふひ

障害者総合支援法第 34 条で定められた自立支援給付費の一つ。市町村が，施設入所支援，共同生活介護，共同生活援助，重度包括支援等の支給決定者で低所得者を対象に，指定障害福祉サービス事業者からサービスを受けた特定障害者に対し，共同生活住居における居住に要する平均的な費用の額を勘案して厚生労働大臣が定める費用の額を支給するもの。

✎障害者の日常生活及び社会生活を総合的に支援するための法律 p.244

特定商取引に関する法律
とくていしょうとりひきにかんするほうりつ

昭和 51 年制定，法律第 57 号。略称は特定商取引法，または特商法。消費生活の中で問題が多い特定の取引について規制する法律。訪問販売，通信販売，電話勧誘販売，連鎖販売取引，特定継続的役務提供，業務提供誘引販売取引，訪問購入についてそれぞれ規制策を講じている。特定継続的役務として指定されているのは，エステティックサロン，外国語教室，学習塾，家庭教師派遣，パソコン教室，結婚情報提供サービス，および一定範囲の美容医療の 7 業種。2009（平成 21）年には従来の指定商品・指定役務制度が廃止され，原則，すべての商品・役務が法規制の対象となった。このほかに，過量販売契約の一年以内の解除，通信販売の返品ルールの明確化などが導入された。また，2012（平成 24）年には貴金属等の訪問買取を規制対象とする法改正が実施され，2021（令和 3）年にはネガティブ・オプション（送り付け商法）などを規制する法改正がなされた。

✎ネガティブ・オプション p.404

特定商取引法
とくていしょうとりひきほう
▶特定商取引に関する法律 p.374

特定相談支援
とくていそうだんしえん

障害者総合支援法第 5 条第 18 項において規定されている。「基本相談支援」として障害者や障害児からの相談に応じ，必要な情報の提供及び助言等のほか，必要な便宜を供与する支援を行う。また，「計画相談支援」として障害者や障害児が障害福祉サービスを利用する際に，サービス等利用計画を作成し，一定期間ごとにモニタリングを行うなどの支援を行う。事業者の指定は市町村長が行う。

特定入所者介護サービス費
とくていにゅうしょしゃかいごさーびすひ

介護保険法第 51 条の 3 に規定される介護給付の一つ。介護保険制度において低所得の要介護被保険者の負担を軽減するため，施設入居やショートステイを利用した場合の居住費（滞在費）や食費の一部を支給する介護給付。各費用の平均的な費用を勘案して厚生労働大臣が定める基準費用額と，利用者の所得に応じた負担限度の差額が支給される。対象者は所得によって 3 段階に分けられており限度額以上は負担しなくてもよい。2005（平成 17）年 10 月から，介護保険の施設サービスなどの居住費（滞在費）と食費が保険給付の対象外となったことから補足的給付として設けられた。指定介護老人福祉施設サービス，介護保健施設サービス，地域密着型介護老人福祉施設入所者生活介護，短期入所生活介護，短期入所療養介護がその対象となる。なお，指定介護療養施設サービスも対象であるが，2018（平成 29）年度末で廃止された。

特定入所者介護予防サービス費
とくていにゅうしょしゃかいごよぼうさーびすひ

介護保険法第 61 条の 3 に規定される予防給付の一つ。介護保険制度において，低所得の要支援被保険者の負担を軽減するため，施設入居やショートステイを利用した場合の居住費（滞在費）や食費の一部を支給する予防給付。各費用の平均的な費用を勘案して厚生労働大臣が定める基準費用額と，利用者の所得に応じた負担限度額の差額が支給される。2005（平成 17）年 10 月から，介護保険の施設サービスなどの居住費（滞在費）と食費が保険給付の対象外となったことから補足的給付として設けられた。

特定非営利活動促進法 表 58
とくていひえいりかつどうそくしんほう

平成 10 年制定，法律第 7 号。略称は NPO 法。それまで法人格のない団体であった民間非営利組織（NPO）に対して，知事などの認証を受ければ，法人格を与えることとした法律。ボランティア活動をはじめとする市民が行う自由な社会貢献活動としての特定非営利活動の健全な発展を促進し，もって公益の増進に寄与することを目的としている。

✎NGO p.42，NPO p.42，NPO 法人 p.42

特定福祉用具販売 図150

とくていふくしようぐはんばい

介護保険制度における居宅サービスの一つに位置づけられ，介護給付の対象となるサービス（介護８条）。居宅要介護者について福祉用具のうち，入浴や排泄のために使用するなど貸与になじまないもの，その他の厚生労働大臣が定める福祉用具の販売を行う。

✎居宅サービス p.108，福祉用具 p.442，資料④ p.531

特定保健指導 図149

とくていほけんしどう

特定健康診査の結果，異常なし，要精密・要治療の者以外が対象となる。特定保健指導は，動機づけ支援と積極的支援に分けられる。動機づけでは個別や集団で食事や運動の指導が行われる。積極的支援では生活習慣改善の目標を設定し，個別に３～６か月にわたり指導が行われる。

✎特定健康診査 p.372

表 58　特定非営利活動促進法の対象

① 保健，医療又は福祉の増進を図る活動
② 社会教育の推進を図る活動
③ まちづくりの推進を図る活動
④ 観光の振興を図る活動
⑤ 農山漁村又は中山間地域の振興を図る活動
⑥ 学術，文化，芸術又はスポーツの振興を図る活動
⑦ 環境の保全を図る活動
⑧ 災害救援活動
⑨ 地域安全活動
⑩ 人権の擁護又は平和の推進を図る活動
⑪ 国際協力の活動
⑫ 男女共同参画社会の形成の促進を図る活動
⑬ 子どもの健全育成を図る活動
⑭ 情報化社会の発展を図る活動
⑮ 科学技術の振興を図る活動
⑯ 経済活動の活性化を図る活動
⑰ 職業能力の開発又は雇用機会の拡充を支援する活動
⑱ 消費者の保護を図る活動
⑲ 前各号に掲げる活動を行う団体の運営又は活動に関する連絡，助言又は援助の活動
⑳ 前各号に掲げる活動に準ずる活動として都道府県又は指定都市の条例で定める活動

図 150　特定福祉用具の例

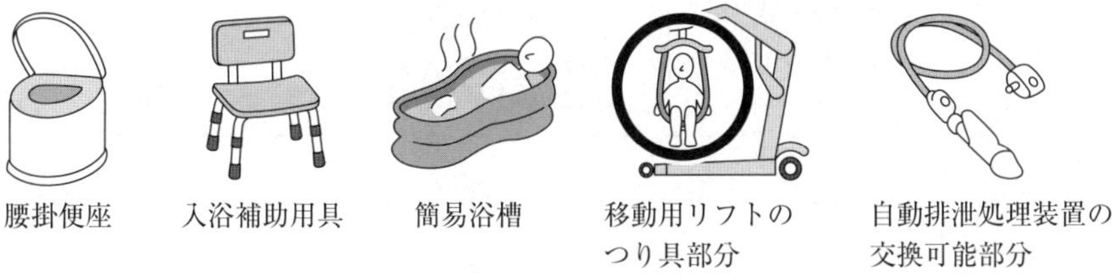

特定保健用食品 図151

とくていほけんようしょくひん

人体の生理学的機能などに影響を与える保健機能成分を含む食品のこと。トクホとも呼ばれる。「特定保健用食品」は，1991（平成3）年の栄養改善法施行規則の改正により「特別用途食品」の一つとして位置づけられ，表示制度が始まった。現在は健康増進法を根拠法とし（栄養改善法は廃止），2001（平成13）年より「栄養機能食品」（加齢やその他の理由のため，一日に必要な栄養成分が摂取できない場合に，その補給・補完を目的とした食品）とともに，「保健機能食品制度」に位置づけられている。

特定保健用食品は健康増進法に，「食生活において特定の保健の目的で摂取する者に対し，その摂取により当該保健の目的が期待できる旨の表示を消費者庁長官によって許可されたもの」と定義されている。特定保健用食品として販売するためには，製品ごとに食品の有効性や安全性について審査を受け，表示について国の許可（食品表示法）を受け，許可マークが付される。

特別支援学校 図152

とくべつしえんがっこう

2003（平成15）年3月に出された文部科学省調査研究協力者会議「今後の特別支援教育の在り方について（最終報告）」で「特別支援学校」について提言された。この報告を受けて，法改正に向けた具体的な検討がなされ，2006（平成18）年6月に学校教育法等の一部を改正する法律案が可決・成立し，公布されたことで，特別支援教育は2007（平成19）年4月から正式に実施された。この法改正により，これまでの盲学校，聾学校，養護学校は，障害種別を超えた特別支援学校に一本化されるとともに，旧来の「特殊学級」という用語が「特別支援学級」に改められた。学校教育法第8章に特別支援教育についての規定があり，第72条では，特別支援学校は，視覚障害者，聴覚障害者，知的障害者，肢体不自由者または病弱者（身体虚弱者を含む）に対し，幼稚園，小学校，中学校または高等学校に準ずる教育を施すとともに，障害による学習上または生活上の困難を克服し自立を図るために必要な知識技能を授けることを目的とする，としている。

特別支援教育 p.376

特別支援教育

とくべつしえんきょういく

2006（平成18）年6月の学校教育法等の改正により，障害のある児童生徒などの教育について，従来の「特殊教育」から，一人ひとりのニーズに応じて必要な支援を行う「特別支援教育」とされた。特別支援教育においては，障害のある児童生徒に加えて，学習障害・ADHD・高機能自閉症などの児童生徒への適切な指導・支援も行うこととされている。

特別支援学校の教員は，小学校・中学校・高校または幼稚園の教員免許状に加えて，特別支援学校の教員免許状を取得することが原則となっている。従来，盲学校・聾学校・養護学校毎に分けられていた教員免許状は特別支援学校の教員免許状に一本化され，様々な障害についての基礎的な知識・理解と特定の障害についての専門性を確保することが求められる。

図151 食品表示の分類

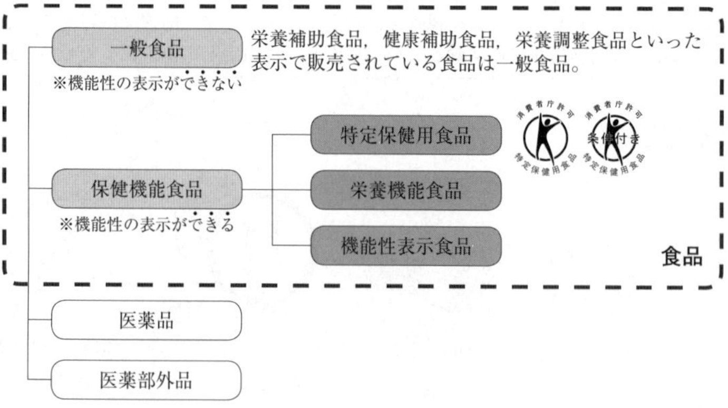

特別支援学校 p.376

特別支援教育コーディネーター

とくべつしえんきょういくこーでぃねーたー

主に個別の教育支援計画の策定に関する企画調整の中心的役割を担い，また地域におけるセンター的機能の推進や調整を行う者。2003（平成15）年３月に出された文部科学省調査研究協力者会議「今後の特別支援教育の在り方について（最終報告）」による提言の中で，地域の実情に応じて教育的な支援を柔軟に実施することのできる「特別支援学校」において，関係機関のネットワーク化や連絡調整にあたるキーパーソンとして特別支援教育コーディネーターを位置づけ，関係機関との連携協力の体制整備を図ることが重要との考え方を示した。

特別児童扶養手当 表59

とくべつじどうふようてあて

特別児童扶養手当等の支給に関する法律に基づき，精神または身体に障害があるため，日常生活において常時の介護を必要とする20歳未満の障害児の父母または父母以外の養育者に対して支給される。なお，障害児が日本国内に住所を有しないときは支給されない。また，児童の父母または父母以外の養育者が日本に住所を有しない場合も同様に支給されない。

自立支援給付 p.270，特別障害者手当 p.378

図152　特別支援教育の対象の概念（義務教育段階）

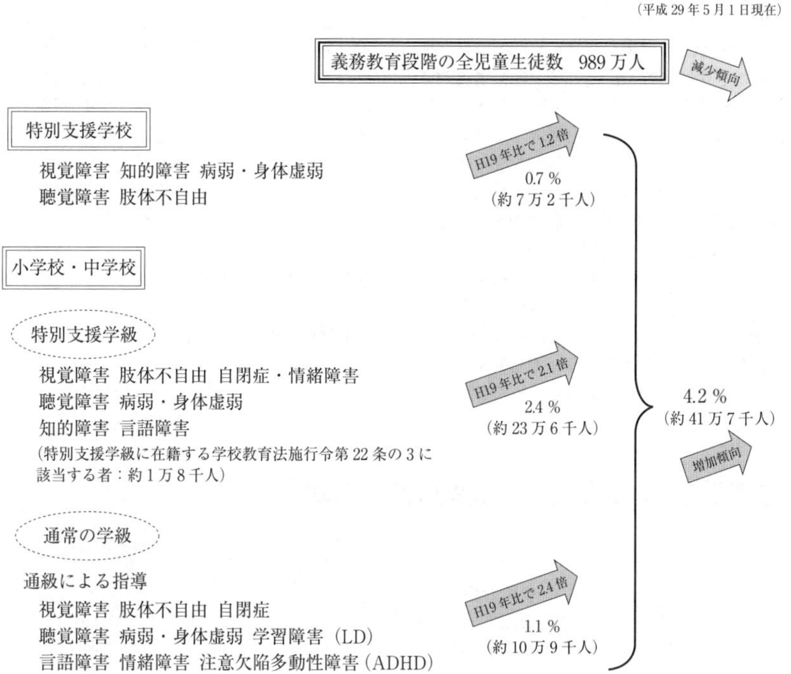

発達障害（LD・ADHD・高機能自閉症等）の可能性のある児童生徒：6.5% 程度*の在籍率
※この数値は，平成24年に文部科学省が行った調査において，学級担任を含む複数の教員により判断された回答に基づくものであり，医師の診断によるものでない。

（通常の学級に在籍する学校教育法施行令第22条の3に該当する者：約2,000人（うち通級：約250人））

資料：文部科学省
　　　内閣府「障害者白書」（令和元年版）

特別障害給付金

とくべつしょうがいきゅうふきん

国民年金に任意加入していなかったことにより，障害基礎年金等を受給していない障害者について，国民年金制度の発展過程において生じた特別な事情に対する福祉的措置。特定障害者に対する特別障害給付金の支給に関する法律に基づいて，2005（平成17）年4月に設けられた。支給対象となるのは，①平成3年3月以前に国民年金任意加入対象であった学生，②昭和61年3月以前に国民年金任意加入対象であった被用者等の配偶者であって，当時，任意加入していなかった期間内に初診日があり，現在，障害基礎年金の1級，2級相当の障害の状態にある者である。障害基礎年金や障害厚生年金，障害共済年金などを受給することができる場合は対象にならない。

特別障害者控除

とくべつしょうがいしゃこうじょ

特別障害者である親族を扶養している場合，所得税の控除を受けられる。高齢者・障害者に対する税制上の優遇措置の一つで，入院・入所には関係ない。特別障害者に該当する者は，①常に精神上の障害により事理を弁識する能力を欠く状態にある人，②重度の知的障害者と判定された人，③精神障害者保健福祉手帳の交付を受けている人で，障害等級が1級と記載されている人，④身体障害者手帳の交付を受けた人で，1級または2級の記載のある人，⑤精神または身体に障害のある年齢が満65歳以上の人で，その障害の程度が①，②または④に準ずるものとして町村長や福祉事務所長の認定を受けている人で，特別障害に準ずるものとして認定を受けている人，⑥戦傷病者特別援護法の規定による戦傷病者手帳の交付を受けている人で，障害の程度が恩給法に定める特別項症から第3項症までの人，⑦原子爆弾被爆者に対する援護に関する法律の規定によって厚生労働大臣の認定を受けている人，⑧その年の12月31日において引き続き6か月以上にわたって身体の障害により寝たきりの状態で，複雑な介護を必要とする人である。障害者の場合は，27万円が所得から控除されるが，特別障害者に該当する場合，40万円が所得から控除される。さらに，納税者等と同居している場合は，控除額が75万円となる。

✎障害者控除 p.238

特別障害者手当

とくべつしょうがいしゃてあて

特別児童扶養手当等の支給に関する法律に基づき，在宅の重度障害者に対し，その重度の障害により生じる特別の負担を軽減する一助として支給される。支給対象者は，精神または身体に著しく重度の障害を有するために，日常生活において常時特別の介護を必要とするような状態にある在宅の20歳以上の者である。ここでいう著しく重度の障害とは，身体障害者手帳1・2級，療育手帳A・B1程度の障害の重複またはこれらと同程度の疾病である。

✎特別児童扶養手当 p.377

特別養護老人ホーム

とくべつようごろうじんほーむ

老人福祉法第20条の5に規定される老人福

表59　障害の程度別にみた特別児童扶養手当支給対象児童数の推移

（単位　人）　　各年度末現在

	受給者数	受給対象障害児数		
		総　数	1　級	2　級
昭和60年度（'85）	120,429	124,861	80,223	44,638
平成 2（'90）	125,314	128,131	80,089	48,042
12（'00）	141,400	145,159	87,190	57,969
17（'05）	163,670	168,819	97,032	71,787
22（'10）	190,162	198,240	101,204	97,036
27（'15）	224,793	228,293	99,932	138,361
令和 2*（'20）	251,445	273,365	…	…

資料：厚生労働省「福祉行政報告例」
注　1）＊概数である。
　　2）平成22年度は東日本大震災の影響により，福島県を除いて集計した数値である。

祉施設の一つ。65歳以上で，身体上または精神上著しい障害があるために常時の介護を必要とし，かつ，居宅においてこれを受けることが困難な者の養護を行う施設。介護保険制度導入後は，介護保険法上の指定も受けて「介護老人福祉施設」の名称もあわせもつ。略して「特養」や「特養ホーム」と呼ばれることがある。原則，要介護3以上の者のみが（2015（平成27）年度の新規入所から），介護保険に基づく契約により入所するが，認知症や高齢者虐待などに由来するやむを得ない事由から，契約による入所が著しく困難な場合，措置によって入所することもある。寝たきりや認知症の入所者の割合が多い。従来は，多床室・集団的ケアの施設が主流だったが，近年では，個室・ユニットケア（10室を生活単位として，共有の台所，食堂，居間などを備え，少人数のケアを行う）の施設が増えつつある。社会福祉法における第一種社会福祉事業に属する施設とされている。

✎ユニットケア p.486，養護老人ホーム p.490，老人福祉施設 p.512

特例介護予防サービス費

とくれいかいごよぼうさーびすひ

居宅介護サービス計画費や，介護予防サービス計画費の条件を満たしていない場合にも，市区町村が必要と認めれば，特例介護予防サービス費として，償還払いで支給される制度。特例の場合でも，要支援者の自己負担はない。緊急等のやむを得ない理由で，被保険者証を掲示せず指定介護予防支援を受けた場合や基準該当介護予防支援を受けた場合，離島などで指定介護予防支援や基準該当介護予防支援に相当する介護予防支援を受けた場合が該当する。

特例居宅介護サービス計画費

とくれいきょたくかいごさーびすけいかくひ

居宅介護サービス計画費の支給条件を満たさない場合に，一定の条件の下に市町村が必要と認めて支給する介護給付（介護47条，介護保険法施行令20条）。一定の条件とは，①基準該当居宅介護支援を受けた場合，②離島などのサービスの確保が困難な一定の地域で指定居宅介護支援及び基準該当居宅支援以外の居宅介護支援を受けた場合，③緊急などのやむを得ない事情で被保険者証を提示しないで指定居宅介護支援を受けた場合である。支給額は居宅介護サービス計画費の基準額を基準として，市町村が定める。

特例居宅介護サービス費

とくれいきょたくかいごさーびすひ

居宅介護サービス費の支給条件を満たさない場合に，一定の条件の下に市町村が必要と認めて支給する介護給付（介護42条）。一定の条件とは，①要介護認定の申請前に緊急などやむを得ない理由で指定居宅サービスを受けた場合，②基準該当居宅サービスを受けたとき，③離島などのサービスの確保が困難な一定の地域で指定居宅サービス及び基準該当居宅サービス以外の居宅サービス又はこれに相当するサービスを受けた場合，④緊急などのやむを得ない事情で，ア）被保険者証を提示しないで指定居宅サービスを受けた場合，イ）要介護認定の申請前に②③のサービスを受けた場合である。支給額は居宅介護サービス費の基準額の9割または7～8割（一定以上の所得者の場合）相当額を基準として，市町村が定める。

✎基準該当居宅サービス p.94

特例施設介護サービス費

とくれいしせつかいごさーびすひ

施設介護サービス費の支給条件を満たさない場合に，一定の条件の下に市町村が必要と認めて支給する介護給付（介護49条）。一定の条件とは，要介護者が緊急等やむを得ない理由で，①要介護認定の申請前施設サービスを受けたとき，②被保険者証を提示しないでサービスを受けたとき。支給は償還払いで行われ，支給額は施設介護サービス費の額を基準として市町村が定める。

特例地域密着型介護サービス費

とくれいちいきみっちゃくがたかいごさーびすひ

介護保険制度で，要介護認定の効力が生じた日前に緊急等やむを得ない理由で指定施設サービス等を受けた場合，離島などの地域にて指定地域密着型サービス以外の地域密着型サービスまたはこれに相当するサービスを受けた場合などで，市町村が必要と認めるときに支給される介護給付をいう。

読　話

どくわ

聴覚障害者が話し手の口唇の動きや形から話の内容を理解する方法。話し手は明るいところで正面から口をはっきりあけて自然な速度で話す。

吐　血

とけつ

hematemesis

消化管からの出血が口からみられること。急性胃粘膜病変，胃・十二指腸潰瘍，食道がん，胃がん，マロリー・ワイス症候群（嘔吐などに際して食道粘膜が傷害され出血を生じる）などが原因となる。肺・気道からの出血が口からみられる場合は喀血という。

ドコサヘキサエン酸

docosahexaenoic acid

▶DHA p.360

床ずれ

とこずれ

▶褥瘡 p.262

都市化

としか

都市化は二つの側面からとらえられる。一つは人口統計学からみた都市化で，他地域からの流入で人口が増加し，人口密度が高まることである。日本では，高度経済成長期（1955～1973（昭和30～48）年）に地方から関東・名古屋・関西といった三大都市圏に労働力人口が流入し，都市化が進んだ。その後も都市部への人口集中，過密化の傾向は続いている。2020（令和2）年の国勢調査によると，市部に居住している人の割合は91.8%にものぼり，郡部の8.2%に比べ圧倒的に市部の方が多い。また，人口集中地区（DID；densely inhabited district）に居住している人の割合は全体の約70%にも及ぶ。

もう一つは，都市に特徴的な生活様式や社会関係に注目し，それらが浸透していく過程を都市化ととらえるものである。都市の生活様式の特徴は，地域の課題を住民同士が共同で解決するのではなく，住民に代わって専門家・専門機関が処理していく点にある。また，都市の社会関係の特徴としては，ルイス・ワース（Wirth,L.：1897～1952）が指摘しているように，親族や近隣といった第一次集団のつながりが衰退することによって体面的で親密なかかわり（第一次的接触）が衰退・欠如し，それに代わって表面的なかかわり（第二次的接触）が優位になる点が挙げられる。日本では高度経済成長期以降，都市部だけではなく，農村部でも兼業化や離農が進み，農業以外の職業に従事する人が増加した。そのため，都市的な生活様式や社会関係が農村部においても浸透し，社会の隅々まで広がった。

閉じこもり

とじこもり

一日の大半を居宅内で過ごし，日常生活範囲が極端に狭まってしまった状態。高齢者の場合は，心身機能の低下や精神活動の低下を招き，社会とのつながりがなくなったり，認知症の要因ともなる。閉じこもりの原因としては，筋力低下に伴う歩行困難や生活意欲の減退，依存心の増大，周囲のかかわりの減少，居宅や周辺の物理的障壁などがある。また，「介護のやりすぎ」も原因の一つに挙げられる。高齢者が主体性をもって生活できるような環境が必要である。閉じこもり防止は，介護予防の観点からも重要な課題である。

徒手筋力テスト

としゅきんりょくてすと

MMT；Manual Muscle Testing

身体の部位別に筋力の評価を行う方法。簡便な方法であり，しばしば用いられる。テストの結果を正常からゼロまでの6段階で表示する。

5：強い抵抗にうち勝って関節を動かすことができる。4：ある程度の抵抗までならそれにうち勝って関節を動かすことができる。3：抵抗がなければ重力に逆らって関節を動かすことができる。2：重力に逆らって関節を動かすことができない。1：筋肉は収縮するが関節運動はみられない。0：筋肉の収縮がみられない。

閉じられた質問

とじられたしつもん

クローズド・クエスチョン（closed question）とも呼ばれる。「はい」「いいえ」あるいは「AかBか」など，択一で，回答範囲を限定した質問の仕方をいう。ラポールが形成されていないインテークの開始時や相手の意見や考えを明確にしたい場合などに有効である。

✎開かれた質問 p.434，ラポール p.496

突発性難聴

とっぱつせいなんちょう

sudden deafness

高度な感音性難聴（内耳性難聴）で，多くは一側性に突発的に起こる。原因は不明で，耳鳴り，耳閉塞感，めまい，吐き気，嘔吐などを伴う。聴力の改善・悪化の反復はなく，あればメニエール病などが疑われる。ステロイド剤やビタミン剤などで治療され，多くは発症後2週間以内に回復するが，難聴が治らない例もある。

都道府県介護保険事業支援計画

とどうふけんかいごほけんじぎょうしえんけいかく

介護保険法第 118 条に規定されている，介護保険給付の円滑な実施支援のため，国が定める基本指針に即し，3 年を一期として策定される計画のこと。都道府県が定める区域ごとの介護保険施設や介護専用型有料老人ホーム，小規模特別養護老人ホーム等の種類別の入所定員総数やその他のサービスの量の見込み，介護保険施設などの生活環境改善事業に関する事項，介護サービスの情報開示，介護支援専門員や地域支援事業従事者の確保や資質向上に関する事項，介護保険施設相互の連携確保などの事業を定めることになっている。また，老人福祉法第 20 条の 9 第 1 項に規定される都道府県老人福祉計画と一体のものとして作成されなければならないとされている。

✎介護保険事業（支援）計画 p.60，市町村介護保険事業計画 p.194

都道府県社会福祉協議会

とどうふけんしゃかいふくしきょうぎかい

▶社会福祉協議会 p.213

都道府県障害者計画

とどうふけんしょうがいしゃけいかく

障害者基本法（1993〔平成 5〕年）に基づく，都道府県における障害者のための施策に関する基本的な計画。当初，この計画の立案は都道府県の努力義務であったが，2004（平成 16）年に障害者基本法が改正され，その改正法の公布日から都道府県に対し，障害者計画の策定を義務づけた。障害者基本法第 11 条第 2 項に規定され，この条文によると，都道府県は，国が立案する障害者基本計画を基本に，当該都道府県における障害者の状況を踏まえて，障害者計画を策定しなければならない。法律には，都道府県障害者計画における規定すべき事項と計画期間に関する規定がない。計画策定にあたっては，都道府県に置かれた障害者関係施策推進に関する審議会や，その他合議制の機関に意見を聴くことになっている（同法第 11 条第 5 項）。

都道府県相談支援体制整備事業

とどうふけんそうだんしえんたいせいせいびじぎょう

都道府県地域生活支援事業の一つ。必須事業である広域的な支援事業に含まれる。都道府県に，相談支援に関する広域的支援を行うアドバイザーを配置し，地域のネットワークの構築に向けた指導，調整，対応困難な事例にかかわる助言，専門的支援システムの立ち上げ援助などを行う。

都道府県地域生活支援事業

とどうふけんちいきせいかつしえんじぎょう

障害者が自立した日常生活または社会生活を営むことができるよう，地域の環境や障害者の人数，障害程度など利用者の状況に応じて，市町村が必要な支援を委託契約や広域連合等を活用したり，突発的なニーズや個別給付では対応できない複数の利用者に対して臨機応変に柔軟に行う事業。必須事業と任意事業に分かれており，必須事業は，①専門性の高い相談支援事業，②専門性の高い意思疎通支援を行う者の養成研修事業，③専門性の高い意思疎通支援を行う者の派遣事業，④意思疎通支援を行う者の派遣に係る市町村相互間の連絡調整事業，⑤広域的な支援事業である。任意事業には日常生活支援，社会参加支援，権利擁護支援，就業・就労支援，重度障害者に係る市町村特別支援などがある。

✎都道府県相談支援体制整備事業 p.381

都道府県地域福祉支援計画

とどうふけんちいきふくししえんけいかく

社会福祉法第 108 条に規定されている法定計画。市町村地域福祉計画の達成に資するために，①地域における高齢者の福祉，障害者の福祉，児童の福祉その他の福祉に関し，共通して取り組むべき事項，②市町村の地域福祉の推進を支援するための基本的方針に関する事項，③社会福祉を目的とする事業に従事する者の確保または資質の向上に関する事項，④福祉サービスの適切な利用の推進及び社会福祉を目的とする事業の健全な発達のための基盤整備に関する事項，⑤市町村による地域生活課題の解決に資する支援が包括的に提供される体制の整備の実施の支援に関する事項，を一体的に定めるもの。

✎市町村地域福祉計画 p.195

都道府県老人福祉計画

とどうふけんろうじんふくしけいかく

老人福祉法第 20 条の 9 に基づき，地方自治体に策定が義務づけられており，都道府県が策定する法定計画。当該区域における養護老人ホームおよび特別養護老人ホームの必要入所定員総数その他老人福祉事業の量の目標や，老人福祉施設の整備および老人福祉施設相互間の連携のための措置に関する事項，老人福祉事業従事者の確保または資質向上のための措置に関する事項などを定めるものとされている。策定の際には，都道府県介護保険事業支援計画（介護 118 条 1 項）と一体のものとして作成され，また，都道府県地域福祉支援計画（社福 108 条）等の老人福祉に関する事項を定めるものと調和が保たれたものでなければならない旨が示されている。

✎都道府県介護保険事業支援計画 p.381，都道府県地域福祉支援計画 p.381

留岡幸助

とめおかこうすけ：1864 ～ 1934

岡山県に生まれる。感化教育事業，監獄改良事業の開拓者。1891（明治 24）年に北海道空知監獄の教誨師となり，その経験から少年教護のための感化教育事業を目指す。1899（明治 32）年，東京巣鴨に家庭学校を設立。1914（大正 3）年には，北海道に社名淵分校と農場を開いた。家庭学校では，自然の中で「不良行為少年」を教育することを重視し，彼らの感化を意図した教育実践を行った。二宮尊徳（にのみやそんとく：1787 ～ 1856）の報徳思想に関心を示し，尊徳研究を続けた。『慈善問題』（1898），『自然と児童の教養』（1924）など多数の著書を著した。

留置式調査

とめおきしきちょうさ

▶配票調査法 p.414

ドメスティック・バイオレンス

DV；domestic violence

家庭内暴力を指す。配偶者や内縁関係者，あるいは恋人や元交際相手などから受ける暴力のこと。身体的暴力だけでなく，精神的・性的・社会的暴力などもある。パートナーからの女性への暴力は内輪もめであり，夫婦げんかに過ぎないなどの社会通念が根強く存在してきたことも否定できない。DV からの避難が困難な理由として，恐怖感，無力感，愛情や期待，経済的問題，子育て，世間体などがあるといわれる。現在，配偶者からの暴力の防止及び被害者の保護等に関する法律（DV 防止法）を中心に被害者の保護や支援が行われている。

✎配偶者からの暴力の防止及び被害者の保護等に関する法律 p.412

ドライクリーニング

dry cleaning

有機溶剤を使用して，素材を傷めないようにするクリーニング方法。ドライクリーニングに使用する有機溶剤の種類は，塩素系溶剤，石油系溶剤，フッ素系溶剤，シリコン系溶剤などがあり，汚れの用途によって使い分ける。取扱表示などでドライクリーニングに適した素材であることを確認した上で，必ず専門店に依頼する。

✎取扱表示（洗濯表示）p.382

ドライシャンプー

dry shampoo

ドライシャンプーには，スプレー，泡，粉末などのタイプがある。一般的な洗髪ができない場合に行う。通常の洗髪に比べ，湯を使用しないので手軽で短時間にいつでもどこでもできる。

【使用の一例】

①頭髪全体を蒸しタオルで蒸し，マッサージしてブラッシングを行う。②ドライシャンプーを手にとり頭髪や頭皮につける。③頭皮は指の腹を使ってすり込むようにマッサージを行う。④蒸しタオルで頭髪や頭皮をていねいに拭き，洗剤分を除去する。⑤その後，乾いたタオルで頭髪全体を拭く。

トランスファーボード

▶スライディングボード p.296

トリアージ

triage

大規模災害などで，医療のニーズと供給に大きな不均衡を生じた際には，最大限の効果を得るために患者の重症度に応じて医療を受ける優先順位を設定する必要がある。triage はフランス語で「選別」を意味し，患者の優先順位の設定をいう。通常は，次のように「黒（カテゴリー 0）：死亡」，「赤（カテゴリーⅠ）：生命にかかわる重篤な状態」，「黄（カテゴリーⅡ）：生命にかかわる重篤な状態ではないが，早期に処置が必要なもの」，「緑（カテゴリーⅢ）：軽症なもの」の 4 つに区分し，それぞれの色のついたトリアージ・タグを患者につける。救急搬送は，Ⅰ→Ⅱ→Ⅲ→0 の順に行う。

取扱表示（洗濯表示） 図153

とりあつかいひょうじ（せんたくひょうじ）

家庭用品品質表示法に基づく繊維製品品質表示規定により，洗濯表示に関する記号を示したもの。衣服に縫いつけられているラベルや，衣服にプリントされた状態で表示されている。表示は5つの基本記号（家庭洗濯，漂白，乾燥，アイロン仕上げ，商業クリーニング）と幾つかの付加記号（洗濯作用（機械力）の強さ，アイロンや乾燥の温度），家庭洗濯での洗濯液の上限温度を表す数字，禁止を表す記号などの組み合わせで構成される。輸入品との取扱いの表示間誤認を避けるために，2014（平成26）年度より国際規格に合わせた国際標準化機構（ISO）による絵表示に変更された。また，日本国内では2016（平成28）年12月1日から規定が改正され，新しいJISL0001に規定する記号に変更された。

✎家庭用品品質表示法 p.76

トリプシン

trypsin

膵液に含まれるたんぱく質の消化酵素。食物として摂取されたたんぱく質は，胃内で胃液中の酵素であるペプシンにより初めて分解され，ペプトン（ペプチドの混合物）やポリペプチドとなり，小腸腔内で膵液中の酵素であるトリプシン，キモトリプシンによってトリペプチド，ジペプチドなどのオリゴペプチドまで分解（管腔内消化）される。これらのペプチドは腸管粘膜細胞にある酵素アミノペプチターゼ等によってアミノ酸にまで分解（膜消化）されて吸収され，門脈を経て肝臓に送られる。

ペプチドとはアミノ酸の結合した化合物である。構成するアミノ酸の数により，少数のものをオリゴペプチドと呼び，2個のものはジペプチド，3個のものをトリペプチドと呼ぶ。多数のアミノ酸よりなるものはポリペプチドと呼ぶ。たんぱく質は巨大なポリペプチドである。

トルクの原理

とるくのげんり

トルクとは，物を回転させる力のこと。これを応用したのがトルクの原理で，ボディメカニクスの基本原理の一つである。物体を回転させる時，回転に必要な力は回転軸からの距離に反比例し，力を入れる場所が回転軸から離れているほど少ない力で回転させることができることをいう。体位変換等，寝返りには体の回転が必要になるが，この時の回転軸にかかる力の大きさを「トルク」と呼ぶ。まっすぐ寝ている時の肩や骨盤よりも，膝を立てた方が背骨から距離が離れるため，小さな力で回転（体位変換）することができ，最小限の

図153　新洗濯表示記号（41種類）

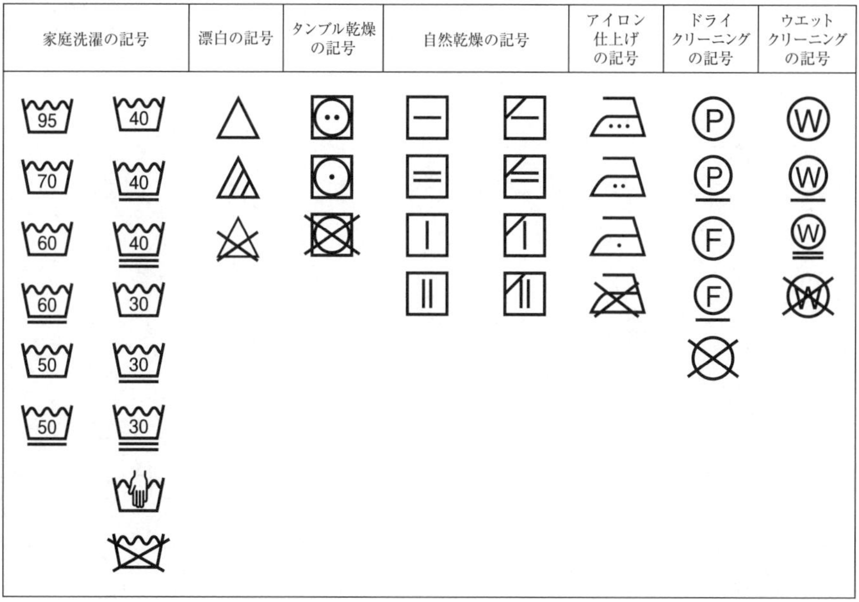

力で動かすことができるため要介護者と介護者双方に負担が少なくなる。

ボディメカニクス p.468

とろみ剤

とろみざい

▶増粘剤 p.320

度忘れ

どわすれ

胴忘れともいう。記銘障害とは異なり，記憶そのものは障害されていなくても，緊張のしすぎなどで思い出しにくくなっている状態。検索困難である。

な

ナーシングホーム

nursing home

アメリカ，イギリス，オランダなどの欧米諸国における医療と福祉が統合された施設で，要介護者を対象としているもの。高齢者や障害者に対して，生活上の介護や機能訓練，看護など医療・福祉関連のサービスが提供されている。特にアメリカで発達したシステムであるが，運営主体や財源，設備などの制度形態は各国で異なっている。日本では，特別養護老人ホームや介護老人保健施設などに相当する施設である。

内因性精神障害

ないいんせいせいしんしょうがい

endogenous mental disorder

精神障害を原因別に，内因性・外因性・心因性と大きく３つに分類した場合の一つ。遺伝的素因が発症に関与していると思われる精神障害のこと。統合失調症，双極性障害，非定型精神病などが含まれる。ただし，この分類方法は古典的なものである。

✎外因性精神障害 p.53，心因性精神障害 p.274，資料⑦⑧ p.533

内臓脂肪症候群

ないぞうしぼうしょうこうぐん

▶メタボリックシンドローム p.478

内服薬

ないふくやく

経口的に摂取する薬剤の総称。形態には，散剤，錠剤，顆粒剤，カプセル剤，シロップ剤，トローチ剤，舌下剤，チュアブル剤などがある。服薬時間には，食前（食事の 20 ～ 30 分前）・食後（食事の後 30 分以内）・食間（食事の２時間後）・就寝前（就寝の 30 分程度前）・頓服（発作時や症状のひどい時など必要に応じて）などがある。

内部障害

ないぶしょうがい

内臓器官の機能や免疫機能が障害を受け，日常生活が著しく制限されること。身体障害者福祉法施行規則別表第５号により，心臓，じん臓，呼吸器，ぼうこう，直腸，小腸，ヒト免疫不全ウイルスによる免疫，肝臓の機能障害を内部障害としている。ある程度の日常生活をこなしているので，外見も含めて何ら問題がないように見える。しかし，疲れやすい，体調を崩しやすい，定期的な通院が必要，といった“外見からは分からない”状態ゆえに原因や理由が理解されず「やる気がない」「サボる」などの誤解を受けてしまうこともある。内臓自体は一つだけの機能ではなく，互いに補いながら機能するため援助者はその知識と理解が求められる。また，内部障害は，医療の対象ととらえられがちで，生活障害として十分にとらえられていない状況にある。福祉関係者も，支援のための適切な情報や技術をもっていないことも多い。保健，医療，福祉などの連携に基づくサービス提供体制の整備が必要となる。

ナイロン

nylon

化学繊維のうち，合成繊維に属する。ナイロンは伸張強度・防シワ性が高く，防カビ性・防虫性にも優れており，繊維の中で最も強度が高く軽量である。ただし吸水性・吸湿性は低いので静電気は起こりやすい。家庭洗濯に適している繊維であるが，混紡製品の場合は取り扱い絵表示に従う必要がある。用途として女性用のストッキング，靴下，ランジェリーやスポーツウェアの衣類などに用いられている。

✎化学繊維 p.70，合成繊維 p.140

ナショナル・ミニマム

national minimum

国家がすべての国民に保障するべき最低限の生存・生活水準のこと。イギリスのウェッブ夫妻によって提唱された概念。一般に，社会保障などの公共的な政策を通じて，国家が国民に保障する最低限度の生活水準として実現される。日本国憲法第 25 条第１項「すべて国民は，健康で文化的な最低限度の生活を営む権利を有する」という規定もナショナル・ミニマムを規範的に示している。

✎ウェッブ夫妻 p.33

ナトリウム

sodium（英）/Natrium（独）

食塩（NaCl）の構成元素である。原子量 23 の元素で，元素記号は Na である。ソーダともいわれる。生物の体内ではナトリウムイオンとして存在し，細胞外液（血漿や組織液）に多い。食塩の過剰摂取は細胞外液を増加させ，浮腫や高血圧の原因となる。逆にナトリウムの低下は食欲不振，嘔吐，意識障害などを起こす。
✎食塩摂取量 p.259

生江孝之
なまえたかゆき：1867 ～ 1957

宮城県に士族の子として生まれる。1899（明治 32）年，青山学院神学部を卒業。1900（明治 33）年，アメリカに留学し，ディバイン（Devine, E.：1867 ～ 1948）などに師事，帰国後は内務省に入省，救済事業に携わる。東京基督教青年会理事，東京府社会事業協会理事を経て，日本女子大学校教授となり，アメリカ社会事業の思想・理論に基づく社会事業の講義を行う。その他の大学でも社会事業の教鞭をとり，社会事業従事者の専門教育に尽力し，後進を育成したことから「日本社会事業の父」ともいわれている。主著に『社会事業綱要』（1923），『日本基督教社会事業史』（1931）がある。
✎『社会事業綱要』p.210

なみ縫い
なみぬい
▶手縫いの方法 p.363

難消化性成分
なんしょうかせいせいぶん
▶食物繊維 p.267

難治性疾患克服研究事業
なんちせいしっかんこくふくけんきゅうじぎょう

①患者数はおおむね 5 万人未満，②原因または発症のメカニズムが未解明，③効果的な治療法未確立，④生活面への長期にわたる支障，これらの要素から選定された特定の疾患について，医学的な調査研究を目的とし，研究班を設置して原因の究明，治療方法の確立に向けた研究を行うもの。特定疾患治療研究事業と共に日本における難病対策を担ってきた事業である。
✎特定疾患治療研究事業 p.373，難病 p.386

難　聴
なんちょう
hearing disorder

聴覚系の機能低下，すなわち聴力の低下を意味する。「伝音性」「感音性」「混合性」「機能性」などに分けられる。高齢者では，聴覚神経，鼓膜，中耳の加齢性変化による感音性難聴が特徴的である。高音域が聞きとりにくくなり，ほとんどが不可逆性である。身体障害者福祉法に基づく身体障害程度等級表では 70dB 以上の人を聴覚障害者と規定している。
✎感音性難聴 p.81，聴覚障害 p.353，伝音性難聴 p.364，資料㉙ p.542

難聴幼児通園施設
なんちょうようじつうえんしせつ

児童福祉法に規定されていた児童福祉施設である盲ろうあ児施設の一種で，2012（平成 24）年の児童福祉法改正により，福祉型児童発達支援センターへと移行した（最低基準 62 ～ 67 条）。強度の難聴がある幼児を保護者の下から通わせ，残存能力の開発，言語障害の除去などに必要な指導訓練を行う施設。
✎盲ろうあ児施設 p.481，ろうあ児施設 p.509

難燃・防炎加工
なんねんぼうえんかこう

布地の延焼を防ぐために，燃えにくく，燃え広がりを抑えるような加工。繊維を紡糸前に加工する方法と，織り上がった布地に加工する方法の 2 種類がある。火災の広がりを抑え被害を減少させるために，高層建築物などでは消防法により，カーテンなどに難燃・防炎加工をすることが定められている。

難　病
なんびょう

1972（昭和 47）年の厚生省（現・厚生労働省）による「難病対策要綱」においては，難病として取り上げるべき疾病の範囲を，①原因不明，治療法未確立であり，かつ，後遺症を残すおそれが少なくない疾病，②経過が慢性にわたり，単に経済的な問題のみならず，介護等に著しく人手を要するために家庭の負担が重く，また精神的にも負担の大きい疾病，としている。これらの疾病に対して，調査研究の推進，医療施設等の整備，医療費自己負担の軽減，地域における保健医療福祉の充実・連携，福祉施策の推進などが進められている。現在，難治性疾患政策研究事業，難治性疾患実用化研究事業が推進されている。
✎特定疾患治療研究事業 p.373，難治性疾患克服研究事業 p.386，難病の患者に対する医療等に関する法律 p.387

難病患者等居宅生活支援事業
なんびょうかんじゃとうきょたくせいかつしえんじぎょう

患者の QOL の向上のために，療養生活支援を目的とした事業で①難病患者等ホームヘルプサービス事業，②難病患者等短期入所（ショートステイ）事業，③難病患者等日常生活用具給付事業などが行われた。2013（平成25）年４月より障害者総合支援法の対象に難病患者が加わり，同事業は障害者総合支援法へ統合された。

✎障害者の日常生活及び社会生活を総合的に支援するための法律 p.244

難病相談・支援センター

なんびょうそうだんしえんせんたー

地域における難病患者等の支援対策推進を目的として，すべての都道府県に整備されている。地域で生活する難病患者・家族などの日常生活における相談支援，各種公的手続などの相談支援，地域支援活動の促進と就労支援などを行う拠点施設である。

難病対策

なんびょうたいさく

1972（昭和47）年10月に「難病対策要綱」が定められて以来，難病として行政対象とする疾病の範囲は，①原因不明，治療法未確定であり，かつ，後遺症を残すおそれが少なくない疾病，②経過が慢性にわたり，単に経済的な問題のみならず，介護等に著しく人手を要するために家庭の負担が重く，また精神的にも負担の大きい疾病，とされた。現在の具体的な難病対策事業は，すなわち，調査研究の推進，医療設備等の整備，医療費の自己負担の軽減，地域における保健医療福祉の充実・連携，QOLの向上を目指した福祉施策の推進，である。これらを柱に，厚生労働省において，難治性疾患政策研究事業，難治性疾患実用化研究事業，特定疾患治療研究事業，小児慢性特定疾患研究事業，自立支援医療のうち更生医療，育成医療など，各種の施策が推進されている。

✎小児慢性特定疾患対策 p.252，特定疾患治療研究事業 p.373，難治性疾患克服研究事業 p.386

難病の患者に対する医療等に関する法律

なんびょうのかんじゃにたいするいりょうとうにかんするほうりつ

平成26年制定，法律第50号。略称は難病法。難病に関する医療，その他難病に関する施策の総合的な推進のための基本方針を策定したものである。2015（平成27）年１月から施行され，新たな公平かつ安定的な医療費助成制度が確立された。都道府県知事は，申請に基づいて対象難病患者に医療費を支給することになっている。対象疾患は338疾患と増加した。その他，難病の医療に関する調査および研究の推進，療養生活環境整備事業の実施などについても定められている。

に

ニーズ

needs

ニーズ（ニード）は，通常，欲求や要求を意味するが，様々な解釈や分類の仕方がある。ノーマン・ジョンソン（Johnson, Norman）はニーズについて，客観的に測定することが難しく，時代背景や国の文化に対応して変化する相対的概念であり，社会的に決定されるものであるとしている。社会福祉の分野では，社会生活を営む上で必要とされるものを指す。また，ニーズはその性質によって分類することができる。ジョナサン・ブラッドショー（Bradshaw, Jonathan）は，ニーズを①規範的ニード（normative need），②感得されたニード（felt need），③表明されたニード（expressed need），④比較によるニード（comparative need）の４つに類型化している。岡村重夫は，「社会生活の基本的欲求」を①経済的安定，②職業的安定，③家族的安定，④保健・医療の保障，⑤教育の保障，⑥社会参加ないし社会的協同の機会，⑦文化・娯楽の機会の７つに分類している。

✎岡村重夫 p.50

ニィリエ 表60

Nirje, Bengt：1924 ～ 2006

ニルス・E・バンク-ミケルセン，ヴォルフ・ヴォルフェンスベルガーとならび，ノーマライゼーションの代表的な論者の一人。ストックホルム大学やエール大学で学んだ後，国連の難民救済組織を経て，カナダやスウェーデンの知的障害者福祉行政や研究に携わる。生活におけるリズムや

表60　ニィリエが示すノーマライゼーションの８つの原則

①	一日のノーマルなリズム
②	一週間のノーマルなリズム
③	一年間のノーマルなリズム
④	ライフサイクルにおけるノーマルな経験
⑤	ノーマルなニーズの尊重
⑥	異性との生活
⑦	ノーマルな経済水準
⑧	ノーマルな環境基準

経験といった具体的な側面に注目し，普通の状態，普通の生活について考察した。こうしたことをもとに，知的障害者が普通の生活をしていく上で必要とされる原理を８つの原理としてまとめた。

✎ヴォルフェンスベルガー p.34，ノーマライゼーション p.409，バンク－ミケルセン p.423

２型糖尿病

にがたとうにょうびょう

type 2 diabetes mellitus

主に成人してから発症し，インスリン分泌は保たれているが，食生活の変化，運動不足，過剰なストレスなどが原因で生じる。運動や食事などの生活習慣と大きく関連するものをいい，日本における糖尿病の大部分を占めている。インスリン非依存型糖尿病ともいう。

✎１型糖尿病 p.22，インスリン p.31，糖尿病 p.369

二次判定

にじはんてい

▶要介護認定 p.488

21 世紀における国民健康づくり運動

にじゅういっせいきにおけるこくみんけんこうづくりうんどう

▶健康日本 21 p.128

21 世紀福祉ビジョン

にじゅういっせいきふくしびじょん

1994（平成６）年に厚生大臣（現・厚生労働大臣）の私的諮問機関として設けられた高齢社会福祉ビジョン懇談会による提言。日本の年金・医療・福祉などの給付割合は５：４：１であるが，これを，将来５：３：２にしたいとする報告を発表した。誰もが介護を受けることができる新たな仕組みの構築が提言され，日本の介護保険制度創設に大きな影響を及ぼした。また，改革の方向性として，自助・共助・公助の重層的な地域福祉システムの構築を提言した。

✎地域福祉 p.342

24 時間リアリティ・オリエンテーション

にじゅうよじかんりありてぃおりえんてーしょん

24 時間リアリティ・オリエンテーションは生活に織り込んで行われる。ベテラン職員が無意識のうちにやっているようなことを，意図的に行うことである。例えば，食事介助の時に食材の話をしたり，季節と結びつけたりする。声かけの時に様々な情報を一言付け加えるなど。利用者に，自分が関心をもたれていることに気づかせることも大切である。利用者の自尊心を支えるのに役立つ。

✎リアリティ・オリエンテーション p.496

2025 年問題

にせんにじゅうごねんもんだい

団塊の世代が 2025 年頃までに後期高齢者（75 歳以上）に達するため，医療や介護などの社会保障費の急増が懸念される問題。重度な要介護状態となっても，住み慣れた地域で，その人らしい暮らしを最期まで続けられるよう，医療・介護・予防・住まい・生活支援が包括的に確保できるようにする「地域包括ケアシステム」を構築して解決しようとするのが国の方針である。

✎地域包括ケアシステム p.342

日常生活活動（動作）

にちじょうせいかつかつどう（どうさ）

▶ADL p.39

日常生活関連活動（動作）

にちじょうせいかつかんれんかつどう（どうさ）

▶APDL p.40

日常生活圏域

にちじょうせいかつけんいき

介護保険法第 78 条の２第６項第４号において「日常生活圏域」という用語が用いられている。この圏域は，介護保険法第 117 条（市町村介護保険事業計画）の規定に基づいたもので，市町村が介護保険事業計画策定に際して，「その住民が日常生活を営んでいる地域として，地理的条件，人口，交通事情その他の社会的条件，介護給付等対象サービスを提供するための施設の整備の状況その他の条件を総合的に勘案して定める区域」のことである。

日常生活自立支援事業

にちじょうせいかつじりつしえんじぎょう

社会福祉基礎構造改革の中で，認知症高齢者や知的障害者，精神障害者など，判断能力が不十分な人の福祉サービス利用を支援するため，福祉サービス利用援助事業の実施や普及・啓発，従事者の研修を行う事業。実施主体である都道府県または指定都市社会福祉協議会と利用者が契約を締結して行われる。2006（平成 18）年度まで国では同事業の名称として「地域福祉権利擁護事業」

を使用していた。ただし，同事業の利用対象者が判断能力が不十分の人々であるため，旧名称や新旧両名を併記し周知しているところもある。

福祉サービス利用援助事業 p.440

日常生活用具

にちじょうせいかつようぐ

▶日常生活用具給付等事業 p.389，福祉用具 p.442

日常生活用具給付等事業 図154

にちじょうせいかつようぐきゅうふとうじぎょう

障害児・者等の日常生活がより円滑に行われるための用具を給付または貸与することなどにより，福祉の増進に資することを目的とした事業。市町村が行う地域生活支援事業のうち，市町村が取り組まなければならない必須の事業として規定されている。市町村長に申請し，市町村による給付等の決定後，給付等を受ける。

３つの要件（①安全かつ容易に使用でき実用性が認められるもの，②日常生活上の困難の改善・自立支援・社会参加の促進が認められるもの，③製作・改良・開発に専門的知識や技術を要し日常生活品として一般に普及していないもの）をすべて満たしているもので，厚生労働大臣が定める次の①～⑥がある。①介護・訓練支援用具（例：特殊マット，特殊寝台），②自立生活支援用具（例：入浴補助用具，聴覚障害者用屋内信号装置），③在宅療養等支援用具（例：電気式たん吸引器，盲人用体温計），④情報・意思疎通支援用具（例：点字器，人工喉頭），⑤排泄管理支援用具（例：ストーマ装具），⑥居宅生活動作補助用具（設置に小規模な住宅改修を伴う）。具体的な対象品目は，市町村が地域の実情に応じて決定する。

資料⑤ p.532

日内変動

にちないへんどう

症状や測定値などが，１日のうちで変動すること。例えば体温は，朝は低く，午後から夕方にかけて高くなることや，うつ病の症状が朝は辛く，夕方から夜には比較的，楽になることなどが知られている。

うつ病 p.35

ニッポン一億総活躍プラン

にっぽんいちおくそうかつやくぷらん

政府が推進する「一億総活躍社会」を実現するために 2016（平成 28）年６月に閣議決定された計画のこと。一億総活躍社会とは，女性も男性も，お年寄りも若者も，一度失敗を経験した人も，障害や難病のある人も，家庭で，職場で，地域で，あらゆる場で，誰もが活躍できる，いわば全員参加型の社会である。「希望を生み出す強い経済」，「夢をつむぐ子育て支援」，「安心につながる社会保障」の「新・三本の矢」の実現を目的とし，具体的には①戦後最大の名目 GDP600 兆円，②希望出生率 1.8，③介護離職ゼロ，の３つが目標に掲げられた。

二動作歩行

にどうさほこう

▶杖歩行 p.358

図 154　日常生活上の便宜を図るための用具の例

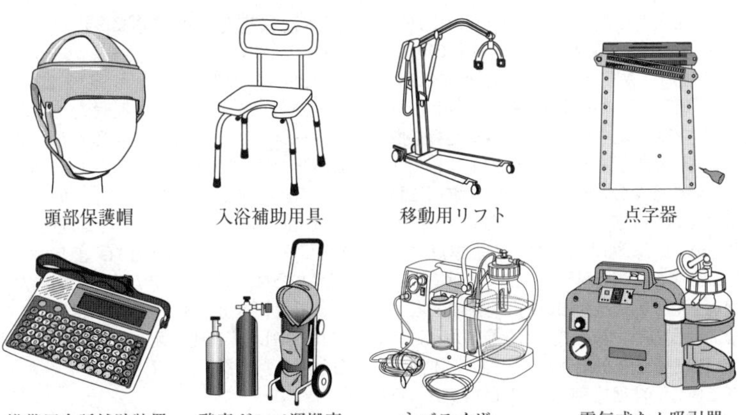

ニトログリセリン
nitroglycerin

血管を拡張させ，心筋への酸素供給量の増加，心臓の血液還流の減少，末梢血管抵抗の減少，心臓の負担の軽減をもたらす薬剤。狭心症の発作の治療に用いられる。発作の治療では，早く効果を得るために，吸収が早い舌下投与が行われる。

狭心症 p.103

日本介護福祉士会
にほんかいごふくししかい

介護福祉士の専門職団体（公益社団法人）。1994（平成6）年2月に設立された。介護福祉士の職業倫理の向上，介護に関する専門的教育および研究を通じて，その専門性を高め，介護福祉士の資質の向上と介護に関する知識，技術の普及を図り，国民の福祉の増進に寄与することを目的としている。独自の倫理綱領を定め，介護福祉士の現任研修および国家試験受験者のための対策や各種調査研究などを行っている。

日本介護福祉士会倫理綱領 表61
にほんかいごふくししかいりんりこうりょう

介護福祉の専門職に就く者が遵守すべき倫理規則を明示した綱領。公益社団法人日本介護福祉士会が1995(平成7)年11月17日に採択した。①利用者本位，自立支援，②専門的サービスの提供，③プライバシーの保護，④総合的サービスの提供と積極的な連携・協力，⑤利用者ニーズの代弁，⑥地域福祉の推進，⑦後継者の育成，を定めている。

日本型福祉社会
にほんがたふくししゃかい

大平正芳（おおひらまさよし：1910～1980）首相のもと，1979（昭和54）年8月の閣議決定で「新経済社会7ヵ年計画」が出された。その中で，「新しい日本型福祉社会の実現」が計画の基本的な考え方の中に示され，次の目標が提示された。「欧米先進国へキャッチアップした我が国経済社会の今後の方向としては，先進国に範を求め続けるのではなく，このような新しい国家社会を背景として，個人の自助努力と家庭や近隣・地域社会等の連帯を基礎としつつ，効率のよい政府が適正な公的福祉を重点的に保障するという自由経済社会のもつ創造的活力を原動力とした我が国独自の道を選択創出する，いわば日本型ともいうべき新しい福祉社会の実現を目指すものでなければならない」。これは個人の自助努力と，家庭や近隣・地域社会などの連帯を生活保障の基礎として据え，政府の公的保障を適正なものに保っていく（縮小していく）という主張であった。

日本国憲法
にほんこくけんぽう

大日本帝国憲法に代わり，1946（昭和21）年11月3日に公布，1947（昭和22）年5月3日に施行された日本における現行憲法。民定憲法として国民主権，基本的人権の尊重，平和主義を基本原理とする。統治機構においては，象徴天皇制，立法・司法・行政という国家作用の三権分立，議員内閣制，地方自治の保障，などが規定される。社会福祉においては，個人の尊重及び幸福追求（13条），表現の自由（21条），生存権・最低限度の生活（25条），勤労の権利・義務（27条），司法権（76条）が関連深い。

基本的人権 p.97，生存権 p.308

日本産業規格
にほんさんぎょうきかく

JIS p.191

日本社会福祉士会
にほんしゃかいふくししかい
Japanese Association of Certified Social Workers

1993（平成5）年に設立。1996（平成8）年4月に任意団体から社団法人，2014（平成26）年4月には公益社団法人に移行した。社会福祉士を会員とし，調査・研究，研修，実践などを行う。社会福祉士の職能団体として，全国47都道府県に支部があり，4万名を超える社会福祉士が会員となっている。

日本社会福祉士会倫理綱領
にほんしゃかいふくししかいりんりこうりょう

1995（平成7）年1月20日に公益社団法人日本社会福祉士会の倫理綱領として採択した「ソーシャルワーカーの倫理綱領」を改訂し，2005（平成17）年6月3日に開催した第10回通常総会にて採択されたものである。時代の変化に合わせ，一番新しい倫理綱領は2020（令和2）年6月に採択され，前文，原理，倫理基準からなっている。また，この倫理綱領に基づき，社会福祉士が社会福祉実践において従うべき「社会福祉士の行動規範」が，別に2021（令和3）年3月に採択されている。

日本障害者協議会

にほんしょうがいしゃきょうぎかい

1981 年の国際障害者年を前にして，障害の種別や立場の違いを乗り越え，1980（昭和55）年に国際障害者年日本推進協議会（1993（平成 5）年 4 月に日本障害者協議会（JD）と改称）が結成された。このことにより，障害者団体が協力して障害者問題に取り組むようになり，障害者福祉制度を超えて相互に理解が深まったことの意義は大きい。

日本障害者リハビリテーション協会

にほんしょうがいしゃりはびりてーしょんきょうかい

JSRPD；Japanese Society for Rehabilitation of Persons with Disabilities

1964（昭和 39）年に，財団法人日本肢体不自由者リハビリテーション協会として設立された。その目的は「国内外における障害者のリハビ

表 61　日本介護福祉士会倫理綱領（1995 年 11 月 17 日宣言）

前文

私たち介護福祉士は，介護福祉ニーズを有するすべての人々が，住み慣れた地域において安心して老いることができ，そして暮らし続けていくことのできる社会の実現を願っています。

そのため，私たち日本介護福祉士会は，一人ひとりの心豊かな暮らしを支える介護福祉の専門職として，ここに倫理綱領を定め，自らの専門的知識・技術及び倫理的自覚をもって最善の介護福祉サービスの提供に努めます。

（利用者本位，自立支援）

1．介護福祉士はすべての人々の基本的人権を擁護し，一人ひとりの住民が心豊かな暮らしと老後が送れるよう利用者本位の立場から自己決定を最大限尊重し，自立に向けた介護福祉サービスを提供していきます。

（専門的サービスの提供）

2．介護福祉士は，常に専門的知識・技術の研鑽に励むとともに，豊かな感性と的確な判断力を培い，深い洞察力をもって専門的サービスの提供に努めます。

　また，介護福祉士は，介護福祉サービスの質的向上に努め，自己の実施した介護福祉サービスについては，常に専門職としての責任を負います。

（プライバシーの保護）

3．介護福祉士は，プライバシーを保護するため，職務上知り得た個人の情報を守ります。

（総合的サービスの提供と積極的な連携，協力）

4．介護福祉士は，利用者に最適なサービスを総合的に提供していくため，福祉，医療，保健その他関連する業務に従事する者と積極的な連携を図り，協力して行動します。

（利用者ニーズの代弁）

5．介護福祉士は，暮らしを支える視点から利用者の真のニーズを受けとめ，それを代弁していくことも重要な役割であると確認したうえで，考え，行動します。

（地域福祉の推進）

6．介護福祉士は，地域において生じる介護問題を解決していくために，専門職として常に積極的な態度で住民と接し，介護問題に対する深い理解が得られるよう努めるとともに，その介護力の強化に協力していきます。

（後継者の育成）

7．介護福祉士は，すべての人々が将来にわたり安心して質の高い介護を受ける権利を享受できるよう，介護福祉士に関する教育水準の向上と後継者の育成に力を注ぎます。

資料：日本介護福祉士会ホームページ

リテーションに関する調査研究を行うとともに，国際的連携を強化し，障害者リハビリテーション事業に寄与すること」とある。啓発・普及事業としては国際シンボルマークの普及や総合リハビリテーション研究大会の開催，調査研究事業としてはWHO国際生活機能分類（ICF）の研究等がある。その他にも，国際協力・国際研修事業や障害者団体等との協力など多彩な事業が展開されている。1970（昭和45）年に「財団法人日本障害者リハビリテーション協会」に改称された。現在は公益財団法人となっている。

国際シンボルマーク p.155

日本食品標準成分表

にほんしょくひんひょうじゅんせいぶんひょう

日本で常用される食品の標準的な成分値が収載されているもの。公的に用いられている食品成分表は，文部科学省科学技術・学術審議会・資源調査分科会の編さんによる日本食品成分表ならびに関連成分組成表である。現在使われているものは2020（令和2）年の「日本食品標準成分表2020年版（八訂）」であり，関連成分組成表としてはアミノ酸成分表や脂肪酸成分表，炭水化物成分表がある。収載食品数は2,478，収載成分はエネルギーをはじめ，五大栄養素を含む各種栄養素，水分，コレステロール，食塩相当量など多くの項目にわたる。この2020年度版では，エネルギー産生成分のたんぱく質，脂質および炭水化物を，それぞれアミノ酸組成によるたんぱく質，脂肪酸のトリアシルグリセロール当量で表した脂質，利用可能炭水化物等の組成に基づく成分に変更した。また調理後の食品に対する栄養推計の一助として，調理の概要と質量変化等の情報の充実が図られた。

すべての項目について可食部100g当たりの量になっているので使用しやすい。また，文部科学省から出た原典を基にして各出版社から出版されている書籍があるので，一般的にはこれらを使用すると便利である。食品の栄養表示基準制度における遵守すべき基準値など参考資料の内容も豊富である。

日本人の食事摂取基準

にほんじんのしょくじせっしゅきじゅん

▶食事摂取基準 p.261

日本臓器移植ネットワーク

にほんぞうきいしょくねっとわーく

移植医療では，移植希望者の登録，臓器提供者（ドナー）の提供意思の確認，臓器摘出チームの派遣，移植者（レシピエント）の決定，移植病院の手配，移植成績の登録など，通常の医療とは異なる業務が多く生じる。これらの業務（あっせん業務）を行うために1995（平成7）年に設立された機関（公益社団法人）。

臓器移植 p.318，臓器の移植に関する法律 p.318

日本年金機構

にほんねんきんきこう

国（厚生労働大臣）の委任・委託を受けて公的年金（厚生年金・国民年金）事業の運営を担う特殊法人。日本年金機構法に基づき，2009（平成21）年12月に廃止された社会保険庁から業務を引き継ぎ，2010（平成22）年1月に発足した。この年金公法人においては，能力と実績に基づく職員人事の徹底，民間企業へのアウトソーシングの推進等により，サービスの向上および効率的かつ効果的な業務遂行の実現を図ることが目指されている。国は，公的年金に係る財政責任・管理運営責任を担う。機構は，厚生労働大臣から委任を受け，その直接的な監督の下で，公的年金に係る一連の運営業務（適用・徴収・記録管理・相談・裁定・給付等）を担う。

厚生労働省 p.142，公的年金制度 p.143

『日本之下層社会』

にほんのかそうしゃかい

1899（明治32）年，当時新聞記者であった横山源之助によって記された書。貧民街において実証的な調査を行い，大都市下層社会の実態を描いた。日本における科学的な貧困研究の先駆けとなった。

横山源之助 p.493

日本レクリエーション協会

にほんれくりえーしょんきょうかい

日本におけるレクリエーション運動の中心的な推進組織。前身となる組織は戦前からあったが，現在の財団法人として誕生したのは1948（昭和23）年。都道府県をはじめ一部の市町村に地域組織がある。また，40ほどの全国的なスポーツ・レクリエーション種目団体が加盟している。人々のレクリエーションを豊かで潤いのあるものにすることを目指して，いろいろなイベントや啓発活動を行っている。また同時に，様々な分野で活躍するレクリエーション支援者を養成して，レクリエーションの質の向上に努めている。福祉分野の支援者としては同協会公認の「福祉レクリエーション・ワーカー」の資格があり，有資格者が各地の福祉現場で活躍している。なお，2011（平成 23）年４月に公益財団法人となった。

福祉レクリエーション・ワーカー p.443

入院時食事療養費

にゅういんじしょくじりょうようひ

医療保険の被保険者が，入院時に療養の給付とあわせて食事の提供を受けた際に，その費用の一部として支給される給付。食事にかかる費用から，本人負担となる厚生労働大臣の定める所得に応じた標準負担額を控除した額が支給額となる。

療養の給付 p.502

ニューガーテン

Neugarten, B. L.：1916 ～ 2001

アメリカの老年学者。高齢者のとらえは歴年齢ではなくライフスタイルや社会的活動の状況によるものとし，老年期を 65 歳以上 75 歳未満の老年前期と，75 歳以上の老年後期に分けることを提唱した。また，老年期の人格を，①統合型，②防衛型，③依存型，④不統合型，の４つに分類した。

乳がん 図155

にゅうがん

breast cancer

乳腺に原発する悪性腫瘍をいう。50 歳前後に好発し，発生・増殖には女性ホルモンの影響が考えられており，近年増加傾向にある。好発部位は乳房の上部外側 1/4 の領域。外科的切除のほか，放射線療法，化学療法，ホルモン療法が行われる。外科的な乳房切除は容姿上の問題があり，縮小手術もしばしば行われる。女性に比較して数は少ないものの，男性にも生じる。

図 155 乳がんの疾患概念

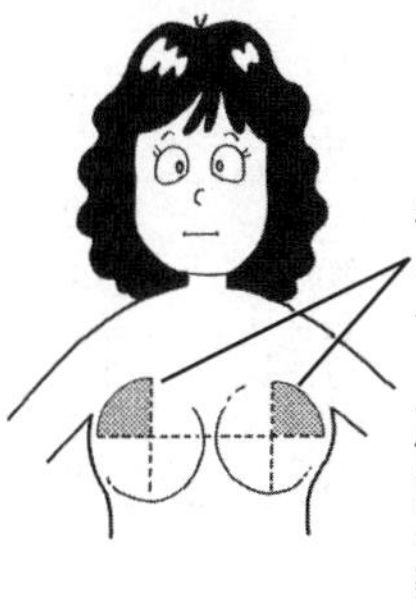
乳がんは乳管上皮より発生し，外側上部 4 分円に好発
エストロゲン受容性のある乳がんには，ホルモン療法（抗エストロゲン薬）を行う

乳児院

にゅうじいん

児童福祉法第 37 条に規定される児童福祉施設の一つ。児童養護施設が原則として１歳以上の児童を養育するのに対して，乳児院では１歳未満の乳児を主に入院させて養育するとともに，退院した者について相談その他の援助を行う。かつては，浮浪児や孤児，棄児などが多く入所していたが，近年では虐待や父母の精神疾患，両親の未婚・離婚，母親の病気などの理由で，保護者がいるが適切な養育を受けられない児童が多くを占めるようになっている。2004（平成 16）年に児童福祉法が改正されたことで，ケアの連続性に配慮するために入所児童の年齢要件が緩和され，小学校入学前の児童までを養育できるようになった。なお，1999（平成 11）年に最も早く，家庭支援専門相談員が配置されている。乳児院を経営する事業は社会福祉法における第一種社会福祉事業とされている。

乳児院の在所期間は，そのほとんどが短期（1か月未満から６か月未満）であり，子育て支援の役割を果たしているが，長期の在所では，乳幼児の養育のみならず，保護者支援，退所後のアフターケアを含む親子再統合支援の役割も担う。また，児童相談所の一時保護所では，乳児への対応ができない場合が多いことから，乳児については乳児院が児童相談所から一時保護委託を受け，アセスメントを含め，実質的に一時保護機能を担う。その他，乳児院は，地域の育児相談や，ショートステイ等の子育て支援機能も持っている。

乳児死亡率 表62

にゅうじしぼうりつ

乳児死亡率は，出生 1,000 当たりの乳児死亡数（乳児とは生後１年未満をいう）である。現在，日本の乳児死亡率は 1.7 で，世界で最も低い水準にある（令和３年）。

周産期死亡率 p.222，新生児死亡率 p.282

入所施設

にゅうしょしせつ

特に明確な定義はないが，社会福祉の用語として用いる場合，一般的には「福祉の契約に基づく滞在型の施設」のことを指す。滞在せず，その日のうちに帰るサービスを提供している場合は，通所施設という。介護保険法に基づき利用できる入所施設には，介護老人福祉施設（特別養護老人ホーム），介護老人保健施設（老人保健施設），介護医療院，ケアハウスなどがある。

ニューステッター

Newstetter, W. I.：1896 ～ 1972

コミュニティワークの一技法であるインターグループワークの提唱者。地域社会は様々なグループの相互作用により成り立つ実体であると考えた。また，コミュニティワーカーは，グループ間に適切な関係が形成されるように努め，選ばれた社会的な目標を達成することができるよう，その達成過程に各グループが参加する援助を行うとした。

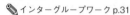

インターグループワーク p.31

ニューディール政策

にゅーでぃーるせいさく

New Deal

アメリカ合衆国大統領フランクリン・ルーズベルト（Roosevelt, F. D.：1882 ～ 1945）が行った 1933 年からの一連の経済政策。世界恐慌下で深刻な状況にあった当時のアメリカ経済の建て直しのため，テネシー川流域開発公社（TVA）に代表される大規模公共事業による失業者対策や，団体交渉権保障などによる労働者の地位向上など，政府による積極的な経済政策を採った。この一連の政策の中で，1935 年に老齢年金，失業保険，公的扶助，社会福祉事業などをその内容とする社会保障法が制定された。

社会保障法 p.219

入眠障害

にゅうみんしょうがい

睡眠障害の一つ。寝つくまでに常に 30 分～ 1 時間以上かかるといった，ベッドに入ってもなかなか寝つくことができない状態。例えば，精神的ストレスや体内時間の乱れなどがその一因となることが多い。

ニューモシスチス肺炎

にゅーもしすちすはいえん

PCP；Pneumocystis pneumonia

以前はニューモシスチス・カリニという弱毒の酵母様真菌が，日和見感染の肺炎を引き起こすと考えられ，カリニ肺炎と呼ばれていた。最近ではヒトに肺炎を起こす感染源はニューモシスチス・イロヴェチであるとされ，ニューモシスチス肺炎に名称が変更された。健常者には感染を生じないが，エイズ患者，臓器移植後など抵抗力が低下した状態ではしばしば肺炎を発症する。代表的な日和見感染症である。

日和見感染症 p.434

乳幼児期の言語発達 表63

にゅうようじきのげんごはったつ

乳児の泣き声は，周囲の養育者に向けたサインの一つである。乳児期の言語発達を支える基盤となるのは，主に養育者との愛着関係であり，乳児は養育者とのやり取りの中で，様々な感情や経験を共有していく。

生後 10 ～ 15 か月にあたる幼児期前期にもなると，音声と特定の状況や「モノ」とが結びついていることがわかるようになり，意味のあることばを発し始める。これを初語（はつご／ういご／しょご）という。語彙数の発達という観点からは，1 歳半～ 2 歳半にかけての表出語彙 200 語あたりまでは普通名詞の割合が上昇し，600 語を超えるとその 4 分の 1 程度が述語になることで，周囲の世界の精確な叙述が可能になっていく。

3 ～ 4 歳にあたる幼児期後期にもなれば，相互に相手に話題を投げ，その返答を期待するよう

表 62　死因順位第 5 位までの死因別乳児死亡の状況

令和 3 年（'21）

死因順位	死因	乳児死亡数	乳児死亡率（出生10万対）	乳児死亡総数に対する割合（%）
	全死因	1,399	172.4	100.0
第1位	先天奇形，変形及び染色体異常	491	60.5	35.1
2	周産期に特異的な呼吸障害及び心血管障害	213	26.2	15.2
3	乳幼児突然死症候群	74	9.1	5.3
4	不慮の事故	61	7.5	4.4
5	胎児及び新生児の出血性障害及び血液障害	54	6.7	3.9

注　乳児死因順位に用いる分類項目による。

資料：厚生労働省「人口動態統計」

になる「ことばのキャッチボール」が可能になる。5，6 歳にもなれば，身近な大人や子ども同士の会話において，相手の話を聴いてからそれに応えるという相互行為（interaction）が成立するようになる。そして，6 歳以降は，「概念化」も進み，果物や野菜，乗り物といった個々の「モノ」をまとめてイメージでとらえていくことが可能になっていくのが特徴である。

入浴介助 図156

にゅうよくかいじょ

入浴には，心身の緊張をほぐし，人を安らかな気持ちにさせる効果がある。特に入眠前の入浴は，安眠を導きやすい。入浴の際の介助は，障害の部位・種類，入浴する者の年齢，好みなどにより異なるが，共通していえることは，①要介護者の事前の観察と準備，②転倒をしないような安全の確保，③血液の循環を良くし，身体を清潔に保つための適切な介助，④入浴後の水分補給，である。入浴前には血圧や体温を確認し，通常に比べて高いようであれば医療従事者の助言を求めるか，入浴する人の希望があっても見合わせることも必要である。また，食後 1 時間は，入浴によって全身の血行が良くなることにより，消化器系の血流量が減少して，消化能力が落ちるため入浴を避ける。入浴する人の体調とともに，浴室の環境にも留意する。浴室の床には転倒を防ぐための滑り止めマットがあるかどうか，室温は低すぎないか（24℃くらいを目安にして温度を調節する），など。湯の温度は個人差があるが，高齢者，特に血圧が高い人の湯の温度はややぬるめの 39℃くらいにする。入浴するにあたって，介助者は利用者の顔色や表情を注意深く観察し，疲れていない

図 156 浴室の環境

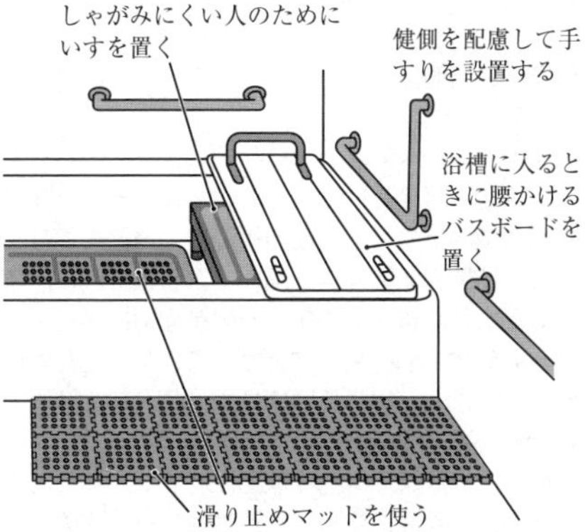
しゃがみにくい人のために
いすを置く
健側を配慮して手
すりを設置する
浴槽に入ると
きに腰かける
バスボードを
置く
滑り止めマットを使う

表 63 乳幼児期の言語発達

年 齢	言 葉
生後間もなく	泣き声（周囲の養育者に向けたサイン）
1，2 か月ごろ	クーイング（「アー」や「クー」といった，単なる発声とは異なる柔らかい音声）
3 か月ごろ	リズムのある音声（「マママ」や「ウググ」といった喃語）
4 か月ごろ	子音と母音を組み合わせた反復的な喃語（「マンマン」や「ナンナン」など）
10 か月ごろ	母語と同じようなイントネーションやリズム，アクセントなど。大人の顔を覗き込むようにして発話する。
10 ～ 15 か月	初語（意味のあることば）。はじめの 50 語程度までは約半年の期間をかけて漸次的に増加。
1 歳半ごろ	語彙獲得の爆発期
1 歳半～ 2 歳半ごろ	一語文（「ワンワン」）から二語文（「ワンワン　キタ」）へ変化。周囲の世界の精確な叙述が可能になる。
3 歳ごろ	「ことばのキャッチボール」が可能になり始める。基本的な文法を獲得し，動詞の活用などが日常会話の中に現れる。幼児語が徐々に使われなくなっていく。
4 歳ごろ	他者との比較や，自らを振り返ることが可能になり，遊びの中で他者とのぶつかり合いがみられるようになる。過去・現在・未来の区別が明確となり，順序立てて叙述できる。
5，6 歳ごろ	相手の話を聴いてそれに応える相互行為（interaction）が成立するようになる。「モノ」への単純な興味関心から，他の「モノ」との相互関連性や因果関係への興味関心が高まり始め，「なんで」「どうして」といった問いかけが増える。
6 歳以降	「概念化」が進み，果物や野菜，乗り物といった個々の「モノ」をまとめてイメージでとらえる。

か言葉をかけて確認する。

入浴サービス

にゅうよくさーびす

居宅で生活し，身体や精神上の障害により自力で入浴ができない者に対して，それに適した浴室，あるいは介助を提供するサービス。訪問して行うものと，通所の形態を取るものとがある。介護保険法，障害者自立支援法（現・障害者総合支援法）において介護に係るサービスとされている。

✎訪問入浴介護 p.459

尿失禁 図157

にょうしっきん

urinary incontinence

排尿を自分の意思でコントロールすることができないために生じる。脳血管障害，脊髄損傷などの排尿に関連する神経の障害による神経因性膀胱でみられる。また，中年以後の多産婦に多く，くしゃみや重いものを持ち上げることなどで急激に腹圧が高まって生じる腹圧性尿失禁，前立腺肥大症でみられる溢流性尿失禁（奇異性尿失禁），過活動膀胱，尿路感染症で尿意が強くトイレに行くのが間に合わずに生じる切迫性尿失禁，水の流れる音などに反応して排尿してしまう反射性尿失禁，などもある。

✎溢流性尿失禁 p.24，奇異性尿失禁 p.91，機能性尿失禁 p.97，切迫性尿失禁 p.313，反射性尿失禁 p.425，腹圧性尿失禁 p.438

尿道粘膜萎縮

にょうどうねんまくいしゅく

女性では閉経後，女性ホルモンが減少し尿道粘膜が萎縮する。それにより，細菌に対する抵抗力が低下するため，尿路感染症を生じやすくなる。

✎尿路感染症 p.396

尿毒症

にょうどくしょう

uremia

腎臓は老廃物を尿中に排泄するほか，水・電解質の調整，ホルモン（ビタミンD，エリスロポエチン）の産生などの機能を有する。腎臓の機能が低下して，これらの機能を果たせなくなり，種々の障害を生じる状態をいう。高血圧，むくみ，心不全，肺水腫，代謝性アシドーシス，貧血などを生じる。治療には，人工透析を行う。

尿　閉

にょうへい

retension of urine

膀胱に尿がたまっていても，前立腺肥大症など尿道の狭窄・閉塞のために排尿できない状態をいう。腎臓で尿を産生できない乏尿とは区別する。

✎乏尿 p.458

尿路感染症

にょうろかんせんしょう

urinary tract infection

外尿道口から細菌が尿路に逆流して侵入し生じる。起因菌の多くは大腸菌であり，女性の場合，外尿道口と肛門が近いため尿路感染症を生じやすい。特に脳血管障害，寝たきりなどで尿路にカテーテルなどの異物を挿入している場合に生じやすい。また，糖尿病では全身の抵抗力が低下し，尿中に糖分が混じるため，細菌が繁殖しやすい状態にあるので危険性が高い。感染がどこまで進行したかによって，膀胱炎と腎盂腎炎に大別される。膀胱炎では排尿痛，膿尿，頻尿を生じるが，発熱はない。腎盂腎炎では腰部痛，発熱，血液中の白血球増加を生じる。尿意が強くトイレまで我慢できずに失禁することがある（切迫性尿失禁）。

図157　尿失禁の表現型による分類

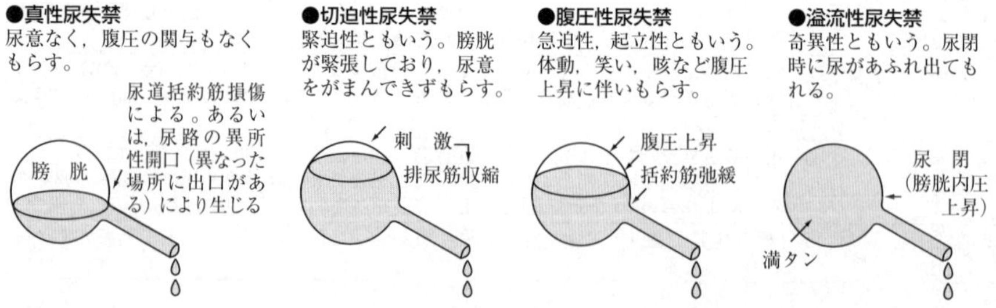

●真性尿失禁
尿意なく，腹圧の関与もなくもらす。
尿道括約筋損傷による。あるいは，尿路の異所性開口（異なった場所に出口がある）により生じる
膀　胱
●切迫性尿失禁
緊迫性ともいう。膀胱が緊張しており，尿意をがまんできずもらす。
刺　激
排尿筋収縮
●腹圧性尿失禁
急迫性，起立性ともいう。体動，笑い，咳など腹圧上昇に伴いもらす。
腹圧上昇
括約筋弛緩
●溢流性尿失禁
奇異性ともいう。尿閉時に尿があふれ出てもれる。
尿　閉
（膀胱内圧上昇）
満タン

尿路結石 図158

にょうろけっせき

urolithiasis

尿路（腎臓，尿管，膀胱，尿道）に結石を生じたもの。結石成分はシュウ酸カルシウムが最も多く，このほか，リン酸カルシウム，リン酸マグネシウムアンモニウム，尿酸などがある。多くは無症状であるが，結石が尿管にひっかかったりした場合には，わき腹から腰骨部にかけて激痛を生じ，結石の下降とともに大腿部に放散する。吐気，嘔吐，血尿，結石が膀胱近傍に移行すると膀胱炎と似た症状（頻尿，残尿感）をしばしば生じる。治療には，疼痛に対して鎮痛剤，鎮痙剤投与を行う。結石の大きさが 7 ～ 8mm 径以内のものであれば自然排石を期待して十分な水分摂取を行い，自然排石が期待できない場合には ESWL（体外衝撃波結石破砕術）や内視鏡による砕石を行う。

尿路ストーマ

にょうろすとーま

▶人工膀胱 p.279

任意後見制度

にんいこうけんせいど

任意後見契約に関する法律に基づく後見制度。本人の判断能力が減退した場合に，任意後見人が任意後見契約に基づいた後見を行う。任意後見契約は，本人に十分な判断能力がある間に，任意後見受任者（のちの任意後見人）を相手方として締結される。その内容は，将来判断能力が減退した場合の本人の生活や療養看護，財産に関する行為についての全部または一部の委託や代理権の付与である。なお，本人の判断能力が減退し，家庭裁判所が任意後見監督人を選任した時に効力を生じるものとする（同法２条１号）ほか，公正証書で行うこと（同法３条）や，登記を要する（同法４条）。本人が任意後見人や後見の内容を決定することができるため，より本人の意思が尊重された後見制度といえる。そのため，任意後見は法定後見に優先するが，本人の利益のために必要であれば，家庭裁判所は法定後見開始の審判等をすることができる（同法 10 条 1 項）。

図 158　尿路結石による主な症状

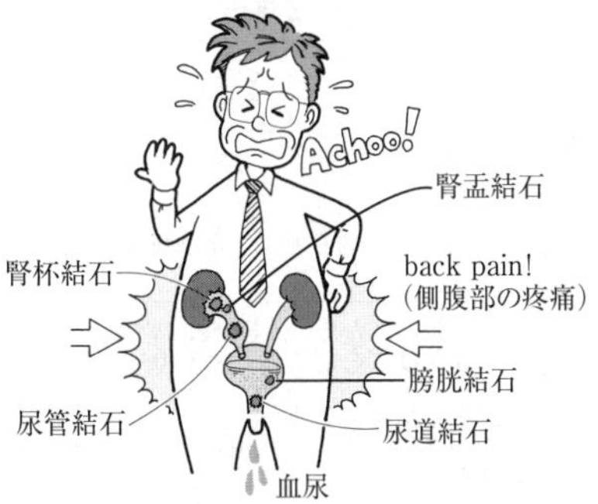

任意後見人

にんいこうけんにん

任意後見契約に基づき，任意後見開始後に後見を行う者。任意後見制度における後見人の職務内容は，任意後見契約で定められた財産管理（日常生活用品の売買契約や年金などの定期的収入の管理など）や身上監護（福祉サービスや医療契約の締結など）である。なお，本人の心身の状態および生活の状況に配慮し，その意思を尊重しなければならない（身上配慮義務および意思尊重義務（民法 858 条），任意後見契約に関する法律 6 条）。複数でも法人でもよい（後見登記等に関する法律 5 条 3 号，5 号）。

任意入院

にんいにゅういん

精神保健及び精神障害者福祉に関する法律第 20 条，第 21 条に規定される精神障害者の入院形態の一つ。本人の同意に基づいた入院形態。精神障害者の入院の原則とされる形態。患者から退院の申し出があった場合には，精神科病院の管理者は，患者を退院させなければならない。この入院形態は精神科病院入院患者の約 51% にあたり最も多い。

✎精神保健及び精神障害者福祉に関する法律 p.306

人間裁判

にんげんさいばん

いわゆる「朝日訴訟」は，憲法第 25 条に規定される生存権が争われたことから，「人間裁判」と称される場合がある。1965（昭和 40）年には，『人間裁判 ― 死と生をかけた抗議・朝日茂の手記』と題し，朝日訴訟の原告である朝日茂の手記も出版された。「人間裁判」という語は，朝日訴訟の中央対策委員会結成に際し用いられたことに由来するといわれる。

✎朝日茂 p.6，朝日訴訟 p.6

認知症 図 159 表 64

にんちしょう

dementia

後天的な脳の器質的障害により，いったん正常に発達した知的機能が何らかの原因で低下し，日常生活，社会生活に支障をきたした状態を指す。このため，生活は自立せず，周囲から何らかの手助け（介助）を受けないとその人らしい生活を送ることができない。原因となる疾患は多いが，アルツハイマー病，脳血管性認知症，レビー小体型認知症の頻度が高い。症状は記憶障害，見当識障害，理解・判断力の障害や実行機能の障害などの中核症状に加え，時に，気分・情緒障害からくる抑うつ，自発性低下，易怒性，焦燥，幻覚，妄想，徘徊などの周辺症状がみられる。周辺症状は世界共通の言語として認知症の行動・心理症状（BPSD）と呼ばれる。認知症の診断は認知機能の評価（MMSE など）と生活自立度の評価（基本的および手段的 ADL）による。なお，初老期における認知症は介護保険の特定疾病とされている。

✎アルコール性認知症 p.12，アルツハイマー型認知症 p.12，アルツハイマー型老年認知症 p.12，脳血管性認知症 p.407，多発梗塞性認知症 p.334，まだら認知症 p.471，レビー小体型認知症 p.509

図 159 認知症の症状

認知障害

にんちしょうがい

知的機能の総称（記憶力，注意・集中力，計画・思考・判断力，実行力，問題解決能力など）を認知機能といい，それが障害された状態を指す。統合失調症や認知症をはじめ，様々な病気の症状としてみられ，症状が進行すると日常生活に支障をきたす。認知症においては中核症状となる。

認知症介護研究・研修センター

にんちしょうかいごけんきゅうけんしゅうせんたー

日本での認知症ケアの標準化，認知症ケア手法の普及，高齢者虐待防止，医療と介護との効果的な連携方策等の研究や研修を専門的に取り組む中核的研究研修機関である。現在，東京センター（東京都），大府センター（愛知県），仙台センター（宮城県）の全国 3 か所に設置運営されている。

表 64 アルツハイマー型老年認知症と脳血管性認知症の比較

	アルツハイマー型老年認知症	脳血管性認知症
年　齢	70 歳代よりの発症が多い	50 歳代よりの発症が多い
性　別	女性に多い	男性に多い
経　過	緩徐に進行	階段状に進行
認知症のタイプ	全般的認知症	まだら認知症
局在症状	巣症状（神経局在症状，運動麻痺など）は認めない	巣症状（神経局在症状，運動麻痺など）を伴うことあり
好発症状	多幸性，自覚症状は少ない	初期に頭痛，めまい，しびれ，感情失禁，けいれんなどを認めることあり
人格の維持	人格の崩壊	末期まで維持される
病識の欠如	病識の欠如あり	病識あり

認知症介護実践研修

にんちしょうかいごじっせんけんしゅう

都道府県，市町村および都道府県知事，市町村長が指定する法人が実施主体の，認知症対応の研修のことである。実践者研修とリーダー研修がある。実践者研修受講対象者は介護保険施設・事業者等に従事する介護職員等で，介護の基本的知識，技術を習得，実務経験を有する者とされている。リーダー研修受講対象者は，介護保険施設・事業者等において介護業務に一定期間従事した経験を有する者で，認知症介護実践者研修を修了し，一定の期間が経過する者である。

認知症介護実践者等養成事業

にんちしょうかいごじっせんしゃとうようせいじぎょう

認知症高齢者への介護サービスの充実を目的に，高齢者介護実務者および指導的立場の者への認知症高齢者介護の実践的研修実施や，認知症介護提供事業者が適切な介護サービスを提供できるような知識習得を目指す事業の総称である。実施主体は都道府県または指定都市である。認知症介護実践研修，認知症対応型サービス事業開設者研修，認知症対応型サービス事業管理者研修，小規模多機能型サービス等計画作成担当者研修，認知症介護指導者養成研修，フォローアップ研修等がある。

認知症カフェ

にんちしょうかふぇ

認知症当事者とその家族，地域住民，介護医療専門職などの人々が集い，情報交換や相談，認知症予防，症状の改善などの活動を行う場所のこと。気軽に利用できるためにカフェ形式がとられている。発祥はオランダの認知症カフェとされている。運営は自治体や医療機関，NPO 法人などであり，2020（令和 2）年度実績調査では，47 都道府県 1,518 市町村(87.2%) で，7,737 カフェが運営されているという報告がされている。認知症施策推進総合戦略(新オレンジプラン)では 2018（平成 30）年度から，すべての市町村に配置される認知症地域支援推進員等の企画により地域の実情に応じ実施という目標が設定されている。

✎認知症施策推進総合戦略（新オレンジプラン）p.401

認知症ケアの理念

にんちしょうけあのりねん

認知症患者のケアはその人らしく生活することの全面的支援からなる。このためには認知症を引き起こす様々な疾患の正しい理解が基本となる。一般に，認知症の中核症状，周辺症状（BPSD）は環境因子によって左右されるため，環境因子に対する配慮はケアに欠かせない。ノーマライゼーションの理念のもとに，健常者と均等に当たり前に生活できるような生活環境を重視し，人権の尊重と住み慣れた環境でその人なりの普通の生活を送るための全人的なケアの提供が求められる。

✎行動・心理症状 p.143，ノーマライゼーション p.409

認知症ケアの歴史

にんちしょうけあのれきし

1970 年代は高齢化社会となり，老人医療は無料化が実施され，認知症に対しては介護する側からみた問題行動に対応する問題対処型ケアが行われた。1980 年代は老人病院の増設，特別養護老人ホームの整備が進み，ケア提供者の立場に立ったサービスが実施された。1990 年代は大規模な施設サービスに加え，グループホームなどの利用者の生活を重視するサービスが実施された。2000 年代は介護保険が導入され，利用者本位のケアが本格化して，地域に密着した小規模施設で普通に暮らすケアが実施された。2006（平成 18）年には地域包括支援センターや小規模多機能型居宅介護が開始され，ノーマライゼーションの理念のもと，地域の中で自分らしく生きることを援助するケアが確立された。さらに，認知症短期集中リハビリテーションによる認知症進行抑制，改善までも視野に入れたサービスが行われている。2012（平成 24）年には認知症施策推進５か年計画（オレンジプラン）が策定され，地域における認知症連携パス（ケアパス）の普及，認知症の初期支援チームの設置，介護サービスの構築，家族支援の強化などが盛り込まれている。2013（平成 25）年より実施されているが，2015（平成 27）年の新オレンジプランでは，認知症の人の意思が尊重され，できる限り住み慣れた地域の良い環境で，自分らしく暮らし続ける社会の実現を目指している。さらに 2019（令和元）年 6 月には「認知症施策推進大綱」がまとめられ，共生（認知症になっても住み慣れた地域で自分らしく暮らし続けられること）を目指し，認知症バリアフリー，予防の取組が謳われている。

認知症ケアパス

にんちしょうけあぱす

認知症になった場合，本人並びにその家族ができる限り住み慣れた地域で暮らし続けることを支えるため，医療，介護サービス事業所等を含め，包括的に協働した連携の仕組みのこと。医療，介護サービス利用の仕方やケアの内容，利用機関名等，地域で暮らすための具体的なイメージをもつことができるよう，認知症生活機能障害の進行にあわせた適切なサービスの流れを提示したものである。

認知症高齢者支援対策

にんちしょうこうれいしゃしえんたいさく

認知症に関する行政の基本は，①認知症の正しい理解の普及，②早期発見，相談，治療体制の確立，③認知症予防の推進，④認知症高齢者および家族の支援体制の確立などがある。具体的には，地域包括支援センター等による総合相談，地域での見守りネットワーク，日常生活自立支援事業，権利擁護対策としての成年後見制度の利用推進，認知症サポーターの組織作り・育成，グループホーム（認知症対応型協同生活介護）・認知症対応型通所介護・小規模多機能型居宅介護等の地域密着型サービスの整備，認知症介護研修センター等での研修推進などがある。

認知症高齢者の介護

にんちしょうこうれいしゃのかいご

認知症高齢者の介護では，本人の価値観を尊重し，プライドを傷つけないかかわり方をすることがポイントである。記憶障害をはじめ，見当識障害や思考力・理解力が低下することによって，日常生活上で様々なトラブルも生じてくるが，その都度訂正したり叱ったりしても，混乱や不安が増すばかりである。認知症の人はすべてが分からなくなってしまうのではなく，自分の思いや，やりたいことを他者に伝えることが苦手な場合が多い。本人の気持ちに寄り添う（本人の言葉を否定しないなど），話に耳を傾ける，介護者の判断を押し付けない，安心感をもたせるような接し方をする（アイコンタクトをとる，手を握るなど）。また，思い出話をすることは，過去の輝いていた自分を思い出して現在を生きる自信につながり，感情的にも落ち着く。アルツハイマー型認知症，脳血管性認知症，レビー小体型認知症，前頭側頭型認知症などそれぞれの認知症の特徴に即した医療的対応も介護に取り入れて，医療福祉連携のもとに一人ひとりに寄り添ったケアを行う。

✎アルツハイマー型認知症 p.12，脳血管性認知症 p.407，レビー小体型認知症 p.509

認知症高齢者の日常生活自立度判定基準

表65

にんちしょうこうれいしゃのにちじょうせいかつじりつどはんていきじゅん

地域や施設などの現場において，認知症高齢者に対する適切な対応がとれるよう，医師により認知症と診断された高齢者の日常生活自立度の程度すなわち介護の必要度を保健師，看護師，社会福祉士，介護福祉士などが客観的にかつ短期間に判定することを目的として，「認知症高齢者の日常生活自立度判定基準」が作成された。ランクⅠ～ⅣおよびランクＭに分けられている。例えば，Ⅲａの症状・行動例は，着替えができない，排便・排尿を失敗する，食事することができない，やたらに物を口に入れる，徘徊，大声・奇声を上げる，火の不始末，不潔行為，性的異常行為などが挙げられる。認知症高齢者ケアの方針の作成は，この基準と「障害高齢者の日常生活自立度（寝たきり度）判定基準」の両方を必要とする。

✎障害高齢者の日常生活自立度（寝たきり度）判定基準 p.235

認知症コールセンター

にんちしょうこーるせんたー

2009（平成21）年度から厚生労働省の「認知症対策普及・相談・支援事業実施要綱」に則って，都道府県および指定都市を単位として開始された，認知症の本人や家族が気軽に利用できる電話相談である。認知症介護経験者，医療福祉専門職が本人並びに家族，介護並びに福祉関係者からの相談に応じるほか，保健・医療・介護機関等と連携を図りながら，認知症に関する様々な情報提供を行っている。また若年性認知症コールセンターは，全国若年性認知症支援センターの事業として実施されている。

認知症サポーター

にんちしょうさぽーたー

NPO法人が実施する「認知症サポーターキャラバン」において，認知症サポーター養成講座を受講・終了した者をいう。認知症のことをよく理解し，正しい知識をもって，認知症患者がその地域で穏やかに生活するために，声掛けや見守りなどを通して環境整備に携わる。

認知症施策推進５か年計画（オレンジプラン）

にんちしょうしさくすいしんごかねんけいかく（おれんじぷらん）

2012（平成24）年９月，厚生労働省が発表した「認知症５か年計画」のことである。2013（平成25）年度から2017（平成29）年度までの５年の計画とされており，①標準的な認知症ケアパスの作成・普及，②早期診断・早期対応，③地域での生活を支える医療サービスの構築，④地域での生活を支える介護サービスの構築，⑤地域での日常生活・家族の支援の強化，⑥若年性認知症施策の強化，⑦医療・介護サービスを担う人材の育成の７項目について具体的な数値目標が定められている。

認知症施策推進総合戦略（新オレンジプラン）

にんちしょうしさくすいしんそうごうせんりゃく（しんおれんじぷらん）

2015（平成27）年１月，厚生労働省が関係省庁（内閣官房，内閣府，警察庁，金融庁，消費者庁，総務省，法務省，文部科学省，農林水産省，経済産業省，国土交通省）と共同で策定したプランである。認知症の人の意思が尊重され，できる限り住み慣れた地域のよい環境で自分らしく暮らし続けることができる社会の実現を目的としている。実現のために７つの柱（①認知症への理解を深めるための普及・啓発の推進，②認知症の容態に応じた適時・適切な医療・介護等の提供，③若年性認知症施策の強化，④認知症の人の介護者への支援，⑤認知症の人を含む高齢者にやさしい地域づくりの推進，⑥認知症の予防法，診断法，治療法，リハビリテーションモデル，介護モデル等の研究開発及びその成果の普及の推進，⑦認知症の人やその家族の視点の重視）の施策設定がされている。

認知症施策推進大綱

にんちしょうしさくすいしんたいこう

認知症の発症を遅らせ，認知症になっても希望を持って日常生活を過ごせる社会を目指し，認知

表65　認知症高齢者の日常生活自立度

ランク	判断基準	見られる症状・行動の例
Ⅰ	何らかの認知症を有するが，日常生活は家庭内及び社会的にほぼ自立している。	――――
Ⅱ	日常生活に支障を来たすような症状・行動や意思疎通の困難さが多少見られても，誰かが注意していれば自立できる。	――――
Ⅱａ	家庭外で上記Ⅱの状態が見られる。	たびたび道に迷うとか，買物や事務，金銭管理などそれまでできたことにミスが目立つ等
Ⅱｂ	家庭内でも上記Ⅱの状態が見られる。	服薬管理ができない，電話の応対や訪問者との対応など一人で留守番ができない等
Ⅲ	日常生活に支障を来たすような症状・行動や意思疎通の困難さが見られ，介護を必要とする。	――――
Ⅲａ	日中を中心として上記Ⅲの状態が見られる。	着替え，食事，排便，排尿が上手にできない，時間がかかる。 やたらに物を口に入れる，物を拾い集める，徘徊，失禁，大声・奇声を上げる，火の不始末，不潔行為，性的異常行為等
Ⅲｂ	夜間を中心として上記Ⅲの状態が見られる。	ランクⅢａに同じ
Ⅳ	日常生活に支障を来たすような症状・行動や意思疎通の困難さが頻繁に見られ，常に介護を必要とする。	ランクⅢに同じ
Ｍ	著しい精神症状や問題行動あるいは重篤な身体疾患が見られ，専門医療を必要とする。	せん妄，妄想，興奮，自傷・他害等の精神症状や精神症状に起因する問題行動が継続する状態等

資料：厚生労働省「認定調査員テキスト2009改訂版」

症の人や家族の視点を重視しながら「共生」と「予防」を両輪として推進していく施策のこと。2019（令和元）年6月18日に認知症施策推進関係閣僚会議で決定された。「共生」とは，認知症の人が尊厳と希望を持って認知症とともに生きる，または認知症があってもなくても同じ社会でともに生きることを指し，「予防」とは，「認知症になるのを遅らせる」「認知症になっても進行を緩やかにする」ことである。普及啓発・本人発信支援，予防，医療・ケア・介護サービス・介護者への支援，認知症バリアフリーの推進・若年性認知症の人への支援・社会参加支援，研究開発・産業促進・国際展開について具体的な施策を示している。なお対象期間は，団塊の世代が75歳以上となる2025（令和7）年までである。

認知症疾患医療センター

にんちしょうしっかんいりょうせんたー

都道府県および指定都市により指定を受けた医療機関で，認知症専門医療の提供と介護サービス事業者との連携を担う中核機関のこと。主に，認知症の詳細な診断や急性精神症状，身体合併症の対応とともに地域の専門職研修会や住民への啓発活動，相談を行う。このため，地域における医療と介護の連携拠点として認知症連携担当者を配置し，地域包括支援センターとの連携強化を図らなければならない。

認知症初期集中支援推進事業

にんちしょうしょきしゅうちゅうしえんすいしんじぎょう

住み慣れた地域で，よりよく暮らし続けられるように，認知症の人とその家族に早期にかかわる認知症初期集中支援チームを配置し，早期診断，早期対応に向けた支援体制を構築することを目的とした事業である。認知症初期集中支援チームとは，認知症本人およびその家族に対し，医療福祉専門職が家族支援などの支援を包括的，集中的（おおむね6か月）に行い，生活のサポートを行うチームをいう。

認知症初期集中支援チーム

にんちしょうしょきしゅうちゅうしえんちーむ

認知症の早期診断・早期治療のため，医療福祉に携わる複数の専門職が家族の訴え等により認知症が疑われる人や認知症の人およびその家族を訪問し，アセスメント，家族支援などの初期の支援を包括的，集中的（おおむね6か月）に行い，自立生活のサポートを行うチームのこと。地域支援事業の包括的支援事業の一つ。配置場所は，医療機関，地域包括支援センター，市役所等である。チームメンバーの専門職は，専門医をはじめ，保健師，看護師，介護福祉士，社会福祉士，作業療法士などで構成される。認知症施策推進総合戦略（新オレンジプラン）において，2018（平成30）年度から，すべての市町村での実施という目標が設定されている。

✎認知症施策推進総合戦略（新オレンジプラン）p.401

認知症対応型共同生活介護

にんちしょうたいおうがたきょうどうせいかつかいご

介護保険制度における地域密着型サービスの一つ（介護8条）。グループホームともいう。この事業は，要介護者かつ認知症である者について，その共同生活を営むべき住居において，入浴，排泄，食事等の介護その他の日常生活上の世話および機能訓練を行う。利用定員は5～9人で，日常生活を支障なく送るために必要な設備と，入居者が相互交流できる場所などを有し，居室は個室を原則としている。当初は，入居の対象となる者を「当該認知症に伴って著しい精神症状を呈する者及び当該認知症に伴って著しい行動異常がある者並びにその者の認知症の原因となる疾患が急性の状態にある者を除く」と，極めて限定していたが，2005（平成17）年の介護保険法改正により，居宅サービスから地域密着型サービスに移されて，対象制限が緩和された。

✎地域密着型サービス p.344

認知症対応型通所介護

にんちしょうたいおうがたつうしょかいご

介護保険制度における地域密着型サービスの一つ（介護8条）。居宅の認知症要介護高齢者に対し，特別養護老人ホームまたは老人デイサービスセンターにおいて，介護職員や看護職員などから入浴，排泄，食事等の介護その他の日常生活上の世話および機能訓練を提供するもの。

✎地域密着型サービス p.344

認知症地域医療支援事業

にんちしょうちいきいりょうしえんじぎょう

認知症になっても住み慣れた地域で生活を継続するため，地域において認知症の早期段階から状況に応じて，専門医療機関，サポート医，かかりつけ医の医療と介護が連携した認知症の人への支援体制の構築を図ることを目的とした事業である。認知症サポート医養成研修，認知症サポート医フォローアップ研修，かかりつけ医認知症対応力向上研修事業，病院勤務の医療従事者向け認知症対応力向上研修，普及啓発推進事業などが挙げられる。

認知症地域支援推進員
にんちしょうちいきしえんすいしんいん

認知症の人にやさしい地域づくりを推進するコーディネーターのこと。具体的活動は，関係機関との連携体制構築，医師とのネットワーク形成，認知症ケアネットの作成や普及，他の地域包括支援センターへの支援，認知症の人とその家族を支援する相談支援や支援体制の構築，当事者のニーズを地域で共有する取組の実施や研究，専門職への指導，処遇困難事例対応，認知症カフェ等の開催支援，認知症の人の家族向けの介護教室等の開催，多職種協働研修の開催など，幅広い。専門知識を持つ医療福祉専門職が担当するが，認知症の医療や介護の専門的知識および経験を有すると市町村が認めた者でも担当できる。地域包括支援センター等に配置されている。

✎地域包括支援センター p.343，認知症カフェ p.399

認知症地域支援推進員等設置事業
にんちしょうちいきしえんすいしんいんとうせっちじぎょう

認知症総合支援事業の一つであり，2014（平成 26）年度から地域支援事業の任意事業の一つとして実施されている。医療機関や介護サービスおよび地域の支援機関をつなぐコーディネーターとしての役割を担う認知症地域支援推進員の配置，推進員を中心とした医療と介護の連携強化や，地域における支援体制の構築を図ることを目的としている。2018（平成 30）年からは，すべての市町村で実施されている。

認知症ライフサポートモデル
にんちしょうらいふさぽーともでる

2011（平成 23）年度厚生労働省の老人保健健康増進等事業として開催された「認知症サービス提供の現場からみたケアモデル研究会」において提案されたモデルである。認知症の当事者と家族を支援するために，医療，福祉をはじめ，様々な領域にわたる専門職の視点を統合し，目標の共有を行う。チームで認知症の人を支え，専門職相互の役割や機能を理解しながら統合的な支援に結び付けていくことを目指す認知症のケアモデルである。

認知症老人徘徊感知機器
にんちしょうろうじんはいかいかんちきき

認知症高齢者が一人で部屋や家の外へ出たときに，家族や介護者，近隣の人などに知らせるための機器。介護保険法の福祉用具貸与の対象となっている。その場所を人が通過すると感知して作動する赤外線センサー型，人の重さを感知する重量センサー型（玄関マット，ベッド脇のマットなど），小型発信機を認知症高齢者本人が身につけて電波を感知する送信機型がある。

2015（平成 27）年 4 月 1 日より認知症老人徘徊感知機器において，当該福祉用具の種目に相当する部分と当該通信機能に相当する部分が区分できる場合は，当該福祉用具の種目に相当する部分に限り給付対象となった。要介護 2 以上の者に貸与されるが，厚生労働大臣が定める告示に該当する対象者（①意見の伝達，介護者への反応，記憶，理解のいずれかに支障がある者。かつ②移動において全介助を必要としない者）については，要介護認定における基本調査結果等に基づく判断があった場合や，または，市町村が医師の所見・ケアマネジメントの判断等を書面等で確認の上，要否を判断した場合には，要支援・要介護 1 の者でも例外的に給付が可能となる。

認知療法
にんちりょうほう

アメリカの精神科医アーロン・ベック（Beck, A.T.：1921 ～ 2021）により創始された心理療法。様々な悩みや問題は「認知の歪み（誤った認識パターン）」から生じると考え，違う視点やとらえ方があることに気づき，自身の認知を自覚することにより認知の歪みを修正し，問題解決へとつなげていくことを目的としている。最近は，認知および行動を対象とした認知行動療法が広く用いられている。

認定調査員
にんていちょうさいん

要介護認定に必要な認定調査を行う者を指す。要介護認定申請を行った者の居住地（自宅，入所中の施設，入院中の病院等）を訪問し，調査項目に沿って本人の心身の状態についての聞き取り，確認等を本人並びに家族などに行い，調査票にまとめる業務を担っている。調査員は，要介護認定調査員研修を受けた認定調査員として都道府県に登録されたものとなっており，原則として新規認定調査は自治体職員，更新認定調査は介護支援専門員等が行えることとなっている。

ね

ネガティブ・オプション

negative option

消費者の了解や契約締結の確認もとらずに一方的に消費者に商品を送り付けて金銭を得る商法で，「送り付け商法」とも呼ばれる。ネガティブ・オプションで送られてきた商品は先方から返答がない場合は７日以上，何らの連絡もない場合は14日以上経つと消費者の側で処分してもよいことになっていたが，2021（令和３）年の特定商取引法改正でいつでも処分できることになった。一方的な送り付け行為は禁止されたが，依然被害が発生しており，手口は巧妙化している。扱われる商品の中には，資格取得用の書籍，健康食品，化粧品，着物類のほかに，みかん，りんごなどの特産品もあり，幅広い商品が悪用されている。事業者の多くは電話をかけて勧誘し，消費者が明確に断っても「資料を送るだけ」「商品を見てから判断して」などと強引に送り付けてくる。

寝たきり高齢者　図160

ねたきりこうれいしゃ

６か月以上にわたり，日中もベッド上での生活が主体である者（障害高齢者の日常生活自立度（寝たきり度）判定基準のランクＢ～Ｃ）をいう。ランクＢは，屋内での生活は何らかの介助を要し，日中もベッド上での生活が主体であるが，座位を保つことができる。車いすに移乗し，食事，排泄はベッドから離れて行える者と介助により車いすに移乗する者との２つに大別されている。また，ランクＣは１日中ベッド上で過ごし，排泄，食事，着替えにおいて介助を要するもので，自力で寝返りをうつものと自力では寝返りがうてないものとに分けられている。

図160　寝たきりによる悪循環

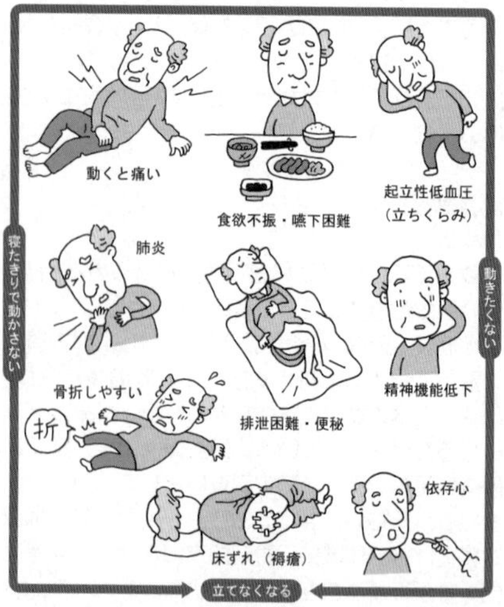

長期に寝たきりの状態であると，本来の疾患以外に様々な障害がもたらされる。起立性低血圧，抵抗力の低下により感染症にかかりやすくなり，床ずれも生じやすい。また，仮性認知症，自発性の欠如，発汗や不眠などの身体症状，抑うつ状態，妄想や幻覚など，寝たきりが続くことによって精神的な障害を起こしやすくもなる。これら寝たきりに付随することを予防するためにも，寝かせきりにしない配慮が必要となる。そして，寝たきりであるからといって高齢者の通常の生活から除外すべきではなく，その症状や健康度に応じた社会活動を行えるよう介助者の助力が求められる。

✎障害高齢者の日常生活自立度（寝たきり度）判定基準 p.235

寝たきり老人ゼロ作戦　表66

ねたきりろうじんぜろさくせん

1990（平成２）年に実施された「ゴールドプラン（高齢者保健福祉推進十か年戦略）」で提唱された施策の一つ。21世紀には，寝たきり老人の新規発生を大幅に減少させることを目的とし，地域における機能回復訓練，健康教育の充実，地域の介護を支える人材の確保などを主な内容とする。1995（平成７）年からは，「新ゴールドプラン（新・高齢者保健福祉推進十か年戦略）」の実施に伴い，要援護高齢者の自立支援施策の総合的実施の一環として位置づけられた。

✎新寝たきり老人ゼロ作戦 p.289

熱　傷

ねっしょう

高温の気体・液体・固体に接触することで起こる皮膚・粘膜障害のこと。重傷ではショック，発熱，肝機能障害など重篤な全身症状がみられる。熱傷の深さは温度だけでなく，作用時間も関係する。また，侵される皮膚の深さによって次のように分類される。

Ⅰ度：皮膚の色が赤くなり，痛みとひりひりする感じがある。

Ⅱ度：皮膚は発赤・腫脹があり水疱も形成され，強い痛みと焼けるような感じがある。

Ⅲ度：皮膚は乾いてかたく弾力性がなく蒼白になり，場所によっては焦げている場合もあり，痛みや皮膚の感覚が分からなくなる。

熱傷を負ったときは，患部に直接水圧がかからないようにし，直ちに冷水で熱感がなくなるまで冷やす。水疱を破らないよう注意し，清潔なガーゼなどで覆い医療機関を受診する。滲出液の流出防止，感染予防のため，水疱を破らないように注意する。患部は，医師に診せるまで消毒したり軟膏を塗ったりしない。

熱中症

ねっちゅうしょう

温熱環境によって生じる疾患の総称であり，熱射病，熱疲労，熱けいれんが含まれる。冷却と補液が基本的治療である。めまいや筋肉痛などは軽症の症状であるが，中枢神経症状，肝・腎機能障害，血液凝固異常などがあれば重症であり，集中治療が必要とされる。2021（令和３）年の６月～９月に熱中症で救急搬送された患者数は約４万８千人である。若年男性はスポーツ中，中壮年男性は労働中の発生頻度が高い。高齢者では男女とも日常生活の中で起こる非労作性熱中症が多く，屋内での発生頻度が増加している。

ネットワーク

network

利用者を中心として効果的な援助を組み立てる支援関係網のこと。一般的には，可変性の高い網目状の人間関係と，それらが果たす機能の両方を指す。このような網目状の人間関係を通して情報が流れたり，資源が交換されたり，参加者がお互いにニーズを満たし合うような関係を意味することが多い。ネットワークの段階は，個人に焦点をおいたミクロレベルのネットワーク，当事者組織や仲間集団をつなげていくメゾレベルのネットワーク，制度や施策を開発するマクロレベルのネットワークに分けることができる。

✎ソーシャルサポートネットワーク p.321

ネフローゼ症候群 図161

ねふろーぜしょうこうぐん

nephrotic syndrome

腎臓の障害により，低タンパク血症（低アルブミン血症），高度タンパク尿，脂質異常症（高コレステロール血症），浮腫を生じる疾患。種々の腎疾患が原因となるが，原発性腎炎（変化群，膜性腎症など），糖尿病性腎症などが原因として多い。低アルブミン血症とタンパク尿が診断の必須条件である。

✎浮腫 p.445

年金制度

ねんきんせいど

長期にわたり所得の喪失を生じている状態に対して保障するために，一定の金額を定期的に給付する制度。老齢，障害，扶養者の死亡を支給事由とし，それぞれ老齢年金，障害年金，遺族年金の

図161 ネフローゼ症候群の主な症状

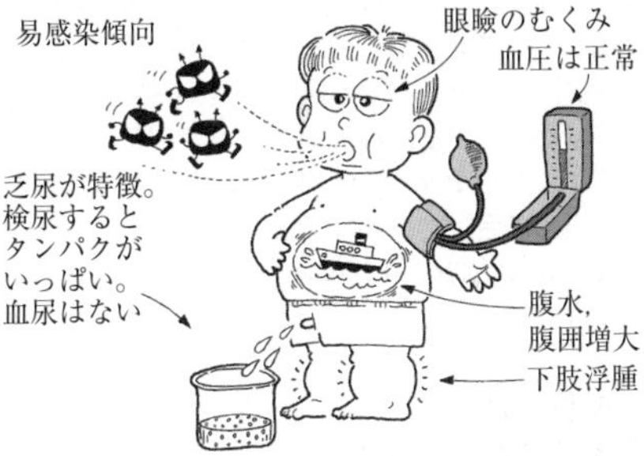

表66 寝たきりゼロへの10か条

第１条	脳卒中と骨折予防　寝たきりゼロへの第一歩
第２条	寝たきりは　寝かせきりからつくられる　過度の安静　逆効果
第３条	リハビリは　早期開始が効果的　始めよう　ベッドの上から訓練を
第４条	くらしのなかでのリハビリは　食事と排泄，着替えから
第５条	朝起きて　まずは着替えて身だしなみ　寝・食分けて　生活にメリとハリ
第６条	「手は出しすぎず　目は離さず」が介護の基本　自立の気持ちを大切に
第７条	ベッドから　移ろう移そう車いす　行動広げる機器の活用
第８条	手すりつけ　段差をなくし　住みやすく　アイデア生かした住まいの改善
第９条	家庭（うち）でも　社会（そと）でも　よろこび見つけ　みんなで防ごう　閉じこもり
第10条	進んで利用　機能訓練　デイ・サービス　寝たきりなくす　人の和　地域の輪

3種類に分けられる。保険料を納めて，年金を受給する社会保険方式が主流である。

年金保険

ねんきんほけん

老齢，長期にわたる障害などにより所得が得られない状況に陥った状態を保険事故として，拠出制による年金の支給を行う社会保険の総称。一般的に厚生年金保険，国民年金および国家公務員共済，地方公務員共済，私立学校教職員共済の3つの共済組合等によるものをいう。なお，2012（平成24）年2月17日の閣議決定「社会保障・税一体改革大綱」に基づき，2015（平成27）年10月から共済年金は厚生年金に統一された。

捻　挫

ねんざ

関節に不自然な力が加わることによって起こる関節包や靱帯の損傷のこと。捻挫した場合は，局所を冷やし，できるだけ安静に保つ。急性期はマッサージを行わない。

年少人口

ねんしょうじんこう

0～14歳までの人口を指す。日本では，年少人口は減少傾向にある。2022（令和4）年10月1日時点の年少人口割合は11.6%。年少人口の減少は，将来における国家の経済的な成長などを妨げる可能性があるため，今後の対策が必要である。また，年少人口と65歳以上の人口である老年人口の合計を従属人口と呼ぶ。

✎従属人口 p.224，生産年齢人口 p.302，老年人口 p.516

ねんりんピック

▶全国健康福祉祭 p.314

年齢調整死亡率

ねんれいちょうせいしぼうりつ

総人口に対する死亡数の比率である「粗死亡率」では，地域ごとの年齢構成が異なるために，健康水準などに関する地域間比較がしにくくなる。これを克服するために年齢構成を調整した死亡率のことを，年齢調整死亡率という。ある年の都道府県別の年齢調整死亡率を求めるには，その年の死亡率に基準となる年（現在は「昭和60年モデル人口」が用いられる）の同じ年齢階級の人口総数を乗し，その各年齢階級の総和を「昭和60年モデル人口」の総数で除したものとして計算する。死因別，都道府県別などで算出し用いられることが多い。

の

脳　炎

のうえん

encephalitis

脳の炎症性疾患の総称。急性脳炎では脳実質に生じた炎症によって，発熱，頭痛，意識障害，嘔吐，麻痺などの症状を呈する。ウイルス性が最も多く，そのほか細菌，結核，カビ（真菌），がんの転移などが原因となる。診断は髄液検査により行い，原因に応じた治療を行う。

農業協同組合

のうぎょうきょうどうくみあい

JA；Japan Agricultural Cooperatives

農業従事者が自らの利益を擁護することを目的に設立した共同事業体。保険などの共済，農産物の販売や加工，施設や機械の共同利用・購入支援，農業技術や経営の指導などを行っており，近年では病院の経営や葬祭業へも参入している。また，女性部の会員が，数万人規模でホームヘルパー養成研修を受けたことにより，介護保険制度の施行時には訪問介護事業に参入した。通所介護事業や居宅介護支援事業とともに，介護保険事業は，組合の高齢者福祉事業の一つの柱となっている。

農業協同組合法

のうぎょうきょうどうくみあいほう

昭和22年制定，法律第132号。農業者の協同組織（農業協同組合及び農業協同組合連合会）の発達を促進することにより，農業生産力の増進および農業者の経済的社会的地位の向上を図り，もって国民経済の発展に寄与することを目的として制定された。1992（平成4）年の改正により老人福祉事業を実施できるようになった。

脳血管疾患

のうけっかんしっかん

CVD；cerebrovascular disease

脳出血と脳梗塞に大別される。脳出血では，動脈瘤が破裂してクモ膜下に出血を生じるクモ膜下出血，高血圧に伴い脳内の血管が破裂して生じる脳内出血が代表的なものである。ともに発症直後から激しい頭痛を生じる。麻痺などの神経局在症状は脳内出血では認めるが，クモ膜下出血では認めにくい。脳梗塞は，多くは動脈硬化に伴って生じる。脳血管疾患による死亡は減少傾向にあり，2021（令和 3）年には死因順位の第 4 位となっている。なお，介護保険の特定疾病とされている。
✎虚血性脳血管疾患 p.107，クモ膜下出血 p.113

脳血管性認知症

のうけっかんせいにんちしょう

VaD；vascular dementia

脳血管障害が原因で生じた認知症で，脳卒中（脳梗塞，脳出血あるいはクモ膜下出血）後に発症することが多い。診断は画像（CT，MRI）で脳血管障害の病巣がみられ，これらと認知症との関係が認められることで成立する。症状は，片麻痺などとともにまだら認知症として病巣部位に一致した神経脱落症状の組み合わせでみられるが，正常部分も多い。一方，ビンスワンガー型と呼ばれる認知症は大脳白質が広い範囲にわたって虚血に陥ったもので，歩行障害や嚥下障害，排尿障害を伴う。
✎認知症 p.398，まだら認知症 p.471

脳血栓

のうけっせん

cerebral thrombosis

動脈硬化を基礎病変として生じる。動脈硬化では，動脈の内腔が不整となり，血栓を生じやすい。脳血管で血栓が徐々に形成され，血管を閉塞し，脳の血流を障害して生じる。ほかの部位で形成された血栓が血流に乗って運ばれ，突然脳血管を閉塞して生じる脳塞栓に比較して，症状の進行はゆっくりである。血流のスピードが低下する夜間睡眠時に生じやすく，朝起きてこないので見に行ったところ発見された，というのは典型的な発症パターンの一つである。

脳梗塞

のうこうそく

▶虚血性脳血管疾患 p.107

脳　死

のうし

brain death

すべての脳機能が不可逆的に廃絶した状態をいう。人の死としては，①心停止，②呼吸停止，③瞳孔の散大・対光反射の消失により判断される心臓死（3 徴候死）が長く用いられていたが，治療技術の進歩によりこの 3 徴候が必ずしも同時に生じなくなったこと，また機器（レスピレーター，人工心肺など）や移植により臓器（心臓，肺など）の代替が可能になったことから，脳死をもって死とすることが世界的な傾向である。脳死は，①深昏睡，②瞳孔固定，③脳幹反射消失，④平坦脳波，⑤自発呼吸消失，で判定される。生命維持に必要な脳幹機能が保たれた植物状態とは異なる。
✎臓器移植 p.318

脳出血　図 162

のうしゅっけつ

cerebral hemorrhage

出血部位によりクモ膜下出血，脳内出血に分けられる。脳内出血では，脳内の血管が，高血圧，血管奇形（脳動静脈奇形）などにより破綻して，一定以上の出血によって脳内に血腫を形成し，その部位の脳組織を障害する。突然の頭痛，嘔吐，麻痺を生じる。好発部位は被殻，視床，小脳の順で，それぞれに特有の眼症状を呈する。麻痺は局所の脳組織が障害された場合に生じることに注意する（神経局在症状）。
✎クモ膜下出血 p.113

脳性麻痺　表 67

のうせいまひ

CP；cerebral palsy

妊娠中から生後 4 週までに受けた脳の損傷によって生じる運動機能の障害をいう。胎生期には脳形成異常，脳出血，周産期には胎児仮死，新生児仮死，脳質周囲白質軟化症（PVL），核黄疸，

図 162　脳出血の好発部位と眼症状

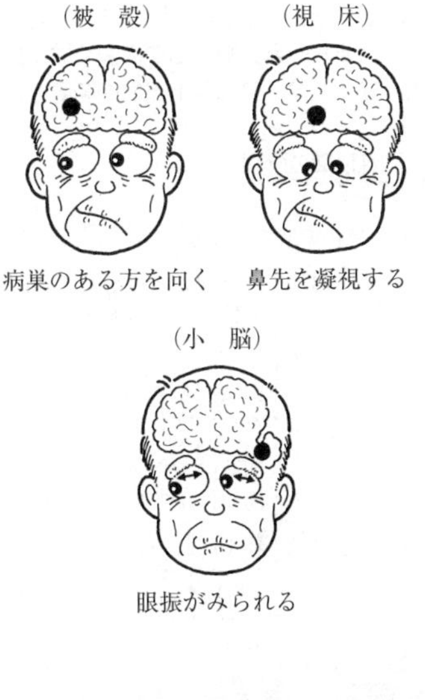

出生後には脳炎，髄膜炎，脳血管障害などが原因となることが多い。核黄疸は，新生児の血液脳関門（BBB）が十分に形成されていないため，重度の黄疸で脳が障害されて生じる。重度の脳性麻痺では，口腔器官にも異常な筋緊張が伴うため，誤嚥が生じやすい。2009（平成 21）年には，脳性麻痺を対象に補償を行う産科医療補償制度が導入された。

脳塞栓

のうそくせん

cerebral embolism

脂肪や血栓が血流にのって脳の血管まで運ばれ，そこで血管を塞ぎ，脳組織の壊死を生じて発症する。脂肪塞栓は骨折に伴うことが多く，血栓は心臓内に形成されるもの（心原性脳塞栓），頸部動脈，大動脈弓などの血栓が剥離して生じるもの（動脈原性脳塞栓）などがある。突然に生じる麻痺などの神経局在症状を認める。

脳卒中

のうそっちゅう

stroke

脳血管障害のうち，突然に神経脱落症状（片麻痺，意識障害，失語症，視野障害など）が出現し，持続するものを指す。一方，症状が 24 時間以内に消失するものを一過性脳虚血発作（TIA）と呼び，大発作の前兆とみなされている。脳卒中の機序から，脳の血管が閉塞して生じる脳梗塞と，脳の血管が破たんして生じる脳内出血，クモ膜下出血に分類される。脳梗塞はさらに，ラクナ梗塞，アテローム血栓性脳梗塞，心原性脳塞栓症に細分類されるが，これらの鑑別は治療法，予防法が異なる点で必要である。脳内出血の多くは高血圧症が原因となる一方，クモ膜下出血は脳表を走る動脈の分岐部に生じた動脈瘤の破裂が原因となる。

脳卒中の後遺症

のうそっちゅうのこういしょう

sequelae of stroke

脳卒中後も持続する神経脱落症状や機能障害・能力障害をいう。片麻痺や運動失調，嚥下障害や構音障害，失語・失行・失認などの高次脳機能障害に加え，能力障害では歩行障害などの ADL 障害，長引けば廃用症候群（関節拘縮，寝たきりなど）がみられる。

✎高次脳機能障害 p.138，廃用症候群 p.415

脳波検査

のうはけんさ

脳が発生する微小な電気活動を頭皮につけた電極を介して増幅記録する検査。脳の器質的障害が疑われる場合に有用である。

能力障害

のうりょくしょうがい

世界保健機関（WHO）の国際障害分類（ICIDH）にて体系化された障害構造モデルの 2 番目の段階。機能障害によって ADL（日常生活活動（動作））やコミュニケーションに支障をきたしている状態を指す。ディスアビリティ（disability）ともいう。ただし，国際生活機能分類（ICF）ではディスアビリティは障害を表す包括的な用語となっている。ICIDH の能力障害は，ICF では活動制限に相当する。

✎機能障害 p.96，国際障害分類 p.154，社会的不利 p.212

表 67　脳性麻痺の分類

脳性麻痺は損傷部位により以下のように分類される。

アテトーゼ型	主に四肢遠位部および顔面・頸部にみられる持続の長い運動で，異常肢位がゆっくり捻れながら変化していくような動きをアテトーゼという。頻度は高い。知的発達は保たれていることが多い。
痙直型	四肢の動きが少なく，筋緊張が全体的に亢進する。痙縮は最初に強い抵抗だが途中から抵抗が急に抜ける（折りたたみナイフ現象）。頻度は高い。
固縮型	四肢の動きが少なく，筋緊張が全体的に亢進し，四肢の関節を他動的に動かすと関節屈伸運動時にガタガタとした断続的な抵抗を感じる（歯車様固縮）。
失調型	体や四肢の震え，バランスが悪く，運動コントロールが不安定である。
混合型	2 つ以上のタイプが混在したもの。

ノーマライゼーション

normalization

障害のある人のみならず，誰もが個人として尊重され，偏見・差別を受けることなく，住み慣れた地域において普通の生活ができることを目指す理念である。障害のある人もない人もともに生きる社会こそノーマルな社会であるという考え方。この理念は 1950 年代にデンマークの知的障害児の親の会の運動に端を発し，ニルス・E・バンク-ミケルセン，ベンクト・ニィリエらによって提唱された。その後，スウェーデンやアメリカにおける概念の整理や発展を経て，世界中に大きな影響を与えてきた。日本では，1970 年代半ばより主として知的障害児に対する支援分野で用いられはじめ，1981 年の国際障害者年でその理念を「完全参加と平等」というスローガンに掲げられたこともあり，徐々に流布されていった。障害者にかかわるのみでなく，社会福祉のあらゆる分野に共通する理念となった。

✎ニィリエ p.387，バンク-ミケルセン p.423

ノーマライゼーション 7 か年戦略

のーまらいぜーしょんななかねんせんりゃく

国の障害者基本計画とされている「障害者対策に関する新長期計画（平成 5 ～ 14 年度）」の具現化を図るための計画。1995（平成 7）年 12 月，政府の障害者対策推進本部が公表した。1996 ～ 2002（平成 8 ～ 14）年度までの 7 か年計画とされ，リハビリテーションとノーマライゼーションの理念を踏まえて，医療，介護，教育，就労，住宅など障害者福祉全般にかかわった計画。①地域で共に生活するために，②社会的自立を促進するために，③バリアフリー化を促進するために，④生活の質（QOL）の向上を目指して，⑤安全な暮らしを確保するために，⑥心のバリアを取り除くために，⑦我が国にふさわしい国際協力・国際交流を，という 7 つの視点を重点に施策を推進していくことが基本的な考え方であった。また，「障害者プラン」とも呼ばれ，ゴールドプラン，エンゼルプランと合わせて「福祉 3 プラン」と呼ばれた。2002（平成 14）年以降は「新障害者基本計画」と「重点施策実施 5 か年計画（新障害者プラン）」に引き継がれた。

✎新たな重点施策実施 5 か年計画 p.11，重点施策実施 5 か年計画 p.226，障害者基本計画 p.237

ノロウイルス

Norovirus

ウイルスの一種であり，急性胃腸炎の原因となる。カキなどの貝類による食中毒の原因になるほか，感染したヒトの糞便や嘔吐物を介して経口感染する。ノロウイルスによる集団感染は，医療施設，介護施設でしばしば問題となる。冬に多く発症する。

✎食中毒 p.262

ノン・アサーティブ・コミュニケーション

non-assertive communication

非主張的自己表現ともいう。他者とのコミュニケーションに自信が持てずに自分の主張をせず，相手の主張を優先することで，不愉快な思いや葛藤が起きることを避けようとする自己表現。相手に合わせて安全を確保しようとする心理的や，社会的，文化的な習慣や常識に順応して承認されようとする心理が背景にあるとされる。

✎アグレッシブ・コミュニケーション p.5，アサーティブ・コミュニケーション p.6

ノンレム睡眠

のんれむすいみん

Non-REM sleep；Non-Rapid Eye Movement sleep

睡眠はレム睡眠とノンレム睡眠の繰り返しからなる。睡眠中にみられる急速眼球運動はレム（Rapid Eye Movement）と呼ばれ，この時の睡眠をレム睡眠，それ以外をノンレム睡眠という。レム睡眠時には身体（運動器）が休息し，筋肉は弛緩している。一方，ノンレム睡眠時には脳が休息し，すやすやゆったりと眠っているようにみえる。睡眠の 7 割はノンレム睡眠で，なかでも深い睡眠がみられるものを徐波睡眠という。

✎レム睡眠 p.509

は

パーキンソン病 図163

ぱーきんそんびょう

Parkinson's disease

初老期に発病する変性疾患の一つ。中脳黒質の変性を認め，安静時振戦，固縮，寡動（無動），姿勢反射異常を主症状とする。転倒しやすく，前傾姿勢，突進現象や小刻み歩行がみられる。日常生活では，ヤールの重症度分類により stage 3 以上で介助が必要である。難病の患者に対する医療等に関する法律に基づいて公費負担の対象となる指定難病であるとともに，介護保険における特定疾病ともされている。

✎介護保険の特定疾病 p.61，難病の患者に対する医療等に関する法律 p.387，ホーエン・ヤールの重症度分類 p.460

パーソナリティ

personality

人の個性や性格のこと。人格(パーソナリティ，性格）の芽生えの時期は，第一反抗期にあたる 2 ～ 3 歳頃である。しかし，人格の基礎ができるのは，第二反抗期によって区切られる思春期あるいは青年期（11 ～ 18 歳頃）である。人格の基本的な部分は，中年期・老年期にも正常な加齢の範囲では大きく変わることがないと考えられている。遺伝はすべての発達の基盤であるが，環境との交互作用で結果が異なる。したがって，人格のあり方を客観的にとらえることは難しく，研究がどのような方法やテストを使ったかによっても，結果は大きく変わってくる。また，かつて高齢者の特徴と思われていたことの多くが，認知症やうつ病のような病的老化によることも分かってきた。

図 163　パーキンソン病の症状

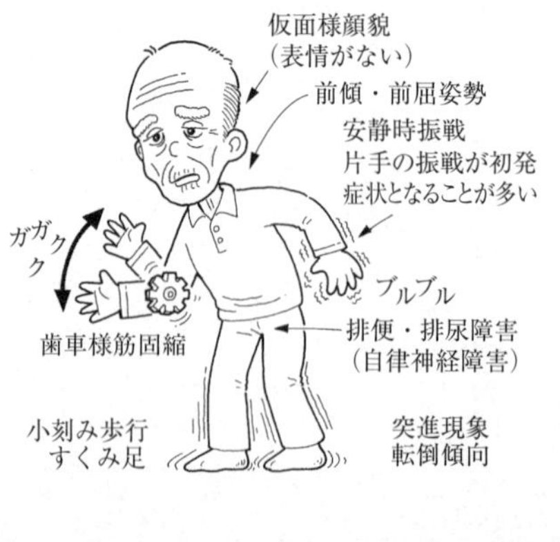

パーソナリティ障害

ぱーそなりてぃしょうがい

PD；personality disorder

物事の考え方・受け止め方・振る舞いにおいて，著しく逸脱した人格を有し，偏りが大きく，本人や周囲に著しい苦痛や機能の障害をもたらしているもの。アメリカ精神医学会の分類 DSM-5 では A，B，C の 3 群 10 タイプに分けている。

A 群 PD（疑い深く風変わりなタイプ）：①妄想性（猜疑性）PD，②シゾイド PD，③失調性 PD。B 群 PD（気まぐれで衝動的なタイプ，移り気で行動も劇的なため，周囲が巻き込まれやすい）：④反社会性 PD，⑤自己愛性 PD，⑥境界性 PD，⑦演技性 PD。C 群 PD（内的な不安や恐怖が特徴）：⑧回避性 PD，⑨依存性 PD，⑩強迫性 PD。「人格障害」とすると倫理的な異常人物と誤解されるため，パーソナリティ障害とするようになった。

パーソンセンタードケア

person-centered care

イギリスの臨床心理学者であるトム・キットウッドが提唱したケアの理論。それまで認知症に対して中心的であった医学的な対応ではなく，「その人らしさ（personhood）」を尊重するケアであり，認知症の人の立場に立って状況を理解する姿勢が重要であると考える。認知症の人々にみられる行動や状態は，①アルツハイマー病などの神経障害（NI：Neurological Impairment），②性格傾向（P：Personality），③成育歴，職歴などの生活歴（B：Biography），④既往歴，現在の体調，視力・聴力といった健康状態（H：Physical Health），⑤周囲の人々の認識を含めた社会心理（SP：Social Psychology）の 5 つの要因の相互作用であるという考え方を基本としている。

✎キットウッド p.96

バートレット

Bartlett, Harriett M.：1897 ～ 1987

アメリカの社会福祉学者で，『社会福祉実践の共通基盤』（1970）を著し，それまでの「診断」に代わる概念として「アセスメント」という用語を初めて使用した。また，方法（method），技法（technique），技能（skill）を統合した概念としての介入（intervention）という用語を提唱するとともに，ソーシャルワークの構成要素として，「価値」「知識」「介入」を挙げている。

バーネット
Barnett, Samuel Augustus：1844 ~ 1913

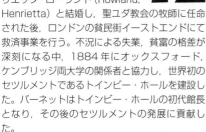

イギリスの牧師・セツルメント運動家。住環境改良家であるオクタビア・ヒル（Hill, O.：1838 ~ 1912）に協力していたヘンリエッタ・ローランド（Rowland, Henrietta）と結婚し，聖ユダ教会の牧師に任命された後，ロンドンの貧民街イーストエンドにて救済事業を行う。不況による失業，貧富の格差が深刻になる中，1884 年にオックスフォード，ケンブリッジ両大学の関係者と協力し，世界初のセツルメントであるトインビー・ホールを建設した。バーネットはトインビー・ホールの初代館長となり，その後のセツルメントの発展に貢献した。

✎トインビー・ホール p.367

バーバリズム
barbarism

唯言語主義ともいう。視覚障害を持つ子どもの特徴で，様々な概念が直接的・具体的な経験に裏づけられずに，言葉（音声言語）などからの連想のみによって形成されやすい傾向をいう。

パールマン
Perlman, Helen Harris：1905 ~ 2004

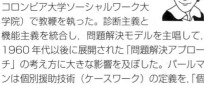

アメリカのソーシャルワークの研究者。家族福祉の領域で実践を経た後，ニューヨーク社会事業学校（現・コロンビア大学ソーシャルワーク大学院）で教鞭を執った。診断主義と機能主義を統合し，問題解決モデルを主唱して，1960 年代以後に展開された「問題解決アプローチ」の考え方に大きな影響を及ぼした。パールマンは個別援助技術（ケースワーク）の定義を，「個人が社会的に機能する際に出合う問題を，より効果的に処理できるよう援助するために，ある福祉機関によって用いられる過程」としている。また，援助を構成するものとして，「6 つの P」があると提唱した。社会学の諸理論，特に役割理論を取り入れ体系化を図った問題解決アプローチは，今日の個別援助技術理論の体系の中でも大きな比重を占める考え方である。主著に『ソーシャル・ケースワーク：問題解決の過程』（1957）がある。

✎問題解決アプローチ p.482，6 つの P p.477，ワーカビリティ p.519

バーンアウト症候群
ばーんあうとしょうこうぐん

▶燃えつき症候群 p.481

肺　炎
はいえん

pneumonia

細菌，ウイルス，原虫などの病原微生物の侵入により肺に生じる感染症をいう。発熱，咳，痰，呼吸困難を主な症状とする。健常者に生じるほか，寝たきりでの換気量の減少，不十分な喀痰排出による気道の狭窄・閉塞，誤嚥でも肺炎を生じやすい。主な病原体は肺炎球菌，黄色ブドウ球菌，マイコプラズマ，クラミジア，インフルエンザウイルス，アスペルギルス，ニューモシスチスなど。肺炎による死亡数は増加傾向にあり，2021（令和 3）年には悪性新生物，心疾患，老衰，脳血管疾患に次いで，死因の第 5 位になった。

✎誤嚥性肺炎 p.151，細菌性肺炎 p.174，ニューモシスチス肺炎 p.394，マイコプラズマ肺炎 p.471

徘　徊
はいかい

poriomania

ウロウロと目的もなく歩き回ることをいい，認知症の行動面の障害の一つ。認知症が中等度から高度に進行するに従って増える傾向がある。徘徊の契機として，大まかに①勘違い，例えば，家にいるのに他人の家にいると思って出かけようとするもの，②衝動的，または無目的に頻回に出歩くもの（薬物が有効な場合がある），③周囲の無理解や拘束に反応して出ていく場合，④せん妄が原因となるもの，と分けることができる。これらのことからも分かるように，徘徊する人にはそれなりの意思があり，それに反して強引に引き戻したり押しつけたりすると，不安や抵抗を示すこともある。まずは静かに見守ることが大切であり，説得をするよりも情緒の安定をいかにして図るかが，介護者の役目となる。

✎行動・心理症状 p.143

徘徊感知機器
はいかいかんちきき

▶認知症老人徘徊感知機器 p.403

肺がん 図164
はいがん
lung cancer

原発性肺がん（ほかの臓器に発生したがんの転移ではなく，肺に発生したがん）には，区域気管支より中枢の粘膜から発生する肺門型（中心型）と，区域気管支より末梢の粘膜から発生する肺野型（末梢型）がある。咳，血痰，呼吸困難，胸痛などを主症状とするが，進行すると反回神経を麻痺させるため，嗄声（かすれ声）を認める。喫煙，石綿（アスベスト），ディーゼル排気ガスなどによりリスクが増加する。最近では増加傾向にあり，男性では部位別死亡の第1位を占める（令和3年）。治療は，小細胞がんは化学療法，それ以外は手術による腫瘍切除が原則であるが，治療成績は悪く，第一次予防である禁煙が重要である。また，肺は呼吸のために全身の血液が細かい血管を通過するため，血流で運ばれたほかの臓器のがん細胞の転移（転移性肺がん）を生じやすい。

✎悪性新生物＜腫瘍＞の部位別死亡率 p.4

肺気腫 図165
はいきしゅ
emphysema

慢性閉塞性肺疾患（COPD）の一つ。肺胞や細気管支の基本的構造が炎症によって破壊され，肺内の残気量が増加した状態。このため肺組織で外側から牽引され，拡張状態にあった細気管支は虚脱し，狭窄・閉塞を生じる。これが閉塞性の由来で，患者は膨らんだ肺から息を吐き出すことがますますできなくなり，一秒率の低下とともに息切れを訴える。60歳以降の男性に多く，喫煙がリスクとなる。

配偶者からの暴力の防止及び被害者の保護等に関する法律
はいぐうしゃからのぼうりょくのぼうしおよびひがいしゃのほごとうにかんするほうりつ

平成13年制定，法律第31号。略称はDV防止法，または配偶者暴力防止法。配偶者や内縁の関係にある者から受ける暴力に対し，国・地方公共団体の責務，通報，相談体制，自立支援などについて示した法律。都道府県は配偶者暴力相談支援センターを置くこととされる。また，保護命令に関しては第10条にあり，命令の効力が生じた日から6か月間の接近禁止，同じく2か月の間に被害者と一緒に暮らしていた住居から退去することを命じる退去命令，の2種類の保護命令が規定されている。

✎通告（通報）義務 p.357，ドメスティック・バイオレンス p.382

背景因子
はいけいいんし

国際生活機能分類（ICF）は「生活機能と障害」と背景因子の2つの部門からなる。背景因子は，個人の人生と生活に関する背景全体を表す。それは環境因子と個人因子の2つの構成要素からなり，ある健康状態にある個人やその人の健康状況や健康関連状況に影響を及ぼしうるものである。

✎環境因子 p.82，国際生活機能分類 p.155，個人因子 p.161

肺結核
はいけっかく

▶結核 p.124

図164 肺がんの分類

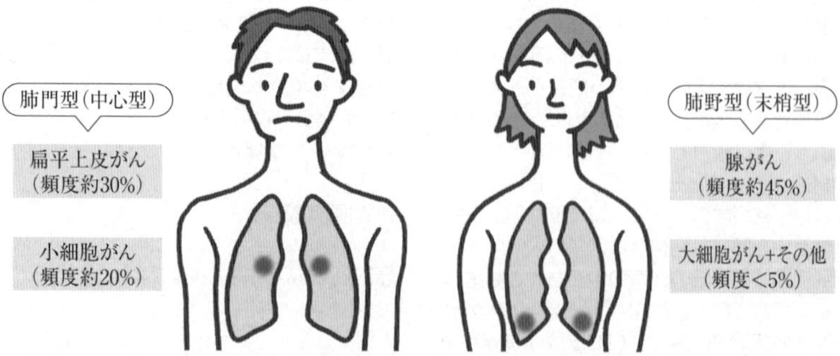

売春防止法

ばいしゅんぼうしほう

昭和 31 年制定，法律第 118 号。戦前の廃娼運動の積み重ねによって，その成果が実った法律といえる。同法は，「売春が人としての尊厳を害し，性道徳に反し，社会の善良の風俗をみだすものであることにかんがみ，売春を助長する行為等を処罰するとともに，性行又は環境に照して売春を行うおそれのある女子に対する補導処分及び保護更生の措置を講ずることによつて，売春の防止を図ることを目的」としている（1 条）。総則，刑事処分，補導処分，保護更生の４章で構成されており，婦人相談所，婦人相談員，婦人保護施設なども同法に規定されている。

✎婦人相談員 p.445，婦人相談所 p.445，婦人保護施設 p.445

配食サービス

はいしょくさーびす

おおむね 65 歳以上の単身世帯，高齢者のみの世帯，およびこれに準ずる世帯ならびに身体障害者であって，心身の障害などの理由により，食事の調理が困難な者に対して，栄養のバランスのとれた食事を調理し，居宅に訪問して定期的に提供するサービス。訪問の際に利用者の安否を確認し，健康状態に異常があったときなどは，関係機関に連絡などを行う。従来から国庫補助事業であったが，介護保険制度の施行に伴って，2000（平成 12）年度から市町村への補助事業である，介護予防・生活支援事業（介護予防・地域支え合い事業，現在は地域支援事業に再編）のメニューの一つとなった。

✎給食サービス p.99

図 165　肺気腫の症状例

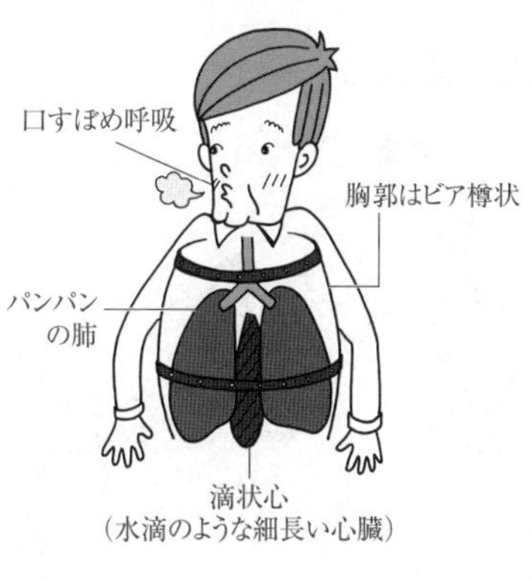

バイステックの７原則

ばいすてっくのななげんそく

アメリカのソーシャルワークの研究者であるフェリックス・P・バイステック（Biestek, F. P.：1912～1994）が著書『ケースワークの原則』において示した援助関係形成のための７つの原則のこと。①個別化，②意図的な感情表出，③統制された情緒的関与，④受容，⑤非審判的態度，⑥自己決定，⑦秘密保持，としてまとめられている。

✎意図的な感情表出の原則 p.24，個別化の原則（ケースワーク）p.165，自己決定の原則 p.187，受容の原則（ケースワーク）p.232，統制された情緒的関与の原則 p.369，非審判的態度の原則 p.428，秘密保持の原則 p.433

排　泄

はいせつ

物質代謝の結果，生じた体内の不用物を体外に排出すること。排泄は生命を維持するために重要なものであり，生活の変化や精神的な影響を受けやすい機能である。一般的には排尿・排便を指すことが多い。

排泄介助

はいせつかいじょ

排泄は生理的な現象であり，人としての尊厳に大きくかかわることでもあるため，家族への遠慮や気兼ねから尿意を我慢したり，自分で動こうとして危険を招くことがある。排泄介助を行う時には，対象者の尊厳やプライバシー，羞恥心への配慮が大切である。また，排泄は，あらかじめ時間を設定したり予測することが難しいため，対象者のペースに合わせて介助していき，排泄に関すること（排泄時間，回数，量，性状など）や食事（内容や水分量），緩下剤などの内服時間と反応時間などを観察し，排泄動作中の転倒・転落の危険防止に努める。排泄自立に向けて，排泄用具は対象者に合った方法や物品を選択し，少しでも自分で行えるよう介助または見守る必要がある。

排泄障害

はいせつしょうがい

排泄を行う器官の機能が損なわれた状態から，結果として排泄に異常をきたすことで，排尿・排便障害がある。腎泌尿器疾患のほかに，脳血管疾患や脊髄損傷などが原因で排泄に関係する神経を障害した場合や，認知症，糖尿病，骨盤底筋群のゆるみ，運動障害，薬の副作用などによっても生じる。

✎排尿障害 p.414，排便障害 p.415

肺線維症

はいせんいしょう

pulmonary fibrosis

肺の線維性結合組織に増殖を生じ，肺の硬化・萎縮，正常の肺構造の破壊を生じる疾患をいう。間質性肺炎，ハーマン・リッチ症候群，じん肺，結核などの後遺症として認められる。肺は硬化し，呼吸機能検査では肺コンプライアンスの低下，低酸素血症を生じる。

バイタルサイン

vital signs

生命兆候とも呼び，一般的には，体温，脈拍，呼吸，血圧を指す。広い意味では，意識状態や飲水，経口摂取の状況，排泄状況，皮膚の状態，チアノーゼの有無などを含む場合もある。

排　尿

はいにょう

腎臓でつくられた尿が尿管を通って膀胱にためられ，尿道を通って体外に排泄されること。尿は左右にある腎臓で血液から老廃物を濾過してつくられる。成人の場合，膀胱の容量は約 300 ～ 500 mL であり，膀胱で尿が充満すると大脳に信号が送られ尿意を感じる。300 mL 以上たまると尿意を強く感じるとされる。尿道の周りにある筋肉（尿道括約筋）を収縮させることで排尿をコントロールしている。

排尿障害

はいにょうしょうがい

蓄尿障害と尿排出障害がある。蓄尿障害は，尿をためる機能障害であり，排尿回数が増える頻尿，尿道括約筋が弱くなることで起こりやすくなり，尿意がないのに尿が出てしまったり，我慢しきれず出てしまう状態の尿失禁などがある。尿排出障害は，尿を排出する機能障害であり，尿路の通過障害で生じる尿閉，残尿感などがある。また，認知症や脳卒中などが原因で膀胱から大脳に至る神経の障害によって起こる排尿障害を神経因性膀胱といい，頻尿や尿失禁，排尿困難などの症状がみられる。

✎尿失禁 p.396，尿閉 p.396，頻尿 p.435

配票調査法

はいひょうちょうさほう

留置式調査ともいわれる，現地調査の方法の一つ。調査員が対象者に対して質問紙を配り，回答記入を依頼し，後日回収する。面接を行わないので費用と時間がかからない反面，質問項目や内容が限定され，詳しい調査ができない。また，対象者本人が記入したのか確認できないというデメリットもある。

✎自計式調査 p.185

背部叩打法　図 166

はいぶこうだほう

意識や反応のある人に対して，背中を強く叩き気道に詰まった異物を取り除く方法。背部叩打法で異物除去を行う場合，立位・座位で行う場合と臥位の場合がある。立位・座位の場合は，後方から片手を対象者の腋の下に入れて頭が低くなるような姿勢にして体を支える。片手の手の平の基部で両側の肩甲骨の中間あたりを連続して強く叩く。臥位の場合は，対象者を側臥位にし介助者の足で対象者の胸を支える。対象者の下顎を突き出すようにする。手の平の基部で両側の肩甲骨の間を連続して強く叩く。

配分委員会

はいぶんいいんかい

社会福祉法第 115 条に規定される，共同募金の適正配分を行うため共同募金会に設置される機関。2000（平成 12）年の社会福祉法の改正・改称により明記されるとともに，共同募金会への設置が義務づけられた。共同募金会は，寄付金の配分を行う際や，災害救助法第 2 条に規定される災害発生などに備える準備金の積み立てなどを行う際には，配分委員会の承認を得なければならないとされている（社福 117，118 条）。

図 166　背部叩打法

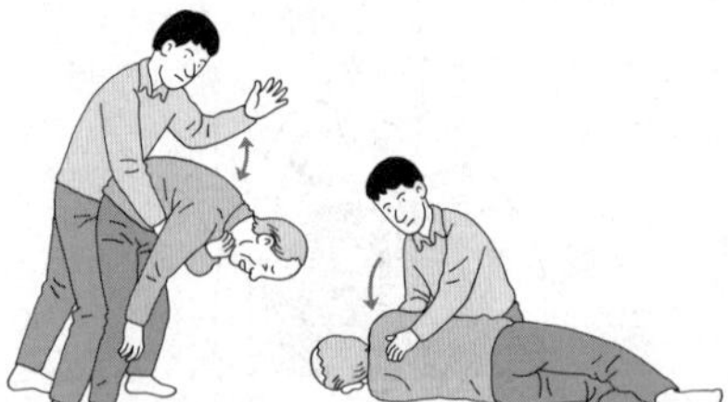

✎共同募金会 p.105，資料② p.525

排　便
はいべん

口から摂取された食物が胃で消化され，小腸で栄養分が，大腸で水分が吸収され，最終的にその残渣物を便として肛門から体外へ排泄すること。人間には，胃・結腸反射という，食物が胃に入ると大腸が動く神経反応が備わっており，便が蠕動運動により直腸へ運ばれ便意を感じる。便意がおこると脳からの指令により，肛門括約筋が弛緩し排便が行われる。不規則な生活やストレスなどにより，反射システムが影響を受けると排便のリズムが乱れ，便秘などになる。

✎蠕動運動 p.316，排泄介助 p.413，便秘 p.455

排便障害
はいべんしょうがい

排便するためには，腹圧をかけることができることと，肛門括約筋が弛緩することが条件であり，排便を我慢するためには，肛門括約筋が収縮することが必要である。さらに直腸に便がたまったことを大脳に知らせる神経系統や，大脳から排便の抑制や促進の命令を伝える神経系統が正常に働くことが必要である。これらのどの部位が障害されてもスムーズな排便は得られず，便秘や便失禁といった症状がおきる。

✎便秘 p.455

ハイムリック法　図167
はいむりっくほう
Heimlich maneuver

成人に対する異物除去法の一つ。上腹部圧迫法ともいう。誤嚥した人を後ろから抱きかかえて，上腹部の前で介助者の腕を組み合わせて拳を作り，臍（へそ）とみぞおちの中間を瞬間的に「グッ」と引き上げて誤嚥した物を吐き出させる。妊婦，小児，意識のない人にはやってはならない。

図167　ハイムリック法

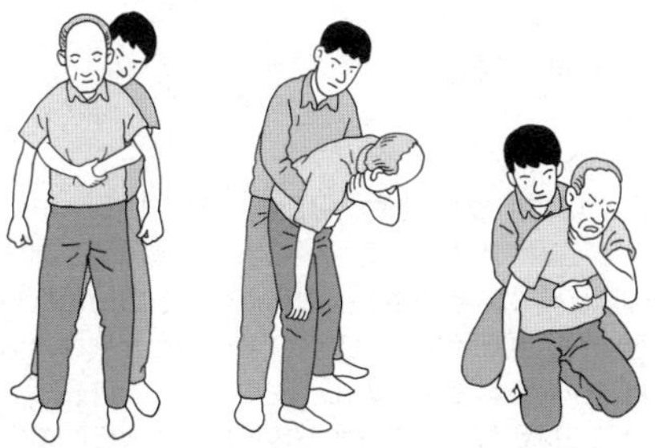

廃用症候群
はいようしょうこうぐん
disuse syndrome

安静状態が長期間続いたり，身体を部分的に使わない状態が続いたりした場合に生じる機能・能力低下の総称。機能・能力低下は運動機能のみならず精神機能や内臓機能にも及ぶ。例えば，筋萎縮，関節拘縮，起立性調節障害（起立性低血圧），褥瘡，骨粗鬆症，尿路結石，深部静脈血栓症，認知機能低下，うつなどで，予防が重要である。それには不必要な臥床安静を避け，早期離床や日常の活動性に配慮する。この点で医療・介護チームの役割は大きい。

✎関節拘縮 p.85，起立性低血圧 p.110，筋萎縮 p.110，骨粗鬆症 p.163，褥瘡 p.262，深部静脈血栓症 p.290，尿路結石 p.397

ハインリッヒの法則
はいんりっひのほうそく

労働災害における経験則の一つである。1つの重大事故の背後には29の軽微な事故があり，その背景には300の異常が存在するというもの。最近では，医療安全に用いられて，院内報告制度により，軽微な事故，異常（ヒヤリ・ハット）を収集し，再発防止策を取ることによって，重大事故を防ぐことが期待されるというもの。医療安全への関心の高まりを受けて，すべての医療機関では，医療事故，ヒヤリ・ハットの院内報告制度を有することが義務づけられている（医療法施行規則）。

ハヴィガースト
Havighurst, Robert James：1900 ～ 1991

アメリカの教育学者。人生を6つの段階に分け，各段階における「発達課題」があると提唱した。個人の「身体的成熟」や「社会的要請」に加え，それを解決しようとする「個人の価値感や意欲」が必要であるとした。

✎発達課題 p.418

ハウスダスト
house dust

「室内の塵」（ハウスダスト）は子どもにアレルギー症状を引き起こすとして1980年代から問題化した。現在では，子どもだけではなく，成人・

高齢者への健康障害にも関与していることが指摘されている。アレルギーを引き起こす複数のアレルゲン（アレルギーの原因物質）がハウスダストに混じっており，主に，ダニ，カビ，細菌やそれらの死骸，ダニの糞，ペットの毛，人間の皮屑（フケ），衣類の繊維くずなどが含まれる。この中でも，ハウスダストによるアレルギーとしてはダニの関与が重大視されており，毛布，じゅうたん，ふとん，畳などへの丁寧な掃除が推奨されている。

アレルギー p.13

パウチ
pouch

▶ストーマ用装具 p.295

バウムテスト
Baumtest（独）/tree test（英）

樹木画法ともいう。スイスの心理学者カール・コッホ（Koch,K.：1906～1958）によって確立された描画による投影法性格検査。用紙に鉛筆で果樹を一本描かせ，無意識の自己像など，人格を客観的に把握する。描画を介するため，対象者の年齢層が広く，言語的な自己表現が難しい者の場合でも有効である。

白衣高血圧
はくいこうけつあつ

外来受診時などで普段よりも高い血圧が計測される現象をいう。診察室で，白衣の医師や看護師を前にして緊張し，血圧が上昇して生じる。家庭などでの普段の血圧測定が，高血圧の管理には重要である。

白 杖
はくじょう

盲人安全つえともいう。障害者総合支援法に定める補装具として指定されている。白杖は身体を支えるための杖ではなく，視覚障害者が歩行をする際に前方の安全を確認するための補助具である。路面を左右にすべらせて使用するが，障害者自身の手首より上にある障害物や，杖の届かないところの物に対しては限界がある。ストレート式（直杖）と折りたたみ式，スライド式などがある。また，白杖を携帯することによって，視覚障害者の存在を周囲に知らせるという役割ももつ。

杖 p.358，補装具 p.466

白 癬
はくせん
trichophytia

白癬菌という真菌（カビ）により生じる皮膚感染症をいう。部位により，体部白癬（たむし），股部白癬（いんきん），足白癬（水虫），爪白癬（爪水虫），頭部白癬（しらくも）・ケルズス禿瘡があ
る。診断には皮膚の一部を採取し，白癬菌を確認する。治療には抗真菌薬を用いる。

白内障
はくないしょう
cataract

眼の水晶体（レンズ）が白濁し，視力が低下する疾病をいう。先天性，外傷性，併発性（糖尿病などのほかの病気によって引き起こされるもの）があるが，老化により生じる加齢白内障が大多数を占める。治療は，濁った水晶体を取り除いて眼内レンズを挿入する方法が有効である。

水晶体 p.292，緑内障 p.503，資料㉘ p.542

箱庭療法
はこにわりょうほう
Sandplay Therapy

砂の入った箱の中で，ミニチュア玩具（人形，動物，建物，樹木，乗物等）を用いて自由に遊んだり，作品をつくったりするなど，対象者の世界を表現することを通して行われる療法。子どもの心理療法としてマーガレット・ローエンフェルト（Lowenfeld, M.：1890～1973）によって考案され，ドラ・カルフ（Dora Kalff, D.：1904～1990）が成人にも適用できる療法として発展させた。言語では表現しきれない内的イメージを象徴的に表すことが可能であり，子どもから高齢者まで幅広く活用されている。

はしか

▶麻疹 p.471

破傷風 図168
はしょうふう
tetanus

土壌中の破傷風菌が傷口から侵入して，菌にとって適した環境下で増殖する。破傷風菌は神経組織に作用する毒素を産生し，顔面筋のけいれん（痙笑），開口障害に始まり，進行すると全身けいれん，呼吸障害をきたし，死亡することも多い。予防には破傷風トキソイド接種が，治療には傷の消毒や呼吸管理，抗毒素療法が行われる。

長谷川式認知症スケール

はせがわしきにんちしょうすけーる

HDS-R：Hasegawa's Dementia Scale-Revised

精神科医の長谷川和夫（はせがわかずお：1929～2021）が，1974（昭和49）年に作成した認知症スクリーニング検査の一つ。9項目の質問で構成され，見当識，記憶力などをみる。30点満点で20点以下だと認知症疑いとなる。作成当時は「長谷川式簡易知能評価スケール（Hasegawa's Dementia Scale：HDS）」であったが，1991（平成3）年に改訂し，「改訂長谷川式簡易知能評価スケール（Hasegawa's Dementia Scale for Revised：HDS-R）」と名称が変更された。さらに，2004（平成16）年に「痴呆」が「認知症」に名称変更されたことに伴い「長谷川式認知症スケール（HDS-R）」となった。

認知症 p.398

バセドウ病

ばせどうびょう

Basedow's disease

自己免疫異常による甲状腺機能亢進症。甲状腺ホルモン（サイロキシン，トリヨードサイロニン）の合成・分泌が過剰になり，代謝が亢進する。若い女性に多く，甲状腺の腫大，動悸，頻脈，発汗，やせ，下痢，眼球の突出などの症状を認める。治療は，抗甲状腺薬で甲状腺ホルモンの分泌を抑える方法や，放射性ヨードの内服により甲状腺組織を破壊する方法，手術で甲状腺を部分的に切除する方法がある。

甲状腺機能亢進症 p.139

バゾプレッシン

vasopressin

脳下垂体後葉から分泌されるペプチドホルモン。腎臓での水分の再吸収を促進し，体内に水分を保持して尿量を減少させる作用を有する。抗利尿ホルモンともいう。

パターナリズム

paternalism

父権主義，温情主義と訳される。他者の利益を名目に，他者の意思に関係なく介入や干渉などを行うこと。父親と子どもの関係などにみられるとされるが，父子関係以外には，医師が患者の意思確認をせず，治療方針を一方的に決定してしまうような場合が例に挙げられる。

働き方改革

はたらきかたかいかく

働き方改革を推進するための関係法律の整備に関する法律（働き方改革関連法）に基づいた一連の措置を指す。同法では，働き方改革の総合的かつ継続的な推進のための基本方針を定めること，労働者がそれぞれの事情に応じた働き方を選択できる社会を実現するために，長時間労働の是正，多様で柔軟な働き方の実現，雇用形態にかかわらない公平な待遇の確保などの措置を講ずるとされている。具体的には，①時間外労働の上限規制（月45時間，年360時間），②年5日の年次有給休暇の確実な取得，③同一労働同一賃金（同一企業内における正規雇用労働者と非正規雇用労働者の不合理な待遇差の解消）などが規定された。

8020運動

はちまるにいまるうんどう

満80歳で20本以上の歯を残そうとする運動をいう。「健康日本21（21世紀における国民健康づくり運動）」にも取り上げられており，厚生労働省や日本歯科医師会により推進されている。この運動を目的として，公益財団法人8020推進財団が設立されている。

健康日本21 p.128

波長合わせ

はちょうあわせ

主にグループワークを中心に用いられるもの。援助開始期にメンバーが感じている，欲求や問題，不安や緊張，葛藤などの個人的な感情をワーカーが理解・予測し準備すること。メンバーに代わって言語化したり，受容的な態度で接することを通して，グループワークのメンバーが自然と活動に参加できるような関係や状態をつくることを指す。シュワルツにより提唱された。

図168 破傷風の主な症状

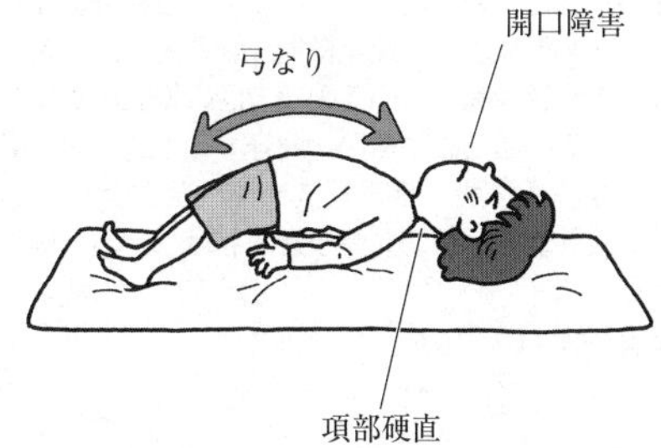

✎グループワーク p.114

発汗障害

はっかんしょうがい

dyshidrosis

汗は皮膚のアポクリン腺，エクリン腺で産生され，体温上昇時や緊張時に発汗する。この分泌を支配している自律神経の障害により生じた無汗症や多汗症のこと。自律神経の障害は自律神経失調症やパーキンソン病のほか，局所の発汗異常がワレンベルグ症候群などの脳梗塞でもみられる。

✎自律神経失調症 p.272，パーキンソン病 p.410

発がん物質

はつがんぶっしつ

がんの原因には，遺伝素因，ウイルス感染，医療用放射線の被曝，紫外線被曝，化学物質の摂取・曝露などがあるが，中でも食品由来の化学物質によるものが最も多いと推定されている。発がん性をもつ多環芳香族炭化水素（PAH）は，ほとんどすべての食品に含まれているが，特に焼肉，焼魚，くん製品から高濃度に検出される。N-ニトロソアミンは，食品成分が反応してできる発がん物質で，海産魚類に多く含まれるジメチルアミンと，発色剤として食肉製品などに添加される亜硝酸塩などが反応し，ニトロソ化が起きたものである。トリハロメタンは，水道水の有機物と消毒剤の塩素が反応して生じる副生成物で，発がん性が指摘されている。

白血球

はっけっきゅう

血液細胞を血球といい，これには白血球，赤血球，血小板の３つがある。白血球は血球の一つで，リンパ球（B 細胞，T 細胞），顆粒球（好塩基球，好酸球，好中球），単球からなり，病原微生物などから体を防御する働き（免疫）をつかさどる。4,000 ～ 10,000/ μL が正常である。

発語指導

はつごしどう

聴覚障害者は，音・音声情報を受け取りにくいことから，結果として発音が不明瞭になったりすることがあるため，保有する聴覚や視覚，触覚等を活用して，発音・発語能力を養う。特に子どもにおいては，声を用いて相手とかかわるというコミュニケーションの基礎的な力や抽象的な言語理解の力を育てることにもつながる。指導においては，自身の発音・発語へのフィードバックが重要であり，最近は ICT（情報通信技術）を活用した教材も広く活用されている。

発　達

はったつ

成長とともに身体的・精神的な機能が育つこと。発達において，何が決定的な要因となるのかについては，伝統的に「学習」と「成熟」のいずれかであるという論争が展開されてきた。ジョン・ワトソンに代表される行動主義的立場では，個体が獲得した刺激－反応の連合の量（学習）によるというもので，いわば環境依存的である。一方，アーノルド・ゲゼルに代表される成熟説では，個体の自生的な成熟によるものという，素質依存的な立場である。現在では，個体と環境との相互作用によるものとの認識が広く行きわたっている。

✎ゲゼル p.123，ワトソン p.520

発達課題　表 68

はったつかだい

人間が健全で幸福な発達を遂げるために，各発達段階（時期）において達成されるべき課題をいう。発達課題は，各時期における発達の特徴の単なる記述ではなく，社会や文化から要請され，期待されている発達の目標でもある。ロバート・J・ハヴィガーストは，人生を６つの段階に分け，発達課題をそれぞれの段階において学習すべき内容として示した。エリク・H・エリクソンは，人生のライフサイクルを８つの段階に分け，それぞれの段階で現れる自我の特質を，対極を構成する２つの概念で表している。

✎エリクソン p.43，ハヴィガースト p.415

発達検査

はったつけんさ

子どもの精神発達の状態や程度を調べる検査をいう。乳幼児期から，14 ～ 15 歳くらいまで適用できるものもある。子どもが検査に取り組む直接検査法と，親などに調査をする間接検査法がある。運動機能から，感覚機能，学習能力，社会性などの発達課題についての多方面の検査がセットになっているものが多い。津守・稲毛式乳幼児精神発達診断法や，新版 K 式発達検査 2001，遠城寺式乳幼児分析的発達検査法などがその一例である。

✎心理検査 p.291

発達障害

はったつしょうがい

発達障害者支援法第２条（定義）では，「この法律において『発達障害』とは，自閉症，アスペルガー症候群その他の広汎性発達障害，学習障害，注意欠陥多動性障害その他これに類する脳機能の障害であってその症状が通常低年齢において発現するものとして政令で定めるものをいう」と

表 68　ハヴィガーストの発達課題（Havighurst, R. J., 1953）

段階	発達課題
乳・幼児期	①歩行の学習 ②固形食摂取の学習 ③話すことの学習 ④排泄コントロールの学習 ⑤性の相違と性の慎みの学習 ⑥生理的安定の獲得 ⑦社会や事物の単純な概念の形成 ⑧両親・同胞・他人などとの情緒的結合 ⑨善悪の区別と良心の学習
児童期	①日常の遊びに必要な身体的技能の学習 ②成長する生活体としての自己に対する健全な態度の形成 ③友だちと付き合うことの学習 ④男子または女子としての社会的役割の学習 ⑤読み・書き・計算の基礎的能力の発達 ⑥日常生活に必要な概念の発達 ⑦良心・道徳性・価値観の発達 ⑧人格の独立の達成 ⑨社会集団や制度に対する社会的態度の発達
青年期	①同年齢の男女との成熟した人間関係の構築 ②男性または女性としての社会的役割の学習 ③自己の身体構造の理解 ④両親や他の大人からの情緒的な独立 ⑤経済的独立についての自信 ⑥職業の選択と準備 ⑦結婚と家庭生活の準備 ⑧市民として必要な知識や技能，態度の発達 ⑨社会的責任のある行動の遂行 ⑩行動の指針としての倫理体系や価値観の形成
成人初期	①配偶者の選択 ②配偶者との生活の学習 ③家庭生活の出発 ④子どもの養育 ⑤家庭の管理 ⑥就職 ⑦市民的・社会的責任の負担 ⑧適切な社会集団の選択
成人期（中年期）	①大人としての市民的・社会的責任の達成 ②一定の経済水準の確立と維持 ③十代の子どもの精神的成長の援助 ④余暇生活の充実 ⑤配偶者との人間としての関係の構築 ⑥中年期の生理的変化の理解と適応 ⑦老年の両親への適応
老年期	①肉体的な力や健康の衰退への適応 ②引退と収入減少への適応 ③配偶者の死への適応 ④同輩者と明るい親密な関係の構築 ⑤社会的・市民的役割への関与 ⑥身体的に満足できる生活環境の確保

規定されている。本法による発達障害者とは，発達障害がある者であって発達障害および社会的障壁により日常生活または社会生活に制限を受ける者をいう。以前「自閉症」と総称されていたものが，広汎性発達障害（自閉性障害を含む広い概念），高機能自閉症，アスペルガー障害（言語や認知に遅れのないもの）などのタイプに分けて診断されるようになってきた。それでも，実際の診断治療や療育，一般の理解はまだまだ不十分である。なお「DSM-5（精神疾患の診断・統計マニュアル）」では，従来の広汎性発達障害，アスペルガー症候群，自閉性障害等を含むサブカテゴリー（レット障害を除く）が統合され，自閉症のスペクトラム（連続体）として診断名が「自閉スペクトラム症/自閉症スペクトラム障害」となった。

✎アスペルガー症候群 p.7，学習障害 p.71，高機能自閉症 p.136，広汎性発達障害 p.145，自閉症 p.208，注意欠陥多動性障害 p.351，発達障害児をもつ家族への支援 p.421，発達障害者支援法 p.420

発達障害者支援センター　図 169

はったつしょうがいしゃしえんせんたー

発達障害者支援法第 14 条に規定される施設。実施主体は，都道府県，指定都市（社会福祉法人等に委託することができる）。同センターでは，①発達障害者に対する専門的な発達支援や就労支援，②医療，保健，福祉，教育，労働等の関係機関に対する情報提供および研修，③関係機関との連絡調整，などの業務を行う。発達障害について，できる限り早期に発見し，適切な発達支援を行うことが重要であることから，乳幼児期から成人期までのライフステージに対応する一貫した支援体制の整備を図るため，保健，医療，福祉，教育などの関係者が連携して支援に取り組んでいる。同センターの設置にあたっては，発達障害者および家族その他の関係者が可能な限り身近な場所において必要な支援を受けられるよう，適切に配慮をすることになっている。

発達障害者支援法

はったつしょうがいしゃしえんほう

平成 16 年制定，法律第 167 号。発達障害者の自立や社会参加に向けた生活全般にわたる支援を行うため，国や地方公共団体の責務を明確に位置づけ，発達障害の早期発見や学校教育における支援，就労支援，発達障害者支援センターなどについて定めている。なお，同法第 2 条第 1 項でいう発達障害とは，「自閉症，アスペルガー症候群その他の広汎性発達障害，学習障害，注意欠陥多動性障害その他これに類する脳機能の障害であってその症状が通常低年齢において発現するものとして政令で定めるもの」と定義されている。

図 169　発達障害者支援センター運営事業

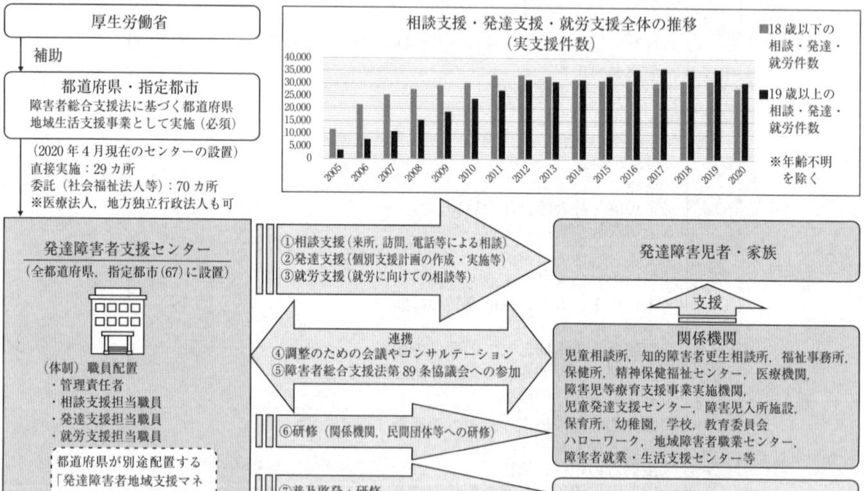

資料：厚生労働省

同法施行令第１条（平成 17 年４月１日施行，政令第 150 号）には，「発達障害者支援法第２条第１項の政令で定める障害は，脳機能の障害であってその症状が通常低年齢において発現するもののうち，言語の障害，協調運動の障害その他厚生労働省令で定める障害とする」とある。また，同法施行規則（平成 17 年４月１日施行，厚生労働省令第 81 号）では，「発達障害者支援法施行令第１条の厚生労働省令で定める障害は，心理的発達の障害並びに行動及び情緒の障害（自閉症，アスペルガー症候群その他の広汎性発達障害，学習障害，注意欠陥多動性障害，言語の障害及び協調運動の障害を除く。）とする」とされている。同法第２条第２項には，「『発達障害者』とは，発達障害を有するために日常生活又は社会生活に制限を受ける者をいい，『発達障害児』とは，発達障害者のうち 18 歳未満のものをいう」と定めている。

発達障害児をもつ家族への支援

はったつしょうがいじをもつかぞくへのしえん

発達障害児をもつ家族に対する支援には，同じ悩みを抱える家族に対して，相談支援や情報提供などのサポートを行うペアレント・メンター（信頼できる仲間・相談相手），発達障害をもつ子どもの育児に悩み，不安等を抱く家族が「行動し考え」，「ほめて対応し」，「同じ悩みを抱える仲間を見つける」ことを目的としたとペアレント・プログラムや，ペアレント・トレーニングなどがある。

✎ 発達障害 p.419，発達障害者支援センター p.420，発達障害者支援法 p.420

発達心理学

はったつしんりがく

人間の受胎・誕生から老年まで，生涯のライフコースを通じて，どのような恒常的な心理的特性が存在するか，どのような量的・質的変化を生じる心理的特性が作用しているかなどを研究する学問。これまでの発達心理学は主に子どもから青年期に至るまでの上昇的変化を対象としていたが，高齢社会の到来とともに，加齢に伴う様々な経験要因を重視する傾向が強くなり，最近は老年期も含めた一生涯の変化過程を対象としている。

発達段階

はったつだんかい

発達の過程をいくつかの段階に分類したものを発達段階という。発達段階は，各段階において他の段階と質的に明確に区分することができる。一般的な発達段階の区分は，①胎児期，②乳幼児期，③児童期，④青年期，⑤成人期，⑥老年期，などに分けられる。また，これらの区分とは別に，ジークムント・フロイトの心理的発達理論，マーガレット・マーラー（Mahler,M.S.:1897 ～ 1985）の分離・個体化理論，ジャン・ピアジェの認知の発達段階など様々なものがある。

✎ ピアジェ p.426，フロイト p.450

発達の定義

はったつのていぎ

人間は受胎時から出生そして死に至るまで，絶えず変化しており，通常，年齢的な加齢に伴う質的・量的な身体的・精神的機能の変化のプロセスを発達という。発達心理学においては，「生涯発達」の観点から，一生涯，変化をし続けるという前提に立ち，成人期までの上昇的変化だけではなく，死に向かう下降的変化も発達の段階として含め，一生涯の変化の過程を発達と定義している。

✎ 生涯発達 p.246，発達課題 p.418，発達段階 p.421

パニック障害　図 170

ぱにっくしょうがい

panic disorder

予期しない突然の強い恐怖や不快感の高まりが生じて，動悸，息苦しさ，吐き気，ふるえ，めまい，発汗などの「パニック発作」を繰り返す病気のこと。発作が再び起こることに不安を抱き，外出などが制限されることもある（予期不安）。

パブリックコメント

public comment

行政機関は命令等（政令，省令など）を制定するにあたって，事前に命令等の原案を示し，その

図 170　パニック障害の主な症状

原案について広く公衆（国民，住民，市民など）から意見や情報を募集する意見公募を行う。パブリックコメントとは，こうした行政機関の意見公募に対して寄せられた公衆の意見を指す。日本では，1999（平成11）年に「規制の設定又は改廃に係る意見提出手続」が閣議決定され，これに基づき意見提出手続（パブリックコメント手続）が行われてきたが，2005（平成17）年の行政手続法の改正により「意見公募手続」の規定が新たに設けられ，制度化された（2006（平成18）年4月施行）。

ハミルトン

Hamilton, Gordon：1892 ～ 1967

アメリカのソーシャルワーク研究者。1941年に，"*The Underlying Philosophy of Social Casework*"を発表し，機能主義が台頭してくる中で，自派を「診断主義」と称し，その差異を論じた。ケースワーク過程の中心を「ワーカー・クライエント関係を意識的にまた統制しつつ利用すること」とし，「最大の賜は変化と成長を遂げる能力があることの自覚を促すことにある」とした。また，ゲシュタルト心理学の成果をケースワークに取り入れ，クライエントの状況を部分だけではなく，部分が相互に関連して作り上げる全体をみる思考法を強調し，ケースワークの多くの概念と原則の構築に貢献した。著書に『ケースワークの理論と実際』（1940）などがある。

✎ 診断派／診断主義 p.289

パラノイア

paranoia

妄想症ともいう。妄想を主症状とし，30歳前後から始まる。独断的・狂信的・偏執的な人格傾向をもつ人が，何らかの出来事をきっかけに強い感情をもち発展させ，妄想様観念を形成するもの。目立った人格障害はなく，感情鈍麻や分裂思考を伴うことも少ない。

✎ 妄想 p.480

パラリンピック

Paralympic Games

国際パラリンピック委員会が主催する，障害者を対象とする世界的な競技大会。1948年のロンドンオリンピックにあわせ，ストーク・マンデビル病院内で行われた車いす患者によるアーチェリー大会がパラリンピックの原点とされている。夏季・冬季オリンピックと同様に，オリンピックの後にその開催地で行われる。なお，パラリンピックの「パラ」の語源は，対麻痺，脊髄損傷者を意味するパラプレジア（paraplegia）からきているが，対麻痺，脊椎損傷者以外も参加するようになったことから，1988年のソウル大会よりパラレル（Parallel：平行）とオリンピックを組み合わせた「もう一つのオリンピック」とする解釈により，正式名称となった。

バリアフリー

barrier free

障害のある人が社会生活をしていく上で障壁（バリア）となるものを除去するという意味で用いられる。本来は住宅建築用語で登場し，段差などの物理的障壁の除去をいうことが多いが，より広く障害者の社会参加を困難にしている社会的・制度的・文化・情報面・心理的なすべての障壁の除去という意味でも用いられる。

バリアフリー新法

ばりあふりーしんぽう

▶高齢者，障害者等の移動等の円滑化の促進に関する法律 p.147

バリデーション

認知症ケアにおけるコミュニケーション技法の一つで，認知症の方の持つ価値を尊重し，傾聴，共感，寛容（否定せず），受容（高圧的態度をとらず）などの態度で接すること。これによって患者のストレスや不安が緩和され，BPSDの発症予防や発症対応に役立つ。

✎ 行動・心理症状 p.143

ハル・ハウス

Hull-House

ジェーン・アダムスによって，1889年にシカゴの貧民街に設立されたセツルメント。ハル・ハウスでは，移民などに対する教育プログラムを通じたグループワークなどの活動や住民の組織化，公共サービスの改善運動を実施した。哲学者のジョン・デューイ（Dewey, J.：1859 ～ 1952）も深くかかわり，移民と貧困者の主体性を重視した。

✎ アダムス p.8

ハロー効果

はろーこうか

halo effect

ある対象を評価するときに，顕著な特徴に影響されて，ほかの特徴についての評価が歪められることをいう。「成績が良い子どもに対して，性格や行動面でも肯定的に評価してしまう」といったポジティブ - ハロー効果とその反対のネガティブ - ハロー効果がある。

ハローワーク

▶公共職業安定所 p.136

バワーズ

Bowers, Frank Swithun Barrington：1908-1992

カナダの社会福祉研究者。個別援助技術（ケースワーク）に関する様々な定義を分析し，自らも個別援助技術を「利用者とその環境の全体またはその一部との間に，より良い適応をもたらすのに役立つような個人の内的な力および社会の資源を動員するために，人間関係についての科学的知識と対人関係における技能を活用する技術（アート）である」と定義している。

半返し縫い

はんがえしぬい

▶手縫いの方法 p.363

バンク - ミケルセン

Bank-Mikkelsen, Niels Erik：1919 ～ 1990

デンマークで生まれる。コペンハーゲン大学で法学を学び，卒業後，新聞記者となったが，ナチスの占領下となった折，抵抗運動を行い収容所生活を経験する。第二次世界大戦後，労働社会省に入省。当時，巨大施設への収容が主流であった知的障害者に対する施策に疑問を抱き，「親の会」と協力しながら，障害者もほかの人間と同じ平等な存在であるとするノーマライゼーションの思想を説き，この思想を取り入れた知的障害者及びその他の発達遅滞者に関する法律，通称 1959 年法の成立に尽力した。その後も行政官として社会サービスに携わりながら，ノーマライゼーションの原理・思想について研究を続けた。

✎ノーマライゼーション p.409

半合成繊維

はんごうせいせんい

植物繊維や動物繊維などの天然資源を，化学反応させて作られた繊維。半合成繊維には，パルプ繊維を原料としたアセテート，トリアセテートと，牛乳蛋白カゼインを原料としたプロミックスがある。半合成繊維は絹の風合いに似た美しい光沢感があるので，華やかさを生かしたフォーマルドレスなどに使用されることが多い。

✎化学繊維 p.70

半座位 図171

はんざい

仰臥位から上半身を約 45 度に起こした体位である（ファーラー位ともいう）。半座位にするには，ギャッチベッドを用いるか，バックレストを使用する。

犯罪被害者等基本計画

はんざいひがいしゃとうきほんけいかく

2004（平成 16）年に制定された犯罪被害者等基本法に基づき，犯罪被害者等の権利利益の保護が図られる社会を実現させるために，2005（平成 17）年に策定された基本計画。2011（平成 23）年には第 2 次犯罪被害者等基本計画，2016（平成 28）年には第 3 次犯罪被害者等基本計画，2021（令和 3）年には第 4 次犯罪被害者等計画が策定され，4 つの基本方針，①損害回復・経済的支援等への取組，②精神的・身体的被害の回復・防止への取組，③刑事手続への関与拡充への取組，④支援等のための体制整備への取組，⑤国民の理解の増進と配慮・協力の確保への取組の 5 つの重点課題とその具体的施策が盛り込まれている。

✎犯罪被害者等基本法 p.423

犯罪被害者等基本法

はんざいひがいしゃとうきほんほう

平成 16 年制定，平成 17 年施行，法律第 161 号。犯罪被害者等のための施策に関し，基本理念を定め，国，地方公共団体および国民の責務を明らかにするとともに，犯罪被害者等のための施策の基本となる事項を定めることなどにより，犯罪被害者等のための施策を総合的かつ計画的に推進し，犯罪被害者等の権利利益の保護を図ることを目的とする法律。対象は，犯罪などにより害を被った者およびその家族または遺族であ

図 171　半座位：半分座った姿勢

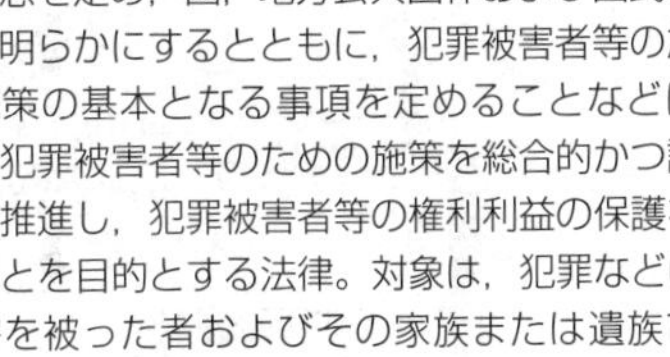

る。なお，基本的理念としては，①被害者の個人としての尊厳，その尊厳にふさわしい処遇を保障される権利，②被害者ごとの個別の状況に応じた施策の実施，③再び平穏な生活を営めるようになるまでの途切れない支援，の３つが列挙されている。

犯罪被害者等施策 図172

はんざいひがいしゃとうしさく

犯罪被害者等基本法および犯罪被害者等基本計画（2005年12月閣議決定）を受け，2007（平成19）年12月1日から実施されている。更生保護における被害者等施策として，①仮釈放等審理における意見等聴取制度，②保護観察対象者に対する心情等伝達制度，③更生保護における被害者等通知制度，④犯罪被害者等に対する相談・支援がある。施策実施のため，全国の保護観察所において，「被害者担当官」および「被害者担当保護司」が新たに指名された。

✎犯罪被害者等基本計画 p.423，犯罪被害者等基本法 p.423

犯罪予防

はんざいよぼう

犯罪発生の原因を除去し，または犯罪の抑止力となる条件を強化促進することによって，犯罪の発生を未然に防止することをいう。更生保護法第1条では，法律の目的の一つとして「犯罪予防の活動の促進等」を規定し，同法第29条は，保護観察所の所掌事務として「犯罪の予防を図るため，世論を啓発し，社会環境の改善に努め，及び地域住民の活動を促進すること」を規定している。また，保護司法第１条においても，保護司の使命の一つとして「犯罪の予防のため世論の啓発に努め」ることが規定されている。更生保護における犯罪予防活動は，地域社会内において，①世論の啓発，②環境の改善，③犯罪予防を目的とする住民活動の促進という方法により行われる。これらの活動は，保護観察所，保護司会，更生保護女性会，BBS会などが，様々な関連機関・団体と連携しながら，年間を通じて実施している。犯罪予防活動の一環として，毎年７月を強調月間として全国規模で行われる「社会を明るくする運動」

図172 更生保護における犯罪被害者等施策

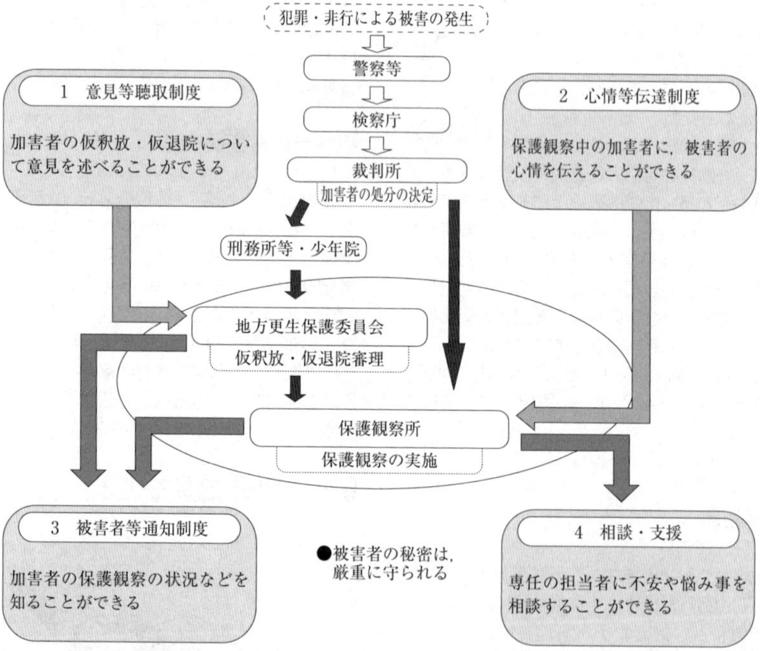

資料：法務省ホームページ（https://www.moj.go.jp/hogo1/soumu/hogo_victim01.html）一部改変

がある。

反射性尿失禁
はんしゃせいにょうしっきん

膀胱に尿が溜まってもまだ尿意を催すほどでないのに，意図せずに排尿反射（膀胱収縮）が引き起こされ，尿が漏れてしまうこと。これとは別に強い尿意とともに排尿反射が生じ，我慢できずに排尿してしまう失禁が切迫性尿失禁である。

✎尿失禁 p.396

ハンセン病
はんせんびょう

Hansen's disease

1873 年，ノルウェーの医師アルマウェル・ハンセン（Hansen, A.：1841 ～ 1912）により発見されたことから命名された感染症。日本ではかつてらい病と呼ばれたが，現在ではハンセン病と呼ばれる。抗酸菌の一種であるらい菌（*Mycobacterium leprae*）に感染し，潜伏期を経て発病する。症状は末梢神経障害と皮膚症状である。伝染性疾患であるが，感染力は極めて弱く，また感染しても発病することは少なく，治療法が確立し，完治する病気である。ハンセン病の患者は，顔面や手足に変形が生じることがあり，これまで，偏見と差別の中で多大の苦痛と苦難を強いられてきた。1953（昭和 28）年制定の，らい予防法においても引き続きハンセン病の患者に対する隔離政策がとられた。加えて，昭和 30 年代に入りハンセン病に対するそれまでの認識の誤りが明白となったにもかかわらず，依然としてハンセン病に対する誤った認識が改められず，隔離政策の変更も行われなかった。ハンセン病の患者であった者などにいたずらに耐え難い苦痛と苦難を継続せしめるままに経過し，らい予防法の廃止に関する法律が施行されたのは，1996（平成 8）年であった。

半側空間無視
はんそくくうかんむし

脳の損傷により，右または左半身の視覚，触覚などの刺激を認識できず，片側に注意がいかない症状のこと。高次脳機能障害の一つ。

✎高次脳機能障害 p.138

反張膝
はんちょうしつ

靱帯が伸びて膝が反り返る状態。脳血管障害による筋緊張の異常のために，膝を伸ばしたままで歩く状態を長い間続けた結果や，不適切な高さのヒールを履き続けたり，関節に負担がかかる姿勢によっても生じる。膝の痛みを伴うため，歩行不可能になって，再び歩けなくなってしまうことがある。無理な動作は筋緊張を増強させる。また転倒，骨折の危険が大きいのでリハビリテーションを通して正しい動作の獲得が必要である。

ハンチントン病
はんちんとんびょう

Huntington's disease

常染色体顕性（優性）遺伝をする疾患で，不随意運動，知能低下，感情障害を生じる。脳 CT では，大脳皮質の萎縮，尾状核の萎縮を認める。不随意運動のため踊っているように見えることが多いため，かつてはハンチントン舞踏病と呼ばれた。進行性の経過をとり，10 ～ 15 年で感染症，自殺（自殺企図を生じるため），嚥下困難に伴う呼吸障害などで死亡することが多い。難病の患者に対する医療等に関する法律（難病法）に基づいて公費負担の対象となる。

✎自殺企図 p.189，難病の患者に対する医療等に関する法律 p.387

ハンディキャップ
handicap

▶社会的不利 p.212

反動形成
はんどうけいせい

reaction formation

防衛機制の一つ。欲求を抑えつけて，願望と逆の行動や態度をとること。例えば，不満を感じている相手に対して，過度に親切に振る舞うことなどが挙げられる。

✎防衛機制 p.456

ハンドリム
hand rim

車いすの大車輪（後輪）の外側にあるひと回り小さな車輪。自力で車いすを操作する場合に使用する。前後の操作で直進，方向転換時には進みたい方向と反対側のハンドリムを操作する。

✎車いす p.115

ひ

ピア・カウンセリング

peer counseling

ピアには仲間や同等の人という意味があり，同じ障害や問題を抱える人がお互いに対等な立場で，話を傾聴し，気持ちのわかちあいを通して自立した生活を目指す方法を指す。その起源は1970年代初め，アメリカで始まった自立生活運動にある。障害者自身が受傷後間もない人の相談に応じたり，精神障害のある人，アルコール依存症のある人同士等でよく実践されている。厚生労働省は，市町村が行う相談支援事業の中にピア・カウンセリングを位置づけている。

✎自立生活運動 p.272，ピアサポート p.426

ピアサポート

peer support

専門家によるサポートではなく，同じ悩みをもつ仲間，同じ環境にいる者同士で支え合うこと。お互いに対等な関係の中での相互援助である。同じ体験を共有できるので，大きな安心感が得られる。障害当事者のピアサポートや，最近では学校場面における生徒同士の活動にも応用され始めている。

✎ピア・カウンセリング p.426

ピアジェ

Piaget, Jean：1896 ~ 1980

スイスの心理学者。子どもの観念構成や言語発達について研究をし，子どもと大人の心理には違いがあることを見いだした。さらに，子どもの思考発達を感覚運動期→前操作期→具体的操作期→形式的操作期の４段階に分類し，子どもの自己中心性や，可逆性，保存，集中性・脱集中性，シェマなど，数々の概念を打ち立てた。

✎シェマ p.182

ピア・スーパービジョン

peer supervision

▶スーパービジョン p.293

PF スタディ

ぴーえふすたでぃ

Picture Frustration Study

絵画欲求不満テストともいう。アメリカの心理学者ソール・ローゼンツァイク（Rosenzweig, S.：1907 ~ 2004）により考案された投影法による人格検査。児童用，青年用，成人用がある。欲求不満場面が描かれた漫画風のイラストを見て，空白の吹き出しに入る発言を回答することにより，性格傾向を把握する。傾向は，攻撃の型（障害優位型・自我防衛型・欲求固執型）と，攻撃性の方向（他責・自責・無責）の組み合わせで分析される。

BLS

ビーエルエス

basic life support

▶一次救命処置 p.22

PL 法

ぴーえるほう

▶製造物責任法 p.308

B 型肝炎

びーがたかんえん

hepatitis B

病原体はＢ型肝炎ウイルスで，輸血や性行為により感染する。血清肝炎ともいわれ，以前は輸血による感染が多かったが，輸血用血液の検査方法が確立されたため，現在では輸血による感染は激減した。症状は，全身倦怠感，食欲不振，発熱，胃腸障害，黄疸など。一般的な感染（水平感染）の多くは完治し慢性化することはまれである。慢性化は母児感染（垂直感染）によるキャリアで生じ，高率に肝硬変，肝臓がんを生じる。日本の肝臓がんのうち約70%が肝炎ウイルス（B，C型）による。予防には免疫グロブリンやワクチンを投与する。治療には，インターフェロン，核酸アナログが用いられる。最近ではＢ型肝炎の治療後に，免疫抑制剤，抗がん剤の使用に伴う再活性化が問題となっている。

非加熱のフィブリノゲン製剤等の投与による薬害肝炎は社会的にも大きな問題となった。なお，現在は加熱処理，界面活性剤処理がなされており感染の危険性はない。2010（平成22）年施行の肝炎対策基本法では，薬害Ｃ型肝炎，予防接種での注射器の連続使用によるＢ型肝炎について国の責任として，肝炎の総合対策の推進を定めている。

✎A 型肝炎 p.39，C 型肝炎 p.182

PT

ピーティー

physical therapist/physical therapy

▶理学療法 p.497，理学療法士 p.497

PTSD

ピーティーエスディー

post-traumatic stress disorder

▶外傷後ストレス障害 p.68

PDCA サイクル

ピーディーシーエーサイクル

業務や品質の維持，改善を図る管理手法である。Plan（企画立案），Do（実施），Check（評価），Action（処置・反映）の頭文字をとって，PDCA と呼ばれている。これは 1 回で終わるものではなく，繰り返すことによって，業務や品質の改善を図るものである。ウィリアム・エドワード・デミング（William. Edwards Deming：1900 ～ 1993）が提唱したことから，デミングサイクルとも呼ばれている。ケアマネジメントにおいては，アセスメントを基にしたケアプランの作成が Plan，ケアプランの実行が Do，モニタリング・評価が Check，再アセスメントが Action にあたる。

ヒートショック

急激な温度の変化が身体へ及ぼす影響を指す。具体的には血圧や脈拍の急な変動が生じることで，失神，脳血管疾患，心疾患の発症につながる。最もよく知られているのは，日本特有の入浴関連死である。日本では年間約 1 万 4 千人が入浴中に心肺停止状態に陥るといわれているが，冬季に寒い脱衣所や浴室から熱い浴槽内に入浴する際の温度差が発生に大きく関与している。そして，患者の約 8 割を高齢者が占める。予防のためには，湯温を 41℃ 以下にして，長時間の入浴は避け，さらに脱衣所や浴室を暖かくすることが推奨されている。

BPSD

ビーピーエスディー

behavioral and psychological symptoms of dementia

▶行動・心理症状 p.143

被害妄想

ひがいもうそう

delusion of persecution

現実にそぐわない考えであるにもかかわらず，自分自身が被害を受けていると考え他者からは訂正できないもの。「物を盗まれる」「いじめられる」「悪口を言われている」と現実に感じ，本人も訴えることがあるが，周囲からするとそれが突飛なものとして感じられることが少なくない。認知症，統合失調症，うつ病において生じることがある。

非貨幣的ニード

ひかへいてきにーど

三浦文夫（みうらふみお：1928 ～ 2015）は，貨幣的ニードと非貨幣的ニードを区別した。前者は，対価を支払えば手に入るものを指しており，後者は，貨幣により対価を支払おうにも価格を決定するのが困難なため，物品や対人サービスなどの現物給付によってしか支給できないものを指している。1970 年代の後半から，日本では，非貨幣的ニードは貨幣的ニードから分化して社会福祉独自の領域を確立していったといわれている。

✎貨幣的ニード p.78

ひきこもり

厚生労働省の定義によると，「仕事や学校に行かずかつ家族以外の人との交流をほとんどせずに，6 か月以上続けて自宅にひきこもっている状態」とされている。ひきこもりは疾患や障害の概念ではないが，精神疾患の可能性の高い場合にどう取り扱うかについても，いくつかの見解がある。

ひげそり

ひげは個人差があるが，平均して 1 日に約 0.2 ～ 0.5mm 程度伸びるといわれている。ひげは伸び過ぎると電気シェーバーで剃ることが困難になるので，本人の意向を確認し手入れをしていく。

理容師法第 1 条の 2，第 6 条により理容の業は，理容師でなければ行ってはならない。顔剃り・ひげ剃りの施術行為は，法により理容師の資格を保持する者に認められているものであるとされている。したがって，電気シェーバーでのひげ剃りは可能であるが，カミソリを使用しての介護従事者のひげ剃りは原則禁止である。

非言語的コミュニケーション

ひげんごてきこみゅにけーしょん

コミュニケーション方法の一つで，しぐさ，表情，まなざし，姿勢，声の調子，ため息，抑揚，速度，高低，ジェスチャー，動作，距離，服装，装飾品，外観など，言語を介さないで行われるやりとりのこと。姿勢，視線，表情，声の調子などの身体表現とともに，服装，面接室，細やかな配慮などの要素も相手に対する自分の姿勢を伝えてしまう。同時に相手からも非言語的メッセージを受け止めることが重要である。言語的コミュニケーションとならんで，他者理解の重要な手段である。手や指で撫でたり，さするなどの触れ合いによる行為（タッチング）も含まれる。

✎言語的コミュニケーション p.131

非参与観察

ひさんよかんさつ

参与観察とならんで，事例研究・質的研究の主要な方法の一つ。ただし「非参与」であるので，調査者は部外者として調査対象を外から観察する。参与観察と比較すると当然一方的な情報収集であり，調査対象の詳細を把握するには参与観察の方が優れている。自由面接法などを補うため，調査対象のあるがままの姿を観察することになる。マジックミラーを用いる実験室的な観察法もある。

✎参与観察 p.181

非審判的態度の原則

ひしんぱんてきたいどのげんそく

フェリックス・P・バイステック（Biestek, F. P.：1912～1994）によるケースワークの７原則の一つ。審判的態度とは，ワーカーが一方的にクライエントを問責し，有罪か無罪かの裁定を下すということである。ワーカーがこのような態度でいる場合，言葉にしなくともクライエントに確実に伝わるため，非難されそうな点についてクライエントはかたくなに口を閉ざそうとするであろうし，ワーカーを信頼することも難しい。ワーカーの職務は，クライエントの援助であって，クライエントを裁くことではない。なお，この原則の新訳として「クライエントを一方的に非難しない」とも訳されている。

✎バイステックの７原則 p.413

ヒステリー

hysteria

ヒステリーは，転換性（運動知覚性）障害と解離性（心理性）障害の２つに大別される。転換性障害とは，心の葛藤や欲求不満が身体症状に転換されたもの。具体的には，運動症状として声が出なくなる失声，立てなくなる失立，片麻痺，けいれんなど，また，知覚症状として，視野欠損，頭痛，のどに球がつまっているような違和感を感じるなどがある。解離性障害は，不安が精神症状として出現したもので，意識の広がりが狭くなり，人格の統合ができなくなって精神状態がばらばらになるもの。症状としては，もうろう状態，健忘，多重人格などがある。

✎解離性障害 p.69，転換性障害 p.364

ビスマルク

Bismarck, Otto Eduard Leopold Fürst von：1815～1898

ドイツ帝国初代宰相。1851 年，フランクフルト連邦議会プロイセン代表となり，1859 年，サンクトペテルブルグ公使，1862 年，パリ公使として外国に派遣され，同年，外務大臣就任のため本国に召還，首相を兼任する。普仏戦争に勝利した後，1871 年，ドイツの統一を推進し新ドイツ帝国の宰相となった。1878 年の社会主義者鎮圧法を制定する一方で，世界最初の社会保険となる３つの社会保険法（1883 年疾病保険法，1884 年労働災害保険法，1889 年疾病・老齢保険法）などの社会保障制度を整備し，「飴と鞭」の政策を進めた。1890 年，内外政策の破たんの責任をとって辞任。

非政府組織

ひせいふそしき

▶NGO p.42

ビタミン 図173 図174

vitamin

動物が健全な生活（成長，生殖，生命維持）を営む上で必須のもので，微量で重要な生理作用をもつ有機栄養成分。炭水化物，脂質，たんぱく質，無機質（ミネラル）とともに「五大栄養素」の一つ。ヒトの体内ではほとんど合成されず，食物から摂取しなければならない。今日では脂溶性のA，D，E，Kの４種類，水溶性のB_1，B_2，B_6，B_{12}，C，葉酸，ナイアシン，パントテン酸，ビオチンの９種類が発見されており，このほかにビタミン様作用物質もある。

摂取量の過不足によって過剰症，欠乏症をきたす。欠乏症については，その症状も治療方法も明らかになっており，適切な摂取により改善される。過剰症については，特に脂溶性ビタミンは体外に排泄されにくいために起こりうるが，通常の摂取量であれば発症する危険は少ない。

ビタミン E

vitamin E

脂溶性のビタミンの一つ。淡黄色の粘性油状物質で水には溶けず，油脂，エタノール，有機溶媒に溶けやすく，また酸化されやすい。α，β，γ，δのトコフェロールとトコトリエノールの８種類の同族体がある。ビタミン E の大部分は生体膜に存在し，抗酸化作用が強いので細胞の膜成分である多価不飽和脂肪酸（リノール酸）の過酸化を抑制し細胞膜の損傷を防ぐ。消化管内や組織内のビタミン A の酸化を防止し，吸収を促進するとともに安定化させる。動脈硬化，老化防止効果もあるといわれている。穀物胚芽，豆類などの植物性食品や，植物性油脂，牛乳，鶏卵にも含まれる。欠乏症は成人では明確には認められていないが，低出生体重児や乳幼児では赤血球の溶血が起こり黄疸にかかりやすくなる。ビタミン E の必要量は多価不飽和脂肪酸の摂取が高まると増加する。

ビタミン A

vitamin A

脂溶性のビタミンの一つ。ビタミン A には海水魚の肝油中に存在するビタミン A_1（レチノール）と，淡水魚の肝油中に存在するビタミン A_2（デヒドロレチノール）があるが，一般にビタミン A_1 をビタミン A と呼ぶ。植物体に分布するカロテン類はプロビタミン A と呼ばれる。生理作用として視覚機能や生殖機能の維持，動物の成長，骨発育，抗がん作用などが知られており，これらの作用のうち視覚機能に関しては詳しく解明されている。レチナール，レチールから生成されるレチノイン酸は前骨髄球性白血病の治療に有効であり，また，カロテンはプロビタミン A の作用以外に抗酸化作用があり，がん，動脈硬化，心筋梗塞などの予防に有効である。欠乏すると眼の働きを正常に保つことができなくなり，夜盲症になる。ビタミン A を多く含む食品は動物性食品ではうなぎ，やつめうなぎ，銀だらなど。植物性食品では，カロテンが含まれるあまのり，にんじん，ほうれん草，かぼちゃ，柿，柑橘類，びわなど。

図 173　脂溶性ビタミンの特徴

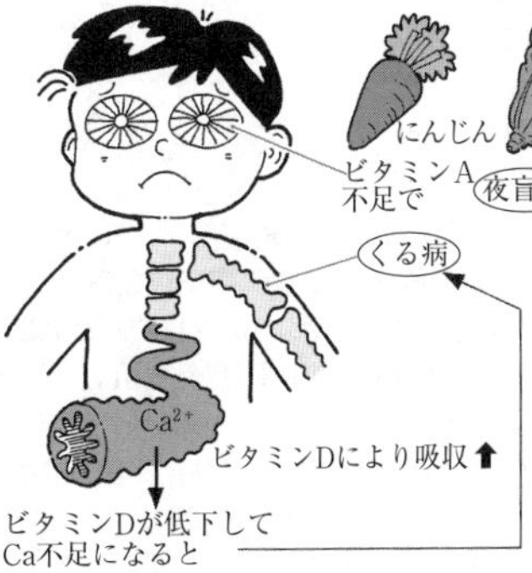

図 174　水溶性ビタミンの特徴

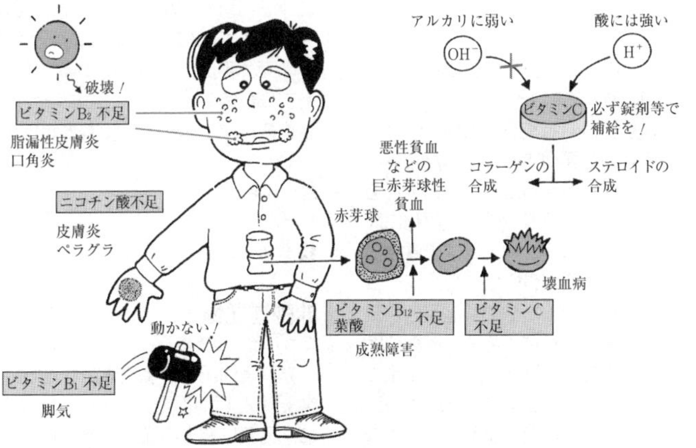

ひ

夜盲症 p.485

ビタミンK

vitamin K

脂溶性ビタミンの一つ。自然界で産生されるビタミンKはフィロキノン(K_1)とメナキノン(K_2)の２種類があり，プロトロンビンや数種類の血液凝固因子の生合成に必要となる。さらにビタミンKはビタミンDとともに骨の石灰化を促し，骨形成に重要な役割を果たす。ビタミンKを多く含む食品には緑黄色野菜，小麦胚芽，豆類，植物油がある。また，納豆，肉類，バター，青のり，母乳などにも含まれる。

ビタミンC

vitamin C

水溶性のビタミンの一つ。アスコルビン酸ともいわれ，体内で酸化還元反応（水素をやりとりする化学反応）を行う。欠乏すると壊血病になるが，これはビタミンCが骨，皮膚，腱や血管を構成するたんぱく質コラーゲンを作るために必要であり，不足すると血管が薄くなり破れて出血するからである。その他の生理作用としては，ストレスの緩和，メラニン色素の生成に影響を及ぼす。また，鉄の吸収促進，免疫機能の亢進，老化防止などの効用もある。調理・加工において酸化分解されやすいという特性をもつ。緑茶が発酵した紅茶にビタミンCが含まれないのはそのためである。果実類（干柿，いちご，ネーブル，レモンなど），緑黄色野菜（ブロッコリー，パセリ，ピーマンなど），いも類（じゃがいも，さつまいもなど）のほか，緑茶，レバーなどにも多い。

壊血病 p.53

ビタミンD

vitamin D

脂溶性のビタミンの一つ。食品に含まれる場合はビタミンDの前駆物質プロビタミンDとして存在し，紫外線照射によりビタミンDに変わり，ビタミンとしての効力を発揮する。そのため食品を日光に当てたり，日光浴をしたりする必要がある。欠乏するとカルシウム吸収や骨の石灰化に障害をきたし，乳児ではくる病，成人では骨軟化症になる。逆に過剰摂取すると骨吸収（カルシウムの離脱）が増加し骨折を起こしやすくなる。また血中のカルシウム濃度が高くなるため，動脈や腎臓にカルシウムが沈着して，動脈硬化や腎不全になることもある。ビタミンDはまぐろの肝臓，魚肉，肝油，バター，卵黄などの食品に多く含まれる。しいたけにもプロビタミンDが多く含まれるが，紫外線照射を施していない生しいたけのビタミンDは小腸から吸収されにくく，有効利用もされにくい。

くる病 p.115，骨軟化症 p.163

ビタミンB_2

vitamin B_2

水溶性であり，光に当てると分解する黄色のビタミンである。生体内では，大部分が酸化還元作用の酵素の補酵素として水素運搬の役割を果たす。ビタミンB_2が欠乏すると咽頭痛，口角炎，口内炎，舌炎，皮膚乾燥，眼精疲労，脂漏性皮膚炎などが起こる。これらの多くはビタミンB_2のみの不足によるよりも，ナイアシンなどほかの栄養素の同時欠乏の場合に多くみられる。ビタミンB_2を多く含む食品は，動物性食品では牛・豚などのレバー，牛乳，卵黄，うなぎ，酵母，植物性食品では米ぬか，納豆，緑黄色野菜などである。

口角炎 p.134

ビタミンB_1

vitamin B_1

水溶性のビタミンで，生体内のエネルギー代謝系の糖質代謝の補酵素として重要な役割をもつ。B_1が不足すると糖がうまく代謝されず，ピルビン酸や乳糖などの物質の血中濃度が増加し，筋硬直，筋肉痛の原因となる。また，運動・知覚麻痺をきたし，脚気や精神障害，運動失調，眼球運動麻痺などの症状が出る。慢性化するとコルサコフ症候群という精神疾患に移行する。B_1を多く含む食品は動物性食品では豚肉，植物性食品では穀類，種実類，豆類に多い。米ではビタミンB_1は胚芽，外皮層に含まれる。100g当たりのビタミンB_1量は米ぬかで2.5mg，玄米で0.54mg含まれるが精白米では0.03mgと著しく減少するので，精白米の摂取によるビタミンB_1補給はあまり期待できない。

脚気 p.75，コルサコフ症候群 p.170

悲　嘆

ひたん

▶グリーフ p.113

非陳述記憶

ひちんじゅつきおく

非宣言的記憶，手続き記憶ともいう。記憶は長期記憶と短期記憶に大別され，長期記憶はさらに，言葉にできる陳述（宣言的）記憶と，体で覚える非陳述（非宣言的）記憶に分けられ，この非陳述（非宣言的）記憶を手続き記憶という。自転車の乗り方や泳ぎ方，楽器演奏など，言葉ではなく体を使って覚えた記憶をさす。意識せずに感覚的・反射的に使うことができ，一度覚えるとなかなか忘れない。認知症が進行しても手続き記憶は失われにくい。

✎手続き記憶 p.363

ピック病 図175

ぴっくびょう

Pick's disease

ピック球と呼ばれる異常蓄積物が前頭葉と側頭葉先端の神経細胞にみられるもので，大脳の前方部分が限局性萎縮をきたす病気。前頭側頭葉変性症(FTLD)の一つとされている。脳の変性によって認知症が生じる点でアルツハイマー病と比較される。症状は人格変化，行動異常で，人格は荒廃して多幸，無関心となる。行動異常は反社会的行動（万引き，賽銭泥棒など不作為の犯罪），常同行動（同じ道の周徊一常同的周遊，決まった時刻の決まった日課一時刻表的生活，反復行動など），食行動異常（嗜好の変化，特定の食べ物に固執）などがみられる。

✎アルツハイマー型認知症 p.12

必須アミノ酸

ひっすあみのさん

たんぱく質を構成するアミノ酸のうち，体内で合成できないアミノ酸を必須（不可欠）アミノ酸と呼ぶ。たんぱく質が必須の栄養素となっているのは，たんぱく質を窒素の主要な供給源としていることに加え，これらの必須アミノ酸の摂取のためである。必須アミノ酸はイソロイシン，ロイシン，リシン（リジン），メチオニン，フェニルアラニン，スレオニン，トリプトファン，バリン，ヒスチジンの9種類である。これ以外のアミノ酸は，窒素の供給があれば体内で合成できるので，これらは非必須（可欠）アミノ酸と呼ばれる。必須・非必須は栄養学上の分け方で生理機能の重要性を意味したものではない。なお，食品に含まれるたんぱく質が栄養的に優れているためには，消化吸収率が高いこと，アミノ酸組成が優れていることが重要である。食品のたんぱく質の栄養価を判定する指標の一つとして，必須アミノ酸組成を基に評価する化学的評価法がある。

✎アミノ酸 p.10，たんぱく質 p.338

図175　ピック病の症状例

前頭葉～側頭葉萎縮
ワタシ，ワタタクシは病気じゃない
滞続言語
病識欠如
今朝の食事内容はトースト，コーヒー，卵だ
なにやってんだ！
怒りっぽい
早期には，比較的記憶は保たれる

筆　談

ひつだん

伝えたい内容を文字や絵で示して伝えるコミュニケーション方法。特別な練習が必要ないが，時間と労力がかかる。しかし，内容を確実に伝えることができるという利点がある。

✎要約筆記者 p.492

必要即応の原則

ひつようそくおうのげんそく

生活保護法第9条に規定される，申請保護，基準及び程度，世帯単位とならぶ生活保護の原則の一つ。保護は要保護者の年齢別，性別，健康状態など実際の必要の相違を考慮して行う，というのがこの原則の主旨である。同法を運用する際には，ともすれば画一的・機械的な運用が起こりがちである。しかしながら，要保護状態に陥るには複雑な要因が関係することが多い。そのため，この原則に従い，一人ひとりの要保護者の実情に即して保護を実施することが求められる。

✎生活保護の原理・原則 p.301

非定型精神病

ひていけいせいしんびょう

この病名の定義はまだ確定していない。統合失調症，躁うつ病，てんかんのように定型的な特徴をもっているのではなく，いずれかの2つまたはそれ以上を併せもつものをいう説や，統合失調症素因と躁うつ病素因が混合する混合精神病という説もある。

ビニロン 表69

vinylon

ポリビニルアルコールを原料とした合成繊維。高強度・高弾性・低伸度・耐薬品性・耐候性（耐紫外線機能）・軽量の特性をもち合わせている。現在，衣料用繊維としては染色性に問題があることから使用されていない。

ビネー

Binet, Alfred：1857 ～ 1911

フランスの心理学者。今日の知能検査の礎を築いた。フランス文部省から知的障害児を識別する方法の開発を委託され，1905 年，シモン（Simon, T.：1873 ～ 1961）とともにビネー・シモン知能測定尺度を作成，発表した。また，知的障害児の教育に関しても研究を行い，知能の科学的測定と教育を結びつけ，教育の科学化を目指した。

✎鈴木・ビネー知能検査 p.294

ビネー式知能検査

びねーしきちのうけんさ

1905 年にビネーがシモン（Simon,T.：1873 ～ 1961）とともに開発した知能検査。現代の知能検査の基礎となる。アメリカのルイス・マディソン・ターマン（Terman,L.M.：1877 ～ 1956）らによって標準化され，スタンフォード・ビネー知能検査として発表された。日本では 1930（昭和 5）年に鈴木治太郎（すずきはるたろう：1875 ～ 1966）による鈴木・ビネー知能検査，その後，田中寛一（たなかかんいち：1882 ～ 1962）による田中・ビネー知能検査が開発されている。個別式の検査であり，難易度順に配列された問題の回答から精神年齢を測定し，知能指数（IQ）を算出する。田中・ビネー知能検査Ⅴ（ファイブ）の適用範囲は成人まで拡大された。

✎鈴木・ビネー知能検査 p.294，知能指数 p.349，ビネー p.432

被爆者援護法

ひばくしゃえんごほう

▶原子爆弾被爆者に対する援護に関する法律 p.131

表 69　ビニロンの使用分類

農業資材分野	寒冷紗，防虫防鳥ネット，果樹ネット
水産分野	魚網，ロープ，藻類繁殖用網
土木建築分野	コンクリート補強材

被　服

ひふく

人体の各部分を覆い包むものの総称。身に着けるものすべて，衣服・帽子・履物・手袋・装飾品などを意味し，生活環境を円滑にするための補助的役割を果たす。被服は目的別に保護目的・審美目的・道徳儀礼目的・社会生活目的などに分類され，人体の生理機能の補助や社会生活機能の補助といった大きな役割をもっている。

被扶養配偶者

ひふようはいぐうしゃ

扶養（税法上もしくは社会保険法上，他者によって主として生計が維持されている状態）とされている配偶者を指す。この被扶養配偶者をめぐり，社会保障の領域では，国民年金における第 3 号被保険者（第 2 号被保険者の被扶養配偶者であって，20 歳以上 60 歳未満の者）に関する制度のあり方が議論の対象となっている。ほかにも，被扶養配偶者の保険料の負担，遺族年金における離婚の場合の取り扱い，パートタイム労働者の年金などについて問題があるとされており，女性のライフスタイルの変化とともに，被扶養配偶者の置かれる制度上の位置づけは流動的な状況にある。

飛沫感染

ひまつかんせん

感染源の宿主からのくしゃみや咳による飛沫状唾液が直接口に入ることで病原微生物が伝播されること。インフルエンザ，風疹，猩紅熱，ジフテリアなどが飛沫により感染する。マスクの着用，手洗いによりある程度防止できる。基本的に空気感染とは異なるので注意が必要。空気感染は，病原微生物を含む飛沫が気化した後に，病原体が付着した粉塵粒子が空中を漂い，それをヒトが吸引して感染するものをいう。

肥満（症）　図 176

ひまん（しょう）

体に脂肪が過剰に沈着し，生活機能に障害を及ぼす状態を肥満という。高血圧，心疾患，関節痛や運動障害を起こし，糖尿病なども併発しやすく，医学的に減量治療が必要な肥満を肥満症という。肥満症は 30 歳以後に起こることが多く性差は著明ではない。また近年子どもの太りすぎも問題になっているが，原因は過食と運動不足によるものが多い。成人肥満症の 1/3 は小児期から移行するといわれる。肥満症は外因性肥満（多食により起こる）と内因性肥満（代謝性肥満や内分泌性肥満）に分けられる。代謝性は脂肪の合成や分解に異常がある場合，内分泌性は下垂体，視床下部，性腺，副腎，甲状腺や多腺性機能障害で起こる。また，単純性肥満と症候性肥満に分けることも多い。

日本肥満学会では，BMI（body mass index）すなわち（体重 kg）/（身長 m)^2 が 22 のときを標準体重としている。すなわち標準体重（kg）＝（身長 m)^2 × 22，とする計算式を提唱しており広く使用されている。さらに，同学会ではBMI18.5 未満をやせ，18.5 以上 25 未満をふつう，25 以上を肥満としている。

✎メタボリックシンドローム p.478

秘密保持義務

ひみつほじぎむ

正当な理由なしに，その業務に関して知り得た人の秘密を漏らしてはならないこと（福祉士 46 条）。社会福祉士および介護福祉士は，秘密保持義務に違反した場合，法律に基づき 1 年以下の懲役または 30 万円以下の罰金に処せられる（福祉士 50 条）。信用失墜行為とならないためにも，秘密保持義務は，個人情報を知ることが多い福祉職や介護職の者にとっては基本的義務である。

✎守秘義務 p.232，資料① p.522

秘密保持の原則

ひみつほじのげんそく

フェリックス・P・バイステック（Biestek, F. P.：1912～1994）によるケースワークの 7 原則の一つ。援助者が援助過程において知り得たクライエントやその家族などに関する情報を，本人の同意なしに公開することを禁止するもの。倫理綱領で規定されるほか，社会福祉士及び介護福祉士法，精神保健福祉士法などにも規定されている。なお，この原則の新訳として「秘密を保持して信頼感を醸成する」とも訳されている。

✎バイステックの 7 原則 p.413

図 176　肥満症の人

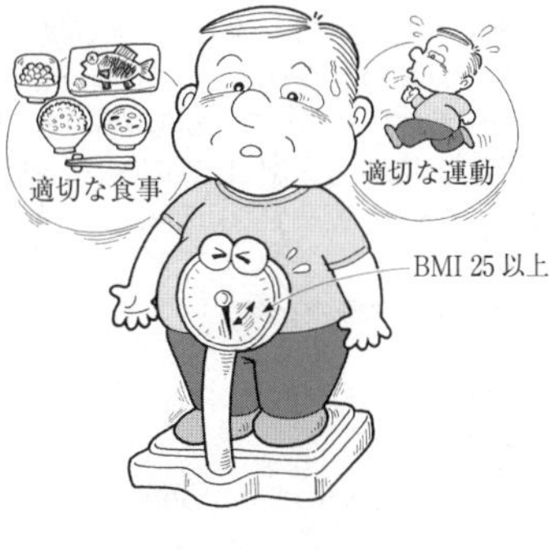

ひもときシート

認知症ケアの考え方を整理するためのツール。ケアのあり方を，認知症支援に携わる援助者の視点を中心としてとらえず，認知症の当事者の立場から課題や情報などを共有する仕組みである。認知症当事者のありのままの言葉や行動を受けとめることで，援助者側が思考の混乱につながる場合がある。ひもときシートは思考整理ともいわれ，「評価的理解」「分析的理解」「共感的理解」の考え方を学ぶことで，援助者が当事者の思考を理解できる仕組みでもある。当事者の特徴をとらえ，援助者中心になりがちな思考を本人中心の思考とすることにより，課題解決へつなげるためのツールでもある。

ヒヤリ・ハット

医療安全上，医療現場での不具合が患者に及ぶ前に発見され，または患者に及んだものの，幸運にも健康障害に至らなかったものをいう。インシデント，ニアミスと同じ意味。ヒヤリ・ハットについての情報を収集し，不具合の防止策を講じることで，重大な医療事故の予防が可能となる。

✎医療過誤 p.26，医療事故 p.27，ハインリッヒの法則 p.415

ヒューマンサービス

human services

医療，保健，看護，福祉，介護，司法，教育など様々な分野において，支援者（人）が利用者（人）に対して生活の質向上等を目指した支援行為をいう。

病　院

びょういん

医師または歯科医師が，公衆または特定多数人のため医業または歯科医業を行う場所で，病床数 20 床以上の入院施設（病棟）を持つものをいう。病院は医療法上，高度医療を行う特定機能病院（大学病院本院，一部のナショナルセンター等），救急，急性期入院医療を中心にほかの医療施設を支援する地域医療支援病院，その他の病院に分けられる。また，機能に着目して，急性期（一般）病院，回復期リハビリテーション病院，慢性期病院，精神病院，単科専門病院，ケアミックス病院等と呼ばれることもある。2020（令和 2）年現在，約 8,200 病院ある。日本ではほかの先進国に比較して，数が多く機能分化が不十分なこと，在院日数が長いこと，病床あたりスタッフ数が少ないことが特徴である。

評　価

ひょうか

介護過程において，目標に対して達成できたか否かを立ち止まり考えること。具体的には，計画通りできたか，目標に対する達成度はどうか，支援方法は適切か，新たな課題はないかなど様々な視点から評価する。これらの評価から再度アセスメント・計画・立案・実施・評価と，このプロセスを繰り返していく。こうすることで，利用者により適した支援を行うことができ，介護の質を高めていくことにもなる。

✎ アセスメント p.7，介護過程 p.53

平等権

びょうどうけん

日本国憲法は，第 14 条で「すべて国民は，法の下に平等であつて，人種，信条，性別，社会的身分又は門地により，政治的，経済的又は社会的関係において，差別されない」と規定し，すべての国民は，法律上，平等に取り扱われなければならないとする平等原則を定める。この平等原則から，国民は，国家に対して法的に平等な取り扱いを受ける権利ないし不平等な取り扱いを受けない権利として平等権が保障される。ただし，平等権はほかの基本的人権とは異なり，他者との比較において初めて問題が顕在化するため，それ自体としては無定型ないし無内容な権利である。

漂白剤

ひょうはくざい

▶衣料用漂白剤 p.30，塩素系漂白剤 p.47，還元型漂白剤 p.82，酸素系漂白剤 p.180

標本抽出法

ひょうほんちゅうしゅつほう

調査対象が大規模であり対象のすべてに調査を行うことができない場合に，その対象を表現していると考えることができるものを取り上げる，つまり，母集団の属性をよく表す「標本」を取り出す方法。標本抽出法は，有意選択法による標本のバイアス（偏り）を克服するために開発されたものである。その基本は，無作為抽出法（random sampling method）であり，代表的なものとして，単純無作為抽出，系統的抽出，二段抽出，層化抽出がある。

✎ 層化抽出法 p.318，単純無作為抽出法 p.337

標本調査

ひょうほんちょうさ

母集団の一部を抽出して，その傾向から母集団の傾向を類推する調査方法。全数調査に比べ，対象数が少なくて済むため，労力，費用，時間が節約できる反面，標本数が少ないと結果の信頼性が低下する。このため，標本は母集団に可能な限り近似したものである必要があり，そのためにいくつかの標本抽出法が用いられている。集団の一部を抽出する方法には，確率理論に基づく無作為抽出法と，確率理論に基づかない有意抽出法がある。

✎ 全数調査 p.316

日和見感染症

ひよりみかんせんしょう

opportunistic infection

感染防御機能が低下した宿主である易感染性宿主（compromised host）は，通常の免疫機能をもつ人には感染しないような弱毒微生物によっても感染症を発症してしまうことがある。これを日和見感染症という。ニューモシスチス，サイトメガロウイルス，カンジダ，緑膿菌などが代表的な病原体である。エイズ（後天性免疫不全症候群），悪性腫瘍，重症熱傷，臓器移植後の副腎皮質ステロイド薬の投与中などでは免疫機能が低下するため，日和見感染症を生じやすい。

✎ エイズ p.37，ニューモシスチス肺炎 p.394

平　織

ひらおり

織物の基本組織である三原（さんげん）組織（平織，斜文織，朱子織）の一つ。経（たて）糸と緯（よこ）糸が交互に組み入れられた単純な組織なので，薄くて丈夫な織物となり，実用的に使われる素材としての需要が高い。通気性・発散性が良いので，湿度の高い季節に好まれる素材である。平織にはブロード，浴衣地，キャラコ，ボイル，ガーゼ，羽二重，オーガンジーなどがある。

✎ 斜文織 p.220，朱子織 p.230

開かれた質問

ひらかれたしつもん

オープン・クエスチョン（opened question）

とも呼ばれる。「○○についてどう思うか」など，回答範囲を限定せず，相手の意見や考えを尋ねる質問の仕方をいう。相手の意見や考えをより多く引き出したい場合などに有効である。

✎閉じられた質問 p.380

微量栄養素

びりょうえいようそ

ビタミン，無機質（ミネラル）など微量でも生体の維持に欠かせない栄養素のこと。これらは，グラム単位で摂取する三大栄養素や食物繊維に比べればミリグラムレベルのごく少量を摂取すればよいが，体が正常な働きをしていく上でなくてはならないものである。例えば，ビタミンの多くは体内で合成できないため，必要量は少量でも，絶えず補う必要があり，不足すれば欠乏症を生じる。ミネラル類も，必要量は少量でも骨や歯の材料になったり，筋肉，血液，神経，皮膚の成分となり，生体機能の調節には欠かすことができない。過不足があれば体調がくずれ，様々な症状が出る。カルシウム不足は骨の異常，ナトリウム過剰は高血圧など，その関係する作用は複雑である。

✎栄養素 p.38，ビタミン p.428，無機質 p.476

貧　血

ひんけつ

anemia

赤血球の産生が低下し，酸素を運搬するヘモグロビン量，または赤血球総量が減少するため，末梢の組織が酸素不足になっている状態。鉄分の不足，消化管の悪性腫瘍による慢性出血，低栄養状態，造血作用に必要なビタミン B_{12}，葉酸の不足などにより生じる。女性は，月経，妊娠・出産のために男性に比較して鉄の必要量が多く，特に若年女性は鉄欠乏性貧血を生じやすい。

✎鉄欠乏性貧血 p.362

貧困調査

ひんこんちょうさ

19 世紀末のイギリスにて行われた，貧困者の生活を把握するための社会調査。当時のイギリスでは労働者層の貧困が社会問題化しており，その状況の科学的な把握が求められた。ロンドン市におけるチャールズ・ブースの調査とヨーク市におけるベンジャミン・シーボーム・ラウントリーの調査が著名である。両調査とも，労働者の約 3 割が貧困の状態にあるという結果となり，また貧困の原因も，従来考えられていた当事者の怠惰や放蕩よりも，低賃金や不安定就労，疾病などにあることが見いだされ，社会的な貧困対策が必要であるとの考え方へとつながった。

✎ブース，チャールズ p.437，ラウントリー p.496

貧困妄想

ひんこんもうそう

delusion of poverty

実際の経済状態に相応せず，貯金や田畑がなくなったであったり，自分や家族がすっかり困窮していると思い込むこと。うつ病で出現する微小妄想の一つ。

頻　尿

ひんにょう

pollaki (s) uria

排尿回数が増加した状態で，通常，1 日 8 回以上をいう。原因は，尿量の増加（水分摂取過多，糖尿病，利尿薬服薬，加齢に伴う尿濃縮力の低下など），膀胱容量の減少（腫瘍，萎縮膀胱など），膀胱過敏（膀胱炎，尿道炎など），排尿反射の亢進（過活動膀胱，神経因性膀胱），下部尿路閉塞性疾患（前立腺肥大症で尿道が狭くなり 1 度では排尿できず，残尿が増えるために何度もトイレに通うことになる），心因性などがある。なお，過活動膀胱は激しい尿意が急に起こるもので，しばしば切迫性尿失禁を伴う。一方，夜間頻尿は夜間に排尿回数が増加するもの（通常，就寝中に 2 回以上）で，睡眠障害を伴う。

ふ

ファーラー位

ふぁーらーい

▶半座位 p.423

FAST

ファスト

Functional Assessment Staging

アルツハイマー型認知症の重症度を日常生活活動（動作）（ADL：Activities of Daily Living）障害程度により，7 段階に分類した評価尺度のこと。観察が主体で，本人の回答や図形の模写などはない。7 段階とは，①正常，②年齢相応，③境界状態，④軽度のアルツハイマー（AD）型，⑤中等度の AD 型，⑥やや高度の AD 型，⑦高度の AD 型，である。

ファミリーサポートセンター

地域において子育ての相互援助活動を行う会員制の組織。保育所への送迎，一時保育などを行っている。会員になるための資格要件はない。2005（平成 17）年に次世代育成支援対策交付金の対象事業として開始し，これまで実施されてきたが，子ども・子育て支援新制度の開始に伴って，2015（平成 27）年からは子ども・子育て支援交付金における地域子ども子育て支援事業として実施されることとなった。

育児の援助を受けたい人と援助を行いたい人とを結びつける役割を果たし，援助活動の時間終了後，活動時間や内容に応じた料金（活動報酬）を依頼会員から提供会員へ支払う。その金額は各市区町村や時間帯，内容によって異なる。主な事業として，①会員の募集，登録その他の会員組織業務，②会員同士の相互援助活動の調整，③会員に対して活動に必要な知識を提供する講習会の開催，④会員同士の交流と情報交換のための交流会の開催，⑤保育所や医療機関など子育て支援関連施設・事業との連絡調整，を実施している。また，一部の市区町村では，病児・病後児の預かりや，早朝・夜間，緊急時の預かりなど（病児・緊急対応強化事業）を実施している。

ファミリー・マップ

Family-Map

オルソン（D. H. Olson）による家族システムの円環モデル（Circumplex Model）に基づき，カーンズ（P.J.Carnes）が開発した家族システムをとらえるための技法である。ファミリー・マップでは，家族のコミュニケーション環境および適応性・凝集性の 2 次元で作成される。適応性は無秩序，柔軟，構造化，硬直の 4 区分，凝集性は離散，分離，結合，密着の 4 区分に分類され，さらに適応性 4 ×凝集性 4 の 16 区分に類型化し，図示したものである。

不　安

ふあん

anxiety

将来的に，危険や自分にとって苦痛となりそうなことが起こりそうに感じて，不快で落ち着かない情動が生じること。その情動の原因となっているものや対象は，特定のものではなく，本人は自覚できていないのが通常である。身体的には動悸，胸痛，発汗，震え，熱感，冷感，尿意，便意，腹部不快感，顔面紅潮，蒼白などとして出現する。

不安症

ふあんしょう

恐怖が種々の形（症状）で出現する疾患。先天的または後天的に獲得され，症状の出現方法に特徴がある。養育された親から離れたときの不安（分離不安），小児期に起こる不安（過剰不安障害），暗所，高所，蛇などの理由のない恐れ（特定の恐怖症），容貌や能力を批判されることに対する恐れ（社交不安症），大人になってからの過剰不安障害（全般不安症），突然の心悸亢進，呼吸困難，死の恐怖など（パニック症）などがある。DSM-5（精神疾患の診断・統計マニュアル）では，心的外傷後ストレス障害と強迫症は，不安症からはずれ，独立した障害として分類している。

不安障害

ふあんしょうがい

▶不安症 p.436

フィランソロピー

philanthropy

博愛の意。慈善的な目的による，金銭，物品，時間，労力などをささげる行為のことを指し，従来「篤志家」と呼ばれてきた個人によるものと，企業の社会的貢献を指して使われる。特に今日では後者の面が大きく美術，音楽，教育などの文化活動の財源となっている。

風　疹　図 177

ふうしん

rubella

風疹ウイルスの飛沫感染により生じる。16 ～ 18 日の潜伏期の後，耳の後ろや頸部のリンパ節

図 177　風疹の主な症状

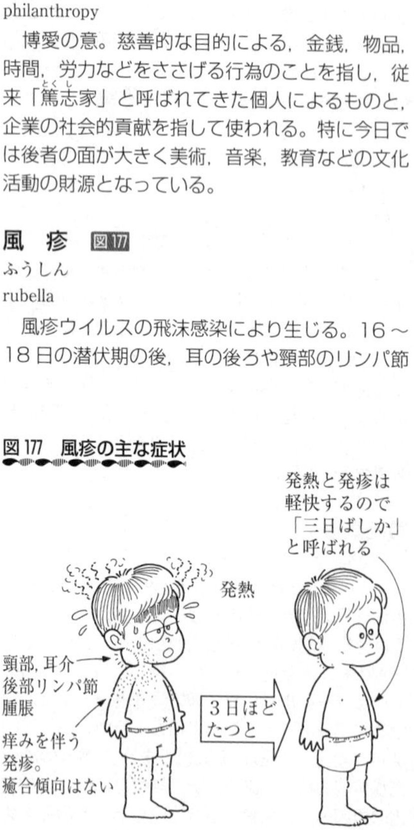
発熱と発疹は
軽快するので
「三日ばしか」
と呼ばれる
発熱
頸部，耳介
後部リンパ節
腫脹
痒みを伴う
発疹。
癒合傾向はない
3日ほど
たつと

が腫脹する。次いで，発熱と発疹が出現する。発疹は顔面から始まり，体幹，四肢に広がる。発疹は色素沈着を残さずに３日ほどで消え，同時に解熱する。これが俗に「三日ばしか」と言われるゆえんである。一般に自然に治癒し，予後は良好であるが，妊娠初期の女性が風疹に罹患すると，胎児の流産・早産の原因となるほか，胎児奇形を生じることがあり（先天性風疹症候群），注意が必要である。予防には風疹生ワクチンの接種を行う。学校への出席停止期間は，発疹が消失するまでである。

ブース，ウィリアム

Booth, William：1829 ～ 1912

救世軍の創始者。イギリスのノッティンガムに生まれる。1865 年，ブースが東ロンドン伝道会を組織したことによって，救世軍の活動は始まる。慈善組織協会から救済を放棄されていた人々に救いの手を差し伸べるべく独立の宗教団体を創設した。この団体が 1878 年，救世軍（Salvation Army）と改称され，多くの人々の献金に支えられ，貧困者の救済事業を行った。救世軍はブースの「不適者の救済を信ずる」という信念に基づき，社会事業救済と路傍伝道を目標としていた。主著に，『最暗黒の英国とその出路』（*In Darkest England and the Way Out*）がある。1895（明治 28）年，エドワード・ライト（Wright, Edward：1863 ～没年不詳）を中心とする救世軍の一行が来日し，日本支部が発足した。

✎救世軍 p.100

ブース，チャールズ

Booth, Charles：1840 ～ 1916

穀物商の子としてイギリス・リバプールに生まれる。豊かで知的な雰囲気の家庭で育ち，1856 年に貿易会社に入社。後に父の遺した財産をもとに「ブース汽船会社」を創設する。「利潤を上げる有能な経営者は，同時に廉価な商品を送り出し，労働者の生活水準を向上させることに寄与する」という経営観を確立しつつあったブースは，1885 年に社会民主連盟により行われた調査で労働者階級の約３割が貧困の状態にあるということを知り，衝撃を受ける。これを契機として，40 代で私財を投じ，ロンドンにおいて貧困調査を行う。1903 年にその結果を『ロンドン民衆の生活と労働』として出版した。この調査結果は，貧困線の概念を提示し，無拠出性老齢年金制度の創設や救貧行政の展開，ひいてはイギリス型福祉国家を形成する上で支柱となる諸論に大きな影響を与えた。

✎貧困調査 p.435

フェイスシート

ソーシャルワークの初期段階であるインテークによって得られた，基本的な情報を記入した記録の一つ。基本的な情報には，氏名，生年月日，住所，生活環境，家族構成，関係機関といった情報に加え，必要としている援助に関する情報（主訴），疾患・障害などの情報，および生活歴などの情報が含まれる。

✎インテーク p.31

フェニルケトン尿症 図 178

ふぇにるけとんにょうしょう

phenylketonuria

先天性代謝異常の一つで，アミノ酸のフェニルアラニンの代謝が障害され，組織中にフェニルアラニンの蓄積を生じる。生後６～ 18 か月の間に，精神発達障害，けいれん，赤毛，白い皮膚などの症状を認める。生後５～７日の新生児を対象にした足底採血によるマス・スクリーニング検査が行われており，発見された児には低フェニルアラニンミルクを与えることにより，正常な発育が可能である。

✎先天性代謝異常 p.316

フォーマルサービス

formal service

ソーシャルサービスの提供源の違いにより，フォーマルサービスとインフォーマルサービスに分けることができる。フォーマルサービスは，行政機関や，認可・指定を受けた民間機関・団体が

図 178　フェニルケトン尿症の主な症状と疾患概念

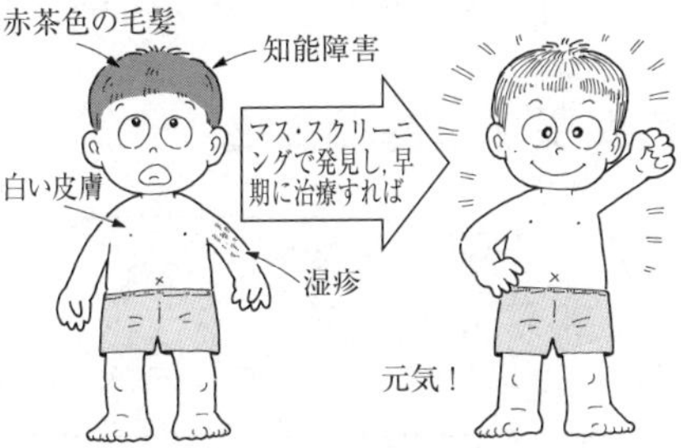

ふ

提供する支援であり，インフォーマルサービスは，家族・親戚，近隣住民，友人，またはボランティアといった制度化されていない人・組織，および相互扶助団体等が提供する支援である。

フォロワーシップ

followership

チームケアにおいて，チームリーダーの指示に従ってケアの実践を行うチームメンバー（フォロワー）が，チームの目標達成のためにリーダーを支えること。チームの中で自発的，自主的に行動したり，意見を表明することが求められる。

✎リーダーシップ p.496

不感蒸泄

ふかんじょうせつ

呼吸の際に，呼気中の水分と皮膚面（汗腺からのものではなく角層を通して）から蒸発する水分のことである。全不感蒸泄量の 70%を皮膚面からの不感蒸泄が占めている。発汗など目に見える有感蒸泄と異なり，自分では感じることがないまま水分を蒸発し続けている。不感蒸泄の量は，常温安静時には健常成人で 1 日に約 900ml，そのうち皮膚から約 600ml，呼気による喪失分が約 300ml である。発熱時に体温が 1℃上昇する毎に不感蒸泄の量は約 15%増加している。

腹圧性尿失禁

ふくあつせいにょうしっきん

stress incontinence

くしゃみや咳，重いものを持ち上げるなどで，急激に腹圧が高まって生じる尿失禁のこと。ストレス性尿失禁ともいう。中年以後の多産婦に多い。骨盤底筋訓練法（ケーゲル法）が治療に用いられる。

✎骨盤底筋訓練法 p.163，尿失禁 p.396

腹臥位 図 179

ふくがい

うつぶせに寝た体位である。伏臥位ともいう。

図 179　腹臥位：腹ばいに寝た姿勢

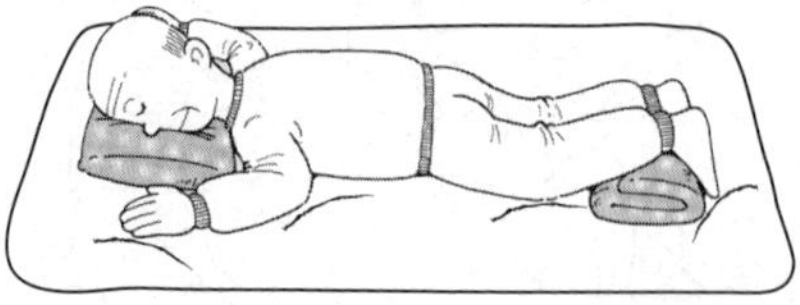

窒息しないように顔は横に向ける。上肢は肘関節を軽く屈曲して上にあげると，僧帽筋の緊張が緩和され，また上半身を起こすときに肘関節で支えることができる。足関節の下に枕を入れることにより下腿三頭筋の緊張が緩和される。

複合型サービス

ふくごうがたさーびす

2011（平成 23）年の介護保険法改正によって創設されたサービスで，小規模多機能居宅介護と訪問看護など，複数の居宅サービスや地域密着型サービスを組み合わせて提供する複合型事業所によって提供されるサービス（介護 8 条 23 項）。これらにより利用者は，ニーズに応じて柔軟に，医療ニーズに対応した小規模多機能型サービスなどの提供を受けやすくなる。また，事業者にとっても柔軟な職員配置が可能になる，ケアの体制が構築しやすくなる，という利点がある。2015(平成 27）年の介護保険制度の改正により，看護小規模多機能型居宅介護に名称が変更され，訪問看護と小規模多機能型居宅介護の組合せしか認められなくなった。

複合型サービス福祉事業

ふくごうがたさーびすふくしじぎょう

2 つ以上のサービスを組み合わせて提供するサービスとして，老人福祉法第 5 条の 2 第 7 項に規定されている。65 歳以上で，身体上または精神上の障害があるため日常生活を営むのに支障がある人に対して，訪問看護および小規模多機能型居宅介護の組み合わせで一体的に提供することが特に効果的な場合に提供される事業。

介護保険法上では，複合型サービスにあたる。やむを得ない理由により介護保険法によるサービスを受けられない場合には，措置として市区町村が提供する。

副交感神経

ふくこうかんしんけい

自律神経の一つで，アセチルコリンを神経伝達物質として，休息時に活性化する。副交感神経の働きにより，瞳孔の縮小，気管支の収縮，脈拍の減少，末梢血管の拡張，発汗の減少，腸の蠕動運動の亢進などを生じる。

✎交感神経 p.135，自律神経 p.272

複雑骨折

ふくざつこっせつ

compound fracture

骨が折れて，皮膚を破って外に骨の一部が出ているものをいう。開放骨折とも呼ぶ。難治性で感染を生じやすい。一方，皮膚内におさまっているものを単純骨折（閉鎖骨折）という。

✎単純骨折 p.337

副作用

ふくさよう

薬剤の投与により生じる結果のうち，疾患の治療目的に沿わない，あるいは生体に有害な作用をいう。

✎医薬品副作用被害救済制度 p.26

福祉医療機構

ふくしいりょうきこう

2003（平成 15）年 10 月 1 日に社会福祉・医療事業団の業務を引き継ぎ発足した独立行政法人。独立行政法人福祉医療機構法（平成 14 年法律第 166 号）を根拠法とする。社会福祉施設や医療施設整備の資金の融通・経営指導，社会福祉事業に関する必要な助成，社会福祉施設職員等退職手当共済制度の運営，心身障害者扶養保険事業，その他福祉・保健・医療に関する情報提供サービスを主な業務とする。

福祉型障害児入所施設

ふくしがたしょうがいじにゅうしょしせつ

児童福祉法第 42 条第 1 号に規定される施設で，障害のある児童に対して入所を通じた保護，日常生活の指導，独立自活に必要な知識技能の付与を行う施設のこと。具体的には，①知的障害や盲ろうあ，肢体不自由といった障害特性に応じた支援，重度・重複障害児や被虐待児への支援といった専門機能の強化，②障害者支援施策移行のための自立支援機能（地域移行）の強化，が取り組まれている。なお，児童相談所や市町村保健センター，医師により療育の必要性が認められた児童や 20 歳未満の加齢児の利用も認められている。

福祉活動指導員

ふくしかつどうしどういん

都道府県や指定都市の社会福祉協議会に置かれ，主に市区町村社協の指導・育成を行う者。都道府県や指定都市の区域における民間社会福祉活動の推進方策の調査，研究，企画立案，広報，指導その他の活動に従事する。任用条件として，社会福祉士あるいは社会福祉主事の任用資格を有することと明記されている。

福祉活動専門員

ふくしかつどうせんもんいん

1999（平成 11）年，厚生省（現・厚生労働省）通知「社会福祉協議会活動の強化について」（社援第 984 号）において示された設置要綱に，「福祉活動専門員は，市区町村の区域における民間社会福祉活動の推進方策について調査，企画及び連絡調整を行うとともに広報，指導その他の実践活動の推進に従事する」とその職務が規定されている。任用条件として，社会福祉士あるいは社会福祉主事の任用資格を有することと明記されている。

福祉関係事業者における個人情報の適正な取扱いのためのガイドライン

ふくしかんけいじぎょうしゃにおけるこじんじょうほうのてきせいなとりあつかいのためのがいどらいん

2005（平成 17）年の個人情報の保護に関する法律の全面施行に先立ち，厚生労働省が 2004（平成 16）年に策定したガイドライン。同法の規定に基づき，個人情報取扱事業者である社会福祉事業を実施する事業者が行う個人情報の適正な取扱いの確保に関する活動を支援するための指針。被保護者の生活記録，養護施設における児童の成育歴や家庭環境などについて，特に適正な取扱いを強く求めた。2017（平成 29）年 5 月末，「医療・介護関係事業者における個人情報の適切な取扱いのためのガイドライン」の策定，適用に伴い，廃止された。

✎医療・介護関係事業者における個人情報の適切な取扱いのためのガイダンス p.26，個人情報の保護に関する法律 p.161

福祉関係八法改正

ふくしかんけいはっぽうかいせい

▶社会福祉関係八法の改正 p.213

福祉元年

ふくしがんねん

自民党の田中角栄（たなかかくえい：1918 ～ 1993）内閣の時代に年金・医療の拡充が図られたことから，同内閣は 1973（昭和 48）年を福祉元年と位置づけた。具体的には，1972（昭和 47）年に老人福祉法を改正したことにより，70 歳以上高齢者の医療費を無料化した，老人医療費支給制度が実施された。また，年金制度では，5万円年金の実施，物価スライド制の導入などが行われた。その結果，社会保障関係費が大幅に拡大した。

社会保障関係費 p.218

福祉教育

ふくしきょういく

社会福祉の領域において福祉教育とは，住民の福祉意識を醸成するために生涯にわたって学び続ける活動である。実際の福祉教育の実践は学校教育に負うところが多く，それは1977（昭和52）年に始まった学童・生徒のボランティア活動普及事業による教育実践活動であった。しかし，1993（平成5）年に国民の社会福祉に関する活動への参加の促進を図るための措置に関する基本指針が告示され，国民の福祉活動に関する理解の増進を図るための措置として「福祉教育・学習」が位置づけられ，次第に学校・教育現場から地域へと拡大していった。さらに1996(平成8)年，第15期中央教育審議会の第一次答申で「生きる力」が掲げられ，ボランティアなどの社会貢献の精神がそれを形づくる大切な柱であるとした。このテーマは青少年だけではなく，大人も交えた地域社会の住民主体形成として大切にされなければならない概念となっている。

福祉公社

ふくしこうしゃ

主に高齢者の日常生活の支援を行うことを目的とする地方公共団体が設置・運営する任意団体。そのサービスは互酬性がある点や，措置による福祉サービスが利用できない中間層に在宅福祉サービスを提供するなどといった特徴がある。現在では全国に多数設置されているが，その先駆けは東京都武蔵野市の福祉公社にあるとされる。

福祉国家

ふくしこっか

社会保障の整備を通じ，国民福祉の向上を目的とする国家のこと。財政政策の展開や，完全雇用政策の採用もその要件に含める場合がある。第二次世界大戦中にイギリスが連合国を福祉国家，枢軸国を戦争国家と呼ぶ政治宣伝を行ったことからこの語が広まった。国家の機能を安全保障や治安維持などに限定する夜警国家とも対比される。福祉国家体制は，第二次世界大戦以降に先進資本主義諸国を中心として展開したが，オイルショック以後，社会保障関連費用の増大と，中央集権的な官僚機構の肥大が批判の対象となった。福祉国家批判以降，福祉レジーム論による複数の福祉国家類型が並存することの提示や，福祉ミックス化・福祉多元主義などの新たなモデルの提案がなされた。

夜警国家 p.484

福祉コミュニティ

ふくしこみゅにてぃ

1970年代にコミュニティの崩壊や弱体化が住民生活に大きな影響を与え，コミュニティ再建の必要性が高まる中，1971（昭和46）年，中央社会福祉審議会の答申「コミュニティ形成と社会福祉」で初めて社会福祉の基盤としてコミュニティ概念を明確化した。ただし，一般のコミュニティでは福祉問題が少数者の問題とされるおそれや，マイノリティ（少数派）等に対する偏見・差別意識が生じるおそれがあるため，それらを防ぎ，包摂し，さらに住民自体が支援への参加意識をもつように社会福祉を媒介として形成されるのが福祉コミュニティである。

福祉サービス利用援助事業

ふくしさーびすりようえんじょじぎょう

社会福祉法に規定される第二種社会福祉事業。判断能力にむらがあったり，低くなった状態にある人を対象とするもので，福祉サービス利用に伴い不利益を被らないよう，利用者の意向をくみ，日常的な金銭管理や福祉サービス利用に関する助言や情報提供，契約手続きの同行あるいは代行を行う。この法律の内容を指す具体的な事業の一つに「日常生活自立支援事業」がある。

日常生活自立支援事業 p.388，資料② p.525

福祉三法

ふくしさんぽう

第二次世界大戦後，連合国軍最高司令官総司令部（GHQ）の占領下の日本で制定された社会福祉関連の法律で，生活保護法（1946〔昭和21〕年：その後，1950〔昭和25〕年に新法成立），児童福祉法（1947〔昭和22〕年），身体障害者福祉法（1949〔昭和24〕年）の3つの法律のことをいう。1946年，GHQ覚書「社会救済」(SCAPIN775号）に示された3原則(無差別平等，公私分離，必要充足）に基づいて，生活保護法が制定された。次に，1947年，戦災浮浪児や孤児への対策を策定することが急務であったため，児童福祉法が成立した。そして，1948（昭和23）年におけるヘレン・ケラーの来日などの影響で，身体障害者に対する福祉対策に注目が集まり，1949 年，身体障害者福祉法が成立した。

✎ケラー p.126，福祉六法 p.444

福祉資金

ふくししきん

生活福祉資金貸付制度によって貸し付けられる，4 種類ある生活福祉資金の一つ。日常生活を送る上で，または自立した生活をするために，一時的に必要であると見込まれる費用を貸し付けることで，生活の安定や自立を支援するもの。生業を営むための経費や，技能習得の経費およびその期間の生計維持の経費，冠婚葬祭費，住宅の増改築・補修などの経費，福祉用具などの購入の経費，障害者用自動車購入の経費，療養費，介護費，住居移転費，災害による臨時の経費などを貸し付ける「福祉費」と，緊急かつ一時的に生計の維持が困難となった場合に少額の費用を貸し付ける「緊急小口資金」の 2 種類がある。原則として，緊急小口資金は，生活困窮者自立支援制度による自立相談支援事業の利用が貸付の要件となる。

✎生活福祉資金 p.299

福祉施設

ふくししせつ

▶社会福祉施設 p.216

福祉事務所

ふくしじむしょ

社会福祉法第 14 ～ 17 条に規定される，社会福祉行政の第一線の現業機関。生活保護法，児童福祉法，身体障害者福祉法，知的障害者福祉法，老人福祉法，母子及び父子並びに寡婦福祉法のいわゆる社会福祉六法に定める援護，育成，更生の措置をつかさどる。都道府県，特別区，市ではその設置が義務づけられ，町村では任意で設置することができる。所員の構成は，所の長，指導監督を行う所員（査察指導員），現業を行う所員，事務を行う所員とされ，指導監督を行う所員，現業員は社会福祉主事でなければならないと規定されている。1993（平成 5）年 4 月より，老人および身体障害者の入所措置事務が，さらには 2003（平成 15）年には知的障害者の入所措置事務が，都道府県から町村に移譲され，郡部を統括する都道府県の福祉事務所の業務が大きく変化している。

✎社会福祉主事 p.216，資料② p.525

福祉事務所長

ふくしじむしょちょう

社会福祉法第 15 条に規定される，福祉事務所において都道府県知事，市町村長の指揮監督を受けて，所務を掌握し，管理する者。その業務を遂行するにあたり，支障がない場合には，現業員，事務員を指導監督する査察指導員を兼務することができる。いわゆる社会福祉六法にまつわる各種認定や実地指導などの権限をもつ。

福祉住環境コーディネーター

ふくしじゅうかんきょうこーでぃねーたー

1999（平成 11）年に東京商工会議所が設けた検定資格で，1 級から 3 級の区分がある。在宅の高齢者や障害者に対して住みやすい住宅の新築および改築を提供することを目的に，施工業者との連絡，福祉用具や家具の選定にかかわる利用法や助言などを行う。2001（平成 13）年からは介護保険法における住宅改修費の理由書作成について，2 級以上の同資格取得者も行えるようになった。

福祉人材確保指針

ふくしじんざいかくほししん

▶社会福祉事業に従事する者の確保を図るための措置に関する基本的な指針 p.215

福祉人材確保法

ふくしじんざいかくほほう

1992（平成 4）年の社会福祉事業法及び社会福祉施設職員退職手当共済法の一部を改正する法律により，国に「社会福祉事業に従事する者の確保を図るための措置に関する基本的な指針」を定めることが義務づけられた（社福 89 条）ことを指す。福祉人材確保法というのはあくまでも通称であり，独立した法律として存在しているわけではない。

✎社会福祉事業に従事する者の確保を図るための措置に関する基本的な指針 p.215，資料② p.525

福祉人材センター

ふくしじんざいせんたー

社会福祉法第 93 ～ 101 条に規定される組織。社会福祉の就労・資格にかかわる情報の提供，就学の援助などの業務を行う施設。一般的な職業紹介に加え，相談員によるアドバイスなどを行っている。都道府県知事が 1 か所指定する都道府県福祉人材センターと，厚生労働大臣が指定し都道府県福祉人材センターへの指導，連絡調整，情報提供などを行う中央福祉人材センターとがある。

福祉電話

ふくしでんわ

聴覚障害または外出困難者を対象とし，ダイヤルボタン，マイク，スピーカー等，障害に応じたオプション機能を選定した情報・意思疎通支援用具。障害者総合支援法における日常生活用具給付等事業の給付種目である。また，おおむね 65 歳以上の一人暮らし等であって電話対応が可能で心身の状況により外出が困難なものに対して，老人福祉法第 10 条の 4 第 2 項において，市町村は日常生活上の便宜を図るための用具としての給付制度がある。

福祉ホーム

ふくしほーむ

障害者総合支援法第 5 条第 28 項に規定され，地域生活支援事業の任意事業に位置づけられている。現に住居を求めている障害者につき，低額な料金で居宅その他の設備を利用させるとともに，日常生活に必要な便宜を提供する施設。福祉ホームを経営する事業は社会福祉法における第二種社会福祉事業とされている。

福祉ミックス論

ふくしみっくすろん

従来，社会福祉サービスの供給は公的部門（国および地方自治体）に半ば独占されていたが，それを公的部門，民間市場部門，インフォーマル部門（家族，近隣，ボランティア，非営利組織など）の 3 つのセクターによるサービス提供を最適に組み合わせる仕組みに変えることを提唱する考え方。それによって，十分な福祉サービスの量を確保することが可能となり，かつ各提供主体間で競争が生じることにより，サービスの質も向上していくことが可能になると主張された。

✎インフォーマルセクター p.31，公的セクター p.143，民間営利セクター p.475

福祉有償運送

ふくしゆうしょううんそう

2004（平成 16）年 3 月に国より示された「福祉有償運送及び過疎地有償運送に係る道路運送法第 80 条第 1 項による許可の取扱いについて（ガイドライン）により可能となった有償運送サービスのこと。道路運送法第 78 条第 2 号に基づき，市町村，特定非営利活動（NPO）法人や社会福祉法人などの非営利法人が，自家用自動車を用いて，公共交通機関を利用しての移動に制約がある人を移送することができる。具体的な対象は，介護保険法にいう要介護者や要支援者，身体障害者福祉法にいう身体障害者，その他精神障害，知的障害などにより単独では公共交通機関を利用することが困難な者であり，会員として登録された者およびその付添人である。なお，2006（平成 18）年 6 月に道路運送法が改正され，それまで「例外許可」とされていた有償運送を「登録制」にし，「自家用有償旅客運送制度」が創設された。

福祉用具 図 180

ふくしようぐ

1993（平成 5）年に「福祉用具の研究開発及び普及の促進に関する法律（福祉用具法）」が制定され第 2 条に「福祉用具とは，心身の機能が低下し日常生活を営むのに支障のある老人又は心身障害者の日常生活上の便宜を図るための用具及びこれらの者の機能訓練のための用具並びに補装具をいう」と定義されている。

介護保険制度では，適時・適切な福祉用具の提供と資源の有効活用等を考え「貸与」が中心で 13 種目ある。①車いす，②車いす付属品，③特殊寝台，④特殊寝台付属品，⑤床ずれ防止用具，⑥体位変換器，⑦手すり，⑧スロープ，⑨歩行器，⑩歩行補助つえ，⑪認知症老人徘徊感知機器，⑫移動用リフト（つり具の部分を除く），⑬自動排泄処理装置。また，再利用することに心理的抵抗感や再利用が困難なものは「販売」となり 6 種目ある。①腰掛便座，②自動排泄処理装置の交換可能部品，③入浴補助用具，④簡易浴槽，⑤移動用リフトのつり具の部分，⑥排泄予測支援機器である。障害者総合支援法では，障害者（児）に対して失われた身体機能を補完または代替する機能を持った福祉用具として補装具が給付される。身体障害者では 13 種目，身体障害児では 17 種目ある。

✎特定福祉用具販売 p.375，資料③ p.530，資料④ p.531

福祉用具専門相談員

ふくしようぐせんもんそうだんいん

介護保険の指定を受けた福祉用具貸与・販売事業所に 2 名以上の配置が義務づけられている専門職。介護保険法施行令第 4 条に規定される。都道府県知事の指定を受けた研修事業者が実施する「福祉用具専門相談員指定講習」を修了した者と，福祉用具に関する知識を有している国家資格保持者が，業務にあたることができる。介護保険の対象となる福祉用具は，車いす，特殊寝台，床ずれ防止用具，体位変換器，手すり，スロープ，歩行器，歩行補助つえ，認知症老人徘徊感知器，移動用リフトなどがある。指定福祉用具貸与事業者にはこれら福祉機器の選び方や使い方などについて適切なアドバイスができるよう，福祉用具に関する深い知識が要求される。

福祉用具貸与

ふくしようぐたいよ

介護保険制度における居宅サービスの一つに位置づけられ，介護給付の対象となるサービス（介護8条，8条の2）。福祉用具の種目については「厚生労働大臣が定める福祉用具貸与及び介護予防福祉用具貸与に係る福祉用具の種目」に規定されている。特殊寝台，体位変換器，床ずれ防止用具，手すり，スロープ，歩行器，などが挙げられる。

2015（平成27）年度から，同一の利用者に複数の福祉用具を貸与する場合に，通常の貸与価格から減額して貸与できるようになった。

✎居宅サービス p.108，資料③ p.530

福祉用具の研究開発及び普及の促進に関する法律

ふくしようぐのけんきゅうかいはつおよびふきゅうのそくしんにかんするほうりつ

平成5年制定，法律第38号。略称は福祉用具法。福祉用具を「心身の機能が低下し日常生活を営むのに支障のある老人又は心身障害者の日常生活上の便宜を図るための用具及びこれらの者の機能訓練のための用具並びに補装具」と定義し（2条），用語として統一された。同法により，日常生活用具給付制度が法定化された。また，厚生労働大臣および経済産業大臣に福祉用具の研究開発・普及促進のための措置に関する基本方針を定めることを義務づけている（3条）。

そして，国は必要な福祉用具の研究開発・普及促進のための財政上・金融上の措置等を講ずること，地方公共団体は福祉用具の普及促進に必要な措置を講ずることを努力義務とし，福祉用具の製造事業を行う者は，その製造する福祉用具の品質向上や利用者等からの苦情の適切な処理に努めること，などそれぞれの責務を規定している（4，5条）。

✎補装具 p.466

福祉用具法

ふくしようぐほう

▶福祉用具の研究開発及び普及の促進に関する法律 p.443

福祉レクリエーション・ワーカー

ふくしれくりえーしょんわーかー

高齢者や障害者など，社会福祉サービスの利用者を主たる対象として総合的なレクリエーション援助を行う専門職。レクリエーション活動全般とその支援方法についての学習を土台に，利用者に

図180 貸与対象となる福祉用具の例

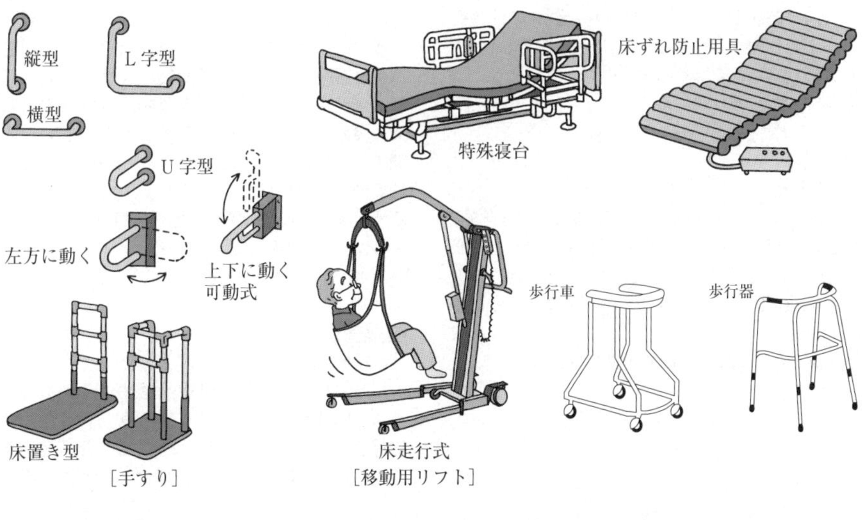

対するアセスメントに始まり，計画・実施・評価のプロセスを進行する。その目的は，利用者に自由で主体的なレクリエーション体験を提供し，QOL（生活の質）の向上と生きる喜びを感得してもらうことにある。福祉レクリエーション・ワーカーは，公益財団法人日本レクリエーション協会がカリキュラムを整備して養成と認定を行っている。同協会は通信教育によって有資格者の養成を実施しているが，全国の福祉系の大学・短大・専門学校でもこの資格を取得できるところがある。資格登録者は2022（令和4）年3月でおよそ3,000名，各地で地域のネットワークを作って活動している。

✎日本レクリエーション協会 p.392

福祉六法

ふくしろっぽう

社会福祉における対象別の6つの法律による制度の具体的な支援内容を示した実定法の総称。生活保護法，児童福祉法，身体障害者福祉法，知的障害者福祉法，老人福祉法，母子及び父子並びに寡婦福祉法を指す。戦後，連合国軍総司令部（GHQ）の占領下において，生活保護法（旧法1946〔昭和21〕年，新法1950〔昭和25〕年），児童福祉法（1947〔昭和22〕年），身体障害者福祉法（1949〔昭和24〕年）が成立し，社会福祉三法と呼ばれている。その後，1950年代に高度経済成長が始まるとともに，新しい生活問題が表面化した。それに対応するために精神薄弱者福祉法（現・知的障害者福祉法：1960〔昭和35〕年），老人福祉法（1963〔昭和38〕年），母子福祉法（現・母子及び父子並びに寡婦福祉法：1964〔昭和39〕年）が成立した。先の社会福祉三法と1960年代に成立した三法を合わせて，社会福祉六法と呼ばれるようになった。

✎福祉三法 p.440

輻輳説

ふくそうせつ

発達は遺伝的（生得的）要因と環境的（経験的）要因が加算的に作用し，両方が収束することで発達が進むとする考え方。相互作用説と似ているが，遺伝要因と環境要因の単純な加算と考える点が異なる。

✎シュテルン p.232，相互作用説 p.319

副鼻腔炎

ふくびくうえん

sinusitis

副鼻腔は鼻の周囲にある空洞で，上顎洞，篩骨洞，前頭洞，蝶形骨洞からなり，それぞれ鼻腔と交通している。急性上気道炎（カゼ）に続いて副鼻腔粘膜が炎症を生じたものを急性副鼻腔炎という。多くは治癒するが，症状が続いたり，炎症が反復したりすると，粘膜が肥厚し，鼻腔との交通路が狭窄・閉塞し，副鼻腔内に膿がたまった状態となり，これを慢性副鼻腔炎（蓄膿）という。鼻閉（粘膜の肥厚，鼻茸による），鼻汁（粘っこく，膿みのような鼻汁。のどへ流れることもある），臭いが分からない，頭重感，頭痛，頬の痛み，目の奥の痛みなどの症状を認める。治療には，洗浄，ネブライザーによる消炎剤投与，抗生物質投与，手術による交通路の拡大，肥厚した粘膜の除去などが行われる。

腹部マッサージ

ふくぶまっさーじ

便秘やガス貯留などによる腹部膨満時にマッサージすることで，腸管を刺激したり血液循環を良好にし，腸蠕動を亢進させる。食後すぐは避け，腸の走行に沿って（上行結腸→横行結腸→下行結腸S状結腸），「の」の字を描くように，強く力を入れすぎず掌全体でマッサージする。併せて，温あん法なども行うと，より効果的である。

✎温あん法 p.51，便秘 p.455

腹膜透析

ふくまくとうせき

CAPD：continuous ambulatory peritoneal dialysis

慢性腎不全に対して行われる人工透析には血液透析と腹膜透析がある。腹膜透析では，腹腔に透析液を入れ腹膜を介して老廃物，水分を取り除く。腹膜透析の代表的な手法であるCAPD（連続携行式腹膜透析）では，約5～6時間ごとに，透析液を入れたバッグを交換し，24時間連続して透析を行う。血液透析に比べ，身体への負担が少なく，社会復帰に優れている。

✎血液透析 p.123，人工透析 p.278

服薬管理

ふくやくかんり

処方された薬の量や時間，回数が指示通り守れるよう管理すること。飲み忘れや飲み間違え，薬の保管状況，残薬の有無，作用・副作用，食品との相互作用（摂取した食物が薬の作用や副作用に影響する）などの観察が必要である。服薬状況によっては，薬の一包化や服薬カレンダー，服薬ボックスなどの工夫を行う。特に高齢者は，多剤併用（多くの種類の薬を服用）しているため，注意が必要である。介護職は，一包化された薬の準備，服薬の声がけ，飲み残しがないかの確認を行い，症状変化があった場合は，速やかに医療職者に連絡するなどの連携を図る。

福利厚生センター

ふくりこうせいせんたー

Social（社会）と Welfare（福祉）の頭文字をとって Sowel Club（ソウェルクラブ）の愛称で呼ばれている，社会福祉事業従事者の福利厚生の増進を図ることを目的として設置された社会福祉法人である（社福 102 条）。社会福祉法第 102 ～ 106 条に規定され，全国に 1 か所指定される。

資料② p.525

不潔行為

ふけつこうい

弄便（ろうべん）ともいい，便をいじって床や壁にこすりつけるような行為をいう。認知症の症状としてみられる。オムツで排便したときに，意識レベルや，認知機能，コミュニケーション能力の低下により，排便を正しく伝えることができず，不快感を処理するために，オムツを外したり，便を自分で処理しようとしていると考えられる。

不顕性誤嚥

ふけんせいごえん

▶誤嚥 p.151

浮　腫

ふしゅ

edema

むくみと同じ。うっ血性心不全，低アルブミン血症，低酸素血症，下肢の静脈不全などにより生じる。うっ血性心不全では，血流のうっ滞が生じ，血圧上昇によって水を血管から組織の方へ押し出すために浮腫を生じる。水分・塩分摂取の制限，利尿薬の投与を行う。また，寝たきりの状態にあると栄養状態が低下し，低アルブミン血症のため，浮腫を生じる。下腿を指で押し，その跡が残ることで浮腫の有無を診断する。

うっ血性心不全 p.35

不織布

ふしょくふ

繊維を織らずに科学的作用によりシート状にした布。熱による機械処理や接着して絡み合わせることで作られている。複数の原料の合わせ方により，繊維の長さや太さを用途に合わせて作ることができる。用途は，衣料用資材（衣料用芯地・肩パッド），人工皮革，フィルター，衛生材料などである。

婦人相談員

ふじんそうだんいん

売春防止法第 35 条に規定される地方公務員。要保護女子および配偶者からの暴力被害女性の発見・相談・指導などを業務とする。社会的信望があり，職務を行うのに必要な熱意と識見をもつ者のうちから都道府県知事によって任用される。都道府県は義務設置，市町村は任意設置とされ，婦人相談所や福祉事務所，配偶者暴力相談支援センターに配置される。配偶者からの暴力の防止及び被害者の保護等に関する法律（DV 防止法）第 4 条に規定される業務も実施している。

婦人相談所

ふじんそうだんじょ

売春防止法第 34 条に規定され，都道府県に設置義務が課せられている相談所。配偶者からの暴力の防止及び被害者の保護等に関する法律（DV 防止法）制定前から一時保護の機能を担ってきたことに加え，同法の施行に伴い，配偶者暴力相談支援センターとしての機能を果たす施設として位置づけられている。各都道府県に 1 か所ずつ設置（徳島県のみ 3 か所）されており，一時保護所が併設されている（各都道府県に 1 か所）。保護期間は，おおむね 2 週間程度で，中長期的支援が必要な場合は，婦人保護施設への入所措置を行っている。

婦人保護施設

ふじんほごしせつ

売春防止法第 36 条および配偶者からの暴力の防止及び被害者の保護等に関する法律（DV 防止法）第 5 条に規定されている施設。要保護女子を収容保護するための施設で，都道府県に設置される。社会福祉法における第一種社会福祉事業で，39 都道府県に 47 か所設置されており，DV 被害女性等への生活支援・心理的ケア・自立支援を行っている。婦人保護事業の対象者（平 14 雇児発第 0329003 号）は，①売春経歴を有する者で，現に保護，援助を必要とする状態にあると認められる者，②売春経歴は有しないが，その者の生活歴，性向又は生活環境等から判断して現に売春を行うおそれがあると認められる者，③配偶者（事実婚を含む）からの暴力を受けた者（配偶者からの暴力を受けた後，婚姻を解消した者であって，当該配偶者であった者から引き続き生命又は身体に危害を受けるおそれがあるものを含み，身体的暴力を受けた者に限らず，心身に有害な影響を及ぼす言動を受けた者を含む），④家庭関係の破綻，生活の困窮等正常な生活を営む上で困難な問題を有しており，かつ，その問題を解決すべき機関がほかにないために，現に保護，援助を必要とする状態にあると認められる者，とされている。

不整脈

ふせいみゃく

arrhythmia

心臓の収縮リズムが乱れたり，速すぎたり遅すぎたりする状態である。異常がどこに存在するかによって個々に名前がついており，心房細動，心室細動，期外収縮，発作性上室性頻拍，房室ブロックなどがある。心房細動は，心房が無秩序に興奮し，心房全体としての収縮が失われた状態で，心房内に血栓が形成されやすいため，脳梗塞（脳塞栓症）の原因にもなる。心室細動は，心室が完全に無秩序に収縮するため，心臓から血液が拍出されず，心停止と同様の状態となるもので，直ちに除細動と心肺蘇生を実施しなければならない。期外収縮は，基本調律の合間合間に余計な刺激が出て，本来のリズムの前に脈が出てしまう状態である。これには上室性期外収縮や心室性期外収縮があるが，それぞれ心房細動，心室細動に移行することがあり，注意を要する。

✎完全房室ブロック p.87，心房細動 p.290

プッシュアップ訓練 図181

ぷっしゅあっぷくんれん

(sitting) pushup training

リハビリでの基本動作訓練の一つ。プッシュアップとは，脊髄損傷の対麻痺者が椅子座位もしくは長座位姿勢にて両上肢で座面を押し，臀部を持ち上げる動作である。特にトランスファー時には，肩甲帯を下制させながら臀部を後方に高く引き上げる（図181B）ことが必要である。車いす座位での褥瘡予防や車いすからベッドへの移乗，ベッド上での長座位移動に欠かせない基本動作であり，そのための訓練がプッシュアップ訓練である。まず長座位で臀部を浮かせる練習（図181A）から開始し，さらに後方へ引き上げる練習（図181B）へと進める。なお，筋力トレーニングの一つである腕立て伏せもプッシュアップと呼ばれる。英語圏では区別するために sitting pushup が用いられている。

物理療法

ぶつりりょうほう

物理的なエネルギー（熱，水，光，電気など）を外部から人体に加えて，痛みの軽減や血液循環の改善，リハビリテーション，リラクゼーションなどの目的で行う治療をいう。温熱療法，冷却療法，水療法，電気療法，光線（赤外線，紫外線）療法などがある。近年では磁気刺激療法や振動療法も機能回復訓練の一環として利用されている。

✎温熱療法 p.52

不適応現象

ふてきおうげんしょう

社会的環境に対して調和した関係をとれず，緊張や葛藤が生じ，本人や社会に何らかの不利益が生じている状態。本人が悩み，抑うつ気分になったり，身体的不調を生じたりする場合と，反社会的行動などで周囲や社会を困らせる場合などがある。一過性の適応困難状態から，慢性的な社会的不適応や内的葛藤まで様々である。

ブドウ球菌

ぶどうきゅうきん

Staphylococcus

人や動物の体表面および腸管内のほか，自然界に広く分布している細菌。人の皮膚の化膿巣や牛の乳房炎は，食品の重要な汚染源となる。おにぎり，折詰の弁当，和洋菓子など直接手に触れて扱うものは要注意である。ブドウ球菌の毒素であるエンテロトキシンは，非常に熱抵抗性が強い。通常の調理温度では，食品中のブドウ球菌が死滅し

図181 プッシュアップ訓練

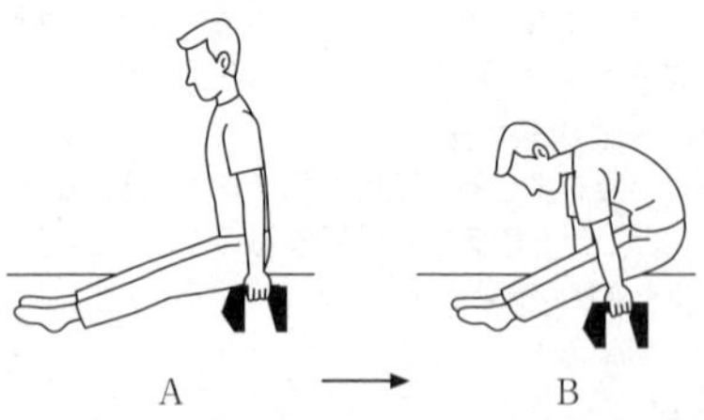

てもエンテロトキシンは分解されない。完全に分解するには，218～248℃で30分加熱が必要。食中毒の原因となるのは黄色ブドウ球菌で，潜伏時間は1～6時間，平均3時間程度で，ほかの食中毒菌から比べると極めて短いのが特徴である。

✎エンテロトキシン p.47，黄色ブドウ球菌 p.48

不登校

ふとうこう

文部科学省においては「不登校児童生徒」を「何らかの心理的，情緒的，身体的あるいは社会的要因・背景により，登校しないあるいはしたくともできない状況にあるため年間30日以上欠席した者のうち，病気や経済的な理由による者を除いたもの」としている。不登校への対応にあたっては，①将来の社会的自立に向けた支援の視点，②連携ネットワークによる支援，③将来の社会的自立のための学校教育の意義・役割，④働きかけることやかかわりをもつことの重要性，⑤保護者の役割と家庭への支援の5つの視点が強調されている。

なお，不登校児童生徒への支援としては，不登校児童生徒が主体的に社会的自立や学校復帰に向かうよう，児童生徒自身を見守りつつ，不登校のきっかけや継続理由に応じて，その環境づくりのために適切な支援やはたらきかけを行う必要があること，家庭への支援についても保護者と課題意識を共有して一緒に取り組むという信頼関係をつくること，訪問型支援による保護者への支援等，保護者が気軽に相談できる体制を整えることが重要であるとしている（元文科初第698号）。

不動産担保型生活資金

ふどうさんたんぽがたせいかつしきん

生活福祉資金貸付制度によって貸し付けられる，4種類ある生活福祉資金の一つ。低所得または要保護の高齢者世帯に対し，保有する住宅を担保として生活資金を貸し付けるもの。低所得の高齢者世帯に対し，一定の居住用不動産を担保として生活資金を貸し付ける「不動産担保型生活資金」と，要保護の高齢者世帯に対し，一定の居住用不動産を担保として生活資金を貸し付ける「要保護世帯向け不動産担保型生活資金」の2種類がある。

✎生活福祉資金 p.299，リバースモーゲージ p.499

部分調査

ぶぶんちょうさ

全数調査が調査対象のすべてを調べるのに対して，部分調査はその一部分を調査して，その結果から全体を推測する統計調査。労力，費用，時間などの問題により全数調査が不可能である場合に用いられることが多い。抽出した標本が全体を正しく代表しているかどうかが課題となる。

✎全数調査 p.316

部分てんかん

ぶぶんてんかん

partial epilepsy

意識障害を伴わない単純部分発作と，意識障害を伴う複雑部分発作とがある。単純部分発作の症状としては，運動障害を呈するもの，感覚症状を呈するもの，自律神経症状を呈するもの，精神症状を呈するものなどがある。一方，複雑部分発作では，一側側頭葉の内側部や外側部に病巣の焦点があることが多く，状況にそぐわない種々の無目的な言動（自動症）を呈する。発作の持続時間は数十秒～数分で，発作後には健忘を残す。

✎てんかん p.364

不飽和脂肪酸

ふほうわしぼうさん

脂肪酸には飽和脂肪酸と不飽和脂肪酸があるが，飽和脂肪酸は，固形で動物性脂肪に多く含まれ，不飽和脂肪酸は，常温では液状で植物油に多く含まれている。食用油脂に多く含まれる脂肪酸のうち，不飽和脂肪酸ではオレイン酸，リノール酸，EPA（エイコサペンタエン酸）などがある。これらのうちリノール酸，α-リノレン酸およびアラキドン酸は人間の成長に欠かすことができず，人間の体内で生成できないため必須脂肪酸と呼ばれている。

✎EPA p.14，リノール酸 p.499，リノレン酸 p.499

不　眠　図182

ふみん

insomnia

就眠や睡眠の持続が障害されている状態。不眠の原因には身体的側面によるものもあるが，精神的・環境的側面に起因するものもある。眠れないことは，誰にとってもつらいことである。眠れないと訴える人がいれば，話を聞いたり，足浴をゆっくり行ったりして安眠を促す介護にあたる。また，生活全般にも着目し，援助していく必要がある。一般的に高齢者は深い眠りが少なく浅眠傾向にあり，入眠するまでに時間がかかり，寝つきが悪く，夜間に2，3回トイレに起きるなど，熟睡感が得られないために不眠を訴えることが多い。

プライバシー保護の基本原則

ぷらいばしーほごのきほんげんそく

行政管理庁（現・総務省）が開催した「プライバシー保護研究会」により1982（昭和57）年7月に提言されたプライバシー保護に関する基本原則。①収集制限の原則，②利用制限の原則，③個人参加の原則，④適正管理の原則，⑤責任明確化の原則，がまとめられた。

プライマリ・ケア

primary care

プライマリ・ケアには，プライマリ・メディカル・ケア（PMC）とプライマリ・ヘルス・ケア（PHC）の2つの意味があるので注意を要する。PMCは一次医療であり，外来レベルで対応可能な医療をいう。PHCは地域性を重視した健康サービスを住民の自立によって推進していく包括的ヘルスケアをいう。

✎アルマ・アタ宣言 p.13

プライマリ・ヘルス・ケア

PHC：primary health care

1978年，世界保健機関（WHO）の「アルマ・アタ宣言」で提唱された概念。「すべての人々に健康を」をスローガンに，健康の増進，疾病予防，診断，治療，リハビリテーション，患者教育といった人々の健康を守るための活動は，地域での医療や保健活動に重点を置き，住民の積極的な参加によって推進していくべきであるとする考え方である。地域性の重視と住民の自立というのは，具体的には，①地域性の重視：地域医療ニーズの把握，地域医療資源の最大限の活用，地域開発の支援，②住民の自立：保健スタッフは住民の中から選抜し，住民を含めたチームが継続的に責任を負う，をいう。

✎アルマ・アタ宣言 p.13，プライマリ・ケア p.448

図182 不眠状態

入眠障害
中途覚醒
早朝覚醒
不眠の原因を明らかにしましょう
安心して眠れるように環境を整えましょう

ブラインディズム

blindism

視覚障害のある子どもにみられる特徴的な行動。指で目を強く押したり，頭や身体を揺すったり，ぐるぐる回ったりするなど。見えないことによる刺激不足を解消するための自己刺激とも考えられているが原因は明らかではない。通常は成長と共に減っていく。

フラストレーション

frustration

欲求不満のこと。欲求の満足が内部あるいは外部の原因により妨げられ，それにより高まってくる情動的な緊張状態を指す。

フラッシュバック現象

ふらっしゅばっくげんしょう

flashback phenomenon

強い心的外傷を受けた場合，後になってから突然その記憶が鮮明に思い出される現象。睡眠中の悪夢としてよみがえることもしばしばある。外傷後ストレス障害（PTSD）の中核症状であり，覚せい剤中毒，アルコール依存などでもみられる。

✎外傷後ストレス障害 p.68

プラットホーム・クラッチ

ぷらっとほーむくらっち

歩行補助つえの一種で，リウマチなどで手首に負担がかけられない人や握力が極端に弱い人の場合に使用する。肘関節を直角に曲げ杖の受け台に前腕を通して固定し，前腕全体で体重を支える杖。

✎杖 p.358

フランクル

Frankl,V.：1905～1997

オーストリアの精神科医，心理学者。第二次世界大戦下で，ナチスによる収容所へ強制収容され，家族を失うという体験をした。戦後に収容所での体験を心理学的視点からまとめた『死と愛』，『夜と霧』を著した。その後の活動で，「生きる意味」を見出すことを人生の目標とする心理療法「ロゴセラピー」を提唱した。フランクルは「生きる意味」を満たす価値として，創造価値（行動や何かを作ることで感じる価値）・体験価値（何かを体験することで感じる価値）・態度価値（運命を受けいれる態度によって実現される価値）があるとしている。

ブリーフ・サイコセラピー

brief psychotherapy

短期心理療法と訳される。治療期間を短縮した治療技法を指し，治療期間を初めから設定するものや，治療目標を限定するものなど，いくつかの流れがある。解決志向型ともいわれ，問題そのものや原因よりも，目標や変化に重点をおく。過去を掘り下げることはせず，現在や未来に焦点を定めて行う心理療法である。

ブリストル便性状スケール 表70

ぶりすとるべんせいじょうすけーる

Bristol Stool Form Scale

便の状態を７段階に分類する基準指標であり，客観的評価として便秘や下痢の診断に使用される。BS スコアともいう。一般的に BS スコアが１から２は便秘傾向，３から５が正常な範囲の便，６から７が下痢と区分けされる。便秘や下痢の場合は，BS スコアが３から５に近づくほど，それぞれの症状が改善されたとみなされる。３～５に整えるためには，生活習慣が重要となる。

プリ・テスト

pre-test

調査のプロセスにおいて，調査票の試案ができた後に，本調査と条件・特性を似せた一部の調査対象にテストを行うことをいう。これにより，質問文が意図されたように理解されているかなどを確認し，調査票を完全なものとする。

✎ 予備調査 p.493

ブルンストローム・ステージ

Brunnstrom stage

脳卒中による片麻痺を評価する際に用いられるスケール。上肢，手指，下肢の三部位について，６段階で評価を行う。

プレイグラウンド運動

ぷれいぐらうんどうんどう

19 世紀末にアメリカで盛んになった子どもの遊び場づくりの運動。都市の子どもたちの健全育成を目指し，人格形成における遊びの価値を主張したフリードリッヒ・フレーベル（Fröbel, Friedrich W.A.：1782～1852）の思想の影響を受け，子どもたちに健康的な遊びを提供するための遊び場を身近な生活圏につくることを目指した。現在では世界のどこにでも見られる砂場やブランコ，滑り台のある児童遊園はこの運動の成

表 70 ブリストル便性状スケール

	タイプ		形状
1	コロコロ便		硬くてコロコロのウサギの糞のような便
2	硬い便		ソーセージ状であるが，短く固まった硬い便
3	やや硬い便		表面にひび割れがあるソーセージ状の便
4	普通便		表面がなめらかで柔らかいソーセージ状，あるいはバナナ状の便
5	やや軟らかい便		水分が多く，はっきりとしたしわのある柔らかい半分固形の便
6	泥状便	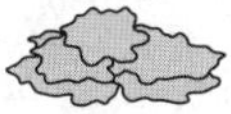	境界がほぐれて，泥のような不定形の便
7	水様便	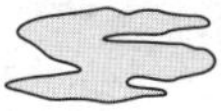	水様で，固形物を含まない液状の便

果といえる。20 世紀に入ると遊び場づくりの運動はその対象を青少年から成人にまで広げ，余暇の健全利用を推進するレクリエーション運動へと発展していった。

フレイル
frail/frailty

放置すれば要介護状態に陥るが，介入により健常状態に回復しうる中間の状態。虚弱の意味であるが，フレイルでは可逆的（一旦変化しても元に戻りうる性質）であることが強調される。身体的フレイルとしてサルコペニア，精神的フレイルとして軽度認知障害，うつ，社会的フレイルとして独居，貧困が知られている。老化は健常状態からフレイル状態を経て要介護状態に至る動的な過程であると考え，介護予防としてフレイルの早期診断，早期介入が図られるべきである。

サルコペニア p.179

ブレインストーミング　図183
brainstorming

小集団によるアイデア発想法の一つ。各自が自由にアイデアを出し合い，連想を広げていくことでさらなるアイデアが生まれる。ブレスト，BS などともいう。①他人のアイデア・発言に対する批判や反論はしない，②アイデアの理由や意味は重視されず，言いっぱなしでもよい，③アイデアは質よりも量，④次から次へとテンポよく発言する，が基本的なルールである。

フロイト
Freud, Sigmund：1856 ～ 1939

オーストリアの精神科医。イド，自我，超自我からなる心的構造を確立し，深層心理の力動的なメカニズムを解明する精神分析学を構築した。ヨーゼフ・ブロイヤー（Breuer, J.：1842 ～ 1925）とともにヒステリーの臨床的研究を行い，自由連想法という技法を編み出した。社会福祉援助技術では，診断派の理論的支柱として積極的に取り入れられた学説である。また，現代社会や文化現象に関する考察は現代思想に大きな影響を与えている。主著に『精神分析入門』（1917），『集団心理学と自我の分析』（1921），『文明への不満』（1930）がある。

自我 p.183，精神分析理論 p.306

フロイトの心理性的発達段階　表71
ふろいとのしんりせいてきはったつだんかい

精神分析の創始者ジークムント・フロイトは，心は性的エネルギー（リビドー）によって動かされると考えた。発達段階は性的エネルギーを感じやすい場所（性感帯）によって命名され，心理的発達は５つの段階（口唇期，肛門期，男根期，潜在期，性器期）があるとした。無意識の働きを重視し，幼児期の体験が大人になってからも大きな影響をもつと考えた。

フロイト p.450

図 183　ブレインストーミングの例

○○日の福祉体験会で
体験してもらいたいことは?
車いす体験は
どうでしょう
実際の支援も
やってもらいた
いですね
基本マナーも
必要なのでは…
利用者との
コミュニケーション
が大切ですよ

プロゲステロン

progesterone

卵巣より分泌されるホルモン。黄体ホルモンともいう。卵胞ホルモンのエストロゲンと協力して子宮粘膜を肥厚させ，柔らかくして受精卵の着床に適した状態にする。また，妊娠中は分泌が増加し，乳腺の発育を促進する。

✎エストロゲン p.42

プロセスレコード

Process record

記録の一種である。援助する過程での援助者と利用者との間で交わされた言葉や出来事等を時系列に記録する方法。この記録は，適切な援助であったか，より良いコミュニケーションが取れたか等の振り返り，評価・検討のために活用される。

プロダクティブ・エイジング

productive aging

生産的に歳を重ねていくという意味であり，アメリカの老年医学者バトラー（Butler,R.：1927～2010）によって提唱された概念である。バトラーは高齢者に対する社会の差別や偏見の問題に焦点をあて，高齢者に自立を求めるとともに，高齢者の経験や知識を有効に活用することで，社会の生産性を高めるという考えを提唱した。日本の高齢化社会においても，生涯現役と言われるように，労働やボランティア活動等を通して，高齢者が充実した高齢期を生きることで人生への可能性を拡大し，社会にとって重要な役割を担うことが期待されている。

文章完成テスト

ぶんしょうかんせいてすと

SCT；sentence completion test

未完成の短い文章（刺激語）を与え，自由に文章を完成させることにより，被験者の人格，性格や情緒成熟度，精神的葛藤や対人関係などの情報を得ることができる心理学的検査。投影法の一つ。文章構成度の程度から被験者の知的側面も把握できる。集団的に実施したり家に持ち帰ってできるため，臨床的用途は広い。ただし，解釈する上で明確な基準がないため，評価者の能力により左右される。

✎投影法 p.367

へ

平均寿命　表72

へいきんじゅみょう

現在の年齢階級別の死亡率が将来も継続したと仮定すると，平均して何年生きることができるかを計算により求めることができる。X歳のときに，その後何年生きることができるかを，「X歳平均余命」という。特に，0歳時の平均余命を平均寿命という。厚生労働省「第23回生命表」（令和2年）によると，日本の平均寿命は，男性81.56歳，女性87.71歳で，男性，女性とも世界でトップクラスである。

✎簡易生命表 p.80，健康寿命 p.127，平均余命 p.452

表72　平均寿命の国際比較

アイスランド　（単位：年）

	男	女	作成期間
日本	81.56	87.71	2020
カナダ	79.82	84.11	2018-2020
アメリカ合衆国	74.2	79.9	2020
フランス	79.10	85.12	2020
ドイツ	78.64	83.40	2018-2020
イギリス	79.04	82.86	2018-2020
イタリア	79.672	84.395	2020

資料　当該政府からの資料によるもの。

表71　フロイトの心理性的発達段階

段階	年齢	特徴
口唇期	1歳くらいまで	授乳，摂食など口唇部の快感による発達（取り込み）
肛門期	1歳から3歳	排泄と保留に伴う快感（手放す）
男根期	3歳から6歳くらい	エディプスコンプレックス，小児性欲
潜在期	6歳から12歳くらい	同性の親への同一化，エネルギーの昇華・社会規範の学習
性器期	12歳くらい以上	性的成熟，心の成熟，心理的自立

平均余命
へいきんよめい／へいきんよみょう

ある年齢の者のその後の生存年数の期待値のこと。その時点における各年齢での死亡率をもとに計算される。各年齢での平均余命は生命表で示される。

✎簡易生命表 p.80，平均寿命 p.451

閉鎖骨折
へいさこっせつ

▶単純骨折 p.337

閉塞性動脈硬化症
へいそくせいどうみゃくこうかしょう

ASO；arteriosclerosis obliterans

下肢の主幹動脈に粥(じゅく)状硬化が生じ，その内腔が狭くなるために末梢組織の虚血症状をきたす疾患。下肢の冷感・しびれ感，間欠性跛行，安静時痛を呈し，重症化すると潰瘍・壊死を起こす。脳梗塞，虚血性心疾患はともに動脈硬化が基本的な病態であり，閉塞性動脈硬化症を合併していることが多い。介護保険の特定疾病とされている。

✎介護保険の特定疾病 p.61

ベヴァリッジ
Beveridge, William Henry：1879 ～ 1963

オックスフォード大学卒業後，トインビー・ホールの運営に携わり，生涯の師となるウェッブ夫妻と出会う。1908 年にウェッブ夫妻の仲介で商務省に入省。以後，11 年間にわたり官界に身を置く。第一次世界大戦後，ロンドン・スクール・オブ・エコノミクス学長，オックスフォード大学ユニバーシティ・カレッジ学寮長を歴任。1941 年に「社会保険および関連サービス各省委員会」の委員長となり，1942 年に個人責任で報告された「ベヴァリッジ報告」は社会保障制度の骨格を示した画期的なもので，第二次世界大戦時にもかかわらず売り上げは好調であった。

✎ウェッブ夫妻 p.33，トインビー・ホール p.367

ベヴァリッジ報告 図184
べゔぁりっじほうこく

Beveridge Report

1942 年にウィリアム・H・ベヴァリッジが委員長となりイギリスで出された「社会保険および関連サービス」と題する報告書のこと。「ゆりかごから墓場まで」というスローガンで有名な第二次世界大戦後のイギリスにおける社会保障の理論的支柱となった。この報告では，イギリスの戦後再建をはばむ「五つの巨人（欠乏・疾病・無知・不潔・怠惰）」を封じ込めることを目標として共有することが主張された。この五つの巨人を封じ込める手段の一つとして，この報告ではナショナル・ミニマム（最低生活水準）を保障する社会保障政策が提案された。その際の基本的ニードは社会保険で対応するとされ，公的扶助は緊急的ニードについてのみ対応するものとされた。さらに，重視されるべき社会保険に関する 6 つの基本原則（均一額の最低生活費給付，均一額の保険料拠出，行政責任の統一，適正な給付額，包括性，被保険者の分類）が述べられている。

✎五つの巨人 p.23，ベヴァリッジ p.452，ゆりかごから墓場まで p.487

ベーチェット病 図185
べーちぇっとびょう

Behçet's disease

原因が不明で，目，皮膚，粘膜にみられる症状（口腔内の潰瘍，皮膚の発疹，外陰部の潰瘍，目の炎症，視力低下）を特徴とする慢性再発性の全身性炎症疾患。血管の炎症，頭痛，髄膜炎，精神症状，腹痛，腸の出血・潰瘍など，副症状として多臓器に炎症性病変を認める。原因は不明であるが，HLA-B51 陽性者が多いことが分かっている。難病の患者に対する医療等に関する法律に基づいて公費負担の対象疾患である。

図 184 ベヴァリッジ報告

✎難病の患者に対する医療等に関する法律 p.387

ペクチン
pectin

水溶性の食物繊維の一つで，果物や野菜類など植物組織の細胞壁の細胞間構成物質である。高メトキシル（HM）ペクチンと低メトキシル（LM）ペクチンに分けられる。HM ペクチンは，酸と糖が共存している状態で，冷えるとゲルを形成する。これを利用しているものが，ジャムやペクチンゼリーである。ペクチン 0.5 ～ 1.5%，酸 pH3 ～ 3.5，糖 55 ～ 65% 程度が適する。LM ペクチンは，2 価の金属イオン，例えば Ca^{2+} が存在するとゲルを形成する。牛乳を加えるだけでゲル状に凝固するデザートが市販されている。

ベッド上での洗髪
べっどじょうでのせんぱつ

ベッドの上でケリーパッド（洗髪パッド）を用いて頭を洗う介護のこと。ケリーパッドを用いれば，長期臥床している人や体力の低下した虚弱な人でも，頭を清潔に保ち気分転換の機会となる。市販のパッドがなくても，ビニール袋とバスタオルで手作りすることができる。部分浴介護のうちの 1 つである。ケリーパッド(洗髪パッド) とは，寝たままで洗髪する際に使用するゴム製の福祉用具である。パッドの端をバケツの中に入れると，汚水がバケツに流れるように工夫されている。

ベッドメイキング

ベッドで臥床できるように，寝具やその周りを整え快適な環境を作ること。誰も寝ていないベッドでの寝具を整える方法と，寝ている人のシーツを交換する方法とがある。ベッドメイキングは，清潔を保ち安全で安楽な睡眠環境を作るために大切な支援である。しわのないシーツは褥瘡を予防し，安眠をもたらす効果がある。

図 185　ベーチェット病の症状

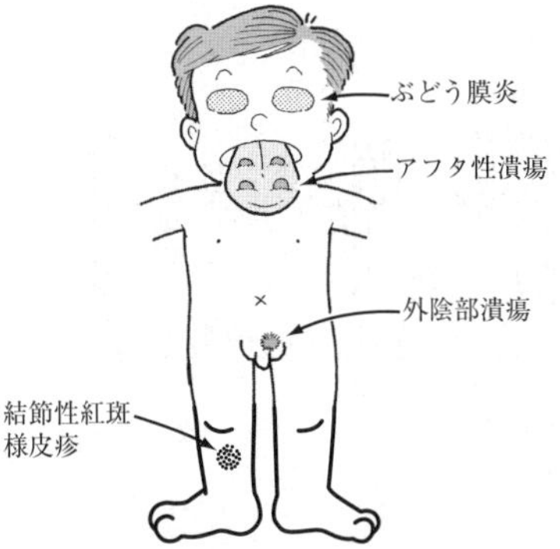

ベビーブーム　図186
baby boom

日本の人口増減は，国際人口移動が少ないため，出生数および死亡数の変化による影響が大きいのが特徴である。出生数についてみると，戦前から毎年 260 万人以上が生まれた「第一次ベビーブーム」（昭和 22 ～ 24 年），いわゆる「団塊の世代」までは増加していたが，その後急速に減少に転じている。また，昭和 37 年以降，毎年 200 万人以上が生まれた「第二次ベビーブーム」（昭和 46 ～ 49 年）にかけて出生数は増加に転じた。しかし，その後再び減少傾向が続き，昭和 62 年には，昭和 41 年の「ひのえうま」（約 136 万人）を下回って約 135 万人となっている。さらに，平成元年の合計特殊出生率が 1.57 となったことによって，いわゆる「1.57 ショック」として社会的関心を集めた。平成 18 年は「第二次ベビーブーム」世代，いわゆる団塊ジュニア世代の出産期ピークということもあり 109 万 2,674 人（1.32）と回復し，その後も合計特殊出生率については，平成 25 年まで回復傾向がつづき 1.43 となったが，実際の出生数そのものは 102 万 9,816 人と減少しており，平成 26 年には合計特殊出生率も減少に転じた。その後平成 28 年の出生数は 97 万 6,979 人（1.44）と 100 万人を割り込み，平成 31 年（令和元年）には 86 万 5,239 人（1.36）と 90 万人も割り込んでいる。

✎1.57 ショック p.23，出生数 p.231

ペプチド
Peptid(独)/peptide(英)

▶トリプシン p.383

ヘリコバクター・ピロリ
Helicobacter pylori

ヘリコバクター・ピロリ菌は経口的に感染し，慢性感染により，胃炎，消化性潰瘍，胃がんの原因となることが知られている。ヘリコバクター・ピロリ陽性の胃潰瘍・十二指腸潰瘍は除菌治療の適応であり，治療には胃酸分泌抑制薬（プロトンポンプ阻害薬），抗生物質 2 剤（アモキシシリンとクラリスロマイシン）の 3 剤併用療法を行う。

ヘルプマーク

help mark

援助が必要な人のためのピクトグラム。義足や人工関節を使用している人，心不全や腎不全などの内部障害のある人や難病の人，妊娠初期の人など，外観からはわかりにくいが援助が必要な人のためのマークである。2012（平成24）年に東京都が独自にサービスを開始し，その後2016（平成28）年に京都府でも配布が始まり，2021（令和3）年には全国の自治体で利用されるようになった。ヘルプマークを持っている人を見かけたら，バスや電車内では座席を譲り，困っている時には声をかけるなど思いやりのある行動を心がける。

ヘレン・ケラー

▶ケラー p.126

ベロ毒素

べろどくそ

▶O157 p.49

変形性関節症

へんけいせいかんせつしょう

arthrosis deformans

関節表面を覆っている関節軟骨は関節がスムーズに可動することを助ける役割を果たしているが，この部分が加齢によりすり減ると，関節の運動時痛，炎症を生じる。これを変形性関節症という。膝関節，股関節など体重のかかる関節に多く，加齢に伴い発症が増加する。なお，両側の膝関節または股関節に著しい変形を伴う変形性関節症は，介護保険の特定疾病とされている。

✎介護保険の特定疾病 p.61

変形性膝関節症

へんけいせいしつかんせつしょう

gonarthrosis/ osteoarthritis of the knee joint（OA）

膝関節の関節軟骨が老化などで変性し，膝関節の変形，腫脹，疼痛，関節可動域制限などが生じる疾患。予防には肥満の防止，適度な運動による下肢筋力の増強，無理な運動の制限などがある。治療は運動療法，消炎鎮痛剤投与。進行例には人工膝関節置換術などを行う。

変形性脊椎症

へんけいせいせきついしょう

spondylosis deformans

脊椎の退行性変化で，椎体に骨棘がみられる。

図 186　出生数と合計特殊出生率の動向

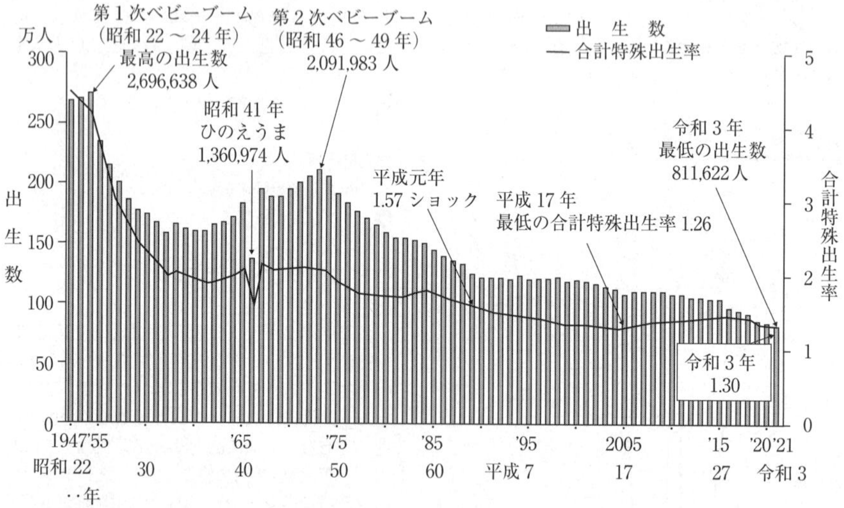

資料：厚生労働省「人口動態統計」

これによって，脊髄神経の圧迫を生じ，腰背部痛を起こす。腰椎でよくみられ，坐骨神経痛を伴うことが多い。

坐骨神経痛 p.178

変形性腰椎症
へんけいせいようついしょう
lumbar spondylosis/osteoarthritis of lumbar spine

脊椎の椎間板が退行変性することによって起こる椎間関節や周囲組織の病変（変形性脊椎症）が腰椎に発症したもの。腰痛や坐骨神経が障害される坐骨神経痛が生じる。

ベンジン
benzine

しみ抜き剤として，衣類の油汚れを落とすために使用される。石油系溶剤で，揮発性が高く刺激臭がある。引火性があるので，家庭での取り扱い時には周囲の危険性を確認し，換気にも注意を配る必要がある。

しみ取り p.209

ベントン視覚記銘検査
べんとんしかくきめいけんさ
BVRT：Benton Visual Retention Test

視覚認知，視覚記銘，視覚構成能力を評価する視覚性記憶の検査。提示された図形を模写したり，覚えて描写したりする。適用範囲は 8 歳から成人まで。器質的脳機能障害や認知症などのスクリーニングによく用いられる。また，言語をあまり用いないので，言語機能に障害のある対象者にも有用である。

便　秘
べんぴ

排便障害の一つ。便が大腸内に長時間停滞し，水分が再吸収されることで固くなり，排便に困難・苦痛を伴う。器質性便秘と機能性便秘の 2 種類がある。器質性便秘は，腸管の癒着や腫瘍による狭窄など腸の病気によりおこる。機能性便秘には，下剤の乱用や排便習慣の乱れなど排便反射の低下によっておこる直腸性（習慣性）便秘，運動不足や腹筋力の衰えにより十分に腹圧がかけられないことなど腸蠕動の低下による弛緩性便秘，ストレスや自律神経失調など直腸が痙攣性に収縮するためにおこる痙攣性便秘，麻薬や抗コリン薬，せき止めなどの薬の副作用で起こる薬剤性便秘がある。

便秘予防
べんぴよぼう

腸の動きが弱くなったり水分制限をする高齢者は，便秘をきたすことが多い。予防策として，①十分な水分摂取，②腸管の蠕動運動を高めるため繊維質の多い植物性食品（豆類や海藻類など）を摂取，③適度な運動，④毎日一定時間に排便できるよう習慣化する，⑤必要に応じて緩下剤を検討する。

ほ

保育士
ほいくし

2001（平成 13）年の児童福祉法改正によって，同法第 18 条の 4 に「専門的知識及び技術をもつて，児童の保育及び児童の保護者に対する保育に関する指導を行うことを業とする者」と規定された法定資格のこと（名称独占）。また，同法第 48 条の 4 第 2 項では，業務に関し，保育所に勤務する保育士は，乳児・幼児等の保育に関する相談・助言を行うために必要な知識・技能の修得，維持・向上に努めなければならないとされている。保育所だけでなく，乳児院や児童養護施設，知的障害児施設などの児童福祉施設に配置され，直接処遇担当職員として，児童指導員とならんで中核的役割を果たしている専門職の一つである。施設により職務は異なるが，乳幼児などの保育，保育計画の立案や，児童指導員などとともに生活指導や学習指導にあたることもある。

保育所
ほいくしょ

児童福祉法第 39 条に規定される児童福祉施設の一つ。保育を必要とする乳児・幼児を日々保護者の下から通わせて保育を行うことを目的とする施設で，子ども・子育て支援新制度の実施にあたって，旧法にあった「保育に欠ける」要件が見直され，「保育の必要性」の認定を受けることで，利用することができるようになった。認定の事由として，これまで「保育に欠ける」要件とされてきた就労や保護者の疾病・障害，産前産後，同居親族の介護などに加え，これまで自治体によって対応が異なっていた求職活動や就学・職業訓練，虐待，DV などが，施行規則に明記された。また，保育所は主に利用される地域の住民に対し，保育に関する情報提供や，支障がない場合は，乳児・幼児等の保育に関する相談・助言に対応するよう努めなければならないとされている（児福48条の4・1項）。なお，1997（平成9）年の児童福祉法改正によって，従来の措置制度から保護者による選択制度へと変更された。保育所を経営する事業は社会福祉法における第二種社会福祉事業とされている。

保育所等訪問支援

ほいくしょとうほうもんしえん

児童福祉法第6条の2の2第6項に規定される障害児への支援の一つ。保育所などの児童が集団生活を営む施設に通う障害児につき，施設を訪問し，当該施設における障害児以外の児童との集団生活への適応のための専門的な支援を行う。2012（平成24）年4月に新設された。

防衛機制 表73

ぼうえいきせい

ジークムント・フロイトにより提唱され，その娘のアンナ・フロイト（Freud, A.：1895～1982）によって研究・整理された用語である。防衛とは，不安や苦痛・罪悪感などの感情，またそれを引き起こしてしまう欲求を，意識化せずに無意識的なものとする自我の働きをいう。環境と自分の葛藤との折り合いをつけるという意味で，適応の一つのあり方とみなすこともできる（失敗または破たんした場合は，症状として現れる）。「合理化」や「昇華」のほか，「補償（自分の弱点を補うため，別の面でほかの人に勝とうとする）」，「反動形成（抑圧された欲求と正反対の行動や態度をとる）」，「抑圧（自分で認めがたい欲求や感情を抑えつけて意識しないようにする）」などがある。

✎適応機制 p.362

放課後児童健全育成事業

ほうかごじどうけんぜんいくせいじぎょう

児童福祉法第6条の3第2項に規定される事業で，子育て支援事業の一つ。1997（平成9）年の児童福祉法改正により法定化され，第二種社会福祉事業に位置づけられる。それ以前は，留守家庭児童対策事業，放課後児童対策事業などの名称により行われてきたもの。「小学校に就学している児童」を対象とし，その保護者が労働などの理由で昼間家庭にいないものに，授業終了後，児童館や児童センターなどの児童厚生施設のほか，学校の余裕教室，公民館やアパートの一室などにおいて適切な遊び・生活の場を与え，健全な育成

ほ

表73　主な防衛機制

抑　圧	受け入れがたい欲求や感情を，無意識の中に抑え込んで，心理的安定を図ろうとすること。（例：暴力を受けた事実を無意識に忘れ去る）
合理化	自分の行動や失敗を自分以外のところに原因があるかのように，都合のよい理由をつけて自分の立場を正当化すること。（例：就職を希望していた会社から不合格の知らせを受けたのは，「あの会社の経営が安定していないからだ」として，不合格を正当化する）
投射（投影）	自分で認めがたい欲求や感情を，自分以外の人の中に投影して安定を図ろうとすること。（例：あの人は私を嫌っている ［実は，自分がその人を嫌っている］）
補　償	自分の弱点や劣等感を補うために，別のことで優越感を得ようとすること。（例：自分の外見には自信がないので，得意な勉強で良い成績をとる）
昇　華	スポーツや芸術活動などの社会的に承認される行動に打ち込むことで，反社会的な欲求不満を解消すること。
反動形成	自分の隠しておきたい欲求や感情と正反対の行動をとること。（例：必要以上に不機嫌で尊大な態度 ［実は，依存的な人］）
同一化	他者のある一面やいくつかの特性を，自分にも当てはめ，それと似た存在になること。（例：有名人の友達であることをひけらかす）
退　行	受け入れがたい状況において，それまでに獲得していた行動や態度よりも未熟な段階の表現をすること。（例：弟や妹が生まれたことで赤ちゃん返りをする［自分も注目をあびたい］）
置き換え	実際の対象とは別の対象に怒りや不安をもったりぶつけたりすること。（例：親に怒られたことによる怒りを物にぶつける）
逃　避	不安や葛藤を引き起こすことやものから逃げること。（例：やらなければならないことをせず，趣味に興じる）

を図る事業。実施主体は市町村，社会福祉法人その他の者とされている。2004（平成16）年に策定された「少子化社会対策大綱に基づく重点施策の具体的実施計画について（子ども・子育て応援プラン）」において，放課後児童クラブの推進が，関連事項として盛り込まれた。

✎子育て支援事業 p.161，子ども・子育て応援プラン p.164

放課後等デイサービス

ほうかごとうでいさーびす

児童福祉法第6条の2の2第4項に規定される障害児への支援の一つ。学校に就学している障害児につき，授業の終了後または休業日に児童発達支援センターなどの施設に通わせ，生活能力の向上のために必要な訓練，社会との交流の促進を行う。以前は障害者自立支援法（現・障害者総合支援法）に基づくサービス（児童デイサービス）であったが，2012（平成24）年4月より，障害児に関するサービスは児童福祉法に一元化された。

包括的支援事業

ほうかつてきしえんじぎょう

介護保険制度の地域支援事業の一つ。①介護予防ケアマネジメント，②総合相談支援，③権利擁護，④包括的・継続的ケアマネジメント支援，⑤在宅医療・介護連携の推進，⑥認知症施策の推進（認知症初期集中支援チーム，認知症地域支援推進員），⑦生活支援サービスの体制整備（生活支援サービスコーディネーターの配置，協議会の設置等）を行う。⑤～⑦は地域包括支援センター以外の市町村が認めた団体等に委託することができる。

膀胱炎

ぼうこうえん

▶尿路感染症 p.396

膀胱・直腸障害

ぼうこうちょくちょうしょうがい

重度の腰椎椎間板ヘルニアや交通事故などによる脊髄損傷でおこる神経症状の一つ。または脳に障害を負った場合に，膀胱と直腸が同時に機能障害になることが多い。頻尿や尿失禁，便秘などの症状があり，尿意や便意を感じることができない。

✎尿失禁 p.396，頻尿 p.435，便秘 p.455

膀胱・直腸障害者の介護

ぼうこうちょくちょうしょうがいしゃのかいご

ストーマ造設した利用者や自己導尿（自分で尿道口からカテーテルを挿入して時間ごとに尿を排出する）が必要な利用者が対象である。自己導尿は医行為であるため，介護職がカテーテルの挿入を手伝うことは認められていない。利用者が行う際，座位が不安定な場合は身体を支える，尿の観察を利用者と一緒に行い，結果を記録し異常時は速やかに医療職に報告するなど，利用者が安全・安楽に行えるように支援する。排便障害に対しては，緩下剤や浣腸，摘便，腹部マッサージなどによる排便ケアが行われる。

✎ストーマ p.295，ストーマ用装具 p.295，腹部マッサージ p.444

膀胱留置カテーテル法

ぼうこうりゅうちかてーてるほう

膀胱内に貯留した尿をカテーテルで持続的に排出する方法。適応は，①前立腺肥大など排尿困難や尿閉の場合，②手術後で全身安静が必要な場合，③術創の保護，④時間ごとの尿量を正確に測定したい場合などである。膀胱留置カテーテルには，膀胱瘻（ろう）（腹壁に穴を開けて，膀胱から直接カテーテルで排尿できるようにした瘻孔）に挿入するものを含む。尿道の損傷や尿路感染のリスクがあるため，適切な挿入方法，管理を行う。

✎カテーテル p.76

放射線照射

ほうしゃせんしょうしゃ

食品の変質防止方法の一つで，放射線を利用する方法のこと。食品照射ともいう。食品の温度を上昇させない冷殺菌で，包装したまま殺菌・殺虫が可能であり，諸外国では，香辛料，生鮮食品，冷凍食品など，広く使用が許可されている。しかし，日本ではばれいしょ（じゃがいも）の発芽防止の目的にのみ，コバルト60のγ線照射が吸収線量150Gy以下の1回限りにおいて認められている。

✎食品の保存方法 p.266

放射能汚染

ほうしゃのうおせん

2011（平成23）年3月11日の東日本大震災による福島原子力発電所事故は，放射能の大量拡散を招き，大気・土壌・河川・海洋を広範囲に汚染した。飲料水を含む食品については2012（平成24）年4月から放射性物質の基準値が設定され，基準値を超える食品の流通禁止措置がとられている。汚染処理をめぐっては廃棄物の焼却灰基準，土壌汚染に関する除染基準などが設定されたが，関東近辺一帯に，放射性物質が周辺地域より高い基準で残留する「ホットスポット」の存在も指摘され，国民に不安を投げかけた。放射性物質の中には放射能の「半減期」が数十年から数万年もかかるものがあり，今後長期間にわたり，この放射能汚染問題への対応が日常生活の前提になることが指摘されている。

報酬比例年金

ほうしゅうひれいねんきん

基礎年金に上乗せされる厚生年金部分のこと。1985（昭和 60）年の厚生年金保険法の改正により，国民年金に被用者をも含めた全国民共通の基礎年金が成立したことと合わせて，厚生年金などの被用者年金を基礎年金に上乗せする報酬比例年金として再編した。

法定後見制度

ほうていこうけんせいど

民法に規定された後見制度。すでに判断能力が低下している本人に対し，残存する判断能力に応じ，後見・保佐・補助の３つの類型に分け，支援・保護の内容を定めている。本人または家族（配偶者・４親等内の家族）等が後見開始の審判の申し立てを行い，家庭裁判所は後見開始の審理をすると同時に，最も適任と思われる成年後見人等（成年後見人，保佐人または補助人）を選任する。選任された成年後見人等は，財産管理や身上監護を目的とする法律行為に対して，付与された代理権や取消権等の権限を行使することにより，本人を保護し，支援する。

✎成年後見制度 p.309，保佐人 p.463，補助人 p.466

法定雇用率

ほうていこようりつ

▶障害者雇用率制度 p.239

法定受託事務

ほうていじゅたくじむ

地方自治法第２条第９項に規定されている。1999（平成 11）年，地方分権の推進を図るための関係法律の整備等に関する法律（地方分権一括法）の成立により，機関委任事務，団体委任事務が廃止され，法定受託事務，自治事務に事務区分が変更された。法定受託事務とは，法律などにより地方自治体が処理することとされる事務のうち，国（または都道府県）が本来果たすべき役割に係るものであって，国（または都道府県）においてその適正な処理を特に確保する必要があるものとして法律などに特に定めるもの，と規定されている。都道府県，市町村，特別区が処理する事務のうち，国が本来果たすべき役割に係る第一号法定受託事務と，市町村，特別区が処理する事務のうち，都道府県が本来果たすべき役割に係る第二号法定受託事務とに分けられている。

✎自治事務 p.194，地方分権の推進を図るための関係法律の整備等に関する法律 p.350

乏 尿

ぼうにょう

oliguria

腎機能が低下して尿が産生できない状態。通常１日の尿量は 600 ～ 1,600mL で，400mL 以下を乏尿，2,500mL 以上を多尿という。１日の尿量が 400mL 以下では体内で産生された老廃物を体外に十分に排泄することができない。脱水や各種の腎障害で生じる。腎臓で産生された尿が前立腺肥大症などの尿路通過障害により排泄できない状態は尿閉といい，乏尿とは区別する。

✎尿閉 p.396，無尿 p.477

方面委員制度

ほうめんいいんせいど

民生委員制度の前身にあたる制度。米騒動により米価が高騰した 1918（大正 7）年に，大阪府において創設された。当時の救貧制度は不備なところが多く，生活困窮者を十分に救済することができなかった。制度の不備を補ったのが方面委員制度であった。府知事の林市蔵（はやしいちぞう：1867 ～ 1952）と小河滋次郎が創設に尽力した。方面委員は，市町村の小学校区に配置され，生活状態の調査研究を行った。1936（昭和 11）年には全国統一運営のために方面委員令が制定された。

✎小河滋次郎 p.50，民生委員 p.476

訪問介護

ほうもんかいご

介護保険制度における居宅サービスの一つに位置づけられ，介護給付の対象となるサービス（介護８条）。在宅生活の要介護者が，居宅で自立した生活を送れるように，訪問介護員（ホームヘルパー）が訪問して，身体介護や生活援助などの支援を行う。介護報酬上は「身体介護中心」「生活援助中心」「通院のための乗降車介助中心」の３

つの区分がある。身体介護とは，利用者の身体に直接接触して行う介助とその介助に必要な準備や後始末，利用者を見守りながら行う手助けや介助に合わせて行う相談助言などの専門的な援助をいう。生活援助とは，身体介護以外の訪問介護であり，掃除，洗濯，調理などの日常生活の援助をいう。通院のための乗降車介助とは，利用者が通院する際，訪問介護員が運転する車両への乗り降りの介助，乗り降り前後の屋内外での移動などの介助，通院外出先での受診などの手続き，移動などの介助を行う場合をいう。

✎居宅サービス p.108

訪問介護員

ほうもんかいごいん

介護保険制度による訪問介護（利用者の入浴，排泄，食事などの介護その他の日常生活上の世話）などを行う者で，一般にホームヘルパーやヘルパーと呼称される。介護福祉士の有資格者か，都道府県知事指定の訪問介護員養成研修の 1，2 級の課程を修了した者である。

原則として，訪問介護員による医行為は禁じられている。その中で，「手足の爪切り」「耳掃除」「服薬介助」「歯磨き介助」「顔色・発汗・体温等の健康状態のチェック」については，「訪問介護におけるサービス行為ごとの区分等について」（平成 12 年 3 月 17 日，老計第 10 号）において厚生労働省が示した一連のサービス行為の流れに含まれていることから，「訪問介護員が行ってよい行為」と認識された。

たんの吸引や経管栄養（以下，たんの吸引等）については，「社会福祉士及び介護福祉士法」の改正により，平成 24 年 4 月 1 日以降，介護職員等が実施する場合，一定の研修課程を修了後，「認定特定行為業務従事者認定証」の交付を受ける必要がある。また，介護職員等が認定特定行為業務従事者認定証を取得しても，事業所がたん吸引等を業として実施する場合には，さらに「登録特定行為事業者」の登録申請をする必要がある。

✎医行為 p.17，医行為でないもの p.17

訪問介護計画

ほうもんかいごけいかく

サービス提供事業者が，日常生活全般の状況と希望を踏まえ，居宅サービス計画の内容に沿って作成するもの。訪問介護の目標，目標達成の具体的なサービス内容が記載されており，サービス区分（身体型・家事型・複合型）が判断できるようになっている。この計画書に基づいて契約が結ばれる。

訪問看護

ほうもんかんご

看護師，保健師などが患者の居宅を訪問し，健康状態の観察，入浴，食事，排泄の介助や指導などの生活の介助，リハビリテーション，ターミナルケアなどの援助などを行うことをいう。介護保険で行われるものと医療保険で行われるものがある。後者は，末期がん，厚生労働大臣が定める疾患，急性増悪期に限られている。医師の訪問看護指示書に基づいて行われる。最近では在院期間の短縮化や訪問看護の普及に伴い，在宅での人工呼吸器の使用，在宅酸素療法（HOT），中心静脈栄養など，従来は病院で行われた高度な医療が行われるほか，医療スタッフも看護師，保健師に限らず，理学・作業療法士によるリハビリテーション，薬剤師による訪問服薬指導，栄養士による訪問栄養指導なども実施されている。

訪問看護ステーション

ほうもんかんごすてーしょん

1992（平成 4）年の老人保健法（現・高齢者の医療の確保に関する法律）の改正により制度化された施設。在宅医療を支える機関で，医師の指示のもと治療介助や介護指導，機能訓練などを行う。なお，当初は高齢者のみが対象であったが，1994（平成 6）年には健康保険法の改正により，在宅医療の位置づけが明文化され，年齢を問わず在宅で医療・療養を受けるすべての人を対象とするものへと変わった。また 2000（平成 12）年からは介護保険法に基づく訪問看護が始まった。現在の訪問看護は，医療保険によるものと介護保険によるもの（疾患により異なる）がある。

訪問入浴介護

ほうもんにゅうよくかいご

介護保険制度における居宅サービスの一つに位置づけられ，介護給付の対象となるサービス（介護 8 条，8 条の 2）。居宅要介護者の居宅において，浴槽を提供して行う入浴の介護のこと。清拭，体温・血圧・脈拍等の測定，更衣の介護も行う。

✎居宅サービス p.108

訪問リハビリテーション

ほうもんりはびりてーしょん

介護保険制度における居宅サービスの一つに位置づけられ，介護給付の対象となるサービス（介護 8 条，8 条の 2）。居宅要介護者に対して，居宅において心身機能の維持・回復や日常生活の自立のために行われる理学療法，作業療法，その他のリハビリテーションのこと。

✎居宅サービス p.108

ボウルビィ

Bowlby, John：1907 ～ 1990

イギリスの精神科医。比較行動学の視点を取り入れて実証研究を積み重ね，愛着（アタッチメント）理論を提唱した。これは，乳幼児が養育者などに対して親密な絆をつくろうとする愛着行動に関する理論であり，愛着形成の期間を４つの段階に分けている。その後，エインズワースらとの共同研究により，この理論をさらに発展させた。また，ボウルビィは，喪失体験による悲嘆についても４段階の過程を示している。

✎エインズワース p.39，喪失体験 p.319

ホーエン・ヤールの重症度分類

ほーえんやーるのじゅうしょうどぶんるい

パーキンソン病の重症度を評価する際に用いられる５段階分類である。Ⅰ度が最も軽症で，片側だけの振戦や筋強直を示す状態，Ⅱ度は両側に振戦や筋強直がみられ，日常生活がやや不便になる状態，Ⅲ度は自立した生活をおくれるが，明らかな歩行障害，方向変換が不安定で立ち直り反射障害がある状態，Ⅳ度は起立や歩行などの日常生活動作能力が低下し，介助が必要になる状態，Ⅴ度は車椅子が必要あるいは寝たきりの状態で，全面的な介助を要する。

✎パーキンソン病 p.410

ポータブルトイレ

portable toilet

ベッドから一人でトイレに行けるが，夜間歩行は不安定の場合，または介助があれば降りられるがトイレまで歩行できない場合に，ベッドサイドに設置する。臭気や音，羞恥心に十分配慮する必要がある。様々な製品があるため，置き場所や安定感など環境や対象者の身体状況，ニーズに合わせて選択する。介護保険の対象の福祉用具である。

✎排泄介助 p.413

ホームヘルパー

▶訪問介護員 p.459

ホームヘルプサービス

身体や精神の障害により日常生活を営む上で支障がある者の居宅を訪問して，入浴・排泄・食事などの介助，調理・洗濯・掃除などの家事，生活などに関する相談・助言，その他の必要な日常生活上の世話を行うサービス。介護保険法，障害者総合支援法においてそのサービスが設けられている。類似の制度に，母子及び父子並びに寡婦福祉法における，母子家庭等日常生活支援事業がある。

✎訪問介護 p.458

ホームレス

homeless

日本では，ホームレスの自立の支援等に関する特別措置法の第２条において，「都市公園，河川，道路，駅舎その他の施設を故なく起居の場所とし，日常生活を営んでいる者」と定義している。国民に対しホームレスに関する問題について理解を深めるとともに，地域社会において，国および地方公共団体が実施する施策に協力すること等により，ホームレスの自立の支援等に努めることを求めている。それぞれの国ごとによってホームレスのとらえ方に相違がみられ，イギリスでは，占有する権利のある宿泊施設を持たない者やDV等の被害によって，家はあっても一緒に住めないなどの人々も含まれる。また，アメリカでは，夜間に住居がない者の他にも，自然災害による被災者などもホームレスに含めている。

ホームレス自立支援法

ほーむれすじりつしえんほう

▶ホームレスの自立の支援等に関する特別措置法 p.460

ホームレスの自立の支援等に関する特別措置法

ほーむれすのじりつのしえんとうにかんするとくべつそちほう

平成14年制定，法律第105号。略称はホームレス自立支援法。ホームレスの自立やホームレスとなることを防止するための支援等について，ホームレスの人権に配慮し，地域社会の理解と協力を得つつ，必要な施策を講ずることにより，ホームレスに関する問題の解決に資することを目的としている。自立の支援等に関する施策の目標として，①雇用の場・就業の機会の確保，②安定した居住の場所の確保，③保健医療の確保，④生活相談及び指導などを掲げている。

保健・医療・福祉の従事者 表74

ほけんいりょうふくしのじゅうじしゃ

これまで別個に提供されていた保健，医療，福祉は，1997（平成9）年に施行された地域保健法によって連携・統合が進められ，多職種の専門スタッフが協同して作業にあたることが期待されている。

✎医師 p.18，介護福祉士 p.59，看護師 p.83，社会福祉士 p.214，精神保健福祉士 p.307

保健機能食品

ほけんきのうしょくひん

▶特定保健用食品 p.376

保健師

ほけんし

保健師助産師看護師法によってその業務などが定められている，名称独占の国家資格である。主として疾病予防や健康管理に携わり，多くの保健師は市町村保健センターや保健所に配置され，地域保健活動を担っている。

保健師助産師看護師法

ほけんしじょさんしかんごしほう

昭和23年制定。法律第203号。保健師，助産師，看護師の資格や業務について定め，その資質を向上し，医療および公衆衛生の普及や向上を図る目的で制定された法律。保健師は「保健指導に従事すること」を，助産師は「助産又は妊婦，じょく婦もしくは新生児の保健指導を行うこと」を，看護師は「傷病者もしくはじょく婦に対する療養上の世話又は診療の補助を行うこと」をそれぞれ業としている。いずれも厚生労働大臣の免許を要する。なお，准看護師は都道府県知事の免許を受けて，医師，歯科医師または看護師の指示を受けて看護師の業務を行う。

保健指導

ほけんしどう

生涯を通じて，自分の健康を適切に管理して改善していくための資質や能力の育成を図るための諸活動をいう。学校教育，健診後にその結果を踏まえて行われることが多い。なお，「厚生労働大臣の免許を受けて，保健師の名称を用いて，保健指導に従事することを業とする者」として保健師がある。ただし，保健師は業務独占資格ではないため，医師，歯科医師，養護教諭，栄養士などが適切な保健指導を行うことは可能である。

保健所

ほけんじょ／ほけんしょ

地域保健法第5～17条に規定された，都道府県，指定都市，政令で定める市または特別区が設置する地域住民の保健や衛生にかかわる業務を行う機関。専門的・広域的な業務を取り扱う。

✎市町村保健センター p.195

保健センター

ほけんせんたー

▶市町村保健センター p.195

歩行介助

ほこうかいじょ

神経・筋・骨その他の障害や切断により歩行障害・歩行困難になった人に対して，歩行の介助を行うこと。松葉づえや杖を使用しての歩行，砂道や砂利道での歩行，敷居や溝をまたぐとき，階段昇降時の介助などがある。介助時，介護者は利用者の患側の斜め後方に位置して転倒しないように見守ることが大切である。

✎杖 p.358

表74 主な保健・医療・福祉の関係職種

国（厚生労働大臣）が免許付与	医師，歯科医師，薬剤師，保健師，助産師，看護師，診療放射線技師，臨床検査技師，理学療法士，作業療法士，視能訓練士，言語聴覚士，歯科衛生士，歯科技工士，臨床工学技士，義肢装具士，救急救命士，介護福祉士，社会福祉士，精神保健福祉士，公認心理師
都道府県が免許付与	准看護師，介護支援専門員（ケアマネジャー），ホームヘルパー
法的整備が整っていないもの	臨床心理士*，医療ソーシャルワーカー（MSW），リスクマネージャー，診療情報管理士**

＊（財）日本臨床心理士資格認定協会の認定による。
＊＊四病院団体協議会の認定による。

歩行器 図 187

ほこうき

歩行が困難な人の歩行を補う機能と，移動時に体重を支える構造をもつ福祉用具。交互歩行器と固定歩行器，有輪歩行器（歩行車）がある。障害者総合支援法による補装具の対象であり，介護保険法では福祉用具貸与（レンタル）の対象でもある。

歩行障害

ほこうしょうがい

高齢者の歩行障害の原因としては，骨・関節疾患による跛行，下肢筋力低下によるものが多い。次いで，パーキンソン様歩行，小刻み歩行，すくみ足歩行，失調性歩行，痙性片麻痺歩行，閉塞性動脈硬化症による間欠性跛行などがある。介護従事者は，歩行障害のある利用者を介護するにあたっては，移動時の安全を確保し，歩行障害の原因となっている疾病について介護上の注意点や情報を医療従事者から得ておく。

間欠性跛行 p.82，小刻み歩行 p.152，すくみ足歩行 p.293

歩行杖

ほこうつえ

▶杖 p.358

歩行補助具

ほこうほじょぐ

歩行・移動を助けるための杖，歩行器，シルバーカーなどの総称。行動範囲を広げるという意味で拡大解釈をすれば車いすも含まれる。

車いす p.115，シルバーカー p.273，杖 p.358，歩行器 p.462

歩行補助つえ

ほこうほじょつえ

歩行が困難な人が，歩行をするときにバランスを維持するなどの助けとして使用する杖。様々な形態があるが，介護保険で貸与（レンタル）できるものは松葉づえ，カナディアン・クラッチ，ロフストランド・クラッチ，プラットホーム・クラッチおよび多点杖である。

杖 p.358

図 187 歩行車・歩行器

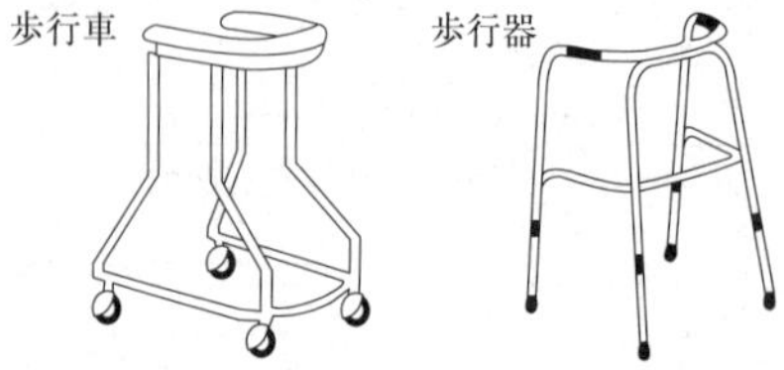

保護施設

ほごしせつ

日本国憲法第 25 条の規定「すべて国民は，健康で文化的な最低限度の生活を営む権利を有する」ことを受け，その理念を具現化するために生活保護法第 38 条に基づいて設置される施設。保護施設は第一種社会福祉事業であり，その目的により，救護施設，更生施設，医療保護施設，授産施設，宿所提供施設の 5 種類がある。2022（令和 4）年 10 月現在，あわせて 289 施設ある。居宅において生活を営むことが困難な者を入所させ，またはこれらを利用させるものである。保護施設を設置できるのは，事業の公共性から，都道府県，市町村のほかに地方独立行政法人，社会福祉法人，日本赤十字社に限られている。また，施設の設備，運営，その施設における被保護者数などについて，厚生労働大臣はその最低基準を定める。

医療保護施設 p.30，救護施設 p.99，更生施設 p.140，宿所提供施設 p.230，授産施設 p.230

保護受託者

ほごじゅたくしゃ

義務教育を終了した保護者のない児童などを自らの家庭に預かったり通わせて保護し，独立自活に必要な指導を行う者。児童福祉法第 27 条第 1 項第 3 号を根拠としていたが，2005（平成 17）年の児童福祉法改正により，この保護受託者は廃止され，同法第 6 条の 4 に規定される里親に，職業指導者などの一部の役割が一定の条件の下で引き継がれることとなった。

里親制度 p.179

保護請求権

ほごせいきゅうけん

生活に困窮した国民が，生活保護を国に請求できる権利。この権利は生活保護法の無差別平等の原理によって保障されており，保護の申請によって行使される。福祉事務所は保護の申請を必ず受理しなければならない。申請は要保護者だけでなく，扶養義務者や同居の親族も行うことができる。

無差別平等 p.477

保護の補足性

ほごのほそくせい

生活保護法第４条に規定される，国家責任，無差別平等，最低生活保障とならぶ生活保護の原理の一つ。生活に困窮する者が生活保護制度の援護を受ける以前に，ほかの制度や，利用し得る資産，能力その他あらゆるものを最低限度の生活維持に活用しなければならないことを示している。ここでは，民法に定める扶養義務者の扶養およびその他法律で定める扶助は，すべて同法による保護に優先して行われる，とされている。この要件を確認するために，生活保護を申請した者に対しては，ミーンズ・テスト（資力調査）が行われる。

生活保護の原理・原則 p.301，ミーンズ・テスト p.473

保佐人

ほさにん

精神上の障害により判断能力が著しく不十分な者に対して，保佐開始の審判がなされたときに，家庭裁判所が選任する者（民法 12 条）。民法第 13 条第 1 項第 1 号から第 10 号の法律行為についての，同意権，取消権および追認権を有する。保佐人には原則的に代理権がないが，本人，あるいは保佐人もしくは保佐監督人，その他民法第 11 条本文に規定する者の請求により，保佐人に代理権を付与する旨の審判をすることができる（民法 876 条の 4・1 項）。なお，本人以外の者が請求し，代理権を付与する審判を行う場合には，本人の同意を要する（民法 876 条の 4・2 項）。保佐人は複数でも法人でもよく，選任，欠格事由等については成年後見人の規定が準用される（民法 876 条の 2・2 項）。そのほか，保佐人は本人の身上配慮義務と意思尊重義務を負う（民法 876 条の 5・1 項）。

母子及び父子並びに寡婦福祉法

ぼしおよびふしならびにかふふくしほう

1964（昭和 39）年に母子家庭の生活の安定と向上のために制定された母子福祉法を基盤として，発展してきた法体系。1981（昭和 56）年には，寡婦についても就業・収入等の面から，母子家庭に準じた生活保障を行うべきとされ，母子及び寡婦福祉法に改正された。さらに，2014（平成 26）年には，ひとり親家庭の貧困が，社会問題となる中，その支援施策の充実が求められるようになり，父子家庭の支援についても法定化され，名称も母子及び父子並びに寡婦福祉法に改められた。

母子家庭の母や父子家庭の父の子育て・就業の両立による自立支援を行うことで，ひとり親家庭の子どもであってもその権利が保障されるよう，次世代育成支援対策推進法や児童扶養手当，遺族年金などの法体系との整合性を図りながら，支援が展開されている。なお，同法では，高等職業訓練促進給付金・自立支援教育訓練給付金を法律に位置づけ公課禁止，差押え禁止とし，2014（平成 26）年 12 月より，児童扶養手当と公的年金との併給制限が見直され，公的年金の額が児童扶養手当の額を下回る場合はその差額分の手当を支給できることとされた。

（母子家庭等及び寡婦）自立促進計画 p.463，母子・父子自立支援員 p.465

母子家庭自立支援給付金事業

ぼしかていじりつしえんきゅうふきんじぎょう

母子及び寡婦福祉法第 31 条に規定されていた，母子家庭の母（配偶者のない女子で現に児童を扶養しているもの）の経済的な自立を支援するために行われる事業。実施主体は，都道府県，市，福祉事務所を設置している町村である。給付金には，知識および技能の習得を容易にするための「自立支援教育訓練給付金事業」や「高等職業訓練促進給付金等事業」がある。2014（平成 26）年に母子及び父子並びに寡婦福祉法へ法改正されたことを受け，新たに父子家庭自立支援給付金事業が法定化（同法 31 条の 10）され，父子家庭に対しても母子家庭と同様の支援が行われるようになった。

（母子家庭等及び寡婦）自立促進計画

（ぼしかていとうおよびかふ）じりつそくしんけいかく

2014（平成 26）年，母子及び寡婦福祉法が，母子及び父子並びに寡婦福祉法に改正改称されたが，この改正により，第 12 条の母子家庭等及び寡婦自立促進計画が，自立促進計画に改称された。同法第 11 条の中で，厚生労働大臣は，母子家庭等及び寡婦の生活の安定と向上のための措置に関する基本的な方針（以下，「基本方針」という）を定めることになっている。そして，この基本方針に即し，都道府県などが，当該地域の母子家庭等及び寡婦における家庭生活，職業生活の動向，生活の安定と向上のための基本的施策，福祉サービスの提供，職業能力向上のための支援に関する事項などを含めた自立促進計画を策定または変更することになっている。

母子及び父子並びに寡婦福祉法 p.463

母子家庭等日常生活支援事業

ぼしかていとうにちじょうせいかつしえんじぎょう

母子及び父子並びに寡婦福祉法第 17 条に規定される，第二種社会福祉事業。ひとり親家庭の母や寡婦等が，修学などの自立のために必要な場合や病気にかかったときに，居宅などで乳幼児の保育や食事の世話，生活への助言などを一時的に行う事業。宿泊による子どもの預かりも実施されている。なお，当初は 1975（昭和 50）年に「母子家庭等介護人派遣事業」として発足し，1986（昭和 61）年に「母子家庭等家庭協力員派遣事業」へ，2002（平成 14）年の母子家庭日常生活支援事業，2014（平成 26）年の同法改正により，さらに，父子家庭日常生活支援事業（同法 31 条の 7）が法定化されている。

また，児童扶養手当法の改正により，2016（平成 28）年には第 2，3 子以降の加算額の最大倍増を実施，つづく 2018（平成 30）年では支払回数を年 3 回から年 6 回へ見直し，2020（令和 2）年には児童扶養手当と障害年金の併給調整の見直しが実施された。

寡婦 p.77

母子血液型不適合

ぼしけつえきがたふてきごう

母親と胎児の血液型が合わない場合に，母体から赤血球抗体（IgG）が胎盤を介して胎児に入り，胎児が溶血を起こして重症貧血や水腫を起こす病態をいう。血液型のうち Rh 型，ABO 型の不適合が原因となることが多く，第 2 児以降に多い。

母子健康手帳

ぼしけんこうてちょう

母子保健法第 16 条に規定される手帳。妊娠届けの提出を受け市町村が交付する妊娠・出産，子どもの成長などについて記録するもの。様式は母子保健法施行規則第 7 条に定められ，医師などの健康診査・保健指導を受けた場合，その都度，必要事項が記載される。1942（昭和 17）年に規定された妊産婦手帳制度に始まり，1947（昭和 22）年に児童福祉法が施行されると翌年「母子手帳」に，1966（昭和 41）年の母子保健法施行後に現行の「母子健康手帳」へと名称変更されている。

母子健康手帳の様式については，社会情勢の変化や保健医療福祉制度の変化等に伴い改正が行われている。近年の主な改正点としては，父親や家族が記載する欄を増加・家族の多様性を踏まえ，適切な範囲で「保護者」という表現に改定すること，多言語版の母子健康手帳，低出生体重児向けの成長曲線等の充実等，多様性に配慮した情報提供の充実を図る，などである。

なお，母子保健情報については一部電子化が進められており，2020（令和 2）年度からはマイナポータルを通じて本人がスマートフォン等で一部閲覧可能になるほか，転居時に他の自治体等への引継ぎも可能となっている。母子健康手帳，母子保健情報等に関する検討会では，母子保健分野に係る国民の利便性の向上，地方公共団体や医療機関の事務負担の軽減等を図るため，2025（令和 7）年度を目標時期として，地方公共団体の基幹業務等システムの統一・標準化が進められていることも踏まえ，マイナンバーカードを活用した母子健康手帳のデジタル化に向け，環境整備を進められていくことが適当であると報告している。

母子保健法 p.465

母子生活支援施設

ぼしせいかつしえんしせつ

児童福祉法第 38 条に規定される児童福祉施設の一つ。配偶者のいない母親とその児童を入所させて一緒に保護し，その自立促進のための生活支援を目的とする施設。都道府県・市・福祉事務所設置町村への申込みにより保護が実施される。母子支援員を置かなければならないとされている。1947（昭和 22）年の児童福祉法制定によって定められた施設で，以前は母子寮と呼ばれていた。1997（平成 9）年の同法改正によって，翌年度から現名称に改称された。また，2003（平成 15）年の同法改正によって，退所した者の相談援助等が，業務内容として追加された。対象は，児童（18 歳未満）およびその保護者（配偶者のない女子又はこれに準ずる事情にある女子）だが，児童が満 20 歳に達するまで引き続き在所させることが可能。母子を保護するとともに，その自立を促進するため個々の母子の家庭生活および稼動の状況に応じ，就労，家庭生活および児童の教育に関する相談および助言を行う等の支援を行う。施設には，各母子世帯の居室のほかに集会・学習室等があり，母子支援員，少年指導員等の職員が配置されている。

母子相談員

ぼしそうだんいん

▶母子・父子自立支援員 p.465

母子・父子休養ホーム

ぼしふしきゅうようほーむ

母子及び父子並びに寡婦福祉法第 39 条第 3 項に規定される母子・父子福祉施設の一つ。無料または低額な料金で，母子家庭等に対してレクリエーションその他休養のための便宜を供与するための施設。実際には，単独の施設としてあるのではなく，国民宿舎などが母子・父子休養ホームとして指定されている。

母子・父子自立支援員

ぼしふしじりつしえんいん

母子及び父子並びに寡婦福祉法第 8 条に規定される，都道府県および市などに置かれる職員。都道府県知事等の委嘱を受けて，福祉事務所などに配置される。母子福祉資金，父子福祉資金，寡婦福祉資金の貸付の情報提供・相談に加え，職業能力の向上や求職活動に関する支援，配偶者からの暴力による被害に関する相談調整などを業務としている。かつての名称は，「母子相談員」「母子自立相談員」であったが，2014（平成 26）年の法改正により，現名称に改められた。

母子及び父子並びに寡婦福祉法及び生活一般についての相談指導や，職業能力の向上及び求職活動等就業についての相談指導，その他ひとり親家庭等の自立に必要な支援等を業務としている。

母子保健法 図 188

ぼしほけんほう

昭和 40 年制定，法律第 141 号。母性の尊重と保護，乳幼児の健康の保持と増進，児童の健全な育成を基本理念として，国民保健の向上を目的としている法律。母子を通じて一貫した体系の下に保健指導，健康診査，母子健康手帳の交付，医療援護等の母子保健対策などについて定めている。妊産婦，乳児，幼児，新生児，未熟児の定義も定めている。母子保健の指標としては，妊産婦死亡率や周産期死亡率，乳児死亡率などが用いられ，その改善に大きな貢献を果たしている。

なお，2019（令和元）年 12 月 6 日の法改正により産後ケア事業が追加され（第 17 条の 2），市町村は，出産後 1 年を経過しない女子及び乳児の心身の状態に応じた保健指導，療養に伴う世話または育児に関する指導，相談その他の援助（産後ケア）を必要とする出産後 1 年を経過しない女子及び乳児につき，「産後ケア事業」を行うよう努めなければならないとされた。なお，産後ケア事業には①短期入所型（宿泊型），②通所型（デイサービス型），③居宅訪問型（アウトリーチ型）の 3 種類があり，厚生労働省の定める基準に従い実施される。

✎ 1 歳 6 か月児健康診査 p.22，3 歳児健康診査 p.180，母子健康手帳 p.464

補　償

ほしょう

compensation

自己防衛機制の一つ。自分の弱点や劣等感を補うために，他の人に対して優越性を求めようとすること。劣等意識克服型，別の面で優位に立とうとする代償型，劣等意識の対象を否定する型，空想逃避型，劣等意識隠ぺい型がある。

✎ 防衛機制 p.456

補助犬

ほじょけん

▶ 身体障害者補助犬法 p.288

図 188　母子保健の流れ

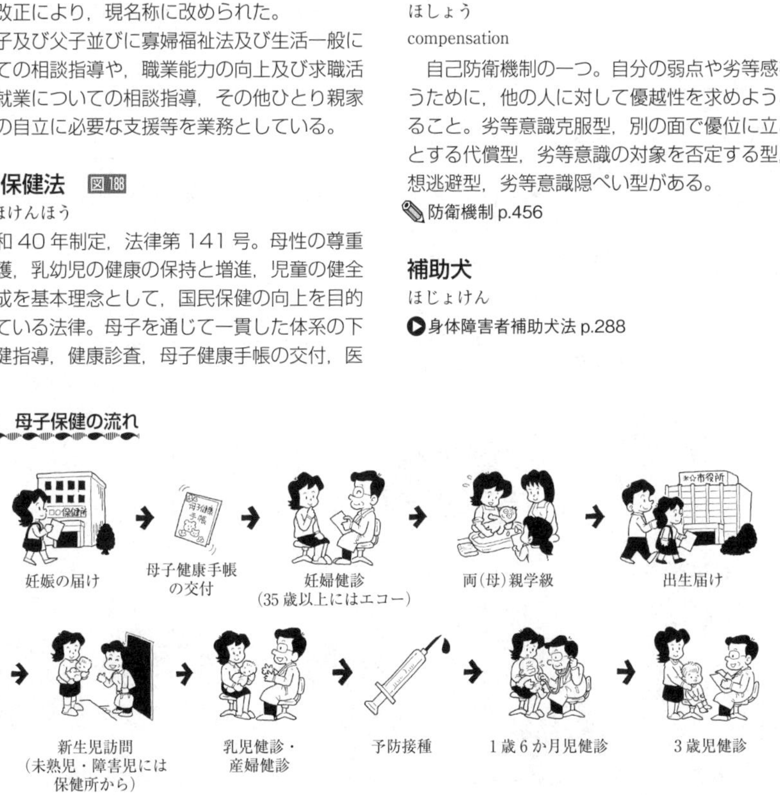

補助人

ほじょにん

精神上の障害により判断能力が不十分な者に対して，補助開始の審判がなされた時に，家庭裁判所が選任する者（民法 16 条）。補助は判断能力の低下が後見や保佐の程度に至らない軽度の状態にある者を対象としている。自己決定の尊重の観点から，被補助人となる者の申立てまたは被補助人となる者の同意を得て補助開始の審判の申立てをすることを要する（民法 15 条 2 項）。補助開始の審判時には，必ず，どのような法律行為について補助人に同意権を与えるか，あるいは代理権を与えるかについて定める同意権付与の審判（民法 17 条 1 項）か，代理権付与の審判のうち，一方あるいは双方がなされる（民法 15 条 3 項）。なお，代理権付与の審判には，本人の同意が必要となる。その結果，補助人は，同意権（および取消権，追認権）のみを有する場合と，これに加えて代理権を有する場合，代理権のみを有する場合がある。同意，取消，追認の対象となる法律行為は，民法 13 条 1 項の法律行為の一部を原則とする。補助人は複数でも法人でもよく，選任，欠格事由等については成年後見人の規定が準用される（民法 876 条の 7・2 項）。そのほか，補助人は本人の身上配慮義務と意思尊重義務を負う（876 条の 10・1 項）。

ホスピス

hospice

終末期の患者を対象に，チームによる緩和ケアを専門的に行う医療施設。終末期を安心して迎えたいというニーズに対応したものであり，医療専門職のみならず福祉専門職などの多職種連携でのチームケアが展開されている。現在では，この機能を在宅でも生かせるよう，在宅ホスピスのサービスも広がっている。

✎緩和ケア p.91，在宅ホスピス p.176

補装具 図 189

ほそうぐ

身体障害者の身体の一部の欠損または機能の障害を補い，日常生活や職業生活を容易にするため用いられる器具の総称（障総合 5 条）。障害者総合支援法においては，補装具費の支給が給付種目

図 189 補装具一覧

視覚障害	盲人安全つえ，義眼，眼鏡
聴覚障害	補聴器
肢体不自由	義肢，装具，座位保持装置，車いす，電動車いす，座位保持いす，起立保持具，歩行器，頭部保持具，排便補助具，歩行補助つえ
意思伝達	重度障害者用意思伝達装置

補装具の定義（次の 3 つの要件をすべて満たすもの）
①身体の欠損または損なわれた身体機能を補完，代替するもので，障害個別に対応して設計・加工されたもの
②身体に装着（装用）して日常生活または就学・就労に用いるもので，同一製品を継続して使用するもの
③給付に際して専門的な知見（医師の判定書または意見書）を要するもの

（厚生労働省資料より）

盲人安全つえ

車いす

補聴器

歩行器

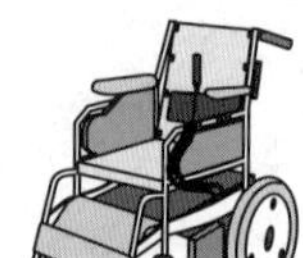
電動車いす

座位保持いす

重度障害者用意思伝達装置

の一つとされており，原則交付額に対する 1 割を本人が負担する。ただし，世帯の所得に応じて負担上限月額が設定される。

補装具製作施設

ほそうぐせいさくしせつ

身体障害者福祉法第 32 条に規定される身体障害者社会参加支援施設の一つ。無料または低額な料金で，補装具の製作または修理を行う。

補装具費支給

ほそうぐひしきゅう

身体障害者福祉法及び児童福祉法に基づく補装具給付制度を一元化したもので，障害者総合支援法に基づく自立支援給付の一つ。2010（平成 22）年の同法改正で，市町村が必要と認めた場合，補装具の購入または修理に要した費用を支給することとなった。世帯を含めた所得上限や厚生労働大臣が定めた基準額を勘案した応能負担となった。さらに，2016（平成 28）年の同法改正で，借り受けに係る費用が新たに支給対象となった。

✎自立支援給付 p.270

補足性の原理

ほそくせいのげんり

▶保護の補足性 p.463

保存料

ほぞんりょう

微生物の増殖を抑え，静菌状態にすることで食品の保存期間を長く保つことを目的とする添加物のこと。表示は物質名のほかに用途名も併記する。保存の効果は対象となる食品中の微生物の種類や食品の pH，保存条件により変化する。低温貯蔵を併用すると保存効果が向上する。

✎食品の保存方法 p.266，ソルビン酸カリウム p.324

母体保護法

ぼたいほごほう

昭和 23 年制定，法律第 156 号。母性の生命・健康を保護することを目的とする法律。不妊手術，母性保護の指定医，受胎調節実地指導員，人工妊娠中絶に関する事項などを定める。

補聴器

ほちょうき

障害者総合支援法に規定されている補装具の一つ。マイク，増幅器，レシーバーからなる音の増幅装置。音声を増幅することで，聴覚の機能が低下した状態でも音声を感受できるように作られている。補聴器は，一般に音の振動を代替する機器なので，伝音性難聴の方が適応しやすい。耳あな型，耳かけ型，箱型などのタイプがある。補聴器の使用にあたっては，一人ひとりの聞こえの状態に合わせた調整（フィッティング）が必要である。現在ではコンピュータ内蔵型のデジタル補聴器もある。補聴器は会話だけでなく，周囲の雑音も拾ってしまうこと，補聴器を通しての音や声に慣れる必要があること，またハウリング（ピーピー音）などが問題になる。ハウリングは耳栓から出た音をマイクが拾って増幅することが繰り返されて生じるため，耳栓をしっかり耳に差し込み音漏れを防ぐことで発生しにくくなる。この様な特徴を理解しておくことで効果的に使用することができる。

✎伝音性難聴 p.364，補装具 p.466

発　赤

ほっせき

皮膚の表面が赤くなっている状態のこと。赤くなるのは毛細血管が拡張したことによる。

ボツリヌス菌

ぼつりぬすきん

Clostridium botulinum

食中毒の原因菌の一つ。第一の特徴は，特異な毒素（ボツリヌス毒素）を作る点であり，第二の特徴はウエルシュ菌と同じく嫌気性菌であることである。そのため，鮮度を保つために真空パックした食品（辛子レンコンなど）でも中毒が起きる。缶詰も高度の嫌気状態であることに注意。本菌が作り出す毒素によって引き起こされる食中毒は典型的な毒素型食中毒であり，あらかじめ食品の中でボツリヌス菌が作った毒素を摂食することにより特有の中毒症に至る。この毒素はごく微量でも死に至るほどの猛毒である。ほかの食中毒は消化器系の症状が主であるが，ボツリヌス菌は極めて特異な神経症状を呈する。症状としては，全身の筋肉の弛緩が起こる。めまい，頭痛にはじまり，視力低下や物が二重に見えたりチラチラしたり（目の筋肉の異常による），喉の麻痺でしわがれ声，嚥下困難になる。ボツリヌス毒素は比較的加熱に弱く，80℃ 30 分間の加熱または煮沸で毒素は壊される。これは調理の過程で十分実現可能な条件である。ただし，加熱により毒素は破壊されるが，芽胞は残るので，食品は食べる直前に加熱すること。

ボディ・イメージ
body image

▶身体像 p.288

ボディメカニクス 図190
body mechanics

身体の骨・関節・筋肉などの構造や機能と運動の力学的相互関係のこと。良いボディメカニクスとは身体の機能が効率良く使われて，身体の負担が少ない状態である。ボディメカニクスを活用することは，利用者に安全・安楽なケアを提供できる基盤となる。また，介護者自身にとっても無駄なエネルギーの消費を防ぎ，身体的負担を最小限に抑えることから腰痛予防にも結びつく。ボディメカニクスの原則は，①支持基底面積を広く，重心を低くする，②利用者の重心と介護者の重心を近づける，③利用者と介護者は平行に位置する，④水平に引く（持ち上げない），⑤てこの原理を使うなどがある。

✎支持基底面積 p.189，トルクの原理 p.383

ホメオスタシス
homeostasis

恒常性と訳される。環境変化に対して，生体内部の状態を一定に保とうとする働きをいう。生物のもつ重要な性質である。

ボランティア
volunteer

語のもとの意味は，自由意志，自発性であり，日本では 1950 年代半ばに入ってから用いられ始めている。社会の諸問題を自らの問題ととらえ，自発的に取り組む行為であり，また行為に対する対価を要求しない，ということが基本的な態度であるとされる。1995（平成 7）年 1 月の阪神・淡路大震災の折，全国から，また世界各地からも大勢のボランティアが駆けつけて救援・救済活動が展開された結果，国民があらためてボランティアの重要性や意義を認識することになった。2011（平成 23）年 3 月に発生した東日本大震災では，多くのボランティア活動が展開されたが，その方法は，被災地に直接赴くものから，インターネットを通した支援活動まで多種多様で

図190 ボディメカニクスの原則

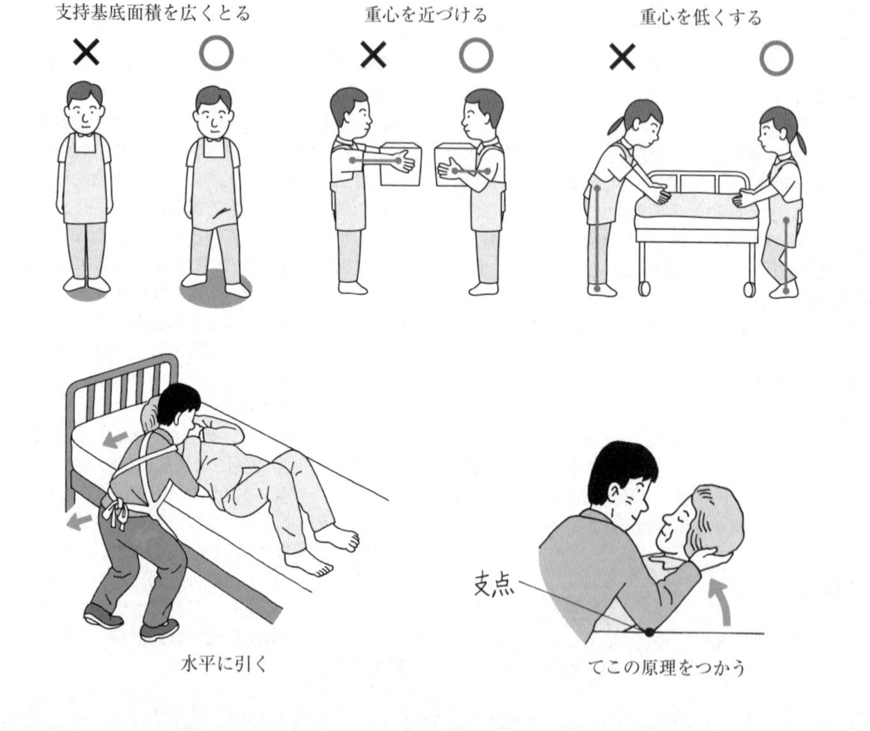

あり，新たなボランティアの形を印象づけた。
ボランティアコーディネーター p.469

ボランティア基金

ぼらんてぃあききん

おおむね地方自治体を範囲として集められた資金を原資に，そこから生じる利子を活用して，ボランティアグループや住民福祉団体への助成や補助を行う財源の一つ。多くの場合，地方公共団体が多額の資金を出し，そこに民間からの寄付金を加えて，基金を設けている。ボランティアグループの多くは，自主財源が乏しいため，ボランティア基金による助成や補助の果たす役割は大きい。

ボランティアコーディネーター

volunteer coordinators

社会福祉協議会などに配置され，ボランティアの支援・調整などを行う専門職を指す。ボランティア活動を希望する人とその活動の場の間に立ち，その円滑な展開を支援するほか，ボランティア活動に関する普及活動も行う。日本ボランティアコーディネーター協会や全国社会福祉協議会において，その養成研修プログラムが提供されている。

ボランティアセンター

ボランティアをしたい人，してほしい人をつなげる中間支援組織。ボランティア・市民活動を推進する組織として，活動の場の提供，情報提供，育成，グループ作りや運営の助言，協力，各種講座の開催などをおこなっている。市民の様々な市民活動への参画と市民活動団体の発展を支援していくことで，市民社会の実現を目指している。近年では，災害時のボランティアセンターとしても機能している。全都道府県・指定都市社協，95％以上の市区町村社協に設置（機能を含む）されているが，近年では大学や企業などの民間や行政直営ないし公設民営の支援組織も設立されている。

ポリウレタン

polyurethane

天然ゴムに似た伸縮性のある合成繊維である。ポリウレタン繊維は衣服素材としての使用範囲は広く，下着類，スポーツ衣料品，靴下などに用いられている。またポリウレタンコーティングされた素材で，合成皮革のジャケットやコートとしても製品化されている。ポリウレタンは直射日光や湿度などの環境に伴い，劣化が起こる素材であるため，寿命は２～３年といわれている。ジャケット類は洗濯には適さないので，軽い汚れなどは表面をやわらかい布で軽く水拭きしたり，乾拭きをする方法が良い。デリケートな素材なので，漂白剤の使用は不可である。

ポリエステル

polyester

合成繊維であり，合成繊維生産量の半分を占めている。磨耗に強い，耐久性に富む，耐熱性が高い，弾力性があるなどの優れた特性から，混紡製品の中でも最も需要の高い繊維である。洗濯は中性洗剤を使用し，白物であれば，塩素系漂白剤を使用することができる。洗濯をしても吸湿性が低いため，短時間で乾き，シワになりにくい。ただし，静電気が起こりやすい。
混紡製品 p.171

ポリエステルわた

合成繊維を原料としたわたで，ポリエステルを素材に作られたもの。ポリエステルわたは，体に馴染みが良く保温性に優れているが吸湿性は少ない。木綿わたと比較すると，軽量でわたぼこりが出ないなど，衛生面からと手入れ方法の手軽さから，寝具としての需要が高い。
木綿わた p.482

ポリオ

poliomyelitis

ポリオウイルスによって脊髄や延髄，脳が傷害されて生じる感染症。急性灰白髄炎，小児麻痺ともいう。４歳以下の小児に好発する。発熱に続いて四肢の麻痺を生じる。重症では呼吸麻痺により死亡することもある。日本では 1960（昭和35）年ごろに大発生があったが，生ワクチンによる予防の普及で激減した。2012（平成 24）年からは不活化ポリオワクチンが用いられ，生後３か月から 12 か月の初回接種（３回），その 12 か月から 18 か月後の追加接種（１回）が行われる。

堀木訴訟

ほりきそしょう

1970（昭和 45）年初頭，全盲で国民年金法に基づき障害福祉年金を受給していた原告が，離婚をしたことにより母子家庭となったため児童扶養手当の受給を申請したところ，公的年金の併給禁止規定に該当するとして受給の申請を拒否されたため，併給禁止の規定は日本国憲法第 25 条に違反するとして出訴した事例。原告の姓から堀木訴訟と称される。最高裁判所は，「健康で文化的な最低限度の生活の具体的内容は，その時々における文化の発達の程度，経済的・社会的条件，一般的な国民生活の状況等との相関関係において判断されるべきものであるとともに，現実の立法として具体化するに当たっては，国の財政事情を無視することができず，また，多方面にわたる複雑多様な，しかも高度の専門技術的な考察とそれに基づいた政策的判断を必要とする」ということを前提に，「日本国憲法第 25 条の規定の趣旨にこたえて具体的にどのような立法措置を講ずるかの選択決定は，立法府の広い裁量にゆだねられており，それが著しく合理性を欠き明らかに裁量の逸脱・濫用と見ざるをえないような場合を除き，裁判所が審査判断するのに適しない事柄であるといわなければならない」と判示して，原告の上告を棄却した（1982（昭和 57）年）。

ポリグラフ

polygraph

呼吸，心拍数，発汗などのいくつかの生理現象を同時にモニターすることができる装置のことで，手術中の経過や，薬物投与中の経過観察などのために広く医療現場で使われている。また，虚偽を語る際の緊張や動揺を測定することができるとされ，犯罪捜査などで使われたことから，嘘発見器として知られた。しかし，測定値の変化と供述内容の真偽は必ずしも一致せず，これだけでは証拠となりにくい。司法現場では，供述内容が信用できるかを判断する目安の一つとして使っている。

ホリス

Hollis, Florence：1907 ～ 1987

アメリカのソーシャルワーク研究者。心理社会的アプローチをまとめた。システム理論や自我心理学をもとにクライエントを外界との相互作用という脈絡でとらえ，「状況の中の人」としてクライエントをとらえる視点を強調した。ケースワーク理論として，持続的支持の技法，換気法，直接的指示の技法などを整理し，自己決定に至る段階的な援助の展開について記載した主著『ケースワーク－心理社会療法』（1964）がある。

✎ 診断派／診断主義 p.289

ホルムアルデヒド

formaldehyde

毒性のある有機化合物。一定濃度（37% 以上）の水溶液がホルマリン。ホルムアルデヒドやホルマリンを含むホルムアルデヒド水溶液は毒物及び劇物取締法で規制されている。発がん性など，人体への有害性が指摘され，蒸気は呼吸器系，目，のどなどに炎症をもたらす。接着剤，塗料，防腐剤などに使用され，住宅の建材，壁紙などにも使用されている。それが室内で揮発することから，揮発性有機化合物（VOC；Volatile Organic Compounds）として，アセトアルデヒド，トルエン，キシレンなど 13 種類の VOC 物質とともに，室内濃度指針値が設定されている。シックハウス症候群などの健康障害の原因物質ともなり，その防護措置が課題となっている。

✎ シックハウス症候群 p.196

本返し縫い

ほんがえしぬい

▶ 手縫いの方法 p.363

本態性高血圧

ほんたいせいこうけつあつ

essential hypertension

高血圧のうち，原因が明らかでないものの総称。高血圧の大部分を占め，加齢による動脈硬化，遺伝（家族に高血圧を有する者が多い），食生活（塩分の過剰摂取），ストレス，喫煙などが発症に関連している。ホルモン異常，血管奇形など，原因の明らかなものを二次性高血圧という。

✎ 高血圧症 p.138

ま

マイコプラズマ肺炎
まいこぷらずまはいえん
mycoplasma pneumonia

マイコプラズマは，細菌と同じように自分で増殖することができる微生物。分類学的には細菌に属するものであるが，その形態や寄生性に細菌とは異なる特徴をもっているため，しばしば別のカテゴリーで扱う。いずれにしても「自己増殖能を有する世界最小の微生物」といわれている。マイコプラズマ肺炎は，このマイコプラズマの感染によって生じる肺炎で，市中肺炎の病原体としては肺炎球菌に次いで頻度が高い。患者は主として幼児〜若年者であり，高齢者にはまれである。痰を伴わない，頑固な空咳が特徴である。胸部エックス線では，間質性陰影を認める。治療には，抗生物質（エリスロマイシンなど）を用いる。かつては，4年周期で夏季オリンピックの年に流行がみられたため，オリンピック病と呼ばれていた(2000年以降は周期的流行は確認されていない)。

マイナンバー法
まいなんばーほう
▶行政手続における特定の個人を識別するための番号の利用等に関する法律 p.105

マグネシウム
Mg/magnesium

人体に重要な栄養素の一つ。原子量24の原子で，元素記号はMgである。欠乏するとテタニー，けいれん，不整脈などがみられ，カルシウム代謝を妨げることから，骨形成にも影響を与える。過剰摂取では筋力低下，精神鈍麻などがみられる。玄米，大豆，ごぼう，牛乳，ひじき，ココアなどに多く含まれている。

麻　疹　図191
ましん
measles

はしかともいう。麻疹ウイルスの飛沫感染により生じる。9〜11日の潜伏期の後に，最初は発熱，結膜充血，咳，鼻汁，コプリック斑（頬の粘膜にできる白い斑点）を認め（カタル期），いったん解熱した後に再び発熱，特有の発疹を認める。発疹は耳の後ろ・頸部から始まり，顔面，体幹，四肢へと広がっていく（発疹期）。そして，発疹は褐色の色素沈着を残し，消退する（回復期）。解熱後3日を経過するまで登校・登園させてはいけない。2〜6歳の幼児に多いが，成人も感染する。成人では，小児に比べて症状が重篤なことが多い。予防には麻疹生ワクチンの接種を行う。感染症法で5類感染症に指定されている。

マズロー
Maslow, Abraham Harold：1908〜1970

人間性心理学を提唱したアメリカの心理学者。人間の病的な部分を特に取り上げる精神分析と，他の動物の行動を人間に応用する行動主義は，人間の健康的な部分や成長への視点が欠けるとして，全体的な人間理解を重要視した。人間の欲求には階層があり，生理的欲求や安全，そして愛情と所属の欲求などが満たされて初めて階層の頂にある自己実現へと向かう「欲求の階層説」をまとめた。主著に『完全なる人間』（1962）がある。

自己実現 p.187，欲求の階層説 p.493

まだら認知症
まだらにんちしょう
lacunar dementia

脳血管性認知症でみられる認知症の特徴のこと。すなわち，アルツハイマー型認知症では一様にみられる記憶，見当識，理解・判断力，実行機能の障害が脳血管性認知症ではまちまちで，特に理解・判断力はよく保たれていることが多い。これは脳に機能局在があり，脳血管障害が限局した病変であることを示している。特に，多発梗塞性

図191　麻疹（はしか）の主な症状

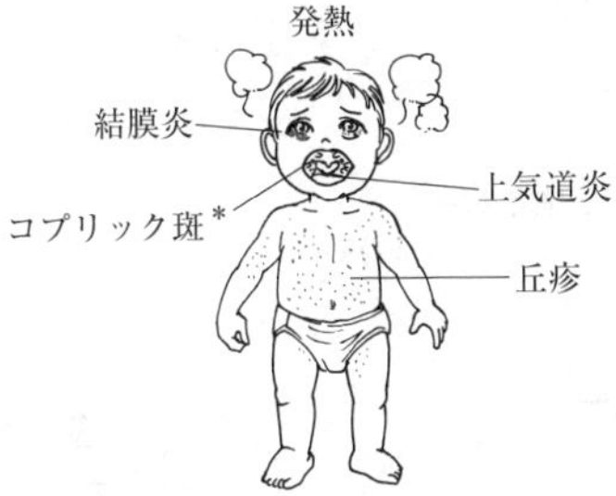

丘疹は耳介後部，頸部より出現し，
顔面，体幹に移り，最後は四肢に及ぶ
＊頬粘膜に紅暈を伴う白色の小斑点

認知症では症状がまだらであり，画像（CT，MRI）上も病巣はまだらに描出される。

多発梗塞性認知症 p.334

末梢神経

まっしょうしんけい

神経は，脳，脊髄からなる中枢神経と，それ以外の末梢神経からなる。中枢神経が情報処理，記憶などをつかさどるのに対して，末梢神経は刺激の伝道路の役割を果たしている。機能的には，自律神経（交感神経，副交感神経），運動神経，知覚神経に分けられる。

末梢神経麻痺

まっしょうしんけいまひ

peripheral paralysis

神経は大脳，小脳，脳幹，脊髄までの中枢神経と，脳と脊髄から出た後の末梢神経からなる。末梢神経は機能から運動，知覚，自律神経に分けられるが，このうち運動神経が障害されて麻痺を生じることを末梢神経麻痺という。

末梢動脈閉塞性疾患

まっしょうどうみゃくへいそくせいしっかん

peripheral arterial disease

末梢動脈の動脈硬化は下肢の動脈に生じやすい。動脈の狭窄をもたらし，運動時には下肢の筋肉痛を起こす。また，狭窄した動脈に血栓の閉塞を生じると，血流障害，突然の激痛，壊死をきたす。

間欠性跛行 p.82

松葉づえ

まつばづえ

▶杖 p.358

まつり縫い

まつりぬい

▶手縫いの方法 p.363

麻痺性構音障害

まひせいこうおんしょうがい

▶構音障害 p.134

マルサス

Malthus, Thomas Robert：1766 ～ 1834

イギリスの経済学者。ケンブリッジ大学で数学・生物学を学ぶ。1798 年，『人口論』において，人口の増加率が食物の増加率を上回ることは法則であり，貧民に対する救済はかえって貧困を悪化させると説いた。つまり，マルサスは，救貧法による公的救済などは，貧民の怠惰を助長し勤労意欲を奪い，自立心を失わせてしまうと考えた。食物の量と人口の均衡を取る有効な方法は，自助と道徳的抑制（結婚の延期）以外にないと述べ，貧困の原因を自然法則，貧民の怠惰に求めた。こうした考え方は，イギリスの新救貧法（1834 年）の理論的な支柱ともされた。

新救貧法 p.275

マルチ商法，マルチまがい商法

まるちしょうほう，まるちまがいしょうほう

マルチ商法は「マルチレベリングマーケティング」や「ネットワークビジネス」と称される，次々と会員を勧誘する連鎖販売取引のこと。特定商取引に関する法律（特定商取引法）で規制されている。金銭を介するネズミ講と異なり，商品やサービスを介して会員を募集し，下部会員を増やすことで勧誘者は利益を得る。ネズミ講は禁止されているが，マルチ商法は特定商取引法の規制枠の中で認められており，勧誘する際の目的の明示や，書面交付義務，20 日間のクーリング・オフ（無条件解約），一年間の解約ルールなどが定められている。一方，マルチまがい商法は，マルチ商法の組織形態をとるものの，法的規制の網を逃れるために自らは「マルチではない」と言って勧誘する。脱法マルチともいわれる。マルチ商法・マルチまがい商法は，勧誘を通した人の組織化を基本とすることから，友人関係が壊れる例が多い。

慢性甲状腺炎

まんせいこうじょうせんえん

chronic thyroiditis

自己免疫性疾患の一つであり，甲状腺の成分に対する自己抗体が検出される。この疾患のほとんどは橋本病と呼ばれる。多くで甲状腺の機能が低下し，頸部に硬い甲状腺腫を触れる。20 ～ 50 歳代に好発し，圧倒的に女性に多い。成人女性の 3 ～ 5% にみられる。

甲状腺 p.139

慢性硬膜下血腫

まんせいこうまくかけっしゅ

chronic subdural hematoma

硬膜下腔に血腫ができるもの。やや古い（約 3 週間以上前）軽微な頭部外傷が原因とされている。高齢男性，特に飲酒家に多い。頭痛，尿失禁，

歩行障害，精神活動の低下などの症状が多くみられる。頭蓋骨骨折を伴うことはなく，頭蓋内圧亢進症状を呈することも少ない。

慢性呼吸不全

まんせいこきゅうふぜん

慢性閉塞性肺疾患，突発性肺線維症，肺結核後遺症などの呼吸機能障害のために日常生活ができない状態。室内空気吸入時の動脈血酸素分圧（PaO_2）が 60Torr 以下となる呼吸器系の機能障害，またはそれに相当する異常状態が 1 か月以上続くものと定義される。長期にわたり日常生活や社会生活に制限を受けると，身体障害者福祉法で規定する内部障害である呼吸器機能障害と認定され身体障害者手帳が交付される。呼吸器機能障害には，1 級，3 級，4 級の等級がある。

✎在宅酸素療法 p.175

慢性閉塞性肺疾患

まんせいへいそくせいはいしっかん

COPD：chronic obstructive pulmonary disease

呼気時に気道の閉塞を生じ，呼吸が障害される疾患をいう。慢性肺気腫，慢性気管支炎が COPD に含まれる。呼気時に息を吐くことができず，聴診ではヒューヒューという喘鳴を聴取し，呼気の延長，肺の拡張（慢性肺気腫）が認められる。介護保険の特定疾病とされている。

✎介護保険の特定疾病 p.61

み

ミーンズ・テスト

means test

公的扶助に代表される，社会保障制度による給付の受給資格の判断の一環として，収入・資産の有無および資産の活用の可能性を調査すること。資産（資力）調査ともいう。申請者の収入の有無やその程度，稼動能力や求職状況，土地・家屋や預貯金などの資産やその活用能力などの調査では，細かい生活状況に立ち入ることになるため，スティグマの問題を伴いやすい。日本の生活保護では，利用し得る資産，能力その他あらゆるものを，その最低限度の生活の維持のために活用することを要件とするという保護の補足性の原理によって，ミーンズ・テストは必須のものとなっている。

✎公的扶助 p.143，スティグマ p.294，保護の補足性 p.463

ミオクロニー発作

みおくろにーほっさ

myoclonic seizure

手や足を左右対称に不規則に，電気ショックを受けたかのように震るわせる発作のこと。ミオクロニーとは，自分の意思とは無関係な運動を起こす不随意運動の一つ。この発作は入眠直後や覚醒直後に起こりやすく，光刺激で誘発される。

✎てんかん p.364

味覚の低下

みかくのていか

味の感覚は酸味・塩味・甘味・苦味に大別され，舌の味蕾（みらい）の中の神経細胞（味細胞）で感じとる。味覚の神経は舌の前部と後部で異なり，舌の前 2/3 は舌神経，舌の後 1/3 は舌咽神経が支配する。塩味は舌の全面で一様に感じられるが，酸味は舌の外側縁，甘味は舌の先端，苦味は舌根で最もよく感じられるといわれる。高齢になると味覚の一部の機能に関しては，感受性の低下が起こるといわれている。また，神経学的異常，身体的変化に伴う食欲の異常，嗜好の変化に伴う味覚の変化もあり，「食事をしても砂をかむようだ」「えさを食べているように感じる」などと訴えたりする。味覚は食生活など生活習慣によっても左右されるが，高齢者では，舌にある味覚の受容器である味蕾が減少していることが指摘されているように味覚の低下の背景には身体器官の老化の影響が考えられる。60 歳以上になると酸味・甘味・塩味・苦味の 4 つの基本的要素の感度のいずれもその閾値が高くなり，感覚が鈍くなる。すなわち，濃い味でないと感知されにくくなってくる。調理をする際には，塩分の使い方に注意することが大切である。

✎高齢者の食事 p.150，味蕾 p.474

ミキサー食

みきさーしょく

普通食や軟食に作った食事を，咀嚼能力に合わせてミキサーにかけたもの。水分を補ってミキサーにかけるため，分量が増えて一度に多く食べられないので，食事の回数を増やし，栄養の不足を生じないようにしなければならない。また，ミキサー食をおいしく食べられるようにするには，はじめからミキサーにかけたものを出すのではなく，普通食と同じように料理をきれいに盛りつけたものを見せてから，料理別（1 品ずつ）にミキサーにかけた方が，自分が何を食べているかがよく分かり，食欲も高まり摂取量も増やすことができる。

✎高齢者の食事 p.150

未成年後見人

みせいねんこうけんにん

親権者の死亡，家庭裁判所による親権者への親権喪失や親権停止の審判や，親権者からの親権または子の財産管理権の辞任に対する家庭裁判所の許可があったときに，未成年者に付される後見人（民法 838 条 1 号）。未成年後見人は，身上監護と財産管理を行うが，未成年者の親権者に財産管理権がないときは，財産管理のみを行う。最後に親権を行った者は遺言で未成年後見人を指定することができる（民法 839 条 1 項）。そのほかの場合には，未成年者本人，未成年者の親族等利害関係人の申立てにより，家庭裁判所が選任する（民法 840 条 1 項）。未成年後見人は，複数でも（民法 840 条 2 項）法人でも（民法 840 条 3 項）よい。

未成年者

みせいねんしゃ

満 18 歳に達しない者。民法は，満 18 歳をもって成年としている（民法 4 条）。未成年者は，肉体的精神的に発達途上にあり，また社会経験も乏しいため，契約などの法律行為を単独で有効に行った結果生じた，法律上の義務を負わせることが不適当な場合がある。そこで未成年者は，親権者または未成年後見人の保護，監督に服する。法定代理人である親権者または未成年後見人は，未成年者の法律行為につき，代理権・同意権・取消権・追認権を有する。そのため，未成年者が単独で行った法律行為は取消されることがある（民法 5 条 1 項）。ただし，単に権利を得，または義務を免れる法律行為や，法定代理人が処分を許した財産の処分（民法 5 条 3 項）にあたる法律行為は，単独で有効に行いうる。営業を許された未成年者は，その営業に関しては成年者と同様，単独で法律行為ができる（民法 6 条）。

水俣病

みなまたびょう

熊本県水俣湾周辺と新潟県阿賀野川下流地域において生じた有機水銀中毒による神経系疾患で，公害病の一つ。典型的な症例の神経症状は，四肢末梢優位の感覚障害，小脳性運動失調，構音障害，求心性視野狭窄，中枢性聴力障害，中枢性眼球運動障害，中枢性平衡障害，振戦などである。

✎イタイイタイ病 p.21

ミニメンタルステート検査

みにめんたるすてーとけんさ

▶MMSE p.43

ミネソタ多面人格目録

みねそたためんじんかくもくろく

MMPI；Minnesota Multiphasic Personality Inventory

質問紙法による人格検査。1943 年に，ハサウェイ（Hathaway, S. R.）とマッキンリー（Mckinley, J. C.）により開発された。550 の質問項目について自己評価をさせる。その結果，合計 14 の尺度により整理し，被験者の人格特性のプロフィールを作図するもの。

ミネラル

mineral

▶無機質 p.476

脈　拍　図192

みゃくはく

心臓から大動脈血管に送り込まれる血液の波によって生じる血管の拍動のこと。脈拍は触診によって，通常，橈骨動脈で測定することが多い。脈拍の測定は，心身の状態を知る上で，最も一般的で簡単な方法である。安静時の脈拍数は年齢・性別などでほぼ一定しているが，食事・運動・入浴・興奮などによって変動する。

味　蕾

みらい

主として舌の表面にある味覚の受容器である。舌の表面における小隆起である舌乳頭内に配列している。その他，咽頭，硬口蓋，喉頭蓋にも存在する。味蕾には味細胞があり，甘味，酸味，塩味，苦味を識別する。

ミルトン・メイヤロフ

Mayeroff, Milton：1925 ～ 1979

『ケアの本質－生きることの意味－（On Carring, 1971）』を著したアメリカの哲学者。その著書の中で，ケアすることを「本質的に興味深い人間活動の一つ」とし，ケアはケアされる側の人が「成長すること，自己実現することを助けること」と定義している。ケアの対象として，人間に限らず芸術作品や哲学的構想なども含めている点に特徴がある。

民営化

みんえいか

国家や地方公共団体が行ってきた公的な事業を民間の事業に移行すること。公立公営の社会福祉関連の施設の運営主体や事業が，社会福祉法人や営利法人，特定非営利活動（NPO）法人などの民間組織へ移されていくことをいう。日本の社会福祉の分野では，1997（平成 9）年の介護保険法の成立や，社会福祉基礎構造改革を推進したことなどによって，民営化が拡大した。また，小泉政権以降，保育所などへの待機児童ゼロが政策課題であった。待機児童解消のため，保育所を増設したが，公立保育所が減少し私立保育所の拡充が行われた。

民間営利セクター

みんかんえいりせくたー

社会福祉サービスの供給主体の一つ。公的セクターとは違い，営利を目的として運営される。介護保険の導入により，介護を市場とする民間営利セクターが増加した。市場原理を導入することで，サービスの質の向上，量の充実などがメリットとなるが，その反面，採算の合わない地域ではサービスが供給されにくいといったデメリットもある。

民間非営利セクター p.476

民間社会福祉活動 表75

みんかんしゃかいふくしかつどう

民間の機関や団体，個人などによって行われる社会福祉活動。その起源は，18 世紀のイギリスの民間慈善事業とされている。民間社会福祉活動が存在する意義として，先駆性や柔軟性，人間味にあふれていることや，サービス供給の多元化による利用者の選択肢の拡大，公的な社会福祉サービスへの批判と改善への働きかけ，参加の機会の提供などがあるとされている。これまで民間社会福祉活動は，ともすれば公的社会福祉活動に対立するものとみなされてきた。しかしながら，現在では民間社会福祉活動と公的な社会福祉活動はパートナーシップを結ぶことが目指されている。民間社会福祉活動と公的社会福祉制度との関係の

図 192 脈 拍

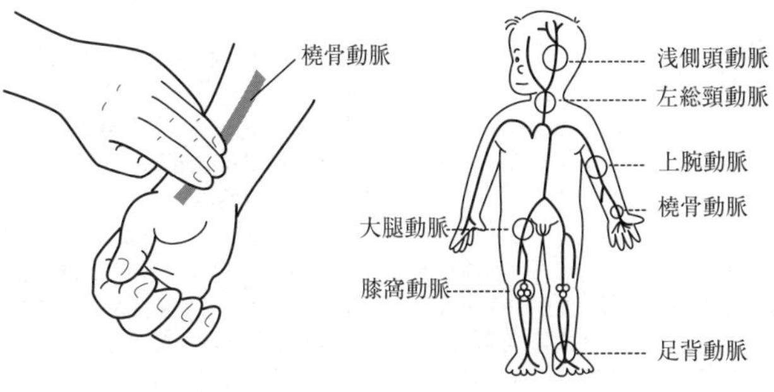

橈骨動脈の触診　　脈拍の測定部位

表 75 福祉供給システムの分類

	組織類型	団体の性格	例
公共的福祉供給システム	行政型供給組織	公的責任をもつ国や地方自治体	「福祉事務所」「児童相談所」など
	認可型供給組織	行政の規制のもと認可を受けて運営されるサービス提供組織。日本の基幹的システム	「社会福祉法人」や「社会福祉協議会」など
非公共的福祉供給システム	参加型供給組織	利用者自身や地域住民などが主体的に企画・運営する組織	ボランティア団体，NPO，生協など
	市場型供給組織	新しく参入した利潤を追求する団体	営利企業

あり方としては，①民間委託・補助型，②法定民間活動型，③公私共同パートナー型，④民間非営利型，⑤民間営利型，⑥セルフヘルプ型，の6つに分けることができる。

民間社会福祉施設

みんかんしゃかいふくししせつ

社会福祉法人，財団法人および社団法人（公益・一般），宗教法人，日本赤十字社のような特殊法人，NPO 法人，個人によるものなどにより設置されるもので，経営主体は多様である。従来は措置委託費によって運営されることが多かったが，近年は利用契約制度のもと，ある程度自立した運営を行うことも可能となってきた。とはいえ，市町村の委託事業を経営している施設も多い。

民間非営利セクター

みんかんひえいりせくたー

社会福祉サービスの供給主体の一つ。営利を目的とせず，民間により運営・管理されている。社会福祉法人や社会福祉協議会，あるいは近年増加傾向を示している住民参加型サービス団体などのボランタリーな活動や，いわゆる NPO などがこのセクターに位置する。

民間営利セクター p.475

民間非営利組織

みんかんひえいりそしき

▶NPO p.42

民生委員

みんせいいいん

民生委員法に規定される，地域における福祉行政への協力や住民への情報提供，住民の生活状況の把握などを行う委員のこと。地方公共団体の人口規模によって決められた配置基準に従って住民の中から選任される。市町村に置かれた民生委員推薦会の推薦により，都道府県知事の推薦を受け厚生労働大臣が委嘱する。任期は 3 年とされている。民生委員は，民生委員法第 14 条において，福祉事務所その他の関係行政機関の業務に協力することとされ，合わせて生活保護法第 22 条において，市町村，福祉事務所長または社会福祉主事の事務の執行に協力するものとされている。すなわち，生活保護行政の協力機関に位置づけられる職掌である。なお，児童委員は，民生委員が兼務することとなっている。また，民生委員法第 20 条では，都道府県知事が市町村長の意見を聞いて定める区域ごとに，民生委員協議会を組織することとされている。

民生委員協議会

みんせいいいんきょうぎかい

民生委員の活動は個々に担当地域をもちながらその区域の要援護者の援助を行うことであるが，民生委員個人の担当地域の枠を超えて地域全体の福祉問題の解決や条件整備を目指し，組織的に対応していくための協議体。民生委員法第 20 条に，都道府県知事が市町村長の意見をきいて定める区域ごとに組織しなければならない，と義務づけられている。

民生委員法

みんせいいいんほう

昭和 23 年制定，法律第 198 号。民生委員制度を従来の勅令によるものから，法律に基づくものとして法的根拠を強化するために制定された。民生委員の職務，選任方法，資格要件，任期，指導訓練等に関する規定がなされている。

む

無機質

むきしつ

炭水化物，脂質，たんぱく質，ビタミンとともに「五大栄養素」の一つ。カルシウム，リン，マグネシウム，カリウムなど。ミネラルともいう。人体を構成する元素は 20 種類あまりあるが，そのうち O（酸素），C（炭素），H（水素），N（窒素），S（硫黄）は除いて，食物に含まれる栄養素が消化・吸収の段階で分解されてもそのままの形で吸収される物質の総称。無機質の生体内における機能はほぼ次の 4 つに分けられる。

①硬組織の構成：骨や歯をつくる材料となる。主にカルシウム，リン，およびマグネシウムが関与し，骨・歯に強さと硬さを与える。

②軟組織の構成：筋肉，血液，臓器，神経，皮膚などの成分となる。鉄，硫黄，リン，ヨウ素などがある。

③生体機能の調節：体液や細胞内の酸・アルカリ平衡，神経や筋肉の興奮性，血液の凝固作用，浸透圧の調節などでカルシウム，ナトリウム，カリウム，リン，塩素などが関与している。

④酵素作用に関与：酵素の成分は亜鉛，銅，鉄などで，酵素作用に対してその活性を賦活化する作用をもつものはマグネシウム，マンガンなどである。

無月経

むげっけい

amenorrhea

生理的または病的原因によって，月経が消失すること。生理的なものには妊娠や，授乳時の月経停止がある。閉経も生理的無月経の一つ。病的無月経には種々の原因があるが，思春期に多発する拒食による視床下部-下垂体系ホルモン異常（神経系と内分泌系のアンバランス）が原因で生じるものなどがある。

無　言

むごん

mutism

意識はあるが，構音障害（ろれつが回らない）や失語（言葉を表出できない）もないのに全くしゃべらない状態。ヒステリーなどの精神障害でみられる。なお，眼を開いているが全く無言で，随意運動もみられない寝たきり状態は無動無言症と呼ばれるが，これは意識障害の特殊型である。

無作為抽出法

むさくいちゅうしゅつほう

▶標本抽出法 p.434

無差別平等

むさべつびょうどう

生活保護法第２条に規定される，国家責任，最低生活保障，保護の補足性とならぶ生活保護の原理の一つ。同法の定める要件を満たす限り，健康で文化的な最低限度の生活を送るために受ける保護を，その人種，信条，性別，社会的地位，身分を理由に拒否してはならないとするものである。かつての救護法においては，素（性）行不良な者などについては救済や保護は行わないこととする欠格条項が盛り込まれていたが，現在の生活保護法においては生活に困窮しているかどうかという経済的状態のみに着目して保護が行われる。

✎生活保護の原理・原則 p.301

蒸す調理

むすちょうり

蒸すとは，蒸し器内で水を沸騰させ，発生した水蒸気で食品を加熱する調理操作である。水蒸気が食品に触れると，食品の表面で液化し，この潜熱を利用し食品が加熱される。蒸す調理の特徴は，①煮るより形が崩れにくい，②容器に入れたまま加熱できる，③成分の溶出が少ない，④焦げない，⑤加熱中の調味はしにくい，などがある。強火（100℃）で蒸すものとして，もち米を用いたおこわ・赤飯類，いも類など，弱火（85～95℃）で蒸すものとして，卵豆腐，茶碗蒸し，カスタードプディングなどの卵料理がある。

六つの基礎食品　表76

むっつのきそしょくひん

食品はその機能から，６群に分類されている。１群は主にたんぱく質であり，魚，肉，卵，大豆などが代表的なものである。２群はカルシウムの給源で，牛乳，乳製品，骨ごと食べられる魚などであり，３群は主としてカロテンの給源となるもので緑黄色野菜などが挙げられる。淡色野菜，果物は４群の食品である。５群は糖質性エネルギー源で，米，パン，めん類，いも類などがある。６群は脂肪性エネルギー源で，食用油，マヨネーズなどがある。健康を維持するためには，各群の食品を組み合わせ，栄養のバランスをとることが重要である。

✎食品分類法 p.266

６つのＰ

むっつのぴー

パールマンが提唱したケースワークを構成する要素のこと。①援助を必要とする人（Person），②クライエントが抱える問題（Problem），③援助が展開される場所（Place），④援助過程（Process）の４つに加え，1986 年には，⑤制度（Provisions），⑥専門職（Professional person）を合わせ，「６つのＰ」として整理された。

✎パールマン p.411

無　動

むどう

akinesia

意識はあるが，随意運動が高度に障害された状態。立ちあがり，寝返りなどの動作がとれなくなる。パーキンソン病でみられ，動作緩慢（動きが遅い），寡動（動きが少ない）が進行したものである。

無　尿

むにょう

anuria

１日尿量が 100mL 以下の状態。尿は腎臓で作られ，膀胱に溜まった後，排尿されるが，無尿はその機序によって腎前性，腎性，腎後性に分けられる。腎前性は腎臓の上流に原因がある場合

（心不全，ショック，脱水症など），腎性は腎臓そのものに原因がある場合（腎炎など），腎後性は腎臓の下流に原因がある場合（尿管閉塞など）である。無尿は尿毒症，浮腫，体重増加などを伴う。尿道の狭窄・閉塞など膀胱以下の異常で排尿量が減った場合は尿閉と呼び，無尿とは異なる。尿閉は尿が膀胱に貯留しているため，腹部は膨隆する。

尿閉 p.396，乏尿 p.458

め

名称独占

めいしょうどくせん

登録により資格を有している者だけがその名称を用いることができる制度。社会福祉の領域では，社会福祉士，介護福祉士，精神保健福祉士がこれにあたる。資格を有さない者が，名称を使用した場合，社会福祉士及び介護福祉士法第53条および精神保健福祉士法第47条により30万円以下の罰金に処せられる。名称独占は，あくまでも名称のみの独占であって，その業務内容に関して独占しているわけではない。業務独占の資格としては医師などがある。

業務独占 p.107，資料① p.522

酩　酊

めいてい

inebriation

アルコールなどの薬物摂取による急性中毒症状としての意識障害に，さらに発揚状態が加わった状態をいう。

アルコール中毒 p.12

メタボリックシンドローム　表77

metabolic syndrome

内臓脂肪症候群と訳される。内臓脂肪型肥満に高血糖，高血圧，脂質異常症のうち2つ以上を合併したものをいう。循環器系の疾患リスクが高いために，特定健康診査，特定保健指導の主要な対象となっている。令和元年国民健康・栄養調査によると，メタボリックシンドロームが強く疑われる者の割合は，男性では28.2%，女性では

表76　六つの基礎食品

	食品の類別	食品の例示	主な栄養素 （　）内は副次的栄養素
1	魚，肉，卵，大豆	魚，貝，いか，たこ，かに，かまぼこ，ちくわなど 牛肉，豚肉，鳥肉，ハム・ソーセージなど 鶏卵，うずら卵など 大豆，豆腐，納豆，生揚げ，がんもどきなど	たんぱく質 （脂肪，カルシウム，鉄，ビタミンA，B_1，B_2）
2	牛乳，乳製品，骨ごと食べられる魚	牛乳，スキムミルク，チーズ，ヨーグルトなど めざし，わかさぎ，しらす干し 注）わかめ，こんぶ，のりなど海草を含む	カルシウム （たんぱく質，ビタミンB_2，鉄）
3	緑黄色野菜	にんじん，ほうれんそう，こまつな，かぼちゃ	カロテン （ビタミンB_2，C，鉄，カルシウム）
4	その他の野菜，果物	だいこん，はくさい，キャベツ，きゅうりなど みかん，りんご，なし，ぶどう，いちごなど	ビタミンC （カルシウム，ビタミンB_1，B_2）
5	米，パン，めん，いも	飯，パン，うどん，そば，スパゲティなど さつまいも，じゃがいも，さといもなど 注）砂糖，菓子など糖質含量の多い食品を含む	糖質 （ビタミンB_1，C）
6	油　脂	てんぷら油，サラダ油，ラード，バター，マーガリンなど 注）マヨネーズ，ドレッシングなど多脂性食品を含む	脂肪

資料：昭和56年3月2日衛発第157号　厚生省公衆衛生局長通知より

10.3%という結果になっている。

特定健康診査 p.372，特定保健指導 p.375

メチシリン耐性黄色ブドウ球菌

めちしりんたいせいおうしょくぶどうきゅうきん

MRSA ; methicillin-resistant *Staphylococcus aureus*

略称は MRSA。抗生物質の大量持続投与により，抗生剤への耐性をもった黄色ブドウ球菌が発生，増加したもの。近年，院内感染の主原因として問題になっている。抵抗力の低下した高齢者や抵抗力の弱い子どもに感染することが多く，抗生剤投与も治療効果がない。また，施設内で利用者が感染した場合，ほかの利用者への感染予防のために，介護従事者は使い捨てのマスク，手袋などを着用し，同時に流水と石けんによる手洗いも怠らないことが必要になる。その上で，消毒もすると効果的である。

院内感染 p.31

メニエール病

めにえーるびょう

Ménière's disease

内耳の内リンパ圧が亢進し，回転性のめまい，吐気，嘔吐を発作的に生じ，慢性化すると耳鳴り，難聴を生じる。治療には，めまい発作を誘発する過労，睡眠不足，塩分過多の食事，喫煙を避けるとともに，循環改善薬，血管拡張薬，ビタミン剤，利尿薬などが用いられる。

資料㉙ p.542

めまい

vertigo

体の動揺，回転，昇降，傾斜などを感じることをいう。良性発作性頭位めまい症，メニエール病，前庭機能障害，脳血管障害，脳腫瘍など種々の疾病でみられる。

メニエール病 p.479，良性発作性頭位めまい症 p.501

表 77　メタボリックシンドロームの診断基準

－日本内科学会など 8 学会が共同で策定(2005 年4月)－

必須項目	腹腔内脂肪蓄積　腹囲	男性≧85 cm 女性≧90 cm
	（内臓脂肪面積　男女とも≧100 ㎠に相当）	
	上記に加え以下のうち 2 項目以上	
選択項目	高トリグリセライド血症 かつ / または 低 HDL コレステロール血症	≧150 mg /dL <40 mg /dL（男女とも）
	収縮期血圧 かつ / または 拡張期血圧	≧130mmHg ≧85mmHg
	空腹時高血糖	≧110 mg /dL

メラトニン

melatonin

脳の松果体で生成されるホルモンで，網膜が暗闇を感じると生成が高まり，睡眠が誘発される。いわゆる体内時計の一つで，昼夜（地球の自転）に同期して睡眠ー覚醒リズム（概日リズム）が形成される。メラトニン製剤は睡眠障害や時差ボケ（わが国では保険適応外）に用いられる。

概日リズム p.67

綿

めん

天然繊維の中の植物繊維であり，コットンのこと。水分の吸水性・発散性に優れているので，暑い季節には肌ざわりの良い着心地を得られ，好まれる素材である。吸湿性が高いことから，タオルなどの生活用品としても製品化されている。摩擦により毛羽立ちが起こりやすく，水分を多く含むと繊維が縮みやすくなり，シワになりやすいなどの特性がある。

免疫抑制薬

めんえきよくせいやく

病原微生物など体外からの異物を認識して，体内から排除する仕組みを免疫という。免疫は正常では生体防御を担っているが，臓器移植では移植された臓器を傷害し，膠原病（自己免疫疾患）では自分の組織に対して誤って免疫反応を生じ組織の傷害を生じる。このような場合には，免疫反応を抑える必要が出てくる。免疫抑制作用をもつ薬剤を免疫抑制薬といい，シクロスポリンやアザチオプリンなどがある。副腎皮質ステロイド薬も同様の効果を有するため，免疫抑制薬として使用されることがある。

面　接

めんせつ

面接の形態には，生活場面面接をはじめ，電話面接（相談），家庭訪問，手紙や電子メールによるやりとりといったアプローチが考えられる。抱えている問題の状況や利用者の特性などによっては，多様な方法を工夫する必要がある。

生活場面面接 p.299

面接調査法
めんせつちょうさほう

調査員が対象者に面接し，口頭で対象者本人から回答を得る調査方法のこと。質問内容の誤解や回答の誤記入を防げる利点がある。回答者が文字の読み書きができない場合にも有効である。

面接法
めんせつほう

質的調査の代表的な情報収集法の一つ。質問項目を特に用意せず，被調査者の話す文脈に応じて面接する方法を自由面接という。一方，質問を用意し，それに沿って面接を行うことを構造化面接という。その中間として，質問項目を用意するものの，それにとらわれすぎることなく自由面接法の要素も取り入れて，適宜その場に応じた質問を挿入する方法を半構造化面接という。

メンタルヘルス
mental health

心の健康，精神衛生，精神保健などとも呼ばれる，精神面での健康のこと。現代社会では多くのストレス要因が存在する。特に企業にあっては，終身雇用制から成果主義への変化，非正規労働者（派遣労働者やパートタイマーなど）の増加，過重労働，深夜業，交替制勤務，裁量労働制，職場のIT化など，様々なストレスを引き起こす原因が存在する。それに伴い，精神面での問題を抱える労働者が増えている。そのため，産業医と管理監督者が連携して職場環境の改善などに取り組むことが企業の課題となっている。

ストレスチェック p.295

も

盲児施設
もうじしせつ

児童福祉法に規定されていた児童福祉施設である盲ろうあ児施設の一種で，2012（平成24）年の児童福祉法改正により，障害児入所施設へと移行した（同法42条）。盲児を入所させ，保護するとともに，独立自活に必要な指導や援助を行う。盲学校に付設されている場合もある。施設数・児童数ともに減少傾向にあり，重度重複障害や家庭環境などの理由から家庭での養育が困難なために入所する児童の割合が高い。

障害児入所施設 p.236，盲ろうあ児施設 p.481

盲人安全つえ
もうじんあんぜんつえ

白杖 p.416

盲人ホーム
もうじんほーむ

あん摩マッサージ指圧師，はり師，きゅう師の免許をもつ視覚障害者であり，自営や雇用されることが困難な者を対象に，施設を利用させ，必要な技術指導を行い，盲人の自立を図る目的をもつ。地域生活支援事業では「任意事業」として盲人ホーム事業が位置づけられている。設置主体は都道府県，市および社会福祉法人で，利用者の定員は20人以上とされている（厚生省通知「盲人ホームの運営について」昭和37年社発109号）。

妄　想
もうそう
delusion

明らかに間違った内容を信じてしまい，周りの人たちが訂正しようとしても訂正不能な考えのこと。被害妄想，関係妄想，誇大妄想などがあり，統合失調症や認知症，薬物中毒者など様々な疾患で認められる症状である。

関係妄想 p.82，誇大妄想 p.162，被害妄想 p.427

盲導犬
もうどうけん

身体障害者補助犬法に介助犬，聴導犬とともに規定される補助犬の一つ。道路交通法第14条第1項に規定され，厚生労働大臣が指定した法人から認定を受けているもの。道路交通法第14条での内容は次のとおり。「目が見えない者（目が見えない者に準ずる者を含む。以下同じ）は，道路を通行するときは，政令で定めるつえを携え，又は政令で定める盲導犬を連れていなければならない。目が見えない者以外の者（耳が聞こえない者及び政令で定める程度の身体の障害のある者を除く）は，政令で定めるつえを携え，又は政令で定める用具を付けた犬を連れて道路を通行してはならない」とされている。

身体障害者補助犬法 p.288

網膜色素変性症
もうまくしきそへんせいしょう
retinal pigment degeneration

網膜に異常な色素沈着をきたし，次第に視力低下などの症状が現れる進行性の疾患。目に入ってきた光を電気信号に変える神経細胞が障害されるために起こる。視野狭窄，夜盲などが主な症状。難病の患者に対する医療等に関する法律に基づき，公費負担の対象となる。

✎求心性視野狭窄 p.100，視野狭窄 p.219，夜盲症 p.485

網膜静脈閉塞症

もうまくじょうみゃくへいそくしょう

retinal vein occlusion

網膜の静脈が閉塞し，眼底出血や浮腫を生じる疾患。高齢者に多くみられ，高血圧や動脈硬化などが原因となることが多い。閉塞部位により中心静脈閉塞症と分岐静脈閉塞症に分けられる。出血や浮腫が中心部の黄斑に及ぶと視力が低下する。分枝静脈閉塞症では眼底の周辺に起こると自覚しないことがあるが，中心静脈閉塞症では急激な視力低下を生じる。治療には，レーザー光凝固，血栓溶解薬，網膜循環改善薬などを用いる。

網膜中心動脈閉塞症

もうまくちゅうしんどうみゃくへいそくしょう

central retinal artery occlusion

網膜中心動脈は眼動脈から分岐し，網膜に酸素や栄養分を供給する。この網膜中心動脈が血栓，れん縮などにより閉塞し，突然に高度の視力低下を生じる疾患。高血圧，糖尿病，心疾患などがリスク要因となる。網膜動脈は狭細化し，網膜全体が乳白色の混濁（虚血壊死）を呈する。黄斑部は正常の赤色の色調を残すため，チェリーレッドスポットを示す。治療には血栓溶解薬，高圧酸素療法，眼球マッサージなどが行われるが，効果は限定されている。

網膜剝離

もうまくはくり

RD；retinal detachment

網膜が眼底から剝離して硝子体中に突出する疾病。30～40歳で近視の男性に多くみられる特発性，眼球内の腫瘍，外傷等による続発性がある。初期には飛蚊症を認めることがあり，進行すると視力の低下，失明の原因となる。治療ではレーザー/熱等で剝がれた網膜を固定する。

✎資料㉘ p.542

盲ろうあ児施設

もうろうあじしせつ

盲児またはろうあ児を入所させて保護または独立自活に必要な援助を行うことを目的とした施設で，盲児施設とろうあ児施設がある。2012（平成24）年の児童福祉法改正により，障害児入所施設（同法42条）に移行した。

✎障害児入所施設 p.236，盲児施設 p.480，ろうあ児施設 p.509

燃えつき症候群

もえつきしょうこうぐん

burnout syndrome

1974年にハーバート・フロイデンバーガー（Freudenberger, H. J.：1927～1999）により「バーンアウト」という概念が提唱され，その後，マスラック（Maslach, C.）により「極度の身体疲労と感情の枯渇を示す症候群」と定義された。バーンアウト症候群ともいう。献身的な努力にもかかわらず，期待するような結果が得られなかったことから生じる徒労感や欲求不満。また，何かを成し遂げたり，大きな目標を終えたりして，打ち込む物が何もなくなったことで生じる虚脱感を表現することもある。朝起きられない，職場に行きたくない，いらいら感が募る，飲酒量が増えるなどの症状から，自殺，犯罪に至るケースもある。

文字放送デコーダー

もじほうそうでこーだー

聴覚障害者に対する福祉用具の一つで，文字放送を受信するための装置。チューナーをテレビに接続して使用する。現在では，文字放送の受信に加え，聴覚障害者向けCS放送の受信，災害時緊急放送の受信信号表示といった機能が1つのチューナーにまとめられ，聴覚障害者用情報受信装置と呼ばれる。障害者総合支援法における日常生活用具給付等事業の情報・意思疎通支援用具の一例として挙げられている。

モニタリング

monitoring

相談援助の展開過程の一つ。プランニングで設定した課題の進行・達成状況や新たなニーズの出現などについて継続的な見直しを行い，必要ならば新たなアセスメントにつなげることである。

✎援助過程 p.45

物盗られ妄想

ものとられもうそう

自分の大事な物，特に現金や財布，通帳や印鑑などの金銭にかかわるものを人に盗られたと確信すること。認知症において生じやすい被害妄想の一つ。物盗られ妄想の犯人とされる人物は嫁や娘，婿や夫といった身近な家族の場合が多い。家族は，どうしてこのような訴えをするのか，長年同居している家族なのになぜ物を盗った犯人にされなければならないのかが分からずに困惑していることも少なくない。物盗られ妄想に対する患者（利用者）への接し方としては，患者（利用者）の誤った考えを説得，あるいは納得させようとする対応は適切ではない。患者（利用者）の訴えを頭から否定せず，うなずきながら傾聴するといった前向きの対応が最も大切である。

木綿わた

もめんわた

植物繊維から作られたわたのこと。主に布団の詰め物として用いられている。弾力，保温，通気，吸湿などの優れた特性がある。放湿性が低いので，天日干しをすることで，かさの回復を即す繊維である。リサイクルの観点からも，わたの打ち直しをすることで再生し，長期使用が可能であるうえ，土に返すことができる，環境に優しい繊維である。

モラトリアム

moratorium

就業や自らの家庭をもつ以前の青年期は身体的・生理的には大人になっているが，精神的には社会的な義務や責任から猶予されている。エリク・H・エリクソンはこの時期をモラトリアム（猶予期間）と呼んだ。モラトリアムは将来について試行錯誤する時期であり，試行や失敗をすることで，将来自らが大人としての義務を遂行する立場に立つための準備をする期間とされる。

✎エリクソン p.43

モラルハザード

moral hazard

もともと保険用語で，保険に加入していることに安心し，リスクを回避しようとする意識が薄れてしまう道徳的危険のことをいう。社会保障制度においては，制度にかかわっている者が，利己的行為や怠慢行為を行ったために，制度上のリスクが増大していくことを意味する。例えば，医療保険による，医療行為に対する患者の自己負担の軽減によって，患者が医療機関で過剰な診療を受診したり，医者側が保険制度を利用して多大な利益を得るために，不必要で過大な診療を行ったりする場合である。この状態が維持されれば，医療制度における費用が増大し，制度存続の危険が生じてしまう。

問題解決アプローチ

もんだいかいけつあぷろーち

ソーシャルワークにおけるアプローチの一つ。ヘレン・ハリス・パールマンによって提唱された。利用者を問題解決の主体と位置づけ，援助を活用して問題解決を図る利用者の力をワーカビリティと呼び，援助の構成要素を「6つのP」として整理するなど，診断派に立ちつつ機能派の視点を盛り込んだ折衷型のモデルを示した。

✎ソーシャルワーク p.322，パールマン p.411，6つのP p.477，ワーカビリティ p.519

問題志向型医療記録

もんだいしこうがたいりょうきろく

POMR；Problem Oriented Medical Record

問題志向型システム（POS；Problem Oriented System）を用いた場合の診療録記載方法をいう。代表的な診療録の記載方法の一つで，臨床上の問題のそれぞれについて，S（subjective data）：患者が訴える自覚症状，O（objective data）：医療スタッフが観察した客観的所見，A（assessment）：評価，P（plan）：治療方針に分けて，医療スタッフの間で情報の効率的な共有を図ることを目的としている。4つの頭文字をとり，SOAP と呼んでいる。

や

夜間せん妄 図193

やかんせんもう

night delirium

夜間に幻覚を感じたり，急に落ち着きのない行動に出ること。例えば眠っている高齢者が夜中に大声で騒いだり，ほかに誰もいないのに誰かに話しかけたりという異常なふるまいをする。原因は体調や環境など多岐にわたる。

夜間対応型訪問介護

やかんたいおうがたほうもんかいご

介護保険制度における地域密着型のサービスの一つ（介護８条）。居宅の要介護者に対して，夜間に以下のサービスを行う。◯定期巡回サービス（定期的に利用者の居宅を巡回して介護を行う）◯オペレーションセンターサービス（事前に利用者の心身の状況や環境等を把握した上で，利用者からの通報を受け，通報内容等をもとに訪問介護員等の訪問の要否等を判断する）◯随時訪問サービス（オペレーションセンター等からの随時の連絡に対応して介護を行う）

地域密着型サービス p.344

薬剤師

やくざいし

薬剤師法を根拠とする業務独占，名称独占の国家資格。「調剤，医薬品の供給その他薬事衛生をつかさどることによつて，公衆衛生の向上及び増進に寄与し，もつて国民の健康な生活を確保するものとする」と規定されている。現在日本でこの資格を得るには６年制の薬学部を卒業後，薬剤師国家試験に合格しなければならない。薬剤師でなければ販売または授与の目的で調剤をしてはならないが，医師，歯科医師，獣医師が自らの処方箋に基づいて自ら調剤することが可能である。なお，薬剤師であっても医師，歯科医師，獣医師の処方箋がなければ販売または授与の目的で調剤することはできない。

図193　夜間せん妄の症状の例

薬剤性肝炎

やくざいせいかんえん

drug-induced hepatitis

薬物投与に起因する肝炎をいう。肝毒性をもつ薬物摂取による中毒性と，アレルギー反応によるアレルギー性に大別される。前者は一定量以上の薬物摂取で生じるのに対して，後者では摂取量によらず発症する。抗生剤，解熱鎮痛剤，麻酔薬などが原因として多い。症状は，軽症では無症状で，血液検査でトランスアミナーゼなど肝臓由来の酵素活性が上昇する。中等症以上では，全身倦怠感，黄疸などを認める。治療は，薬物摂取を中止し，必要に応じて対症療法を行う。

薬剤耐性

やくざいたいせい

病原微生物が，薬剤の繰り返し投与により，治療に用いた薬剤に対して抵抗性を持ち，薬剤が効かない，あるいは効きにくくなった現象のこと。感冒（風邪様症状）の際の抗生物質・抗菌薬の使用に伴って薬剤耐性が起こり，抗生物質・抗菌薬が効かなくなることがある。感冒の多くはウイルスであり，抗生物質・抗菌薬は効かないので，感染を防ぐために，日頃から手洗い・咳エチケットを心がける。

薬物依存

やくぶついぞん

drug dependence/drug addiction

自分の意志で薬物の使用をコントロールできなくなる状態。薬物に快感を求める状態（精神依存）と身体依存とがある。身体依存では，薬物使用の中断や減量で離脱症状（禁断症状）が起こる。

身体依存 p.285，精神依存 p.303

薬物療法

やくぶつりょうほう

疾病の治療法の一つで，主として薬の投与（内服や注射，点滴など）によって治癒や延命・症状緩和を期待する。薬物本来の目的の働きを作用といい，発疹や眠気，便秘など薬物本来の目的以外の働きを副作用（有害作用）という。内服の場合は，一緒に摂取する食品の組み合わせや複数種類の薬を併せ飲むことで，薬物の作用が増強または減弱し，副作用がおこることがある。また，子どもや高齢者，アレルギー体質，腎臓・肝臓など薬の分解や排泄に関係する疾患のある人も，副作用が出やすい傾向がみられる。

役割葛藤
やくわりかっとう

現代社会では，人は複数の集団に所属し，複数の役割を遂行することが要求されている。そのため，一方の集団で期待される役割と別の集団で期待される役割が異なることがあり，それを同時に遂行できないという事態も起きる。これを役割葛藤という。具体例としては，祖父母から期待されている役割と両親から期待されている役割が一致せずに子どもが強い緊張状態におかれること，が挙げられる。

役割距離
やくわりきょり

型にはまった役割を遂行するだけにとどまらず，役割を意図的にずらすことで，型にはまりきらない自分を他者に印象づけること。アメリカの社会学者アーヴィング・ゴフマン（Goffman, E：1922～1982）の概念。ゴフマンは，役割距離の例として執刀中の外科医が時には冗談をいうことを挙げ，執刀に専念するだけではなく，周囲の緊張を解きほぐす余裕があることを示すことで自らの有能さを相手に印象づけているとした。

役割取得
やくわりしゅとく

他者との相互作用を通して他者の期待や文化的規範を学習し，内面化していくこと。アメリカの哲学者・社会心理学者ジョージ・ハーバート・ミード（Mead, G. H.：1863～1931）は，子どもが遊びを通して他者の期待を取得する過程に注目した。最初のプレイ段階では，子どもはごっこ遊びなどを通して親や兄弟姉妹といった重要な他者の期待を取得する。そして次のゲーム段階で一般的な他者の期待，つまり当該社会に共通の役割期待を取得するとした。

夜警国家
やけいこっか

個人の自由な経済活動へ介入せず，その機能を外敵からの防衛や国内の治安維持など必要最小限にとどめる消極的な国家。19 世紀に，自由主義的な国家に対して，ブルジョア階級の財産に対する夜警（夜間の火事・盗難などに対する番人）をしているに過ぎないという批判として用いられたことに由来する。社会保障政策などによる政府の積極的な活動を志向する福祉国家など，国家の能動的な役割を主張する国家と対比される。

✎福祉国家 p.440

矢田部・ギルフォード性格検査
やたべぎるふぉーどせいかくけんさ

▶Y-G 性格検査 p.519

薬機法
やっきほう

▶医薬品，医療機器等の品質，有効性及び安全性の確保等に関する法律 p.25

夜尿症
やにょうしょう

night enuresis

遺尿症のうち，夜間に起こるものをいう。5～6 歳を過ぎても継続的に，睡眠中に無意識に排尿すること。いわゆるおねしょ。身体の発達やホルモン分泌が関係している。5 歳男児で 7%，女児で 3% に認められる。年齢が進むにつれて直線的に減少する。

✎遺尿症 p.25

山室軍平
やまむろぐんぺい：1872～1940

救世軍日本支部の創始者。岡山県に生まれる。杉本家の養子になるが，学問を志すために東京に家出をし，印刷工として働く。徳富蘇峰（とくとみそほう：1863～1957）との出会いにより，新島襄（にいじまじょう：1843～1890）を知り，1889（明治 22）年，同志社普通学校に入学するが，1894（明治 27）年，同学校を中退。翌年，イギリスの救世軍が日本に来たときに入隊する。1907（明治 40）年，救世軍書記長官に昇任する。廃娼運動，医療保護事業，貧困家庭への訪問事業，職業紹介事業，セツルメント事業など救世軍日本支部において，多大な功績を残す。

✎救世軍 p.100

夜盲症
やもうしょう
night blindness

ビタミンAが欠乏することで生じる。暗いところで物が見えにくい，いわゆる鳥目である。ビタミンAの欠乏では，夜盲症のほか，眼球乾燥，皮膚乾燥を生じる。

✎昼盲（症）p.352，ビタミンA p.429

ヤングケアラー
young carer

法令上の定義はないが，本来大人が担うと想定される家事や家族の世話等を日常的に行っている子どものこと。年齢に見合わない重い責任や負担を負うことで，本来なら享受できたはずの時間が奪われ，学業への影響（遅刻・早退・欠席が増えたり勉強の時間が取れない等）や，進路への影響（自分ができると思う仕事の範囲を狭めて考える，自分のやってきたことをアピールできない等），友人関係への影響（友人等とコミュニケーションを取れる時間が少ない等）の問題が指摘されている。

ゆ

友愛訪問活動
ゆうあいほうもんかつどう

19世紀から20世紀にかけて，イギリスやアメリカで組織された慈善組織協会（Charity Organisation Society；COS）で行われていた活動。友愛訪問員は「施与ではなく友人として」を標語に，貧困家庭を個別に訪問し，人と人との人格的接触を通して，貧困で苦しめられている人たちの自立を促した。また，貧困者の実態を個別に調査し，救済の適正化を図るために慈善団体間の連絡調整を行った。アメリカのCOSで活動したメアリー・リッチモンドは，友愛訪問活動をとおしてケースワークの専門的な理論を体系化し「ケースワークの母」と呼ばれた。

✎リッチモンド p.499

有意選択法
ゆういせんたくほう

▶標本抽出法 p.434

有機溶剤依存症
ゆうきようざいいぞんしょう
organic solvent dependence

有機溶剤の吸入による多幸感，発揚，刺激興奮などの酩酊状態に精神的に依存した状態をいう。シンナーや接着剤はベンゼン，トルエンを主成分としており，これらは麻酔作用をもち，少量吸入により酩酊・幻覚作用をきたす。大量吸入では，呼吸抑制により死亡する。

夕暮れ症候群
ゆうぐれしょうこうぐん

夕方から夜間にかけて，落ち着きをなくす，不安になって何度も同じことを繰り返す，帰り支度を始め「家に帰る」と訴える等の不穏状態となること。施設や病院にいる人だけでなく，自宅で暮らす高齢者，特に認知症高齢者に多くみられる。原因としては，自分が今いる場所や時間がわからなくなってしまっている可能性や，夕方時のあわただしい雰囲気に心理的に影響を受けることで，このような状態になると考えられている。

✎行動・心理症状 p.143，認知症 p.398

郵送調査法
ゆうそうちょうさほう

調査票を調査対象者に郵送し，回答記入後に返送してもらう調査方法。他の調査法と比較して，対象者が広い地域に分散している場合でも調査可能である点が優れている。しかし，高い回収率は期待できないため，回収の偏りによる調査結果の歪みが生じる。また，対象者が実際に記入したのか確認ができないというデメリットもある。

✎自計式調査 p.185

有料老人ホーム
ゆうりょうろうじんほーむ

2005（平成17）年の介護保険法改正に伴い，老人福祉法第29条にある有料老人ホームの規定が見直された。改正後の規定では，「老人を入居させ，入浴，排せつ若しくは食事の介護，食事の提供又はその他の日常生活上必要な便宜であつて厚生労働省令で定めるものの供与」を行う老人福祉施設等以外の施設を有料老人ホームとしている。新しい規定では，「常時10人以上」という人数要件が廃止されるとともに，①入浴等の介護，②食事提供，③日常生活上の世話，のいずれかのサービスを提供する施設とされた。また，すべての入居者が居住費を全額負担し，自らの選択に基づいて入居していることを理由に，それまで事業者や法律で用いられていた「入所」を「入居」と改めた。事業者基準を満たす場合には，特定施設入居者生活介護の事業者として指定を受けることができる。類型として，介護付有料老人ホーム，住宅型有料老人ホーム，健康型有料老人ホームがある。

ユニセフ

UNICEF；United Nations Children's Fund

正式名称は国際連合児童基金。第二次世界大戦後，戦争の犠牲となった子どもたちを救済するために1946年に設立された国連総会の補助機関。「子どもの権利条約」をその活動指針とし，すべての子どもたちの権利が守られる世界を実現するために活動する組織である。戦争や内戦による被害を受けた子どもへの援助などを行う。日本も戦後，1949（昭和24）年から15年間，ミルクや医薬品などの援助を受けていた。このほか，活動の重点分野としては，子どもの生存と成長，基礎教育とジェンダー格差の是正，ヒト免疫不全ウイルス（HIV）/後天性免疫不全症候群（エイズ）と子ども，子どもの保護，政策分析と政策提言，パートナーシップ，などが挙げられている。なお，ユニセフの活動資金は，政府や民間部門，非政府組織（NGO）などの任意拠出によって賄われている。

ユニット型指定介護老人福祉施設

ゆにっとがたしていかいごろうじんふくししせつ

10人程度の共同生活空間を1つの生活単位（ユニット）として，居宅に近い環境の下で，入居前と入居後の生活が連続したものになるような，つまり，生活単位と介護単位を一致させたケアをする指定介護老人福祉施設。自立的な生活をする居室（個室は原則として定員1人）と，食堂や浴室などの共有スペースが設けられており，利用者は家庭的な雰囲気の中で生活できる。一般的に1施設で数ユニットをもつ。

ユニット型特別養護老人ホーム

ゆにっとがたとくべつようごろうじんほーむ

2002（平成14）年度から導入された新型特養のこと。定員は原則50人以上であり，全室個室である。従来型の特養とは異なり，ユニット型の介護が行われる。ユニット型の介護は，10人以下の個室と，食事や交流の場である共同生活室とで一体的に構成された小規模な生活空間において，家庭的な雰囲気の中で，個別ケア重視に行われる。昼間は，ユニットごとに常時1人以上の介護職員または看護職員が，夜間および深夜は，2ユニットに1人以上の介護職員または看護職員が配置されている。また，ユニットにはそれぞれ常勤のユニットリーダーが配置される。

ユニットケア

高齢者の尊厳や威厳を守るための具体的方策の一つであり，高齢者の入所型施設において「処遇の場」から「暮らしの場」への転換を示すものでもある。居間やリビングとしての働きをもたせた空間を取り囲むように少数の個室が配置され，それらをユニットと呼ぶ。各ユニット間は，行き来が可能なように通路で結ばれており，住みかとしての空間を形成するために工夫が凝らしてある。「ゴールドプラン（今後5か年間の高齢者保健福祉施策の方向）」では，特別養護老人ホームにおいてこのグループユニットケアを整備していくことが盛り込まれた。入居者個人が所有物を持ち込み，自ら管理できる空間の居室と，個室の近くにあって少数の入居者が食事や談話に利用する空間の共同生活室が，個人スペースとして置かれている。

ユニバーサルデザイン 図194

universal design

1970年代後半ロナルド・メイス（Mace, Ronald L.：1941～1998）により提唱されたもので，すべての人が利用できる製品や環境の設計を行う，という考え方である。①だれもが公平に使用できること，②使う上での自由度が高いこと，③簡単で直感的に分かる使用法，④必要な情報がすぐ分かること，⑤エラーへの寛容性，⑥

図194 ユニバーサルデザインの具体例

シャンプー
ギザギザをさわれば
シャンプーだとすぐ
分かる
手を出したら
水が出る水道
もユニバーサ
ルデザインの
一つ！

身体的負荷の低いこと，⑦近づいて使うための大きさとスペースのあること，という７つの原則が示されている。

ユネスコ

UNESCO：United Nations Educational, Scientific and Cultural Organization

正式名称は国際連合教育科学文化機関。1946年，二度と戦争を繰り返さないために国連社会経済理事会のもとに設置された専門機関。UNESCO憲章に規定されている「戦争は人の心の中で生まれるものであるから，人の心の中に平和のとりでを築かなければならない」という精神のもと，教育の拡充，科学的知識の普及，文化・自然遺産の保存などについて，研究推進，技術協力，情報交換などを行う。本部はパリにあり，2022（令和４）年４月現在，加盟国は193か国，準加盟地域は12地域となっている。

✎インクルージョン p.30

指文字　図195

ゆびもじ

手の形を文字に対応させた視覚言語の一つ。「あ」から「ん」までの50音や数字，アルファベット等があり，濁音，促音，半濁音も表現される。手話の語彙の少なさを補うとともに，手話では表現が難しい人名や地名，カタカナ語などに対して，一字ずつ書記言語の綴りを指文字で表現する。

ゆりかごから墓場まで

ゆりかごからはかばまで

イギリスでは，第二次世界大戦中に戦後の社会保障のあり方を検討する委員会が設けられ，1942年にはいわゆる「ベヴァリッジ報告（社会保険および関連サービス）」が発表された。「ゆりかごから墓場まで（*from the cradle to the grave*）」は，同報告において提唱された社会保障のあり方を端的に表現したものである。生まれてから死ぬまで最低限度の生活を維持する社会保障を国家の責任により整備することを表している。

✎ベヴァリッジ報告 p.452

ユング　表78

Jung, Carl Gustav：1875～1961

スイスの精神医学者。ジークムント・フロイトに学ぶが，次第に考え方の差が広がりフロイトから独立。その後自らの考えを打ち立てていった。ユングは無意識の中には集合的無意識という宇宙や歴史の作用による普遍な元型の作用があると考えた。元型の中にはアニマ，アニムスや，太母（グレートマザー），

図195　指文字の例

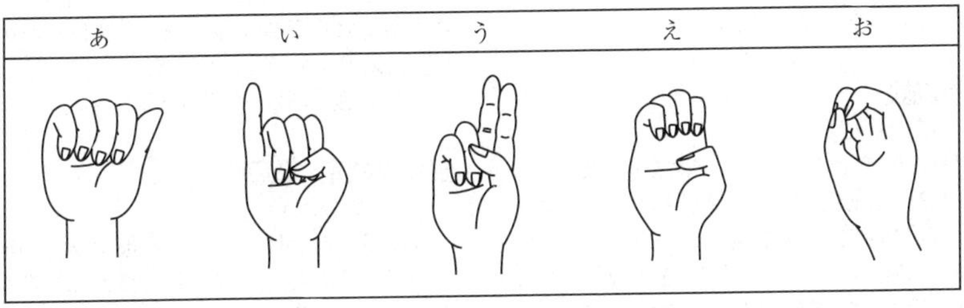

表78　ユングの発達段階

段　階	特　徴
少年期	親に依存する時期
成人期	社会や仕事上の地位を確立し，家族を作り，養育の義務に没頭する
中年期	人生について考え，自分らしさを追求する個性化の時期
老年期	これまでの人生の集大成の時期

老賢者などの集合的無意識によるイメージがあるとされている。今日でも一般に使われているコンプレックスという概念もユングが提唱したことで世の中に広く行きわたった。また，人の性格を外向性・内向性とさらに４つの類型に分類し，人格はペルソナという言葉で説明した。ペルソナは社会的自我ともいわれる。ユングはさらに，40歳前後の中年期を「人生の正午」と呼び，人生を前半と後半に分ける境界線とした。中年期は社会的役割，人間関係，気力・体力の転換期であり，「中年期危機」はこれらの大きな変化や，根本的なやり直しが効かないという自覚によって起こるものだと考えた。ユングは東洋思想や，宗教，芸術なども心理学と融合させた。

✎フロイト p.450

よ

養育里親

よういくさとおや

里親制度における里親の類型の一つ。里親の種類の中で人数としては最も多く，いわゆる一般的な里親といえる。児童福祉法第６条の４第２項には，要保護児童の養育を希望し，かつ，都道府県知事が行う研修を修了することなどの要件を満たす者で，養育里親名簿に登録されたもの，と規定がある。児童相談所を通して里親登録を行い，研修やマッチングの期間などを経て，里親として適切と思われる場合に受託となる。里親手当が支給される。

✎里親制度 p.179，専門里親 p.317

養介護施設

ようかいごしせつ

高齢者虐待防止法第２条で規定される施設。

老人福祉法に規定される，老人福祉施設（地域密着型施設も含む），有料老人ホーム，および介護保険法に規定される，介護老人福祉施設，介護老人保健施設，介護療養型医療施設，地域包括支援センターのこと。

要介護者

ようかいごしゃ

介護保険法第７条第１項では「要介護状態」を「身体上又は精神上の障害があるために，入浴，排せつ，食事等の日常生活における基本的な動作の全部又は一部について，厚生労働省令で定める期間にわたり継続して，常時介護を要すると見込まれる状態であって，その介護の必要の程度に応じて厚生労働省令で定める区分のいずれかに該当するもの」と規定している。そして，同法同条第３項では「要介護者」を，要介護状態にある65歳以上の者，あるいは特定疾病（要介護状態の原因が加齢の変化に伴って生じる心身の変化である疾病）である40歳以上65歳未満の者をいう，としている。

✎介護保険の特定疾病 p.61，要支援者 p.491

要介護状態

ようかいごじょうたい

介護保険法第７条第１項では「身体上又は精神上の障害があるために，入浴，排せつ，食事等の日常生活における基本的な動作の全部又は一部について，厚生労働省令で定める期間（原則６か月）にわたり継続して，常時介護を要すると見込まれる状態であって，その介護の必要の程度に応じて厚生労働省令で定める区分(要介護１～5)のいずれかに該当するもの（要支援状態に該当するものを除く。）をいう」と規定している。

✎要介護度 p.488

要介護度 図196

ようかいごど

要介護状態を，介護の必要の程度に応じて定めた区分。制度開始時は６ランクであったが，2005（平成17）年の介護保険法の改正により７ランクに変更され，要支援者は要支援１と２に区分された。旧区分における要介護１は，要介護１と要支援２に区分され，市町村の「介護認定審査会」で要介護１以上の人は従来の介護サービスの利用ができる。また，要支援２，要支援１は介護予防サービスの利用となる。

要介護認定 図197

ようかいごにんてい

介護給付を受けようとする被保険者の申請によって，その要件となる要介護者に該当すること。また，該当する要介護状態区分について，市町村などに設置される介護認定審査会が行う認定のこと。なお，要介護認定は被保険者が被保険者証を添付して市町村に申請しなければならないが，指定居宅支援事業所，地域密着型介護老人福祉施設，介護保険施設および地域包括支援センターに手続きを代行させることができる。全国一律の客観的な方法や調査・基準に従って行われ，その結果が一次判定と二次判定として出される。

一次判定は，認定調査の基本調査に基づくものであり，コンピュータで認定調査票の基本調査の項目を分析し，介護の必要度を測る。この判定は全国一律の基準で行われ，どの程度の介護の手間が必要かを示す「要支援・要介護状態区分」を決めるもととなる。5 群 74 項目をチェックする。

二次判定は，一次判定をもとに介護認定審査会により行われる。一次判定および認定調査票の特記事項や主治医意見書をもとに最終的な審査・判定を行う。介護認定審査会は，医師，歯科医師，保健師，看護師，社会福祉施設関係者などのメンバーで構成され，各申請者の主治医の意見書や訪問調査の特記事項の欄を見ながら，審査が行われ

図 196　保険給付と要介護状態区分のイメージ

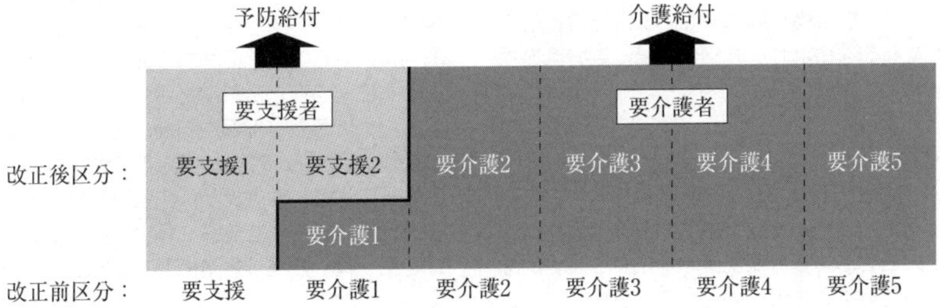

資料：厚生労働省

図 197　介護サービスの利用手続き

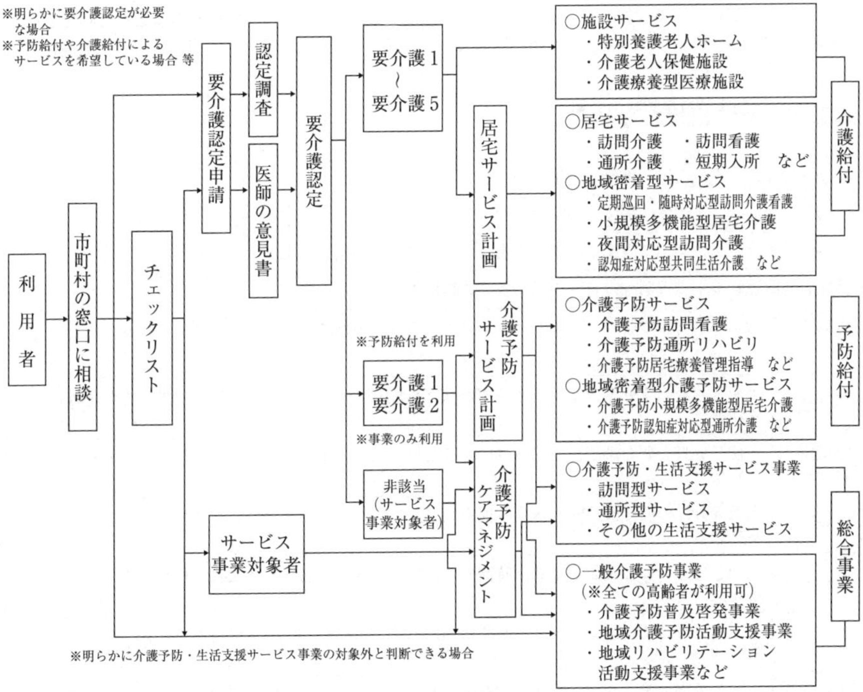

資料：厚生労働省ホームページ（「公的介護保険制度の現状と今後の役割（平成 27 年度）」）

る。

✎介護認定審査会 p.59，要介護認定基準 p.490

要介護認定基準 表79

ようかいごにんていきじゅん

介護などを要する状態にあるか否か，介護を要する状態であればどの程度の状態であるのか，といったことを判定する介護保険制度における基準のこと。①直接生活介助，②間接生活介助，③BPSD（心理行動症状）関連行為，④機能訓練関連行為，⑤医療関連行為，の5分野ごとに推計された時間を合計し，介護の要否，要介護度が判定される。

養護委託

ようごいたく

老人福祉法第11条に規定される措置。「65歳以上の者であつて，環境上の理由及び経済的理由（政令で定めるものに限る）により居宅において養護を受けることが困難なもの」の養護を，養護老人ホームや特別養護老人ホーム，養護委託者に委託すること。

養護受託者

ようごじゅたくしゃ

高齢者に対する養護者がいない，あるいは養護者がいてもその者に養護させることが不適当であると認められる場合，その高齢者を自己のもとに預かって養護する者。老人福祉法の規定により養護受託者は，希望する者が市町村長の委託を受けてその任を行うこととされている（老福11条）。

養護老人ホーム

ようごろうじんほーむ

老人福祉法第20条の4に規定される老人福祉施設の一つ。65歳以上の者で環境上の理由や経済的な理由により居宅で生活することが困難な高齢者に対し，措置に基づき入所させ，養護するとともに，自立した日常生活や社会的活動に参加するために必要な指導や訓練，その他の援助を行う施設。2006（平成18）年の老人福祉法などの改正により，介護保険による外部サービス利用型特定施設となった施設も多い。社会福祉法における第一種社会福祉事業に属する施設とされている。

✎特別養護老人ホーム p.378，老人福祉施設 p.512

養子縁組里親

ようしえんぐみさとおや

里親制度における里親の類型の一つ。養子縁組によって，子どもの養親となることを希望する里親のこと。2008（平成21）年の児童福祉法改

表79 要介護認定等基準時間の分類

直接生活介助	入浴，排泄，食事等の介護
間接生活介助	洗濯，掃除等の家事援助等
BPSD関連行為	徘徊に対する探索，不潔な行為に対する後始末等
機能訓練関連行為	歩行訓練，日常生活訓練等の機能訓練
医療関連行為	輸液の管理，じょくそうの処置等の診療の補助等

要支援1	上記5分野の要介護認定等基準時間が25分以上32分未満またはこれに相当すると認められる状態
要支援2 要介護1	上記5分野の要介護認定等基準時間が32分以上50分未満またはこれに相当すると認められる状態
要介護2	上記5分野の要介護認定等基準時間が50分以上70分未満またはこれに相当すると認められる状態
要介護3	上記5分野の要介護認定等基準時間が70分以上90分未満またはこれに相当すると認められる状態
要介護4	上記5分野の要介護認定等基準時間が90分以上110分未満またはこれに相当すると認められる状態
要介護5	上記5分野の要介護認定等基準時間が110分以上またはこれに相当すると認められる状態

正（2009（平成22）年4月施行）では，里親の普及，促進等のため，養育里親と養子縁組によって養親となることを希望するもの（養子縁組里親）に制度上区分された。また，2016（平成28）年の児童福祉法改正により，養子縁組里親が法定化された。欠格要件が設けられ，名簿への登録，研修が義務づけられた。なお，里親の普及啓発，選定・調整，養育計画の作成などと共に，養子縁組に関する者の相談や情報提供等が都道府県（児童相談所）の業務（民間団体への委託可能）として位置づけられた（2017（平成29）年4月1日施行）。同様に育児・介護休業法も改正され，養子縁組里親に委託されている子も育児休業手当金の支給対象となった(2017年1月施行)。

✎里親制度 p.179，児童福祉法 p.205

要支援者

ようしえんしゃ

介護保険法第7条第2項では「要支援状態」を「身体上若しくは精神上の障害があるために入浴，排せつ，食事等の日常生活における基本的な動作の全部若しくは一部について厚生労働省令で定める期間にわたり継続して常時介護を要する状態の軽減若しくは悪化の防止に特に資する支援を要すると見込まれ，又は身体上若しくは精神上の障害があるために厚生労働省令で定める期間にわたり継続して日常生活を営むのに支障があると見込まれる状態であって，支援の必要の程度に応じて厚生労働省令で定める区分のいずれかに該当するもの」と規定している。そして，同法同条第4項では「要支援者」を，要支援状態にある65歳以上の者，あるいは特定疾病（要支援状態の原因が加齢の変化に伴って生じる心身の変化である疾病）である40歳以上65歳未満の者をいう，としている。

✎介護保険の特定疾病 p.61，要介護者 p.488

要支援状態

ようしえんじょうたい

介護保険法第7条第2項では，「身体上若しくは精神上の障害があるために入浴，排せつ，食事等の日常生活における基本的な動作の全部若しくは一部について厚生労働省令で定める期間（原則6か月）にわたり継続して常時介護を要する状態の軽減若しくは悪化の防止に特に資する支援を要すると見込まれ，または身体上若しくは精神上の障害があるために厚生労働省令で定める期間にわたり継続して日常生活を営むのに支障があると見込まれる状態であって，支援の必要の程度に応じて厚生労働省令で定める区分（要支援1，2）のいずれかに該当するものをいう」と規定している。

要支援認定

ようしえんにんてい

介護保険を利用して介護サービスを受けるためには，保険者から「要介護認定」を受ける必要がある。介護が必要な人の状況に合わせて5段階に分類したものが「要介護認定」である。それに対して介護は必要ではないものの，日常生活に不便をきたしている人が分類されるのが「要支援」であり，支援の必要性によって要支援1または要支援2と「要支援認定」される。要介護認定には5つの段階があり，「要介護」または「要支援」の認定を受けると，介護保険を利用することができるが，段階によって実際に受けることができる介護サービスの内容や費用が異なる。

✎要介護度 p.488，要介護認定基準 p.490

腰髄損傷

ようずいそんしょう

脊髄の一つの部位である腰髄の損傷。腰髄損傷では下肢の対(つい)麻痺が生じる。

✎脊髄損傷 p.311，資料⑥ p.532

ヨウ素

ようそ

甲状腺ホルモンのチロキシンの構成成分で，人体の全ヨウ素の1/4は甲状腺に含まれている。吸収されたヨウ素は甲状腺でサイログロブリンとなり，加水分解されてチロキシンになる。甲状腺ホルモンは細胞のエネルギー代謝に関与し，身体の発育を促す。このために欠乏すると身体の発育が阻害され，小児はクレチン病になる。成人では代謝が低下し，粘液水腫となる。また，甲状腺腫もヨウ素不足から起きる。ヨウ素は海藻類に多く含まれており，海藻類をよく食べる日本人はほとんど欠乏症とはならない。日本人の食事摂取基準では，ヨウ素の上限量を日本人の食生活の現状に合わせ，成人男女では3,000 μg/日と設定している。

✎甲状腺 p.139

腰　痛

ようつう

lumbago

腰部椎間板ヘルニアのほか，変形性脊椎症，骨粗鬆症，いわゆる腰痛症（姿勢不良などによるもの）などを原因とすることが多い。2019（令和元）年の国民生活基礎調査における有訴者率をみると，「腰痛」は男性では最も多く，女性でも第2位となっている。また，業務上疾病の中では災害性腰痛が最多となっている。

ぎっくり腰 p.96，椎間板ヘルニア p.356，変形性脊椎症 p.454

腰痛予防

ようつうよぼう

介護に従事する者は，ボディメカニクスに基づいた安定した正しい姿勢で作業を行い，腰痛を起こさないように自己管理をする。腰痛を予防するためには，腹筋や背筋を鍛えることも効果的である。疲労をためない，勤務時の靴への配慮（サイズの合った物，かかとを覆う物，重過ぎない物など）も留意点の一つである。

ボディメカニクス p.468

要保護者

ようほごしゃ

広義には，社会的・経済的・身体的・心理的・環境的な理由により，社会福祉サービスを必要とする者すべてを意味する。狭義には，生活保護法第6条第2項にいう「現に保護を受けているといないとにかかわらず，保護を必要とする状態にある者」を意味する。

羊　毛

ようもう

天然繊維の中の動物繊維であり，原料が羊の毛のもの。ウールのこと。羊毛繊維は吸湿性が高いため，保管時にカビを発生させないように注意が必要である。スケール（鱗片）があるため，洗濯で水を含むとフェルト化を起こし編地が硬くなり，縮充の原因になる。近年では布が収縮し，毛羽立つことを防ぐために，防縮加工をした羊毛製品の開発もされている。

羊毛わた

ようもうわた

羊の毛から作られたわた。動物繊維の特性により，保温性・吸水性・透湿性がとても高い。湿気を繊維の奥深くまで吸収するが，表面には湿気を感じさせず，外的湿度に対応して水分を自然放出するので，寝具としての需要が高い。天日干しを時々することにより，さらに使用感が高まり快適な使い心地となる。

要約筆記者

ようやくひっきしゃ

話の内容を正確に聞き取り，要点を把握して短い文にして，聴覚障害者にその場で書いて伝える役割をする者。障害者総合支援法第77条，78条における地域生活支援事業の中に，意思疎通支援事業として意思疎通支援を行う者の派遣が規定されている。また意思疎通を行う者を養成する事業があり，要約筆記奉仕員として登録される。講演，集会，会議の場などで活躍する。

余　暇

よか

生活時間の中から生理的必要時間（睡眠・食事・排泄など）および社会的拘束時間（労働，学習など）を取り除いた残余の自由時間。労働が生活の中心になっている一般の勤労者においては，余暇は疲労回復のための休息や気晴らしに費やされることが多いが，それればかりでなく，学習活動などの自己啓発や美的な創造活動やボランティア活動の時間としても重要な意味をもっている。生産活動からリタイアした高齢者や，障害のために社会活動への参加が制限されている障害者においては，余暇が生活の中に占める割合は一段と大きなものとなり，その活用を支援する「レクリエーション援助」が求められる。日本では明治以来，勤労至上主義のライフスタイルが浸透し，余暇への顧慮が十分でなかった。そのため先進国の中では勤労者の余暇が質量ともに貧弱な状況にある。高齢社会が進展するに伴い，余暇を重要な生活課題としてとらえ直し，余暇教育を充実させたり，余暇活動のための諸条件を整備することが必要になってきている。

休息 p.101，レクリエーション援助 p.504

抑　圧

よくあつ

depression

受け入れ難い欲求や感情を，無意識のうちに一時的に抑えつけて，あるいは無意識に封じ込めて，安定を図ろうとする機制。精神分析の基本的概念の一つで，逃避機制の一つである。

逃避 p.371

抑うつ状態

よくうつじょうたい

抑うつ気分，不安焦燥感，意欲低下，思考制止といった症状を主体とする状態。うつ病，双極性障害で典型的にみられるが，統合失調症，認知症，器質性精神障害などでもみられる。身体症状としては倦怠感，不眠，食欲低下，性欲低下など。抑うつ気分は朝のうちに強く，午後から夕方，夜にかけて軽くなる「日内変動」を認めることが多い。思考の内容面での特徴として，罪業妄想（自分は罪深いので罰を受けるべきなどというもの），貧困妄想（大きな借金があり，借金取りに追われるなどというもの），心気妄想（自分は回復不能な重病にかかっているなどというもの）がうつ病の三大妄想としてよく知られる。

✎罪業妄想 p.174，貧困妄想 p.435，心気妄想 p.275

抑うつ神経症

よくうつしんけいしょう

▶うつ病 p.35

横出し給付

よこだしきゅうふ

▶市町村特別給付 p.195

横山源之助

よこやまげんのすけ：1871 ～ 1915

二葉亭四迷（ふたばていしめい：1864 ～ 1909）らとの交流とその影響により，社会問題に興味をもつ。1894（明治 27）年に毎日新聞記者となり貧民街や地方農村社会の見聞を発表。調査活動の成果は『日本之下層社会』（1899）などの報告書にまとめられた。『日本之下層社会』では，日清・日露戦争の経験を経て，日本の産業革命が完成した時期に，欧米並みの貧困問題が表面化しているという，当時の日本社会の実情を指摘している。「日本のチャールズ・ブース」とも呼ばれている。

✎『日本之下層社会』p.392，ブース，チャールズ p.437

欲求の階層説 図198

よっきゅうのかいそうせつ

欲求（人の行動を駆り立て，それを方向づける内的な動因）は段階的に満たされ，別の階層の欲求が同時に生じることはないというアブラハム・マズローが提唱した考え方。欲求を 5 段階に分け，下の階層から順に，生理的欲求→安全欲求→親和欲求→尊厳（承認）の欲求→自己実現の欲求とした。欲求が生じることで，人間は行動を起こすための動機をもつことができる。安定した飲食や安心して住める場所など，人間が生きる上で不可欠な条件が保持されて初めて人間は人とのかかわりにおける親和欲求をもつ。そして，次第に精神的な成長や充足感を求めるようになる，とした。

✎自己実現 p.187，マズロー p.471

欲求不満

よっきゅうふまん

▶フラストレーション p.448

予備調査

よびちょうさ

現地調査を支障なく行うために模擬的に行う調査であり，本調査の前に行うもの。調査票のプリ・テストはこの一環として行われることがあるが，予備調査は現地調査の諸条件を検討するために行われる。事前調査と呼ぶこともある。

✎プリ・テスト p.449

予防医学

よぼういがく

健康を増進し，疾病の発生を未然に防ぐための医学をいう。公衆衛生学の一部として取り扱われることが多い。疾病の予防対策は，第一次・第二次・第三次予防に分けられる。

✎第一次予防 p.326，第三次予防 p.328，第二次予防 p.330

予防給付

よぼうきゅうふ

介護保険法第 52 条に規定される保険給付を指す。介護保険制度において，要支援 1，2 と判定された者の状態維持・改善を図ることを目的とする給付。2005（平成 17）年の介護保険法改正により，従来の予防給付が再編・拡充された。予

図 198 マズローの欲求の階層説

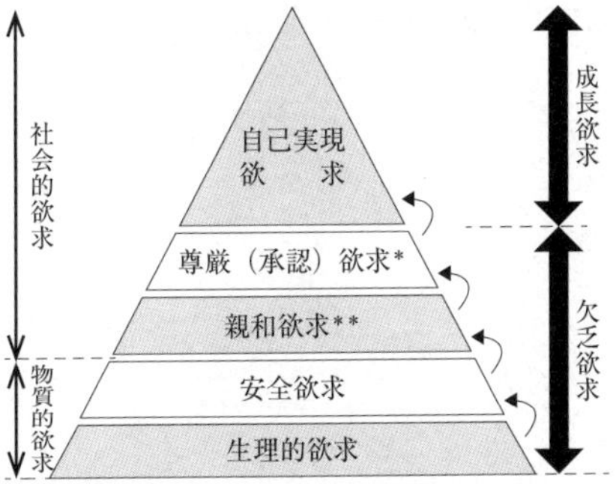

＊　：他者からの承認と自尊心の欲求
＊＊：所属と愛情の欲求

防給付の対象となるサービスは，①介護予防サービス費，②特例介護予防サービス費，③地域密着型介護予防サービス費，④特例地域密着型介護予防サービス費，⑤介護予防福祉用具購入費，⑥介護予防住宅改修費，⑦介護予防サービス計画費，⑧特例介護予防サービス計画費，⑨高額介護予防サービス費，⑩高額医療合算介護予防サービス費，⑪特定入所者介護予防サービス費，⑫特例特定入所者介護予防サービス費，の 12 種類がある。要介護と判定された者に対しては，介護保険法第 40 条に規定される介護給付が保険給付される。

予防接種

よぼうせっしゅ

vaccination/immunization

弱毒化した病原微生物や，不活化（死滅）した病原微生物の一部を接種することにより，人の免疫を高めること。予防接種法に基づいて市町村長が行う定期接種，臨時予防接種と，国民が必要と感じたときに自ら医療費を払って受ける任意接種がある。定期接種には定期 A 類疾病（流行阻止を目的とした集団予防）として DPT-IPV（ジフテリア，百日せき，破傷風，ポリオの四種混合），MR（麻しん・風しんの二種混合），日本脳炎，水痘，結核，Hib（インフルエンザ菌 b 型），肺炎球菌（小児），ヒトパピローマウイルス（ただし，副反応により積極的な勧奨は差し控えられている），定期 B 類疾病（個人予防の積み重ねとしての間接的な集団予防）としてインフルエンザ（65 歳以上の者，および 60 ～ 64 歳で心臓・腎臓・呼吸器障害をもつ者または HIV による免疫力低下状態の者が対象），肺炎球菌（高齢者）がある。新型コロナワクチンは，臨時接種の特例として，厚労大臣が指示し，都道府県の協力を得ながら市町村が実施する。接種は努力義務である。

✎ワクチン p.519

ら

来談者中心療法

らいだんしゃちゅうしんりょうほう

▶クライエント中心療法 p.113

ライチャード

Reichard, Suzanne Kate：1906 ～ 1961

アメリカの心理学者。定年退職後の生き方や社会への適応という観点から，高齢者の人格特性を５つに分類した。①円熟型：受容的，建設的，積極的社会参加，②安楽椅子型：周囲に依存的受身的な受容，③防衛型（装甲型）：老いへの不安による積極的活動維持，④外罰型（憤慨型）：老いを受け入れず他者を非難，⑤内罰型（自責型）：自責的で孤立的，に分けられる。①～③は適応タイプ，④⑤は不適応タイプとされる。

✎ライチャードの老年期の性格類型 p.495

ライチャードの老年期の性格類型 図199

らいちゃーどのろうねんきのせいかくるいけい

ライチャードが発表した，現役引退後の生活への適応という観点から分類した，高齢者の５つの人格特性のこと。

円熟型：定年退職後も毎日を建設的に暮らそうと努力し，積極的に社会参加をし，いろいろな趣味にも関心をもつ適応タイプ。老後の生き方と考えれば，生涯現役タイプやボランティアをしたり，趣味に生きるという積極的・活動的な生活を送る人である。これまでの人生を肯定し，未来に対しても積極的であり，死の受容もできている。

図 199　高齢者のパーソナリティ類型

安楽椅子型（ロッキングチェア型，ゆり椅子型）：もはや仕事に興味はなく，定年退職を歓迎しており，責任から解放され，何をするというでもなく毎日を過ごすという現実に十分満足している。受身的・消極的な態度で現実を受け入れる，よい適応の一つの形。

防衛型（よろいかぶと型，装甲型）：仕事への責任感が強く，仕事をやり遂げる努力を惜しまない。老化への不安が強く，中年期の生き方を続けることで不安を防衛できると考え，実際それを実行できる。この防衛がうまくいっている間は適応的であるが，そのような生活ができなくなると不適応に陥る危険がある。

外罰型（憤慨型）：自分の過去や老いを受け入れられず，その結果，他者に攻撃的になり非難するという不適応タイプである。死を受容できず恐れる。

内罰型（自責型，自罰型）：現在の不幸な老後を自分の責任と思う不適応タイプ。みじめな人生から逃れることのできるものとして死を歓迎する。直訳では自己嫌悪型（self-hater）。

ライト

Wright, Beatrice Ann：1917 ～ 2018

アメリカの心理学者。障害受容の本質的な概念として，「価値の範囲の拡大」「障害の与える影響の制限」「身体の外観（身体的価値）を従属的なものとする」「比較価値から資産価値への転換」の４つの価値転換を提示している。

✎価値転換 p.75

ライフサイクル

life cycle

人生周期，生活周期と訳される。誕生から死に至るまでの過程のことをいう。ライフサイクル研究では，観察の手がかりとして発達段階を設定する。個人や家族の一生を発達過程としてみた場合，そこにはいくつかの身体的・性格的特性や生活行動パターンがみられる。それらのパターンが継続する一定の期間をステージ（段階）と呼ぶ。

ライフサポートアドバイザー

life support advisor

▶生活援助員 p.296

ライブスーパービジョン

らいぶすーぱーびじょん

▶スーパービジョン p.293

ラウントリー

Rowntree, Benjamin Seebohm：1871 ～ 1954

イギリスの社会調査家。大学で化学を学んだ後，父親の経営するチョコレート工場で働く傍ら，日曜は成人学校の教師となり，労働者階級の貧困に接したことから，貧困の問題に関心をもつようになる。3 回にわたりヨーク調査を行い，貧困の科学的測定を図るとともに貧困線にあたる第一次貧困，肉体を保持できるほどの収入しかない第二次貧困を設定した。また，同調査を通じ，労働者家族の生活周期（結婚，子の出生など）と貧困との関係を指摘した。第一次調査（1901），第二次調査（1941），第三次調査（1951）を発表し，貧困の実態を広く世に知らしめ，その後の貧困研究の発展に貢献した。

✎ 貧困調査 p.435

ラポール

rapport

ソーシャルワークにおいて，ワーカーとクライエントの間で築かれる信頼関係のこと。信頼関係の形成は個別援助の面接場面などでは特に重要であり，両者の間に和やかで親密な関係を形成することがより良い援助の第一歩となる。

ランク

Rank, Otto：1884 ～ 1939

オーストリアの精神療法家。1926 ～ 1929 年にかけてニューヨーク社会事業学校やペンシルヴァニア社会事業学校で「人格発達論」を担当。ランクのこの講義を契機として，主としてペンシルヴァニア社会事業学校出身のソーシャルワーカーや研究者が，後に機能主義と呼ばれる実践モデルを構築した。ランクは，人間の出生の経験から生と死にまつわる不安が生じ，どのような人間でも程度の差こそあれ一生涯にわたりこの不安を経験するという「出産外傷説」を唱えた。また，人間は本来成長に向けての意思を有しており，幼少期の経験から逃れ得ないとするジークムント・フロイトの悲観的な人間観から，人間の独自性・創造性を強調した人間観を示した。

✎ フロイト p.450

ランゲルハンス島

らんげるはんすとう

膵臓の中に島状に散在し，膵島とも呼ばれる。ドイツ人病理学者ランゲルハンス（Langerhans，P：1847 ～ 1888）が発見した。膵臓は，アミラーゼなどの消化酵素を十二指腸内へ分泌する外分泌機能と，ホルモンをつくる内分泌機能を有する。このうち内分泌機能をつかさどり，α 細胞は血糖値を上昇させるグルカゴンを分泌し，β 細胞は血糖値を下降させるインスリンを分泌する。

乱 視

らんし

astigmatism

眼球に入ってくる光は，角膜，房水，水晶体および硝子体で屈折され，網膜に結像するが，この屈折異常として，近視，遠視，乱視，不同視がある。乱視とは，角膜または水晶体が正常な球面をなさないために，外からの光が屈折後一点に集まらない状態をいう。なお，入ってくる光が網膜後方に結像するものを遠視，網膜前方に結像するものを近視，両眼の屈折異常の度数に差があるものを不同視という。

✎ 資料㉘ p.542

り

リアリティ・オリエンテーション

RO；reality orientation

現実見当識訓練ともいう。見当識や記憶力などの回復訓練である。見当識と記憶力に障害をもつ認知症の人に対して行われることが多い。グループワークで行う教室 RO と生活の中に織り込んで行う 24 時間 RO がある。両者を組み合わせるとより効果が上がる。

✎ 教室リアリティ・オリエンテーション p.103，24 時間リアリティ・オリエンテーション p.388

リーダーシップ

企業や組織等において，その集団を引導する人物に求められる特性をいう。リーダーシップを発揮する者に対して，集団の他のメンバーが感じる優位性を指す場合もある。古くは，マキャヴェッリ（Machiavelli, N.）が『君主論』（1532）において，君主（リーダー）とはどうあるべきか，を言及している。ほかには，ヴェーバーのリーダーシップの類型（①カリスマ的リーダーシップ，②家父長的リーダーシップ，③官僚的リーダーシップ）や三隅二不二の PM 理論などが知られる。

✎ フォロワーシップ p.438

リーチャー 図200

reacher

関節リウマチなどで上肢の関節変形や拘縮があると，手を伸ばして物を取る動作が障害されるが，道具を用いることで，目的物を取ることやつかむことが可能となる。この道具をリーチャーといい，先端にフックが付いており，目的物を引っ掛けて手元にたぐり寄せるような柄などがある。

リウマチ性関節炎

りうまちせいかんせつえん

rheumatic arthritis

関節リウマチ以外の膠原病（自己免疫疾患）でも同様の関節炎症状を生じることがあり，リウマチ性関節炎という。全身性エリテマトーデス（SLE），強皮症などでみられる。関節リウマチのような関節の破壊・変形は生じない。

✎悪性関節リウマチ p.3，アレルギー p.13，関節リウマチ p.85，消炎鎮痛薬 p.234

理学療法

りがくりょうほう

身体に障害のある者に対して，主としてその基本的動作能力の回復を図るため，各種の運動，治療体操などを行ったり（運動療法），電気刺激，マッサージ，温熱などの物理的手段（物理療法）を加えて行う療法のこと。PT（physical therapy）ともいう。

理学療法士

りがくりょうほうし

医師の指示に基づき，理学療法を行う専門職。理学療法士及び作業療法士法に基づく国家試験に合格し，厚生労働大臣より免許を受ける。理学療法士はPT（physical therapist）とも呼ばれる。

✎理学療法士及び作業療法士法 p.497

図200　リーチャーの使用例

理学療法士及び作業療法士法

りがくりょうほうしおよびさぎょうりょうほうしほう

昭和40年制定，法律第137号。理学療法士と作業療法士の資格法である。国家試験は資格取得の要件である。

✎作業療法士 p.178，理学療法士 p.497

罹患率

りかんりつ

通常1年間における新患者発生率のことを指す。人口10万対で表すことが多い。罹患がはっきり把握できる急性疾患の発生頻度の指標に有用とされる。

離　婚 図201 表80

りこん

生存中の夫婦が，有効に成立した婚姻関係を将来に向かって解消すること。民法上，離婚には協議離婚（民法763条）と裁判離婚（民法770条）がある。協議離婚は，夫婦の離婚意思の合致に基づく離婚届の提出によって成立し（民法764条），離婚原因を必要としない。裁判離婚は，婚姻が破綻していることを要する（民法770条1項5号）。同条同項1号から4号は，配偶者の不貞行為，悪意の遺棄，3年以上の生死不明，強度の精神病を破綻の例として挙げている。裁判離婚をする際は，家庭裁判所の調停を経なければならず（調停前置主義　家事事件手続法244条），不調に終わった場合には，審判によることもある。離婚が成立すると，婚姻によって生じた権利義務関係，姻族関係は将来に向かって消滅する（民法728条）。改氏した者は婚姻前の氏に復するが，離婚より3か月以内に届出をすれば婚氏を続称できる（民法767，771条）。夫婦に子がある場合には，いずれかを親権者と定めなければならず（民法819条1項，2項），協議が調わない場合には父母いずれかの家庭裁判所への申し立てにより，協議に代わる審判でこれを定めることができる（同法同条5項）。

利殖商法

りしょくしょうほう

株，証券など各種金融・投資商品や，貴金属，原油の先物取引など，少しの出資で莫大な利殖を得るとうたって消費者を勧誘する。古くは1980年代の「豊田商事事件」が有名で，金の現物まがい商法として社会問題化した。最近では，高配当が得られるとして，通信事業や海外でのエビ・カニ養殖への出資などを勧誘する事件も起きている。未公開株や社債などを購入すると高配当を得られるかのように勧誘し，契約金額を支払うと連絡がとれなくなったなどの詐欺的商法事件も発生している。利殖商法は資産形成商法とも呼ばれ，高齢社会進展の中，投資ファンドの勧誘など高齢者をターゲットに今後増加してくると思われる。

離人症

りじんしょう

depersonalization

自己所属感が薄れ，自分が自分でないような感じを抱く症状のこと。現実感，感情の喪失を訴える。精神障害の部分症状としてみられることもある。

リスクマネジメント

risk management

あらかじめ各種のリスク（危険）を予見し，その発生防止を図る措置を講じ，事故等が発生した場合には迅速に対応して事故等の拡大防止を図る一連の組織的な経営管理（マネジメント）手法を指す。リスクを特定して，その発生頻度を評価し，事故発生時の危険度や社会的影響度などを判断する。その上で，総合的な対応方針を設定しておくことが必要となる。実際の事故発生時に，被害を最小限に抑える活動もリスクマネジメントのプロセスに含まれる。製品の事故では，1件の重大事故の背景には29件の軽微な事故があり，その背景には300件のヒヤリまたはハッとする事故があるとするハインリッヒの法則が有名。

✎ハインリッヒの法則 p.415，ヒヤリ・ハット p.433

リストカット

wrist cut

自傷行為の一つで，手首をカッターナイフや剃刀で切ることにより，何らかの快感や，自分が死んでいるかのような気分におちいる行動。手首自傷症候群ともいう。リスカと略すこともある。たいていの場合，自殺が目的ではない。男女比は2：8で，10～20歳代の未婚の女性に多くみられる。

✎自傷行為 p.190

立　位

りつい

足底部を地面に着けて立った体位。そのため，基底面が小さく重心が高く，しかも重心線が移動しやすいため不安定で疲れやすい。安定した立位にするには，両踵を地面につけて足先を30～40度に開き，この中に重心がくるようにする。しかし，重心がこの位置にあるように筋肉が絶えず調節しているので，長時間続くと筋肉は疲労する。したがって，立位を長時間続けるには，筋肉の負担を軽くするため，左右の足に交互に体重を移しかえる。

図 201　離婚件数・率の推移

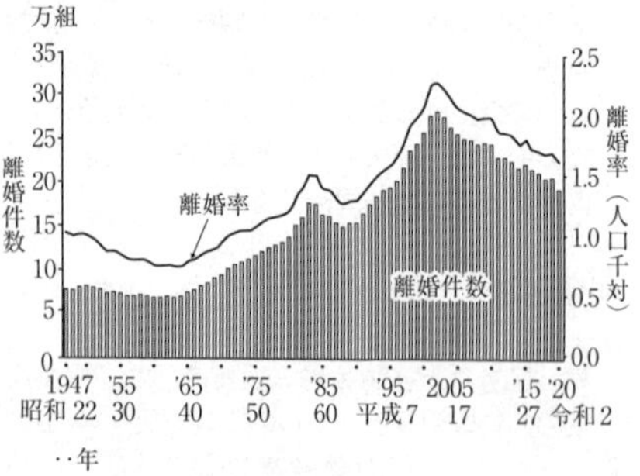

資料　厚生労働省「人口動態統計」

表 80　離婚件数と種類別構成割合の推移

	件数	構成割合（%）						
		総数	協議	調停	審判	和解	認諾	判決
昭和 25 年('50)	83,689	100.0	95.5	3.9	0.0	…	…	0.5
35　('60)	69,410	100.0	91.2	7.8	0.1	…	…	0.9
45　('70)	95,937	100.0	89.6	9.3	0.1	…	…	1.0
55　('80)	141,689	100.0	89.9	9.0	0.0	…	…	1.1
平成 2　('90)	157,608	100.0	90.5	8.4	0.0	…	…	1.0
12　('00)	264,246	100.0	91.5	7.7	0.0	…	…	0.8
22　('10)	251,379	100.0	87.6	9.9	0.0	1.5	0.0	1.0
令和 元　('19)	208,496	100.0	88.1	8.8	0.6	1.5	0.0	1.0
2　('20)	193,253	100.0	88.3	8.3	1.2	1.3	0.0	0.9

注　認諾離婚は，割合が少ないため表示していない。
資料　厚生労働省「人口動態統計」

リッチモンド

Richmond, Mary Ellen：1861 ～ 1928

アメリカ・イリノイ州に生まれる。1878 年にハイスクールを卒業した後，事務員や会計係などを経て 1889 年にボルティモア慈善組織協会の会計補佐となる。友愛訪問員として活動を行う一方で財政管理に卓抜した能力を発揮し，1891 年には総主事に選出された。リッチモンドは，慈善組織協会の活動の中核として友愛訪問を据え，救済の上で訪問員と救済を受ける者との関係を重視し，理論の構築と訪問員の教育に力を注いだ。フィラデルフィア慈善組織協会の総主事を経て 1909 年にラッセル・セイジ財団の慈善組織部長に就任した。この時期，ケースワークを，ある集団・ある社会に属する可変的なパーソナリティをもつ存在としての人間を援助するための調査と社会的治療であると考え，1917 年にはソーシャルワークの古典とされる『社会診断』（*Social Diagnosis*）を発表し，ケースワークの母と呼ばれるようになる。また，ソーシャルワークにおいて，人と社会環境との間を個別に意識的に調整することが重要で，このことを通して，パーソナリティを発達させる過程について論じた。

✎『社会診断』p.211，友愛訪問活動 p.485

利尿薬

りにょうやく

腎機能が障害されると体液平衡の異常をきたし，その結果，浮腫の発症や尿量の減少をもたらす。このような症状に対して用いられ，浮腫を除去し尿量を増やす薬を利尿薬という。うっ血性心不全や高血圧症にも用いられる。

リノール酸

りのーるさん

linoleic acid

不飽和脂肪酸の一つ。C_{18} で，二重結合を 2 つもつ n-6 系脂肪酸であり，体内で合成されず，食物から摂取しなければならない必須脂肪酸（不可欠脂肪酸）である。植物油に多く含まれている。血中コレステロール値や中性脂肪値を低下させる働きがあり，動脈硬化の予防に効果があるとされる。しかし，一方で大量摂取によりアレルギーの悪化や大腸癌，心血管疾患が起こる危険性もあるため，摂取基準には上限が設定されている。

リノレン酸

りのれんさん

linolenic acid

不飽和脂肪酸の一つ。C_{18} で，二重結合を 3 つもつ n-3 系脂肪酸であり，体内で合成されず，食物から摂取しなければならない必須脂肪酸（不可欠脂肪酸）である。植物油，特に種油（菜種油，大豆油など）に多く含まれており，動脈硬化予防，血栓生成防止，血圧低下，がん発生抑制などに効果があるとされる。また，体内で EPA（エイコサペンタエン酸），DHA（ドコサヘキサエン酸）を合成する。

✎EPA p.14，DHA p.360

リバースモーゲージ

reverse mortgage

高齢者が住宅などの不動産を担保に資金を借入れ，死後に，住宅を処分して返済資金に充てるもの。住宅などの資産はあっても現金収入が少ない高齢者の生活を安定させる資産活用制度。民間金融機関の貸付もあるが，公的なものとしては東京都武蔵野市の福祉公社で初めてこの方式がとられた。生活福祉資金の不動産担保型生活資金もこれにあたる。

✎福祉公社 p.440，不動産担保型生活資金 p.447

リハビリテーション

rehabilitation

1982 年の「国連・障害者に関する世界行動計画」では「リハビリテーションとは身体的，精神的，かつまた社会的に，最も適した機能水準の達成を可能とすることによって，各個人が自らの人生を変革していくための手段を提供していくことを目指し，かつ，時間を限定したプロセスである」と定義づけている。リハビリテーションには，こうした目的・理念としての側面と，具体的な援助の側面とがある。障害者福祉の領域で用いられるリハビリテーションとは，障害者の「全人間的復権」を目指し，障害のある人へ具体的な援助を行うことである。援助における観点の違いにより，医学的リハビリテーション，職業リハビリテーション，社会リハビリテーション，教育リハビリテーションなどに分けられ，身体障害者福祉法，知的障害者福祉法，精神保健福祉法をはじめとする関連各法により公的に行われている。

✎医学的リハビリテーション p.15，教育リハビリテーション p.102，社会リハビリテーション p.219，職業リハビリテーション p.259

リハビリテーション医学

りはびりてーしょんいがく

理学療法，作業療法，言語療法，義肢装具などを利用して，障害を有する患者ができるだけQOLの高い生活を送れるように支援する医療を発展させる学問体系のこと。

✎医学的リハビリテーション p.15

リハビリテーションニーズ

障害者の要求・希望とリハビリテーション専門職の考えが一致したものがリハビリテーションニーズといえる。リハビリテーション実践の場において，専門職のみでリハビリテーションの方向性を決定するのではなく，障害者の自立した考え，主体性を尊重し障害者が求めている要望に対応した方針を決定することが求められている。

✎リハビリテーション p.499

リハビリテーションの理念

りはびりてーしょんのりねん

人間らしく生きる権利の回復，つまり「全人間的復権」がリハビリテーションの理念といえる。障害のある人の否定的側面だけを見ずに，肯定的側面を伸ばし，最大限のQOLの向上を目指すことといえる。リハビリテーションの理念を正しくとらえる視点として，①福祉理念や技術の進歩に伴い，リハビリテーションの理念にも進展があること，②その根底にあるものは障害者の人格の尊厳性の認識であること，③医学の分野のみならず全人間的復権を目指す諸技術の総合であること，④能力や社会関係などを新たに獲得するリハビリテーションを含むこと，⑤その基調は主体性や自立性であって職業的・経済的自立のみが目標でないこと，などが挙げられる。

リビング・ウィル

living will

患者あるいは健常者が，将来判断能力を失ったときに，自らに行われる医療行為に対する意向を前もって示すための事前指示の一部。尊厳死の宣言書ともいわれる。事前指示には①医療行為に関して医療側に指示を与える（リビング・ウィル），②自らが判断できなくなった際の代理決定者を委任する（医療判断代理委任状）の２つの形式がある。リビング・ウィルでは「不治の病気で，死期が迫っているときの，死期を引き延ばす延命措置の拒否」「最大限の苦痛緩和処置の要求」「数か月以上の植物状態に陥った時の生命維持装置の拒否」を医療側に求める。

✎医療判断代理委任状 p.28，事前指示書 p.193

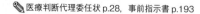

流行性耳下腺炎 図202

りゅうこうせいじかせんえん

mumps

おたふく風邪ともいわれる。小児期に多い感染症であり，ムンプスウイルスの直接接触や飛沫感染により発症する伝染性疾患。唾液腺，内分泌腺，神経系などを侵す全身感染症である。２～３週の潜伏期を経て，発熱，耳下腺の腫脹をきたす。合併症は髄膜炎，難聴，精巣・卵巣炎，膵炎など。予防には，ムンプス生ワクチンの接種を行う。学校への出席停止期間は，耳下腺，顎下腺または舌下腺の腫脹が発現後５日を経過し，かつ全身状態が良好になるまで。

留置カテーテル

りゅうちかてーてる

▶膀胱留置カテーテル法 p.457

流動食

りゅうどうしょく

かまないで飲み下すことができる状態になっている食事。水分を多く含むので，量の割合でいえば摂取できる栄養量は少ない。したがって，十分な栄養補給は期待できないので長期間は行わない。文字どおり流動であるが，喫食時に固形（ゼリー，アイスクリーム，ヨーグルト，卵黄）であっても喉を通るときに流動食になればよい。重湯，くず湯，野菜スープ，果汁，牛乳，卵黄などが通常用いられる。高エネルギーのものとしてはポタージュ，卵黄乳などがある。また，病人食や離乳食としても用いられる。最近は調理されて製品になっているものや，粉末状のものに水または湯を加えればよい重湯なども多く市販されている。

図202 流行性耳下腺炎の主な症状

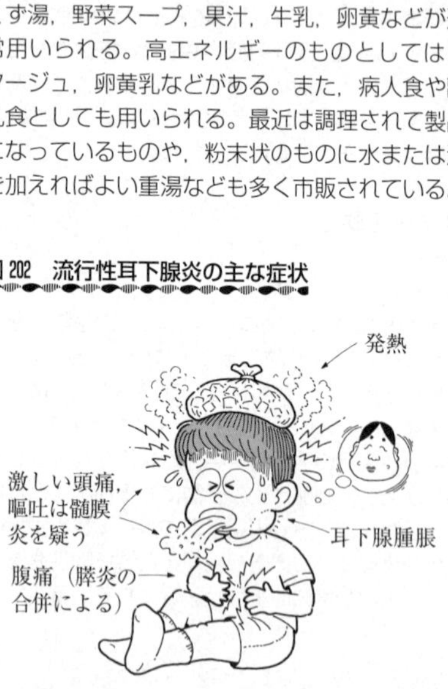

流動性知能

りゅうどうせいちのう

レイモンド・B・キャッテルにより分類された知能の一つ。情報処理の速さ，正確さ，柔軟さなど，新しいことを学習し，新しい場面に適応する能力のことで，20～30歳をピークに緩やかに衰えていくとされる。

キャッテル p.98，結晶性知能 p.124

療育手帳 表81

りょういくてちょう

知的障害児・者に対して一貫した指導・相談を行うとともに，各種の援護措置を受けやすくすることを目的としている障害者手帳。身体障害者手帳や精神保健福祉手帳がそれぞれ身体障害者福祉法と精神保健福祉法に位置づけられているのと異なり，知的障害者福祉法に規定がなくサービス利用に際して手帳所持が必須となっていない。

1973（昭和48）年の厚生事務次官通知をガイドラインとして，各都道府県または指定都市ごとに実施要綱を定め，児童相談所または知的障害者更生相談所において知的障害と判定された者に対して，都道府県知事または指定都市市長が交付することになっている。そのため，判定区分が重度とそれ以外の2段階であったり，3段階，4段階に区分する自治体もあるなど，サービス提供の仕組みや内容が自治体によって異なる。東京都では，1967（昭和42）年から国に先駆けて知的障害の総合的判定基準を設け，手帳（愛の手帳）を交付する制度を発足させた。国が療育手帳の交付制度を発足させた時，東京都ではすでに「愛の手帳」があったため継続してその名称を使用している。そのほか，埼玉県では「みどりの手帳」，横浜市では「愛の手帳」と別名が併記されている。療育手帳の交付を受けた場合，例えば東京都では3歳，6歳，12歳，18歳に達したときは，手帳の更新（再判定）の申請を行うこととされている。

知的障害者 p.348

表81　障害程度別にみた療育手帳所持者数

（単位：千人）

	総数	重度	その他	不詳
平成28年	962 (100.0)	373 (38.8)	555 (57.7)	34 (3.5)
平成23年	622 (100.0)	242 (38.9)	303 (48.7)	77 (12.4)

資料：厚生労働省（平成28年生活のしづらさなどに関する調査）

良肢位 図203

りょうしい

同一体位を続けていても安楽に過ごせる体位をいう。良肢位は，関節が動かなくなった場合でも日常生活動作に及ぼす影響が少ない関節角度をとった肢位であり，機能肢位ともいう。

利用者本位

りようしゃほんい

どのような生活を送りたいかを決めるのは利用者であり，介護者はあくまでも生活の支援を行う。生活の主体は利用者であることを忘れずに援助の内容を決定していくこと。日本介護福祉士会倫理綱領には「介護福祉はすべての人々の基本的人権を擁護し一人ひとりの住民が心豊かな暮らしと老後が送れるよう利用者本位の立場から自己決定を最大限尊重し自立に向けた介護福祉サービスを提供していきます」と掲げられている。

日本介護福祉士会倫理綱領 p.390

良性発作性頭位めまい症

りょうせいほっさせいとういめまいしょう

benign paroxysmal positional vertigo

内耳の半規管に異物（耳石，またはデブリという）が存在し，頭位を変えるときに，これが動くことにより半規管が刺激され，回転性のめまいを生じる疾患をいう。めまいは，起床・臥床の際に

図203　良肢位の角度

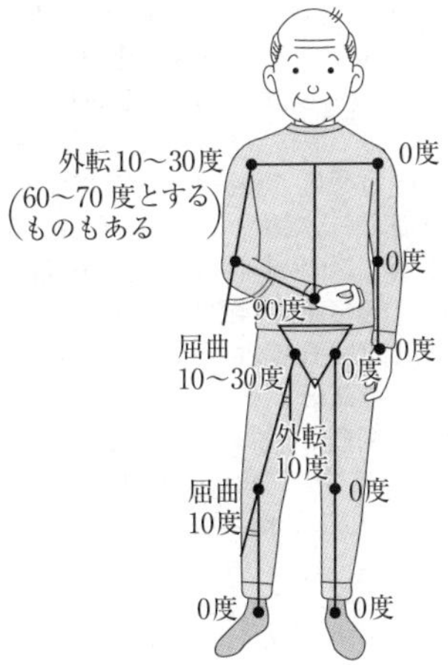

しばしば生じる。めまいや吐き気がひどいときには薬物を用いるが，基本的には，理学療法により異物を前庭に排出させるとよい。めまいを生じた頭位を1分ほどの間隔で繰り返しとることで異物を動かすことがなされる。自然寛解も多いが，再発も多い。

✎めまい p.479

両側片麻痺

りょうそくかたまひ

左片麻痺と右片麻痺が同時に生じている状態のこと。脳血管障害の再発で生じることが多く，左半身と右半身の麻痺の程度には差があることが多い。

✎片麻痺 p.74，交代性片麻痺 p.142

両面価値

りょうめんかち

▶アンビバレンス p.13

療養介護

りょうようかいご

障害者総合支援法第5条第6項に規定される介護給付の一つ。医療を要し，かつ常時介護を要する障害者に対し，主に昼間，病院などで行われる機能訓練，療養上の管理，看護，医学的管理の下に行われる介護・日常生活上の世話を行うもの。

✎自立支援給付 p.270

療養の給付

りょうようのきゅうふ

医療保険制度等において，被保険者が保健医療機関，保険薬局などで現物給付として療養を受けること。健康保険法第63条，国民健康保険法第36条に規定されており，給付の範囲は，①診察，②薬剤または治療材料の支給，③処置，手術その他の治療，④居宅で療養する上での管理，世話，看護，⑤病院・診療所への入院，世話，看護，となっている。期間の制限はなく，被保険者または被扶養者の資格が続く限り，疾病や負傷が治療するまで必要な医療を受けることができる。労働者災害補償保険法第13条においても，業務災害に対する療養補償給付は療養の給付とすることとされており，給付の範囲には前掲の2法における5項目に加えて6項目目として「移送」も含まれている。

療養病床

りょうようびょうしょう

主として長期療養を必要とする患者のための病床で，医療法上の許可を受けた部分のこと。一般の病床と異なり，機能訓練室，談話室，浴室，食堂が必要で，病室面積や廊下幅が広く，介護職員の配置に重点が置かれている。1992（平成4）年に医療法の改正によって，療養型病床群が新設されたが，2001（平成13）年にこれが療養病床に変更された。医療の必要性の多寡によって医療保険が適用される医療型と，介護保険が適用される介護型に区分される。看護職員・介護職員の配置については，医療型の方が介護型に比べて多くなっている。

介護型については，2011（平成23）年度までに廃止される予定であったが，2011（平成23）年の介護保険法の改正に合わせて2018(平成30）年3月まで延長された。

療養補償給付（療養給付）

りょうようほしょうきゅうふ(りょうようきゅうふ)

労働者災害補償保険法第12条の8，第21条に規定される給付の一つ。労働者が業務上の傷病によって，療養を必要とする場合に給付される。この給付には，①現物給付としての「療養の給付」，②現金給付としての「療養の費用の給付」，の2種類がある。原則的には，前者の「療養の給付」が支給され，後者の「療養の費用の給付」は，近くに労災保険の指定医療機関がない等の理由により，療養の給付を受けることができないような場合に支給される。業務災害に対しては療養補償給付の名称が，通勤災害に対しては療養給付の名称が用いられる。

✎労働者災害補償保険 p.515

療養補償責任

りょうようほしょうせきにん

労働基準法第75条では，労働者の業務上の負傷，疾病に関して，使用者（雇い主）は，費用を負担して必要な療養を行わなければならないとする療養補償責任について規定している。

緑黄色野菜

りょくおうしょくやさい

ほうれん草，にんじんなど緑黄色の濃い野菜類のこと。ビタミンAの効力があるカロテン（カロチン）を豊富に含みビタミンAの給源として極めて重要な食品であると同時に，無機質やビタミンCの給源にもなる。また，料理に豊かな色彩を添え，淡白な風味と併せて食事に落ち着きを与えてくれる。毎食一品は献立に加えたい食品である。日本人の食事摂取基準では，野菜の目標摂取量を350g/日以上，そのうち緑黄色野菜を120g/日以上摂るよう勧められている。

✎カロテン（カロチン）p.80，ビタミンA p.429

緑内障

りょくないしょう

glaucoma

眼内の房水の循環障害のため，眼内圧の上昇，視神経の萎縮を生じ，視力低下，視野異常，失明を招く疾患。眼球の硝子体前面から角膜後面までの部分を眼房（前房と後房に分かれる）といい，この中を房水という液体が満たしている。この房水が眼圧を保つとともに角膜，水晶体の代謝に関係する。

✎白内障 p.416，資料㉘ p.542

リラクゼーション

relaxation

心身をリラックスした状態にすることで，マッサージや物理療法，催眠法などがある。また，自分で筋緊張を解く方法として，シュルツ（Schultz, J. H.：1884～1970）の自律訓練法やジェイコブソン（Jacobson, E：1888～1983）の漸進的筋弛緩法がある。

リレーションシップ・ゴール

relationship goal

地域援助活動の評価法の一つで，関係性から評価する。その基準は，①地域住民や当事者の声やニーズをどれだけ事業活動に取り入れられたか，②地域の中で住民参加による民主的合意形成がどれだけ醸成されたか，③住民すべての人権擁護と異文化性の受容，連帯感の醸成がなされたか，などである。ほかの評価法にはタスク・ゴール，プロセス・ゴールがある。

✎タスク・ゴール p.333

リロケーションダメージ

relocation damage

住み慣れた場所から見知らぬ場所への引っ越し，入院や施設入居によって，心身がダメージを受け，状態が悪化してしまうこと。例として，入院などによるせん妄やサルコペニアなどがある。どの年代でも起こりうるが，高齢者や認知症者は頻度，程度ともに強く出てしまうことが多い。

✎サルコペニア p.179，せん妄 p.317

リワークプログラム

Re-Work Program

リワークとは「return to work」を省略した言葉で，主にうつ病や適応障害などの精神疾患により休職している者を対象に，復職や再就職を目指したリハビリテーションプログラムのこと。医療機関が行う「医療リワーク」，地域障害者職業センターが行う「職リハリワーク」，各企業が独自に取り組む「職場リワーク」がある。復職支援プログラムやリワーク支援プログラムともいう。リワークプログラムは，ストレスへの対処法や人とのコミュニケーション等を学び，仕事への復帰後の再発予防や精神面の不調を防ぐことも目指している。

臨終（期）

りんじゅう（き）

死がいよいよ避けがたい現実のものとして不可逆的に進行する，最後の数日あるいは数時間をいい危篤状態ともいう。この時期は，身体的変化や死に対する不安，家族の看取りに対する不安など様々な不安を抱える。人間として最後まで「尊厳を保ち」安らかな死を迎えることができるように，そして利用者と家族が別れの時間を十分に持てるように環境を整える時期であり，死への準備の時期ともいわれる。

臨床工学技士

りんしょうこうがくぎし

CE；clinical engineering technologist

臨床工学技士法第2条第2項において，医師の指示の下に，生命維持管理装置の操作（生命維持管理装置の先端部の身体への接続または身体からの除去であって政令で定めるものを含む）および保守点検を行うことを業務とする者，と規定されている。なお，生命維持管理装置とは，人の呼吸，循環または代謝の機能の一部を代替し，または補助することが目的とされている装置をいう（同法同条1項）。

臨床心理士

りんしょうしんりし

1988（昭和63）年に設立された文部科学省認可の資格。主として臨床心理学系大学院を修了後1年以上の実地経験者などを対象とする，公益財団法人日本臨床心理士資格認定協会の試験に合格することで認定される。現在，教育や福祉・医療などの分野で，臨床心理の専門家として従事している。日本のスクールカウンセラーは，おおむね臨床心理士の資格をもつ専門家が任用されている。

リンパ球

りんぱきゅう

▶白血球 p.418

隣保館

りんぽかん

無料または低額な料金で施設を利用させることや，その他近隣地域における住民生活の改善・向上を図ることを目的とする施設。セツルメント事業を行う施設のこと。隣保館を運営する事業は，社会福祉法に基づく第二種社会福祉事業とされている。

✎セツルメント p.313

隣保事業

りんぽじぎょう

セツルメント事業の訳語。1880 年代にセツルメントという言葉が欧米から導入され，社会殖民事業，社会同化事業，大学殖民事業などと翻訳されたが，1920 年代頃から隣保事業と訳されるようになった。社会福祉法第 2 条第 3 項第 11 号においては，隣保館などの施設を設け，無料または低額な料金でこれを利用させることや，その他近隣地域における住民の生活の改善および向上を図るための各種の事業を行うもの，と規定され，第二種社会福祉事業に位置づけられている。

✎セツルメント p.313，資料② p.525

倫理綱領

りんりこうりょう

▶日本介護福祉士会倫理綱領 p.390，日本社会福祉士会倫理綱領 p.390

れ

冷あん法

れいあんぽう

身体の一部に冷やしたものを当て，心身の不安を除去したり苦痛を和らげたりする方法。冷あん法の目的は，①高熱時・頭痛時に皮膚温を下げ，痛みを和らげ気分を良くする，②血液循環を抑制し炎症部位の安静を図る，などである。冷あん法には乾性，湿性がある。乾性冷あん法には氷枕，氷のう，氷頸，冷却枕などがあり，湿性冷あん法には冷湿布，冷パップなどがある。

✎温あん法 p.51

レイン報告書

れいんほうこくしょ

1939 年に全米社会事業会議（後の全米ソーシャルワーク協会）に採択されたもので，報告をまとめた部会の委員長であったレイン（Lane, R.）の名を冠してレイン報告書と呼ばれる。同報告書は，資源の調整はあくまでも地域住民のニーズを満たすためのものであることを示し，コミュニティ・オーガニゼーションを社会福祉の内部に初めて位置づけた点が評価された。このことから同報告書は「ニーズ・資源調整説」と呼ばれる。

✎コミュニティ・オーガニゼーション p.167

レーヨン

rayon

木材パルプを原料とした再生繊維。特性は，吸湿性と放湿性が高いことである。光沢感がありドレープ性に優れているため，女性用のおしゃれ着の素材として使用されている。摩擦に弱く，水に濡れると縮みやすく，シワになりやすい。

レクリエーション

recreation

「再び創り出す」というのが本来の意味で，日々の生活の中に生きる楽しみと喜びを見いだしていく様々な活動を指す。その根底にあるのは「遊び心」であり，心豊かに楽しい人生を送りたいという人間の基本的欲求に基づいて自発的に生まれ，余暇の時間をはじめ日常のあらゆる場面で行われる。人はレクリエーションを通じて身体と心の健康を保ち，他者との交流を通じて社会的にも健康な状態を実現できる。また，自己の可能性を広げることができ，生きがいづくりにも貢献する。要介護状態でもレクリエーションが充実していると，人はいきいきと希望をもって生きられる。介護保険制度では，レクリエーションへのサポートは必ずしも十分ではないが，現場ではその重要性が評価され，レクリエーション支援のための様々な方法が模索されている。

レクリエーション援助

れくりえーしょんえんじょ

対象者個人が望むレクリエーションを享受できるように，他者が手助けすること。衣食住の生活自体を楽しむことに始まり，スポーツやゲーム，音楽や絵画など芸術系活動や野外レクリエーションまで，多種多様なレクリエーション援助がある。援助の内容は，プログラムを提供したり，活動する場を設定したり，各種の情報（活動種目，場所や用具，仲間など）を提供するばかりでなく，レクリエーションに関する組織を作り資金を準備するなど，条件整備にかかわるものも含まれる。健常者の場合，レクリエーションは本人の意思に基づいて自立的に行われる。しかし，社会福祉サービスの利用者は生活そのものの自立が困難で，レクリエーションの自立も失われがちである。一人ひとりの心身の状態に合った楽しみ方（参加方法）を考えていくことが重要である。レクリエーション援助は，人間として当然に保障されるべき「レクリエーションの権利の実現」を目標に，多方面から手をさしのべることでなければならない。要介護の状態にある人が参加できるレクリエーションは限定されると思われがちであるが，あらゆるレクリエーションへの参加が可能になるように，介助者や道具やルールの改変などを含めて，多様な援助方法を開発することが福祉現場でのレクリエーション援助の課題である。

✎レクリエーション・サービス p.506

レクリエーション援助技術

れくりえーしょんえんじょぎじゅつ

福祉サービス利用者のレクリエーションの自立を確保するために使われる様々な援助技術のこと。相手の求めに応じて必要なものを提供するのが援助であるが，レクリエーションに関しては，自分が何をして楽しみたいのか，明確なイメージをもっていない人も多い。そこでまず必要なのは，レクリエーションにおける「ありたい姿」を明らかにすることである。特に高齢者や障害者の場合は，最初からできないと諦めているケースもあるので，自分のレクリエーションに対して前向きなイメージをもってもらうことが大前提である。そのためにも援助者は豊かな対人関係（コミュニケーション）能力が必要で，これが援助技術の土台となる。その上で適宜グループワークの手法を用いながら，無尽蔵ともいえるレクリエーション財を相手の状況に応じてプログラム化する技術が求められる。

レクリエーション活動

れくりえーしょんかつどう

▶レクリエーション p.504，レクリエーション行動 p.505

レクリエーション行事

れくりえーしょんぎょうじ

変化の少ない日常生活の活性化と，人との交流を目的として行われるイベントのこと。花見や七夕，月見など季節の年中行事から，「○○まつり」などと称する施設や団体固有の行事，さらに地域や他グループと共催して開くものまで様々あり，複数の人が生活をともにする福祉施設では，施設内の生活の活性化を目的にこうしたレクリエーション行事を定期的に催すことが多い。企画段階から利用者や入所者に参加してもらい，当日の運営も共同で行うようにすると，より効果的なレクリエーション行事になる。

レクリエーション計画

れくりえーしょんけいかく

ある明確な目標のもとに，一定の対象者に対して，多様なレクリエーション資源を活用して，レクリエーション・プログラムを提供する総合的な目論見のことである。計画を立てるときは，長期計画，中期計画，短期計画というように，時間的に異なるレベルの計画を重層させて考えていく必要がある。今年は何を課題にレクリエーションを行うかという大きな目標を立て，その実現のために毎月（または季節ごとに）何をして，週単位で何をするかというように細分化していく。同時に，短期的な活動を積み上げて中期的な活動につなげ，中期的な活動の集約が長期的な活動に結びつくという，日常生活から積み上げていく逆の視点も重要である。計画の実行にあたっては，各段階の計画ごとにその達成度や問題点を振り返り，計画の修正を行うようにする。

✎レクリエーション・プログラム p.507

レクリエーション行動

れくりえーしょんこうどう

人間は生命を授かった以上，いつも心豊かに元気な状態でいたいという基本的な欲求をもっている。もともと「再び創り出す」という意味をもつレクリエーションは，生活を日々更新させるものである。この欲求に基づいて行われる，生活刷新のための行動をレクリエーション行動という。レクリエーション行動は人間なら誰もが自然に行っている普遍的な行為である。類似する言葉に「レクリエーション活動」があるが，「レクリエーション行動」はどちらかといえば個人の営み，それに対して「レクリエーション活動」は個人の集合体である集団と関連する営みというように，ニュアンスを使い分けることもある。

レクリエーション・サービス

recreation service

レクリエーションの自立を目指して様々な援助を行うこと。主体者の意志を尊重しながら，その人に何が必要かを考えて提供することが大切である。特に介護の対象となる高齢者や障害者は，何をしたいかという意志の確認が難しいことも多く，健常者と比べてレクリエーションの自立が困難な状況下にある。場所や仲間の確保など活動のための条件整備を土台に，心身の状況に合わせて行えるプログラムの提供が求められる。

✎レクリエーション援助 p.504

レクリエーション指導

れくりえーしょんしどう

レクリエーションの種目や活動に関して，具体的な技術や楽しみ方を教えること。レクリエーションは本来，本人の主体性に基づいて行う行為なので，それを一方的に指導するのは主体性を損なうという反省から，指導に代わって最近は「援助」という言葉が使われている。実際の現場では，例えば折り紙の折り方を教えたりコーラスで声の出し方を教えるなどの技術的な課題については「指導」と表現する方が合っているような場合もあるが，いずれも押しつけにならないよう，あくまで「援助」という姿勢で臨むようにしなければならない。

✎レクリエーション援助 p.504，レクリエーション指導者 p.506

レクリエーション指導者

れくりえーしょんしどうしゃ

かつてはレクリエーションを提供する人のことを指していたが，現在では「レクリエーション種目の技術を教える人」に限定して用いた方が適当である。身体競技やある種のゲームは，基本的な技術やルールを知らないと楽しむことができない。芸術活動においても，表現のための技術を身につけることが必要になる。このように，レクリエーションの現場では技術指導者の存在は欠かせないが，福祉現場においては技術指導者ばかりでなく，活動をともに行う支援者，さらには，様々な人や物をつないでいくワーカーのような人が要求される。技術指導はその道の専門家が多数存在するが，それらの人たちを活用してレクリエーションを組織するコーディネーター役はまだ不足している。

✎レクリエーション指導 p.506，レクリエーション・ワーカー p.507

レクリエーション・セラピー

recreation therapy

セラピーとは療法のことで，医師の指示に基づいてレクリエーションを処方する治療的行為。主として精神医療の領域で用いられる。例えば，統合失調症の患者に対して，特にその寛解期（病気そのものは完治していないが，一時的または永続的に症状が軽減する時期）にコミュニケーション回復の手段として，人間交流的なレクリエーションが用いられたりする。これはレクリエーションを精神の活性化を促す素材として，いわば治療素材として活用していることになる。精神障害の患者を隔離したり薬漬けにすることなく，人間の自然治癒力を引き出す処方として注目されている。特にレクリエーションのもつ非言語的コミュニケーションが，精神障害の患者の精神活動に大きく作用すると考えられている。なお，レクリエーションの治療的効果は精神面だけでなく，身体面にも現れる。特に身体機能の回復を目指して行われるリハビリテーションでは，レクリエーション的な手法を取り込んで行うことで，より大きな効果が得られる。

✎セラピューティック・レクリエーション p.314

レクリエーションの個別化

れくりえーしょんのこべつか

レクリエーション援助の最終目的は，被援助者一人ひとりの自由と主体性に基づくレクリエーションの自立にある。誰もが自分の好きなレクリエーションを選択し，できる限りは自分自身の力で楽しむことが目標となる。しかし，日本の現状ではレクリエーションといえば「みんなで楽しく」というイメージが強く，集団的なプログラムに偏っていることが少なくない。そこで一人ひとりにふさわしい個別的なレクリエーションに力点を置くという意味合いで，レクリエーション援助における「個別化」の必要が強調されるようになってきた。これには個人が一人で行うことができるようなレクリエーションに注目するという面だけでなく，集団活動においても，その構成メンバーである一人ひとりに注目して，個別的な配慮や働きかけをすることが重要であるという側面もあることを忘れてはならない。

レクリエーションの生活化

れくりえーしょんのせいかつか

レクリエーション活動が日常生活に根を下ろし，その人にとって欠かせないものとして位置づけられること。例えば，音楽を聴くことが好きになり，ラジオや再生装置を手に入れ，音源データ（CDなど）を揃えて，毎日の暮らしの中で音楽を楽しむことができるようになれば，音楽鑑賞というレクリエーションは生活化されたと言うことができる。身体的なレクリエーションでも文化的・精神的な活動でも，生活の中で繰り返し楽しめるものにまで深めていくことによってレクリエーションの喜びは一層大きくなる。

レクリエーション・プログラム

recreation program

一般にプログラムとは予定表の意で，ある目標に到達するために時間の秩序に従って一つひとつの項目を並べたものをいう。これとは別に活動種目の総称としてレクリエーション・プログラムの語が使われることもある。目標に向かってプログラムを組み立てるときは，前後の項目が効果的に作用しあうよう努めることが重要である。行事や集会などでは起承転結の変化をもたせたり，盛り上がった状態のまま終わらせるなどの演出法がある。要介護状態の高齢者や障害者は，健常者に比べてレクリエーションの自立が困難な状況にあるので，活動内容だけにとどまらず，環境づくりや援助者の配置などにも配慮してプログラムづくりをすることが大切である。

レクリエーション療法

れくりえーしょんりょうほう

生活療法の一つとして精神科医療の領域で用いられているもの。現在は障害者・高齢者福祉など多くの領域で行われている。レクリエーションは心理的・生理的・社会的な面に影響を与えて様々な効果をもたらす。援助者は明確な活動目標を設定しながら，計画性と創意を大切にする。歌や器楽，ゲーム，スポーツなど直接言葉を使わずに行動で結びつくことが関係づくりに役立つ。また，楽しさと癒しが生きるエネルギーを引き出す。

レクリエーション・ワーカー

recreation worker

レクリエーションの充実を目指して，人や物やサービスなどを有機的に結びつける人のこと。かつては「レクリエーション指導者」と呼ばれていた人が，時代の変化と求められる役割の変容から，徐々にこう呼ばれるようになった。専門職からボランティアまで様々な形があり，活動そのものや進め方の提案から，仲間づくり，環境整備に至るまで，他の専門的な援助者とかかわりながら援助を行う。福祉現場におけるレクリエーション活動の推進役として，日本レクリエーション協会が「福祉レクリエーション・ワーカー」の養成を行い，その有資格者が各地の医療福祉・リハビリテーション（機能回復訓練）の現場で活躍している。

✎ レクリエーション指導者 p.506

レシチン

lecithin

リン脂質と呼ばれる脂質の一種。動植物のすべての細胞中に存在する生体膜の主要構成成分であり，体内において，血管壁を正常に保つ，脳を活性化させるなどの効果がある。レシチンを多く含む食品には卵黄，大豆，穀類，ごま油，コーン油，小魚，レバー，うなぎなどが挙げられる。また，親油性と親水性の両方の性質により，乳化剤として利用され，マヨネーズ，マーガリン，チョコレートなどの製造に用いられる。

✎ 脂質 p.189

レジデンシャル・ソーシャルワーク

residential social work

入所型の社会福祉施設において，入所者に対して行われるソーシャルワークの総称。入所者の自立支援を目指し，日常生活の援助，人間関係の調整，社会参加の促進など，幅広い援助が含まれる。

レジャー・カウンセリング

leisure counseling

主体的で自立的な余暇を得るために提供される，一連の相談・助言サービスのこと。クライエントの余暇の成熟度によって，余暇診断，余暇生活設計，余暇情報提供などの方法がある。余暇の自立が不十分と考えられる対象者に対して行われる「余暇診断」では，余暇活動を様々な角度からチェックして，余暇の充実への動機づけを行う。余暇生活のあり方を模索する段階にある対象者向けの「余暇生活設計」では，余暇のニーズや過去の余暇歴を探りながら，余暇を主体的に組み立てるための支援を行う。「余暇情報提供」は，最も余暇生活が成熟した段階の対象者に対するサービスで，クライエントの関心と要求に応じて適切な余暇情報の検索と提供を行う。高齢社会が進行する現在，余暇は一人ひとりの重要な生活課題となっており，その自立と充実を支援するためのサービスが求められている。民間でも公共機関でもレジャー・カウンセリングに対する関心が高まっている。

✎ 余暇 p.492

レジャー憲章
れじゃーけんしょう

国際的なレクリエーション組織である「国際レクリエーション協会 International Recreation Association」（その後，名称を「世界レジャー機関 World Leisure Organization」と変えた。）が 1970 年にジュネーブで開いた会議で制定した憲章。レジャーとレクリエーションが今日の生活に欠かせない必須の課題であることを述べ，すべての人間の基本権としての「レジャー権」を主張している。また，その具体的な内容として「あらゆるレクリエーションへの参加の権利」や「レジャー教育を受ける権利」などが明記され，各国のレクリエーション運動の指針となった。福祉現場でのレクリエーションを推進するときにも重要な拠り所となる考え方である。

レストレスレッグス症候群
れすとれすれっぐすしょうこうぐん
RLS；restless legs syndrome

じっとした姿勢や横になったりしていると主に下肢に,「むずむずする」「じっとしていられない」「痒い」などの不快な異常感覚を生じ，このため常に脚を動かしたり身体をさすらなければならない。症状は夕方から夜間に強く，睡眠不足を生じる。原因は不明。エクボン症候群（Ekbom syndrome），下肢静止不能症候群ともいう。

レスパイトケア
respite care

レスパイトとは休憩や猶予といった意味の言葉であり，障害のある者や高齢者の家族などが介護における心身の疲れを取るために，一時期，介護サービスを提供することをいう。デイサービス（通所介護，短期入所介護，訪問介護）は介護保険で適用されるレスパイトケアのサービスで，医療保険で受けられるサービスはレスパイト入院である。レスパイトケアは，要介護者と介護者である家族の共倒れを予防するためのサービスであるといえる。

レスポンデント条件づけ
れすぽんでんとじょうけんづけ
respondent conditioning

古典的条件づけともいう。ロシアの生理学者イワン・パブロフ(Pavlov, I. P.：1849～1936)は，ベルの音の後に犬に餌を与えることを繰り返すことによって，ベルの音だけで犬が唾液を出すようになることを発見した。このように，もともとは関連がなかった特定の刺激により，生体に一定の反応もしくは反射を引き起こされるようになる受動的な学習の手続き。

✎オペラント条件づけ p.51

レセプト
Rezept（独）

医療保険における医療費の請求書（診療報酬請求書）のこと。医療機関が健康保険などの報酬を請求するために提出する明細書のことをいう。医療機関が行った医療サービスの費用は，一部は患者の自己負担（原則 3 割）により，大部分（7 割）は保険者から審査支払機関を介して支払われる。蓄積されたレセプトの利活用が検討され，「レセプト情報・特定健診等情報データベース」や「介護保険総合データベース」については，2019（令和元）年の健康保険法等改正により民間事業者等への第三者提供やほかのデータベースとの連携解析を制度化，2020（令和 2）年 10 月から施行している。

✎社会保険診療報酬 p.217

劣等感
れっとうかん
inferiority complex

劣等コンプレックスのこと。自分が他人より劣っているという観念。神経症性障害や種々の精神疾患の発症，さらに人格形成に関与しているといわれる。

劣等処遇の原則
れっとうしょぐうのげんそく

1834 年にイギリスで制定された新救貧法の 3 つの基本原則の一つ。これは，救貧法により公費救済を受けた貧困者の生活水準は，自活している労働者の一般的生活の最低限度より，低い水準に設定すべきであるという原則である。また，新救貧法では，院外救済を禁止して，労役場（ワークハウス）という施設に貧困者を収容し，労働の強制などを行った。したがって，労役場での貧困者の生活は，自活労働者の最低限度の生活より低い水準を強いられたため，施設での生活状況は悲惨なものであった。労役場は，貧困者にとって「恐怖の家」と呼ばれていた。

✎新救貧法 p.275

レトルト食品
れとるとしょくひん

プラスチック類などの容器に調理済み食品を詰

め，密封後レトルト（加圧加熱殺菌釜）の中で加熱殺菌したもの。レトルト食品は，①常温で流通可能，②長期間（約2年間）の保存が可能，③缶，びんより軽量で開封しやすく容器の処分も簡単，④容器の厚さが薄いので殺菌も使用時の加熱も短時間で済む，など簡便さにも優れている。食品中の栄養価はほかの食品と同様に，加熱と加工による栄養素の損失は否めないが，賞味期限内は食品の味，香り，肉質などほとんど変化がない。

レノックス・ガストー症候群

れのっくすがすとーしょうこうぐん

Lennox-Gastaut syndrome

幼児期から小児期に発症するてんかん。強直発作，脱力発作，欠神発作などの発作型，精神遅滞，予後不良の特徴があるものをいう。

てんかん p.364

レビー小体型認知症

れびーしょうたいがたにんちしょう

dementia with Lewy bodies

レビー小体と呼ばれる異常蓄積物が大脳皮質，基底核，中脳などの神経細胞に広範に出現する脳変性疾患。パーキンソン病ではレビー小体が中脳に限局している。レビー小体型認知症では大脳皮質，基底核にも障害が及ぶため，パーキンソン症状（動作緩慢，手指の振戦，筋の固縮，小刻み歩行，転倒）のほかに認知機能低下，幻視，レム睡眠行動異常（夜間のうわ言，多動）などがみられる。認知機能低下は注意力低下が目立ち，症状は動揺性で，幻視は生々しいのが特徴である。アルツハイマー型認知症，脳血管性認知症と並び，いわゆる三大認知症の一つ。

認知症 p.398

レミニッセンス

reminiscence

▶回想法 p.68

レム睡眠

れむすいみん

REM sleep；Rapid Eye Movement sleep

急速眼球運動がみられる睡眠で，覚醒しているかのようにみえるため逆説睡眠とも呼ばれる。レム睡眠時には夢を見ていることが多く，血圧，脈拍，呼吸数は不規則である。一方，筋肉は弛緩し，身体（運動器）は休息している。レム睡眠（身体が休息）とノンレム睡眠（脳が休息）は約90分の周期で，通常は一晩で4回ほど繰り返される。

ノンレム睡眠 p.409

連　携

れんけい

保健・医療・福祉分野などにおける2人以上の専門職者が，組織内外で独立して働きながら協力していくことや，施設・機関・業種間の連絡調整を行っていくことをいう。日本における国民の福祉ニーズの多様化などに伴って，社会福祉専門職の間では，連携の重要性が主張されるようになった。社会福祉士及び介護福祉士法第47条第2項では，「介護福祉士は，その業務を行うに当たつては，その担当する者に，認知症であること等の心身の状況その他の状況に応じて，福祉サービス等が総合的かつ適切に提供されるよう，福祉サービス関係者等との連携を保たなければならない」という，介護福祉士の連携についての条文が規定されている。また，日本介護福祉士会倫理綱領では，「介護福祉士は，利用者に最適なサービスを総合的に提供していくため，福祉，医療，保健その他関連する業務に従事する者と積極的な連携を図り，協力して行動します」と宣言している。

日本介護福祉士会倫理綱領 p.390，資料① p.522

ろ

ろうあ児施設

ろうあじしせつ

児童福祉法に規定されていた児童福祉施設である盲ろうあ児施設の一種で，2012（平成24）年の児童福祉法改正により，障害児入所施設（同法42条）へと移行した。難聴幼児通園施設を含む。ろうあ児を入所させて，保護するとともに独立自活に必要な指導・援助を行う。盲学校に付設されている場合もある。施設数・児童数ともに減少傾向にあり，重度重複障害や家庭環境などの理由から家庭での養育が困難なために入所する児童の割合が高い。

難聴幼児通園施設 p.386，盲ろうあ児施設 p.481

老　化

ろうか

aging

加齢により成熟期以降にみられる退行性変化。生理的老化と病的老化のあることが知られている。生理的老化は誰にでもみられる不可逆的な変化で，臓器は心臓，前立腺以外は萎縮し，予備能は低下する。一方，病的老化は生活習慣によって

ろ

生じたもので，高血圧症や粥状動脈硬化症，心筋梗塞，脳梗塞などが含まれる。生活習慣の修正によって病的老化の予防は可能である。

生理的老化 p.310

老化の遺伝説

ろうかのいでんせつ

遺伝説にはプログラム説とエラー説がある。プログラム説は，老化が始まる時期や進行速度は染色体上の遺伝情報で決まるとする。エラー説は2，3か月ごとに行われる細胞の更新時，若いうちは遺伝子情報が正しくコピーされるが，加齢によってコピーエラーが生じることによって老化が起きると考える。

老化の写し説

ろうかのうつしせつ

老化によって現れる特徴は，発育期に現れていた自然淘汰に逆らう特徴の写しである，とする学説。したがって，ビレン（Birrem, J.：1918～2016）は，老化は長い発達の中で影響してきた多くの内的・外的要因によって生じるものである，と考えている。

老化の行動説

ろうかのこうどうせつ

高齢期に入り年齢が高くなるにつれ，様々な機能が低下し，そのような変化が人の行動に大きな影響を与えるとする学説。加齢に伴い，感覚，知覚機能，記憶，思考，学習能力，動機づけ，欲求，パーソナリティなどに多くの否定的変化が起こる。この変化によって高齢者の行動特徴が生じ，これを老化と考えた。

老化の離脱説

ろうかのりだつせつ

高齢期の適応に関する理論で，社会が高齢者を排除し社会参加を拒むと同時に高齢者が社会参加を嫌うことによって，高齢者は不適応に陥ると主張する学説。提唱者の一人ヘンリー（Henry, W. E.：1930～2010）は，社会参加と適応の関係はパーソナリティが関係すると考え，提案を修正した。ヘンリーの考えは，ライチャードらの適応と関係するパーソナリティの5つの適応タイプを参照すると理解しやすい。

ライチャードの老年期の性格類型 p.495

労作性狭心症

ろうさせいきょうしんしょう

effort angina

狭心症では，心臓の冠動脈の硬化・狭窄により心臓の仕事量が増加した際に，一時的に心臓の血液，酸素不足，胸痛を生じる。このうち，運動，食事，性行為などの労作により胸痛発作を生じるものを指す。

狭心症 p.103

老人憩の家

ろうじんいこいのいえ

市町村の地域における60歳以上の高齢者に対して，無料で教養の向上やレクリエーションなどを行う場所を提供する利用施設。集会室に加え，浴室を備えているものもある。設置・運営は市町村が主体とされているが，運営に関しては社会福祉法人などに委託することも認められている。

老人医療費

ろうじんいりょうひ

75歳以上の高齢者と65歳以上75歳未満の一定の障害状態にある者を対象とした医療費。日本では，1973（昭和48）年1月から，老人医療費無料化が実施された（当時の対象者は70歳以上）。これは，以前から各地方自治体で行われていた老人医療費無料化制度を国レベルで制度化したものである。しかしながら，この老人医療費無料化制度は，高齢者の受診増によって医療費の増加や保険財政の悪化を引き起こした。そのため，1982（昭和57）年一部自己負担を復活させる「老人保健制度」が創設された。最近では老人医療費が国民医療費全体の3分の1以上を占め，その伸びは著しい。2002（平成14）年の健康保険法改正，2006（平成18）年の老人保健法の高齢者の医療の確保に関する法律への改正により，前期高齢者（65～74歳）と後期高齢者（75歳以上）に分けた新たな高齢者医療制度が創設された。後者は独立した医療保険制度であり，75歳以上の高齢者は，広域連合が運営する独立した後期高齢者医療制度に加入し給付を受ける。

後期高齢者医療制度 p.135，高齢者の医療の確保に関する法律 p.149

老人介護支援センター

ろうじんかいごしえんせんたー

老人福祉法第20条の7の2に規定される老人福祉施設の一つ。在宅福祉サービスが制度化されたころから，保健・医療・福祉の連携，地域における介護ニーズの把握，制度に関する情報提供・普及啓発などを担ってきた機関。介護を受ける老人またはその者を現に養護する者と市町村，老人居宅生活支援事業者，老人福祉施設，医療施設，老人クラブなどの老人福祉の増進を目的とする事業者との連絡調整を行う。2005（平成17）年の介護保険法改正により，包括的ケアの実施中核機関として地域包括支援センターが創設され，従来の在宅介護支援センターが地域包括支援センターへと移行可能であることが示された。運営は，2006（平成18）年度より国庫補助事業より地域支援事業交付金化されている。

老人福祉施設 p.512

老人休養ホーム

ろうじんきゅうようほーむ

60歳以上の高齢者に対して，景観の良い場所や温泉地などの保養地に設置された宿泊施設。利用対象はおおむね60歳以上の高齢者およびその付添人とされているが，定員に余裕がある場合は年齢に関係なく利用できる。設置と運営は都道府県および市町村が主体であるが，事情により運営を社会福祉法人などに委託することができる。

老人居宅介護等事業

ろうじんきょたくかいごとうじぎょう

老人福祉法第5条の2第2項に規定される，老人居宅生活支援事業の一つ。65歳以上の者であって，身体上または精神上の理由により日常生活を営むことに支障があり，やむを得ない事由により介護保険法に規定する訪問介護を利用することが著しく困難であると認められる者に対して，入浴・排泄・食事等の介護，その他の日常生活の便宜を供与する事業。介護保険法に規定される訪問介護，夜間対応型訪問介護，定期巡回・随時対応型訪問介護看護も含まれる。社会福祉法における第二種社会福祉事業とされている。

第二種社会福祉事業 p.330，老人居宅生活支援事業 p.511

老人居宅生活支援事業

ろうじんきょたくせいかつしえんじぎょう

老人福祉法第5条の2第1項に規定される居宅サービスで，①老人居宅介護等事業，②老人デイサービス事業，③老人短期入所事業，④小規模多機能型居宅介護事業，⑤認知症対応型老人共同生活援助事業，⑥複合型サービス福祉事業が該当する。国および都道府県以外の者が上記6つのサービスを行う場合は，老人福祉法上，知事に対して「老人居宅生活支援事業」の届出が必要になる。介護保険法の規定によるサービスの利用者以外に，やむを得ない事由により介護保険法に規定するサービスを利用することが著しく困難であると認められる者（老人福祉法第10条の4による措置をされた者）に対して提供される。

老人クラブ

ろうじんくらぶ

おおむね60歳以上の者が自主的に組織した団体で，1クラブにつき50人から100人程度の規模をもつ。一時的な疾病，けがなどにより日常生活に支障がある高齢者で，ほかに介助が得られない人に対して，老人クラブ会員を高齢者相互支援活動の推進員として派遣し，簡単な食事の世話，身の回りの手伝い，掃除，買い物などを行う高齢者相互支援活動，社会奉仕活動や清掃活動などに取り組んでいる。その活動は会費などの自主財源のみで運営されているわけではなく，国や地方自治体から助成を受けている。近年は，60歳以上人口は増加しているが，老人クラブ数・会員数はともに減少傾向にある。

老人食

ろうじんしょく

▶高齢者の食事 p.150

老人性難聴

ろうじんせいなんちょう

senile deafness/presbycusis

高齢者にみられる聴力障害のことで，加齢性難聴とも呼ばれる。難聴は一般にその発生部位から伝音性難聴（外耳から中耳伝音系までの障害），感音性難聴（内耳から中枢に至る障害）および両者が混在した混合性難聴に分類されるが，加齢による変化は内耳の蝸牛および蝸牛神経にみられる。このため聴力低下は両側性，対称性に高音域が障害される感音性難聴で，しばしば耳鳴りを伴う。難聴があればコミュニケーション障害から孤立化，意欲低下，うつなどが生じ，不十分，不正確な情報収集は認知能力の低下を招く。

感音性難聴 p.81，伝音性難聴 p.364，難聴 p.386，資料㉙ p.542

老人性白内障

ろうじんせいはくないしょう

senile cataract

高齢者にみられる白内障のことで，加齢性白内障とも呼ばれる。白内障は水晶体が白濁することによって透光性が低下し，視力は低下する。明るいところでは光が水晶体で散乱してまぶしく見えることもあるが，通常はすりガラスを通して辺りを見ているようでぼんやりと暗く見える。白内障は転倒や認知機能低下，引きこもりの原因にもなるため，人工レンズを用いた手術が勧められる。

✎白内障 p.416

老人性皮膚掻痒症

ろうじんせいひふそうようしょう

senile pruritus

高齢者の四肢，特に下腿伸側部（すね）や臀部・腹部に生じる掻痒感で，皮膚の乾燥が背景にある。高齢者では保湿因子（特に角層内の保水機能を担うセラミド）の減少に加え，皮脂腺・汗腺の萎縮により皮膚は乾燥している。老人性乾皮症，皮脂欠乏性皮膚炎とも呼ばれ，皮膚乾燥と強いかゆみのために掻破（痒いところを掻き，傷つける）し，湿疹化する。湿疹は貨幣状湿疹の一つとして円形の鱗屑性皮疹（フケ様の皮膚片鱗を伴う）となり，難治性で，軽快しても色素沈着を残す。石けんの使用，乾燥する季節（冬季），直接，局所に当たる暖房によって症状は増悪する。

老人短期入所施設

ろうじんたんきにゅうしょしせつ

老人福祉法第 20 条の 3 に規定される老人福祉施設の一つ。在宅高齢者が養護者の疾病や仕事の都合などにより，一時的に介護が受けられなくなったとき，高齢者を短期間入所のもとで養護することを目的としている。特別養護老人ホームに併設されていることが多い。介護保険制度による利用（短期入所生活介護）と措置による利用がある。社会福祉法における第二種社会福祉事業に属する施設とされている。

✎老人福祉施設 p.512

老人デイサービス事業

ろうじんでいさーびすじぎょう

介護保険法が施行される以前の居宅サービスの一つ。また，老人福祉法第 5 条の 2 第 3 項に規定される，老人居宅生活支援事業の一つ。在宅の要介護高齢者あるいは一部要介護高齢者を介護している家族を日帰り通所施設（デイサービスセンター）などに通所させ，入浴，食事，日常生活動作訓練，生活指導，家族介護者教室などの総合的なサービスを行う事業。事業の具体的な内容により，基本事業，通所事業，訪問事業と大別されている。基本事業として，生活指導，日常動作訓練，養護，家族介護者教室，健康チェック，送迎があり，通所事業では，入浴サービス，給食サービスがある。訪問事業では，要介護高齢者の自宅において，入浴・給食・洗濯を行う各種サービスがある。

老人デイサービスセンター

ろうじんでいさーびすせんたー

老人福祉法第 20 条の 2 の 2 に規定される老人福祉施設の一つ。在宅の要介護高齢者などに対して，入浴サービス，食事サービス，日常生活動作訓練，生活指導，家族介護者教室などのサービスを提供する通所施設。対象者，サービスの提供種類により A 型から E 型までの 5 類型に分けられていたが，介護保険法の施行に伴い，5 類型の区分はなくなった。介護保険法では，これらのサービスは居宅サービスの中の通所介護として要介護者などに提供され，老人デイサービスセンターはこのサービスを提供することを目的とする施設となった（介護 8 条 7 項）。同センターを経営する事業は社会福祉法における第二種社会福祉事業とされている。

✎通所介護 p.357，老人福祉施設 p.512

老人日常生活用具給付等事業

ろうじんにちじょうせいかつようぐきゅうふとうじぎょう

65 歳以上の在宅の要援護または一人暮らし高齢者の生活支援を目的に日常生活用具を給付する事業。対象品目は，電磁調理器，火災警報器，自動消火器，老人用電話などがある。

老人福祉計画

ろうじんふくしけいかく

老人福祉法に規定され，地方自治体に策定が義務づけられている法定計画。市町村が策定するものを市町村老人福祉計画（老福 20 条の 8），都道府県が策定するものを都道府県老人福祉計画（老福 20 条の 9）という。

✎市町村老人福祉計画 p.195，都道府県老人福祉計画 p.381，老人福祉法 p.513

老人福祉施設 表82

ろうじんふくししせつ

老人福祉法第 5 条の 3 において規定されている。老人デイサービスセンター，老人短期入所施設，養護老人ホーム，特別養護老人ホーム，軽費老人ホーム，老人福祉センターおよび老人介護支援センターの７施設の総称。

老人福祉指導主事

ろうじんふくししどうしゅじ

老人福祉法第６条に基づき福祉事務所に設置される，高齢者福祉を担当する社会福祉主事のこと。現業員に技術的指導をする所員。「市町村の福祉事務所の社会福祉主事」に関しては必置であるが，「都道府県の福祉事務所の社会福祉主事」に関しては任意設置である。業務内容は，老人福祉に関する実情把握に努め，相談に応じ，調査と指導などを行うことである。

✎福祉事務所 p.441

老人福祉センター

ろうじんふくしせんたー

老人福祉法第 20 条の７に規定される老人福祉施設の一つ。無料または低額な料金で高齢者に関する各種の相談に応じるとともに，高齢者に対して健康の増進，教養の向上，レクリエーションなどを総合的に提供する施設。特Ａ型，Ａ型，Ｂ型，老人福祉施設付設作業所の類型がある。社会福祉法における第二種社会福祉事業に属する施設とされている。

✎老人福祉施設 p.512

老人福祉の理念

ろうじんふくしのりねん

老人福祉法第２条では，「老人は，多年にわたり社会の進展に寄与してきた者として，かつ，豊富な知識と経験を有する者として敬愛されるとともに，生きがいを持てる健全で安らかな生活を保障される」として基本的理念を規定している。しかし，2001（平成 13）年に新たに策定された「新しい高齢社会対策大綱」にみられるように，高齢者を保護されるべきものとする高齢者観は画一的であるとして見直す必要があるとされてきている。

✎生きがい p.15

老人福祉法

ろうじんふくしほう

昭和 38 年制定，法律第 133 号。老人の福祉に関する原理を明らかにするとともに，老人の心

表 82　老人福祉法に規定される７つの老人福祉施設

施設名	対象年齢	概　要
老人デイサービスセンター※	65 歳以上	建物は施設だが，行っている事業は在宅サービス。65 歳以上の身体上または精神上の障害があり日常生活を営むのが困難な者に，入浴，食事等の介護，機能訓練，その他の便宜を提供する。
老人短期入所施設※	65 歳以上	建物は施設だが，行っている事業は在宅サービス。養護者の疾病などの理由により，居宅において介護を受けることが一時的に困難となった 65 歳以上の者を，短期間入所させ，養護する。
養護老人ホーム	65 歳以上	65 歳以上の環境上および経済的な理由により居宅で養護を受けることが困難な者を入所させ自立できるように指導・援助を行う措置施設。
特別養護老人ホーム	65 歳以上	65 歳以上の身体上または精神上著しい障害があるために常時介護を必要とし，居宅において適切な介護を受けることが困難な者を入所させ，養護することを目的とする施設。寝たきりの高齢者と重症の認知症高齢者が対象。介護保険では「介護老人福祉施設」となる。
軽費老人ホーム（ケアハウス）	60 歳以上	60 歳以上の者に，無料または低額な料金で日常生活上の便宜を提供。Ａ型，Ｂ型，ケアハウスがあるが，ケアハウスに一元化された。Ａ型，Ｂ型は経過的軽費老人ホームとして建て替えまで存続する。
老人福祉センター	60 歳以上	60 歳以上の者に，無料または低額な料金で教養の向上・健康の増進などの場として提供。
老人介護支援センター（在宅介護支援センター）	指定なし	市町村レベルでの在宅介護に関する総合的な相談に応じ（24 時間対応），サービス提供についての関係機関との連絡調整を行う。福祉用具の展示，使用方法の指導なども実施。特別養護老人ホーム，介護老人保健施設などに併設。

※介護保険サービスの利用が困難でやむをえない場合に適応

身の健康の保持，生活の安定のために必要な措置を講じ，老人の福祉を図ることを目的とする。措置，支援体制，老人福祉施設，社会福祉主事，老人福祉計画などについて規定されている。

老人扶養控除

ろうじんふようこうじょ

所得税および個人住民税において，納税者に老人扶養親族がいる者に，その者の所得金額から一定の所得控除を行うもの。納税者が老人扶養親族を有する場合，所得金額から一人につき 48 万円（同居の場合は 58 万円），住民税の場合は 38 万円（直系尊続で同居している場合は 45 万円）が控除される。老人扶養親族とは，控除対象扶養親族の合計所得金額が 48 万円以下であるうちの 70 歳以上の者をいう。

同居老親等扶養控除 p.368

老人訪問看護ステーション

ろうじんほうもんかんごすてーしょん

▶指定訪問看護ステーション p.199

老人訪問看護制度

ろうじんほうもんかんごせいど

1992（平成 4）年の老人保健法（現・高齢者の医療の確保等に関する法律）の改正により新たに創設された制度で，介護を要する老人に対して，在宅で訪問看護サービスを提供するもの。費用については，老人保健制度の一環として老人訪問看護療養費として給付される。介護保険法の施行後は，訪問看護が介護保険の給付に位置づけられたため，介護保険から給付されることとなった。

老人ホーム 表 83

ろうじんほーむ

老人福祉法に規定される養護老人ホーム，特別養護老人ホーム，軽費老人ホームに有料老人ホームを加えた施設の総称。高齢者福祉において在宅サービスと対をなす軸でもある。入所の形態をとるため，入所する高齢者にとっては住みなれた場所を離れなければならないものではあるが，反面，必要なサービスがパッケージ化され効果的に供給できるというメリットがある。「新ゴールドプラン（新・高齢者保健福祉推進十か年戦略）」「ゴールドプラン 21（今後 5 か年間の高齢者保健福祉施策の方向）」，さらに公的介護保険の導入により在宅サービスに関心が集まっているが，福祉施設全体の需要は増えており，今後，さらにサービスの質の高い老人ホームの増設が求められている。

軽費老人ホーム p.121，特別養護老人ホーム p.378，有料老人ホーム p.485，養護老人ホーム p.490

老性自覚

ろうせいじかく

自分が老いたという意識のこと。誰でも自分が老いたことは認めたくない。実際の年齢よりも若いと考えるのは心が健康な証拠だと考えられている。一方，年相応または老けていると思うのはう

表 83　老人ホーム等の施設数・定員

各年度末現在

	平成 28 年度（2016）	29 年度（'17）	30 年度（'18）	令和元年度（'19）	2 年度（'20）
施設総数（施設）	12,588	13,013	13,282	13,456	13,604
養護老人ホーム	976	975	952	949	943
特別養護老人ホーム	9,324	9,740	10,021	10,187	10,336
軽費老人ホーム	2,013	2,020	2,028	2,035	2,035
都市型軽費老人ホーム	64	72	77	83	87
軽費老人ホーム（A 型）	196	193	192	190	190
軽費老人ホーム（B 型）	15	13	12	12	13
定員総数（人）	740,542	762,618	777,084	787,754	798,175
養護老人ホーム	65,724	65,422	63,378	63,016	62,577
特別養護老人ホーム	580,681	602,927	619,023	629,689	640,372
軽費老人ホーム	80,792	81,119	81,463	81,824	81,882
都市型軽費老人ホーム	1,103	1,238	1,328	1,433	1,502
軽費老人ホーム（A 型）	11,574	11,344	11,374	11,274	11,274
軽費老人ホーム（B 型）	668	568	518	518	568

資料：厚生労働省「令和 2 年度福祉行政報告例結果の概況」

つ病などのサインだと考えられている。このような場合，自分に迫ってくる老いのサインを感じ取り，生き方，暮らし方（ライフスタイル）を変えることが大切である。

労働安全衛生法

ろうどうあんぜんえいせいほう

昭和 47 年制定，法律第 57 号。職場における労働者の安全と健康の確保や，快適な職場環境づくりを目的としている。労働者に対する健康教育や健康相談，健康の保持増進や，健康診断について定めている。必要な安全衛生管理体制を図るよう事業主に義務づけているものである。

労働基準法

ろうどうきじゅんほう

昭和 22 年制定，法律第 49 号。労働に関する規制などを定めた統一的な労働者保護法。日本国憲法第 27 条第 2 項「賃金，就業時間，休息その他の勤労条件に関する基準は，法律でこれを定める」ことに基づいている。労働時間や賃金といった働くにあたっての最低条件を規定しており，パートタイムなどを含むすべての労働者を使用する事業所に適用される。均等待遇や男女同一賃金の原則，強制労働の禁止，中間搾取の排除などの原則を定めた総則と，労働契約，賃金，労働時間と休息・休暇，年少者の保護，災害補償などの使用者が遵守すべき基準と罰則，および独自の監督機関について定められている。労働基準法の定める基準を下回る労働条件は無効とされ，無効となった部分は，同法に定める基準が適用されることが定められている。

労働施策の総合的な推進並びに労働者の雇用の安定及び職業生活の充実等に関する法律

ろうどうしさくのそうごうてきなすいしんならびにろうどうしゃのこようのあんていおよびしょくぎょうせいかつのじゅうじつとうにかんするほうりつ

昭和 41 年制定，法律第 132 号。通称は労働施策総合推進法。第二次安倍政権が提唱した「働き方改革」の理念を定めた法律として，1966（昭和 41）年に制定された雇用対策法を抜本的に改正し，2018（平成 30）年から施行されている。労働者の多様な事情に応じた雇用の安定，職業生活の充実，労働生産性の向上の促進等が目的として掲げられているが，特に企業に対するパワーハラスメントの防止義務を課すことを目玉として改正された法律であるため，「パワハラ防止法」ともよばれている。

労働者災害補償保険

ろうどうしゃさいがいほしょうほけん

労働者災害補償保険法第 1 条で，業務上の事由または通勤による労働者の負傷，疾病，障害または死亡に対する保護のための保険制度，とされている。療養（補償）給付，休業（補償）給付のほか，介護（補償）給付などが支給される。同法第 12 条の 8 に，①療養補償給付，②休業補償給付，③障害補償給付，④遺族補償給付，⑤葬祭料，⑥傷病補償年金，⑦介護補償給付，が規定されている。通勤災害に関しては，同法第 21 条に，①療養給付，②休業給付，③障害給付，④遺族給付，⑤葬祭給付，⑥傷病年金，⑦介護給付，が規定されている。保険者は国（厚生労働省）で，現業の事務は都道府県労働局と労働基準監督署が行っている。

労働者の心の健康の保持増進のための指針

ろうどうしゃのこころのけんこうのほじぞうしんのためのししん

労働安全衛生法第 70 条の 2 第 1 項に基づく指針として，厚生労働省が 2006（平成 18）年 3 月に出した指針。メンタルヘルスケアの原則的な実施方法が示されている。背景には精神障害などに係る労災補償の請求件数・認定件数とも増加傾向にあること，労働者の受けるストレスが拡大する傾向にある状況が挙げられる。

✎ メンタルヘルス p.480，労働安全衛生法 p.515

労働力人口

ろうどうりょくじんこう

15 歳以上の者で，労働の意思と能力を有する者の数。15 歳以上であっても，働く意思がない者や能力が十分ではない者は，労働力人口に含まれない。総務省統計局が行っている「労働力調査」では，15 歳以上の者で，就業者と失業者の合計としている。

労働力調査

ろうどうりょくちょうさ

基幹統計のうち，労働力統計を作成するための調査。毎月実施されている。明らかにされる完全失業率などの就業・不就業の実態は，雇用対策や景気判断等のための重要な基礎資料として利用されている。調査は，「調査期間 1 週間における就業状態」や「仕事の内容」などをたずねる基礎調査票と，就業者に「短時間就業および休業の理由」

や失業者に「就職できない理由」などをたずねる特定調査票の二種類で行われている。

朗読ボランティア

ろうどくぼらんてぃあ

書籍などの訪問朗読を中心に活動するボランティア。子どもから一般市民まで様々な人が対象となるが，視覚障害者や文字の読めない人を対象とする場合も多い。公立図書館の中にはこのボランティアサークルを組織して，子どもたちに絵本の読み聞かせを行ったり，新聞や雑誌の朗読を行っているところがある。学校ボランティアでは最もよく行われる活動の一つである。また，趣味や日常生活にかかわる様々な情報を朗読してカセットテープに録音し，視覚障害者に届ける活動を行っているグループもある。

老年期の発達課題

ろうねんきのはったつかだい

発達の各段階で達成しなければならない課題を発達課題という。ある段階での発達課題達成は適応や幸福につながり，未達成は不適応につながる。ロバート・J・ハヴィガーストは発達課題が身体的成熟，社会からの圧力や要求，個人の達成しようとする目標や努力によって生じると考えた。老年期の発達課題は，①肉体的強さと健康の衰えへの適応，②引退と収入の減少への適応，③配偶者の死への適応，④同年輩の高齢者との親密な関係の確立，などであるとしている。エリク・H・エリクソンは，老年期の発達課題は統合であるとした。後に後期高齢期の発達課題として，不死性を設定した。

✎エリクソン p.43，ハヴィガースト p.415，発達課題 p.418

老年症候群

ろうねんしょうこうぐん

加齢は，生理学的・機能的に人体に変化をもたらす。廃用症候群をはじめ，高齢者に多くみられる一連の症状所見の総称を指す。原因は様々で，治療と同時に介護や看護が重要になる。3つに分類され，①加齢による違いがなく，高齢者全般に起こりやすい症候群として，睡眠障害や転倒，骨折など，②前期高齢者（65～74歳）で徐々に増加する症候群として，かゆみ，脱水，便秘など，③後期高齢者（75歳以上）で急増する症候群として，低栄養，尿失禁，頻尿などが挙げられる。

✎廃用症候群 p.415

老年人口

ろうねんじんこう

年齢階級を15歳未満人口（年少人口），15～64歳人口（生産年齢人口），65歳以上人口に区別した場合の65歳以上の人口を指す。老年人口は，増加傾向にあり，2022（令和4）年10月1日現在の老年人口割合は，29.1%である。15歳未満人口である年少人口と老年人口をあわせて，従属人口という。

✎従属人口 p.224，生産年齢人口 p.302，年少人口 p.406

老年人口比率

ろうねんじんこうひりつ

総人口に占める老年人口（65歳以上の人口）の割合のことで，人口の高齢化を示す一つの指標である。高齢化率ともいう。一般的にある地域において，全人口における老年人口比率が7%を超えた社会を高齢化社会，14%を超えた社会を高齢社会，21%を超えた社会を超高齢化社会という。

✎老年人口 p.516

老齢基礎年金

ろうれいきそねんきん

国民年金の給付の一つ。20～60歳までの被保険者期間のうち，資格期間（保険料納付済期間と保険料免除期間を合算した期間）が10年以上ある者が65歳に達したときから支給される。支給開始年齢は，原則として65歳であるが，本人の希望によって60～64歳での繰り上げ(減額)支給，66歳以降での繰り下げ（増額）支給を選択することができる。

老齢厚生年金

ろうれいこうせいねんきん

厚生年金保険の給付の一つ。老齢基礎年金の支給要件を満たしていること，厚生年金保険の被保険者期間が1ヶ月以上あることが受給の条件となり，老齢基礎年金に上乗せして支給される。原則65歳からの受給だが，本人の希望で60歳から65歳の間に減額された年金を受け取る繰り上げ受給，66歳から75歳までの間に増額された年金を受け取る繰り下げ受給を選択できる。また，男性は1961（昭和36）年4月1日以前，女性は1966（昭和41）年4月1日以前に生まれた者で，厚生年金保険の被保険者期間が1年以上の場合は，65歳未満で特別支給の老齢厚生年金が支給される。在職者(厚生年金の加入者)

の老齢厚生年金は，賃金の額に応じて年金額の一部または全部が支給停止される。

老齢基礎年金 p.516

老齢年金

ろうれいねんきん

老齢を要件に給付される年金制度。公的年金では国民年金の老齢基礎年金と，厚生年金保険の老齢厚生年金がある。

老齢基礎年金 p.516，老齢厚生年金 p.516

ロービジョン

low vision

世界保健機関（WHO）の定義では「矯正眼鏡を使用しても，視力が 0.05 以上 0.3 未満の状態」とされている。日本では，身体障害者福祉法で視覚障害認定基準に視力による分類があり，日常生活に必要な実用的視力がない場合（視力 0.01 以下）を盲といい，視覚の利用は不可能ではないが著しく不自由である場合（0.02 以上～0.3 未満）をロービジョン（弱視あるいは低視力）としている。ロービジョンも弱視も全盲ではなく，点字は使用せず，しかし通常の文字や図形を見るためには，拡大したり，白黒反転文字を使用したりと，見やすい条件が必要になる。

ロールシャッハテスト　図 204

Rorschach test

スイスの精神科医ヘルマン・ロールシャッハ（Rorschach, H.：1884 ～ 1922）が考案した投影法による人格検査。インクを垂らした紙を半分に折って開いた際にできる左右対称な染み模様の図版を用いて，しみが何に見えるかを自由に答えさせ，その反応を総合的に分析・解釈する。

ロールプレイ

ロール・プレイング（role playing）ともいう。役割演技のことで，ある場面を想定して，複数の人がそれぞれの役割を演じ，その疑似体験を通して，適切に対応できるようにする学習方法の一つ。精神医学者ヤコブ・L・モレノ（Moreno, J. L.：1889 ～ 1974）が創始したサイコドラマ（心理劇）から発展したもので，もともとは患者の心理的問題を治療する集団精神療法の技法だった。現在は治療だけでなく，対人関係能力の向上を目的とした教育，外国語会話の学習，企業における問題解決能力の育成研修や接遇研修など，様々な場面で活用されている。

心理劇 p.291

ロコモティブシンドローム

locomotive syndrome

日本整形外科学会が提唱した概念で疾患の如何を問わず下肢の運動・バランス機能が低下した状態。将来的に要介護や寝たきりになるリスクが高い。ロコチェックとして，①立ったまま靴下を履けない，②手すりがなければ階段を上れない，③信号が変わる前に横断歩道を渡りきることができない，④平地を 300m 以上歩けないなど，日常生活の中で診断することができる。ロコモティブシンドロームと診断されれば，ロコトレと呼ばれる運動強化療法が勧められる。

ロジャーズ

Rogers, Carl Ransom：1902 ～ 1987

アメリカの心理学者・心理療法家。クライエント中心療法の創始者。人間のもつ成長への力を根底に据え，クライエントが自己選択することを援助する非指示的技法を編み出した。また，エンカウンター・グループを創始し，その発展に力を尽くした。主著に『クライエント中心療法』（1951）がある。

共感 p.103，クライエント中心療法 p.113

ロス

Ross, Murray G.：1910 ～ 2000

カナダのコミュニティワークの研究者。『コミュニティ・オーガニゼーション』（1955）をまとめ，地域の問題やその緩和・解決に地域社会のもつ自発性や自助力に働きかけ，それを育て，地域住民を組織化していくことがコミュニティ・オーガニゼーションであると定義した。その後，コ

図 204　ロールシャッハテストの例

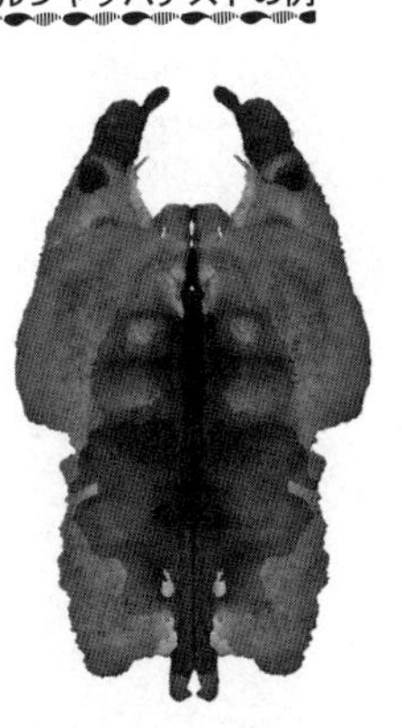

ミュニティ・オーガニゼーションはコミュニティワークを構成する一つの技法であるとした。ロスの『コミュニティ・オーガニゼーション』は，日本の社会福祉協議会に大きな影響を与えたことで知られる。

✎コミュニティ・オーガニゼーション p.167

ロスマン

Rothman, Jack：1927 ～

1968 年に，コミュニティ・オーガニゼーション実践の 3 つのモデルを示した人物。「小地域開発モデル（地域住民の自主的な参加を促し，地域社会を組織化と合わせて地域の活動能力の向上を目指す）」「社会計画モデル（社会問題の解決を図ることを主たる目標とし，そのために社会資源の分配を行う）」「ソーシャルアクションモデル（地域社会における問題や不平等を解決するため，権力や資源を再分配し，問題を抱える人々の自己決定を助ける）」の 3 つを示し，後に「ポリシープラクティスモデル」と「アドミニストレーションモデル」を加えている。

✎コミュニティ・オーガニゼーション p.167

ロフストランド・クラッチ

Lofstrand's crutch

▶杖 p.358

ROM

ロム，アールオーエム

range of motion

▶関節可動域 p.85

わ

ワーカーズ・コレクティブ

workers' collective

働く者同士が共同で出資し，それぞれが事業主として対等に働く労働協同組合のこと。福祉の分野では生活協同組合を中心に，介護や育児など主婦の経験を生かした活動が広まっている。

ワーカビリティ

workability

利用者の問題解決に向かう力のこと。動機づけ・能力・機会という要素から構成されている。ケースワーク・プロセスの初期局面における診断上の中心課題として，パールマンが提起した。

✎パールマン p.411

ワーキングプア

working poor

フルタイムで働いても充分な収入を得られず，最低生活を維持することが困難な状態にある就労者層のこと。雇用者側による人件費の削減などが原因とされており，最近の日本では，景気の低迷に伴い，企業の支払う賃金水準が低迷していることと大きく関係している。正確な数値を出すのは難しいとされるが，全国のワーキングプアは数百万世帯にものぼるといわれている。

ワーキングメモリ

working memory

▶作業記憶 p.177

ワークシェアリング

work sharing

労働者一人ひとりの労働時間を短縮し，仕事を分担し合うことで雇用を維持したり，雇用環境を改善することを目指す労働政策・実践のこと。一般には，失業者対策である①雇用維持型（緊急避難型）が注目されるが，それ以外にも②雇用維持型（中高年雇用維持型），③雇用創出型，④多様就業対応型があるといわれている。石油危機（オイルショック）以降のヨーロッパ各国で広く採用された。近年では，フルタイム労働者とパートタイム労働者の待遇を均等にすることで一層条件整備を進めた「オランダ・モデル」が特に注目されている。

ワーク・ライフ・バランス

work-life balance

仕事と生活の調和という意味。仕事を続けながら，私生活も充実させられるように職場や社会環境を整備することをいう。アメリカで，労務管理の手法として生まれた。急速な少子化が進む日本でも，就労，出産，育児の状況を踏まえ，関係閣僚をはじめとする，経済界や労働界，地方公共団体の代表らが一堂に会した，「仕事と生活の調和推進官民トップ会議」が 2007（平成 19）年12 月，「仕事と生活の調和（ワーク・ライフ・バランス）憲章」および「仕事と生活の調和推進のための行動指針」を策定した。その中で，仕事と生活の調和が実現した社会とは，「国民一人ひとりがやりがいや充実感を感じながら働き，仕事上の責任を果たすとともに，家庭や地域生活などにおいても，子育て期，中高年期といった人生の各段階に応じて多様な生き方が選択・実現できる社会」と定義づけている。また，企業，労働者，国，地方自治体の果たすべき役割，数値目標などについても言及している。

✎働き方改革 p.417

Y - G 性格検査

わいじーせいかくけんさ

矢田部・ギルフォード性格検査のこと。12 の尺度で構成される 120 質問項目に対し「はい」「いいえ」「分からない（どちらでもない）」で答えていき，人格の特徴を判定するもの。質問紙法の一つ。

✎質問紙法 p.197

Y 字型抑制帯

わいじがたよくせいたい

車いすからずり落ちたり，立ち上がれないように装着する抑制帯。帯の一方を車いすのシートに固定し，もう一方を左右二方向に分けて（Y 字型）身体を固定する。身体抑制禁止の観点からも Y 字型抑制帯の使用は，最小限度にとどめる必要がある。車いすからずり落ちないようにするためには，シーティングを行ってユーザーの身体条件に適した車いすを選択することが重要であり，立ち上がる場合ではその原因を把握して，抑制帯以外の対処方法を考える。

✎シーティング p.182

ワクチン 表84

vaccine

弱毒化した病原微生物や，不活化（死滅）した病原微生物の一部を含む製剤をワクチンという。これを接種することにより人の免疫を高めることを目的とする。ワクチンは，弱毒生ワクチン，不活化ワクチン，トキソイドに分けられる。弱毒生ワクチンでは通常効果の持続期間は長く，一生持続する。

予防接種 p.494

和食の配膳 図205

わしょくのはいぜん

一汁三菜の和食の配膳の基本は，主食が左手前，汁物が右手前，主菜が右奥，副菜が左奥，副々菜が中央で，漬物があれば副々菜の手前に置く。日本は古来から，左側に重要なものを配置する「左上位」という考え方があり，主食であるご飯は献立の中で最も重要なため「左」に配置するようになったとの説が有力である。配膳の理由は諸説あるが，前提として「食べやすさ」が基本で，日本は右利き文化のため右手でお箸を持った時に食べやすい並べ方といえる。

わ た

▶羽毛わた p.35，ポリエステルわた p.469，木綿わた p.482，羊毛わた p.492

ワトソン

Watson, John Broadus：1878 ～ 1958

アメリカの心理学者。観察可能な行動（外的行動）のみの観察から，人間の心を理解しコントロールできるとする行動主義を提唱した。外的行動をコントロールすることで子どもをどのようにでも育てることができるといい，実験でそれを示した。つまり発達には経験が最も重要だと考えている。

割当法

わりあてほう

クォータ法のこと。有意選択法の一種で，標本の選び方を母集団の各層の構成比率と同じにするなど配慮をする。比例して割り当てられた層内における調査対象の選択は調査員の恣意に委ねられ，標本に当たる確率が平等になっていないため，偏りが生じやすい。

図 205　和食の配膳

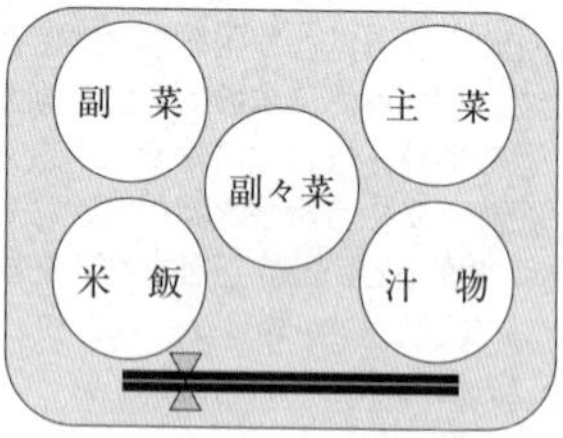

表 84　日本で接種可能な感染症ワクチンの種類

2022（令和 4）年 9 月

定期接種 臨時接種（対象年齢は政令で規定）	生ワクチン	BCG，麻疹風疹混合（MR），風疹，麻疹（はしか），水痘，ロタウイルス：1 価，5 価
	不活化ワクチン・トキソイド	ポリオ（IPV），DPT，DT，DPT-IPV，日本脳炎，インフルエンザ，肺炎球菌（13 価結合型），肺炎球菌（23 価莢膜ポリサッカライド），インフルエンザ菌 b 型（Hib），ヒトパピローマウイルス（HPV）：2 価，4 価，B 型肝炎，新型コロナ
	m RNA ワクチン・ウイルスベクターワクチン	新型コロナ
任意接種	生ワクチン	流行性耳下腺炎（おたふくかぜ），黄熱，帯状疱疹（水痘ワクチンを使用）
	不活化ワクチン・トキソイド	破傷風トキソイド，成人用ジフテリアトキソイド，A 型肝炎，狂犬病，髄膜炎菌：4 価，帯状疱疹，ヒトパピローマウイルス（HPV）：9 価※

※定期接種を対象年齢以外で受ける場合

出典：国立感染症研究所ホームページ（https://www.niid.go.jp/niid/ja/vaccine-j/249-vaccine/589-atpcs003.html）に基づき作成

資料編

資料①　国試に出題された社会福祉士及び介護福祉士法の条文

章	条	内容	条文（一部抜粋）	国試
総則	1	目的	この法律は，社会福祉士及び介護福祉士の資格を定めて，その業務の適正を図り，もつて社会福祉の増進に寄与することを目的とする。	6-22, 9-5, 20-5
	2	定義	この法律において「社会福祉士」とは，第28条の登録を受け，社会福祉士の名称を用いて，専門的知識及び技術をもつて，身体上若しくは精神上の障害があること又は環境上の理由により日常生活を営むのに支障がある者の福祉に関する相談に応じ，助言，指導，福祉サービスを提供する者又は医師その他の保健医療サービスを提供する者その他の関係者（第47条において「福祉サービス関係者等」という。）との連絡及び調整その他の援助を行うこと（第7条及び第47条の2において「相談援助」という。）を業とする者をいう。 2　この法律において「介護福祉士」とは，第42条第1項の登録を受け，介護福祉士の名称を用いて，専門的知識及び技術をもつて，身体上又は精神上の障害があることにより日常生活を営むのに支障がある者につき心身の状況に応じた介護（喀痰吸引その他のその者が日常生活を営むのに必要な行為であつて，医師の指示の下に行われるもの（厚生労働省令で定めるものに限る。以下「喀痰吸引等」という。）を含む。）を行い，並びにその者及びその介護者に対して介護に関する指導を行うこと（以下「介護等」という。）を業とする者をいう。	3-8, 9-5, 15-73, 18-8, 19-4, 19-73, 21-6, 22-8, 24-18, 26-18, 27-19, 32-110, 33-109
	3	欠格事由	次の各号のいずれかに該当する者は，社会福祉士又は介護福祉士となることができない。 一　心身の故障により，社会福祉士又は介護福祉士の業務を適正に行うことができない者として厚生労働省令で定めるもの 二　禁錮以上の刑に処せられ，その執行を終わり，又は執行を受けることがなくなつた日から起算して2年を経過しない者 三　この法律の規定その他社会福祉又は保健医療に関する法律の規定であつて政令で定めるものにより，罰金の刑に処せられ，その執行を終わり，又は執行を受けることがなくなつた日から起算して2年を経過しない者 四　第32条第1項第2号又は第2項（これらの規定を第42条第2項において準用する場合を含む。）の規定により登録を取り消され，その取消しの日から起算して2年を経過しない者	5-8, 12-5, 22-8, 24-18, 27-19, 30-18
社会福祉士	32	登録の取消し等	厚生労働大臣は，社会福祉士が次の各号のいずれかに該当する場合には，その登録を取り消さなければならない。 一　第3条各号（第4号を除く。）のいずれかに該当するに至つた場合 二　虚偽又は不正の事実に基づいて登録を受けた場合 2　厚生労働大臣は，社会福祉士が第45条及び第46条の規定に違反したときは，その登録を取り消し，又は期間を定めて社会福祉士の名称の使用の停止を命ずることができる。	5-8, 12-5, 30-18
介護福祉士	39	介護福祉士の資格	介護福祉士試験に合格した者は，介護福祉士となる資格を有する。	3-8, 4-8, 12-5
	42	登録	介護福祉士となる資格を有する者が介護福祉士となるには，介護福祉士登録簿に，氏名，生年月日その他厚生労働省令で定める事項の登録を受けなければならない。 2　第29条から第34条までの規定は，介護福祉士の登録について準用する。この場合において，第29条中「社会福祉士登録簿」とあるのは「介護福祉士登録簿」と，第30条中「第28条」とあるのは「第42条第1項」と，「社会福祉士登録証」とあるのは「介護福祉士登録証」と，第31条並びに第32条第1項及び第2項中「社会福祉士」とあるのは「介護福祉士」と読み替えるものとする。	4-8, 5-8, 8-2, 16-6, 20-5, 24-18, 30-18

章	条	内容	条文（一部抜粋）	国試
社会福祉士及び介護福祉士の義務等	44の2	誠実義務	社会福祉士及び介護福祉士は，その担当する者が個人の尊厳を保持し，自立した日常生活を営むことができるよう，常にその者の立場に立つて，誠実にその業務を行わなければならない。	21-6, 25-1, 28-18, 31-23
	45	信用失墜行為の禁止	社会福祉士又は介護福祉士は，社会福祉士又は介護福祉士の信用を傷つけるような行為をしてはならない。	4-8, 7-6, 8-2, 13-65, 16-6, 19-4, 22-8, 24-2, 25-18, 26-18
	46	秘密保持義務	社会福祉士又は介護福祉士は，正当な理由がなく，その業務に関して知り得た人の秘密を漏らしてはならない。社会福祉士又は介護福祉士でなくなつた後においても，同様とする。	3-8, 4-8, 7-6, 8-2, 9-5, 12-5, 13-65, 15-34, 15-73, 16-6, 20-79, 24-2, 25-18, 26-18, 31-23
	47	連携	社会福祉士は，その業務を行うに当たつては，その担当する者に，福祉サービス及びこれに関連する保健医療サービスその他のサービス（次項において「福祉サービス等」という。）が総合的かつ適切に提供されるよう，地域に即した創意と工夫を行いつつ，福祉サービス関係者等との連携を保たなければならない。 2　介護福祉士は，その業務を行うに当たつては，その担当する者に，認知症（介護保険法（平成9年法律第123号）第5条の2第1項に規定する認知症をいう。）であること等の心身の状況その他の状況に応じて，福祉サービス等が総合的かつ適切に提供されるよう，福祉サービス関係者等との連携を保たなければならない。	3-8, 7-6, 9-5, 13-4, 15-73, 16-6, 18-25, 19-73, 21-6, 23-27, 24-2, 25-18, 31-18, 31-23
	47の2	資質向上の責務	社会福祉士又は介護福祉士は，社会福祉及び介護を取り巻く環境の変化による業務の内容の変化に適応するため，相談援助又は介護等に関する知識及び技能の向上に努めなければならない。	21-6, 22-8, 24-2, 27-19
	48	名称の使用制限	社会福祉士でない者は，社会福祉士という名称を使用してはならない。 2　介護福祉士でない者は，介護福祉士という名称を使用してはならない。	3-8, 4-8, 5-8, 7-6, 13-4, 13-66, 16-74, 17-1, 22-8, 27-19

章	条	内容	条文（一部抜粋）	国試
社会福祉士及び介護福祉士の義務等	48の2	保健師助産師看護師法との関係	介護福祉士は，保健師助産師看護師法（昭和23年法律第203号）第31条第1項及び第32条の規定にかかわらず，診療の補助として喀痰吸引等を行うことを業とすることができる。 2　前項の規定は，第42条第2項において準用する第32条第2項の規定により介護福祉士の名称の使用の停止を命ぜられている者については，適用しない。	32-110, 33-109, 34-109
	48の3	喀痰吸引等業務の登録	自らの事業又はその一環として，喀痰吸引等（介護福祉士が行うものに限る。）の業務（以下「喀痰吸引等業務」という。）を行おうとする者は，その事業所ごとに，その所在地を管轄する都道府県知事の登録を受けなければならない。 2　前項の登録（以下この章において「登録」という。）を受けようとする者は，厚生労働省令で定めるところにより，次に掲げる事項を記載した申請書を都道府県知事に提出しなければならない。 一　氏名又は名称及び住所並びに法人にあつては，その代表者の氏名 二　事業所の名称及び所在地 三　喀痰吸引等業務開始の予定年月日 四　その他厚生労働省令で定める事項	–
	48の5	登録基準	都道府県知事は，第48条の3第2項の規定により登録を申請した者が次に掲げる要件の全てに適合しているときは，登録をしなければならない。 一　医師，看護師その他の医療関係者との連携が確保されているものとして厚生労働省令で定める基準に適合していること。 二　喀痰吸引等の実施に関する記録が整備されていることその他喀痰吸引等を安全かつ適正に実施するために必要な措置として厚生労働省令で定める措置が講じられていること。 三　医師，看護師その他の医療関係者による喀痰吸引等の実施のための体制が充実しているため介護福祉士が喀痰吸引等を行う必要性が乏しいものとして厚生労働省令で定める場合に該当しないこと。 （第2項・略）	32-110
罰則	50	罰則	第46条の規定に違反した者は，1年以下の懲役又は30万円以下の罰金に処する。 （第2項・略）	5-8, 13-4, 18-8
	53	罰則	53条　次の各号のいずれかに該当する者は，30万円以下の罰金に処する。 一　第32条第2項の規定により社会福祉士の名称の使用の停止を命ぜられた者で，当該停止を命ぜられた期間中に，社会福祉士の名称を使用したもの 二　第42条第2項において準用する第32条第2項の規定により介護福祉士の名称の使用の停止を命ぜられた者で，当該停止を命ぜられた期間中に，介護福祉士の名称を使用したもの 三　第48条第1項又は第2項の規定に違反した者 四　第48条の3第1項の規定に違反して，同項の登録を受けないで，喀痰吸引等業務を行つた者 五　第48条の7の規定による喀痰吸引等業務の停止の命令に違反した者	25-18

資料② 国試に出題された社会福祉法の条文

※旧名称・社会福祉事業法として出題されたものを含む。

章	条	内容	条文（一部抜粋）	国試
総則	1	目的	この法律は，社会福祉を目的とする事業の全分野における共通的基本事項を定め，社会福祉を目的とする他の法律と相まつて，福祉サービスの利用者の利益の保護及び地域における社会福祉（以下「地域福祉」という。）の推進を図るとともに，社会福祉事業の公明かつ適正な実施の確保及び社会福祉を目的とする事業の健全な発達を図り，もつて社会福祉の増進に資することを目的とする。	15-2
	2	定義	この法律において「社会福祉事業」とは，第一種社会福祉事業及び第二種社会福祉事業をいう。 2 次に掲げる事業を第一種社会福祉事業とする。 （第一～七号・略） 3 次に掲げる事業を第二種社会福祉事業とする。 （第一～十三号，第4項・略）	5-3, 6-6, 6-7, 6-20, 7-2, 10-6, 10-7, 12-3, 13-7, 14-6, 15-2, 20-8, 20-15
	3	福祉サービスの基本的理念	福祉サービスは，個人の尊厳の保持を旨とし，その内容は，福祉サービスの利用者が心身ともに健やかに育成され，又はその有する能力に応じ自立した日常生活を営むことができるように支援するものとして，良質かつ適切なものでなければならない。	14-1, 18-1, 19-5, 26-1
	4	地域福祉の推進	地域福祉の推進は，地域住民が相互に人格と個性を尊重し合いながら，参加し，共生する地域社会の実現を目指して行われなければならない。 2 地域住民，社会福祉を目的とする事業を経営する者及び社会福祉に関する活動を行う者（以下「地域住民等」という。）は，相互に協力し，福祉サービスを必要とする地域住民が地域社会を構成する一員として日常生活を営み，社会，経済，文化その他あらゆる分野の活動に参加する機会が与えられるように，地域福祉の推進に努めなければならない。 （第3項・略）	10-5, 14-1, 19-5, 24-8
	5	福祉サービスの提供の原則	社会福祉を目的とする事業を経営する者は，その提供する多様な福祉サービスについて，利用者の意向を十分に尊重し，かつ，保健医療サービスその他の関連するサービスとの有機的な連携を図るよう創意工夫を行いつつ，これを総合的に提供することができるようにその事業の実施に努めなければならない。	12-2, 19-5, 23-27
	6	福祉サービスの提供体制の確保等に関する国及び地方公共団体の責務	国及び地方公共団体は，社会福祉を目的とする事業を経営する者と協力して，社会福祉を目的とする事業の広範かつ計画的な実施が図られるよう，福祉サービスを提供する体制の確保に関する施策，福祉サービスの適切な利用の推進に関する施策その他の必要な各般の措置を講じなければならない。 （第2，3項・略）	14-1, 19-5, 24-10
福祉に関する事務所	14	設置	都道府県及び市（特別区を含む。以下同じ。）は，条例で，福祉に関する事務所を設置しなければならない。 3 町村は，条例で，その区域を所管区域とする福祉に関する事務所を設置することができる。 （第2，4～8項・略）	4-1, 8-7, 9-14, 17-8
社会福祉主事	18	設置	都道府県，市及び福祉に関する事務所を設置する町村に，社会福祉主事を置く。 2 前項に規定する町村以外の町村は，社会福祉主事を置くことができる。 （第3～5項・略）	3-4, 4-1, 5-2, 6-4, 6-6, 10-5

章	条	内容	条文（一部抜粋）	国試
社会福祉主事	19	資格等	社会福祉主事は，都道府県知事又は市町村長の補助機関である職員とし，年齢18年以上の者であつて，人格が高潔で，思慮が円熟し，社会福祉の増進に熱意があり，かつ，次の各号のいずれかに該当するもののうちから任用しなければならない。 （第一～五号，第2項・略）	12-7
社会福祉法人	22	定義	この法律において「社会福祉法人」とは，社会福祉事業を行うことを目的として，この法律の定めるところにより設立された法人をいう。	4-1, 6-6, 8-6, 10-7, 16-8
	23	名称	社会福祉法人以外の者は，その名称中に，「社会福祉法人」又はこれに紛らわしい文字を用いてはならない。	27-6
	24	経営の原則等	社会福祉法人は，社会福祉事業の主たる担い手としてふさわしい事業を確実，効果的かつ適正に行うため，自主的にその経営基盤の強化を図るとともに，その提供する福祉サービスの質の向上及び事業経営の透明性の確保を図らなければならない。 （第2項・略）	16-8
	25	要件	社会福祉法人は，社会福祉事業を行うに必要な資産を備えなければならない。	6-6, 11-1
	26	公益事業及び収益事業	社会福祉法人は，その経営する社会福祉事業に支障がない限り，公益を目的とする事業（以下「公益事業」という。）又はその収益を社会福祉事業若しくは公益事業（第2条第4項第四号に掲げる事業その他の政令で定めるものに限る。第57条第二号において同じ。）の経営に充てることを目的とする事業（以下「収益事業」という。）を行うことができる。 （第2項・略）	8-6, 10-5, 11-1, 13-7, 14-2, 16-8, 18-6, 27-6
	44	役員の資格等	第40条第1項の規定は，役員について準用する。 2　監事は，理事又は当該社会福祉法人の職員を兼ねることができない。 （第3～7項・略）	27-6
	45の18	監事	監事は，理事の職務の執行を監査する。この場合において，監事は，厚生労働省令で定めるところにより，監査報告を作成しなければならない。 （第2～3項・略）	16-8
	48	合併	社会福祉法人は，他の社会福祉法人と合併することができる。この場合においては，合併する社会福祉法人は，合併契約を締結しなければならない。	17-8, 27-6
	58	助成等	国又は地方公共団体は，必要があると認めるときは，厚生労働省令又は当該地方公共団体の条例で定める手続に従い，社会福祉法人に対し，補助金を支出し，又は通常の条件よりも当該社会福祉法人に有利な条件で，貸付金を支出し，若しくはその他の財産を譲り渡し，若しくは貸し付けることができる。ただし，国有財産法（昭和23年法律第73号）及び地方自治法第237条第2項の規定の適用を妨げない。 （第2～4項・略）	10-7
社会福祉事業	60	経営主体	社会福祉事業のうち，第一種社会福祉事業は，国，地方公共団体又は社会福祉法人が経営することを原則とする。	8-6, 10-14, 13-7, 15-2, 17-8
	61	事業経営の準則	二　国及び地方公共団体は，他の社会福祉事業を経営する者に対し，その自主性を重んじ，不当な関与を行わないこと。 三　社会福祉事業を経営する者は，不当に国及び地方公共団体の財政的，管理的援助を仰がないこと。 （第1項第一号，第2項・略）	8-6, 9-1, 13-7
福祉サービスの適切な利用	75	情報の提供	2　国及び地方公共団体は，福祉サービスを利用しようとする者が必要な情報を容易に得られるように，必要な措置を講ずるよう努めなければならない。 （第1項・略）	16-2

章	条	内容	条文（一部抜粋）	国試
福祉サービスの適切な利用	76	利用契約の申込み時の説明	社会福祉事業の経営者は，その提供する福祉サービスの利用を希望する者からの申込みがあつた場合には，その者に対し，当該福祉サービスを利用するための契約の内容及びその履行に関する事項について説明するよう努めなければならない。	16-2, 18-6
	77	利用契約の成立時の書面の交付	社会福祉事業の経営者は，福祉サービスを利用するための契約（厚生労働省令で定めるものを除く。）が成立したときは，その利用者に対し，遅滞なく，次に掲げる事項を記載した書面を交付しなければならない。 （第一～四号，第２項・略）	18-6
	78	福祉サービスの質の向上のための措置等	社会福祉事業の経営者は，自らその提供する福祉サービスの質の評価を行うことその他の措置を講ずることにより，常に福祉サービスを受ける者の立場に立つて良質かつ適切な福祉サービスを提供するよう努めなければならない。 （第２項・略）	14-2, 18-6
	79	誇大広告の禁止	社会福祉事業の経営者は，その提供する福祉サービスについて広告をするときは，広告された福祉サービスの内容その他の厚生労働省令で定める事項について，著しく事実に相違する表示をし，又は実際のものよりも著しく優良であり，若しくは有利であると人を誤認させるような表示をしてはならない。	16-2, 18-6
	81	都道府県社会福祉協議会の行う福祉サービス利用援助事業等	都道府県社会福祉協議会は，第110条第１項各号に掲げる事業を行うほか，福祉サービス利用援助事業を行う市町村社会福祉協議会その他の者と協力して都道府県の区域内においてあまねく福祉サービス利用援助事業が実施されるために必要な事業を行うとともに，これと併せて，当該事業に従事する者の資質の向上のための事業並びに福祉サービス利用援助事業に関する普及及び啓発を行うものとする。	14-6
	82	社会福祉事業の経営者による苦情の解決	社会福祉事業の経営者は，常に，その提供する福祉サービスについて，利用者等からの苦情の適切な解決に努めなければならない。	19-8
	83	運営適正化委員会	都道府県の区域内において，福祉サービス利用援助事業の適正な運営を確保するとともに，福祉サービスに関する利用者等からの苦情を適切に解決するため，都道府県社会福祉協議会に，人格が高潔であつて，社会福祉に関する識見を有し，かつ，社会福祉，法律又は医療に関し学識経験を有する者で構成される運営適正化委員会を置くものとする。	14-2, 16-2, 19-8
社会福祉事業に従事する者の確保の促進	89	基本指針	厚生労働大臣は，社会福祉事業の適正な実施を確保し，社会福祉事業その他の政令で定める社会福祉を目的とする事業（以下この章において「社会福祉事業等」という。）の健全な発達を図るため，社会福祉事業に従事する者（以下この章において「社会福祉事業従事者」という。）の確保及び国民の社会福祉に関する活動への参加の促進を図るための措置に関する基本的な指針（以下「基本指針」という。）を定めなければならない。 ２　基本指針に定める事項は，次のとおりとする。 一　社会福祉事業従事者の就業の動向に関する事項 二　社会福祉事業を経営する者が行う，社会福祉事業従事者に係る処遇の改善（国家公務員及び地方公務員である者に係るものを除く。）及び資質の向上並びに新規の社会福祉事業従事者の確保に資する措置その他の社会福祉事業従事者の確保に資する措置の内容に関する事項 三　前号に規定する措置の内容に関して，その適正かつ有効な実施を図るために必要な措置の内容に関する事項 四　国民の社会福祉事業に対する理解を深め，国民の社会福祉に関する活動への参加を促進するために必要な措置の内容に関する事項 （第３，４項・略）	8-6, 9-1, 19-2
	90	社会福祉事業等を経営する者の講ずべき措置	社会福祉事業等を経営する者は，前条第２項第二号に規定する措置の内容に即した措置を講ずるように努めなければならない。 （第２項・略）	8-6
	102	指定	厚生労働大臣は，社会福祉事業に関する連絡及び助成を行うこと等により社会福祉事業従事者の福利厚生の増進を図ることを目的として設立された社会福祉法人であつて，次条に規定する業務を適正かつ確実に行うことができると認められるものを，その申請により，全国を通じて一個に限り，福利厚生センターとして指定することができる。	12-2, 20-76

章	条	内容	条文（一部抜粋）	国試
地域福祉の推進	107	市町村地域福祉計画	市町村は，地域福祉の推進に関する事項として次に掲げる事項を一体的に定める計画（以下「市町村地域福祉計画」という。）を策定するよう努めるものとする。 一　地域における高齢者の福祉，障害者の福祉，児童の福祉その他の福祉に関し，共通して取り組むべき事項 二　地域における福祉サービスの適切な利用の推進に関する事項 三　地域における社会福祉を目的とする事業の健全な発達に関する事項 四　地域福祉に関する活動への住民の参加の促進に関する事項 五　地域生活課題の解決に資する支援が包括的に提供される体制の整備に関する事項 2　市町村は，市町村地域福祉計画を策定し，又は変更しようとするときは，あらかじめ，地域住民の意見を反映させるよう努めるとともに，その内容を公表するよう努めるものとする。 3　市町村は，定期的に，その策定した市町村地域福祉計画について，調査，分析及び評価を行うよう努めるとともに，必要があると認めるときは，当該市町村地域福祉計画を変更するものとする。	14-1, 19-7
	109	市町村社会福祉協議会及び地区社会福祉協議会	市町村社会福祉協議会は，一又は同一都道府県内の二以上の市町村の区域内において次に掲げる事業を行うことにより地域福祉の推進を図ることを目的とする団体であつて，その区域内における社会福祉を目的とする事業を経営する者及び社会福祉に関する活動を行う者が参加し，かつ，指定都市にあつてはその区域内における地区社会福祉協議会の過半数及び社会福祉事業又は更生保護事業を経営する者の過半数が，指定都市以外の市及び町村にあつてはその区域内における社会福祉事業又は更生保護事業を経営する者の過半数が参加するものとする。 一　社会福祉を目的とする事業の企画及び実施 二　社会福祉に関する活動への住民の参加のための援助 三　社会福祉を目的とする事業に関する調査，普及，宣伝，連絡，調整及び助成 四　前三号に掲げる事業のほか，社会福祉を目的とする事業の健全な発達を図るために必要な事業 2　地区社会福祉協議会は，一又は二以上の区（地方自治法第 252 条の 20 に規定する区及び同法第 252 条の 20 の 2 に規定する総合区をいう。）の区域内において前項各号に掲げる事業を行うことにより地域福祉の推進を図ることを目的とする団体であつて，その区域内における社会福祉を目的とする事業を経営する者及び社会福祉に関する活動を行う者が参加し，かつ，その区域内において社会福祉事業又は更生保護事業を経営する者の過半数が参加するものとする。 3　市町村社会福祉協議会のうち，指定都市の区域を単位とするものは，第 1 項各号に掲げる事業のほか，その区域内における地区社会福祉協議会の相互の連絡及び事業の調整の事業を行うものとする。 4　市町村社会福祉協議会及び地区社会福祉協議会は，広域的に事業を実施することにより効果的な運営が見込まれる場合には，その区域を越えて第 1 項各号に掲げる事業を実施することができる。 5　関係行政庁の職員は，市町村社会福祉協議会及び地区社会福祉協議会の役員となることができる。ただし，役員の総数の 5 分の 1 を超えてはならない。 6　市町村社会福祉協議会及び地区社会福祉協議会は，社会福祉を目的とする事業を経営する者又は社会福祉に関する活動を行う者から参加の申出があつたときは，正当な理由がなければ，これを拒んではならない。	4-1, 6-3, 12-2, 15-3, 21-7, 34-125
	110	都道府県社会福祉協議会	都道府県社会福祉協議会は，都道府県の区域内において次に掲げる事業を行うことにより地域福祉の推進を図ることを目的とする団体であつて，その区域内における市町村社会福祉協議会の過半数及び社会福祉事業又は更生保護事業を経営する者の過半数が参加するものとする。 一　前条第 1 項各号に掲げる事業であつて各市町村を通ずる広域的な見地から行うことが適切なもの 二　社会福祉を目的とする事業に従事する者の養成及び研修 三　社会福祉を目的とする事業の経営に関する指導及び助言 四　市町村社会福祉協議会の相互の連絡及び事業の調整 2　前条第 5 項及び第 6 項の規定は，都道府県社会福祉協議会について準用する。	4-1, 6-3, 21-7, 34-125

章	条	内容	条文（一部抜粋）	国試
地域福祉の推進	112	共同募金	この法律において「共同募金」とは，都道府県の区域を単位として，毎年一回，厚生労働大臣の定める期間内に限つてあまねく行う寄附金の募集であつて，その区域内における地域福祉の推進を図るため，その寄附金をその区域内において社会福祉事業，更生保護事業その他の社会福祉を目的とする事業を経営する者（国及び地方公共団体を除く。以下この節において同じ。）に配分することを目的とするものをいう。	4-1, 8-4, 15-4, 17-2, 20-6
	113	共同募金会	共同募金を行う事業は，第２条の規定にかかわらず，第一種社会福祉事業とする。 （第２～４項・略）	12-7
	116	共同募金の性格	共同募金は，寄附者の自発的な協力を基礎とするものでなければならない。	21-7
	117	共同募金の配分	共同募金は，社会福祉を目的とする事業を経営する者以外の者に配分してはならない。 4　国及び地方公共団体は，寄附金の配分について干渉してはならない。 （第２，３項・略）	9-7, 11-6, 12-7, 15-4

資料③　厚生労働大臣が定める福祉用具貸与及び介護予防福祉用具貸与に係る福祉用具の種目

介護保険法（平成9年法律第123号）第7条第17項の規定に基づき，厚生大臣が定める福祉用具貸与に係る福祉用具の種目を次のように定め，平成12年4月1日から適用する

①車いす（自走用標準型車いす，普通型電動車いす又は介助用標準型車いすに限る）
②車いす付属品（クッション，電動補助装置等であって，車いすと一体的に使用されるものに限る）
③特殊寝台（サイドレールが取り付けてあるもの又は取り付けることが可能なものであって，次に掲げる機能のいずれかを有するもの）
・背部又は脚部の傾斜角度が調整できる機能
・床板の高さが無段階に調整できる機能
④特殊寝台付属品（マットレス，サイドレール等であって，特殊寝台と一体的に使用されるものに限る）
⑤床ずれ防止用具（次のいずれかに該当するものに限る）
・送風装置又は空気圧調整装置を備えた空気マット
・水等によって減圧による体圧分散効果をもつ全身用のマット
⑥体位変換器（空気パッド等を身体の下に挿入することにより，居宅要介護者等の体位を容易に変換できる機能を有するものに限り，体位の保持のみを目的とするものを除く）
⑦手すり（取付けに際し工事を伴わないものに限る）
⑧スロープ（段差解消のためのものであって，取付けに際し工事を伴わないものに限る）
⑨歩行器（歩行が困難な者の歩行機能を補う機能を有し，移動時に体重を支える構造を有するものであって，次のいずれかに該当するものに限る）
・車輪を有するものにあっては，体の前及び左右を囲む把手等を有するもの
・四脚を有するものにあっては，上肢で保持して移動させることが可能なもの
⑩歩行補助つえ（松葉づえ，カナディアン・クラッチ，ロフストランド・クラッチ，プラットホームクラッチ及び多点杖に限る）
⑪認知症老人徘徊（はいかい）感知機器
・介護保険法第5条の2第1項に規定する認知症である老人が屋外へ出ようとした時等，センサーにより感知し，家族，隣人等へ通報するもの
⑫移動用リフト（つり具の部分を除く）
・床走行式，固定式又は据置式であり，かつ，身体をつり上げ又は体重を支える構造を有するものであって，その構造により，自力での移動が困難な者の移動を補助する機能を有するもの（取付けに住宅の改修を伴うものを除く）
⑬自動排泄処理装置
・尿又は便が自動的に吸引されるものであり，かつ，尿や便の経路となる部分を分割することが可能な構造を有するものであって，居宅要介護者等又はその介護を行う者が容易に使用できるもの（交換可能部品（レシーバー，チューブ，タンク等のうち，尿や便の経路となるものであって，居宅要介護者等又はその介護を行う者が容易に交換できるものをいう。）を除く）

資料　平成11年3月31日厚生省告示第93号
注）　平成24年3月13日厚生労働省告示第104号改正現在

資料④　厚生労働大臣が定める特定福祉用具販売に係る特定福祉用具の種目及び厚生労働大臣が定める特定介護予防福祉用具販売に係る特定介護予防福祉用具の種目

介護保険法（平成9年法律第123号）第44条第1項の規定に基づき，厚生大臣が定める居宅介護福祉用具購入費等の支給に係る特定福祉用具の種目を次のように定め，平成12年4月1日から適用する

①腰掛便座（次のいずれかに該当するものに限る）
- 和式便器の上に置いて腰掛式に変換するもの
- 洋式便器の上に置いて高さを補うもの
- 電動式又はスプリング式で便座から立ち上がる際に補助できる機能を有しているもの
- 便座，バケツ等からなり，移動可能である便器（居室において利用可能であるものに限る）

②自動排泄処理装置の交換可能部品

③排泄予測支援機器
- 膀胱内の状態を感知し，尿量を推定するものであって，排尿の機会を居宅要介護者等又はその介護を行う者に通知するもの

④入浴補助用具（座位の保持，浴槽への出入り等の入浴に際しての補助を目的とする用具であって次のいずれかに該当するものに限る）
- 入浴用椅子
- 浴槽用手すり
- 浴槽内椅子
- 入浴台（浴槽の縁にかけて利用する台であって，浴槽への出入りのためのもの）
- 浴室内すのこ
- 浴槽内すのこ
- 入浴用介助ベルト

⑤簡易浴槽
- 空気式又は折りたたみ式等で容易に移動できるものであって，取水又は排水のために工事を伴わないもの

⑥移動用リフトのつり具の部分

資料　平成11年3月31日厚生省告示第94号
注）　令和4年3月23日厚生労働省告示第80号改正現在

資料⑤　障害者の日常生活及び社会生活を総合的に支援するための法律第77条第1項第6号の規定に基づき厚生労働大臣が定める日常生活上の便宜を図るための用具

障害者自立支援法（平成17年法律第123号）第77条第1項第2号の規定に基づき，障害者自立支援法第77条第1項第2号の規定に基づき厚生労働大臣が定める日常生活上の便宜を図るための用具を次のように定め，平成18年10月1日から適用する

障害者の日常生活及び社会生活を総合的に支援するための法律（平成17年法律第123号）第77条第1項第6号の規定による障害者又は障害児（以下「障害者等」という。）の日常生活上の便宜を図るための用具は，第1号に掲げる用具の要件をすべて満たすものであって，第2号に掲げる用具の用途及び形状のいずれかに該当するものとする。

一　用具の要件
　イ　障害者等が安全かつ容易に使用できるもので，実用性が認められるもの
　ロ　障害者等の日常生活上の困難を改善し，自立を支援し，かつ，社会参加を促進すると認められるもの
　ハ　用具の製作，改良又は開発に当たって障害に関する専門的な知識や技術を要するもので，日常生活品として一般に普及していないもの

二　用具の用途及び形状
　イ　介護・訓練支援用具：特殊寝台，特殊マットその他の障害者等の身体介護を支援する用具並びに障害児が訓練に用いるいす等のうち，障害者等及び介助者が容易に使用することができるものであって，実用性のあるもの
　ロ　自立生活支援用具：入浴補助用具，聴覚障害者用屋内信号装置その他の障害者等の入浴，食事，移動等の自立生活を支援する用具のうち，障害者等が容易に使用することができるものであって，実用性のあるもの
　ハ　在宅療養等支援用具：電気式たん吸引器，盲人用体温計その他の障害者等の在宅療養等を支援する用具のうち，障害者等が容易に使用することができるものであって，実用性のあるもの
　ニ　情報・意思疎通支援用具：点字器，人工喉頭その他の障害者等の情報収集，情報伝達，意思疎通等を支援する用具のうち，障害者等が容易に使用することができるものであって，実用性のあるもの
　ホ　排泄管理支援用具：ストーマ装具その他の障害者等の排泄管理を支援する用具及び衛生用品のうち，障害者等が容易に使用することができるものであって，実用性のあるもの
　ヘ　居宅生活動作補助用具：障害者等の居宅生活動作等を円滑にする用具であって，設置に小規模な住宅改修を伴うもの

資料　平成18年9月29日厚生労働省告示第529号，一部抜粋

資料⑥　主な麻痺の分類

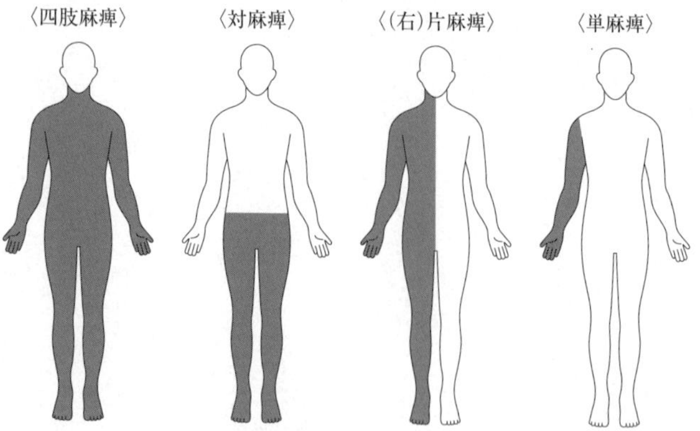

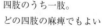

四肢のうち一肢。
どの四肢の麻痺でもよい

資料⑦　精神疾患の分類～DSM-5

1	神経発達症群／神経発達障害群
2	統合失調症スペクトラム障害および他の精神病性障害群
3	双極性障害および関連障害群
4	抑うつ障害群
5	不安症群／不安障害群
6	強迫症および関連症群／強迫性障害および関連障害群
7	心的外傷およびストレス因関連障害群
8	解離症群／解離性障害群
9	身体症状症および関連症群
10	食行動障害および摂食障害群
11	排泄症群
12	睡眠－覚醒障害群
13	性機能不全群
14	性別違和
15	秩序破壊的・衝動制御・素行症群
16	物質関連障害および嗜癖性障害群
17	神経認知障害群
18	パーソナリティ障害群
19	パラフィリア障害群
20	他の精神疾患群
21	医薬品誘発性運動症群および他の医薬品有害作用
22	臨床的関与の対象となることのある他の状態

資料⑧　精神疾患の分類～ICD-10

1	症状性を含む器質性精神障害
2	精神作用物質使用による精神および行動の障害
3	統合失調症，統合失調症型障害および妄想性障害
4	気分（感情）障害
5	神経症性障害，ストレス関連障害および身体表現性障害
6	生理的障害および身体的要因に関連した行動症候群
7	成人の人格および行動の障害
8	精神遅滞
9	心理的発達の障害
10	小児期および青年期に通常発症する行動および情緒の障害

注）WHOが2022年1月にICD-11を発効しているが，国内適用される日本語訳を厚生労働省が取りまとめ中のため，ICD-10を掲載する

資料⑨　人体の骨格

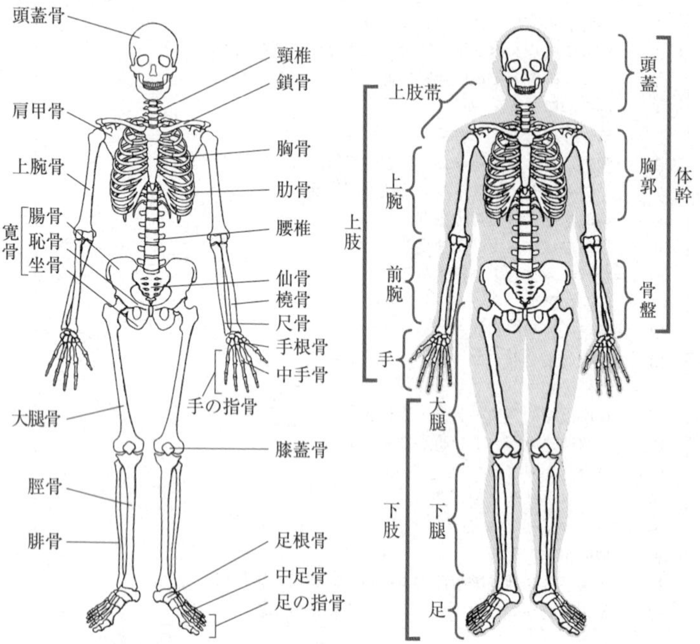

頭蓋骨
頸椎
鎖骨
肩甲骨
胸骨
上腕骨
肋骨
寛骨
腸骨
恥骨
坐骨
腰椎
仙骨
橈骨
尺骨
手根骨
中手骨
手の指骨
大腿骨
膝蓋骨
脛骨
腓骨
足根骨
中足骨
足の指骨
上肢帯
上腕
上肢
前腕
手
大腿
下肢
下腿
足
頭蓋
胸郭
体幹
骨盤

資料⑩　上肢の骨

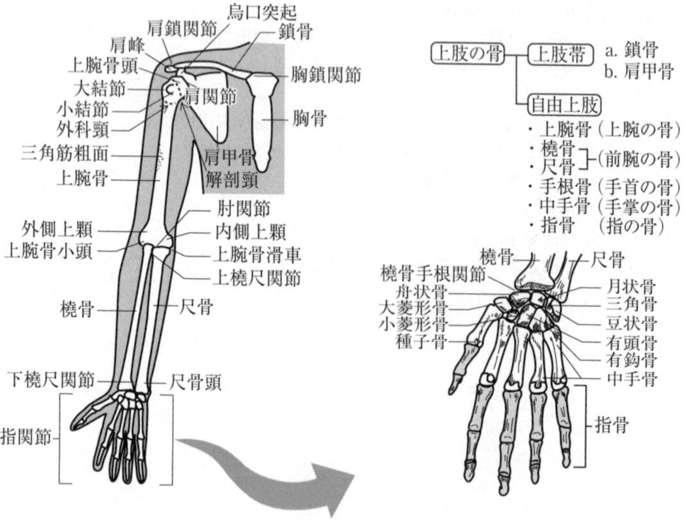

烏口突起
肩鎖関節
鎖骨
肩峰
上腕骨頭
胸鎖関節
大結節
肩関節
小結節
胸骨
外科頸
三角筋粗面
肩甲骨
上腕骨
解剖頸
肘関節
外側上顆
内側上顆
上腕骨小頭
上腕骨滑車
上橈尺関節
橈骨
尺骨
下橈尺関節
尺骨頭
指関節
上肢の骨
上肢帯
a. 鎖骨
b. 肩甲骨
自由上肢
・上腕骨（上腕の骨）
・橈骨
・尺骨（前腕の骨）
・手根骨（手首の骨）
・中手骨（手掌の骨）
・指骨　（指の骨）
橈骨
尺骨
橈骨手根関節
月状骨
舟状骨
三角骨
大菱形骨
豆状骨
小菱形骨
有頭骨
種子骨
有鈎骨
中手骨
指骨

資料⑪　脊　柱

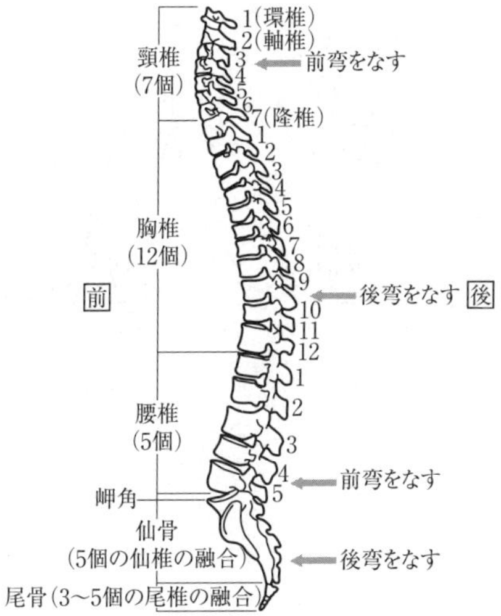

資料⑫　肩関節の動き

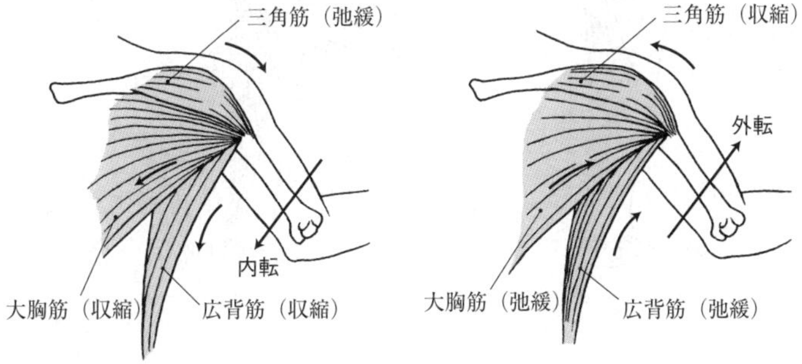

資料⑬　肘関節の動き

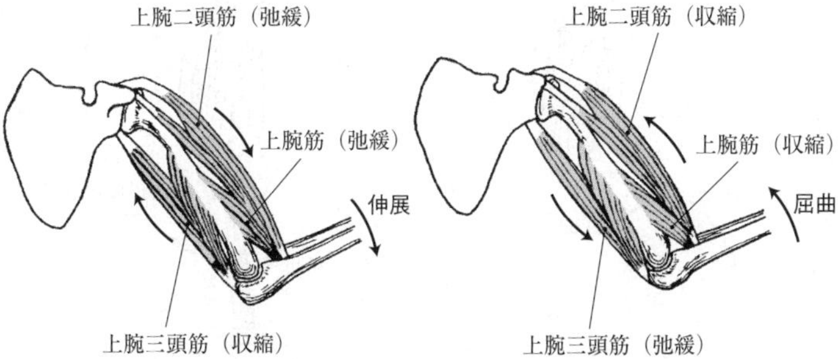

資料⑭　前腕の動き

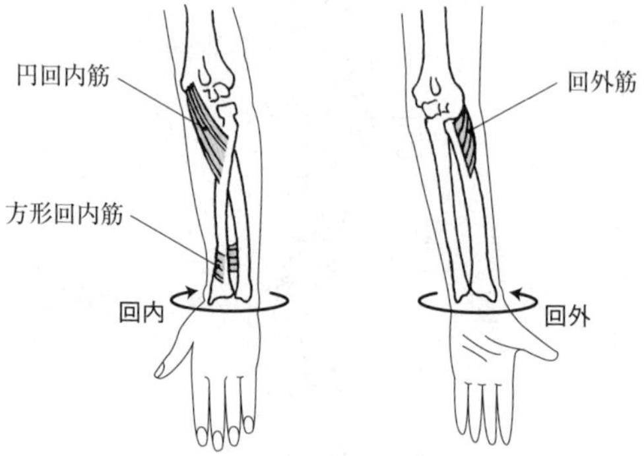

資料⑮　股関節の動き

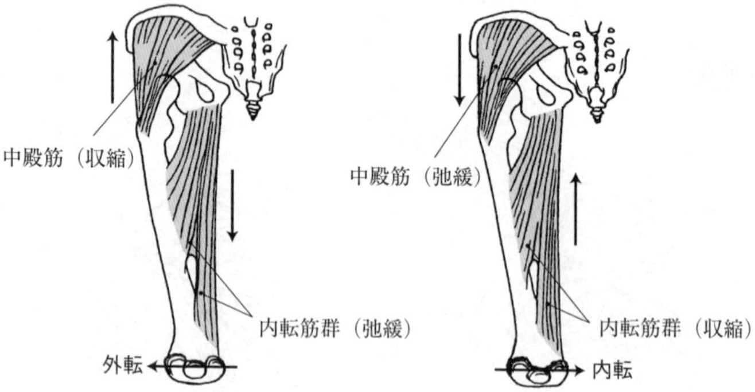

資料⑯　膝関節の動き

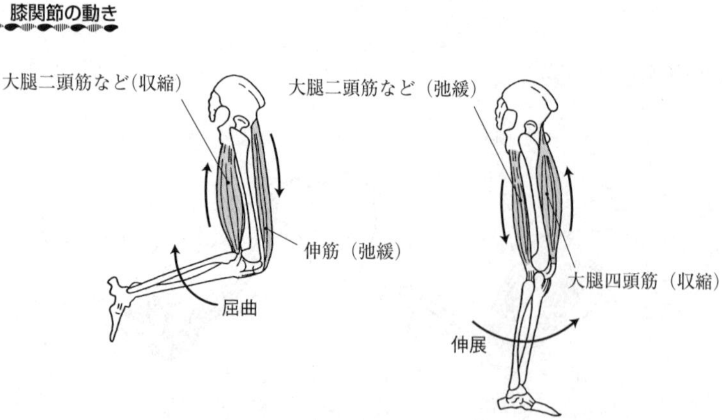

資料⑰　大脳半球の構造と働き

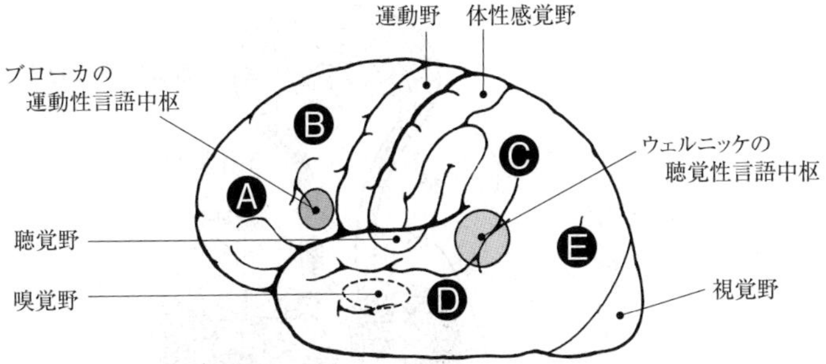

Ⓐ前頭連合野　Ⓑ運動連合野　Ⓒ体性感覚連合野
Ⓓ聴覚連合野　Ⓔ視覚連合野

資料⑱　人体の成分と体液（成人）

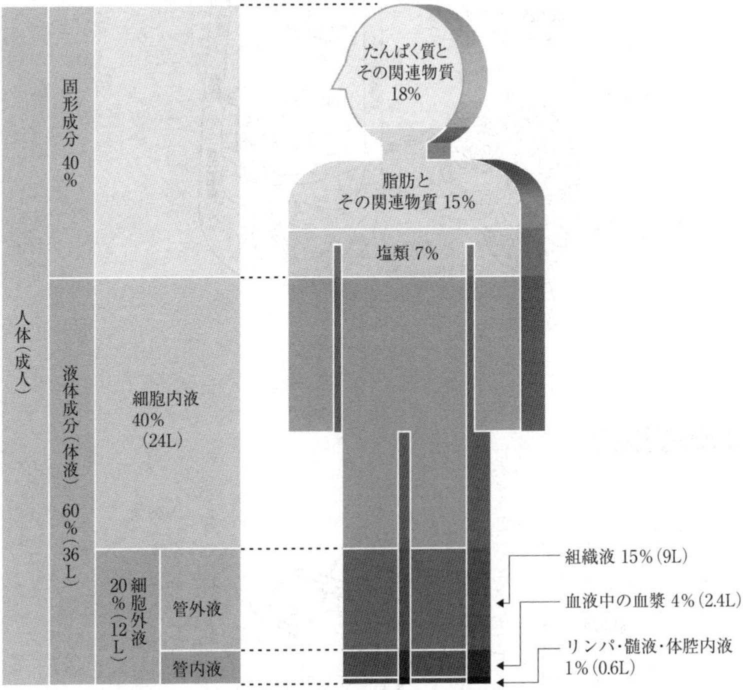

資料⑲　体循環と肺循環

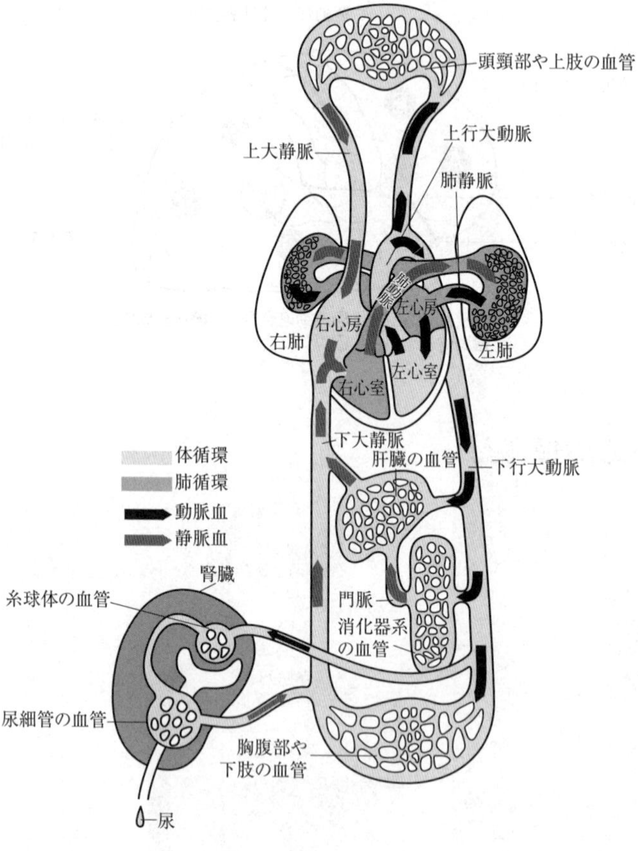

資料⑳　心臓と血液の流れ

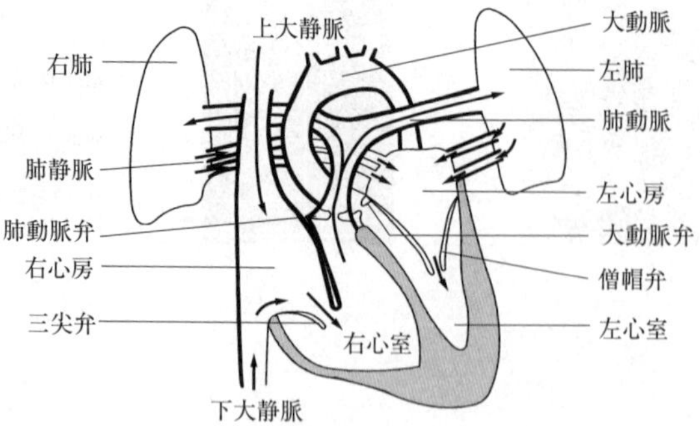

資料㉑　肺の構造

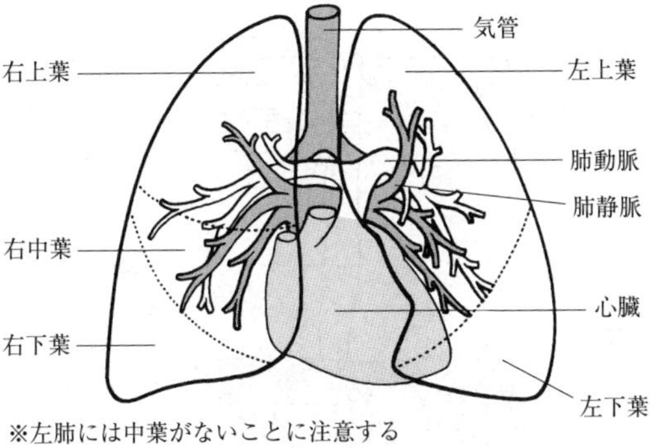

※左肺には中葉がないことに注意する

資料㉒　呼吸器系の器官と役割

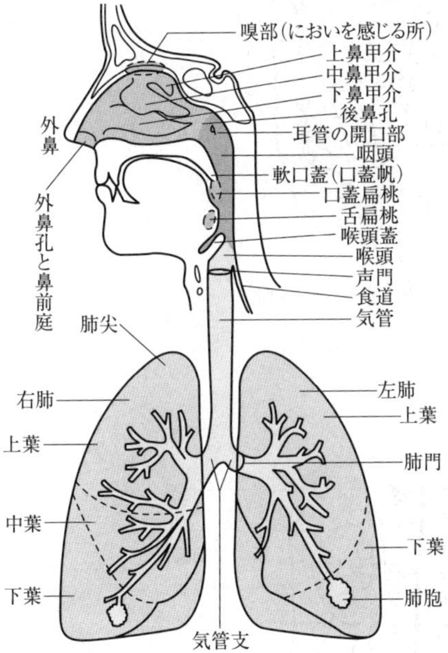

呼吸器系の役割

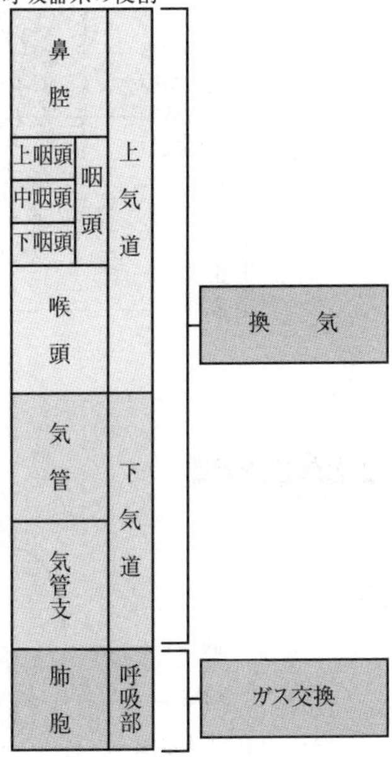

資料㉓　消化器系の概観図

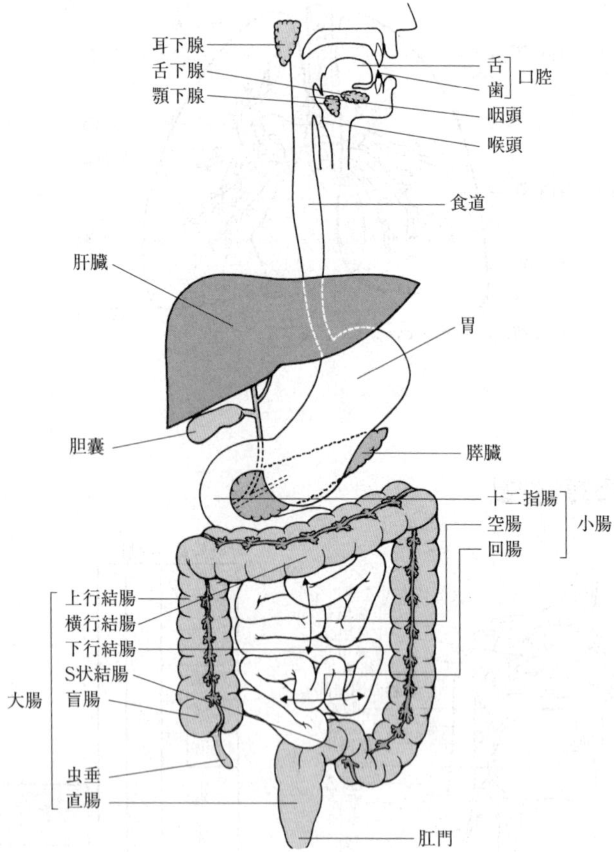

資料㉔　泌尿器系の概観図

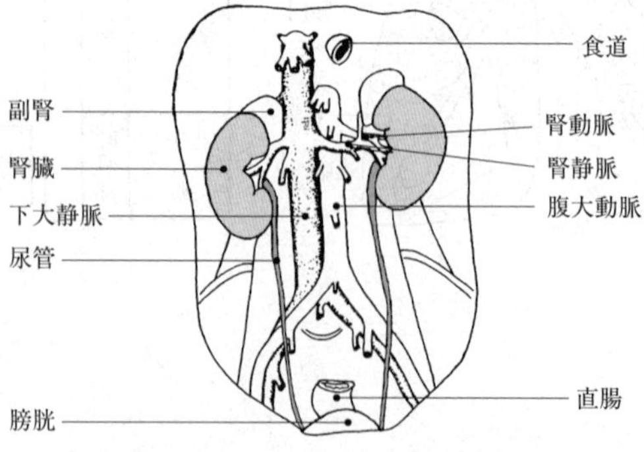

資料㉕　口腔の概観図

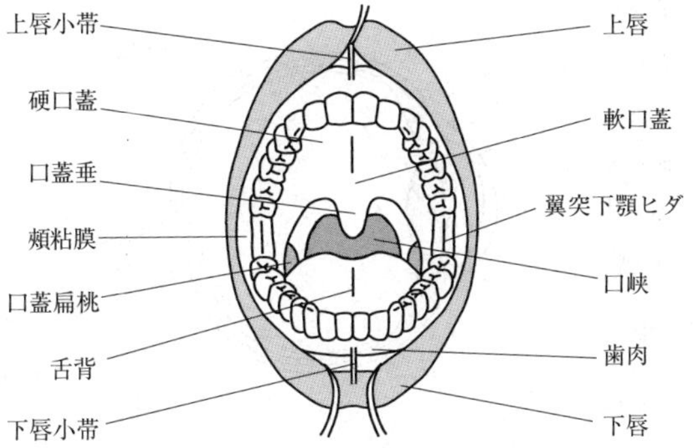

資料㉖　呼吸と嚥下の流れ

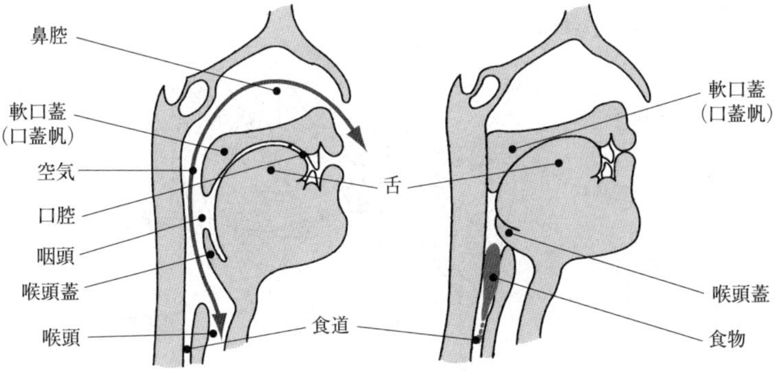

資料㉗　内分泌腺の概観図

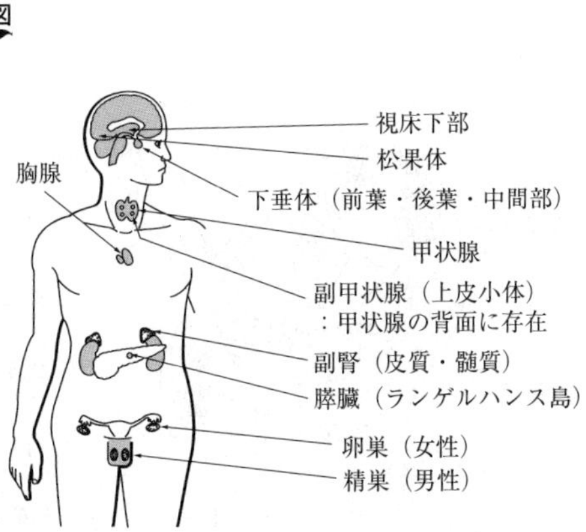

資料㉘　眼の構造

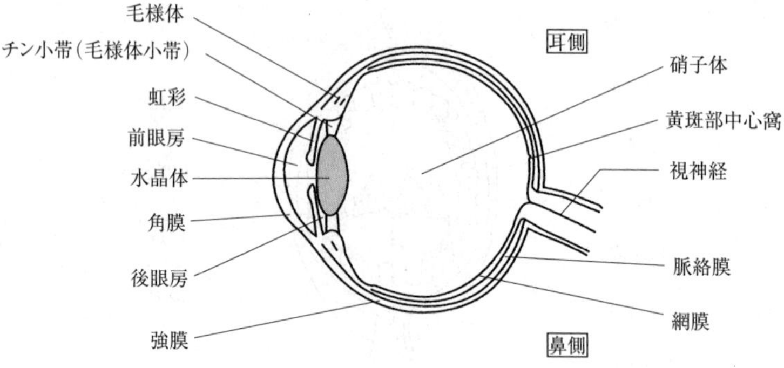

資料㉙　耳の構造

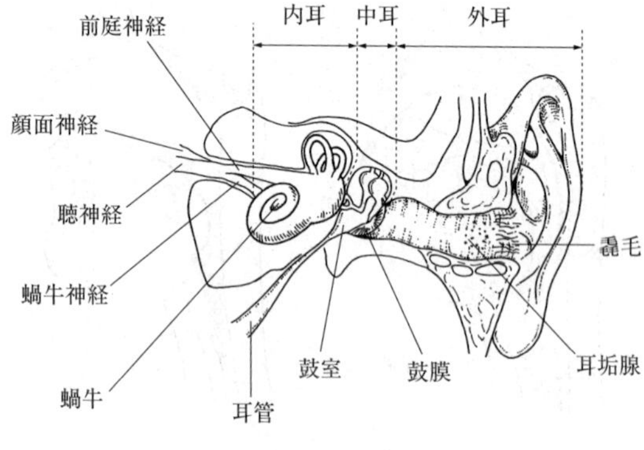

資料㉚　男性の骨盤内図

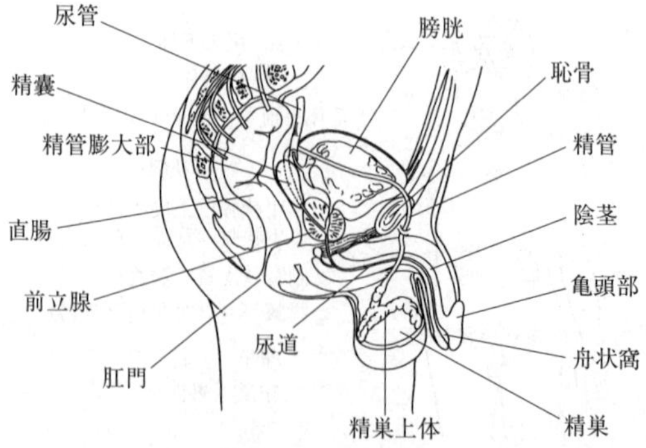

資料㉛　女性の骨盤内図

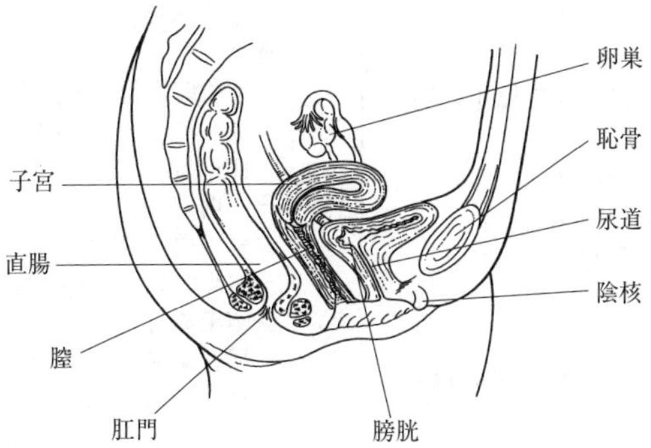

資料㉜　直腸と肛門

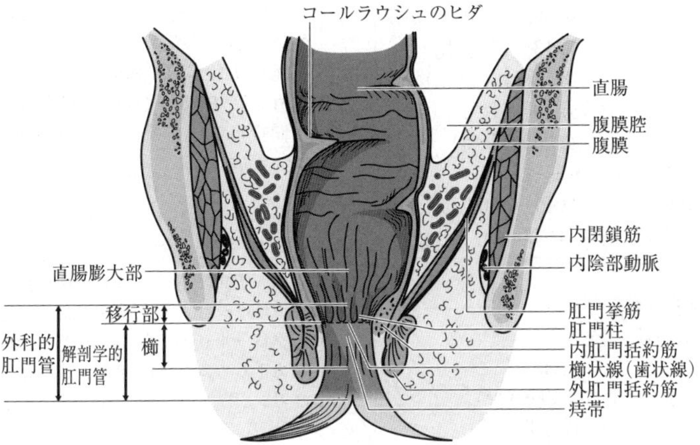

バイタルサイン

呼吸数	15～20(/分)
	学童18～22，新生児40～50
脈　拍	60～80(/分)
	新生児120～160
	乳　児110～130
	幼　児 90～110
	頻脈≧100(/分)
	徐脈≦60(/分)
血　圧	(高血圧) 140/90 mmHg 以上

血液学検査

血球検査

赤　沈	男 2～10mm/時
	女 3～15mm/時
赤血球(RBC)	男 410～610(万 /μL)
	女 380～530(万 /μL)
ヘモグロビン(Hb)	男 13～17(g/dL)
	女 11～16(g/dL)
ヘマトクリット(Ht)	男 40～54(%)
	女 36～42(%)
網赤血球(Ret)	0.5～1.5(%)
白血球(WBC)	4,000～8,000(/μL)
血小板(Plat)	13～35(万 /μL)

生体機能検査

動脈血ガス分析

pH	7.35～7.45
$PaCO_2$	35～45(Torr)
PaO_2	80～100(Torr)
SaO_2	94～97(%)
HCO_3^-	22～26(mEq/L)

免疫学検査

感染免疫抗体

C 反応性蛋白(CRP)	0.3 以下(mg/dL)

生化学検査

糖

空腹時血糖	上限 110(mg/dL)
	下限 50～70(mg/dL)
HbA1c	4.6～6.2%

蛋　白

総蛋白(TP)	6.5～8.0(g/dL)
アルブミン(Alb)	4.5～5.5(g/dL)

含窒素成分

尿素窒素(UN)	9～20(mg/dL)
クレアチニン(Cr)	男 0.7～1.2(mg/dL)
	女 0.5～0.9(mg/dL)
尿酸 (UA)	男 3.0～7.7(mg/dL)
	女 2.0～5.5(mg/dL)

脂　質

総コレステロール(TC)	220 以下(mg/dL)
LH 比＝LDL/HDL	1.5 以下が望ましい
トリグリセリド(TG)	30～135(mg/dL)

生体色素

総ビリルビン(T.Bill)	0.2～1.1(mg/dL)
直接ビリルビン(D.Bill)	0.5 以下(mg/dL)
間接ビリルビン(I.Bill)	0.8 以下(mg/dL)

酵　素

AST	10～35(IU/L)
ALT	5～40(IU/L)

電解質

ナトリウム(Na)	136～148(mEq/L)
カリウム(K)	3.6～5.0 (mEq/L)
クロール(Cl)	96～108 (mEq/L)
カルシウム(Ca)	8.4～10.0(mg/dL)
リン(P)	2.5～4.5 (mg/dL)

参考文献

小田兼三他編『現代福祉学レキシコン』, 雄山閣出版（1998）.
平岡公一, 平野隆之, 副田あけみ編『有斐閣双書KEYWORD SERIES　社会福祉キーワード』, 有斐閣(1999).
大山正他編『有斐閣双書・小辞典シリーズ　心理学小辞典』, 有斐閣（1978）.
村井潤一, 小山　正『障害児発達学の基礎　障害児の発達と教育』, 培風館（1995）.
佐藤泰正他編著『福祉心理学』, 学芸図書（1998）.
田中農夫男他編著, 猪平真理他著『障害者の心理と支援　教育・福祉・生活』, 福村出版（2001）.
山崎智子『明解看護学双書 3 精神看護学』, 金芳堂（1997）.
京極高宣『社会福祉学小辞典』, ミネルヴァ書房（2000）.
日本社会福祉実践理論学会編『社会福祉基本用語辞典』, 川島書店（1996）.
外林大作他編『誠信　心理学辞典』, 誠信書房（1982）.
岩田純一他編『発達心理学辞典』, ミネルヴァ書房（1995）.
田中平八編著『現代心理学用語事典　クローズアップ〈こころの科学〉を読みこなす』, 垣内出版（1988）.
田中一昭他著『やさしい医療福祉シリーズ 8 医療福祉用語』, 嵯峨野書院（1995）.
京極高宣, 内藤佳津雄編著, 斉藤貞夫他執筆『介護保険辞典』, 中央法規出版（1999）.
日本地域福祉学会編『地域福祉事典』, 中央法規出版（1997）.
医療福祉相談研究会編『医療福祉相談ガイド』, 中央法規出版（1988）.
中央法規出版編集部編『七訂　介護福祉用語辞典』, 中央法規出版（2015）.
介護福祉士養成講座編集委員会『新・介護福祉士養成講座 1～15』, 中央法規出版（2013）.
中央法規出版編集部編『六訂　社会福祉用語辞典』, 中央法規出版（2012）.
佐藤久夫, 北野誠一, 三田優子編著『障害者と地域生活』, 中央法規出版（2002）.
（社）日本介護福祉士会監修『介護職のための実務用語集－介護・医療・福祉－』, エルゼビア・サイエンスミクス（2001）.
太田房雄, 西島基弘『管理栄養士講座　食品衛生学』, 建帛社（2004）.
古川孝順『社会福祉学』, 誠信書房（2002）.
古川孝順, 秋元美世, 副田あけみ編著『現代社会福祉の争点（上）―社会福祉の政策と運営』, 中央法規出版（2003）.
E.ゴッフマン著／石黒　毅訳『スティグマの社会学―烙印を押されたアイデンティティ』, せりか書房(1980).
森岡清美, 塩原　勉, 本間康平編集代表『新社会学辞典』, 有斐閣（1993）.
B.C. ラウントリー著／長沼弘毅訳『貧乏研究』, p.97, ダイヤモンド社（1959）.
三浦文夫『社会福祉政策研究（増補改訂）』, p.65, 全国社会福祉協議会（1995）.
W.E.Baugh, "Introduction to Social and Community Service", 6th ed., p.1, Macmillan Press（1992）.
小田兼三, 杉本敏夫, 久田則夫編著『エンパワメント実践の理論と技法―これからの福祉サービスの具体的指針』, p.7, 中央法規出版（1999）.
A. トフラー著／徳岡孝夫監訳『第三の波』, 中央公論社（1982）.
金子光一『社会福祉のあゆみ―社会福祉思想の軌跡』, 有斐閣（2005）.
小山路男『西洋社会事業史論（社会福祉選書第 5 巻）』, 光生館（1991）.
久保紘章, 副田あけみ編著『ソーシャルワークの実践モデル』, 川島書店（2005）.
N. ジョンソン著／青木郁夫, 山本　隆訳『福祉国家のゆくえ―福祉多元主義の諸問題』, 法律文化社(1993).
瓦井　昇『福祉コミュニティ形成の研究』, 大学教育出版（2003）.
柳川　洋, 中村好一編『公衆衛生マニュアル 2015』, 南山堂（2015）.
森松光紀, 鈴木倫保編『脳・神経疾患ナーシング』, 学習研究所（2001）.
初任者研修テキストブック編集委員会編『介護職員初任者研修DVD付(改訂版)』, ミネルヴァ書房(2015).
新田國夫他編『介護職員等実務者研修(450時間研修)テキスト第5巻　医療的ケア』, 中央法規出版(2013).
福祉教育カレッジ編『わかる介護実技 DVD 介護福祉士国試実技試験対策（第 3 版）』, 医学評論社(2014).
福祉教育カレッジ編『イラストでみる介護国試対策　介護キーワード・マップ第 3 巻　サイエンス系（第 2 版）』, 医学評論社（2007）.

福祉教育カレッジ編『イラストでみる介護国試対策　介護キーワード・マップ第4巻　介護技術系（第2版）』，医学評論社（2007）．
福祉教育カレッジ編『ラ・スパ 社会福祉士 2013』，医学評論社（2012）．
福祉教育カレッジ編『イラストでみる　社会福祉用語事典（第1版）』，医学評論社（2010）．
テコム編集委員会編『ラ・スパ 2016』，医学評論社（2015）．
テコム編集委員会編『ラ・スパ 保健師 2015―保健師国試対策』，医学評論社（2014）．
テコム編集委員会編『みるみる疾患と看護（第6版）』，医学評論社（2009）．
テコム編集委員会編『みるみる基礎医学（第6版）』，医学評論社（2010）．
テコム編集委員会編『みるみる解剖生理（第3版）』，医学評論社（2010）．
テコム編集委員会編『みるみる精神看護（第4版）』，医学評論社（2011）．
田中真美『神谷美恵子と長島愛生園―ハンセン病から精神医学へ―』，Core Ethics：コア・エシックス，vol.9，立命館大学大学院先端総合学術研究科（2013）．
『図解看護・医学事典』編集委員会編井部俊子，箕輪良行監修『図解看護・医学事典（第8版）』，医学書院（2017）．
安原一監修『新薬理学（改訂第7版）』，日本医事新報社（2019）．
村上啓雄『薬剤耐性菌対策と抗菌薬適正使用』，日本内科学会雑誌 109（3），日本内科学会（2019）．
アルフォンス･デーケン『死への準備教育』，日本臨床麻酔学会誌 vol.10.No.4，日本臨床麻酔学会（1990）．
認知症ライフサポートモデルを実現するための認知症多職種協働研修における効果的な人材育成のあり方に関する調査研究事業検討委員会編『「認知症ライフサポートモデル」の普及・推進に向けた　認知症ライフサポート研修テキスト（第2版）』，株式会社ニッセイ基礎研究所（2013）．
神奈川リハビリテーション病院脊髄損傷マニュアル編集委員会『脊髄損傷マニュアル（第2版）』，医学書院（1996）．
宮島喬著『多文化共生の社会への条件　日本とヨーロッパ，移民政策を問いなおす』，東京大学出版会（2021）．
李修京編著『多文化共生社会に生きる　グローバル時代の多様性・人権・教育』，明石書店（2019）．
アレン･E･アイビイ著『マイクロカウンセリング“学ぶ－使う－教える”技法の統合：その理論と実際』，川島書店（1985）．
平木典子著『アサーション・トレーニング　さわやかな《自己表現》のために』，金子書房（1993）．
秋元律郎，石川晃弘，羽田新，袖井孝子著『社会学入門　新版』，有斐閣（2003）．
一般社団法人日本蘇生協議会『JRC 蘇生ガイドライン 2020（PDF 版）』，第1章一次救命処置（BLS），https://www.jrc-cpr.org/wp-content/uploads/2022/07/JRC_0017-0046_BLS.pdf
一般社団法人日本蘇生協議会『JRC 蘇生ガイドライン 2020（PDF 版）』，補遺新型コロナウイルス感染症（COVID-19）への対策，https://www.jrc-cpr.org/wp-content/uploads/2022/07/JRC_0485-0498_Hoi.pdf
ひもときねっと（認知症介護研究・研修センターホームページ）　http://www.dcnet.gr.jp/retrieve/
社会福祉法人全国社会福祉協議会　https://www.shakyo.or.jp
JISC 日本産業標準調査会　https://www.jisc.go.jp/index.html
NIID 国立感染症研究所　https://www.niid.go.jp/niid/ja/
日本年金機構　https://www.nenkin.go.jp/
厚生労働省　https://www.mhlw.go.jp/
法務省　https://www.moj.go.jp/
総務省　https://www.soumu.go.jp/
内閣府　https://www.cao.go.jp/
農林水産省　https://www.maff.go.jp/
外務省　https://www.mofa.go.jp/mofaj/
国土交通省　https://www.mlit.go.jp/
消費者庁　https://www.caa.go.jp/

イラストでみる 介護福祉用語事典

1998 年 4 月 1 日　第 1 版第 1 刷発行
2002 年11月28日　第 2 版第 1 刷発行
2004 年 2 月26日　第 2 版第 2 刷発行
2005 年 3 月 4 日　第 2 版第 3 刷発行
2006 年 2 月16日　第 3 版第 1 刷発行
2007 年 2 月 1 日　第 3 版第 2 刷発行
2008 年 3 月27日　第 3 版第 3 刷発行
2010 年 1 月 8 日　第 3 版第 4 刷発行
2010 年11月18日　第 4 版第 1 刷発行
2012 年 9 月10日　第 5 版第 1 刷発行
2016 年 1 月28日　第 6 版第 1 刷発行
2020 年 1 月15日　第 6 版第 2 刷発行
2023 年 2 月24日　第 7 版第 1 刷発行

編　集　福祉教育カレッジ
発　行　エムスリーエデュケーション株式会社
福祉事業本部
〒108-0014 東京都港区芝 5-33-1
森永プラザビル本館 15 階
TEL 03 (6879) 2995
FAX 050 (3153) 1426
URL https://www.m3e.jp/fukushi/
印刷所　大日本法令印刷株式会社

ISBN978-4-86399-537-6 C3536